CHRONIK ZWEITER WELTKRIEG

CHRISTIAN ZENTNER

CHRONIK

ZWEITER WELTKRIEG

OTUS

Vorwort

Frieden, nichts als Frieden bekundete Adolf Hitler nach der nationalsozialistischen Machtergreifung am 30. Januar 1933 in seinen öffentlichen reden. Nicht die Schaffung einer schlagkräftigen Offensivarmee wurde propagiert, sondern die militärische Gleichberechtigung, nicht die gewaltsame Expansion als Programm ausgegeben, sondern lediglich die friedliche Revision des Versailler Vertrages. Die permanente Betonung des nationalsozialistischen Friedenswillens durch Goebbels' zentral gelenkten Propagandaapparat ließ der gleichgeschalteten öffentlichen Meinung des Dritten Reiches Adolf Hitler als wahren Friedenskanzler erscheinen.

In Wirklichkeit aber hat Adolf Hitler diesem Bild des Friedenskanzlers niemals entsprochen. Den Zielen seiner radikal-rassistischen Weltanschauung verpflichtet ging es ihm von Anfang an darum, das zu realisieren, was er schon in seinem Bekenntnisbuch »Mein Kampf« in den 20er Jahren unmissverständlich dargelegt hatte. Innenpolitisch galt es, die Staatsform der Demokratie – »eine der schwersten Verfallserscheinungen der Menschheit«, so Hitler in „Mein Kampf" – zu beseitigen und durch die totalitäre Führer-Diktatur zu ersetzen, ein Vorhaben, das nach der nationalsozialistischen „Machtergreifung" am 30. Januar 1933 ebenso brutal wie kompromisslos verwirklicht wurde. Außenpolitisch wollte Hitler seiner Ideologie entsprechend im Prinzip weder gegen Frankreich noch gegen England vorgehen und schon gar nicht mit deren überseeischer Kolonialpolitik konkurrieren. Hier ging es ihm ausschließlich um seine Vision vom „Lebensraum im Osten", um Deutschland ein für allemal als Weltmacht zu etablieren. „Damit ziehen wir Nationalsozialisten", so Hitler in „Mein Kampf", „bewusst einen Strich unter die außenpolitische Richtung des deutschen Kaiserreiches. Wir setzen dort an, wo man vor sechs Jahrhunderten endete: Wir stoppen den ewigen Germanenzug nach dem Süden und Westen Europas und weisen den Blick nach dem Land im Osten. Wir schließen endlich ab die Kolonial- und Handelspolitik der wilhelminischen Ära und gehen über zur Bodenpolitik der Zukunft. Wenn wir aber heute in Europa von neuem Grund und Boden reden, können wir in erster Linie nur an Russland und die ihm untertanen Randstaaten denken."

Dass dieser Raum im Osten nur durch Gewalt und auf Kosten anderer Völker zu erobern war, bereitete Hitler weder moralische noch rechtliche oder politische Skrupel.

Die Tatsache, dass es Hitler nicht gelang, Großbritannien als Partner für seine Politik der Ostexpansion zu gewinnen, dass England und Frankreich nach seinem Überfall auf Polen getreu ihren Bündnisverpflichtungen dem Deutschen Reich den Krieg erklärten, führte zur Besetzung Dänemarks und Norwegens, zum Westfeldzug, zur „Battle of Britain", zum Krieg auf dem Balkan und in Nordafrika.

Für Hitler waren diese militärischen Aktionen jedoch lediglich Nebenkriegsschauplätze, auf denen ihm der Rücken freigekämpft werden sollte für die entscheidende Auseinandersetzung mit der Sowjetunion. Obwohl England unter seinem energischen Premierminister Winston Churchill, der sich der Unterstützung der Vereinigten Staaten sicher war, trotz der großen Anfangserfolge der deutschen Wehrmacht Hitler gegenüber keinerlei Kompromissbereitschaft zeigte, ließ Hitler am 22. Juni 1941 das „Unternehmen Barbarossa" anlaufen, den Krieg gegen Russland, und riskierte damit den zuvor immer verworfenen Zweifrontenkrieg.

Während auf den übrigen Kriegsschauplätzen noch die Bestimmungen des Völkerrechts in der Regel eingehalten wurden, kannte Hitler den „slawischen Untermenschen", insbesondere aber seinen Hassgegnern, den Juden, gegenüber keine Gnade. Den vorwärtsstürmenden Truppen der Wehrmacht folgten die Einsatzgruppen des Sicherheitsdienstes der SS, die Juden und Politische Kommissare zu Tausenden niedermetzelten. Der nach außen als „Kreuzzug gegen den Bolschewismus zur Rettung Europas" propagierte Krieg war von vornherein ein Raub- und Vernichtungskrieg, der letztlich auch vor dem Verbrechen des Völkermords nicht zurückschreckte.

Die bislang willkürliche Ermordung der Juden wurde auf der berüchtigten Wannsee-Konferenz vom 20. Januar 1942 zum systematischen Programm erhoben. Unter der verschleiernden Formulierung „Endlösung" sollten alle im deutschen Herrschaftsbereich befindlichen Juden nach Osten deportiert und dann, nach Ausbeutung ihrer Arbeitskraft, in den Vernichtungslagern vergast werden. Was sich dort in Chelmo, Treblinka, Sobibor, Majdanek und Auschwitz abspielte, ist kaum zu beschreiben. Die Ermordung von Millionen Männern und Frauen, Greisen und Kindern kann nur als einmaliges Verbrechen charakterisiert werden. Fragt man nach den Gründen der militärischen Niederlage Deutschlands, Italiens und Japans, so war deren Schicksal bereits besiegelt, als Hitlers Feldzug gegen die Sowjetunion kein „Blitzkrieg" wurde und sich nach dem Überfall der Japaner auf Pearl Harbor mit dem Kriegseintritt der USA im Dezember 1941 der europäische Krieg zum Weltkrieg ausweitete, auch wenn das Jahr 1942

Ende mit Grauen.

noch einmal große Erfolge der Achsenmächte bringen sollte. Vor allem die Japaner, von Washington schwer unterschätzt, eroberten in Blitzkriegmanier ganz Südostasien und den westlichen Pazifik. Die deutschen Armeen drangen bis zur Wolga und in den Kaukasus vor, in Nordafrika fast bis zum Nil. Dann wendete sich das Blatt. Im Pazifik begannen die Amerikaner seit der Luft-See Schlacht bei den Midway-Inseln (Juni 1942) mit gewaltigem Materialaufwand und in enger Zusammenarbeit von Schiffseinheiten, Luftwaffe und Marineinfanterie den überdehnten japanischen Herrschaftsraum stetig zu verkleinern („Inselspringen"). In Nordafrika, wo Hitlers Interesse stark nachließ und der Nachschub spärlich wurde, gingen die Engländer zur Offensive über. In Russland wurde die 6. Armee in Stalingrad eingeschlossen und von Hitler geopfert, sowohl aus Gründen starren Festhaltens an jedem Quadratmeter eroberten Bodens wie auch aus fragwürdigen strategischen Erwägungen. Die Katastrophe der Dreihunderttausend in Stalingrad Ende Januar 1943 war das Symbol der Kriegswende. Fortan lag das Gesetz des Handelns klar bei der erstarkten Roten Armee. Es begann der langsame, unaufhaltsame deutsche Rückzug über Tausende Kilometer nach Westen.

Auch dass in einem verspäteten „Rüstungswunder" unter Leitung des Rüstungsministers Albert Speer gewaltige Produktionsziffern erzielt wurden, änderte nichts an der wachsenden materiellen Überlegenheit der Alliierten. Insbesondere beherrschten sie seit 1943 den Luftraum nahezu uneingeschränkt, so dass Deutschland durch ununterbrochene Bombenangriffe Stück um Stück in eine Trümmerlandschaft verwandelt wurde. Hinzu kam, dass die großen Erfolge der U-Boote im Atlantik endeten, als die Alliierten seit 1942/43 über die Radarortung verfügten.

Die Proklamierung des „totalen Krieges" durch Propagandaminister Goebbels (Februar 1943) sollte die letzten Energiereserven aktivieren, aber der Ring um Deutschland schloss sich enger und enger. 1943 ging Nordafrika verloren, Italien wechselte nach einem Umsturz ins Lager der Alliierten über und wurde jetzt von den Deutschen als „besetztes Land" verteidigt. Die angloamerikanischen Landungen zuerst in Afrika, dann in Sizilien und auf dem italienischen Festland waren der Test für die große Invasion in der Normandie (6. Juni 1944). Sie überwand den „Atlantikwall" unerwartet schnell und drückte die deutsche Westfront ein. Im Laufe des Sommers und Herbstes 1944 gelangten die Westalliierten bis an die Reichsgrenzen, die Rote Armee drang nach Zerschlagung der Heeresgruppe Mitte bis nach Ostpreußen vor. Deutschlands Verbündete im Ostkrieg (Finnland, Rumänien, Ungarn, Slowakei), die nie eine erhebliche Rolle gespielt hatten, fielen einer nach dem anderen von Hitlers Reich ab.

Ein letzter Versuch der seit langem aktiven deutschen Widerstandsbewegung, das verbrecherische Regime durch Beseitigung Hitlers zum Einsturz zu bringen und den Krieg trotz der alliierten Forderung nach „bedingungsloser Kapitulation" vielleicht zu maßvolleren Konditionen zu beenden, scheiterte am 20. Juli 1944. Hitler überlebte das Attentat des Obersten Claus Graf Schenk von Stauffenberg und nahm blutige Rache durch Hinrichtung Tausender Widerstandskämpfer, zu denen Marxisten und christliche Gewerkschafter ebenso gehörten wie Theologen beider Kirchen, Diplomaten und Offiziere. Seither war dieser Krieg nur noch die opferreiche Hinauszögerung einer längst feststehenden vernichtenden Niederlage.

Die Endphase wurde durch die sowjetische Offensive vom 12. Januar 1945 in Ostpreußen und an der Weichsel eingeleitet. Die verzögerte Räumung der gefährdeten Gebiete führte zu entsetzlichen Leiden der Zivilbevölkerung durch die Massenflucht im eisigen Winter. Während sich weite Kreise der Bevölkerung noch immer mit der Ankündigung kommender „Wunderwaffen" vertrösten ließen, raubte der Sturm auf Berlin auch den größten „Endsieg"-Optimisten die letzten Illusionen. In den Trümmern der Reichskanzlei nahm sich Adolf Hitler am 30. April 1945 das Leben. Die Eroberung Berlins durch die Rote Armee, die Begegnung von Russen und Amerikanern an der Elbe, die Besetzung des ganzen Reiches ließen dem Hitler-Nachfolger Großadmiral Karl Dönitz keine Chance, den Krieg selbst zur Rettung vieler Flüchtlinge und Truppen länger als bis zum 8. Mai fortzuführen. Um Mitternacht dieses Tages, nach bedingungsloser Kapitulation der deutschen Führung, ruhten in Europa die Waffen.

In Ostasien gingen die Kämpfe wegen des fanatischen Widerstandes der Japaner trotz zunehmender Zerstörung ihres Landes durch schwerste Bombenangriffe bis in den August weiter. Ein Ende brachten erst die amerikanischen Atombomben-Abwürfe auf Hiroshima und Nagasaki (6. bzw. 9. August 1945), die Kaiser Hirohito zum Anlass nahm, seinen Militärs die Kapitulation zu befehlen.

Mehr als 60 Jahre nach Beendigung des Zweiten Weltkrieges zieht die vorliegende Dokumentation, gestützt auf die Ergebnisse der neuesten Forschung, in Texten und Bildern Bilanz über die von Hitler ausgelöste größte militärische Auseinandersetzung der Weltgeschichte, die unendliches Leid verursachte und der 55 Millionen Menschen zum Opfer fielen.

Beginn in heroischer Pose.

Der Weg in den Krieg

Zu den bestimmenden geistigen Strömungen der 20er Jahre gehörte die Erinnerung an den Ersten Weltkrieg sowie die Hoffnung der Völker auf einen dauerhaften Frieden. Und gleich mit seinem ersten Aufruf an das deutsche Volk vom 31. Januar 1933 ging der frisch ernannte Reichskanzler Adolf Hitler geschickt auf diese Stimmung ein. „Außenpolitisch wird die nationale Regierung ihre höchste Mission in der Wahrung der Lebensrechte und damit der Wiedererringung der Freiheit unseres Volkes sehen ... sie wird mithelfen, in die Gemeinschaft der übrigen Nationen Deutschland als einen Staat gleichen Wertes und damit allerdings auch gleicher Rechte einzufügen. Sie ist dabei erfüllt von der Größe der Pflicht, mit diesem freien, gleichberechtigten Volke für die Erhaltung und Festigung des Friedens einzutreten, dessen die Welt heute mehr bedarf als je zuvor. Möge auch das Verständnis der anderen mithelfen, dass dieser unser aufrichtigster Wunsch zum Wohle Europas, ja der Welt sich erfüllt. So groß unsere Liebe zu unserem Heere als Träger unserer Waffen und Symbol unserer großen Vergangenheit ist, so wären wir doch beglückt, wenn die Welt durch eine Beschränkung ihrer Rüstungen eine Vermehrung unserer eigenen Waffen niemals mehr erforderlich machen würde."

Doch dieser öffentlich bekundete Friedenswille war wie all seine kommenden vielfach beschworenen Friedensabsichten eine taktisch bedingte Irreführung.

Schon drei Tage später nämlich, am 3. Februar, bekundete Hitler in einer geheimgehaltenen Rede vor dem Führerkorps der Reichswehr ein ganz anderes außenpolitisches Konzept. In der überlieferten stenographischen Notiz heißt es: „Einstellung der Jugend und des ganzen Volkes auf den Gedanken, dass nur der Kampf uns retten kann und diesem Gedanken gegenüber alles zurückzutreten hat. Ertüchtigung der Jugend und Stärkung des Wehrwillens mit allen Mitteln... Wie soll politische Macht, wenn sie gewonnen ist, gebraucht werden? Jetzt noch nicht zu sagen. Vielleicht Erkämpfung neuer Exportmöglichkeiten, vielleicht – und wohl besser – Eroberung neuen Lebensraums im Osten und dessen rücksichtslose Germanisierung."

Um diese politische Macht ungestört aufbauen zu können, führte Hitler zunächst nur die Außenpolitik der Weimarer Republik weiter, deren Hauptziel hieß: Revision des Versailler Vertrages.

Schon in seiner ersten außenpolitischen Rede am 17. Mai 1933, die von allen Parteien, auch von der SPD, ausdrücklich gebilligt wurde, hatte Hitler seine Absichten beschworen.

„Wenn ich in diesem Augenblick bewusst als deutscher Nationalsozialist spreche, so möchte ich bekunden ... dass dieses junge Deutschland das tiefste Verständnis beseelt für die gleichen Gefühle und Gesinnungen sowie für die begründeten Lebensansprüche der anderen Völker. Die Generation dieses jungen Deutschlands, die in ihrem bisherigen Leben nur die Not, das Elend und den Jammer des eigenen Volkes kennen lernte, hat zu sehr unter dem Wahnsinn (des 1. Weltkrieges) gelitten, als dass sie beabsichtigen könnte, das gleiche anderen zuzufügen." Man habe „keinen sehnlicheren Wunsch als den, beizutragen, dass die Wunden des Krieges und des Versailler Vertrages endgültig geheilt werden."

Am 15. Juli trat Deutschland dem auf Initiative des italienischen Staatschefs Mussolini zustande gekommenen Vier-Mächte-Vertrag über Verständigung und Zusammenarbeit bei. Zusammen mit dem wenig später abgeschlossenen Konkordat war damit ein beachtlicher Prestigegewinn erreicht.

Als Deutschland dennoch in Genf bei der Abrüstungskonferenz mit einer Abstimmungsniederlage rechnen musste, beschloss Hitler aus der Konferenz und aus dem Völkerbund auszutreten. In einer Volksbefragung bejahten 93 Prozent der Wähler diesen Schritt. In einer Rede begründete Hitler sein Vorgehen mit der Unzumutbarkeit der deutschen Zurücksetzung. Gebe das Ausland die diskriminierende Haltung auf, werde man an den Verhandlungstisch zurückkehren. Insgeheim herrschte allerdings Genugtuung, dass man eine lästige internationale Beobachtung und Bindung abgeschüttelt hatte.

Goebbels' Kommentar lautete: „Alles, was sich im Sinne einer Verstärkung der deutschen Landesverteidigung – ganz zu schweigen von etwaigen Angriffsvorbereitungen – hätte unter den Augen einer internationalen Kontrolle vollziehen können, wäre ungenügend gewesen... Auch kann hier vertraulich bestätigt werden, dass die nun eintretende Entwicklung den deutschen Interessen in mancher Beziehung entgegenkommt und eine raschere und weitgehendere Bereinigung der Rüstungsfragen bewirken kann, als solche im Verfolg der langwierigen Kompromissverhandlungen in Genf hätten erzielt werden können... Niemals aber darf irgendeine Veröffentlichung oder mündliche Erklärung der auslandsdeutschen Propaganda den Eindruck aufkommen lassen, dass Deutsch-

Bild links: Im Stechschritt marschieren Soldaten der deutschen Wehrmacht an ihrem obersten Befehlshaber vorbei. Die forcierte Aufrüstung – so wollte Hitler die Welt glauben machen – sei gegen niemanden gerichtet. Es gehe nur darum, das Selbstbestimmungsrecht der Völker und die militärische Gleichberechtigung auch für das in Versailles geknebelte Deutschland zu erkämpfen. „Niemand wünscht hier eine Wiederholung des Krieges. Fast alle Führer der nationalsozialistischen Bewegung waren Frontkämpfer. Ich möchte den Frontkämpfer sehen, der eine Wiederholung des Schreckens jener viereinhalb Jahre wünscht." Diese Worte aus einem Interview Hitlers mit der englischen Zeitung „Daily Mail" vom 19. Oktober 1933 kennzeichnen den Grundton all seiner zahlreichen außenpolitischen Äußerungen zu Beginn des Dritten Reiches.

Bild rechts: Karikatur der New Yorker Zeitung „Nations" auf Hitlers Friedensrede vom 17. Mai 1933.

land die jetzt eingetretene Entwicklung gewollt habe ..."
Parallel zum Rückzug aus den multilateralen Gremien wurden zweiseitige Abkommen vorbereitet. Am 26. Januar 1934 erfolgte der Abschluss eines Nichtangriffs- und Freundschaftspaktes mit Polen. Dieser Schritt bedeutete für beide Seiten eine überraschende Abkehr von der bisherigen Politik. Hitler hatte vor seiner Machtübernahme die Revision der Ostgrenze im Zusammenhang mit einer totalen Lösung für entscheidend gehalten. Dabei galt sein Hauptaugenmerk der Sowjetunion, die übrigen Länder wurden verächtlich als Randstaaten abgetan und ihre Annexion gewissermaßen als Nebenprodukt angesehen. Deshalb lautete auch sein Grundsatz gegenüber Polen: „Eine Verständigung ist weder möglich noch erwünscht." Dass unter diesen Umständen der polnische Staatschef Pilsudski und sein Außenminister Beck die Hitlersche Machtübernahme mit größter Besorgnis betrachteten, ist einleuchtend. Der polnische Plan jedoch, noch im Frühjahr 1933 einen Präventivschlag gegen Deutschland zu führen, ging weit über das hinaus, was die Westmächte zum Schutz Polens zu unternehmen bzw. wie sie es zu unterstützen gedachten.
Der Völkerbund hingegen verurteilte die provokativen Maßnahmen Pilsudskis gegen Danzig. Diese Isolierung zwang Polen zum Einlenken. Hitler andererseits war ein politischer Klimawechsel ebenso willkommen, um demonstrieren zu können, dass das neue Deutschland mit jedem paktiere, der auf gleicher Ebene mit ihm verkehre. Er registrierte mit Genugtuung die durch den Pakt erfolgte Störung des osteuropäischen Bündnisgefüges der Status-quo-Mächte.
Die Folge der deutschen Anti-Völkerbundspolitik und der Aufrüstung war eine verstärkte außenpolitische Aktivität Frankreichs in Osteuropa. Neben der Kleinen Entente zwischen Tschechoslowakei, Jugoslawien und Rumänien wurde eine Balkanentente zwischen Türkei, Griechenland, Rumänien und Jugoslawien gegründet (9. Februar 1934) und die Sowjetunion in den Völkerbund aufgenommen (18. September 1934). Italien, England und Frankreich schlossen sich zum Schutz der Unabhängigkeit und Integrität Österreichs zusammen (17. Februar 1934). Dass Österreichs Unabhängigkeit bedroht war, ging aus den umstürzlerischen Aktionen der österreichischen Nationalsozialisten hervor, die in der Ermordung von Bundeskanzler Dollfuß am 25. Juli 1934 gipfelten. Mussolini ließ jedoch sofort Truppen am Brenner aufmarschieren. Die Zeit für den „Anschluss" war noch nicht gekommen.
Dem gleichen Ziel diente ein Bündnis zwischen Italien, Österreich und Ungarn (17. März 1934). Nach der Festigung seiner innenpolitischen Position nach der Röhm-Ermordung und der anschließenden Säuberung, Macht- und Autoritätserweiterung brachte das Jahr 1935 einen Tiefpunkt in den internationalen Beziehungen. Hitler entwickelte trotzdem eine neue außenpolitische Aktivität unter dem Gesichtspunkt, Deutschlands volle Gleichberechtigung wiederherzustellen. Gemäß dem Versailler Vertrag erfolgte am 13. Januar 1935 die Volksabstimmung im Saargebiet. Das 90-Prozent-Votum der Saarländer für die Rückkehr ihrer Heimat zu Deutschland feierten die Nationalsozialisten als großen Erfolg ihrer Außenpolitik.
Aus seinem Triumph schlug Hitler größtmögliches Kapital. Gleichzeitig achtete er aber darauf, sich in der Öffentlichkeit friedliebend zu geben. „Nach dem Vollzug eurer Rückkehr", so erklärte er den Saarländern, werde das Deutsche Reich „keine territorialen Forderungen an Frankreich mehr stellen". Und gegenüber dem Journalisten Ward Price von der Daily Mail sagte er vier Tage nach der Abstimmung in einem Interview: „Deutschland wird von sich aus niemals den Frieden brechen." Am 1. März, dem Tag der offiziellen Übergabe des Saargebiets an das Deutsche Reich, hielt Hitler in Saarbrücken eine Ansprache. Er sei „überglücklich", erklärte er, an diesem „Glückstag für die ganze Nation" und „für ganz Europa" teilnehmen zu können. Er hoffe, das „Verhältnis zwischen Deutschland und Frankreich" werde sich durch die Regelung des Saarpro-

Bild links oben: Karikatur auf die einseitige Abrüstung Deutschlands durch den Versailler Vertrag.

Bild links unten: „Deutschlands neuer Gruß in Genf", holländische Karikatur auf Hitlers Austritt aus dem Völkerbund am 19. Oktober 1933.

Bild rechts: Die Volksabstimmung im Saargebiet am 13. Januar 1935 wurde zu einem triumphalen Erfolg der nationalsozialistischen Parole: „Nix wie hemm!" 90,3 Prozent der Wähler stimmten für die Rückkehr ins Deutsche Reich. Am 1. März 1935 hielt Hitler Einzug in Saarbrücken.

blems „endgültig“ bessern. „So, wie wir den Frieden wollen, müssen wir hoffen, dass auch das große Nachbarvolk gewillt und bereit ist, diesen Frieden mit uns zu suchen.“

Durch den Saartriumph gestärkt, vollzog Hitler am 16. März 1935 seinen nächsten Schritt: die Wiedereinführung der Allgemeinen Wehrpflicht.

Er rechtfertigte diese Maßnahme mit den Rüstungsanstrengungen anderer Staaten, die Deutschlands auf Gleichberechtigung bedachte Abrüstungsangebote ausgeschlagen hätten, und versicherte, die deutsche Regierung wünsche nichts mehr als „die Macht, für das Reich und damit wohl auch für ganz Europa den Frieden wahren zu können“.

In den eilig veröffentlichten Sonderausgaben der Zeitungen war lobend von der „ersten Maßnahme zur Aufhebung von Versailles“ die Rede und davon, dass nun die „Schande der Niederlage“ ausgelöscht und Deutschlands militärischer Ruf wiederhergestellt werde. Vor der Reichskanzlei sammelten sich begeisterte Massen und bejubelten Hitler. Der amerikanische Journalist William Shirer, der das Geschehen in Berlin miterlebte, meinte dazu:

„Die heutige Schaffung einer offiziellen Armee in offener Herausforderung der Bestimmungen von Versailles wird seine Position im Lande weiter stärken, da es nur wenige Deutsche gibt unabhängig davon, wie sehr sie auch die Nazis hassen, die dies nicht von ganzem Herzen unterstützen. Die große Mehrheit wird die Art und Weise, wie er Versailles eine lange Nase zeigt, das sie alle abgelehnt haben, begrüßen.“

Das Ausland zeigte sich über Hitlers einseitiges Vorgehen zwar empört, konnte sich aber zu einem gemeinsamen Handeln nicht aufraffen. Der französische Botschafter in Berlin wurde beschwichtigt. Es handle sich nur um eine Defensivmaßnahme. Frankreich habe von Deutschland nichts zu befürchten, und im Übrigen richte sich Hitlers Politik ausschließlich gegen das kommunistische Russland.

Schon zehn Tage nach diesem Bruch des Versailler Vertrages traf eine offizielle englische Delegation in Berlin ein, wo in einer geradezu freundschaftlichen Atmosphäre mit Hitler verhandelt wurde. England sei „keineswegs antideutsch“ eingestellt, doch gelte es in jedem Falle, den Frieden zu bewahren. Hitler wiederum bekundete das, was seine Gäste hören wollten, dass ein Zusammengehen „zwischen Kommunismus und Nationalsozialismus völlig ausgeschlossen“ sei. Im Übrigen sei er bereit, einer England entgegenkommenden Regelung der Flottenfrage zuzustimmen. Ansonsten aber müsse er grundsätzlich auf der militärischen Gleichberechtigung beharren. Hitlers Dolmetscher Schmidt beeindruckte, mit welcher Geduld die britischen Delegierten seinen Ausführungen zuhörten. „Noch vor zwei Jahren wäre… der Himmel eingestürzt, wenn deutsche Vertreter derartige Forderungen erhoben hätten, wie Hitler es tat, als wäre es das Selbstverständlichste von der Welt.“ Und Schmidt musste sich auch fragen, ob Hitler

mit seiner „Methode der vollendeten Tatsachen" nicht doch weitergekommen sei als auf dem üblichen Wege des Auswärtigen Amtes.
Um seine lauteren Absichten zu bekräftigen, insbesondere aber um das englische Wohlwollen noch zu steigern und Frankreichs Bedenken zu zerstreuen, hielt Hitler vor dem Reichstag am 21. Mai 1935 eine weitere große „Friedensrede".
Ruhig, maßvoll und verhalten präsentierte er sich ganz als verantwortungsbewusster Staatsmann. Zunächst verurteilte er die vergangenen Kriege und stellte fest, dass sie letzten Endes niemandem, auch nicht dem jeweiligen Sieger, Glück gebracht hätten und dass somit auch die Opfer der Völker vergebens gewesen seien. „Frankreich ist am Ende Frankreich geblieben, Deutschland Deutschland, Italien Italien, Polen Polen... Was dynastischer Egoismus, politische Leidenschaft und patriotische Verblendung unter Strömen von Blut erreicht haben, hat in nationaler Beziehung stets nur die Oberfläche der Völker geritzt... Nein! Das nationalsozialistische Deutschland will den Frieden aus tiefinnersten weltanschaulichen Überzeugungen. Es will ihn weiter aus der einfachen primitiven Erkenntnis, dass kein Krieg geeignet sein würde, das Wesen unserer allgemeinen europäischen Not zu heben... Deutschland braucht den Frieden, und es will den Frieden!"
An Frankreich wandte er sich mit dem Hinweis, dass nach der am 1.3.1935 erfolgten Rückkehr des Saarlandes keine ernsten Probleme mehr zwischen den beiden Ländern stünden: „Deutschland hat Frankreich gegenüber feierlich die nach der Saarabstimmung sich ergebende Grenze angenommen und garantiert... Wir taten dies, trotzdem wir damit z.B. endgültig auf Elsass-Lothringen Verzicht leisteten, um das auch wir zwei große Kriege führten."
Den Engländern machte er nochmals das Angebot, die deutsche Flotte auf höchstens 35 % der britischen Flotte zu beschränken. Nach allgemeinen Vorschlägen zur Abrüstung, die nicht nur für Deutschland, sondern für alle Staaten zu gelten hätten, schloss Hitler seine Rede mit den Worten: „Wer in Europa die Brandfackel des Krieges erhebt, kann nur das Chaos wünschen. Wir aber leben in der festen Überzeugung, dass sich in unserer Zeit nicht erfüllt der Untergang des Abendlandes; sondern seine Wiederauferstehung. Dass Deutschland zu diesem großen Werk einen unvergänglichen Beitrag liefern möge, ist unsere stolze Hoffnung und unser unerschütterlicher Glaube."
In weiten internationalen Kreisen blieb diese Rede nicht ohne Eindruck. Eigentlich forderte Hitler nur das, was ihm jeder europäische Staatsmann zubilligen musste.
Nicht zuletzt wegen des 35 %-Angebots schrieb schon am nächsten Tag die Londoner „Times": „Wie man sieht, ist die Rede maßvoll, aufrichtig und umfassend. Wer sie unvoreingenommen liest, kann nicht bezweifeln, dass die von Herrn Hitler umrissene Politik durchaus die Grundlage für eine vollständige Verständigung mit Deutschland bilden könnte – mit einem freien, gleichberechtigten, starken Deutschland anstelle des gedemütigten Volkes, dem vor 16 Jahren der Frieden aufgezwungen wurde... Es ist zu hoffen, dass diese Rede überall als eine aufrichtige und wohlerwogene Äußerung aufgenommen wird, die genau meint, was sie besagt."
Die Flottenverhandlungen waren dann kaum mehr als eine Routineangelegenheit. Das, was Hitler von England forderte, wurde ihm im deutsch-britischen Flottenabkommen vom 8. Juni 1935 zugestanden. Die beiden Mächte einigten sich auf ein Verhältnis von 100 zu 35 beim Flottenbau und 100 zu 45 beim U-Boot-Bau.
Drei Monate nach dem Bruch des Versailler Vertrages durch Hitlers Einführung der allgemeinen Wehrpflicht hatte nun auch London mit diesem Flottenabkommen den Vertrag von Versailles gebrochen. Frankreich, das von England über die Verhandlungen nicht einmal informiert worden war, protestierte zwar heftig, aber vergeblich. London trachtete danach, sich mit dem „vernünftigen" Staatsmann Hitler zu arrangieren, womit das System des Versailler Friedensvertrages praktisch erledigt war. Als Hitler seinen nächsten außenpolitischen Coup startete, ein weiteres Relikt des Versailler Vertrages zu beseitigen, war ihm englisches Wohlverhalten sicher. Schon im Januar 1936 spielte er mit dem Gedanken, das entmilitarisierte Rheinland zu besetzen. Gegen den Rat der Militärs, die es lieber gesehen hätten, wenn Hitler zuvor verhandeln würde, und die ihn dringend davor warnten, es zu einem Krieg kommen zu lassen, ließ Hitler am 7. März 1936 drei „symbolische" Bataillone über die Rheinbrücken in die militärfreie Zone einmarschieren. Von der Bevölkerung begeistert begrüßt, von katholischen Priestern mit Weihrauch und Segnungen empfangen, wurde von einigen tausend deutschen Soldaten das Rheinland besetzt. Würde Frankreich nun endlich etwas unternehmen? Würde Frankreich, statt zu protestieren, auch marschieren?
„Die 48 Stunden nach dem Einmarsch ins Rheinland", so Hitler, „sind die aufregendste Zeitspanne in meinem Leben gewesen." Wenn Frankreich etwas unternommen hätte, „hätten wir uns mit Schimpf und Schande wieder zurückziehen müssen, denn die militärischen Kräfte, über die wir verfügten, hätten keineswegs auch nur zu einem mäßigen Widerstand ausgereicht."
Frankreichs Botschafter in Berlin

Bild links: „Seit Versailles haben wir auf die Abrüstung gewartet. Nun, da alle Staaten in Waffen starren, sind auch wir so frei, unsere Heimat zu schützen!" Karikatur des „Simplicissimus" auf die Wiederherstellung der deutschen Wehrhoheit 1935.

Bild rechts: Britischer Besuch in Berlin. Von links: Anthony Eden, der britische Außenminister Sir John Simon, Hitler, Dolmetscher Paul Schmidt, der deutschen Außenminister von Neurath, der britische Botschafter in Berlin Sir Eric Phipps und der deutsche Botschafter in London von Ribbentrop. Das Gespräch bereitete das deutsch-englische Flottenabkommen vom 18. Juni 1935 vor, das der deutschen Kriegsmarine eine Stärke von 35 Prozent der britischen Seestreitkräfte einräumte.

verlangte zwar von Paris eine „energische Reaktion", aber der französische Generalstab reagierte nur halbherzig und ängstlich. Allein, ohne London, konnte sich Paris zu einem Widerstand gegen Hitler nicht durchringen. Und in England dachte niemand ernsthaft daran, sich der Sache Frankreichs anzunehmen. „Es gab zu jener Zeit", schreibt Anthony Eden, „in unserem Land unter tausend Menschen nicht einen, der bereit gewesen wäre, an der Seite Frankreichs physisch etwas gegen eine deutsche Besetzung des Rheinlandes zu unternehmen." Ein anderer britischer Politiker meinte trocken: „Schließlich sind die Deutschen ja nur in ihren eigenen Vorgarten eingerückt." Die Rheinlandbesetzung, die für Hitler zu einer möglichen Niederlage und einem empfindlichen Prestigeverlust hätte führen können, wurde schließlich auch noch innenpolitisch ein großartiger Erfolg. Umgehend ließ Hitler den Reichstag auflösen, um das deutsche Volk über seine Politik abstimmen zu lassen. In einem wahren Triumphzug durch Deutschland verkündeten Hitler und seine gleichgeschalteten Propagandamedien die Grundlagen seiner friedlichen Politik. Im Hinblick auf die Rheinlandbesetzung betonte er, „keinen Fuß auf fremdes Gebiet gesetzt" zu haben. „Ich bin nicht in ein fremdes Haus eingebrochen! Ich habe niemand etwas gestohlen!" Nur sein deutsches Volk könne über ihn richten. „Deutsches Volk! Sieh das Große und Gesamte der letzten drei Jahre! Sei gerecht! Hast Du, wenn Du ein anständiger Deutscher bist, Grund, Dich der letzten drei Jahre ... zu schämen? Oder hast Du nicht doch Grund, jetzt wieder einmal stolz zu sein?"
Als die Wahlen am 29. März 1936 stattfanden, gaben, so der amerikanische Hitler-Biograph Toland, „98,8 % aller Wähler, ohne dazu gezwungen worden zu sein, ihre Stimme für Hitler. Auf der ganzen Welt erfreute sich kein Staatsoberhaupt solcher Beliebtheit."
Gleich die nächste Gelegenheit nahmen Hitler und seine Propagandisten zum Anlass, um das Prestige des Regimes noch weiter zu steigern. Als im Sommer 1936 die Olympischen Spiele in Deutschland stattfanden, zeigte sich das Dritte Reich von seiner besten Seite. Ausländische Stimmen, die Spiele wegen Hitlers antisemitischer Politik zu boykottieren, fanden wenig Resonanz. Trotz der Nürnberger Gesetze, trotz der KZs und der Gestapo, trotz der Unterdrückung jeder Opposition, trotz des Terrors und der Diktatur kam die „Jugend der Welt" nach Deutschland, um die bis dahin glänzendsten Olympischen Spiele mitzuerleben.
Sportlich war alles bestens organisiert, und die Regierung bemühte sich aufmerksamer und intensiver als je eine Regierung zuvor um die Olympia-Teilnehmer.
Empfänge über Empfänge wurden veranstaltet. In den Restaurants, den Theatern und Vergnügungsstätten herrschte Hochbetrieb. Die Gäste waren sichtlich beeindruckt. Und nicht wenige kehrten als Fürsprecher des neuen Deutschland in ihre Heimat zurück. Auch wenn man die Nazis nicht mochte, das aber musste man diesem Hitler lassen: In nur drei Jahren war aus einem Deutschland der Not und des Elends, der parteipolitischen Zersplitterung ein Staat geworden, der sich sehen lassen konnte. Noch wirkte die Fassade, noch verdeckte sie die wahren Hintergründe.
Und als Hitler mit dem Anschluss Österreichs und der Eingliederung des Sudetenlandes im Jahre 1938 seine größten außenpolitischen Triumphe feierte, waren diese Hintergründe noch immer nicht erkennbar, nicht erkennbar für das gleichgeschaltete Deutschland und, was schlimmer war, nicht erkennbar für die englische Politik, die bis zuletzt an den „vernünftigen Staatsmann" Hitler glaubte, den man im eigenen Machtinteresse als Bollwerk gegen den Bolschewismus gebrauchen könne.
Dass Hitler, gestützt auf das Selbstbestimmungsrecht der Völker, nach 1933 den Zusammenschluss aller Deutschen anstrebte, war kein Ge-

heimnis. Und dass die Eingliederung Österreichs, dem 1918 die Vereinigung mit dem Deutschen Reich von den Siegern verboten worden war, zu diesem Programm gehörte, war die natürliche Folge einer solchen Politik. Offen war lediglich die Frage, wann?

Zunächst war die Vereinigung mit Österreich nicht nur am französischen, sondern auch am Widerstand des faschistischen Italiens gescheitert. Doch Mussolinis am 3. Oktober 1935 begonnener Abessinienkrieg und die gemeinsame Unterstützung Francos im spanischen Bürgerkrieg hatte die beiden Diktatoren einander nähergebracht.

Im Jahre 1938 jedenfalls glaubte Hitler, mit der Duldung Mussolinis rechnen zu können. So lud er den österreichischen Bundeskanzler, Kurt von Schuschnigg, für den 12. Februar in sein Haus auf dem Obersalzberg ein, um ihm hier seine Bedingungen zu diktieren.

Das zunächst freundlich begonnene Gespräch wurde zusehends härter und führte schließlich über Hitlers Beschimpfungen, dass Schuschniggs Politik in keiner Weise deutschfreundlich sei, zur unverhüllten Drohung: „Und das sage ich Ihnen, Herr Schuschnigg! Ich bin fest dazu entschlossen, mit dem allen ein Ende zu machen. Das Deutsche Reich ist eine Großmacht und es kann und wird niemand dreinreden wollen, wenn es an seinen Grenzen Ordnung macht."

Als Schuschnigg Hitler zu verstehen gab, dass Österreich nicht allein sei und eine gewaltsame Lösung zum Krieg führen könnte, zeigte sich Hitler nicht beeindruckt. Eher höhnisch meinte er, dass niemand, weder England noch Frankreich oder Italien, für Österreich einen Finger rühren würde. Schuschnigg bliebe gar nichts anderes übrig als die Bedingungen zu akzeptieren. Da er nicht „bluffe", gäbe er ihm den guten Rat, ihn „wörtlich zu nehmen". Innerhalb von drei Tagen müssten alle inhaftierten österreichischen Nationalsozialisten freigelassen werden, der österreichische Nationalsozialist Arthur Seyß-Inquart müsse zum Innenminister und ein „gemäßigter" österreichischer Nationalist zum Verteidigungsminister ernannt werden. Schuschnigg wusste, dass die Erfüllung dieser Forderungen letztlich auf das Ende seines Österreichs hinauslaufen würde. Doch um Zeit zu gewinnen, erfüllte er, nach Wien zurückgekehrt, zunächst die ersten beiden Forderungen Hitlers, um dann ganz überraschend gegen die Vereinbarung von Berchtesgaden für den 13. März 1938 eine Volksabstimmung anzusetzen. Würde das Volk sich vor aller Welt für „ein freies und deutsches, unabhängiges und soziales, für ein christliches und einiges Österreich" entscheiden, so könnte Hitler diesen Volkswillen unmöglich missachten. Hitler, der am besten wusste, wie man einen Volkswillen manipulieren konnte, reagierte sofort. Um dieser Abstimmung zuvorzukommen, stellte er der österreichischen Regierung das Ultimatum, Bundeskanzler Schuschnigg umgehend durch Seyß-Inquart zu ersetzen, anderenfalls deutsche Truppen in Österreich einmarschieren würden. In seiner Verzweiflung wandte sich Schuschnigg an London, „um den sofortigen Rat der Regierung Seiner Majestät zu erfahren, was er nun tun solle". Die Antwort aus England war niederschmetternd. Man könne dem Bundeskanzler nicht raten, „einen Kurs einzuschlagen, der sein Land Gefahren aussetzen könnte, gegen welche die Regierung Seiner Majestät Schutz zu gewähren außerstande ist".

Da Frankreich ohne England ebenfalls nicht zu konkreten Maßnahmen bereit war und Mussolini ihm kurz zuvor ausdrücklich bestätigt hatte, an der österreichischen Frage nicht interessiert zu sein, konnte Hitler die Truppen der deutschen Wehrmacht getrost in Marsch setzen. Für die Soldaten sowie insbesondere für Hitler persönlich war dieser Einmarsch in Österreich ein Triumphzug ohnegleichen. Die Österreicher selbst halfen mit, die Grenzschlagbäume zu entfernen. Mit Blumen und Hakenkreuzfahnen wurden die Soldaten von Alt und Jung, von Frauen und Kindern begeistert willkommen geheißen. Von Fahrzeugen und Zuschauern waren die Straßen so verstopft, dass Hitlers Kolonne erst am späten Nachmittag die Donau überqueren konnte.

Sein erstes Ziel in Österreich war seine Geburtsstadt Braunau, wo er

vor nicht ganz 49 Jahren zur Welt gekommen war. Dann ging die Reise weiter nach Linz. Der Jubel der Hunderttausend auf dem Marktplatz seiner Heimatstadt war derart überwältigend, dass Hitler, der ursprünglich nur eine Art Personalunion zwischen Österreich und Deutschland vorgesehen hatte, sich unter diesem Eindruck der Massenbegeisterung für den sofortigen Anschluss entschied. Diese Begeisterung Österreichs, schrieb der Korrespondent der Londoner „Times", „würde unglaubhaft sein, wenn man sie nicht mit eigenen Augen gesehen hätte. Die Wahrheit ist, dass die Wien und München trennende Grenze immer nur künstlich war... Die Menschen sprechen die gleiche Sprache, denken dasselbe... Natürlich wünschen sie ein Volk zu sein... Vom Londoner Blickwinkel gesehen, mag der deutsche Marsch über die Grenze wie ein Akt der Aggression aussehen. Von hier aus gesehen sind die Truppen als Brüder gekommen, um Österreich zu retten."

Am 13. März 1938 unterzeichneten Seyß-Inquart und Hitler das „Wiedervereinigungsgesetz", dessen 1. Artikel lautete: „Österreich ist ein Land des Deutschen Reiches". In Leonding legte Hitler am Grab seiner Eltern einen Kranz nieder, um dann nach Wien weiterzureisen. Vor Hunderttausenden, die ihn hier auf dem Heldenplatz erwarteten, hielt er eine zündende Rede, die unter unbeschreiblichem Jubel mit den Worten endete, dass er in dieser Stunde die „größte Vollzugsmeldung" seines Lebens abgeben könne: „Als der Führer und Kanzler der deutschen Nation und des Reiches melde ich vor der Geschichte nunmehr den Eintritt meiner Heimat in das Deutsche Reich."

Der nationale Taumel in Wien und Österreich, den Hitler entfachte, war ungeheuerlich. Selbst Kardinal Innitzer, dessen oberster Kirchenführer, der Papst, 1937 mit „brennender Sorge" gegen die nationalsozialistische Kirchenpolitik protestiert hatte, forderte nun, dass es die „Pflicht der katholischen Bevölkerung" sei, „am deutschen Aufbauwerk mitzuarbeiten." Und auch der österreichische Sozialistenführer Renner, dessen deutsche Genossen Hitler nach 1933 rücksichtslos ausgeschaltet hatte, erklärte bei der für den 10. April angesetzten Volksabstimmung, für den Anschluss zu stimmen. 99,73 % der Österreicher stimmten an jenem 10. April für die „ Wiedervereinigung" Österreichs mit dem Deutschen Reich. Im Altreich waren es 0,65 % weniger.

Mit dem Anschluss hatte der „Friedenskanzler" Hitler das erklärte Ziel seiner Außenpolitik, das Großdeutsche Reich, im Wesentlichen erreicht.

Aber Millionen von Deutschen lebten trotzdem noch außerhalb der deutschen Grenzen. Im künstlichen Staatsgebilde der Tschechoslowakei lebten allein dreieinhalb Millionen Deutsche. Die Tschechen stellten nicht ganz die Hälfte der Bevölkerung, regierten aber allein, trotz der Verfassung, die etwas anderes vorsah, trotz der Versprechen der führenden tschechischen Politiker Masaryk und Benesv, bei der Gründung des Staates eine Art osteuropäische Schweiz zu schaffen. Den anderen Nationalitäten – Deutschen, Slowaken, Ungarn, Ukrainern und Polen – wurden die feierlich garantierten Rechte vorenthalten.

Am 21. Mai 1938 fanden in der Tschechoslowakei Gemeindewahlen statt. Man rechnete, dass in den

Bilder links oben: Bei seinem ersten Besuch in Italien im Juni 1934 verlief die Begegnung der beiden Diktatoren, nicht zuletzt wegen der Österreich-Frage noch recht kühl. Drei Jahre später bei Mussolinis Staatsbesuch in Berlin hatte sich dies grundlegend geändert – die Achse Berlin-Rom war besiegelt.

Bild links unten: „Heute Spanien, morgen die Welt." Das Plakat der spanischen Anarchisten stellt das Eingreifen der faschistischen Staaten in den Spanischen Bürgerkrieg als Beginn eines Kampfes um die Weltherrschaft dar.

Bild rechts oben: Einmarsch deutscher Soldaten in die entmilitarisierte Zone des Rheinlandes am 7. März 1936.

Bild rechts unten: Hitler bei der Eröffnung der Olympischen Sommerspiele 1936 im Berliner Olympiastadion.

Bild links: Als Hitler am 15. März 1938 vom Hotel „Imperial" auf dem Wiener Heldenplatz (links, mit der Reiterstatue des Feldherrn Prinz Eugen) „den Eintritt meiner Heimat in das Deutsche Reich" verkündete, kannte der Jubel keine Grenzen.

Bild rechts: Plakat zur Volksabstimmung und Wahl des Großdeutschen Reichstages. Hitlers Erfolgsbilanz konnte sich wahrlich sehen lassen: Das „Ja" in Deutschland und Österreich war überwältigend.

sudetendeutschen Gebieten des Böhmerwaldes, des Riesengebirges und des Erzgebirges zwei Drittel der Bevölkerung für deutsche Gemeindevertreter stimmen würden. Tatsächlich waren es aber über 90 % aller Stimmen, die für deutsche Gemeindevertreter abgegeben wurden. Die Antwort der tschechischen Regierung bestand darin, die Mobilmachung der Streitkräfte anzuordnen und Truppen an die deutsche Grenze, also ins Sudetenland, zu verlegen.

Es kam im Laufe des Sommers zu vielen Auseinandersetzungen zwischen den tschechischen Behörden und der deutschen Bevölkerung. Das Problem Sudetenland beschäftigte in zunehmendem Maße auch das Ausland. Besonders England engagierte sich stark. Die britische Regierung hatte schon vor 1933 den bei ihr vorsprechenden Vertretern der deutschen Bevölkerung der Tschechoslowakei zugesagt, ihre Forderungen nach einer Autonomie, die dem Selbstbestimmungsrecht der Völker entspräche, zu unterstützen.

Um alles Mögliche zu tun, damit ein kriegerischer Konflikt zwischen Deutschland und den Tschechen vermieden würde, entsandte die britische Regierung eine Beobachterdelegation in die Tschechoslowakei, die geleitet wurde von Lord Runciman.

Lord Runciman kam zu der gleichen Ansicht wie andere Beobachter vor ihm auch: Die Sudetendeutschen wollten nicht im tschechischen Staat verbleiben, sie wollten zu Deutschland, „heim ins Reich".

Aber die britische Regierung zögerte zunächst, daraus Schlussfolgerungen zu ziehen. Eine Autonomie für die Sudetendeutschen würde einen Eingriff in die Substanz des tschechischen Staates darstellen; damit würde sicher Frankreich nicht einverstanden sein, das ja den Bestand der Tschechoslowakei gegen jeden Eingriff garantiert hatte. England wiederum war aber mit Frankreich verbündet. Eine verzwickte Lage.

Inzwischen drohte Hitler, der sich noch immer über die tschechische Mobilmachung gegen Deutschland vom Mai empört zeigte, die Sudetendeutschen würden sich jetzt selbst helfen, wenn nur immer weiter geredet würde. Deutschland könnte dann nicht abseits stehen. Das wurde überall als Kriegsdrohung aufgefasst.

In dieser heiklen Situation entschloss sich der britische Premierminister Neville Chamberlain zur ersten Flugreise seines Lebens und flog nach Deutschland, um selbst mit Hitler über die sudetendeutsche Frage zu beraten.

Die Besprechungen, die am 16. September 1938 auf Hitlers Berghof stattfanden, wie ein halbes Jahr zuvor die Besprechung mit Schuschnigg, führten zu keinem Ergebnis. Hitler verlangte jetzt nicht nur die Autonomie für das Sudetenland, sondern den Anschluss an Deutschland. Eine solche Zusage konnte Chamberlain ohne Rücksprache mit seiner Regierung nicht geben, und so flog er zunächst ohne Ergebnis nach London zurück.

An der darauffolgenden Kabinettssitzung nahm auch Lord Runciman teil und berichtete über die Erfahrungen seiner Beobachtungsreise durch das Sudetenland, über seine Gespräche mit den Vertretern der Sudeten-deutschen, mit der Bevölkerung selbst und mit der Regierung in Prag. Er sagte von sich aus, dass eine Autonomie innerhalb des tschechischen Staates keine Lösung sei. Das Sudetenland gehöre eindeutig zu Deutschland – noch dazu, nachdem nun Österreich, zu dem in der Habsburger Zeit die ganze jetzige Tschechoslowakei und auch die Sudeten gehört hätten, wieder ein Teil des Deutschen Reiches sei. Auch die Bevölkerung selbst sei nicht mehr für eine Autonomie, sondern für den Anschluss an Deutschland. Eine Abtretung der Sudeten an Deutschland entspräche also dem Selbstbestimmungsrecht der Völker.

Inzwischen hatten auch die Franzosen zu erkennen gegeben, dass sie der Sudetenfrage wegen keinen Krieg gegen Deutschland führen würden.

Die britische Regierung teilte der tschechischen ihre Auffassung mit. Wohl oder übel stimmte Staatspräsident Benesv, der sich jetzt auch von Frankreich verlassen sah, zu, das Sudetenland abzutreten. Aber er versuchte die gleiche Verzögerungstaktik anzuwenden, die ein halbes Jahr zuvor zum Untergang Schuschniggs geführt hatte.

Chamberlain flog nochmals nach Deutschland, wo er sich diesmal in Bad Godesberg mit Hitler traf. Die Besprechungen fanden im Rheinhotel „Dreesen" statt. Wie bei der Unterredung mit Schuschnigg, so stellte Hitler auch hier rigoros konkrete Termine als Forderungen. Es sei nun lange genug nur geredet worden – die Engländer seien mit der Abtretung des Sudetenlands einverstanden, auch die Franzosen, und nun die Tschechen selbst. Wenn das alles ernst gemeint sei – weshalb dann nicht gleich?

Aber Chamberlain war kein Schuschnigg, der vor Hitler kuscht, um erst hinter seinem Rücken, in genügender Entfernung, wieder den starken Mann herauszukehren. Chamberlain lehnte das „Ultimatum" empört ab. Aufgebracht begab er sich in sein Hotel, das Hotel Petersberg auf der anderen Rheinseite.

Nachdem er Hitler am anderen Morgen – es war der 23. September 1938 – einen Brief hatte überbringen lassen, kam es am späten Abend noch einmal zu einer Besprechung im Hotel „Dreesen". Die Verhandlungen liefen sich wieder fest, da Hitler nicht von seinem Termin der Räumung des Sudetenlandes durch die Tschechen abgehen wollte: Der 28. September war dieser Termin, also fünf Tage später. Endlich gab Hitler ein wenig nach und schlug als neuen Termin den 1. Oktober vor.

Da ließ Benesv seine Bombe explodieren, mit der er das Geschick auch um den Preis eines europäischen Krieges noch einmal wenden wollte.

Ein Adjutant brachte der Konferenz der beiden Regierungschefs die Mitteilung, dass der tschechische Staatspräsident soeben die Mobilmachung gegen Deutschland angeordnet hätte. Das bedeutete Krieg.

Chamberlain flog nach London zurück. Das deutsche Memorandum wurde von ihm an die tschechische Regierung weitergeleitet, von der bald die Nachricht kam, dass sie es ablehne.

Frankreich erklärte nun plötzlich, dass es sich im Kriegsfall an seine vertraglichen Verpflichtungen gegenüber der Cv SR gebunden fühle, also im Fall einer Besetzung des Sudetenlandes durch deutsche Truppen Krieg gegen Deutschland führen würde.

Das gleiche erklärte daraufhin die britische Regierung, indem sie darauf hinwies, dass sie wiederum vertraglich verpflichtet sei, Frankreich zu unterstützen – und das, obwohl sich alle Beteiligten, einschließlich der tschechischen Regierung, darüber einig gewesen waren, dass die Sudetendeutschen „heim ins Reich" kehren sollten.

„Herr Benesv ", konterte Hitler im Berliner Sportpalast, „hat jetzt die Entscheidung in seiner Hand: Frieden oder Krieg! Er wird entweder dieses Angebot akzeptieren und den Deutschen endlich die Freiheit geben, oder wir werden uns diese Freiheit selbst holen!" Die Zeit der scheinheiligen „Friedensreden" Hitlers war endgültig vorbei, die Maske war gefallen.

Frankreich und Großbritannien verkündeten am nächsten Tag die Mobilmachung. Es war der 28. September, bis zu dem Hitler die Räumung des Sudetenlandes durch die Tschechen ursprünglich befristet hatte, bevor er in der nächtlichen Unterredung im Hotel „Dreesen" das Zugeständnis gemacht hatte, bis zum 1. Oktober zu warten.

Das war der Krieg! In London wurden Flak-Batterien in Stellung gebracht, Gasmasken wurden an die Bevölkerung verteilt, Schutzgräben hastig ausgehoben, Kinder aus den Großstädten evakuiert. In Frankreichs Hauptstadt Paris das gleiche Bild, ebenso in Prag.

Nur in Berlin war von solchen Maßnahmen nichts zu bemerken. In der Reichskanzlei allerdings herrschte der gleiche Trubel wie ein halbes Jahr zuvor, als die Wehrmacht in Österreich einrücken sollte. Noch wusste niemand, wie Hitler sich entscheiden würde. Würde er den Befehl zum Einmarsch ins Sudetenland geben oder nicht?

Diesmal war die Lage gefährlicher als im Frühjahr. Hitlers Leichtsinn hatte Europa an die Schwelle einer Katastrophe gebracht. Die beiden Westmächte waren zum Angriff entschlossen. Das bedeutete nicht nur Krieg, sondern das bedeutete einen neuen Weltkrieg!

Der französische Botschafter war bei Hitler und versuchte ihm klarzumachen, dass die Sudetendeutschen ihr Recht bekommen sollten, nur eben nicht so schnell, nicht so überhastet. Es könnte dabei doch nur zu Komplikationen kommen.

In diesem Augenblick kam der italienische Botschafter völlig außer Atem in die Reichskanzlei gestürzt und rief schon von weitem:

Bild links: Hermann Göring, 1936 zum Beauftragten für den Vierjahresplan ernannt, bei einer Ansprache in einer deutschen Fabrik. In einer geheimen Denkschrift bemerkte Hitler bereits damals, dass die Aktivierung aller Wirtschaftskräfte nur „eine vorübergehende Entlastung" sei; eine „endgültige Lösung" im Sinne der Autarkie sei „nur in einer Erweiterung des Lebensraumes" zu erreichen.

Bild rechts oben: Wahlplakat der Sudetendeutschen Partei Konrad Henleins.

Bild rechts unten: Am 15. September 1938 gewann Hitler die erste Runde im Spiel um die Tschechoslowakei: Der britische Premierminister Chamberlain kam zu ihm auf den Obersalzberg und verhandelte. Abends berichtete Hitler aufgeräumt von der Besprechung. Staatssekretär von Weizsäcker notierte: „Durch seine (Hitlers) brutal bekundete Absicht, auch auf die Gefahr eines gesamteuropäischen Krieges hin die tschechische Frage jetzt zu lösen, sowie durch den Hinweis, dann in Europa zufriedengestellt zu sein, sei Chamberlain zur Versicherung bewogen worden, die Abtretung des Sudetenlandes an Deutschland betreiben zu wollen."

„Führer! Führer! Eine dringende Botschaft vom Duce an Sie!“
Botschafter Attolico berichtete, noch immer nach Atem ringend, dass Mussolini eine Konferenz zwischen den Regierungschefs von Frankreich, England, Italien und Deutschland vorschlüge. Sie könnte in München stattfinden. Der britische Premier Chamberlain hätte schon zugesagt.
Letzteres stimmte allerdings nicht ganz, denn Chamberlain hatte die Konferenz sogar angeregt und nur aus psychologischen Gründen den Duce um Vermittlung bei Hitler gebeten, weil er richtig einschätzte, dass Hitler einem Vorschlag seines Freundes Mussolini eher Folge leisten würde als einem gleichen Vorschlag Chamberlains. Und Mussolini machte das Spiel mit.
So kam es zu der berühmten Münchener Konferenz, auf der ein Kompromiss der verschiedenen Anschauungen erreicht wurde. Es wurde vereinbart, dass das Sudetenland schrittweise geräumt und von den Deutschen übernommen werden sollte. Die Räumung sollte am 10. Oktober beendet sein.
Die tschechischen Vertreter waren ebenfalls in München, aber sie nahmen nicht an der Konferenz teil. Selbst die beiden Regierungschefs der Westmächte waren die Obstruktionstaktik der tschechischen Regierung leid, durch die sie fast in einen Krieg geraten wären. Den Tschechen wurde das Ergebnis der Konferenz mitgeteilt und ihnen dazu bündig erklärt, dass sie diese zwischen den vier Großmächten geschlossenen Vereinbarungen zu erfüllen hätten. Frankreich erklärte noch zusätzlich, dass es nichts mehr für die Tschecho-slowakei tun würde, wenn die gestellten Bedingungen der Räumung des Sudetenlandes nicht zur festgesetzten Zeit erfüllt wären.
Benesv, der sich nicht beugen wollte, trat zurück. Hitler aber hatte ein weiteres großes Ziel erreicht. Wieder jubelten ihm Hunderttausende begeistert zu und riefen: „Ein Volk, ein Reich, ein Führer!“
Mit der Tschechoslowakei ging es danach langsam, aber sicher, zu Ende. Die anderen Länder, deren Volksangehörige ebenfalls 1919 in das künstliche Staatsgebilde gepresst worden waren, verlangten nun ebenfalls die Befreiung ihrer Landsleute. Vor allem die Slowaken, die bis auf ein Gebiet in der Karpatho-Ukraine geschlossen in die Tschechoslowakei eingegliedert worden waren, wollten einen eigenen Staat gründen. Die neue tschechische Regierung wollte die slowakischen Befreiungsbestrebungen auffangen und machte Zugeständnisse: ein eigenes Parlament, eine eigene Landesregierung für die Slowaken – aber immer noch unter der Oberhoheit Prags.
Zunächst gingen die Slowaken darauf ein. Es war besser als nichts. Aber am 12. Februar 1939 erschien der Führer der slowakischen nationalen Verbände, Vojtech Tuka, in Berlin bei Hitler. Tuka, 1929 wegen Hochverrats zu 15 Jahren Zuchthaus verurteilt und 1938 begnadigt, bat Hitler um die Unterstützung Deutschlands. Die Slowakei wollte völlig frei sein von tschechischer Bevormundung.
Aber Hitler hatte eben mit Frankreich einen Freundschaftspakt geschlossen, quasi noch als Fortsetzung und gutes Ende der Münchener Konferenz. Er war äußerst zufrieden mit diesem Vertrag und wollte die neu gewonnene französische Freundschaft nicht durch eine Einmischung in Angelegenheiten der Tschechoslowakei gefährden.
So gab er Tuka einen ablehnenden Bescheid und verwies auf die Zukunft, in der sicher auch noch die Freiheit für das slowakische Volk beschlossen läge.
Da war es wieder die tschechische Regierung, die alles ins Rollen brachte. Am 6. März 1939 setzte der Nachfolger Benesv's als tschechischer Staatspräsident, Dr. Emil Hácha, die ebenfalls neu entstandene ruthenische Bezirksregierung ab. In der Nacht vom 9. zum 10. März ließ er die slowakische Regierung absetzen und ordnete die Verhaftung des slowakischen Ministerpräsidenten Monsignore Dr. Jozef Tiso, eines katholischen Geistlichen, an.
Tiso konnte fliehen und begab sich nach Berlin, wo er am 13. März von Hitler empfangen wurde. Hitler machte Tiso klar, dass er nur dann helfen könnte, wenn die Slowakei selbständig wäre. Für einen Bestandteil des tschechoslowakischen

Staates aber könnte er nichts tun, das wäre eine Einmischung in innere Angelegenheiten eines anderen Staates. Das könnte er gerade der Tschechoslowakei gegenüber nicht, weil er damit die eben entstehenden guten Beziehungen zu Frankreich gefährden würde. Er würde dann nur für die unmittelbaren deutschen Interessen eintreten – und die lägen nicht östlich der Karpathen. Tiso versicherte dem deutschen Kanzler, dass die Slowakei längst unabhängig sein wolle. Telephonisch berief er von Berlin aus seine Minister und das Parlament für den anderen Morgen zu einer Tagung in Pressburg ein. Er selbst flog in seine Hauptstadt und verkündete am 14. März 1939 die Unabhängigkeit der Slowakei. Die Abgeordneten des slowakischen Parlaments stimmten für die verlesene Unabhängigkeitserklärung.

Die erste Reaktion darauf kam aus London. Die britische Regierung stellte in einem Kommuniqué nüchtern fest, dass es durch die slowakische Unabhängigkeitserklärung keinen tschechoslowakischen Staat mehr gäbe. Die Tschechoslowakei hätte aufgehört zu existieren, und damit wären auch alle Garantien, die Großbritannien diesem nun nicht mehr existierenden Staat gegeben hatte, gegenstandslos geworden.

Ungarn stellte der tschechischen Regierung ein Ultimatum, sofort all ihre Truppen aus Ruthenien abzuziehen, andernfalls würden ungarische Truppen zur Befreiung ihrer ruthenischen Landsleute von der tschechischen Herrschaft antreten.

Der tschechische Präsident Hácha ersuchte Hitler dringend um eine Unterredung. In der Nacht vom 14. zum 15. März 1939 traf Präsident Hácha in Berlin ein und wurde mit allen Ehren empfangen, die einem Staatsoberhaupt zustanden: Auf dem Anhalter Bahnhof präsentierte eine Ehrenkompanie das Gewehr, die tschechische Hymne ertönte, in der Reichskanzlei spielte der Musikzug der SS-Leibstandarte „Adolf Hitler" den Präsentiermarsch, als Hácha die Front abschritt.

In der nun folgenden nächtlichen Unterredung, die praktisch auf eine Erpressung des tschechischen Staatspräsidenten hinauslief, sprach zunächst Dr. Hácha und betonte, dass er zwar Staatspräsident wäre, sich zuvor aber nie um Politik gekümmert hätte. Jetzt bliebe ihm wohl nichts anderes übrig, als das Schicksal des tschechischen Volkes vertrauensvoll in die Hände des deutschen Führers und Reichskanzlers zu legen.

Hitler nickte. Er zählte noch einmal alle wirklichen und vermeintlichen Sünden der Tschechen auf und konstatierte, dass die Tschechoslowakei nicht mehr existierte. Übriggeblieben wären nur die alten deutschen Reichslande Böhmen und Mähren, die jahrhundertlang Bestandteil des Deutschen Reiches gewesen wären. Er hätte deshalb schon Befehl an die

Bild oben: Münchner Konferenz, Besprechung im Führerbau am 29. September 1939. Von links: Hitler, Chamberlain (verdeckt), Daladier, Mussolini, Ribbentrop und Graf Ciano. Von ihren Verbündeten Frankreich und England im Stich gelassen, wurde hier das Schicksal der Tschechoslowakei besiegelt.

Bild rechts oben: Weinend vor Wut und Trauer mit erhobenen Fäusten „begrüßt" die tschechische Bevölkerung den deutschen Einmarsch in die „Rest-Tschechei" im März 1939.

Bild rechts unten: Umrisskarte von „Großdeutschland" aus dem Jahr 1938. Den „Korridor", jenen 1919 geschaffenen polnischen Landstreifen zwischen Pommern und Ostpreußen (am oberen Bildrand rechts) zu überbrücken, war Hitlers Ziel im Frühjahr 1939. Dahinter verbarg sich aber: Auseinandersetzung mit dem polnischen Staat, die tödlich für diesen werden sollte.

Wehrmacht erteilt, den bewaffneten Schutz Böhmens und Mährens zu übernehmen.
Göring tat noch ein Übriges und gab Hácha zu verstehen, dass es doch Wahnsinn wäre, wenn die deutsche Luftwaffe die „Goldene Stadt" Prag angreifen müsste. Hácha erlitt einen Herzanfall. Es war inzwischen drei Uhr morgens. Die Anwesenden waren erschrocken. Wenn der tschechische Präsident jetzt sterben sollte, würde es in der Auslandspresse heißen, er wäre von den Deutschen ermordet worden. Hitlers Leibarzt Dr. Morell gab Hácha eine Spritze. Der Präsident erholte sich bald wieder. Alles atmete auf.
Hácha würde noch bis 1945 leben und auch dann nicht an einer Herzkrankheit sterben. Er würde von seinen Landsleuten gehenkt werden. Jetzt jedenfalls sah er, dass es keinen anderen Ausweg mehr gab, um Schlimmeres zu verhüten, als Hitlers Forderungen zu erfüllen. Dieser schlug Hácha vor, Böhmen und Mähren, also den übriggebliebenen Teil des früheren tschechoslowakischen Staates, als Protektorat unter deutsche Obhut zu nehmen. Er forderte Hácha auf, in Prag anzurufen und die Regierung anzuweisen, den einrückenden deutschen Truppen keinen Widerstand zu leisten.
Nach vielen Schwierigkeiten kam die Telephonverbindung mit Prag zustande. Die Regierung erklärte sich bereit, Háchas Anweisung zu folgen. Die Truppen sollten nicht kämpfen, sondern sich auflösen. Noch in der gleichen Nacht unterzeichneten Hácha, sein Außenminister Cvhvalkovsky´ und Hitler eine Erklärung über die Errichtung des Protektorats. Hácha blieb weiter Staatspräsident – bis zum Jahre 1945. Hitler traf schon am nächsten Tag ein, dem 15. März, auf der Prager Burg, dem Hradschin, dem alten Schloss der böhmischen Könige und deutschen Kaiser. Am 16. März verkündete er eine Proklamation über die Errichtung des „Reichsprotekto-

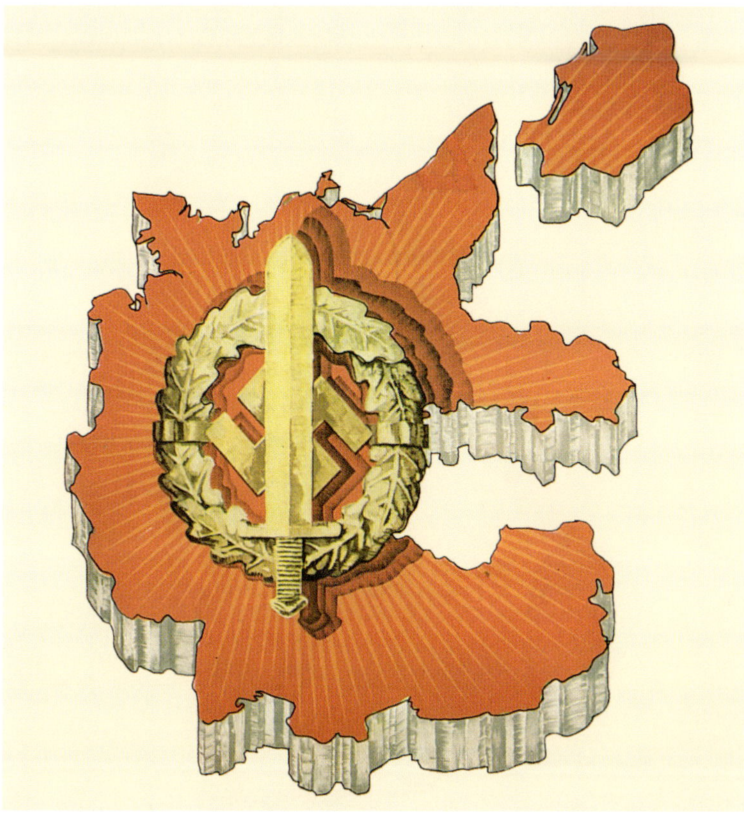

rats Böhmen und Mähren". Chamberlain erklärte daraufhin, dass nun, da die Tschechoslowakei zerfallen wäre, auch diese Garantieverpflichtung nicht mehr bestünde.

Dennoch war man jetzt in England nicht mehr bereit, weitere Gewalttaten Hitlers zu dulden. Der deutsche Botschafter in London bekam die neue Haltung deutlich zu spüren: „Ich verstehe, dass Herrn Hitlers Appetit auf unblutige Siege wächst, aber es kommt der Tag, da er sich irrt, und da es nicht ohne Blutvergießen gehen wird."

Um diesen Appetit zu zügeln, gab Chamberlain am 31. März im Unterhaus bekannt, England würde in voller Übereinstimmung mit Frankreich Polen Beistand leisten, sollte das Land in seiner Unabhängigkeit bedroht werden. England würde zwar Deutschlands berechtigte Interessen gegen Polen in der Danzig- und Korridorfrage anerkennen, doch hätte sich Hitler nun an die friedlichen Spielregeln des Verhandelns zu halten. Diese englisch-französische Garantieerklärung für Polen wiederum trug nicht gerade dazu bei, die selbstbewusste polnische Führung unter Außenminister Oberst Beck verhandlungsbereit zu stimmen. Selbst Hitlers „maßvolle" Forderungen wurden von Warschau abgelehnt.

Da Hitler zwar zum Krieg gegen Polen entschlossen war, er sich einen Zweifrontenkrieg aber nicht leisten konnte, suchte er – das von Englands Gnaden großgewordene „Bollwerk gegen den Bolschewismus" – sich mit eben diesem Bolschewismus zu arrangieren. Ein Bündnis mit Russland würde ihm den Zweifrontenkrieg ersparen. Ja, mit diesem Bündnis würden es die schwächlichen Demokratien nicht einmal wagen, ihren Pflichten Polen gegenüber nachzukommen.

Stalin wiederum dachte ganz anders, als er sich für das von Hitler angestrebte Bündnis entschied und die entsprechenden Angebote Englands und Frankreichs ablehnte.

In einer Geheimsitzung des Politbüros vom 19. August 1939 begründete er den führenden Genossen seine Haltung.

„Krieg oder Frieden: Diese Frage ist nun in ihre kritische Phase eingetreten. Ihre Lösung hängt vollkommen von der Stellungnahme ab, die von der Sowjetunion eingenommen werden wird. Wir sind absolut überzeugt, dass Deutschland, wenn wir einen Bündnisvertrag mit Frankreich und Großbritannien abschließen, sich gezwungen sehen wird, vor Polen zurückzuweichen und einen modus vivendi mit den Westmächten zu suchen. Auf diese Weise könnte der Krieg vermieden werden. Und die schließliche Entwicklung wird bei diesem Zustand der Dinge einen für uns gefährlichen Charakter annehmen. Auf der anderen Seite wird Deutschland, wenn wir das euch bekannte Angebot Deutschlands eines Nichtangriffspaktes annehmen, sicher Polen angreifen, und die Intervention Frankreichs und Englands in diesem Krieg wird unvermeidlich werden.

Unter solchen Umständen werden wir viele Chancen haben, außerhalb des Konfliktes zu bleiben, und wir

Bild links oben: Am 23. August 1939 unterzeichnete Ribbentrop in Moskau den Nichtangriffspakt zwischen Deutschland und der Sowjetunion. Ein geheimes Zusatzprotokoll des Vertrages legte die Aufteilung Polens fest. Der Weg für den Angriff auf Polen war frei. Hinter Ribbentrop Stalin (rechts) und Molotow.

Bild links unten: Jahrelang hatte der Nationalsozialismus gegen die Sowjetunion gewütet und das Gespenst des Bolschewismus an die Wand gemalt. Vollkommen fassungslos reagierte die Welt daher auf die Nachricht vom Abschluss des Nichtangriffspaktes. Alle Fronten schienen verkehrt. Die britische Karikatur malt die Begrüßungsszene der beiden Diktatoren über der Leiche Polens aus.

Bild rechts: Höhepunkt der Feierlichkeiten zu Hitlers 50. Geburtstag am 20. April 1939 war die große Militärparade in Berlin, eine „bedeutungsvolle Demonstration militärischer Macht und Entschlossenheit", so die Schlagzeile des Völkischen Beobachters. Beeindruckt und beunruhigt reagierte die Welt auf das gewaltige militärische Schauspiel, auf die größte Parade, die jemals in Deutschland stattfand.

Bild links: „Großdeutschland" einschließlich der bereits einverleibten Resttschechei. Damit hatte Hitler erstmals gegen das Selbstbestimmungsrecht der Völker verstoßen, mit dem er bisher seine Außenpolitik rechtfertigen konnte. Wegen seiner traditionellen Gleichgewichtspolitik (balance of power) war England jetzt nicht mehr bereit, eine weitere militärische Expansion Deutschlands zu dulden. Als die Regierung Chamberlain im Mai 1940 durch eine nationale Koalition unter Churchill abgelöst wurde, verkündete der neue Premierminister, England werde bis zur endgültigen Niederlage Deutschlands kämpfen, seinen Landsleuten sagte er harte Zeiten mit „Blut, Schweiß und Tränen" voraus. Dem hielt Hitler entgegen: „Ein Wort habe ich nie kennengelernt – das Wort heißt Kapitulation".

Bild rechts: Als vor dem Reichstag am 1. September 1939 Hitlers historische Worte fielen: „Seit 5 Uhr 45 wird nun mehr zurückgeschossen" und damit der Angriff auf Polen begann, zögerten England und Frankreich nicht, ihren Bündnisverpflichtungen nachzukommen.

können mit Vorteil abwarten, bis die Reihe an uns ist. Das ist genau das, was unser Interesse erfordert. Daher ist unsere Entscheidung klar, wir müssen das deutsche Angebot annehmen und die französisch-englische Mission mit einer höflichen Ablehnung in ihre Länder zurückschicken. Ich wiederhole, dass es in eurem Interesse ist, wenn der Krieg zwischen dem Reich und dem anglo-französischen Block ausbricht. Es ist wesentlich für uns, dass dieser Krieg so lange wie möglich dauert, damit die beiden Gruppen sich erschöpfen. Aus diesem Grund müssen wir den von Deutschland vorgeschlagenen Pakt annehmen und darauf hinarbeiten, dass dieser Krieg, wenn er einmal erklärt ist, solange als möglich dauert. In der Zwischenzeit müssen wir die politische Arbeit in den kriegführenden Ländern intensivieren, damit wir gut vorbereitet sind, wenn der Krieg sein Ende nehmen wird."

Als lachender Dritter wollte Stalin zusehen, wie sich die kapitalistisch-faschistischen Mächte gegenseitig zerfleischten, um dann seine eigenen Interessen, die Expansion des Kommunismus, voranzutreiben.

Wie Stalin richtig kalkulierte, war der am 23. August 1939 in Moskau unterzeichnete deutsch-sowjetische Nichtangriffspakt für Hitler der entscheidende Grund, gegen Polen loszuschlagen. Der für den 25. August angesetzte Angriff wurde zwar noch einmal verschoben, da England Polen drängte, mit

Hitler zu verhandeln, und Hitler einerseits London nicht verärgern und sich andererseits in der Öffentlichkeit nochmals als „Friedenskanzler“ präsentieren wollte.
In Wirklichkeit, so hatte er seinen Militärs schon klargemacht, ginge es eigentlich gar nicht mehr um Danzig oder den Korridor, sondern um die „Vernichtung Polens“. Außerdem versprach er ihnen, für einen „propagandistischen Anlass zur Auslösung des Krieges“ zu sorgen, so dass Deutschland in der Öffentlichkeit nicht als der Angreifer dastehen würde.
Nachdem die von London angeregte, weder von Warschau noch Berlin gewollte Friedensvermittlung gescheitert war, sorgte Hitler für diesen propagandistischen Anlass. Ein fingierter Überfall einiger als Polen verkleideter Männer auf den Sender Gleiwitz an der deutsch-polnischen Grenze und die von Beck angeordnete polnische Generalmobilmachung ließen Hitler, zumindest in den Augen der deutschen Öffentlichkeit, die Schuld am Krieg den Polen in die Schuhe schieben. Am 1. September verkündete Hitler vor dem Deutschen Reichstag: „Ich habe mich nun entschlossen, mit Polen in der gleichen Sprache zu reden, die Polen uns gegenüber seit Jahren anwendet ...
Ich habe mich deshalb entschlossen, das Schicksal des deutschen Volkes wieder in die Hände seiner Soldaten zu legen ...
Seit 5.45 Uhr wird jetzt zurückgeschossen... Von nun an wird Bombe mit Bombe vergolten ...“
An ein Eingreifen Englands und Frankreichs wollte Hitler auch jetzt noch immer nicht glauben. Bislang hatte er jedes Mal Recht behalten. Jedes Mal hatten ihn die Militärs und Diplomaten vor einem militärischen Eingreifen der Westmächte gewarnt – und nie war etwas geschehen. Weder die Wiederbewaffnung noch die Rheinlandbesetzung, weder der Anschluss Österreichs noch die Besetzung der Tschechei hatten zum Krieg geführt. Warum sollten die Westmächte jetzt wegen Polen den Krieg riskieren? Doch diesmal irrte sich Hitler.
Zwei Tage nach dem deutschen Angriff auf Polen traf das englische Ultimatum in Berlin ein. „Wenn die Regierung Seiner Majestät nicht vor 11 Uhr britischer Sommerzeit befriedigende Zusicherungen über die Einstellung aller Angriffshandlungen gegen Polen und die Zurückziehung der deutschen Truppen aus dem Lande erhalten hat, so besteht von diesem Zeitpunkt ab der Kriegszustand zwischen Großbritannien und Deutschland.“ Nachdem Chefdolmetscher Schmidt dieses Ultimatum vorgetragen hatte, geschah folgendes:
„Hitler saß wie versteinert da und blickte vor sich hin. Er war nicht fassungslos, wie es später behauptet wurde, er tobte auch nicht, wie es wieder andere wissen wollten. Er saß völlig still und regungslos an seinem Platz.
Nach einer Weile wandte er sich Ribbentrop zu: ‚Was nun?‘ Mit leiser Stimme antwortete ihm der Außenminister: ‚Ich nehme an, dass die Franzosen uns in der nächsten Stunde ein gleichlautendes Ultimatum überreichen werden!‘“ (Schmidt).
Einen Tag später, am 3. September 1939, erfolgten die offiziellen Kriegserklärungen Englands und Frankreichs. Der große europäische Krieg, den Hitler zwar immer riskiert hatte, aber ebenso wenig wollte wie Frankreich und England, war ausgebrochen. Dass es ein Weltkrieg werden würde, ahnte nicht einmal sein Verursacher.

1939

SEPTEMBER

1.9. Beginn des deutschen Polenfeldzugs ohne jede Kriegserklärung. Das im Danziger Hafen liegende deutsche Linienschiff „Schleswig-Holstein“ eröffnet um 4.45 Uhr das Feuer auf die polnische Westerplatte. Der Angriff erfolgt unter dem Befehl des Generalobersten von Brauchitsch mit 2 Heeresgruppen: zusammen 54 Divisionen, 2 Luftflotten und Seestreitkräfte.

1.9. Gesetz über die Wiedervereinigung Danzigs mit dem Reich. 10.00 Uhr Reichstagsrede Hitlers (er trägt die feldgraue Wehrmachtsuniform): „Ich habe wieder jenen Rock angezogen, der mir selbst der heiligste und teuerste war. Ich werde ihn nur ausziehen nach dem Sieg oder – ich werde dieses Ende nicht mehr erleben!“

2.9. Durch eine Verordnung wird in Deutschland das Abhören von politischen Nachrichten und Mitteilungen ausländischer Sender verboten und unter Strafe gestellt.

3.9. Großbritannien (um 11.00 Uhr) und Frankreich (um 17.00 Uhr) treten aufgrund ihrer Beistandsverpflichtungen gegenüber Polen in den Krieg gegen Deutschland ein. Aufmarsch der Heeresgruppe C entlang dem Westwall, der mit Hochdruck weiter ausgebaut wird.

3.-30.9. Deutsche U-Boote versenken in der Nordsee und im Atlantik 48 alliierte Handelsschiffe mit 178.644 BRT. U 30 versenkt den irrtümlich als Hilfskreuzer angesehenen britischen Passagierdampfer „Athenia“ (13.581 BRT). Britische Zerstörer retten 1.300 Überlebende, 112 Menschen kommen um.

4.9. Das OKW meldet, dass „erstmalig Truppen aus dem Reich auf dem Landwege ostpreußischen Boden erreicht haben“. Die im nördlichen Korridor stehenden polnischen Truppen werden damit eingeschlossen.

5.9. Die amerikanische Regierung beschließt die Neutralität der Vereinigten Staaten. Das sogenannte Neutralitätsgesetz soll sofort in Kraft treten.

5.9. In Polen nehmen deutsche Truppen die Festungen Graudenz und Mlawa sowie die Städte Bromberg, Kattowitz und Königshütte. Die polnische Regierung verlässt Warschau, sie geht nach Lublin.

6.9. Britische Blockadeerklärung gegen Deutschland.

6.9. Präsident Roosevelt verkündet aufgrund des Neutralitätsgesetzes eine Ausfuhrsperre für Waffen, Munition und sonstiges Kriegsgerät.

7.9. Wie das OKW meldet, hält der Rückzug des polnischen Heeres auf der ganzen Front an. Um 11.00 Uhr kapituliert die polnische Besatzung der Westerplatte vor Danzig.

8.9. Deutsche Panzertruppen erreichen um 17.15 Uhr die Außenbezirke von Warschau. In Südpolen wird Rzeszow erreicht und bei Sandomierz die Weichsel überschritten. Beginn der Kesselschlacht von Radom.

9.9. Hitler erlässt die Weisung Nr. 3. Darin fordert er, die Operation gegen polnische Militärkräfte „mit so starken Kräften und so lange fortzuführen“, bis „den Polen der Aufbau einer zusammenhängenden, deutsche Kräfte fesselnden Front nicht mehr gelingen kann“. Die Eröffnung der Feindseligkeiten nach Westen behält er sich noch vor. – Deutsche Truppen besetzen Lodz und überschreiten nordostwärts von Warschau den Bug. An der Westfront beginnen französische Truppen mit begrenzten Operationen im Saarabschnitt.

10.9. Das Oberkommando der Kriegsmarine stellt in einer amtlichen Bekanntmachung fest, „dass die deutschen Seestreitkräfte den ausdrücklichen Befehl haben, sich bei der Führung des Seekrieges an die internationalen Vereinbarungen zu halten“.

11.9. Das OKW meldet: „Die große Schlacht in Polen nähert sich ihrem Höhepunkt, der Vernichtung des polnischen Feldheeres westlich der Weichsel.“ Nördlich der Weichsel gehen die deutschen Truppen auf Modlin vor. Die Provinz Posen ist größtenteils besetzt. Die polnische Regierung verlässt Lublin.

12.-17.9. Das gesamte polnische Feldheer wird westlich des Bug von deutschen Verbänden eingeschlossen.

15.9. Die galizischen Erdölfelder sind von deutschen Truppen besetzt. Ihre letztjährige Förderung betrug 510.000 t Erdöl. Die Vorräte werden auf 160 Mill t geschätzt.

17.9. Zwei sowjetische Heeresgruppen marschieren in Ostpolen ein. Die polnische Regierung und Heeresleitung treten auf rumänisches Gebiet über und werden dort interniert.

17.9. U 29 (Kptlt. Schuhart) versenkt den britischen Flugzeugträger „Courageous“.

18.9. Erstes Zusammentreffen deutscher und sowjetischer Truppen bei Brest-Litowsk.

18.9. Das OKW meldet: „Der Feldzug in Polen geht seinem Ende ent-

Muster D

(Ausgabedatum)

Bereitstellungsschein

für Herrn Dr. Kurt [illegible]

geb. am 27. 1. 1903 in Bobenthal.

Sie haben an Ihrem dauernden Aufenthaltsort einen besonderen Einberufungsbefehl abzuwarten.

Dieser Bereitstellungsschein ist sicher aufzubewahren und dem Wehrpaß beizufügen. Sein Inhalt ist dem Dienststellenleiter oder Betriebsführer, auf Verlangen auch dem Leiter des Arbeitsamtes, oder deren Stellvertretern mitzuteilen. Dieser Bereitstellungsschein gilt nur für die Dauer des Krieges und ist bei der Einberufung dem Einstellungstruppenteil abzugeben.

Jeden Wechsel Ihres Wohnsitzes haben Sie innerhalb 48 Stunden dem für Ihren alten **und** neuen Aufenthaltsort zuständigen Wehrmeldeamt (Wehrbezirkskommando) unter Angabe des alten und neuen dauernden Aufenthaltsortes mitzuteilen.

(Dienststempel)

Wehrmeldeamt*)
Wehrbezirkskommando*)

Wehrmeldeamt
Berlin-Wilmersdorf – Heer
Berlin W 15, Hohenzollerndamm
Fernsprecher: 24 93 91

*) Nichtzutreffendes ist zu streichen.

Bild linke Seite: Bereitstellungsschein des Wehrmeldeamtes Berlin-Wilmersdorf. Wehrmeldeämter waren Untergliederungen der Wehrbezirkskommandos, die in den Wehrbezirkskreisen die Rekrutierung der Wehrmacht (Heer, Kriegsmarine, Luftwaffe) durchführten und auch für die Wehrüberwachung der Wehrpflichtigen zuständig waren.

Bild rechte Seite: Trotz aller Technisierung – beim Heer trug auf allen Seiten die Infanterie die Hauptlast des Kampfes.

gegen.“ Lemberg wird eingeschlossen, Lublin genommen. Die polnische Heeresgruppe bei Kutno „geht seit gestern der Auflösung entgegen“. In Ostpolen rücken die sowjetischen Truppen weiter vor und nehmen Luzk, Stanislau und Wilna. Deutsche und sowjetische Truppen treten bei Brest-Litowsk erstmalig miteinander in Fühlung.

20.9. Nach Beendigung der „Schlacht an der Bzura“ wird in Polen Widerstand nur noch in Warschau, Modlin und auf der Halbinsel Hela geleistet. Sowjetische Truppen besetzen Grodno, Kowel und Lemberg und melden die Gefangennahme von über 60.000 Polen. Mit der Einnahme von Kuty ist die ganze polnisch-rumänische Grenze in sowjetischer Hand.

20.9. In der Lagebesprechung der SKL erteilt Admiral Raeder die „Anordnung zu Überlegungen und zur gedanklichen Vorbereitung des uneingeschränkten U-Boot-Krieges“.

21.9. Beginn der Aktionen und Gewaltmaßnahmen gegen die jüdischen Bewohner in den von deutschen Truppen besetzten Gebieten.

22.9. Der ehemalige Oberbefehlshaber des Heeres, Generaloberst Werner von Fritsch, fällt vor Warschau.

22.9. Die deutschen Truppen in Polen beginnen ihren Rückzug auf die mit der Sowjetunion vereinbarte Demarkationslinie. Sowjetische Truppen übernehmen Bialystok und Brest-Litowsk von den deutschen Truppen.

23.9. Das Oberkommando der Wehrmacht veröffentlicht einen „Zusammenfassenden Bericht über den Verlauf des Feldzugs in Polen“, der mit den Worten beginnt: „Der Feldzug in Polen ist beendet.“

26.9. Fortsetzung des deutschen Angriffs gegen Warschau, wobei die deutschen Truppen in die äußeren Frontlinien eindringen. Mit 450 Flugzeugen greift die Luftwaffe die polnische Festung Modlin an.

27.9. Um die Verfolgung politischer Gegner noch wirksamer zu machen, werden der Sicherheitsdienst SD des Reichsführers SS und die Sicherheitspolizei im Reichsinnenministerium in Personalunion unter Reinhard Heydrich im Reichssicherheitshauptamt zusammengefasst.

27.-28.9. Kapitulation der polnischen Verteidiger Warschaus mit 120.000 Mann vor den Deutschen.

28.9. Deutsch-sowjetischer Grenz- und Freundschaftsvertrag in Moskau durch von Ribbentrop und Molotow unterzeichnet. Festlegung einer Interessengrenze am Bug. Ende des bisherigen polnischen Staates.

30.9. Bildung einer polnischen Exilregierung in Frankreich unter General Sikorski, der sich die nach dem Westen entkommenen polnischen Truppenteile unterstellen. Im Frühjahr 1940: 84.000 Mann.

OKTOBER

1.10. Auf der Halbinsel Hela kapitulieren polnische Marineverbände (4.000 Mann).

3.10. Generaloberst Ritter von Leeb notiert über eine Aussprache mit dem Oberbefehlshaber des Heeres, Generaloberst von Brauchitsch: „Schlechte Stimmung der Bevölkerung, keinerlei Begeisterung, keine Beflaggung der Häuser, alles erwartet den Frieden. Das Volk fühlt das Unnötige des Krieges.“

4.10. Die Seekriegsleitung gibt den vollen Waffeneinsatz gegen bewaffnete alliierte Handelsschiffe frei.

5.10. Hitler begibt sich nach Warschau und nimmt dort eine Siegesparade der 8. Armee ab. In einem Tagesbefehl an die „Soldaten der Wehrmacht im Osten“ erklärt er, Heer, Luftwaffe und Kriegsmarine hätten die ihnen gestellte Aufgabe erfüllt.

6.10. Kapitulation der letzten polnischen Feldtruppen bei Kock und Lublin. Über 700.000 polnische Kriegsgefangene in Deutschland, 217.000 in Russland. Deutsche Verluste im Polenfeldzug: 10.572 Tote, 3.404 Vermisste und 30.322 Verwundete.

6.10. Reichstagsrede Hitlers. Sog. Friedensangebot an England und Frankreich auf der Basis des neuen Status quo.

9.10. Hitler erlässt die Weisung Nr. 6. Für den Fall, dass England und Frankreich nicht gewillt sind, „den Krieg zu beenden“, gibt er seinen Entschluss bekannt, „ohne lange Zeit verstreichen zu lassen, aktiv und offensiv zu handeln“. Er befiehlt die Vorbereitung einer Angriffsoperation an der Westfront „durch den luxemburgisch-belgischen und holländischen Raum“.

10.10. Zwischen der deutschen und der lettischen und estnischen Regierung beginnen Besprechungen über die Umsiedlung der Deutschen aus diesen baltischen Staaten.

10.10. In einer Denkschrift an die Oberbefehlshaber der Wehrmachtsteile erläutert Hitler sein politisches Ziel, durch einen Entscheidungskampf im Westen Deutschlands Vormachtstellung in Europa zu sichern.

10.10. Raeder teilt seine Absicht mit, die Belagerung Englands mit allen Mitteln in die Wege zu leiten. Er erklärt: „Je früher der Beginn und je brutaler, um so früher die Wirkung, um so kürzer der Krieg. Alle Einschränkungen verlängern den Krieg.“

12.10. Der britische Premierminister Chamberlain lehnt das deutsche Friedensangebot vom 6. Oktober ab.

14.10. U 47 (Kptlt. Prien) versenkt das britische Schlachtschiff „Royal Oak“ in der Bucht von Scapa Flow. 833 Tote.

16.10. Der Wehrmachtsbericht meldet, dass das Oberkommando der Wehrmacht nach Abschluss der deutschen Truppenbewegungen in Polen „über den Osten nicht mehr berichten“ wird. Damit wird der Krieg gegen Polen offiziell abgeschlossen.

17.10. Die französischen Truppen räumen den größten Teil der von ihnen bisher besetzten Gebiete im Vorfeld der deutschen Westbefestigungen.

19.10. Nachdem im Westen die französischen Truppen sämtliche von ihnen seit dem 9. September besetzten deutschen Gebietsteile geräumt haben, meldet das Oberkommando der Wehrmacht, dass damit „der erste Abschnitt der Kampfhandlungen im Westen, hervorgegangen aus der Initiative der Franzosen, als abgeschlossen betrachtet“ werden kann.
26.10. Errichtung des Generalgouvernements für die besetzten polnischen Gebiete. Zum Generalgouverneur wird Reichsminister Dr. Hans Frank ernannt.
27.10. Die SKL ordnet „die Beschränkung des Handelskrieges bis zur Länge von 20° 30' Ost“ an. Damit will man Schwierigkeiten im deutsch-russischen Verhältnis vermeiden.
28.10. Der Wehrmachtbericht beziffert die Gesamterfolge im Handelskrieg gegen England seit Kriegsbeginn auf 115 Schiffe mit zusammen 475.321 BRT.

NOVEMBER

3.11. Der amerikanische Kongress ändert das Neutralitätsgesetz der USA durch die Einführung der „cash-and-carry“- Klausel zugunsten Großbritanniens ab.
5.11. Nach einem letzten Versuch des Oberbefehlshabers des Heeres, von Brauchitsch, Hitler zu einer Verschiebung der geplanten Westoffensive zu bewegen, wird der Angriff auf den 12. 11. festgesetzt.
7.11. Der Angriffstermin für die Westoffensive wird zum erstenmal verschoben: auf den 15. 11. Insgesamt wird der Termin bis zum Angriff am 10. 5. 1940 neunundzwanzigmal verschoben.
8.11. Bei der Feier zur Erinnerung an den Marsch auf die Feldherrnhalle von 1923 detoniert im Münchner Bürgerbräukeller um 21.20 Uhr, elf Minuten nachdem Hitler den Raum verlassen hat, die Zeitbombe des Möbelschreiners Georg Elser. 7 Nationalsozialisten werden getötet, 63 verletzt.
21.11. Nach dem Wehrmachtsbericht haben deutsche Überwasserstreitkräfte und Luftwaffenverbände im September und Oktober im Rahmen des Handelskriegs in Ost- und Nordsee „insgesamt 127 Schiffe mit zusammen 245.455 BRT in deutsche Häfen zur genauen Untersuchung eingebracht“.
23.11. Ansprache Hitlers vor den Oberbefehlshabern: „Mein Entschluss ist unabänderlich. Ich werde Frankreich und England angreifen zum günstigsten und schnellsten Zeitpunkt. Verletzung der Neutralität Belgiens und Hollands ist bedeutungslos. Kein Mensch fragt danach, wenn wir gesiegt haben.“
28.11. Als ausgesprochener Propagandasender wird der Sender Bremen (Osterloog) in Betrieb genommen, der in seiner Programmgestaltung wegweisend für die im Verlauf des Krieges errichteten deutschen „Europasender“ wird.
30.11. Beginn des sowjetisch-finnischen Winterkrieges.

DEZEMBER

1.12. Das OKW beziffert in einer amtlichen Bekanntmachung die Gesamtverluste der feindlichen und neutralen Handelsschifffahrt seit Kriegsbeginn auf 194 Schiffe mit zusammen 737.768 BRT.
8.12. Der Stellvertreter des Führers, Rudolf Heß, eröffnet den Hafen von Gleiwitz und den Adolf-Hitler-Kanal, der das oberschlesische Gebiet mit der Oder verbindet.
8./9.12. Bei einem Besuch des Chefs der deutschen Abwehr, Canaris, in Rumänien wird mit dem Chef des rumänischen Geheimdienstes die Aufstellung eines gut getarnten deutschen Sicherungsverbandes im rumänischen Ölgebiet zum Schutz gegen Sabotageunternehmen vereinbart.
13.12. In der La-Plata-Mündung kommt es zum Seegefecht zwischen dem deutschen Panzerschiff „Admiral Graf Spee“ und drei britischen Kreuzern. Mehrere Treffer zwingen das deutsche Schiff, den Hafen von Montevideo anzulaufen. Da die uruguayische Regierung die Frist zur Reparatur des Panzerschiffes nicht bewilligt, wird die „Admiral Graf Spee“ außerhalb der Hoheitsgewässer am 17. 12. durch eigene Sprengung versenkt. Der Kommandant begeht Selbstmord.
21.12. Hitler spricht Stalin telegrafisch zum 60. Geburtstag seine „aufrichtigsten Glückwünsche“ aus, mit denen er seine besten Wünsche „für eine glückliche Zukunft der Völker der befreundeten Sowjetunion“ verbindet.
23.12. Wegen Materialschwierigkeiten, besonders bei der Beschaffung des Baueisens und der Panzerkuppeln, muss der Ausbau des Westwalls stark reduziert werden.
31.12. In einem Erlass an die Wehrmacht erklärt Hitler: „Vor uns liegt der schwerste Kampf um das Sein oder Nichtsein des deutschen Volkes! Mit stolzer Zuversicht blicke ich und die ganze Nation auf Euch, denn: mit solchen Soldaten muss Deutschland siegen!“

Bild linke Seite: „Was hat die Annektion Polens mit Freiheit und Sozialismus zu tun?“ Englisches Flugblatt, das nach Beendigung des Polenfeldzuges über Deutschland abgeworfen wurde.

Bild rechte Seite: Vom preußischen König Friedrich Wilhelm III. am 10. März 1813 während der Befreiungskriege gegen Napoleon gestiftet, wurde das Eiserne Kreuz nach 1870 und 1914 am 1. September 1939 abermals erneuert. Man bewahrte die alte Form, es wurde jedoch breiter gestaltet und erhielt in der Mitte das Hakenkreuz, am Fuß die Jahreszahl 1939 (das ursprüngliche Stiftungsjahr 1813 wurde auf der Rückseite ausgewiesen). Das Eiserne Kreuz konnte außer an Wehrmachtsangehörige und Soldaten der Waffen-SS auch an Reichsarbeitsdienst, Organisation Todt, Feuerwehr-, Polizei-Angehörige und an SA-Leute sowie an Verbündete verliehen werden. Die Gesamtzahl der Verleihungen ist nicht mehr zu ermitteln; für das Heer beziffern Schätzungen das EK I auf ca. 300.000, das EK II auf ca. 2,3 Millionen Träger. Das Tragen des Eisernen Kreuzes ist gemäß Gesetz vom 26. Juli 1957 in der Bundesrepublik nur ohne Hakenkreuz gestattet.

Überfall auf Polen

Nach Hitlers „Weisung Nr. 1 für die Kriegsführung“ gegen Polen hatte die Wehrmacht den Kampf „mit überraschenden, starken Schlägen“ zu eröffnen. Die polnischen Streitkräfte sollten vernichtet, Frankreich und Großbritannien vor vollendete Tatsachen gestellt werden, ehe sie militärische Gegenmaßnahmen ergreifen konnten. Deshalb begannen die Operationen „überfallartig“; darum vermieden offizielle deutsche Verlautbarungen vorerst noch das Wort „Krieg“. Man wollte die Führer der alliierten Staaten in dem Glauben lassen, deutsche Verbände schritten nur zu einer Art von Polizeiaktion, um die bedrohte Reichsgrenze zu sichern. Hitler hatte allen Anlass, diese Illusion wenigstens ein paar Tage lang zu verbreiten. Standen doch hinter dem sogenannten Westwall, einer Befestigungslinie, die 1938 angelegt worden war , Anfang September 65 aktiven divisionsstarken Verbänden der französischen Armee nach Abschluss des deutschen Aufmarsches nicht mehr als 11 aktive und 22 schlecht ausgerüstete Reservebeziehungsweise Landwehrdivisionen gegenüber, ohne Panzer, abgeschirmt durch die gleichfalls schwache Luftflotte 3 (Sperrle), zur Not auch noch durch Teile der in Norddeutschland stationierten Luftflotte 2 (Felmy). Alle anderen operativen Verbände – 6 Panzer-, 4 leichte, 4 motorisierte, 3 Gebirgs- und 37 Infanteriedivisionen und 1 Kavalleriebrigade – waren an der deutsch-polnischen Grenze zusammengezogen. Sie bildeten die Heeresgruppe Nord (v. Bock) mit der 3. Armee (v. Küchler) und 4. Armee (v. Kluge) sowie die Heeresgruppe Süd (v. Rundstedt) mit der 8. Armee (Blaskowitz), 10. Armee (v. Reichenau) und 14. Armee (List). Die Kräfte des Generalobersten Fedor von Bock standen etwa zu gleichen Teilen in Pommern und Ostpreußen, während Generaloberst Gerd von Rundstedt seine Armeen auf schlesischem Boden versammelt und deren rechten Flügel in die westliche Slowakei vorgeschoben hatte.

Für den Einsatz gegen Polen war außerdem die Masse der deutschen Luftwaffe vorgesehen. Entsprechend den beiden Heeresgruppen bildeten ihre Verbände die Luftflotte 1 (Kesselring) und Luftflotte 4 (Löhr). Beide zählten am 1. September 1939 insgesamt 1302 Maschinen (davon 897 Bomber). Hinzu kamen 133 Flugzeuge, die dem Oberbefehlshaber der Luftwaffe direkt unterstellt blieben, ferner 31 an das Heer abgegebene Aufklärungs- und Kurierstaffeln mit 288 Maschinen. Die Operationen auf See und gegen polnische Küstenplätze oblagen der Marinegruppe Ost (Albrecht), welche während des Polenfeldzuges über zwei alte Linienschiffe und Verbände aus leichten Einheiten verfügte.

Die Ausgangslage bot den deutschen Angriffskräften ideale Möglichkeiten zu einer großangelegten Zangenoperation. Einer solchen Umklammerung konnte sich das polnische Heer nur entziehen, wenn es rechtzeitig hinter die panzersicheren Flussbarrieren von Pissa, Narew, Weichsel und San zurückging.
Der polnische Oberbefehlshaber Marschall Edward Rydz-Smigly wollte die Westgebiete mit den besten Industrie- und Rekrutierungszentren des Landes nicht kampflos preisgeben. Er verteilte darum sieben seiner acht Armeen (eigentlich Korps) in weitem Halbkreis zur Deckung der West-, Süd- und Nordgrenzen und verzettelte so ihre Kräfte.
Im Nordosten, bei Ostrow, war die Gruppe „Narew" aufmarschiert, an ihrem Westflügel die Armee „Modlin". Das Korridorgebiet hielt nach zwei Seiten hin die Armee „Pomorze". Südlich von ihr stand ein verhältnismäßig großer Verband, die Armee „Poznan". Auf engem Raum, etwas zurückgestaffelt, folgten sodann die Armee „Lodz", zwischen Tschenstochau und Neumarkt die Armee „Krakow", um Neu-Sandez, Sanok und Przemysl die Armee „Karpaty". Schließlich gab es noch eine aus drei Divisionen bestehende Reserve-Armee bei Warschau.
Insbesondere lag Rydz-Smigly daran, ein Interventionskorps für die Einnahme der Freien Stadt Danzig bereitzuhalten. Auf Grund falsch verstandener historischer Lehren überschätzte der Marschall die strategische Bedeutung Ostpreußens. Er rechnete auch nicht damit, dass starke deutsche Verbände aus der Mährischen Pforte und den Beskiden vorstoßen würden. Schließlich baute er irrtümlich auf die Hilfe der Franzosen und Briten, deren Offensive ihm einen Angriff nach Deutschland hinein ermöglichen sollte.
Brauchitsch und Halder wollten die Masse des polnischen Heeres westlich der Weichsel vernichten. Zu diesem Zweck sollte sich Rundstedt auf das grenznahe Ostoberschlesien, Krakau und die wichtigen Dunajec-Übergänge stürzen und mit beweglichen Kräften den Hauptstoß gegen Warschau führen. Bock hatte währenddessen die Verbindung zwischen seinen beiden Armeen quer durch das Korridorgebiet herzustellen und dann einen ergänzenden Angriff nördlich der Weichsel einzuleiten, der Thorn, Plock, Modlin, Pultusk und Rozan in deutsche Hand brachte.
Eine entscheidende Rolle war den deutschen Luftflotten zugedacht. Sie sollten im Sinne Douhets, des Theoretikers des modernen Luftkrieges, eine „strategische" Aufgabe lösen und die feindlichen Flugzeuge am Boden zerstören, bevor diese starten konnten. Danach hatte die deutsche Fliegertruppe „taktische" Einsätze zur Unterstützung der im Erdkampf stehenden Heeresverbände zu fliegen. Der große Eröffnungsschlag gelang allerdings nicht, weil am Morgen des Angriffstages dichter Nebel alle Verbände der Luftflotte 1 (Kesselring) bis auf vier Kampfgruppen zurückhielt. Später stellte sich heraus, dass der Gegner die Luftangriffe auf seine Basen vorausgesehen und darum alle modernen Fliegerverbände schon am 31. August auf Feldflugplätze verlegt hatte. So blieb namentlich die polnische Bomberbrigade (Heller) weitgehend verschont und konnte den aus Ostpreußen vordringenden Angriffsspitzen beträchtliche Schäden zufügen. Ebenso traten noch tagelang polnische Jagdflieger in Erscheinung, wenn auch gewöhnlich nur einzeln oder in Zweierrotten und Dreierketten.
Wirkungsvoll waren die deutschen Fliegerangriffe jedoch auf Verkehrsknotenpunkte westlich der Weichsel. Sie zerstörten wichtige Nachrichtenverbindungen. Bereits am zweiten Tag des Feldzuges versagten fast überall die Telefone und Fernschreiber. Befehle des polnischen Oberkommandos kamen nur verstümmelt und in falscher Reihenfolge durch. Sie stifteten heillose Verwirrung. Rydz-Smigly glitten die Zügel aus den Händen. Ohnmächtig musste er mit ansehen, wie das Gefüge seiner Truppen zerbrach.
Die 14. Armee (List) hatte Ostoberschlesien besetzt, nahm Krakau und eroberte Tarnow. Der 10. Armee (v. Reichenau) waren nördlich Tschenstochau rasche Durchbrüche gelungen, so dass sie schon am vierten Angriffstag zur überholenden Verfolgung ansetzen konnte, während die links zurückgestaffelte 8. Armee (Blaskowitz) ihre Flanke deckte. Im Norden bestand nach hartnäckigen Kämpfen um die Tucheler Heide und der Einnahme von Graudenz

Bild linke Seite: Am 1. September 1939 durchbrechen deutsche Truppen die Grenzschranken nach Polen. Das Foto hält eine Szene fest, die symbolisch werden sollte. Noch manch weitere Grenzen durchbrach das deutsche Heer in Europa in den nächsten Jahren – bis die Kriegswoge zurückkehrte und das Dritte Reich selbst verschlang.

Bild rechte Seite: Über beschädigte und behelfsweise wieder befahrbar gemachte Brücken geht der deutsche Vormarsch unaufhaltsam vorwärts.

eine feste Verbindung zwischen 4. Armee (v. Kluge) und 3. Armee (v. Küchler).
Es folgte die Phase der Vernichtung aller polnischen Verbände. Im Süden setzte Generaloberst Wilhelm List seinen Vormarsch nach Osten fort, der erleichtert wurde, als am 5. September 1939 die Slowakei gegen Polen in den Krieg eintrat. Slowakische Truppen stiegen vom Duklapass auf Sanek vor und halfen so, Teile der polnischen Karpaten-Armee westlich des San festzuhalten. Ein noch größerer Erfolg zeichnete sich bei weiterem Ausgreifen auf dem linken Armeeflügel zwischen Rawa Rußka und Tomaszow ab.
Indessen hatten Spitzen der Armee des Generalobersten Walther von Reichenau ihre Ziele erreicht. Am 8. September sperrte das XVI. Korps (Hoepner) mit der 1. Panzerdivision (Schmidt) den Weichselübergang Gora Kalwarja, während die 4. Panzerdivision (Reinhardt) nach Warschau eindrang. Das aus drei Korps bestehende Gros der Armee über-

Bild linke Seite oben: Das alte Linienschiff „Schleswig-Holstein", schon mehrere Tage zuvor unter unauffälligem Vorwand im Danziger Hafen stationiert, griff mit seinen 28-cm-Breitseiten in die Kämpfe um die polnischen Befestigungen auf der Westerplatte ein.

Bild linke Seite unten: Die Verteidiger der Westerplatte werden in die Gefangenschaft geführt. „Gefangenen- und Beutezahlen mehren sich und lassen sich zur Zeit noch nicht übersehen", gab das Oberkommando der Wehrmacht bekannt.

Bild rechte Seite: „Ein Volk, ein Reich, ein Führer!" Bei seinem Einzug in Danzig am 19. September 1939 wird Hitler ein begeisterter Empfang bereitet. Unter dem Jubel der Massen verkündet er: „Danzig war deutsch, Danzig ist deutsch, und Danzig wird von jetzt ab deutsch sein, solange es ein deutsches Volk gibt und ein deutsches Reich!"

schritt jedoch die Pilica, wo es südlich dieser Stadt sechs polnische Divisionen einschloss. Es bildete sich der erste Kessel des Krieges. Bombenwürfe, im Erdkampf eingesetzte Flak und Infanterieangriff brachen den Widerstand; 65.000 Polen mussten sich ergeben.
Bisher waren die deutschen Heeresgruppen an der verhältnismäßig starken polnischen Armee „Poznan" vorbeigestoßen. Vereint mit Resten der angeschlagenen Armee „Pomorze" suchte diese nun nach Osten zu entkommen. Dabei führte sie heftige Angriffe gegen die 8. Armee (Blaskowitz), so dass für diese vorübergehend eine kritische Lage entstand. Reichenau ließ darum das XVI. Panzerkorps (Hoepner), dessen linker Flügel sich wegen unerwarteter Widerstände in Warschau noch einmal hatte zurückziehen müssen, herumwerfen.
Da gleichzeitig die 4. Armee (v. Kluge) westlich Modlin zur Weichsel vordrang und die 8. Armee (Blaskowitz) nordostwärts Lodz wieder Boden gewann, entstand beiderseitig der Bzura ein neuer Kessel. Um ihn entwickelte sich die größte geschlossene Kampfhandlung des Feldzuges. Abermals fügten deutsche Luftangriffe den Polen schwere Verluste zu. Bei den Furten und Notstegen des Flusses, an Feldrainen und in Kiefernschonungen lagen neben Tausenden von zusammengeschossenen Fahrzeugen ungezählte Gefallene und Pferdekadaver.
Nur ein paar dezimierte Kompanien entkamen nachts durch das Dickicht der Kampinoska-Wälder nach Modlin, wo General Wiktor Thommée vorerst noch erfolgreich Widerstand leistete. Die beiden polnischen Hauptarmeen – etwa 19 Infanteriedivisionen und 3 Kavalleriebrigaden – hörten am 18. und 19. September zu bestehen auf. Blaskowitz, Kluge und Hoepner meldeten 170.000 Gefangene. Auch der Oberbefehlshaber der Armee „Pomorze", General Wladyslaw Bortnowski, hatte sich ergeben. Die operative Entscheidung war gefallen.
Die zähe Verteidigung der Festung Modlin durch Thommée, erfolgreiche nächtliche Infanterieangriffe des Divisionsgenerals Bronislaw Prugar-Ketling in den Wäldern von Janow, das neuntägige Ringen um Lemberg, wo General Wladyslaw Langner kommandierte, das verzweifelte Ausharren polnischer Soldaten und Marineeinheiten in den Stützpunkten Oxhöft und Hela unter dem Beschuss der deutschen Linienschiffe Schleswig-Holstein und Schlesien – alle diese heroischen Anstrengungen konnten am Schicksal Polens so wenig ändern wie die vorausgegangene Ulanenattacke bei Krechowce.
Denn schon war die 3. Armee (v. Küchler) über Narew und Bug gesetzt und nach Westen eingeschwenkt, um Warschau von allen rückwärtigen Verbindungen abzuschneiden. Schon hatte Brauchitsch das XIX. Panzerkorps (Guderian) durch den Korridor und Ostpreußen bis Lomza vorziehen und gegen Brest-Litowsk ausgreifen lassen, dessen Festungstruppen am 17. September zur Kapitulation gezwungen wurden, während sich weiter südlich, bei Wlodowa, die Vorausabteilungen beider Heeresgruppen trafen.
Präsident Moscicki, Marschall Rydz-Smigly und die polnische Regierung waren am 5. und 6. September aus Warschau geflohen und nach Ostgalizien gelangt, von wo sie vergebens Hilferufe an Frankreich und Großbritannien richteten.
In der Nacht zum 17. September empfingen sie eine niederschmetternde Mitteilung Molotows. Der Kreml, hieß es darin, könne Polen nicht mehr als existent betrachten; er sehe sich gezwungen, die ukrainisch-weißruthenische Bevölkerung Ostpolens zu schützen, und habe daher den Einmarsch sowjetischer Truppen befohlen.
Ribbentrop hatte Moskau seit dem Tag der Kriegserklärung Großbritanniens und Frankreichs an Deutschland wiederholt zur Intervention aufgefordert. Zwar kannte der Kreml keine entsprechende Verpflichtung, doch wollte die Reichsregierung, nachdem es ihr trotz Abschluss des Moskauer Paktes am 23. August 1939 nicht gelungen war, den deutsch-polnischen Konflikt zu isolieren, ihr enges Einvernehmen mit der Sowjetunion nunmehr auch als scheinbares Militärbündnis für London und Paris sichtbar machen.
Stalin hatte die deutsche Absicht durchschaut und sich ihr entzogen. Er wollte nicht zum Komplizen des Reiches werden, zumal sein vorzeitiger Griff nach Ostpolen eine Kriegserklärung der Briten und Franzosen an die Sowjetunion auslösen konnte. Hinzu kam wohl auch, dass der Kremlchef noch den wieder aufflackernden Grenzkonflikt mit Japan beenden musste. Am 31. August 1939 waren die Japaner durch sowjetische Divisionen unter den Generalen Lazar Stem und Georgij Schukow am Kalchin-Gol in der Mongolei geschlagen worden, über einen Waffenstillstand konnten sich die Russen mit dem Moskauer Botschafter Shigenori Togo aber erst bis zum16. September 1939 einigen.
Letztlich entscheidend dürfte der unerwartet schnelle Verlauf des

Polenfeldzuges gewesen sein. Stalin hatte offensichtlich mit einem langwierigen Mehrfrontenkrieg zwischen Deutschland, Polen, Frankreich und Großbritannien gerechnet und diese für die Sowjetunion vorteilhafte Entwicklung zur großen Freude von Polens Außenminister Josef Beck noch am 2. September 1939 in Warschau durch das Angebot sowjetischer Waffen zu fördern versucht. Die Rechnung war nicht aufgegangen. Angesichts der deutschen Siege fühlte sich die Sowjetunion nach Molotows Worten „völlig überrumpelt".

Stalin hatte Glück. Er konnte die Früchte seiner Politik einheimsen, ohne dass Großbritannien und Frankreich der Sowjetunion deshalb den Krieg erklärten. Die Westmächte wünschten Stalin, den sie noch immer als ihren potentiellen Bundesgenossen ansahen, nicht so zu behandeln wie Hitler. Mit Erleichterung verfolgten westliche Regierungskreise, wie Moscicki, Rydz-Smigly und Slawoj-Skladkowski am 17. September 1939 nach Rumänien flohen und dort aus Furcht vor deutsch-sowjetischen Repressalien interniert wurden.

Moscicki und Slawoj-Skladkowski konnten ihre Vollmachten erst zu Beginn des folgenden Monats auf den in Paris weilenden Senatsmarschall Wladyslaw Raczkiewicz übertragen. Doch trotz schneller Anerkennung der von diesem gebildeten Exilregierung durch Frankreich und Großbritannien blieb das heikle Problem, welche Verpflichtungen für die Westalliierten aus den Vorkriegsverträgen mit Polen noch hinsichtlich der Sowjetunion bestanden, praktisch ungelöst. Den Ausschlag gab das Fait accompli.

Für alle Beobachter stand fest, dass es ein Krieg war, den Stalin in Ostpolen führte. Die beiden von den Generalen Matwej P. Kowalew und Semion K. Timoschenko geführten Heeresgruppen der Roten Armee mit zusammen 7 Großverbänden stießen ostwärts Bialystok und Brest-Litowsk, in Kowel und Lemberg auf heftigen Widerstand. Als General Wladyslaw Langner kapitulieren wollte, sicherte ihm der sowjetische Generalstabschef Boris M. Schaposchnikow zunächst den freien Abzug nach Rumänien zu.

Kurz darauf verschwand Langner jedoch mit zahlreichen anderen Soldaten hinter dem Stacheldraht sowjetischer Gefangenenlager.

Auch für die Deutschen war das Ringen nicht zu Ende, obwohl man offiziell nur von einem „Feldzug der 18 Tage" sprach und starke Verbände bereits nach dem Westen abtransportiert wurden. Der polnische General Juliusz Rommel hatte gemeinsam mit dem Bürgermeister Stefan Starzynski und Fürst Zdzislaw Lubomirski die Verteidigung von Warschau organisiert. Außerdem hielten sich noch immer die Festungen Modlin und Hela sowie versprengte Reste polnischer Divisionen und Reiterbrigaden, deren Einheiten nach Ungarn zu entkommen suchten. Die Warschauer Verschiebebahnhöfe waren zu Beginn des Krieges aus der Luft angegriffen worden. Ferner hatten am 8., 9. und 13. September Fliegerverbände des Generals Wolfram von Richthofen militärische Ziele der Stadt bombardiert, um Reinhardts Panzer und Begleitinfanterie zu unterstützen. Doch die verantwortlichen polnischen Führer ließen sich dadurch in ihrer tragischen Entschlossenheit, Warschau in ein Schlachtfeld zu verwandeln, nicht beirren. Sie wollten nicht nur die veralteten Forts, sondern jeden Straßenzug fanatisch verteidigen.

Bild linke Seite oben: Pferde spielten im Polenfeldzug noch eine relativ große Rolle. Die polnischen Versorgungseinheiten waren nicht motorisiert, und polnische Ulanen der Kavalleriebrigade Pomorska attackierten mit blanker Waffe deutsche Panzer.

Bild linke Seite unten: Von deutschen Bomben zerstörter polnischer Panzerzug.

Bilder rechte Seite: Dem Zusammenspiel der deutschen Luft- und Panzerwaffe hatten die polnischen Streitkräfte nichts Gleichwertiges entgegenzusetzen. Wo polnische Truppenansammlungen festgestellt wurden, griff die Luftwaffe an (oben: Sturzkampfbomber im Anflug). Es war keine Übertreibung, wenn bereits der erste deutsche Wehrmachtsbericht meldete, dass die Luftherrschaft über dem polnischen Raum erkämpft sei.

Der deutsche Heeresaufmarsch um die Hauptstadt dauerte bis zum 24. September. Inzwischen forderten die Belagerer die polnischen Kräfte durch Parlamentäre und Flugblätter zur Übergabe oder zum Abzug der Zivilbevölkerung auf. Dann schlug Richthofen in drei- und viermaligen Anflügen mit 560 Tonnen Sprengbomben und 72 Tonnen Brandbomben erneut zu. Am 27. September wurde die Kapitulationsurkunde unterzeichnet. Am 30. September ergab sich Modlin, am 1. Oktober der kleine Kriegshafen Hela, am 5. Oktober bei Kock die letzten Truppen.

Die deutsche Wehrmacht beklagte 10.572 Tote, 30.322 Verwundete und 3.409 Vermisste. Auf Seiten der Sowjets waren 757 Rotarmisten gefallen und 1.862 verwundet worden. Die polnischen Verluste betrugen 70.000 Tote, 133.000 Verwundete. 700.000 Polen befanden sich als Gefangene in deutscher Hand, 217.000 in sowjetischen Lagern. Rund 100.000 hatten nach Litauen, Lettland, Rumänien und Ungarn entkommen können und erreichten zum größten Teil Frankreich und England, wo sie den Stamm einer Exilarmee bildeten und weiterkämpften.

Als die rote Armee in Polen eindrang, standen deutsche Verbände bereits etwa 200 km östlich der am 23. August 1939 bestimmten Demarkationslinie. Dieses Vorpreschen konnte schwerwiegende Folgen haben. Man rechnete mit blutigen Zusammenstößen und einer harten diplomatischen Auseinandersetzung zwischen Deutschland und der Sowjetunion. Doch die aufflackernden Schießereien endeten rasch, und zu einem größeren Konflikt kam es nicht, weil Brauchitsch der Truppe die Polen betreffenden Abmachungen des Moskauer Vertrages mitteilen ließ und ihr den Rückzug hinter Narew, Weichsel und San befahl. Gleichwohl waren Verhandlungen notwendig.

Hitler wollte Danzig, Westpreußen, Posen und Ostoberschlesien, den Bezirk Zichenau, die Gegend um Lodz („Litzmannstadt") und Teile des alten Masowien seinem Reich eingliedern. Stalin betrachtete das bis 1917 mit Weißrussland und der Ukraine eng verbundene Ostpolen als sowjetische Beute. Die 1920, 1924 und 1938 von Polen in den Karpaten erworbenen Grenzstreifen sollten der Slowakei, das Wilnagebiet an Litauen abgetreten werden. Aus Restpolen gedachten die Sieger, wie ihr gemeinsames Kommuniqué am 18. September 1939 durchblicken ließ, einen neuen Staat zu machen.

Am 29. September 1939 unterzeichneten Ribbentrop und Molotow einen neuen Grenz- und Freundschaftsvertrag. Deutschland bekam von der Sowjetunion die Woiwodschaften Lublin, das Gebiet zwischen Warschau und Bug sowie den Suwalkizipfel zuerkannt und entließ dafür Litauen aus seiner Interessensphäre. Die Sowjets sollten „zu gegebener Zeit" auf litauischem Territorium Truppen stationieren dürfen, jedoch nicht im Südwesten dieses Landes, um Mariam-

Bild linke Seite: Nach der polnischen Niederlage erste Besprechung zwischen deutschen und russischen Offizieren in Bialystok über die Festlegung der Demarkationslinie zwischen schon zuvor festgelegten Herrschaftsbereichen. Sowohl Hitler als auch Stalin waren entschlossen, „ihre" Gebiete nicht mehr aus der Hand zu geben. Dementsprechend hart und brutal war die Besatzungspolitik. Sowjets wie Deutsche verfolgten gnadenlos die polnische Führungsschicht. Zu Tausenden ließen sie Priester, Offiziere und Wirtschaftsführer ermorden.

Bild rechte Seite: Am 5. Oktober 1939 nimmt Hitler in Warschau die Siegesparade der 8. deutschen Armee ab.

pol gegenüber der ostpreußischen Grenze. Gleichzeitig einigten sich die beiden Mächte auf eine staatliche Neuordnung Restpolens durch getrennte Maßnahmen.
Außer dem Grenz- und Freundschaftsvertrag hatten Ribbentrop und Molotow ein „vertrauliches Protokoll" ausgefertigt. Es bestimmte, dass die Sowjetunion den in ihrem Interessenbereich ansässigen Personen deutscher Abstammung, die nach Deutschland überzusiedeln wünschten, keine Schwierigkeiten bereiten werde, vielmehr deren Vermögensrechte respektiere sowie auch eine Kontrolle der Auswanderung durch „Reichsbeauftragte" gestatten wolle. Umgekehrt verpflichtete sich Deutschland, die Ostabwanderung von Weißrussen und Ukrainern zu ermöglichen.
Die nationalsozialistische Volkstumspolitik erstreckte sich dabei hauptsächlich auf Danzig-Westpreußen und den Warthegau, Bereiche, die ein Geheimerlass vom 8. Oktober 1939 näher abgrenzte. Neben den NS-Gauleitern Albert Forster, Erich Koch und Arthur Greiser wurde dort besonders Heinrich Himmler tätig, dessen SS-Verbände Massaker an der Zivilbevölkerung verübten und von denen gemeinsam mit anderen Einheiten rund 1,3 Millionen Angehörige der einheimischen Bevölkerung aus den neuen deutschen Ostgebieten vertrieben wurden.
Es begann eine Völkerwanderung, die den ganzen Krieg über nicht mehr abreißen sollte. Sie erfasste nicht allein Polen und Juden, die unter den Zwangsmaßnahmen am meisten litten. Zugleich nämlich ließ Hitler etwa 711.000 Menschen aus den baltischen Republiken, Wolhynien und Ruthenien (später Bessarabien und der Bukowina) nach dem Warthegau umsiedeln, wo ihnen Haus und Hof der Vertriebenen, oft auch polnische Arbeitskräfte zugewiesen wurden.
Im Unterschied zu Stalin hielt Hitler um diese Zeit noch an der Schaffung eines neuen polnischen Staates fest. Dass Ende September für Restpolen eine deutsche Militärregierung unter Generaloberst Gerd von Rundstedt mit Hans Frank als Oberverwaltungschef gebildet worden war, stellte kein völkerrechtliches Präjudiz dar.
Dieses Projekt – einerlei, ob es bald verwirklicht wurde oder weiter in der Schwebe blieb – war für Hitler eine Art von Friedenspfand. Er hatte sein Kriegsziel erreicht: Danzig mit dem Reich vereinigt, den Korridor beseitigt und neuen „Lebensraum" erobert. Auch Großbritannien und Frankreich durften den Kampf seiner Ansicht nach ohne großen Prestigeverlust abbrechen, da ihrem Vorsatz – der Aufrechterhaltung eines unabhängigen polnischen Staates – pro forma Genüge geschehen konnte.
In diesem Sinne machte Hitler am 6. Oktober 1939 vor dem Reichstag sein „großzügiges" Friedensangebot an Großbritannien. Doch Chamberlain und die meisten Angehörigen seines Kriegskabinetts widerstrebten Verhandlungen über die Errichtung eines neuen polnischen Staates, der ja doch niemals Selbständigkeit erlangt hätte, sondern von Deutschland abhängig geblieben wäre. Im Übrigen ging es den führenden westlichen Staatsmännern keineswegs nur um Polen. Ihr Ziel blieb die Beendigung einer Diktatur, die den Frieden der Welt bedrohte.
Zum Frieden mahnende Pressestimmen, zahllose Zuschriften, Demarchen aus kirchlichen Kreisen, Vermittlungsvorschläge des

amerikanischen Botschafters Joseph P. Kennedy, das spürbare Unbehagen der französischen Regierung und ihres Ministerpräsidenten Edouard Daladier – nichts von alldem erschütterte diese feste Haltung. Am 12. Oktober 1939 wies Chamberlain vor dem Unterhaus Hitlers Angebot zurück.

Hitler hingegen war entschlossen, im Westen anzugreifen, falls es nicht gelang, England für eine Verständigung zu gewinnen. Schon am 27. September 1939 hatte er seine Überlegungen den Oberbefehlshabern vorgetragen. Entgegen allen öffentlichen Verlautbarungen lag ihm daran, den Zeitfaktor, der für Deutschland schwerwiegende Imponderabilien mit sich brachte, auszuschalten. Hitler fürchtete die Übertragung des britischen Kriegswillens auf das zu diesem Zeitpunkt immer noch zögernde Frankreich, eine Stärkung der beiden Westalliierten durch überseeische Zufuhren und ihre Offensive durch Belgien und Holland gegen das Ruhrgebiet.

„Sollte in nächster Zeit", verlautete seine Weisung Nr. 6 vom 9. Oktober 1939, „zu erkennen sein, dass England und . . . auch Frankreich nicht gewillt sind, den Krieg zu beenden, so bin ich entschlossen . . . , aktiv und offensiv zu handeln." Längeres Zuwarten führe nur zum Abbau „der belgischen, vielleicht auch holländischen Neutralität". Deshalb sei am Nordflügel der Westfront eine „Angriffsoperation" durch „den luxemburgischen, belgischen und holländischen Raum . . . vorzubereiten". Man werde ihm vorwerfen, sagte Hitler, seine Losung laute: „Kampf und wieder Kampf." Aber er sehe nun einmal „im Kampf das Schicksal aller Wesen". Die „steigende Volkszahl" erfordere „größeren Lebensraum". Hier helfe „keine geklügelte Gescheitheit", sondern nur eine „Lösung . . . mit dem Schwert". Ein Volk, das dazu nicht die Kraft aufbringe, müsse abtreten. Heute sei die Lage für das Reich ungemein günstig; „zum erstenmal seit 67 Jahren" kämpfe Deutschland lediglich an einer Front. Aber niemand könne wissen, wie lange das so bleibe.

Russland bezeichnet Hitler als „durch viele innere Vorgänge" geschwächt und vertraglich an das Reich gebunden. Freilich werde sich die Sowjetunion nur so lange an den Pakt halten, wie sie es für zweckmäßig erachte. Wenn die Lage im Westen bereinigt sei, könne man ihr entgegentreten. Italien verfolge unter dem Duce imperialistische Ziele, werde aber nicht gegen Frankreich und Großbritannien losschlagen, ehe Deutschland die Offensive ergriffen habe. Die USA nannte Hitler „noch . . . ungefährlich", wobei er verschwieg, dass der amerikanische Kongress am 27. Oktober beziehungsweise 3. November 1939 das Neutralitätsgesetz geändert und

Bild linke Seite oben: Nach der britischen Kriegserklärung an Deutschland wird Winston Churchill am 3. September 1939 zum Ersten Lord der englischen Admiralität ernannt. Mit Recht sah Hitler in ihm seinen erbittertsten Gegner.

Bild linke Seite unten: Nach der „Führerrede" zum Abschluss des Polenfeldzuges vor dem Reichstag am 6. Oktober 1939 nimmt Hitler die Glückwünsche des Reichstagspräsidenten Hermann Göring entgegen. Sein Friedensangebot – so Hitler – mögen nun „die Herren Churchill und Genossen ruhig als Schwäche oder Feigheit auslegen". Sollten sie es aber ablehnen, dann werde er kämpfen. „Weder Waffengewalt noch die Zeit werden Deutschland bezwingen. Ein November 1918 wird sich in der deutschen Geschichte nicht mehr wiederholen."

Bild rechte Seite: Am 13. Dezember 1939 wurde das deutsche Panzerschiff „Graf Spee" vor der Mündung des Rio de la Plata in ein schweres Gefecht mit einem englischen Verband verwickelt und durch Treffer u.a. des Kreuzers „Achilles" schwer beschädigt. Als die uruguayischen Behörden die Liegezeit für die notwendige Reparatur in Montevideo verweigerten, ließ Langsdorff die Besatzung von Bord gehen, das Schiff außerhalb der 3-Meilen-Zone sprengen und wählte den Freitod. Für Langsdorffs Chef Raeder bedeutete der Untergang des Panzerschiffs einen starken Prestige-Verlust; fortan hatte er Mühe, den Einsatz großer Schiffe vor Hitler zu rechtfertigen.

die „cash-and-carry"-Klausel eingeführt hatte. Damit aber standen England und Frankreich, deren Regierungen bar zu zahlen (to cash) und erworbene Güter dank ihrer fast unangefochtenen Seeherrschaft auch abzutransportieren (to carry) in der Lage waren, bereits jetzt aus Amerika Kriegsmaterial zur Verfügung.
Die französische Armee sei „verschlampt". Ihn bedrücke jedoch das Stärkerwerden der Engländer, die zäh zu kämpfen verstünden. Die Zeit arbeite für den Gegner. Auch habe das Reich eine „Achillesferse", das Ruhrgebiet. Wenn die Alliierten durch Belgien und Holland dorthin vorstießen, befinde sich Deutschland „in höchster Gefahr". Jetzt aber habe man nur noch das „zahlenmäßige Übergewicht" und bessere Waffen (Flugzeuge, Flak, Panzer und Pak, das 10,5-cm-Geschütz und fünfmal mehr MGs als 1914). Sein Entschluss stünde darum „unabänderlich" fest. Er werde Großbritannien und Frankreich angreifen.
Wie sich Hitler vorher schon „in aller Bescheidenheit" als „unersetzbar" bezeichnet und dabei die Kraft seines Gehirnes hervorgehoben hatte, so verglich er nun den gefassten Entschluss mit historischen Entscheidungen Friedrichs des Großen und Bismarcks. Der Geist solcher „Männer unserer Geschichte" müsse jeden Deutschen beseelen. „Solange ich lebe", rief Hitler aus, „werde ich nur an den Sieg unseres Volkes denken. Ich werde vor nichts zurückschrecken und jeden vernichten, der gegen mich ist!"

Admiral Graf Spee

Bei der Unterlegenheit der deutschen Kriegsmarine hatten die schweren Überwassereinheiten die Aufgabe, durch Einzelkampf im Handelskrieg die gegnerischen Kräfte zu zersplittern und zu binden. Gemäß diesem Auftrag lief die Admiral Graf Spee unter dem Kommando von Kapitän zur See Langsdorff am 21.8.1939 von Wilhelmshaven in den Südatlantik aus, wohin schon ihr Trossschiff Altmark vorausgefahren war. Ende September nahm die Admiral Graf Spee den Kampf auf mit der Versenkung des britischen Passagierdampfers Clement, dem bis Anfang Dezember 8 weitere britische Handelsschiffe folgten (insgesamt 50.081 BRT). Die Admiral Graf Spee operierte so geschickt, dass die Royal Navy mehrere Suchgruppen mit jeweils überlegener Feuerkraft zusammenstellen musste, um die Gefahr auszuschalten. Erst am 13.12.1939 stieß ein Verband mit dem Schweren Kreuzer Exeter und den Leichten Kreuzern Ajax und Achilles unter Commodore Henry Harwood vor der Mündung des Rio de La Plata auf die Admiral Graf Spee, die sich weisungswidrig zum Kampf stellte. Es gelang Langsdorff, die Exeter außer Gefecht zu setzen und auch die beiden Leichten Kreuzer zu beschädigen. Wegen einiger eigener Treffer und Verluste (36 Tote, 59 Verwundete) aber nahm er nicht die Verfolgung auf und wich auch nicht in den offenen Atlantik aus, sondern lief zwecks Reparatur Montevideo an. Die uruguayischen Behörden verweigerten jedoch die dafür erforderliche Liegezeit. Langsdorff, verunsichert durch gefälschte Meldungen über die Konzentration starker britischer Kräfte vor der Küste, ließ daher die Besatzung von Bord gehen, lief am 17.12. wieder aus und sprengte nach Rücksprache mit Berlin die Admiral Graf Spee knapp außerhalb der 3-Meilen-Zone. Er selbst nahm sich am 20.12. das Leben.

Finnisch-sowjetischer Winterkrieg

Während es im Westen um die Jahreswende 1939/40 noch ruhig blieb, begann im Nordosten ein Krieg. Die Sowjetunion brach Verhandlungen mit den finnischen Nachbarn über eine Grenzverlegung ab und marschierte ein. Der englische Autor Alexander Werth schildert den Verlauf des Feldzuges und die Konsequenzen, die die Rote Armee anschließend zog.
Was die militärischen Operationen betrifft, so waren die ersten Monate des Krieges eine einzige Katastrophe. Die Sowjets kamen im Dezember 1939 in „sehr schweren Kämpfen" nur bis zu 70 Kilometer, an manchen Stellen nicht mehr als 25 Kilometer voran, und sie blieben stecken, als sie die eigentliche Mannerheim-Linie mit ihren mächtigen, tiefgestaffelten Befestigungsanlagen erreicht hatten. Auf der Karelischen Landenge und in Mittelfinnland blockierte der bis zu eineinhalb Meter hohe Schnee den Vormarsch. Die wenigen brauchbaren Straßen wurden von den Finnen erbittert verteidigt, und die Sowjets verfügten praktisch über keine Einheiten auf Skiern, von denen die finnische Armee mehr als genug hatte. Der Transport schwerer Ausrüstung in diesem winterlichen Terrain war fast unmöglich. Die Finnen besaßen veraltete Repetiergewehre, aber auch moderne Maschinenpistolen, über die auch die Rotarmisten verfügten. Die Temperaturen – um minus 30 Grad Celsius – waren ungewöhnlich tief. Ein großer Teil der sowjetischen Verbände war, wie die „Geschichte des Großen Vaterländischen Krieges" zugibt, für diese Art der Kriegführung einfach nicht vorbereitet. Weder hatten die Rotar-

misten Übung darin, sich auf Skiern durch ein Land voller Seen und Wälder zu bewegen, noch besaßen sie Erfahrung in der Bekämpfung schwerer Befestigungsanlagen.
Anfang Januar 1940 kam die sowjetische Offensive zum Stehen. Marschall Timoschenko wurde neuer Oberbefehlshaber. Einen ganzen Monat verbrachten die Sowjets damit, den Durchbruch durch die Mannerheim-Linie vorzubereiten. Umfangreiche Verstärkungen, besonders Pioniereinheiten, mussten herangeführt werden. Panzer, Flugzeuge und Artillerie sollten die geplante große Offensive gegen die finnischen Verteidigungsanlagen unterstützen. Außerdem wurden drei Infanteriedivisionen, verstärkt durch Kavallerie und Panzereinheiten, bereitgestellt, welche die Mannerheim-Linie im Raum Wiborg über das Eis des Finnischen Meerbusens hinweg umgehen sollten.
Der Sturm auf die Mannerheim-Linie begann nach einer beispiellosen Artillerievorbereitung am 11. Februar. Aber auch diesmal kam der Angriff nur langsam voran. Zwar konnten viele Bunker zerstört oder eingenommen werden, die Finnen verteidigten sich jedoch in den intakt gebliebenen Anlagen verzweifelt, und die Verluste waren auf beiden Seiten äußerst hoch. Die Bunker und Werke der Mannerheim-Linie, oft durch unterirdische Gänge miteinander verbunden, waren häufig auch durch schwerste Artillerie nicht auszuschalten. Nachdem die sowjetischen Verbände auf einer etwa 15 Kilometer breiten Front den Durchbruch erzwungen hatten, brauchten sie noch nahezu eine ganze Woche, ehe sie entscheidende Fortschritte zu machen begannen. Am 21. Februar schließlich war der westliche Teil der Mannerheim-Linie größtenteils genommen; die russischen Verluste waren aber so schwer, dass die Sowjets ihre Verbände umgruppieren und entscheidend verstärken mussten, ehe sie die Offensive zu Ende führen, das, was von der Mannerheim-Linie übriggeblieben war, erobern und Wiborg besetzen konnten.
Die Operationen wurden in vollem Umfang erst am 28. Februar wiederaufgenommen. Als sich die Sowjets Wiborg näherten, stießen sie

auf ein weiteres, schwer zu nehmendes Hindernis: Die Finnen hatten weite Strecken Landes unter Wasser gesetzt. Doch sobald die sowjetischen Spitzen die Straße Wiborg-Helsinki erreichten, war der Widerstand der finnischen Armee praktisch gebrochen. Am 4. März musste Mannerheim seiner Regierung mitteilen, dass die Streitkräfte nicht mehr länger erfolgreich Widerstand leisten könnten. Fast während des ganzen „Winterkriegs" hatte es in Russland eine Art Nachrichtensperre gegeben, obwohl natürlich die Leute in Moskau und erst recht in Leningrad vergleichsweise konkrete Vorstellungen von den Ereignissen hatten. Über die große Offensive im Februar wurde zunächst sehr wenig verlautbart und noch weniger über den vergeblichen Vorstoß nach Zentralfinnland hinein. Erst in der ersten Märzwoche las man schließlich in der sowjetischen Presse von „Siegen an der Mannerheim-Linie", und am 12. März wurde überraschend mitgeteilt, dass der Friedensvertrag zwischen der Sowjetunion und Finnland unterzeichnet worden sei.
Die Bedingungen, die die Sowjets jetzt den Finnen diktierten, waren härter, als es die ursprünglichen russischen Vorschläge gewesen waren. Jetzt annektierte Moskau die gesamte Karelische Landenge – Wiborg und zahlreiche Inseln eingeschlossen –, einen Teil der Halbinsel Rybatschi im Eismeer westlich Murmansk und das Gebiet nördlich des Ladogasees. Hangö wurde für 30 Jahre von den Sowjets als Flottenbasis in Pacht genommen.
Da die Rote Armee am 5. März ohne große Schwierigkeiten auch Helsinki und andere große Teile des Landes hätte besetzen können, konnten die Finnen mit einiger Berechtigung sagen, sie seien noch relativ gut davongekommen. Nichtsdestoweniger ist anzunehmen, dass die Finnen, hätte man ihnen nicht Wiborg genommen, 1941 viel weniger darauf aus gewesen wären, in den Krieg gegen die Sowjetunion einzugreifen. Zwar war Wiborg strategisch nicht allzu wichtig, aber seine Annexion durch die Sowjetunion wurde als sehr schmerzhaft empfunden. Tausende von Wiborg-Flüchtlingen taten das Ihre, um die antirussischen Gefühle zu schüren. Viele Sowjetbürger waren später, wenn sie es auch nicht öffentlich zugaben, überzeugt, dass die Annexion Wiborgs ein schwerer Fehler war. Nach offizieller sowjetischer Ansicht war Deutschland – anders als Großbritannien und Frankreich – während des sowjetisch-finnischen Krieges brav neutral geblieben. Trotzdem müssen die sowjetischen Führer insgeheim mit einem deutschen Ver-

Bild linke Seite: Karl Gustav Freiherr v. Mannerheim übernahm als Generalfeldmarschall den Oberbefehl über die finnischen Streitkräfte im finnisch-sowjetischen Winterkrieg.

Bild rechte Seite oben: Auf einem schmalen Pfad der unzugänglichen finnischen Wälder wurde eine russische Einheit überfallen und niedergemacht. Die Sowjetunion musste für die Gewinnung der Karelischen Landenge teuer bezahlen: 72.468 Tote und 186.129 Verwundete forderte der „Winterkrieg" gegen die tapferen Finnen.

Bild rechte Seite unten: „Die Portion ist zu hart". Französische Karikatur auf die Schwierigkeiten Stalins bei der Bezwingung Finnlands.

such gerechnet haben, aus der finnischen Erbitterung und dem finnischen Verlangen nach Revanche Vorteile zu ziehen. Natürlich hatten die Sowjets ihr Ziel, Leningrad unverwundbar zu machen, erreicht. Aber dieser, wie sich zeigen sollte, kurzlebige Vorteil wurde wieder aufgehoben durch die Tatsache, dass die Leistungen der Roten Armee im finnischen Krieg alles andere als überzeugend gewesen waren. Es bestand die Gefahr, dass die Deutschen daraus ihre Schlüsse ziehen würden. Dass die sowjetische militärische Führung mit dem Abschneiden der Roten Armee in Finnland nicht zufrieden war, zeigte sich sehr bald in umfassenden Maßnahmen zur Reorganisation der Streitkräfte. So wurde das Jahr 1940 nach General Schukows Worten das „Jahr der großen Umformung" der sowjetischen Streitmacht.

Molotow wartete bis Ende März, ehe er vor dem Obersten Sowjet eine Erklärung über die Beendigung des Krieges mit Finnland und über die internationale Situation im Allgemeinen abgab. Diese Rede des Außenkommissars war eine der heftigsten Attacken, die er je gegen Frankreich und England geführt hatte. Kein Wort des Bedauerns mehr darüber, dass die britisch-französisch-sowjetischen Gespräche des vorangegangenen Jahres erfolglos gewesen waren. Im Gegenteil: „Die Sowjetunion ist entschlossen, sich nicht zu einem Werkzeug in den Händen der anglo-französischen Imperialisten für deren Kampf um die Weltherrschaft machen zu lassen."

Molotows Rede schloss mit der verbitterten Feststellung der russischen Verluste (72.468 Gefallene, 17.250 Vermisste und 186.129 Verwundete). Die Verluste der Finnen betrugen 24.923 Tote und 43.577 Verwundete. Diese Ziffern gaben kaum Anlass, sich in die Brust zu werfen. Sie waren überdies wenig geeignet, die sowjetisch-finnischen Beziehungen zu fördern. Und bezeichnenderweise sparte Molotow sehr mit Lob für die Generäle, die die Operationen geführt hatten. Einmal, noch im Krieg, hatte die „Prawda" eine lange Liste – sie bedeckte zwei Seiten – der wegen Tapferkeit dekorierten Offiziere und Soldaten veröffentlicht. Aber man machte doch nicht allzu viel Aufhebens von dem erfolgreichen Abschluss des finnischen Feldzugs, jedenfalls weit weniger als von dem „Sieg", den man in Ostpolen errungen hatte. Hier hatte man wenigstens die mehr oder minder große Begeisterung ausschlachten können, mit der Ukrainer und Weißrussen angeblich die Rote Armee begrüßten. Aber Karelien war fast menschenleer, nachdem praktisch die gesamte Bevölkerung entweder geflohen oder evakuiert worden war. Wiborg, die einzige größere Stadt, die die Sowjets besetzt hatten, war von sämtlichen Einwohnern verlassen. Und über allem lastete der deprimierende Eindruck der schweren sowjetischen Verluste und der Verdacht, dass mit der Roten Armee nicht alles zum Besten stand.

1940

JANUAR

2.1. Der übliche offizielle „Neujahrsempfang des Führers" für das Diplomatische Korps wird infolge der „Sonderverhältnisse des Krieges" abgesagt.

5.1. Die Danziger Schichau-Werft erhält den Auftrag für den Bau von 4 U-Booten des Typs VII C; am 13. April werden 2, am 6. August 4 und am 21. November 6 weitere U-Boote dieses Typs in Auftrag gegeben.

10.1. Die Deutsche Reichsbahn schränkt den Reisezugdienst zugunsten des Güter- und Kohlenverkehrs ein. Am 15. 1. entfallen bisherige Fahrpreisermäßigungen wie Sonntagsrückfahrkarten usw.

10.1. Auf dem Flug von Münster nach Bonn kommt ein deutsches Militärflugzeug wegen schlechten Wetters vom Kurs ab. Die Luftwaffenmajore Reinberger und Höhmanns müssen bei Mechelen (Belgien) notlanden. Sie vernichten den größten Teil der mitgeführten Unterlagen über die bevorstehende Westoffensive. Die von den Belgiern geretteten Fragmente bestätigen aber die deutsche Absicht, den Angriff über belgisches und niederländisches Gebiet zu führen.

11.1. Hitler erlässt den „Grundsätzlichen Befehl Nr.1". §1: „Niemand, keine Dienststelle, kein Offizier dürfen von einer geheimzuhaltenden Sache erfahren, wenn sie nicht aus dienstlichen Gründen unbedingt davon Kenntnis erhalten müssen".

17.1. Die SKL sieht aufgrund der Erfolge des letzten Quartals 1939 die deutsche Seeherrschaft in der südlichen Nordsee als gegeben.

24.1. Verordnung des Generalgouverneurs Hans Frank über die Pflicht zur Anmeldung jüdischen Vermögens im Generalgouvernement.

24.1. Zum Geburtstag Friedrichs des Großen spricht Hitler vor 7.000 Offiziersanwärtern im Berliner Sportpalast.

27.1. Zur geplanten Besetzung von Norwegen und Dänemark gibt Keitel den Oberbefehlshabern der drei Wehrmachtsteile den Wunsch Hitlers bekannt, das Unternehmen „Weserübung" (Codebezeichnung) „unter seinem persönlichen und unmittelbaren Einfluss und im engsten Zusammenhang mit der Gesamtkriegsführung" weiter zu bearbeiten.

30.1. Anlässlich des 7. Jahrestages der Machtübernahme der NSDAP spricht Hitler im Berliner Sportpalast. Seine Polemiken richten sich in erster Linie gegen England. Er erklärt: „Und ich kann Frankreich und England nur sagen, auch sie werden den Kampf bekommen!"

31.1. Laut einer DNB-Meldung sind im Zeitraum vom 21.12.1939 – 31.1.1940 insgesamt 20 neutrale Handelsschiffe mit einer Gesamttonnage von 463.796 BRT versenkt worden. Die deutschen Verluste werden mit 42 Schiffen mit insgesamt 236.957 BRT angegeben.

FEBRUAR

1.-29.2. Deutsche U-Boote versenken in der Nordsee und im Atlantik 107 alliierte Handelsschiffe mit insgesamt 364.834 BRT.

1.-3.2. Die UdSSR versucht im finnisch-sowjetischen Winterkrieg, das ihr von Deutschland im Nichtangriffsvertrag vom 23. 8. 1939 zugestandene Interessengebiet Finnland durch eine russische Offensive der 7. und 13. Armee möglichst schnell in die Hand zu bekommen.

2.2. Abschluss der ersten Umsiedlungsaktion in Osteuropa. Der letzte deutsche Umsiedlertransport passiert die deutsch-sowjetische Interessengrenze.

3.2. Flugzeuge des X. Fliegerkorps greifen britische Kriegs- und Handelsschiffe in der Nordsee an und versenken dabei das britische Minensuchboot „Sphinx".

9.2. Das Hanseatische Sondergericht in Hamburg verurteilt den 57-jährigen Ferdinand Reimers wegen fortgesetzten, absichtlichen Abhörens ausländischer Sender und wegen fortgesetzten, vorsätzlichen Verbreitens der Nachrichten zu 5 Jahren Zuchthaus und zum Verlust der bürgerlichen Ehrenrechte auf die Dauer von 5 Jahren.

9.2. Veranstaltet im Auftrag der Gaupropagandaleitung des Gaues Hamburg der NSDAP, findet die Erstaufführung des dokumentarischen Films „Feldzug in Polen" statt.

11.2. Abschluss eines deutsch-sowjetischen Wirtschaftsabkommens.

11.-13.2. Zweite Offensive der 7. sowjetischen Armee führt zum Durchbruch der Russen und zwingt die Finnen zur Zurücknahme ihrer Truppen in den Raum östlich von Wiborg.

12.2.-10.3. In dieser Zuteilungsperiode können die Verbraucher nach Wahl anstelle von 125 Gramm Kaffee-Ersatz je 100 Gramm Tee auf die Abschnitte N 23, N 32 und N 33 der Nährmittelkarte beziehen. Anspruch auf Lieferung von Tee besteht aber nicht.

16.2. Der britische Zerstörer Cossack dringt in die norwegischen Hoheitsgewässer ein und entert das deutsche Marinetrossschiff Altmark. An Bord der Altmark befinden sich 303 englische Gefangene von Schiffen, die das Panzerschiff Admiral Graf Spee im Südatlantik versenkt hat. Die Gefangenen werden befreit, mehrere deutsche Seeleute getötet.

16.2. Der Oberbefehlshaber der Kriegsmarine, Großadmiral Raeder, erklärt die Nordsee-Inseln Borkum, Juist, Norderney, Langeoog, Spiekeroog, Wangerooge und Sylt für die Dauer des Krieges zu „militärischen Sicherheitsbereichen".

Bild linke Seite: Maßgeblichen Anteil an Hitlers Blitzkriegen hatten auch die Sturzkampfbomber („Stukas"). Ausgerüstet mit Sturzflugsirenen, demoralisierten sie die gegnerischen Truppen.

Bild rechte Seite: Die Panzerwaffe, hier ein Kampfwagen vom Typ Panzer IV, war das Rückgrat der deutschen Blitzkrieg-Strategie. Ihr massierter Einsatz führte zu den entscheidenden Durchbrüchen.

17.2. General der Infanterie von Manstein trägt Hitler seinen Plan für eine Westoffensive vor, in dem der später tatsächlich durchgeführte „Sichelschnitt" vorgesehen ist. Hitler stimmt diesem Plan zu.

21.2. General d. Inf. von Falkenhorst wird zum Leiter des Arbeitsstabes „Weserübung" ernannt.

29.2. Im Heeresverordnungsblatt wird vermeldet, dass wegen der veränderten politischen Verhältnisse keine Bedenken mehr gegen das Singen des Liedes „Siegreich woll'n wir Frankreich schlagen" bestünden.

MÄRZ

1.3. Hitler unterzeichnet die erste operative Weisung für die Besetzung Dänemarks und Norwegens (Unternehmen „Weserübung").

1.-3.3. US-Unterstaatssekretär Sumner Welles, von Präsident Roosevelt in besonderer Mission nach Europa gesandt, besucht Deutschland. Er wird nacheinander von Ribbentrop, Hitler und Göring empfangen.

4.3. Die deutsche Seekriegsleitung stoppt das Auslaufen weiterer U-Boote zum Handelskrieg gegen Großbritannien, um sämtliche Seestreitkräfte für das Unternehmen „Weserübung" zur Verfügung zu haben.

5.3. In der Reichskanzlei findet eine große Besprechung Hitlers mit den Oberbefehlshabern der drei Wehrmachtsteile über die geplante Besetzung von Dänemark und Norwegen statt. Dabei wird beschlossen, stärkere Kräfte nach Narvik zu entsenden und insgesamt sechs Heeres-Divisionen einzusetzen.

8.3. Polizeiverordnung über die Kennzeichnung der in Deutschland eingesetzten polnischen Arbeiterinnen und Arbeiter.

10.3. Hitler hält im Berliner Zeughaus zum Heldengedenktag eine Rede. Darin erklärt er u.a.: „Kein Volk hat mehr Recht, seine Helden zu feiern, als das deutsche." Er fordert die Deutschen „zur größten Gemeinschaft aller Zeiten" auf und schließt: „Der von den kapitalistischen Machthabern Frankreichs und Englands dem Großdeutschen Reich aufgezwungene Krieg muss zum glorreichen Sieg der deutschen Geschichte werden."

11./12.3. Einnahme von Wiborg durch die 7. sowjetische Armee.

12.3. In Moskau wird der sowjetisch-finnische Friedensvertrag unterzeichnet: Abtretung der Karelischen Landenge mit Wiborg und des finnischen Teils der Fischerhalbinsel an die UdSSR, „Verpachtung" von Hangö. Verluste der Finnen: 24.923 Tote und 43.577 Verwundete. Die Verluste der Roten Armee werden mit 72.468 Toten und 186.129 Verwundeten angegeben.

12.3. Hitler übermittelt Papst Pius XII. zum Krönungstag telegrafische Glückwünsche.

12.3. Unterzeichnung eines deutsch-italienischen Protokolls über die Lieferung deutscher Kohlen nach Italien auf dem Landwege.

14.3. Generalfeldmarschall Göring erlässt einen Aufruf zur Sammlung kriegswichtiger Metalle: „Wir wollen der Reichsverteidigung alle entbehrlichen Gegenstände aus Kupfer, Bronze, Messing, Zinn, Blei und Nickel in nationalsozialistischer Opferbereitschaft zur Verfügung stellen." Am 29. 3. verordnet der Ministerrat für die Reichsverteidigung: „Wer sich an gesammeltem Metall bereichert, schädigt den großdeutschen Freiheitskampf und wird mit dem Tode bestraft."

16.3. Flugzeuge des X. Fliegerkorps greifen britische Seestreitkräfte in der Bucht von Scapa Flow an und beschädigen den Schweren Kreuzer „Norfolk". Außerdem werden Flugplätze und Flakstellungen auf den Orkney-Inseln bombardiert.

17.3. Hitler ernennt den Generalinspektor für das deutsche Straßenwesen, Fritz Todt, zum Reichsminister für Bewaffnung und Munition.

19.3. 50 Flugzeuge des RAF Bomber Command greifen den deutschen Seefliegerhorst Hörnum an.

23.3. Die SKL befürwortet eine schnellstmögliche Durchführung des Unternehmens „Weserübung".

26.3. Hitler entscheidet nach einer Lagebesprechung mit Großadmiral Raeder, dass das Unternehmen „Weserübung" kurz vor der Westoffensive stattfinden soll.

28.3. Tagung des alliierten Obersten Kriegsrates in London, auf der beschlossen wird, vom 5. April ab norwegische Gewässer zu verminen und Stützpunkte in Norwegen zu besetzen.

APRIL

2.4. Hitler setzt als Termin für das Unternehmen „Weserübung" den 9.4. fest.

3.4. Im Rahmen der von Alfred Rosenberg durchgeführten „Aktion für die geistige Betreuung der Hitler-Jugend" fordert Göring, „auch die Verdunkelung zum Schutze der Heimat darf nicht dazu führen, dass

Bild linke Seite: Die zweisitzige Arado Ar 196 wurde das bekannteste Schwimmerflugzeug im 2. Weltkrieg. Es diente den schweren Überwassereinheiten als bordeigner Katapult-Aufklärer.

Bild rechte Seite: Bis zu 3000 Kilometer weit ist der Anmarschweg für die deutschen Geleitzüge, die den Nachschub für die kämpfende Truppe nach Norwegen bringen.

junge deutsche Menschen verwahrlosen und schlechten Trieben nachgeben".

7.4. Auslaufen der ersten deutschen Kriegsschiffgruppen nach Norwegen.

8.4. Britische Zerstörer legen Minen vor Bodø, Stadtlandet und Kristiansund.

9.4. 05.00 Uhr Beginn der Besetzung Dänemarks und Norwegens durch deutsche Truppen. Dänemark fügt sich der Gewalt, Norwegen leistet Widerstand.

11.4. Reichsstatthalter Greiser teilt im Auftrag Hitlers mit, dass die Stadt Lodz in Litzmannstadt umbenannt wird (nach dem General des Ersten Weltkrieges Karl Litzmann).

11.4. In Norwegen erweitern die deutschen Truppen das von ihnen besetzte Gebiet in den Räumen von Narvik und Oslo. Der Versuch leichter britischer Seestreitkräfte, in den Drontheim-Fjord einzudringen, scheitert.

13.4. Britische Zerstörer greifen mit Unterstützung durch das Schlachtschiff „Warspite" Narvik an und versenken dort die restlichen acht deutschen Zerstörer, deren Besatzungen in die dort kämpfende „Gruppe Dietl" eingereiht werden.

15.4. Teile der 49. britischen Division landen bei Namsos zur Unterstützung der Norweger.

16.4. Die „Gruppe Narvik" erreicht im Vorgehen entlang der Erzbahn die schwedische Grenze. Teile der dort kämpfenden norwegischen Truppen treten nach Schweden über und werden dort interniert.

17.4. Ein erster britischer Versuch, im Herjangsfjord bei Narvik zu landen, wird abgewiesen. Im Raum Oslo dringen deutsche Truppen weiter nach Norden vor.

18.4. 6.000 britische Soldaten landen in Åndalsnes. Insgesamt sind neben französischen und polnischen Truppen das Gros von 2 britischen Divisionen in Norwegen eingesetzt.

19.4. Deutsche Kampfflugzeuge greifen britisch-französische Seestreitkräfte vor Namsos an und beschädigen den französischen Kreuzer „Emile Bertin".

24.4. Bei Narvik beginnen 30 km nordostwärts der Stadt Kämpfe der deutschen Sicherungen mit stärkeren feindlichen Landungskräften.

30.4. Zusammentreffen der von Oslo nach Norden und von Trondheim nach Süden vorgestoßenen deutschen Truppen bei Dombås. Damit sind die norwegischen Landstreitkräfte sowie die bei Namsos und Åndalsnes gelandeten alliierten Truppen geschlagen.

MAI

1.5. Die SKL stellt fest, dass der Handelskrieg im Atlantik nun wieder „operative Hauptaufgabe der U-Boote" sein muss.

1.5.-30.6. Deutsche U-Boote versenken im Atlantik 78 alliierte Handelsschiffe mit insgesamt 418.838 BRT.
2.5. Sondermeldung des OKW: „In rastloser Verfolgung der in wilder Flucht zurückgehenden Engländer haben die deutschen Truppen Andalsnes erreicht und um 15 Uhr dort die deutsche Reichskriegsflagge gehißt."
3.5. Im Berliner Sportpalast findet ein Appell vor 6.000 Offiziersanwärtern statt. Hitler, in Stiefelhosen und Schaftstiefeln, erklärt: „Heute kämpft Deutschland als stärkster Militärstaat gegen eine ihm zahlenmäßig und wertmäßig unterlegene feindliche Front."
9.5. Endgültige Festlegung des Angriffstermins im Westen auf den 10. 5. Oberst Oster, Chef der Zentralabteilung der deutschen Abwehr, teilt dem holländischen Militärattaché Sas mit, dass die Offensive am folgenden Tag beginnt, doch bleibt wie im Fall Dänemark – Norwegen eine Wirkung aus.
10.5. 05.35 Uhr Beginn des deutschen Angriffs gegen Frankreich, Belgien, Luxemburg und die Niederlande.
11.5. Generalmobilmachung der Schweizer Armee zum Schutze der Neutralität des Landes.
11.5. In Holland wird die Provinz Groningen besetzt, bei Harlingen die Zuider-See erreicht. In Belgien kapituliert das Fort Eben Emael bei Lüttich.
12.5. In Holland wird die Verbindung zu den bei Rotterdam gelandeten Fallschirmjägern hergestellt, in Belgien der Übergang über den Albert-Kanal bei Hasselt erzwungen. Der Hauptstoß der deutschen Truppen führt in Süd-Belgien durch die Ardennen, um die Aktion „Sichelschnitt" einzuleiten.
14.5. In Belgien erreichen die deutschen Divisionen die Dyle-Stellung, hinter der die alliierte Heeresgruppe 1 aufmarschiert ist. Bei Sedan wird die französische Front durchbrochen und damit die Einschließung der alliierten Streitkräfte in Belgien und Nordostfrankreich eingeleitet.
15.5. Die Niederlande kapitulieren. Verluste seit 10.5.: 2.890 Tote, 6.899 Verwundete. Königin Wilhelmina und ihre Minister (seit 13. 5. in London) bilden ein Exilkabinett, das den Kampf an der Seite Großbritanniens fortsetzt.
16.5. In Belgien durchbrechen Truppen der „Heeresgruppe B" die alliierte Dyle-Stellung. Zwischen Maubeuge und Carignan werden die französischen Grenzstellungen auf einer Breite von 100 km durchbrochen.
16./17.5. Beginn des strategischen Luftkrieges der RAF gegen Deutschland: 99 britische Bomber greifen Öllager und Eisenbahnziele im Ruhrgebiet an.
18.5. Erlass Hitlers über die „Wiedervereinigung" der Gebiete Eupen, Malmedy und Moresnet mit dem Deutschen Reich.
18.5. Erlass Hitlers über die Ausübung der Regierungsbefugnisse in den Niederlanden: Reichsminister Seyß-Inquart zum Reichskommissar für die besetzen niederländischen Gebiete bestellt.
19.5. Nach längerer Unterbrechung des Unterseebootkrieges geht „U 37" als erstes U-Boot wieder zu einer Handelskriegsunternehmung in See, auf der es bis zum 2. Juni neun Schiffe mit 41.207 BRT versenkt.
20.5. In weiterem Vorstoß nach Westen erobern deutsche Truppen Amiens und Arras und erreichen bei Abbeville die Kanalküste. Die Festung Laon wird gestürmt, die Stadt

Rethel genommen. Wie das OKW meldet, streben die englischen Truppen „in Eilmärschen den Kanalhäfen zu".
21.5. Großadmiral Raeder spricht zum ersten Mal mit Hitler über eine eventuelle Invasion Englands.
22.5. In Norwegen dringen deutsche Verbände von Drontheim aus über 400 km weit nach Norden vor, während die „Gruppe Dietl" im Raume Narvik in die Verteidigung gedrängt ist und aus der Luft versorgt werden muss.
25.5. Nach dem Wehrmachtsbericht wurde „der Ring um die belgische Armee, Teile der 1., 7. und 9. französischen Armee und die Masse des englischen Expeditions-Heeres ... erheblich verstärkt und ist damit endgültig geschlossen".
27.5.–4.6. Die von den Deutschen in einem Kessel bei Dünkirchen eingeschlossenen 338.226 Engländer und Franzosen werden mit 848 Schiffen aller Größen über den Kanal evakuiert, müssen aber ihre Ausrüstung zurücklassen.
28.5. König Leopold III. unterzeichnet die Kapitulation der belgischen Armee und begibt sich in deutsche Kriegsgefangenschaft. Verluste seit 10.5.: 7.500 Tote, 15.850 Verwundete. Das belgische Kabinett erklärt sich zur Exilregierung und setzt den Krieg an der Seite der Alliierten fort.
29.5. In Flandern werden Brügge und Ostende genommen, Ypern und der Kemmel-Berg gestürmt. Das OKW stellt fest: „Das Schicksal der französischen Armee im Artois ist besiegelt. Ihr Widerstand im Raum südlich Lille ist zusammengebrochen."
29.5. Durch die Kapitulation Belgiens erwartet die deutsche Wirtschaft einen Zuwachs von allein rund 30 Mill t Kohle jährlich.

JUNI

2.6. Die Luftwaffe dehnt ihre Angriffe auf das französische Hinterland bis in das Rhône-Tal und nach Marseille aus.
3.6. Als neuen Kriegsorden stiftet Hitler das „Eichenlaub zum Ritterkreuz des Eisernen Kreuzes", das mit einer Nummerierung der Ordensträger verliehen werden soll.
4.–10.6. Operation „Juno" gegen alliierte Evakuierung Norwegens. Am 8. Juni versenken die Schlachtschiffe „Scharnhorst" und „Gneisenau" den Flugzeugträger „Glorious" und zwei Zerstörer.
5.6. 05.00 Uhr Beginn der „Schlacht um Frankreich". Heeresgruppe B mit 4., 6. und 9. Armee sowie der Panzergruppe Kleist durchbrechen die an der Somme und der unteren Aisne von den Franzosen improvisierte „Weygand-Linie" in Richtung auf die Seine.
7./8.6. Erster alliierter Luftangriff auf Berlin: Ein französischer Marine-Fernaufklärer wirft Bomben auf die Stadt.
9.6. Truppen der Heeresgruppe B erreichen die untere Seine und besetzen Rouen. Zwischen der oberen Aisne und der Maas tritt die Heeresgruppe A mit der 2., der 12. und der 16. Armee sowie der Panzergruppe Guderian zum Angriff an. Sie wird von der Luftflotte 3 unterstützt.
8./10.6. Räumung Narviks durch die alliierten Truppen. Kapitulation der norwegischen Streitkräfte. Damit ist das Unternehmen „Weserübung" abgeschlossen. König Haakon, Kronprinz Olaf und die norwegische Regierung gehen nach London ins Exil.
10.6. Eintritt Italiens in den Krieg.
10.6. Deutsch-sowjetisches Abkommen über Verfahren zur Regelung von Streit- und Zwischenfällen an der Grenze.
11.6. Präsident Roosevelt erklärt in seiner Rede in Charlotteville, die USA werden den Alliierten ihre Hilfsquellen zur Verfügung stellen.
12.6. Die bei St. Valery an der Kanalküste eingeschlossenen britischen Truppen kapitulieren in Stärke von 26.000 Mann. Auf dem Nordflügel beginnt die Verfolgungsschlacht.
13.6. Im Berliner Sportpalast spricht Reichsfrauenführerin Scholtz-Klink: „Wer nichts zu versorgen hat als seinen Haushalt, der melde sich zur Arbeit in den kriegswichtigen Betrieben, oder wenn er auf dem Lande wohnt, zur Entlastung der deutschen Bäuerin".
13.6. In einem Tagesbefehl an die „Soldaten des norwegischen Kriegsschauplatzes" erklärt Hitler den „Feldzug in Norwegen" für beendet. Vor allem Generalleutnant Dietl spricht er den „Dank des deutschen Volkes" aus.
14.6. Nachdem Paris zur „offenen Stadt" erklärt wurde, rückt die zur 18. Armee gehörende 87. Infanterie-Division in der französischen Hauptstadt ein. Hitler ordnet aus diesem Anlass das Flaggen „in ganz Deutschland" auf die Dauer von drei Tagen an.
14.6. Im dritten Abschnitt der „Schlacht um Frankreich" tritt die Heeresgruppe C mit der 1. und der

Bilder links und rechts: Fallschirmjäger springen ab, um einen feindlichen Flugplatz zu besetzen. Am Boden finden sie die abgeworfenen Behälter mit schweren Waffen und Gerät vor. So perfekt, wie es hier ein Zeichner der Propaganda-Kompanie darstellte, verliefen die verlustreichen Einsätze der Fallschirmjäger allerdings selten.

7. Armee zum Angriff gegen die „Maginotlinie“ südlich von Saarbrücken an.
15.6. Sowjetische Truppen besetzen Kowno und Wilna. Damit hat der Staat Litauen aufgehört zu bestehen.
17.6. Marschall Pétain bildet in Frankreich eine neue Regierung. Er erklärt im Rundfunk, Frankreich sei gezwungen, den Kampf aufzugeben. Er habe der deutschen Regierung daher Verhandlungen vorgeschlagen.
17.6. Die Panzergruppe Guderian erreicht bei Pontarlier die Schweizer Grenze und schneidet damit die Rückzugslinien der französischen Ost-Armeen in der „Maginotlinie“ ab.
17.6. Kaiser Wilhelm II. schickt „unter dem tiefergreifenden Eindruck der Waffenstreckung Frankreichs“ ein Glückwunschtelegramm an Hitler.
18.6. General de Gaulle kündigt im britischen Rundfunk die Bildung des „Nationalkomitees der freien Franzosen“ an. Großbritannien hält die offiziellen Beziehungen zur Regierung Pétain aufrecht, erkennt am 28. 6. aber de Gaulle als Führer aller freien Franzosen an.
18.6. Hitler und Mussolini treffen sich in München zur Besprechung der Stellungnahme ihrer Regierungen zum französischen Waffenstillstandsgesuch.
22.6. Abschluss des deutsch-französischen Waffenstillstandes in Compiègne: Die Besetzung Frankreichs bis zur Linie westlich und nördlich von Genf – Dôle – Tours – Mont de Marsan – spanische Grenze.
25.6. 01.35 Uhr Waffenruhe in Frankreich. Deutschland macht 1,9 Mio. Kriegsgefangene. Deutsche Verluste: 27.074 Tote, 111.034 Verwundete. Französische Verluste: rd. 92.000 Tote, 200.000 Verwundete. Die britische Expeditionsarmee verlor 68.111 Mann, die RAF 1.526 Mann.
28.6. Sowjetische Truppen überschreiten die rumänische Grenze und beginnen mit der Besetzung Bessarabiens und der Nordbukowina.
28.6. Italienische Flak schießt während eines britischen Luftangriffs bei Tobruk irrtümlich das Flugzeug des italienischen Gouverneurs in Libyen, des Marschalls Balbo, ab.
28.6. Hitler beginnt in den frühen Morgenstunden seinen als „Kunstreise“ bezeichneten Gang durch Paris – begleitet von Speer und Breker – in der Oper; eine längere Station macht er im Invalidendom am Grabmal Napoleons.
30.6. Deutsche Verbände besetzen am 30. Juni und 1. Juli die britischen Kanalinseln Jersey, Guernsey und Alderney.

JULI

2./3.7. 16 Bomber der RAF greifen Eisenbahnanlagen in Hamm an.
3.7. Britischer Überfall auf einen Teil der französischen Flotte in Mers-el-Kebir, um zu verhindern, dass die Schiffe den Deutschen in die Hände fallen. Französische Verluste: 1.147 Tote. Am 8. 7. torpedieren die Engländer das Schlachtschiff „Richelieu“ in Dakar.
4.7. Die französische Regierung Pétain bricht die diplomatischen Beziehungen zu Großbritannien ab.
5.7. Nach Beendigung des Westfeldzuges wird der Krieg in erster Linie gegen die britischen Seeverbindungen fortgesetzt. Das OKW meldet: „Die deutsche Unterseebootswaffe hat in der letzten Zeit wieder eine Reihe namhafter Erfolge im Kampf gegen England erzielt.“
7.7. In einem Erlass gibt Hitler Anweisungen für die „Besatzungstä-

tigkeit der Wehrmacht“, von der er erwarte, dass sie in einem „untadeligen Geist ihre Aufgabe als Besatzung erfüllt“.

9.7. Befehl Hitlers, den Schwerpunkt der Rüstung auf den Sektor der Luftwaffe und Marine zu legen.

10.7. Deutsche Flugzeuge greifen erstmals mit stärkeren Kräften militärische Ziele in Südengland an. Beginn der deutschen Luftangriffe auf britische Geleitzüge im Kanal.

11.7. In Gegenwart von Generaloberst Keitel hat Hitler eine neue Unterredung mit Großadmiral Raeder über die Möglichkeit einer Landung in England, die jedoch nur „als letztes Mittel, um England zum Frieden zu zwingen“, in Aussicht genommen wird.

16.7. Hitler gibt die „Weisung Nr. 16“ an die drei Wehrmachtteile: Vorbereitung einer Landungsoperation gegen Großbritannien (Unternehmen „Seelöwe“).

18.7. Unter Glockengeläut zieht eine Division Berliner und Brandenburger Truppen nach dem Sieg über Frankreich durch das „Brandenburger Tor“ in Berlin ein und wird von Reichsminister Goebbels sowie dem Befehlshaber des Ersatzheeres, General der Artillerie Fromm, empfangen.

19.7. Reichstagsrede Hitlers mit der „gewaltigsten Siegerehrung der deutschen Geschichte“: Göring wird „Reichsmarschall“, 12 Generäle und Generaloberste aus Heer und Luftwaffe werden zu Generalfeldmarschällen ernannt. Zum Schluss seiner Rede richtet Hitler „einen Appell an die Vernunft auch in England“.

21.7. In einer Besprechung mit Generalfeldmarschall von Brauchitsch erteilt Hitler dem OKW die Weisung, „gedankliche Vorbereitungen“ für einen Angriff gegen die Sowjetunion zu treffen.

22.7. Der englische Außenminister Lord Halifax weist in einer Rundfunkrede das deutsche „Friedensangebot“ offiziell zurück.

22.7. Fürst Konoye bildet in Japan eine neue Regierung mit Matsuoka als Außenminister, die die im August 1939 abgebrochenen deutsch-japanischen Verhandlungen über ein Militärbündnis wieder aufnehmen lässt.

24.7. Deutsche Sturzkampfflugzeuge greifen im Kanal britische Geleitzüge an und versenken fünf Schiffe mit 5.117 BRT.

31.7. In einer Besprechung mit von Brauchitsch und Halder gibt Hitler seinen Entschluss bekannt, im Frühjahr 1941 einen fünfmonatigen Feldzug gegen Russland zu führen.

AUGUST

1.8. Hitler erlässt die Weisung Nr. 17 „Für die Führung des Luft- und Seekriegs gegen England“. Darin fordert Hitler von der deutschen Luftwaffe, „mit allen zur Verfügung stehenden Kräften die englische Luftwaffe möglichst bald niederzukämpfen“.

2.8. In einer Rede vor dem Obersten Sowjet stellt Außenminister Molotow fest, die Beziehungen der Sowjetunion zum Deutschen Reich seien fest gegründet auf den bestehenden Abkommen und würden sich „weiter in vollem Umfang bewähren“.

7.-31.8. Deutsche U-Boote versenken im Atlantik 92 alliierte Handelsschiffe mit insgesamt 478.308 BRT.

Bild linke Seite: Präsident Roosevelt fordert am 16. Mai 1940 im Senat eine Milliarde Dollar für die nationale Verteidigung. Der Kongress bewilligt sogar 1,5 Millarden Dollar für die Aufrüstung.

Bild rechte Seite: „America first!“. Titelblatt des gleichnamigen Liedes der amerikanischen Texterin und Komponistin Sara Quinn Hill, 1940, das bezeichnend ist für das isolationistische Amerika, das in Erinnerung an die Opfer des Ersten Weltkrieges jegliche Verwickelung der USA in den europäischen Krieg ablehnte. „To the Gold Star mothers of America, whose tears have encircled the Universe, this song is reverentially dedicated“ („Den Goldstern-Müttern Amerikas, deren Tränen die Welt umkreisten, ist dieses Lied innigst gewidmet“).

8.8. Flugzeuge der 9. Flieger-Division beginnen mit der Verminung der Themse- und der Humber-Mündung sowie verschiedener englischer Häfen durch Luftminen. Zugleich beginnt die Luftwaffe mit verstärkten Einsätzen zur Niederkämpfung der britischen Luftwaffe.

9.8. Weisung des OKW über den „Aufbau Ost“, d. h. Ausbau des Generalgouvernements als Operationsbasis für einen Feldzug gegen die UdSSR.

13.8. „Adlertag“ – Beginn des verschärften Luftkrieges gegen Großbritannien, mit dem Ziel, die Luftherrschaft als Voraussetzung für die Landung in England zu erringen.

14.8. In der neuen Reichskanzlei überreicht Hitler Reichsmarschall Göring sowie den von ihm am 19. Juli ernannten Generalfeldmarschällen des Heeres ihres Marschallstäbe.

15.8. 54 deutsche U-Boote versenken in diesem Monat 283.386 BRT.

16.8. Die SKL erkennt, dass bei einer derzeitigen englischen Tonnage von 19.701.000 BRT ein ernsthafter Mangel an Schiffsraum vorerst nicht erzielt werden kann.

17.8. Die deutsche Reichsregierung verhängt die totale Blockade gegen England. Die italienische Regierung folgt am 28. 8.

22.8. Die 9. Flieger-Division vermint vom 22. bis 25. August die Häfen von Dundee, Newcastle, Hartlepool, Dover, Portland, Poole sowie die Themse-Mündung. Britische Flugzeuge bombardieren erstmalig die auf dem „großen Feld“ zwischen Laufen, Nordhausen, Nordheim und Hausen errichtete Scheinanlage „Stuttgarter Hauptbahnhof“.

25./26.8. Angriff der RAF mit 81 Maschinen auf Berlin. Wegen schlechten Wetters kommen nur wenige Maschinen ins Zielgebiet. Geringer Schaden.

26.8. Deutsche Luftangriffe auf Portsmouth sowie Flugplätze in Südengland. Britische Flugzeuge setzen ihre seit Wochen andauernden nächtlichen Einflüge in das Reichsgebiet fort, ohne dass es zu größeren Luftangriffen kommt.

27.8. In der Frage einer Landung in England entscheidet Hitler sich für die sogenannte „Kleine Lösung“, d.h. eine Landung auf einer Breite von 140 km zwischen Folkestone und Eastbourne, die von der Heeresgruppe A unter Generalfeldmarschall von Rundstedt mit der 9. und der 16. Armee durchgeführt werden soll.

28./29.8. Zweiter britischer Luftangriff auf Berlin. Betroffen sind Wohnviertel am Görlitzer Bahnhof. 10 Tote, 28 Verletzte.

29.8. In einer Denkschrift der SKL wird die „Beherrschung des Mittelmeeres“ als „von ausschlaggebender Bedeutung für die Weiterführung des Krieges“ bezeichnet. Raeder trägt Hitler am 6. September in diesem Sinne vor.

30.8. Das OKW meldet, dass die Vorbereitungen der Marine für das Unternehmen „Seelöwe“ nicht bis zum 15. 9. abgeschlossen werden können; frühester Termin: 20. 9.

30.8.-9.9. Erste erfolgreiche Gruppen-Operation deutscher U-Boote gegen einen Nordatlantik-Geleitzug.

31.8. Bisheriges Ergebnis der Luftschlacht über England: 4.779 Flugzeuge im Einsatz: 4.447 t Sprengbomben, 191 t Brandbomben abgeworfen; deutsche Verluste: 252 Jäger und 215 Bomber; britische Verluste: 359 Flugzeuge.

SEPTEMBER

1.9. In Leipzig schlägt Deutschlands Fußball-Nationalmannschaft Finnland mit 13:0 Toren. Das ist der höchste Sieg seit dem 16:0 gegen Russland bei der Stockholmer Olympiade von 1912.

1.9. Die deutschen Luftangriffe richten sich weiterhin gegen Flugplätze und militärische Anlagen in Südengland. Die 9. Flieger-Division setzt die Verminung der britischen Häfen fort. Minensperren vor der englischen Küste werden Anfang September auch von Einheiten der Kriegsmarine gelegt.

2.9. »Destroyer-Naval Base Deal« zwischen Großbritannien und den USA: Gegen Stützpunktrechte in der westlichen Hemisphäre erhält Großbritannien 50 alte US-Zerstörer.

4.9. In Rumänien tritt das Kabinett Gigurtu zurück. König Carol ernennt General Antonescu zum neuen Ministerpräsidenten mit Sondervollmachten. Die Verfassung wird aufgehoben.

4.9. Zur Eröffnung des „Kriegs-Winterhilfswerkes“ spricht Hitler im Berliner Sportpalast. Zum Luftkrieg erklärt er bei dieser Gelegenheit: „Wenn sie [die Engländer] erklären, sie werden unsere Städte in großem Ausmaß angreifen – wir werden ihre Städte ausradieren!“

5.9. Deutsch-sowjetische Vereinbarung über die Umsiedlung der deutschen Volksgruppen aus Bessarabien und der Bukowina.

5.9. In Moskau wird ein Abkommen zwischen Deutschland und der UdSSR über die Umsiedlung der deutschstämmigen Bevölkerung aus den Gebieten Bessarabiens und der nördlichen Bukowina unterzeichnet.

6.9. König Carol von Rumänien dankt zugunsten seines Sohnes Michael ab und geht in die Schweiz ins Exil.

7.9. Schwere deutsche Luftangriffe auf London und britische Flugplätze. Es folgen 65 Tage lang dauernde Nachtangriffe gegen die britische Hauptstadt.

9.9. Erstmals greifen deutsche Fernkampfbatterien in die Kämpfe am Kanal ein und beschießen einen britischen Geleitzug.

12.9. In der Nacht zum 12. September greifen britische Bomber im Zuge der Verschärfung des Luftkrieges Berlin, Hamburg und Bremen an.

14.9. In einer Besprechung mit den Oberbefehlshabern der drei Wehrmachtsteile gibt Hitler seiner Überzeugung Ausdruck, dass noch „eine Chance, Großbritannien aus der Luft niederzuringen“, bestehe. Einer Landung in England steht er weiterhin skeptisch gegenüber.

14./15.9. Luftangriffe der RAF gegen Schiffsziele in den Häfen der belgisch-französischen Küste zwischen Boulogne und Antwerpen. Die Transportflotte für das Unternehmen „Seelöwe“ erleidet besonders in Antwerpen empfindliche Verluste.

15.9. Im Verlauf von Luftschlachten über London werden 56 deutsche und 26 britische Flugzeuge abgeschossen. Hierbei zeigt sich, dass es nicht gelungen ist, die britische Luftverteidigung niederzuringen und damit die Voraussetzungen für eine Landung in England zu schaffen. – 7.260 eingesetzte Flugzeuge werfen in diesem Monat 6.614,5 t Sprengbomben und 427,868 t Brandbomben auf englische Ziele.

17.9. Hitler verschiebt das Unternehmen „Seelöwe“ wegen der fehlenden deutschen Luftherrschaft „bis auf weiteres“.

17.9. Premierminister Churchill gibt im Unterhaus bekannt, dass die britische Zivilbevölkerung durch deutsche Luftangriffe in der ersten Septemberhälfte rund 2.000 Tote und 8.000 Verletzte zu beklagen habe.

17.9. Durch Erlass des Reichsjugendführers wird in den Luftschutzwarnzonen für die 14- bis 18-jährigen HJ-Mitglieder an allen Sonntagvormittagen Dienst angesetzt.

17./25.9. Anlässlich seines Deutschlandbesuches empfängt Hitler den spanischen Innen- und künftigen Außenminister Serrano Suñer zu Sondierungen wegen der Beteiligung Spaniens am Krieg.

18.9. Volkskommissar für Verteidigung Timoschenko und Generalstabschef Merezkow legen Stalin und Molotow Überlegungen für den strategischen Aufmarsch in West und Ost vor.

18.9. Die Luftwaffe setzt ihre Angriffe gegen London verstärkt fort. In zwei aufeinander folgenden Nächten werden von 568 eingesetzten Flugzeugen 684 t Sprengbomben und 1.019 Brandschüttkästen auf die britische Hauptstadt abgeworfen.

20.9. Hitler erlässt den „Befehl über die Bildung einer deutschen Militärmission in Rumänien" mit „Lehrtruppen" zum Schutz des rumänischen Ölgebietes.

20.9. Im Atlantik beginnen mehrtägige Unterseebootsangriffe gegen den britischen Geleitzug HX 72, bei denen 7 Schiffe mit 50.340 BRT versenkt werden. Nach zahlreichen Einzeloperationen und ersten Versuchen, britische Geleitzüge mit „Unterseeboots-Rudeln" anzugreifen, beginnen damit die „Geleitzugschlachten" in größerem Stil.

21.9. Als zweitem Soldat verleiht Hitler dem Luftwaffenmajor Mölders das Eichenlaub zum Ritterkreuz des Eisernen Kreuzes. Mölders hatte den 40. Luftkampf erfolgreich beendet.

23.9. Während die Luftwaffe ihre schweren Angriffe auf London fortsetzt, wird „als Vergeltung" für britische Bombenwürfe auf Heidelberg außerdem Cambridge mit Bomben belegt und damit der Bereich der „Vergeltungsangriffe" ausgeweitet.

23.-25.9. Angriff britischer Seestreitkräfte auf Dakar, zur Vorbereitung einer Landung gaullistischer Verbände. Als ein französi-

Bild linke Seite: „Wanted for incitement to murder" – „Gesucht wegen Anstiftung zum Mord". Deutsches Propaganda-Flugblatt 1940. „Dieser Gangster, den Sie auf diesem Bild in seinem Element sehen, stiftet Sie durch sein Beispiel an, an einer Form der Kriegführung teilzunehmen, in der Frauen, Kinder und normale Zivilisten die Hauptleidtragenden sind. Diese absolute kriminelle Form der Kriegführung, die durch die Haager Konvention verboten ist, wird gemäß dem Kriegsrecht bestraft werden. Schützt zumindest eure Familie vor dem Horror des Krieges!"

Bild rechte Seite: HOLDING THE LINE! Das britische Plakat stellt Churchill als kampfentschlossene Dogge dar, der die „Stellung halten" würde. Nach seiner Ernennung zum Premierminister hatte Churchill im Unterhaus am 13. Mai 1940 gesagt, er habe nur „Blut, Mühsal, Schweiß und Tränen" zu bieten. Aber: „Sie fragen, was ist unser Ziel? Es ist der Sieg um jeden Preis – denn ohne Sieg gibt es kein Überleben. Wir müssen uns klar sein: Kein Überleben für das britische Reich, kein Überleben für alles, was das britische Reich bedeutet."

sches U-Boot das britische Schlachtschiff »Resolution« torpediert, befiehlt Churchill, die Operation abzubrechen.

25.9. Raeder tritt für ein Bündnis mit Frankreich ein: „Bei der Verfolgung des grundlegenden Kriegsziels der Vernichtung des englischen Kampfwillens und Ausschaltung Englands aus dem europäischen Raume scheint der SKL jetzt der Zeitpunkt gekommen, mit den Franzosen zusammenzugehen."

26.9. Verbände des V. Fliegerkorps bombardieren das „Spitfire"-Montagewerk Woolstone bei Southampton. Nächtliche Angriffe richten sie wieder gegen London.

27.9. In Berlin wird der Dreimächtepakt zwischen Deutschland, Italien und Japan unterzeichnet. Die drei Länder vereinbaren, „sich mit allen politischen, wirtschaftlichen und militärischen Mitteln gegenseitig zu unterstützen" (Art. 3).

27.9. In Nowy-Zagorsk an der deutsch-russischen Interessengrenze trifft ein erster Transport mit 260 Reichs- und 740 Volksdeutschen aus der Bukowina, hauptsächlich aus der Stadt Czernowitz, ein.

28.9. Über eine Unterredung mit Hitler notiert Ciano in seinem Tagebuch: „Keine Rede mehr von einer Landung, auch nicht von einer baldigen Zerstörung Englands. Aus den Gesprächen Hitlers tönt die Sorge wegen eines langen Krieges heraus."

30.9. Im Rahmen der „Luftschlacht um England" haben im September 741 deutsche Luftangriffe stattgefunden, davon 268 Angriffe auf London. Ende September stehen für den Luftkrieg gegen England 899 Kampfflugzeuge, 375 Stukas, 730 Jäger und 174 Zerstörerflugzeuge bereit. Im Seekrieg mit Großbritannien versenkten Unterseeboote im September 52 Handelsschiffe mit 265.737 BRT, davon einen Teil erstmals im Rahmen großer „Geleitzugschlachten". Nach englischen Angaben gingen im September 705 der versenkten Schiffe bei Nachtangriffen durch über Wasser fahrende U-Boote verloren.

OKTOBER

1.10. Im Protektorat Böhmen und Mähren wird das im übrigen Reichsgebiet geltende Punkteverrechnungsverfahren für Spinnstoffwaren eingeführt.

1.10. Deutschland und Finnland schließen ein Abkommen über deutsche Waffenlieferungen: Dafür räumt Finnland Deutschland für alte Erzkonzessionen (Nickelerzgruben bei Petsamo) Vorkaufsrechte ein.

1.10. Die deutsche Luftwaffe setzt auch im Oktober ihre Angriffe auf London fort. Insgesamt werfen in diesem Monat 5.173 deutsche Flugzeuge 7.160 t Sprengbomben und 4.735 Brandschüttkästen auf die britische Hauptstadt.

1.10. Zwischen Deutschland und Finnland wird ein Abkommen über deutsche Waffenlieferungen an Finnland abgeschlossen. Finnland räumt Deutschland dafür Vorkaufsrechte für die Erzkonzessionen an den Nickelerzgruben bei Petsamo ein.

2.10. Während die deutsche Luftwaffe ihre Angriffe gegen Großbritannien und insbesondere gegen London fortsetzt, stoßen britische Bomber in nächtlichen Einflügen immer wieder nach West- und Norddeutschland sowie gegen Berlin vor. Der Wehrmachtsbereich meldet hierzu: „Dem Feind

sind in der letzten Zeit durch die besonders entwickelten Abwehrverfahren der Nachtjäger und Flakartillerie schwere Verluste zugefügt worden. Er wurde fast überall an der planmäßigen Durchführung seiner Angriffsabsichten gehindert."

4.10. Hitler und Mussolini treffen sich am Brenner zu Gesprächen über die deutsch-italienische Politik gegenüber Frankreich und Spanien.

4.10. Treffen Hitlers mit Mussolini auf dem Brenner, wobei insbesondere die Frage erörtert wird, wie Frankreich im Krieg gegen Großbritannien eingesetzt werden könne. Von einer Landung auf den Britischen Inseln ist nicht mehr die Rede.

8.10. In der Nacht zum 8. Oktober führen britische Bomber ihren bisher schwersten Angriff gegen Berlin und werfen dabei 50 t Sprengbomben ab. Es gibt 25 Tote und 50 Verletzte unter der Zivilbevölkerung. – Die RAF stellt die erste Staffel mit amerikanischen Freiwilligen auf.

9.10. Reichsleiter Dr. Robert Ley vor Stettiner Industriearbeitern über die Zeit nach dem Krieg: „Jeder Deutsche wird seinen Urlaub so verbringen können, dass seine kühnsten Träume noch übertroffen werden."

10.10. Das OKW meldet: „Vom frühen Morgen bis zum Beginn der

Bild linke Seite: „Nous vaincrons parceque nous sommes les plus forts" – „Souscrivez aux Bons d'Armement" (Wir werden siegen, weil wir die stärkeren sind – zeichnet Kriegsanleihen!). Unter Hinweis auf die großen, weltweit verteilten Ressourcen der Verbündeten wurde den Franzosen Sicherheit suggeriert, die sich nach dem deutschen Angriff am 10. Mai 1940 nicht erfüllen sollte.

Bild rechte Seite: Aufruf de Gaulles vom 18. Juni 1940: „An alle Franzosen! Frankreich hat eine Schlacht verloren! Aber Frankreich hat nicht den Krieg verloren! Die Regierung des Zufalls konnte kapitulieren. Sie geriet in Panik, vergaß die Ehre, lieferte das Land der Knechtschaft aus. Dennoch ist nichts verloren! Nichts ist verloren, denn dieser Krieg ist ein Weltkrieg. In der freien Welt warten noch immense Streitkräfte auf ihre Stunde. Eines Tages werden sie den Feind vernichten. An diesem Tag muss Frankreich zu den Siegern gehören. So wird es seine Freiheit und seine Größe wiederfinden. Dies ist mein Ziel, mein einziges Ziel! Deshalb rufe ich alle Franzosen auf, wo immer sie sich befinden, sich um mich zu scharen in der Aktion, im Opfer und in der Hoffnung. Unser Land schwebt in Todesgefahr. Kämpfen wir für seine Rettung! Es lebe Frankreich! General de Gaulle, Hauptquartier, 4, Carlton Gardens, London. SW 1."

Dunkelheit rollten ununterbrochen Vergeltungsangriffe leichter und schwerer Kampfflugzeuge gegen die britische Hauptstadt. Unmittelbar anschließend setzten Nachtangriffe schwerer Kampfflugzeuge ein, die bis in die Morgenstunden des 10. Oktober andauerten."

12.10. Hitler entscheidet, „dass die Vorbereitungen für die Landung in England von jetzt an bis zum Frühjahr 1941 lediglich als politisches und militärisches Druckmittel auf England aufrechtzuerhalten sind".

13.10. Außenminister von Ribbentrop lädt in einem Brief an Stalin Molotow im Auftrage Hitlers zu einem Besuch in Berlin ein.

13.10. Zum einjährigen Bestehen des Gaues Danzig-Westpreußen erklärt Reichsstatthalter Albert Forster: „Der Reichsgau Danzig-Westpreußen kann auch mit Stolz von sich behaupten, dass er von den vier Ostgauen der einzige ist, der keine Juden mehr hat."

13.10. In einem Schreiben an Stalin lädt Reichsaußenminister von Ribbentrop im Auftrage Hitlers Volkskommissar Molotow zu einem Besuch nach Berlin ein.

14.10. Die SKL legt den Schwerpunkt ihres Konzepts erneut auf den „Einsatz der Flottenkampfstreitkräfte gegen den feindlichen Überseeverkehr". Für den Winter 1940/41 erhalten der Überwasser- und der U-Boot-Krieg im Atlantik Vorrang.

15.10. 61 deutsche U-Boote versenken in diesem Monat 344.513 BRT. 9.911 eingesetzte Flugzeuge werfen in diesem Monat 8.790,632 t Spreng- und 323,292 t Brandbomben auf englische Ziele.

16.10. In der Nacht zum 16. Oktober werfen 410 deutsche Flugzeuge 538 t Sprengbomben und 177 Brandschüttkästen auf London, die über 400 Tote und 900 Schwerverletzte fordern. Das OKW meldet hierzu: „Die Angriffe der deutschen Luftwaffe auf kriegswichtige Ziele in Süd- und Mittelengland und vor allem die Vergeltungsangriffe auf London ... wurden wesentlich verstärkt." Als Begründung hierfür werden die britischen „nächtlichen wahllosen Bombenangriffe gegen nichtmilitärische Ziele und damit vor allem gegen die deutsche Zivilbevölkerung" angegeben.

16.-20.10. Deutsche U-Boote versenken aus den Konvois SC 7 und HX 79 insgesamt 32 Schiffe.

18.10. Hitler beauftragt Reichsmarschall Göring mit der Durchführung des zweiten Vierjahresplans.

19.10. Die Sowjetunion stoppt die Kiellegung von Schlachtschiffen und Schlachtkreuzern zugunsten des Baues von kleineren Schiffen und U-Booten.

19.10. Kapitänleutnant Prien erhält als 5. Offizier, nachdem er 200.000 t feindlichen Schiffsraum versenkt hat, das Eichenlaub zum Ritterkreuz des Eisernen Kreuzes.

20.10. Im Atlantik wird eine Angriffsoperation deutscher Unterseebootsrudel gegen den Geleitzug HX 79 abgeschlossen, bei der 12 Schiffe mit 75.069 BRT versenkt werden.

20.10. Die Reihe Wunschkonzert für die Wehrmacht wird auf Anordnung von Goebbels durch den Rundfunk wieder aufgenommen – bisher wurden 43 Sendungen an den Sonntagnachmittagen ausgestrahlt.

22.10. Hitler empfängt in seinem Sonderzug auf dem kleinen Bahnhof Montoire im besetzten Mittelfrankreich den Vizepräsidenten des französischen Ministerrates, Staatsminister Pierre Laval.

22.10. In Belgien wird die Bereitstellung des „Corpo Aero Italiano" mit 75 Bombern, 5 Fernaufklärern und 98 Jägern zum Einsatz gegen Großbritannien abgeschlossen.

22.10. In seiner ersten programmatischen Rede als neuer Reichsjugendführer erklärt Axmann vor der Presse den Achtjahresplan für Weltanschauung, nach dem ab sofort die HJ-Führer ausgebildet werden: „Die HJ muss im großdeutschen Reich zu einem ganz neuen, umfassenden Weltbild erzogen werden."

23.10. Hitlers Sonderzug erreicht den französischen Bahnhof Hendaye an der spanischen Grenze. Um 15.00 Uhr trifft der spanische Staatschef General Franco ein, den Hitler dazu bewegen will, im Frühjahr 1941 in den Krieg gegen England einzutreten. Franco zieht sich so geschickt aus der Affäre, dass Hitler Mussolini gegenüber erklärt. „Ich würde mir lieber drei oder vier Zäh-

Bild linke Seite: „Methode Churchill". Wandtafel der NSDAP 1940. Zu Recht sah die deutsche Propaganda in Churchill die Seele des britischen Widerstandes, den es zu entlarven und zu diffamieren galt. Öffentlich als „Whiskysäufer" und „Totengräber des Empire" verhöhnt, meinte Goebbels privat, dass „es – was man auch sonst gegen ihn sagen mag – die historische Größe Churchills ausmache, dass er sich nicht durch den Blitz auf London (die deutschen Luftangriffe) entmutigen ließ, sondern sein Volk über diesen Augenblick verständlicher Schwäche hinwegführte".

Bild rechte Seite: „Schach dem King!" Deutsches Propagandablatt 1940. Die deutschen Figuren – Panzer, Stuka, Fallschirmspringer und U-Boot – haben gründlich aufgeräumt. „Läufer" Chamberlain liegt am Boden, „Turm" Churchill versucht sich in Sicherheit zu bringen und die verzweifelte „Königin" Elizabeth klammert sich vergeblich an den mattgesetzten „König" George VI. In Wirklichkeit dachte Churchill gar nicht daran, jemals aufzugeben, und das englische Königspaar zeigte sich demonstrativ im zerbombten London, um die Moral der Bevölkerung zu stärken.

ne ziehen lassen, als so etwas noch einmal mitmachen."

24.10. Am späten Nachmittag findet in Montoire die Begegnung Hitlers mit dem französischen Staatschef Marschall Pétain statt. Bei dem Versuch, auch Frankreich in eine europäische Einheitsfront gegen England einzureihen, erleidet Hitler einen weiteren Misserfolg.

24.10. Bei einer „Führertagung" der NSDAP in Posen wird bekannt gegeben, dass bis zum 15. Oktober bereits 50.000 Baltendeutsche, 83.200 Wolhynien- und Galiziendeutsche sowie 13.500 Deutsche aus der Gegend von Cholm im „Reichsgau Wartheland" angesiedelt worden seien.

25.10. Das OKW meldet: „Im Rahmen der von der deutschen Luftwaffe durchgeführten Kampfhandlungen gegen England starteten zum erstenmal italienische Kampfverbände von ihrer Absprungbasis im besetzten Gebiet aus."

26.10. Die Umgruppierung des deutschen Feldheeres beginnt. Bis zum Jahresende werden 34 Divisionen in Ostpreußen und im Generalgouvernement stationiert.

26.10. Die SKL kommentiert die Gespräche von Montoire illusorisch: „Damit steht zu erwarten, dass Frankreich entschlossen ist, am Aufbau einer neuen europäischen Ordnung mitzuwirken und sich in die neue große Front Deutschland-Italien-Spanien-Japan-Sowjetunion, die der angelsächsischen Welt gegenübersteht, einzugliedern."

28.10. 5.30 Uhr: Beginn des italienischen Angriffs auf Griechenland von Albanien aus.

28.10. Das deutsche Unterseeboot U 32 unter Kapitänleutnant z.S. Jenisch versenkt den zwei Tage zuvor von Bomben getroffenen britischen Passagierdampfer „Empress of Britain" (42.348 BRT), das größte im Zweiten Weltkrieg versenkte alliierte Handelsschiff.

29.10. Griechenland wendet sich mit der Bitte um Hilfe an Großbritannien. Daraufhin landen britische Truppen auf Kreta.

30.10. Das OKH verlegt sein Hauptquartier von Fontainebleau nach Zossen bei Berlin.

31.10. Zwischenbilanz der Luftschlacht um England: bisher 1.733 deutsche, 915 britische Flugzeuge abgeschossen; im Oktober insgesamt 783 Luftangriffe auf England, davon 333 auf London; 601 britische Luftangriffe auf deutsches Reichsgebiet; 15.000 Tote, 21.000 Verletzte unter der britischen Zivilbevölkerung.

31.10. Adolf Hitler überreicht dem U-Boot-Kommandanten Kapitänleutnant Günther Prien das Eichenlaub zum Ritterkreuz des Eisernen Kreuzes.

31.10. Im Handelskrieg gegen Großbritannien haben die deutschen Unterseeboote im Oktober ihre Erfolge wesentlich gesteigert, insbesondere durch geschlossene Angriffe auf Geleitzüge. Insgesamt werden in diesem Monat 61 Handelsschiffe mit 344.684 BRT versenkt.

31.10. In der Luftschlacht um England sind bis Ende des Monats insgesamt 1.733 deutsche und 915 britische Flugzeuge abgeschossen worden. Im Oktober führte die Luftwaffe 783 Angriffe auf England, davon 333 auf London. Die Verluste der britischen Zivilbevölkerung betragen bisher 15.000 Tote und 21.000 Verletzte. Die britische Luftwaffe greift im Oktober 601-mal das Reichsgebiet an.

Schach dem King!

NOVEMBER

1.11.-31.12. Auch die Städte Birmingham, Southampton, Sheffield und Manchester werden wiederholt von deutschen Flugzeugen bombardiert.

2.11. Zu dem ihm erteilten Auftrag, auch den zweiten Vierjahresplan zu leiten, erklärt Göring in einem Appell: „Vor uns liegt eine neue Zeitspanne schöpferischer Arbeit auf allen Gebieten des wirtschaftlichen und sozialen Lebens." Er fordert dazu auf, alles „den Erfordernissen des gewaltigen schicksalgestaltenden deutschen Freiheitskampfes unterzuordnen".

3.11. Der von einer „Erkundungsfahrt" nach Nordafrika zurückgekehrte Generalmajor Ritter von Thoma erstattet Hitler Bericht über die Möglichkeit des Einsatzes eines deutschen Panzerverbandes in Libyen. In seiner Verärgerung über das italienische Vorgehen gegen Griechenland äußert Hitler dazu, dass er „die libysche Angelegenheit abgeschrieben" habe.

4.11. Hitler fasst den Entschluss, einen Entlastungsangriff über Ungarn, Rumänien und Bulgarien gegen Griechenland zu unternehmen, da sich die italienische Offensive festgelaufen hat und die Griechen zum Gegenangriff angetreten sind.

Bild linke Seite: „Tag der Wehrmacht – 17. März 1940". Plakat für das erste Kriegswinterhilfswerk. Auf einen Sonntag, den 17. März, angesetzt, erinnert der „Tag der Wehrmacht" an die Einführung der allgemeinen Wehrpflicht am 16. März 1935.

Bild rechte Seite: BRING DOWN THOSE AIRCRAFTS. Anweisung für die britischen Flak-Kanoniere: „Holt diese Flugzeuge runter. Lasst euch nicht verwirren. Haltet 12 Grad vor und schwenkt mit. Das Flugzeug wird euch wahrscheinlich nicht vor die Füße fallen. Aber es kommt außer Sichtweite runter, wenn man genau zielt. Ihr müsst es angreifen." Die gepanzerten Teile der deutschen Flugzeuge sind auf der Anleitung rot markiert. Alle anderen Teile, so wird betont, seien auch durch Beschuss mit Handfeuerwaffen zerstörbar.

5.11. Roosevelt zum dritten Mal zum Präsidenten der USA gewählt.
5.11. Der zu Operationen nach Übersee ausgelaufene Schwere Kreuzer „Admiral Scheer" unter Kapitän z.S. Krancke greift im Nordatlantik den britischen Geleitzug HX 84 an und versenkt dabei den Hilfskreuzer „Jervis Bay" und 6 Handelsschiffe mit zusammen 52.884 BRT, wodurch der gesamte britische Geleitverkehr über den Nordatlantik für einige Zeit empfindlich gestört wird.
7.11. Im Luftkrieg gegen England weitet die Luftwaffe ihre Angriffe über London hinaus zunehmend auch auf andere Städte aus. Außerdem verstärkt sie ihren Einsatz gegen die britische Handelsschifffahrt.
8.11. Am Abend spricht Hitler im „Löwenbräukeller" in München zum Jahrestag des Putsches von 1923 und erklärt nach einem Rückblick über das in diesem Kriege bisher Erreichte: „Deutschland jedenfalls ist mit seinen Verbündeten heute stark genug, um jeder Kombination auf dieser Welt entgegenzutreten. Es gibt keine Mächtekoalition, die der unseren militärisch gewachsen sein könnte!"
8.11. Die für die 17. Versorgungsperiode (18. 11. - 15. 12.) ausgegebenen Lebensmittelkarten enthalten eine Sonderzuteilung von „125 Gramm Kunsthonig für das Weihnachtsbacken der Hausfrau".
10.11. Mit der Einnahme von Libreville, der Hauptstadt von Gabun, ist die gesamte Kolonie Französisch-Äquatorialafrika in der Hand der französischen Streitkräfte General de Gaulles.
11. /12.11. Angriff britischer Trägerflugzeuge auf die italienische Flotte in Tarent: Schlachtschiff »Conti di Cavour« gesunken.
12.11. Hitler unterzeichnet die „Weisung Nr. 18". Danach hat der Oberbefehlshaber des Heeres Vorbereitungen zu treffen, „um im Bedarfsfall aus Bulgarien heraus das griechische Festland nördlich des Ägäischen Meeres in Besitz zu nehmen".
12.-14.11. Besuch Molotows in Berlin. Unterredungen mit Hitler und von Ribbentrop über den Beitritt der UdSSR zum Dreimächtepakt und die Aufteilung der Welt in Interessensphären nach der Niederlage Englands. Hitlers Konzeption eines Kontinentalblocks scheitert an Molotows Forderungen bezüglich Finnlands und der Meerengen, aber der Gedankenaustausch soll schriftlich fortgesetzt werden.
14.11. In Warschau werden 350.000 Juden im Ghetto eingeschlossen.
14. /15.11. 449 deutsche Flugzeuge werfen 503 t Sprengbomben und 881 Brandschüttkästen auf Coventry: 554 Tote und 865 Schwerverletzte unter der Bevölkerung.
14.-22.11. Griechische Gegenoffensive wirft italienische Truppen auf albanisches Gebiet zurück; am 21. 11. Einnahme von Koritza durch die Griechen.
15./16.11. 358 deutsche Flugzeuge werfen 414 t Sprengbomben und 1142 Brandschüttkästen auf London. Weitere Luftangriffe am

29./30.11., 8./9.12., 27./28.12. und 29./30.12.

16./17.11. 127 britische Bomber greifen Hamburg an.

17.11. In Anwesenheit von Hermann Göring wird in Wien die Wehrmachtschau „Der Sieg im Westen" eröffnet.

18.11. König Boris III. von Bulgarien stattet Hitler einen Besuch auf dem Obersalzberg ab, wobei die beabsichtigten Operationen gegen Griechenland erörtert werden. König Boris III. gibt jedoch keine Zusage für eine Beteiligung Bulgariens.

20.11. Beitritt Ungarns zum Dreimächtepakt.

20.11. „Zur Vergeltung für die britischen Angriffe auf Wohnviertel in Hamburg, Bremen und Kiel" (OKW) richtet die Luftwaffe in der Nacht zum 20. November einen schweren Angriff gegen Birmingham. 357 Kampfflugzeuge werfen 403 t Sprengbomben und 810 Brandschüttkästen auf die Stadt. Britische Flugzeuge werfen Bomben auf Berlin und Potsdam.

22.11. Der rumänische Staatschef General Antonescu hat in Berlin die erste Zusammenkunft mit Hitler, die für den engen Kontakt zwischen beiden entscheidend wird.

23.11. Beitritt Rumäniens zum Dreimächtepakt. Am folgenden Tag tritt auch die Slowakei dem Vertrag bei.

24.11. In der Nacht zum 24. November richtet die Luftwaffe einen schweren Angriff gegen Southamptom.

24.11. Der Hilfskreuzer „Atlantis" meldet aus Übersee die Versenkung von bisher 93.803 BRT Schiffsraumes.

25.11. In einer sowjetischen Note an die Reichsregierung werden die Vorbedingungen für einen Beitritt der UdSSR zum Dreimächtepakt formuliert. Hitler lässt die Note unbeantwortet. Damit reißen die Verhandlungen zwischen Berlin und Moskau ab.

27.11. Seegefecht bei Kap Teulada zwischen der italienischen Flotte und der britischen Force H endet ohne größere Schäden auf beiden Seiten.

28.11. In der Nacht zum 28. November greifen starke Kräfte der Luftwaffe die britische Hafenstadt Plymouth an. Die Angriffe auf London treten jetzt zunehmend hinter den Angriffen auf andere britische Städte zurück.

29.11. Erstes OKH-Planspiel für einen Ostfeldzug.

31.7. 11.30 Uhr. In einer Besprechung auf dem Obersalzberg mit dem OB der Kriegsmarine Raeder nimmt Hitler als Zeitpunkt für die

Münchener Ausgabe
177. Ausg. · 53. Jahrg. · Einzelpreis 15 Pf. 20 Pf.

„Freiheit und Brot"

Münchener Au

München, Dienstag, 25.

VÖLKISCHER BEOBACHTE

Kampfblatt der national-sozialistischen Bewegung Großdeutschlands

Seit heute früh 1.35 Uhr ruhen die Waffen

Krieg gegen Frankreich beendet

Die Franzosen unterzeichneten auch in Rom
Beide Waffenstillstandsverträge in Kraft getreten

ADOLF HITLER: „Glorreichster Sieg aller Zeiten"

Führer-Hauptquartier, 24. Juni

Heute, Montag, den 24. Juni, fand um 19.15 Uhr bei Rom die Unterzeichnung des italienisch-französischen Waffenstillstandsvertrages statt.

Um 19.35 Uhr erfolgte die offizielle Mitteilung darüber an die deutsche Reichsregierung. Auf Grund dessen ist der deutsch-französische Waffenstillstandsvertrag in Kraft getreten.

Das Oberkommando der Wehrmacht hat die Einstellung der Feindseligkeiten gegen Frankreich angeordnet. Am 25. Juni, 1.35 Uhr deutscher Sommerzeit, tritt auf beiden Seiten die Waffenruhe ein.

Der Krieg im Westen ist damit beendet.

Der Führer hat folgenden Aufruf erlassen:

Deutsches Volk! Deine Soldaten haben in knapp sechs Wochen nach einem heldenmütigen Kampf den Krieg im Westen gegen einen tapferen Gegner beendet.

Ihre Taten werden in die Geschichte eingehen als der glorreichste Sieg aller Zeiten.

In Demut danken wir dem Herrgott für seinen Segen. Ich befehle die Beflaggung des Reiches für zehn, das Glockenläuten für sieben Tage.

Adolf Hitler

Bild linke Seite: Als „glorreichsten Sieg aller Zeiten" verherrlichte die NS-Propaganda den sechswöchigen Feldzug im Westen.

Bild rechte Seite: Am 22. Juni, als dieses Bild in Rethondes entstand, war Frankreich bereits geschlagen. Das Misstrauen der deutschen Generalität gegenüber ihrem Obersten Befehlshaber schien endgültig weggewischt zu sein. Denn jetzt sprach Generaloberst Keitel von Adolf Hitler als dem „größten Feldherrn aller Zeiten". Doch Hitler selbst zeigte sich merkwürdig zurückhaltend; Er verbat sich persönliche Ovationen und sah auch davon ab, in Paris eine große Siegesparade abzuhalten.

geplante Landung in England den 15. 9. in Aussicht. Der endgültige Termin soll nach einem achttägigen, verschärften Luftangriff festgesetzt werden.

30.11. Erste gemeinsame Operationen deutscher und italienischer U-Boote zeigen einen deutlichen Leistungsunterschied. Auf jedes eingesetzte italienische U-Boot kommen pro Seetag 20 versenkte BRT, jedes deutsche U-Boot versenkt pro Seetag 1.115 BRT.

30.11. Der Hilfskreuzerbau muss wegen Überlastung der Werften zugunsten des U-Bootbaues zurückgestellt werden.

DEZEMBER

2.12. Die zweite große Reichsstraßensammlung für das Kriegswinterhilfswerk schließt mit einem Ergebnis von fast 20 Millionen Reichsmark ab.

2.12. Neue Geleitzugschlacht im Atlantik. Unterseeboote versenken aus dem britischen Geleitzug HX 90 9 Schiffe mit 52.817 BRT und den Hilfskreuzer „Forfar" (16.402 BRT).

4.12. Der Chef der deutschen Abwehr, Admiral Canaris, fährt im Auftrag Hitlers nach Madrid, um Verhandlungen mit der spanischen Regierung über den geplanten Angriff auf Gibraltar (Unternehmen „Felix") und den Kriegseintritt Spaniens zu führen.

5.12. Östlich von Rio de Janeiro kommt es zu einem Seegefecht zwischen dem deutschen Hilfskreuzer „Thor" und dem britischen Hilfskreuzer „Carnarvon Castle". Das britische Schiff wird hierbei schwer beschädigt.

5.12. In einer in arabischer Sprache ausgestrahlten Rundfunksendung erklärt die Reichsregierung, dass „Deutschland, das stets von Gefühlen der Freundschaft für die Araber erfüllt war", seit jeher den Kampf der arabischen Länder „zur Erlangung ihrer Unabhängigkeit mit großem Interesse verfolgt" habe. Die arabischen Länder können auch weiterhin „auf die volle Sympathie Deutschlands rechnen". Die Reichsregierung befinde sich hierbei (in voller Übereinstimmung mit dem verbündeten Italien".

6.12. Durch einen deutschen Luftangriff auf London werden zeitweise sämtliche amerikanischen Kabelverbindungen mit der britischen Hauptstadt unterbrochen.

7.12. Besprechung zwischen General Franco und Admiral Canaris. Franco lehnt den Eintritt Spaniens in den Krieg ab. Daraufhin verzichtet Hitler auf das Unternehmen „Felix".

8.12. Churchill richtet ein Memorandum über die U-Boot-Gefahr an Roosevelt: „Unsere Schätzung der Gütermenge, welche eingeführt werden muss, um unsere Anstrengungen mit voller Kraft aufrechterhalten zu können, ist 43 Mill t und im Oktober 38 Mill t. Wenn die Verminderung in solchem Maße andauerte, würde sie tödlich sein."

9.12. Beginn der britischen Gegenoffensive in der Cyrenaika.

9.12. „Als Vergeltung für die englischen Luftangriffe auf westdeutsche Städte führte die deutsche Luftwaffe in der Nacht zum 9. Dezember einen Großangriff auf London mit sehr starken Kräften und in rollendem Einsatz von Einbruch der Dämmerung bis zum Morgen durch" (OKW). 413 Flugzeuge werfen 387 t Sprengbomben und 3.188 Brandschüttkästen auf die britische Hauptstadt.

10.12. Hitlers Rede vor den Arbeitern eines Berliner Rüstungswerkes wird von allen deutschen Sendern übertragen. Für sämtliche Rüstungsbetriebe ist „Gemeinschaftsempfang" angeordnet. Hitler: „Nur ein Wahnsinniger kann sagen, ich hätte ein Minderwertigkeitsgefühl dem Engländer gegenüber".

10.12. Der Reichskanzler erlässt die Weisung Nr. 19 („Unternehmen Attila"). Sie enthält Richtlinien für „die schnelle Besetzung des heute noch unbesetzten Gebietes des französischen Mutterlandes".

12.12. Generalmajor Warlimont legt dem OKW eine Denkschrift über den Zweifrontenkrieg gegen Russland und England vor, die zu dem Ergebnis kommt, „dass Deutschland den Kampf gegen mit Rücksicht auf die dabei unvermeidliche Beeinträchtigung der Seekriegführung nicht herbeiführen sollte, solange es gezwungen ist, alle Kräfte anzuspannen, um England niederzuringen".

13.12. Marschall Pétain entlässt seinen Stellvertreter Pierre Laval aus allen Ämtern und ernennt an seiner Stelle Admiral Darlan.

13.12. Hitler unterzeichnet die „Weisung Nr. 20", die die Einzelheiten des Aufmarsches gegen Griechenland festlegt.

14.12. Am Tage der 100. Wiederkehr der Überführung Napoleons von St. Helena nach Paris teilt Hitler Marschall Pétain mit, dass er die sterblichen Überreste des Herzogs von Reichstadt (Sohn Napoleons I.) den Franzosen zur Beisetzung im Invalidendom überlasse. Bis dahin hatten dessen Gebeine in Schönbrunn geruht.

15./16.12. 45 britische Bomber greifen Berlin an, am 20. /21. 12. sind es 23.

16./17.12. 102 RAF-Bomber werfen 89 t Sprengbomben und 14.000 Brandbomben auf Mannheim: 23 Tote und 80 Verletzte unter der Bevölkerung. In den beiden fol-

genden Nächten schwächere Angriffe.

18.12. Hitler unterzeichnet die „Weisung Nr. 21" (Fall „Barbarossa"): „Die deutsche Wehrmacht muss darauf vorbereitet sein, auch vor Beendigung des Krieges gegen England die UdSSR in einem schnellen Feldzug niederzuwerfen. Vorbereitungen sind bis zum 15. 5. 1941 abzuschließen."

18.12. Vor 5.000 Offiziersanwärtern betont Hitler im Berliner Sportpalast erneut den „Vorzug der germanischen Rasse": „Zahlenmäßig gibt es z.Z. überhaupt kein Weltreich, das einen so großen Volkskern einheitlicher Rasse besitzt wie das deutsche Volk oder das Deutsche Reich."

19.12. Das italienische Oberkommando bittet um möglichst schnelle Entsendung einer deutschen Panzerdivision nach Nordafrika.

20.12. „Die Möglichkeit eines italienischen Zusammenbruchs und eine Abfallbewegung enttäuschten italienischen Volkes" ist nach Ansicht der SKL nicht von der Hand zu weisen! Die SKL zieht die Folgerung: „Die erhoffte Kriegsentscheidung im Mittelmeerraum ist nicht mehr zu erzielen, dagegen sind Schwierigkeiten für eigene Kriegsführung zu erwarten." Die konsequente Konzentration des Krieges auf England, unter Zurückstellung aller anderen Fragen, einschließlich des Plans „Barbarossa", wird gefordert.

22.12. Konteradmiral Siemens wird „2. Admiral der Flotte". Die Aufgaben der neuen Dienststelle bestehen u.a. in der Bereitstellung der Seestreitkräfte, der organisatorischen Vorbereitung von Seeoperationen, der Bearbeitung der Personallage sowie Ausbildungs- und Kriegsbereitschaftsfragen.

23.12. „In der Nacht zum 23. Dezember griffen starke Verbände schwerer Kampfflugzeuge die bedeutenden Industrieanlagen in Manchester mit großem Erfolg an" (OKW). 289 Bomber gelangen über das Ziel und werfen 198 t Sprengbomben, 77 Luftminen sowie 24 Brandschüttkästen ab.

24.12. Der ehemalige SA-Obergruppenführer Manfred von Killinger, zuletzt deutscher Gesandter in Pressburg, wird zum deutschen Gesandten in Bukarest, SA-Obergruppenführer Ludin zum deutschen Gesandten in Pressburg ernannt.

25.12. Zusammentreffen Hitlers mit Admiral Darlan in Beauvais. Hitler lehnt jegliches Entgegenkommen Vichy-Frankreich gegenüber ab.

25.12. Während der Weihnachtsfeiertage legen die deutsche und die britische Luftwaffe eine Kampfpause ein.

27.12. General Hansen unterrichtet den rumänischen Staatschef Antonescu über das geplante deutsche Unternehmen gegen Griechenland.

27.12. Der deutsche Hilfskreuzer „Komet" beschießt die Phosphat-Insel Nauru nordöstlich von Neuguinea.

Bild linke Seite: Italienische Feldhaubitze in Albanien.

Bild rechte Seite: Schadenfroh blickte die nichtfaschistische Welt auf die italienischen Misserfolge in Griechenland. Die Karikatur der englischen satirischen Zeitschrift Punch „Trophäen der Berge" zeigt einen triumphierenden Griechen mit Feldzeichen und Liktorenbündel, Symbole des geschlagenen Faschismus. Auch in Deutschland zeigte man nicht viel Respekt vor den Kriegsleistungen des italienischen Verbündeten und Goebbels musste die Presse anweisen, das Thema Italien sorgfältig zu behandeln, „um die augenblicklich in Vielzahl entstandenen Italien-Witz abebben zu lassen". Dennoch: Der deutsche Volksmund blieb bei seiner Einschätzung der italienischen Wehrmachtsberichte: „Spagetti-Berichte – lang und dünn".

Unternehmen Weserübung

„Weserübung", die Besetzung von Dänemark und Norwegen im April 1940, sollte die schwedischen Erzlieferungen über den nordnorwegischen Hafen Narvik und die Zugänge zur Ostsee sichern. Beides war durch alliierte Planungen (5.2.40) zum Eingreifen in den finnisch-sowjetischen Winterkrieg mit 4 Divisionen (57 500 Mann) gefährdet. Großbritannien und Frankreich verfolgten dabei die Absicht, die schwedischen Erzgruben von Kiruna und Gällivare sowie den Erzausfuhrhafen Lulea durch 2 Brigaden zu besetzen. Am 15.3.40 sollten die ersten Truppen in Narvik an Land gehen, Schweden aber verweigerte das Durchmarschrecht und der Frieden von Moskau am 12. 3. 1940 machte die geplante Hilfe für Finnland gegenstandslos. Dennoch wurde die Skandinavien-Operation neu angesetzt für den 8. 4. 1940, was auf deutscher Seite nach dem Zwischenfall mit dem Trossschiff Altmark erwartet wurde und dem Hitler mit „Weserübung" zuvorkommen wollte. Am 1.3.40 erfolgte seine Weisung dafür, und am 7.4.40 begannen die Operationen, die die Alliierten völlig überraschten, obwohl ihnen kurz zuvor der Einbruch in den deutschen „Enigma"-Funkschlüssel gelungen war. Ihre Aufmerksamkeit war völlig absorbiert durch den deutschen Aufmarsch im Westen, wo man den nächsten Angriff erwartete. Für „Weserübung" setzte die Kriegsmarine zur Sicherung alle fahrbereiten Einheiten ein: 2 Schlachtschiffe, 7 Kreuzer, 14 Zerstörer, 8 Torpedoboote, 12 Schnellboote, 31 U-Boote sowie zahlreiche kleinere Schiffe. Die Luftsicherung übernahm das X. Fliegerkorps mit 430 Maschinen, davon 220 Bomber. Als Gruppe XXI (Falkenhorst) wurden nach und nach 7 deutsche Divisionen auf dem See- und Luftweg in Oslo, Kristiansand, Stavanger, Bergen und Narvik gelandet. Die Besetzung Dänemarks gelang fast kampflos (26 gefallene Dänen). Norwegen aber setzte sich mit 6 schwachen Divisionen und der Flotte zur Wehr und erhielt Hilfe durch britische, französische und polnische Brigaden, die zwischen dem 14. und 18.4. bei Harstad, Namsos, Andalsnes und Narvik landeten.

So ist die Gruppe Dietl von drei Seiten umschlossen, und auf der vierten Seite das Meer, beherrscht von englischen Seestreitkräften!

Insgesamt treten 20.000 alliierte Soldaten von allen Seiten, bestens ausgerüstet mit allen erforderlichen Waffen, Munition, Winterbekleidung, Fahrzeugen im Überfluss, den Kampf gegen den wild zusammengewürfelten Haufen der Gruppe Dietl an.

Während noch der übermächtige Gegner vorsichtig die deutschen Stützpunkte abtastet, noch bevor er einen einzigen schweren Angriff entwickelt, noch bevor er die wahre Situation über die deutsche Bewaffnung erkennt, ist in Berlin, beim Oberkommando der Wehrmacht in der Bendlerstraße und in der Reichskanzlei, der Teufel los.

18. April vormittags: Eben liegen Hitler die Nachrichten über den Umfang der alliierten Landungen im Raum Narvik vor. Eilig entwirft der Führer einen Befehl an Dietl, Narvik aufzugeben und sich in Schweden mit seiner Truppe internieren zu lassen. Der Oberstleutnant von Loßberg soll den Befehl als verschlüsselten Funkspruch sofort durchgeben.

Loßberg jedoch tut etwas ganz anderes: Er lässt sich bei Jodl melden. Der Oberstleutnant betritt das große Kartenzimmer. Jodl ist mit Keitel im Gespräch. Loßberg: „Ich melde pflichtgemäß, dass ich diesen Funkspruch weder aufgegeben habe noch aufgeben werde! Die Lage bietet keinen Grund, so etwas zu befehlen."

Daraufhin wurde der Befehl an Dietl geändert:

„1. Alle Nachrichten deuten darauf hin, dass feindliche starke Aktion gegen Narvik vorbereitet wird. Auf die Dauer werden Sie in Anbetracht Ihrer Bewaffnung und Ausrüstung ... nicht standhalten können.

2. Die Überführung und Versorgung weiterer eigner Kräfte mit Artillerie ist nicht möglich.

3. Ihre wichtigste Aufgabe bleibt trotzdem, sich so lange als möglich zu behaupten. Dadurch müssen Sie Zeit gewinnen ... um die Benutzung der Erzbahn ... durch die gründlichste Zerstörung der Bahn und ihrer Kunstbauten auf lange Zeit hinaus für den Gegner unmöglich zu machen."

Punkt vier erläutert die Aufgabe, möglichst viele Gegner möglichst lange zu binden (um sie von Frankreich abzulenken). Der letzte Punkt des Hitlerbefehls schlägt vor (!), sich über Land nach Süden durchzuschlagen, Marschunfähige nach Schweden abzuschieben oder aber den Versuch zu unternehmen, die Truppe mit Seeflugzeugen zu evakuieren. Der Befehl schließt: „Wenn beide Möglichkeiten ausscheiden, handeln Sie so, dass die Ehre der deutschen Wehrmacht fleckenlos bleibt. Adolf Hitler."

Das Flugboot, noch nachts in der Havel bei Berlin gestartet, erreicht am anderen Vormittag Narvik bei dichtem Schneetreiben. Sicht 300 Meter, Breite des Beis-Fjordes 300 Meter, aufragende Felsen bis zu 500 Meter. Die Maschine überfliegt mehrere britische Schiffe in Höhe der Mastspitzen. Noch bevor die Flak feuerbereit ist, landet das Flugzeug hinter einem Felsenvorsprung. Es wird nie entdeckt und startet später sogar wieder zum Rückflug nach Deutschland. Hauptmann von Sternburg überbringt „unter vier Augen" den Befehl an Dietl.

Und nun beginnt ein Monat unglaublich zähen Kleinkriegs. Jede Gruppe für sich verteidigt sich gegen einen schon zahlenmäßig oft zehnfach überlegenen Gegner. Aus den Fjorden schießt die Schiffsartillerie in jedes noch so kleine deutsche Felsennest.

Die Alliierten gehen unglaublich langsam voran. Dies hat zwei Gründe:
Engländer und Polen sind in dem alpinen Gelände ungeübt. Nur die Franzosen bringen eine Anzahl trainierter Alpenjäger ins Gefecht. Die mit dem Land vertrauten Norweger sind wiederum schlecht bewaffnet.
Die Alliierten haben die Schwäche der Deutschen inzwischen erkannt, sind sich ihres Sieges sicher und wollen sich durch behutsames Vorgehen unnütze Opfer sparen. Dennoch gerät nach und nach jede einzelne Gruppe der mutigen deutschen Narvik-Kämpfer in Bedrängnis:
Ende April zieht Dietl seinen Stab aus dem Hotel „Royal" zurück und geht mit seinen engsten Mitarbeitern in ein Blockhaus in die Berge.
Anfang Mai ist die gesamte Bogenbucht im Raum von Narvik voll mit alliierten Kriegs- und Landungsschiffen. Die Landung glückt auf Anhieb und bringt zuerst die im Norden operierende Gruppe Windisch in Bedrängnis. Die Einheiten müssen nach drei Seiten kämpfen, und es gelingt in letzter Minute, der Umschließung in einem Ausbruch nach Osten zu entgehen und somit den Abstand zur Gruppe Narvik zu verringern.
Am 13. Mai, früh um 7 Uhr, fällt ein ganzer Zug der 2. Kompanie des Gebirgsjäger-Regiments 139 unter Leutnant Bauer bei einem Einsatz, der den Rückzug deckt. Der Rest der Kompanie gerät in Gefangenschaft. Am Hartvik-See halten 20 Mann 24 Stunden lang etwa 500 Engländer auf, die mit Artillerie und Panzern anrücken – eigene Bewaffnung: zwei Maschinengewehre!
Von den Bergen ziehen sich deutsche Gruppen zurück: Sie springen Felsenschluchten hinab, schlagen auf Schneebänder auf und landen nach 60 Metern Sturz im nassen, unter der Frühlingssonne abtauenden Schnee. So wanken sie nach Osten, um sich dort erneut zu formieren und zu kämpfen. Dietl weiß in diesen Stunden nicht, ob seine ganze Gruppe Windisch aufgerieben ist. Über den Fjord hinweg sind Funkstörungen.
Ab 15. Mai erneute schwere Feindangriffe. Der Hartvik-See geht verloren. Das letzte Hochplateau nördlich Narvik fällt. Die Norweger stürmen das angrenzende Kobberfjell. Tage voll Sturm, Nebel und Kälte wechseln ab mit Frühlingssonne und verwässerndem Schnee. Erschöpfte Männer fallen, taumeln in aufgeweichte Schneelöcher, ersticken im Morast. Am 17. und 18. bringen Stukas noch einmal für Stunden Entlastung, indem sie die Schiffe und zahlreiche Stellungen des Gegners angreifen. Gleichzeitig landen noch einige Fallschirmjäger – was heißt hier einige –, ganze 75 Mann! 15 landen mit einem Flugboot.
Um 6.50 Uhr frühmorgens am 28. Mai befiehlt Major Haussels nach Rücksprache mit Dietl den Rückzug aus Narvik. Die Lage: In der Stadt stehen noch 150 Gebirgsjäger und 250 Marinesoldaten. Die Stadt ist fast eingeschlossen, nur nach Süden zum Beis-Fjord hin ist noch ein kleines Loch offen. Stadt und Hafen sind durch schwere Brände

Bild linke Seite: Die Erzbahn am Eingang zum Rombaken-Fjord. Beim Kampf um Norwegen nahm das wechselvolle Ringen um den Erzhafen Narvik einen besonderen Platz ein. Unter General Dietl kämpften 1800 Gebirgsjäger und 3000 Matrosen, deren Schiffe verloren gingen, mangelhaft ausgerüstet gegen 20.000 alliierte Soldaten.

Bild rechte Seite oben: Schon einen Tag nach dem relativ ungestörten Einmarsch der Deutschen in Narvik veränderte sich die Lage dramatisch. Am 10. und am 13. April erschienen englische Kriegsschiffe und schossen Zerstörer und Frachter im Hafen zusammen. Kurz darauf begann die Landung englischer, französischer und exil-polnischer Truppen, denen sich norwegische Einheiten anschlossen.

Bild rechte Seite unten: Als „Held von Narvik" wurde der bayerische Gebirgsjägergeneral Eduard Dietl eine der populärsten Figuren des Zweiten Weltkrieges. Unter seiner Führung konnten sich die deutschen Truppen gegen einen numerisch überlegenen Gegner behaupten.

verqualmt. Nördlich Narvik sind nur noch Teile der Erzbahnlinie in deutscher Hand, aber der Ausbruch dorthin ist verwehrt. Schwere Waffen und Geräte müssen zerstört werden. Der Erzkai im Hafen ist schon längst ein einziger Trümmerhaufen.
Kampflos ziehen die deutschen Soldaten aus Narvik ab. Kampflos stoßen wenig später die landenden Alliierten durch den Rauchvorhang. Kein Mensch glaubt in dieser Stunde, dass es nur noch zehn Tage dauern wird, bis dieselben deutschen Soldaten, todmüde und zerschunden, aber glücklich, als Sieger in Narvik wieder einziehen werden.
Denn zunächst ist die Lage hoffnungslos. Dietl handelt getreu seinem Befehl: Bindung des Feindes, solange es geht. Aber der Gebirgs-General schont trotzdem seine geschundene Truppe, wo er kann. Er verkürzt die Fronten, lässt den Gegner ins Leere stoßen, baut neue Stoßtrupps zusammen, die im Rücken wieder angreifen und Verwirrung stiften. Die Polen stürmen die Erzbahn. Die letzten Kampfgruppen verteidigen die Tunnelabschnitte der Bahnlinie.
Dietl schreibt in seinem persönlichen Tagebuch über diese Zeit:
„1. 6. Die Truppe ist durch Kälte und Nässe stark überbeansprucht. Bei der dünnen Besetzung, der geringen Bewaffnung und den ohne Ablösung dauernd eingesetzten und daher in ihrer Widerstandskraft geschwächten Stellungsbesatzungen ist von einer Verteidigung im üblichen Sinne keine Rede mehr.
3. 6. Die Leute leben in einer Steinwüste bei schlechtester Ausrüstung und ungenügender Bekleidung.
4. 6. Die Truppe muss abgelöst werden, aber ich habe nichts ..."
Er hat nichts – außer den telegraphischen Versprechen auf 1.800 Fallschirmjäger und weitere 1.000 Mann Gebirgsjäger – Versprechen, an die er nicht glaubt. Das Wunder, auf das alle hoffen, vollzieht sich ganz anders:
Am 8. Juni lassen die Angriffe des Gegners plötzlich nach, kommen Stunden später gänzlich zum Erliegen. Am Nachmittag ziehen sich die Alliierten vereinzelt sogar zurück. Die deutschen Soldaten sind viel zu schwach, um nachzustoßen. Luftaufklärer melden Einschiffungen und nach Westen abdampfende Transporter. Um 21.30 Uhr ist das Bataillon Walter wieder in Narvik – ohne auf den Gegner zu treffen! Auch die Alliierten haben also Narvik kampflos geräumt. In der ersten Stunde des 9. Juni streckt der norwegische Oberbefehlshaber Ruge die Waffen, auf Weisung seines Königs, der mit der Regierung Tromsø bereits verlassen hat. Der Kampf um Narvik ist zu Ende.

Angriff im Westen

Am 9. Mai 1940 abends verließ Hitler mit seinem Sonderzug und großem Gefolge die Reichshauptstadt Berlin in nördlicher Richtung. Nach Einbruch der Dunkelheit wurde der Zug nach Westen umgeleitet, wo in Münstereifel, auf halber Strecke zwischen Bonn und den belgischen Ardennen, ein Hauptquartier vorbereitet worden war. Um 21 Uhr an diesem Abend kam aus der Befehlszentrale des Führerhauptquartiers das Codewort „Danzig". Das hieß X-Zeit für den „Fall Gelb" 5.30 Uhr am 10. Mai. Die große Offensive im Westen würde im Morgengrauen beginnen. Sie traf nicht allein Deutschlands Kriegsgegner Frankreich, sondern auch die neutralen Nachbarn Luxemburg, Belgien und die Niederlande.
Das Sperrfort Eben Emael deckte den belgischen Albert-Kanal und drei darüber führende Brücken, die bei Annäherung deutscher Truppen sofort gesprengt werden sollten.
Das Fort Eben Emael auszuschalten, musste das erste und wichtigste Unternehmen des Westfeldzuges sein – und es musste in kürzester Frist gelingen. Ohne den Besitz von Eben Emael musste der gesamte Plan des Westfeldzuges – zumindest was den Angriff im Norden der Front anging – ins Wanken geraten.

Ein Überwinden des Albert-Kanals mit Pioniermitteln hätte zu lange gedauert und mit Sicherheit hohe Verluste gekostet. Selbst das Absetzen von Fallschirmjägern versprach keinen Erfolg: Die Transportflugzeuge benötigten neun Minuten, um den vor Eben Emael liegenden „Maastrichter Zipfel" zu überfliegen – das Motorengedröhn hätte Alarm und damit die Brückensprengungen ausgelöst. Doch in der noch jungen und in Aufstellung befindlichen deutschen Fallschirmtruppe – sie war erst 4.000 Mann stark und trug die Tarnbezeichnung „7. Flieger-Division" – gab es Fallschirmpioniere. Ursprünglich – im Jahre 1937 – war es nur eine Gruppe, die der Unteroffizier Helmut Wenzel führte. Später wurde es ein Zug, den der Leutnant Rudolf Witzig übernahm.

Bild linke Seite: Der Angriff im Westen war als Bewegungskrieg geplant. Den Krad-Fahrern fiel die Aufgabe zu, überall, wo Fernsprech- und Funkverbindungen fehlten, für die Nachrichtenübermittlung zu sorgen. Zu den schnellsten Truppen gehörten Krad-Schützenbataillone, die beweglich zu Aufklärungs- und Kampfaufträgen eingesetzt werden konnten.

Bild rechte Seite oben: Kartenspielende Franzosen hinter der Maginot-Linie. Nach Kriegsausbruch blieb es über acht Monate lang ruhig an der Westfront. „Drôle de guerre" – „Komischer Krieg" nannten dies die Franzosen, „Sitzkrieg" die Deutschen.

Bild rechte Seite unten: Deutscher Posten am Westwall. Die deutsche Befestigungsanlage zog sich 630 km lang von der Schweizer Grenze bis nördlich von Aachen hin. Sie wurde 1938/39 gebaut und besaß rund 14.000 Bunker-Anlagen und Kampfstände. Unterirdisch angelegt, hatte eine Bunker-Anlage mehrere Stockwerke, Aufenthalts- und Arbeitsräume, Kantinen, Werkstätten und Einrichtungen für ärztliche Betreuung. Als es ernst wurde, erfüllte der Westwall die mit großem Propaganda-Aufwand genährten Hoffnungen nicht. Im Februar/März 1945 wurde er von den Alliierten in wenigen Wochen durchbrochen.

Ganz unabhängig von der Bildung der Fallschirmpioniere hatte ein ehemaliger Pionier-Unteroffizier das Prinzip der „Hohlladung" entdeckt. Deutsche Konstrukteure entwickelten daraus unter größter Geheimhaltung ein neues Pionier-Sprengmittel, bei dem der Sprengstoff wie ein Schweißstrahl auf einen Punkt wirkte und stärkste Panzerplatten „durchfressen" konnte. In der Deutschen Forschungsanstalt für Segelflug in Darmstadt war 1935 ein „Transportsegler" konstruiert worden. Aus ihm entstand der „Sturmlastensegler DFS 230". Er konnte von einer Ju 52 an einem 70 Meter langen Seil in die Luft geschleppt werden. Sein kleines Fahrgestell ließ sich nach dem Start abwerfen. Nach dem Ausklinken des Schleppseils war der Lastensegler imstande, aus 1.000 Meter Höhe etwa zwölf Kilometer weit lautlos zu gleiten und fast auf den Meter genau in einem bestimmten Zielgebiet zu landen. Die Landung erfolgte auf Kufen, die mit Stacheldraht umwickelt waren und den Segler nach dem Aufsetzen schnell zum Stehen brachten. Die DFS 230 flog 125 km/h schnell und konnte – außer dem Flugzeugführer – neun Fallschirmjäger mit allen Waffen und Ausrüstungsteilen aufnehmen.

Es gab aber auch einen Mann in der deutschen Wehrmacht, der die Bedeutung dieser drei Komponenten – Fallschirmpioniere, Hohlladungen und Sturmlastensegler – erkannte, zusammenbrachte und auf das wertvollste Ziel richtete: auf Eben Emael. Dieser Mann war der Kommandeur der 7. Flieger-Division, Kurt Student. Der Fallschirmpionierzug Witzig erhielt den Auftrag, das als uneinnehmbar geltende Fort Eben Emael zu erobern. Erfolg oder Misserfolg eines ganzen Feldzuges hingen damit von einer Handvoll Männer ab. Oberleutnant Witzig und seine Pioniere waren nahezu ein halbes Jahr lang vor Beginn des Feldzuges in strenger Isolierung gehalten worden: Nur strikte Geheimhaltung konnte das Unternehmen gelingen lassen. Die Pioniere übten immer wieder den Angriff auf ein Objekt, das sie zwar in Luftbildern und Modellen sowie im Sandkasten zu Gesicht bekamen, von dem sie aber nicht wussten, wie es hieß und in welchem Land es lag.

Der Zug Witzig bestimmte letztlich sogar die Angriffszeit des Westfeldzuges: Lastensegler konnten zwar bei Nacht starten und fliegen, benötigten aber zur Landung einen Schimmer Licht – das Morgengrauen oder die Abenddämmerung. Alle Großverbände des Heeres und der Luftwaffe hatten sich nach den Pionieren zu richten, die zehn Minuten vor Sonnenaufgang – beim ersten Büchsenlicht – mitten im Fort Eben Emael landen sollten. Ganz

in ihrer Nähe – nämlich an den drei Brücken des Albert-Kanals – hatten weitere Sturmlastensegler niederzugehen, deren Besatzungen Fallschirmjäger waren und die Brücken unversehrt und aus der Überraschung heraus zu nehmen hatten. Die zum Sturm der Brücken und des Forts Eben Emael bereitgestellten Soldaten bildeten die eigens für diesen Zweck formierte „Sturmabteilung Koch".

Am 10. Mai 1940 starteten um 4.30 Uhr von den Kölner Flugplätzen Ostheim und Butzweilerhof insgesamt elf Sturmlastensegler – jeder im Schlepp einer Ju 52: der Fallschirmpionierzug Witzig. Das Unternehmen begann recht unglücklich: Bald nach dem Start riss das Schleppseil ausgerechnet des Seglers, in dem Oberleutnant Witzig mitflog. Die DFS 230 landete kurz hinter Köln. Witzig ließ Weidezäune niederreißen, um eine Startbahn zu erhalten, organisierte eine Ju 52 und startete von seinem Notlandeplatz. Mit dreistündiger Verspätung landete Witzig im Fort Eben Emael.

Ein anderer Segler wurde zu früh ausgeklinkt und musste bei Düren notlanden. Die Fallschirmpioniere stiegen aus, verschafften sich Fahrzeuge, überschritten mit den ersten Heerestruppen bei Maastricht die Maas, erschienen am Albert-Kanal und griffen vom Boden aus in Kämpfe ums Westufer ein. Die restlichen neun Lastensegler des Zuges Witzig aber wurden von den Ju 52 richtig durch die Nacht geschleppt, klinkten die Schleppseile auftragsgemäß über Aachen aus und schwebten nahezu lautlos Eben Emael entgegen.

Im Lastensegler Nr. 4 saßen der Flugzeugführer, Unteroffizier Otto Bräutigam, Weltmeister im Segelflug und jetzt nicht nur Pilot, son-

Bild linke Seite oben: Inmitten der Befestigungswerke von Eben Emael gelandete Lastensegler. Ein Angehöriger der belgischen Fort-Besatzung, der am 11. Mai gefangengenommen wurde, sagte später: „Oben auf dem Fort gab es verhältnismäßig wenig Hindernisse. Denn mit der Landung von Lastenseglern konnten wir wirklich nicht rechnen, das war etwas so vollkommen Neues, das kannte man noch nicht. Die Lastensegler haben uns überrumpelt."

Bild linke Seite unten: Deutsche Fallschirmjäger nach der Einnahme von Eben Emael.

Bild rechte Seite oben: Fallschirmjäger und Luftlandetruppen beim Sammeln zum Vorgehen auf Rotterdam.

Bild rechte Seite unten: Gleich nach der Landung wird ein schweres MG in Stellung gebracht. Um den Zusammenbruch Hollands zu beschleunigen, wurden am 13. Mai 1940 Fallschirmjäger und Luftlandetruppen an Brücken bei und in Rotterdam abgesetzt.

dern auch ausgebildeter Fallschirmpionier, dazu der Feldwebel Wenzel. Hinter ihm hockten sein Stellvertreter, der Obergefreite Polzin, und fünf weitere Fallschirmpioniere. Außerdem war der Segler beladen mit fünf Gewehren, einem Maschinengewehr, einer Maschinenpistole, zwei Hohlladungen zu 50 kg, Hohlladungen zu 12,5 kg, drei Sprengrohren, einer gestreckten Ladung zu 6 kg, Sprengladungen zu je 3 kg, einer Leuchtpistole, Schanz- und Handwerkszeug. Insgesamt führte der Fallschirmpionierzug Witzig in seinen Seglern mit: 2401 kg Sprengstoff, 30.000 Schuss Infanteriemunition, sechs leichte Maschinengewehre, Handgranaten, Flammenwerfer, selbstgebaute Sturmleitern und ein Funkgerät.

Die belgischen Posten in der Stellung 29 am Südostrand des Forts Eben Emael hatten fernes Flugmotorengebrumm gehört und ihre Flugabwehr-Maschinengewehre in den noch immer nachtdunklen Himmel gerichtet. Doch lange Zeit geschah nichts. Aber plötzlich – es war noch immer dunkel, wenngleich im Osten sich ein erster Schimmer des Morgenlichtes andeutete –, plötzlich rauschte es in der Luft. Wie gespenstische Nachtmahre schwebten schwarze Riesenvögel aus der Finsternis heran.

Die Belgier kurbelten ihre Fla-MG herunter und begannen zu schießen, aber da landete bereits der Lastensegler des Unteroffiziers Lange krachend und polternd mitten in die belgische Postenstellung hinein. Die linke Tragfläche schleifte ein belgisches MG ein paar Meter weit mit. Kaum stand der schwarze Gleiter, da flog die Kabinenhaube ab. Als erster sprang der Feldwebel Haug, der Führer des Pioniertrupps 5, heraus, ihm nach, der Flugzeugführer Lange und sechs Pioniere. Aus Maschinenpistolen sprühte rotes Mündungsfeuer, mit trockenem Krachen detonierten Handgranaten – die überraschten Belgier der Stellung 29 ergaben sich.

Als der Lastensegler Nr. 4 mitten im Fort landete, bremsten die stacheldrahtumwickelten Kufen derart abrupt, dass Feldwebel Wenzel mit der Nase auf den Sitzbügel seines Flugzeugführers Bräutigam fiel – mit blutendem Gesicht leitete der durch Witzigs Ausfall zum Führer aufgerückte Subalternoffizier die weiteren Operationen.

Es waren ganze 55 Mann – gegliedert in sieben Pioniertrupps – im Fort gelandet. Sie hatten das Unternehmen derart gründlich eingeübt, dass sich jeder einzelne Mann mit traumwandlerischer Sicherheit im Fort zurechtfand und seine Aufgabe löste – das Fehlen des Zugführers Witzig fiel zunächst nicht einmal auf. Innerhalb der ersten zehn Minuten schalteten die Fallschirmpioniere die Flugabwehrstellung und neun 7,5-cm-Geschütze in drei Kasematten aus, sprengten sieben Panzerkuppeln und kämpften gegen die Werke 15 und 16, die sich allerdings bald als Scheinanlagen herausstellten. Andererseits fielen die Belgier auf eine deutsche Täuschungsmaßnahme herein: Weitab von Eben Emael warfen deutsche Ju 52 eine große Anzahl an Fallschirmen hängender Puppen ab. Die belgische Führung setzte umgehend ihre Reserveverbände zum Kampf gegen die vermeintliche deutsche Luftlandung in Marsch. Diese Verbände aber fehlten, weshalb ein belgischer Gegenangriff gegen die Deutschen auf dem Fort Eben Emael nicht in Gang kam.

Denn das war die Lage: Die Fallschirmpioniere saßen auf dem Fort – innen drin aber befand sich immer noch die hinhaltend kämpfende belgische Besatzung. Belgische Batterien begannen nun von außerhalb auf das Fort zu schießen. Mit dem Werk 24 gab es Schwierigkeiten: Dessen Panzerkuppel war so dick, dass nicht einmal die 50-kg-Hohlladung durchschlug. Die Pioniere lösten das Problem auf ihre Art: Sie schoben in jedes der 12 cm-Kanonenrohre eine Kilo-Sprengladung. Durch die Detonationen verklemmten sich die Verschlüsse.

In eine verzweifelte Lage war der zur Eroberung des Werkes 13 bestimmte Fallschirmpioniertrupp geraten: Er war mit seinem Segler mitten in einem ausgedehnten Stacheldrahtverhau gelandet und musste sich erst mit Drahtscheren daraus befreien. Aus einer Scharte feuerte jedoch ein belgisches MG auf die Pioniere, die es mit einem Flammenwerferstrahl zum Schweigen brachten. Dann erst konnten sie ihre Sprengladungen ansetzen.

Der inzwischen eingeflogene Oberleutnant Witzig organisierte die Fortführung des Ringens um Eben Emael: Mit geballten Ladungen bis 100 kg wurden die bis zu 40 Meter tiefen Aufgänge der Werke 12, 13 und 19 geknackt – die Verteidiger hatten dahinter Barrikaden aus Eisenschienen und Sandsäcken errichtet.

Durch den mit dichtem Unterholz bestandenen Nordwesthang griffen inzwischen belgische Soldaten an und wurden zurückgewiesen. Wie sich später herausstellte, handelte es sich um ein Aufklärungskommando: Der Fortkommandant wollte wissen, wie stark die deutsche Truppe in seinem Festungsbereich eigentlich war. Hätte er eine Ahnung von den wirklichen Verhältnissen gehabt, hätte er gleich eine Truppe hinaufgeschickt, die mit dem Häuflein Deutscher rasch fertig geworden wäre. Soldaten hatte er genug zur Verfügung. So aber gelang es dem Fallschirmpionierzug, noch den Tag auf dem Dach des Forts zu überleben.

Inzwischen war auf dem Landwege das Pionierbataillon 51 herangekommen. Es versuchte, mit Schlauchbooten den Albert-Kanal zu überqueren. Doch die Kanalstreiche 17 des Forts Eben Emael – ein mit Maschinengewehren und einem Panzerabwehrgeschütz bestückter Bunker, der unmittelbar am Kanal lag – behinderte das Übersetzen. Die Fallschirmpioniere im Fort vermochten ihn nicht auszuschalten, konnten ihn aber wenigstens zeitweilig durch Hängeladungen, Erdsprengungen, Zuschütten der Sehschlitze in der Beobachtungskuppel und künstlichen Nebel blenden. Das ermöglichte dem Feldwebel Portsteffen vom Pionierbataillon 51, gegen 7 Uhr morgens am 11. Mai mit seinem Stoßtrupp den Wassergraben vor dem Werk 4 zu überwinden, die zwar schon zwei-

Bild linke Seite oben: Deutsche Infanteristen im Straßenkampf.

Bild linke Seite unten: Holländische Bunker-Wache in dem unter Wasser gesetzten Grenzgebiet.

Bild rechte Seite oben: Wegen der zahlreichen Kanäle und Flußläufe in Holland und Belgien wurde das Schlauchboot zum wichtigen Requisit für das rasche Vorgehen der Infanterie. Der Westfeldzug war das klassische Beispiel dafür, wie Pioniere mit ihrem Einsatz die Voraussetzungen für den operativen Erfolg schafften.

Bild rechte Seite unten: „Tag und Nacht beobachten scharfe Augen jeden Vorgang beim Feind. Gute Tarnung, In Form und Farbe dem Gelände und der jeweiligen Witterung angepasst, ermöglicht und erleichtert die erfolgreiche Durchführung dieser Aufgabe." (Originalunterschrift)

mal von den Fallschirmpionieren gesprengte, aber immer noch kämpfende Grabenstreiche 4 endgültig zu besetzen und so seinem Bataillon den Weg zum Fort zu öffnen.
Gegen Mittag kamen weitere Pioniere der 51er von außen ins Fort. Die noch kämpfenden Werke 17, 23 und 35 stellten das Feuer ein: Die belgische Besatzung von Eben Emael befand sich nun in aussichtsloser Lage und kapitulierte.
Der Durchmarschweg in das Innere Belgiens und Hollands war frei. Eine kleine Einheit hatte mit neuartigen Mitteln ein Werk bezwungen, das eine ganze Armee in konventioneller Kampfweise womöglich erst nach Wochen und mit ungeheuren Verlusten erobert haben würde.
So hatte die belgische Fortbesatzung 23 Tote zu beklagen. Der Zug Witzig verlor sechs Kameraden. Die übrigen Gruppen der Sturmabteilung Koch hatten – zum Teil nach verlustreichen, schweren Kämpfen – die drei Brücken über den Albert-Kanal nach zielgenauer Lastenseglerlandung in ihren Besitz gebracht. Die Brücke von Canne war allerdings vom Fort aus durch Fernzündung sofort gesprengt worden. Die Brücken kosteten 38 Fallschirmjäger das Leben.
Zur gleichen Minute, da die Sturmabteilung Koch Eben Emael und die drei Kanalbrücken angriff, stürmten Fallschirmjäger und Luftlandetruppen die „Festung Holland". Hier allerdings waren die Verteidiger gewarnt. Hitlers Gegner aus der Abwehr, Oberst Oster, der den Holländern Einzelheiten des Angriffsplans verraten hatte, war Glauben geschenkt worden. Holländische Soldaten rammten in aller Eile Eisenstangen in die Fahrbahnen der Straße Den Haag–Rotterdam, die als Landebahn der Ju-52-Transporter dienen sollte. Die mit Soldaten der 22. Luftlandedivision beladenen Jus rasten in die Eisenpfahl-Falle hinein. In die zerberstenden Flugzeuge feuerte niederländische Infanterie. Manche der anschwebenden Flugzeuge drehten noch rechtzeitig ab.

Auch um den Flugplatz Waalhaven bei Rotterdam tobte ein wilder Kampf: Deutsche Bomber hatten die Anlagen bombardiert, und kurz danach sprangen deutsche Fallschirmjäger ab. Eine größere Anzahl von ihnen trieb, hilflos an den Schirmen hängend, in die Flammenlohe brennender Flugzeughallen hinein. Die übrigen Fallschirmjäger sanken genau inmitten eines wütenden Abwehrfeuers zur Erde. Kaum hatten sich die Männer des II. Bataillons vom Fallschirmjägerregiment 1 von den Fallschirmgurten gelöst, standen sie schon im Feuerkampf gegen Infanterie und Flak-Stellungen.

Sehr bald aber schwebten die ersten Ju 52 zur Landung an. Da eröffnete eine weiter ab stehende holländische Flak-Batterie das Feuer. Eine Ju platzte in der Luft auseinander, eine zweite begann zu brennen. Fallschirmjäger stürmten die Flak und brachten sie zum Schweigen. Unangefochten flog nun Luftlande-Infanterie ein. Die Fallschirmjäger aber besetzten die Südauffahrt der Rotterdamer Brücke. Zur gleichen Zeit sprang auch das III. Bataillon unter Hauptmann Prager und besetzte die Brücken von Moerdijk nach harten Gefechten.

Die an den Kill-Brücken abgesprungenen Jäger gewannen ihre Ziele unter hohen Verlusten.

Ungewöhnlich war das Unternehmen, das der Besetzung der strategisch wichtigen Willemsbrücke über die Nieuwe Maas in Rotterdam galt: Die 11. Kompanie des Fallschirmjägerregiments 1 sprang südlich des Flusses in ein Fußballstadion hinein. Von dort marschierten die Soldaten im Eilmarsch in Richtung Brücke – das war ein weiter Weg. Da fuhr aus einem Depot heraus ein leerer Straßenbahnzug. Die Fallschirmjäger stoppten ihn, stiegen ein und ließen sich zur Brücke fahren. In diesem Augenblick schwebten zwölf altmodische Wasserflugzeuge des Typs Heinkel He 59 zur Landung auf dem Fluss an und setzten eine Kompanie des Infanterieregiments 16 am Nordufer ab.

Die niederländischen Soldaten aber erwiesen sich als unerschrockene, harte und zähe Verteidiger mit starken Nerven. Sie hockten in Woh-

nungen und Dachböden umliegender Häuser und Speicher. Die deutschen Soldaten an den Brückenköpfen lagen drei Tage im Feindfeuer fest. Ihre Zahl schmolz immer mehr zusammen. Die Situation besserte sich nur wenig, als in den Mittagsstunden des 13. Mai eine Vorausabteilung der Panzertruppe eintraf, unter dem schweren niederländischen Feuer jedoch nicht bis zu den Infanteristen am nördlichen Ufer vorzudringen vermochte.
Weitere Heerestruppen erreichten die Nähe des südlichen Brückenkopfes und stauten sich – die Holländer beherrschten die Willemsbrücke mit ihrem gezielten Feuer. Generalleutnant Rudolf Schmidt, Kommandierender General des XXXIX. Armeekorps, forderte am Morgen des 14. Mai den Stadtkommandanten von Rotterdam, den niederländischen Oberst Scharroo, auf, bis 12.30 Uhr zu kapitulieren. Scharroo wusste um die strategische Bedeutung seiner Position: Er verhinderte den Vormarsch der Deutschen nach Norden. Er wusste aber auch um die Unhaltbarkeit seiner Stellung. Sein Entschluss: durch immer neue Verhandlungen Zeit gewinnen.
Die Deutschen standen unter Zeitdruck: Ohne die Einnahme der Willemsbrücke musste sich der Feldzug über Gebühr verlängern und der holländische Widerstand versteifen, was zu einem Ansteigen der eigenen Verluste führen konnte. Verzweifelt sprachen Schmidts Unterhändler auf den Holländer ein. Doch der zögerte immer noch.
Da erhielt das deutsche Kampfgeschwader 54 von Hermann Göring direkt den Angriffsbefehl auf einen

Bilder linke Seite: Deutsche Fallschirmjäger beim Absprung über der „Festung Holland“. Um den Besitz einiger Brücken und Flugplätze im Raum Rotterdam entbrannten in den Morgenstunden des 10. Mai 1940 erbitterte Kämpfe.

Bild rechte Seite oben: Deutsche Fallschirmjäger bringen holländische Gefangene ein.

Bild rechte Seite unten: Deutscher Soldat über den Dächern von Rotterdam.

dreieckigen Zipfel Rotterdams, der unmittelbar an den nördlichen Brückenkopf der Willemsbrücke angrenzte – in den Häusern jenes Gebietes hatten sich die niederländischen Scharfschützen verschanzt.
Aus den Fliegerhorsten Delmenhorst, Hoya/Weser und Quakenbrück starteten insgesamt 100 Flugzeuge des Typs Heinkel He 111. Während diese zweimotorigen Bomber auf Rotterdam zu röhrten, gab Oberst Scharroo zu erkennen, dass er kapitulieren werde. Sofort versuchte die deutsche Führung den Bombenangriff zu stoppen: Um 14.15 Uhr erging der Funkbefehl an das fliegende Geschwader. Doch um diese Zeit hatten die Funker in den Bombern – wie vor jedem Angriff die Schleppantennen bereits eingefahren: Sie empfingen den Funkspruch nicht. Der Stabschef der Luftflotte 2 sprang in ein Jagdflugzeug Me 109, startete und raste mit Höchstgeschwindigkeit hinter dem Bomberverband her – er erreichte ihn nicht mehr.
Unten, am südlichen Brückenkopf der Willemsbrücke, standen der Generalleutnant Schmidt und der Fallschirmjägergeneral Kurt Student und schossen rote Leuchtsignale in den Himmel. Der Qualm des Kampfes verschluckte auch diese Aufforderungen, den Bombenwurf zu unterlassen.
Um 15.05 Uhr hatte das Kampfgeschwader 54 Rotterdam erreicht. Es war in eine rechte und eine linke Angriffsgruppe gegliedert. Oberst Lackner, der Geschwaderkommodore, griff mit der rechten Gruppe um 15.07 Uhr an: Aus 57 Bombern fielen insgesamt 97 Tonnen Bomben, immer kleiner werdend, unten im Häuserdreieck, an der Nieuwe Maas aufblitzend, dann kleine rote Flecke erzeugend und schließlich schwarze Rauchwolken aufsteigen lassend.
Als Oberst Lackner mit seinem Verband abdrehte, erschien auch schon die linke Angriffsformation unter Oberstleutnant Höhne, der auch sogleich den Abwurfbefehl erteilte. Als die Bomben aus seiner Maschine heraustorkelten, erblickte Höhne jedoch inmitten dunkler Qualmwolken am Maas-Ufer vereinzelte schwache Leuchtkugelsignale: Rot! Höhne befahl: „Sofort

abdrehen!" Die drei Maschinen seiner Führungskette hatten bereits ihre Bombenlast abgesetzt, die restlichen Flugzeuge jedoch noch nicht – sie flogen zurück in ihre Heimathäfen, ohne geworfen zu haben.
Doch das Unheil war schon geschehen: In den winkligen Häusern der Rotterdamer Altstadt brach ein sich schnell ausbreitendes Großfeuer aus, dem die Feuerwehr nicht gewachsen war. Der Stadtkern der 600.000-Einwohner-Stadt brannte aus. Es brannten auch die großen Öltanks des Hafens. Rotterdam schien total vernichtet. Die alliierte Propaganda sprach von einem Terrorangriff, der 30.000 Todesopfer gekostet hätte. Die Wirklichkeit war schlimm genug: 900 Rotterdamer Bürger, Zivilisten ohne Waffen, verbrannten in ihren Häusern, erstickten, wurden von Bomben zerrissen oder unter den Trümmern begraben.
Eine Krise bahnte sich auch weiter im niederländischen Norden an: Die Flugplätze Den Haag, Ockeburg und Ypenburg sollten im Sprungeinsatz genommen werden. Doch bei Ypenburg wurden von den 13 anfliegenden Transportflugzeugen elf durch die niederländischen Verteidiger abgeschossen. Der Flugplatz Den Haag konnte zunächst ebenfalls nicht genommen werden – lediglich der Flugplatz Valkenburg wurde von Fallschirmjägern freigekämpft und dann durch eingeflogene Luftlandetruppen endgültig besetzt. Dennoch: Luftlandungen erfolgten an anderen Stellen. So setzten die Ju 52 auf den Autobahnen von Delft und Leiden, aber auch in den Dünen von Katwijk auf. Trotz der örtlichen deutschen Niederlagen war die Gesamtoperation gegen Hollands verhältnismäßig kleine Armee ein Erfolg, wenngleich unter hohen Verlusten erkauft.
Am Erfolg wie an den Verlusten gleichermaßen beteiligt war eine von Anbeginn umstrittene Truppe: die Waffen-SS.
So überwältigte am 10. Mai 1940 um 5.30 Uhr ein Stoßtrupp der Leibstandarte Adolf Hitler (LAH) die niederländischen Wachen an der Grenzbrücke des Städtchens De Poppe, schnitt die Zündschnüre der Brückensprengladungen durch und gab den Weg für den ungestümen Vormarsch der Leibstandarte frei: Gegen Mittag war sie bereits 110 km tief in Holland eingedrungen. Unmittelbar vor der Spitze des SS-Regiments „Der Führer" (DF) flog die Ijsselbrücke bei Westervoort in die Luft. Hauptscharführer Kepplinger turnte mit einem Stoßtrupp über die Brückentrümmer, drang in das Fort Westervoort ein und überwältigte die Besatzung.
Die LAH und Teile der 9. Panzerdivision des Heeres fuhren quer durch das in Flammen stehende Rotterdam und weiter nach Delft, um die dort vor vier Tagen gelandeten Teile der 22. Luftlandedivision aus ihrer misslichen Lage zu befreien. Waffen-SS-Verbände besetzten die Insel Walcheren.
Das alliierte Oberkommando blickte gebannt nach Holland und Belgien und pumpte Reserven in diesen Krisenherd: Von Süden her stieß die 7. französische Armee nach Belgien und Holland hinein. Auch die Divisionen des britischen Expeditionskorps strebten von Nordfrankreich nach Norden. Genau darauf baute der Mansteinsche Sichelschnitt-Plan. Rotterdam aber kapitulierte an jenem 14. Mai 1940 – die Brücke über die Nieuwe Maas war unzerstört geblieben –, aber unter welchen Opfern! Jetzt konnten die Soldaten der deutschen 9. Panzerdivision weiter nach Holland hineinrollen. Auch die niederländische Armee kapitulierte wenige Stunden nach Rotterdam.
Die Masse des belgischen Heeres hatte sich zu dieser Zeit hinter den Fluss Dyle zurückgezogen, um von dort aus die Hauptstadt Brüssel zu verteidigen. Planmäßig war auch die französische Heeresgruppe 1 zusammen mit der britischen Expeditionsarmee im vorgesehenen Operationsraum zwischen Antwerpen, Löwen und Namur eingetroffen. Dort, so glaubten die Alliierten, werde es zur Entscheidungsschlacht kommen. Noch immer ahnten sie nicht, dass die gewaltige Großoffensive gegen Holland und Belgien nur ein Teil eines weit kühneren Planes war: Die alliierte Truppenkonzentration im Norden war in den Augen des Planers v. Manstein die Ernte, die mit einem schnellen Sichelschnitt nun eingebracht werden sollte.

Durch die Ardennen

Am frühen Morgen des 10. Mai war die „Panzergruppe Kleist" zum Vormarsch durch die Ardennen angetreten. Sie wurde von General der Kavallerie Ewald von Kleist geführt, dem drei Armeekorps unterstanden: das XXXXI., das XIX. und das XIV.
Von den insgesamt an diesem Tag im Westen eingesetzten mehr als 2.500 deutschen Kampfpanzern gehörten 1.260 der Panzergruppe Kleist an. Der Anteil an den damals modernsten Typen Panzer III und Panzer IV war besonders hoch, auch die ersten Schützenpanzer waren Kleist zugeteilt worden.
Innerhalb der Panzergruppe Kleist wies das XIX. Armeekorps des Generals der Panzertruppe Guderian die stärkste Panzerkonzentration auf: Das Korps setzte sich aus der 1., der 2. und der 10. Panzerdivision zusammen und war zusätzlich durch das motorisierte Infanterieregiment „Großdeutschland", eine Elite-Formation, verstärkt.
Heinz Guderian, Vater der deutschen Panzertruppe, erhielt die Gelegenheit, zu zeigen, was die modernsten Panzer der Welt leisten konnten. Sie waren zwar noch immer recht mangelhaft bewaffnet und viel zu schwach gepanzert, doch ihre Führer beherrschten die neue Panzertaktik Guderians.
Außerdem hatten die deutschen Panzerführer zu funken gelernt. Jeder Panzer besaß ein eigenes Funkgerät – in anderen Armeen war das damals keineswegs eine Selbstverständlichkeit. Mit Hilfe einer besonderen, verschleierten Funksprache, deren Ausdrücke auf Sprechtafeln

notiert waren und oft gewechselt wurden, ließen sich klar verständliche, kurze Befehle und Meldungen absetzen wie auch empfangen. Dadurch konnten auch große Verbände über weite Entfernungen hinweg nahezu verzugslos geführt werden. Allerdings vermochte das nur jener Panzerführer zu tun, der sich aus seinem Gefechtsstand hinausbegab. Nach den Ideen Guderians führten die Kommandeure von vorne, aus dem Befehlspanzer heraus, an der Spitze ihrer Verbände fahrend.

Die französische Führung hatte zunächst von der Besatzung eines Aufklärungsflugzeuges, später auch von mehreren Führungsstäben der Landstreitkräfte merkwürdige Meldungen über den Vormarsch deutscher Panzer durch die Ardennen erhalten, jedoch nur kopfschüttelnd zur Kenntnis genommen: Eine nennenswerte Gefahr konnte nicht dahinterstecken. Die Entscheidungsschlacht – soviel schien erkennbar – musste im Norden kommen, dort waren die Deutschen tief in Holland und Belgien eingefallen. Holland stand vor der Kapitulation, wie sich erkennen ließ.

Der französische Generalissimus Gamelin tat genau das, was der deutsche Generalstab dringend wünschte: Er verschob seine Hauptmacht, die Heeresgruppe 1 unter General Billotte (30 Infanterie- und 14 motorisierte oder gepanzerte Divisionen), dazu die drei Korps der britischen Expeditionsarmee, nach Nordosten, um den bedrohten Belgiern Hilfe zu leisten. Der Panzergruppe von Kleist stand die 9. französische Armee mit neuneinhalb Divisionen gegenüber – immerhin eine beträchtliche Streitkraft, zumal auch noch im Raum Sedan – Longuyon die 2. französische Armee mit knapp acht Divisionen ihre Stellungen bezogen hatte. Ausgerechnet nach Sedan hatte die Panzergruppe Kleist zu marschieren.

Unheil stand ohnedies dem Kommandierenden General des XIX. Korps, Heinz Guderian, ins Haus: Er saß in seinem Gefechtsstand im Hotel Panorama, als französische Bomber eine in der Nähe befindliche Brücke angriffen. Durch die Erschütterungen der Bombendetonationen fiel ein an der Wand hängender riesiger Wildschweinkopf krachend wenige Zentimeter neben Guderians Kopf auf den Kartentisch.

Bild linke Seite: Gesprengte Brücken vermochten den deutschen Stoß nach Holland und Belgien nicht wesentlich zu bremsen. In kurzer Zeit waren, wie hier vor einer zerstörten Maas-Brücke, Pioniere mit Flößen zur Stelle, um Truppen und Fahrzeuge an das andere Ufer zu befördern.

Bild rechte Seite: Querschnitt durch eine Bunkeranlage im deutschen Westwall. Nur der Gefechtsturm ragt über die Erdoberfläche. Darunter verbergen sich in mehreren Stockwerken Aufenthalts- und Arbeitsräume, Kantinen, Werkstätten und Einrichtungen für ärztliche Betreuung. In der untersten Etage die Transportwege, Pumpen und Generatoren. Deutschlands Gegner ließen sich von der Bunkeranlage beeindrucken. Dabei waren diese keineswegs so umfangreich wie etwa die französischen der Maginotlinie und zum größten Teil bei Kriegsbeginn noch gar nicht fertig.

Nicht viel fehlte, und die Karriere von Deutschlands größtem Panzergeneral wäre unter einer Jagdtrophäe begraben worden.
Guderians Panzer rollten weiter, noch immer von der französischen Führung kaum beachtet: Sechzig Stunden nach Beginn des Westfeldzuges hatten die Spitzen der 1. Panzerdivision die Maas erreicht – im Raum von Sedan, wo 1870 der französische Kaiser Napoleon III. in deutsche Gefangenschaft geraten war. Die Weltöffentlichkeit erfuhr nichts über den Vorstoß durch die Ardennen: Adolf Hitler hatte angeordnet, im Wehrmachtsbericht die Operationen in den Niederlanden und um Lüttich groß herauszustellen, die Ardennenoffensive jedoch mit keinem Wort zu erwähnen. In der Führerweisung Nr. 11 vom 14. Mai hieß es: „Der bisherige Verlauf der Offensive ergibt, dass der Feind den Grundgedanken unserer Operation nicht rechtzeitig erkannt hat. Er führt noch immer starke Kräfte gegen die Linie Antwerpen – Namur und scheint den Abschnitt vor der Heeresgruppe A zu vernachlässigen."
Zur Heeresgruppe A gehörte die Panzergruppe Kleist und zu dieser das XIX. Panzerkorps des Generals Guderian. Guderian hatte am 12. Mai den Befehl erhalten, am nächsten Tag um 16 Uhr beiderseits Sedan die Maas zu überschreiten, einen Brückenkopf zu bilden, eine beherrschende Höhe, ein Dorf und den Wald von Marfée zu nehmen.
Guderians Proteste fruchteten nichts: Er war ein Mann des schnellen Vorpreschens, doch jetzt waren seine Truppen abgehetzt, eine Division hing noch weit zurück, und das Regiment „Großdeutschland" befand sich sogar noch auf belgischem Gebiet. Der Befehl zum Maas-Übergang aber war von Hitler selbst erteilt worden. Erstmalig hatte er begonnen, selbst als „Feldherr" in die Operationen der Wehrmacht einzugreifen. Er glaubte sich dazu legitimiert zu haben: Die Offensive gegen Frankreich verlief großartig – und die Masse seiner Generale hatte Angst davor gehabt. Er, Hitler, hatte entscheidend am Operationsplan mitgearbeitet und die Ideen v. Mansteins gutgeheißen. Er hatte auch Ideen zu den Einzeloperationen in Belgien und Holland beigesteuert und die Gedanken zur Eroberung von Eben Emael gutgeheißen. Adolf Hitler, der Gefreite des Ersten Weltkrieges, fühlte nun seine Feldherrnbefähigung. Seinem Selbstgefühl tat es wohl, Generalen Befehle erteilen zu können und zu wissen, dass er bessere Einfälle habe als diese.
Als Guderian noch schimpfte, dann aber doch an die Vorbereitung des befohlenen Maas-Übergangs ging – wenigstens einige Stunden mehr hatte er dafür vergeblich verlangt –, begann die wilde Jagd des General-

Bild linke Seite: Garant des schnellen Sieges über Frankreich war nicht zuletzt die Panzerwaffe. Von Hitler geradezu revolutionär eingesetzt, ließ sie im Zusammenspiel aller Waffengattungen Frankreich zusammenbrechen. Das Misstrauen der Generalität gegenüber ihrem Obersten Befehlshaber schien endgültig beseitigt zu sein. Generaloberst Keitel feierte Hitler „als den größten Feldherrn aller Zeiten".

Bild rechte Seite: General der Panzertruppen Heinz Guderian war einer der eifrigsten Befürworter des massiven Einsatzes der Panzerwaffe. Sein markiges Wort „Klotzen, nicht kleckern!" ging in die deutsche Umgangssprache ein.

majors Erwin Rommel. Zusammen mit der 5. Panzerdivision bildete die von ihm geführte 7. Panzerdivision das XV. Armeekorps, das im Zuge der beginnenden Sedan-Operation den Befehl erhalten hatte, aus dem Bereitstellungsraum 40 Kilometer südlich Lüttich heraus an die Maas vorzustoßen.

Rommel tat dabei etwas, was nahezu alle Erkenntnisse über den Panzerkampf und viele taktische Regeln gröblich verletzte: Er preschte mit seiner ganzen Division mitten in die Nacht hinein und kurzerhand durch die feindlichen Linien hindurch. Einen nächtlichen Panzerangriff hatten die Experten bislang für unmöglich gehalten. Als unmöglich galt es auch, dass Panzer während der Fahrt schossen. Rommel befahl in voller Fahrt zu feuern, sobald sich der Feind zeigte. Die Treffgenauigkeit war minimal, doch die moralische Wirkung zermürbte den Gegner. Verwirrt blieben die französischen Truppen zurück, als – Gespenstern gleich – die deutschen Panzer wild mit Kanonen und Maschinengewehren schießend aus der Dunkelheit herausbrachen, Blitz und Donner spien und sogleich wieder verschwanden. Rommels Großverband erhielt in jener Nacht seinen Ehrennamen: „Gespensterdivision". Sie tobte ohne Rücksicht auf die Sicherheit ihrer eigenen Flanken mitten durch feindliches Gebiet, bis an die Ausläufer der Maginotlinie. Am 12. Mai um 16 Uhr hatte Rommels Vorausabteilung bereits die Maas bei Dinant erreicht, die Stadt kampflos besetzt, doch gelang es den Franzosen, die Maas-Brücke im letzten Augenblick in die Luft zu sprengen.

Auf der anderen Seite der Maas standen Rommels Soldaten zwei französische Divisionen gegenüber – im Feuer ihrer Waffen den Fluss zu überqueren, musste eigentlich einem Massenselbstmord gleichkommen. Allerdings: Die Soldaten der einen französischen Division waren gerade erst nach einem Gewaltmarsch von 100 Kilometern – zu Fuß und nicht etwa auf Lastwagen verladen – erschöpft in ihren Stellungen angekommen. Die Angehörigen der anderen Divisionen waren teils zerstreut auf verschiedenen Übungsplätzen, teils auf Urlaub; niemand hatte mit einem überraschenden Feldzugsbeginn und schon gar nicht mit einem plötzlichen Erscheinen deutscher Panzer an dieser ruhigen Front gerechnet, auch der Kommandeur der 18. französischen Infanteriedivision nicht – der hielt sich in Besançon bei seiner Familie auf. Er erreichte erst anderntags seine Division und fand nur zwei Bataillone vor, mit denen er 20 km Frontbreite decken sollte – sieben weitere Bataillone befanden sich erst im Anmarsch. Im Verlauf des Abends trafen hingegen die Kampfteile der Rommelschen 7. Panzerdivision vollständig ein. Um 4 Uhr morgens, am 13. Mai, versuchte das zu Rommels Division gehörende Schützenregiment 7 den Maas-Übergang mit Sturmbooten. Bei Dinant erlitten die deutschen Schützen erhebliche Verluste; die französischen Soldaten mochten überrascht und ermattet gewesen sein – ihr Feuer lag jedenfalls zielgenau. Verluste auch bei Leffe, wo eine deutsche Kompanie zwar das jenseitige Ufer erreichte, dann aber nicht mehr vorankam.

Aber das Krad-Schützenbataillon 4 – Rommels Aufklärungsverband – hatte eine äußerst wichtige Entdeckung gemeldet: Die Schleuse Nr. 5 an der Maas-Insel Houx war nicht nur nicht gesprengt worden, die französische Führung hatte auch in der Verwirrung vergessen, sie militärisch sichern zu lassen. So kam es, dass am 13. Mai bei Einbruch der Dunkelheit die Soldaten von Rommels „Gespensterdivision" einer nach dem anderen die Schleuse überschritten, mitten unter ihnen Erwin Rommel. Im Mor-

gengrauen drangen die Deutschen bereits in das Dorf Grange und in den Surinvaux-Wald ein. Drei französische Gegenstöße kamen entweder gar nicht in Gang oder verpufften wirkungslos.
Wenig später gelang es auch der deutschen 6. Panzerdivision, bei Monthermé einen Brückenkopf zu bilden: Eine einzige französische Kompanie hatte auf dem jenseitigen Ufer eine sieben Kilometer lange Flussschleife verteidigen sollen – ein Luftangriff fügte ihr starke Verluste zu. Die deutschen Soldaten konnten danach über eine nur teilweise zerstörte Brücke die Maas überschreiten.
Den Hauptschlag über den Fluss hinweg aber führte das Korps Guderian. Ein Flussübergang ist eine der schwierigsten militärischen Operationen und setzt eine lange, exakte Vorbereitung voraus. Wenn aber Guderian eines nicht besaß, dann war es Zeit. Noch etwas besaß er nicht: ausreichende Artilleriekräfte. Fürs letztere aber gab es Ersatz. General Sperrle, Befehlshaber der Luftflotte 3, ließ ihm die stärkste Feuerunterstützung aus der Luft zukommen, die Landstreitkräfte bis dahin erhalten hatten.
Es war nicht einmal genügend Zeit vorhanden, die Befehle über die auf die Minute übereinstimmenden Einsätze von Luftwaffen- und Heeresverbänden schriftlich herauszugeben. Doch in Guderians Stab entsann man sich eines vor kurzem stattgefundenen Kriegsspiels mit einer ganz ähnlichen Lage. So wurden aus den Aktenkisten die Ordner des Kriegsspiels herausgekramt, die darin befindlichen Befehle entnommen und lediglich die Uhrzeiten umgeändert.
Um 16 Uhr begann die Schlacht von Sedan. Es war keineswegs eine Panzerschlacht, sondern vielmehr ein Kampf der Luftwaffe, der Pioniere und der Flugabwehrkanonen, vornehmlich der 8,8-Flak, die jedoch nicht gegen Luftziele, sondern gegen die Scharten französischer Bunker gerichtet waren.
Die Eile des Aufmarsches war von der oberen Führung bis nach unten zu spüren: Es ging alles durcheinander. Stockungen auf engen Waldpfaden, Fahrer fluchten, Kradmelder holperten quer durch den Wald

über Baumwurzeln, Offiziere brüllten nach ihren Einheiten. Die 1. Kompanie der Sturmpioniere 43 wurde für den Angriff dem I. Bataillon des Schützenregiments 1 unterstellt. Aber wo war dieses Bataillon? Melder hetzten durchs Unterholz, der Kompaniechef gab Vorbefehle, suchte schließlich selbst und fand es endlich – eine Stunde vor Angriffsbeginn.

In hektischer Eile schleppten nun die Sturmpioniere ihre gesamte Ausrüstung plus Waffen und Munition in den Bereitstellungsraum, in dem bereits Floßsäcke bereitgestellt waren. Auf die große Eile folgte das große Warten. Von 15 bis 16 Uhr flogen die Sturzkampfbomberverbände an, kippten ab, Maschine nach Maschine, heulten der Erde entgegen, warfen ihre Bomben auf die französischen Bunker und rauschten im Tiefflug von dannen. Jenseits der Maas stand eine dunkle Rauchwand, und der Boden zitterte.

Gerade als die letzten Stukas abdrehten und die Franzosen aus zwei Bunkern wieder zu schießen begannen, erschien der Sturmboot-Lkw der Sturmpioniere auf der freien Fläche und lud seine drei Boote ab, ohne sich um das französische Feuer zu scheren. Noch einmal kreuzten die Stukas auf und zerbombten die zwei noch feuernden Bunker. Es hätte losgehen können. Aber der Übersetzbefehl erging erst um 16.30 Uhr.

Da rannten die Pioniere mit den Floßsäcken ans Ufer, schoben sie ins Wasser, die Schützengruppen sprangen hinein, und ab ging es im Takt der Paddelschläge.

Dank der Stuka-Angriffe war das Abwehrfeuer nur noch kümmerlich. Drüben nahmen sich die Sturmpioniere jene Kampfstände und Bunker vor, die von den Stukas nicht erfasst worden waren.

Bild linke Seite: Ein abgeschossener 32-t-Panzer des französischen Typs B1. Mit seinen beiden Kanonen (7,5 und 4,7 cm) zwei Maschinengewehren und 60 mm Panzerung, war er allen deutschen Kampfwagen überlegen.

Bild rechte Seite: Unzählige französische Ortschaften wurden durch Artillerie und Bomben zerstört.

Mit Flammenwerfern und Hohlladungen bepackt sprangen die Pioniere durch französisches Artilleriefeuer. Die französischen Soldaten – zermürbt von den Stuka-Angriffen – ergaben sich kampflos. Am linken Flügel des Angriffskeils war es freilich gar nicht glattgegangen. Dort war der Bereitstellungsraum der 1. Kompanie des Panzerpionierbataillons 49 systematisch von den Geschossen der französischen Artillerie umgepflügt worden. 29 Pioniere wurden getötet oder verwundet. Von 52 kleinen Floßsäcken blieben nur zwei benutzbar. Doch der Feldwebel Walter Rubarth von der 2. Kompanie dieses Bataillons schaffte es, mit einer Gruppe seines Zuges zunächst überhaupt erst einmal in die Nähe des Ufers zu gelangen, nämlich in den Park eines Landhauses bei Balan. Seine Pioniere schleppten zwei kleine Schlauchboote und Sprengmittel nach. Sodann sprang Rubarth mit elf Mann und den zwei Booten im Zickzack durch das französische Feuer über eine vom Feind eingesehene, überschwemmte Wiese bis ans Ufer. Er erreichte es mit acht Mann. Dann paddelten sie um ihr Leben, und wer nicht paddelte, der schoss auf das feuerspeiende Westufer. Wunderbarerweise gelangten sie alle heil über den Fluss, sprangen in den toten Schusswinkel der Bunker und sprengten mit geballten Ladungen eine 300 Meter breite Bresche in die Bunkerlinie. Ein Unteroffizier fiel, zwei Mann wurden verwundet. Inzwischen setzten Pioniere und Infanteristen über. Die Höhen von Wadelincourt fielen in deutsche Hand. Die 10. Panzerdivision rückte über die Maas nach.

Die ganze Nacht hindurch schufteten nun Pioniere am Bau von Brücken und Fähren, aber erst am Morgen konnte der erste Panzer des Korps Guderian übersetzen. Bei Tagesanbruch hatten das Schützenregiment 1 und das Infanterieregiment „Großdeutschland" bereits einen fünf Kilometer breiten und zehn Kilometer tiefen Brückenkopf gebildet. Guderian befand sich schon längst an Ort und Stelle – er hatte sich am Abend in einem Sturmboot über die Maas bringen lassen.

Aber auch Generalmajor Rommel hatte Probleme, seine 218 Panzer

über die Maas zu bringen. Seine Pioniere bauten zwar an einer 8-Tonnen-Kriegsbrücke, Rommel wollte aber auch noch eine 16-Tonnen-Brücke für seine Panzer haben. Er holte heran, wer immer helfen konnte, und stieg selbst ins Wasser, um Brückenbohlen zu verlegen. In den frühen Morgenstunden des 14. Mai rollten die ersten vierzehn Panzer bei Dinant über die Maas.
Die französische Führung hatte mit Gelassenheit den deutschen Vorstoß nach Sedan zur Kenntnis genommen. General Grandsard, Kommandierender General des X. französischen Korps, hatte die Ansicht vertreten, dass die Deutschen Wochen und Monate benötigen, um einen Angriff vorzubereiten. Auch war ihm und anderen Generalen klar, dass die Deutschen mit Panzern gekommen waren, die schließlich nicht schwimmen konnten. Als dann aber die Dinge plötzlich ganz anders liefen, die Deutschen die Maas erst mit Infanterie und Pionieren überwanden, dann aber auch mit Panzern, als die 8,8-Flak präzise die Schießscharten der Bunker traf und die Stukas vom Himmel heulten, da brach mit einem Male die französische Front zusammen. Es war eine seelische Reaktion, eine Panik, entstanden aus dem Zusammenprall von Illusion und Wirklichkeit.
Als der Pionierfeldwebel Rubarth mit seinen acht Soldaten die Maas bei Sedan überquert hatte und ihm schließlich einige Floßsäcke, besetzt mit Pionieren und Infanteristen, nachfolgten, zählten französische Artilleriebeobachter durch ihre Scherenfernrohre die deutschen Maas-Überquerer: Es waren genau 40 Mann. Dies wurde auf dem Dienstweg weitergemeldet. Am Abend erreichte diese Nachricht den Oberbefehlshaber der 2. französischen Armee, den General Huntziger. Er stand nicht, wie Guderian, in vorderster Linie unter seinen Soldaten, er stand auch nicht, wie Rommel, bis zu den Hüften im Wasser, um eine Brücke zu bauen, nein, er dinierte in seiner Befehlsstelle in Senuc, 50 Kilometer hinter der Front. Als er die Meldung las: „Vierzig Deutsche haben die Maas bei Wadelincourt überschritten ...“, sagte der General Huntziger nur: „Das sind vierzig Gefangene für uns.“

Tatsächlich aber brach etwa zu diesem Zeitpunkt erst der linke Flügel der französischen 2. Armee zusammen, dann die 2. und die 9. Armee und schließlich die ganze französische Nation.
Wahrscheinlich begann die Katastrophe in dem 100-Einwohner-Dorf Bulson unterhalb des Marfée-Waldes. Dort hausten seit nunmehr neun Monaten die Artilleristen einer Batterie von Langrohrgeschützen in Untätigkeit. Erst am 12. Mai erfuhren sie, dass die Deutschen in der Nähe seien. Am Morgen des 13. Mai aber wurde die Batterie plötzlich von Stukas angegriffen. Die Verluste waren gering, doch die Kanoniere hatten sich in den nahen Wald verkrochen und wollten von dort auch nicht mehr weg. Ihre Angst steckte die Artilleristen der in der Nähe stehenden Batterien an. Auf einmal brach eine Panik aus, die zu wilder Flucht führte: Die Straßen von Bulson nach Chémery wie nach Maisoncelles füllten sich mit den Artilleristen von fünf verschiedenen Regimentern. Der Fluchtbewegung schlossen sich flugs Sanitäts- und Fernmeldepersonal, Trosssoldaten und Ordonnanzen an. Die Panik war ansteckend wie die asiatische Grippe. Gerüchte schwirrten: „Deutsche Panzer in Bulson!“ Es stimmte nicht. Die Panzer waren noch gar nicht über die Maas gekommen. In den Brückenköpfen befanden sich Infanteristen und Pioniere. Mit starken Feuerschlägen der Artillerie und entschlossenen Gegenangriffen hätten die Franzosen die wenigen über die Maas gelangten Deutschen tatsächlich gefangen nehmen können.
Aber die Artilleristen befanden sich auf der Flucht, ebenso wie die Fernmelder, die wichtige Meldungen hätten durchgeben sollen.
Doch der Panzerschreck ging um – das Gerücht vom Herannahen der deutschen Panzer drang in Gefechtsstände, die daraufhin hastig geräumt wurden. Es pflanzte sich fort von Regiment zu Regiment, hin zu weit entfernten Truppenteilen, die noch keinen Schuss gehört, keinen Feind gesehen hatten – und alle infizierten sich an der Angst, und diese Angst steckte die Zivilbevölkerung an, die rasch einige Habseligkeiten zusammenzuraffen begann und sich den Elendskolonnen anschloss, die alsbald nicht nur im Raum Sedan über die Straßen zu ziehen begannen.
Die französische Armee, keinesfalls in der Schlacht besiegt und immer noch im Besitz ihrer schweren Waffen, zahlenmäßig stärker als die deutsche, bewegte sich rückwärts, als sei sie zerschlagen.
Die Straßen waren verstopft: Zivilisten mit Pferdekarren, Autos, Viehherden und Handkarren verknäuelten sich mit Militärkolonnen – mit solchen, die in haltloser Panik zurückgingen, und solchen, die entschlossen an die Front wollten. Die Franzosen fühlten eine Niederlage, die sie gar nicht erlitten hatten, die aber nun unaufhaltsam auf sie zukam und zur Zwangsvorstellung eines ganzen Volkes anwuchs.
Die deutschen Truppen aber stießen weiter über Sedan hinaus. Die 1. Kompanie des Sturmpionierbataillons 43 hatte mit viel Mühe ihre im Forêt de Sedan abgestellten Fahrzeuge aus dem allgemeinen Durcheinander herausgelöst, saß auf, fuhr einige Kilometer und musste vor Chémery schon wieder absitzen: Französische Truppen – vom Chaos ringsum nicht angesteckt – leisteten hartnäckigen Widerstand. Pioniere und Infanteristen kämmten den Wald durch, es kam zu hartnäckigen Kämpfen. Kurz vor Chémery stießen deutsche Panzer vor – die Franzosen verteidigten sich nun aus Widerstandsnestern im Ort. Stukas sollten sie zerbomben, doch sie kamen nicht sofort. Ungestüm drängte deshalb der Kommandeur des Sturmpionierbataillons 43 vorwärts und drang mit der 1. Kompanie in Chémery ein. Just in diesem Moment heulten die Stukas vom Himmel herab und klinkten ihre Bomben aus. Vier Pioniere waren sofort tot, fünf verwundet. Oberstleutnant Mahlen, der Kommandeur, verblutete auf dem Marktplatz – ein deutscher Bombensplitter hatte ihm die Oberschenkelschlagader zerfetzt.
Verluste auch in den folgenden Tagen: Bei Stonne griffen die Franzo-

sen erneut an, und sobald sie gut geführt wurden, kämpften sie zäh und tapfer.
Das geschah, als die 3. französische Panzerdivision auf dem Gefechtsfeld erschien – eine der drei jüngst aufgestellten französischen Panzerdivisionen. Sie hatten mit den deutschen Panzerverbänden wenig gemein: Die französischen Panzerführer waren im hohen Maße von höheren Befehlsstellen abhängig. Die Divisionskommandeure führten keinesfalls von vorne, schon weil nicht alle Panzer über Funkgeräte verfügten; hinzu kam das unsinnige Verbot, miteinander im Sprechfunk zu verkehren. Verheerend war außerdem das Nachschubsystem: Dort, wo die Panzer fuhren, fehlten die Benzintankwagen, die ihrerseits keine Ahnung hatten, wo die Panzer zu finden sein könnten. Guderian stieß mit allen Kräften über den Ardennen-Kanal hinweg nach Westen vor und drängte auf Bewegung. Das war eine seiner Lehren, die er aus dem Stellungskrieg des Ersten Weltkrieges gewonnen hatte: Solange man selbst in Bewegung bleibt – so erklärte er seinen Offizieren –, solange hält man auch den Feind in Bewegung und hindert ihn daran, sich festzusetzen.
Am 16. Mai trafen der französische und der deutsche Panzerexperte aufeinander, wenngleich unter von vornherein ungleichen Umständen: Charles de Gaulle, soeben zum Brigadegeneral befördert, versuchte mit der frisch aufgestellten 4. französischen Panzerdivision dem deutschen Panzer-Vater Guderian in die tief ausgedehnte, linke Flanke zu fallen. Schnell zusammengeraffte Sperrverbände – Pioniere und Panzerjäger – schlugen den Angriff de Gaulles zurück. Einzelne Panzer des Generals de Gaulle brachen freilich weit durch und näherten sich dem Gefechtsstand des XIX., des Guderianschen Panzerkorps. Der Gefechtsstand war lediglich von 2-cm-Flak gesichert – Guderian verbrachte ein paar Stunden in Nervosität. Dann drehten die Panzer de Gaulles ab.
Sieben Tage hatte die Offensive bisher gedauert – der Durchbruch durch die französische Verteidigung war gelungen, der Weg zur Kanalküste frei. Ausgerechnet zu diesem Zeitpunkt wurde Hitler von einer nahezu hysterischen Nervosität gepackt. Ihm erschien mit einem Male das rasche, erfolgreiche Vordringen geradezu unheimlich. Er witterte jetzt Gefahren für die

Bild linke Seite: Deutscher Panzer in einer zerschossenen französischen Ortschaft.

Bild rechte Seite: In Brand geschossene englische Panzer. Als sich Frankreichs Niederlage bereits deutlich abzeichnete, versuchte der britische Premierminister Winston Churchill, die Franzosen zum Kampf „vor Paris, in Paris und hinter Paris" zu ermuntern. Die Royal Air Force aber schickte er den verbündeten Franzosen nicht zu Hilfe. Sie war Englands letzter Trumpf in der zu erwartenden Auseinandersetzung mit Deutschland.

weit überdehnten Flanken und die Versorgung der vorprellenden Panzereinheiten.
Am 17. Mai warf General von Kleist seinem Untergebenen, dem General Guderian, das zu flotte Vormarschieren vor. Guderian, bekannt für seine jähzornige Art, bat um Enthebung vom Kommando. Kleist stimmte prompt zu, doch Generaloberst von Rundstedt, Oberbefehlshaber der Heeresgruppe A, widersprach und schickte den schwäbischen Generalobersten List zu General Guderian. List erklärte ihm, dass Kleist auf eine Führerweisung hin gehandelt habe, und einer Führerweisung müsse man unbedingt gehorchen. List verfügte, Guderian habe sein Kommando zu behalten, nicht so rasch vorzustoßen, sei aber berechtigt, „kampfkräftige Aufklärung" vorzutreiben.

Guderian verstand diesen Befehl richtig: Er trieb „kampfkräftige Aufklärung" vor – mit allem, was er hatte. Am 17. Mai stieß er in Richtung Kanalküste vor, überquerte die Oise, erreichte St. Quentin und am Mittag des 20. Mai Amiens. Dort nahmen deutsche Panzerbesatzungen eine britische Batterie gefangen – sie hatte mit Manöverkartuschen auf dem Standortübungsplatz Ausbildung betrieben und keine Ahnung von der Annäherung der Deutschen gehabt.
Wenig später, in der Nacht vom 20. zum 21. Mai, und damit zehn Tage nach Feldzugsbeginn, erreichte die erste deutsche Truppe die Kanalküste – ein Bataillon der 2. Panzerdivision. Das war Guderians „kampfkräftige Aufklärung". Ihre Folge: die sofortige Besetzung der drei wichtigsten Kanalhäfen. Boulogne

Bild linke Seite oben: Mit erhobenen Händen ergeben sich französische Soldaten dem Feind. Nicht nur von der Taktik und der Strategie her gesehen, auch was die Kampfmoral anbelangte, waren die deutschen Soldaten den Franzosen überlegen.

Bild linke Seite unten: Während rund um Dünkirchen die schnellen Verbände den Ring um die eingeschlossenen Engländer und Franzosen immer enger zogen, rückte die deutsche Infanterie nach und besetzte das Hinterland.

Bild rechte Seite oben: Auf einer Vormarschstraße in Frankreich wird eine deutsche 3,7-cm-Panzerabwehrkanone (Pak) in Stellung gebracht.

geriet bereits am 21. Mai in deutsche Hand, der Angriff auf Dünkirchen verschob sich, und der auf Calais gestaltete sich äußerst schwierig. Die dem Leser bereits vertraute 1. Kompanie des Sturmpionierbataillons 43 wurde dem Infanterieregiment 86 unterstellt. Der Leutnant Millert erhielt den Auftrag, mit seinem Zug das altertümliche, sternförmig gebaute Fort Risban zu stürmen. Doch schon der Bereitstellungsraum Les Baraques lag im Feuer französischer Maschinengewehre und Heckenschützen, so dass zunächst im Ortskampf Les Baraques gesäubert werden musste. Zwei Pioniere fanden dabei den Tod, fünf wurden verwundet. Über den Badestrand hinweg, an Badehäuschen vorüber – ein friedlicher Platz, so schien es –, stürmten die Pioniere zur Mole und dann zum Fort. Leutnant Millert hängte an das große Zugangstor etwas, das er seinen „Schlüssel" nannte: eine geballte Ladung. Nach der Detonation riss er das Tor auf und stand – vor einer überlebensgroßen Bronzeplastik, die die Schlüsselübergabe im englisch-französischen Krieg 1347 darstellt. Es handelte sich um das berühmte Denkmal Rodins „Die Bürger von Calais", das ins Fort ausgelagert worden war. Heute steht es wieder vor dem Rathaus von Calais. Nur wenige Stunden vor dem Angriff auf Calais war die 30. britische Brigade in aller Eile von Südengland aus dorthin verlegt worden. Ihr Auftrag: Calais zu verteidigen und den Rückzug der britischen Streitkräfte auf dem Festland zu unterstützen.

Als die 30. Brigade eintraf, wurde die Garnisonstruppe mit ihren zahlreichen Verwundeten gerade evakuiert. Der erste Blick der Neuankömmlinge galt einer Reihe von am Kai liegenden Toten. Die 30. Brigade hatte kaum Fahrzeuge und viel zu wenig Munition mitgebracht. Artillerieunterstützung vermochten nur einige Zerstörer zu gewähren. In der Stadt aber wimmelte es von Flüchtlingen, in den Kellern drängten sich Tausende demoralisierter, kampfunwilliger französischer und belgischer Soldaten.

Die 30. britische Brigade wurde ohne Vorausbildung im Straßenkampf sofort in einem neuen, kilometerlangen Abschnitt eingesetzt. Es war heiß, und die Wasserversorgung brach zusammen. Die Briten glaubten, dass sie den Rückzug zu decken hätten und dann über See nach England zurückgebracht würden. Nach zweitägigem Kampf be-

gann es sich aber herumzusprechen, dass die hoffnungslose Lage einen Kampf bis zum letzten Mann verlange. Die Briten fochten vier Tage lang gegen die 1., dann gegen die 10. Panzerdivision.
Am letzten Kampftag, dem 26. Mai, bestand das 1. Bataillon der Rifle Brigade noch aus 14 Offizieren und 290 Mann. Eine Kompanie war noch 30 Mann stark. Die Reste der Brigade hatten sich auf der Molenspitze verschanzt und wehrten sich mit äußerster Zähigkeit. Ihnen gegenüber lag der Pionierzug des Leutnants Millert, der über Funk mit den Stuka-Fliegern Verbindung hielt. Millert und die Stuka-Piloten wandten einen erprobten Trick an: Eine Staffel Stukas sollte drei Anflüge mit scharfen Bomben, den nächsten Anflug aber nur mit Sirenengeheul und Zementbomben fliegen.
Das klappte. Wie vorher auch gingen die Engländer beim vierten Anflug in volle Deckung, die deutschen Pioniere stürmten jedoch vor, ohne Angst vor den Detonationen der Stuka-Bomben haben zu müssen. Als die Stukas nach dem Zementbombenwurf abflogen, standen die Pioniere vor den Deckungslöchern der Briten – denen blieb nur übrig, die Hände hochzuheben.
Einigen Engländern gelang die Flucht: Von der Molenspitze stießen an die zwölf Paddel- und Ruderboote, voll besetzt mit Engländern, ab.
Es war dies eine Zeit, in der deutsche Panzerdivisionen durch Frankreich fuhren wie Schiffsgeschwader durch die hohe See. Am 16. Mai tobte Rommels „Gespensterdivision" in einem 120 Kilometer weiten Nachtmarsch durch Frankreich. Am Morgen des 17. Mai hatte er 10.000 Kriegsgefangene gemacht und an die 100 Panzer erbeutet. Die Verluste der Division: 35 Tote und 59 Verwundete. Deutsche Panzer fuhren unbekümmert auch in der weiteren Umgebung von Paris – und nicht eine französische Division stand zur Verteidigung der Hauptstadt bereit. Doch offensichtlich waren die deutschen Panzermänner gar nicht auf einen Einmarsch erpicht.
In Paris kam es zu einer Umbildung der Regierung, und es trat am 20.

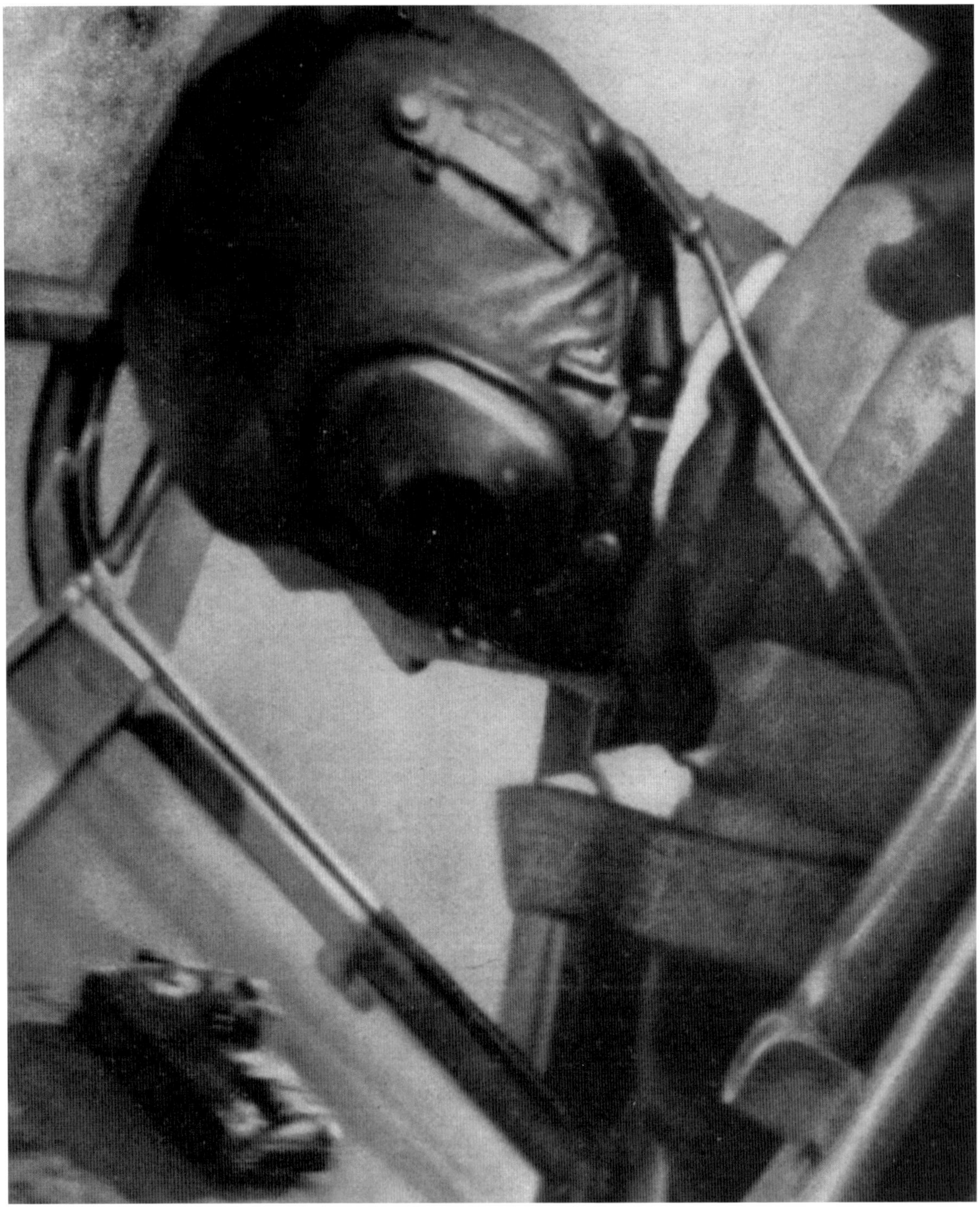

Mai im französischen Oberkommando ein 73 Jahre alter General auf: der ehemalige Husarenoberst Louis Maxime Weygand. Er übernahm die Führung der französischen Streitkräfte. Der bisherige, mit nur geringer Machtvollkommenheit ausgestattete Generalissimus Gamelin wurde seines Postens enthoben. Gerade zu diesem Zeitpunkt erhielt Hitler die Meldung: „... 45 alliierte Divisionen sind in Flandern eingeschlossen."
General Jodl notierte: „Der Führer ist ganz außer sich vor Freude." Hitlers Stimmungen schwankten ganz erheblich. Noch am 17. Mai hatte General Halder, der Generalstabschef des Heeres, ins Tagebuch geschrieben: „Führer ungeheuer nervös." Hitler hatte wieder einmal Angst um die überdehnten Flanken der Panzerverbände gehabt.
Als Guderians Panzer am Mittag des 21. Mai auf Boulogne zuschwenkten, geriet Hitlers Feldherrntum erneut ins Wanken. Er malte sich aus, was geschehen würde, wenn es bisher geheimgehaltene, von der Aufklärung nicht erfasste französische Großverbände gäbe, die gegen Guderians Flanke vorstoßen könnten. Doch diese Verbände existierten nicht. Am Abend dieses Tages gab es Anlass für weitere Angstträume: Im Führerhauptquartier Münstereifel gingen „Tatarenmeldungen" ein, wonach Rommels 7. Panzerdivision südostwärts Arras in schwerste Bedrängnis geraten sei. Tatsächlich hatten die Briten Rommels Panzer angegriffen, die ohne

jeden Infanterieschutz waren. Unter erheblichen Verlusten mussten die Kampfwagen umdrehen. Rommel befand sich über eine Stunde lang, nur von einem Offizier begleitet, inmitten eines französischen Panzerrudels, entging jedoch der drohenden Gefangenschaft. Mehr ereignete sich freilich nicht. In der deutschen Führung war bereits von der „Krise bei Arras" die Rede.
Der zur Vorsicht neigende General von Kleist behielt daraufhin Guderians 10. Panzerdivision als Reserve zurück und schwächte so die Kampfkraft des XIX. Panzerkorps. Auch General Reinhardt, Kommandierender General des zur Panzergruppe Kleist gehörenden XXXXI. Panzerkorps, ließ eine Division als Sicherung nach Osten aufmarschieren. Es war eine Kettenreaktion ausgelöst worden: Nun machte sich Generaloberst von Rundstedt, Oberbefehlshaber der Heeresgruppe A, Sorgen, die sofort auf Hitler übersprangen – und von Brauchitsch, der Oberbefehlshaber des Heeres, war nicht der geeignete Mann, diese Sorgen zu zerstreuen.
Die dem deutschen Volk offiziell anbefohlene Siegeszuversicht war an der Führungsspitze der Armee beileibe nicht anzutreffen – ausgerechnet zu einem Zeitpunkt, da diese Armee ihrem größten Sieg entgegensehen konnte.
Dennoch: Die Kanalhäfen Boulogne und Calais fielen, Guderian erhielt auch die von Kleist in Reserve gehaltene 10. Panzerdivision wieder und setzte am 24. Mai seine 1. Panzerdivision gegen den dritten Kanalhafen, gegen Dünkirchen, in Marsch. Zwei weitere Korps – die der Generale Reinhardt und Hoth – donnerten gleichfalls in Richtung Dünkirchen, motorisierte Infanteriedivisionen folgten ihnen. Die große, kriegsentscheidende Vernichtungsschlacht schien sich anzubahnen. Am 23. Mai war es auch dem Oberbefehlshaber der Luftwaffe, Hermann Göring, klar geworden, dass bei Dünkirchen die Masse der alliierten Truppen eingekesselt wurde. Göring war stolz auf die Leistung seiner Luftwaffe, die erheblichen Anteil an diesem bevorstehenden Sieg hatte. Die enge Zusammenarbeit von Horizontal- und Sturzbombern mit den Kampfverbänden des Heeres hatte sich ausgezahlt, aber auch die Wachsamkeit der Jagdflieger, die in den allermeisten Fällen das Heer aus der Luft gegen Feindangriffe abschirmten und auch die eigenen Bomberverbände gegen Feindflugzeuge schützten.
Hermann Göring wünschte den Ruhm seiner Luftwaffe ins Unermessliche zu steigern und rief von seinem bei Polch in der Eifel stehenden Sonderzug aus seinen Führer Adolf Hitler an: „Mein Führer", so soll Göring gesagt haben, „überlassen Sie die Zerschlagung des bei Dünkirchen eingekesselten Feindes mir und meiner Luftwaffe!"
Adolf Hitler, der Gefreite des Ersten Weltkrieges, erinnerte sich an das flandrische Kampfgelände, das er während einer Herbstregenzeit kennen gelernt hatte, als die Schützengräben voller Wasser standen und die Trampelpfade voller Schlamm und Modder waren. Das konnte kein Gelände sein, um mit Panzern zu operieren. Freilich, auch der General Guderian kannte Flandern aus dem Ersten Weltkrieg, und er verstand sehr viel von Panzern, er bedachte auch, dass es Mai sei und nicht November. Seine Panzer fuhren ohne Schwierigkeiten in diesem Gelände: Bis auf 18 Kilometer waren sie an Dünkirchen herangerollt. Die Einschließung der Stadt von der Landseite her war beendet.
Am 23. Mai hatte Generaloberst von Rundstedt für seine Heeresgruppe A einen Ruhetag befohlen: Panzer, Waffen und Gerät sollten

Bild linke Seite: Flieger und Panzer im koordinierten Kampf. Wie im Polenfeldzug bewährte sich auch im Westen der kombinierte Einsatz der Panzer- und Luftwaffe, die auf breiter Front den deutschen Vormarsch freikämpften.

Bild rechte Seite: Deutsche Kampfflugzeuge vom Typ Me 110 C über Dünkirchen. Mehr als 10.000 Bewohner von Dünkirchen hatten den Kessel verlassen. Von denen, die nicht mehr rechtzeitig flüchten konnten, starben mehr als 1.000 unter den Ruinen.

gewartet und instandgesetzt werden. General von Kluge, Oberbefehlshaber der 4. Armee, die weitgehend aus marschierender Infanterie bestand, hatte ihm beigepflichtet.
Am 24. Mai besuchte Hitler den Generalobersten von Rundstedt in seinem Gefechtsstand und billigte diesen Ruhebefehl nicht nur, sondern erweiterte ihn: Die Panzer seien zu schonen für die nachfolgenden Operationen. Den Feindwiderstand in Dünkirchen werde die Luftwaffe brechen. Die Panzer hätten eine bestimmte Linie rund um Dünkirchen nicht zu überschreiten. Guderian schrieb darüber: „Wir waren sprachlos!"
In ganz entscheidender Weise hatte Hitler in die Befehlsführung eingegriffen und – wie sich freilich erst später herausstellen sollte – mit diesem Eingriff unmittelbar vor dem höchsten Sieg den Krieg gegen England verloren , ohne dass dies sofort zu erkennen war.
Es erhob sich sehr bald Widerspruch gegen die Entscheidung Hitlers. General Kesselring, Befehlshaber der Luftflotte 2, protestierte: „Diese Aufgabe ist mit meinen ausgepumpten Kräften gar nicht lösbar."
Auch Halder, der Chef des Heeresgeneralstabes, widersprach energisch und wurde überstimmt.
Sehr bald zeigte sich die Überforderung der Luftwaffe: Am 25. Mai attackierten französische Panzer die lange deutsche Südflanke bei Amiens. Das Kampfgeschwader 77 und das Stuka-Geschwader 1 konnten nicht über Dünkirchen eingesetzt werden, sondern mussten als Krisenfeuerwehr gegen die französischen Panzer anfliegen.
Das Stuka-Geschwader 77 wiederum musste alliierte Artillerie bekämpfen, die einen deutsch besetzten, französischen Fliegerhorst unter Feuer genommen hatte. Einzig das Stuka-Geschwader 2 flog gegen Dünkirchen bzw. gegen britische Zerstörer im Seeraum vor dem Hafen. Doch der Sturzangriff gegen bewegliche Seeziele erwies sich als weit schwieriger und gefährlicher als jeder Stuka-Angriff auf Landziele. Hinzu kam, dass die modernen britischen Spitfire-Jagdflugzeuge von England her einen kürzeren Anflugweg hatten als die meisten deutschen Verbände. Die Spitfires

aber wurden den langsamen und schwerfälligen Stukas des Typs Ju 87 sehr schnell zu äußerst gefährlichen, weit überlegenen Feinden. Die Stuka-Einsätze über Dünkirchen forderten immer höhere Verluste, brachten nur geringe Erfolge und zehrten den Stuka-Mythos auf.
Tags darauf flogen die deutschen Stukas unter starkem Jagdschutz nach Calais und halfen mit, diesen Hafen in deutsche Hände zu bringen.
Am 26. Mai aber begannen die Engländer mit ihrer Operation „Dynamo" – dem planmäßigen Rückzug auf die Britischen Inseln. Eine „Mückenflotte" setzte sich in Bewegung: Jachten, Motorboote, Lastkähne, Fischerboote, Hafenschlepper, dazu einige wenige Zerstörer und Torpedoboote.
Nachdem die deutschen Panzer zweieinhalb Tage lang stillgelegen hatten, hob Hitler nun den Haltebefehl auf. Auch die Luftwaffe griff mit all ihrer Kraft nun Dünkirchen an. Zum Teil flogen die Kampfgeschwader vom Rhein-Main-Gebiet aus die unglückliche Hafenstadt an. Am 27. Mai gelang es den Briten lediglich, 7.669 von den in Dünkirchen zum Transport wartenden 300.000 Soldaten zu retten.
Hitler selbst schien am Fall von Dünkirchen kein sonderliches Interesse mehr zu haben. Wichtiger war ihm die Fortsetzung des Kampfes, um auch das übrige Frankreich endgültig bezwingen zu können. Er konzentrierte sich auf den neuen Plan, den „Fall Rot". Voller Ungeduld gab Hitler so den Engländern Gelegenheit, sich in großer Zahl aus Frankreich abzusetzen. Er wollte Frankreich schlagen, darum ging es. Die 10. Panzerdivision wurde aus dem Einschließungsring um Dünkirchen herausgezogen und an die Somme gebracht. Außerdem kam es Hitler darauf an, die Stadt Lille einzuschließen, mitsamt den in der Umgebung stehenden englischen und französischen Truppen. Rommel hatte dabei die Hauptaufgabe erhalten. Doch die „Schlacht um Lille" war letztlich unwichtig. Sieben deutsche Divisionen waren dort mehrere Tage lang gebunden. Dennoch konnten zahlreiche alliierte Großverbände den dünnen Einschließungsring durchbrechen und sich nach Dünkirchen durchschlagen, von wo sie nach England entkamen.
Während der Schlacht um Lille gelang es den Engländern, täglich mehr Soldaten abzutransportieren. Die 16 Staffeln des englischen „Fighter Command" – der Jagdstreitkräf-

Bild linke Seite: Die NS-Presse wurde nicht müde, den Sieg von Dünkirchen zu feiern, und zeigte Bilder wie dieses von britischen Gefangenen. Das Echo blieb nicht aus. Die „Lageberichte" des SD registrierten im Mai/Juni 1940: „Das überraschende Tempo der militärischen und politischen Entwicklung beherrscht das Stimmungsbild der Bevölkerung nach wie vor vollständig. Die Erörterung nichtmilitärischer Dinge ist seit Wochen schon in den Hintergrund getreten. Überall werden die Leistungen der deutschen Soldaten als geradezu unfaßlich bezeichnet. Die Begeisterung der letzten Zeit erweckte jedesmal den Eindruck, als ob eine weitere Steigerung nicht mehr möglich wäre, und doch gibt die Bevölkerung mit jedem neuen Ereignis ihrer Freude noch intensiver Ausdruck."

Bild rechte Seite oben: Operation „Dynamo" beendet: Britisches Kriegsgerät aller Art bedeckt den Strand von Dünkirchen.

Bild rechte Seite unten: Dieses antibritische Propagandaplakat hing allenthalben im besetzten Belgien und Frankreich. Es spielt auf den Gegensatz Churchill/Weygand zur Evakuierung britischer und französischer Truppen aus dem Kessel von Dünkirchen an. Mit der schussbereiten Waffe in der Faust hindern Mitglieder der Britischen Expeditions-Streitkräfte ihre französischen Verbündeten daran, die rettenden Schiff zu besteigen.

te – schützten, so gut es ging, die „Mückenflotte" vor Luftangriffen. Die englischen Jäger schossen in der Schlacht um Dünkirchen 262 deutsche Flugzeuge ab und verloren selbst 133 Maschinen. Die Rettungsflotte der Engländer aber bestand aus Freiwilligen, die oft ihre eigenen Boote und Schiffe zur Verfügung stellten. Viele von ihnen opferten ihr Leben, und von 848 Schiffen der Rettungsaktion wurden 235 versenkt oder zerstört. Über Dünkirchen standen schwarze Wolken, Tausende von Soldaten warteten im Hafen und am Strand auf Schiffe. Deutsche Artillerie schoss in die Stadt, Bomben fielen, Bordwaffen hämmerten. Dennoch: Immer größer wurde die Zahl der nach England transportierten Soldaten, gleichzeitig immer lockerer der deutsche Einschließungsring.

Bereits am 28. Mai wurde Guderian zum Oberbefehlshaber der „Panzergruppe Guderian" ernannt. Er befehligte fortan zwei Korps, jedes aus zwei Panzerdivisionen und einer motorisierten Infanteriedivision bestehend. Alle Fahrzeuge trugen stolz ein weißes „G" als Kennzeichnung. Eine Panzergruppe entsprach einer Armee, wurde aber nicht so genannt – es gab noch genügend Ressentiments gegen die Panzerleute in der Heeresführung. Guderian hatte sich fortan mit dem „Fall Rot" zu beschäftigen, auch für ihn trat Dünkirchen in den Hintergrund.

Die deutsche Unlust an Dünkirchen machte auch solchen Feindverbänden das Entkommen möglich, deren Führer eigentlich schon alle Hoffnung aufgegeben hatten. Das der Einschließung von Lille entkommene III. französische Armeekorps, noch weiter zurückliegende englische Divisionen, eine in völlig verfahrener Situation festsitzende Brigade, eine verschollen geglaubte Division – sie alle schafften den Weg in das eingekesselte Dünkirchen hinein – und dann meist auch wieder hinaus.

Das deutsche Heer hatte nur ungenügende Kräfte bereitgestellt, die Luftwaffe aber war weitgehend durch Regen, Nebel, lange Anflugwege und britische Jagdabwehr behindert. Alles in allem hatte die Luftwaffe nur an zweieinhalb Tagen schwere Angriffe auf Dünkirchen geflogen. Die britische Evakuierung, die „Operation Dynamo", aber dauerte neun Tage. Zum letzten Mal gingen in den frühen Mor-

genstunden des 4. Juni britische und französische Soldaten an Bord der Schiffe. General Halder, der Heeresgeneralstabschef, schrieb an diesem Tag in sein Tagebuch: „Stadt und Küste in unserer Hand. Franzosen und Engländer sind weg."
Dünkirchen war eine zerborstene, qualmende Stadt, in deren Hafenwasser Leichen schwammen, in deren Straßen herrenloses, zerstörtes Heeresgut stand, auf dessen Plätzen freigelassene Zugpferde weideten und aus deren Kellern nun französische Soldaten herausgeholt und zu Gefangenenkolonnen zusammengestellt wurden. 35.000 bis 40.000 französische Soldaten hatten den Engländern und Tausenden ihrer französischen Kameraden den Rückzug gedeckt. Nun hoben sie die Hände und gingen in deutsche Kriegsgefangenschaft. Aber 338.226 Mann waren von Dünkirchen aus nach England entkommen – ohne Waffen, Geräte und Fahrzeuge. Aber sie waren da und bildeten den Kern einer neuen Armee, deren Kampfgeist gegen Deutschland gerichtet war.

„Fall Rot"

Im Großdeutschen Reich läuteten drei Tage lang die Glocken, und der Großdeutsche Rundfunk meldete die Wahrheit, als seine Nachrichtensprecher bekannt gaben, dass die Soldaten der Wehrmacht in Frankreich 75 feindliche Divisionen aufgerieben hätten, deren gesamtes Kriegsmaterial erbeutet worden sei und dass nicht weniger als 1.200.000 alliierte Soldaten gefangen, verwundet oder getötet worden seien. Diese Erfolge aber hätten die Truppen der Wehrmacht mit außergewöhnlich geringen eigenen Verlusten erringen können, mit 10.255 Toten, 8.643 Vermissten und 42.523 Verwundeten.
Der Krieg – so schien es – kam etwas zur Ruhe. Nur für die Luftwaffe gab es keine Pause: Bereits am 3. Juni 1940 – Dünkirchen war noch nicht gefallen – starteten 300 Horizontal- und Sturzbomber zum „Unternehmen Paula", das zum Todesstoß für die „Armee de l'air", die französischen Luftstreitkräfte, und damit gleichzeitig zum Auftakt von „Fall Rot" werden sollte: ein Großangriff auf Flugzeugplätze und Flugzeugwerke im Raum von Paris.
„Unternehmen Paula" zerbrach den französischen Luftstreitkräften die Nachschublinien. Flugzeuge konnten hinfort weder repariert noch mit neuen Ersatzteilen versehen werden.
Aber auch die Truppen der Wehrmacht waren angeschlagen. In der bisherigen Panzergruppe Kleist war fast die Hälfte des Panzerbestandes durch Feindeinwirkung oder Verschleiß ganz oder zeitweilig ausgefallen. Die Instandsetzungskompanien waren deshalb pausenlos an der Arbeit. In den ersten Juni-Tagen begannen die Großverbände bereits wieder mit Marschbewegungen: Sie begannen ihre Bereitstellungsräume für den „Fall Rot" zu erkunden und danach zu beziehen.
Auf der anderen Seite der Front herrschte gleichfalls hektische Betriebsamkeit, von der vor allem Politiker und Spitzenmilitärs betroffen waren.
So waren am 31. Mai von London aus Churchill und Attlee nach Paris gekommen, um mit dem Regierungschef Paul Reynaud die schwierige Lage zu besprechen. Churchill sagte, und seine Augen schimmerten feucht, er habe befohlen, dass in Dünkirchen die Verwundeten erst zuletzt zu transportieren seien. Ihm käme es darauf an, möglichst viele kampffähige Soldaten zu bergen.
Churchill fügte hinzu, dass die nach England gebrachten Soldaten über keinerlei Waffen mehr verfügten. Eine Landung, selbst von schwachen deutschen Streitkräften in England, hätte höchstens mit dem heftigen Widerstand der britischen Zivilbevölkerung zu rechnen. Ansonsten wurde die Allianz beschworen.
Als jedoch Reynaud und General Weygand von Premierminister Churchill für die bevorstehende große Schlacht in Frankreich die Unterstützung der gesamten britischen Luftstreitkräfte forderten, stießen sie auf entschiedene Ablehnung. Tatsächlich hatte England in den Feldzügen von Norwegen und Frankreich bereits rund 400 Hurricane-Jagdflugzeuge verloren, dazu auch eine große Zahl der kostbaren Piloten. Die leistungsfähigen Spitfire-Jagdflugzeuge aber waren die einzige und letzte Waffe der Engländer zur Selbstverteidigung. Churchill sah für die Britischen Inseln schwere Zeiten voraus. Weygand aber erkannte für Frankreich das nahe Ende. Er hatte kühl gerechnet: Die französischen Nordarmeen waren, bis auf Reste, zerschlagen, kriegsgefangen und günstigstenfalls nach England evakuiert. Erst später stellte sich heraus, dass es immerhin 123.000 französischen Soldaten gelungen war, nach England zu entkommen.
Zur Verteidigung Frankreichs allerdings verblieben lediglich noch 50 französische Divisionen – denen 150 deutsche Infanterie- und zehn Panzerdivisionen gegenüberstanden. Die Rechnung war simpel: Statistisch gesehen musste fortan immer ein französischer Soldat gegen drei deutsche kämpfen, jeder französische Panzer, jedes französische Flugzeug musste mit fünf deutschen Panzern und Flugzeugen fertig werden.
Gab es noch Reserven? In den Seealpen und an der Riviera lag die Alpenarmee dem neutralen Italien gegenüber, das aber jeden Augenblick mit oder ohne Kriegserklärung in Frankreich einfallen konnte. In Nordafrika standen einige Divisionen – zwei davon ließ Weygand von Algier nach Marseille übersetzen. Er rief auch die soeben von der Räumung Narviks nach England fahrenden französischen Truppen zurück. Schließlich ordnete er an, aus

Bild linke Seite: Sturzkampfflieger über Frankreich.

Bilder rechte Seite: Panzer der „Gespensterdivision" auf ihrem Vormarsch in Frankreich. Den Beinamen „Gespensterdivision" hat sich die 7. Panzerdivision unter Erwin Rommel (rechts im Gespräch mit einem französischen Offizier) durch ihr rasches Vorstoßen und ihr unvermutetes Auftauchen erworben. In der Schlacht um Frankreich legte sie am 16. Juni rund 150 und einen Tag später fast 300 km zurück. Insgesamt brachte sie 97.000 Gefangene ein und verlor in den Kämpfen 47 Panzer.

allen den versprengten, bei Sedan und in Nordfrankreich oder Belgien zusammengeschlagenen Verbänden leichte Divisionen mit je zwei Infanterieregimentern zu formieren. Mehr Truppen aber ließen sich nicht auftreiben. Um diese schwache Zahl mit maximaler Wirkung einsetzen zu können, bedurfte es einer möglichst kurzen Front.
Er konnte Paris und die Nordküste aufgeben und sich auf die Verteidigung des Südens beschränken. Dabei verlor er die Verbindung zu England. Er konnte, umgekehrt, den Norden und die Hauptstadt verteidigen und so die Anlehnung an England behalten. Das bedeutete die Räumung der Maginot-Linie und die Einladung an die Italiener, ohne einen Schuss nach Südfrankreich zu marschieren.
Also beschloss Weygand, dort zu bleiben, wo die Truppen gerade standen, und damit sowohl am Rhein, an der Maginot-Linie, an der Aisne und an der Somme mit allen vorhandenen Mitteln und Kräften den Deutschen Widerstand zu leisten.
Bei internen Gesprächen zwischen Militärs und Politikern, vor allem aber auch bei einem Kriegsrat waren Klüfte aufgebrochen und Vorwürfe erhoben worden. Im nachhinein betrachtet trafen alle Argumente aller Seiten ziemlich genau ins Schwarze: Alle Beteiligten hatten zuwenig oder gar nicht an die Zukunft gedacht, sich in trügerischen Hoffnungen gewiegt, sich an vergangenem Ruhm erfreut, zuviel versprochen, zuwenig gehalten und nur mit Ächzen und in großer Trägheit gehandelt.
Die Engländer, so hieß es, hätten Frankreich im Stich gelassen. Die französischen Politiker, so wurde gesagt, wälzten ihre Schuld auf die französische Armee ab. Die Politiker, so meinten Generale, hätten nicht ehrlich, sondern mit verabscheuungswürdigen Lügen, mit Demagogie also, die nationale Widerstandskraft aufgeweicht und die Kampfmoral der Soldaten zersetzt. Die Militärs, so zeigten allerdings

einige Politiker auf die Generale, hätten sich auf den Lorbeeren längst vergessener Siege ausgeruht, den potentiellen Gegner in sträflicher Weise unterschätzt, und so seien Frankreichs Generale ohne militärische Doktrin und das nötige technische Material ahnungslos in einen Krieg eingetreten, dessen Neuerungen sie nicht einmal nach dem Feldzug gegen Polen zu erkennen imstande waren. Jüngere Offiziere aber mokierten sich über ältere und wiesen auf die unbequemen Warner wie den Brigadegeneral de Gaulle hin, dessen Panzerdoktrin zwar von den Deutschen befolgt, vom französischen Parlament aber abgelehnt worden sei – und innerhalb der alten Offiziere der Armee gleichfalls nichts gegolten habe. So kam es, dass bereits vor der Auslösung von „Fall Rot" im französischen Kriegsrat über eine Sache gesprochen wurde, an die ein nati-

onalbewusster Franzose normalerweise nicht einmal gedacht haben würde: die totale Niederlage.
Bereits am 25. April hatte der Präsident der Französischen Republik, Albert Lebrun, vorsichtig zu bedenken gegeben, dass die Deutschen möglicherweise „verhältnismäßig günstige Bedingungen“ stellen könnten, die vernünftigerweise „mit klarem Kopf genau geprüft“ werden müssten.
Der alte Marschall Pétain, der vom Volk verehrte Sieger von Verdun, sagte: „Es ist einfach dumm zu sagen, man werde bis zum letzten Mann kämpfen. Man sagt so etwas besser nicht und tut es auch nicht. Nach unseren Verlusten im letzten Krieg und unserer schwachen Geburtenzahl ist dies außerdem ein Verbrechen.“ Weygand sorgte sich vor einer Revolution: „Wenn ich wenigstens sicher wäre, dass die Boches (Deutschen) uns genügend Truppen ließen, um die Ordnung aufrechtzuerhalten.“
Aber auch heroische Sprüche fielen: Jedes Haus eine Festung, jedes Messer eine Waffe, jeder Franzose ein Held ... Der Ministerpräsident Reynaud wollte in der Bretagne ein unüberwindbares Bollwerk errichten, in dem auch die Regierung residierte. Das zweite Bollwerk sollte in Nordafrika entstehen, als Basis der nationalen Erhebung und als Ausgangspunkt des großen Feldzuges der Rache an Deutschland.
Es waren brillante Gedanken allesamt, nur – sie wurden zu spät gedacht und ausgesprochen. Und immer noch war zuviel Wunschdenken dabei: Vor dem 10. Juni, so hatte der französische Generalstab kalkuliert, vor dem 10. Juni könnten die Deutschen unmöglich losschlagen. Die Zeit bis dahin benötigten sie zur unbedingt nötigen Heranführung von Nachschubgütern, zur Wartung, Instandsetzung und personellen Ergänzung, schließlich auch zur Planung der neuen Operationen, zur Einweisung der Führer und Unterführer, zur Ausbildung und schließlich zu den erforderlichen Aufmärschen.
Wieder einmal hatte sich die französische Führung verrechnet: Nach dem Luftwaffenunternehmen „Paula“ vom 3. Juni trat zwar eine kurze Pause ein, doch bereits am 5. Juni 1940, morgens um 5 Uhr, donnerten die Feuerschläge der deutschen Artillerie, erschienen wieder einmal die Stukas als kleine Pünktchen am Himmel und stürzten sich aus 4.000 Meter Höhe auf den Feind. Mit klirrenden Ketten und dumpf dröhnenden Motoren preschten die Panzer durch das Gelände. Sie gaben sich gegenseitig Feuerschutz: Einer fuhr hinter eine Mauer, einen Hügel, einen Busch in Deckung und feuerte auf Ziele der französischen Verteidigungsstellung, während der Nachbarpanzer zügig vorrollte, seinerseits in Deckung ging und nun das Feuer eröffnete, solchermaßen die Franzosen zwang, die Körper so weit als möglich an die Erde zu ducken, und nun dem anderen Panzer das ungefährdete Nachkommen ermöglichte. Hinter den Panzern aber traten die Schützenlinien der deutschen Infanterie aus Waldrändern und Ortschaften heraus ins Freie. Fünf Schritt Abstand von Mann zu Mann, nach Gruppen, Zügen, Kompanien und Bataillonen gegliedert, einheitlich ausgebildet nach der Heeresdienstvorschrift HDv 130/2a „Die Schützenkompanie“, Abschnitt „Angriff von 1.000 Metern bis zum Einbruch“.
Es war in gründlicher Ausbildung drillmäßig geübt worden: Die Infanteristen liefen einzeln, zunächst in langen, dann immer kürzer und schneller werdenden Sprüngen über das Gelände und warfen sich abwechselnd und selbständig hin, dabei die geringste Deckung ausnutzend. Der liegende Infanterist schoss auf die Mündungsblitze feindlicher Gewehr- und Maschinengewehrschützen, zwang sie dadurch in Deckung und ermöglichte seinem Nebenmann einen durch Feindfeuer nur wenig gefährdeten Sprung.
Der deutsche Angriffsplan „Rot“ war auf die gediegene Ausbildung der deutschen Soldaten, ebenso aber auf die deutsche Überlegenheit zu Lande und in der Luft gegründet, wie auf die inzwischen genau bekannte zahlenmäßig klare Unterlegenheit der französischen Armee. Der Plan „Rot“ sah kühn aus, barg aber in Wirklichkeit keinerlei Risiko. Niemand in der Führung, auch Hitler nicht, geriet diesmal in eine Stimmung äußerster Nervosität. Was jetzt ablief, war ein gigantisches Wehrmachtsmanöver, durchgeführt im scharfen Schuss, bei dem mit bedauerlichen, wenn-

Bild linke Seite oben: Fast unübersehbare Mengen von Waffen und Kriegsgerät fielen den Siegern bei dem überhasteten französischen Rückzug in die Hände. Gesammelt und geordnet sind Geschütze und Transporter in langen Reihen aufgefahren. Viele Kanonen und Panzerfahrgestelle französischer Herkunft wurden später für die Verwendung in Nordafrika oder Russland umgebaut.

Bild linke Seite unten: Schwere Artillerie wird in Stellung gebracht. „Hart und mühsam ist die Arbeit der Kanoniere. Jeder Mann muss zupacken“, lautete die Originalunterschrift zu diesem Photo.

Bild rechte Seite: Gefreiter Herbert Brinkforth, der erste Ritterkreuzträger aus dem Mannschaftsstand. Die hohe Auszeichnung bekam er, nachdem er am 27. Mai 1940 mit seiner „Pak“ innerhalb von 20 Minuten elf englische Panzer abgeschossen hatte. Herbert Brinkforth fiel am 5. Juni 1942 als Unteroffizier an der Ostfront.

gleich geringen Verlusten zu rechnen war. Aufmarschiert waren: die Heeresgruppe B an der Somme, die Heeresgruppe A in der Champagne und die Heeresgruppe C im Frontabschnitt von Luxemburg bis zur Schweizer Grenze.
Die Heeresgruppe B hatte zunächst an der Somme durchzubrechen, sich fächerförmig auszubreiten und einerseits Paris einzunehmen und in Richtung Süden weiter vorzudringen, andererseits aber die Bretagne zu okkupieren und bis zur spanischen Grenze vorzugehen.
Die Heeresgruppe A sollte indes in der Champagne angreifen, durchbrechen und die französische Ostarmee vom Rücken her umfassen.
Die Heeresgruppe C sollte später die Maginot-Linie in Lothringen und im Elsass an zwei Punkten aufbrechen und durchstoßen.
Die französischen Soldaten auf der anderen Seite hatten keinerlei Illusionen mehr, dafür aber wieder mehr Zutrauen in die eigene Führung gewonnen. Weygand, der neue Oberbefehlshaber, strahlte seine Ruhe bis in die untersten Befehlsbereiche aus. Aus dem Oberkommando kamen kurze, klare Befehle. Sie betrafen eine Abwehrtaktik, die keine starre lineare Verteidigung mehr vorsah, sondern eine weite Staffelung in die Tiefe, die den Feindangriff gewissermaßen aufsaugen sollte. Innerhalb der Abwehrfront aber sollte es feste Stützpunkte geben, als Wellenbrecher in der Flut des heranströmenden deutschen Heeres. Die Kampfmoral der französischen Soldaten war gestiegen, vermindert hatte sich auch ihre Furcht vor den deutschen Panzern. Sie hatten die Anweisung erhalten, sich von ihnen überrollen zu lassen und in ihrem Rücken weiterzukämpfen.
Tatsächlich funktionierte dieses Abwehrsystem zunächst: An der Somme-Front hatte es zwar bis zum Abend des 5. Juni Panzerdurchbrüche gegeben: Rommels Gespensterdivision war zwischen Abbéville und Amiens wie ein Riesenpfeil durch die französischen Linien gestoßen und in der Ferne verschwunden, und auch bei Noyon hatte die 10. Panzerdivision eine Bresche in die französische Front geschlagen. Die französischen Infanteristen aber hatten in ihren Deckungslö-

chern gelegen, die Köpfe heruntergenommen und die wilde Jagd vorüberrauschen lassen. Sobald aber den Panzern die deutsche Infanterie nachfolgte, fuhren sie hoch, legten die Gewehre an und zielten sorgfältig.
Für die Deutschen war der Kampf zunächst wesentlich härter geworden. Sie fanden Dörfer vor, die zu Festungen ausgebaut worden waren. Es blitzten die Mündungsfeuer aus den Kellerfenstern, hinter Hecken ratterten die Maschinengewehre, und vom Kirchturm aus leitete ein vorgeschobener Beobachter ein präzises Artilleriefeuer. Rommel meldete, dass sich die französischen Soldaten geradezu verzweifelt schlagen würden.
Nur – alle Tapferkeit war vergebens, weil zu spät: In der Tiefe reichten die Reserven nicht zur Abwehr aus.

Bilder linke Seite: Die Panzerkuppel eines Werkes der verlängerten Maginotlinie mit den Einschüssen deutscher Artillerie-Granaten. Nach dem französischen Kriegsminister Andre Maginot (1877-1932) benannt, verlief der Verteidigungsgürtel an der deutsch-französischen Grenze von Longwy bis Basel. Er bestand aus einem Geflecht von 150 km unterirdischer Gänge mit 39 Wehrgruppen, 70 Bunkern, 500 Infanterie- und Artillerieblöcken, 500 Kasematten, Unterständen und Beobachtungstürmen. Die Maginotlinie galt als unüberwindlich; dies führte zu einer fatalen Fehleinschätzung der militärischen Lage Frankreichs.

Bild rechte Seite oben: Deutscher Mörser in Feuerstellung.

Bild rechte Seite unten: Die am Oberrhein stehende Heeresgruppe Ritter v. Leeb griff zuletzt von allen deutschen Armeen in den Westfeldzug ein. Am 15. Juni, Punkt 10 Uhr vormittags, begann die bei Breisach massierte deutsche Artillerie aller Kaliber, aus allen Rohren über den Rhein zu feuern. Pioniere traten zum Brückenschlag an, Infanterie wurde in Sturmbooten über den Strom geworfen. Schon 10 Minuten nach Beginn des Feuerüberfalls setzten deutsche Sturmtruppen den Fuß auf das andere Ufer.

Durchgebrochene deutsche Panzer konnten nicht gejagt, gestellt und vernichtet werden. Im Gegenteil, sie fuhren wie die Wolfsrudel durch ungesichertes rückwärtiges Gebiet und waren Herren der Lage.
Rommel vor allem stellte sich umgehend auf das neue französische Verteidigungssystem ein: Er ließ fortan seine Panzer querfeldein vorgehen, Straßen, Ortschaften und gar feindliche Stützpunkte peinlichst meiden und weiträumig umgehen. Dabei gelang es ihm, die französische 17. leichte mechanisierte Division beim Ausladen vom Bahntransport zu überraschen, ihre sich gerade formierenden Kolonnen zu durchbrechen und, ohne sich aufzuhalten, weiterzurollen. Am Abend des 7. Juni starrten die Einwohner der friedlichen Badestadt Forges verblüfft auf eine auseinandergezogen fahrende Kolonne staubiger Panzerkampfwagen, an deren Türmen das schwarzweiße Balkenkreuz prangte. Die Stahlkolosse fuhren durch schattige Alleen, und zurück blieben nur die Spuren der Ketten.
Die 10. französische Armee war gespalten worden, Rouen lag dem deutschen Zugriff offen.
Am 10. Juni bereits hatte die Heeresgruppe B die Somme längst hinter sich, die Seine überquert, und ihre Vorausabteilungen näherten sich schon Evreux. Das war für die Franzosen nicht nur schlimm, es war katastrophal! Aber eine neue Schreckensnachricht machte alles noch weit ärger: Am 9. Juni um 4.30 Uhr hatte zwischen Soissons und den Argonnen die deutsche Heeresgruppe A ihre Offensive begonnen.
Zur Heeresgruppe A gehörte die 12. Armee unter Generaloberst List, und dieser 12. Armee war die Panzergruppe Guderian unterstellt worden – obwohl diese selbst den Status einer Armee besaß. Guderian hatte an diesem 9. Juni erhebliche Sorgen bei der Überquerung der Aisne und des Aisne-Kanals zwischen Château Porcien und Attigny. Auch hier erwies sich der französische Widerstand als weit hartnäckiger denn bei den Operationen zuvor. Seine 1. Panzerdivision wurde zunächst überall zurückgeschlagen, nur bei Château Porcien ließ sich ein kleiner Brückenkopf bil-

den, und es wurde Nacht, ehe die ersten Panzer nachgezogen werden konnten.

Südlich Rethel erlebte Guderian dann prompte Gegenstöße französischer Panzer, deren Besatzungen inzwischen viel von ihren deutschen Gegnern gelernt hatten.

Guderian wusste außerdem um die Überlegenheit des französischen Panzers „Char B" über seine eigenen Kampfwagen, was die Stärke der Panzerung anging. Er hatte Beschussproben vornehmen lassen: Geschosse der deutschen wie der französischen Panzerabwehrkanonen prallten von der Frontpanzerung des „Char B" ab.

Dennoch gelang seiner Panzergruppe alsbald der Durchbruch, einfach der zahlenmäßigen Überlegenheit wegen. Insgesamt zeigte sich, dass die französischen Verteidiger deutsche Infanterieangriffe sehr wohl aufzuhalten in der Lage waren. Erst wenn Panzer eingriffen, geriet dann auch der Infanterieangriff schnell wieder in Bewegung.

Mit einer ganzen Panzerarmee fuhr nun Guderian – in einem großen Bogen ausholend und sich nach Süden wendend – durch Frankreich hindurch. Seiner Frau schrieb er in einem Feldpostbrief: „... Am Tage nach Châlons fielen Vitry-le-François und St. Dizier, gestern Chaumont und heute Langres. Wir sind meiner Ansicht nach durchgebrochen, und ich hoffe, heute noch Besançon zu erreichen. Das wäre ein großer Erfolg, der auf die ganze Maginot-Linie zurückwirken müsste und wohl auch politische Folgen haben könnte ... Das Land ist in katastrophaler Verfassung. Infolge der Zwangsräumung herrscht ein unbeschreibliches Flüchtlingselend, und alles Vieh geht zugrunde. Alle Orte sind leergeplündert durch Flüchtlinge und französische Soldaten. Erst jetzt spärliche Zivilbevölkerung angetroffen. Das Mittelalter war human gegen die Jetztzeit." Tatsächlich mussten weite Teile des Kampfgebietes auf Anordnung der französischen Regierung von der Zivilbevölkerung verlassen werden. Das mag einerseits mit Rücksicht auf sie geschehen sein, um sie nicht Verluste durch das Feuer beider Seiten erleiden zu lassen. Andererseits war es nicht auszuschließen, dass auch propagandistische Gründe maßgeblich für die Räumungsbefehle gewesen sein konnten.

Merkwürdig jedenfalls war das Verhalten der französischen Behörden in Reims: Als vor dieser Stadt deutsche Panzertruppen erschienen, wurde Reims zur offenen Stadt erklärt. Eine solche Erklärung bedeutet, dass diese Stadt nicht verteidigt und damit aller Voraussicht nach nicht in Kampfhandlungen verwickelt werden wird. Die Zivilbevölkerung hat also nichts zu befürchten. Dennoch ordnete die Regierung in Paris die Räumung von Reims an. Als Flüchtlinge verließen daraufhin die Einwohner ihre Stadt.

Nach ihrem Abzug aber reinigten Sonderkommandos die Straßen. Systematisch wurden alle Straßen und wichtigen Gebäude photogra-

phiert. Beabsichtigt soll gewesen sein, die Stadt erneut zu photographieren, nachdem sie von den deutschen Soldaten erstürmt, geplündert und zerstört worden wäre. Aber genau das geschah nicht. Sie durfte von deutschen Truppen erst wieder betreten werden, nachdem die Bewohner zurückgekehrt waren.

Die Stadt Rouen hingegen geriet tatsächlich in Brand: Kurz vor dem Einmarsch der deutschen Truppen hatten französische Pioniere die Öltanks am Seine-Ufer angezündet. Drei Tage lang brannten die dort gelagerten 12.000 Tonnen Öl, und die Flammen griffen auf die Stadt über, deren Bürger ebenfalls zum großen Teil geflüchtet waren. Die alten Häuser der Altstadt fingen Feuer, das Leitungssystem der Stadt war zerstört und lieferte kein Wasser. Zwanzig französische Feuerwehrleute versuchten verzweifelt, die Stadt zu retten.

Zu ihrer Unterstützung wurde ein deutsches Pionierbataillon nach Rouen in Marsch gesetzt, andere deutsche Truppenteile folgten nach.

Alsbald begann ein gemeinsamer, von Deutschen und Franzosen gleichermaßen getragener Kampf gegen das Feuer. Es hatte auch die frühgotische Kathedrale in Gefahr gebracht. Durch Flammen hindurch kletterten Pioniere auf das Dach und sicherten das Gebälk und danach das ganz Gebäude. Schließlich gelang es, den Brand in der Innenstadt erst einzudämmen und dann zum Erliegen zu bringen. Mehrere deutsche Soldaten verunglückten dabei, einige davon tödlich.

Adolf Hitler hatte für den „Fall Rot" ein neues Hauptquartier bezogen. Es hieß zunächst „Waldwiese", wurde aber bald in „Wolfsschlucht" umbenannt und lag in einer Waldlichtung bei der entlegenen südbelgischen Ortschaft Brûly-le-Pêche. Es bestand lediglich aus drei schnell aufgestellten Baracken und einer provisorisch umgebauten Kirche. Ringsum zogen sich Stacheldrahtverhaue. Flak-Batterien sicherten gegen etwaige Luftangriffe. Allabendlich saß Hitler mit einigen seiner Offiziere zusammen, und keineswegs wurde dabei über die Kriegslage gesprochen. Einmal kreiste eine lebhafte Diskussion um die Frage, wie der Kuckuck auf die Idee gekommen sein könne, seine Eier grundsätzlich in fremde Nester zu legen. Nach dem 10. Juni stand ein neues Thema an: der Spott auf die Italiener. An diesem Tag nämlich hatte Italien Großbritannien und Frankreich den Krieg erklärt. Hitler hatte von dieser Absicht Benito Mussolinis gewusst und stets versucht, ihn noch länger hinzuhalten. Doch nun wollte der faschistische Diktator auch seinen Teil am Ruhm und an der Beute einheimsen. Die Abendrunde im Führerhauptquartier verhöhnte die südlichen Bundesgenossen als „Erntehelfer".

Am 11. Juni erfuhr Hitler beim Abendessen, dass die Italiener jetzt die Mittelmeerinsel Malta bombardiert hätten. Hitler erklärte: „Ich hätte das lieber umgekehrt gemacht" – nämlich zunächst überraschend Malta besetzt und dann den Krieg erklärt. Er schimpfte weiter über die Italiener: „Zuerst sind sie ja zu feige, um mitzumachen, und jetzt haben sie es eilig, um noch an der Kriegsbeute beteiligt zu sein." Dann ärgerte er sich über die förmliche Kriegserklärung Mussolinis: „Das Altertum hatte auch keine Kriegserklärungen, da wurde überfallen und marschiert, das ist an sich auch die richtige, gesunde Methode. Ich werde in meinem Leben jedenfalls niemals eine Kriegserklärung unterschreiben, sondern handeln."

Nicht viel anders als Hitler sahen allerdings auch viele Franzosen den Kriegseintritt Italiens an. Französische Zeitungen schrieben damals vom „Schakal Mussolini", der sich „im Schatten deutscher Panzer" aus „dem Hinterhalt hervor" wagt. Neuer Kampfwille erfasste die noch übriggebliebenen französischen Divisionen. Viele Franzosen waren der Meinung: Schnell mit den Deutschen Waffenstillstand schließen und dann gegen Mussolini vorgehen. Tatsächlich gelang es den italienischen Truppen nicht, nach Frankreich vorzustoßen. Die italienischen Divisionen wurden bereits am ersten Kampftag von den Franzosen in grimmigen und für die Italiener verlustreichen Gefechten über die Grenze zurückgetrieben. Bis zum Waffenstillstand gelang es der italienischen Armee nicht, auch nur einen geringen Sieg gegen die Franzosen zu erzielen. Erst nach dem Waffenstillstand durften italienische Soldaten unangefochten über die französische Grenze nach Südfrankreich einmarschieren und

Bild linke Seite oben: Apathisch und demoralisiert – französische Infanteristen in deutscher Gefangenschaft. Ein französischer Soldat berichtet: „Vom 17. Mai bis 25. Juni fünf Wochen intensiver Kampftätigkeit, in denen wir erbittert gegen zunehmende Auflösungserscheinungen, gegen die Unmöglichkeit und die Wirkungslosigkeit des Einsatzes ankämpften. Und dann, am 25. Juni, fühlt man sich plötzlich müde, weil man machtlos ist und diese fünf Wochen im Fieber, ohne Ruhe, wie einen einzigen, langen, zugleich kurzen und endlosen Tag, wie einen grauenvollen Traum verbracht hat."

Bild linke Seite unten: Um die französische Flotte nicht in deutsche Hand fallen zu lassen, scheuten die Briten auch nicht vor militärischer Gewalt zurück. Als die vor Mers-el-Kebir bei Oran ankernden französischen Einheiten Widerstand leisteten, wurden sie von einem starken englischen Geschwader unter Admiral Somerville kurzerhand zusammengeschossen, wobei über 1.000 Franzosen ihr Leben verloren. Diese britische Aktion war ein gefundenes Fressen für die deutsche Propaganda. Die Karikatur zeigt einen skrupellosen Somerville, der sich nicht scheut, für britische Interessen über französische Leichen zu gehen.

Bild rechte Seite: Kein „Wunder an der Marne" wie im September 1914 rettete Paris im Juni 1940. Nach der kampflosen Übergabe der französischen Hauptstadt paradiert die Wehrmacht am Arc de Triomphe, der einst zur Verherrlichung der militärischen Taten Napoleons erbaut worden war.

eine Besatzungszone an der Côte d'Azur beziehen.
Am 11. Juni 1940 kündeten Plakate in Paris davon, dass die Hauptstadt Frankreichs vom Militärgouverneur zur offenen Stadt erklärt worden sei. Die Regierung hatte sich schon tags zuvor aus der Hauptstadt abgesetzt und nach Tours begeben. General Weygand hatte derweil das Oberkommando der französischen Armee nach Briare verlegt. Dort schwebte am Abend des 11. Juni Churchills Flugzeug zur Landung ein, dazu sein Begleitschutz: elf Hurricane-Jagdflugzeuge. Churchill – begleitet von Eden sowie den Generalen Dill, Ismay und Spears – traf dort mit General Weygand zusammen. Von französischer Seite waren auch Reynaud, Georges und Pétain erschienen. Diese französisch-britische Zusammenarbeit vor dem drohenden Zusammenbruch wurde von den Beteiligten als düster und unwirklich geschildert. Das lag natürlich an den gefährlichen Ausmaßen der Katastrophe, in die alle Beteiligten offenbar unabwendbar hineingezerrt wurden.
General Weygand hielt zunächst einen Lagevortrag, der sich durch einen gewissen Optimismus auszeichnete, ohne Umschweife die Verhältnisse in aller Deutlichkeit darstellte. Nur fünf Divisionen – jede nur aus zwei Infanterie-Regimentern bestehend – verteidigten nach Weygands Worten die 135 km lange Front an der unteren Seine, eine einzige Division stand allein auf 44 km Breite zwischen Marne und Oureq. Weygands Hoffnung bestand in der Annahme, dass sich seine 2. Heeresgruppe wieder sammeln könnte, die angreifenden Deutschen aber ausgepumpt und ermüdet sein mussten. „Das Rennen", so sagte Weygand, „spielt sich jetzt zwischen seinem (des deutschen Gegners) Durchhaltevermögen und unserer Erschöpfung ab. Der Kriegsgott wird entscheiden!" Danach sprach Georges. Er schätzte die Lage als weit schlimmer ein. Die übrigen Franzosen folgten seiner Meinung: Frankreich sei verloren. Churchill, der zähe Durchhaltekrieger, wollte davon nichts hören. Er beschwor seine Bundesgenossen, zum Kleinkrieg überzugehen. Guerillas überall in

Frankreich, Kampf aus dem Hinterhalt. Doch die Franzosen zuckten mit den Schultern. Es war nichts vorbereitet. Churchill versprach militärische Hilfe – aber das war nur eine Division, mehr hatte auch Großbritannien in dieser dunklen Stunde nicht zu bieten. Im nächsten Frühjahr, ja, da könnten es bereits 25 Divisionen sein, für einen Gegenangriff.
Die Franzosen hörten das Wort vom Gegenangriff, aber sie wussten, dass die Deutschen vor Paris standen und im Begriff waren, ganz Frankreich zu überrennen.
Jetzt, in diesem Augenblick, wurden 25 Divisionen benötigt, und nicht erst im kommenden Frühjahr.
Marschall Pétain, der Retter von Verdun, war leichenblass, als er zu sprechen begann. Er erinnerte Churchill an die verzweifelte Situation des britischen Expeditionskorps im Ersten Weltkrieg. Es war in der deutschen März-Offensive 1918 in zwei Teile zerschlagen worden. Er, Pétain, habe damals 20 französische Divisionen zur Rettung der Engländer eingesetzt, und bald danach noch einmal 20 Divisionen. Das aber zu einem Zeitpunkt, da immerhin 60 britische Divisionen in Frankreich standen. Jetzt vermochte England nur eine Division anzubieten.
Was Frankreich vor allem brauchte, waren Flugzeuge, und Paul Reynaud verlangte von Churchill den rücksichtslosen Einsatz der Royal Air Force.
Weygand hakte ein: Er habe neulich einen Luftangriff erlebt. Die deutsche Luftwaffe demoralisiere die

Bild rechte Seite unten: „Der deutsche Sieg im Westen". Propaganda-Broschüre des Zentralverlages der NSDAP. Der schnelle Erfolg über die führende Militärmacht Europas ließ sich ohne Übertreibungen bestens vermarkten. „Was die kaiserlichen deutschen Armeen vordem in einem langen verheerenden Krieg vergeblich versucht und mit über 1,8 Millionen Gefallenen bezahlt hatten, war den Armeen Hitlers in nur sechs Wochen und mit 27.000 Gefallenen gelungen" (Alan Bullock). Nicht nur Albert Speer war nach diesem Sieg über Frankreich davon überzeugt, „dass Hitler nun bereits zu einer der großen Gestalten der deutschen Geschichte geworden" sei.

In einem Eisenbahnwagen im Wald von Compiègne wurde am 11. November 1918 der Waffenstillstand unterzeichnet (Bild linke Seite oben). 22 Jahre später wurden die Waffenstillstandsverhandlungen mit umgekehrten Vorzeichen inszeniert (Bild rechte Seite). Hitler selbst hatte als Ort dieses historischen Aktes jenen Salonwagen befohlen, in dem 1918 der Verlierer des Ersten Weltkrieges das Diktat der Sieger annehmen musste.

12 und 14 Uhr, weil in dieser Zeit die Posthalterin ihre Mittagspause hielt.
Ehe Weygands Befehle ihre Empfänger erreicht haben konnten, waren sie ohnedies meist überholt. Die „Weygand-Linie" – jene zuerst von ihm befohlene Verteidigungslinie – brach schlagartig zusammen, nicht zuletzt auch deshalb, weil die deutsche Funkaufklärung den Standort jedes einzelnen Gefechtsstandes exakt ermittelt hatte. Es zeigte sich, dass die Überlegenheit der Deutschen nicht allein in der neuartigen Kombination von wendig geführten Panzern und Stukas bestand, sondern auch in der Flexibilität ihrer Nachrichtentruppen, die den zuvor nie erprobten schnellen Gefechtsstandwechseln der vormarschierenden Verbände gewachsen waren. Eine dadurch erreichte äußerst rasche Übermittlung von Befehlen und Meldungen ermöglichte eine bis dahin nie gekannte Wendigkeit marschierender und kämpfender Großverbände.
Ein wenig langsamer ging es bei der Reiterei zu, die es damals noch immer gab: Die 1. Kavalleriedivision klärte am 13. Juni bei Meulan das südliche Seine-Ufer auf und konnte keine feindliche Besetzung feststellen. Daraufhin setzte das Reiterregiment 1 in Schlauchbooten über den Fluss – musste jedoch bald umkehren. Überraschend zeigte sich leichte französische Artillerie, die übersetzende Schlauchboote zusammenschoss. Die Divisionsführung verschob die Flussüberquerung auf den kommenden Morgen. Um 7.30 Uhr gingen die ersten Spähtrupps über die Seine, ihnen folgten die vordersten Schwadronen. Die Franzosen hatten über Nacht das jenseitige Ufer geräumt. Alle Brücken auf 100 km Uferlänge – waren gesprengt. So kam es, dass an die 12.000 Pferde, neben den Schlauchbooten schwimmend, die Seine überwanden. Am Abend befand sich die ganze Division südlich des Flusses und setzte die Verfolgung der abziehenden Franzosen fort.
Die Soldaten der 19. Infanteriedivision erwanderten sich Frankreich zu Fuß. Panzer sahen sie selten, ihnen war nicht der schnelle große Sieg, sondern die schier ewig währende, ruhmlose Mühsal vorbestimmt.

französischen Soldaten. Sie würden sich sofort wieder den Deutschen überlegen fühlen, wenn die britischen Flieger die deutschen Flugzeuge vom Himmel jagen würden.
Doch Churchill verweigerte erneut den Franzosen die Hilfe seiner Luftstreitkräfte, und Churchill begründete das: Der entscheidende Moment, so führte er aus, sei noch nicht da. Er nahe erst dann, wenn Hitler die Britischen Inseln attackiere. Dann erst beginne die Entscheidungsschlacht, von der das Schicksal der Welt abhänge. Dafür müsse die Royal Air Force aufgespart werden. Gehe diese Schlacht verloren, sei alles verloren. Werde diese Schlacht gewonnen, sei alles gewonnen. Dann sei es Zeit, auch Frankreich zu retten. Er sagte: „If we can keep command of the air, and if we can keep the seas open, we will win it all back to you ..."
Churchill schrieb später über diese Unterredung: „Man muss bedenken, dass bei dieser ganzen unglückseligen Besprechung der Gram mich fraß und peinigte, dass England mit seiner Bevölkerung von 48 Millionen nicht fähig gewesen war, einen größeren Beitrag in dem Landkrieg gegen Deutschland zu leisten, und dass bis jetzt neun Zehntel der Menschenverluste und 99 Prozent des Leidens über Frankreich hereingebrochen waren."
An diesem Abend aber, so schien es, war die Allianz zwischen Frankreich und England zerbrochen.
Am folgenden Tag flog Churchill wieder nach London zurück. Der stark bedeckte Himmel ließ das Geleiten des Churchillschen Flugzeuges durch die Hurricane-Eskorte nicht zu. Churchill flog allein und unbeschützt. Prompt riss über Le Havre der Wolkenteppich –Churchills Flugzeug raste im Tiefflug über den Kanal, um der deutschen Abwehr zu entgehen.
Drei Stunden nach Churchills Abflug befahl der General Weygand den allgemeinen Rückzug der französischen Armee. Das war bitter nötig, denn es zeichneten sich auf den Lagekarten Ansätze zu Kesselschlachten ab. Weygand ordnete gar an, die Maginot-Linie aufzugeben. Diese „heilige Kuh" französischer Militärpolitik war vollends nutzlos geworden. Ihr Bau hatte Milliarden Francs gekostet – in Panzerdivisionen wären sie besser angelegt gewesen.
Freilich – Weygand konnte befehlen, aber ob seine Befehle die Empfänger auch erreichten und wenn, ob sie dann befolgt werden konnten, blieb ungewiss. Die zur Aufrechterhaltung der Nachrichtenverbindungen erforderlichen Fernmeldetruppen waren in Gefangenschaft geraten, geflohen, abgedrängt in entlegene Gegenden, lagen inmitten von Flüchtlingskolonnen fest, waren durch Tieffliegerangriffe um ihr Gerät gebracht worden oder auch ganz einfach desertiert.
Das Große Hauptquartier Weygands hatte seine Führungsmittel verloren und war damit nahezu wirkungslos geworden. Weygands wichtigste Nachrichtenverbindung war ein Telephon der zivilen Post. Über dieses Telephon wurden an die Reste von Divisionen über das zivile Postnetz Befehle im Klartext durchgegeben – aber nicht zwischen

Vom 12. Juni an marschierten sie unermüdlich über staubige Straßen in Richtung Paris, stets über die Kampfgebiete der vergangenen Tage hinweg. Tote Pferde lagen auf den Straßen, vereinzelt auch gefallene französische Soldaten. Niemand beerdigte die Leichen – die Bevölkerung war nahezu vollständig geflohen. Um Seuchen zu verhindern, stellten die Bataillone der 19. Infanteriedivision Beerdigungskommandos auf. Herrenlos lief das Vieh in den Ortschaften umher. Es war heiß und das Wasser knapp, hungrige und durstige Tiere drängten sich in Herden zusammen. Soweit es ging, wurden die Pferde in Lastwagen zu Sammelstellen transportiert. Vieh, teilweise schon am Milchbrand erkrankt, wurde zur Schlachtung freigegeben.

Am Abend des 12. Juni erreichten die Infanteristen den Wald von Compiègne, in dem noch größere französische Truppenteile vermutet wurden. Am nächsten Morgen umstellte die Division das Waldgebiet und kämmte es durch. Doch nur elf Franzosen und zehn Afrikaner sowie einiges Militärgerät wurden aufgestöbert. Dafür aber sahen die deutschen Infanteristen den D-Zug-Wagen, in dem 1918 der Waffenstillstand des Ersten Weltkrieges unterschrieben wurde. Dann zogen sie – „ohne Tritt, marsch!“ – weiter auf Paris zu. Große Aufregung am 15. Juni: Morgen marschiert die Division in zwei Kolonnen in Paris ein. Da ging es schon nicht mehr um Kampf auf dem Gefechtsfeld, sondern um eine geordnete Parade. Die Soldaten putzten ihre Uniformen und wienerten Stiefel, Koppel und Patronentaschen. Der Divisionskommandeur nahm am 16. den Vorbeimarsch beider Kolonnen ab, einmal auf der Place de la République und zum anderen auf der Place des Nations. In Frankreich herrschte derweilen das Chaos: Immer noch zogen lange Flüchtlingskolonnen von Norden nach Süden, während die Bewohner des Südens in den Westen zu gelangen trachteten. In Schlangen standen übermüdete, verzweifelte Menschen vor Brunnen, um einen Schluck Wasser, vor Bäckereien, um eine Stange Weißbrot zu ergattern. Die Tankstellen hatten kein Benzin mehr, in ihrer Umgebung standen jeweils Hunderte von verlassenen Fahrzeugen. In dieser Lage sah sich Frankreich gezwungen, um einen Waffenstillstand nachzusuchen, der am 25. Juni 1.35 Uhr in Kraft trat.

Deutsche Hornisten im Dienstanzug mit Stahlhelm bliesen das alte Signal: „Das Ganze – halt!“ Auch im Führerhauptquartier Brûly-le-Pêche standen vier Trompeter der Wachkompanie in je einer Ecke der dörflichen Anlage. Hitler ließ das Licht in der von ihm bewohnten Bauernstube ausschalten und die Fenster öffnen. Draußen ertönte das Trompetensignal. Hitler war ergriffen. Vier Jahre lang, so sagte er, habe er im Weltkrieg als einfacher Soldat gekämpft. Jetzt habe er als Oberster Befehlshaber den Sieg erringen können.

Der Frankreichfeldzug war zu Ende. Er hatte 45 Tage gedauert und 121.000 französischen Soldaten das Leben gekostet. Gefallen waren auch 3.000 Holländer, 7.000 Belgier und 3.500 Engländer. Im Gegensatz dazu waren die deutschen Verluste niedrig: 27.074 Tote, 111.034 Verwundete und 18.384 Vermisste.

Der Waffenstillstand war geschlossen – doch völlig beendet war der Frankreichfeldzug immer noch nicht, wie sich bald herausstellen sollte: Am 3. Juli 1940 um 7 Uhr morgens erschien eine britische Flottenabteilung vor dem französischen Afrika-Hafen Mers-el-Kebir und stellte dem Teil der dort liegenden französischen Flotte ein Ultimatum, auf das die französische Führung nicht einging. Die britischen Kriegsschiffe eröffneten daraufhin das Feuer. England hatte dem Ehrenwort des Admirals Darlan nicht geglaubt und auf alle Fälle die französische Flotte ausgeschaltet. Die Verlustliste der französischen Streitkräfte verlängerte sich durch den Vorfall von Mers-el-Kebir um die Namen von weiteren 1.297 Toten.

Unternehmen „Seelöwe“

Am Nachmittag des 18. Juni 1940 überträgt die BBC (British Broadcasting Corporation) eine Rede, die Winston Churchill tags zuvor im Unterhaus gehalten hat. „Was General Weygand die Schlacht um Frankreich genannt hatte, ist vorbei“, hören die Briten ihren Kriegspremier sagen, „ich glaube, dass jetzt die Schlacht um England beginnt ... Die ganze Wut und Macht des Feindes muss sich in allerkürzester Zeit auf uns konzentrieren, Hitler weiß, dass er uns im eigenen Land vernichten muss, oder dass er den Krieg verliert ...“

Einen kurzen Augenblick lang sieht es tatsächlich so aus, als breche der deutsche Sturm auf England geradewegs los: Wenige Stunden nachdem der Rundfunk die Churchill-Rede übertragen hat, fliegt zum ersten Mal ein deutscher Bomberverband – eine Staffel (neun) He 111 – London an. Doch was wie der Beginn eines Angriffs erscheint, ist in Wirklichkeit nur eine Orientierungsübung, eine schlecht geplante obendrein: Acht der neun Bomber fliegen die britische Hauptstadt geradezu selbstmörderisch in nur 1.400 Metern Höhe an, allein die Führungsmaschine bleibt auf 6.000 Metern. Sie ist auch die einzige, die heil nach Hause kommt, die acht tieffliegenden He 111 werden sämtlich Opfer des konzentrierten Flak-Feuers.

Nach diesem Intermezzo ist erst einmal Ruhe, Ruhe vor dem Sturm, so scheint es den Briten, und nicht nur ihnen. Alle Welt erwartet, dass die offenbar unwiderstehliche und geradezu unglaublich in Schwung geratene Angriffsmaschinerie der großdeutschen Wehrmacht nicht innehalten, nach Polen, Dänemark, Norwegen, Holland, Belgien und Frankreich nun auch den letzten verbliebenen Kriegsgegner, England, überrollen würde, auf welche Weise auch immer.

Beinahe unenglisch hektisch macht sich Großbritannien für etwas be-

reit, was es seit bald tausend Jahren nicht mehr gegeben hat: Feinde im eigenen Land.
Und die Engländer glauben zu wissen, woher der Feind kommen wird – von oben, aus der Luft. Die erfolgreichen Unternehmen kleiner deutscher Fallschirmjägereinheiten in Holland und Belgien wachsen in der Vorstellung zu gewaltigen Dimensionen; jederzeit und überall können sie vom Himmel kommen, meint man. Und so werden überall in England Ortsschilder und Wegweiser entfernt, damit der Feind sich nicht orientieren kann; eine andere Verordnung schreibt vor, beim Parken eines Kraftfahrzeugs den Zündverteilerkopf mitzunehmen, um es so für eventuell auftauchende Feinde unbrauchbar zu machen.
Die Furcht vor einer Invasion aus der Luft treibt mannigfache seltsame Blüten, sie hat jedoch einen wertvollen psychologischen Effekt: Wäre nur eine Bedrohung von See her zu erwarten gewesen, hätten sich allenfalls die Bewohner der Kanalküste betroffen gefühlt. So aber – überall Gefahr aus heiterem Himmel – gerät die gesamte Bevölkerung der Britischen Inseln in Kriegsstimmung, ist grimmig bereit, selbst geheiligte Privilegien (von der Teepause des Fabrikarbeiters bis zur Fuchsjagd des Lords) vorübergehend den Notwendigkeiten der Vaterlandsverteidigung zu opfern.
Gänzlich anders die Stimmung auf der anderen Seite. Hitler, das Oberkommando der Wehrmacht (OKW), die Oberkommandos des Heeres (OKH) und der Luftwaffe (OKL) waren allesamt vom eigenen Erfolg überrascht. Niemand hatte damit gerechnet, dass es möglich sein würde, Frankreich in wenigen Wochen niederzuwerfen. Vermutlich beeinflusst von den Erfahrungen des Ersten Weltkriegs, waren die Ziele der Weisung Nr. 6 („Fall Gelb" – Frankreichfeldzug) sehr begrenzt; es sollten „möglichst große Teile von Holland, Belgien und Nordfrankreich" erobert werden, um eine günstige Basis für den See- und Luftkrieg gegen England zu gewinnen. Weiter gingen die Pläne nicht; man hoffte zwar zuversichtlich, die erste Runde zu gewinnen, rechnete aber nicht mit mehr. Aktiver Krieg gegen England war, so der Plan, frühestens 1942 /43 möglich; folglich hatten weder Heer noch Luftwaffe Anlass gesehen, sich darauf einzurichten – und nun war plötzlich die Möglichkeit da. Deutschland beherrschte, unversehens, die Atlantikküste vom Nordkap bis zur Biskaya; die nicht erwartete Frage war: „Was nun?"
Allerdings – sie wurde so hastig gar nicht gestellt. Nach dem Waffenstillstand in Frankreich machte sich das Gefühl breit, der Krieg sei

Bild linke Seite: Sie flogen gegen England: Bomber, Aufklärer, Jäger und Zerstörer (unser Bild zeigt eine Messerschmitt Bf 110). 4.278 Mann ihrer Besatzungen fielen, gerieten in Gefangenschaft oder sind vermisst. 2.265 Flugzeuge gingen verloren.

Bild rechte Seite oben: Mit Jagdvorstößen über den Kanal wollte die Luftwaffe die britische Jagdabwehr im Juli 1940 zu einer Abnutzungsschlacht herausfordern. Doch Luftmarschall Dowding sparte seine Spitfires und Hurricanes für die erwartete Bomber-Offensive auf.

Bild rechte Seite unten: Lange dauerte es, bis man die Bedeutung der merkwürdigen Masten an vielen Stellen Südenglands erkannte: Radar-Stationen, die die deutschen Verbände schon über Frankreich in den Versammlungsräumen erfassten.

eigentlich schon siegreich beendet; das Heer begann, zahlreiche Divisionen zu demobilisieren, reichliche Zuteilungen von Kaffee und Seidenstrümpfen förderten die Stimmung und die Erwartung, jeden Augenblick könnte „der Frieden ausbrechen".

Auch Hitler erwartete um diese Zeit ernsthaft, England werde – nach dem Zusammenbruch Frankreichs in, wie es schien, hoffnungslos isolierter Lage – um Frieden nachsuchen.

Im gleichen Sinne äußerte sich Hitler zu Mussolini, den er am 18. Juni in München traf. Er halte, so Hitler, das Britische Empire auch „heute noch für einen wichtigen Faktor des Gleichgewichts der Kräfte in der Welt", dessen Zerstörung nicht wünschenswert sei, da sie nur anderen nützen werde.

Es war schon merkwürdig, wie sich im Frühsommer 1940 die beiden Titanen ihrer Zeit – der dritte, Stalin, hielt sich noch im Hintergrund – in seltsam verkehrten Positionen gegenüberstanden: auf der einen Seite Winston Churchill, in der Stunde der Not zum Premierminister eines an allen Fronten geschlagenen Landes berufen, aber dennoch keinen Augenblick bereit, den Kampf aufzugeben, auf der anderen Seite Hitler, strahlender Sieger auf dem Höhepunkt militärischer Erfolge und militärischer Macht, aber lieber heute als morgen bereit, mit dem letzten Kriegsgegner Frieden zu machen.

Solange Hitler die Hoffnung nährte, England werde schon noch Vernunft annehmen, verschwendete er keine Gedanken an eine Landung in England.

Der einzige, der das tat, war der Oberbefehlshaber der Kriegsmarine, Großadmiral Raeder. Erich Raeder, sicherlich der beste Stratege unter den Chefs der drei Wehrmachtteile, hatte schon im November 1939 einen kleinen Sonderstab der Seekriegsleitung auf die Probleme einer Landung in England angesetzt. Er ahnte, dass dieses Problem auf die Kriegsmarine zukommen könnte, und er wollte vorbereitet sein.

Als sich Mitte Mai 1940 der überraschende Erfolg des Frankreichfeldzuges abzeichnete, hielt Raeder die Zeit für gekommen, die Möglichkeit einer Landung in England von sich aus bei Hitler anzusprechen.

Nicht etwa, um ein solches Unternehmen vorzuschlagen – im Gegenteil: Raeder fürchtete, dass der verblüffende Erfolg der Norwegen-Unternehmung im Frühjahr (der nur dank des Überraschungseffekts geglückt und zudem mit bitteren Verlusten der Marine erkauft war) die Landsoldaten der Wehrmachtführung dazu verleiten könnte, aus dem Angriffsschwung heraus ein ähnliches Unternehmen gegen England zu planen. Das hätte die Marine vor eine unlösbare Aufgabe gestellt, und das gedachte Raeder zu verhindern, indem er Hitler auf die Schwierigkeiten der Invasion hinwies, ehe „Sachkundige", wie Raeder sie nannte, dem Führer etwas anderes vorgaukelten.

Großadmiral Raeder tat das am 21. Mai 1940 mittags, nach einem Lagevortrag. Unter vier Augen unterrichtete er Hitler über die Ergebnisse der Überlegungen seines Sonderstabes – und bekam das gewünschte Echo: Hitler verfügte, es seien keine Vorbereitungen für eine Landung zu treffen.

Einen Monat später, am 20. Juni, sprach Großadmiral Raeder abermals, bei einer allgemeinen Lagebesprechung, über die Möglichkeiten einer Landung in England. Er betonte, dass absolute Luftüberlegenheit unabdingbare Voraussetzung sei, und zwar müsse die Luftwaffe auch die britische Flotte weitgehend niederhalten – andernfalls habe ein Landungsunternehmen keine Chancen.

Vermutlich auch aufgrund der Raederschen Vorträge, mehr aber wohl, weil nach Inkrafttreten des Waffenstillstands mit Frankreich die Frage „Wie geht's weiter?" in den Vordergrund getreten war, begann nun auch das Oberkommando der Wehrmacht sich – erstmals – mit einer Landung in England zu beschäftigen.

Bild linke Seite: Deutscher Wachposten an der französischen Kanalküste.

Bild rechte Seite: Britische Home Guard auf der gegenüberliegenden Seite des Ärmelkanals.

In einer Denkschrift vom 30. Juni 1940 erklärte der Chef des Wehrmachtführungsamtes, General Jodl, eine Landung käme nur in Frage als letztes Mittel gegen ein von Luftwaffe und Marine bereits militärisch niedergeworfenes, wehr wirtschaftlich gelähmtes und in der Luft nicht mehr aktionsfähiges England – sofern sie dann überhaupt noch nötig sei.

Zwei Tage später, am 2. Juli, entschied das OKW: „Der Führer und Oberste Befehlshaber hat entschieden: Unter bestimmten Voraussetzungen, deren wichtigste ist, die Luftüberlegenheit zu erringen, kann eine Landung in England in Frage kommen. Der Zeitpunkt bleibt demnach vorläufig offen. Vorbereitungen für die Durchführung ... sind einzuleiten."

Damit war eingetreten, was Raeder befürchtet hatte: Hitler war zwar noch nicht zur Landung entschlossen, aber er hielt sie nun doch für möglich. Und da der Großadmiral, anders als Hitler, nicht mit einem Nachgeben Englands rechnete, bestand für ihn kein Zweifel, dass dem Befehl zur Vorbereitung recht bald der Befehl zur Durchführung folgen würde. Und das hieß: Die Zeit für die Vorbereitung würde lächerlich kurz sein, gemessen an den gigantischen Anforderungen eines solchen Landungsunternehmens, für das es weder ein historisches Vorbild noch die nötigen Mittel gab. Landungsoperationen über See waren im deutschen militärischen Denken bisher nicht vorgekommen, irgendwelche Erfahrungen nicht vorhanden und schon gar nicht die dafür eigentlich notwendigen Spezialfahrzeuge. Es musste improvisiert werden, und es wurde improvisiert.

Es ist erstaunlich, was damals innerhalb weniger Wochen aus dem Nichts geschaffen wurde. In ganz Deutschland, Holland und Belgien wurden Schleppkähne und Binnenmotorschiffe, Motorboote, Barkassen und Schlepper requiriert. Alle diese Schiffe mussten umgebaut, verstärkt, mit Entladerampen versehen werden. Schiffsführer für diese behelfsmäßigen Truppen- und Materialtransporter mussten ausgebildet, Landemanöver geprobt und geübt werden.

Wie stets in solchen Situationen fehlte es nicht an abenteuerlichen Ideen. Ein Dr. Feder, als Betonspezialist beim Westwallbau erprobt, schlug tauchfähige, auf Raupen fahrende Betonbunker mit 200 Mann Besatzung und starker Bewaffnung vor, die schildkrötengleich vor der feindlichen Küste an Land kriechen sollten.

Mehr Erfolg brachten andere Versuche. Es gelang beispielsweise, normale Panzer mit einer schnorchelartigen Anlage für kurze Unterwasserfahrten herzurichten; aus einer mehr zufälligen Zusammenarbeit zwischen einem Pionieroffizier und dem Flugzeugkonstrukteur Dr. Siebel entstand eine katamaranartige Pontonfähre, ein ebenso billiges wie brauchbares Gerät.

Während die Marine hektisch Transportraum zusammensammelte, herrichtete und bereitstellte, plante der Heeresgeneralstab, weitgehend unabhängig davon, seine Seite der Landung. Ursprünglich hatten die Heeresgenerale eine Landeoperation über See als undurchführbar verworfen, doch dann hatte Generalmajor Jodl in einer Denkschrift vom 12. Juli eine griffige Formel gefunden: „Die Landung muss sich in Form eines gewaltsamen Flussüberganges in breiter Front vollziehen ..."

Ein „Flussübergang" – das kannte man, das gehörte zum Abc der Landkriegführung, so etwas ließ sich planen, und der Heeresgeneralstab plante aus dem Vollen. Den 20 britischen Divisionen, die man in Südengland vermutete, sollten 40 schwerbewaffnete deutsche Divisionen entgegengeworfen werden, angelandet an sieben verschiedenen Stellen auf der über 200 Kilometer breiten Front zwischen Dover und Bournemouth. Es dauerte einige Zeit, bis sich die Erkenntnis durchsetzte, dass diese Vorstellungen gänzlich illusorisch waren, angesichts des zur Verfügung stehenden, beschränkten Transportraumes und der Unmöglichkeit, ein derart großes Seegebiet während der Überfahrt gegen die hochüberlegene britische Flotte zu schützen.

Inzwischen waren auch Hitlers Hoffnungen auf ein Einlenken Englands auf den Nullpunkt gesunken. Zwar machte er in seiner Reichstagsrede am 19. Juli noch einmal in knappen Worten eine Art Friedens- (eher Kapitulations-)Angebot, aber schon drei Tage vorher hatte er mit der Weisung Nr. 16 seinen Entschluss verkündet, eine „Landungsoperation gegen England durchzuführen", allerdings immer noch mit der Einschränkung „wenn nötig". Die Vorbereitungen liefen auf Hochtouren weiter. Dessen ungeachtet legte die Seekriegsleitung am 19. Juli neuerlich eine Denkschrift vor. Während Generalmajor Jodl in seiner Denkschrift („Flussübergang") das Unternehmen mit dem Decknamen „Löwe" bezeichnete, tauchte in der Marine-Denkschrift nun zum ersten Mal die Bezeichnung „Seelöwe" auf, die dann beibehalten wurde. Die Betonung der Marine lag auf „See". Auf 15 Seiten entwarf sie ein düsteres Bild von den Gefahren, denen eine riesige Schlepper-Armada in den tückischen Gewässern des Kanals ausgesetzt sein würde.

Allein das Ausschiffen von 100 oder mehr Schleppzügen aus einem Hafen würde um die acht Stunden dauern, hieß es da, und dass danach auf See die „truppenteilmäßige Ordnung der Transportflotte auch nur einigermaßen gewahrt bleibt", damit sei „keinesfalls" zu rechnen.

Falls die Seekriegsleitung geglaubt hatte, Hitler werde aufgrund dieser Denkschrift das Unternehmen „Seelöwe" abblasen, so sah sie sich getäuscht. In seiner Weisung Nr. 17 vom 1. August 1940 für die Führung des Luft- und Seekrieges gegen England heißt es: „Die deutsche Fliegertruppe hat mit allen zur Verfügung stehenden Kräften die englische Luftwaffe möglichst bald niederzukämpfen. Die Angriffe haben sich in erster Linie gegen die fliegenden Einheiten, ihre Bodenorganisation und Nachschubeinrichtungen, ferner gegen die Luftrüstungsindustrie einschließlich der Industrie zur Herstellung von Flak-Gerät zu richten.

Nach Erringung einer zeitlichen oder örtlichen Luftüberlegenheit ist der Luftkrieg gegen die Häfen, hierbei insbesondere gegen die Einrichtungen der Lebensmittelbevorratung im Inneren des Landes weiterzuführen. Angriffe gegen die Häfen der Südküste sind mit Rücksicht auf eigene beabsichtigte Operationen in möglichst geringem Maße anzusetzen.

... Der verschärfte Luftkrieg ist so zu führen, dass die Luftwaffe zur Unterstützung von Seeoperationen auf günstige Augenblicksziele mit genügend starken Kräften jederzeit herangezogen werden kann."

Zugleich setzte das Oberkommando der Wehrmacht mit einer Weisung vom selben Tag den 15. 9. als Abschlusstag der Vorbereitungen für „Seelöwe" fest. „Nach 8 oder spätestens 14 Tagen, gerechnet vom Beginn des Großkampfes zur Luft gegen England, der etwa vom 5. 8. an beginnen kann", hieß es weiter, „wird der Führer je nach Ergebnis dieses Kampfes entscheiden, ob das Unternehmen Seelöwe noch in diesem Jahr stattfindet oder nicht."

Nun hing es von der Luftwaffe ab, die sich bis dahin an der Planung von „Seelöwe" merkwürdig abseits gehalten, ja desinteressiert gezeigt hatte. Der Grund dafür lag in der Überzeugung ihres Oberbefehlshabers Göring, dass die Luftwaffe, sobald sie in voller Stärke von den neugewonnenen Stützpunkten in Holland, Belgien und Nordfrankreich

Bild linke Seite oben: Über dem Kanal abgeschossene deutsche Flieger mit der gelben Seenotflagge.

Bild linke Seite unten: Ein abgeschossener britischer Jagdflieger, der sich mit dem Fallschirm retten konnte, wird in einem Ruderboot an Land gebracht.

Bilder rechte Seite: An der französischen Kanalküste üben Pioniere und Marine-Soldaten Landungsmanöver. Die „Weisung Nr. 16 über die Vorbereitungen einer Landungsoperation gegen England" legte fest: „Die Landung muss sich in Form eines überraschenden Überganges in breiter Front vollziehen." Zu diesem Zweck wurden aus Deutschland und den besetzten Ländern zusammengezogene Schleppkähne, Binnenschiffe, Barkassen und Schlepper zu Landungsfahrzeugen umgebaut.

einsatzbereit sei, ihren britischen Gegner „mit wenigen vernichtenden Schlägen an drei oder vier aufeinanderfolgenden Tagen ausschalten" könne. Ja, mehr als das, Göring war offenbar überzeugt, er und seine Luftwaffe könnten England allein erledigen, ohne dass Heer und Marine ihren Seelöwen zu bemühen brauchten.

Während die Luftwaffe sich zum „Großangriff" bereit machte, ging das Gerangel zwischen Marine und Heer über das, was einerseits nötig, andererseits möglich sei, in verschärfter Form weiter. Das Heer hatte sich von den ursprünglich 40 Angriffsdivisionen inzwischen auf 13 herunterhandeln lassen, hatte auch von der 200-km-Front auf den westlichen Teil verzichtet, aber als die Marine nur noch den verhältnismäßig schmalen Küstenstreifen zwischen Folkestone und Beachy Head (Breite ca. 70 km) als Landungsraum für möglich hielt, kam es zum Eklat: In einer dreistündigen Besprechung am Abend des 7. August prallten die Meinungen von Generalstabschef Halder und Admiral Schniewind (Chef des Stabes der Seekriegsleitung) hart aufeinander.

Halder: „Ich lehne in aller Schärfe den Vorschlag der Marine bezüglich der Durchführung der Landung nur im engen Raum Folkestone – Beachy Head ab und bezeichne dieses Vorgehen vom Standpunkt des Heeres als reinen Selbstmord. Ebenso könnte ich die gelandeten Truppen gleich durch die Wurstmaschine drehen."

Schniewind, kühl: „Aus dem gleichen Grund lehne die Seekriegsleitung die vom Heer geforderte Landung im breiten Raum bis Brighton ab. Denn das wäre nicht nur Selbstmord, sondern Aufopferung der dort landenden Truppen."

Recht hatten sie beide, doch in seltsamer Hintanstellung ihres brillanten militärischen Sachverstandes einigten sie sich, die Entscheidung einem zweifellos weniger Sachverständigen zu überlassen: Hitler. Der entschied: Weitermachen, notfalls auf dem schmalen Raum der Marine, nach Möglichkeit auf dem breiten, vom Heer gewünschten Raum. Eventuell nur einmalige Landung in der Bucht von Brighton mit Dampfern, ohne Nachschub. Und es wurde weitergemacht. Die Einsatzhäfen füllten sich mit Tausenden von notdürftig umgebauten Prähmen, Barkassen, Seeleichtern, kleinen und großen Dampfern, mit Munitions- und Treibstoffvorräten. Die Stäbe produzierten tonnenweise ausführlichst Einsatzbefehle, deren Lektüre zwar verblüffendste Planungsfähigkeiten erkennen ließ, zugleich aber klarmachte, dass dieser überkomplizierte Apparat aus mehr als 2.000 schwimmenden Einheiten wohl nie hätte wunschgemäß funktionieren können, auch nicht unter allerbesten Voraussetzungen.

Die wichtigste dieser Voraussetzungen, die absolute Luftherrschaft, lässt jedoch auf sich warten. Ein ums andere Mal wird der S-Tag, der Tag, an dem Unternehmen „Seelöwe" starten soll, verschoben, nicht nur das: Mitte September ist die britische Royal Air Force nicht nur nicht niedergekämpft, sie beginnt sogar, die bereitliegende Landungsflotte zu bombardieren. Danebentreffen ist schwierig, dicht an dicht liegen Prähme, Leichter, Dampfer in den sogenannten Absprunghäfen. Die Verluste werden höher: Am 19. September muss befohlen werden, „die Schiffsansammlungen aufzulockern, um die Verluste an Schiffsraum durch feindliche Luftangriffe auf ein Mindestmaß zu verringern".

„Seelöwe" stirbt schwer. Die Seekriegsleitung weiß längst, dass schon aus Wettergründen an eine Durchführung nicht mehr zu denken ist, doch noch fast einen Monat lang quält sich das Unternehmen von einer Verschiebung zur nächsten – ständig in voller Bereitschaft, kaum noch aufhaltbar, falls der auslösende Befehl gegeben worden wäre. Erst am 12. Oktober kommt die, mindestens für die Marine, erlösende Weisung des OKW: „Der Führer hat entschieden, dass die Vorbereitungen für die Landung in England ... lediglich als ... Druckmittel auf England aufrechtzuerhalten sind."

Luftwaffe gegen Royal Air Force

Nach der Beendigung des Westfeldzuges ging ein Regen von Auszeichnungen und Beförderungen auf die Männer von Deutschlands jüngster Waffengattung nieder. Göring, ihr Oberbefehlshaber, erhielt den höchsten Rang der deutschen Militärgeschichte, er wurde Reichsmarschall. Gleich zwei Luftflottenchefs, Kesselring und Sperrle, wurden zu Generalfeldmarschällen erhoben.

Wo immer die großdeutsche Wehrmacht zum Angriff angetreten war, hatten die vom Feind gefürchteten Stukas den Vormarsch unterstützt, die Geschwader mit ihren mittelschweren Bombern Truppenballungen, Transportwege und das feindliche Hinterland angegriffen und die schnellen Me 109 die Luftherrschaft erkämpft.

In der Luftschlacht um England sollte der Nimbus dieser siegreichen Waffe erst unmerklich und schließlich offensichtlich zerstört werden. Mit den bisher so erfolgreichen Flugzeugtypen ließen sich die nun gestellten Aufgaben nicht lösen, und was noch schwerwiegender war: Zwischen der Luftwaffenführung und der fliegenden Truppe traten Spannungen auf.

Mit dem erfolgreichen Abschluss des Westfeldzuges im Frühsommer 1940 war ein Großangriff auf den letzten Kriegsgegner, England, aus der Luft in den Bereich des Möglichen gerückt. Günstige Absprungbasen am südlichen Kanalufer waren gewonnen. Nur vorbereitet, durchdacht und geplant war er nicht – und deshalb fand er zunächst nicht statt. Die Luftwaffenführung hielt es für richtiger, sich in angemessener Ruhe auf den großen Schlag gegen England vorzubereiten. Dementsprechend zurückhaltend war die allgemeine Weisung für den Kampf gegen England, die der Oberbefehlshaber der Luftwaffe am 30. Juni 1940, acht Tage nach Abschluss des Waffenstillstandes mit Frankreich, erließ.

„Die Kampfführung gegen England", hieß es da, ist zunächst „zu beschränken auf Störungsangriffe mit schwächeren Kräften". Erst nach Durchführung des Aufmarsches und der vollen Einsatzbereitschaft seien dann „durch Kampf gegen die feindliche Luftwaffe, ihre Bodenorganisation und die Luftwaffenindustrie die Voraussetzungen zu schaffen für eine wirksame Kampfführung gegen feindliche Einfuhr und Versorgung und Wehrwirtschaft".

Die Luftwaffe richtete sich also auf einen strategischen Luftkrieg ein, im Ansatz zweistufig: erst Ausschaltung der gegnerischen Luftwaffe – also Luftherrschaft, dann Zerbombung der feindlichen Wirtschaft und des Nachschubs über See. Um die Vorbereitungszeit zu überbrücken, Erfahrungen zu sammeln und die bereits in Nordfrankreich und Belgien liegenden Verbände zu beschäftigen, begann alsbald eine Art nützliches Vorspiel zu der großen Schlacht, die folgen sollte: der sogenannte „Kanalkampf". Der Auftrag dafür – Einsatzbefehl vom 2. Juli – lautete: a) die britische Schifffahrt im Ärmelkanal zu unterbinden und b) den Luftraum über dem Kanal von britischen Jägern freizuhalten.

Für diese Aufgabe wurde aus verschiedenen Verbänden der 2. Luftflotte eine kleine Kampfgruppe gebildet, unter Führung eines sogenannten „Kanalkampfführers". Das war Oberst Johannes Fink, der Kommandeur des Kampfgeschwaders 2. Zur Verfügung standen ihm alles in allem etwa 75 Bom-

Bild linke Seite: Unmittelbar nach dem Bombardement beginnt in einer Londoner Straße die Suche nach den Verschütteten. An der Rettungsaktion beteiligen sich Feuerwehrleute und freiwillige Helfer. Obwohl die britische Zivilbevölkerung jahrelang auf einen Überfall aus der Luft vorbereitet war, traf sie der Schock trotzdem hart, als es wirklich losging. Die Rechnung jedoch, die sich Hitler und Göring darauf gemacht hatten, ging nicht auf: Das britische Volk wurde nicht demoralisiert, sondern nun erst recht zu einer Kampfgemeinschaft hinter Winston Churchill (Bild oben) „zusammengebombt".

Bild rechte Seite oben: Eine He 111 über dem Industrieviertel an der Londoner Themse-Schleife. Anfang September 1940 änderte das Oberkommando der Wehrmacht die Taktik: Wenn es schon nicht gelingen wollte, die britischen Jagdflieger vom Himmel zu fegen, vielleicht würde dann der verschärfte Luftkrieg gegen Englands Städte den Feind reif zum Sturm bomben. Allein in London starben in den nächsten Monaten 30.000 Zivilisten.

Bild rechte Seite unten: Nachtstart eines deutschen Bombers nach London.

ber, ebenso viele Stukas und rund 200 Jäger und Zerstörer. Mit dieser Streitmacht machte sich Oberst Fink über die Geleitzüge her, die zu dieser Zeit noch, vom Atlantik kommend, durch den Kanal teils die südenglischen Häfen, teils London anliefen.

Bereits am 4. Juli entdeckten Aufklärer auf der Höhe von Portland den Geleitzug O.A. 178, der aus großen Frachtern bestand. ein Stuka-Geschwader versenkte auf Anhieb vier Schiffe, warf neun weitere in Brand oder beschädigte sie schwer. Eine weitere Stuka-Gruppe flog durch bis Portland und beschädigte zwei im Hafen liegende Schiffe.

Es war ein leichter Erfolg – außer der Schiffs-Flak, die eine Ju 87 abschoss, trafen die Stukas auf keinerlei Gegenwehr. Denn der Chef der britischen Jagdflieger, des Fighter Command, Generalleutnant (Air Marshal) Sir Hugh Dowding, war der Ansicht, seine Jäger seien dazu da, England zu verteidigen, nicht die Schifffahrt im Kanal. Er weigerte sich strikt, seine kostbaren Jäger in Kämpfen über dem Kanal zu verschleißen. Allerdings – die Vernichtung des Geleitzuges O.A. 178 hatte Folgen. Zum einen lenkten die Engländer den großen ozeangehenden Schiffsverkehr auf die Häfen an der nördlichen Westküste um oder – soweit die Transporte nach London mussten – um die Nordspitze der Insel herum, zum anderen befahl Churchill persönlich, das Fighter Command habe für die kleinen Küstengeleitzüge im Kanal Geleitschutz zu fliegen.

Dowding tat das, widerwillig, zögernd, mehr demonstrativ: Er schickte nur jeweils eine oder zwei Ketten Hurricane mit den Schiffen mit, und auch nicht viel Verstärkung, wenn die Luftwaffe angriff. So mussten sich dann oft sechs oder allenfalls zwölf britische Jäger mit Luftwaffenverbänden von 30 Bombern und ebenso vielen oder mehr Jägern herumschlagen.

Der deutschen Luftwaffenführung ist diese Zurückhaltung des britischen Fighter Command ebenfalls unangenehm, sie möchte das Fighter Command zum Kampf stellen und möglichst schon in dieser Vorbereitungsphase schwächen. Kanal-

kampfführer Fink lässt seine Jäger, abgesehen vom Begleitschutz für Bomber, ständig „freie Jagd" fliegen. Mitunter fliegt Oberst Osterkamp mit seinem ganzen Jagdgeschwader 51 über der südenglischen Küste regelrecht Parade – und das Fighter Command sieht zu. Der Abhördienst der Luftwaffe hört immer wieder, wenn kleinere oder größere deutsche Jägerformationen über Südengland den Kampf suchen, die kühlen Anweisungen der britischen Jägerleitoffiziere an ihre in der Luft befindlichen Piloten: „Feindlicher Verband in Sektor XY, nur Jäger. Abdrehen, nicht angreifen!"

Erst am 10. Juli kommt es zum ersten größeren Jägerkampf. Am Mittag dieses Tages meldet ein Aufklärer einen großen Küstengeleitzug auf der Höhe von Folkestone. Kanalkampfführer Fink schickt die zweite Gruppe des KG 2 los, rund 20 Bomber vom Typ Do 17, dazu als Begleitschutz die III. Gruppe des JG 51 unter Hauptmann Trautloft, das sind 20 Me 109 und 30 Zerstörer Me 110 vom Zerstörgeschwader 26.

Insgesamt 70 Bomber, Zerstörer und Jäger brummen auf den Geleitzug zu, der routinemäßig von einer Staffel Hurricane gesichert ist. Hauptmann Trautloft entdeckt die sechs britischen Jäger hoch über sich. Sie greifen jedoch nicht an, sondern lauern auf eine Gelegenheit, an den Messerschmitts vorbei und an die tiefer fliegenden Bomber heranzukommen. Trautloft seinerseits kann die Hurricanes auch nicht angreifen – er würde dadurch von den Bombern getrennt, die er schützen und heil nach Hause geleiten soll. Einige Minuten später sind die Bomber beim Geleitzug, laden ihre Bombenlast ab, Trautloft sieht sie zum Heimflug abdrehen, blickt sich sichernd noch einmal um, und „plötzlich hing der Himmel voller britischer Jäger!" notierte er später. Anders als sonst hat der Befehlshaber der 11. Fighter Group (Jäger-Division), Generalmajor (Vice Marshal) Keith Park, diesmal vier weitere Staffeln herangeführt, die sich nun, erstmals in der Überzahl, auf Trautlofts Gruppe stürzen – 18 Hurricane und zwölf Spitfire gegen 20 Me 109. Augenblicke später kurbelt das halbe Hundert Jagdmaschinen auf engem Raum in wilden Kurvenkämpfen umeinander. Zum ersten Mal beobachten die Menschen an der britischen Südküste fasziniert einen Luftkampf zweier größerer Jagdverbände, hören die kurzen, ratternden Feuerstöße der Maschinengewehre und das langsame Plop-plop-plop der Bordkanonen, sie sehen einzelne Flugzeuge, lange Rauchfahnen hinter sich herziehend, ins Meer stürzen, sehen, wie eine Hurricane bei einem falsch berechneten Angriff in eine Do 17 hineinrast und beide Maschinen in einer grellen Explosion verschwinden. Dieser 10. Juli, an dem das Fighter Command den über dem Kanal angreifenden Bombern erstmals einen größeren Jägerverband entgegenwarf, gilt für viele britische Historiker als der Tag, an dem die Luftschlacht um England begann. Tatsächlich aber führte an diesem Tag – und auch noch in den nächsten Wochen – nur ein Bruchteil der deutschen Luftwaffe über dem Kanal und an der Südküste der Insel Krieg gegen England. Erst gegen Ende Juli wurden weitere Jagdgeschwader im Kanalkampf eingesetzt; die Hauptstreitmacht der deutschen Luftwaffe war noch bis Anfang August mit der Vorbereitung des Großangriffs beschäftigt. Der war allerdings inzwischen dringlich geworden. Hitler hatte nach längerem Zögern die Vorbereitung der Landung in England – „Unternehmen Seelöwe" – befohlen, mit der Führerweisung Nr. 16 vom 16. Juli 1940.

Für die Luftwaffe bedeutete das keine grundlegende Änderung ihres Angriffsziels, „Luftherrschaft über Südengland" stand ja ohnehin auf dem ersten Platz ihrer Prioritätenliste. Nur kam sie jetzt unter Zeitdruck. Allerdings, die Luftwaffenführung glaubte zu diesem Zeitpunkt, mit einem konzentrierten Anfangsschlag von drei bis vier Tagen Dauer der britischen Jägerabwehr bereits das Rückgrat brechen zu können. Aufgrund dieser optimistischen Einschätzung sah man keine Veranlassung, die Vorbereitungen für den Großangriff zu beschleunigen.

Erst am 2. August erlässt Göring die endgültigen Befehle für den Großangriff, „Adlertag" genannt. Nur das Datum des Angriffs liegt noch nicht fest, denn das hängt vom Wetter ab: Drei aufeinanderfolgende Tage gutes Angriffswetter sind Voraussetzung, wenn das Programm planmäßig abgewickelt werden soll. Solches Wetter sagen die Meteorologen ab 4. August voraus – doch der Termin ist den Luftflotten zu früh, sie benötigen noch einige weitere Tage zur Vorbereitung. Als sie damit fertig sind, am 8. August, ist das Wetter schlecht und bleibt es. Der „Adlertag", auf den 10. August angesetzt, wird um einen Tag verschoben, dann abermals abgesetzt. Dann endlich scheint ein Azorenhoch günstiges Wetter zu bringen: neuer Termin 13. August. Mehr als zwei Monate waren vergangen, seit sich Anfang Juni die Reste der britischen Expeditionsarmee von Dünkirchen aus auf ihre Heimatinsel retteten. Zwei Monate, in denen England – relativ ungestört – alles daransetzte, sich für den bevorstehenden Angriff zu wappnen.

Der britischen Führung war klar, dass Englands Schicksal von der Luftverteidigung abhing. In einem Bericht, den die Stabschefs von Air Force, Army und Navy bereits

Bild linke Seite: Flugzeugführer und Beobachter warten in der Kanzel ihrer Junkers Ju 88 auf das Startsignal zum Feindflug. Hochgemut und siegessicher gingen die deutschen Piloten in die Luftschlacht um England. Die Siege über die RAF während des Westfeldzugs ließen es möglich erscheinen, die britische Luftwaffe auch über deren eigener Insel zu schlagen.

Bild rechte Seite: „NEVER WAS SO MUCH OWED BY SO MANY TO SO FEW". Dieser Dank Churchills an die britischen Piloten nach dem Sieg in der Battle of Britain ist in England zum geflügelten Wort geworden.

Anfang Mai Churchill vorlegten, hieß es dazu: „Solange die Royal Air Force existiert, müssten Navy und Air Force in der Lage sein, eine deutsche Invasion zu verhindern. Unter der Annahme, dass Deutschland die vollständige Luftüberlegenheit erränge, könnte die Navy eine Invasion nur eine begrenzte Zeit lang aufhalten. In diesem Fall würden unsere Landstreitkräfte nicht ausreichen, eine ernsthafte Invasion abzuwehren. Der wesentliche Punkt ist die Luftüberlegenheit ..."

Damit sah es zu dieser Zeit für Großbritannien gar nicht gut aus. Das Fighter Command hatte in Frankreich schwere Verluste hinnehmen müssen, bis zum Ende des Rückzuges aus Dünkirchen über 300 Jagdmaschinen, ebenso groß war die Zahl der gefallenen, vermissten und in Gefangenschaft geratenen Piloten. Die Zahl der einsatzfähigen Maschinen des Fighter Command war damit auf etwa 330 zusammengeschmolzen, als verfügbare Reserve bei der Industrie gab es ganze 24 Maschinen.

In dieser Situation entschloss sich Churchill zu einer – wie sich zeigen sollte – für England glückhaften Maßnahme: Er löste die Flugzeugproduktion aus dem Verantwortungsbereich des Luftfahrtministeriums, bildete ein eigenes Ministerium für Flugzeugproduktion und berief als Chef dieses Ministeriums „einen ahnungslosen Zivilisten", wie ein empörter Luftmarschall feststellte: den Pressezaren Lord Beaverbrook.

In der Tat, Beaverbrook, damals 60 Jahre alt, hatte von Flugzeugproduktion keine Ahnung. Er war Kanadier, war als 30jähriger Versicherungskaufmann nach England gekommen und hatte dort mit verblüffender Schwungkraft und mit Ideenreichtum den größten nationalen Pressekonzern aufgebaut. Auf diese Eigenschaften baute Churchill, als er den anfangs zögernden Beaverbrook zur Übernahme des Amtes überredete, und er hatte sich nicht verschätzt.

Der hemdsärmelige Presselord peitschte, ohne sich um geheiligte bürokratische und militärische Regeln zu scheren, die Produktion von Jagdflugzeugen hoch. Mitarbeiter heuerte er an, wo er sie fand: einen

Trevor Westbrook – im Restaurant eines Golfklubs. Westbrook war ein brillanter Flugzeugingenieur. Beaverbrook sah ihn im Club vorübergehen und bat ihn zu einem Drink an seinen Tisch. Der Ingenieur lehnte höflich ab, er hätte gerade seinen Job aufgegeben und tränke prinzipiell nicht, solange er keinen neuen hätte. „Den haben Sie schon", brummte Beaverbrook, „also setzen Sie sich!" Ihm war eingefallen, dass sicherlich bald viele der von ihm produzierten Jäger arg demoliert vom Himmel kommen würden und dass es lohnen würde, eine von der Produktion unabhängige Reparaturorganisation zu haben. Westbrook baute in wenigen Wochen – buchstäblich aus dem Nichts – diese Organisation auf, die später, auf dem Höhepunkt der Luftschlacht, bis zu 15% des Nachschubs an einsatzbereiten Maschinen bereitstellte.

Beaverbrook schafft, was von ihm erwartet wird: Als die Luftschlacht im vollen Umfang beginnt, sind die Verluste in Frankreich und auch die laufenden Verluste der Kämpfe am Kanal ausgeglichen.

620 Jagdmaschinen, davon 200 Spitfires, sind bei den Jagdgeschwadern einsatzbereit, und nicht nur das: Die monatliche Jägerproduktion ist von mageren 141 Stück im Januar auf annähernd 500 Stück im Juli hochgeschnellt. Dowding, der Chef des Fighter Command, fühlt sich mit einigem Recht gerüstet.

Dies auch in anderer Hinsicht: Dowding konnte die Zeit, die ihm die Luftwaffe ließ, dazu nutzen, das Radarwarnsystem und das darauf aufgebaute Jägerleitsystem auszubauen und vor allem im echten, kriegsmäßigen Einsatz zu trainieren. Das damalige britische Radar arbeitete noch auf der relativ langen 12-Meter-Welle und war nicht sonderlich genau, es reichte aber, deutsche Angriffsverbände schon beim Sammeln über der französischen Küste auszumachen. Dies und das engmaschige System der Bodenbeobachter nahmen den Angriffen der Luftwaffe weitgehend das Überraschungsmoment; die britischen Jägerleitzentralen gewannen frühzeitig ein recht gutes Bild der Luftlage und konnten so ihre Staffeln überaus rationell einsetzen, d.h. die britischen Jagdflieger wurden nicht auf gut Glück hochgeschickt, den Feind zu suchen, sondern gezielt vom Boden – über UKW-Sprechfunk – an die angreifenden Luftwaffenverbände herangeführt.

Für die deutsche Luftwaffe, die schon bald nach Besetzung der Kanalküste die britische Radarkette an der Südküste ausgemacht hatte, war dies eine böse Überraschung – man glaubte sich selbst in der Entwicklung der Radar-Technik (damals noch Funkmess-Technik genannt) weit voraus. Auch das gut organisierte britische Jägerleitsystem blieb der deutschen Luftwaffenführung – die noch nichts dergleichen entwickelt hatte – nicht verborgen; der UKW-Sprechfunkverkehr zwischen Bodenleitstellen und den Jägern war ja relativ gut mitzuhören.

Rätselhaft bleibt, warum aus diesen frühzeitigen Erkenntnissen auf deutscher Seite nicht die Konsequenzen gezogen wurden: Während des sogenannten „Kanalkampfes" wäre ohne Zweifel Gelegenheit gewesen, neben den Schiffszielen auch die unmittelbar an der Küste stehenden Antennenanlagen hartnäckig anzugreifen – doch das geschah nicht. Der erste, viel zu späte, systematische Angriff auf die britischen Radarstationen fand am 12. August statt, einen Tag vor dem geplanten Großangriff. Je ein kleiner Verband griffen die Radarstationen bei Dover, Rye und Pevansey sowie in Ventnor auf der Isle of Wight an. Die Angriffe laufen glatt, alle Ma-

In der Luftschlacht um England ging es für die Briten um „Sein oder Nichtsein". Es gab englische Piloten, die in den entscheidenden Wochen des Sommers 1940 zwanzig und mehr Einsätze am Tag flogen, die abgeschossen wurden, mit dem Fallschirm landeten, sich zum nächsten Flugplatz bringen ließen, um mit einer neuen Maschine wieder aufzusteigen.

Bild linke Seite oben: Bodenpersonal beim Startklarmachen einer He 111.

Bild linke Seite unten: Einsatzalarm auf einem deutschen Fliegerhorst an der französischen Kanalküste.

Bild rechte Seite: Alarm-Start eines britischen Hurricane-Geschwaders.

schinen bringen ihre Bomben sauber, fast schulmäßig ins Ziel. Rauch und Dreckfontänen zeigen den Besatzungen, dass sie gut getroffen haben, aber aus den Schwaden ragen, höhnisch fast, die Spitzen der Sendemasten, schwankend zwar – doch sie fallen nicht.

Der Angriff, obwohl vorbildlich ausgeführt, ist ein glatter Fehlschlag: Nur ein paar Stunden sind die bombardierten Stationen außer Betrieb, dann sind die zerfetzten Kabel geflickt, Notaggregate herangeschafft, die „Augen" des Fighter Command sehen wieder – bis auf eines: Die Radaranlage auf der Insel Wight ist so gründlich zerstört, dass sie nicht wieder hergerichtet werden kann.

Hier griff die stärkste Gruppe an, die 15 Ju 88 – ein Beweis, dass es mit einigem Aufwand geht – nur: Dieser Erfolg bleibt auf der deutschen Seite des Kanals verborgen, denn die Briten installieren eilends einen Notsender, der – völlig nutzlos – das Radarsignal in den Äther pustet, Ergebnis: Die Funkhorchtrupps der Luftwaffe glauben, die Radaranlage Ventnor sei wieder in Betrieb, sie merken nichts von dem Loch in der britischen Radarkette, das erst elf Tage später durch eine neue Anlage an anderer Stelle auf Wight geschlossen werden kann.

Noch etwas anderes ist den Deutschen verborgen, erst jahrzehnte später wird der Schleier über dem Geheimnis gelüftet werden: Seit Januar 1940 ist es dem britischen Entzifferungszentrum in Bletchley Park gelungen, den mittels „Enigma"-Geräten verschlüsselten Code zu knacken, den die Luftwaffe für ihren Funkverkehr benutzt. Im Sommer 1940 sind die Abhörspezialisten so weit, dass sie mit geringer Verzögerung meist noch am selben Tag, Nachrichten über die Gliederung der beteiligten deutschen Luftflotten und über die mutmaßlichen Angriffsziele weitergeben können – ein bedeutender Vorteil für die britische Führung! Und dann dämmert der Morgen des 13. August herauf, des dreimal verschobenen „Adlertages", an dem der Großangriff beginnen soll.

Für Oberst Fink, Kommodore des Kampfgeschwaders 2, fängt die große Luftoffensive gegen England, die den Decknamen „Adlertag" trägt, enttäuschend an. Irritiert schaut er durch die Frontscheibe seiner Do 17, mit der er um 5.30 Uhr in Arras gestartet ist, um mit seinem Verband den englischen Flugplatz Eastchurch anzugreifen. Über Cap Blanc Nez hält er Ausschau nach dem Jägerverband, der ihm Geleitschutz geben soll – vergeblich. Stattdessen tauchen vor der Spitze des geschlossen fliegenden Bomberverbandes einige Maschinen der Zerstörergruppe des Oberstleutnants Huth auf. Die Flugzeuge vom Typ Me 110 vollführen sonderbare Turnübungen am Himmel. Sie halten auf Fink zu, stellen sich auf den Kopf, ziehen hoch und fliegen wieder auf Fink zu. Sie wollen ihm klarmachen, dass der Angriff abgeblasen ist, aber das kommt bei Fink nicht an. Sprechfunkverkehr zwischen den verschiedenen Verbänden gibt es nicht. Fink ahnt auch nicht, dass sein Funkgerät ausgefallen ist und er deshalb nicht von der Luftflotte erreicht wird. Das KG 2 fliegt weiter. Der Flughafen Eastchurch wird erfolgreich bombardiert. Erst im Abflug werden die deutschen Maschinen von britischen Jägern gestellt, und da helfen – eigene Jäger sind nicht da – die Wolken. Mit 51 der 55 gestarteten Maschinen kehrt das KG 2 zu seinem Einsatzflughafen zurück. Hier erfährt Fink, dass er sozusagen allein die bis zum Mittag vertagte große Luftschlacht gegen England eröffnet hat. Der lange vorbereitete „Adlertag" hat mit einer Panne begonnen.

Fast zwei Monate hatte sich die Luftwaffe Zeit gelassen, ihre Bodenorganisation auszubauen, die Verbände aufzufüllen und riesige Munitions- und Treibstoffvorräte anzulegen.

Es war eine eindrucksvolle Streitmacht, die nun bereitstand: Die drei beteiligten Luftflotten verfügten über 998 einsatzbereite Bomber der Typen Do 17, He 111 und Ju 88, 316 Stukas Ju 87, 702 Jäger Me 109 und 261 Zerstörer Me 110, dazu 78 Aufklärer – also insgesamt 2.355 Maschinen. Die Zerstörer durfte man allerdings eigentlich nicht mitrechnen. Dieser Flugzeugtyp, als Langstreckenjäger zum Schutz weitfliegender Bomber gedacht, hatte sich schon während des sogenannten „Kanalkampfes" als eine herbe Enttäuschung für die Luftwaffe erwiesen. Die Maschine hatte zwar nach vorn eine enorme Feuerkraft – zwei Kanonen und vier MG starr im Rumpfbug eingebaut –, nach hinten aber konnte sie sich nur mit einem beweglichen 7,9-mm-MG verteidigen, und damit war herzlich wenig auszurichten, zu-

mal die Me 110 sowohl langsamer als auch weniger wendig war als der schwächere britische Jägertyp, die Hurricane. Um diese Schwäche auszugleichen, hatten die Piloten bald eine ebenso simple wie wirksame Taktik entwickelt: den „Abwehrkreis". Sobald ein Verband Me 110 angegriffen wurde, formierten sich die Zerstörer blitzschnell zu einer Art Riesenrad am Himmel: Wie Zirkuspferde in der Arena, so flogen sie hintereinander im Kreis herum. In dieser Formation, in der jeder mit den sechs Maschinenwaffen im Bug die gefährdete Rückseite des Vordermannes deckte, konnte ihnen nicht viel passieren. Eine im Abwehrkreis fliegende Me-110-Forma-

Bild linke Seite oben: Der Zerstörer Messerschmitt Bf 110 sollte Görings Kampfgeschwader über England begleiten. Aber er erwies sich beim Luftkampf als zu schwerfällig und benötigte deshalb selber Jagdschutz.

Bild linke Seite unten: Dem Zerstörer ME 110 fiel der Geleitschutz für die Bomberverbände zu. Die Reichweite der Me 109 reichte hierfür nicht aus. Als Fernaufklärer erwies sich der Zerstörer jedoch als zu langsam und den britischen Jägern unterlegen. Er war mit seiner eigenen Verteidigung vollauf beschäftigt. Die Bomber konnte er nicht ausreichend schützen.

Bild rechte Seite oben: Szenenbild aus der Luftschlacht um England. Einer englischen Hurricane wurde die linke Tragfläche abgeschossen, der Pilot ist mit dem Fallschirm „ausgestiegen". „Solange die feindliche Luftwaffe nicht zerschlagen ist, ist es oberster Grundsatz der Luftkriegführung, die feindlichen Fliegerverbände bei jeder sich bietenden Gelegenheit, bei Tag und bei Nacht, in der Luft und am Boden, anzugreifen, ohne Rücksicht auf anderweitige Aufträge", hieß es in der Weisung des Oberbefehlshabers der Luftwaffe für den Kampf gegen England vom 30. Juni 1940.

Bild rechte Seite unten: Die Besatzung eines über dem Kanal abgeschossenen britischen Bombers vom Typ „Thunderland" versucht sich mit Schlauchbooten in Sicherheit zu bringen.

tion schützte allerdings ausschließlich sich selbst. Für Luftkampf und Bomberbegleitschutz fiel sie aus. Das bedeutete eine drastische Begrenzung der taktischen Reichweite der deutschen Bomber: Sie waren allein auf den Schutz der Me 109 angewiesen, die maximal nur 105 Minuten in der Luft bleiben konnte. Immerhin– mit über 700 Me 109 fühlte sich die Luftwaffe dem britischen Fighter Command deutlich überlegen, zumal die britischen Jagdgeschwader noch überwiegend mit Hurricanes ausgerüstet waren, deren Flugleistungen nicht an die der Me 109 heranreichten. Die der Me 109 annähernd gleichwertige Spitfire war erst in geringer Stückzahl (ca. 150) vorhanden. So sah man mit beträchtlicher Zuversicht dem „Adlertag" entgegen. Dass er dann doch nicht wurde, was man sich davon versprochen hatte, lag am Wetter. Denn das war auch am 13. August, dem „Adlertag", nicht so, wie es die Meteorologen angekündigt hatten. Vom Azorenhoch weit und breit nichts zu sehen – als es dämmerte, blickten die startbereiten Besatzungen der größten Luftarmada ihrer Zeit in einen wolkenverhangenen Himmel.

Es gibt einiges Hin und Her, bis der Oberbefehlshaber, Reichsmarschall Göring, schließlich entscheidet, den Beginn des Angriffs auf den Nachmittag zu verschieben. Doch die Befehlsübermittlung funktioniert nicht so recht: Als die Halt-Order auf den Feldflughäfen in Holland, Belgien und Nordfrankreich eintrifft, sind einige Verbände bereits in der Luft, und es gelingt nicht, sie zurückzuholen. Am Nachmittag ist das Wetter auch nicht viel besser, und so zerfällt der so sorgfältig vorbereitete Angriff in eine Anzahl mehr oder minder erfolgreicher Einzelaktionen. Knapp 500 Bomber- und rund 1.000 Jäger- und Zerstörereinsätze zählt man am Abend, neun britische Flugplätze wurden angegriffen, fünf davon glaubt man unbrauchbar gemacht zu haben, bei einem Verlust von 34 Maschinen. In den Luftflottenführungsstäben ist man mit dieser Bilanz einigermaßen zufrieden, doch der „große Schlag" war das noch nicht.

Während die Luftwaffe auf besseres Wetter wartet, um endlich alle Verbände gleichzeitig einsetzen zu können, atmen auf der anderen Seite des Kanals die Engländer auf. Zwar sind zwei Jägerflugplätze böse demoliert und fallen für einige Zeit aus, man hat 13 Hurricanes und Spitfires verloren, aber das ist zu verkraften. Wenn es schlimmer nicht kommt ...

Doch es kommt schlimmer. Zwar ist der nächste Tag, der 14. August, wieder wolkig – die Luftwaffe fliegt nur Angriffe mit kleineren Bomberverbänden –, aber am 15. August passt dann das Wetter, und der erste wirklich konzentrierte Angriff beginnt. Erstmals ist auch die in Norwegen und Dänemark stationierte Luftflotte 5 beteiligt. Ihre Kampfgeschwader haben einen weiten Anmarschweg über die Nordsee und praktisch keinen Jagdschutz – die mitfliegenden Me 110 sind ja keiner. Die über 200 anfliegenden deutschen Maschinen – He 111, Ju 88 und Me 110 – werden noch über der Nordsee vom britischen Radar geortet, allerdings wird die Stärke des Verbandes nicht richtig erkannt, und so wird der Verband nur von zwei britischen Jagdstaffeln angegriffen. Doch das langt schon: Die Me 110 bilden sofort ihren Abwehrkreis, die Ju 88 machen es vorsichtshalber genauso – und schon ist der Verband zersprengt. Zwar bleiben auf diese Weise die Verluste gering, aber die vorgesehenen Ziele an den Flussmündungen von Tyne und Tees werden nicht erreicht, die meisten der Bomber müssen ihre Last blind, im Notwurf, in die Gegend abladen. Viel Schaden richten sie dabei nicht an. Acht Bomber und sieben Me 110 gehen verloren – kein gravierender Verlust, aber zuviel angesichts des geringen Erfolges. Hier zeigt sich deutlich, dass die Luftwaffe für derartige Fernangriffe nicht gerüstet ist; es fehlt eben sowohl ein selbst stark bewaffneter Fernbomber als auch ein kampftüchtiger Langstreckenjäger. Dieser Versuch am 15. August blieb denn auch der einzige seiner Art, man sah ein, dass es so keinen Sinn hatte.

Weiter südlich sah es anders aus: Bomberwelle auf Bomberwelle, alle mit Me-109-Jagdschutz, flogen die britischen Jagdflughäfen in Kent, Sussex und rund um London an,

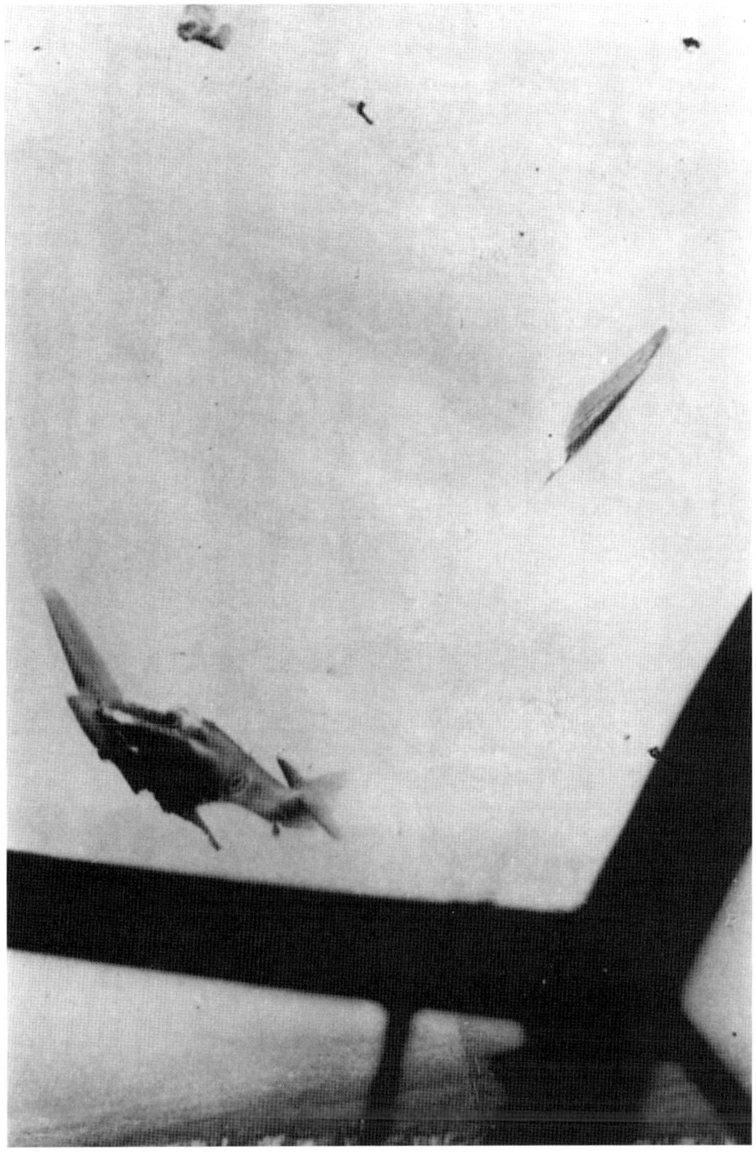

so viele Wellen und in so geringem zeitlichen Abstand, dass das Fighter Command jedem einzelnen Angriff nur schwache eigene Kräfte entgegenschicken konnte.
Al Deere, ein Jagdpilot der 54. Staffel der 11. Group (Geschwader), schildert einen Angriff auf den Jagdflugplatz Lympne, der von Stukas geflogen wurde, so: „Es war ein eindrucksvoller, aber auch deprimierender Anblick, wie die Stukas in tadelloser Staffelformation über den Platz brausten und sich dann, einer nach dem anderen, auf das Ziel stürzten. Unsere paar Spitfires änderten an dem Bild nur wenig, im Wirrwarr der vielen Me 109 waren sie praktisch verloren."
Die „vielen Me 109", das war in diesem Fall die Hälfte des Jagdgeschwaders 26, in dem Adolf Galland damals die III. Gruppe führte. Sie flogen Begleitschutz für die Stukas, ohne dabei zunächst zum Schuss zu kommen. Erst als die Stukas unbehelligt abgeflogen waren, entdeckte Galland, der seine Gruppe in 4500 m Höhe gesammelt hatte, tief unter sich eine Spitfire-Staffel, die sich hochschraubte. Aus der Sonne kommend, stürzte sich Gallands Gruppe auf die Spitfires; zwei gingen gleich darauf mit Rauchfahnen zu Boden, die anderen suchten das Weite. So oder so ähnlich sah es an diesem Tag überall aus: meistens überlegene Angriffsformationen der Luftwaffe, die praktisch alle Stützpunkte des Fighter Command sowie Flugzeugwerke bombardierten – verzweifelt dagegen ankämpfende, meistens zu schwache britische Jagdeinheiten.
Fast 2.000 Einsätze flog die Luftwaffe an diesem 15. August. Die britischen Verteidiger rühmten sich am Abend, mindestens 182 deutsche Flugzeuge abgeschossen zu haben, wahrscheinlich sogar 235. Das war gewaltig übertrieben, wenn auch nicht unbedingt absichtlich, in dem wüsten Wirrwarr des massierten Angriffs war es schon möglich, dass Abschüsse doppelt und dreifach gezählt wurden. Tatsächlich verlor die Luftwaffe an diesem Tag 66 Maschinen, überwiegend Bomber, während das Fighter Command 44 Jäger im Luftkampf verlor und mindestens weitere 20 durch Zerstörung am Boden einbüßte.

Dieser erste echte „Großangriffs"-Tag wurde vom Luftwaffen-Oberbefehlshaber und von den Luftflottenchefs nicht in Frontnähe, sondern auf Görings protzigem Landsitz Karinhall in der Romintener Heide verbracht. Man beriet über taktische Probleme. Denn die Bomberverluste der ersten Tage waren zwar nicht bedrohlich, aber doch höher, als man erwartet hatte. Die Ursache sah man in der noch unzureichenden Begleitschutz-Taktik.
Die Situation war in der Tat verzwickt. Ließ man die Begleitschutz-Jäger nur in loser Verbindung mit dem Bomberverband hoch darüber „frei jagen", so ergab das zwar die bessere Möglichkeit zum Luftkampf mit Angreifern, andererseits ergab sich für den Gegner die Chance, etwa mit einer Gruppe die Jäger in Luftkämpfe zu verwickeln und sich unterdes mit einer zweiten Gruppe an die Bomber heranzumachen.
Dagegen gab es nur ein Mittel: die Jäger in unmittelbarer Nähe des Bomberverbandes fliegen zu lassen. Aber ein mit gedrosseltem Motor an den Bombern klebender Jäger ist nur noch die Hälfte wert, er kann seine Geschwindigkeit, seine Fähigkeit zum Überraschungsangriff aus überhöhter Position nicht mehr ausspielen, ist nur noch Wachhund, kein Jäger mehr. So konnte man zwar die Bomber besser schützen, aber auf Kosten der Möglichkeit, möglichst viele feindliche Jäger abzuschießen – und gerade darauf kam es an.
Man entschloss sich, die Zusammensetzung der Angriffsverbände drastisch zugunsten der Jäger zu verändern, d.h. einer bestimmten Zahl Bomber ein Mehrfaches dieser Zahl an Jägern mitzugeben, so dass sowohl unmittelbarer Begleitschutz direkt am Verband als auch „freie Jagd" in der weiteren Umgebung des Verbandes geflogen werden konnte. Das war die sogenannte „Walhalla"-Formation, ein Kernverband Bomber allseitig umgeben von einem Riesenschwarm Jäger.
Diese neue taktische Variante war schon zwei Tage später an den Einsatzziffern abzulesen: Von den rund 1.700 Einsätzen, die am 17. August geflogen wurden, waren nur 400 Bomber-Einsätze.
Neben diesen taktischen Problemen hatte die Luftwaffe jedoch zwei entscheidende Vorteile: Sie bestimmte Zeit und Ort des Angriffs, und wenn ihre Angriffsverbände die britische Küste überflogen, dann hatten sie bereits ihre günstigste Angriffshöhe. Das Fighter Command musste hingegen seine Jäger erst einmal hochschicken, und das dauerte seine Zeit – die Spitfires und Hurricanes von 1940 brauchten gut 20 Minuten, um sich auf 7.000–8.000 Meter hochzuschrauben, wo die Me 109 schon auf sie lauerten. In 20 Minuten legten die damaligen Bomber 100–130 Kilometer zurück, konnten also jedes Ziel in Südengland schon erreicht haben. Dass die britischen Jäger nicht regelmäßig zu spät hochkamen, verdankten sie allein dem

Bild linke Seite: Heute ein Mahnmal für den Frieden, damals eine Anklage gegen den Bombenkrieg: die Kathedrale von Coventry nach der Zerstörung. Das Wort „Coventrieren" wurde damals zu einem Standardbegriff für die systematische Zerbombung englischer Städte.

Bild rechte Seite oben: Der „fliegende Bleistift", die Do17, wurde als Bomber oder Fernaufklärer über England eingesetzt.

Bild rechte Seite unten: Gespenstisch wirkt die Silhouette der St. Paul's Cathedral inmitten brennender Häuser von London. „Schickt mir, verdammt noch mal, alle Löschfahrzeuge, die ihr überhaupt auftreiben könnt; hier steht die ganze verdammte Welt in Flammen", lautete der Hilferuf eines leitenden Feuerwehrmannes.

Radarwarnsystem, das zwar nicht sonderlich genau arbeitete, aber immerhin die deutschen Verbände schon beim Sammeln auf der anderen Seite des Kanals aufspüren konnte. So hatten die britischen Jägerleitoffiziere zwar keine genauen Angaben über Zahl und Flughöhe der Angreifer – die lieferte das Radar nur höchst unzuverlässig –, aber doch die Möglichkeit, wenigstens einen Teil ihrer Maschinen im vermuteten Angriffsraum in die Höhe zu bringen.

Einen anderen Teil der verfügbaren Jäger musste sie ohnehin zum Schutz der Flugplätze in geringer Höhe halten, denn die Luftwaffe griff nicht nur hoch oben, sondern auch ganz unten an.

Kleine Bombergruppen, meistens Do 17 oder Ju 88, brausten dann in Wellenhöhe über den Kanal und jagten dann, noch unter Baumwipfelhöhe, Alleen und Hecken buchstäblich überspringend, über das Land. Verwegene Flüge waren das, die höchstes fliegerisches Können verlangten – Vorteil: Die tieffliegenden Bomber wurden vom Radar nicht erfasst und konnten auch von Bodenbeobachtern kaum verfolgt werden, wurden also kaum angegriffen.

Mehr als einmal kam es vor, dass diese „Heckenspringer" ihre Bomben mitten zwischen Spitfires und Hurricanes prasseln ließen, die gerade im Alarmstart noch in die Luft zu kommen versuchten. Einen solchen Angriff auf den Feldflugplatz Hornchurch beschreibt ein britischer Offizier, der ihn vom Boden aus beobachtete, so:

„Als sie (die Bomber) kamen, hatten drei Spitfire-Ketten gerade Startbefehl erhalten. Die beiden ersten Ketten kamen gerade noch aus dem Platz, während schon die ersten Bomben krepierten. Die dritte Kette sah ich auch noch starten. Einen Augenblick lang flogen die drei Spitfires eng beisammen, vielleicht so sechs Meter hoch. Und dann zerplatzte die Formation förmlich – direkt unter ihnen war eine Bombe explodiert. Die Führungsmaschine legte sich auf den Rücken und schrammte mit einem höllischen Kreischen die Rollbahn entlang. Nummer 2 bekam mit der linken Tragflächenspitze Bodenberüh-

rung, die Maschine wirbelte mehrmals um ihre Längsachse, ehe sie zu Boden krachte.
Nummer 3 riss es beide Tragflächen weg, der Rumpf wurde in hohem Bogen in ein Feld nebenan geschleudert. Ich erinnere mich noch, dass ich völlig blöd hinterher starrte und albern dachte: ‚Das ist bestimmt der kürzeste Flug, den die je gemacht haben.' Im nächsten Augenblick riss mir eine Druckwelle fast die Füße unter dem Körper weg, und irgendwer brüllte immerzu: ‚Lauf doch, du Idiot, lauf doch!' Und ich rannte in Deckung. Das Verblüffendste an diesem Vorfall: Alle drei Piloten überlebten ihn mit geringfügigen Verletzungen, der aus der mittleren Maschine, die kopfüber über die Piste geschlittert war, leicht anskalpiert." Doch diese Großangriffe im Tiefflug kamen selten, bei der Luftwaffe galt diese Angriffsmethode nur als eine ergänzende Möglichkeit, so beispielsweise am 18. August, als eins der Angriffsziele der wichtige Jägerflugplatz Biggin Hill war: Der Platz sollte in Abständen von wenigen Minuten erst zweimal aus größerer Höhe angegriffen werden, dann sollte eine Tieffluggruppe erledigen, was noch übriggeblieben war.
In der ersten Septemberwoche tauchten in den Berichten der deutschen Bomberbesatzungen zum ersten Male Eintragungen auf wie „erstaunlich geringe Jagdabwehr", „kaum angegriffen worden" oder ähnlich. Die Waage des Erfolges neigte sich in diesen ersten Septembertagen zugunsten der deutschen Luftwaffe.
Eine offizielle Statistik der Royal Air Force macht das ganz deutlich: Während bis Ende August der Verlust an Jägern noch einigermaßen von der Neuproduktion ausgeglichen wurde, ergab sich Anfang September für das Fighter Command ein deprimierendes Bild: Den Verlusten der ersten Septemberwoche, 275 Maschinen, stand nur eine magere Reserve von 125 Maschinen gegenüber, und die Wochenproduktion der zerbombten Industrie war auf weniger als 150 Maschinen abgesackt. Schlimmer noch: Man wusste kaum noch, wie man selbst diese wenigen Maschinen bemannen sollte.

Doch es kam anders. In der offiziellen Kriegsgeschichte der Royal Air Force ist in Band 1, Seite 181, dieser erstaunliche Satz zu lesen: „It was at this stage ..., that Hitler, as at Dunkirk, once more came to our aid." Zu deutsch: „In dieser Situation kam uns Hitler, wie schon einmal bei Dünkirchen, wiederum zu Hilfe." Damit ist gemeint: Gerade als die Luftwaffe im Begriff war, das Fighter Command doch noch niederzuringen und die Luftherrschaft zu gewinnen, wurde von Hitler ein Zielwechsel angeordnet. Ab 7. September konzentrierte sich der Angriff der Luftwaffe ganz auf London, der sogenannte „Blitz" begann.

Ende August hatten einige deutsche Bomber irrtümlich Bomben auf Vororte von London geworfen – Folge eines Navigationsfehlers, es bestand zu dieser Zeit striktes Verbot, zivile Ziele anzugreifen. Der Irrtum löste Reaktion aus. Winston Churchill wies das Bomber Command an, nun auch Bomben auf Berlin zu werfen. So schickten sie denn einige Bomber nächtens nach Berlin – die kamen auch hin und warfen einige Bomben ohne jeden militärischen Effekt ab.

Dafür mit umso größerem psychologischen Erfolg: Reichsmarschall Göring hieß plötzlich Meyer – so wolle er heißen, hatte er gesagt, falls es jemals einem feindlichen Bomber gelinge, bis zur Reichshauptstadt vorzudringen. Und Hitler war wütend. Ergebnis war der Beschluss, die Luftwaffe London angreifen zu lassen, genauer, die Londoner Hafenanlagen. Es wäre allerdings falsch, diesen überraschenden Zielwechsel ausschließlich auf emotionale Motive in der Führungsspitze des Dritten Reiches zurückzuführen. Auch eine taktische Überlegung spielte eine Rolle: Die Metropole London, so nahm man an, sei dem Empire sicher so kostbar, dass das ganze Fighter Command aufgeboten würde, die Stadt zu verteidigen – eine willkommene Gelegenheit, es vom Himmel zu schießen.

Diese Überlegung war schon richtig, nur – der plötzliche Zielwechsel auf London gewährte dem Fighter Command, das unter dem Druck der rollenden Angriffe auf seine Basen und Versorgungseinrichtungen dem Zusammenbruch nahe war, unvermutet eine Verschnaufpause. Und die wurde genutzt.

Ein paar Tage lang konnte die Luftwaffe relativ ungestört die Londoner Hafenanlagen zerbomben, dann waren die britischen Jäger wieder da, und obendrein mit einer neuen Taktik: Sie griffen die Bomberverbände mit ihrem Jagdschutz nicht mehr in kleinen Gruppen, sondern in großen Haufen an.

Diese neue Taktik hatte ein eigenartiger Mann gegen viele Widerstände durchgesetzt: Douglas Bader. Bader war ein leidenschaftlicher Pilot, dem 1931 nach einem Absturz bei einem missglückten Kunstflugmanöver beide Beine amputiert werden mussten, das rechte oberhalb des Knies, das linke unterhalb. Mit einem schier unglaublichen Energieaufwand lernte er mit zwei Prothesen wieder zu gehen, sogar Golf und Tennis zu spielen. Die britische Luftwaffe pensionierte den Krüppel, doch als der Krieg ausbrach, setzte Bader seine Reaktivierung durch: Er bewies, dass er mit seinen Kunstbeinen besser fliegen konnte als die meisten Piloten mit gesunden Beinen.

Dieser Bader setzte es in der Spätphase der Luftschlacht durch, abweichend von der bisherigen Taktik große Jägerverbände sammeln und dann geschlossen gegen die deutschen Angriffsverbände führen zu

Bild linke Seite: Ein deutscher Jagdflieger macht sich zum Feindflug fertig. Die Jagdflieger beider Seiten trugen, vor allem in der ersten Phase der Schlacht um England, die das britische Flieger-As Peter Townsend das „Duell der Adler" nannte, die Hauptlast.

Bild rechte Seite oben: Pilot und Beobachter eines deutschen Bombers beim Angriff auf englische Frachtschiffe im Kanal.

Bild rechte Seite unten: Englische Piloten in Bereitschaft. Die Jagdflieger beider Seiten trugen, vor allem in der ersten Phase in der Schlacht um England, die das britische Flieger-As Peter Townsend das „Duell der Adler" nannte, die Hauptlast der Kämpfe.

dürfen. Das klappte zwar nicht auf Anhieb, nach kurzer Einübung aber mit durchschlagendem Erfolg. Baders Duxford-Geschwader setzte den deutschen Bombergeschwadern so zu, dass die Angriffe bei Tag wegen unerträglicher Verluste nach einiger Zeit aufgegeben werden mussten. Man flog dann, ziemlich ungehindert und durchaus wirkungsvoll, Nachtangriffe. Die britische Flak war nicht sehr stark, und die Nachtjagd, von Flugzeugen des Typs Defiant und Blenheim geflogen, steckte noch in den Kinderschuhen. Ihre wirksamsten Waffen waren Piloten mit „Katzenaugen", die sich vorwiegend von Mohrrüben ernähren mussten, um nachts besser sehen zu können. Das Ziel, das Fighter Command niederzukämpfen und die Luftherrschaft zu erringen, war nicht erreicht, darüber konnten auch nächtliche Präzisionsbombardements wie der berühmte Angriff auf die Industriestadt Coventry nicht hinwegtäuschen. Die Invasion musste, mangels Luftherrschaft, schon am 17. September abgeblasen werden, und die Luftschlacht dämmerte, wie Adolf Galland schrieb, „sang- und klanglos dahin".

Die große Wende hatte ein Sonntag, der 15. September 1940, gebracht. Am Mittag begann die Luftwaffe mit einem Großangriff auf London und sah sich zum ersten Mal dem massierten Angriff der englischen Luftwaffe ausgesetzt, die ihr zeitweise mit 200 bis 250 Spitfires und Hurricanes zusetzte. Churchill, der den Kampf vom Gefechtsstand der 11. Group aus miterlebte, bekam von Air Vice Marshal Park auf die Frage nach Reserven die gleiche Antwort, die er auf die gleiche Frage an den französischen General Gamelin bekommen hatte: „Keine". Die Briten hatten alles in die Waagschale geworfen, die sich nun zu ihren Gunsten neigte. Die deutsche Luftwaffe verlor an diesem Tag 56 Maschinen. Wenn auch die Engländer ihren Erfolg überschätzten und von 185 abgeschossenen deutschen Flugzeugen sprachen – die tatsächlichen deutschen Verluste machten eine Invasion unmöglich, und die öffentliche Meinung im neutralen Ausland schlug um. Dort, auch in den USA, schwanden

die Zweifel am Durchhaltevermögen der Briten.

Der Name Coventry markierte den Höhepunkt jener letzten Phase der Schlacht von England, den die Briten heute als „Night Blitz" bezeichnen.

Noch andere Industrie- und Hafenstädte erlebten in den folgenden Wochen und Monaten ihre schlimmsten Bombennächte. Der „Nachtblitz", der Englands Widerstandskraft allerdings keineswegs lähmte, zog sich noch bis Mai 1941 hin. Abermals von Beleuchtern der KGr. 100 angeführt, suchten die Kampfgeschwader in der Nacht des 19. November 1940 Birmingham heim. Dann folgten Ziele wie Bristol, Liverpool, Plymouth, Southampton, Sheffield, Hull, Cardiff und Swansea. London erlitt in der Nacht des 29. Dezember 1940 die schlimmste Feuersbrunst seit dem großen Brand von 1666. Beim letzten Großangriff in der Nacht des 10. Mai 1941 regneten 700 Tonnen Sprengbomben und 87.000 Brandbomben auf die britische Hauptstadt. Die Zivilbevölkerung beklagte 1.212 Tote und 1.769 Schwerverletzte.

Die nächtlichen Luftoperationen über England gestalteten sich für die Luftwaffe im Frühjahr 1941 immer kostspieliger, da die zweimotorigen Nachtjäger der RAF nun über eigene Radaraugen verfügten. Im März 1941 gingen 43 deutsche Bomber über England verloren, davon 22 durch Nachtjäger. In der Nacht des 10. Mai 1941 holten die Briten 27 Angreifer vom Himmel. Im Herbst 1941 musste die He

Bild linke Seite: Die Originalzeichnung aus „Signal" zeigt „den Angriff deutscher Stukas auf eine chemische Fabrik in Mittelengland". In Wirklichkeit wurde die Ju 87 bereits im August 1940, bevor sich die Angriffe der Luftwaffe gegen die englische Industrie richteten, zurückgezogen. Die Maschine hatte sich wegen ihres geringen Aktionsradius, zu kleiner Bombenlast und ihrer Verwundbarkeit im Luftkrieg gegen England nicht bewährt.

Bild rechte Seite oben: Starke Angriffe galten den für die Treibstoffversorgung der britischen Inseln und ihre Verteidigung wichtigen Tankanlagen an der unteren Themse. Das Bild, aufgenommen von deutschen Fliegern bei dem Angriff vom 9. September läßt deutlich die wie helle Pilze wirkenden Öltanks erkennen, ebenso deutlich die schwarzen Rauchwolken, die anzeigen, dass Ölbehälter ausbrennen. Die Weisung des Oberbefehlshabers der Luftwaffe für den Kampf gegen England vom 30. Juni 1940 legte als Zielsetzung fest: „... durch Kampf gegen Einfuhrhäfen und deren Einrichtungen, Einfuhrtransporte und Kriegsschiffe die englische Versorgung zu zerschlagen."

Bild rechte Seite unten: Mit dem unvermeidlichen Seitenhieb auf Churchill frohlockte der Simplizissimus über die ersten Einbußen der britischen Luftwaffe: Und alle übrigen kommen nicht mehr? Was wird wohl Churchill dazu sagen, wenn er das erfährt?" „Er wird sagen, dass sie freiwillig abgestürzt sind, um die Deutschen in Unkenntnis zu lassen über die Minderwertigkeit ihrer Messerschmitt-Maschinen."

111 wegen unerträglicher Verluste vom Nachteinsatz im Westen abgesetzt werden; allerdings beschränkten sich die Aktivitäten der Luftwaffe über der Britischen Insel um jene Zeit auf bewaffnete Aufklärungsflüge und sporadische Tiefangriffe der beiden mit den Jagdgeschwadern 2 und 26 am Kanal verbliebenen Jagdbomberstaffeln. Später übernahm das Schnellkampfgeschwader SKG 10 mit seinen Fw 190-Jabos die Störoperationen gegen Südostengland.

In der Nacht vom 28. /29. März 1942 praktizierte das RAF-Bomberkommando unter seinem neuen Oberbefehlshaber, Luftmarschall Arthur Harris, erstmals einen Flächenangriff mit den gefürchteten Phosphorbomben. Die Einäscherung des historischen Kerns der Hansestadt Lübeck beantwortete Hitler mit einem Befehl zu neuen Vergeltungsschlägen gegen England. Die sogenannte „Baedeker-Offensive" von April bis Juli 1942 richtete sich hauptsächlich gegen schwach verteidigte, kunsthistorisch interessante Mittelstädte, deren Zerstörung Hitler wie anhand eines Reiseführers abhaken wollte.

Die letzte, wiederum ausdrücklich von Hitler befohlene Bomberoffensive gegen England begann in der Nacht vom 21./22. Januar 1944 unter dem Decknamen „Steinbock". Unter dem neu ernannten „Angriffsführer England", Generalmajor Dietrich Peltz, hatte das IX. Fliegerkorps drei verstärkte Kampfgeschwader mit 524 Maschinen zusammengezogen. Der sogenannte „Baby-Blitz" dauerte bis Ende Mai 1944; 14 von insgesamt 31 Angriffen richteten sich gegen London. Das Deutsche Nachrichtenbüro sprach von Angriffsnächten mit mehr als 600 Flugzeugen. Selbst beim schwersten Angriff am 18. /19. Februar 1944 erreichten nicht mehr als 187 Bomber den Raum London. Weder die Anwendung neuer Angriffstaktiken noch die Teilnahme des langerwarteten Fernbombers He 177 vermochten über die schwindende Offensivkraft der Luftwaffe hinwegzutäuschen. Die Luftwaffe konnte den Untergang der deutschen Städte mit Vergeltungsangriffen nicht verhindern, verlor jedoch ihrerseits beim Unternehmen „Steinbock" 329 Maschinen.

Zum letzten Mal stieß in der Nacht vom 3. /4. März 1945 ein größerer Verband deutscher Flugzeuge nach England vor. Über hundert zweimotorige Nachtjäger verfolgten beim Unternehmen „Gisela" einen britischen Bomberverband bis über die Insel und schossen 19 Viermotorige bei der Landung ab. Beim Abflug suchten die Ju 88 Flugplätze, Eisenbahnzüge und Fabriken heim. Der „Völkische Beobachter" meldete „Wetterleuchten über England"; das britische Innenministerium erwog eine Wiedereinführung der Teilverdunkelung.

Zum letzten Mal zeigte sich die Luftwaffe am 10. April 1945 von Norwegen aus über England. Eine zweistrahlige Arado Ar 234 flog ungehindert Fotoaufklärung über Schottland.

Unterdessen war auch die zweite Schlacht von England mit den groß angekündigten Wunderwaffen, der fliegenden Bombe V-1 und der ersten ballistischen Fernrakete V-2, sang- und klanglos zu Ende gegangen. Doch das ist ein anderes Kapitel.

1941

JANUAR

1.1. Zum Jahreswechsel prophezeit der Leiter der Auslandsorganisation der NSDAP, Gauleiter Bohle, den Auslandsdeutschen: „Ihr werdet Mitgestalter des weltumspannenden Umbruchs sein, der im Entscheidungsjahr 1941 mit dem deutschen Endsieg besiegelt werden wird.“

1.1. Die Gesamtzahl der Rundfunkteilnehmer beläuft sich für Großdeutschland auf 14.882.496.

1.1. Der Reichsjugendführer gibt die „Allgemeinen Grundsätze über die Pflichtdienste in der Hitlerjugend“ bekannt.

1.1.-28.2. Deutsche U-Boote versenken im Atlantik 59 alliierte Handelsschiffe mit insgesamt 306.351 BRT.

1.1.-28.2. Verluste der britischen Zivilbevölkerung durch deutsche Luftangriffe: 2.343 Tote und 3089 Verletzte.

3.1. „In der Nacht zum 3. Januar warfen stärkere Kampffliegerverbände als Vergeltung für die gegen Bremen gerichteten Angriffe britischer Flugzeuge auf Hafen und Stadt Cardiff Bomben aller Kaliber“ (OKW). Insgesamt werfen 111 deutsche Flugzeuge 115 t Sprengbomben und 392 Brandschüttkästen ab.

5.1. Britische Truppen nehmen Bardia und bringen 45.000 italienische Gefangene ein. Marschall Grazianis Heeresgruppe Libyen besitzt damit nur noch 5 Divisionen in der Cyrenaika und 5 weitere in Tripolitanien.

6.-13.1. Britische Konvoi-Operation „Excess“ zur Verstärkung Maltas. Stuka des X. Fliegerkorps werden erstmalig gegen britische Seestreitkräfte im Mittelmeer eingesetzt: Kreuzer „Southampton“ versenkt, Flugzeugträger „Illustrious“ schwer beschädigt.

6.1. In einer Kongressbotschaft erklärt der amerikanische Präsident Roosevelt an die Adresse der Demokratien: „Euer Kampf für die Freiheit ist für uns Amerikaner eine Angelegenheit unseres eigenen Lebens. Wir werden alle unsere Energien, alle unsere Organisationsfähigkeit aufbieten, um Euch die Kraft zu verleihen, die Freiheit der Welt wieder zu gewinnen und sie zu bewahren. Wir werden Euch Schiffe, Flugzeuge, Panzer und Geschütze senden, in stetig wachsender Zahl, das ist unser Vorsatz und unser Gelübde.“

8.1. Auf dem Berghof auf dem Obersalzberg sucht Hitler die Führer Raeder, Keitel und Jodl von der Notwendigkeit und auch Möglichkeit eines siegreichen Russlandfeldzuges zu überzeugen. Raeder notiert darüber in seinem Tagebuch: „Führer ist fest überzeugt, dass Lage in Europa sich nicht mehr ungünstig für Deutschland entwickeln kann.“

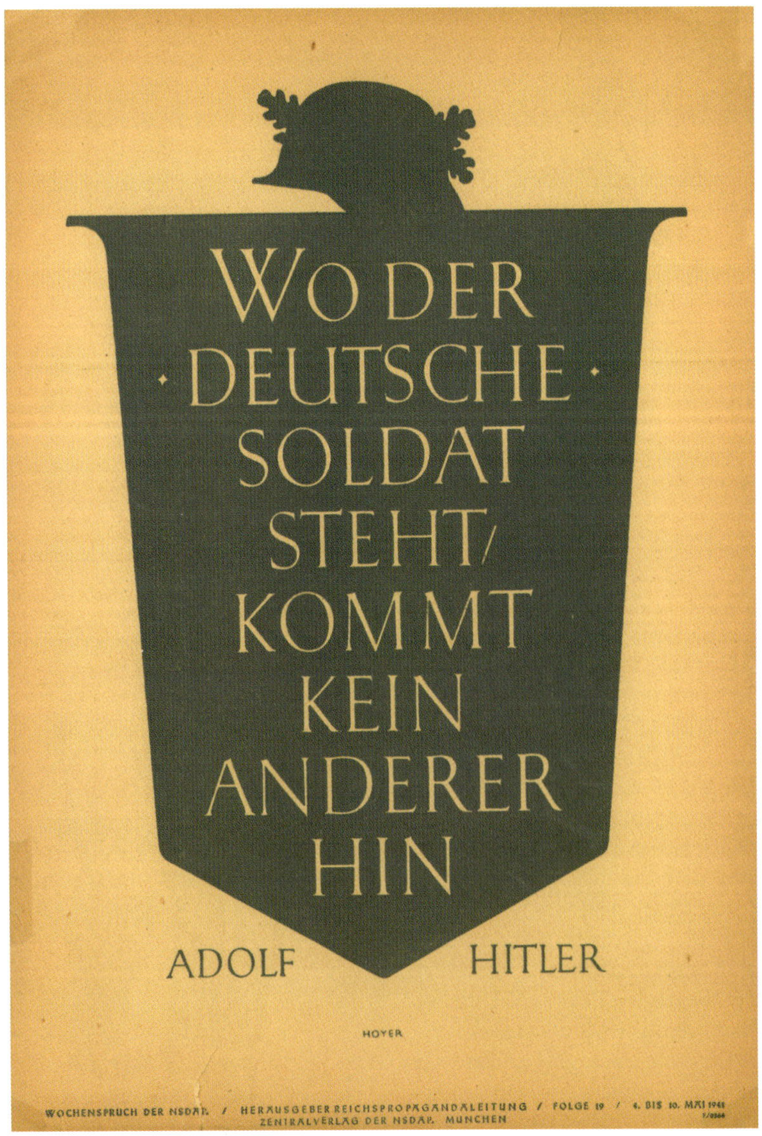

10.1. In Moskau werden ein deutsch-sowjetischer Grenzvertrag sowie ein deutsch-sowjetisches Wirtschaftsabkommen unterzeichnet.

10.1. Einbringung der Gesetzesvorlage für die Pacht- und Leihhilfe im amerikanischen Kongress.

11.1. Hitlers „Weisung Nr. 22“ befiehlt u.a. die Aufstellung eines deutschen Panzer-Sperrverbandes für Libyen und dessen Überführung nach Tripolis etwa ab 20. 2.

11.-12.1. 278 deutsche Flugzeuge werfen in zwei aufeinanderfolgenden Nächten 299 t Sprengbomben und 1421 Brandschüttkästen auf London.

13.1. König Boris III. von Bulgarien besucht Hitler auf dem Berghof. Weiterhin bulgarische Zurückhaltung hinsichtlich des Beitritts zum Dreimächtepakt.

14.1. Der rumänische Staatschef Antonescu bei Hitler auf dem Berghof: Angebote, sich an der Seite Deutschlands am Kampf zu beteiligen und, „falls die UdSSR angreifen sollte, mit allen Kräften an der militärischen Aktion teilzunehmen“.

15.1. Der deutsche Hilfskreuzer „Pinguin“ meldet die Aufbringung von drei Walkochereien und elf Fangbooten mit zusammen 39.947 BRT in der Antarktis. Die Schiffe werden mit 22.200 t Walöl nach Westfrankreich geschickt, wo die Prisen mit Ausnahme von drei Fangbooten wohlbehalten eintreffen (im März 1941).

16.1. Bei einem Angriff des X. Fliegerkorps auf Malta werden der britische Kreuzer „Perth“ und der Flugzeugträger „Illustrious“ getroffen.

17.1. Der sowjetische Außenminister Molotow erklärt dem deutschen Botschafter in Moskau, die UdSSR betrachte Bulgarien als sowjetische Sicherheitszone.

19.1. Mit der Rückeroberung von Kassala beginnt der britische Feldzug zur Eroberung von Italienisch-Ostafrika.

19.-20.1. Zweitägiges Treffen Hitler – Mussolini in Salzburg bzw. auf dem Berghof. Hitler teilt Mussolini seine Absicht mit, über Bulgarien nach Griechenland vorzustoßen und zur Entlastung der Italiener in Nordafrika einen deutschen Verband nach Libyen zu senden.

20.1. Die Reichsregierung vergibt den bisher umfangreichsten Auftrag zum Bau von U-Booten: Die Hamburger Howaldts-Werke erhalten den Auftrag zum Bau von 6 U-Booten, die Nordseewerke Emden den von 4, die Flensburger Schiffsbau-Gesellschaft den von 4, die Hambur-

Bild linke Seite: „Wo der Deutsche Soldat steht, kommt kein anderer hin“. Wochenspruch der NSDAP, 1941.

Bild rechte Seite: Alle Anfangserfolge im Russlandfeldzug konnten nicht darüber hinwegtäuschen, dass die deutsche Offensive bei Schnee und eisiger Kälte vor Moskau gestoppt wurde. In der Nacht vom 5. auf den 6. Dezember 1941 gab Guderian den Befehl: „Angriff einstellen!“

ger Werft Blohm & Voss den von 12, die Kieler Howaldt-Werke den von 4 und die Danziger Werft AG den von ebenfalls 4 U-Booten des Typs VII C.

20.-23.1. Niederwerfung eines Putsches der „Eisernen Garde" unter Horia Sima in Bukarest durch die rumänische Armee unter Antonescu, dem Hitler dazu freie Hand gegeben hat. Abwartende „Neutralität" der in Rumänien befindlichen deutschen Truppen.

22.1. Das XIII. britische Korps erobert Tobruk. Insgesamt 25.000 Italiener kapitulieren, die Engländer erobern 208 Geschütze und 87 Panzer.

22.-23.1. Besprechungen zwischen GFM List und einer bulgarischen Offiziersdelegation in Predeal über Vorbereitungen für einen deutschen Einmarsch in Bulgarien.

28.1. Hitler entscheidet, so spät wie möglich in Bulgarien einzumarschieren.

29.1. Beginn geheimer britisch-amerikanischer Generalstabsbesprechungen in Washington über eine gemeinsame Kriegführung für den Fall des amerikanischen Kriegseintritts.

30.1. Zum 8. Jahrestag der Machtergreifung spricht Adolf Hitler im Berliner Sportpalast. Wegen drohender englischer Luftangriffe beginnt die „Volkskundgebung" schon um 16.30 Uhr.

30.1. Die Deutsche Reichspost gibt eine Sondermarke heraus, deren Bild die Köpfe Hitlers und Mussolinis vereint.

30.1. Zum Jahrestag der „Machtergreifung" hält Hitler eine Rede im Berliner „Sportpalast", in der er zu der weiteren Entwicklung der Kriegslage erklärt: „Wir haben jede Möglichkeit von vornherein einkalkuliert!" Sein Regime hält er für außerordentlich dauerhaft: „Der Nationalsozialismus wird die kommenden Jahrtausende der deutschen Geschichte bestimmen. Er ist nicht mehr wegzudenken."

31.1. Die Aufmarschanweisung des OKH für das Unternehmen „Barbarossa" fertiggestellt.

FEBRUAR

1.2. Der Schwere Kreuzer „Admiral Hipper" läuft aus Brest zu seiner zweiten Atlantikunternehmung aus.

4.2. Der Hilfskreuzer „Kormoran" meldet aus Übersee die Versenkung von bisher 28.339 BRT.

5.2. Nach dem in der Nacht zum 4. Februar geglückten Durchbruch durch die Dänemarkstraße stoßen die Schlachtschiffe „Scharnhorst" und „Gneisenau" zum Handelskrieg in den Atlantik vor.

6.2. Hitler erlässt die „Weisung Nr. 23": „Richtlinien für den Krieg gegen die englische Wehrwirtschaft".

6.2. In Nordafrika erobern britische Truppen Benghasi und befinden sich damit im Besitz der gesamten Cyrenaika.

8.-11.2. Erster Konvoi mit Truppen und Material für die deutschen Verbände in Nordafrika von Neapel nach Tripolis.

11.2. In der Nacht zum 11. Februar greifen 189 britische Bomber Hannover an. Bei einem britischen Luftangriff auf Rotterdam werden erstmals viermotorige Bomber des Typs „Short Stirling" eingesetzt.

12.2. Gen.Lt. Rommel (am 15. 2. zum Befehlshaber der deutschen

Bilder links und rechts: „Aus dem griechischen Skizzenbuch des ‚Signal'-Zeichners Hans Liska." Farbbeilage der Propaganda-Illustrierten „Signal", 1. Juni-Heft 1941. Liska, einer der führenden Künstler dieses Genres gehörte zu den deutschen Kriegsmalern, die als Angehörige der Propagandakompanien (PK) den Auftrag hatten, das Kampfgeschehen in Bildern und Zeichnungen festzuhalten.

Truppen in Nordafrika ernannt) trifft einen Tag nach den ersten deutschen Truppen in Libyen ein.

13.2. Wie das OKW mitteilt, richteten sich seit Mitte Januar „verschiedene erfolgreiche Luftangriffe deutscher Kampfverbände gegen den Suez-Kanal". Diese hätten „zu schweren Stockungen im Schiffsverkehr durch den Kanal geführt".

15.2. In Nordafrika greifen Flugzeuge des X. Fliegerkorps zunehmend in die Erdkämpfe ein, um die bis hinter El Agheila zurückgenommene italienische Front zu stützen.

17.2. In einer Besprechung mit dem Wehrmachtsführungsstab erklärt Hitler, er „wünsche die studienmäßige Bearbeitung eines Aufmarsches in Afghanistan gegen Indien im Anschluss an die Operation Barbarossa".

18.2. Die deutschen Verbände in Libyen erhalten offiziell die Bezeichnung „Deutsches Afrika-Korps".

19.-21.2. 125 deutsche Flugzeuge werfen in zwei Nächten 112 t Sprengbomben und 1.091 Brandschüttkästen auf Swansea.

20.2. Der im Seegebiet um die Seychellen operierende Schwere Kreuzer „Admiral Scheer" versenkt vom 20. bis 22. Februar 4 Schiffe mit 19.170 BRT.

21./22.2. Britischer Luftangriff auf Wilhelmshaven.

24.2. Aus dem Atlantik werden erstmals wieder größere Geleitzugkämpfe gemeldet. Aus dem Geleitzug OB 288 werden 10 Schiffe mit 52.875 BRT, aus dem Geleitzug HX 107 4 Schiffe mit 28.771 BRT versenkt.

26.2. Erstmals meldet das OKW das Auftreten deutscher Truppen in Nordafrika: „An der libyschen Küste, südostwärts Agedabia, stießen in den Morgenstunden des 24. Februar ein deutscher und ein englischer motorisierter Spähtrupp zusammen."

27.2. Der bisherige italienische Oberbefehlshaber in Nordafrika, Marschall Graziani, tritt von seinem Posten zurück. Sein Nachfolger wird General Gariboldi.

28.2. Uraufführung des mit Unterstützung der Wehrmacht, Luftwaffe und Marine gedrehten Tobis-Films „Kampfgeschwader Lützow" über den Einsatz eines Kampfgeschwaders im Krieg gegen Polen 1939; Prädikat: „staatspolitisch und künstlerisch besonders wertvoll, volkstümlich wertvoll, jugendwert".

28.2. 07.00 Uhr: Beginn des Brückenschlags über die Donau bei Giurgiu als Vorbereitung des Einmarsches deutscher Truppen in Bulgarien.

MÄRZ

1.3. Beitritt Bulgariens zum Dreimächtepakt.

1.3. Himmler besichtigt das Konzentrationslager Auschwitz und ordnet die Errichtung des Nebenlagers Birkenau an.

1.3.-30.4. Deutsche U-Boote versenken im Atlantik 89 alliierte Handelsschiffe mit insgesamt 496.526 BRT

1.3.-30.4. Verluste der britischen Zivilbevölkerung durch deutsche Luftangriffe: 10.429 Tote und 11.694 Verletzte.

1./2.3. Das RAF Bomber Command greift Köln mit über 100 Flugzeugen an. Am 3. /4. März wird der Angriff wiederholt.

2.3. Ab 06.00 Uhr rücken Verbände der deutschen 12. Armee von Rumänien aus in Bulgarien ein.
3.3. In weiteren Richtlinien zum „Fall Barbarossa" führt Hitler aus: „Dieser kommende Feldzug ist mehr als nur ein Kampf der Waffen; er führt auch zur Auseinandersetzung zweier Weltanschauungen. Um diesen Krieg zu beenden, genügt es bei der Weite des Raumes nicht, die feindliche Wehrmacht zu schlagen. Das ganze Gebiet muss in Staaten aufgelöst werden mit eigenen Regierungen, mit denen wir Frieden schließen können."
4.3. Beginn der Operation „Lustre": Transport britischer Heeresverbände nach Griechenland: Bis zum 24. 4. werden 58.000 Mann überführt.
4.3. Bei britischem Raid gegen die Lofoten werden Schlüsselunterlagen des deutschen Marine-Funkschlüssels (Enigma) erbeutet.
4./5.3. Hitler hat den jugoslawischen Prinzregenten Paul auf dem Berghof zu Gast und ermuntert ihn, dem Beispiel Bulgariens zu folgen und sein Land ebenfalls dem Dreimächtepakt anzuschließen.
5.3. Hitler erlässt die „Weisung Nr. 24 über Zusammenarbeit mit Japan". Das Ziel „der durch den Dreimächtepakt begründeten Zusammenarbeit" soll es sein, „Japan so bald wie möglich zum aktiven Handeln im Fernen Osten zu bringen".
11.3. Das amerikanische Leih- und Pachtgesetz tritt in Kraft.
12./13.3. 316 deutsche Flugzeuge werfen 303 t Sprengbomben und 1.782 Brandschüttkästen auf Liverpool-Birkenhead. Das RAF Bomber Command greift Hamburg und Bremen an.
13.3. „Richtlinien auf Sondergebieten zur Weisung Nr. 21" (Unternehmen „Barbarossa") des Chefs OKW regeln die zukünftige Verwaltung der zu besetzenden sowjetischen Gebiete.
15.3. Die Luftwaffe greift in der Nacht erneut Glasgow mit 203 Flugzeugen an, die 231 t Sprengbomben und 732 Brandschüttkästen abwerfen. Außerdem wird das Stahlzentrum Sheffield von 117 Flugzeugen mit 83 t Sprengbomben und 328 Brandschüttkästen angegriffen.
16.3. Anlässlich des Heldengedenktages unterzeichnet Hitler den „Erlass über die Bestellung eines General-Baurats für die Gestaltung der deutschen Kriegerfriedhöfe".
16.3. Bei Geleitzugoperationen im Atlantik werden die Unterseeboote U47 unter Korvettenkapitän Prien, U 99 unter Kapitänleutnant Schepke und U 100 unter Kapitänleutnant Kretschmer versenkt. Damit verliert die Kriegsmarine innerhalb weniger Tage ihre drei erfolgreichsten Unterseebootskommandanten.
17.3. Bei einer Besprechung mit Generalfeldmarschall von Brauchitsch und Generaloberst Halder verlangt Hitler eine Änderung der Aufmarschanweisung für den „Fall Barbarossa". Das Schwergewicht im Südabschnitt soll nunmehr auf die 6. Armee verlegt, auf einen sofortigen Vorstoß aus Rumänien heraus hingegen verzichtet werden.
19.3. In der Nacht zum 19. März schwerer deutscher Luftangriff auf die Hafenstadt Hull. 378 Flugzeuge werfen 316 t Sprengbomben und 2.140 Brandschüttkästen ab. Britische Flugzeuge werfen in der gleichen Nacht Bomben auf Kiel, wo Brände in der „Germania"-Werft entstehen.
20.3. Reichsjugendführer Axmann besichtigt das erste Reichsausbildungslager der Hitler-Jugend für den Führernachwuchs auf dem Gebiet der Wehrertüchtigung: Während des Krieges seien bislang 500.000 Jugendliche „auf den soldatischen Einsatz vorbereitet worden".
22.3. Die deutschen Schlachtschiffe „Scharnhorst" und „Gneisenau" laufen nach Beendigung ihrer Atlantikunternehmung in Brest ein. Sie haben bei ihrem Unternehmen insgesamt 22 Schiffe mit 115.622 BRT versenkt.
23.3. Die Presse berichtet über die Großserienfabrikation der Ju 88. Sie stehe beispielhaft für die Leistungsfähigkeit der deutschen Flugzeugindustrie.
24.3. In Nordafrika nimmt das „Deutsche Afrikakorps" bei einem ersten Aufklärungsvorstoß El Agheila.
25.3. Jugoslawien, vertreten durch seinen Ministerpräsidenten Cvetkovic, tritt in Wien dem Dreimächtepakt bei.
26.3. Island wird nach der Landung britischer Truppen auf der Insel in das von Deutschland erklärte Blockade-Gebiet um Großbritannien einbezogen.
26.3. Reichsleiter Alfred Rosenberg eröffnet in Frankfurt/Main das „Institut zur Erforschung der Judenfrage".
26.-30.3. Staatsbesuch des japanischen Außenministers Yosuke Matsuoka in Berlin. Es ist die letzte diplomatische Veranstaltung von Bedeutung, die im Dritten Reich stattfindet.
27.3. Staatsstreich in Jugoslawien: Die Regierung Cvetkovic wird gestürzt, Prinzregent Paul geht ins Ausland.
27.3. Um 13.00 Uhr Besprechung bei Hitler in der Reichskanzlei. Er verkündet seinen Entschluss, „Jugoslawien militärisch und als Staatsgebilde zu zerschlagen". Abends Unterzeichnung der „Weisung Nr. 25": Blitzkrieg gegen Jugoslawien in Verbindung mit dem Angriff auf Griechenland, der vom 1. 4. auf den 6. 4. verschoben wird.
27.3. Bei den amerikanisch-britisch-kanadischen Stabsbesprechungen in

Bild linke Seite: Hitler beim Empfang einer Abordnung japanischer Offiziere unter Führung von Generalleutnant Yamashita im Frühjahr 1941 in Berlin, ganz links Generalfeldmarschall Keitel. Trotz nach außen demonstrierter Harmonie kam es niemals zu einer gemeinsamen deutsch-japanischen Strategie.

Bild rechte Seite: Schon lange vor Kriegseintritt der USA stand fest, auf welcher Seite Präsident Roosevelts Sympathien lagen. Bereits bei seinem ersten Zusammentreffen mit Churchill im August 1941 auf der „Prince of Wales" wurden in der Atkantik-Charta die Kriegsziele der westlichen Demokratien proklamiert.

Washington wird der grundlegende strategische Plan für den Fall eines Kriegseintritts der USA beschlossen, der die „Europe first„-Strategie festlegt.
28.3. In der Seeschlacht bei Kap Matapan der Südspitze Griechenlands werden drei italienische Kreuzer versenkt.
28.3. Adolf Hitler zeichnet die Fliegerin Hanna Reitsch als erste Frau im 2. Weltkrieg mit dem Eisernen Kreuz II. Klasse aus.
30.3. In der Reichskanzlei findet eine Versammlung aller am geplanten Ostfeldzug beteiligten höheren Befehlshaber statt, vor denen Hitler seine Gedanken zum „Fall Barbarossa" erläutert. Den Kommunismus bezeichnet er dabei als „ungeheure Gefahr für die Zukunft". Daher müsse die Wehrmacht in diesem Feldzug „vom Standpunkt des soldatischen Kameradentums abrücken".
31.3. Die am Vortag geforderte Liquidierung der russischen Kommissare wird durch den sogenannten „Kommissarbefehl" schriftlich festgehalten.

APRIL

1.4. Der Schwere Kreuzer „Admiral Scheer" läuft nach einer mehrmonatigen Unternehmung im Atlantik und im Indischen Ozean wieder in Kiel ein. Der Gesamterfolg dieser Unternehmung beträgt 17 Schiffe mit 113.233 BRT.
2.4. Staatsstreich im Irak bringt Raschid el Gailani an die Macht. Vom 2.-30. Mai besetzen britische Truppen das Land und zwingen Gailani ins Exil.
2.-13.4. Aus einem Aufklärungsvorstoß heraus beginnt das Deutsche Afrika-Korps unter Generalleutnant Rommel eine Gegenoffensive in der Cyrenaika. Agedabia und Benghasi fallen. Am 13. April kommt die Offensive bei Sollum zum Stehen.
3.4. Freitod des ungarischen Ministerpräsidenten Graf Teleki, aus Protest gegen den deutschen Druck auf Ungarn, am Kampf gegen Jugoslawien teilzunehmen.
3.4. Das X. Fliegerkorps setzt seine Angriffe gegen den britischen Nachschub nach Griechenland fort und versenkt ein Schiff von 10.917 BRT.
4.4. Nach seiner Rückkehr aus Rom (Besprechungen mit Mussolini und Graf Ciano, Empfang durch den Papst – „der bedeutendste Mann, dem ich in Europa begegnet bin"), erneute Aussprache des japanischen Außenministers Matsuoka mit Hitler und von Ribbentrop in Berlin.
4.4. In Nordafrika besetzen deutsche Truppen Benghasi. Die nach der Abgabe von Verbänden für Griechenland reduzierten Truppen ziehen sich weiter zurück.
4.4. In Rudelangriffen gegen den Geleitzug SC 26 versenken Unterseeboote bis zum 4. April 10 Schiffe mit 60.904 BRT.

4.4. Der Obergefreite Hubert Brinkforth erhält als erster Mannschaftsdienstgrad das Ritterkreuz.

6.4. Unterzeichnung eines sowjetisch-jugoslawischen Freundschaftsvertrags in Moskau.

6.4. 05.15 Uhr: Beginn des Überfalls auf Jugoslawien und Griechenland ohne Kriegserklärung, am Sonntag. Belgrad wird von den Geschwadern der deutschen Luftwaffe bombardiert.

7.4. Für die Schulbüchereien werden Literatur-Ergänzungslisten herausgegeben; sie enthalten vor allem Bücher zum Thema „Wehrhaftes Volk“, „Kampf und Sieg 1939/40“.

7.4. Aus Bulgarien heraus greift die 12. Armee die griechische Metaxas-Linie in Thrakien und nach Westen hin das jugoslawische Mazedonien an. Skopje wird genommen. Im Hafen von Piräus werden bei einem Angriff des X. Fliegerkorps 12 Schiffe mit 51.569 BRT, 60 Leichter und 25 Motorsegler durch die Explosion eines Munitionsfrachters versenkt.

8.4. Um 5.30 Uhr morgens tritt die Panzergruppe 1 zum Angriff in Richtung Nisch an.

8./9.4. 237 deutsche Flugzeuge werfen 315 t Sprengbomben und 710 Brandschüttkästen auf Coventry. Stärkerer britischer Luftangriff auf Kiel: 84 Tote.

9.4. Im Südostfeldzug werden entscheidende Erfolge erzielt. Nach dem Durchbruch durch die Metaxas-Linie besetzt die 2. Panzer-Division Saloniki. Die griechische Armee in Ost-Mazedonien kapituliert.

10.4. Proklamation eines unabhängigen kroatischen Staates. Am 15. 4. erkennen Hitler und Mussolini den Staat Kroatien und Ante Pavelic, den bisher in Italien lebenden Ustascha-Führer, als Staatschef an.

11.4. Hitler trifft mit seinem Sonderzug in Tauchen-Schauereck ein, bis zum 25. 4. Standort des Führerhauptquartiers auf der Strecke Wiener Neustadt – Graz.

12.4. Deutsche Voraustruppen der Panzergruppe 1 und der SS-Division „Das Reich“ erreichen Belgrad. Bei Karlstadt stellen deutsche und italienische Truppen die Verbindung miteinander her. Die Luftwaffe greift Schiffe auf der Reede von Salamis an.

13.4. In Moskau wird ein japanisch-sowjetischer Nichtangriffspakt abgeschlossen.

13.4. Die Panzergruppe 1 unter Generaloberst von Kleist besetzt Belgrad. In Griechenland bilden deutsche Truppen Brückenköpfe über den Aliakmon.

13.4. In Nordafrika besetzen deutsch-italienische Truppen das Fort Capuzzo und das auf ägyptischem Boden gelegene Sollum, womit die gesamte Cyrenaika mit Ausnahme von Tobruk zurückerobert ist.

17.4. Die jugoslawische Armee kapituliert: Gesamtzahl der jugoslawischen Kriegsgefangenen: 344.000 Mann.

17./18.4. 249 deutsche Flugzeuge werfen 346 t Sprengbomben und 1.280 Brandschüttkästen auf Portsmouth. 118 britische Bomber werden gegen Berlin eingesetzt; nur wenige erreichen das Ziel.

19.4. Hitler empfängt in seinem Sonderzug König Boris von Bulgarien. Bei der Unterredung geht es um den künftigen Anteil Bulgariens an den Eroberungen in Jugoslawien und Griechenland. Ähnliche Themen sind Gegenstand der Unterre-

dung Hitler – Ciano am 20. 4.
21.4. In Griechenland dringen die deutschen Truppen weiter über das Pindos-Gebirge vor und erreichen Janina. Daraufhin kapituliert die griechische Epirus-Armee vor der deutschen 12. Armee. Im Vorstoß nach Süden erreichen die deutschen Truppen Lamia und besetzen Volos.
22.4. Die Luftwaffe beginnt mit schweren Angriffen gegen die feindlichen Transportflotten in den griechischen Gewässern, nachdem die britischen Truppen den Befehl zur Einschiffung erhalten haben.
25.4. Das OKW meldet mit mehr als einmonatiger Verspätung, dass „die von Korvettenkapitän Kretschmer und Kapitänleutnant Schepke geführten Unterseeboote ... von Feindfahrt nicht zurückgekehrt“ sind.
25.4. In seiner „Weisung Nr. 28“ ordnet Hitler die Vorbereitung für die Besetzung der Insel Kreta („Unternehmen Merkur“) an.
26.4. Fallschirmtruppen nehmen den Kanal von Korinth und die Stadt selbst in Besitz. Die SS-Leibstandarte landet von Norden auf dem Peloponnes und nimmt Patras.
24.-29.4. Operation „Demon“: Räumung Griechenlands durch britische Truppen. 50.762 Mann werden nach Kreta bzw. nach Ägypten überführt.
29.4. Im Berliner Sportpalast spricht Hitler vor 9.000 Offiziersanwärtern. Ihnen erklärt er: „Ein Wort habe ich als Nationalsozialist im Kampf um die Macht nie gekannt: Kapitulation! ... und genau so haben Sie zu denken!“
30.4. Abschluss der Besetzung des griechischen Festlandes, einschließlich der Peloponnes. Insgesamt 223.000 griechische und 21.900 britische Kriegsgefangene. Die Griechen werden entlassen. Deutsche Verluste im Balkanfeldzug: 2.559 Tote, 5.820 Verwundete, 3.169 Vermisste.
30.4. In einem Geheimbefehl legt Hitler den Beginn des Angriffs auf die Sowjetunion („Fall Barbarossa“) auf den 22. Juni fest.

Bild linke Seite: Urkunde „Für die Spende zur Sammlung von Woll-, Pelz- und Wintersachen für die Front“. Weihnachten 1941.

Bild rechte Seite: Nachruf auf Generaloberst Ernst Udet und Oberst Werner Mölders in „Die Wehrmacht“ vom 3. Dezember 1941. Während die militärischen Leistungen der Ausnahmeflieger Udet und Mölders zu Recht gewürdigt werden, bleiben doch die Hintergründe ihres Todes unerwähnt. Udet – an der technischen, organisatorischen und planerischen Luftkriegführung gegen England entscheidend beteiligt und dann für die Niederlage gegen die Royal Airforce verantwortlich gemacht – nahm sich am 18. November 1941 das Leben. Mölders fand den Tod, als seine Maschine beim Flug zur Beerdigung Udets am 22. November 1941 abstürzte.

GENERALOBERST ERNST UDET   OBERST WERNER MÖLDERS

Generaloberst Ernst Udet — Oberst Werner Mölders, zwei Leben, deren Inhalt Dienst am Vaterlande war, zwei Namen, die zum Begriff deutschen Volksheldentums wurden. Das Leben dieser beiden, vom Feinde nie Besiegten, ist verglüht. Ihre Namen werden unvergessen bleiben als Beispiel treuester Hingabe für das Vaterland

Generalluftzeugmeister Ernst Udet, der große Lehrmeister seines großen Schülers Mölders, der Sieger in 62 Luftkämpfen im Weltkriege, war einer der Schmiede am Amboß der deutschen Luftwaffe. So wie er lebte, starb er. Nächst dem Reichsmarschall Hermann Göring, mit dem ihn gemeinsame Weltkriegserlebnisse in der gleichen Staffel verbanden, hat er geholfen, die deutsche Luftflotte zur kriegsentscheidenden Waffe zu schmieden. Er hat es nie einem anderen überlassen, wenn es galt, einen neuen Flugzeugtyp auf seine Einsatzfähigkeit zu erproben. Wie sein Vorgesetzter und Freund hat er mit seiner ganzen Kraft daran gearbeitet, die deutsche Luftmacht zur stärksten und besten der Welt zu gestalten.

Er war Jäger der Luftwaffe im Weltkriege, und er ist es geblieben. Udet war es, der in einem Jagdflugzeug den Geschwindigkeitsrekord von 634 st/km aufstellte. Dem Kopf Udets entsprang die Idee des Sturzkampffliegens, von der Reichsmarschall Göring in seiner Abschiedsrede sagte: „Unvergeßlich sind mir deine Worte, mit denen du — Soldat und Künstler zugleich — mir das auseinandergesetzt hast ... Damit habe ich dir die Entwicklung der gesamten Technik unserer Waffe übertragen ... Durch deinen persönlichen Einsatz gabst du unseren tapferen jungen Fliegern das gewaltige Vertrauen in ihre Waffen. Denn was du erdacht und erflogen hattest, das nahmen sie als selbstverständlich hin ...“

Niemand konnte Udet größeren Ruhm zollen, als der Reichsmarschall mit seinen Abschiedsworten:

„Mit der Sicherheit und der Siegeszuversicht, mit der du gelebt hast, wollen wir weiterleben. Dein Tod soll uns darin bestärken. Und nun kann ich als Letztes nur noch sagen: Mein bester Kamerad, leb wohl!“

Dem großen Meister Udet folgte sein großer Schüler Werner Mölders. Mit insgesamt 115 Luftsiegen, von denen die ersten 14 in Spanien erkämpft sind, stand Oberst Mölders an der Spitze der deutschen Jagdflieger. Keiner hat sich mehr gefreut über diese zahlreichen Siege als gerade Ernst Udet, der in diesen Erfolgen auch den Erfolg seiner eigenen Arbeit sah. Aus Werner Mölders' Tagebuch leuchtet uns der soldatische und kameradschaftliche Geist dieses vorbildlichen Mannes entgegen. So sagt er wörtlich: „Der erste Luftsieg kann für die ganze Laufbahn eines Jagdfliegers entscheidend sein. Ich kenne mehr als einen, bei dem sich regelrecht Minderwertigkeitsgefühle einstellten, wenn es bei noch so vielen Feindberührungen nicht klappen wollte. Manchem dieser Anfänger habe ich zu seinem ersten Abschuß verholfen, der dann sofort den Bann brach und dem Flugzeugführer das Vertrauen zu sich selbst zurückgab. Ich darf ruhig sagen, daß meine Abschußziffer erheblich höher läge, wenn ich nicht immer wieder junge Flugzeugführer zum Schuß brächte. Es kann nicht unser Ziel sein, einzelne ‚Asse‘ mit hohen Abschußzahlen zu züchten. Bei der Qualität unseres Nachwuchses stellen sich diese zwangsläufig von selbst ein. Viel wichtiger erscheint mir, eine möglichst große Zahl von Jagdfliegern zu guten Durchschnittsleistungen zu erziehen.“

Einer seiner Kameraden schreibt in einem Brief an ihn: „Du hast mal Deinem alten ‚Kaczmarek‘ Dein Bild mit Deiner Namensunterschrift geschenkt. Unsere Augen wandern zu diesem Lichtbild an der Wand, und jeder hat nur einen Gedanken: Komm uns heil und frohgemut wieder!“

Das Schicksal hat es anders bestimmt. Das Maß des Heldentums von Udet und Mölders liegt nicht allein in der Zahl ihrer Luftsiege, sondern in ihrem männlichen Charakter, ihrem soldatischen Denken, ihrem Einsatz für Großdeutschland

MAI

1.-7.5. In fünf Nachtangriffen werfen 625 deutsche Flugzeuge 805 t Spreng- und 100 t Brandbomben auf Liverpool-Birkenhead. Im Hafen werden 18 Handelsschiffe mit 35.605 BRT versenkt, 25 weitere mit 92.964 BRT schwer beschädigt. Die Umschlagkapazität des Hafens sinkt für einige Zeit auf 1/4 der ursprünglichen ab.

1.5.-30.6. Deutsche U-Boote versenken im Atlantik 123 alliierte Handelsschiffe mit insgesamt 655.354 BRT.

2.5. Nach Beendigung der Operationen in Griechenland meldet das OKW: „Auf dem griechischen Festland befindet sich kein kämpfender Brite mehr."

4.5. Vor dem Reichstag gibt Hitler seinen „Rechenschaftsbericht" über den Südost-Feldzug. Nach seinen Worten hat sich die deutsche Wehrmacht in diesem Feldzug „selbst übertroffen". Der Bericht gipfelt in der Feststellung: „Dem deutschen Soldaten ist nichts unmöglich!"

5.5. Rede Stalins vor den Absolventen der Militärakademie, in der er u.a. erklärt, dass die vergrößerte und modernisierte Rote Armee von einer Defensiv- zu einer Offensiv-Strategie übergehen soll.

5.5. Kaiser Haile Selassie I. zieht nach der Rückeroberung Äthiopiens wieder in Addis Abeba ein. Die Italiener halten sich nur noch in einzelnen Widerstandszentren, vor allem im Norden und Westen Abessiniens.

7.-9.5. Eine britische Kampfgruppe bringt im Nordmeer das deutsche Wetterbeobachtungsschiff „München" auf, das eine „Enigma"-Maschine und wichtige Schlüsselunterlagen für den deutschen Marine-Funkverkehr mit sich führt. Am 9. Mai wird in einer Geleitzugschlacht das deutsche U-Boot U 110 zum Auftauchen gezwungen und geentert, wobei weitere wichtige Schlüsselunterlagen in britische Hand fallen, die ab Ende Mai ein Mitlesen des Funkverkehrs erlauben.

8./9.5. 120 deutsche Flugzeuge werfen 157 t Sprengbomben und 540 Brandschüttkästen auf Hull. Schwächere Angriffe auf Nottingham und Sheffield. Bisher stärkster Einsatz der RAF gegen Deutschland: Von 359 Bombern führen 317 Angriffe gegen Hamburg und Bremen durch.

10.5. Rudolf Heß, „Stellvertreter des Führers" und Reichsminister ohne Geschäftsbereich, startet gegen 18.00 Uhr mit einer umgebauten Me 110 vom Flugplatz der Messerschmitt-Werke in Augsburg nach Großbritannien. Um ca. 23.00 Uhr springt er mit dem Fallschirm über dem Landsitz des Herzogs von Hamilton in Schottland ab. Er will über den Herzog Friedensvorschläge an die englische Regierung richten, wird aber verhaftet.

10./11.5. 507 deutsche Flugzeuge werfen 711 t Sprengbomben und 2.393 Brandschüttkästen auf London: Rund 2.000 Brände, 1.212 Tote und 1.769 Schwerverletzte sind das Ergebnis. Letzter Großangriff für drei Jahre.

12.5. Hitler verfügt: Die bisherige Dienststelle des Stellvertreters des Führers führt von jetzt ab die Bezeichnung Parteikanzlei. Zum Leiter wird Reichsleiter Martin Bormann ernannt.

16.5. Drei im Irak eingesetzte deutsche Bomber greifen den britischen Stützpunkt Habbaniya an.

17.5. Hitler erlässt die Weisung Nr. 29. Sie gibt bekannt, dass „die Sicherung des griechischen Raumes" künftig den Italienern zufällt.

18.5. Aus Gotenhafen laufen das Schlachtschiff „Bismarck" und der Schwere Kreuzer „Prinz Eugen" zu einer Atlantik-Unternehmung aus.

19.5. Nach einer britischen Meldung sind seit Beginn der Luftangriffe auf Großbritannien 34.000 Personen getötet und 46.000 schwer verletzt worden.

Sonder-Ausgabe

Badische Presse

und Handels-Zeitung

Neue Badische Presse · Badische Landeszeitung

General-Anzeiger für Südwestdeutschland

Verlag und Schriftleitung · Bezugs- und Anzeigenpreise

57. Jahrgang · Karlsruhe, Sonntag, den 22. Juni 1941 · Einzelpreis 10 Pfg.

Zum Kampf gegen die Sowjetunion von Finnland bis Schwarzmeer angetreten

Der Führer an das deutsche Volk: „Endlich kann ich offen sprechen" - Abrechnung mit Moskaus Verrat

Der Führer hat folgenden Aufruf an das deutsche Volk erlassen:

Deutsches Volk!
Nationalsozialisten!

Von schweren Sorgen bedrückt, zu monatelangem Schweigen verurteilt, ist nun die Stunde gekommen, in der ich endlich offen sprechen kann.

Aufruf des Führers an die Soldaten der Ostfront

21.5-1.6. Gegen die deutsche Landung auf Kreta setzt die britische Mittelmeerflotte alle Kräfte zunächst zur Unterstützung, dann zur Evakuierung der britisch-neuseeländisch-griechischen Truppen ein. Dabei werden durch deutsche und z.T. italienische Luftangriffe drei von vier Schlachtschiffen und der einzige Flugzeugträger beschädigt, von 12 Kreuzern vier versenkt und sechs beschädigt.

21.5. In Norwegen wird eine allgemeine SS gegründet. Himmler setzt als Führer den Chef der norwegischen Polizei, Jonas Lie, ein.

23.5. In den Gewässern um Kreta versenkt das Stuka-Geschwader 2 die britischen Zerstörer „Kelly" und „Kashmir".

24.5. Beim Durchbruch der deutschen Kampfgruppe „Bismarck" und „Prinz Eugen" kommt es in der Dänemark-Straße zum Gefecht mit dem britischen Schlachtkreuzer „Hood", der versenkt, und dem neuen Schlachtschiff „Prince of Wales", das beschädigt wird.

24.5. Beim Abendsportfest des Dresdner SC verbessert Rudolf Harbig den Weltrekord über 1.000 Meter um 2,1 Sekunden auf 2:21,3.

25.5. Auf Kreta hat sich nach schweren Kämpfen die Lage der deutschen Luftlande- und Gebirgstruppen stabilisiert.

27.5. Britische Seestreitkräfte versenken das deutsche Schlachtschiff „Bismarck" im Atlantik, 400 Seemeilen westlich von Brest. Es geht mit 1977 Mann Besatzung unter.

27.5. Auf Kreta nehmen die deutschen Fallschirmtruppen die Hauptstadt Chania. Die britischen Streitkräfte beginnen mit der Räumung der Insel.

Bild linke Seite: Sonderausgabe „Badische Presse" vom 22. Juni 1941. Obwohl seitens der Sowjetunion keine absehbare Gefahr für Deutschland drohte, setzte die NS-Führung alles daran, ihren Angriff auf die Sowjetunion als Präventivkrieg auszugeben.

Bild rechte Seite: Reichsaußenminister Joachim von Ribbentrop begründet am 22. Juni 1944 vor der Presse den deutschen Angriff auf die Sowjetunion.

29.5. Auf Kreta erobern deutsche Truppen Heraklion. Der Westteil der Insel ist in deutscher Hand. Die britische Flotte erleidet durch deutsche Luftangriffe weitere Verluste.
30.5. Auf Kreta stellt die „Westgruppe" die Verbindung mit der Kampfgruppe um Heraklion her.
31.5. Der Unterseebootskrieg gegen Großbritannien wurde im Mai verschärft. Versenkt wurden 63 Schiffe mit 349.620 BRT.

JUNI

2.6. Treffen Hitlers mit Mussolini am Brenner. Hitler macht keine Andeutungen über den bevorstehenden Angriff auf die UdSSR.
2.6. Abschluss der Kämpfe um Kreta. Das OKW teilt in einer Sondermeldung mit: „Kreta ist frei vom Feind. Die Kämpfe sind beendet."
4.6. In Doorn (Niederlande) stirbt 82jährig der ehemalige deutsche Kaiser Wilhelm II. Hitler sendet Beileidstelegramme an die Gemahlin und den Kronprinzen. Bei der Beisetzung am 9. 6. in Doorn stellt Hitler ein Ehrenbataillon und lässt durch den Reichskommissar für die besetzten Niederlande, Reichsminister Dr. Seyß-Inquart, einen Kranz niederlegen.
5.6. Das finnische Oberkommando stellt deutschen Truppen Nordfinnland als Aufmarschgebiet zur Verfügung.
6.6. Hitler erlässt die „Richtlinien für die Behandlung politischer Kommissare" („Kommissarbefehl"). Gefangengenommene Kommissare der Roten Armee sind „nach durchgeführter Aussonderung zu erledigen".
11.6. In einem „zusammenfassenden Bericht" gibt das OKW einen Überblick über die Operationen seit Jahresbeginn. Die Verluste der Wehrmacht beim Kampf um Kreta werden hier mit 321 Toten, 518 Vermissten und 287 Verwundeten beim Heer und 1.032 Toten, 2.097 Vermissten und 1.632 Verwundeten bei der Luftwaffe angegeben.
12. /13.6. Bisher schwerster britischer Luftangriff auf Ziele im Ruhrgebiet, u.a. auf Duisburg und Bochum: 445 t Bomben abgeworfen.
13.6. Die sowjetische Nachrichtenagentur TASS veröffentlicht ein Dementi über deutsche Truppenzusammenziehungen an der deutsch-sowjetischen Grenze. Die Erklärung wird von der deutschen Presse nicht übernommen.
14.6. In einer Rede vor den Befehlshabern der Heeresgruppen und Armeen spricht Hitler über den bevorstehenden Angriff auf die Sowjetunion und äußert dabei die Hoffnung, dass die Niederschlagung Russlands Großbritannien zum Einlenken veranlassen werde.
15.6. Kroatien tritt dem Dreimächtepakt bei.
15.6. In Nordafrika eröffnen die britischen Streitkräfte eine Offensive gegen die deutsch-italienischen Stellungen im Raume Sollum-Bardia, die in dreitägigen Kämpfen abgeschlagen wird.
17.6. Hitler erteilt den endgültigen Befehl zum Beginn des Unternehmens „Barbarossa" am 22. 6.
18.6. Deutsch-türkischer Freundschaftsvertrag in Ankara unterzeichnet.
19.6. Die Kriegsmarine beginnt mit der Verminung von Gewässern in der östlichen Ostsee.
20.6. Am Abend wird das Stichwort „Dortmund" gegeben, durch das der deutsche Angriff gegen die Sowjetunion am 22. Juni ausgclöst wird.

21.6. Als erster Offizier der deutschen Wehrmacht wird der Jagdflieger Oberstleutnant Adolf Galland mit dem Eichenlaub mit Schwertern zum Ritterkreuz des Eisernen Kreuzes ausgezeichnet.

21.6. In einem Brief an Mussolini erläutert Hitler, dass er durch „monatelange, sorgenvolle Erwägung zum härtesten Entschluss seines Lebens“ gekommen sei.

21.6. Bei einem Gespräch mit Speer spielt er diesem die Eingangstakte von Liszts Les Préludes vor und erklärt ihm: „Das werden Sie in der nächsten Zeit oft zu hören bekommen, denn es wird unsere Siegesfanfare für den russischen Feldzug sein.“

22.6. 03.15 Uhr: Beginn des deutschen Angriffs auf die UdSSR an der Front zwischen der Ostsee und den Karpaten. Der Angriff erfolgt ohne deutsche Kriegserklärung; Kriegserklärungen nur durch Rumänien und Italien. Den in die UdSSR eindringenden deutschen Truppen folgen SD-Einsatzgruppen, die die systematische Ausrottung der jüdischen Bevölkerung in Westrussland einleiten.

23.6. Die Slowakei erklärt der Sowjetunion den Krieg. Ungarn bricht die diplomatischen Beziehungen zur UdSSR ab. Die Türkei erklärt ihre Neutralität.

25.6. Im Südabschnitt der Ostfront werden gegen starken Widerstand Dubno und Luzk genommen, im Mittelabschnitt wird der Kessel von Bialystok enger geschlossen. In Litauen gelingt es einem Panzerkorps, die Sowjets in einer Panzerschlacht bei Rossieny zu schlagen.

26.6. Kriegserklärung Finnlands an die UdSSR mit der Begründung, durch sowjetische Luftangriffe auf finnische Städte sei der Kriegszustand faktisch bereits eingetreten.

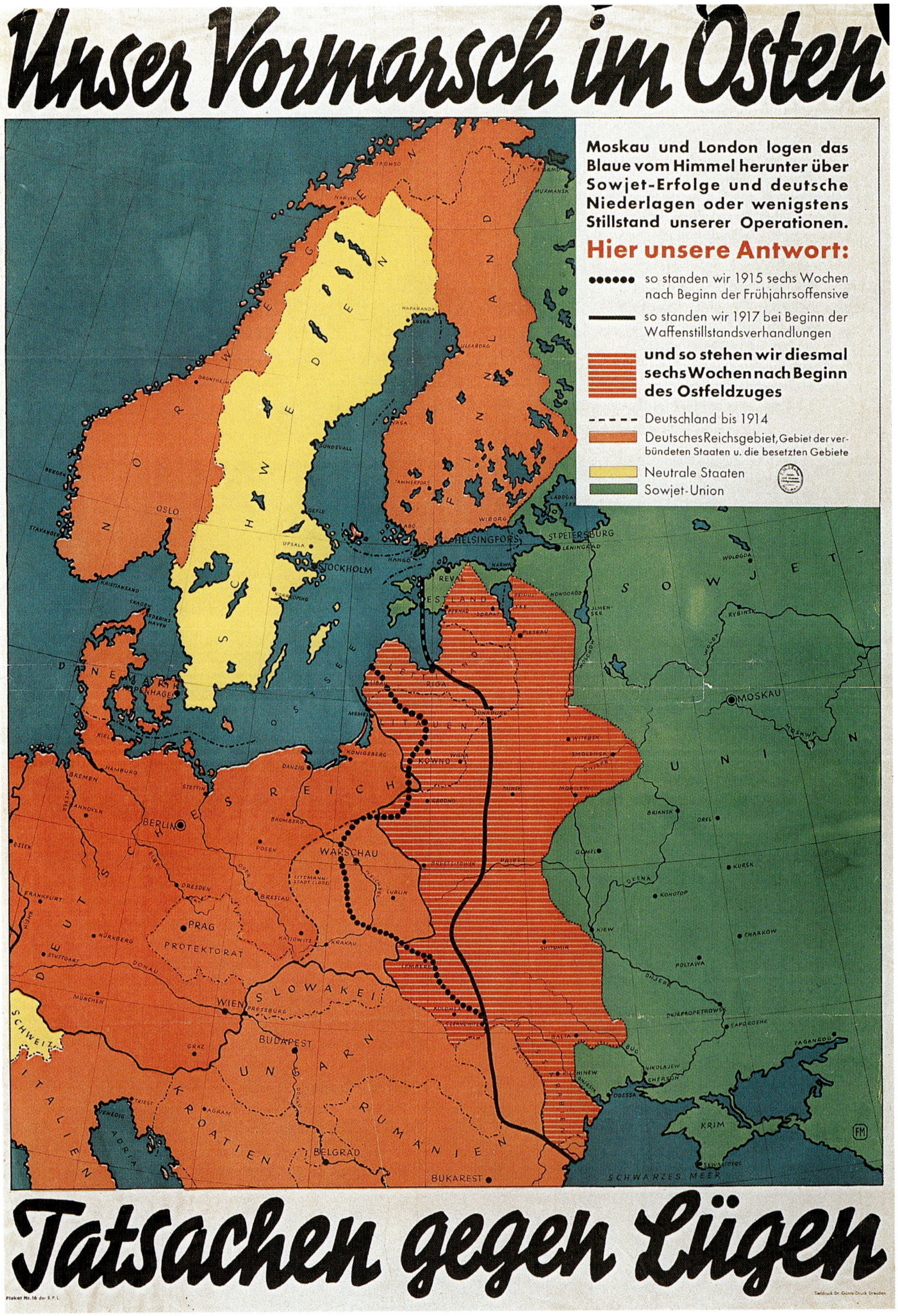

Bild linke Seite: „Unser Vormarsch im Osten“. NS-Propaganda-Plakat 1941. Der Vergleich der Fronten im Ersten Weltkrieg mit dem Vormarsch der deutschen Truppen innerhalb der ersten sechs Wochen nach „Beginn des Ost-Feldzuges“ war eine überzeugende Antwort auf die Versuche Londons und Moskaus, die sichtlichen Erfolge der Deutschen Wehrmacht zu schmälern.

Bild rechte Seite: Das sowjetische Kriegsplakat beschwört die großen russischen Militärs Alexander Newski (links), den Sieger über die Schwertritter in der Schlacht auf dem Peipus-See 1242, Suworow (Mitte), den russischen Oberbefehlshaber im 2. Koalitionskrieg gegen Napoleon 1799-1802, und Wassili Tschapajew (rechts), den Volkshelden des russischen Bürgerkrieges 1918-1922, als Ahnherren und Vorbilder der Roten Armee.

26.6. Das OKW meldet den Verlust des Hilfskreuzers „Pinguin“, der bereits am 8. Mai bei den Seychellen von dem britischen Schweren Kreuzer „Cornwall“ versenkt wurde.
27.6. Der Generalsekretär der Falange und Parteiminister Arrese veröffentlicht ein Manifest an die örtlichen Führer der Falange, das zur Bildung von Freiwilligenkorps gegen Sowjetrussland auffordert.
28.6. Beginn der Aufstellung einer Norwegischen Legion. Auch in Dänemark und den Niederlanden wird mit der Aufstellung von Freiwilligenverbänden begonnen.
28.6. In der Nacht zum 28. Juni greifen britische Bomber wieder Hamburg und Bremen an. – Im Nordabschnitt der Ostfront besetzt die 291. Infanterie-Division Libau. Im Mittelabschnitt wird Brest-Litowsk vom XII. Armeekorps erobert, im Südabschnitt Kowel genommen.
29.6. In einem Geheimerlass bestimmt Hitler für den Fall seines Todes Reichsmarschall Göring zu seinem Nachfolger.
30.6. Hitler begibt sich in das ostpreußische Hauptquartier Wolfsschanze, das 14 km von Rastenburg entfernt in einem Tannenwald gebaut wurde. Der Bunkerbereich hat den Namen nach Hitlers Spitznamen „Wolf“ erhalten. Mit der Übersiedlung in dieses Führerhauptquartier ändert sich Hitlers Lebensführung grundsätzlich. Er wird von diesem Zeitpunkt an nur noch wenig in der Öffentlichkeit gesehen und hält sich meistens in Bunkerräumen auf. Der Tagesablauf wird durch Lagebesprechungen, Weisungen und Nachrichtenübermittlungen gefüllt.

JULI

1.7.-31.8. Deutsche U-Boote versenken im Atlantik 39 alliierte Handelsschiffe mit insgesamt 129.109 BRT.
3.7. In einer Sondermeldung des OKW heißt es: „Mehr und mehr ist zu übersehen, dass die Vernichtungsschlacht ostwärts Bialystok eine Entscheidung von weltgeschichtlichem Ausmaß gebracht hat. Ein unvorstellbares Chaos ist über die Sowjet-Armeen hereingebrochen, die hier als Stoßkeil bereitgestellt waren, um Deutschland in den Rücken zu fallen und die Brandfackel des Bolschewismus nach Europa hineinzutragen.“ Halder notiert in seinem Tagebuch: „Es ist also wohl nicht zuviel gesagt, wenn ich behaupte, dass der Feldzug gegen Russland innerhalb 14 Tagen gewonnen wurde.“
3.7. In einer Rundfunkrede erklärt Stalin gegenüber dem sowjetischen Volk: „Den Krieg gegen das faschistische Deutschland darf man nicht als gewöhnlichen Krieg betrachten. ... Er ist zugleich der große Krieg des ganzen Sowjetvolkes gegen die faschistischen deutschen Truppen.“ Stalin spricht vom vaterländischen Volkskrieg gegen die faschistischen Unterdrücker.
5.7. Im Süd-Abschnitt der Ostfront durchbricht die Panzergruppe Kleist die sogenannte „Stalin-Linie“.
6.7. Das OKW beziffert die Zahl der bisher eingebrachten sowjetischen Kriegsgefangenen auf 300.000 Mann.
7.7. US Task Force landet die 1. Marine-Corps-Brigade in Reykjavik und löst dort die britische Besatzung ab.
8.7. Hitler verkündet seinen Entschluss, Moskau und Leningrad dem Erdboden gleich zu machen, „um zu verhindern, dass Menschen darin bleiben, die wir dann im Winter ernähren müssten“.
8.7. Im besetzten Belgien werden die Freiwilligen-Verbände „Flandern“ und „Wallonien“ für den Einsatz an der Ostfront gebildet.
10.7. Der OKW-Bericht meldet die Doppelschlacht von Bialys-

tok und Minsk, „die größte Material- und Umfassungsschlacht der Weltgeschichte" sei abgeschlossen, 323.898 Gefangene seien gemacht worden.
10.7. Das erste spanische Freiwilligen-Kontingent überschreitet auf dem Wege an die Ostfront die Grenze bei Irun. Die Spanier werden im Rahmen der sogenannten „Blauen Division" in Russland eingesetzt.
12.7. Großbritannien und die Sowjetunion verpflichten sich, „einander in dem gegenwärtigen Kriege gegen Hitler-Deutschland Hilfe und Unterstützung jeder Art zu leisten".
14.7. Hitler befiehlt in seiner Weisung für die Rüstung die Verlegung des Schwerpunktes auf den U-Boot-Bau und die Flugzeugproduktion zu Lasten der Heereswaffen, da er den Ostfeldzug als „gewonnen" ansieht.
15.7. Hitler schlägt dem japanischen Botschafter Oshima ein Bündnis zur „Vernichtung" der USA vor.
15.7. Hitler verleiht das erste Eichenlaub-Ritterkreuz mit Schwertern und Brillanten an den Jagdflieger Oberstleutnant Mölders.
15.7. Die SKL beantwortet den Russlandfeldzug mit einer Denkschrift zur Schlacht im Atlantik, in der die Unterbindung der britischen Seeverbindungen im Atlantik als kriegsentscheidend dargestellt wird.
16.7. Hitler erläutert der Parteiprominenz seine politischen Ziele im Osten: Aufteilung und Ausbeutung der besetzten Gebiete der UdSSR: „Uns muss dabei klar sein, dass wir aus diesen Gebieten nie wieder herauskommen."
16.7. Denkschrift Kardinal Bertrams an das Reichsjustizministerium über die Tötung Geisteskranker.
17.7. Errichtung des „Reichsministeriums für die besetzten Ostgebiete" unter Alfred Rosenberg, mit den Reichskommissariaten Ukraine und Ostland (baltische Staaten, Weißruthenien).
17. /18.7. Deutscher Luftangriff auf die englische Stadt Hull: 113 Tote unter der Zivilbevölkerung.
18.7. Stalin fordert von Churchill in einem Telegramm die baldige Errichtung einer „Zweiten Front" im Westen.
18.7. In der Nacht zum 18. Juli führt die Luftwaffe erstmals wieder einen größeren Angriff gegen Großbritannien und greift den Versorgungshafen Hull an, wo es 113 Tote gibt.
19.7. In Brüssel wird ein flämisches Freiwilligenkorps für die Kämpfe gegen die Sowjetunion gebildet. Die Freiwilligen tragen die Uniform der Waffen-SS mit dem Sonnenrad anstelle des deutschen Hoheitszeichens.
19.7. Hitler erlässt die „Weisung Nr. 33": Fortsetzung des Vormarsches in Richtung Moskau mit den Infanteriedivisionen, Abdrehen der schnellen Verbände zur Unterstützung der Heeresgruppen Nord und Süd.
20.5. Ab 07.15 Beginn der deutschen Luftlandung auf der Insel Kreta.
21.7. Das deutsch-schweizerische Verrechnungsabkommen wird bis Ende 1942 verlängert.
21./22.7. Erster deutscher Luftangriff auf Moskau durch 195 Bomber. In der Nacht zum 23. 7. erneuter Angriff mit 125 Flugzeugen.
23.7. Der Kessel um Smolensk wird weiter verengt. Sowjetische Gruppen richten starke Gegenangriffe gegen Flanken und Flügel der Heeresgruppe Mitte, insbesondere gegen den Bogen von Jelnja. Der Kessel bei Newel wird ausgeräumt.
24.7. In den Kämpfen bei Ljosno an der Ostfront gerät der Sohn Stalins, Jakob Dschugaschwili, in deutsche Kriegsgefangenschaft.
24.7. 145 britische Bomber greifen die deutschen Schlachtschiffe „Gneisenau" in Brest und „Scharnhorst" in La Pallice an. Die „Scharnhorst" erhält fünf Bombentreffer.
28.7. Bischof Clemens Graf von Galen erhebt beim Polizeipräsidenten Münster Anklage wegen Ermordung sog. „unproduktiver Volksgenossen" in Heilanstalten.
30.7. Stalin empfängt den Sonderbeauftragten Roosevelts, Hopkins, der die Bereitschaft der US-Regierung ausdrückt, die UdSSR mit Kriegsmaterial zu beliefern.
30.7. Im Südabschnitt der Ostfront macht die von der 17. Armee und der Panzergruppe 1 eingeleitete Umfassungsschlacht bei Uman bedeutende Fortschritte.
31.7. Göring beauftragt SS-Gruppenführer Heydrich, „alle erforderlichen Vorbereitungen für eine Gesamtlösung der Judenfrage im deutschen Einflussbereich in Europa zu treffen". Damit wird die „Endlö-

Bild linke Seite: Im März 1941 trat das amerikanische Pacht- und Leihgesetz, das Roosevelt ermöglichte, die Allierten mit Kriegsgütern in unbeschränkter Höhe zu unterstützen, in Kraft. Jeeps und ein Douglas-A-20-Bomber werden für ihre Verladung fertiggemacht. Nach der Besetzung Persiens durch britische und sowjetische Truppen rollten auch über diese Route amerikanische Nachschub-Konvois nach Russland. Insgesamt lieferten die USA während des Zweiten Weltkrieges 13.303 Panzer, 427.284 Lastkraftwagen, weitere 40.000 Fahrzeuge aller Art, sonstige Rüstungsgüter, Lebensmittel und Rohstoffe an die Sowjetunion.

Bild rechte Seite: Deutsche Karikatur auf die Kriegsallianz USA-UdSSR. Selbstgefällig betrachtet Roosevelt die neue amerikanische Flagge, auf der die Stars durch die Sowjet-Symbole Hammer und Sichel ersetzt worden sind.

sung" auch in West- und Mitteleuropa eingeleitet.

AUGUST

1.8. Ostgalizien wird mit „Erlass über die Verwaltung der neu besetzten Ostgebiete" vom 17. 7. dem Generalgouvernement angegliedert.
1.8. Die USA verkünden ein Öl-Embargo, d.h. das Verbot der Ausfuhr von Öl und Flugbenzin in Länder außerhalb der westlichen Hemisphäre und des britischen Machtbereichs. Besonders die Japaner sind davon betroffen.
2.8. Beginn amerikanischer Materiallieferungen an die UdSSR.
3.8. Der Generalquartiermeister im OKH leitet die Bereitstellung von Winterbekleidung für das Ostheer ein.
3.8. Kardinal Graf von Galen prangert in einer Predigt in der Münsteraner Lamberti-Kirche die Euthanasie als Mord an.
4.8. Der Reichsarbeitsdienst für die weibliche Jugend erhält von Hitler neue Aufgaben auf dem Gebiet des Kriegseinsatzes der Frau zugewiesen. Die zum Arbeitsdienst eingezogenen Mädchen müssen nach Ableistung der Arbeitsdienstpflicht weitere sechs Monate Kriegshilfsdienst leisten.
4.8. Der Reichsminister der Finanzen verordnet die Anmeldung der sich im Gebiet des Deutschen Reiches befindenden Vermögenswerte der USA und ihrer Staatsbürger.
4.8. Über den Fortgang der Operationen meldet das OKW: „Die Masse der ostwärts Smolensk eingeschlossenen Kräfte der Sowjet-Wehrmacht ist nunmehr vernichtet. Der Rest steht vor der Auflösung.""
6.8. Hitler ordnet an: Die bisher bei vier verschiedenen Ministerien liegende Zuständigkeit für alle Aufgaben der Wasser- und Energiewirtschaft geht an den „Generalinspektor für Wasser und Energie" über, der die Stellung eines Reichsministers hat. Er betraut Dr. Fritz Todt mit der neuen Aufgabe.
6.8. Nach hartnäckigem Widerstand der Russen fällt Smolensk.
9.-12.8. „Atlantik-Charta": Der Präsident der USA Roosevelt und der britische Premier Churchill treffen sich auf dem US-Kreuzer „Augusta" und dem britischen Schlachtschiff „Prince of Wales" in der Argentia-Bucht (Neufundland). Sie erklären „gemeinsame Grundsätze der nationalen Politik ihrer Länder", von denen sie „eine bessere Zukunft für die Welt erhoffen". Außerdem wird beschlossen, dass die US-Atlantik-Flotte ab September die Sicherung der alliierten schnellen Nordatlantik-Konvois zwischen Neufundland und Island übernimmt.
11.8. Halder notiert in seinem Tagebuch: „In der gesamten Lage hebt sich immer deutlicher ab, dass der Koloss Russland, der sich bewusst auf den Krieg vorbereitet hat, mit der ganzen Hemmungslosigkeit, die totalitären Staaten eigen ist, von uns unterschätzt worden ist."
12.8. In einer Ergänzung zur „Weisung Nr. 34" werden als nächste Ziele für die Heeresgruppe Süd von Hitler die „Besitznahme" der Halbinsel Krim, des Donez-Gebietes und des Industriegebietes von Charkow genannt. Ein späterer Ansatz „über die Straße von Kertsch in Richtung auf Batum ist zu prüfen".
12. /13.8. Bisher schwerster britischer Luftangriff auf Berlin: 82 t Sprengbomben abgeworfen.
17.8. Zur Lage im Südabschnitt der Ostfront meldet das OKW: „Unter dem Druck der rastlosen Verfolgung ostwärts des Bug verfällt der geschlagene Feind immer mehr der Auflösung." Im Nordabschnitt erobert die 291. Infanterie-Division die Festung Narwa. Kingisepp wird genommen.
18.8. Nach Berechnungen der SKL ergibt es sich, dass nach fast zwei Jahren Krieg nicht nur keine Verkleinerung, sondern eine Vergrößerung der feindlichen Tonnage stattgefunden hat. Um Wirkung zu erzielen, wird eine monatliche Versenkungsziffer von 800.000 bis 1.000.000 BRT als notwendig erachtet.
21.8. Entgegen den Vorschlägen des Oberbefehlshabers des Heeres v. Brauchitsch und seines Generalstabschefs Halder befiehlt Hitler die Fortführung des Angriffs im Osten, im Nord- und Südteil der Front unter Verhalten in der Mitte.
22.8. Zwischen Spanien und Deutschland wird ein Abkommen geschlossen, das es Deutschland ermöglicht, in Spanien Arbeitskräfte zur Beschäftigung in Deutschland anzuwerben.
22.8. Das OKW meldet: „Nach zweimonatiger Dauer des Ostfeldzuges steht die deutsche Wehrmacht mit ihren Verbündeten in ungebrochener Kraft tief in Feindesland. An der gesamten Front sind die Operationen in vollem Fluss." Seit Beginn des Feldzuges seien 1.250.000 Gefangene eingebracht sowie 14.000 Panzerwagen, 15.000 Geschütze und 11.250 Flugzeuge zerstört worden.
23.8. General de Gaulle bildet sein „Provisorisches Komitee" in London zu einem „Nationalkomitee" um, dem ein beratender Nationalrat zur Seite tritt.
23.8. Der Hilfskreuzer „Orion" läuft nach einer 510-tägigen Kaperfahrt in die Gironde-Mündung ein. Er hat insgesamt 10 Schiffe mit 62.915 BRT versenkt, außerdem zwei weitere gemeinsam mit dem Hilfskreuzer „Komet".
24.8. Hitler hat die Einstellung der Euthanasie-Maßnahmen angeordnet. Nach einer am 27. 6. 1945 gefundenen Aufstellung wurden dabei 70.273 Menschen getötet.
25.8. Gemäß der Weisung Hitlers vom 21. August treten aus dem Bereich der Heeresgruppe Mitte die 2. Armee und die Panzergruppe 2 aus dem Raum Gomel-Starodub zum Angriff nach Süden an, um

die Einschließung der 5. Sowjet-Armee des Marschalls Budjenny östlich von Kiew einzuleiten.
25.8. Britische und sowjetische Truppen beginnen mit dem Einmarsch im Iran, dem von der iranischen Armee nur schwacher Widerstand entgegengesetzt wird.
25.-29.8. Besuch Mussolinis im ostpreußischen Führerhauptquartier „Wolfsschanze“: Er besucht mit Hitler die in der Ukraine eingesetzten drei italienischen Divisionen.
26.8. Eine von Hitler gebilligte Denkschrift des OKW stellt fest, dass der Feldzug gegen die UdSSR 1941 nicht mehr zu beenden ist und dass weitere Operationen auf 1942 verschoben werden müssen.
28.8. Von der finnischen Front wird die Vernichtung einer sowjetischen Kräftegruppe in Stärke von zwei Divisionen ostwärts Salla gemeldet.

SEPTEMBER

1.9. Die SPD lehnt im Exil eine Einheitsfrontaktion mit der KPD ab, da sie keine Anzeichen dafür sieht, dass sich bei der KPD Wesen und Zielsetzung wesentlich geändert hätten.
1.9. Zu Beginn des Monats wird im Südabschnitt der Ostfront um die Dnjepr-Brückenköpfe gekämpft, die eine Voraussetzung für die geplante Umfassungsschlacht östlich Kiew bilden sollen.
1.9.-31.10. Deutsche U-Boote versenken im Atlantik und im Mittelmeer 93 alliierte Handelsschiffe mit insgesamt 391.234 BRT.
2.9. Beratung über alliierte Hilfslieferungen an die UdSSR in Moskau. An der Konferenz nehmen der Amerikaner Hopkins und der Engländer Lord Beaverbrook teil.
3.9. Im KZ Sachsenhausen beginnen umfangreiche Exekutionen sowjetischer Kriegsgefangener mittels einer Genickschuss-Anlage.
4.9. Erstmals kommt es zu einem Zwischenfall zwischen deutschen und nordamerikanischen Seestreitkräften, als der US-Zerstörer „Greer“ und das deutsche U-Boot U-652 im Atlantik aufeinander stoßen. Als Antwort auf den Greer-Zwischenfall verkündet Roosevelt am 11.9. den sogenannten „Schießbefehl“ (shoot-on-sight-order) gegen alle Schiffe der Achsenmächte in Gewässern, „deren Schutz für die US-Verteidigung notwendig ist“.
5.9. Laut Verordnung im Reichsgesetzblatt dürfen sich Juden, die das sechste Lebensjahr vollendet haben, nicht mehr ohne Judenstern in der Öffentlichkeit zeigen.
5.9. Abschluss der Besetzung Estlands durch deutsche Truppen.
5.9. Deutsche Kampfflugzeuge greifen in der Nacht zum 5. September Suez an und versenken dort drei Handelsschiffe.
6.9. In der „Weisung Nr. 35“ erteilt Hitler der Heeresgruppe Mitte den Befehl, sich für den Angriff auf Moskau „möglichst bald“ (Ende September) vorzubereiten.
8.9. In den „Anordnungen für die Behandlung sowjetischer Kriegsgefangener“ formuliert das OKW: „... der bolschewistische Soldat hat jeden Anspruch auf Behandlung als ehrenhafter Soldat und nach dem Genfer Abkommen verloren.“
8.9. Im Nordabschnitt der Ostfront werden entscheidende Erfolge erzielt. Die 20. Infanterie-Division erobert Schlüsselburg und erreicht die Newa in breiter Front, wozu das OKW in einer Sondermeldung mitteilt: „Damit ist der deutsch-finnische Ring um Leningrad geschlossen und die Stadt nunmehr von allen Landverbindungen abgeschnitten.“
8.-10.9. Der ungarische Reichsverweser von Horthy besucht Hitler im ostpreußischen Führerhauptquartier „Wolfsschanze“: Er drängt Hitler, das ungarische „Schnelle Korps“ von der Ostfront abzuziehen und in die Heimat zu befördern.
8.-12.9. Als Gäste des „Reichskommissars für Altmaterialverwertung“ sind die Gausieger der „Schul-Altstoff-Sammlung“ (Deutschlands erfolgreichste Schüler im Sammeln von Knochen, Textilien, Altpapier und -metall) in Berlin.
11.9. Im Atlantik beenden Unterseeboote eine weitere Geleitzug-Schlacht gegen den Geleitzug SC-42. Es werden bis zum 11. 9. sechzehn Schiffe mit 65.409 BRT versenkt.
10.-13.9. In einem Kriegsspiel der japanischen Marine unter Leitung des OB der Vereinigten Flotte, Admiral Yamamoto, werden die japanischen Flottenoperationen gegen Pearl Harbor und die Südgebiete erprobt.
12./13.9. 111 britische Flugzeuge (von 116 gestarteten) werfen 135 t Bomben auf Frankfurt am Main.
15.9. Admiral Canaris protestiert beim OKW gegen die schlechte Behandlung sowjetischer Kriegsgefangener. Keitel lehnt ab: „Hier handelt es sich um die Vernichtung einer Weltanschauung.“
15.9. Die Entwicklung von Raketenwaffen in Peenemünde erhält „Sonderdringlichkeitsstufe“.
15./16.9. Das RAF Bomber Command greift Hamburg, Bremen, Cuxhaven und Wilhelmshaven an.
16.9. Nach längerem Schweigen über den Fortgang der Operationen im Osten meldet der Wehrmachtsbericht, dass „an den wich-

Bild linke Seite: „Confiance... ses amputations se poursuivent méthodiquement“ (Vertrauen ... seine Amputationen gehen kontinuierlich weiter). In Dakar, Mers el Kébir, Libyen, Ägypten, Somalia, Syrien, Norwegen und Deutschland sind die weltumschlingenden Fangarme des Polypen Churchill bereits abgehackt. Deutsches Propaganda-Plakat für das besiegte Frankreich.

Bild rechte Seite: Bekanntmachung des deutschen Militärbefehlshabers, des Generals Otto v. Stülpnagel, über Geiselerschießungen (vom 23. Oktober 1941).

tigsten Stellen Brückenköpfe über den breiten Unterlauf des Dnjepr gebildet“ seien, aus denen nunmehr die deutschen Divisionen „in breiter Front siegreich weiter nach Osten“ vorstießen.

17.9. Hitler lehnt die Marinewünsche hinsichtlich einer offensiveren Haltung gegenüber den USA ab. Entgegen der Wünsche der SKL ordnet Hitler die strikte Vermeidung aller Zwischenfälle mit USA-Schiffen an.

19.9. Die 6. deutsche Armee erobert Kiew.

19.9. Der Wehrmachtsbericht beziffert die seit dem 22. Juni an der Ostfront eingetretenen deutschen Verluste mit 84.354 Toten, 292.690 Verwundeten und 18.921 Vermissten beim Heer und 1.542 Toten, 3.980 Verwundeten und 1.378 Vermissten bei der Luftwaffe.

21.9. General von Thoma unterrichtet den Chef des Generalstabes des Heeres über die Weigerung der 17. Panzerdivision, gefangene Kommissare zu erschießen.

21.9. Gründung der NSDAP in Luxemburg.

21.-24.9. Schwere Angriffe des Stuka-Geschwaders 2 auf die Schiffe der Baltischen Flotte. Schlachtschiff „Marat“ vor Kronstadt auf Grund gesunken, Schlachtschiff „Oktjabrskaja revoljucija“, 2 Kreuzer, 6 Zerstörer, 1 Wachschiff und 4 U-Boote versenkt oder schwer beschädigt.

24.9. Im Südabschnitt der Ostfront eröffnet die 11. Armee den Angriff auf die Landenge von Perekop, um den Zugang zur Krim zu erzwingen.

27.4. Morgens um 9.25 Uhr dringen die Vorausabteilungen der 5. Panzer-Division in Athen ein. „Auf der Akropolis wurde die Hakenkreuzfahne gehisst“ (OKW).

25.9. Nach Abzug der Panzergruppe 4 für die geplanten Operationen im Mittelabschnitt der Ostfront meldet die Heeresgruppe Nord, dass sie mit den ihr verbleibenden Kräften den Angriff gegen Leningrad nicht fortsetzen könne.

27.9. SS-Obergruppenführer Reinhard Heydrich wird von Hitler mit der vertretungsweisen Führung der Geschäfte des Reichsprotektors in Böhmen und Mähren beauftragt. Am ersten Tag seiner Amtsführung werden 24 Exekutionen vorgenommen, am 30. 9. bereits 188.

29.9. Die jetzt unter dem Befehl von General der Infanterie von Manstein stehende 11. Armee erobert auf der Landenge von Perekop den „Tatarengraben“.

30.9. In Nordafrika ist die Lage weiterhin unverändert. Trotz deutscher Luftangriffe gelingt den Briten weiterhin die Versorgung des eingeschlossenen Tobruk sowie der Insel Malta.

30.9. Zur Einleitung der für den 2. Oktober festgesetzten Großoffensive im Mittelabschnitt der Ostfront tritt die Panzergruppe 2 unter Generaloberst Guderian zum Angriff an. Zielrichtung ist Orel.

OKTOBER

2.10. Beginn der großen Offensive in Richtung Moskau (Unternehmen „Taifun“): Die Heeresgruppe Mitte sowie weitere deutsche Verbände treten aus dem Raum nördlich

BEKANNTMACHUNG

Am Tage nach dem Verbrechen in Nantes, in den Abendstunden des 21. 10. 1941, haben feige Moerder, Soeldner Englands und Moskaus, einen deutschen Wehrmachtbeamten in Bordeaux hinterruecks niedergeschossen.

Die Taeter sind entkommen. Auch die Taeter von Nantes sind noch nicht in meiner Hand.

Zur Suehne des neuen Verbrechens habe ich wiederum zunaechst die Erschiessung von 50 Geiseln angeordnet.

Falls die Taeter nicht bis zum Ablauf des 26. Oktober 1941 ergriffen sind, werden weitere 50 Geiseln erschossen werden.

Fuer diejenigen Landeseinwohner, die zur Ermittlung der Taeter beitragen, setze ich eine Belohnung im Gesamtbetrag von

15 MILLIONEN FRANKEN

aus.

Zweckdienliche Mitteilungen, die auf Wunsch vertraulich behandelt werden, nimmt jede deutsche oder franzoesische Polizeidienststelle entgegen.

Paris, den 23. Oktober 1941.

Der Militärbefehlshaber in Frankreich
von STÜLPNAGEL
General der Infanterie.

AVIS

Au crépuscule du 21 Octobre 1941, un jour après le crime qui vient d'être commis à Nantes, de lâches assassins à la solde de l'Angleterre et de Moscou ont tué, à coups de feu tirés traîtreusement, un officier de l'Administration militaire allemande à Bordeaux.

Les assassins ont réussi à prendre la fuite. Les meurtriers de Nantes non plus ne sont pas encore entre mes mains.

Comme première mesure de représailles du nouveau crime j'ai ordonné une fois de plus de fusiller cinquante otages.

Si les meurtriers ne seraient pas saisis d'ici le 26 Octobre 1941 à minuit, 50 autres otages seront exécutés.

J'offre une récompense d'une somme totale de

15 MILLIONS DE FRANCS

aux habitants de la France qui contribueront à découvrir les coupables.

Toutes informations utiles pourront être déposées à n'importe quel service de police allemand ou français. Sur demande, ces informations seront gardées confidentielles.

Paris, le 23 Octobre 1941.

Der Militärbefehlshaber in Frankreich
von STÜLPNAGEL
General der Infanterie.

von Smolensk bis Orel zum Angriff an.

2.-20.10. Doppelschlacht bei Wjasma und Brjansk. Die Deutschen melden 673.000 Gefangene. 1.242 Panzer und 5.412 Geschütze aller Art werden erbeutet oder vernichtet.

3.10. Anlässlich der Eröffnung des Kriegswinterhilfswerks spricht Hitler im Berliner Sportpalast vor einer von Goebbels arrangierten „Volkskundgebung“: Er erklärt, „dass dieser Gegner (UdSSR) bereits gebrochen ist und sich nie mehr erheben wird“.

5.-10.10. „Schlacht am Asowschen Meer“ im Raum Tschernigowka. 18. sowj. Armee vernichtet.

7.10. Befehl des OKH an die Heeresgruppe Mitte zur Fortsetzung der Operationen in Richtung Moskau, die infolge des Einsetzens der Schlammperiode und des ersten Schneefalls wirkungslos bleiben.

7.10. Hitler verbietet die Annahme einer Kapitulation Moskaus. Am 14. 10. OKH-Befehl, Moskau eng einzuschließen.

8.10. Verluste des deutschen Ostheeres seit dem 22. 6. 1941: 564.727 Mann (16,61 % von 3,4 Millionen).

8.10. Erstmals erwähnt der Wehrmachtsbericht den „am 2. Oktober eingeleiteten Durchbruch in der Mitte der Ostfront“, der „zu einer neuen Folge gewaltiger Vernichtungsschlachten geführt“ habe. Allein im Raume von Wjasma seien mehrere sowjetische Armeen eingeschlossen.

9.10. Erklärung des Reichspressechefs Dr. Dietrich, dass „die militärische Entscheidung im Osten gefallen“ und Russland „erledigt“ sei.

10.10. Generalfeldmarschall von Reichenau, Oberbefehlshaber der 6. Armee, befiehlt, dass der deutsche Soldat als „Träger einer unerbittlichen völkischen Idee“ vor allem zwei Aufgaben zu erfüllen habe: „Die völlige Vernichtung der bolschewistischen Irrlehren des Sowjetstaates und seiner Wehrmacht und die erbarmungslose Ausrottung artfremder Heimtücke und Grausamkeit und damit die Sicherung des Lebens der deutschen Wehrmacht in Russland.“

10.10. In einer „Weisung Nr. 37“ erklärt Hitler, dass die „Angriffskraft der verfügbaren Verbände“ nicht mehr ausreiche, um Murmansk noch vor Einbruch des Winters zu nehmen. Der Angriff in Nordfinnland wird daher eingestellt.

13.10. Die deutsche Industrie erklärt sich bereit, nach dem Krieg ein Drittel des sozialen Wohnungsbaus zu finanzieren.

13.10. Im Südabschnitt der Ostfront bildet das III. Panzerkorps Brückenköpfe über den Mius. Im Mittelabschnitt nähert sich die Kesselschlacht um Wjasma ihrem Ende. Im Kessel von Brjansk wird noch hart gekämpft. Die Panzergruppe 3 stößt bis Kalinin vor.

14.10. An der Ostfront beginnt sich das Herbstwetter mit dem Einbruch der Schlammperiode hemmend auf die deutschen Operationen auszuwirken. Vor allem entstehen erhebliche Nachschubschwierigkeiten.

15.10. Die Einsatzgruppe A meldet die Liquidierung von bisher 125.000 Juden und 5.000 anderen Personen in der Sowjetunion.

15.10. Nach dem Bericht des OKW hat „die Gesamtzahl der seit Beginn des Ostfeldzuges eingebrachten sowjet-russischen Gefangenen ... schon jetzt die Höhe von drei Millionen weit überschritten“.

16.10. Die sowjetische Regierung und das diplomatische Korps verlassen Moskau und siedeln nach Kujbyschew an der Wolga über.

16.10. Die 4. rumänische Armee besetzt mit Unterstützung deutscher Sonderverbände das von sowjetischen Streitkräften über See geräumte Odessa.

18.10. Nach dem Rücktritt des japanischen Kabinetts Konoye bildet der bisherige Kriegsminister General Tojo eine neue Regierung. Der Kaiser gibt dem neuen Kabinett freie Hand zur Überprüfung der japanischen Politik.

Kreta, leuchtendes Sinnbild unvergleichlichen deutschen Soldatentums

Ärmelband Kreta

Der Führer hat die Schaffung eines Ärmelstreifens „Kreta“ als Kampfabzeichen genehmigt. Das Abzeichen wird am linken Unterärmel der Uniform getragen.

Von den Angehörigen des Heeres kommen alle Soldaten für die Verleihung in Betracht, die bis einschließlich 27. Mai 1941 auf der Insel abgesprungen oder gelandet sind. Soldaten, die mit leichten Schiffsstaffeln am 19. Mai 1941 in See gegangen sind und am Seegefecht bei der Insel teilgenommen haben.

Das Ärmelband Kreta verleiht für alle Angehörigen des Heeres der Oberbefehlshaber der XII. Armee.

19.10. Stalin lässt in Moskau den Belagerungszustand ausrufen.

19.10. In einer Sondermeldung teilt das OKW das Ende der Doppelschlacht von Brjansk und Wjasma mit: „Unter dem Oberbefehl des Generalfeldmarschalls von Bock haben Truppen des deutschen Heeres in engstem Zusammenwirken mit der Luftflotte des Generalfeldmarschalls Kesselring die sowjetische Heeresgruppe des Marschalls Timoschenko ... vernichtet.“

20.10. Beginn der Vorbereitungen der japanischen Marine für einen Überraschungsangriff auf Pearl Harbor für den Fall des Scheiterns der Verhandlungen mit den USA.

21.10. Als Repressivmaßnahme gegen die Ermordung eines deutschen Offiziers in Nantes werden 50 französische Geiseln erschossen. In den folgenden Monaten weitere Verschärfung der Repressalien.

22.10. Die 11. Armee steht weiterhin in schweren Kämpfen um die Zugänge zur Halbinsel Krim. Die 6. Armee erreicht den Westrand von Charkow.

23.10. Beginn einer zehntägigen Konferenz zwischen der japanischen Regierung und den Oberkommandos von Armee und Marine zur Festlegung der zukünftigen Politik.

23.10. Zum Angriff in der Heeresmitte meldet das OKW: „Trotz schwieriger Witterungsverhältnisse wurde die äußere Verteidigungsstellung der sowjetischen Hauptstadt in den letzten Tagen von Südwesten und Westen her in breiter Front durchbrochen. Unsere Angriffs-

Bild linke Seite: „Ärmelband Kreta“. Verliehen wurde diese Auszeichnung an alle Soldaten für ihren „ehrenvollen“ Einsatz bei der Eroberung Kretas, die dort bis zum 27. Mai 1941 abgesprungen oder gelandet waren.

Bild rechte Seite: Besitzzeugnis für die „Ost-Medaille“ des Gefreiten Haase der Bäckerei-Kompanie 195. Die Ost-Medaille, von Hitler am 26. Mai 1942 gestiftet, im Landser-Jargon ironisch-bitter „Gefrierfleisch-Orden“ genannt, wurde am farbigen Band im Knopfloch verliehen: „rot wie Blut, weiß wie Schnee und schwarz wie die Trauer um die Toten“.

spitzen haben sich stellenweise bis auf 60 km an Moskau herangekämpft."

24.10. Erster Operationsentwurf für eine deutsche Offensive in Richtung Kaukasus in der Operationsabteilung des Heeresgeneralstabs fertiggestellt.

24.10. Die 6. Armee nimmt Charkow: „Eines der wichtigsten Wirtschafts- und Rüstungszentren der Sowjetunion ist damit in deutscher Hand" (OKW).

26.10. Da die deutschen U-Boote im Mittelmeer nicht die gewünschte Wirkung erreichen, tritt Admiral Dönitz für die Rückverlegung in den Atlantik ein. Hitler wünscht zur Sicherstellung der Nachschubwege des Afrikakorps einen verstärkten U-Boot-Einsatz im Mittelmeer.

26. /27.10. 78 britische Flugzeuge werfen 103 t Bomben auf Hamburg.

27.10. Der 11. deutschen Armee gelingt der Durchbruch durch die Landenge von Perekop.

28.10. Am Südflügel der Ostfront dringt die 17. Armee in Slawjansk ein und erreicht den Donez. Am Nordflügel überschreitet die 16. Armee bei Selisharewo die Wolga.

29.10. Das OKW meldet, dass Infanterie-Divisionen „den Zugang zur Halbinsel Krim erzwungen" haben. In der Zeit vom 18. bis 28. Oktober seien hierbei 15.700 Gefangene eingebracht worden. Die Verfolgung des geschlagenen Feindes sei aufgenommen worden.

31.10. Bei Versuchsflügen mit dem Raketen-Jäger Messerschmitt Me 163 erreicht H. Dittmar erstmals die Geschwindigkeit von 1.000 km/h.

31.10. Keitel ordnet die „umfangreiche" Verwendung sowjetischer Kriegsgefangener in der Rüstungsindustrie an, denn „der Mangel an Arbeitskräften wird zu einem gefahrbedrohenden Hemmnis für die künftige deutsche Kriegs- und Rüstungswirtschaft".

31.10. 76 britische Flugzeuge werfen 93 t Bomben auf Hamburg.

NOVEMBER

3.11. Nach dem OKW-Bericht wurden bei den „Durchbruchs- und Verfolgungskämpfen auf der Krim" bisher 53.175 Gefangene eingebracht.

Feodosia wird genommen und der Durchbruch in Richtung Kertsch eingeleitet.

5.11. Der japanische Kronrat beschließt für den Fall, dass bis zum 25. 11. keine Einigung mit den USA erreicht wird, den Krieg durch einen japanischen Angriff auszulösen. Zur Unterstützung des japanischen Botschafters in Washington, Nomura, wird der frühere Botschafter in Berlin, Kurusu, als Sondergesandter nach Washington geschickt.

5.11. Im Südabschnitt der Ostfront tritt die 1. Panzer-Armee zu einem neuen Angriff in Richtung Rostow an, der durch die schlechte Wetterlage jedoch stark behindert wird.

6.11. Der frühere sowjetische Außenkommissar Litwinow wird Botschafter in Washington.

7.11. Hitler erklärt, die Besetzung des sowjetischen Ölgebiets im Kaukasus werde bis 1942 zurückgestellt.

7.11. Im Südabschnitt der Ostfront wird der deutsche Vormarsch durch die Verschlammung der Wege aufgehalten. Hinter der mittleren Heeresfront verstärkt sich die Partisanentätigkeit.

7./8.11. Die RAF setzt 400 Bomber gegen Deutschland ein: Berlin, Mannheim, das Ruhrgebiet und Köln werden bombardiert.

8.11. Das OKW lässt eine Flaschensammlung für die Soldaten durchführen, um die Getränkeversorgung der Front sicherstellen zu können.

9.11. Rommel muss mangels Nachschub den Kampf um Tobruk abbrechen.

10.11. In der Nacht zum 10. November greifen schwächere britische Luftstreitkräfte Hamburg, Cuxhaven und Emden an.

11.11. „Auf der Krim sind die deutschen und rumänischen Truppen in weiterem Vordringen gegen Sewastopol und Kertsch" (OKW).

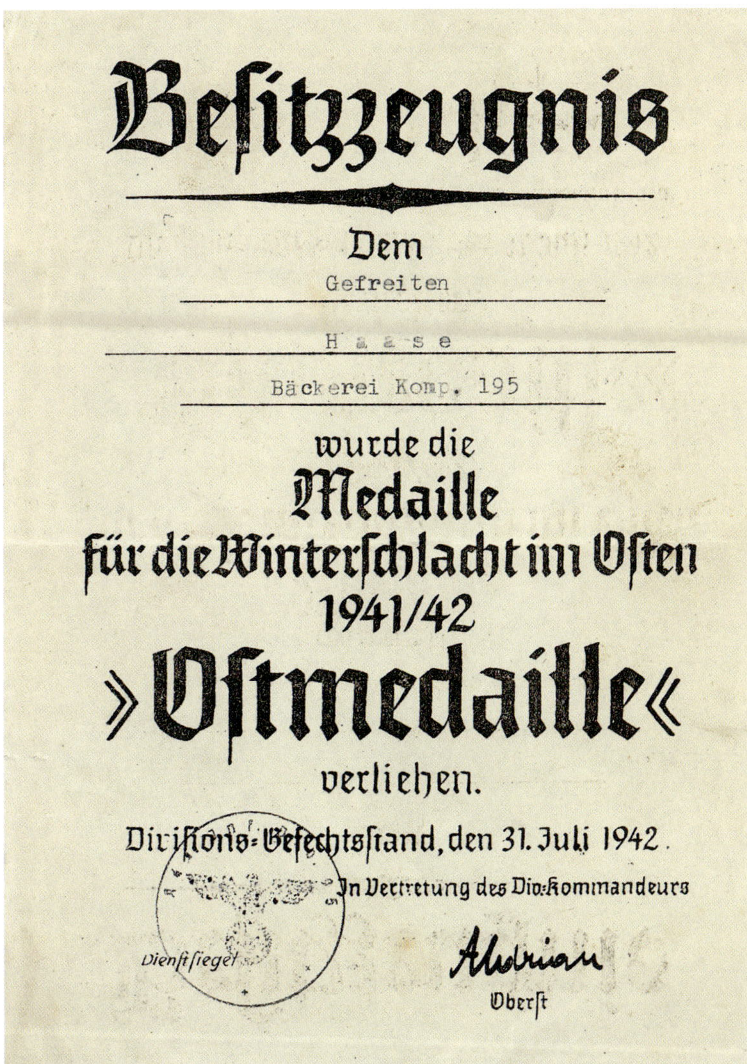
Besitzzeugnis

Dem
Gefreiten
Haase
Bäckerei Komp. 195

wurde die
Medaille
für die Winterschlacht im Osten
1941/42
»Ostmedaille«
verliehen.

Divisions-Gefechtsstand, den 31. Juli 1942

Dienstsiegel

In Vertretung des Div.-Kommandeurs
Adrian
Oberst

13.11. Änderung des amerikanischen Neutralitätsgesetzes: Es gestattet Handelsschiffen das Befahren der Kriegszone und ordnet die Bewaffnung der Schiffe an.

14.11. U 81 versenkt bei Gibraltar den britischen Flugzeugträger „Ark Royal".

15.-17.11. Nach dem Abklingen der Schlammperiode und dem ersten Frost Beginn der zweiten Phase der Schlacht um Moskau.

16.11. Die 11. Armee erobert Kertsch. Damit ist der Ostteil der Krim in deutscher Hand. Die Zahl der russischen Gefangenen wird mit 101.600 Mann angegeben.

17.11. Freitod des Generalluftzeugmeisters Generaloberst Ernst Udet, aus Verzweiflung über die Fehlentwicklung der deutschen Luftwaffe. Der Öffentlichkeit wird mitgeteilt, er sei bei der „Erprobung einer neuen Waffe" abgestürzt. Hitler ordnet ein Staatsbegräbnis an und verleiht dem Jagdgeschwader III Udets Namen.

18.11. In Nordafrika tritt die britische 8. Armee zur Offensive im Raum von Sollum an, um das eingeschlossene Tobruk zu ersetzen. Sie steht unter dem Befehl von General Cunningham. Die Panzergruppe Afrika unter General der Panzer Rommel verfügt über die 15. und die 21. Panzer- und die 90. Leichte Division. Dazu kommen sieben italienische Divisionen unter General Bastico.

18.11. Hilfskreuzer „Kormoran" versenkt vor der nordwestaustralischen Küste den australischen Kreuzer „Sydney", muss aber nach Treffern aufgegeben werden. Hat 11 Schiffe mit insges. 68.274 BRT versenkt.

21.11. Die 1. Panzer-Armee unter Generaloberst von Kleist erobert Rostow. „Damit ist ein Handels- und Verkehrszentrum in unsere Hand gefallen, das für die Weiterführung des Krieges von besonderer Bedeutung ist", heißt es dazu im Wehrmachtsbericht.

22.11. Der Hilfskreuzer „Atlantis" unter Kapitän zur See Rogge wird nördlich Ascension bei der Versorgung des U 126 durch den britischen Schweren Kreuzer „Devonshire" überrascht und versenkt sich selbst. Er hat auf seiner Kaperfahrt 22 Schiffe mit 145.697 BRT versenkt.

22.11. Bei Breslau stürzt der Inspekteur der Jagdflieger Oberst Werner Mölders ab. Hitler ordnet ein Staatsbegräbnis an.

22.11. Nördlich von Rostow schwere Gegenangriffe der Sowjet-Armee gegen den deutschen Angriffskeil. An der Front vor Moskau gehen die schweren Angriffskämpfe unter Leitung des Generalfeldmarschalls von Bock weiter.

25.11. Das britische Schlachtschiff „Barham" wird westlich Kreta von U 331 (Tiesenhausen) mit einem Vierer-Torpedofächer versenkt.

25.11. Präsident Roosevelt entschließt sich zum Abbruch der Verhandlungen mit Japan und lässt dem japanischen Botschafter am 26. 11. eine für Japan unannehmbare Note überreichen.

25.11. Auf Anordnung Hitlers wird der Antikominternpakt von 1936 in Berlin mit einem „Staatsakt von weltgeschichtlicher Bedeutung" um weitere fünf Jahre verlängert. Neue Beitritte: Bulgarien, Kroatien, Dänemark, Finnland, National-China, Rumänien und die Slowakei.

26.11. Die japanische Pearl-Harbor-Angriffsgruppe mit 6 Trägern, 2 Schlachtschiffen, 3 Kreuzern und 9 Zerstörern sowie 8 großen Tankern läuft von der Hittokappu-Bucht auf den Kurilen aus.

27.11. „Kriegswarnung" an die Befehlshaber der US-Außenstützpunkte im Pazifik.

27.11. Die Sowjet-Armee tritt zum konzentrischen Gegenangriff gegen den deutschen Frontvorsprung bei Rostow an. Im Angriff auf Moskau erreicht die 2. Panzer-Division die Gegend von Krasnoje Poljanka, 22 km nordwestlich der sowjetischen Hauptstadt.

28.11. Kapitulation der letzten italienischen Streitkräfte in Äthiopien bei Gondar. 23.000 Gefangene.

28.11. Angesichts schwerer sowjetischer Angriffe leitet die Panzergruppe 1 eine Zurücknahme der Front aus dem Raum von Rostow ein. Im Angriff auf Moskau bildet die 7. Panzer-Division einen Brückenkopf über den Moskwa-Kanal bei Jachroma.

29.11. Vor Moskau wird der Brückenkopf von Jachroma vor heftigen sowjetischen Angriffen wieder geräumt. Die 14. Infanterie-Division erreicht den Moskwa-Kanal bei Dmitrow.

29.11. Hitler kehrt aus Berlin in sein Hauptquartier „Wolfsschanze" zurück. Dem Oberbefehlshaber der Heeresgruppe Süd, Generalfeldmarschall von Rundstedt, erteilt er sofort telegrafisch den Befehl, den Rückzug einzustellen: „Bleiben Sie, wo Sie sind. Kein Rückzug mehr!"

30.11. Stalin billigt den Operationsentwurf des Chefs des sowjetischen Generalstabs Marschall Schaposchnikow für eine Gegenoffensive vor Moskau.

Ende November. Versuch der deutschen Opposition (Beck, Wirmer, Kaiser), über den Leiter des Berliner Büros von Associated Press, Louis P. Lochner, Verbindung zu Präsident Roosevelt herzustellen. Lochners Bemühungen scheitern wegen der deutschen Kriegserklärung an die USA.

DEZEMBER

1.12. Der japanische Kronrat entscheidet sich für den Krieg gegen die USA, Großbritannien und die Niederlande.

1.12. Der Oberbefehlshaber der Heeresgruppe Mitte, Generalfeldmarschall v. Bock, meldet, dass nur noch kleinere, örtliche Erfolge zu erreichen seien. Der Zeitpunkt sei „sehr nahe gerückt, in dem die Kraft der Truppe völlig erschöpft ist".

1.12. Hitler enthebt den Oberbefehlshaber der Heeresgruppe Süd, Generalfeldmarschall von Rundstedt, seines Postens und ersetzt ihn durch den bisherigen Oberbefehlshaber der 6. Armee, Generalfeldmarschall von Reichenau.

5.12. Die sowjetische „Kalinin-Front" unter Generaloberst Konjew tritt zur Offensive an.

5.12. Generalfeldmarschall von Bock meldet, dass die Kraft der Heeresgruppe Mitte erschöpft sei. Der Angriff der Panzergruppen 3 und 4 wird eingestellt. – Der Oberbefehlshaber des Heeres, Generalfeldmarschall von Brauchitsch, reicht seinen Rücktritt ein.

6.12. Die sowjetische „Westfront" unter Armeegeneral Schukow tritt zur Gegenoffensive an.

7.12. Der General der Panzertruppen Rommel entschließt sich, den

Bild linke Seite: „Präsident Dracula". Japanisches Kriegsplakat, das in Roosevelt den blutgierigen Vampir sieht. Auch wenn Roosevelt bewusst einen Krieg mit Japan in Kauf nahm, so ist die revisionistische These, er habe von dem japanischen Überfall auf Pearl Harbor gewusst und dort Tausende in einem provozierten Angriff sterben lassen, um endlich auch offiziell in den Krieg eingreifen zu können, von der seriösen Geschichtsschreibung überzeugend widerlegt worden.

Bild rechte Seite: Da Roosevelt wusste, dass die Mehrheit der amerikanischen Bevölkerung eindeutig gegen einen Kriegseintritt der USA eingestellt war, führte er den Wahlkampf 1940 für seine dritte Amtsperiode ebenso bestimmt wie irreführend unter dem Motto, „that American boys would not be sent into foreign wars" („dass amerikanische Jungs nicht in ausländischen Kriegen eingesetzt würden"). Mit dem japanischen Überfall auf Pearl Harbor am 7. Dezember 1941 war die Zeit der Isolationisten vorbei. Kriegsbereitschaft – wie dieses Plakat von 1942 zeigt – beherrschte fortan die Öffentlichkeit. „This is America ... where men have left their peacetime jobs to defend the liberties that are their birthright, where the might of a free people is marching toward victory. This is your America ... Keep it Free!" („Das ist Amerika ... wo die Männer ihre Arbeitsplätze der Friedenszeit verlassen haben, um die Freiheiten, die ihr Geburtsrecht sind, zu verteidigen, wo die Macht eines freien Volkes dem Sieg entgegenmarschiert. Das ist dein Amerika ... Lass es frei bleiben!")

Kampf um Tobruk abzubrechen, als sich herausstellt, dass das für den Gegenangriff vorgesehene italienische motorisierte Korps nicht rechtzeitig eintreffen kann.

7.12. 07.00 Uhr Ortszeit: überraschender Angriff der Japaner (sonntags, ohne Kriegserklärung) auf Pearl Harbor, den Hauptstützpunkt der US-Pazifik-Flotte auf Hawaii. 19 Schiffe werden versenkt oder durch schwere Beschädigung außer Gefecht gesetzt, 188 Flugzeuge zerstört, 2403 Offiziere und Mannschaften getötet, 1178 verwundet.

8.12. Kriegserklärung der Vereinigten Staaten und Großbritanniens an Japan.

8.12. Der deutschen Öffentlichkeit wird das Ende der deutschen Offensive an der Ostfront durch den Wehrmachtsbericht wie folgt bekannt gegeben: „Die Fortsetzung der Operationen und die Art der Kampfführung im Osten sind von jetzt ab durch den Einbruch des russischen Winters bedingt. Auf weiten Strecken finden nur noch örtliche Kampfhandlungen statt."

8.-10.12. Japanischer Luftangriff schaltet die U.S. Luftwaffe auf Luzon aus. Erste Landungen japanische Truppen im Norden Luzons und auf Mindanao sowie bei Kuantan in Malaya. Die zum Gegenangriff aus Singapur ausgelaufenen britischen Schlachtschiffe „Prince of Wales" und „Repulse" werden von japan. Flugzeugen versenkt.

9.12. Die sowjetische Gegenoffensive an der Ostfront weitet sich aus. Jelez geht wieder verloren. Im Nordabschnitt räumt die 16. Armee Tichwin und geht auf den Wolchow zurück. Das OKW meldet: „An der Ostfront nur örtliche Kampfhandlungen."

10.12. Im Hause Manfred von Ardennes erläutert Otto Hahn die Herstellung einer Atombombe.

10.12. Die Lage an der Ostfront entwickelt sich kritisch. Die sowjetische Südwestfront unter Marschall Timoschenko durchbricht die 2. deutsche Armee bei Liwny. Westlich Tula klafft eine breite Frontlücke. Vor Moskau erobert die 20. Sowjet-Armee Solnetschnogorski zurück.

11.12. Abkommen zwischen Deutschland, Italien und Japan über die gemeinsame Kriegsführung und die Verpflichtung, „ohne volles gegenseitiges Einverständnis weder mit den USA noch mit England Waffenstillstand oder Frieden zu schließen".

11.12. 15.00 Uhr: Hitler verkündet im Reichstag die deutsche Kriegserklärung an die USA. Italien folgt.

11.-31.12. Deutsche U-Boote versenken im Atlantik und im Mittelmeer 42 alliierte Handelsschiffe mit insgesamt 193.315 BRT.

13.12. In Riga finden Massenhinrichtungen deutscher Juden statt, sogen. „Rigaer Blutsonntag".

14.12. Die 9. Armee gibt Kalinin auf.

14.12. In Nordafrika greift die britische 8. Armee die Gazala-Stellung an, die gehalten werden kann.

15.12. Im Mittelmeer versenkt U 557 den britischen Leichten Kreuzer „Galatea". 12 deutsche U-Boote versenken in diesem Monat 67.603 BRT.

16.12. Hitler fordert die Soldaten der Ostfront zu „fanatischem Widerstand" auf.

16.-22.12. Landungen der Masse der japanischen 25. Armee in Malaya und von mehreren Kampfgruppen auf Borneo. Am 21. /22. Dez. Landung der 14. Armee in der Lingayen-Bucht auf Luzon.

17.12. Erster systematischer Angriff der 11. Armee gegen Sewastopol, der aber nach den Landungen starker sowjetischer Kräfte am 25. /26. und 28. /29. Dez. bei Kertsch und Feodosia abgebrochen werden muss.

18.-25.12. Endkampf um Hongkong. Im Hafen erbeuten die Japaner 26 mehr oder weniger beschädigte Schiffe mit 52.604 BRT.

19.12. Der Oberbefehlshaber des Heeres, Generalfeldmarschall v. Brauchitsch, wird von Hitler verabschiedet, der den Oberbefehl über das Heer selbst übernimmt. Hitler: „Das bisschen Operationsführung kann jeder machen."

22.12. Generalfeldmarschall von Brauchitsch verabschiedet sich mit einem Tagesbefehl von den Soldaten des Heeres. Er schließt mit dem Wort: „Stahlhart den Willen, vorwärts den Blick! Alles für Deutschland!"

23.12. Das Deutsche Afrika-Korps räumt Benghasi.

23.12. In einer Verordnung zum „Schutz der Sammlung von Wintersachen für die Front" droht Hitler jedem, der sich an diesen Sachen „bereichert oder solche Sachen sonst ihrer Verwendung entzieht", die Todesstrafe an. Die Verordnung tritt mit ihrer Verkündung durch den Rundfunk in Kraft.

24.12. Hitler ordnet eine bessere Behandlung der sowjetischen Kriegsgefangenen an, um eine möglichst große Zahl im Reichsgebiet auch tatsächlich zum Arbeitseinsatz zu bringen.

24.-28.12. Britischer Raid gegen die Lofoten zur Zerstörung von Anlagen. 5 Frachter versenkt. Der Raid löst Befürchtungen Hitlers vor britischen Landungen in Norwegen aus, der U-Boote zur Sicherung Norwegens aufstellen lässt.

25.12. Generaloberst Guderian, Oberbefehlshaber der 2. Panzer-Armee, wird von Hitler abgelöst. Nachfolger ist General der Panzertruppen Schmidt.

27./28.12. 96 britische Flugzeuge werfen 126 t Bomben auf Düsseldorf.

28.12. Hitler begründet in einem Befehl an das Ostheer die Notwendigkeit der Verteidigung bis zum letzten Einsatz und gibt „Richtlinien für die Kampfführung".

29.12. In der Nacht zum 29. Dezember greifen britische Bomber mit Schwerpunkt Emden sowie Industriewerke in Hüls bei Krefeld an.

30.12. In Nordafrika Kämpfe im Raum von Agedabia. Die eingeschlossenen Stützpunkte Bardia und Sollum werden weiter verteidigt.

Nach Belgrad und Athen

Der griechische General und Ministerpräsident Joannis Metaxas hätte eigentlich gut als Dritter im Bunde zu Hitler und Mussolini gepasst. Seit 1936 regierte er diktatorisch, ließ politische Gegner einsperren, ausweisen oder erschießen, sympathisierte mit Deutschland und imitierte Gestapo (Asfalia) und Hitlerjugend (Ethniki Neoloa).

Aber am 28. Oktober 1940 wurde der damals 69jährige um 3 Uhr früh auf dringendes Ersuchen des italienischen Gesandten Emmanuele Grazzi geweckt. „Hätte das nicht Zeit bis zum ersten Licht des Tages gehabt?“ fragte er den Besucher unwirsch. Dann überflog er das Papier, das Grazzi ihm überreichte. Es war ein Ultimatum: Innerhalb drei Stunden, bis 6 Uhr früh, sollte Griechenland sich bereit erklären, italienischen Truppen die Besetzung von nicht näher bezeichneten strategischen Punkten innerhalb seines Staatsgebietes zu gestatten.

Metaxas warf das Blatt auf seinen Schreibtisch und sagte, ohne eine Sekunde zu zögern: „Oxi“ („Nein!“). Schon zweieinhalb Stunden später stießen die ersten Truppen des Duce, ohne das Ablaufen des Ultimatums abzuwarten, aus dem italienisch besetzten Albanien vor. Noch ein paar Stunden später, kurz vor 11 Uhr, lief Benito Mussolini aufgeregt auf einem Bahnsteig in Florenz auf und ab. Er erwartete den Sonderzug seines Verbündeten Adolf Hitler. Immer wieder fragte er seine Begleitung, ob noch keine Siegesmeldungen von der griechischen Front vorlägen. Sie blieben aus, und so konnte er dem deutschen Diktator nur mit den Worten entgegentreten: „Führer, wir sind auf dem Vormarsch!“

Noch war der Duce überzeugt, die schlecht gerüsteten Griechen in zehn Tagen niederwerfen zu können.

Zumindest eines schien ihm sicher: Das griechische Volk, durch jahrelange innenpolitische Auseinandersetzungen zerrissen, würde zu keiner geschlossenen Anstrengung fähig sein. Gab es nicht einflussreiche Gruppen in Athen, die von seinem Außenminister und Schwiegersohn Ciano mit beträchtlichen Summen geschmiert wurden? War Joannis Metaxas nicht bei den meisten politischen Gruppen, von den Kommunisten über die Royalisten bis zu den liberal-probritischen Anhängern des vertriebenen Eleutherios Venizelos, bis aufs Blut verhasst?

Die englische Schriftstellerin Olivia Manning erlebte den 28. Oktober in Athen. Durch das Geheul von Sirenen aufgeschreckt, eilte sie in die Halle ihres Hotels: „Der Portier brüllte ins Telephon, aber als er uns die Treppe hinabkommen sah, warf er den Hörer beiseite und rief: ‚Griechenland ist im Krieg ... Wir sind eure Verbündeten. Wir kämpfen mit euch.“ Und während sich immer mehr Gäste um die Rezeption drängten, erzählte der Portier die Geschichte vom nächtlichen Besuch des italienischen Gesandten bei Metaxas und der kurzen Antwort des griechischen Ministerpräsidenten. Olivia Manning: „ ‚Oxi‘, sagte der Portier und schlug im Takt mit der Faust auf den Tisch: ‚Oxi, oxi, oxi!‘ “

Bitter war dies für Mussolini, viel bitterer für seine Soldaten, die zu Tausenden im eisigen Pindos-Gebirge zugrunde gehen sollten: Der Nationalstolz der Griechen war stärker als die inneren Gegensätze. Und es ist eine weitere Ironie der Geschichte, dass es der im Grunde urbanere, menschlichere der beiden Achsen-Diktatoren war, der ohne Not den Krieg auch auf dem Balkan entfesselte.

Für Hitler jedenfalls bedeutete das sich rasch abzeichnende militärische Scheitern Mussolinis auf dem Balkan eine empfindliche Beeinträchtigung der seit geraumer Zeit laufenden Vorbereitungen für das Unternehmen „Barbarossa“, den Feldzug gegen die Sowjetunion. Denn nun sah er sich gezwungen, noch vor „Barbarossa“ das in Folge der italienischen Aggression auf dem Balkan stationierte britische Expeditionskorps zu vertreiben. Stichwort: „Marita“.

Britische Luftstützpunkte in Griechenland waren eine gefährliche Bedrohung für die rumänische Erdölproduktion in Ploesti, ohne deren Sprit die gewaltige deutsche Militärmaschinerie weitgehend gelähmt wäre. Daneben galt es, den italienischen Verbündeten vor einer Niederlage zu bewahren, die sich das Reich schon aus Gründen des militärischen Prestiges der Achsenmächte nicht leisten konnte.

So herrschte am Morgen des 27. März 1941 sowohl in der Berliner Reichskanzlei, wo sich Hitler aufhielt, als auch im OKW in Zossen lebhafte, aber durchaus normale Geschäftigkeit.

Und dann verwandelte, am frühen Vormittag, eine Meldung die Situation schlagartig. Die Meldung lautete: Staatsstreich in Jugoslawien. Hitler, dem sie buchstäblich auf nüchternen Magen vorgelegt wurde, war völlig perplex. „Ich habe es zunächst nicht glauben wollen, hab’s für einen Irrtum gehalten“, erzählte er später. Er forderte Bestätigung, bekam sie rasch, und dann wurde er wütend.

Denn es war gerade zwei Tage her, dass Jugoslawien dem sogenannten Dreimächtepakt beigetreten war, unter Druck zwar, aber immerhin.

Bild linke Seite: Deutsche Truppen mit Panzerwagen in einem jugoslawischen Dorf. Im Zusammenwirken von Luft- und Panzerwaffe wurde der Vielvölkerstaat in zwölf Tagen überrannt. Griechenland, obwohl von britischen Truppen unterstützt, brach nach wenigen Wochen zusammen.

Bild rechte Seite oben: Nach der Unterzeichnung des Dreimächtepaktes zwischen Deutschland, Italien und Japan am 27. September 1940 verliest Ribbentrop (stehend) eine Erklärung der Reichsregierung. Neben ihm Adolf Hitler, Graf Ciano, Botschafter Kurusu. In der zweiten Reihe, links neben Ribbentrop, Staatsminister Dr. Otto Meißner, Chef der Präsidialkanzlei unter Ebert, Hindenburg und Hitler. Ebenso wichtig wie die Einigung dieser „Großen drei“ war es für Hitler, die „drei Kleinen“ auf dem Balkan – Rumänien, Bulgarien und Jugoslawien – in den Dienst der deutschen Interessen zu stellen, und zwar als Voraussetzung für Deutschlands Eingreifen in Südost-Europa wie für die geplante baldige Auseinandersetzung mit der Sowjetunion.

Bild rechte Seite unten: Der rumänische Marschall Ion Antonescu (rechts), der Rumänien an die Seite der Achsenmächte führte; neben ihm der 19jährige König von Rumänien, Michael.

Jugoslawien war territoriale Unversehrtheit garantiert worden, nicht einmal Durchmarschrechte hatte das Reich verlangt. Alles war frisch unterschrieben, der letzte Unsicherheitsfaktor auf der Südflanke schien beseitigt – und nun das! Da hatten also zwei Generale, Mircovic´ und Simovic´ , über Nacht den Prinzregenten Paul abgesetzt, den minderjährigen König Peter zum neuen Staatsoberhaupt ausgerufen, und in den Straßen von Belgrad jubelten die Menschen: „Lieber Krieg als Pakt!“

Hitler empfand das als einen persönlichen Affront, als Verrat und überdies als Ärgernis – die mühsam zustande gebrachte Ruhe auf der Südflanke war dahin. Dementsprechend war seine Reaktion. Generalstabschef Halder, der an diesem Morgen in Zossen mit seinem Stab über Feinheiten des Operationsplanes „Barbarossa“ brütete, wurde durch einen Anruf aus seiner Arbeit gerissen. Er möge auf dem schnellsten Wege in die Reichskanzlei kommen und sich beim Führer melden. Der verdutzte Halder traf gegen Mittag in Berlin ein, sah sich in der Reichskanzlei nicht nur Hitler, sondern auch Reichsmarschall Göring und Außenminister von Ribbentrop gegenüber. Er erfuhr sofort, worum es ging: Jugoslawien muss „so rasch als möglich zerschlagen werden“ – so wörtlich die Führerweisung vom gleichen Tag.

Der Feldzug gegen Jugoslawien sollte dabei, so hatte es Hitler befohlen, mit einem gewaltigen Schlag der Luftwaffe beginnen. Hitler hatte, wörtlich, befohlen, „die Hauptstadt Belgrad zu zerstören“, ein zweifellos terroristischer Befehl und sicherlich auch so gemeint: Hitler wollte Rache, weil er sich in seinen Plänen gestört fühlte. Der für den Luftwaffenangriff gewählte Deckname zeigt das deutlich, er lautete „Vergeltung“.

Hitler wollte also, ohne jede Rücksicht auf die Zivilbevölkerung, die jugoslawische Hauptstadt zerstören, nur – der für den Angriff verantwortliche Oberbefehlshaber der Luftflotte 4, der General der Flieger Alexander Löhr, wollte das nicht. Die tatsächlichen Angriffsbefehle, die er den Geschwaderkommodoren mündlich am Vorabend gab, nannten ausschließlich militärische Ziele.

Und so wurde auch gebombt. Nachdem zunächst in kurzen, aber erbitterten Luftkämpfen die schwache jugoslawische Jagdabwehr ausgeschaltet worden war – ein seltsames Bild, denn die Jugoslawen flogen dieselben Jagdmaschinen wie die deutschen Angreifer, nicht lange zuvor in Deutschland gekaufte Me 109 –, prasselten am Vormittag des 6. April Bomben auf die Regierungsgebäude, auf das Kriegsministerium, auf den Gebäudekomplex des Generalstabs, auf den Königspalast, die Kasernen, die Hauptpost mit den zentralen Nachrichtenverbindungsanlagen, auf Hauptbahn-

hof und Elektrizitätswerk. Es war schon ein „Strafgericht“, das da über die Stadt Belgrad hereinbrach: Die meisten Ziele lagen schon am Mittag des 6. April in Trümmern oder standen in Flammen. Unzutreffend aber ist es, dass damals die ganze Stadt zerschmissen und Zehntausende von Zivilisten getötet wurden, wie beispielsweise Churchill – ohne jegliche Quellenangabe – in seinen Memoiren behauptet. Mag sein – es ist sogar ziemlich sicher – , dass Hitler das gewollt hatte, aber Löhr fügte sich diesen Wünschen nicht, ihm ging es um die militärische Wirkung. Und die war in der Tat ungeheuer. Der Bombenangriff auf die Befehlszentren in Belgrad legte die jugoslawische Führung bereits in den ersten Stunden des Feldzuges völlig lahm. Die Regierung floh kopflos, die erst teilmobilisierte Armee war durch den Zusammenbruch fast aller Nachrichtenverbindungen nahezu führungslos. Dies war eine der wesentlichen Voraussetzungen dafür, dass die ins Landesinnere vorstoßenden deutschen Armeen zwar auf sporadischen, doch nahezu nirgendwo auf großräumig organisierten Widerstand stießen. Im Endergebnis war die Folge, dass der „Jugoslawienfeldzug“ der unblutigste des ganzen Zweiten Weltkrieges blieb; es gab deutsche Einheiten, die von Graz bis Griechenland durchrollten, ohne je genötigt gewesen zu sein, auch nur einen Schuss abzugeben. Der Feldzug vollzog sich nach dem vernichtenden Schlag gegen die Führung des Gegners in einem geradezu atemberaubenden Tempo: Vom Angriffsbeginn am 6. 4. bis zur Einnahme von Belgrad dauerte es nur eine Woche; die Stadt fiel, von drei Seiten angegriffen, am 12. 4.

Dabei waren nicht einmal alle Angriffsgruppen am 6. 4. angetreten: Die 1. Panzergruppe griff am 8. 4. aus dem Raum westlich Sofia an, nahm am nächsten Tag den Verkehrsknotenpunkt Nis und rollte dann das Morava-Tal aufwärts gegen Belgrad. Am 10. 4. ging die Ostgruppe – eine Infanterie- und zwei Panzerdivisionen – in Westungarn über die Drau, eroberte noch am selben Tag mit einer Panzerdivision Agram (deutscher Name für Zagreb) und schwenkte die Hauptmasse südwärts, Richtung Belgrad, dessen Vororte die Spitzen bereits am 12. April erreichten. Schließlich stieß am 11. 4. aus dem Raum Temesvar in Westrumänien eine schwächere Panzergruppe direkt auf Belgrad vor und stand zwei Tage später am Nordrand der Stadt. Das Tempo des Vormarsches überraschte selbst die deutsche Führung. Die 2. Armee (Steiermark) beispielsweise kam gar nicht dazu, alle für den Angriff vorgesehenen Kräfte einzusetzen; sie drehte mehrere Divisionen, die offensichtlich nicht mehr benötigt wurden, noch aus dem Aufmarsch heraus wieder ab – in die ursprünglich für „Barbarossa“ vorgesehenen Bereitstellungen.

Dass von den eher deutschfreundlichen Kroaten im Norden des Landes ernsthafter Widerstand kaum

Bild linke Seite oben: König Boris III. von Bulgarien (links) mit Offizieren seines Heeres. Boris traf im Januar 1941 mit Hitler auf dem Berghof zusammen, zeigte Reserve gegenüber dem Ansinnen, dem Dreimächtepakt beizutreten, tat dies am 1. März 1941 trotzdem und erwarb nach dem Balkanfeldzug große Teile Nordgriechenlands. Boris lehnte aber trotz Drängens der Achsenmächte eine Kriegserklärung an Russland ab. Sein Tod am 28. August erfolgte unter rätselhaften Umständen; möglicherweise war Mord im Spiel.

Bild linke Seite unten: Deutsche Sturmboot-Pioniere beim Flussübergang. Der Angriffsplan gegen Jugoslawien musste aus dem Stegreif entwickelt werden. das schwierige Gelände ließ den Einsatz großer motorisierter Verbände nicht zu.

Bild rechte Seite: Deutsche Infanterie vor dem Olymp-Massiv. Während im Westen die Italiener gegen griechische Truppen kaum vorankamen, kämpften sich im Osten die deutschen Truppen, wirkungsvoll unterstützt durch die Luftwaffe in zum Teil mörderischen Gefechten durch Thessalien südwärts vor. Am 21 April wurde in Saloniki die Kapitulation unterzeichnet, mit dem die Masse der griechischen Streitkräfte den Widerstand einstellte.

geleistet werden würde, war mehr oder weniger erwartet worden. Hingegen hatte man von den serbischen Teilen der jugoslawische Armee härteren Widerstand erwartet, galten (und gelten) doch die Serben als außerordentlich zähe und hartnäckig Kämpfer. Doch das totale Befehlschaos, der völlige Ausfall einer koordinierenden Führung, machten es unmöglich, diese bewährten Eigenschaften der serbischen Soldaten wirksam auszuspielen. Stattdessen kam es auch in Serbien mehr als einmal zu so grotesken Vorfällen, wie beispielsweise diesem:
Da wird der Leutnant Schotters von der Gebirgsjägerdivision, die der 1. Panzergruppe auf der Straße nach Belgrad im Morava-Tal Flankenschutz gibt, zur Erkundung der Feindlage mit zehn Mann und einem Kettenfahrzeug vorausgeschickt.
Vorsichtig rasselt der kleine Spähtrupp auf einer schmalen Straße durch das wildzerklüftete altserbische Bergland. Unterwegs gabeln sie einen serbischen Deserteur auf. Der berichtet, beim nächsten größeren Ort, Dubropoltje, liege ein ganzes serbisches Regiment, der Stab im Städtchen.
Leutnant Schotters hat bemerkt, dass der serbische Soldat das Kettenfahrzeug irrtümlich für einen Panzer gehalten hat. Panzer verbreiten Schrecken, das weiß er, und er riskiert einen Bluff. Der serbische Soldat wird als Wegweiser mitgenommen, dann windet sich das Kettenfahrzeug eine Serpentinenstraße hinunter und jagt mit Vollgas in die Kleinstadt Dubropoltje hinein. Dort wimmelt es von serbischen Soldaten. Die zehn Mann in dem offenen Kettenfahrzeug ballern wild und ungezielt in die Gegend, nur um Lärm und Schrecken zu erzeugen.
Vor einem größeren Gebäude, Schule oder Rathaus oder so etwas, Schotters kann's in der Eile nicht feststellen, sieht der Leutnant eine Gruppe serbischer Offiziere stehen. Mit knirschenden Ketten und kreischenden Bremsen kommt Schotters' Fahrzeug zum Stehen, die Männer springen heraus und fordern mit vorgehaltenen Maschinenpistolen die völlig verblüfften Offiziere zum Einsteigen auf. Schotters will gerade den Befehl zum ei-

lends gebotenen Rückzug geben, da rollt laut hupend eine riesige Luxuslimousine heran. Drinnen blitzen goldene und rote Tressen. Wenige Augenblicke später hat das Kettenfahrzeug des Spähtrupps neue, hochkarätige Fracht: Ein General, zwei Obersten und zwei weitere hohe Stabsoffiziere sind aus der Limousine in den unbequemen Kasten übergewechselt.
Die Männer des Spähtrupps stehen auf den Trittbrettern, hocken auf den Kettenkästen, ballern abermals wild um sich, während das Kettenfahrzeug aus der Stadt jagt. Sie kommen unbehelligt aus der Stadt heraus und zurück zu ihrer Einheit. Auf einen Schlag ist eine serbische Elitedivision ihren Kommandeur, seinen Stab, dazu einen Regimentsstab mitsamt allen Operationsunterlagen losgeworden.
Am 17. April ist dann in Jugoslawien alles vorbei. Schon am 14. 4. hatte die jugoslawische Heeresleitung den Befehlshabern ihrer Armeen Teilkapitulationen freigestellt. Das wurde jedoch von deutscher Seite abgelehnt, und so erfolgte am 17. die Gesamtkapitulation durch einen bevollmächtigten Minister der Regierung. Die deutschen Verluste im jugoslawischen Feldzug betrugen 151 Tote, 392 Verwundete und 15 Vermisste.
Doch in Griechenland tobte der Kampf weiter, entschieden härter und erbitterter. Begonnen hatte der Angriff auch dort am 6. April. Am Morgen dieses Tages überschritten Verbände der 12. Armee von Südbulgarien die griechische Grenze. Die östliche und mittlere Gruppe rannten sich aber zunächst an der sogenannten Metaxas-Linie fest. Die Metaxas-Linie war eine über 100 Kilometer lange Bunkerstellung, eingebettet in eine unzugängliche Gebirgslandschaft, schon vom Gelände her schwer zu überwinden und zudem von den Griechen hartnäckig verteidigt. So blieb der deutsche Angriff dort, wo er auf einen Durchbruch der Metaxas-Linie abzielte, zunächst liegen.
Die weiter westlich angesetzten Verbände hingegen erreichten ihre Angriffsziele: Die 2. Panzerdivision konnte die Metaxas-Linie westlich des Doiran-Sees umgehen und südwärts ins Tal des Wardar einschwenken. Und die sogenannte Westgruppe – je eine Panzer- und Infanteriedivision sowie die motorisierte „Leibstandarte Adolf Hitler" – war bis kurz vor Skopje vorgedrungen, um anschließend ebenfalls nach Süden abzudrehen.
Am Abend des 7. April sorgte die Luftflotte 4, die am Vortag die jugoslawische Führung in Belgrad paralysiert hatte, auch auf dem griechischen Kriegsschauplatz für einen überraschenden Schlag. Im letzten Licht des Tages wurde ein Angriff auf den Hafen Piräus geflogen.
Der Hafen war vollgestopft mit Schiffen eines britischen Nachschubgeleitzuges, darunter der 7.529-BRT-Dampfer „Clan Fraser", der Sprengstoff und Munition geladen hatte und wegen Unstimmigkeiten zwischen der britischen Marine und den griechischen Hafenbehörden noch nicht vollständig entladen, aber auch nicht sicherheitshalber auf die freie Reede geschleppt worden war.
So lag die „Clan Fraser" mit noch etwa 250 Tonnen Sprengstoff im Bauch am Kai, als die Bomber herandröhnten. Gleich die erste Reihe der niedertorkelnden Bomben erwischte die „Clan Fraser", und im

Bild linke Seite oben: Deutsche Dornier-Kampfflugzeuge vom Typ Do 17 Z über der Akropolis.

Bild linke Seite unten: einer von mehr als 10.000 Angehörigen der Commonwealth-Streitkräfte, die während der Kämpfe auf dem Peloponnes in deutsche Gefangenschaft kamen. Unter der Überschrift „So fegten wir den Tommy vom Balkan" wurden solche Bilder in der Presse des Dritten Reiches veröffentlicht.

Bild rechte Seite: Generalfeldmarschall List (stehend in der Mitte) bei der Abnahme der Siegesparade, noch vor der Eroberung Kretas am 3. Mai 1941 in Athen. Zwar hatten die Briten erneut empfindliche Materialverluste hinnehmen müssen, doch die meisten britischen Soldaten waren wieder einmal, wie bei Dünkirchen über See, diesmal nach Ägypten entkommen, wo sie nach kurzer Verschnaufpause erneute Feindberührung mit deutschen Soldaten haben sollten.

nächsten Augenblick wurden noch im 15 Kilometer entfernten Athen Fenster und Türen eingedrückt: So gewaltig war die Detonation, mit der die „Clan Fraser" in die Luft flog, dass sie zehn weitere Schiffe mit zusammen 41.500 Tonnen zerstörte und die gesamten Hafenanlagen bis zur Unbrauchbarkeit demolierte. Der britische Admiral Cunningham sprach mit Recht von einem „vernichtenden Schlag" – der Piräus war der einzige leistungsfähige Nachschubhafen für das britische Expeditionskorps gewesen.

Unterdes lagen die drei Divisionen des XVIII. Gebirgs-Korps noch immer beiderseits des Rupel-Passes vor der Metaxas-Linie fest. Trotz massiver Unterstützung durch Stukas und den Einsatz modernster Waffen zur Bunkerbekämpfung wie Flammenwerfer und Nebelkerzen hielten die sich verzweifelt wehrenden Griechen drei Tage lang dem Ansturm stand. Erst dann gelang den Gebirgsjägern nach schwerem und verlustreichem Kampf der Durchbruch.

Es ist durchaus fraglich, ob es überhaupt nötig war, diesen Durchbruch mit aller Gewalt zu erzwingen: Während die Gebirgsjäger gegen die Berg-Forts anrannten, kamen rechts und links davon die deutschen Angriffe flüssig weiter. Die zweite Panzerdivision erreichte, das Wardar-Tal hinabstoßend, am 9. April Saloniki. Zur gleichen Zeit erreichten die aus Südbulgarien vorstoßenden Divisionen den Unterlauf des Nestos. Damit war die Metaxas-Linie von beiden Seiten umfasst und die ganze griechische Front in Ost-Mazedonien und Thessalien von ihren rückwärtigen Verbindungen abgeschnitten, was zur Folge hatte, dass noch am 9. April alle ostwärts des Wardar stehenden griechischen Verbände bedingungslos kapitulierten.

Der weitere Verlauf des Feldzuges war gekennzeichnet von dem Bestreben der deutschen Führung, die in Nordgriechenland stehenden griechischen und britischen Verbände zu umfassen und die starke griechische Armee, die an der Albanienfront den Italienern gegenüberlag, abzuschneiden, ihr es also unmöglich zu machen, mit den anderen griechischen und britischen

Truppen eine gemeinsame Abwehrfront quer durch Nordgriechenland zu bilden.

Dies gelang durch den raschen Stoß des XXXX. Armeekorps von Skopje (Jugoslawien) aus nach Süden. Am 9. April wurde Monastir genommen, am 10. die jugoslawisch-griechische Grenze überschritten; am nächsten Tag stießen die deutschen Panzerspitzen bei Florina erstmals auf starken griechisch-britischen Widerstand, der erst am 12. 4. durch einen planmäßigen Angriff überwunden werden konnte. Doch dann kam der Vormarsch nach Süden so rasch voran, dass die im albanischen Grenzgebiet stehende griechische Epirus-Armee, völlig abgeriegelt, ebenso kapitulieren musste, wie ein paar Tage vorher die Armee östlich des Wardar. Diese Teilkapitulation fand am 21. April statt.

Der Versuch hingegen, das britische Expeditionskorps zu umfassen, misslang. Der britische Oberbefehlshaber, General Wilson, führte seine Verbände überaus geschickt von einer Sperrstellung zur nächsten, wobei seine Nachhuten den nachdrängenden deutschen Spitzen jeweils so lange hinhaltenden Widerstand leisteten, bis die Masse des Korps leidlich geordnet und die nächste Auffangstellung vorbereitet war.

Diese Taktik bewährte sich, obschon die Briten seit Mitte April ziemlich allein kämpften: Bereits am 16. April hatte der griechische Oberbefehlshaber Marschall Papagos angeregt, „die britischen Truppen einzuschiffen, um Griechenland vor weiteren Zerstörungen zu bewahren". Als letzte Sperrstellung verteidigte das britische Expeditionskorps mit geringen Kräften, aber überaus hartnäckig die berühmte Thermopylen-Enge.

Das Korps hatte bis dahin zwar sein Hauptlager bei Larissa eingebüßt, das unversehrt in deutsche Hand gefallen war; auch der größte noch verbliebene Einschiffungshafen Volos war am 21. April von deutschen Truppen besetzt worden. Doch schon während des Rückzugs hatte General Wilson einen erheblichen Teil seiner Truppen von kleinen Küstenhäfen aus auf Fischer- und Sportbooten in Sicherheit gebracht. Und die Thermopylen-Stellung hielt lange genug – vom 21. April bis 25. April –, um den größten Teil der verbliebenen Verbände auf den Peloponnes ausweichen zu lassen. Der Versuch der deutschen Führung, dies durch Einnahme der Landenge von Korinth mit der einzigen über den Kanal führenden Brücke zu verhindern, kam zu spät.

Am 26. April landete im Morgengrauen eine Fallschirmpionierkompanie mit Lastenseglern an beiden Brückenköpfen, gleich darauf sprangen zwei Fallschirmbataillone ab. Es gelang auf Anhieb, die völlig überraschte Brückenwache zu überrumpeln, die Pioniere entschärften die Sprengladungen, bauten sie aus, mussten sie aber auf der Brücke liegen lassen, denn die etwas abseits postierte Brückenschutz-Flak – 4-cm-Bofors-Maschinenkanonen – begann sie zu beharken. Gleich darauf passierte es: Ein Flak-Geschoss traf eine der auf der Brücke liegenden Sprengladungen, krachend zerbarst die Stahlgitterkonstruktion, stürzte in den Kanal und sperrte ihn.

Stadt und Flugplatz Korinth wurden zwar im Laufe des Tages von den Fallschirmjägern genommen, aber militärische Konsequenzen hatte dieser Handstreich nicht mehr, denn die verbliebene Hauptmasse des britischen Expeditionskorps war zu dieser Zeit bereits auf dem Weg zu den Häfen des Südpeloponnes, die sie auch knapp vor den deutschen Verfolgern erreichten und wo sie sich einschifften, wenn auch unter Zurücklassung fast allen Materials. Mit der Einnahme der Häfen im Süden des Peloponnes am 29. April endete in Griechenland die Kampftätigkeit; zahlreiche den Küsten vorgelagerte Inseln wurden in den folgenden Wochen kampflos in Besitz genommen.

Wieder hatte die deutsche Wehrmacht in nun fast schon gewohnter Art einen „Blitzkrieg" gewonnen, mit – wenn man nur die tatsächlich in Kämpfe verwickelten Verbände zählt – verblüffend geringen Kräften, und insofern nicht wegen zahlenmäßiger Überlegenheit, sondern mehr aufgrund einer unkonventionelleren Führung. Dieser weitere Blitzsieg auf dem Balkan verstärkte zweifellos in der ohnehin einseitig auf Landkriegführung fixierten höchsten Führung das Gefühl der Unbesiegbarkeit – mehr denn je war Hitler nun überzeugt, auch die Sowjetunion in einem Blitzkrieg niederwerfen zu können, eine fatale Fehleinschätzung.

Sprung nach Kreta

Der 20. Mai 1941 ist ein strahlender Sonnentag. Die Bewohner der kleinen Stadt Megara horchen staunend: Vom Feldflugplatz nahe der Stadt dröhnt unablässig und laut wie nie zuvor Motorenlärm herüber. Und dann sehen sie es: Kette an Kette der bulligen dreimotorigen Ju 52 hebt von der staubigen Piste ab. Hinter sich schleppen die Maschinen, an einem Seil hängend, leichtgebaute, lautlose Vögel: Lastensegler.

Neun bis elf Mann hocken jeweils in einer solchen Kiste, eng hintereinander auf einer Art Reitbalken in der Mitte der Maschine, schwer bepackt mit Waffen und Gerät, in diesem Fall auch Schwimmwesten, denn der Flug geht über See. Oberleutnant Genz, 25 Jahre alt, Chef der 1. Kompanie im I. Bataillon des Fallschirmjäger-Sturmregiments, steht noch neben dem Lastensegler, mit dem er fliegen wird, will gerade, als letzter, einsteigen, da kommt ein Kurier übers Flugfeld gerast, bringt dem Kompaniechef einen Befehl. Der blickt aufs Datum, wundert sich – der Befehl hätte ihn schon vor zwei Tagen erreichen sollen. Dann liest er. „Mir wurde ganz schön flau im Magen", erinnert sich Oberst a.D. Genz heute an jenen Augenblick, „denn da stand als Ziffer, das war damals immer die sogenannte Feindziffer: ‚Entgegen der bisherigen Annahme ist auf der Insel nicht mit Feind in Stärke von ca. 12.000, sondern in Stärke von ca. 48.000 Mann zu rechnen.'" Kein Wunder, dass dem Oberleutnant mulmig wird. Zwar kennt er als Kompaniechef im Wesentlichen nur seinen Kampfauftrag und den der Nachbareinheiten, aber nicht den Gesamtplan der Operation – doch dass mit der ersten Welle bestenfalls knapp 4.000 Fallschirmjäger auf Kreta abgesetzt werden können, das weiß Oberleutnant Genz. 4.000 Leichtbewaffnete – nur Pistole, MG, Handgranaten und Granatwerfer – gegen eine mehr als zehnfache Übermacht in befestigten Stellungen, mit Artillerie und Panzern ... „Kommen Sie rein, Herr Oberleutnant, wir sind dran!" brüllt aus dem Lastensegler der Spieß der 1. Kompanie.

Nicht nur die Männer hinter Oberleutnant Genz, die meisten der knapp 4.000 Mann in Ju's und Lastenseglern wissen nicht, welcher Hölle sie entgegenfliegen. Gewiss, es sind ausnahmslos Freiwillige, hervorragend ausgebildet für risikoreiche Spezialeinsätze, sich durchaus der Tatsache bewusst, dass sie bei ihrer Kampfart näher am Tod sind als andere Soldaten. Aber dass nur jeder zweite von ihnen den nächsten Morgen erleben wird, das ahnen sie nicht.

Noch weniger ahnt Oberleutnant Genz, was sich inzwischen hinter ihm abspielt. Da erheben sich über den Feldflughäfen Tanagra, Korinth und Megara immer dichter werdende Staubwolken, aufgewirbelt vom Propellerwind der in rascher Folge startenden Maschinen. Daran hat keiner gedacht, jedenfalls nicht gründlich genug. Zwar hat man so ein Gefühl gehabt und die knochentrockenen Pisten am Morgen vor den ersten Starts mit Wasser bespritzt. Doch das hilft nicht lange, nur gut die Hälfte der Maschinen kommt einigermaßen zeitplangerecht aus den Plätzen heraus; dann ist der Staub so dick, dass Startverzögerungen nicht mehr zu vermeiden sind. Bei einem Luftlande-Unternehmen, bei dem es entscheidend darauf ankommt, dass die ohnehin schwachen Kräfte genau dann da sind, wo sie sein sollen, kann das schon tödlich sein. Viele hundert andere bewegen sich um dieselbe Zeit ebenso nichtsahnend dem Tod entgegen: Gebirgsjäger der 5. Gebirgsdivision, jener Einheit, die kurze Zeit zuvor in dreitägigen erbitterten Kämpfen die schwerbefestigte griechische Metaxas-Linie durchbrochen hat.

Man hat die kampferfahrenen Männer dieser Elitetruppe auf Kaiks verladen, gebrechliche Motorsegler, die meisten uralt, mit archaischen Petroleummotoren, denen man mal mehr, mal nur weniger Leistung abverlangen kann, sofern man nicht riskieren will, dass sie den Geist ganz aufgeben. Die griechischen Eigner, von denen man diese Kaiks requiriert hatte, störten die Eigenheiten ihrer Schiffchen wenig; für einen zeitlich exakt geplanten Truppentransport über See waren sie aber das denkbar ungeeignetste Beförderungsmittel. Sie konnten gar nicht zur rechten Zeit da ankommen, wo sie sollten, und sie taten es auch nicht. So begann an diesem 20. Mai das bis dahin größte Luftlande-Unternehmen der Kriegsgeschichte: der für seine Zeit nachgerade abenteuerliche Versuch, eine große, 260 Kilometer lange Insel, inmitten eines von einer starken, feindlichen Flotte beherrschten Meeres, aus der Luft zu erobern.

Die Urheberschaft dieses Planes ist etwas umstritten; sie wird sowohl dem Kommandeur der Luftflotte 4, Generaloberst Alexander Löhr, als auch dem Schöpfer der Fallschirmtruppe, General der Flieger Kurt Student, zugeschrieben. Sicher ist, dass Löhr schon Ende 1940 seinen Stab Studien über den Südostraum anfertigen ließ. In Löhrs Vorstellungen rangierte allemal England als vorrangiger Kriegsgegner; er war überzeugt, dass man Ägypten und den östlichen Mittelmeerraum in Besitz nehmen müsse, um mit England fertig zu wer-

Bild linke Seite: „Die Tage von Kreta haben gezeigt, dass die großen Tage der Fallschirmjäger vorbei sind", stellte Hitler fest. Die hohen Verluste hielten ihn davon ab, diese Waffengattung weiterhin zu Luftlandeunternehmen einzusetzen. Aus Fallschirmjägern wurden Soldaten der Infanterie.

Bild rechts: Hauptträger des Transports von Menschen und Material nach Kreta waren die altbewährten „Arbeitspferde" der Luftwaffe, die robusten Wellblech-Flugzeuge Ju 52. Mit der „guten alten Tante Ju" ließ sich nahezu alles befördern: Fallschirmjäger, Kriegsgerät, Munitionskisten, Proviant, auch kleine Fahrzeuge wie dieses Motorrad, das hier gerade entladen wird. Überhaupt war der Sieg über das 32.382 Mann starke englische Expeditions-Korps in Kreta nur möglich durch den rollenden Einsatz der Luftwaffe, die nicht nur die Nachschubversorgung sicherstellte, sondern auch die Seestreitkräfte vor Kreta vertreiben konnte.

den. Löhr (in einem Brief an den befreundeten Obersten Diakow): „Als ich im Herbst 1940 die Verantwortung für den Schutz der rumänischen Ölquellen und für die Vorbereitung des Feldzuges durch Bulgarien nach Griechenland bekam, sah ich darin vor allem einen erfreulichen Schritt in der Richtung auf Ägypten."
Hitler sah das keineswegs so; seine Absichten reichten zunächst nur bis zur Inbesitznahme des griechischen Festlandes – verständlich, weil Hitlers Blick auf die Sowjetunion fixiert war. Er empfand den ihm von Mussolini und den jugoslawischen Putschisten aufgenötigten Balkan-Feldzug ohnehin als eine möglichst schnell zu beendende Störung seiner größeren Pläne.
Hitler musste also erst überzeugt werden, und zuvor noch einige mehr. Generaloberst Löhr besprach sich zunächst, als sich der schnelle Erfolg des Balkanfeldzuges abzuzeichnen begann, mit dem Stabschef seiner Luftflotte, General Korten. Sie waren sich rasch einig, dass die Eroberung Kretas der richtige nächste Schritt auf dem Weg nach Ägypten wäre. Löhr trug diese Idee am 15. April Göring vor, doch der Reichsmarschall zeigte wenig Interesse. Zugleich sprach Korten mit dem Generalstabschef der Luftwaffe, General der Flieger Jeschonnek, darüber, und der war von dem Gedanken angetan. Ob nun von Jeschonnek dieser Plan an Göring und Hitler herangetragen worden ist oder ob General Student zufällig gleichartige Gedanken entwickelt hatte – sicher ist, dass Luftlandespezialist Student am 20. April zu Göring und am nächsten Tag zu Hitler ins Führerhauptquartier (damals in Mönichkirchen) zum Vortrag befohlen wurde.
Es gab eine lange Debatte, ob Kreta oder die schon schwer bombardierte Inselfestung Malta das lohnendere Ziel für eine Luftlande-Operation sei; Student überzeugte schließlich Göring und Hitler, dass Kreta erobert werden müsse. Es gab dafür ein – auch Hitlers Gedankengängen naheliegendes – einleuchtendes, wehrstrategisches Argument: Die rumänischen Ölquellen in Ploesti, sozusagen die Nährmutter der stark motorisierten deutschen Militärmaschinerie, lagen kaum von Malta, aber sicher von Kreta aus in der Reichweite britischer Bomber.
Man tut General Student gewiss nicht unrecht, wenn man annimmt, dass für ihn noch etwas anderes in die Waagschale fiel: Er wollte sicher auch an diesem Beispiel zeigen, welcher Leistungen „seine" Luftlandetruppen fähig waren. So stimmte Hitler schließlich dem Angriff auf Kreta zu, jedoch nicht, ohne Bedingungen daran zu knüpfen: Zum einen musste das Unternehmen möglichst bald gestartet und schnell abgewickelt werden, damit die dafür benötigten Einheiten und vor allem der Lufttransportraum rechtzeitig für den Aufmarsch gegen Russland zur Verfügung stünden, zum anderen verlangte Hitler, dass der Angriff auch über See vorgetragen wer-

den müsse, damit man „nicht auf einem Bein" stehe.
Reichsmarschall Göring steuerte in dieser Unterredung gleich einen taktischen Vorschlag bei: Es sei am besten, die langgestreckte Insel auf breitester Front anzugreifen, sie von möglichst vielen Punkten aus überall gleichzeitig in Besitz zu nehmen.
Merkwürdigerweise nahm General Student diesen Gedanken auf, obschon er wissen musste, dass mit dem zur Verfügung stehenden Lufttransportraum nur bedenklich kleine Einheiten gleichzeitig an vielen Punkten abgesetzt werden konnten.
Students erster Entwurf für einen Angriffsplan sah sieben Absetzpunkte entlang der Nordküste vor. Das entsprach überhaupt nicht den Vorstellungen von Löhr, dem der Oberbefehl der gesamten Operation übertragen worden war – übrigens das erste Mal, dass ein Fliegergeneral eine kombinierte Operation von Land-, See- und Luftstreitkräften kommandierte.
Der endgültige Angriffsplan sah so aus: Es sollten gleichzeitig die drei Flugplätze an der Nordküste – Malemes, Rethymnon und Iraklion – sowie die Hauptstadt Chania mit dem benachbarten einzigen leistungsfähigen Hafen Kretas in der Suda-Bucht in Besitz genommen werden.
Voraussetzung für den Erfolg eines solchen Angriffs aus der Luft in einem noch nie da gewesenen Umfang war eine gründliche, detailgenaue Vorbereitung. Diese Regel war auch bei allen bisherigen Luftlande-Unternehmen eingehalten worden – Musterbeispiel Eben Emael. Ähnliches war beim Unternehmen „Merkur" nicht möglich. Dazu fehlte es einfach an Zeit. Die Führerweisung Nr. 28, die den Angriff befahl, trägt das Datum vom 25. April, als Angriffstermin war Mitte Mai vorgesehen – so blieben für die Vorbereitung nur drei Wochen, und das unter widrigsten Umständen, denn: Der größte Teil der Fallschirmtruppen sowie ihres Versorgungs- und Nachschubmaterials wie Waffenbehälter, Munition und sonstiges Gerät befand sich teils in Frankreich, teils in Deutschland; es war zudem anfangs durchaus fraglich, ob es überhaupt möglich sein würde, die erforderlichen großen Treibstoff- und Munitionsmengen über das zerstörte griechische Verkehrsnetz rechtzeitig zu den Absprunghäfen zu bringen.

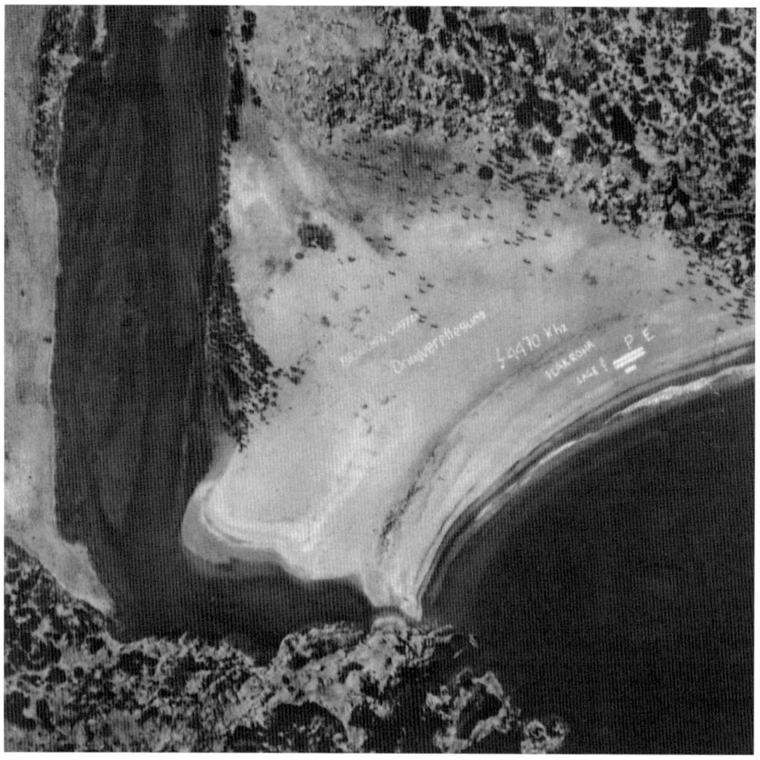

Diese kleinen Flughäfen waren in einem wenig vertrauenerweckenden Zustand: Die Bodenorganisation war noch ausgesprochen mangelhaft: Es fehlte an wichtigen technischen Einrichtungen, beispielsweise war die Betankung der Maschinen nur per Handpumpe aus Fässern möglich. Dieser Schwierigkeiten wurden jedoch Löhr, Student, von Richthofen (Kommandeur des VIII. Fliegerkorps) und ihre Stäbe mit Meisterleistungen an Organisation und Improvisation Herr.
Auf einem anderen Gebiet gelang ihnen das nicht: Es gab kein klares Bild der Feindlage. Man glaubte anfangs nur 12.000 bis 15.000 Mann britische, neuseeländische und griechische Truppen auf der Insel. Die Luftaufklärung ließ keine allzu starken, befestigten Stellungen vermuten, und von der Inselbevölkerung nahm man an, dass sie sich an einem Widerstand gegen die deutsche Invasion nicht beteiligen würde. Davon stimmte nichts. Einzelne Truppenoffiziere spürten diesen Mangel und versuchten sich auf eigene Faust zusätzlich Informationen zu verschaffen.
Oberst Genz erinnert sich: „Ich habe damals, einen Tag vor dem Einsatz, den Hauptmann Lampertsdörfer, das war der Staffelkapitän unserer Aufklärungsstaffel, noch gebeten, doch mal aus dem Winkel, aus dem wir anfliegen würden, das Angriffsziel meiner Kompanie zu photographieren. Unser Kampfauftrag war, eine schwere Flak-Batterie am Stadtrand von Chania zu nehmen und zu zerstören. Lampertsdörfer brachte mir dann auch ein ausgezeichnetes Photo, darauf war ganz deutlich die schwere Batterie zu erkennen, drumrum etwas leichte Flak und etliche MG-Nester, offenbar zum Schutz der schweren Batterie. Aber davor, wo wir landen sollten, in einem Olivenhain – jeden Baum konnte man erkennen –, waren auf dem Bild so komische weiße Ecken. Dauerte eine ganze Weile, bis wir draufkamen, dass das Zelte waren. Die haben wir dann ausgezählt, waren so ungefähr 40. Nach unseren Maßstäben war mit etwa fünf bis sieben Mann pro Zelt zu rechnen, also so um die 200 Mann. War 'ne ganz neue Lage!"
Immerhin, Genz wusste nun wenigstens einigermaßen genau, was zu erwarten war – die meisten Einheitsführer ahnten nicht, auf wie starken Widerstand sie stoßen würden.
Der britische Inselkommandant, General Freyberg, ein schlachterfahrener, 27mal verwundeter Haudegen aus Neuseeland, hatte zur Verteidigung der Insel zur Verfügung:

1. Seine eigene 2. neuseeländische Division (7.500 Mann) – eine Einheit, die als Elitetruppe galt und in der auch ein Bataillon Maoris aus Neuseeland kämpfte.
2. Die 19. australische Brigade, ca. 6.500 Mann, gute Kampftruppen.
3. Etwa 17.000 Mann verschiedener britischer Verbände, zum größten Teil Reste des aus Griechenland evakuierten britischen Expeditionskorps.
4. Elf griechische Bataillone mit je 1.000 Mann.

Außerdem waren den Inselverteidigern noch etwa 8.000 kretische Partisanen, gut bewaffnet und von britischen Offizieren ausgebildet, zuzurechnen. Denn die Annahme der deutschen Führung, die Kreter würden die Invasion, wenn nicht wohlwollend, so doch mindestens passiv hinnehmen, war eine weitere Fehleinschätzung der Feindlage.
Und General Freyberg wusste auch, wann der Angriff kommen würde: Die Engländer waren lange genug in Griechenland gewesen, um dort ein gut funktionierendes Nachrichtennetz aufzubauen. So sehr man sich auf deutscher Seite Mühe gab, das Vorhaben geheim zuhalten – bei

Bild linke Seite: Eine bei Rethymnon an der Nordküste Kretas eingeschlossene Kampftruppe hat nach dem Ausfall des Funkgerätes keine Verbindung mehr mit der Führung. Aus weißen Steinen und Muscheln sind Buchstaben, deren Größe ein Vergleich mit den langen Schatten der Menschen erkennen läßt, auf dem Strand gebildet worden, in der Hoffnung, dass eigene Flugzeuge die auf diesem Wege kundgetanen Wünsche und den Bedarf an Waffen, Verpflegung usw. lesen werden.

Bilder rechte Seite: Die Bilderserie vermittelt einen Eindruck von der Härte der Kämpfe. Meter um Meter mussten sich die Männer vorarbeiten, um gut getarnte Widerstandsnester der Briten auszuschalten und die Verteidiger gefangen zu nehmen. Partisanen wurden kurzerhand erschossen.

dem Umfang und dem Tempo der Vorbereitungen war das einfach nicht möglich, zumal der Hauptschlüssel der Funkverbindungen der deutschen Luftwaffe von den Engländern geknackt war, sodass die einzelnen Meldungen Freyberg meist noch am gleichen Tag entziffert vorlagen. Der eigentliche Überraschungseffekt – wesentliche Erfolgsvoraussetzung für Luftlande-Unternehmen – fehlte also auch. Bei diesen massiven Vorteilen wären die Verteidiger schier unüberwindlich gewesen, wenn es ihnen nicht an einem gemangelt hätte, einer Luftstreitmacht.

Das war auch auf deutscher Seite klar gewesen: Nur bei totaler Luftherrschaft konnte der Angriff gewagt werden, und die hatte das VIII. Fliegerkorps schon vor dem Angriff erkämpft. Die schwachen britischen Luftstreitkräfte hatten dem Ansturm der Luftwaffe nichts entgegenzusetzen. Ausreichende Reserven, die hätten herangeführt werden können, gab es nicht – so nahm man diesen Mangel, durchaus im Bewusstsein der sonstigen Überlegenheit, in Kauf und zog um den 15. Mai herum die letzten in Kreta verbliebenen einsatzfähigen Maschinen und Besatzungen ab, um sie nicht sinnlos zu opfern.

Hinzu kam ein zweiter Mangel, mit dem General Freyberg sich herumquälte: Es haperte mit den schnellen Nachrichtenverbindungen, es fehlte an zuverlässigen Funkgeräten und damit an der Möglichkeit, schnell klare Lagebilder zu gewinnen und die zwar guten, aber doch zusammengewürfelten Verbände koordiniert zu steuern. Immerhin fühlte sich Freyberg trotz dieser Mängel so sicher, dass er am 5. Mai an Churchill telegraphierte: „Kann Nervosität nicht begreifen. Bin nicht im Geringsten wegen Luftlandeangriff besorgt ... "

Als am frühen Morgen des 20. Mai der Angriff beginnt, da sieht es bald so aus, als solle Freyberg mit seinem Optimismus Recht behalten. Die Ouvertüre ist ein einstündiger Feuerorkan, mit dem Bomber, Zerstörer und zuletzt Stukas die Flak-Stellungen und Befestigungen rings um die Flugplätze Malemes, Rethymnon und Iraklion überziehen. Als um 7 Uhr 10 die letzten Stukas abfliegen, sind die Plätze vielleicht für den Augenblick sturmreif, vielleicht auch die Männer in den nicht direkt getroffenen Stellungen unter dem Eindruck des infernalischen Bombenhagels für kurze Zeit benommen – jetzt sollten die ersten Lastensegler landen, die ersten Fallschirmjäger springen. Doch sie sind noch nicht da.

Die Startverzögerungen durch Staub wirken sich aus; die ersten, pünktlich gestarteten Gruppen müssen auf die verspätet gestarteten warten, und so können die Verteidiger sich erholen. Als – gut eine halbe Stunde später – die Lastensegler des I. Bataillons des Fallschirmjäger-Sturmregiments zur Landung im und neben dem ausgetrockneten Bett des Tavronitis-Flusses, direkt beim Flugplatz Malemes, zur Landung ansetzen, schlägt ihnen wütendes Abwehrfeuer entgegen. Einige Maschinen werden noch in der Luft von Maschinengewehrgarben durchsiebt, andere, kaum dass sie in dem steinigen Gelände mit krachend splitternden Kufen zum Stehen gekommen sind.

Einige Lastensegler fliegen zu tief an und zerschellen an den steilen Küstenfelsen, andere verlieren die Orientierung.
Allmählich erkennen die Jäger, die dem Massaker entkommen sind, dass die Stellungen, in denen sie aufgrund der Luftbilder den Feind erwarteten, Scheinstellungen sind; die echten Stellungen sind glänzend getarnt, kaum zu sehen. Vor allem die Hänge des terrassenförmigen Hügels direkt hinter dem Flugplatz – Höhe 107 – sind mit MG-Nestern förmlich gespickt, deren Feuerbereich den Flugplatz und das angrenzende Tavronitis-Tal überdeckt. Über den Jägern, die sich, in wilden Sprüngen durch das Feuer hetzend, zu ersten kleinen Gruppen sammeln, dröhnen die Motoren der nächsten Transportmaschinen: Nun springen das III. und IV. Bataillon des Sturmregiments. Das III. Bataillon landet, ostwärts des Flugplatzes, mitten in den Stellungen der Neuseeländer. Die Männer haben keine Chance, sich zu sammeln, an ihre Waffenbehälter heranzukommen. Ihr kurzer, verzweifelter Kampf, nur mit Pistole oder Maschinenpistole, zum Teil auch Mann gegen Mann mit Klappmesser oder dem kurzstieligen, scharfgeschliffenen Schanzspaten – der sich in den nächsten Tagen noch mehrfach als wirksamste Nahkampfwaffe erweisen soll –, dieser kurze Kampf inmitten einer vielfachen Übermacht ist aussichtslos; binnen weniger Minuten sind über die Hälfte der Offiziere tot, die anderen fast alle verwundet, das Bataillon aufgerieben. Nur ein kleiner Rest kann sich unter Oberleutnant Trebes, dem einzigen überlebenden Offizier des Bataillonsstabes, aus der feindlichen Stellung lösen und sich zum IV. Bataillon durchschlagen.
Das IV. Bataillon ist gleichzeitig westlich des Flugplatzes abgesprungen und hat mehr Glück gehabt. Zwar ist auch hier der Widerstand stark, etliche Gruppen müssen sich mühsam an ihre Waffenbehälter herankämpfen, aber das ist wenigstens möglich, das Bataillon kann sich, noch leidlich kampfkräftig, sammeln.
Dabei allerdings, während er seine Männer einweist, wird der Kommandeur des Sturmregiments, General Meindl, der mit diesem Bataillon gesprungen ist, aus nächster Nähe schwer verwundet – Oberarm-, Brust- und Bauchwanddurchschuss. Doch der General, notdürftig versorgt und in den Schutz einer inzwischen genommenen Häusergruppe geschleppt, führt seinen bitter dezimierten Verband vorerst weiter.
Erst eine Stunde tobt der Kampf, doch längst sind die Männer samt und sonders klatschnass geschwitzt, die Kehlen ausgedörrt. Denn das kommt zu allem Unglück noch hinzu: Es ist brütend heiß, an die 40 Grad im Schatten, und die Fallschirmjäger sind „angezogen wie für Narvik" (so wörtlich Oberst Heidrich).
Die Verluste sind grausam, aber immerhin – die Fallschirmjäger haben sich an einer Brücke über den Tavronitis und in der angrenzenden Ecke des Flugplatzes einigermaßen festsetzen können. Eines ist klar: Wer die Höhe 107 hat, hat auch den Flugplatz. Also versuchen sie, die feindlichen Stellungen dort zu stürmen. Doch dazu reichen die Kräfte nicht, der Angriff bleibt auf halber Höhe des Hanges im mörderischen Feuer der Verteidiger liegen.
Zur gleichen Zeit wie bei Malemes begann der Angriff im Bereich der Hauptstadt Chania und der angrenzenden Suda-Bucht. Noch ehe die Spitze der hier angreifenden Gruppe die kretische Küste erreichte, hatte sie ihre Führung verloren. Generalleutnant Süßmann, Kommandeur der 7. Fliegerdivision, und sein gesamter Stab flogen den Angriff in einem – vermutlich erheblich überladenen – Lastensegler mit. Der Segler geriet auf halbem Wege in den Propellerschwall eines zu dicht überholenden Bombers und begann wild zu schütteln. Der Pilot löste das Schleppseil, versuchte zu einer Notlandung anzusetzen, doch da brachen die Flächen weg, der Rumpf zerschellte auf den Felsen der Insel Ägina: Niemand überlebte.
Als erste landeten bei Chania der Kompanietrupp und zwei Züge der 1. Kompanie des I. Bataillons vom Fallschirmjäger-Sturmregiment. Die knapp 90 Mann unter Führung von Genz flogen in neun Lastenseglern an. Oberst a.D. Genz erzählt:
„Wir kamen fast auf den Meter genau da runter, wo ich es geplant hatte, direkt bei den Infanteriestellungen vor der Flak-Batterie, die wir unschädlich machen sollten. Das waren übrigens schwere Brocken, 9,5 cm, die auch im Erdkampf sehr unangenehm werden konnten.
Na, im Ausschlittern rasierte uns noch ein Baum eine Tragfläche weg, machte aber nichts mehr, staubte bloß fürchterlich. Dann schmiss ich

Bild linke Seite: Mit Flammenwerfern gegen feindliche Stellungen. Bei der Verteidigung Kretas waren die Engländer fast ausschließlich auf sich selbst gestellt. Nur 20 Prozent ihrer Streitmacht auf der Insel bestand aus griechischen Truppen.

Bild rechte Seite oben: Ein Fallschirmjäger ist neben einem zerschossenen Lastwagen in Stellung gegangen. Aus der Luft ins Gefecht: Auf dieses moderne Konzept war auch die Ausrüstung der Fallschirmtruppe abgestellt.

Bild rechte Seite unten: Nach neun Tagen hartnäckiger Verteidigung haben die Engländer Stadt und Flugplatz von Iraklion geräumt. Auf Beutefahrzeugen rücken Fallschirm- und Gebirgsjäger in die heiß umkämpfte Stadt ein.

die Haube ab, stieg dem Flugzeugführer auf den Buckel und sprang raus – direkt vor die Füße von zwei Mann, die mir ihre Gewehre vor den Bauch hielten. Nun waren das Flak-Soldaten und für so was wohl nicht ausgebildet, jedenfalls hatte ich, mehr instinktiv als bewusst, noch in der Sprungbewegung geschossen. Die fielen also um, und ich rannte los.
Ringsum tauchten aus Erdlöchern überall Soldaten auf, wir – also ich und die fünf Mann aus meiner Maschine; Flugzeugführer und Funker blieben beim Flugzeug – also wir schossen mit der MP wild um uns. Und dann hatten wir uns aus ungefähr 30 cm langen Stücken Sprengrohr so eine Art Wurfgranaten gebastelt. Die hatten fast die Wirkung von Artilleriegeschossen Die Dinger schleuderten wir im Laufen – und dann waren wir durch, an der dicken Batterie.
Da knallte es auch schon. Eine Maschine vom 1. Zug war direkt in die Batterie hinein gelandet. Es gab sofort ein wüstes Handgranatenduell, die Kanoniere wehrten sich verbissen, hoben teilweise die Handgranaten auf und warfen sie zurück. Bis wir da waren, hatte diese Gruppe schon die meisten Geschützstellungen eingenommen. Wir gaben dann Schutz nach rückwärts, also gegen die Stellungen, durch die wir gerade durchgerannt waren – und dann war's geschafft, der eigentliche Kampfauftrag, Zerstörung der schweren Batterie, erfüllt.
Gleich darauf hörte ich MG-Feuer von der Straße nach Chania. Dort war der 2. Zug gelandet, er sollte uns gegen eine Kaserne sichern, die – ungefähr 500 Meter entfernt – an dieser Straße lag. Bei denen war folgendes passiert: Der Lastensegler mit dem Zugführer, Leutnant Marenbach, war kurz vor der Landung aus zehn, zwölf Metern Höhe abgestürzt. Der Flugzeugführer – tot, Leutnant Marenbach, der hinter ihm saß, auch tot. Dem dahinter sitzenden Fahnenjunker-Feldwebel Bühl hatte ein Splitter beide Augen zerstört, er war blind, die anderen hatten alle ziemlich schwere Knochenbrüche, bis auf einen, das war der Obergefreite Friemberger.
Der hat die Maschine ausgeräumt, die Verwundeten in Deckung ge-

bracht und dann die Waffen der Kameraden hinter einer Mauer längs der Straße in Stellung gebracht, so alle paar Meter ein MG. Schließlich hat er den blinden Bühl gefragt, wie's wohl weitergeht. Und der: ‚Weißte doch, sichern soll'n wir. Also warten, bis die kommen, und wenn se kommen, dann schießte. Aber nicht zu früh!' Gleich darauf kamen sie, fünf Lkw rasten auf der Straße zur Batterie hin. Der Friemberger hat sie auf 40, 50 Meter rankommen lassen und dann mit dem MG losgelegt, auf das Führerhaus vom vordersten Wagen. Der krachte gegen eine Mauer und stellte sich quer, die vier anderen fuhren auf, und der Friemberger deckte die Soldaten, die nun runtersprangen, mutterseelenallein dermaßen mit Feuer aus seinen verschiedenen Waffen ein, dass die gar nicht zur Besinnung kamen, sofort schwerste Verluste hatten und unter dem Schock schleunigst zurückrannten. Weiß der Himmel, was die glaubten, was sie vor sich hatten, in Wirklichkeit war's nur der Obergefreite Friemberger.
Wir konnten uns dann ein bisschen sammeln. Ich stellte fest, dass von meinen 90 Leuten ungefähr 30 noch einsatzfähig waren. 20 waren gefallen, 30 schwer verwundet. Wo die übrigen geblieben waren, wussten wir nicht."
Von der verzweifelten Lage der in der ersten Welle abgesetzten Fallschirmjäger ahnte man in General Students Stabsquartier in Athen nichts, im Gegenteil, dort herrschte Optimismus, nachdem von den fast 500 Transportmaschinen, die eingesetzt waren, nur sieben nicht zurückgekehrt waren. Das galt als

Bild linke Seite oben: Landung deutscher Fallschirmjäger auf Kreta.

Bild linke Seite unten: Gebirgsjäger an Bord einer Transportmaschine. Auf Kreta erwartete die deutsche Invasion ein entschlossener und zäh kämpfender Gegner. Unter schweren Verlusten erkämpften Fallschirmjäger und Gebirgstruppen einen Sieg, der oft genug an einem seidenen Faden hing.

Bild rechte Seite: Sprung in die Tiefe.

ein günstiges Zeichen. So erkannte niemand, dass sich eine zweite Katastrophe anbahnte. Denn pünktlich acht Stunden nach der ersten Welle sollte die zweite Welle starten. Sollte – konnte aber nicht. Nachdem schon am frühen Morgen der Staub auf den Absprungplätzen den Start der ersten Welle bedenklich behindert hatte, war es nun, unter der gleißenden Mittagssonne, ganz aus. Auch das Auftanken und Beladen der Transportmaschinen war nicht mehr nach Plan abzuwickeln. Insgesamt zog sich der Start der zweiten Welle über mehr als drei Stunden hin. Ergebnis: An ein Sammeln in der Luft war nicht mehr zu denken; statt geschlossen kamen die Fallschirmjäger in kleinen Grüppchen über ihren Angriffszielen an, schlecht abgesetzt wurden sie in dem allgemeinen Durcheinander auch noch, und das alles zu einer Zeit, als die Jäger, Zerstörer und Bomber, die ihren Absprung schützen und ihren Angriff unterstützen sollten, längst wieder weg waren.

Auf der anderen Seite hatte man inzwischen aus den Erfahrungen des Vormittags gelernt; die Verteidiger der Flugplätze Rethymnon und Iraklion, auf die die Fallschirmjäger nun sozusagen einzeln herabtröpfelten, hatten aus Malemes, Chania, Suda erfahren, wie dem Fallschirmjägerangriff zu begegnen sei.

So erging es der zweiten Welle eher noch schlimmer als der ersten. Nicht viel mehr als die Hälfte der bei Rethymnon und Iraklion nach und nach landenden knapp 4.000 Mann überlebte die Landung länger als ein paar Minuten. Den Überlebenden, zum größten Teil verwundet, war nicht mehr möglich, als sich – verbissen kämpfend – zu sammeln und sich zur Rundumverteidigung einzurichten (Igel). An Angreifen war vorerst nicht zu denken.

Als am Nachmittag des 20. Mai endlich gute Funkverbindungen zwischen den auf Kreta Kämpfenden und den Stäben in Athen zustande kamen, wurde erstmals das ganze Ausmaß des Misserfolges erkennbar: Kein einziges Angriffsziel war erreicht, kein Flughafen war in deutschem Besitz, noch war es gelungen, die Hauptstadt Chania zu

nehmen und das in der Nähe befindliche Hauptquartier des Inselkommandanten Freyberg auszuheben. Während General Student noch darüber brütete, was zu tun sei, um seinen festgenagelten Fallschirmjägern zu helfen – er kannte alle Offiziere und auch den größten Teil der Mannschaften persönlich –, kam die Entscheidung, praktisch kampflos: Oberst Andrew, kampferprobter Kommandeur des 22. Bataillons der 2. neuseeländischen Division, dessen Einheit den Flugplatz Malemes und die beherrschende Höhe 107 verteidigte, beurteilte an diesem Abend seine Lage schlechter, als sie war.

Die Fallschirmjäger des Sturmregiments hatten ihm trotz ihrer bitteren Verluste den ganzen Tag über so zugesetzt, dass Oberst Andrew die Flügel seines Bataillons nahezu aufgerieben und den Kern auf der Höhe 107 von Umfassung und sinnloser Vernichtung bedroht glaubte. Objektiv war das eine Fehleinschätzung der Lage, subjektiv war sie richtig, denn die mangelhaften britischen Nachrichtenverbindungen hinderten Oberst Andrew an einer richtigeren Lagebeurteilung. Und so zog Oberst Andrew, unbemerkt von den erschöpften Fallschirmjägern, in der Nacht sein Bataillon von der Höhe 107 auf eine Verteidigungslinie weiter ostwärts zurück.

General Student entschloss sich zur gleichen Zeit, alles, was er an Reserven hatte, nach Malemes zu werfen – dort, so glaubte er, bestand noch am ehesten Hoffnung, den Flugplatz in die Hand zu bekommen. Dass Student überhaupt Reserven hatte, war gewissermaßen Glück im Unglück: Eingeplant waren sie nicht gewesen, sie waren im Laufe des Tages durch den Wirrwarr beim Start der zweiten Welle entstanden, bei dem Teile verschiedener Einheiten zurückgeblieben waren. Students Zuversicht wuchs, als es im ersten Morgenlicht dem Hauptmann Kleye gelang, mit einer Ju 52 westlich des Flugplatzes Malemes zu landen, einen genauen Lagebericht einzuholen und wieder zu starten. Wenig später landeten auf demselben Landstreifen 6 Ju's mit Nachschub-Material. Ungefähr um diese Zeit begannen die Reste des Sturmregiments mit ersten tastenden Vorstößen auf die Höhe 107, noch in der Annahme, der Gegner habe in der Nacht seine Stellungen verstärkt und ein ähnlich mörderischer Kampf wie am Vortag stehe bevor. Es dauerte eine Weile, bis sie, überrascht aufatmend, entdeckten, dass die beherrschende Höhenstellung geräumt war. Nun bekam, nachdem gegen 9 Uhr zwei Fallschirmjägerkompanien westlich des Flugplatzes unbehelligt abgesprungen waren, der deutsche Angriff wieder Schwung. Bis zum frühen Nachmittag gelang es, den Flugplatz und seine Umgebung freizukämpfen.

Er lag allerdings noch im Feuer der feindlichen Artillerie, doch das war für Student kein Hinderungsgrund, nun mit aller Macht Verstärkungen einfliegen zu lassen: die ersten Bataillone Gebirgsjäger. Die Flugzeugführer hatten Anweisung, ihre Fracht ohne Rücksicht auf mögliche Flugzeugverluste zu Boden zu bringen – und das taten sie. Der Flugplatz glich in kurzer Zeit einem Trümmerhaufen, doch es gelang mit Hilfe von ein paar Beutefahrzeugen, die Wracks der bruchgelandeten oder zerschossenen Ju's beiseite zuzerren und eine Landebahn freizuhalten.

Die eigentliche Entscheidung fiel dann in der folgenden Nacht. General Freyberg war inzwischen klar geworden, dass nur ein entschlossener Gegenangriff und die Rückeroberung des Flugplatzes Malemes die Deutschen daran hindern konnte, in rollendem Einsatz Verstärkungen heranzufliegen.

Freyberg musste seinen Gegenangriff als Nachtangriff planen, denn die absolute Luftherrschaft der Luftwaffe machte jede größere Truppenbewegung bei Tage unmöglich. Da der Inselkommandant immer noch mit einer großen deutschen Landung von See rechnete, für die er Reserven behalten wollte, führte er

den Gegenangriff mit nur zwei Bataillonen, die zudem einen langen Anmarschweg entlang der Straße Chania – Malemes hatten.
Dieser Weg führte durch ein Gebiet, in dem die Reste des 3. Fallschirmjägerregiments (Oberst Heidrich) sich in kleinen Gruppen eingeigelt hatten, gleichwohl aber – teilweise bestand Funkverbindung – die Lage richtig erfassten und den Vormarsch der gegnerischen Angriffsbataillone so nachhaltig behinderten, dass diese am Morgen noch weit von ihrem Angriffsziel entfernt waren. Dies gab der Luftwaffe die Möglichkeit, in den Kampf einzugreifen, und so unterstützt, konnten die noch immer nicht sehr starken Fallschirm- und Gebirgsjäger im Raum Malemes den Angriff abwehren und sogar zum Gegenstoß ansetzen. Mit massiver Luftwaffenunterstützung gelang es, die Neuseeländer östlich des Flugplatzes weiter zurückzudrängen und schließlich auch die immer noch die Landebahn bepflasternde Artillerie zum Schweigen zu bringen.
Damit war – obschon noch schwere, blutige Kämpfe bevorstanden – die Entscheidung gefallen: Die frische 5. Gebirgsdivision konnte nun in voller Stärke eingeflogen werden; zusammen mit den Resten des Fallschirmjägersturmregiments, dessen Kommando inzwischen Oberst Ramcke anstelle des schwerverwundeten Generals Meindl übernommen hatte, standen nun dem im Raum Malemes führenden Gebirgsjägerdivisionär General Ringel hinreichende Kräfte zur Verfügung, die Insel vom Westen her aufzurollen.
Daran änderte nun auch das traurige Schicksal der sogenannten leichten Seetransportstaffel nichts mehr, jener Gebirgssoldaten, die auf wackligen Motorseglern unterwegs nach Kreta waren. Sie wurden, weit hinter dem Zeitplan herhinkend, in der Nacht zum 22. Mai von britischen Kreuzern und Zerstörern aufgespürt und zusammengeschossen. Die zweite, auf größeren Dampfern anschwimmende Seetransportstaffel entging nur knapp demselben Schicksal, weil der geistesgegenwärtige Kommandant des italienischen Torpedobootes „Sagittario" – einziges Kriegsschiff zum Schutz dieser Staffel – sie gerade noch rechtzeitig einnebelte.
Die Vernichtung der leichten Seetransportstaffel war der einzige nennenswerte Erfolg der britischen Mittelmeerflotte im Kampf um Kreta. Hier zeigte sich, dass es möglich war, starke Flottenverbände aus der Luft in Schach zu halten: Die britische Mittelmeerflotte büßte in den knapp zehn Tagen der Schlacht um Kreta drei Kreuzer und fünf Zerstörer ein; zwei Schlachtschiffe, zwei Kreuzer und vier Zerstörer wurden teilweise bis zur Kampfunfähigkeit beschädigt. Die so dezimierte britische Flotte bewältigte dann dennoch den Abtransport der in die unzulänglichen kretischen Südhäfen gejagten britischen, neuseeländischen und australischen Verbände.
Der Erfolg der Deutschen war am Ende äußerlich strahlend: „Auftrag erfüllt, Kreta heute feindfrei!" meldete am Abend des 1. Juni Generaloberst Löhr, der Oberkommandierende der gesamten Aktion, seinem Reichsmarschall. Derweil schnaubte General Student, der den Dingen zweifellos näher war: „Beim Kreta-Einsatz sind schwerwiegende Führungsfehler gemacht worden!"
Richtig ist, zurückschauend, beides: Es war ein wüster Sieg, überhastet und deshalb schlampig vorbereitet, nur erkämpft durch die schier unglaubliche Zähigkeit und Kampfbereitschaft der Fallschirmtruppe, für die Aufgeben – selbst in anscheinend auswegloser Situation – einfach nicht drin war.
Ein erstaunlicher Sieg, erkämpft um einen bösen Blutzoll: An die 4.000 Gefallene und mindestens ebenso viele Schwerverwundete und Vermisste waren die Bilanz. Die Fallschirmtruppe hatte mehr als die Hälfte ihrer bestausgebildeten Offiziere und Mannschaften verloren.
Das Traurigste daran: Es war ein sinnloser Sieg. Die strategisch wertvolle, blutig erkämpfte Position Kreta wurde nie genutzt.

R.A.F. ACE SCORES AGAIN—Page 2

Nazi Leader Flies To Scotland

Daily Record

RUDOLF HESS IN GLASGOW -OFFICIAL

HERR HESS, HITLER'S RIGHT-HAND MAN, HAS RUN AWAY FROM GERMANY AND IS IN GLASGOW SUFFERING FROM A BROKEN ANKLE. HE BROUGHT PHOTOGRAPHS TO ESTABLISH HIS IDENTITY.

AN OFFICIAL STATEMENT ISSUED FROM 10 DOWNING STREET AT 11.20 LAST NIGHT SAID—

"Rudolf Hess, Deputy Fuhrer of Germany and Party Leader of the Nationalist Socialist Party, has landed in Scotland under the following circumstances:

"On the night of Saturday, the 10th, a Messerschmitt 110 was reported by our patrols to have crossed the coast of Scotland and be flying in the direction of Glasgow. Since a Messerschmitt 110 would not have the fuel to return to Germany this report was at first disbelieved.

"He brought with him various photographs of himself at different ages, apparently in order to establish his identity. These photographs were deemed to be photographs of Hess by several people who knew him personally.

THIS WAS HIS 'PLANE

Two pictures of the wreckage of Hess's Messerschmidt 110.

Benghazi Shelled

"I Found German Lying In Field"

DAVID M'LEAN, A PLOUGHMAN, WAS THE MAN WHO FOUND RUDOLF HESS. HERE IS M'LEAN'S OWN STORY AS TOLD TO THE "DAILY RECORD," FIRST NEWSPAPER ON THE SCENE:—

"I was in the house and everyone else was in bed late at night when I heard the 'plane roaring overhead. As I ran out to the back of the farm, I heard a crash, and saw the 'plane burst into flames in a field about 200 yards away.

HOW GERMANY BUILT UP THE HESS ALIBI. See Back Page.

Good Morning! Another Day Nearer Victory!

Rudolf Heß

Es ist 22.08 Uhr am Samstag, dem 10. Mai 1941. Trotz der späten Stunde liegt über der schottischen Ostküste bei Inverness noch die Abenddämmerung. Von ihrem Radargerät meldet ein Mädchen des weiblichen Hilfskorps der RAF: „Unbekanntes Flugzeug, Planquadrat 1, AC!" Die Soldaten hinter den Sandsäcken der Ausguckstände greifen nach ihren Feldstechern. Im Tiefflug rast eine zweimotorige Maschine landeinwärts nach Westen. „Eine Messerschmitt 110!" melden die Beobachter. Der Offizier am Telephon der Leitstelle murmelt ungläubig ins Telephon: „Ihr seid wohl besoffen. Tut bloß ein bisschen mehr Wasser in euren Whisky!" Er weiß, dass kein Flugzeug dieses Typs eine derartige Reichweite hat. Noch nie ist eine Me 110 über Schottland aufgekreuzt. Aber der Pilot eines Spitfire-Jagdflugzeugs bestätigt: Es ist eine Me 110.
Rudolf Heß' Flug nach Schottland war eine persönliche Bravourleistung ersten Ranges. Die engli-

Bild linke Seite: Titelseite des „Daily Record" vom 13. Mai 1941 mit Berichten von dem spektakulären Flug des Führer-Stellvertreters. Mit angelsächsischem Sinn für „sportsmanship" ließ das Blatt es sich nicht nehmen, auch anerkennende Details über das gewagte Unternehmen zu berichten.

Bild rechte Seite: Rudolf Heß in seiner Untersuchungszelle beim Nürnberger Prozeß. Trotz der unsäglichen Verbrechen der NS-Zeit, die hier ganz offenkundig wurden, blieb Heß unbeeindruckt. In seinem Schlußwort schwärmte er noch immer für sein Idol Hitler: „Es war mir vergönnt, viele Jahre meines Lebens unter dem größten Sohn zu wirken, den mein Volk in seiner tausendjährigen Geschichte hervorgebracht hat. Ich bereue nichts."

schen Zeitungen mit ihrem Sinn für „sportsmanship" waren des Lobes voll über den rasanten Alleinflug des 47jährigen. Die Vorbereitungen waren technisch und fliegerisch von einer verblüffenden Gründlichkeit und Präzision.
Seine Mission als „Botschafter ohne Auftrag" dagegen war diplomatischer Dilettantismus in Reinkultur. Sie basierte auf einer Mischung aus naiver Selbstüberschätzung, völliger Unkenntnis sachlich-politischer Gegebenheiten und einem erstaunlichen Mangel an Einfühlungsvermögen in die Denkweise eines anderen Volkes.
Will man sich heute über diese Vorgänge klar werden, sollte zunächst einmal eine alte Legende endgültig auf den Kehrichthaufen der Geschichte geworfen werden: jene Legende nämlich, Rudolf Heß sei ein „einsamer Missionar der Menschlichkeit" gewesen, dessen bewegender Gedanke „nichts als der Friede" war und der nur deshalb scheiterte, weil er in England auf „eine Mauer des Unverständnisses" stieß.
Hier seine sogenannten „Friedensvorschläge", die er seinen Gesprächspartnern Ivone Kirkpatrick und Lordkanzler Sir John Simon unterbreitete, in Stichworten:
England müsse sich künftig jeder Einmischung auf dem europäischen Kontinent enthalten und Deutschlands Vormachtstellung in Europa sowie seine sämtlichen Eroberungen anerkennen. England müsse Deutschland sämtliche 1918 genommenen überseeischen Kolonien zurückgeben. England müsse sich aus dem Irak zurückziehen, der künftig als deutsche Interessensphäre gelten solle.
Deutschland wäre dagegen bereit, den Bestand des britischen Weltreichs zu „garantieren". Bevor Verhandlungen allerdings möglich wären, müsse England einen neuen Premierminister haben. Winston Churchill sei für den Führer ein unzumutbarer Gesprächspartner.
Für sich selbst forderte Heß eine baldige Audienz bei König Georg VI. und die Erlaubnis, sich frei in England zu bewegen, um sich geeignete Wohn- und Diensträume zu mieten, wo er die Verhandlungen vorbereiten könne. Als er das Desinteresse der Engländer für seine

„Angebote" spürte, wurde er verdrießlich. „Der Führer ist nicht der Mann, der mit sich spaßen lässt!" rief er Kirkpatrick zu. Schließlich verfiel er in Drohungen: „Wenn Sie die Chance, die ich Ihnen gebe, nicht nutzen, dann beweist mir das, dass Sie keine Verständigung wollen. In diesem Falle ist der Führer nicht nur berechtigt, sondern sogar verpflichtet, England völlig zu vernichten und das britische Volk für immer zu unterwerfen!"
Zweifellos hat Rudolf Heß sich selbst als Friedensapostel gefühlt. Tatsächlich aber war er ein vernagelter Nationalist, der mit selbstgefälliger Dreistigkeit und der Engstirnigkeit des „Herrenmenschen" auftrat. Erst als er einsehen musste, dass seine Mission gescheitert war, wandelte sich seine Arroganz in Wehleidigkeit und schließlich in eine tiefe, ans Psychotische grenzende Depression, die zu zeitweisen Erinnerungsverlusten und zu bizarren Wahnideen führte. Ganz gewiss aber ist er nicht der „tumbe Tor" oder idealistische Parsifal gewesen, als den man ihn darzustellen versucht hat. Dazu gibt es zu viele Beispiele seiner Schauspielkunst, seiner Verschlagenheit und seiner Bauernschläue.
Und noch eine andere Legende gehört endgültig zu den Akten gelegt: jene Legende nämlich, Heß habe nichts von dem bevorstehenden Angriff auf die Sowjetunion gewusst. Seine Kenntnis vom Plan „Barbarossa" hat er in Spandau dem amerikanischen Kommandanten Colonel Eugene Bird indirekt zugegeben. Aber es gibt noch andere Beweise:
Seit dem Spätsommer 1940 kannte Rudolf Heß als leitendes Mitglied des Ministerrates für die Reichsverteidigung den „Operationsentwurf Ost", den Generalmajor Marcks, Chef des Generalstabs der 18. Armee, im Auftrag Hitlers angefertigt hatte. „Operationsentwurf Ost" war der direkte Vorläufer von „Barbarossa". Und genau im Spätsommer 1940 beauftragte Heß seine Sekretärin Hildegard Fath, ihm regelmäßige Wettermeldungen für das Gebiet der Nordsee zu besorgen. Heß flog nach England, weil er als Schüler des Geopolitikers Professor Karl Haushofer und als Ko-Autor von Hitlers „Mein Kampf" voller Panik über einen drohenden Zweifrontenkrieg war, dem Deutschland nach allen Lehren der Geschichte, der Geographie und der Strategie nicht gewachsen sein würde. Deshalb wünschte er einen Separatfrieden mit England. Während der Gefangenschaft berichtete er seinem Besucher Lord Beaverbrook, Deutschland hätte alle Friedensbedingungen Englands unterschrieben, wenn dieses sich bereit erklärt hätte, an der Seite Deutschlands gegen Russland zu ziehen. Den ganzen Krieg über blieb Stalin von tiefem Misstrauen erfüllt, ob die Engländer am Ende nicht doch heimlich mit Heß verhandelten.
Heute steht fest, dass die Vorbereitungen für die Englandmission des Führerstellvertreters im August des Jahres 1940 begannen. Aber wie war Heß ausgerechnet auf den Herzog von Hamilton als möglichen Vermittler zur britischen Regierung gekommen?
Die Wahl dieses Mannes war ein Musterbeispiel für Heß' diplomatischen Dilettantismus. Hamilton war ein Freund von Albrecht Haushofer, dem Sohn des Geopolitikers und früheren Heß-Mentors Karl Haushofer. Albrecht, ein hochbegabter Wissenschaftler, Diplomat und Schriftsteller, war jüdischer Abstammung und galt nach den Gesetzen des Dritten Reiches als „Mischling zweiten Grades". Dennoch konnte er bis 1941 unbehelligt seiner Tätigkeit nachgehen, weil Heß ihn unter seinen Schutz genommen hatte und er als „außenpolitischer Berater" des Führerstellvertreters galt.
Hamilton war auch ein international bekanntes Flieger-As. Als erster hatte er den Mount Everest überflogen. Das machte ihn dem leidenschaftlichen Flieger Heß ungemein sympathisch.

Nicht zuletzt hatte Hamilton als konservativer Unterhausabgeordneter und Angehöriger des schottischen Hochadels gute Verbindungen zu Mitgliedern der höchsten Gesellschaftskreise. Was Heß aber besonders reizte, war die Tatsache, dass die Herzöge von Hamilton den erblichen Titel eines Königlichen Haushofmeisters trugen. Heß folgerte: Ein Königlicher Haushofmeister hat jederzeit privaten Zutritt zum Monarchen. Und nach Heß' naiver Meinung bestimmte der König die Richtlinien der Politik, konnte jederzeit seinen Premierminister feuern. Hamilton wurde für Heß zu einer der wichtigsten Persönlichkeiten in ganz England ...

Mehr als über Heß wurde jedoch schon unmittelbar nach seinem Flug über die Frage gerätselt, was Hitler von dem Vorhaben seines Stellvertreters gewusst habe. Zu diesbezüglichen Spekulationen, die auch nach Kriegsende immer wieder aufgetaucht sind, zum „Fall Heß", hat sich der renommierte Historiker Eberhard Jäckel abschließend geäußert:

„War Heß verrückt? Ja. Denn zu Friedensverhandlungen springt man nicht mit dem Fallschirm ab. Wusste Hitler davon? Nein. Denn das Unternehmen kam ihm höchst ungelegen. Es musste seine Verbündeten Italien und Japan beunruhigen, denen er immer wieder erklärt hatte, England sei der Hauptgegner. Wenn er aber doch verhandeln wollte (was nicht der Fall war), gab es in der Schweiz oder in Portugal genügend Möglichkeiten. Wenn er dazu eine hochrangige Persönlichkeit entsenden wollte, wäre es nicht Heß gewesen, sondern Ribbentrop oder Göring. Wenn er aber Heß schicken wollte und noch dazu mit einem Flugzeug (es wird immer verrückter), hätte er ihn nicht in Augsburg starten lassen, sondern in Nordfrankreich, was die Strecke halbiert hätte." Rudolf Heß wurde im Nürnberger Prozess 1946 zu einer lebenslänglichen Freiheitsstrafe verurteilt, die er im Berliner Kriegsverbrecher-Gefängnis in Spandau nach mehr als 40 Jahren Haft als 93jähriger Greis am 17. August 1987 durch Selbstmord beendete.

Überfall auf die Sowjetunion

Drei Heeresgruppen stehen bereit, als die deutsche Wehrmacht am 22. Juni 1941 in Russland einfällt. Ihre Operationsziele sind das Baltikum und Leningrad (Heeresgruppe Nord unter Generalfeldmarschall Wilhelm Ritter von Leeb), Smolensk – Moskau (Heeresgruppe Mitte unter Generalfeldmarschall Fedor von Bock) und die Ukraine (Heeresgruppe Süd unter Generalfeldmarschall Gerd von Rundstedt).

Hoch im Norden an der litauischen Grenze muss dabei General von Mansteins LVI. Panzerkorps gleich am ersten Angriffstag 80 km vorstoßen bis nach Ariogala im Dubysa-Tal.

Dort überquert ein großer Straßenviadukt das tiefeingeschnittene Flusstal, und der muss unversehrt in deutsche Hand fallen, wenn der Angriff an der Nordflanke nicht gleich an der Dubysa liegen bleiben soll.

Das Infanterieregiment 501 der 290. Div., das im Morgengrauen vor den Panzern stürmt, trifft auf erbitterte Widerstand. Die Verluste sind hoch doch es gelingt, im russischen Feue die Panzersperren wegzusprenger und dann rollt die 8. Panzerdivisio heran, bricht durch die Bunkerlini und fährt weiter, fährt und fährt.

Mitten in den Panzerrudeln de 8. Panzerdivision rollt auch Mar steins Befehlspanzer. Der Genera treibt, verlangt höchstes Marsch tempo, schert sich nicht um Flar kenschutz, will nur vorwärts.

Es ist ein reines Vabanque-Spie was Manstein da riskiert, denn de Viadukt bei Ariogala ist nur das ers te Ziel – das nächste, wichtigere liegt noch 270 Kilometer dahinte die großen Dünabrücken bei Dür aburg und Jakobstadt. Denn di muss er haben, wenn er ohne Zei verlust nach Leningrad weitersto ßen will.

Als am Abend die Meldung komm „Viadukt Ariogala eingenommen' sagt Manstein nur „Weiter!", sons nichts. Manstein weiß, dass Russ land nicht auf herkömmliche A erobert werden kann – die schier Größe des Landes macht das ur möglich. Wenn überhaupt, dann is Russland nur durch überraschend Panzerstöße auf seine Nervenzer tren, auf Leningrad, auf Moskau zu schlagen – durch Lahmlegun

Bild linke Seite: Deutscher Infanteris vor einem brennenden russischen Bauernhaus. Das Heer, das in Russland einmarschierte, war die größte jemals für einen einzigen Feldzug zusammengezogene Streitmacht: drei Millionen Soldaten, 3.580 Panzer und 1.945 Flugzeuge. An der Seite des deutschen „Ostheeres" kämpften Truppen der Verbündeten, Finnland und Rumänien, und in der Folge beteiligten sich auch Italien, Ungarn, Spanien und die Slowakei mit beträchtlichen Kräften.

Bilder rechte Seite: Beim Übergang über die russischen Flüsse spielten die Pioniere eine besondere Rolle. Im Schutze der eigenen Artillerie war es ihre Aufgabe, Brückenköpfe zu bilden und der nachrückenden Truppe den Weg zu bahnen.

der Führung, die zum Zusammenbruch des Ganzen führt.
Und deshalb wagt er es, sein Panzerkorps ohne Halt 350 Kilometer tief in Feindesland zu führen. Den Männern in den Panzern wird das Vorwärtsjagen so weit vor der eigenen Front unheimlich, doch Mansteins Rechnung geht auf: Sein Panzerkeil bewegt sich so schnell, dass die Russen kaum reagieren können. Fast unbehelligt fahren die Panzerkolonnen zwischen zwei kampfstarken russischen Armeen hindurch, vier Tage lang, jeden Tag 80 bis 100 Kilometer hinter sich lassend.
Am Morgen des 26. Juni nähert sich die Spitze der 8. Panzerdivision auf der Autobahn Kowno – Moskau Dünaburg. Die Panzer fahren, bis sie die Stadt vor sich liegen sehen, dann warten sie. Nur eine Wagenkolonne aus ihrem Gefolge fährt weiter. Es sind drei russische Beute-Lkw, die Fahrer tragen russische Uniformen. Sie und die Männer, die unter der geschlossenen Plane sitzen, sind „Brandenburger", Angehörige des „Lehrregiments z.b.V. Brandenburg" – einer Spezialtruppe für Kommando-Unternehmen. Die drei Lkw fahren in die Stadt hinein, in der normaler Verkehr herrscht, sie fahren hindurch – und niemand schöpft Verdacht, auch die Brückenwache an der Straßenbrücke nicht – bis es zu spät ist. Ehe die Russen begreifen, was los ist, ist die Brückenwache überwältigt, der Sprengsatz entschärft, die Brücke in deutscher Hand.
An der Eisenbahnbrücke geht es nicht ganz so glatt. Dort kommt es zu einer kurzen, heftigen Schießerei, eine Sprengladung geht hoch, dann ist es auch dort geschafft: Der Kommandotrupp hält die Brücke, beschädigt zwar, aber passierbar. Gleich darauf dringen Panzer in die Stadt ein, die nach kurzem Kampf fällt.
General von Manstein hat sein Ziel erreicht – und am liebsten möchte er sein Panzerkorps weiterstürmen lassen, die völlige Verwirrung des Gegners ausnutzen, ihm keine Gelegenheit geben, sich zu geordneter Abwehr zu sammeln.
Und noch einen anderen Grund hat er, nicht – oder nur ganz kurz, zum Nachmunitionieren und sonstiger Versorgung – stehen zubleiben: Seine Panzerstreitmacht, so schlagkräftig sie ist, ist nicht allzu gut dazu geeignet, aus dem Stand zu kämpfen, möglicherweise gegen einen zahlenmäßig hoch überlegenen Feind.
Manstein selbst hatte den Grundsatz geprägt: „Die Sicherheit eines Panzerverbandes im Rücken des Feindes beruht darauf, dass er in Bewegung bleibt. "
Doch Manstein durfte nicht in Bewegung bleiben, Hitler wollte es anders. Er befahl, zunächst stehen zubleiben und den Brückenkopf Dünaburg zu halten.
Nach dem Taktik-Lehrbuch war diese Entscheidung gewiss richtig. Mansteins LVI. Panzerkorps steht zu weit vorn, an seiner linken Flanke hängt das XXXXI. Panzerkorps reichlich 100 Kilometer zurück, ebenso auf der anderen Seite die 16. Armee. Es wäre zweifellos in hohem Maße riskant gewesen, Mansteins Korps nördlich der Düna operieren zu lassen. Doch der ganze Feldzug war ja nicht nach dem

Lehrbuch, sondern auf hohes Risiko, auf Vabanque angelegt – und dabei bedeutete eher Stillstand die größere Gefahr. Sechs Tage musste Manstein bei Dünaburg warten, reichlich Zeit für den Kommandierenden auf der anderen Seite, Generaloberst Kusnezow, die Panik seiner Verbände zu brechen und von überall her Reserven heranzuschaffen.

Dass das XXXXI. Panzerkorps an Mansteins linker Flanke das enorme Vormarschtempo nicht mithalten konnte, hatte seinen Grund: Am 24. war das Korps, zuerst die 1. Panzerdivision, ostwärts von Rossienie an der Dubysa auf starke sowjetische Panzerkräfte gestoßen. Mit über vierhundert Panzern warf sich hier das III. russische mechanisierte Korps dem deutschen Ansturm entgegen. Und was waren das für Panzer! Kolosse, von denen die deutschen Panzer- und Pak-Soldaten noch nie etwas gesehen oder gehört hatten: KW 1 und KW 2, 43 und 52 Tonnen schwer, rundum 80–120 mm stark gepanzert, bestückt mit 7,62-cm- oder 15,5-cm-Langrohr-Kanonen und jeweils 4 MG. Als die Panzerriesen zum ersten Male

auftauchten, gab es für die Kanoniere der Panzer und der Pak eine böse Überraschung: Sie schossen wie gewohnt, sie trafen wie gewohnt, aber die Wirkung war nicht wie gewohnt, sondern nicht vorhanden, die Panzergranaten prallten einfach ab oder blieben in der dicken Panzerung stecken. Die bis dahin so bewährten 3,7-cm- und 5-cm-Kanonen von Pak und Panzern waren von Stund an zu „Panzeranklopfgeräten" degradiert.
Alles, was die deutschen Panzer diesen Ungetümen entgegenzusetzen hatten, waren ihre größere Schnelligkeit und Beweglichkeit sowie die reaktionsschnelle Führung über Funk.

Bild linke Seite oben: Die Vorausabteilung der 3. Panzerdivision südlich Brest-Litowsk auf dem Vormarsch. Das weiße G auf den Fahrzeugen ist das Kennzeichen der Panzergruppe Guderian. Die Sowjetunion war auf den deutschen Überraschungsangriff militärisch nicht vorbereitet. Sechs Stunden dauerte es, bis Stalin Befehl zum Zurückschießen gab. Am zweiten Tag standen Panzer der Heeresgruppe Mitte 200 km tief in Russland. In den ersten fünf Tagen hatte die sowjetische Luftwaffe 90 % ihrer Flugzeuge eingebüßt, und in den ersten drei Wochen gingen in den westlichen Militärbezirken Russlands 90 % der Panzer und mehr als die Hälfte ihrer Besatzungen verloren.

Bild linke Seite unten: Deutsche Panzer durchbrechen die „Stalinlinie".

Bilder rechte Seite: Bilder und Text sind der Propaganda-Illustrierten „Signal entnommen: „'Ich habe getan, was kein Tier tun könnte'. Diesen Satz könnten die deutschen Kämpfer von der Ostfront in ihre Feldpostbriefe schreiben. Nicht nur in harten Kämpfen, sondern auch in der Überwindung unwegsamen Geländes haben sie geleistet, was der Feind nicht für möglich gehalten hatte. Auf jedes Kommando waren sie bereit zur letzten Kraftanstrengung, und sie waren fähig, nach jeder kurzen Ruhepause aus dem todähnlichen Schlaf der tiefsten Erschöpfung sofort wieder wach und bereit aufzufahren, zu neuem Einsatz."

Zwei lange Tage wogt die erbitterte Panzerschlacht hin und her, bis am Vormittag des 26. Juni die sowjetische Panzer-Armada im konzentrierten und geschickt kombinierten Feuerhagel von Panzern, Artillerie und Flak untergeht. Dann kann auch das XXXXI. Panzerkorps weiterstoßen, in Richtung Jakobstadt an der Düna. Mansteins Vorstoß im Norden bis Dünaburg war der schnellste und weiteste der ersten Angriffstage.
Wie aber sah es an den anderen Frontabschnitten aus? Zwar war die Zahl der zum Angriff antretenden Truppen, Panzer, Flugzeuge gewaltig, aber gerade in einem schnellen Bewegungskrieg ist auch die beste Truppe nur so gut wie ihre Versorgung. Und damit sah es eher schlecht aus. Zum einen war die Vorbereitungszeit zu kurz gewesen – erst im Spätherbst 1940 hatten die Pläne für den Angriff auf Russland soweit Gestalt angenommen, dass der Generalquartiermeister, General Wagner, mit der logistischen Planung beginnen konnte. Was sich dabei herausstellte, war wenig erfreulich. Schon eine hinreichende Ausrüstung und Bevorratung der Truppen mit Waffen und Munition erwies sich als unerwartet schwierig; die Kriegsindustrie arbeitete keineswegs auf vollen Touren, und war auch nicht, unter Hintanstellung ziviler Bedürfnisse, kurzfristig in Schwung zu bringen – dies wollte Hitler nicht, er betrachtete Einschränkungen auf dem zivilen Sektor als schädlich für die Moral der Bevölkerung und hielt sie überdies für überflüssig, wie er denn von den ökonomischen und logistischen Hemmnissen, die seinem Drang, „Lebensraum" im Osten zu erobern, entgegenstanden, einfach nichts wissen wollte, sie nicht zur Kenntnis nahm.
Tatsache ist, dass im zweiten Halbjahr 1940 die deutsche Rüstungsproduktion, statt im Hinblick auf das Kommende zu steigen, um fast 40 % zurückging. Nicht besser sah es mit Treibstoff und Reifen aus: Die Vorräte reichten bei Beginn des Feldzuges nur für zwei Monate Kampf. Winterausrüstung für die Truppe war überhaupt nicht vorhanden. Noch schwieriger das Problem, den Nachschub an die schnell vorrückenden Truppen heranzubringen: Man konnte nicht damit rechnen, in der ersten Phase die russische Breitspureisenbahn zu benutzen, denn weder war zu erwarten, dass sofort genügend russische Loks und rollendes Material in deutsche Hand fielen, noch schien es möglich, die Gleise so schnell umzunageln, dass sie rechtzeitig benutzt werden könnten.
Das bedeutete, dass der Nachschub über das mangelhafte russische Straßen- und Wegenetz herangekarrt werden musste – bei dem erwarteten schnellen Vormarsch ein überaus schwieriges Problem. Der Generalquartiermeister errechnete, dass nach längstens sechs Tagen eine Vormarschpause notwendig sei, um neue Lager in Frontnähe anzulegen, von denen dann der weitere Vormarsch versorgt werden könnte. Doch der Generalstab entschied, dass die Operationen frühestens nach 20 Tagen für eine Reorganisation des Versorgungssystems kurz unterbrochen werden könnten, und dabei blieb es.
Alle diese Probleme waren am 22. Juni, dem Angriffstag, keineswegs gelöst. Man verließ sich darauf, dass der Feldzug nur kurz sein würde und man sich schon irgendwie mit Improvisationen über eventuelle Engpässe hinweghelfen würde.
Falsch eingeschätzt wurde zunächst auch der russische Soldat. Dass „minderwertige slawische Untermenschen" gute Soldaten sein könnten, passte nicht ins nationalsozialistische Weltbild. Doch die Landser merkten bald, dass sie es mit einem verblüffend tapferen, erbittert kämpfenden Gegner zu tun hatten.
Wo sie nicht völlig überrumpelt und führungslos waren, kämpften die Russen überall zäh und verbissen, vor allem im Nahkampf mit Bajonett, Spaten und Kolben. Und sie kämpften auch einfallsreich, erwiesen sich als Meister der Tarnung. Sie ließen sich oft von den vorstürmenden Panzern überrollen und stemmten sich dann der nachfolgenden deutschen Infanterie entgegen.
In den Waldgebieten, in die sie sich an vielen Stellen der Front unter dem Druck der Angriffe zurückzo-

gen, verschwanden sie fast unauffindbar – ständige Gefahr für Nachschub, Melder und dergleichen. Ihre blendend getarnten Schützenlöcher in den Wäldern legten sie oft nur mit Schussfeld nach hinten an, um das Gelände durchkämmende Deutsche im Rücken zu packen.
Zu denen, die gleich am ersten Tag einen Eindruck von der Kampfmoral der Russen bekamen, gehörten die Infanterieregimenter 130 und 135 von der 45. Infanteriedivision, die die Brücke und die Zitadelle von Brest nehmen sollten. Die Brücke hatten sie schnell, die Panzer konnten rollen. Die Zitadelle glaubten sie auch rasch zu bekommen, denn in dem ungeheuren Feuerhagel der Artillerie, so schien es, konnte ohnehin kein Stein auf dem anderen geblieben sein.
Der Schlauchboot-Übergang über den Fluss an den Fuß der Festungswerke klappt im Schutz der Feuerwalze, die von Minute zu Minute 100 Meter vorverlegt wird, geradezu manövermäßig. Sie können auch in die Festung eindringen. Doch dann kommt die Überraschung. Der fürchterliche Artillerieschlag hat die Festung nicht zerstört, selbst die dicken 60-cm-Brocken haben nur die Besatzung geweckt – und die wehrt sich.
Mörderisches Feuer schlägt den anstürmenden Infanteristen aus unzerstörten Panzerkuppeln entgegen, zwingt sie zu Boden: kein Weiterkommen. Und dabei bleibt es, tagelang, unter hohen Verlusten. Stukas, die mit 500-kg-Bomben die Kernwerke belegen, helfen auch nicht. Erst als die Stukas mit 1800-kg-Bomben kommen, wanken das Mauerwerk und schließlich auch die erschöpfte Besatzung. Nach 8tägigem schwersten Kampf meldet der Gefechtsbericht der 45. InfDiv.: „Festung erobert." Und selbst das stimmte nicht ganz, einzelne Widerstandsnester hielten sich noch bis in den Juli hinein. Generaloberst Guderian, als er davon erfährt: „Das kann man nur bewundern!"
Guderian ist zu dieser Zeit, als die letzten Verteidiger von Brest sterben – denn sie ergeben sich nicht –, schon weit, weit weg. Die Panzervorstöße im Mittelabschnitt haben fahrplanmäßig geklappt. Am 28. Juni treffen sich Guderians Spitzen, von Süden kommend, mit Hoths Spitzen, die von Norden kommen, in Minsk. Der erste große Kessel ist zu, und schon diese erste Umfassungsschlacht ist größer als alles, was an Vergleichbarem in der Kriegsgeschichte verzeichnet ist. Vier russische Armeen mit 43 Divisionen und 6 Brigaden, eine halbe Million Mann, stecken in der Falle.
Und sie versuchen, wieder herauszukommen. Wo immer sie eine schwache Stelle in der Kesselwandung zu entdecken glauben, stürmen sie mit verzweifeltem Opfermut an, um vielleicht doch noch ein Loch in die Umklammerung zu schlagen.
Die Panzer rollen weiter. Am 29. Juni, sieben Tage nach Beginn des Feldzuges, stößt die 18. Panzerdivision südlich an Minsk vorbei. Ihr Auftrag: Vorstoß zur Beresina, dem Brückenkopf für den nächsten Stoß auf Smolensk. Es ist wieder ein waghalsiger 100-Kilometer-Stoß ins feindliche Gebiet, den die 18. PzDiv. da unternehmen soll, „fast ein Himmelfahrtskommando", wie sich der Kommandeur, General Nehring, erinnert.
Aber hier, im Mittelabschnitt, ist die russische Führung durch den schnellen deutschen Vormarsch völlig durcheinander, die sächsische 18. Panzerdivision kommt zur Freude der Panzerkommandanten auf neuen, guten Straßen rasch vorwärts und braucht nur zwei Tage, um die Beresina zu erreichen, zu überqueren, Brücke und Brückenkopf zu sichern. Der Weg nach Smolensk und zum Dnjepr ist frei. Nicht nur hier

Bild linke Seite oben: Feuer in der Hauptstraße von Kiew. Beim Einzug der deutschen Truppen am 19. September 1941 wüteten in der ukrainischen Hauptstadt Riesenbrände – angeblich das Werk von Zeitzünderbomben, die von Pionieren der Roten Armee gelegt waren.

Bild linke Seite unten: Überreste eines russischen Panzers, der durch einen Stuka-Volltreffer in Stücke zerrissen wurde.

Bild rechte Seite: Deutsche Stukas im Anflug auf russische Feldstellungen.

bei Borissow, auch weiter südlich bei Bobruisk überschreiten die 3. und die 4. Panzerdivision den Fluss – die nächste gigantische Zangenbewegung bahnt sich an, Triumph auf der einen, Niedergeschlagenheit auf der anderen Seite. Dass der Zusammenbruch der Verteidigung im Mittelabschnitt, der Verlust von vier Armeen im Kessel von Minsk, eine nackte Katastrophe ist, dass der weitere wuchtige Vorstoß der Deutschen dort die größte Gefahr ist – Stalin sieht es, sein Verteidigungsminister, Marschall Timoschenko, auch. Den Schuldigen kennen sie auch schon, den Oberbefehlshaber der Westfront, Generaloberst Pawlow. Dass es anders gelaufen wäre, wenn Pawlows Armeen rechtzeitig alarmiert worden wären, darauf verschwenden weder Stalin noch Timoschenko einen Gedanken. Die Lage muss stabilisiert werden, und Pawlow kann das bestimmt nicht. Ein neuer Mann muss her. Der neue Mann heißt Andrej Iwanowitsch Jeremenko. Er ist Befehlshaber der 1. Fernost-Armee, die wegen ihres guten Ausbildungsstandes den Orden des Roten Arbeiterbanners erhalten hat. Jeremenko gilt als harter Troupier und glänzender Taktiker. Am 22. Juni erreicht ihn in Chabarowsk Stalins Befehl, sofort nach Moskau zu kommen. Doch Sibirien ist weit, und der Transsibirien-Express ist kein Vorortzug von Moskau. Der Generalleutnant hat ihn noch am 22. Juni bestiegen und zählt nervös die Stunden und Tage der Reise. Am fünften Reisetag, man schreibt inzwischen den 27. Juni, wird Jeremenko vom Quartiermeister des sibirischen Militärdistrikts in Nowosibirsk aus dem Zug geholt. Zwei Stunden später sitzt er in einem zweimotorigen Bomber, mit dem er die restlichen 2800 km nach Moskau zurücklegt. Hier erfährt er, dass ausgerechnet er von Stalin dazu ausersehen ist, die desolate Mittelfront zu retten. Bedrückt, nur mit dem simplen Befehl versehen, den Vormarsch des Feindes zu stoppen, fliegt Jeremenko zur Front, um Pawlow abzulösen und sein neues, schweres Kommando anzutreten.

Wie schwer dies ist, merkt er sogleich. Er befiehlt, die „Übergänge über die Beresina unter allen Umständen zu halten", als sie die Deutschen schon haben, er rechnet mit kämpfenden Divisionen, die inzwischen schon in die Gefangenschaft marschieren – es ist wirklich noch Blitzkrieg in diesen ersten Juli-Tagen.

Am 10. Juli hat Guderians Panzergruppe die Beresina schon weit hinter sich gelassen und geht bereits über den Dnjepr. Am gleichen Tag nimmt Hoths Panzergruppe 3 Witebsk, stößt weiter. Fünf Tage später ist die 20. Panzerdivision bereits nördlich an Smolensk vorbei, hat, südwärts eindrehend, die Eisenbahnlinie Moskau – Smolensk überschritten und damit die Stadt vom Nachschub abgeschnitten. Von Süden her nähern sich die Panzerdivisionen 10 und 18 Smolensk. Wieder legt sich ein Ring um 15 sowjetische Divisionen.

Smolensk hat für die Russen Symbolwert. Hier kämpfte sich im August 1812 Napoleons Armee den Weg nach Moskau frei, und hier wurde Napoleons Armee drei Monate später vernichtend geschlagen. Smolensk muss gehalten werden; Verteidigungsminister Timoschenko selbst hat inzwischen den Oberbefehl an der Westfront übernommen.

Doch Smolensk fällt, nach kurzem, aber schwerem Kampf, schon knapp zwei Tage später, am Abend des 16. Juli. Das Tempo des deutschen Vormarsches ist nachgerade unheimlich, trübt selbst den Blick sonst kühler Leute. Noch vor dem Fall von Smolensk notiert der Chef des Generalstabes, Generaloberst Halder, in seinem Tagebuch: „... Im Ganzen kann man also schon jetzt sagen, dass der Auftrag, die Masse des russischen Heeres vorwärts Düna und Dnjepr zu zerschlagen, erfüllt ist. Es ist also wohl nicht zuviel gesagt, wenn ich behaupte, dass der Feldzug gegen Russland innerhalb vierzehn Tagen gewonnen wurde. " Was Halder zu dieser – rückschauend geradezu grotesken – Fehleinschätzung der Lage verführte, waren vermutlich die enormen Verluste an Menschen und Material, die Russland in diesen ersten Wochen hinnehmen musste: annähernd eine halbe Million Gefangene und Gefallene, Tausende Panzer und Geschütze, Hunderte Flugzeuge. Jeder mitteleuropäischen Armee wäre durch solche Einbußen das Rückgrat gebrochen, und in solchen Maßstäben dachte Halder.

Nur passte dieser Maßstab nicht auf Russland. Ein halbes oder ein ganzes Dutzend Armeen verloren, mit Mann und Ross und Wagen – das war schlimm, aber für ein 200-Millionen-Volk mit riesigen natürlichen Reserven ein verschmerzbarer Verlust. Nein, gewonnen war der Feldzug noch keineswegs.

Halders Triumphgefühl – das übrigens schnell wieder abebbte – wurde von den Kommandeuren an der Front nicht geteilt. Sie sahen das Ziel noch vor sich, und das hieß Moskau. Ihnen allen, Guderian, Hoth, Bock und den anderen, schien klar, dass nun, nachdem die wichtigsten ersten Operationsziele des Feldzuges erreicht waren, nachdem man 700 Kilometer vorgedrungen war, eine günstige Ausgangsposition erreicht hatte, bis auf 300 Kilometer an Moskau heran war, nun der entscheidende Schlag auf das Nervenzentrum des Gegners folgen musste.

Sicher, die Truppen waren von dem schnellen Vormarsch ausgepumpt, die Nachschubprobleme waren ins Unermessliche gewachsen, der Staub der Vormarschstraßen und der Ölmangel hatten mehr Panzer lahmgelegt als der Kampf, man brauchte eine kurze Pause, aber dann ... Die Pause war unvermeidlich. Zu weit vorgetrieben hatten die Panzerkeile die Front. Die Infanteriedivisionen mussten nachrücken, oft genug auch nachkämpfen – das war die Kehrseite der rabiaten Panzervorstöße.

Die Frontstäbe benutzten die Pause, um weiterzuplanen, Befehle vorzubereiten, für den nächsten schnellen Stoß. Am 4. August meldeten Hoth und Guderian ans Führerhauptquartier, ihre Panzerdivisionen seien am 15. 8. wieder angriffsbereit zum Stoß auf Moskau. Eine Antwort blieb aus, Hitler zögerte.

Und Timoschenko, auf der anderen Seite, sammelte Divisionen.
Am 21. August entschied Hitler: „Das wichtigste Ziel ... ist nicht die Einnahme von Moskau, sondern die Wegnahme der Krim, des Industrie- und Kohlengebietes am Donez ... "
Die Generale an der Front waren wie vor den Kopf geschlagen. Nicht nach Moskau, das doch greifbar vor ihnen lag?
Guderian, den lebhaftesten, hielt es nicht in seinem Stabsquartier. Er flog nach Ostpreußen, zu Hitler in die Wolfsschanze. Erreichte eine lange Aussprache mit Hitler, der ausnahmsweise sogar zuhörte. Guderian beschwor ihn, den greifbar nahen Sieg nicht zu verschenken; der Stoß auf Moskau sei vorbereitet, mit einem Stichwort an seinen Stab könne er ihn sofort in Gang setzen – Hitler nickte, trat an die Karte, deutete auf die Ukraine und das Industriegebiet am Donez. „Meine Generale verstehen nichts von Kriegswirtschaft", stellte er fest, „wir brauchen das Getreide der Ukraine, die Industrie am Donez muss für uns statt für Stalin arbeiten. "
Damit war es endgültig entschieden: nicht Moskau, sondern Ukraine, Kiew, Krim.
General Jeremenko war mit knapper Not dem Kessel von Smolensk entkommen und zur Übernahme eines neuen Kommandos nach Moskau befohlen worden. Er berichtet darüber in seinen Memoiren: „Ich kam nachts in Moskau an und wurde sofort im Oberkommando von Stalin und Marschall Schaposchnikow, dem Chef des Generalstabs, empfangen. Schaposchnikow legte kurz die Lage an den Fronten dar. Sein Fazit ... lautete: Im mittleren Frontabschnitt steht aus dem Raum Mogilew – Gomel ein Angriff über Brjansk auf Moskau bevor ... Stalin erklärte, es müsse schnell eine neue starke Verteidigungsfront im Raum Brjansk geschaffen werden, um Moskau zu schützen . . . „Dann fragte Stalin mich, wo ich eingesetzt werden möchte. Ich antwortete: ‚Ich bin bereit, dorthin zu gehen, wohin Sie mich schicken!' Stalin blickte mich aufmerksam an, und ein Ausdruck der Unzufriedenheit huschte über sein Gesicht. Sehr kurz fragte er: ‚Aber schließlich?' ‚Dorthin', antwortete ich schnell, ‚wo die Situation am schwersten ist.'
‚Sie ist überall gleich kompliziert und gleich schwer', war die Antwort.
Ich sagte: ‚Genosse Stalin, senden Sie mich dorthin, wo der Feind mit motorisierten Einheiten kommen wird. Ich glaube, ich werde dort am nützlichsten sein. Ich kenne die Art und die Taktik des deutschen Panzerkampfes.'
‚Gut', sagte Stalin zufrieden."
Und dann schickte er Jeremenko nach Brjansk, wo er den Stoß von Guderians Panzergruppe 2 erwartete.
Darauf warteten Stalin und mit ihm Jeremenko auch dann noch, als Guderians Panzergruppe 2 schon nach Süden marschierte. Jeremenko blieb das nicht verborgen. Er berichtet: „Wir machten Ende August Gefangene, die aussagten, dass die deutsche 3. Panzerdivision ... die Aufgabe habe, zur Vereinigung mit der Panzergruppe Kleist nach Süden zu marschieren ... Diese Aus

Bild linke Seite: Auch wenn motorisierte Einheiten bei den deutschen Anfangserfolgen die entscheidende Rolle spielten, so kamen zu Beginn des Russlandfeldzuges doch noch 600.000 Pferde zum Einsatz.

Bild rechte Seite oben: Diese russischen 42-t-Panzer blieben im Sumpfgebiet des Drut stecken und wurden somit eine leichte Beute der Heeresgruppe Mitte.

Bild rechte Seite unten: SS-Pioniere haben eine Behelfsbrücke über einen russischen Fluss geschlagen.

nichtungsschlachten von Bialystok, Minsk, Smolensk, Roslawl und Gomel geschlagen wurden?
Rundstedts großes Ziel war Kiew, die Hauptstadt der Ukraine, am Ufer des Dnjepr. Schon bei der Planung hatte es Schwierigkeiten gegeben. Der 400 Kilometer lange rumänische Karpatenraum musste aus politischen Gründen als Bereitstellungsraum ausgespart werden. Der Angriffsschwerpunkt musste deshalb auf dem Nordflügel der Heeresgruppe liegen. Hier sollten die 6. Armee unter Generalfeldmarschall von Reichenau und die 17. Armee von General von Stülpnagel die Grenzstellungen durchbrechen und weit nach Südosten vorstoßen. Dann sollten sie, mit der Panzergruppe von Kleist voraus, nach Süden eindrehen und die Sowjets umfassen. Dieser geplanten weiträumigen Zangenbewegung stand nur ein wesentlich kürzerer Zangenarm von Süden her entgegen, der von der weit im rumänischen Süden stehenden 11. Armee des Generalobersten Ritter von Schobert gebildet werden sollte. Die ungleiche Aufgabenstellung für die beiden Angriffsflügel hatte einen gewichtigen Grund: Die Heeresgruppe Süd verfügte im Gegensatz zur Heeresgruppe Mitte nur über eine Panzergruppe, und das reichte nicht aus, um den Kessel hinter der eine Million starken Heeresgruppe (Front) des Sowjetmarschalls Budjonny zu schließen. Budjonny konnte 2.400 Panzerkampfwagen, darunter zahlreiche vom Typ KW und T 34, den 600 Panzern von Kleist entgegenstellen. Im Süden wie im Norden der Ostfront machte sich das Fehlen einer zweiarmigen Panzerzange bemerkbar.
Die Ziele wurden nicht planmäßig erreicht. Für eine so weiträumige, rasche Operation gegen ein so stark verteidigtes Gebiet wie die Ukraine war eben eine Panzergruppe zu wenig. Der enorme Erfolg im Mittelabschnitt beruhte wesentlich darauf, dass Bock zwei starke Panzergruppen als Stoßkeile und Zangenarme zur Verfügung hatte. Rundstedt im Süden und Leeb im Norden dagegen hatten nur je eine Panzergruppe, und das allein ist die Erklärung dafür, dass sie mit dem Vormarschtempo des Mittelabschnitts

sagen wurden am 25. August durch unsere Luftaufklärung erhärtet, die eine mächtige motorisierte Kolonne des Gegners entdeckte, die sich nach Süden bewegte."
Damit war eigentlich ziemlich klar, was sich anbahnte, aber Stalin und sein Oberkommando in Moskau waren dermaßen verrannt in ihre Überzeugung, nur Moskau könne das Ziel des deutschen Angriffs sein, dass sie Guderians Marsch nach Süden für den Ansatz einer weiträumigen Umgehung von Brjansk hielten.
In diesem Glauben machte Stalin einen nachgerade abenteuerlichen Fehler: Er löste die sogenannte sowjetische Zentralfront, die aus der 21. und der 3. Armee bestand und die Ukraine gegen einen Angriff aus dem Norden abdeckte, kurzerhand auf und unterstellte diese Divisionen Jeremenkos Heeresgruppe (Front) – zur Verteidigung Moskaus im Raum Brjansk. Das machte Jeremenko stark, er konnte einigermaßen beruhigt den deutschen Angriff erwarten. Nur – er wartete vergebens. Missmutig notiert er: „Aber unsere Annahme (deutscher Stoß Brjansk – Moskau) verwirklichte sich nicht. Der Feind griff im Süden an und streifte unseren rechten Flügel nur. Wir ... verfügten über keine Unterlagen, dass die Angriffsrichtung der deutschen Heeresgruppe Mitte geändert und nach Süden gelenkt worden sei. Dieser Fehler des Generalstabs brachte uns im Süden in eine äußerst schlimme Situation."
In der Tat. Und noch schlimmer dadurch, dass die Unterlagen ja eigentlich da waren, nur beharrlich falsch gedeutet wurden. Stalin und Hitler – beide pfuschten sie ihren Generalen ins Handwerk. Die fatalen Folgen bekam zuerst Stalin zu spüren.
Nach einigem Aufenthalt bei Nowgorod-Sewersk, wo erst mal zwei Brücken über die Desna zu gewinnen waren, rollten Guderians Panzer nach Süden, in den Rücken von Budjonnys Südwestfront. Nun musste nur noch Kleists Panzergruppe 1 in der Gegenrichtung von Süden nach Norden stoßen, und es entstand ein Kessel von wahrhaft gigantischen Ausmaßen.
Wo aber war Kleist? Wie stand es bei der Heeresgruppe Süd unter Generalfeldmarschall von Rundstedt? Was geschah an der Südfront, als im Mittelabschnitt die großen Ver-

nicht mithalten konnten. Erst am 7. Juli gelang es der Panzergruppe Kleist im Morgengrauen, bei Zwiahel durch die sogenannte Stalin-Linie zu brechen. Nach weiteren zehn Tagen härtester Kämpfe erreichte Kleist dann Belaja-Zerkow, südwestlich von Kiew – und nun bot sich endlich auch im Süden die Gelegenheit zu einer Kesselschlacht: Über Pruth und Dnjestr kam jetzt auch die 11. Armee heran.

Am 1. August ist Kleists Panzergruppe bis Nowoarchangelsk vorgedrungen, drei Tage später trifft sie bei Perwomaisk mit den Spitzen der 11. Armee zusammen – der Kessel ist zu. Kleists Panzer haben drei russische Armeen mit 23 Divisionen umfahren, die sie nun auf die deutsche Infanteriemauer aus Teilen der 11., 17. und 6. Armee drücken. Die im Raum um Uman eingekesselten Russen wehren sich verzweifelt, einigen Verbänden gelingt auch der Ausbruch, aber die Masse der drei Armeen wird geschlagen, 100.000 Mann gehen in Gefangenschaft, darunter zwei Armee-Oberbefehlshaber.

Aber nicht die Zahl der Gefangenen ist wichtig, entscheidend ist, dass nun Kleists Panzergruppe weiter am Westufer des Dnjepr auf Tscherkassy und Krementschug vorstoßen kann und sich damit die Chance eröffnet, Budjonnys Millionenarmee im Dnjepr-Bogen beiderseits Kiew festzunageln.

Generaloberst Guderians Laune ist nicht gerade gut, als er am 29. August gegen Abend von einem Inspektionsflug zu seinen Verbänden in sein Stabsquartier bei Unetscha zurückkehrt. Die Lage ist ziemlich bedrohlich. Sicher, man hat einen Brückenkopf am Ostufer der Desna, bei Nowgorod-Sewersk, aber der Angriff kommt nicht weiter, Jeremenko versucht mit aller Kraft, den Brückenkopf einzudrücken. Auch weiter hinten, an der langen linken Flanke, müssen sich die 17. und 18. Panzerdivision mühsam der unentwegt anrennenden Russen erwehren.

„Wenn es ihm gelingt, uns weiter aufzuhalten, und wenn sie erkennen, was wir vorhaben – dann kann der ganze schöne Plan ein Schlag ins Wasser werden!" überlegt Guderian düster.

„Leider", stimmt sein Ia, Oberstleutnant i. G. Bayerlein, zu. „Von der 2. Armee liegen schon Meldungen vor, dass die Russen sich südlich von Kiew aus dem Dnjepr-Bogen abzusetzen beginnen. Und am Donez sind Schanzarbeiten im Gange."

„Da haben wir's!" schimpft Guderian, „Budjonny hat aus Uman gelernt!" Guderian hat den schnauzbärtigen Sowjetmarschall durchaus richtig eingeschätzt: Er trifft tatsächlich Vorbereitungen, aus der Umklammerung zu weichen und sich auf eine Stellung am Donez zurückzuziehen.

Aber Stalin ist da anderer Meinung. „Keinen Schritt zurück. Halten und notfalls sterben!" lautet sein unerbittlicher Befehl. Und er schickt alles, was er an Truppen, Panzern und schweren Waffen aufbringen kann, noch zusätzlich in den Dnjepr-Bogen.

Eine Million Mann hat Stalins „Stehen und Sterben"-Befehl gekostet, 665.000 davon marschieren in trostlosen Kolonnen in Gefangenschaft, 3.718 Geschütze, fast 900 Panzer werden erbeutet. Aber noch andere Folgen hat diese Schlacht. Hitler hält den Feind für demoralisiert, glaubt ihn wankend. Er glaubt, dass ihm eine strategische Überraschung gelungen ist – irrig. Budjonny hatte die deutsche Absicht durchaus richtig erkannt, nur Stalin hatte ihn an der richtigen Gegenmaßnahme gehindert.

Und so befiehlt Hitler am letzten Tag der großen Schlacht: „Donez-Becken und Don sind noch vor Eintritt des Winters zu erreichen." Das war noch folgerichtig. Aber gleichzeitig entschließt sich Hitler, berauscht vom Kiewer Sieg, zu wagen, wozu er sich vier Wochen früher nicht entschließen konnte: zum Sturm auf Moskau. Angriffstag: 2. Oktober, Deckname: „Taifun".

Diesmal widerspricht ihm niemand. Auch die Frontkommandeure sind von den ungeheuren Erfolgen geblendet, wähnen sich unbesiegbar. Verdrängen die Sorgen, die sie schon eine ganze Zeit plagen: Ihre Truppen sind nach neun Wochen ununterbrochenen Kampfes nicht mehr die frischesten, sind dezimiert, auch das Material gibt unter der übergroßen Belastung nach, und der Nachschub lässt entschieden zu wünschen übrig. Das alles scheint vergessen, als der Befehl kommt: nach Moskau!

Nur eine Woche ist Zeit, „die letzte große Entscheidungsschlacht" (so Hitler) zu planen. Erstaunlich genug – die Zeit reicht. Nach einem sorgsam ausgeklügelten Plan setzen sich um den 30. September herum drei Infanteriearmeen und drei Panzergruppen in Bewegung. Der Plan: Die 9. und 4. Armee sollen nördlich und südlich der Autobahn Smolensk – Moskau vorstoßen, mit den Panzergruppen 4 (Hoepner) und 3 (Hoth) als Zangenarme die vor der Front stehenden russischen Armeen umfassen und vernichten. Guderians Panzergruppe 2 soll, aus der Nord-Ukraine kommend, wieder nach Norden rollen, Brjansk umfassen, Jeremenkos Armeen auf den mittleren Stoßkeil drücken.

Es ist eine raffiniert angelegte Doppelkesselschlacht mit drei Stoßkeilen – und sie gelingt! Es dauert nicht ganz eine Woche, dann sind zwischen Wjasma und Smolensk sechs russische Armeen unter Marschall Timoschenko sowie beiderseits Brjansk drei weitere Armeen unter General Jeremenko umzingelt, und abermals nur drei Wochen nach der russischen Katastro-

Bild linke Seite: Zur großen Überraschung der Deutschen wurde der russische Panzer T 34. Vollendet und zweckmäßig in der Form, war er den eigenen Kampfwagen an Feuerkraft, Panzerung und Beweglichkeit überlegen.

Bild rechte Seite: Zu Beginn des Russlandfeldzugs war die Zahl der russischen Kriegsgefangenen ungeheuerlich. Ihr Schicksal in deutscher Hand gehört zu den großen Verbrechen des Zweiten Weltkrieges. Allein in den ersten neun Monaten ließen die Verantwortlichen der Deutschen Wehrmacht 2 Millionen Sowjetsoldaten verhungern.

phe von Kiew schicken sich die Infanteriedivisionen an, das von den Panzern eingeleitete Vernichtungswerk zu vollenden.
Zehn Tage dauert die Schlacht noch, dann sind Timoschenkos sechs und Jeremenkos drei Armeen mit 70-80 Divisionen zerschlagen. Zuletzt kapitulieren die Russen regimenterweise, 663.000 Soldaten und Offiziere gehen in Gefangenschaft, 1.242 Panzer und 5.412 Geschütze bleiben auf dem Schlachtfeld zurück, teils zerstört, teils willkommene Beute.
Nach den Armeen, die die Ukraine schützen sollten, hatte Stalin nun auch die Armeen eingebüßt, die seine Hauptstadt decken sollten. Der Weg nach Moskau, so schien es, war für die deutschen Panzer offen: Zeit für den zweiten Teil des Angriffsplans, den eigentlichen Sturm auf Moskau. Doch es wurde kein Sturm. Die Wege nach Moskau waren auch in einem fatalen, nichtmilitärischen Sinn offen: Sie waren durch den Herbstregen grundlos geworden, verschlammt. Elend langsam quälen sich die Fahrzeuge durch die Schlammbäder, wühlen sich fest; Krad-Schützen bauen sich hölzerne Kufen unter die Maschinen und ziehen sie; oft müssen kilometerlange Knüppeldämme angelegt werden. Hinzu kommt auch eine taktische Erschwernis: Nachdem schon die Straßen grundlos sind, ist erst recht das freie Gelände unbefahrbar – da bleiben auch Panzer und andere Kettenfahrzeuge liegen. So konzentriert sich der Kampf zwangsläufig auf die Straßen.
Die 10. PzDiv. unter General Fischer hat das stark befestigte Straßenkreuz Schelkowka genommen und ist über die Moskwa in den Raum nördlich Rusa vorgestoßen. Hier hat sie nicht der Russe, sondern der Schlamm gestoppt. Bis zu den Knien im Schlamm watend baut das Pz.- Pionierbataillon 49 einen 15 Kilometer langen Knüppeldamm, um wenigstens die vorderen Einheiten untereinander beweglich zu erhalten. Nachschub kommt nicht mehr heran. Die Pioniere schuften tagsüber mit einer Hungerration im Leib, für zehn Mann gibt es ein Kommissbrot. Nachts schießen sie sich mit angreifenden Russen herum. Als der Knüppeldamm endlich fertig ist, kommt Frost. Der Knüppeldamm wäre nicht mehr notwendig. Aber jetzt hat sich der Russe in einem Waldstück darauf festgesetzt und blockiert die Verbindung zur Divisionsspitze. Wieder müssen die erschöpften Pioniere nachts raus und die Verbindung freikämpfen. Dreißig Mann kostet sie das Unternehmen gegen die Sibirier, die wahre Meister im Waldkampf sind. Dann ist es geschafft. Auch südlich und nördlich der Autobahn schieben sich die Angriffsspitzen immer näher an die Stadt heran, noch 80 Kilometer, noch 60, doch dann können sie nicht mehr. Der Schlamm hält sie fest, nicht nur die Kampftruppe vorne, sondern vor allem den Nachschub hinten. Sprit kommt nur noch kanisterweise nach vorn, Granaten werden stückweise zugeteilt, auch die Verpflegung wird knapp – so kann man nicht kämpfen, so kann keine Armee der Welt kämpfen.
Während sich in Moskau der Schreckensruf verbreitet: „Die Deutschen kommen!", siegt Ende Oktober, Anfang November vor den Toren der Stadt endgültig der Schlamm. Bewegungskrieg, wenn man unbeweglich ist – das geht nicht. Jetzt fehlen die fünf Wochen, die zwischen dem 24. August – als der Angriff auf Moskau (statt auf Kiew) hätte gestartet werden können – und dem 2. Oktober liegen, als er gestartet wurde. Diese Zeitspanne macht den Unterschied zwischen Fahren und Festliegen, zwischen Staub und Schlamm, zwischen schwierig und unmöglich.
General J. F. C. Fuller, britischer Kriegshistoriker von Rang, schreibt: „Aller Wahrscheinlichkeit nach war es nicht so sehr der Widerstand der Russen – so groß er auch war – oder der Einfluss des Wetters auf die Luftwaffe, als vielmehr das Im-Schlamm-Versinken der Transportfahrzeuge der deutschen Front, wodurch Moskau gerettet wurde."
So ist es. Jedenfalls in den letzten Oktobertagen. Überall in dem Halbkreis vor Moskau, hier ein paar Tage früher, da ein paar Tage später, heißt es nun: „Das Ganze halt." Man muss warten, bis der Frost kommt, der Boden hart wird, bis man wieder fahren kann.

Rommel greift ein

Ein Panzerspähwagen mit gelbgrünem Tarnanstrich steht zwischen ein paar Dünen in der Wüste. Auf dem rechten hinteren Kotflügel trägt er eine rote Springmaus in weißem Kreis, das Zeichen der 11. Husaren, der erfolgreichen britischen Panzertruppe in Nordafrika.
Die Nacht zum 31. März 1941 ist totenstill, seit nach Einbruch der Dunkelheit der Wüstenwind, der Ghibli, eingeschlafen ist, neben den Sandflöhen und der Ruhr die übelste Plage der Afrikakämpfer, denn er trägt die feinen Sandkörner bis in die Unterhosen und unter die Augenlider, selbst in fest verschraubte Thermosflaschen.
So still ist die Nacht, dass die vier Männer beim Schützenpanzerwagen mit einem Ruck erwachen, als drüben in El Agheila ein paar schwere Motoren anspringen. Unter dem Chassis kriechen zwei Offiziere hervor, Oberleutnant James „Nobby" Clark und Leutnant Fred Miller, dessen Spitzname entsprechend einer alten englischen Armee-Marotte wie bei allen Millers „Dusty" lautet.
Zusammen mit Fahrer und Funker starren sie hinüber zum Fort El Agheila, vor dem nun ein paar mächtige Silhouetten auftauchen und unter dem Dröhnen ihrer Motoren und dem Klirren ihrer Ketten auf sie zuschwanken.
Zurufe in einer fremden, kehligen Sprache „..., das sind Deutsche", flüstert „Dusty" Miller. Rundum lebt plötzlich die Wüste, und eines der stählernen Ungetüme hält genau auf sie zu.
Sie springen in ihre Sitze, der Fahrer scheucht den Spähwagen geschickt am Fuß der Dünen entlang in Richtung Osten.
Vorsichtshalber halten sie Funkstille, rasen nach Mersa Brega und melden mündlich bei der Aufklärungsabteilung Latham von der britischen 2. Panzerdivision: „Die Deutschen greifen auf breiter Front an. Panzer im Süden und an der Küstenstraße!"
Was sie melden, ist der Beginn einer der erfolgreichsten Eigenmächtigkeiten der Kriegsgeschichte.
Im Hotel d'Italia in Benghasi scheucht die Nachricht den englischen Befehlshaber der Cyrenaika, Generalleutnant P. Neame, aus dem Bett. Er staunt ebenso wie kurze Zeit später sein Oberbefehlshaber General Sir Archibald Wavell in Kairo, denn vor wenigen Tagen noch hat Sir Archibald dem aus London eingeflogenen Außenminister Anthony Eden und dem Generalstabschef Sir John Dill schlüssig bewiesen, dass die Deutschen vor Mitte Mai nicht angreifen können. Und eigentlich hat er die Gesamtlage in Nordafrika, Erkenntnisse über die feindlichen Kräfte und sogar korrekte Geheimdienstberichte über OKW-Weisungen völlig richtig gedeutet.
Nur eine eigene Erkenntnis hat Sir Archibald inzwischen wieder vergessen. Sie war ihm gekommen, als er den Namen des Mannes hörte, der seit dem 6. Februar 1941 das Deutsche Afrika-Korps befehligte: Erwin Rommel. „Soll ja ein recht stürmischer Geselle sein", hatte Sir Archibald damals ahnungsvoll gesagt. Und genau diese Einschätzung sollte sich als richtig erweisen.
In seiner Weisung Nr. 18 hatte Hitler einen Einsatz deutscher Kräfte in Afrika nur vorgesehen, wenn die Italiener Marsa Matruh erreicht haben. Er glaubte noch, die Italiener benötigten nur deutsche Panzer und Luftwaffenunterstützung, um den Suezkanal zu erreichen. Wenige Wochen später befanden sich die Italiener auf dem Rückzug, und Hitler befahl die Vorbereitung für den Transport einer deutschen Panzerdivision nach Afrika. Erst am 11. Januar 1941 heißt es in der Führerweisung Nr. 22: „Die Lage im Mittelmeer erfordert aus strategischen, politischen und psychologischen Gründen deutsche Hilfeleistung. Tripolitanien muss behauptet werden." Hitler dachte an Verteidigungsmaßnahmen. Eine Offensive hielt er frühestens Winter 1941/42 für möglich.

Rommels Truppe in Afrika war von Hitler persönlich als „Sperrverband" bezeichnet worden: mit rein defensiven Aufgaben, wie das Wort sagt.
Von Dezember 1940 bis Februar 1941 hatten die Engländer mit drei Stoß-Divisionen (31.000 Mann) die 200.000 italienischen Soldaten des Marschalls Graziani vernichtend geschlagen. 1.200 Kilometer weit, von Sidi Barrani bis hinter Mersa Brega und El Agheila, hatten Wavells wüstenharte Männer die unzulänglich ausgerüsteten und schlecht geführten Italiener gejagt und erst haltgemacht, als die immer länger werdenden Nachschubwege den Abbruch der Offensive erzwangen.
Hitler war wütend. Schon wurde klar, dass der unglückliche Verlauf des italienischen Angriffs auf Griechenland sein Eingreifen auf dem Balkan nötig machen würde. Und nun auch noch Afrika! Zu dieser Zeit war er längst entschlossen, Russland anzugreifen und zu schlagen; bis zum Winter 1941 sollte das erledigt sein. Erst dann wollte er sich der Engländer in Ägypten, im gesamten Vorderen Orient annehmen. Aber nun musste „aus strategischen, politischen und psychologischen Gründen" wenigstens Tripolitanien für die Italiener gerettet werden.
Also: Nur ein „Sperrverband", keine Experimente! Generalstabschef Halder sekundierte: Das Afrika-Korps sei eine „politische Sache", um Italien bei der Stange zu halten. Dafür schien zunächst die 5. Leichte Division zu genügen, erst angesichts des wilden Vorstoßes der

Bild linke Seite: Bereits im Ersten Weltkrieg wurde Erwin Rommel mit dem EKI und dem Pour-le-mérite ausgezeichnet. In Frankreich kommandierte er die gefürchtete „Gespenster-Division", in Afrika wurde er zum legendären, von Freund und Feind geachteten „Wüstenfuchs".

Bild linke Seite oben: Ein Zug der 38.000 italienischen Soldaten, die schon im ersten Anlauf der britischen Offensive gefangengesetzt wurden.

Bild linke Seite unten: Englische Panzer im Gefecht.

Engländer nach Westen wurde auch die 15. Panzerdivision zur Einschiffung bereitgestellt. Wenn diese gegen Ende Mai vollständig in Afrika eingetroffen sei, so wurde Rommel im Führerhauptquartier bedeutet, könne man vielleicht an begrenzte offensive Operationen im Raum Agedabia denken. Pläne dafür möge Rommel bis zum 20. April im OKW vorlegen.
Über Berlin und London hatte Sir Archibald in Kairo Agentenberichte erhalten, welche diese Weisungen korrekt wiedergaben. Hinzu kam, dass Rommels Truppe noch nicht vollständig und im Wüstenkampf völlig unerfahren war. Aber er war nun einmal ein „stürmischer Geselle". Für ihn stellte sich die Situation nämlich ganz anders dar: Als Mussolini sein griechisches Abenteuer begann, hatten die Engländer beträchtliche Teile ihrer Luftstreitkräfte und einen großen Teil der Landtruppen nach Griechenland verlegt.
Zwar war aus England noch die 2. Panzerdivision nach Afrika gekommen, aber Rommel hatte nun auch seine 5. Leichte Division zur Stelle, und schon gingen in Tripolis die ersten schnellen Einheiten seiner 15. Pz.div. an Land. Später wird er sagen, er sei in seinen wilden Ritt nach Tobruk eher „hineingeschlenkert". Wahrscheinlich hat er an diesem 31. März wirklich nichts weiter vor, als was ihm vom italienischen Oberkommando zugestanden worden ist: Mersa Brega zu nehmen.
Es dauert immerhin den ganzen Tag, dieses Ziel zu erreichen. Die Aufklärungsabteilung Latham zieht sich kämpfend zurück. Hinter ihr liegt eine Brigade der 2. britischen Pz.div. Sie sperrt die Enge von El Agheila, das strategisch wichtige Tor zur Cyrenaika.
Die britischen Stellungen sind stark befestigt. Minen gehen hoch. Bei 38 Grad Hitze und im heftigen Feuer räumen die Pioniere eine Gasse, kennzeichnen sie durch ihre schwarzen Fahnen. Zum ersten Mal hören die britischen Afrika-Truppen das peitschende Krachen der deutschen 8,8-cm-Flak und das Heulen von Stukas; um 17.30 Uhr stürzen sich kurz nacheinander zwei Gruppen Ju 87 auf die englischen Stellungen.
Mersa Brega fällt. Die Tür zur Cyrenaika steht offen. Wer hier durchbricht, hat nicht nur die Küstenstraße über Benghasi nach Tobruk vor sich. Auch geradezu mitten durch die Wüste führen abkürzende Fährten, einladend für „stürmische Gesellen". Wavells Truppen hatten sie erfolgreich benutzt, um den an der Küste zurückgehenden Italienern den Weg abzuschneiden.
Rommel müsste nicht Rommel sein, wenn er nun gehorsam halt machte, das offene Land und den weichenden Feind vor Augen. Bei den Engländern funktioniert kaum noch etwas. Zwar hat Wavell seinen Wüstenspezialisten, Generalleutnant O'Connor, zu Neame geschickt. Aber die beiden Generale geraten in Gefangenschaft, als ihr Fahrer sich auf dem Rückzug verfährt.
Es rächt sich insbesondere, dass Wavell seine Luftwaffe hatte abgeben müssen. Stukas und Jäger zerschlagen die ohnehin überdehnten Nachschublinien, die sorgsam angelegten Vorratslager in der Wüste.
Aber auch Irrtümern fallen wichtige Kriegsmittel zum Opfer. In Msus liegt ein gewaltiges Brennstofflager der Engländer. Am Morgen des 4. April trifft die Nachricht ein, deutsche Panzer seien im Anmarsch. Kurz darauf erhebt sich am Horizont eine Staubwolke. Die Besatzung jagt das Lager in die Luft. Aber die Staubwolke wurde von den Panzern der 2. britischen Pz.div. aufgewirbelt, die mit fast leeren Tanks angeklirrt kommen. Die meisten Panzer bleiben liegen.
In anderen Lagern stehen die deutschen Panzer so plötzlich vor der Tür, dass die Sprengungen nicht mehr klappen.
Der Hafen von Benghasi wird unzerstört genommen, im Lager Tmimi können die deutschen Einheiten tanken und sich verproviantieren. Sie stürmen weiter, durch die Wüste und die Küste entlang. Rommel ist überall mit seinem Spähwagen, treibt vorwärts, lässt mit Lkw-Kon-

vois den immer schwieriger werdenden Nachschub improvisieren. Die alte Regel des modernen Bewegungskrieges bestätigt sich: Wenn im schnellen Vorstoß der Benzinverbrauch steigt, sinkt der Munitionsverbrauch, und umgekehrt.
Es gibt einen Punkt, an dem kaum Benzin, aber viel Munition verbraucht wird und viele Opfer zu beklagen sind: Tobruk.
Von London aus hat Winston Churchill strikte Anweisung gegeben, Tobruk zu halten, „ohne Gedanken an Rückzug, bis zum letzten Mann“. Der wichtige Hafen, die „Festung auf Sand“, ist eine Schlüsselposition in Nordafrika. „Der Feind würde ein großes Risiko eingehen, wenn er Tobruk links liegen ließe und auf Ägypten losginge; es ist ja augenfällig, dass wir auf dem Seeweg Verstärkungen hineinwerfen und seine Verbindungswege bedrohen können“, telegrafiert Churchill beschwörend an den zagenden Wavell. So igelt sich die 20. australische Infanteriebrigade in Tobruk ein. Sie bekommt über See Munition genug, hat Artillerie und Granatwerfer. Und die Befestigungen sind noch von den Italienern mit großem Geschick angelegt worden.
Der Wüstenkrieg ist zu Recht immer wieder mit dem Seekrieg verglichen worden. Die riesigen Räume bieten sich für kühne Überraschungsaktionen an. Wer einmal die Initiative an sich gerissen hat, kann den Gegner in Atem halten, denn alles ist in Fluss, Panzereinheiten „schwimmen“ im Wüstenmeer, wie die Kriegsschiffe immer neue Fronten und Keile bildend. Aber Tobruk ist die Ausnahme, Tobruk ist eine waffenstarrende Küstenfestung.
Vom 10. bis zum 14. April lässt Rommel Einheiten der 15. Pz.div. und der 5. Leichten ohne ernsthafte Artillerie-Unterstützung gegen die Australier anrennen. Schon am ersten Tag wird der Kommandeur der 15. Panzerdivision, Generalmajor von Prittwitz, im mörderischen Artilleriefeuer getötet. Einheit auf Einheit wird vernichtet, das eingebrochene MG-Bataillon 8 unter Oberstleutnant Ponath mit seinem Kommandeur im erbitterten Nahkampf ausgeschaltet.
Auch in der zweiten Aprilhälfte, nachdem Artillerieverstärkung und sogar ein 21cm-Mörser herangebracht worden sind, ist Tobruk nicht zu nehmen. Tischeben ist die Wüste, glasklar zeichnet die unbarmherzige Sonne jede Kontur.
Die Australier sind hervorragende Scharfschützen – man zeigt besser nicht einmal die Nasenspitze über der Deckung. Die Fronten erstarren.
Erst wenn die Sonne mit afrikanischer Geschwindigkeit hinter dem Horizont versunken ist, kommt Leben in die Stellungen. Suppe wird gebracht, weniger wegen ihrer Güte als wegen der Wärme hochgeschätzt, denn nach den heißen Tagen wird es nachts bitterkalt. Tubenkäse, Ölsardinen, Schwarzbrot – dazu manchmal Rindfleisch, Konserven aus italienischen Beständen. Die Dosen sind mit den Buchstaben AM (Amministrazione Militare) gekennzeichnet, was sofort die Erfindung von Namen anregt: „Alter Mann“ und „Armer Mussolini“ heißt es bei den Deutschen, „Asino morte“ (toter Esel) bei den Italienern. Auch der gefürchtete Sandsturm hat seine Vorteile, weil man kaum die Hand vor Augen sieht. Und nicht einmal die Artillerie schießt; Sand im Rohr ergibt die gemeinsten Rohrkrepierer.

Bild linke Seite: Verladung von Panzern für die deutschen Truppen in Libyen. Noch bevor der deutsche Sperrverband vollzählig in Afrika versammelt war, griff Rommel mit der verstärkten 5. leichten Division die Engländer an.

Bild rechte Seite oben: Britische Stellung vor Tobruk. Nach fehlgeschlagenen Angriffen im April 1941 lagen die Einheiten des Afrika-Korps mehr als ein halbes Jahr lang vor der Festung. Ein britischer Gegenangriff im Dezember 1941 sprengte dann den Belagerungsring, aber nur für einige Monate. Im Mai 1942 wurde Tobruk erneut Ziel einer deutsch-italienischen Offensive, in deren Verlauf die Festung am 21. Juni zur Kapitulation gezwungen wurde.

Bild rechte Seite unten: Luftaufnahme der heiß umkämpften libyischen Hafenstadt Tobruk.

Tobruk steckt wie ein Pfahl im Fleisch, Churchill hat soweit recht gehabt mit seiner strikten Weisung. Und doch stellt Rommel, der knurrend von der Festung ablässt, zumindest seinen Fuß in die Tür nach Ägypten.

Natürlich hat er noch während der ersten Angriffe auf Tobruk andere Einheiten weiter nach Osten stoßen lassen: Bardia fiel am 11. April, zwei Tage später Capuzzo, das alte Wüstenfort der Italiener, Grenzbefestigung gegen Ägypten. Noch viermal wird das zerschossene Nest den Besitzer wechseln. Ein Friedhof wird hier liegen, auf dessen Gräbern und Kreuzen die Namen und Nummern fast aller deutschen, italienischen und britischen Afrika-Einheiten stehen werden.

Auf ägyptischem Gebiet versteift sich der Widerstand. Aber die schnellen Einheiten, die nun Sollum angreifen, haben eine Waffe bei sich, von der die Afrika-Kämpfer beider Seiten mit Hochachtung und Schrecken sprechen: eine Batterie 8,8cm-Flak. Die ursprünglich zur Fliegerabwehr gebaute Kanone ist durch ihre hohe Geschossgeschwindigkeit, von der das hell schmetternde Abschussgeräusch zeugt, der gefährlichste Panzerknacker des Zweiten Weltkriegs. In Sollum verjagt sie sogar einen Zerstörer, der die Angreifer aus der Bucht unter Feuer genommen hat. Hier im Raum Sollum – Capuzzo endet die Wüste auf einem Hochplateau, das zum Meer hin 200 Meter steil abfällt und auch nach Südosten auf 35 Kilometer Länge von einem Steilhang begrenzt ist. Die Straße Sollum – Tobruk führt hier hinauf über den Halfaja-Pass. Wenn er je daran denken wollte, Tobruk in absehbarer Zeit zu entsetzen, musste Wavell diesen Punkt in der Hand behalten. Deutsche Vorausabteilungen hatten den Pass zwar im April schon einmal besetzt, wurden aber Mitte Mai wieder vertrieben. Und nun hielt ihn ein Bataillon der berühmten Coldstream Guards, zusammen mit einem Feldartillerieregiment und zwei Panzerkompanien. Das 1. Bataillon des Schützenregiments 104 trägt die Hauptlast des Kampfes bei der Wiedereroberung des Halfaja-Passes. Sein Kommandeur ist Hauptmann Wilhelm Bach, ein rundlich-gemütlicher Badenser, im Hauptberuf evangelischer Pfarrer in Mannheim.

Im wütenden Feuer der englischen Elite-Einheiten läuft der Angriff sich in einem Wadi fest. Bei 56 Grad Hitze wird eine 3,7-cm-Pak nach vorn gebracht. Aber über den betonharten Wadi-Rand pfeifen die Infanteriegeschosse. Wer bringt es in solcher Lage schon fertig, die Nase aus der Deckung zu nehmen und Ziele für die Geschützbedienung auszumachen?

Der „Pastor des Fegefeuers“, wie ihn später die englischen Zeitungen nennen werden, tut es. Der fast Fünfzigjährige knurrt: „Ja, mer misse doch weiter, das hat doch kee Sinn!“ Er stemmt sich hoch, stellt sich auf den Rand, das Glas an den Augen, unbekümmert um den Geschosshagel ringsum. Im nächsten Augenblick ist er schon wieder in Deckung, gibt ruhig ein paar Anweisungen.

„Mensch, der Alte, hast du das gesehen?“ rufen die jungen Soldaten sich zu. Der Angriff kommt wieder in Schwung. Kurze Zeit später ist der Halfaja-Pass wieder in deutscher Hand. Die Landser aber haben noch Erdarbeiten zu verrichten im steinharten Boden, sich einzugraben, natürlich, denn hier wird der Gegenangriff kommen, und Gräber zu schachten, wohlbedeckt mit Steinen gegen die Schakale.

So schlecht es auch sonst aussah – einer schweren Sorge war der britische Premierminister Winston Churchill zu dieser Zeit ledig: Das Unternehmen „Tiger“ war gelungen. Als Mitte April klar geworden war, dass General Wavell fast sämtliche Panzer verloren hatte, entschloss der Premier sich zu einem gefährlichen Spiel. Aus einem Konvoi von Schiffen, der mit Nachschub um das Kap der Guten Hoffnung herum nach Alexandria laufen sollte, ließ er fünf mit Panzern und Jagdflugzeugen beladene Dampfer bei Gibraltar ins Mittelmeer abschwenken. Der Weg war um 40 Tage kürzer. „Alle meine Ängste“, schrieb Churchill in seinen Memoiren, „richteten sich auf diesen Geleitzug“. Jeden Augenblick

konnten Kriegsschiffe und Flugzeuge der Achsenmächte zuschlagen. Ein Schiff lief auf eine Mine und ging mit 57 Panzern und zehn Flugzeugen unter.

Aber die vier anderen erreichten mit 238 Panzern und 43 Jagdmaschinen am 12. Mai Alexandria. Wavell ließ sie in aller Eile montieren und für den Wüsteneinsatz zurechtmachen, und aus London drängte der erleichterte Churchill: Jetzt sollte das Unternehmen „Battleaxe" (Streitaxt) steigen, der Gegenangriff, der Rommel möglichst wieder aus der Cyrenaika herauswerfen sollte.

Als die Männer am Halfaja-Pass in den frühen Morgenstunden des 15. Juni das Gebrüll schwerer Motoren hören, da wissen sie, dass es ernst wird. Aber sie blicken auf Hauptmann Bach, und der wandert, gemächlich seine Zigarre rauchend, hinüber zur 8,8-Stellung des Oberleutnants Richter.

Sie haben die Zeit nicht ungenutzt verstreichen lassen. Selbst die mächtige, langrohrige Flak ist fast im Erdboden verschwunden. Der Oberleutnant hat sich große Mühe gegeben, immer wieder ging er 150 Meter nach Osten und peilte: nichts zu sehen. Das Geheimnis liegt im Flimmern der Luft. Was nicht mehr als rund einen Meter aus dem Boden ragt, verschwimmt fast völlig. Ein raffiniertes Muster von Minenfeldern ist ausgelegt, etwas zurück liegen wohlgestaffelt zwei Batterien Artillerie.

In der besten Stellung fangen die Hände an zu zittern, wenn quälend langsam Panzer unter dem Gebrüll ihrer Motoren heranrollen. Unten beim Dorf Halfaja sitzt Infanterie von Lastwagen ab. Es ist die 4. indische Division.

„Wie weit sind die Panzer noch weg?" fragt Bach.

„500 Meter, Herr Hauptmann."

„Do ha mer noch Zeit!" Er stützt sich auf seinen Spazierstock und zieht an der Zigarre.

Abschüsse bellen in der Ferne, Artilleriegeschosse rauschen heran. Fast alles geht in ein leeres Wadi.

Ein peitschender Knall: Die 8,8 feuert! Das ist das Zeichen für alle Rohre. Tod und Verderben fahren zwischen die unglücklichen Infanteristen, lassen schwarze Rauchpilze über getroffenen Panzern aufsteigen. Auch der gefürchtete Panzer Mark II, der mit Churchills „Tiger"-Konvoi herübergekommen ist, widersteht der 8,8 nicht.

Garde-Infanteristen der 22. englischen Brigade greifen ein, rennen ebenso erfolglos und verlustreich wie die Inder gegen den Pass. Jetzt schießt aber auch die britische Artillerie besser, reißt blutige Lücken in die deutschen Stellungen. Erst als die Sonne sinkt, endet das Gemetzel. Elf brennende Panzer liegen an der Passstraße. „Höllenfeuerpass" (engl. „hellfire") nennen ihn die Überlebenden fortan. Die Hauptmacht von Wavells 7. Pz.div ist inzwischen links am Halfaja-Pass vorbeigestoßen und teilt sich zu einer kühnen Zangenbewegung: Weit nach links ausholend sollen die 5. Leichte und die 15. Pz.div. eingekesselt werden. Aber die Zange schließt sich nicht. Punkt 208 heißt der Grund.

Wirklich nur ein Punkt in der riesigen Wüste, 30 Kilometer westlich von Capuzzo. Aber auch hier steht eine eingegrabene 8,8-Flak-Batterie. Die 7. Brigade der 7. britischen Pz.div. hätte hier vorbeirollen müssen, um die linke Hälfte der Zangenbewegung auszuführen. Aber am Abend des 16. Juni hat die 8,8 genau 28 Mark II abgeschossen. Einer der Kommandanten, ein Hauptmann, gerät in Gefangenschaft. Er besteht darauf: Er will diese Kanone sehen, betrachtet sie dann kopfschüttelnd: „Gegen die ist nichts zu machen ..." In dieser Situation entschloss Rommel sich zu einer für ihn typischen Operation. Die Engländer hatten ihn umfassen wollen; nun umfasste er sie. Tief um den Punkt 208 herum warf er noch am 16. Juni alle verfügbaren Teile der 5. Leichten und der 15. Pz.div. nach Süden und Osten. Am nächsten Morgen war das Gros der britischen 7. Pz.div. abgeschnitten und wurde hart von Rommels nun nordwärts drehenden Einheiten bedrängt.

Und das entschied die Sollum-Schlacht. Unter schweren Verlusten flohen die Engländer nach Süden. Über 100 britische Panzer wurden vernichtet, zahlreiche andere konnten nur schwerbeschädigt mitgeschleppt werden. Churchills gewagter „Tiger"-Sprung hatte keine Früchte getragen. Kurze Zeit später löste der Premier Sir Archibald Wavell als Oberbefehlshaber ab und ersetzte ihn durch General Sir Claude Auchinleck.

Dann herrschte fünf Monate lang Ruhe, eine trügerische Ruhe. Denn die Gegner bereiteten sich auf die nächste Runde vor. Sie begann mit einem blutigen Kommando-Abenteuer der Engländer.

November 1941: Tobruk ist immer noch eingeschlossen, die Australier haben sogar beträchtliche Verstärkungen erhalten. Auchinleck und Churchill wollen die Perle der Cyrenaika, den Mittelpunkt der alten italienischen Kolonie Libyen, um keinen Preis hergeben.

Beide Seiten belauern sich. Rommel will Tobruk erobern, Auchinleck es entsetzen – und gleich die ganze Cyrenaika zurückerobern. In dieser Zeit der Hochspannung fasst die britische Führung mit ausdrücklicher Billigung Churchills einen dramatischen Entschluss: Rommel, das Gehirn, der Motor des deutschen Afrika-Korps, muss beseitigt werden, getötet, oder noch besser, gekidnappt und in Gefangenschaft geführt, denn der inzwischen legendäre „Wüstenfuchs" hinter britischem Stacheldraht – das hätte weltweit eine größere psychologische Wirkung als eine gewonnene Schlacht.

In der Nacht zum 16. November tauchen zwei U-Boote an der Küste der Cyrenaika auf, tasten sich mit brummenden Dieseln vor bis in die Brandung. Die Nacht ist stürmisch, die Boote taumeln und werden von Brechern überspült.

Männer schieben Schlauchboote über Bord, springen hinterher. Schreie im Kampf mit der tosenden Brandung, einige Boote kentern. Zwei Männer ertrinken, die andern erreichen völlig durchnässt in der eisigen Wüstennacht das Ufer. Es sind Angehörige der Long Range Desert Group, einer englischen Kommando-Einheit. Ihr Führer ist Major Geoffrey Keyes, Sohn des Admirals Sir Roger Keyes. Und ihr Ziel ist Rommels Hauptquartier. Nach einem viertelstündigen Marsch landeinwärts treffen sie auf einen geheimnisvollen Araber. Es ist Oberstleutnant John Haselden, ebenfalls Kommando-Offizier, der seit einiger Zeit als Araber hinter den deutschen Linien lebt. Mit Hilfe arabischer Freunde glaubt er Rommels Hauptquartier ausfindig gemacht zu haben: die alte Präfektur des Ortes Beda Littoria im Raum von Cyrene.

Kein Zweifel, dass in diesem massiven Gebäude aus Steinquadern, begrenzt von einem Zypressenhain und wüstem Buschgelände mit Höhlen und Felsen, eine bedeutende militärische Dienststelle liegt. Stabswagen fahren vor, hohe Offiziere sind einquartiert, Türen tragen eindrucksvolle Bezeichnungen: „Bef", „Chef", „Ia", „Ic" und so weiter. Aber es ist keineswegs das Hauptquartier des ruhelos streifenden Wüstenfuchses. Hier ist zwar im Juli/August seine neuformierte „Panzergruppe Afrika" aufgestellt worden. Doch jetzt liegt hier nur der Stab des Oberquartiermeisters. Diese Abteilung ist für den gesamten Nachschub der deutsch-italienischen Panzergruppe verantwortlich. Kein Wunder, dass in Beda Littoria etwas los ist, dass Späher im Zypressenhain vermuten: Das ist die Nervenzentrale mit dem Boss selber ...

In der Gewitternacht zum 18. November ist der Oberquartiermeister, Major i. G. Schleusener, nicht in seiner Dienststelle. Er liegt mit Ruhr im Lazarett, sein Vertreter mit Lungenentzündung. Chef im Hause ist als diensttuender 2. Quartiermeister Major Poeschel. Kurz vor Mitternacht gehen die letzten Lichter aus. Nur im unteren Flur brennt noch eine trübe Funzel. Dort sitzt ein Feldgendarm als Posten, nur mit einem Seitengewehr bewaffnet. Er soll später eintreffende Kuriere einweisen. Männer mit geschwärzten Gesichtern huschen in der blitzdurchzuckten Nacht durch den Zypressenhain. Major Keyes und seine Leute haben nach nächtlichen Fußmärschen ihr Ziel erreicht. Das Gewitter tobt jetzt mit aller Macht. Es kann ihnen nur recht sein. Sie spähen im zuckenden Schein der Blitze hinüber zu dem Steinkasten und sind überzeugt: Da ist Rommel, und gleich haben wir ihn ...

Bild linke Seite oben: Deutsche Panzer in Bereitschaft. Mit ihren bestenfalls für einen Kolonialkrieg geeigneten Panzern waren die Engländer dem von Rommel geführten deutschen Afrika-Korps zunächst unterlegen. Über die Anfangserfolge der Deutschen schrieb Churchill am 26. März 1941 an General Wavell: „Der rapide Vormarsch der Deutschen in Richtung El Agheila bereitet uns Sorge. Es entspricht ihrem Wesen, vorwärtszugehen, wenn sie auf keinen Widerstand stoßen. Ich nehme an, sie warten nur darauf, dass die Schildkröte ihren Kopf weit genug vorstreckt, um ihn abzuhauen."

Bild linke Seite unten: Rast im Schatten einer Zugmaschine.

Bild rechte Seite: Zwei Angehörige des deutschen Afrika-Korps in ihren den klimatischen Verhältnissen Nordafrikas notdürftig angepaßten Uniformen.

Keyes hat in der Nacht vor seiner Abreise an seinen Vater geschrieben: „Wenn die Sache gelingt, wird das England ein Stück vorwärtsbringen, und das ist viel wert. Auch wenn ich dabei eingesackt werde."

In zwei Trupps schleichen sie hinüber zum Haus: Keyes führt den einen zum Vordereingang. Der andere soll durch die Hintertür eindringen.

Die Überraschung misslingt. Der bärenstarke Feldgendarm im Flur schreckt auf, entgeht einem Messerstich, packt einen der Angreifer. Im Ringkampf kracht er mit ihm gegen die Tür des Geschäftszimmers WuG./Mun. (Waffen und Geräte/ Munition).

Inzwischen hat sich der zweite Trupp vergebens gegen die Hintertür geworfen. Sie gibt nicht nach, ein mächtiger Wasserkanister blockiert sie.

Die Tür führt zu einem kleinen Geschäftszimmer, in dem Unteroffizier Hirsch und Gefreiter Barth ihre Schlafstellen haben. Der Gefreite ist ein ordentlicher Hausvater, der über Nacht unverschlossene Türen nicht leiden kann. Die Hintertür hat zwar kein Schloss, aber er klemmt jeden Abend zwischen sie und ein Aktenregal einen vollen Wasserkanister: Das hält eisern.

Während die Rangers noch beratschlagen, geht im Haus die Schießerei los. Sie packen ihre Maschinenpistolen fester, da springt an der Seite eine helle Gestalt aus einem Fenster. Es ist der Oberleutnant Jäger, den die im Nebenzimmer detonierenden Handgranaten buchstäblich aus dem Bett geworfen haben. Offenbar in einer Kurzschlusshandlung springt er im Schlafanzug aus dem Fenster. Eine MP-Garbe tötet ihn auf der Stelle.

Auch die Angreifer im dunklen Flur hören die Schüsse. Während es im ganzen Hause lebendig wird, scheint also auch draußen ein Gefecht begonnen zu haben. Das ist selbst für die harten Rangers zuviel. Sie stürzen aus dem Haus. Draußen kommt ihnen ein 20jähriger Schütze entgegen, den der Kampflärm aus einem Zelt vor dem Haus aufgeschreckt hat. Auch ihn wirft eine MP-Garbe nieder – er ist das letzte Todesopfer des Überfalls.

Major Poeschel und seine Männer finden im Flur einen toten englischen Offizier: Major Keyes, den Kommandoführer. Offenbar erschossen von Leutnant Kaufholz, der tot auf der Treppe liegt. Auch einer der Unteroffiziere im WuG./ Mun.Geschäftszimmer ist tot, von Handgranatensplittern getötet. Der Feldgendarm, der den ersten Ansturm aufhielt, hat zwar mehrere Splitter im Rücken, kommt aber mit dem Leben davon.

Der stellvertretende Kommandoführer, Hauptmann Campbell, wird mit zerschossenem Bein gefangengenommen, Die anderen entkommen – vorübergehend. Die Deutschen vermuten mit Recht, dass die Engländer in einem der umliegenden Araberdörfer versteckt sein müssen. Aber Großrazzien fördern nichts zutage. Ein italienischer Carabiniere, der schon lange im Land lebt, löst das Problem. Er nimmt sich ein Arabermädchen vor: „Du und deine Sippe, ihr bekommt für jeden Engländer, den ihr uns verratet, 80 Pfund Mehl und 20 Pfund Zucker."

Kurze Zeit später ist fast das ganze Kommando in deutscher Hand. Nur ein Unteroffizier kann sich mit zwei Mann zu den englischen Linien durchschlagen.

Die Gefangenen wurden übrigens nicht nach einem Hitler-Erlass über feindliche Kommando-Unternehmen erschossen. Rommel ordnete an, sie als kriegsgefangene Soldaten zu behandeln. Major Keyes wurde zusammen mit den vier deutschen Toten mit militärischen Ehren auf dem Friedhof Beda Littoria beerdigt. Der englische Überfall auf „Rommels Hauptquartier" war ein Schlag ins Leere. Ein anderes Ereignis veranlasste aber General Auchinleck zu dem Ausruf: „What a stroke of fortune!" – Was für ein Glückstreffer. Vor ihm

auf dem Tisch lag ein Angriffsplan, den der anscheinend unauffindbare Rommel mit eigener Hand gezeichnet hatte. Ein Verräter hatte ihn geliefert. Natürlich klemmt sich kein Verräter so einen Plan unter den Arm, fährt damit zur anderen Seite und teilt gleich noch mit, wo sich das Hauptquartier gerade aufhält. Wenn überhaupt, dann kann ein solcher Plan nur über eine ganze Reihe von Stationen gegangen sein, von denen sich die meisten nach konspirativen Regeln nicht kennen. „Um jene Zeit stand einer unserer Spione in naher Beziehung zu Rommels Hauptquartier ... “, schrieb Winston Churchill in seinem Buch „Der Zweite Weltkrieg“. Er meinte die Zeit vor der Sollum-Schlacht.
Auch in der Zeit danach scheint diese „nahe Beziehung“ bestanden zu haben. Schwankend zwischen Zweifel und Begeisterung starrte General Auchinleck auf die großformatige Fotografie, die ihm sein Nachrichtenoffizier vorlegte. Eine Zeichnung von Tobruk und Umgebung, Pfeile und Zeichen, Anweisungen in einer charakteristischen Handschrift, Druckbuchstaben gemischt mit altertümlichen Sütterlin-Zeichen.
„Zweifelsfrei Rommels Handschrift, Sir, das hat der Intelligence Service

Bild linke Seite: Die Sicherung der Nachschubrouten für das Afrika-Korps gehörte zu den wichtigsten Aufgaben des Zerstörers Messerschmitt Bf 110. im Mittelmeerraum. Als schwerer Jäger flog er Geleitschutz für Versorgungsschiffe und Begleitschutz für den Lufttransport über See. Doch schon vor dem Eingreifen der Amerikaner war die Luftüberlegenheit bereits an die Alliierten verloren. In dem Brief eines deutschen Soldaten heißt es: „Manche Tage ist so oft Fliegeralarm, dass man tatsächlich nicht eine Minute zur Besinnung kommt.“

Bild rechte Seite: Eine Focke Wulf Fw 190 nach geglücktem Angriff auf ein britisches Fahrzeug. Nicht nur Rommels Panzer wurden in Nordafrika der Schrecken des Gegners, auch die Luftwaffe erwarb sich auf diesem Kriegsschauplatz Lorbeeren. Ihr Zusammenwirken mit den Erdtruppen war von ungewöhnlicher Präzision.

durch Vergleiche mit Beute-Dokumenten festgestellt.“ Sir Claude konnte es trotzdem kaum glauben, dass vor ihm der echte Aufmarsch- und Angriffsplan für die Einnahme des immer noch belagerten Tobruk lag, komplett mit den Bezeichnungen der teilnehmenden Einheiten, den für die einzelnen Aktionen vorgesehenen Uhrzeiten. Nur das Datum fehlte, aber das ist üblich: X-Tag stand da.
Musste man nicht annehmen, dass dies ein neuer Trick des fintenreichen Wüstenfuchses war? Wer Panzerattrappen auf Lkw-Fahrgestelle setzt und unter mächtiger Staubentwicklung Scheinangriffe fahren lässt, um an einer ganz anderen Stelle wirklich zuzuschlagen – solche Listen hatte Rommel inzwischen erfolgreich ausprobiert –, der konnte seinem Gegner durchaus auch einen falschen Angriffsplan in die Hände spielen.
Auchinlecks Stab kam schließlich zu dem Schluß, dass der Plan echt war. Insbesondere das fehlende Datum sprach dafür. Sir Claude beschloss, die Chance zu nützen. Neue Geleitzüge aus England hatten seine Panzertruppe auf 724 Kampfwagen verstärkt. Während der Nachschub für ihn fast ungehindert rollte, hatte Rommel die bittersten Schwierigkeiten.
Noch immer lag Malta, Englands waffenstarrender „Flugzeugträger“, unbezwungen im Mittelmeer auf dem Nachschubweg zwischen Süditalien und den libyischen Häfen. Lange Zeit hatten die Luftwaffen der Achsenmächte auf die Insel eingetrommelt.
Aber dann zwangen die Anforderungen des Russlandfeldzuges Hitler, Luftstreitkräfte von Sizilien abzuziehen. Daraufhin verstärkte England seine Geschwader auf Malta und verlegte weitere Überwasserstreitkräfte ins Mittelmeer.
Im Oktober wurden rund 60 Prozent des Nachschubs für Rommel im Mittelmeer versenkt. Treibstoff und Munition wurden knapp. Und da lag immer noch der fabelhafte Hafen Tobruk, zu dem die Schiffsrouten fern von Malta unter der Küste des deutsch besetzten Kreta vorbeiführten. Es war völlig einleuchtend, dass Rommel alles einsetzen würde, um Tobruk endlich zu nehmen. Schließlich wollte er immer noch weiter zum Nil, das wusste man beim Stab von Auchinleck. Und dafür brauchte er Tobruk nicht nur als Nachschub-Hafen, dafür musste auch die Bedrohung durch die Garnison aus seinem Rücken verschwinden.
Auchinleck trieb seine Stäbe zu hektischer Tätigkeit an. Sein Plan war klar: Rommel würde einen großen Teil seiner Streitkräfte für den Stoß auf Tobruk zusammenziehen. Auf seiner Skizze war die gesamte 15. Pz.div. knapp südöstlich der Stadt eingezeichnet. Sobald sein Angriff rollte, musste ein konzentrierter Stoß in seine Flanke geführt werden. Bis zum 14. November war Auchinlecks Aufmarsch geschafft. In Nachtmärschen, durch Kamelkarawanen getarnt, gingen seine Einheiten in ihre Bereitstellungsräume, ohne von der deutsch-italienischen Luftaufklärung entdeckt zu werden.
Aber dann zerrte das Warten an den Nerven, insbesondere in London, wo Winston Churchill zum Angriff drängte.
Am 17. November hatte der alte Löwe in London die Nase voll. Er zwang praktisch seinen General, den Angriffsbefehl für den nächsten Tag zu geben, indem er einen Tagesbefehl im Namen des Königs an die Wüstenarmee erließ. Der pathetische Stil, der Hinweis auf die geschichtliche Größe des Augenblicks und die kriegsentscheidende Bedeutung der bevorstehenden Schlacht zeigt eine augenfällige Ähnlichkeit mit den Führerbefehlen auf der deutschen Seite:
„Zum ersten Mal treffen Truppen Großbritanniens und des Empire mit reichlicher Ausrüstung aller Art auf die Deutschen. Die Schlacht wird den Verlauf des ganzen Krieges beeinflussen. Es gilt, den schwersten Schlag zu führen, der für den endgültigen Sieg, für Vaterland und Freiheit bisher geführt worden ist. Die Wüstenarmee wird eine neue Seite der Geschichte schreiben, die mit Blenheim und

Waterloo vergleichbar ist. Die Blicke aller Nationen sind auf euch gerichtet. Unser aller Herzen schlagen mit euren. Möge Gott mit dem Recht sein."

In der Nacht vor dem Angriff toben nicht nur über Beda Littoria Gewitter, wo Keyes' Trupp das vermeintliche Rommel-Quartier beschleicht, sondern auch über fast der ganzen Cyrenaika, selbst am Halfaja-Pass, wo es seit 60 Jahren nicht mehr geregnet hat, stürzen unter Blitz und Donner Wassermassen vom Himmel.

Zunächst jubeln die Landser. Regen, was für eine Abwechslung in dem ausgedörrten Land. Selbst als das Wasser in die Zelte dringt, ziehen sie die Beine an und lachen: „In der Wüste ersaufen, mal was Neues."

Woher sollen sie ahnen, dass die zackig in den steinigen Boden eingefressenen Flussbetten durch solche explosionsartigen Wasserstürze entstanden sind? Und dass dieser vom Himmel fallende See mit vernichtender Gewalt wieder denselben Weg nehmen wird, auch wenn es Jahrzehnte trocken war.

Als die Flutwelle heranrauscht, rennen sie um das nackte Leben. Zelte, Lastwagen, selbst Geschütze reißen die Wassermassen mit. Der Funker Jung und sein Freund Degen kriechen im klebrigen Schlamm den Abhang hinauf, halten sich an einem Felsvorsprung fest. Gerade noch erwischen sie einen Italiener, der in seinen Decken wie ein Kreisel vorübertreibt. „Madonna mia", stammelt der Verbündete völlig verstört.

Jung und Degen stolpern den Pass hinauf zum Bataillonsgefechtsstand. „Sind die Engländer schon bei euch?" fragt man sie erschrocken. „Die Engländer nicht, aber das Hochwasser." Die Verwirrung ist vollkommen. Als Codewort für den erwarteten Angriff der Engländer war ausgerechnet „Hochwasser" für einen Großangriff „Sintflut" vereinbart worden. Wer konnte ahnen, dass in diesem Backofen der Welt ein echtes Hochwasser dazwischenkommen sollte? Zu allem Überfluss kommt fast im selben Augenblick das Stichwort „Hochwasser" durch, kurz darauf „Sintflut".

Und es stimmt beides: Durch den klebrigen Wüstensand mahlt sich die bisher größte Panzer-Armada des Afrikakrieges hindurch.

Schlachtschiff „Bismarck"

Die Sicht ist miserabel. Der hinter dem Schlachtschiff „Bismarck" folgende Schwere Kreuzer „Prinz Eugen" kann das Flaggschiff kaum noch ausmachen. Zur Erleichterung für den Rudergänger auf dem Schweren Kreuzer schaltet die „Bismarck" einen Heck-Scheinwerfer ein.

Das ist eine gespenstische Fahrt, dieser Marsch entlang der Eisbarriere in der Dänemark-Straße, nördlich von Island. Steuerbords zieht sich das Packeis hin, backbords ist „dicke Suppe", dichter Nebel. Bordzeit: 17.30 Uhr am 23. Mai 1941. Auf der „Bismarck" und der „Prinz Eugen" werden die MES (magnetischer Eigenschutz) eingeschaltet. Die Funkmessgeräte laufen seit den Mittagsstunden auf Rundumsuche. Wird der Durchbruch des deutschen Flottenverbands in den Atlantik gelingen? Ohne vom Engländer erfasst zu werden? Die „Bismarck" und die „Prinz Eugen" wollen in britische Geleitzüge einbrechen. Acht 38-cm-Kanonen hat das Schlachtschiff, zwölf 15-cm-Kanonen, sechzehn 10,5-cm-Flak, sechzehn 3,7-cm-Flak, zwölf 2-cm-Flak. Der Schwere Kreuzer ist mit acht 20,3-cm-Kanonen bestückt, zwölf 10,5-cm-Flak, zwölf 3,7-cm-Flak und zwölf Torpedorohren. Wehe dem Geleitzug, der diesen Schiffen über den Weg läuft – der Alptraum der britischen Admiralität.

Um 18.11 Uhr Bordzeit geben auf den deutschen Kriegsschiffen die Schiffswachdienstanlagen Alarm. Horchgerät und Funkmessgerät haben backbord voraus ein Ziel aufgefasst. Noch während die ersten Entfernungsmessungen eingehen, stürmen die Männer auf die Gefechtsstationen.

Das Ziel ist ein grauer, unten rechtwinklig begrenzter, oben sich verjüngender Schatten. Funkmess- und Horchgerät halten das fremde Schiff, das sich dem deutschen Flottenverband im Nebel anhängt, fest. Um 20.10 Uhr haben die „Bismarck"-Geräte Kontakt mit einem weiteren Ziel. Zwanzig Minuten danach kommt es aus dem Dunst: der Schatten eines Schiffes. Zwei hohe Pfahlmasten, drei schräge Schornsteine: ein britischer Kreuzer. Die

Bild linke Seite: Infanteristen kämpfen sich durchs Sanddünengelände. In der Zeitschrift „Die Wehrmacht" erschien das Foto am 2. Juli 1941 mit der Unterschrift: „Auch in Afrika bewährt sich die Infanterie als die Königin der Waffen. 40 Grad im Schatten – aber wo gibt es Schatten hier in der Wüste? Die Sonne brennt auf den Stahlhelm. Schwer drückt das Maschinengewehr auf der Schulter, und der Durst ist unerträglich. Fast 20 km müssen die Infanteristen durch den schweren Sand marschieren, da sie mit ihren Fahrzeugen nicht an den Feind herankönnen. Dann erst sind sie dicht am Gegner, der jetzt den Kampfeswillen dieser Männer kennenlernt."

Bild rechte Seite: Schlachtschiff „Bismarck" im Endkampf mit den britischen Schlachtschiffen „Rodney" und „King George V" (27. Mai 1941). Das Gemälde des renommierten Marine-Malers Claus Bergen befindet sich heute im Besitz der Marine-Schule Flensburg-Mürwik.

„Bismarck“ schießt fünf Salven mit der SA (Schwere Artillerie), ohne ihren Kurs zu ändern, ohne nachzudrehen, um die Blechschachtel – denn das ist sie im Vergleich zur „Bismarck“ – zusammenzuschießen.
Die deutschen Kriegsschiffe sind entdeckt, ohne Zweifel.
Da durch das Salvenfeuer auf der „Bismarck“ das vordere Funkmessgerät ausgefallen ist, befiehlt der Flottenchef des Verbandes, Admiral Günther Lütjens: Nummernwechsel. Der Schwere Kreuzer übernimmt nunmehr die Führung und die Funkmesskontrolle des vorderen Halbkreises. Alle Versuche, die im Dunst und Nebel unsichtbaren Verfolger durch Fahrtvermehrung abzuschütteln, bleiben erfolglos. Nebel, Regenböen, Schneeschauer lassen die Sicht bis auf wenige Seemeilen schrumpfen.
Über die „Bismarck“ und die „Prinz Eugen“ braust ein eisiger Schneesturm. Scholleneis schwimmt auf. Der deutsche Flottenverband hat die Dänemark-Straße nun schon seit Stunden hinter sich. Und immer noch wird er von den beiden Mitläufern beschattet. Was Admiral Lütjens weder weiß, noch ahnt: Es sind die britischen Schweren Kreuzer „Suffolk“ und „Norfolk“, die folgen – mit Radar. Jede Kursänderung, jeder Fahrtwechsel der deutschen Kriegsschiffe wird erfasst und dem Chef der Home Fleet, Admiral Sir John Tovey, per Funk gemeldet.
Und da wühlen sich auch schon 300 Seemeilen voraus Englands größter Schlachtkreuzer, die „Hood“, und das Schlachtschiff „Prince of Wales“ mit 27 Knoten auf Kollisionskurs mit den Deutschen. Um Mitternacht sind die Engländer nur noch 128 sm entfernt. Um 04.35 Uhr nimmt der Horchdienst auf der „Prinz Eugen“ in 28' Schiffspeilung die Geräusche ihrer schnelllaufenden Turbinen auf. Bald darauf schieben sich Mastspitzen über die Kimm. „Bismarck“ und „Prinz Eugen“ machen Klarschiff zum Gefecht. Und da brausen sie heran: backbord querab die „Hood“. „The mighty „Hood““, die mächtige „Hood“, von Millionen Briten in Ehrfurcht so genannt. Und die „Prince of Wales“, Englands modernstes Schlachtschiff.
Auf der „Bismarck“ sind in der Rechenstelle inzwischen alle artilleristischen Werte festgelegt. Auf Befehl von Lütjens wird das Feuer der „Bismarck“ und „Prinz Eugen“ auf das vorauslaufende Gegnerschiff konzentriert: auf die „Hood“. Die Granaten werfen aufbrechende Fontänen zum grauen Himmel. Bei der „Prinz Eugen“ stehen die grauweißen Kaskaden nur 100 bis 150 m vom Schiff ab. Ein Aufschlag krepiert 50 m vor dem Bug. Das hochgeschleuderte Wasser bricht auf die Back runter. Die nächsten Granaten liegen im Kielwasser des Schweren Kreuzers. Pulverschwaden liegen auf dem Wasser, von den Salven grell beleuchtet. Heulend, brüllend, pfeifend wuchten die schweren Geschosse heran. Auf der „Bismarck“ schlägt eine Granate quer durch das Vorschiff, ohne zu detonieren. Ein zweiter Treffer explodiert im E-Werk 4. Eine dritte Granate kracht in die Aufbauten, geht durch, krepiert nicht. Drüben, dicht an der „Hood“, steigen die Wassersäulen zweier Aufschläge empor. Zwischen den Masten brechen Flammen hoch. Ein weißglühender Feuerball schießt zum Himmel. Eine ungeheure Rauch-

wolke platzt, wirbelt, wogt auseinander. Die „Hood", die unbesiegbare „Hood", schon zu Lebzeiten Legende geworden, explodiert!
Sie stirbt in ihrem 21. Lebensjahr auf Position 63' 20' Nord und 31' 50' West. Mit 28 kn stürmt sie in ihr Grab. 95 Offiziere und 1.323 Mann nimmt sie mit in die Tiefe. Nur drei Männer überleben.
Die „Prince of Wales" bekommt von der „Bismarck" vier Treffer, von der „Prinz Eugen" drei. Eine 38-cm-Granate geht in die Brücke, tötet – mit Ausnahme des Kommandanten und des Obersignalmeisters – das gesamte Brückenpersonal. Eine andere „Bismarck"-Granate zerstört den vorderen Artilleriestand. Die „Prince of Wales" leistet kaum Widerstand. Das Schiff ist von der Werft weg in den Kampf geschickt worden. Es sind noch Zivilisten an Bord, die sich jetzt an den klemmenden Geschützrohren abmühen. Captain Leach bricht das Gefecht ab und zieht sich unter einem dicken Rauchvorhang zurück.
Die „Bismarck" macht keinen Versuch, dem britischen Schlachtschiff zu folgen und es zu stellen. Sie hat mit der Versenkung der „Hood"

Bild linke Seite oben: Unternehmen „Rheinübung", der Vorstoß der „Bismarck" und „Prinz Eugen" in den Nordatlantik, blieb den Engländern nicht verborgen. Am 21. Mai 1941 wurde der deutsche Verband von einem britischen Aufklärer im Grinstad-Fjord bei Bergen entdeckt.

Bild linke Seite unten: An der Eisgrenze entlang, in Dunst und Schneeschauern, marschiert die deutsche Kampfgruppe durch die Dänemark-Straße zwischen Island und Grönland. Als Orientierungshilfe für den dicht auffolgenden Kreuzer hat die „Bismarck" einen Scheinwerfer nach achtern gerichtet.

Bild rechte Seite: Der britische Schlachtkreuzer „Hood", seinerzeit das mächtigste Kriegsschiff der Welt, wurde am 24. Mai 1941 nach einem fünfminütigen Gefecht durch eine Vollsalve der „Bismarck" versenkt. 1.418 britische Seeleute fanden den Tod.

und der schweren Beschädigung und schmählichen Flucht der „Prince of Wales“ schon mehr erreicht, als sie sich nur wünschen kann: einen großartigen Sieg, für die deutsche Propaganda ein Knüller sondergleichen. Im Übrigen besteht für die deutsche Kampfgruppe der Operationsplan: „Unternehmen Rheinübung“. Und der fordert, alliierte Geleitzüge zu zerstören und nicht mit der Home Fleet ins Gefecht zu gehen. Sechs Stunden nach dem Untergang der „Hood“ sind fünf Schlachtschiffe, zwei Schlachtkreuzer, zwei Flugzeugträger, 13 Kreuzer und 20 Zerstörer zur Jagd auf die „Bismarck“ und die „Prinz Eugen“ angesetzt, auf einen Seeraum von einer Million Quadratseemeilen.

Weder auf der „Bismarck“ noch auf der „Prinz Eugen“ hat es Mannschaftsverluste gegeben. Der Schwere Kreuzer erhielt noch nicht einmal einen Treffer. Aber die „Bismarck“ hat im Vorschiff ein Einschuss- und ein Ausschussloch, zwar oberhalb der Wasserlinie, aber unterhalb der Bugwelle. Durch das bei der hohen Fahrt einlaufende Wasser sind zwei Abteilungen ausgefallen: der Bugspillraum und der Leckpumpen-E-Teil. Abgesehen davon klemmen die Schieber der Heizölförderleitung zum Vorschiff. 1.000 t Heizöl sind abgeschnitten. Etwa 4000 t Seewasser stehen im Vorschiff. Alle Versuche, es zu lenzen und das Öl umzupumpen, schlagen fehl. Eine zweite Granate hat backbords das Dampf-E-Werk 4 lahmgelegt. Das Werk muss verlassen werden. Auch der zweite Kesselraum und der Kesselhilfsmaschinenraum backbord laufen voll. Der Trimm des Schiffes geht zwei bis drei Grad nach vorn, die Krängung neun Grad nach Backbord. Der Steuerbordpropeller schlägt aus dem Wasser. Die Zellen und Bunker der Abteilungen II und III Stbd. werden geflutet, um den Trimm zu verringern. Über die Schusslöcher im Vorschiff werden Lecksegel ausgeholt. Die Abdichtung verhindert zwar, dass weiterhin Wasser eindringt, nicht aber das Durchsickern von Öl aus den angeschlagenen Bunkern. Im Kielwasser der „Bismarck“ liegt eine breite, weithin sichtbare Ölspur. Statt 30 kn Fahrt macht das Schiff nur noch 28 kn. Um 07.01 Uhr gibt das Schlachtschiff ein Funktelegramm mit der Meldung über die Schiffsschäden ab und: „Absicht Einlaufen St. Nazaire. ‚Prinz Eugen‘ Kreuzerkrieg.“

Die Skl hat jetzt Gewissheit, dass die „Bismarck“ Gefechtsschäden hat, die derartig sind, dass der Flottenchef sein Flaggschiff zum Anlaufen eines Reparaturhafens aus der Operation herausnehmen muss, die „Prinz Eugen“ also das Unternehmen „Rheinübung“ alleine weiterführt. Der Schwere Kreuzer trennt sich gegen Abend von der „Bismarck“. Die „Prinz Eugen“ steuert die Azoren an, um bei den dort liegenden Begleittankern zu ölen. Auf der Fahrt stellt sich heraus, dass die Steuerbordschraube in der Dänemark-Straße Eisschaden erlitten hat. Das Lager der Hauptkühlwasserpumpe läuft heiß. Die Niederdruckturbine in der Backbordanlage schwingt.

Die „Prinz Eugen“ läuft nach Brest und geht hier am 1. Juli, 19.30 Uhr, ins Dock. Der Kreuzerkrieg fällt aus.

Die „Bismarck“ stampft nach Süden. Es ist schon spät abends, in diesen Breiten aber noch hell, als das Schlachtschiff auf das US-Küstenwachboot „Modoc“ trifft, das sofort Meldung macht. Jetzt weiß die britische Admiralität, dass die „Bismarck“ allein operiert. Captain Bovell, Kommandant des Flugzeugträgers „Victorious“, der um 22.00 Uhr 120 sm absteht, lässt neun Torpedoflugzeuge vom Typ Swordfish und sechs Fulmars starten. Um 23.30 Uhr sind sie an der „Bismarck“. Bei rasendem Flak-Feuer greifen sie an. Doch nur ein Torpedo trifft, detoniert als Oberflächenläufer in der Höhe des vorderen Mastes auf dem Gürtelpanzer. Die „Bismarck“ wird von der Explosion steuerbords angehoben. Am Oberdeck ist gerade der Oberbootsmann Kirchberg dabei, Munition für die Flak bereitzustellen. Der Druck schleudert ihn in das Flugzeugkatapult. Kirchberg ist sofort tot. Sechs Männer holen sich mehr oder weniger schwere Knochenbrüche.

Mittlerweilen baut die Gruppe West der Skl im Mittelatlantik eine Kette von sechs U-Booten auf, die der „Bismarck“ Schutz geben sollen. Der „Bismarck“ aber lacht das Glück: Die Engländer verlieren die Radarortung. Das deutsche Schlachtschiff ist weg.

Mit allem, was die Maschinen hergeben, läuft die „Norfolk“ nach Westen – sucht. Die „Suffolk“ braust

nach Südwest – sucht. Die angeschlagene „Prince of Wales“ geht südwärts – sucht. Das Schlachtschiff „Ramillies“ ändert seinen Kurs, dampft nach Nordwest, um der „Bismarck“ den Weg in den Mittelatlantik abzuschneiden. Aber dort ist keine „Bismarck“. Die britischen Funker lauschen in den Äther, obwohl sie sich sagen: So dumm ist die „Bismarck“ nicht, dass sie sich jetzt, wo sie weiß, dass sie gejagt wird, meldet.
Und sie tut es doch. Denn Lütjens traut dem britischen Radar inzwischen Wunderdinge zu und glaubt, dass sein Standort dem Gegner genau bekannt ist. Also unterrichtet er mit einem ellenlangen FT die Gruppe West ausführlich über Gefechte, Schiffszustand, Fahrt und dergleichen. Die britische Admiralität gibt den abgehörten Funkspruch sofort an ihre Schiffe. Merkwürdigerweise nicht auch gleich den Standort der „Bismarck“, sondern nur die Peilstrahlen. Auf der „King George V“ werden sie obendrein noch falsch eingetragen und damit auch falsch ausgewertet. Wieder hat die „Bismarck“ Glück. Aber es ist das letzte Mal.
Sonntag, der 25. Mai 1941. Die Stimmung an Bord ist zuversichtlich. Die Männer sind stolz auf ihren Sieg über die „Hood“. Die erfolgreiche Abwehr der Torpedoflugzeuge hat gezeigt, dass das Schlachtschiff auch mit Luftangriffen fertig wird. Der Kurs auf die Biskaya hat sich herumgesprochen. Vielleicht schon morgen Nacht, bestimmt übermorgen werden deutsche Flugzeuge und auch deutsche U-Boote da sein. Alles wird die Marine aufbieten, damit die „Bismarck“ heimkommt. An diesem Sonntag hat Admiral Lütjens Geburtstag. Über die Schiffswachdienstanlage redet er zur Besatzung. Er dankt für die Geburtstagsglückwünsche und spricht seine Anerkennung für die bisher gezeigte hervorragende Haltung aus. Dann sagt er: „Wir haben auch weiterhin mit Verfolgungen zu rechnen. Es geht um Siegen oder Sterben. Bevor wir aber sterben, werden wir noch viele Gegner vernichten und mitnehmen. “
Das wirkt wie eine kalte Dusche. Lütjens ist kein großer Redner. Hat er sich in der Wahl seiner Worte vertan oder äußert er hier seine eigene, innerste Auffassung? Gibt der Admiral zu, dass „Rheinübung“ gescheitert ist, ja scheitern musste, also ein Unternehmen war, auf das Großadmiral Raeders, seines Chefs, Bemerkung bei Kriegsausbruch wie ein Motto passte: „Wir können nicht siegen, nur anständig sterben.“
Der Besatzung von „Bismarck“ jedenfalls verschlägt Lütjens’ Rede alle Siegeszuversicht. Die Offiziere des Flottenstabs tragen von da an Schwimmwesten unter ihren Jacketts.
Der aus Nordwest wehende Wind und der Seegang nehmen zu. Am Himmel hängen niedrige, grau-

Bild linke Seite: Swordfish-Trägerflugzeuge der „Ark Royal“ griffen am Abend des 26. Mai 1941 die „Bismarck“ an. Eines von ihnen erzielte dabei den verhängnisvollen Treffer in die Ruderanlage.

Bild rechte Seite: Überlebende der „Bismarck“ werden am 27. Mai 1941 von einem englischen Schiff an Bord geholt. Als Lütjens die Selbstversenkung der „Bismarck“ anordnete, kamen 2.106 Seeleute, unter ihnen Lütjens mit seinem Stab, ums Leben. Nur 115 Besatzungsmitglieder konnten gerettet werden. Kurz vor ihrem Untergang funkte der britische Commander in Chief: „Ich möchte meine höchste Anerkennung für den überaus tapferen Kampf der „Bismarck“ in aussichtsloser Lage aussprechen.“

schwarze Wolken. Schwer arbeitet das Schlachtschiff in der hohen, von achtern auflaufenden See.
Doch das Schiff läuft mit dem Sturmwind, mit dem Seegang heimwärts, die ganze Nacht hindurch, ganz ungestört. In dieser Nacht, um 03.00 Uhr, hebt vom Fliegerhorst Lough Erne in Nordirland ein Catalina-Flugboot ab. Um 04.00 Uhr rollt über das Deck des Flugzeugträgers „Ark Royal" ein Radar-Aufklärer, zieht hoch über die Wolken, fliegt nach Norden. Um 10.25 Uhr ist die „Bismarck" ausgemacht. Trotz des schlechten Wetters schickt Vizeadmiral Somerville die Torpedoflugzeuge der „Ark Royal" gegen das deutsche Schlachtschiff. Die Flugzeuge greifen aber nicht die „Bismarck", sondern die nur 20 sm wegstehende „Sheffield" an. Der englische Kreuzer hat Glück, denn die meisten Lufttorpedos mit ihrer hochempfindlichen Magnetzündung explodieren schon beim Aufklatschen auf dem Wasser. Die anderen kann der Kreuzer ausmanövrieren.
Mittlerweilen hat der Wind zum Sturm aufgefrischt. Schwere, hohe Seen rollen über den Atlantik.
Die zweite Welle Torpedoflugzeuge, die diesmal mit Aufschlagzündern kommen, wird von der „Sheffield" auf die „Bismarck" eingewiesen.
Eine halbe Stunde greifen die Flugzeuge in Rotten an. An einer auf dem Aufbaudeck Steuerbord achtern montierten 3,7-cm-Flak steht der Matrosengefreite Georg Herzog. Er sieht, wie unter dem Geschosshagel zwei Maschinen heranrasen, so tief, dass sie beinahe die Kämme der Dünung streifen. Weil sie so niedrig fliegen, kann sie die Flak nicht fassen. Während die eine Swordfish die „Bismarck" mittschiffs ansteuert, schwenkt die andere achtern ab. Alle Männer an der 3,7 sehen plötzlich, wie sich die Torpedos von den Maschinen lösen, wie sie aufspritzend in die See klatschen. Herzog spürt einen Ruck, wird gegen seine Kameraden geschleudert. Eine Wasserwand brandet hoch. Die „Bismarck" erhebt sich unter einem gewaltigen Schlag. Hart legt sich das Schiff über. Durch den in sich zusammenfallenden Wasservorhang erkennt Herzog, wie ein Flugzeug direkt in

das Heck der „Bismarck" hineinzufliegen droht. Er spürt, wie sich das Schiff, das bei dem Angriff auf „äußerste Kraft" hochgefahren ist, unter der Hartruderlage überlegt. Dann ist kein Flugzeug mehr zu sehen. So spukhaft, wie sie kamen, so verschwanden sie auch. Auf der „Bismarck" schweigen die Waffen. Aber warum dreht das Schiff? Warum fährt es im Kreis herum?
Der Leiter der Leckwehrgruppe 1, Obermaschinist Wilhelm Schmid, erhält die Meldung: „Torpedotreffer! Vermutlich im Achterschiff. Ruder bleibt auf Backbord 15 verklemmt!" Das Personal der Ruderanlage verlässt seine Station. Die Männer kommen durch den Niedergang in das Zwischendeck. „Sämtliche Räume der Ruderanlage laufen voll!" Darauf schließt die Leckwehrgruppe das Panzerluk über dem Niedergang zum Ruderraum. Fast gleichzeitig bricht das achtere Tiefgangpeilrohr. Wasser strömt ins Zwischendeck. Die Leckpumpe 1 läuft an. Nach kurzem Lauf setzt sie aus, da der E-Teil ausfällt. Schmid lässt auf den Ersatzstromkreis umschalten. Die Pumpe läuft nicht mehr. Der Selbstanlasser im Niedergang zur Ruderanlage ist durch den Wassereinbruch zerstört. Durch undichte Kabeldurchführungen und entstandene Risse im hinteren Querschott kommt ebenfalls Wasser. „Mittlerer Wellentunnel macht Wasser!"
Die Oberleutnante (Ing.) Giese und Richter sowie die Zimmermeistergruppe stützen das Querschott ab und dichten das Tiefgangpeilrohr. Danach versuchen sie über den Notausgang vom Batteriedeck über das Panzerluk in den Niedergang zur Ruderanlage vorzudringen. Der Zimmermeister und der Meistermaat versuchen vergeblich, mit Tauchrettern einzusteigen, um die Rudermotorkupplungen auszurücken. Bei dem starken Seegang schlingert das Schiff aber so stark, dass das im Niedergang stehende Wasser gewaltsam fällt und steigt. Schließlich wird erwogen, das Ruder von außen abzusprengen. Nach stundenlangen Bemühungen gelingt es dann doch noch, das Handruder einzukuppeln. Aber die Ruder können nicht bewegt werden. Der Torpedotreffer hat sie verbogen, verschweißt, verklemmt. Taucher können bei dem Seegang nicht hinkommen, und die Ruderschäfte nach unten herauszusprengen, geht nicht. Die Schrauben liegen unmittelbar davor. Trotz schärfster AK-Manöver kann sich das Schiff mit den Schrauben nicht auf Südostkurs halten. Notgedrungen geht es mit kleiner Fahrt gegen die See, nach Nordwesten, den Engländern entgegen! Um 23.40 Uhr lässt Lütjens das FT absetzen: „Schiff manövrierunfähig. Wir kämpfen bis zur letzten Granate. Es lebe der Führer.", und Hitler lässt antworten: „Ganz Deutschland ist bei Euch. Eure Pflichterfüllung wird unser Volk im Kampf um sein Dasein stärken."
In der Nacht kommen die Zerstörer. Sie heißen „Piorun", „Zulu", „Maori", „Sikh" und „Cossack". Die „Bismarck" wehrt sich mit genauem Feuer, die Zerstörer verschießen ihre Torpedos ohne Erfolg. Gegen Morgen laufen sie ab. Von der Brücke kommt das Maschinenkommando: „Alle Maschinen stopp!"
Es wird ruhig im Schiff. Die Hetzjagd ist zu Ende, bald werden die Gegner mit ihren Schlachtschiffen kommen. Die „Bismarck" ist zwar an der Grenze der Reichweite deutscher Bomber, aber die Luftwaffe weiß nichts von dem Drama auf See. Hilfe ist nicht zu erwarten.
Die Anspannung der tagelangen Verfolgung ist von den Männern abgefallen. Müdigkeit und Gleichgültigkeit breiten sich aus. Auf der Brücke erscheint ein Steward, um

den Herren Kaffee anzubieten. Niemand will einen haben. Die Offiziere liegen still in den Ecken. Aus dem Maschinenraum meldet sich Kapitänleutnant (Ing.) Junack beim Kommandanten und trägt Bedenken vor: Wenn die Maschinen nicht laufen, können sie sich durch Wärmespannung verziehen. Er bittet um den Befehl für kleine Fahrt. Der Kommandant antwortet: „Ach, machen Sie, was Sie wollen".

Um 8.15 Uhr gellen die Alarmglocken. Der Schwere Kreuzer „Norfolk" ist da, hinter sich die Schlachtschiffe „Rodney" und „King George V". Die „Bismarck" nimmt Fahrt auf, versucht, in der groben See möglichst geraden Kurs zu halten, um der Artillerie die Entfernungsmessung zu erleichtern. Das ungleiche Gefecht beginnt um 8.47 Uhr. Nach kurzer Zeit erhält die „Bismarck" einen Treffer in den vorderen Artillerieleitstand. Damit ist eines der Nervenzentren dieses Giganten lahmgelegt. Aus dem Gefecht, wenn man es überhaupt so nennen kann, wird eine Tragödie. Es dauert bis 10.00 Uhr, länger als eine Stunde.

Eine der über eine Tonne schweren 40,6-cm-Granaten der „Rodney" krepiert am Turm Anton, sprengt vom Turm Bruno Stahlbrocken ab, die in Richtung Brücke fetzen. Fast alle Offiziere und Mannschaften dort werden getötet. Eine Granate trifft die Drehhaube des achteren Leitstands, zerstört alle Messgeräte. In den Turm Dora gehen Volltreffer, in die Maschinen- und in die Heizräume. Eine in den achteren Gefechtsverbandsplatz noch eingeschlagene Granate tötet dort alle gesammelten Verwundeten, Sanitäter, Ärzte. Die überkommende See schwemmt Tote und Verwundete über Bord. Aus den Einschlägen im Deck dringt dicker Qualm, Geschrei. Luken und Schotten sind verklemmt. Die Männer kommen nicht mehr hoch. Niedergänge werden weggerissen. Die Masten fallen. Die Kommandobrücke, die Kommandotürme, der Schornstein – alles zerfetzt, zerrissen. Wirr stehen die Kanonen gen Himmel oder hängen hinunter zur See.

Doch die „Bismarck" stirbt nicht. Sie versinkt auch noch nicht sofort, als der Kreuzer „Dorsetshire" aus nächster Nähe mehrere Torpedos auf sie abfeuert. Das hat der jahrelangen Kontroverse Nahrung gegeben: Ob es die englischen Torpedos waren, die den Untergang bewirkten, oder die zur selben Zeit von der Schiffsführung angeordnete Sprengung der Bodenventile?

Noch bevor der Kreuzer zum Fangschuss angelaufen ist, hat die Führung den Befehl ausgegeben: „Alle Mann aus dem Schiff!"

Der Matrosen-Obergefreite Staat hat ein Lichtkabel gepackt. Noch ehe ein neuer Brecher anrollt, ist er auf dem Aufbaudeck, dort, wo die Frischkartoffeln aufbewahrt wurden. Der Gefreite schließt die Augen. Hier oben, wo sich Verwundete hingerettet haben, schlagen Granaten ein. Sie zerfetzen, wer hier liegt. Staat klettert nach achtern: bis zur Barbette von Turm Dora Tote, nichts als Tote. Die Kameraden hier haben offenbar versucht, unter dem hinteren Turmteil Schutz zu finden. Es ist grausam: Auf dem Weg nach Steuerbord achtern muss Staat an einem Unteroffizier vorbei – dem Maat fehlt ein Bein. Er liegt an Deck und ist bei vollem Bewusstsein. Er fleht Staat an: „Wirf mich ins Wasser, Kumpel! Wirf mich doch rein!" Staat sieht weg, will die bittend und flehend erhobene Hand mit den verkrampften Fingern nicht sehen. Der Maschinengefreite zögert noch, in die See zu springen. Dabei sieht er, wie sich ein Kumpel die Hosen auszieht. Welch ein Unsinn, denkt Staat. Alte Absaufspezialisten haben immer wieder geraten: Bloß nichts ausziehen im kalten Wasser. Staat sieht nach backbord. Das Backbordoberdeck wird schon von der See überspült. Du musst vom Schiff, mahnt eine Stimme. Staat springt und kommt gut frei. Er liegt auf dem Rücken, den Blick zum Schiff gewandt. Mit Beinen und Armen arbeitet er sich weg, um nicht in den Sog zu kommen. Er sieht, wie sie oben noch stehen, wie andere springen. Einige schlagen dabei auf die Panzerung, andere auf die Schlingerleisten. Als das Schiff kentert, klettern ein paar Mann auf den Rumpf. Sie machen keine Anstalten, sich zu retten. Sie bleiben auf dem Kiel und fahren, die Hand zum letzten Gruß erhoben, mit der „Bismarck" in die Tiefe.

Es ist der 27. Mai 1941, 10.40 Uhr.

Pearl Harbor

In den letzten Nächten war Vizeadmiral Nagumo in seiner Kabine an Bord des japanischen Flugzeugträgers „Akagi" ruhelos auf und gewandert. Der 2. Dezember 1941 brachte ihm endlich Gewissheit. Vor ihm lag der Funkspruch: „Niitaka Yama Nobore" (Ersteigt den Berg Niitaka), der Befehl zum Angriff auf Pearl Harbor.

Vor sechs Tagen hatte Nagumo mit seiner Armada von sechs Flugzeugträgern, zwei Schlachtschiffen, zwei Schweren und einem Leichten Kreuzer, neun Zerstörern und drei U-Booten den Versammlungsraum seiner Kampfgruppe bei den Kurilen verlassen. Die 423 Flugzeuge auf den Trägern, Sturzkampfbomber, Horizontalbomber, Jäger und Torpedoflugzeuge, waren die größte Luftstreitmacht, die sich je auf See gewagt hatte. 27 Langstrecken-Unterseeboote waren dem Verband vorausgefahren, um rund um Hawaii herum Position zu beziehen. Der Anmarsch des Trägerverbandes über die wenig befahrene Nordroute zum Angriffsziel war beschwerlich. Nebel, empfindliche Kälte und schwere See hatten ihm zu schaffen gemacht. Als Nagumo seinen Besatzungen das Ziel ihrer Fahrt bekannt gab, kannte die Begeisterung keine Grenzen. Bei schwer rollender See, am 7. Dezember morgens, hatte Nagumos Verband seine Angriffsposition 270 Meilen nördlich Oahu erreicht. Es war noch dunkel. Die Flieger verrichteten ihre Gebete

Bild links: In knapp drei Stunden verwandelten japanische Trägerflugzeuge am 7. Dezember 1941 den Flottenstützpunkt Pearl Harbor in ein Inferno. Ein Rettungsboot fischt Matrosen aus dem Wasser.

Bild rechte Seite oben: Schrottmetall im Hafen von Portland in Oregon, dessen Ausfuhr nach Japan durch die amerikanische Blockade-Politik verboten wurde.

Bild rechte Seite unten: Der japanische Ministerpräsident General Tojo (Mitte, in Uniform) mit seinem 1941 gebildeten Kriegskabinett. Als sich die Verhandlungen mit den USA als erfolglos erwiesen, meinte Tojo am 1. Dezember 1941 vor dem Kronrat: „Nachdem die Dinge diesen Verlauf genommen haben, blieb uns kein anderer Ausweg, als zum Krieg gegen die Vereinigten Staaten, Großbritannien und die Niederlande zu schreiten, um die gegenwärtige Krise zu überwinden und unsere Existenz zu wahren."

vor den Shinto-Altären, die man auf den Flugdecks aufgestellt hatte. Viele der Piloten hatten das Hashikami, eine Samuraischärpe, um ihre Kopfhörer geschlungen. Um 6 Uhr starteten von den Trägern die Maschinen der ersten Angriffswelle.
Ruhig brummen die beiden Motoren der B-17 Flying Fortress. Seit mehreren Stunden ist die „Mary Anne" in der Luft. Nacht liegt über dem Pazifik. Ein Teil der Crew döst; nur der Navigator, der Funker und der Captain versehen aufmerksam und gespannt ihren Dienst. Um der aufkommenden Langweile des Routinefluges zu begegnen – die „Mary Anne" wird zusammen mit acht weiteren Fliegenden Festungen von San Francisco zum Luftwaffenstützpunkt Hickham auf Oahu (Hawaii) überführt –, reitet Funker Tom Shirer ein bisschen auf den Wellen. Tanzmusik von der amerikanischen Westküste ... irgendetwas Russisches ... Tom gähnt. Die Leuchtziffern seiner Uhr zeigen 7 Uhr 50 Hawaii-Zeit. In einer Stunde etwa wird die B-17 auf Hickham landen. Vielleicht ist der Soldatensender Honolulu schon zu hören ...
Da ist Tom hellwach: „Funker an Captain! Funker an Captain!"
„Ich höre, Tom. Was gibt's?"
„Hören Sie mal mit, Sir... ."
Aus dem Kopfhörern dröhnt das Geräusch von Flugzeugmotoren, Maschinengewehrfeuer, hört man hastige japanische Fetzen.
„Klingt ja merkwürdig. Haben wir Meldungen von Manövern der Japsen vorliegen?"
„Nein, Sir. Aber ich verstehe das sowieso nicht..."
„Was verstehst du nicht, Tom?"
„Ich bin auf der Frequenz unserer Jungs in Honolulu. Kein Irrtum möglich!"
„Schnell! Geh auf Senden! ... Hier 06455 ... hier 06455 ... Wir rufen Hickham ... Wir rufen Hickham ... Erbitten Landeinformationen. Erbitten Landeinformationen für 06455."
In den Ohren gellen die japanischen Kommandos. Und dann – immer wieder – dieser Angriffsschrei: „Tora-Tora-Tora!" „Hier Hickham Air Base ... Liegen seit zehn Minuten unter heftigem japanischen Feuer ... Keine Landeerlaubnis für Hickham. Captain, Schauen Sie zu, dass Sie die 06455 auf der Piste 011 runterbringen." „Ist das Krieg?"
„Sieht jedenfalls verdammt danach aus ... Und die erste Runde scheint an die Japsen zu gehen ... Ende!"
Als die „Mary Anne" genau 73 Minuten später in maximaler Flughöhe die Insel Oahu passiert – ohnmächtig, da die Maschine für den Überführungsflug in Friedenszeiten nicht munitioniert ist –, meldet sich die Stimme von Captain Steven McIntire:
„Captain an Crew! Wer sich später mal erinnern will, wie Pearl Harbor ausgesehen hat, sollte jetzt runterschauen." Acht Augenpaare starren in den Qualm und das Feuer da tief unter ihnen ...
„Captain an Crew!" Fertigmachen zur Landung. Notlandebedingungen ... Rache für Pearl Harbor!"
„Rache für Pearl Harbor!", dröhnt es aus der Kabine hinter ihm zurück.
Japans Vizeadmiral Nagumos erste Welle von 214 Maschinen benutzte für die 270 Meilen Anflug von den Flugzeugträgern nach Pearl Harbor den amerikanischen Soldatensender Honolulu als Leitstrahl:

- 40 Torpedo-Bomber vom Typ Nakajima B5N2 „Kate"; unter dem Rumpf den schrecklichen 800-Kilogramm-Aal für seichtes Wasser;
- weitere 50 „Kate" für das Horizontal-Bombardement aus großer Höhe;
- 51 Sturzkampf-Flugzeuge vom Typ Aichi D3A2 „Val";
- 43 Jagdflugzeuge vom Typ Mitsubishi A6M2 „Zero", die in Geschwindigkeit, Steighöhe und Bewaffnung jedem amerikanischen Jäger überlegen sind;
- 20 Jagdflugzeuge älterer Bauart, die lediglich die US-Radarsysteme verwirren sollen.

Eine Stunde später starten weitere

- 54 „Kate"-Horizontal-Bomber,
- 41 „Val"-Sturzkampf-Bomber und
- 36 „Zero"-Jäger.

Gegen 7 Uhr 20 erfasst der Radarschirm einer Küstenbeobachtungsstation anfliegende Flugzeuge. Der wachhabende Offizier beruhigt seine Leute: Das seien die aus Kalifornien anfliegenden, erwarteten Flying Fortresses, darunter die „Mary Anne".
Um 7 Uhr 30 beobachtet ein Bootsmann zwanzig bis fünfundzwanzig kreisende Flugzeuge. Aber dass es feindliche Maschinen sein könnten, darauf käme er nicht mal im Traum.
Um 7 Uhr 40 erreichen die japanischen Verbände die Nordspitze von Oahu. Um nicht noch im letzten Augenblick entdeckt zu werden, brechen die Piloten jeden Sprechfunkverkehr untereinander ab.

Um 7 Uhr 50 kann Korvettenkapitän Itaya, Chef der Jäger in der ersten Welle Pearl Harbor ausmachen. Er meldet:
„Pearl Harbor vor mir im Morgennebel. Alles schläft noch."
Um 7 Uhr 53 funkt Fregattenkapitän Fuchida an seinen Flugzeugträger „Akagi": „Überraschung erfolgreich!".
Gegen 7 Uhr 55 beobachtet der Kommandeur des pazifischen US-Minenleger-Geschwaders an Bord seines Minenlegers, wie ein Flugzeug eine Bombe wirft. Der Schrecken fährt dem Seemann in die Glieder: Er hält es für einen gefährlichen Unfall seitens des fliegenden Personals und will gerade ans Telefon stürzen, um den Vorfall disziplinarisch zu melden, da entdeckt er – zu spät – das japanische Hoheitszeichen: die aufgehende Sonne.
Punkt 7 Uhr 55 beginnt der erste von vier Angriffen der Torpedo-Bomber. Sechs Torpedos treffen das Schlachtschiff „West Virginia", machen es manövrier- und kampfunfähig.
Drei Minuten später endlich schreit Konteradmiral Patrick Bellinger in die Mikrophone seines Hauptquartiers auf der Ford-Insel die beiden Sätze unverschlüsselt: „Luftangriff, Pearl Harbor – das ist keine Gefechtsübung!"
Im gleichen Augenblick will sich der Wachhabende fertig machen, um wie jeden Morgen um 8 Uhr auf dem Flaggschiff die Fahne der Vereinigten Staaten feierlich zu hissen. Als er die in Marschordnung verankerten Stahlkolosse mustert, erstarrt er vor Schrecken: Im Tiefflug rasen Torpedo-Bomber heran und klinken ihre Last ab. Wenige Sekunden später dröhnen über Bucht und Festland die Bombeneinschläge von den Flugplätzen herüber, wo die US-Maschinen wie zur Parade aufgebaut sind, Flügelspitze an Flügelspitze. Bis zu diesem Zeitpunkt ist kein amerikanisches Jagdflugzeug aufgestiegen, hat kein amerikanisches Geschütz das Feuer eröffnet.
Lakonisch beschrieb später Russell Buchanan, Geschichtsprofessor an der Universität von Kalifornien, die Gründe dieser Lähmung: „Ein entwickeltes und funktionsfähiges Warnsystem gab es nicht. Außerdem galt für die Streitkräfte die niedrige Alarmstufe 3. Das bedeutete: Nur eines von vier Maschinengewehren war besetzt. Darüber hinaus blieben bei Stufe 3 in Friedenszeiten die schweren Gefechtstürme und die 12,7-cm-Kanonen unbesetzt. Und wo die MGs bemannt waren, da fehlte die Munition: Sie wurde in verschlossenen Kisten aufbewahrt, für die nur die Decks- und wachhabenden Offiziere Schlüssel besaßen."

Kaum eine halbe Stunde dauert der erste Überfall. Als die erste japanische Angriffswelle abdreht, sind fast alle amerikanischen Militärmaschinen auf den Pisten der Luftwaffenstützpunkte schwer beschädigt oder vollkommen zerstört. Die „West Virginia" steht in Flammen und sinkt. Die „Arizona" liegt auf Grund und hat mehr als eintausend Matrosen mit in die Tiefe gerissen, die nicht schnell genug aus den Unterdecks herausgekommen sind. Die „Oklahoma" ist gekentert, nur ihr Kiel ragt noch aus den Fluten hervor. Auf der „Tennessee" wütet das Feuer, nachdem eine Bombe den Hauptgefechtsturm getroffen hat. Auf der „California" versucht die Mannschaft nun fieberhaft, alle schweren Lecks abzudichten; sie sinkt dennoch. Von der „Utah" ist lediglich der hoch aufgerichtete Kiel zu sehen. Und die „Raleigh" wird nur noch von ihren Vertäuungen aufrecht gehalten.
Nach einer kurzen Ruhepause begann gegen 8 Uhr 40 das Inferno ein zweites Mal. Diesmal warfen Horizontalbomber aus unerreichbarer Höhe Bombenteppiche auf alle Ziele. Ihnen folgten schließlich Sturzkampfbomber und Jagdflugzeuge, die noch einmal mehrere Stützpunkte der US-Armee mit Bomben und Bordwaffenfeuer belegten. Um 9 Uhr 45 drehte die letzte japanische Maschine ab.
Immerhin: Diese zweite Angriffswelle unter dem Kommando von Korvettenkapitän Shimazaki vom Flugzeugträger „Zuikaku" stieß schon auf wirksameren Widerstand. In der kleinen Atempause waren bei der Flak die Munitionsvorräte aufgefüllt worden; Bedienungsmannschaften hatten sich zusammengefunden; Maschinengewehrnester wurden neu besetzt; überall gingen Männer in Stellung – oft nur mit Karabiner und Maschinenpistole bewaffnet –, für einen aussichtslosen Kampf.
Dazu noch einmal Professor Buchanan:
„Amerikas Reaktionen auf der Hauptinsel von Hawaii reichten von anfänglichem Nichtbegreifen und Unverständnis über Gelähmtsein und Verzweiflung bis zu Beweisen höchster Tapferkeit. Die Männer wehrten sich mit allem, was sie hatten – manchmal sogar erfolgreich, wie die 29 abgeschossenen japanischen Maschinen beweisen. Aber trotz großer persönlicher Tapferkeit und entsprechenden Opfermuts blieb der Gegner hoffnungslos überlegen – schon wegen der völlig unzulänglichen US-Bewaffnung."
Als kurz vor 10 Uhr alles vorüber ist, liegen auch die „Pennsylvania" und zwei Zerstörer nur noch als Wracks im Trockendock. Im Schwimmdock nebenan fliegt ein weiterer Zerstörer in die Luft. Und die schwer angeschlagene „Nevada" dampft mit letzter Kraft aus dem Hafen, um sich selbst am Ufer auf

Bild linke Seite: Zum Einsatz gegen Pearl Harbor startende Torpedo-Bomber werden von der Besatzung eines japanischen Flugzeugträgers verabschiedet.

Bild rechte Seite oben: das versenkte amerikanische Schlachtschiff „Arizona".

Bild rechte Seite unten: erste Meldung der „New York Times" vom japanischen Angriff auf Hawaii.

Sand zu setzen. Hawaiis Hauptstadt Honolulu, die kaum 10 km von Pearl Harbor entfernt ist, bleibt so gut wie unbeschädigt. Wie sich herausstellt, sind die wenigen Brände durch eigene verirrte Flugabwehrgranaten entstanden. Um 11 Uhr 41 tritt der Gouverneur von Hawaii vor die Mikrophone der örtlichen Rundfunkstationen und erklärt den Notstand. Unmittelbar danach stellen auf Befehl der Armee die zivilen Sender ihr Programm ein. Von nun an schwirren die verschlüsselten und offenen Nachrichten von Marine und Luftwaffe auf allen Wellen durch den Äther, Anlass für zahlreiche Gerüchte unter der Zivilbevölkerung, die immer noch nicht weiß, was wirklich geschehen ist. Erst nach 16 Uhr erfahren Hawaii und die gesamten Vereinigten Staaten Einzelheiten des morgendlichen Überfalls. Dazu gehören auch die Verlustziffern: 2.403 Tote, darunter 2.008 Offiziere und Mannschaften der Seestreitkräfte, und 1.178 Verwundete.

Gleichzeitig wird über die Insel Oahu das Standrecht verhängt. Zerstört und wehrlos liegt Amerikas pazifischer Vorposten in den Weiten des Stillen Ozeans, zumal die Japaner zwei Drittel aller Marineflugzeuge zerstört haben und die Luftwaffe melden muss, dass sie nur noch über 16 einsatzbereite Kampfflugzeuge verfügt. Während ohne Rücksicht auf die Gefahr neuer Angriffe und Explosionen die Amerikaner zu retten suchen, was zu retten ist, macht Japans Vize-Admiral Chuichi Nagumo einen entscheidenden Fehler: Obwohl ihn Fregattenkapitän Fuchida und die Mehrheit der Staffelführer bestürmen, sie zu einem zweiten Großangriff aufsteigen zu lassen, gibt er um 13 Uhr Befehl „Volle Fahrt voraus! Kurs Nordwest!“ Der ängstliche Nagumo denkt nur noch daran, so schnell wie möglich aus dem Einsatzbereich der US-Bomber herauszukommen und nach Japan zurückzulaufen. Zwei verirrte japanische Bomber finden aufgrund der von ihm sofort verhängten totalen Funkstille ihre Trägerschiffe nicht mehr und stürzen ab.

Damit vergab Nagumo die Chance, den Flugzeugträger „Enterprise“ auf seinem Weg von Wake zurück nach Pearl Harbor zu vernichten, die mit Treibstoff überfüllten Tanklager auf Oahu in die Luft zu sprengen; die ständigen Einrichtungen und riesigen Reparaturwerkstätten der Marine dem Erdboden gleichzumachen; kurz: die Vereinigten Staaten für Monate auf ihre kontinentale Westküste als vorderste Verteidigungslinie zurückzuwerfen.

Mit seiner Entscheidung strafte Nagumo auch seinen eigenen Oberkommandierenden, Admiral Yamamoto, Lügen, der versprochen hatte, die japanische Flotte würde die US-Marine in der ersten Runde k. o. schlagen; tatsächlich war die Navy jetzt zwar angeschlagen – „groggy“, um in der Sprache der Boxer zu bleiben –, aber nicht am Boden. Denn trotz der erheblichen Verluste blieb die Hauptmacht der Seestreitkräfte einsatzfähig:

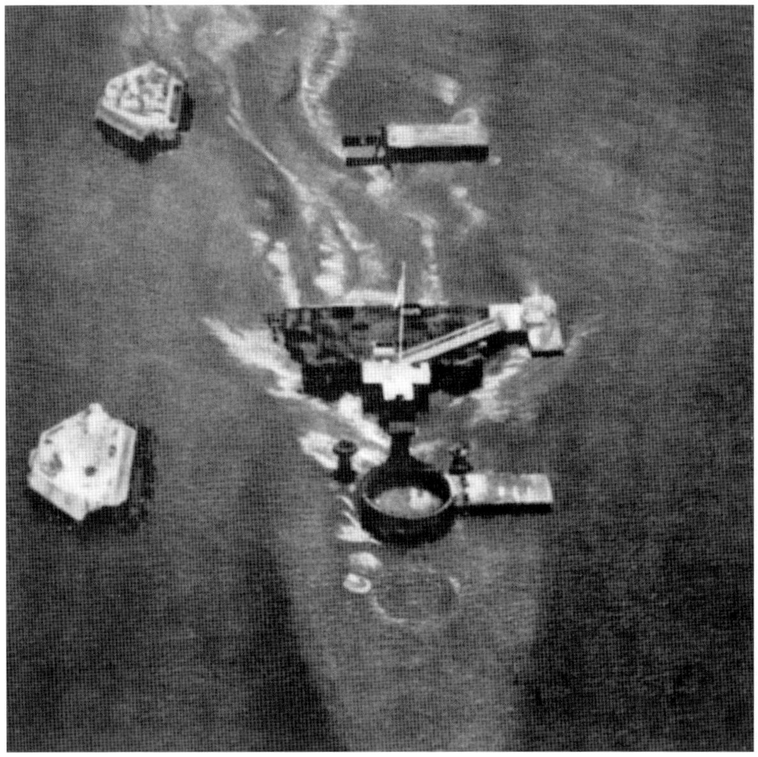

"All the News That's Fit to Print."

The New York Times.

LATE CITY EDITION

JAPAN WARS ON U. S. AND BRITAIN; MAKES SUDDEN ATTACK ON HAWAII; HEAVY FIGHTING AT SEA REPORTED

CONGRESS DECIDED

Roosevelt Will Address It Today and Find It Ready to Vote War

CONFERENCE IS HELD

Legislative Leaders and Cabinet in Sober White House Talk

TOKYO ACTS FIRST

Declaration Follows Air and Sea Attacks on U. S. and Britain

TOGO CALLS ENVOYS

After Fighting Is On, Grew Gets Japan's Reply to Hull Note of Nov. 26

PACIFIC OCEAN: THEATRE OF WAR INVOLVING UNITED STATES AND ITS ALLIES

GUAM BOMBED; ARMY SHIP IS SUNK

U. S. Fliers Head North From Manila—Battleship Oklahoma Set Afire by Torpedo Planes at Honolulu

104 SOLDIERS KILLED AT FIELD IN HAWAII

President Fears 'Very Heavy Losses' on Oahu—Churchill Notifies Japan That a State of War Exists

- 3 Flugzeugträger,
- 20 Schwere und Leichte Kreuzer und
- 65 Zerstörer.

Darüber hinaus wurden viele der schwer beschädigten Einheiten in fieberhafter Eile wiederhergestellt:

- Die „Nevada“ wurde bei der Invasion an der Atlantikküste eingesetzt und belegte später Iwo Jima mit einem mörderischen Bombardement; die „California“, „Maryland“, „Pennsylvania“, „Tennessee“ und die „West Virginia“ kämpften die Schlacht um die Philippinen mit. Mag es auch vermessen oder zynisch klingen, aber die Tatsache ist: Für den zum drittenmal zum Präsidenten gewählten Franklin D. Roosevelt kam der japanische Überfall sehr gelegen. Von Stund an standen Amerikas Bürger hinter ihrer Regierung wie ein Mann. Denn auf Pearl Harbor konnte es nur eine Antwort geben: Krieg! Dass es so weit kommen würde, stand noch wenige Stunden vorher keineswegs fest. Zwar waren die Vereinigten Staaten schon seit einigen Monaten nicht mehr neutral, aber sicher hätte es noch Monate gedauert, Amerika und die Amerikaner zum Kriegseintritt zu bewegen. Immer noch erwiesen sich die Isolationisten als wirkungsvolle Bremse gegenüber dem letzten Schritt. Die Leute nickten, wenn die Bosse der Isolationisten predigten: „Bomben drehen gegen Hitler? Ja! Flugzeuge liefern gegen Hitler? Ja! Die Hilfe für Old England verstärken? Verdammt noch mal, ja! Aber noch einmal das Elend der Nachkriegszeit nach dem Ersten Weltkrieg erleben? Nein! Noch einmal Kriegsfolgen wie Inflation, Massenarbeitslosigkeit und Schwarzer Freitag? Nein! Noch einmal unsere Männer und Brüder und Söhne opfern für eine Sache, die nicht Amerikas Sache ist? Nein!“

Die Bomben von Pearl Harbor haben das alles schlagartig geändert: Noch bevor am Montag, dem 8. Dezember 1941, der Präsident vor den Kongress tritt, stellen sich Hoover und Lindbergh und Wheeler und die anderen Führer der Isolationisten dem Lande zur Verfügung. Noch bevor Roosevelt den Feind öffentlich verdammt hat, steht fest, dass der Senat einstimmig für den Krieg stimmen wird. Noch bevor die amerikanische Kriegserklärung an Japan und die entsprechenden Erklärungen Deutschlands und Italiens an die USA die endgültigen Machtverhältnisse des Zweiten Weltkrieges formieren, läuft durch die USA ein Schrei blinder Wut gegen die Japaner. Über einhunderttausend Japaner amerikanischer Staatsbürgerschaft werden in Lagern interniert, verfemt und verfolgt. Und als Konteradmiral William F. Halsey auf der Brücke seiner „Enterprise“ in das zerstörte Pearl Harbor einläuft, formuliert er das Echo ganz Amerikas:

„Bis wir mit ihnen nicht fertig sind, wird man Japanisch nur noch in der Hölle sprechen!“

Im Repräsentantenhaus in Washington entzieht sich nur eine ältliche Dame dieser nationalen Leidenschaftlichkeit: Jeanette Rankin, Abgeordnete aus Montana, schüttelt heftig mit dem grauen Kopf und stimmt als einzige gegen die Kriegserklärung ... wie schon 1917!

Tausende von Kilometern entfernt von Pearl Harbor und Washington frohlockt ein Mann – sein Name: Winston Churchill.

An diesem 7. Dezember hat der britische Premier zum Essen geladen. Seine Gäste sind Präsident Roosevelts persönlicher Abgesandter Averell Harriman und der US-Botschafter John Winant. Hauptgesprächsthema ist der afrikanische Kriegsschauplatz und die Fortsetzung der amerikanischen Lieferungen an Großbritannien. Im Hintergrund spricht der Leiter vom Dienst der BBC die Nachrichten. Doch die drei Herren hören nicht zu. Zu laut diskutieren sie die Chancen von Rommel und Auchinleck. Da hebt Churchill plötzlich die Hand. Das Gespräch stockt.

Churchill: „Habe ich richtig gehört? Die Japaner haben die amerikanischen Schiffe in Hawaii bombardiert?“

Winant: „Ich habe nicht zugehört.“

Harriman: „Es wird wohl ein Schiff auf hoher See gewesen sein.“

Da betritt der Butler Sawyer den Raum, um sich nach weiteren Wünschen der drei Männer zu erkundigen. Er bestätigt: „Ja, Sir, es ist richtig. Wir haben es in der Küche alle gehört. Die Japaner haben die Amerikaner in Pearl Harbor angegriffen.“

Churchill stürzt in sein Sekretariat, verlangt ein Blitzgespräch mit dem Weißen Haus. Roosevelts Stimme zittert vor Erregung, als er dem britischen Premier beschreibt, was in Pearl Harbor geschehen ist.

Churchill strahlt; denn das ist der Augenblick, auf den er seit langem gewartet, für den er das Schicksal seines Landes aufs Spiel gesetzt hat. Nachdem er seine Gäste in Hochstimmung entlassen hat, geht er zufrieden und beruhigt zu Bett. „Ich dachte an eine Bemerkung, die Edward Grey vor dreißig Jahren mir gegenüber gemacht hatte – dass die Vereinigten Staaten einem Riesendampfkessel gleichen, der unbegrenzt Energie produzieren könne, wenn das Feuer erst mal brenne. An diesem Abend schlief ich den Schlaf des Geretteten und Dankbaren“, erinnerte er sich viel später.

Am nächsten Morgen macht sich Churchill mit genüsslicher Sorgfalt an die Formulierung der Kriegserklärung an Tokio. Als er dem Botschafter Japans das Papier und die Pässe zustellen lässt, vergisst er auch den Sarkasmus nicht, indem er versichert, er bleibe „ein sehr ergebener Diener“.

Roosevelt tut sich da schwerer. Schon 1938 hat er seinem engsten Berater und Freund, Harry L. Hopkins, bei einer Plauderei am Kamin anvertraut, dass er den Krieg mit den Achsenmächten für ebenso unausweichlich wie notwendig

Bild linke Seite oben: Gleichzeitig mit dem Angriff auf Pearl Harbor kamen auch die ersten japanischen Landungstruppen zum Einsatz. Schon am 8. Dezember 1941 begann mit einer Landung im Norden der Hauptinsel Luzon der japanische Angriff auf die Philippinen, die erst bei Ende des Krieges 1945 wieder befreit werden konnten.

Bild linke Seite unten: Amerikas Comic-Held Superman fordert: „The American Red Cross Needs Your Support! Give Generously!“ (Das Amerikanische Rote Kreuz braucht Deine Hilfe. Spende großzügig!)

Bild rechte Seite: Andrang junger amerikanischer Freiwilliger vor einem Rekrutierungsbüro der US-Navy in Boston am 8. Dezember 1941. Für die amerikanische Öffentlichkeit bedeutete der japanische Angriff auf Pearl Harbor eine böse Überraschung. Der Kriegseintritt der USA, bis dahin umstritten, war nun keine Frage mehr.

halte. Jetzt streitet er sich mit seinen Beratern und Militärs herum, ob bereits der Zeitpunkt gekommen sei, den Waffengang gegen alle drei Achsenmächte gleichzeitig zu wagen. Dass die Schande von Pearl Harbor getilgt werden müsse, darin sind sich alle Amerikaner einig – die Kriegserklärung an Japan ist getragen vom Willen der ganzen Nation –, aber soll der bislang inoffizielle Seekrieg gegen die Deutschen im Atlantik zu diesem Zeitpunkt „legalisiert“ werden?

Die Beraterrunde im Weißen Haus gerät sich in die Haare – Streitpunkt: die als sehr unterschiedlich eingeschätzte Stärke des Deutschen Reiches. Und da bricht Roosevelt die Debatte ab: Bis zum 11. Dezember hätten Außen- und Verteidigungsministerium eine Studie vorzulegen. Dann werde man weitersehen.

Noch am Abend des 7. Dezembers hat die B-17 Flying Fortress „Mary Anne“ wieder abgehoben, diesmal bis an die Zähne bewaffnet. Die Nerven der Männer sind bis zum Zerreißen gespannt. Aber stundenlang dröhnen die Propeller ihr monotones und einschläferndes Lied – Kurs auf die Insel Wake –, ohne dass etwas geschieht. Der Stille Ozean und der Himmel darüber machen ihrem Namen alle Ehre: Alles ist still und leer.

Kurz nachdem die Maschine die Datumslinie passiert und die Crew ihre Uhren und Hirne entsprechend umgestellt hat, zirpt es in Toms Kopfhörer: „Wake Island ... Wake Island ... Wir rufen 06455 ... Wir rufen 06455 ...“ Aber wie sich Tom Shirer auch müht, seine Rückmeldung über Sprechfunk wird offensichtlich nicht verstanden. Nur die Morsetaste bleibt, um die Entfernung zu überbrücken. Nach Minuten mühseliger Verständigung landet im Cockpit dieser Zettel: „Heftige Regenböen seit Tagen. Ständige japanische Bomberangriffe. Landung unmöglich. Direktflug Guam.“ Captain Steven McIntire flucht, dass die vor sich hindösenden Männer hochfahren. „Die Mühle ist zu schwer. Bis Guam reicht der Sprit nicht.“

Der Bordingenieur überprüft daher noch einmal den Benzinstand. „Nichts zu machen, Chef.“ „Also dann ... wir werden Wake anfliegen. Mal sehen, wer sich besser in diesen Regenwolken verstecken kann. Die Japsen oder wir.“ „Vielleicht sollten wir bis dahin auf größte Höhe steigen“, schlägt der Kopilot vor. „O.k. Captain an Crew ... Captain an Crew ... Wir steigen!“ Steil fliegt die Festung in den schwarzen Nachthimmel hinein.

Wieder Stunden später nickt der Navigator. Langsam schraubt sich die „Mary Anne“ hinunter. Taucht in die „Milchsuppe“. Als der Höhenmesser nur noch 600 Meter anzeigt, reißen die Wolken plötzlich auf. Dafür prasselt der Regen auf die Kanzel – unten schaumgekrönte Wellen.

„Da, da! Links vorne“, schreit der Navigator. Dieser winzige Flecken soll Wake sein? „Beobachter an Captain ... Unbekannte Flugzeuge voraus. Entfernung acht Meilen“, meldet sich die ruhige Stimme von Snuffy. Sein breiter Südstaaten-Slang reizt immer wieder alle zum Lachen.

„Na, dann wollen wir mal. Alle Mann auf Gefechtsstation!“ „Funker an Captain ... Soll ich dem Tower von Wake unsere Position melden?“ „Nee, Tom. Noch nicht. Wenn uns die Japsen entdeckt haben, ist es immer noch Zeit ... Aber dann natürlich. Sonst holen uns noch unsere eigenen Jungs vom Himmel.“

Die letzten Worte gehen in Motorengeheul und Maschinengewehrfeuer unter; zwei Jäger huschen vorbei. Am Rumpf die aufgehende Sonne. Sekunden später ist die B-17 in einen Luftkampf mit drei japanischen Flugzeugen verwickelt. Wie sie eigentlich heil heruntergekommen sind, vermögen die Männer später dem Kommandanten von Wake, Major James Devereux, kaum zusammenhängend zu berichten.

Um Wake sieht es böse aus. Die Garnison ist mit insgesamt 522 Mann nur zu einem Drittel besetzt. Von den zwölf veralteten Grumman F4F Wildcats der Marineflieger-Staffel sind sieben bereits zerstört.

Drei der zwölf Flak-Geschütze melden Totalausfall. Nur die sechs Küstengeschütze sind noch voll intakt, Radar oder einen Feuerlöschzug gibt es genau so wenig wie einen Minengürtel vor der Insel oder Stacheldrahtverhaue um sie herum. Und die Japaner nähern sich mit einer Invasionsflotte von drei Leichten Kreuzern, sechs Zerstörern und mehreren Begleitschiffen. Schweren Herzens gibt Major Devereux der „Mary Anne“-Besatzung den Befehl, so schnell wie möglich nach Guam weiterzufliegen.

In aller Hast wird neu munitioniert, werden die Tanks bis zum Verschluss vollgetankt, die gröbsten Schäden ausgebessert, die größten Einschüsse abgedichtet. Nach zweieinhalb Stunden heißt es bereits wieder:

„Bremsklötze weg. Start frei!“

(Übrigens: Den ersten Invasionsversuch schlug die Besatzung von Wake ab. Dabei verloren die Japaner zwei Zerstörer und 700 Mann. Zwei Kreuzer und mehrere Begleitschiffe wurden beschädigt. Erst am 23. Dezember ergab sich Wake der erdrückenden Übermacht einer zweiten Invasion. Dabei verloren die Japaner noch einmal 120 Mann. Die USA beklagten den Tod von 52 Soldaten und 70 Zivilisten. 470 Offiziere und Mannschaften und 1.146 Zivilisten gingen in Gefangenschaft.)

Guam, am 10 Dezember. In Agana, dem Hauptstützpunkt auf der 520 km2 großen südlichsten Insel der Marianen, sind bereits seit dem Morgen Benzinkanister und Sprengladungen ausgegeben worden – Parole: Nichts darf den Japanern in die Hände fallen. Am Rande der

Rollbahn, unter ein paar Palmen notdürftig verborgen, steht die „Mary Anne". Auch beim Anflug auf Guam ist sie wieder in einen Luftkampf verwickelt worden. Diesmal jedoch hat sie's arg erwischt: Das Fahrgestell übel ramponiert, Im Heck ein klaffendes Loch, die MG-Kuppel zersiebt. Und was das Schlimmste ist: Flugzeugführer Captain Steven McIntire hat nicht überlebt. Kurz nach der Landung ist er im Lazarett gestorben.

Kopilot Raymond Douglas treibt seine Kameraden zur Eile an. Seine Order lautet, unverzüglich nach Manila zu fliegen, um dort die Streitkräfte des Generals Mac-Arthur zu verstärken. Während sich der Bordingenieur zusammen mit ein paar Mechanikern fieberhaft bemüht, die Maschine wieder flott zu bekommen, ist eine Wartungskolonne aus Armeesoldaten dabei, die „Mary Anne" aufzutanken.

Da kommt ein Sergeant mit zwei Mann angelaufen:

„Lieutenant Douglas!"

Der Mann vergisst vor lauter Aufregung fast die Ehrenbezeugung.

„Was gibt's, Sergeant?"

„Die Japaner sind gelandet. Wir können sie höchstens eine halbe Stunde aufhalten. Befehl vom Kommandanten: Wir sollen die „Mary Anne" vernichten, wenn Sie nicht in zehn Minuten fertig sind!"

Das heftige Infanteriefeuer klingt schon verdammt nahe.

Douglas springt in die Maschine, lässt die Motoren an. Sie funktionieren, wenngleich mit Stottern bei Triebwerk Drei. Die Wartungskolonne löst sich auf. Die GIs gehen am Rande des Flugplatzes in Deckung. Wenige Minuten später tauchen die ersten Japaner auf. Den Mechanikern fliegen die Kugeln um die Ohren, aber sie machen weiter. Das Fahrgestell muss in Ordnung kommen.

Peter Powell, der 1. MG-Schütze der Fliegenden Festung, hängt hinter seinem Maschinengewehr und hämmert in das Dickicht am Flugplatzsaum – immer ganz dicht über die Köpfe der eigenen Leute hinweg. Da taucht der Kopf des Bordingenieurs in der Bodenklappe auf: „Fertig! Ab!"

Während er sich ächzend in das Flugzeug hochstemmt, rollt die „Mary Anne" schon. „Geschafft!"

Die Festung wird schneller, eiert, macht ein paar Hüpfer – hebt ab, fliegt. Tatsächlich, sie fliegt! (Nach erbittertem Widerstand kapitulierte die US-Insel Guam 35 Minuten nach der japanischen Invasion. Brauchbares Kriegsmaterial fiel den Japanern nicht in die Hände.)

Als die geschundene Fliegende Festung B-17 „Mary Anne" die Küste der Philippinen-Insel Luzon erreicht, sind die Japaner ihr auch hier zuvorgekommen. Die Besatzung wird sofort in die Abwehrschlacht gegen die japanische Landung dirigiert. Sie attackiert einen Zerstörer, beschädigt ein Versorgungsschiff schwer, muss dann aber schleunigst wegen Treibstoffmangels in der Nähe von Manila hinunter.

Als am 6. Mai 1942 General Wainwright, der Verteidiger von Corregidor, auf Luzon kapitulierte, gerieten die Besatzungsmitglieder der „Mary Anne" in japanische Gefangenschaft. Sie starben alle auf dem entsetzlichen „Todesmarsch von Bataan".

Als sich am Nachmittag des 11. Dezember 1941 – wie verabredet – die Beraterrunde des Präsidenten im Weißen Haus traf, hatte der Zweite Weltkrieg bereits begonnen. Hochgestimmt eröffnete Roosevelt die Sitzung – vor ihm die Kriegserklärung des Deutschen Reiches und Italiens an die Vereinigten Staaten. Jetzt ging es darum, den großen Kampf zu bestehen und dann eine neue politische Weltordnung im Interesse Amerikas aufzubauen.

General Winter

Am 13. November, der erste Frost hatte die Straßen fest gemacht, legte Halder die schon vorbereiteten Einsatz-Befehle für die „Herbstoffensive 1941" auf den Tisch. Die Ziele waren, für die Jahreszeit und den Zustand der Truppe, enorm weit gesteckt: Guderians Panzergruppe, inzwischen in Panzerarmee umbenannt, sollte über Tula nach Nischni-Nowgorod vorstoßen und so Moskau von Süden umfassen; im Norden sollte die 9. Armee mit der 3. Panzerarmee (Reichenau) über den Wolga-Moskwa-Kanal ostwärts vordringen und hinter Moskau herum nach Süden schwenken, auf Guderians Spitzen zu. In der Mitte schließlich sollten vier Armeen und die 4. Panzerarmee frontal angreifen. Man sieht, noch einmal war es das Ziel, einen riesigen Kessel zu bilden, mit über 300 Kilometern Durchmesser und Moskau mittendrin. Und das im Winter!

Dennoch, der Angriff, der zwischen dem 15. und dem 19. November beginnt, läuft zunächst nicht im stürmischen Sommertempo, aber er kommt voran. Der Gegner ist zunächst überrascht, wirft dann blindlings den Angreifern entgegen, was er gerade hat.

17. November: Im Morgengrauen wartet bei Mussino, 70 km nordwestlich von Moskau, die 106. Inf. Div. auf den Angriffsbefehl. Vor den vorgeschobenen Beobachtern erstrecken sich dünn verschneite Felder, dahinter ein Wald. Als die Sonne durch die Nebelschwaden blassrot hindurchzuschimmern beginnt, entdecken die Beobachter am Waldrand eine Bewegung. „Panzer!" denken sie unwillkürlich, doch dann sehen sie es: Nicht Panzer, sondern Reiter kommen da. Kleine Trupps voran, dann brechen sie in Massen aus dem Wald. Ein ganzes Reiterregiment – tausend Pferde und Reiter – formiert sich zur Attacke. In breiter Front traben sie heran, dann fliegen die Säbel heraus, Galopp! Genau auf die deutsche Linie zu und auf die 3. Batterie des Artillerieregiments 107, die auf einer Anhöhe dahinter in offener Feuerstellung steht – und schießt. Sie schießen Abpraller, die Granaten krepieren in acht

Ob im Norden, in der Mitte oder im Süden – jeder deutsche Soldat hat auf die eine oder andere Art die Widrigkeiten russischer Verkehrswege kennengelernt, die naturgemäß dem Angreifer mehr zu schaffen machten als dem Verteidiger.

Bild linke Seite: Deutsche Beiwagen-Maschine in staubigem Gelände.

Bilder rechte Seite: Deutsche Lastkraftwagen auf verschlammten Straßen.

Meter Höhe über den anreitenden Schwadronen. Die Splitterwirkung ist verheerend, zerfetzt Reiter wie Pferde, nicht einer kommt durch. Nur Minuten dauert das grauenvolle Schlachten. Doch es ist nicht zu Ende. Abermals zittert der gefrorene Boden unter viertausend Hufen: Über die zuckenden Leiber der zusammengeschossenen Kameraden und Pferde hinweg galoppiert ein zweites Reiterregiment zur Attacke – und in den Tod, der diesmal noch schneller kommt, denn jetzt haben sich die deutschen Kanoniere eingeschossen. Einzig ein kleiner Trupp auf schnellen Kosakenpferdchen entgeht dem Feuerhagel, doch nur, um wenige Augenblicke später von MGs niedergemäht zu werden. Als gleich darauf der Befehl zum Angriff kommt, fällt kein Schuss. Dennoch steht das Grauen in den Gesichtern der Männer vom Infanterieregiment 240, die über den blutgetränkten Acker schreiten, auf dem die 44. mongolische Kavalleriedivision verblutet ist, ohne dass auch nur einem deutschen Soldaten eine Schramme zugefügt wurde.

Ein gänzlich unsinniges Opfer – aber es zeigt, mit welcher verzweifelten Entschlossenheit die sowjetische Führung dem deutschen Vormarsch alles und jedes entgegenwarf, wo und wie es gerade greifbar war, allerdings meistens nicht so kopflos wie bei dem Massaker von Mussino.

Dennoch: Gegen erbitterten Widerstand schoben sich die Divisionen und Regimenter der Heeresgruppe scheinbar unaufhaltsam immer näher an Stalins Metropole heran. In der Woche vom 23. bis 30. November wurde die sogenannte 2. Moskauer Schutzstellung, der letzte Riegel vor der Stadt auf der Linie Klin – Tula, an vielen Stellen durchbrochen und im Süden umgangen – dort konnte Guderians Panzerarmee zwar Tula nicht nehmen, aber nordwärts und ostwärts daran vorbeistoßen.

Am 23. November fiel Solnetschogorsk, 60 km vor Moskau, am 24. Rogatschewo, noch am selben Tag wurde der Moskwa-Wolga-Kanal erreicht, ein Brückenkopf am anderen Ufer gebildet. Am 25. fällt Petschki, am 26. Istra, am 27. Jachroma, am 30. Krasnaja Poljana.

Etwas weiter südlich, am Mittag dieses Tages, rollt ein Erkundungstrupp des Panzerpionierbataillons

62 auf seinen Krädern über eine Straße Richtung Moskau. Kein Widerstand. Weiter. Vor ihnen eine kleine Stadt. Keine Verteidiger zu sehen. Sie preschen hinein. Angstvoll suchen die Menschen Schutz in den Häusern. Die Panzerpioniere machen etwas Lärm, dann machen sie kehrt – ohne in diesem Augenblick zu ahnen, dass sie es waren, die dem Kreml am nächsten kamen, und dass ihr Vorstoß einen Schreckensruf auslöste, der sich wie ein Lauffeuer durch die Millionenstadt verbreitete: „Die Deutschen stehen vor Chimki!" So hieß die kleine Hafenstadt, in die die Panzerpioniere eingedrungen waren, nur 8 km vom Stadtrand entfernt, knapp 20 km bis zum Kreml.

„Die Deutschen vor Chimki!", das hieß, sie waren praktisch schon da. Angst und Unruhe krochen durch die Stadt, bedrückend, aber nicht so laut wie vor fünf Wochen, als der erste Ansturm der Deutschen gegen Moskau brandete, Moschaisk gefallen war und Panikstimmung die Stadt erfasste. Damals war Moskau einem Kollaps nahe gewesen. Die hastige Evakuierung von Regierung, Behörden, Parteidienststellen hatte der Bevölkerung das Ende signalisiert. Läden und die Wohnungen Evakuierter waren geplündert, Flugblätter mit dem Aufruf „Nieder mit den Kommunisten!" tauchten auf.

Damals war sofort Kriegsrecht über die Sowjethauptstadt verhängt, das panikbedingte Aufbegehren rasch und brutal unterdrückt worden. Was an Männern in der Riesenstadt noch irgend wehrfähig war, wurde in Schnellkursen notdürftig ausgebildet. Was blieb – Frauen, Kinder, Greise –, wurde zum Schanzen geschickt. Sie bauten unter entsetzlichen Bedingungen fast 100 Kilometer Panzergräben, 300 Kilometer Drahthindernisse und 8.000 Kilometer tiefgestaffelte Schützengräben.

Das alles hatten die Deutschen nun überrannt, die grausame Arbeit war umsonst gewesen, die Deutschen standen trotzdem vor der Stadt. Doch neues Aufbegehren gab es nun nicht. Diesmal packte der Schrecken mehr die Führung als die Masse. Stalin selbst hielt es für möglich: „Wenn Moskau fällt", sagte er düster zu dem amerikanischen Sonderbotschafter Harry Hopkins, „dann muss die Rote Armee ganz Russland westlich der Wolga aufgeben". Das hätte ungefähr dem „Barbarossa"-Ziel entsprochen, der A-A-Linie, von Archangelsk nach Astrachan.

„Wenn Moskau fällt" – aber es fiel nicht. Denn die Kälte und die Sibirier kamen. Schon nach der ersten Angriffswoche, die bei mildem Frost begann, sackten die Temperaturen auf minus 20 Grad. Um den 30. November, als die Deutschen schon die Spitzen des Kreml sehen konnten, zeigte das Thermometer minus 32 Grad. Der Kälte-Einbruch war zwar ungewöhnlich früh, doch so früh auch wieder nicht, dass er als völlig überraschender Schicksalsschlag gelten könnte – in Moskau und Umgebung wird es Anfang Dezember schon öfter mal so kalt.

Die Männer, die angetreten waren, Moskau zu stürmen, zogen alles übereinander, was sie hatten; wirk-

Bild linke Seite oben: Als Hitler sich endlich entschloss, die „Operation Taifun" in Gang zu setzen, den Angriff der Heeresgruppe Mitte auf Moskau, war die Jahreszeit schon weit fortgeschritten. Zwar waren für den Angriff 70 Divisionen bereitgestellt, doch behinderte die bereits im Oktober einsetzende Schlammperiode den deutschen Vorstoß entscheidend. Und dann trat auf sowjetischer Seite auch noch frühzeitig der gefürchtete „General Winter" an, der schon Napoleons Große Armee dezimierte.

Bild linke Seite unten: Neben den widrigen Witterungsverhältnissen stießen die auf Moskau marschierenden deutschen Soldaten auch auf einen für den Winterkrieg bestens ausgerüsteten Gegner.

Bild rechte Seite: Im deutschen Abwehrfeuer gefallene Sowjetsoldaten bedecken das Schneefeld bei der Ortschaft Krasnojarmaisk. Im Dezember 1941 ging an der Ostfront zum ersten Male die Initiative an die Rote Armee verloren. Der Heeresgruppe Mitte drohte nach dem vergeblichen Versuch, Moskau einzuschließen, nun selbst die Einschließung.

lich schützende Wintersachen gab es ja nicht. Mit dem Schuhwerk war es noch schlimmer. Die Knobelbecher der Landser passten genau und hatten genagelte Sohlen. „Da könnt ihr gleich barfuß laufen", spotteten hoch im Norden finnische Kameraden, als sie ihre Waffenbrüder begutachteten, „die Sohlennägel sind doch die besten Kälteleiter".

Auch in der russischen kriegsgeschichtlichen Literatur findet sich immer wieder der Hinweis auf die passenden Schuhe der Deutschen – ein Schuh, der passt, garantiert bei minus 30 Grad Erfrierungen. Die Russen wussten das, ihre Soldaten bekamen seit eh und je ihre Stiefel mindestens eine Nummer zu groß, damit sie im Winter Stroh oder Zeitungspapier einlegen konnten, um Erfrierungen zu verhindern. Dabei war der Mangel an Winterbekleidung und geeignetem Schuhwerk noch nicht einmal das Schlimmste, noch fataler war, dass es auch kein Winteröl für Waffen und Motoren gab.

Fast nicht vorstellbar: Wenn die Landser, ein paar Dutzend Kilometer vor Moskau, Katen gefunden hatten, in denen ein Ofen brannte, dann wärmten sie daran Steine. Aber nicht um draußen, auf Wache, Füße oder Hände warm zu halten, sondern die Schlösser der Waffen. Denn was nutzt ein MG, das nicht schießt, weil das Öl eingefroren ist?

Das war um den 1. Dezember herum die bittere Situation der deutschen Truppen vor Moskau: festgefroren. Denn wenn schon Verteidigung mit Waffen, von denen man nicht weiß, ob sie im Ernstfall schießen, recht schwierig ist – angreifen kann man ohne zuverlässige Feuerbereitschaft auf gar keinen Fall mehr.

Und erst recht nicht einen Feind, der alles das im Überfluss hatte, was einem selber fehlte. Die Sibirier und Mongolen, die Stalin in die Schlacht um Moskau warf, trugen lange Fellmäntel, Schneehemden darüber; Pelzmützen und pelzgefütterte Filzstiefel hielten Kopf und Füße warm. Sie konnten, wenn es nötig war, stundenlang praktisch unsichtbar und reglos im Schnee liegen, ohne zu frieren.

Und ihre Waffen schossen, ihre T 34 fuhren. Zudem hatte Stalin, der vom Befehlsbunker im Kreml aus den Einsatz seiner Truppen weitgehend persönlich lenkte, einen enormen taktischen Vorteil: Während die Heeresgruppe Mitte auf 300 Kilometer breiter Front angriff, dabei natürlich Schwerpunkte bilden, die Lücken dazwischen aber sichern musste, konnte Stalin mit Hilfe des guten Verkehrsnetzes von Moskau und Umgebung seine Truppen in kürzester Zeit jeweils dahin werfen, wo die Lage am brenzligsten war. Nicht nur Truppen, auch was Waffen und Munitionsfabriken hergaben, kamen rasch nach vorn, und die T 34 rollten auf eigenem Fahrwerk von der Fabrik aufs Schlachtfeld – sie hatten es ja nicht weit.

Die Verteidiger hatten mithin alles, was sie brauchten, die Angreifer so gut wie nichts, und für sie kam, da der Nachschub im wesentlichen noch immer auf der Straße herangeschafft wurde, auch so gut wie nichts dazu.

Kein Geringerer als der Sowjetmarschall Schukow erblickte im Versagen des deutschen Nachschubs das schlachtentscheidende Moment: „Die Deutschen verloren vor Moskau, weil sie nicht für Lokomotiven mit passender Spurweite gesorgt hatten, um auf dem besten Eisenbahnnetz der Sowjetunion, nämlich im Raum Moskau, Nachschub und Reserven in größeren Mengen, unabhängig von Schlamm und Schnee, an die Front zu schaffen."

Das ist sicher richtig, und so kam, was kommen musste: Am 5. Dezember lag der deutsche Angriff fest, das Ziel buchstäblich vor Augen.

Generaloberst Guderian hat an diesem Tag seinen Gefechtsstand in einem kleinen Schloss südlich Tula, in Jasnaja Poljana, dem Gut des Dichters Tolstoi, der im Park davor begraben liegt. Guderian befiehlt in der Nacht vom 5. zum 6. Dezember unter dem Zwang der Lage seinen Verbänden „Angriff einstellen". Und er notiert: „Der Angriff auf Moskau ist gescheitert. Wir haben eine Niederlage erlitten." Eine folgenschwere Niederlage. Denn nun, nach dem vergeblichen Angriff, sind die Truppen vollends erschöpft, ausgeblutet, dezimiert. Die Einheiten, ob Infanteriedivision, ob Panzerregiment, sind bis auf ein Drittel, teilweise auf ein Viertel des Soll-Bestandes geschrumpft, an Menschen und Material. Die Heeresgruppe Mitte ist, nach den wüsten Anstrengungen des Sommers und des zweimaligen Angriffs auf Moskau ausgebrannt, am Ende ihrer Kraft. Und das sollte Folgen haben.

Auch die Heeresgruppe Nord lag inzwischen fest, ihr Ziel, Leningrad, vor Augen. Dabei hatte im Norden der Angriff in den ersten Tagen des Feldzuges am schwungvollsten begonnen: Mansteins Stoßverband, das LVI. Panzerkorps, war in nur vier Tagen reichlich 400 km vorangestürmt, hatte die Dünabrücken bei Dünaburg und Jakobstadt genommen: wichtigste Voraussetzung für den weiteren Vormarsch auf Leningrad, dessen Eroberung laut Plan „Barbarossa" das erste strategische Ziel der Heeresgruppe Nord war.

Sechs Tage lang musste Manstein – sehr gegen seinen Willen – in Dünaburg verharren, um das Herankommen der Verbände an seinen Flanken abzuwarten. Erst Anfang Juli geht es wieder los. Mansteins Korps soll aus dem Brückenkopf Dünaburg über Opotschka nach Nowgorod stoßen, gleich daneben ist Reinhardts XXXXI. Panzerkorps aus dem Brückenkopf Jakobstadt auf der Linie Ostrow, Pleskau, Luga angesetzt.

Auf den ersten 100 Kilometern kommt der Angriff gut voran, dann müssen sich die Spitzen durch eine sogenannte Stalinlinie wühlen,

eine ausgebaute Verteidigungsstellung mit Bunkern und Feldbefestigungen. Das bremst den Vormarsch – und auf der Gegenseite versucht Generaloberst Kusnezow, in aller Eile Verstärkungen an die Schlüsselpunkte der Verteidigungslinie zu werfen. Vor allem den wichtigsten Verkehrsknotenpunkt Ostrow will er schützen.

Die deutsche Luftaufklärung erkennt die Bewegung, und so ergibt sich ein regelrechtes Panzerrennen nach Ostrow – wer eher da ist, hat gewonnen. Reinhardts Korps ist eher da, gut 24 Stunden, kann die Stadt nehmen und weiterstoßen, auf Pleskau. Der Vormarsch rollt wieder. Aber nicht lange. An der Luga, insbesondere bei der Stadt Luga und östlich davon, bis Schimsk, versteifte sich der Widerstand rapide; hier hatte Marschall Woroschilow, der die sowjetische Nordwestfront kommandierte, eine starke Barriere zum Schutz von Leningrad aufgebaut. Mansteins Korps lag bereits davor fest. Dagegen ergab die Luftaufklärung, dass weiter westlich, am Unterlauf der Luga, kaum Widerstand zu erwarten war. Der Grund ist klar: Die Wege vom Süden zum Unterlauf der Luga sind miserabel, führen durch Sumpfgelände. Da erwartet der Gegner keinen Angriff.

Das stellt Generaloberst Hoepner, Oberbefehlshaber der Panzergruppe 4, vor eine schwierige Entscheidung. Befohlen ist Angriff mit Schwerpunkt rechts, also über Luga, wo der Widerstand am härtesten ist. Aber links ist die Gelegenheit günstiger. Hoepner, gewiss kein Haudegen, sondern ein ruhiger, überlegender Mann, entscheidet, dass dies eine taktische Frage ist, die keiner Rückfrage höheren Orts bedarf, und wirft den Schwerpunkt des Angriffs nach links.

Er zieht, mitten in der Offensive, zwei Panzer- und eine Infanteriedivision aus dem Angriff heraus, hetzt sie in Gewaltmärschen gegen den Unterlauf der Luga, so um die 150 Kilometer weit. Riskant ist das schon, die Wege sind tatsächlich miserabel, rechts und links Sumpf, die Divisionen auf dem Marsch abenteuerlich weit auseinandergezogen. Aber die Rechnung stimmte, der Feind erwartete nichts, und so war es möglich, bei Poretschje und Sabsk über die Luga zu gehen. Bei Poretschje waren überdies zwei intakte Brücken genommen worden, bei Sabsk eine gute Furt.

So hatte Hoepner am linken statt am rechten Flügel ein Sprungbrett nach Leningrad gewonnen, er hatte nur noch knapp 115 Kilometer, zwei Tagemärsche, und wenig Gegenwehr vor sich. Freilich, mit Reinhardts Panzerkorps allein, das die Luga-Brückenköpfe hielt, war Leningrad nicht zu erobern. Mindestens ein paar Infanteriedivisionen hätte es dazu noch gebraucht. Doch die waren in dem schwierigen Gelände so rasch nicht heranzubekom-

men. Hoepner bemühte sich deshalb verzweifelt, Mansteins Korps für den weiteren Angriff an den linken Flügel zu bekommen. Aber er bekam es nicht.

Generaloberst Reinhardt schreibt über diese Situation: „Dass nicht sofort an eine Fortsetzung des Angriffs gedacht werden konnte, war klar ... für die Versorgung und das Nachführen von erhofften Verstärkungen ... waren mehrere Tage nötig." Doch aus den Tagen wurden Wochen.

Am 30. Juli 41, als Reinhardts Korps längst, schon mindestens 14 Tage lang, wieder angriffsbereit ist, notiert der General enttäuscht in seinem Tagebuch: „Neues Hinausschieben. Entsetzlich! Gelegenheit, die wir angeboten haben, ist endgültig verpasst, es wird so immer schwerer."

In der Tat. Woroschilow und Kusnezow waren schließlich auch nicht dumm. Sie hatten natürlich sofort erkannt, welche Gefahr Leningrad aus den Luga-Brückenköpfen drohte, und da ihnen der Gegner Zeit dazu ließ, dichteten sie zunächst diese weiche Stelle ab und versuchten dann mit Macht und vielen funkelnagelneuen Panzern (zum Teil noch mit zivilen Fabrikbesatzungen bemannt), Reinhardts Korps wieder über den Fluss zurückzuwerfen.

Es war also nicht nur ruhiges Zuwarten, was dem XXXXI. Panzerkorps zugemutet wurde; die Truppe musste sich fortwährend starker Gegenangriffe der Russen erwehren. Zu allem Überfluss hatten die Sowjets in diesem Bereich eindeutig die Luftüberlegenheit: Die Kampf- und Jagdfliegerverbände der Luftflotte 1, die im Bereich der Heeresgruppe Nord operierte, waren – „Schwerpunkt rechts" – am Ilmensee beschäftigt. Nur eine oder zwei Staffeln Me 109, die auf einem relativ nahen Feldflugplatz bei Pljussa lagen, halfen gelegentlich den Panzerdivisionen an der unteren Luga ein wenig.

Die heikle Lage erzeugte bei Truppe und Stäben einen merkwürdigen Galgenhumor. So funkte Oberstleutnant von Scheele, Kommandeur der Panzeraufklärungsabteilung 4, einmal an die Führungsstaffel der 1. Panzerdivision:

„Der Russenflieger über uns sehr viele, sie suchen uns im Tiefangriff zum Ziele. Wo bleibt Professor Messerschmitt? Wir machen sonst hier nicht mehr mit!" Der Adressat dieses Funkspruchs, Oberstleutnant i. G. Wenck, für seine Neigung, in Versen zu funken, bekannt und gelegentlich gerügt, bemühte sich, Jäger für die bedrängten Männer vorne zu bekommen, und antwortete:

„Sind jetzt eigne Jäger da? Oder nur die Ratata? Hat die Flak schon einen runter? Oder bombt der Feind noch munter?"

Darauf Scheele:

„Einen hat sie runter, zehne bomben munter, und der deutschen Jäger zwei waren leider grad vorbei!"

Das klingt zwar im Nachhinein recht heiter, aber man darf nicht vergessen, wie viel Bitternis auch darin steckt. Und als am 8. August das Warten ein Ende hatte, Reinhardts Korps endlich antreten durfte, da war es, wie General Reinhardt vorhergesehen hatte, tatsächlich entsetzlich schwer geworden, so schwer, dass der Korpsstab nach dem ersten Angriffstag die Frage diskutierte, ob der Angriff angesichts der bösen Verluste abgebrochen werden müsste.

Er wurde nicht abgebrochen, denn die 1. Panzerdivision beurteilte die Lage positiver, behielt auch recht damit: Der Angriff gewann wieder Schwung, in weniger als einer Woche wurden die Sumpfwälder und der Feind überwunden, die Divisionen des XXXXI. Panzerkorps hatten wieder offenes, günstiges Gelände erreicht, der Weg nach Leningrad erschien abermals offen. Und jetzt, am 14./15. August, war auch der Heeresgruppenbefehlshaber von Leeb endlich bereit, den Angriffsdivisionen auf dem linken Flügel neue Kräfte zuzuführen, damit sie weiterkonnten. Auch Mansteins Korps sollte nun endlich an den linken Flügel dirigiert werden.

In Hoepners Stab machte sich Siegeszuversicht breit – wenn Manstein wieder da war, die ganze Panzergruppe wieder massiert „klotzen" konnte (statt, wie bisher, zu „kleckern"), dann konnte eigentlich nichts mehr schief gehen.

Eigentlich. Es ging aber doch. Denn gerade als es soweit war, gab es rechts eine Krise, Mansteins Korps wurde umgedreht, um sie zu bereinigen, und mit dem raschen Stoß auf Leningrad war es wieder nichts.

So dauerte es noch einen vollen Monat, mal Krise rechts, mal Krise links, bis sich die Heeresgruppe Nord schließlich doch an Leningrad herangekämpft, bei Oranienbaum 16 sowjetische Divisionen eingekesselt hatte, vor Schlüsselburg am Ladoga-See stand – kurz, einen Ring um die Nordmetropole des Sowjetreiches gebildet hatte und bereitstand, sie zu nehmen.

Und dann ... General Reinhardt erinnert sich: „Mitten hinein in die berechtigte Siegesfreude schlug wie ein kalter Wasserstrahl am 12. September die Mitteilung, dass Leningrad nicht eingenommen, nur abgeschirmt werden soll. Unfassbar für uns alle. In letzter Minute wurde

Bilder rechte und linke Seite: An den geschlossenen Einsatz von Panzerverbänden war vor Moskau nicht mehr zu denken. Die Panzerregimenter waren bis auf ein Viertel ihrer Kampfkraft geschrumpft. Aus den zusammengeschmolzenen Einheiten sind Kampfgruppen von Infanteristen und Pionieren gebildet worden, die mit Unterstützung von wenigen Panzern um jeden Ort kämpften.

ein Troupier, einer, der vorne, bei seiner Truppe, führt. Das kann er nun nicht mehr – als Armee-Oberbefehlshaber. General von Manstein wusste, dass der Kampfauftrag, den er mit der 11. Armee erfüllen sollte, in keinem Verhältnis zu den vorhandenen Kräften stand.
Er lautete: Nach dem Übergang über den unteren Dnjepr erobert die 11. Armee mit Teilkräften die Halbinsel Krim und stößt mit ihrer Masse entlang der Küste des Asowschen Meeres nach Rostow vor. Ein Blick auf die Landkarte lässt verstehen, dass Manstein dabei kräftiges Unbehagen empfand. Der Stratege Manstein begriff zwar die Bedeutung dieser Ziele: Die Krim war sozusagen ein Flugzeugträger, von dem aus die für Deutschland unentbehrlichen Ölfelder im rumänischen Ploësti bedroht waren; Rostow, an der Donmündung, war praktisch das Tor zum Kaukasus – sehr wünschenswert, beides zu haben. Aber Manstein weiß auch: Selbst der besten, einsatzfreudigsten, kampfkräftigsten Truppe darf, kann und soll man nicht Unmögliches abverlangen. Und was hier von der 11. Armee erwartet wird, geht weit über ihre Kräfte, muss zur Zersplitterung führen.
Beides auf einmal, Krim und Rostow, geht mit den vorhandenen Kräften einfach nicht. Manstein entschließt sich, zunächst einmal alle Kraft auf die Krim zu konzentrieren und weiter nördlich vorerst

der nahe Sieg der Truppe, die sich bis zum Äußersten eingesetzt hatte, entwunden." Eine ganze deutsche Armee, die 18., lag fortan vor Leningrad fest, drei Jahre lang. Völlig eingeschlossen war die Stadt trotzdem nicht – allenfalls im Sommer. Im Winter, wenn Ströme, Sümpfe, Seen fest waren, konnte Leningrad ausreichend versorgt werden. Nicht nur das: Die Russen bauten über das Eis des Ladoga-Sees eine LKW-Fahrbahn und einen Eisenbahnanschluss, beides zusammen so leistungsfähig, dass nicht nur die Menschen in der Stadt versorgt, sondern auch die Rüstungsindustrie in Gang gehalten werden konnten. Die Leningrader Panzerfabriken, die Geschütz- und Munitionsfabriken produzierten den ganzen Krieg lang fast ungestört vor sich hin – zum Wohle der Roten Armee.
12. September 1941: Generaloberst Ritter von Schobert, Oberbefehlshaber der 11. Armee, startet zu einem Inspektionsflug. Die 11. Armee kämpft am äußersten südlichen Ende der langen Front quer durch Russland, am rechten Flügel der Heeresgruppe Süd. Bedächtig kreist der Fieseler Storch über den vorgeschobenen Spitzen, über kämpfend weichenden Russen. Schobert hat keine Bedenken, über Feindgebiet zu fliegen, er weiß, dass hier weder mit Flak noch mit Jägern zu rechnen ist. Das nicht – aber ein paar Russen ballern mit Gewehren auf den staksbeinigen Vogel, mehr Ausdruck der Wut als gezieltes Feuer, doch einer trifft – den Tank der Maschine. Zunächst Glück im Unglück: Es brennt nicht, nur das Benzin läuft aus. Die Notlandung, knapp vor den deutschen Linien, scheint zu glücken, der Storch setzt auf einem leidlich ebenen Acker auf, rollt holpernd aus – doch dann schleudert ihn eine gewaltige Detonation wieder in die Luft: Der Notlandeplatz war ein Minenfeld.
Ein paar Stunden nach Generaloberst von Schoberts Tod schrillt tausend Kilometer weiter nördlich, in einem nassen Zelt, ein Feldtelephon.
Das Zelt ist das provisorische Stabsquartier General von Mansteins. Der General und einige Offiziere seines Stabes spielen Karten – zur Ablenkung und Entspannung –, während sie auf die Abendmeldungen warten. Es ist ein trüber Tag, nicht nur des Dauerregens wegen, der auf die nassen Zeltplanen prasselt. Es ist der Tag, an dem Hitler zur tiefen Enttäuschung aller Frontkommandeure den Angriff auf Leningrad, knapp vor dem Erfolg, einstellen lässt.
Mürrisch legt Manstein die Karten hin, als Hauptmann Specht den Hörer hochhält: „Für Sie, Herr General! Der Herr Oberbefehlshaber."
Das ist Generaloberst Busch, Oberbefehlshaber der 16. Armee, zu der Mansteins Panzerkorps gehört. Und staunend hört Manstein, wie ihm sein Freund Busch gratuliert: Manstein ist soeben der Oberbefehl über die 11. Armee übertragen worden. Die Ernennung zum Oberbefehlshaber einer Armee ist ehrenvoll, so ziemlich das Äußerste, was ein Berufsoffizier sich wünschen kann – besonders glücklich ist Manstein trotzdem nicht. Denn er ist beides, einerseits ein nüchtern, überlegt und, wo angebracht, unkonventionell planender Stratege – dieser Eigenschaft verdankt er die überraschende Ernennung. Aber ebenso, und lieber noch, ist Manstein

nur nachzutasten, nur Kontakt zum – zunächst – weichenden Feind zu halten. Die Krim zu erobern, ist nicht einfach. Eine nur sieben Kilometer breite Landenge bei Perekop ist der einzige wirkliche Zugang – rechts davon ist Siwasch, auch das „Faule Meer" genannt, ein weder für Land- noch für Wasserfahrzeuge passierbarer Salzsumpf. Links ist das Schwarze Meer. Die Landenge dazwischen durchzieht ein künstlicher 12 bis 15 Meter breiter Graben, fast ein halbes Jahrhundert alt: der sogenannte Tatarengraben, ehedem angelegt, die sonst unzugängliche Halbinsel gegen das Festland zu verteidigen.
Dazu eignet sich der uralte Graben auch 1941 noch: Er ist eine richtige Panzerfalle, und die Russen haben ihn als Kern einer gut ausgebauten Verteidigungsstellung genutzt.
Freilich, Mansteins 11. Armee, die sich nun der Landenge von Perekop nähert, hat gar keine Panzer, nur Panzerspähwagen und zwei Dutzend Sturmgeschütze, sehr zum Leidwesen des Oberbefehlshabers, der ja zu den besten Panzertaktikern zählt. Der Mangel an Panzern ist um so ärgerlicher, als der Weg nach Perekop und auch der – vorerst vertagte – Stoß in Richtung Rostow durch die Nogaische Steppe führen: ein merkwürdiges, faszinierendes Gebiet, bretteben, kein Hügel, kein Baum, kein Strauch, nur Steppengras – ideales Panzergelände.
Panzer hat Manstein, wie gesagt, nicht, stattdessen setzt er alles, was er an Artillerie, Flak und Pionieren hat, zusammen mit dem LIV. Armeekorps unter General Hansen auf die Landenge an. Das ist nicht gerade wenig für einen nur 7 km breiten Frontstreifen, doch Manstein weiß, für den Durchbruch wird's reichen, nicht aber dafür, die ganze Krim – immerhin ungefähr so groß wie Belgien – zu erobern. Dazu braucht er mehr Truppen, schnelle vor allem, denn er hofft, bei raschem Vormarsch auch die Festung Sewastopol handstreichartig nehmen zu können.
Und so löst er, während General Hansens Korps noch in schweren Kämpfen am Tatarengraben steht, weiter nördlich zwei Gebirgsdivisionen und die bestens ausgerüstete, hochbewegliche „Leibstandarte Adolf Hitler" aus der Front – sie sollen, nach dem Durchbruch, rasch ausfächern und so die große Halbinsel in Besitz nehmen.
Ein guter, wenn auch etwas waghalsiger Plan. Er klappt auch zunächst. General Hansens Korps durchbricht nach dreitägiger erbitterter Schlacht den Tatarengraben – der Weg auf die Krim ist frei.
Doch dann ändert sich die Lage. Generaloberst Kusnezow, auf der anderen Seite, hat erkannt, dass Manstein seine Nordflanke in der Nogaischen Steppe weitgehend entblößt hat – und da stößt er durch, gründlich – die 9. und 18. russische Armee schlagen ein fast 20 Kilometer breites Loch in die deutsche Front, drohen, Mansteins 11. Armee im Rücken zu fassen. Die Situation ist bedrohlich: Mit einigem Glück könnte Kusnezow den Großteil der 11. Armee gegen das Schwarze Meer drängen und vernichten. Manstein bleibt nichts übrig, als den schnellen Sturm auf die Krim abzubrechen und der Leibstandarte sowie dem Gebirgskorps „Kehrt" zu befehlen, um den gefährlichen russischen Durchbruch abzuriegeln.
Aber ein solches Manöver ist nicht einfach; und die Lage der 11. Armee wird rapide immer kritischer. Doch ein Bewegungskrieg hat seine eigenen Gesetze. Im Mittelabschnitt geht zur gleichen Zeit die gewaltige Kesselschlacht bei Kiew zu Ende, die Panzergruppe 1 unter Generaloberst von Kleist wird für neue Aufgaben frei und bekommt sic sofort: Kleist fällt, von Norden kommend, den beiden russischen Armeen in den Rücken.
Damit hat sich die Lage in ihr genaues Gegenteil verkehrt: Nicht mehr die 11. Armee sitzt in der Falle zwischen Russen und Meer, sondern nun steckt Kusnezow in der Falle zwischen Kleist und Manstein. Fünf Tage – bis zum 10. Oktober – tobt nun in der Nogaischen Steppe nördlich des Asowschen Meeres eine Kesselschlacht, dann sind Kusnezows Armeen vernichtet, unzählige Tote, 65.000 Gefangene gemacht, 212 Panzer und 672 Geschütze erbeutet: eine glückliche Wende – aber teuer erkauft: Jetzt erst setzt sich bei OKH und OKW die Einsicht durch, dass die 11 . Armee für den Doppelauftrag Krim und Rostow zu schwach ist.
Der Stoß nach Rostow wird nun der Panzergruppe Kleist übertragen, die dafür durch die Leibstandarte und das XXXXIX. Gebirgskorps verstärkt wird. Endlich kann Manstein die ganze Kraft seiner 11.

Bild linke Seite oben: Hitler bei einer Lagebesprechung mit Heeres-Oberbefehlshaber Brauchitsch (links neben ihm) und Generalstabschef Halder (rechts). Die Zusammenarbeit mit Brauchitsch endete in der Winterkrise vor Moskau im Dezember 1941, als Hitler selbst den Oberbefehl übernahm. Halder wurde im September 1942, nach Differenzen mit Hitler über den Angriff auf Stalingrad, entlassen.

Bild linke Seite unten: Nach der Übernahme der Führung des Heeres zeichnete der englische Karikaturist David Low den „größten Feldherrn aller Zeiten", der mit „schlafwandlerischer Sicherheit" seine Armee ins Ungewisse führt.

Bild rechte Seite: Trotz der Bedrohung durch die Deutschen, ließ es Stalin sich nicht nehmen, am 7. November 1941 auf dem Roten Platz in Moskau eine Militärparade abzunehmen.

Armee auf die Krim konzentrieren – doch mit dem überraschenden Handstreich auf die Festung Sewastopol, der drei Wochen früher vermutlich möglich gewesen wäre, ist es nun nichts mehr!
Zwar gelingt es in geradezu ungestümem Angriffsschwung, bis zum 16. November die gesamte Krim in Besitz zu nehmen und dabei 16 sowjetische Divisionen zu zerschlagen (abermals 100.000 Gefangene!), aber Sewastopol hält. Die damals wohl stärkste Festung der Welt ist vollgestopft mit Elitetruppen. In raschem Sturm ist dieses Bollwerk nicht zu überwinden. Andererseits ist der Besitz der Krim nur die Hälfte wert, solange der Gegner die Seefeste samt Hafen hat.
So versucht es Manstein dennoch. Vier Wochen lang bereitet er den Angriff vor, schafft an festungsbrechender Artillerie heran, was nur zu bekommen ist. Am 17. Dezember gibt er den Angriffsbefehl. Aber Sewastopol ist stark. Da gibt es an jeder wichtigen Position riesige unterirdische Geschützbunker mit drehbaren Doppeltürmen, aus denen 30,5-cm-Rohre Tod und Verderben speien – Dazwischen massenhaft stark armierte MG-Bunker. Nur meterweise kommt der Angriff voran, jeder Bunker, jede Feuerstellung muss einzeln, in mörderischem Kampf Mann gegen Mann, genommen werden. Zwei Wochen tobt der entsetzliche, blutige Kampf, zusätzlich erschwert durch die nun auch hier im Süden einsetzende bittere Kälte, dann sind sie bis an den inneren Festungsring heran – und dann ist doch alles umsonst. Denn am 25. und 26. Dezember landen starke sowjetische Kräfte auf dem langen, schmalen Ostarm der Krim, bei Kertsch und Feodosia, und drohen, die deutsche Krim-Armee von Osten her aufzurollen.
Manstein muss den Angriff auf die Festung trotz des enormen Blutzolls, den er schon gefordert hat, abbrechen, viele Einheiten aus eben bitter erkämpften Stellungen abziehen. Er muss sich darauf beschränken, einen engen Einschließungsring um Sewastopol zu halten, um mit den so frei werdenden, arg zusammengeschrumpften Verbänden den russischen Einbruch im Ostteil der Krim abzuriegeln.

Bild linke Seite oben: Die Anfang Dezember losgebrochene Winteroffensive tobte noch bis Ende Februar 1942. Durch die Schneefelder der Mittelfront bahnen sich Sturmgeschütze den Weg nach vorn, um zur Unterstützung der hart bedrängten Infanterie in den Kampf einzugreifen.

Bild linke Seite unten: Der Winter hat seine eigenen Tarnungsgesetze. Die Männer an diesem verkleideten Pak-Geschütz tragen Mäntel und Helmüberzüge, die völlig weiß sind.

Bild rechte Seite oben: Nächtlicher Feuerüberfall auf sowjetische Stellungen. Im Winter 1941/42 drohte der deutschen Wehrmacht das Schicksal der napoleonischen Armee. Bei Demjansk und Cholm wurden starke deutsche Verbände eingekesselt.

Bild rechte Seite unten: Auf Lastkraftwagen werden die gesammelten Bekleidungsstücke zu den Zügen befördert, mit denen sie dann nach Osten an die Front abgehen sollen. „Der Führer braucht für seine Soldaten warme Wintersachen." Mit diesem Appell an die private Opferbereitschaft versuchte die Führung, katastrophale Versäumnisse wettzumachen. „Barbarossa" hatte als Blitzfeldzug ablaufen sollen. Für eine längere Dauer in den Winter hinein war keine Vorsorge getroffen worden.

Es ist hier wie überall: Die deutschen Kräfte reichen einfach nicht für die riesige Aufgabe. Reserven sind keine da. Brechen die Russen – die trotz enormer Einbußen durchaus noch keinen Mangel an Menschen haben – irgendwo durch, muss allemal ein anderes Frontstück entblößt werden, um die Lage zu bereinigen. Das kann auf die Dauer nicht gut gehen. Und es geht nirgendwo gut.
Typisches Beispiel dafür auch das Schicksal der zur Panzerarmee erhobenen Panzergruppe Kleist: Nach der Kesselschlacht am Asowschen Meer war die Panzerarmee weiter ostwärts bis zum Mius gestoßen, dann vom Herbstschlamm festgehalten worden, nach Frosteinbruch am 17. November weitergerollt. Am 21. November dann ein großer Sieg: Rostow wird genommen, die Don-Brücken fallen unversehrt in deutsche Hand. Das ist das Tor zum Kaukasus, zu den Ölquellen von Baku, zum Persischen Golf!
Doch mit dem Sieg ist nichts anzufangen. Es gibt keine Möglichkeit, ihn zu nutzen: Ganze drei Divisionen sind es, die Rostow genommen haben, abgekämpft, allenfalls noch ein Drittel der Sollstärke vorhanden. Und dagegen rennen pausenlos fünfzehn sowjetische Schützen- und Kavalleriedivisionen an, dazu noch einige Panzerbrigaden.
Generalfeldmarschall von Rundstedt, Oberbefehlshaber der Heeresgruppe Süd, sieht die Situation nüchtern und verlangt am 29. November vom Führerhauptquartier die Erlaubnis, Rostow aufzugeben, empfiehlt Rückzug auf eine weit günstigere, weil kürzere Linie am Mius. Hitler willigt ein, aber mitten in der Absetzbewegung widerruft er seinen Befehl: „Bleiben Sie, wo Sie sind, und gehen Sie nicht weiter zurück."
Doch Rundstedt weigert sich schlicht, diesen Führerbefehl auszuführen, leitet stattdessen den dringend erforderlichen Rückzug der von Vernichtung bedrohten Verbände in und um Rostow ein, worauf er prompt von Hitler gefeuert wird.
Die Führung der Heeresgruppe Süd erhält Generalfeldmarschall von Reichenau, der bis dahin die 6. Armee am Nordflügel der Heeresgruppe geführt und das Donez-Becken, das hochindustrialisierte „Ruhrgebiet" der Sowjetunion, erobert hat. Reichenau stoppt als erstes Rundstedts Rückzugsvorbereitungen. Aber wegzaubern kann er die russische Übermacht am Don bei Rostow auch nicht. Er ist noch nicht ganz 24 Stunden Heeresgruppen-Oberbefehlshaber, da muss er seinem Führer mitteilen: „Wir müssen zurück, anders geht es nicht!" Und einen knappen Tag nachdem er Rundstedt wegen derselben, zutreffenden Lagebeurteilung seines Kommandos enthoben hat, stimmt Hitler diesmal Reichenau zu. Der erste Rückzug des Feldzugs beginnt: geplant, geordnet, keine Katastrophe; aber eine Warnung: Guderian, in seinem Stabsquartier auf Tolstois Gut Jasnaja Poljana, sagt, als er von der Entwicklung im Süden hört, düster zu seinen Stäblern: „Dies, meine Herren, ist das erste Läuten der Alarmglocken!"
Als Guderian dies äußert, läuft der Angriff der Heeresgruppe Mitte auf Moskau noch: noch ein paar Tage, bis er im Angesicht des Zieles in klirrendem Frost liegen bleibt und Guderian notiert: „Wir haben eine Niederlage erlitten." In diesem Augenblick war's noch keine Niederlage, nur ein Misserfolg – es war auch im zweiten Anlauf nicht gelungen, Moskau zu nehmen. Doch die Niederlage folgte, fast sofort.
Am 6. Dezember, als der deutsche Angriff buchstäblich festgefroren ist, beginnt der russische Gegenangriff. Vierzehn Armeen hat Stalin aus den östlichen Weiten seines Reiches herangeschafft, an die Mittelfront um Moskau. Kerntruppen sind wieder kältegewohnte und entsprechend ausgerüstete Sibirier und Mongolen.

Die Heeresgruppe Mitte hat dem nicht mehr entgegenzusetzen als den verzweifelten Abwehrwillen der Truppe.
Und nun macht sich auch ein sozusagen traditionelles Versäumnis bemerkbar: Rückzug war bei der deutschen Armee nie geübt worden, weder bei der Truppe noch bei den Stäben. Nur Angreifen und allenfalls Halten lernte der deutsche Soldat, Zurückgehen nicht. In fataler Überheblichkeit hieß es schon bei der Reichswehr: Absetzen übt man nicht, man bringt doch der Truppe nicht das Ausreißen bei! Dementsprechend verlief auch der nicht geübte und geplante Rückzug. „... die Disziplin beginnt sich zu lockern. Es mehren sich die zu Fuß zurückgehenden Soldaten, die ohne Waffe, ein Kalb am Strick, einen Schlitten mit Kartoffeln hinter sich, ohne Führung nach Westen ziehen ... kopflos geht es rückwärts." – so ein Bericht von General Schaal, Kommandierender General des LVI. Panzerkorps, der den Ansturm der Russen bei Klin, nördlich Moskaus, erlebte und zu den Generalen gehörte, die sich zu Schützen zurückverwandeln mussten, weil plötzlich Russen vor dem Stabsquartier waren.
Ende des Jahres, drei Wochen nach Beginn des russischen Gegenangriffs, gibt es im Bereich der Heeresgruppen Nord und Mitte keine zusammenhängende deutsche Front mehr. Sowjetische Armeen sind südlich des Ilmensees, an der Nahtstelle zwischen den Heeresgruppen Nord und Mitte, durchgebrochen und stoßen zügig auf Welikije Luki und Witebsk vor. Weiter südlich, bei Rschew, sind ebenfalls mehrere Sowjetarmeen durch die aufgerissene Front der 9. Armee gedrungen und drohen Mitte Januar, die Heeresgruppe Mitte im Rücken zu fassen.
Der Oberbefehlshaber der 9. Armee, Generaloberst Strauß, ist mit seiner Gesundheit und seinen Nerven am Ende. An seiner Stelle übernimmt General Model den Oberbefehl über die 9. Armee – ein dynamischer Panzergeneral, der sich nicht damit begnügt, zu halten, was zu halten ist, sondern dem es vor allem darum geht, die Initiative wiederzugewinnen. „Den durchgebro-

chenen russischen Divisionen muss der Nachschubhahn zugedreht werden", verkündet er gleich bei der ersten Lagebesprechung seinem nicht wenig verblüfften Stab, „und dann fahren wir den Russen in die Flanke und würgen sie ab!"

„Und was bringen Sie uns für diese Operation mit, Herr General?" fragt der Ia der Armee, Oberstleutnant Blaurock, vorsichtig. „Mich!" sagt Model trocken und grinst. Und tatsächlich, dieser neue Armee-Oberbefehlshaber, der weitaus mehr vorne bei der Truppe ist als am Kartentisch im Stabsquartier, strahlt in geradezu ansteckender Weise Zuversicht und Kampfgeist aus. Er bringt es wirklich fertig, die durchgebrochenen Sowjetarmeen einzuschließen und nach und nach aufzureiben. Wie hart diese Kämpfe waren, zeigen immer wieder Szenen wie diese: Model besucht den Divisionsgefechtsstand der Waffen-SS-Division „Das Reich". Herein kommt mit einer Meldung der Regimentskommandeur Kumm. „Ich weiß, was Ihr Regiment durchmachen musste", sagt Model, „aber ich kann es jetzt noch nicht entbehren. Wie stark ist es denn noch?" Kumm deutet zum Fenster. „Mein Regiment ist draußen angetreten, Herr Generaloberst!" Model schaut hinaus. Draußen stehen fünfunddreißig Mann.

Immerhin: Die Lage am Nordflügel der Heeresgruppe Mitte war stabilisiert. Und auch weiter nördlich, wo die Russen zwischen Ilmen- und Seligersee durchgebrochen waren, erreichte General Jeremenko, der hier – unverwüstlich, nach schwerer Verwundung wieder genesen – die sowjetischen Stoßarmeen kommandierte, nicht das angestrebte Ziel – den weiträumigen Stoß in die praktisch unverteidigten Weiten hinter der deutschen Front. Denn wie ein Prellbock lag ihm in und um Demjansk das II. Armeekorps unter General Graf Brockdorff-Ahlefeldt im Weg. Das II. Armeekorps, sechs Divisionen, 100.000 Mann, war seit dem 12. Februar eingekesselt – es war das erste Mal, dass eine so große deutsche Einheit im Kessel kämpfen musste, statt, wie gewohnt, am Kessel. 90 km weiter südlich standen in einem Kessel um Cholm 5.000 Mann. Ehe es zu diesen Einkesselungen kam, war – kurz nach dem russischen Durchbruch – erwogen worden, hier (wie auch weiter südlich) die Front weit zurückzunehmen.

Doch davon wollte Hitler nichts wissen, er blieb bei seinem „Halten um jeden Preis". Und in diesem Falle hatte er wohl Recht.

Die Kessel von Demjansk und Cholm mussten aus der Luft versorgt werden, und das gelang. Täglich landeten hundert oder mehr Ju's im Kessel, brachten Verpflegung, Munition, nahmen Verwundete mit zurück. Bis die Kessel im Frühjahr befreit wurden, waren 65.000 Tonnen Güter ein- und 36.000 Mann ausgeflogen worden – und die ganze Zeit banden das II. Armeekorps und die Kampfgruppe Scherer in Cholm die Angriffskräfte von fünf sowjetischen Armeen!

Eine böse Folge dieser gelungenen Luftbrückenoperation großen Stils sollte sich erst ein dreiviertel Jahr später zeigen: als Hitler glaubte, es könne, nach dem Beispiel von Demjansk, auch die Stalingrad-Armee aus der Luft versorgt werden – ein schicksalsschwerer Irrtum.

Die grauen Wölfe

Am 3. September 1939 verfügt die deutsche U-Boot-Waffe insgesamt über nur 57 Boote. Lediglich 23 von ihnen sind atlantikgängige U-Boote, und nicht alle Einheiten sind Front-U-Boote. Ein Teil davon, jetzt mehr denn je, wird für die Ausbildung neuer Besatzungen und die taktische Schulung der Kommandanten gebraucht.

An eine erfolgreiche Rudeltaktik ist mit diesen wenigen Frontbooten, von denen ja bei dem langen Anmarschweg um die Shetlandinseln herum immer nur ein Drittel im nordatlantischen Operationsgebiet (dem Hauptzufahrtsweg für die Versorgung der britischen Insel) stehen kann, noch nicht zu denken.

Es mangelt auch an einer Ausstattung mit modernen, leistungsstarken Nachrichtenmitteln, die für eine bei der Gruppentaktik (später Rudeltaktik genannt) notwendige Fernführung der Boote Voraussetzung sind. Erst die Boote vom Typ IXB und IXC, die ab der Jahresmitte 1940 in Dienst gestellt werden, sind damit ausgerüstet.

Zunächst wird der U-Bootkrieg nach Prisenordnung geführt. Er beginnt fair und ritterlich. Nicht der Mensch als Gegner ist das Ziel – Ziel ist das feindliche oder in feindlichen Diensten fahrende Schiff und seine Ladung.

Ein Beispiel: U 48 mit Kapitänleutnant Schultze, den sie „Vaddi" nennen, sichtet nach einem wieder laufen gelassenem Schweden ein neues Schiff. Auf die Stoppschüsse des U-Bootes reagiert es nicht, es macht vielmehr mächtig Dampf für höhere Fahrt auf. Und es funkt. Der nächste Schuss trifft. Der Fremde hat begriffen. Er bläst Dampf ab, stoppt, funkt aber trotz Verbots weiter. Die Besatzung des Schiffes – es ist die britische „Royal Sceptre" – geht inzwischen in die Boote, während der Funker noch immer auf

die Morsetaste drückt, um schließlich als letzter auszusteigen. U 48 hätte das Recht gehabt, die Funkerei durch Artilleriebeschuß zu unterbinden. „Vaddi“ Schultze lässt es, wartet ab, bis die Boote mit der Besatzung auf genügend Abstand und damit in Sicherheit sind, und versenkt den Briten durch einen Torpedo. Wenig später eine neue Rauchfahne, ein neues Schiff, auch ein Brite, der Frachter „Browning“, der aber nach dem Anhalteschuss sofort stoppt. U 48 geht auf Rufweite heran. Kapitänleutnant Schultze lässt den britischen Kapitän wissen, dass unweit dieser Position britische Seeleute eines von ihm versenkten Schiffes mehr oder weniger hilflos in offenen Rettungsbooten säßen. Er möge sich um seine Landsleute kümmern: „Good luck and goodbye, Sir.“

Als der 4.869 BRT große britische Dampfer „Firby“ sinkt, schickt Herbert Schultze einen Funkspruch (FT) an Churchill mit der Position des versenkten Schiffes und dem Zusatz: „... retten Sie die Besatzung ...“

Noch ein anderes Beispiel: der Fall mit dem Fischdampfer, dessen Besatzung angesichts der U-Boote aussteigt. 13 Mann tümpeln in einem Wrack von einem lächerlichen Rettungsboot. Sie bekommen eine Flasche Schnaps herübergereicht und die Weisung, ihr Schiff wieder zu besteigen und homeward zu dampfen.

Die U-Bootmänner gehen in ihrer seemännischen Anständigkeit oftmals weit über das militärisch Vertretbare hinaus.

Der Führer der U-Boote (FdU) in seiner Baracke daheim schwebt in ständiger Sorge und Angst, denn schon die ersten Tage zeigen, dass britische Flugzeuge rücksichtslos jedes U-Boot – auch wenn es Überlebende versorgt – angreifen. Die britische Admiralität hat zudem die Kapitäne ihrer Schiffe angewiesen,

Bild linke Seite: Fünf Torpedorohre hatten die 753-t-U-Boote vom Typ VII B. An Deck wehrten sie sich mit 8,8-cm-Kanonen.

Bild rechte Seite: Wachposten auf hoher See.

jede Gelegenheit wahrzunehmen, die deutschen „Subs" bei der Kontrollfunktion laut Prisenordnung zu überlisten und zu rammen. Verluste bleiben dann auch nicht aus. Trotzdem retten die U-Bootmänner weiter, wo und wann sie nur können. Sie richten gekenterte Boote versenkter Frachter auf; sie verbinden und schienen Verletzte. Sie versorgen die Bootsinsassen mit Lebensmitteln, Getränken und Rauchwaren, mit Seekarten und Kursanweisungen; einige schleppen die Boote sogar näher an die britische Küste heran. Die U-Boot-Erfolge sind in den ersten Tagen, da Hitler, in der Hoffnung, den Krieg auf den Polenfeldzug zu begrenzen, Einschränkungen befohlen hat, nicht sehr überzeugend. Das erste von U 30 (Lemp) versenkte Schiff ist – ausgerechnet – der britische Passagierdampfer „Athenia", ein Irrtum, weil in der Nacht, da unbeleuchtet, als Hilfskreuzer angesprochen. Beim Feind ist das ein willkommener Anlass, die Männer im grauen Lederpäckchen als Barbaren zu schmähen und die eigenen Handelsschiffe zu bewaffnen.

Neben den Erfolgen stehen die ersten Verluste an U-Booten und – was noch schwerer wiegt – an U-Bootmännern; manchmal wird die gesamte Besatzung gerettet und gerät in Gefangenschaft, manchmal überleben nur wenige, und oft geht die ganze Besatzung verloren: Totalverlust. U 39 (Glattes) ist (wegen eines Torpedoversagers) das erste Opfer. Es geht nach einem misslungenen Angriff auf den Flugzeugträger „Ark Royal" am 14. September 1939 verloren.

In England hat man sich nach einigen Auseinandersetzungen auf das bereits im Ersten Weltkrieg bewährte Geleitzugsystem geeinigt. Es hat den Nachteil, dass sich das Marschtempo nach dem langsamsten Schiff zu richten hat und die Schnellläufer ihre dem U-Boot gegenüber größere Geschwindigkeit nicht ausnutzen können; aber Geleitzüge lassen sich besser sichern. Bereits am 7. September 1939 verlassen die ersten Konvois England. Zerstörer und 200 Eskorteinheiten verschiedener Typen stehen zur Sicherung bereit. Im kanadischen Hafen Halifax sammeln sich die HX-Konvois und marschieren mit einem Hilfskreuzer als Sicherung über den Atlantik, wo sie auf 15° westlicher Länge von Zerstörern, Sloops oder Trawlern und später noch von Korvetten und Fregatten als Geleitschutz übernommen werden.

Jetzt tritt ein, was Dönitz seherisch beschworen hat: Die Rudeltaktik wäre eine Antwort. Aber dazu bedarf es auch der Rudel an Booten mit entsprechenden Nachrichtenmitteln an Bord, um diese U-Boote, von Land geführt, in breiten Streifen zur Suche nach solchen Konvois anzusetzen und weitere, wenn ein Konvoi entdeckt ist, für den Überwasserangriff in der Nacht oder den Unterwasserangriff bei Tage heranzuführen. Für diese Taktik ist es notwendig, dass jedes Boot über Funk seinen Standort meldet, den der FdU in seine Lagekarte einträgt. Ein solches FT ist kein normaler verschlüsselter Funkspruch, sondern ein Kurzsignal, das vom Gegner schwer oder gar nicht (noch nicht) einzupeilen ist. Aber diese Voraussetzungen für die Rudeltaktik sind noch nicht gegeben. Vorerst wird man sich behelfen müssen.

Inzwischen werden die ersten großen U-Booterfolge gegen Kriegsschiffe gemeldet. U 29 (Schuhart) torpediert am 17. September 1939 den britischen Träger „Courageous". Am 14. Oktober 1939 dringt U 47 (Prien) in die stark gesicherte Bucht von Scapa Flow, den Liegeplatz der britischen Flotte, ein und versenkt dort (nur) das briti-

Bild linke Seite: Von zwei deutschen Torpedos getroffen, versinkt der britische Frachter „Rajputa" in den Fluten.

Bild rechte Seite oben: Schiffbrüchige Seeleute auf einem Rettungsfloß, von einem deutschen U-Boot aus fotografiert. Trotz des durch den „Laconia"-Fall ausgelösten Befehls, sich um Schiffbrüchige nicht mehr zu kümmern, ließen U-Boot-Kommandanten sie oft mit Proviant und Kursanweisungen versorgen.

Bild rechte Seite unten: Das Sehrohr ist ausgefahren. Deutsche U-Boot-Männer auf der Suche nach feindlichen Schiffen.

sche Schlachtschiff „Royal Oak". „Nur", weil die Flotte gerade in dieser Nacht nicht in Scapa Flow vor Anker liegt. Für die Tage vom 10. bis 19. Oktober wird die erste Gruppen(Rudel)- Unternehmung von neun Booten vorgesehen; sie kann dann allerdings nur noch von sechs Booten gegen die Konvois OB 17, KJF und HG3 angesetzt werden. Drei Boote gehen beim Anmarsch zum Sammelplatz verloren. Der Rest, der unter taktischer Führung eines Flottillenchefs gegen die Konvois operiert (eine Fernführung über den FdU gibt es noch nicht), versenkt 16 Feindschiffe mit 98.000 BRT und torpediert ein weiteres Schiff. Im Prinzip gibt der Gruppenansatz Dönitz Recht, ganz abgesehen von der viel zu geringen Anzahl der Boote und dem Versagen der Magnettorpedos.

Diese Waffe, auf die man große Erwartungen gesetzt hatte, versagte mit schöner Regelmäßigkeit: Sie hatte schon Priens Angriff in Scapa Flow beeinträchtigt, am 30. Oktober einen Angriff von U 56 auf das Schlachtschiff „Nelson", das Churchill an Bord hatte, scheitern lassen und machte auch den Angriff von U 47 auf den Schweren Kreuzer „Norfolk" am 28. November zu einem Fehlschlag.

Besser bewähren sich die neuen Magnetminen, die von deutschen U-Booten an Englands Küsten bei teilweise sehr schwierigen Unternehmungen unter dem Signum „Stilles Heldentum" gelegt werden. So läuft zum Beispiel am 4. Dezember die „Nelson", vor wenigen Wochen erst durch einen Torpedoversager des U 56 diesem Boot entkommen, auf eine Magnetmine, die die U 31 (Habekost) hinterlassen hat. Der Leichte Kreuzer „Belfast" wird das Opfer einer von U 21 geworfenen Magnetmine.

Der 17. Oktober bringt nach Erhärtung der gegnerischen Maßnahmen wie Bewaffnung der Handelsschiffe und Rammbefehle eine Wende im U-Bootkrieg. Die Skl (Seekriegsleitung) gibt den vollen Waffeneinsatz gegen alle feindlichen Handelsschiffe frei, Passagierdampfer ausgenommen. Wenig später, am 29. Oktober, wird dann auch der sofortige Angriff auf im Konvoi fahrende Passagierschiffe befohlen.

Ende 1939 haben die tausend Mann im grauen Lederpäckchen mehr als eine halbe Million BRT an Handels- und Hilfskriegsschiffen versenkt (September 178.119 BRT; Oktober 156.156; November 77.799, Dezember 100.309).

Inzwischen hat sich Dönitz um das von ihm geforderte und klar umrissene U-Bootamt (eine Seekriegsleitung U-Boote im OKM = Skl-U) beworben. Raeder lehnt den Vorschlag ab, weil Dönitz seiner Ansicht nach als FdU (Führer der U-Boote) an der Front unentbehrlich sei. Er verspricht zwar, den U-Bootbau zu forcieren, schaltet aber Dönitz bis 1943 von der U-Bootentwicklung und dem U-Bootbau (nach dem monatlich 17,5 und jährlich ca. 213 Boote abgeliefert werden sollen) aus. Nächster Schwerpunkt des U-Bootkrieges ist das Unternehmen „Weserübung", d. h. die Besetzung von Dänemark und Norwegen im April/Mai 1940. Abgesehen von den in den nördlichen Breiten besonders oft versagenden Magnettorpedos, trafen die U-Boote hier auf sehr ungünstige Verhältnisse. Um ihre Sicherungs- und Kampfaufträge zu erfüllen, waren sie häufig gezwungen, die Fjorde mit ihren für den Gegner so guten Horchbedingungen und die nur mangelhaft vermessenen Nebenfjorde aufzusuchen. Außerdem behinderten die mit fortschreitender Jahreszeit länger werdenden Nächte die U-Bootoperationen im Raum Norwegen.

Bezeichnend für die Situation sind die Erfahrungen, welche die Besatzung von U 48 macht. Das Boot operiert im Westfjord mit Kurs Narvik. Am 14. April kommt, von vorausmarschierenden Zerstörern gesichtet, das von der Beschießung und Versenkung der deutschen Zerstörer vor Narvik zurückkehrende britische Schlachtschiff „Warspite" in Sicht. Rohr 1 und 4 des U 48 sind klar zum Schuss. Das Boot marschiert sparsamste Fahrt, ganz langsam. Aber es muss fahren, um sich in Sehrohrtiefe unter Wasser zu halten. Gleich wird die „Warspite" in Schussposition einlaufen – plötzlich ein Ruck. Das Boot hat einen Unterwasserfelsen gerammt. Das Vorschiff bricht aus dem Wasser heraus. In diesem Augenblick passiert 600 Meter querab die „Warspite". Sie wandert durch das Fadenkreuz des U 48 hindurch. „Unser Boot", so der Oberleutnant zur See Topp, „ist nicht mehr schussklar. Man entdeckt uns nicht. Glück im Unglück. Wir kommen auch wieder frei." Und hätten die „Aale" die Rohre verlassen, dann wären sie wahrscheinlich, wie anderswo auch, nicht detoniert. Ähnliche Enttäuschungen, nachdem sie Kopf und Kragen riskiert haben, erleben auch die anderen U-Bootbesatzungen. Bei den 27 Angriffen auf britische Kriegsschiffe, die alle an der „Weserübung" beteiligte U-Boote fahren, wird nur ein britisches U-Boot getroffen und versenkt. „Die Torpedokrise ist ein nationales Unglück", erklärt Raeder am Ende der Operation verbittert. Die im Kampfraum Norwegen stehenden U-Boote werden zurückgezogen; nur einige Transport-U-Boote verbleiben.

Die norwegischen Atlantikhäfen Bergen und Trondheim werden U-Bootstützpunkte. Später kommen weitere hinzu. So operieren bereits im Juni 1940 von hier aus erstmals 11-C-Boote zwischen North Minch und dem Nordkanal.

Während des Westfeldzuges fällt ab Ende Mai bis Anfang Juli 1940 den U-Booten die Aufgabe zu, die britischen Evakuierungstransporte und Handelsschiffe im Kanal und in der Biskaya anzugreifen; sie sind wegen des Ausfalls der französischen und der Bindung der britischen Eskortestreitkräfte nur schwach gesichert. Die Seeräume vor, in und neben der Biskaya werden die neuen Operationsgebiete für die U-Boote. Jetzt stellen sich auch wieder Erfolge ein und lösen den Schock, der die U-Bootbesatzungen nach den Misserfolgen in Norwegen überkam.

Als erste Welle operieren vom 28. Mai bis 22. Juni fünf Boote einzeln oder gruppenweise mit Schwerpunkt nordwestlich Kap Finisterre. Erstmals werden deutsche U-Boote zur Vergrößerung ihres Aktionsradius in den spanischen Häfen Vigo und El Ferrol aus deutschen Tankern beölt.

Die zweite Gruppe von sieben Booten, unter ihnen U 47 mit Prien, operiert vom 9. Juni bis 2. Juli in Einzelbooteinsätzen westlich des Kanals und der Biskaya. Sie ist besonders erfolgreich und versenkt 32 Schiffe mit insgesamt 173.466 BRT. Davon kommen allein acht Schiffe mit 51.189 BRT auf das Konto von Prien.

Als erstes Boot läuft U 30 unter seinem Kommandanten Lemp, der die „Athenia" versenkt hat, in Lorient – dem ersten neuen U-Bootstützpunkt am Atlantik – ein. Ab 17. Juni operieren sieben Boote und das aus Lorient ausgelaufene U 30 im Gebiet zwischen dem Nordkanal, wohin der Konvoiverkehr inzwischen umgeleitet worden ist, und Kap Finisterre. Sie versenken 24 Schiffe mit 102.340 BRT und einen Zerstörer. Vier Boote laufen Lorient zur Ergänzung an.

Weitere Boote folgen. Ab Ende Juli steigt die Zahl der Frontboote im Operationsgebiet trotz sinkender Gesamtzahl an Frontbooten auf durchschnittlich zehn. Und überall, wo sie angreifen, sinkende Schiffe, auseinanderberstende Schiffe, brennende Frachter, lodernde Fackeln torpedierter Tan-

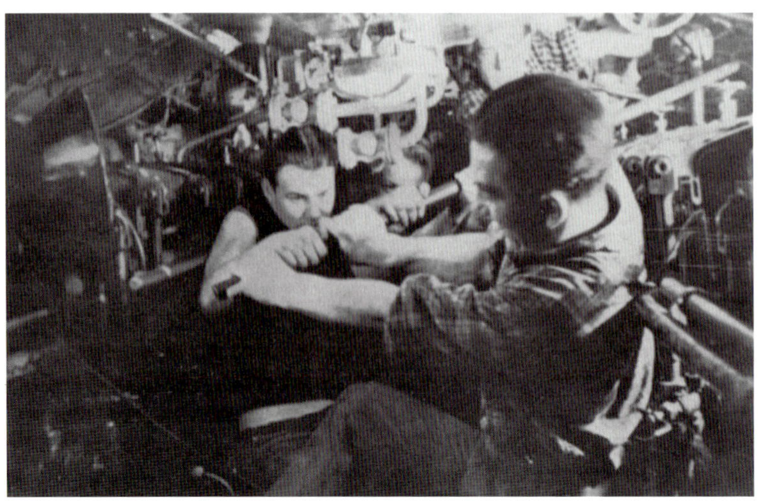

Bild linke Seite: Reparaturarbeiten an Bord eines U-Bootes, notdürftig gesichert auf dem umspülten Bootsdeck (oben) und in der stickigen Enge des Dieselraums (unten).

Bild rechte Seite oben: U-Bootmänner am Tiefenruderstand eines großen Bootes vom Typ IX B.. Im U-Boot waren auf engstem Raum modernste Technik und ein Maximum an Waffen und Mannschaft zusammengepfercht.

Bild rechte Seite unten: Ersatz-Torpedos im Bugraum eines VII C-Bootes. Der Raum, in dem die Torpedos gewartet werden, dient gleichzeitig als Mannschaftsunterkunft. An den Wänden befinden sich die Kojen, die bei Bedarf heruntergeklappt werden.

ker und Feuer auf dem Meer, wo Öl ausgelaufen ist. Für die Männer im Boot, unter Wasser in Sehrohrtiefe, ist ein Inferno entsetzlicher Geräusche angebrochen. Es rasselt, es kracht und splittert. Dampf entweicht schreiend, pfeifend und ersterbend zischend aus zerborstenen Rohren. Die Besatzungen hören, wie Schotten zusammenbrechen, wenn die See ihre Opfer nimmt, bis da plötzlich Schraubengeräusche anlaufender Eskortschiffe zu hören sind, denen plötzlich das ping ... ping des Asdic-Strahls folgt, der gegnerischen Unterwasserortung, und das Boot steil auf eine Tiefe zwingt, für welche die britischen Angriffsmittel (noch) nicht eingestellt sind – über sich die detonierenden Wasserbomben, mal nah, mal fern, oft stundenlang ...

Vom 30. August bis 9. September 1940 – inzwischen, am 17. August, ist die totale Blockade der britischen Insel erklärt worden – erfolgt die erste erfolgreiche U-Bootoperation nach der Rudeltaktik: Die im Konvoiraum stehenden Boote bilden einen Vorpostenstreifen und erwarten den Geleitzug, dessen Zackrhythmus und Generalkurs inzwischen vom Fühlunghalterboot ermittelt worden ist. Im Schutz der Nacht greifen sie an, durchbrechen oder untertauchen die Geleitsicherung, die einen Ring um den Konvoi bildet, und schießen angetaucht oder aufgetaucht ihre Torpedos entweder aus der Ringfläche zwischen Eskortschiffen und den äußeren Schiffskolonnen des Geleitzuges, oder sie machen es wie Kapitänleutnant Otto Kretschmer mit U 99: Er lässt sich von vorn in den Konvoi einsacken, um die Schiffe innerhalb der Kolonnen wie Wölfe eine Herde zu reißen. Erstmals werden U-Boote im Rahmen der Vorbereitungen der Landung in England auch als Wettermelde-U-Boote eingesetzt. So im September auch U 47 (Prien), der dabei den Konvoi HX 72 sichtet und meldet, auf den dann verschiedene U-Boote operieren. Unter anderem versenkt U 100 (Schepke) allein während vier Stunden sieben Schiffe. Das U-Stützpunktsystem am Atlantik beginnt sich einzuspielen.

Da die wenigen Boote bei solchen Operationen fast alle ihre Torpedos verschießen, entsteht anschließend ein „U-Boot-Vakuum", auch weil die neuen Boote eine drei- bis fünfmonatige Einfahr- und Ausbildungszeit durchmachen müssen, bevor sie zum Einsatz kommen können.

Italien bietet sich an, 25 große U-Boote in den Atlantik zu senden. Sie treffen ab 23. August 1940 in drei Wellen im Stützpunkt Bordeaux ein. Jedoch mangelt es den Verbündeten an Erfahrungen. Außerdem haben die Boote gegenüber den deutschen Kampfbooten die verschiedensten Mängel, die sich beim Einsatz nachteilig auswirken. In der Zwischenzeit – Dönitz ist inzwischen zum Befehlshaber der U-Boote (BdU) ernannt – steht das Unternehmen „Seelöwe", die später abgesagte Invasion in England, an. Im Oktober neue Rudelangriffe, für die man (auf eine Meldung von U 48 hin) in der BdU-Dienststelle einen Vorpostenstreifen aus fünf Booten gegen den Konvoi SC 7 bilden lässt. Hier wie auch an anderen Geleitzügen bewähren sich die „wolf packs"; lediglich ein Nachteil besteht immer noch: Es sind zu wenig Wölfe, die Dönitz für die Front zur Verfügung hat. Das Kardinalproblem ist nicht der Angriff, sondern das Suchen und Finden in der ozeanischen Weite der See. 100 U-Boote, wie gefordert, im Operationsgebiet und 50 oder nur 30 an einem Konvoi – nicht auszudenken: Kaum ein Schiff würde entkommen.

Wieder haben sich bei den so zahlreich auftauchenden Zielen einige Boote völlig verschossen und müssen zum Stützpunkt zurücklaufen. Aus dieser Erkenntnis hat der BdU bereits seine Folgerungen gezogen: Es werden seit Mai 1940 Transport-U-Boote verschiedener Typen entwickelt, die – als „Milchkühe" bezeichnet – Kampf-U-Boote mit Dieselöl, Torpedos usw. im Atlantik in fast unmittelbarer Frontnähe versorgen werden. Im südlichen Mittelatlantik üben zur Zeit Trossschiffe eine ähnliche Funktion für Überwasserhandelsstörer aus. Aber auch die zwischen den Kanaren und Freetown operierenden U-Boote der großen Typen lassen sich hier versorgen, so U 65 (Stockhausen), das hier den Versorger „Nordmark" trifft.

Am 18./19. November 1940 wird

von den Briten zum ersten Mal – nach deutscher Ansicht ein technisch nicht realisierbares – Flugzeugradar gegen U-Boote eingesetzt. Das ASV-I-Gerät ist erst der Anfang.

Dessen ungeachtet werden weiter Konvois gesichtet, U-Boote per Funk herangeführt, die Konvoischiffe angegriffen und dezimiert.

Ende 1940, nachdem durch Überwassereinheiten, Flugzeuge und vor allem durch U-Boote insgesamt vier Millionen BRT feindlicher und in feindlichen Diensten fahrender Schiffsraum verlorengegangen ist, muss der BdU 27 U-Boote als Verlust abschreiben; auf den Monat umgerechnet sind das 1,5 Boote. Gemessen an der Zahl der Neubauten ist das ein günstiges Ergebnis. Schwerer wiegen die Verluste an Menschen, an erfahrenen U-Bootbesatzungen, die kaum zu ersetzen sind.

England wehrt sich verzweifelt. Die USA haben damit begonnen, England leihweise Kriegsschiffe zur Verfügung zu stellen. Die von den Deutschen nicht besetzte dänische Insel Island wird Flugzeugstützpunkt. Damit schließt sich die Lücke des nördlichen Teils des Mittelatlantiks, den die Flugzeuge des britischen Küstenkommandos bislang nicht erreichten.

Das Jahr 1941 kann als der Beginn der großen Rudelschlachten bezeichnet werden. Der Luftwaffe hatte man am 7. Januar die taktische Unterstellung der I. Gruppe des Kampfgeschwaders (KG) 40 mit ihren Fw 200 Condor abgerungen; sie dienen nicht nur der Konvoisuche, sondern auch als Fühlunghalter für Kampfeinsätze der Luftwaffe.

Ab Ende Februar werden alle auslaufenden OB-Konvois erfasst. In 18 Tagen kommt es zu sechs Operationen.

Im Monat März 1941 verzeichnet die deutsche U-Bootwaffe durch den Ansatz straff geführter britischer Escort Groups ihre bisher schwersten Verluste. Sechs Boote gehen verloren. Unter den Kommandanten sind drei Hochdekorierte der grauen Wölfe: Korvettenkapitän Prien mit U 47, Totalverlust mit 45 Toten vermutlich am 6./7. März bei einem Angriff auf das Walfangschiff „Terje Viken"; Kapitänleutnant Schepke mit U 100 wird am 17. März nach dem Tauchen durch den Zerstörer „Vanoc" gerammt: 6 Überlebende, 38 Tote. Die „Vanoc" hatte U 100 mit dem neuen Radargerät Typ 286 geortet. Kapitänleutnant Kretschmer mit U 99 wird am gleichen Tag durch Wasserbomben des britischen Zerstörers „Walker" zum Auftauchen gezwungen. Otto Kretschmer, mit 268.682 Tonnen versenktem Schiffsraum der „Tonnagekönig" des Zweiten Weltkriegs, gerät in Gefangenschaft. Diese hohen Verluste sind die Ursache, dass Dönitz mit seinen Aufstellungen nach Westen bis südlich von Island ausweicht.

Während Hitler noch Anfang 1941 siegesgewiss erklärt, dass im Frühjahr „ ... unser U-Bootkrieg beginnen wird, dann werden die da drüben sehen, dass wir nicht geschlafen haben ...", vertraut der Gegner auf den Admiral Zeit. Verhandlungen im Januar bringen im April das Ergebnis: Amerikanische Kriegsschiffe dehnen die panamerikanische Sicherheitszone der im 500-Meilenbereich des amerikanischen Küstenvorfeldes fahrenden Geleitzüge nunmehr von 60° West bis auf 30°, schließlich sogar bis auf 26° West aus, womit sich die unbewachte Zone im mittleren Atlantik, das Black Pit (schwarzes Loch), wie die Blende einer Optik verkleinert.

Noch immer übertreffen in Deutschland die Indienststellungen neuer U-Boote (Januar bis Juni: 11, 9, 11, 14, 19, 15) bei weitem die Verluste im gleichen Zeitraum (0, 0, 5, 2, 1, 4). In England steht der Verlust an Schiffsraum zu den Schiffsneubauten im Verhältnis von drei zu eins.

Um diese Zeit schlägt Henry Kaiser der amerikanischen Regierung vor, Schiffe im Fließbandsystem zu bauen, um der hohen Verluste Herr zu werden. Doch noch sind die Liberty-Schiffe graue Theorie. Allein in den 92 Tagen der Monate März bis Mai 41 verlieren die Briten 156 Schiffe, viele davon in den acht Geleitzugschlachten dieser Zeitspanne, die meisten aber als Einzelfahrer.

Dagegen wächst die Zahl der deutschen U-Boote im Fronteinsatz. Im Juli sind es bereits 53, und keines geht in diesem Monat verloren. Was bedeutet es da schon, wenn es den Briten im Mai gelingt, einen HX-Ge-

leitzug erstmals mit Hilfe durchgehend ablösender kanadischer Escort Groups heil bis nach England zu bringen und im Juli auch in umgekehrter Richtung nach Halifax zu sichern. Die Briten versuchen alles, um den deutschen Würgegriff zu lockern. Unter dem Begriff „Anti-U-Boot-Escort" beschatten provisorisch mit einer Katapult-Anlage und einem Flugzeug ausgerüstete Frachtschiffe die Geleitzüge. Das Flugzeug muss nach dem Start aufgegeben werden, da es nach dem Verbrauch seines Treibstoffs weder auf dem Wasser noch auf dem improvisierten „Träger" niedergehen kann. Sie lassen nichts unversucht, das Black Pit, die „fetteste Weide" der grauen Wölfe, zu überwachen. Bald werden Flugzeuge, die von neuartigen Hilfsflugzeugträgern, sogenannten Escort Carriers, und später von den Merchant Aircraft Carriers (MAC) starten, auch dieses Gebiet kontrollieren.

In der Zwischenzeit, in der die Schlacht im Nordatlantik ihren Fortgang nimmt und die US-Navy die „Neutralitätspatrouille" weiter ausgedehnt hat, wird U 110 (Lemp) am 9. Mai, nachdem es zwei Schiffe versenkt hat, vom Eskort-Schiff „Aubrictia" durch Wasserbomben zum Auftauchen gezwungen. Die Besatzung verlässt das Boot, das vor dem Sinken durch ein Kommando der „Bulldog" geentert wird. Geheimunterlagen, Schlüsselmaschine und -unterlagen werden von ihnen geborgen. Am 27. August übergibt der Kommandant von U 570 (Rahmlow) sein durch einen Fliegerangriff leichtbeschädigtes Boot,

Bild linke Seite: U-Bootbunker in der Bretagne.

Bild rechte Seite: Nach wochenlangem Einsatz in der Atlantik-Schlacht kehrt dieses ramponierte U-Boot in seinen Stützpunkt zurück. Im Brief eines U-Boot-Mannes an seine Familie heißt es: „Ihr Lieben ... Wenn Ihr einmal hören solltet, dass unser Boot nicht mehr zurückgekehrt ist, dann braucht Ihr keine Hoffnung mehr zu haben. ... Wir wollen zusammen kämpfen und siegen oder, wenn es sein muss, zusammen sterben. Alle zusammen ..."

das nach Island geschleppt und als HMS „Graph" wieder in Dienst gestellt werden kann. Um diese Zeit hören für die Deutschen die Sichtungen im bisherigen Operationsgebiet plötzlich auf, und der BdU ist gezwungen, neue Wege zu suchen. Die Ursache für das „Verschwinden" der Konvois ist – wie wir heute wissen – zum Teil in dem erbeuteten Geheimmaterial von U 110 zu suchen, das noch durch andere in Feindeshand geratene Unterlagen ergänzt werden konnte.

Im Mai 1941 läuft das Drama der „Bismarck" ab, ohne dass weder die südlich von Grönland aufgestellte Westgruppe noch die westlich von Brest stehenden Boote eingreifen können. U 556, das die Einheiten der Force H (darunter den Träger „Ark Royal") vor die Rohre bekommt, hat sich verschossen. Der Juni wird der Triumph der seit März vor Westafrika operierenden großen Boote vom Typ IX und X B. Vor Freetown schicken sieben Boote 71 Schiffe mit 386.461 BRT auf den Meeresgrund und torpedieren das Schlachtschiff „Malaya".

Mit der Ausweitung des Krieges – Balkanfeldzug und Angriff auf die Sowjetunion – müssen auch die U-Boote neue Aufgaben wahrnehmen. Im Mittelmeer haben die bisher nicht sehr erfolgreichen italienischen U-Boote den Seekrieg zur Entlastung des Afrika-Korps nicht für sich entscheiden können. Vom 16. September bis 5. Oktober gelingt es, die ersten sechs U-Boote der Gruppe „Goeben" ohne Verluste durch die scharf bewachte Straße von Gibraltar in das Mittelmeer zu schleusen, denen bald weitere folgen. Am 13. November können U 81 (Guggenberger) den Träger „Ark Royal" und U 331 (Thiesenhausen)

zehn Tage später dort das Schlachtschiff „Barham" torpedieren und versenken.
Dönitz, der eine Zersplitterung seiner Kräfte vermeiden will, schickt, von wenigen Ausnahmen abgesehen, keine Boote ins Nordmeer, obwohl die Briten dort einen Versuchskonvoi von Island nach Archangelsk laufen lassen, der die UdSSR mit Kriegsmaterial unterstützen soll. Wichtiger ist ihm die Atlantikschlacht, wo vom 20. bis 28. Juni erstmals 22 Boote als „Westgruppe" in lockerer Aufstellung angesetzt werden. Aus diesem Operationsraum kommend läuft übrigens U 48 von seiner 12. und auch der letzten Feindfahrt in Kiel ein. Mit einer versenkten Sloop und 52 Schiffen mit 316.131 Tonnen ist und bleibt es das erfolgreichste Boot des Zweiten Weltkriegs.
Im Juli 1941 operieren die Boote vornehmlich gegen die Gibraltar-Route, wo seit Ende Mai – von Luftaufklärung unterstützt – auch die italienischen U-Boote gute Erfolge erzielen, und im August bildet ein stärkerer Strom von Norwegen ausgelaufener neuer Boote zusätzlich eine Nordgruppe. Sie harkt mit 15 bis 17 Booten die Konvoi-Routen in Richtung Grönland-Neufundland ab.
Es kommt zu der bis dahin größten Geleitzugschlacht: Aus dem Konvoi SC 42 werden von 63 Schiffen 20 versenkt. Nur der einsetzende Nebel verhindert die völlige Vernichtung des Geleitzuges.
Im Nordwestatlantik zeigt sich für die Briten ein neuer Hoffnungsschimmer. Roosevelt erlaubt US-Kriegsschiffen, deutsche U-Boote zu beschatten. Am 4. September kommt es zum „Greer"-Zwischenfall. Der US-Zerstörer „Greer" erfährt durch ein britisches Flugzeug die Position eines deutschen U-Boots. „Greer" läuft die Position an und ortet das getauchte U 652 (Oberleutnant z.S. Fraatz). Das Flugzeug greift mit Wasserbomben an. Fraatz vermutet, von „Greer" angegriffen zu werden. Er versucht, den Zerstörer zu torpedieren, Darauf ordnet der US-Präsident an, gegen alle deutschen Kriegsschiffe zwischen Island und den USA offensiv vorzugehen. In Berlin fällt für den Fall einer Kriegseröffnung gegen die USA das Wort „Paukenschlag der U-Boote".

Endlich glauben deutsche Techniker, eine wirksame Waffe gegen das britische Ortungssystem Asdic gefunden zu haben: Bold, ein zylindrischer Körper, lässt nach seinem Ausstoß aus einem Torpedorohr feine Wasserstoffbläschen ab, welche die Asdic-Ortung zwar nicht ausschalten, wohl aber irritieren können. Aber schon zeichnet sich eine neue Gefahr für die U-Boote ab. Es mehren sich Meldungen von U-Boot-Kommandanten, die tagsüber bei Unterwasserfahrten und auch nachts von Flugzeugen aus dichten Wolken heraus gezielt angegriffen worden sind. Die Erklärung hierfür wäre, dass die Briten über ein Flugzeugradar verfügen. Fachleute streiten diese Möglichkeit jedoch ab. In der Tat ist bereits im Februar 41 schon das erste U-Boot nach einer ASV-Ortung beschädigt worden. Nach britischen Quellen erfolgen Ende 41 bereits 94 Prozent aller U-Bootortungen bei Nacht durch ASV.
Dagegen findet sich zunächst eine primitive Abwehrwaffe in Gestalt eines einfachen französischen Rundfunkempfängers: der Metox. Er warnt über ein aufzusteckendes Antennenkreuz vor den Radarstrahlen im Frequenzbereich von 1,40 bis 1,80 Meter. Er schafft aber auch viel Unruhe und Unsicherheit bei den Bootsbesatzungen. Erst später, 1943/ 44, folgen die FuMB-Geräte „Wanze" und „Borkum", bei denen die Antennen durch Runddipole ersetzt sind.
Doch der Gegner schläft nicht: Eine britische Eskortgruppe unter Captain Walker entwickelt aus ihrer Taktik die berüchtigten „Killer Groups", zu denen dann ab 194[illegible] noch die Support-Gruppen stoßen.

Bild linke Seite: Ein britischer Zerstörer der „Hunt"-Klasse bei einem Wasserbomben-Angriff. Die „Hunts" zählten zu den gefährlichsten U-Boot-Jägern auf alliierter Seite.

Bild rechte Seite: Ein Volltreffer mittschiffs hat diesen englischen Öltanker in ein brennendes Inferno verwandelt.

verden. Zum Schluß des Jahres 1941 sind die Verluste an U-Booten lann doch höher als erwartet. 32 U-3oote kehren in diesem Jahr nicht urück. Zwar stehen dieser Zahl etva fünfmal soviel neu in Dienst gestellte U-Boote gegenüber, und die 3riten haben 2,2 Millionen BRT an chiffsraum verloren.

)as kann aber nicht darüber hinvegtäuschen, dass sich die Relatinen verändert haben. Ab 11. Dezember 1941 muss der Krieg auch egen die Vereinigten Staaten von merika geführt werden. Die Zahl er U-Boot-Abwehrkräfte zur See nd in der Luft hat sich durch den riegseintritt der USA vervielfacht.)ie ersten Liberty-Schiffe laufen seit em 27. September vom Stapel; 312 befinden sich zu diesem Zeitpunkt in Auftrag. In Deutschland rechnet man damit, dass die Alliierten im Jahr 1942 etwa sieben Millionen BRT Schiffsraum neu bauen werden. Dönitz hält diese Schätzung eher noch für zu niedrig.

Auf der anderen Seite kann Dönitz den bereits im September 41 überlegten „Paukenschlag" gegen die amerikanischen Küstengewässer wegen des kurzfristigen Angriffs auf Pearl Harbor mit nur fünf großen Booten vom Typ IX erst ab Mitte Januar 1942 eröffnen. Er will die Operationen der seit dem 22. November im Gebiet westlich und östlich von Gibraltar fahrenden Boote (wegen der in Nordafrika entstandenen kritischen Situation) nicht schwächen. Nach Aufhebung der Bindung an Gibraltar stellt er die Konvoi-Operationen im Nordatlantik ein und verlegt Mitte Januar den Schwerpunkt vor die amerikanische Ostküste und die Seegebiete vor den kanadischen Häfen.

Trotz des immer noch akuten Mangels an Frontbooten hat Dönitz auf Drängen Hitlers eine Kampfgruppe in das Nordmeer für den Murmansk-Geleitzugkampf abgestellt. Es ist die Gruppe „Neptun", die aus nur drei Booten besteht und die erstmals einen Murmansk-Geleitzug (PQ 8) angreift.

Zusätzlich befiehlt Hitler, zwölf aus der Heimat ausmarschierende VII-C-Boote westlich der Hebriden und der Färöer-Inseln bereitzustellen.

Die britischen Geheimdienste haben in einem großangelegten Täuschungsmanöver den Eindruck erweckt, dass eine Invasion in Norwegen geplant sei. Hitler ist darauf hereingefallen, und auf seine Weisung bleibt dieser Raum auch weiterhin von einer Bootsgruppe besetzt, die hier nur gelegentlich Ziele findet und in den Hauptoperationsgebieten fehlt.

Mitte Februar 42 weitet der BdU mit frontklaren U-Schiffen vom Typ IX den U-Bootkrieg auch auf die karibischen Gewässer aus, wo sie vorwiegend vor den Ölverladehäfen und später im Golf von Mexiko operieren. Das Merkmal der Schlacht vor Amerikas Küsten ist ohnehin das Aufbrennen einer hohen Zahl von Tankern. Hampton-Roads, North-Carolina und Cap Hatteras werden zu den Angelpunkten der Kräftekonzentration; deutsche U-Boote jagen hier vornehmlich einzelfahrende Tanker.

Vom 15. Januar bis 10. Mai verliert der Gegner allein in den amerikanischen Operationsräumen 303 Schiffe mit 2.015.252 BRT, darunter 102 Tanker mit 927.000 BRT. Die amerikanischen Piloten und U-Bootjäger müssen ihre Erfahrungen machen. Erst vier Monate nach Kriegsausbruch wird das erste deutsche Boot, U 85 (Greger), von einem US-Zerstörer versenkt. Die Versenkungsverluste bei den Alliierten steigen weiter.

Trotz aller Anstrengungen der Alliierten, verlorene Tonnage durch Neubauten auszugleichen, zehren solche Verluste an der Substanz, von noch schwerer zu ersetzendem Personal ganz zu schweigen.

In den April fällt auch der erste planmäßige Versuch einer Rudeloperation bei den Neufundlands. Hier versenken die deutschen U-Boote bei nur vier Eigenverlusten mehr als eine halbe Millionen BRT. Das bleibt ungefähr auch der Schnitt der nächsten Monate.

Der Schwerpunkt aber liegt wieder im Atlantik. Hier hat sich ein System herausgebildet: Aus Frankreich auslaufende und aus der Heimat hinzustoßende Boote kümmern sich außerhalb der Reichweite landgestützter Flugzeuge um die von der britischen Insel westwärts gehenden Konvois bis unter die amerikanische Ostküste. Im Nordosten der Bermudas werden die Boote von einer „Milchkuh" (Versorgungsboot) versorgt, um sich dann wieder der von New York oder Halifax ostwärts marschierenden Konvois anzunehmen. Anschließend laufen sie entweder in Frankreich ein, wo man inzwischen bombensichere U-Bootbunker gebaut hat, oder sie werden, wenn sie noch genügend Brennstoff und Torpedos haben, erneut gegen einen westgehenden Geleitzug eingesetzt. Im sturmreichen Winter 1942/43 sinken die monatlichen Erfolge bis unter die 200.000 BRT-Grenze; aber trotz schwerer Orkane gibt es im März bei den Geleitzugschlachten Höhepunkte: In den ersten zehn Tagen dieses Monats werden 41 Schiffe mit 229.949 BRT versenkt, und in der nächsten Dekade folgen ihnen 44 Schiffe mit 282.000 BRT. Ebenfalls im März vernichten 31 der grauen Wölfe bei ihren Angriffen auf die Konvois SC 122 und HX 229 mit 71 Torpedos bei 26 Treffern 21 Schiffe mit 140.842 BRT – bei Sturm, Hagel, Schnee und himmelhoher See die größte und wohl auch schwerste Geleitzugschlacht des Zweiten Weltkriegs.

Auch auf den Nebenkriegsschauplätzen waren die U-Boote präsent. Eine Kampfgruppe operierte im Oktober 1942 sehr erfolgreich vor Kapstadt, womit sich eine neue Entwicklung abzeichnete, Boote auch in den Indischen Ozean zu schicken. Kleine U-Boote vom Typ II C wurden auf dem Landweg zu Operationen im Schwarzen Meer gebracht.

Am 12. September 1942 versenkte U 156 (Hartenstein) den 19.965 BRT großen Truppentransporter „Laconia", 550 Seemeilen von Las Palmas entfernt. Das Schiff hatte neben den 463 Besatzungsmitgliedern 286 britische Urlauber, 1800 italienische Kriegsgefangene und 80 Frauen und Kinder an Bord. Dönitz beorderte die Boote U 506 und U 507 zur Versenkungsstelle, um die Überlebenden zu retten. Die Rettungsaktion zog sich über fünf Tage hin. Ein Drittel der Überlebenden ging an Bord der U-Boote oder wurde in Rettungsbooten von den Unterseebooten in Schlepp genommen. Am 16. September griff ein viermotoriges amerikanisches Bombenflugzeug, ohne Rücksicht auf Freund oder Feind zu nehmen, an. U 156 wurde, obwohl es die Rot-Kreuz-Flagge zeigte, direkt angegriffen und schwer beschädigt. Keines der drei Boote hatte seine Flak-Waffen zur Abwehr eingesetzt. Nach diesem Zwischenfall verbot der BdU jede Rettung von Angehörigen versenkter Schiffe. Der Seekrieg wurde dadurch noch unerbittlicher.

Zu dem Krieg der Waffen ist auch der Kampf der Techniker und Wissenschaftler in ein neues Stadium getreten. Ist für die Alliierten zur „groben" Beobachtung der deutschen U-Bootbewegungen die Funkpeilung des U-Boot-Funkverkehrs von Land aus schon ein großer Vorteil, so gelingt ihnen nun ein neuer Fortschritt: Mit einem auf Geleitfahrzeugen eingebauten Kurzwellenpeiler, dem HF/DF (Huff-Duff-Gerät), sind die Alliierten jetzt in der Lage, auch die bis zu 30 sm reichenden „Bodenwellen" der Kurzsignale von U-Booten anzupeilen. So kann erstmalig das mit dem HF/DF-Gerät FH 3 ausgerüstete Rettungsschiff „Toward" eine Fühlunghaltermeldung des U 155 am Konvoi ONS 67 anpeilen. Den ersten Erfolg erzielt man am Konvoi WS 17. Sicherungszerstörer können nach einem von Eskort-Schiffen angepeilten Fühlunghaltersignal das U-Boot U 587 orten und versenken. Als im Juni U 94 als Fühlungshalter gebombt wird, vermutet sein Kommandant, Oberleutnant z. S. Otto Ites, einen Zusammenhang zwischen der Fühlunghaltermeldung und dem Wasserbombenangriff. Beweisbar scheitern einige größere Geleitzugoperationen der U-Boote, weil dem Konvoi nach den Unterwasserdrücken oder Versenken des fühlunghaltenden U-Boo

Bilder linke Seite: Wasserbomben explodieren unmittelbar neben einem deutschen U-Boot. Die von alliierten Schiffen oder Flugzeugen abgeworfenen Unterwasserbomben waren die großen Schrecken der „grauen Wölfe".

Bilder rechte Seite: Abschuss eines feindlichen Flugzeuges von Bord eines deutschen U-Bootes.

tes eine nicht mehr von den Booten kontrollierte Ausweichbewegung gelingt. Es wird behauptet, dass durch die seit Dezember 1942 vorübergehend wieder mögliche Entzifferung des U-Boot-Funkschlüssels und die Ergebnisse vor allem der landgestützten Funkpeilung von den 174 Konvois zwischen Juli 1942 und Mai 1943 105 (60 Prozent) um die Aufstellung deutscher U-Boote herumgeführt werden konnten; nur 69 Konvois (40 Prozent) wurden von den deutschen U-Booten erfasst, von denen wiederum durch bordgestützte Funkpeilung 23 ohne Verluste entkamen.

Ein weiteres Feld ist die Beobachtung und die Entzifferung des Funkverkehrs, die von beiden Seiten mit viel technisch-wissenschaftlichem Aufwand betrieben wird. Nachdem 1940 britische Schlüsselverfahren geändert worden sind, gelingen den Deutschen 1942 wieder tiefe Einbrüche in das alliierte Schlüsselsystem, so dass dem BdU der Konvoi-Rhythmus, die Fahrpläne und ab 1943 auch die tägliche U-Boot-Lagemeldung der Alliierten bekannt sind.

Aber auch hier möge man sich vor Überschätzungen hüten: So hat der deutsche B-Dienst in den ersten 20 Tagen des März 1943 35 in See befindliche Konvois erfasst. Von den 175 Funktelegrammen des Gegners werden aber nur zehn so rechtzeitig entschlüsselt, dass dem BdU noch gezielte Operationen seiner U-Boote möglich sind. Auf der britischen Seite arbeitet die Entzifferungsorganisation in Bletchley Park, um Details über die deutsche U-Bootführung zu erfahren. Aber auch bei den Alliierten spielt das Zeitproblem bei der Entzifferung eine wesentliche Rolle.

In der direkten U-Bootbekämpfung sucht der Gegner weiter nach besseren Methoden. Der „Hedgehog" (Igel) ist eine der neuen Waffen: Er macht die Asdic- oder Sonarortung auch während der Bekämpfung getauchter Boote möglich. Das war früher beim Einsatz von Wasserbomben nicht der Fall. In einem Kasten werden 24 geschossähnliche, mit dem neuen Sprengstoff Amatol versehene Ladungen von je 16 kg Gewicht geladen und so angeordnet, dass die Geschosse einzeln, in Serien oder auch im Pulk „geschossen" werden können. Ihr raketenähnlicher Antrieb befindet sich nicht mehr im Abschussstempel wie bei den Wasserbomben, sondern im Geschoss selbst. In der Geleitzugtechnik erlauben neuerdings für die Eskortschiffe mitgeführte Ölversorger weitergreifende Ausweichmanöver als bisher. Das ist besonders im Hinblick auf die HF/DF-Peilungen und die Entzifferungen wichtig. Auf dem Gebiet der Radartechnik hat am 14. April 1943 die britische Korvette „Vetch" Erfolg. Sie ortet mit dem neuen 9-cm-Radar Typ 271 U 252 (Lerchen), als es den Konvoi OG 82 angreifen will. Die Wirksamkeit dieses Schiffsradars ist sicherlich lange Zeit überschätzt worden Die niedrig liegende U-Bootsilhouette erschwert die Ortung mit diesem Gerät. Viele Erfolge, die man ihm zuschrieb, mögen vielmehr auf das Konto von HF/DF-Geräten gekommen sein.

Mit wachsendem Aktionsradius der Flugzeuge wächst die Bedrohung der Boote durch die Dezimeter-Radarortung auf Flugzeugen, vor allem westlich der Biskaya.

Obwohl auch sie mit neuen (Funkmess-Beobachtungs)-Geräten eingepeilt werden kann, gelingt das nicht immer rechtzeitig.

Es muss für die U-Boote erst zur tödlichen Wende im Monat Mai 1943 kommen, um zu erfahren, wie recht Dönitz hatte, als er im Frühjahr das Oberkommando der Wehrmacht (OKW) beschwor: „Das U-Boot ist Deutschlands Luftschutzkeller. Es muss von der Wasseroberfläche verschwinden."

1942

JANUAR

1.1. Vertreter von 26 Staaten unterzeichnen auf der „Arcadia"-Konferenz der Alliierten in Washington den Pakt der „Vereinten Nationen", in dem sie sich verpflichten, keinen Sonderfrieden mit Deutschland oder Japan abzuschließen.

1.1. Im Jahre 1941 warf die deutsche Luftwaffe noch 21.858 Tonnen Bomben auf England, die Alliierten aber bereits 35.509 Tonnen auf Deutschland und die von ihm besetzten Gebiete (1942: 3.620 gegenüber 53.755 Tonnen).

1.1. Der Bau der Reichsautobahn wird eingestellt. Seit 1933 sind 3.860 km gebaut worden.

1.1. Reichssportführer von Tschammer setzt alle skisportlichen Veranstaltungen für diesen Winter ab, denn der deutsche Sport hat, „dem Rufe des Führers folgend, Skier und Skigerät an die Wehrmacht" abgegeben.

1.-31.1. Deutsche U-Boote versenken im Atlantik und im Nordmeer 49 alliierte Handelsschiffe mit zusammen 276.173 BRT.

3.1. Bildung des alliierten American, British, Dutch, Australian (ABDA-)Kommandos zur Verteidigung Niederländisch-Indiens unter General Wavell.

3.1. Nachtangriffe der deutschen Luftwaffe auf Moskau.

4.1. An der Front vor Moskau dringen die Sowjets in Borowsk ein, während die Stellung beiderseits Wolokolamsk gehalten werden kann.

8.1. Generaloberst Erich Hoepner, Oberbefehlshaber der 4. Panzerarmee, wird wegen eigenmächtiger Zurücknahme seiner Verbände in Mittel-Russland von Hitler entlassen.

9.1. Die sowjetische Nordwest-Front tritt aus dem Raum von Ostaschkow zu einer Offensive gegen die Nahtstelle zwischen den deutschen Heeresgruppen Mitte und Nord an.

10.1. Während die sowjetische Winteroffensive im Mittel- und Nordabschnitt der Ostfront andauert, werden in den deutschen Wehrmachtsberichten seit Beginn der russischen Gegenangriffe keine Ortsnamen mehr genannt, sodass die deutsche Öffentlichkeit über den Frontverlauf nicht mehr unterrichtet ist.

11.1. Japanische Landungen auf Celebes eröffnen den Angriff auf Niederländisch-Indien.

11.1. Nach 16 Tagen geht die von Hitler befohlene Sammlung von Pelz-, Woll- und Wintersachen für die Soldaten an der Ostfront zu Ende. Nach dem von Goebbels am 14. 1. verkündeten Gesamtergebnis wurden 67.232.686 Stücke abgeliefert.

12.1. Auf den Speisekarten deutscher Gaststätten erscheint erstmals das „Feldküchenessen". Um die „symbolische Anpassung" an das Feldküchenessen der Frontsoldaten „zu vertiefen", fallen in Zukunft an den „Feldküchentagen" (Montag und Donnerstag) die Vorspeisen weg.

12.1. Rommel räumt mit seinem Expeditionskorps die Cyrenaika und zieht sich auf die Mersa-Brega-Stellung zurück. Die Achsenmächte verlieren dabei 13.000 Mann deutsche und 20.000 Mann italienische Truppen sowie 300 Panzer. Da aber auch die Engländer bei ihrer Offensive 17.000 Mann und 280 Panzer opfern müssen, brauchen beide Seiten eine Verschnaufpause.

12.1.-12.2. Erste Operation „Paukenschlag" mit 5 U-Booten vor der US-Ostküste, 26 Schiffe mit 163.021 BRT versenkt. Andere U-Boote versenken vor Neufundland und Nova Scotia 20 Schiffe mit 89.927 BRT.

14.1. Generalfeldmarschall von Kluge drängt erneut auf eine Zurücknahme der Front im Mittelabschnitt. Dazu bemerkt Halder in seinem Tagebuch: „Der Führer sieht zwar Notwendigkeit des Zurückverlegens ein, gibt aber keine Entscheidung. Diese Art des Führens führt zur Vernichtung des Heeres."

14.1. Ende der seit dem 22. 12. 41 tagenden „Arcadia"-Konferenz in Washington. Wichtigste strategische Grundentscheidung: Bestätigung der „Germany First"-Strategie: Erst muss Deutschland geschlagen werden, dann wird auch Japan zusammenbrechen.

15.1. Nach langem Zögern gibt Hitler dem Oberbefehlshaber der Heeresgruppe Mitte, Feldmarschall von Kluge, sein Einverständnis zur Zurücknahme der Front westlich Moskau auf eine „Winterstellung" unter Aufgabe der vorspringenden Frontbogen bei Kaluga, Rusa und Wolokolamsk.

17.1. Kapitulation der eingeschlossenen deutsch-italienischen Einheiten bei Sollum und am Halfaya-Pass.

17.1. Generalfeldmarschall Walter von Reichenau stirbt an den Folgen eines Schlaganfalls.

18.1. In Berlin legen Deutschland, Italien und Japan in einer Militärkonvention Richtlinien für die Koordinierung ihrer militärischen Operationen fest.

20.1. Für seinen „Abwehrsieg gegen weit überlegene Gegner" in Nordafrika erhält General der Panzer Erwin Rommel das Eichenlaub mit Schwertern zum Ritterkreuz.

20.1. Wannseekonferenz. In Berlin, Am Großen Wannsee Nr. 56 /58, werden die Maßnahmen zur „Endlösung der Judenfrage" im gesamten deutschen Machtbereich in Europa festgelegt.

21.1. Aus der Mersa-Brega-Stellung heraus beginnt Rommel mit seinem Gegenangriff zur Rückgewinnung der Cyrenaika.

21.1. In Nordafrika tritt die Panzergruppe Afrika unter General der Panzer Rommel zum Gegenangriff zur Rückgewinnung der Cyrenaika an.

22.-25.1. Italienischer Nachschub-Konvoi von 5 Transportern unter starker Sicherung erreicht nach Versenkung eines Transporters durch

Bild linke Seite: 35 Grad Kälte. Deutsche Landser an der Ostfront.

Bild rechte Seite: Das Motorrad erwies sich im Wüstenkrieg als bewegliches und vielseitig verwendbares Kampfmittel. Krad-Schützenbataillone und Aufklärungsabteilungen wurden für überraschende Erkundungsvorstöße und Kampfaufträge eingesetzt.

britische Torpedo-Flugzeuge Tripolis.

23.1. Japanische Truppen besetzen Celebes, das Ölzentrum Balikpapan auf Borneo und Rangun in Burma.

25.1. Aus dem Südabschnitt der Ostfront werden 35 Grad Kälte, aus dem Nordabschnitt 38 Grad Kälte gemeldet. OKW: „Im Osten dauern die Kämpfe bei großer Kälte an."

26.1. In Europa (Nord-Irland) treffen die ersten amerikanischen Soldaten ein.

28.1. Hitler verleiht Oberst Galland, der nach dem Tode von Mölders im November 1941 zu dessen Nachfolger als „Inspekteur der Jagdflieger" ernannt worden war, als zweitem Offizier der Wehrmacht das Eichenlaub mit Schwertern und Brillanten zum Ritterkreuz.

29.1. Deutsche und italienische Truppen nehmen Benghasi ein und stoßen an der Küste entlang auf Derna vor. Hitler befördert am folgenden Tag Rommel zum Generaloberst.

30.1. In seiner vom Großdeutschen Rundfunk aus dem Berliner Sportpalast übertragenen Rede behauptet Hitler: „Ich fühle mich auch heute nur als der erste Musketier des Reiches."

FEBRUAR

1.2. Die Einführung der 4-Walzen-Enigma für den U-Boot-Funkverkehr führt zu einem 11-monatigen „Black Out" in der Entzifferung in Bletchley Park.

1.-28.2. Deutsche U-Boote versenken im Atlantik 70 Handelsschiffe der Alliierten mit insgesamt 411.560 BRT.

2.2. Einheiten des 1. sowjetischen Garde-Kavallerie-Korps erreichen die südlichen Vororte von Wjasma.

3.2. Deutscher Gegenangriff führt zur Einschließung der 33. sowjetischen Armee, des 1. Garde-Kavallerie-Korps und des IV. Luftlande-Korps südöstlich von Wjasma. Die Eingeschlossenen erliegen erst im April den deutschen Angriffen.

5.2. Nach dem OKW wurden bei der Gegenoffensive in Nordafrika „3.500 Gefangene eingebracht sowie 370 Panzerfahrzeuge und 192 Geschütze erbeutet oder vernichtet". Die Briten haben sich in den Raum westlich Tobruk zurückgezogen, die Panzer-Armee Afrika bezieht Stellungen im Raum von Ain el Gazala.

6.2. Hitler ermächtigt Himmler, die „gesamte germanische Arbeit" in den Niederlanden, in Dänemark und Norwegen zu koordinieren.

7.2. Rommels Gegenoffensive kommt vor Tobruk (bei El Ghasala) zum Stehen.

7.-15.2. Die japanische Armee zwingt britische Truppen in Singapur zur Kapitulation. 70.000 Gefangene.

8.2. Der Reichsminister für Bewaffnung und Munition Dr. Fritz Todt verunglückt tödlich. Nachfolger wird am 9. 2. Albert Speer.

11.2. Besuch des rumänischen Staatschefs Antonescu in Hitlers Führerhauptquartier „Wolfsschanze" bei Rastenburg in Ostpreußen.

12.2. Die seit Ende März 1941 in Brest in Westfrankreich liegenden Schlachtschiffe „Scharnhorst" und „Gneisenau" sowie der Schwere Kreuzer „Prinz Eugen" brechen im Rahmen des Unternehmens „Cerberus" unter starkem Geleitschutz durch Zerstörer und Torpedo-Boote durch den Kanal in die Nordsee durch. Beide Schlachtschiffe durch Minentreffer beschädigt.

14.2. Die polnischen Widerstandskräfte werden zu einer Heimat-Armee unter dem Oberbefehl des Generals Rowecki zusammengefasst.

14.2. Im Nordabschnitt der Ostfront stoßen sowjetische Verbände weiter in Richtung auf Cholm durch, wodurch hier eine Krisenlage entsteht.

15.2. Durch eine Verordnung des Chefs der Zivilverwaltung werden das Strafgesetzbuch für das Deutsche Reich und andere strafrechtliche Gesetze im Elsass eingeführt.

15.2. Mit diesem Tag ist im ganzen Deutschen Reich die „Reichsraucherkarte" eingeführt. Männer über 18 und Frauen über 25 Jahre erhalten die Raucherkarte in den Tabakgeschäften gegen Abgabe des Abschnitts F der dritten Reichskleiderkarte. Den Frauen steht nur die halbe Männerration zu.

15.2. -18.3. 5 U-Boote der Gruppe „Neuland" dringen in die Karibik ein, beschießen die Ölverladehäfen und versenken einen Küstenwachkreuzer und 22 Schiffe mit 108.907 BRT und beschädigen 9 weitere.

17.2. Nach dem OKW-Bericht wurde im Raum 80 km südöstlich Wjasma eine feindliche Kräftegruppe „im Gegenangriff eingeschlossen und vernichtet". Neben 1.848 Gefangenen seien dabei „5.000 Tote des Feindes" gezählt worden.

20.2. Seit Einbruch des Winters hat es an der Ostfront 14.357 schwere, 62.000 mittlere und 36.270 leichtere Erfrierungen gegeben.

23.2. Stalin erklärt in seinem Befehl Nr. 55: „Die Hitler kommen und gehen; das deutsche Volk, der deutsche Staat bleiben."

23.2. Schicksalhafter Tag für die Zivilbevölkerung der deutschen Groß-

Der Afrika Kämpfer

VERGESSEN-VERLASSEN

Mit der Absicht, Grossbritanniens Machtstellung im Osten zu überrennen — wurdet Ihr zu erschüttern und Aegypten nach Afrika befohlen.

Ergebnislose Frontalangriffe, vereitelte Umklammerungsversuche und verlustreiche Guerillakämpfe im Rücken Eurer Ostarmeen haben diese soweit geschwächt, dass Garnisonen aus den besetzten Gebieten Ersatz schaffen mussten.

Die "Offensive" vor Moskau läuft weiter — man hat Euch bereits leise angedeutet, dass für 1941 angesetzte "letzte" Entscheidungsschlacht durch den völlig nutzlosen Widerstand der Russen noch eine gewisse Zeit dauern könnte. Aber Nachschub von dort könnt Ihr kaum erwarten.

Europas unterjochte Völker bäumen sich unter der vielgepriesenen " NEUORDNUNG " gegen das Nazijoch auf. Glaubt ihr etwa, dass der Rest der deutschen Besatzungstruppen Euch aus diesen Ländern Hilfe bringen wird?

Wir versenken Eure Versorgungsschiffe — im richtigen Augenblick werden wir Euch alle Nachschubslinien abschneiden und was dann ?

Was ist aus Euch geworden? Hitlers verlorene Armee !

NA, JA — VERGESSEN IST VERLOREN !

Eure Schiffsverluste

Der schmale Schiffahrtsweg zwischen Italien und Lybien ist Euer Lebensnerv, ohne den Euch der Atem ausgehen muss. Schaut nur einmal auf die enormen Oktober-Verluste, die unsere See-und Luftstreitkräfte Eurer Versorgungsschiffahrt im Mittelmeer zugefügt haben:

➡ Mehr als SIEBZIGTAUSEND TONNEN ACHSENSCHIFFSRAUM VERSENKT !

➡ Weitere SECHZIGTAUSEND TONNEN in der gleichen Zeitspanne SCHWER BESCHAEDIGT!

➡ Eure GESAMTVERLUSTE — fast SIEBZIG PROZENT der Transporttonnage !

➡ Die VERSORGUNGSSCHIFFAHRT hat sich in den beiden letzten Monaten UM DIE HAELFTE VERMINDERT !

• Das sind beängstigende Zahlen, die zum Nachdenken allen Anlass geben • Hierzu noch die ungeheuren Verluste durch die Massenbombardements Eurer Flottenstützpunkte in Neapel, Palermo, Tripolis und Benghasi • MALTA liegt inmitten Eurer Nachschubslinien als unerschütterliches Bollwerk • Anhand obiger Zahlen koennt ihr selbst am besten beurteilen, wie es um Eure Versorgung steht.

Letzte Meldung

Die britische Admiralität gibt bekannt, dass weitere 3 Versorgungsschiffe durch britische U-Boote im Mittelmeerraum versenkt worden sind. Zwei dieser Schiffe hatten 4.000, eins 1.500 BRT. Gehalt.

Bild linke Seite: „Der Afrika Kämpfer." Britisches Flugblatt für die Soldaten des deutschen Afrika-Korps. Auch wenn die Verlegung von U-Booten, Schnellbooten und einer ganzen Luftflotte den deutschen Einheiten im Mittelmeerraum 1942 eine vorübergehende Überlegenheit zur See und in der Luft brachte, sollte das englische Flugblatt schließlich Recht behalten. Letztlich scheiterte auch das deutsche Afrika-Korps am Mangel von Nachschub und an der materiellen Überlegenheit des Gegners.

Bild rechte Seite: Auszugsweise Abschrift der Verleihung des „Italienischen Kriegskreuzes für Tapferkeit" an den Gefreiten Meermann. Kurz nach dieser Auszeichnung wurde Meermann so schwer verwundet, dass er nicht mehr kriegsverwendungsfähig zur Reichsbahn in die Heimat abkommandiert wurde.

städte: Air Marshal Sir Arthur T. Harris, als „Bomber-Harris“ in die Geschichte eingegangen, erhält den Befehl über die Bombereinheiten der Royal Air Force.

27.2.-1.3. Seeschlacht in der Java-See. Alliierter Verband verliert beim Versuch, die japanische Landungsflotte für Java aufzuhalten, 2 Kreuzer und 3 Zerstörer. Am 1. März landen die Japaner bei Surabaya. Zwei weitere alliierte Kreuzer werden versenkt.

28.2. Rosenberg protestiert bei Keitel gegen die schlechte Behandlung sowjetischer Kriegsgefangener. Er betont, dass „die Behandlung der Kriegsgefangenen nach Gesetzen der Menschlichkeit“ zu erfolgen habe. „Man kann wohl ohne Übertreibung sagen, dass die Fehler in der Kriegsgefangenenbehandlung zu einem großen Teil Ursachen für die sich versteifende Widerstandskraft der Roten Armee sind und damit auch für den Tod Tausender deutscher Soldaten.“

28.2. In der Nacht zum 28. Februar greifen britische Bomber abermals Kiel an und beschädigen das erst kürzlich aus Westfrankreich zurückgekehrte Schlachtschiff „Gneisenau“.

MÄRZ

1.3. Die „Union polnischer Patrioten“, der Ursprung des späteren „Ljubliner Komitees“, wird in Moskau gegründet.

1.-31.3. Deutsche U-Boote versenken im Atlantik, im Mittelmeer und im Nordmeer 84 alliierte Handelsschiffe mit 446.044 BRT.

2.3. Die 50. sowjetische Armee versucht, im Gegenangriff die Verbindung mit der von den Deutschen eingeschlossenen 33. sowjetischen Armee herzustellen, und zwingt dabei die 4. deutsche Armee zur Aufgabe von Juchnow.

3.3. Erster strategischer Großangriff der RAF auf die Pariser Renault-Werke in Billancourt. Ein Teil der Bomben verfehlt das militärische Ziel und tötet in den umliegenden Arbeitervierteln 250 Menschen.

5.3. Das Schlachtschiff „Tirpitz“ läuft mit 4 Zerstörern zu einem Vorstoß gegen die alliierten Nordmeer-Geleite aus, der bis zum 13. März dauert, jedoch ergebnislos verläuft.

5.3. An Krupp ergeht die Anordnung, „in kürzester Zeit“ einen 100-Tonnen-Panzer als Probefahrzeug herzustellen.

6.3. In einer Sondermeldung gibt das OKW weitere Erfolge deutscher Unterseeboote in nord- und mittelamerikanischen Gewässern bekannt; 12 Schiffe mit zusammen 82.500 BRT seien versenkt worden. Den Amerikanern sei es bislang noch nicht gelungen, ein Geleitsystem aufzubauen.

6.-15.3. Die Wiener Frühjahrsmesse steht ganz im Zeichen landwirtschaftlicher Produktionssteigerung – Leitthema: „Fett aus eigener Scholle“.

12.3. Das OKW meldet neue U-Boot-Erfolge in nord- und mittelamerikanischen Gewässern und die Versenkung von 17 Handelsschiffen mit 109.000 BRT. Außerdem sei ein Unterseeboot „in den Innenhafen von Port Castries auf der britischen Insel Santa Lucia“ vorgedrungen und habe dort „zwei große, am Kai liegende Schiffe“ versenkt.

13.3. Auf der Krim nehmen die Sowjets ihre Angriffe auf der Halbinsel Kertsch wieder auf, während im Südabschnitt der Ostfront die feindliche Offensive im Abschnitt der 6. Armee andauert.

14.3. Speer wird durch den Beauftragten für den Vierjahresplan, Hermann Göring, zum „Generalbevoll-

---

Auszugsweise Abschrift!

90.le. Infanterie Division — Div.Gef.St., den 17.5.1942
Abteilung IIa

Divisions-Tagesbefehl Nr. 78.

1) Verleihungen.

Im Namen des Duce, Generalfeldmarschall des Italienischen Imperiums und Oberbefehlshaber der italienischen Wehrmacht, verleihe ich

Das Ital. Kriegskreuz für Tapferkeit

an Gefr. Mehrmann Stab 90.le. Inf.Division

pp.

gez. K l e m a n n
Generalmajor.

Für die Richtigkeit der auszugsweisen Abschrift:

Rittmeister u. Kdt.St.Qu.

mächtigten für die Rüstungsaufgaben im Vierjahresplan" ernannt.

15.3. Im Berliner Zeughaus spricht Hitler anlässlich des Heldengedenktages und erklärt unter anderem: „Wir wissen aber eines schon heute: Die bolschewistischen Horden, die den deutschen und verbündeten Soldaten in diesem Winter nicht zu besiegen vermochten, werden von uns in dem kommenden Sommer bis zur Vernichtung geschlagen sein."

15.3. Während im Süden der Ostfront die feindlichen Angriffe andauern, verhindern im Mittelabschnitt schwere Schneestürme größere Kampfhandlungen.

18.3. In Peenemünde explodiert das erste Versuchsmuster der A4-Rakete bei einem Brennkammer-Versuch.

21.3. Hitler ernennt den thüringischen Gauleiter Fritz Sauckel zum Generalbevollmächtigten für den Arbeitseinsatz.

22.3. Erstmals wird die „Verpflichtung der Jugend" – die Übernahme der Vierzehnjährigen in die Hitlerjugend und den Bund Deutscher Mädel und ihre Vereidigung auf Hitler – reichseinheitlich durchgeführt.

23.-26.3. Der britische Nachschub-Konvoi MW 10 für Malta wird von Bombern des II. deutschen Flieger-Korps angegriffen: 4 Transporter mit 29.244 BRT werden versenkt.

26.3. In der Nacht zum 26. März greifen deutsche Flugzeuge die britische Hafenstadt Dover an. In der gleichen Nacht werfen 192 britische Flugzeuge 300 t Bomben auf Essen.

27.-31.3. Flugzeuge, Zerstörer und U-Boote versenken aus dem alliierten Murmansk-Konvoi PQ 13 fünf Frachter und beschädigen den Kreuzer „Trinidad".

28./29.3. Als Auftakt der neuen britischen Taktik des „Flächenangriffs" aus der Luft (Area Bombing) wird die Altstadt der Hansestadt Lübeck in Schutt und Asche gelegt. 1425 Gebäude werden zerstört; die Marienkirche, weltberühmtes Zeugnis hanseatischer Architektur, wird schwer beschädigt. Die über 300 Toten nennt der OKW-Bericht „einige Verluste".

31.3. In Auschwitz treffen die ersten europäischen Juden-Transporte ein. Seit Kriegsbeginn ist die Zahl der KZ-Häftlinge von rund 25.000 auf über 100.000 angewachsen.

31.3. Reichsjustizminister Roland Freisler vor Deutschlands Oberlandesgerichtspräsidenten: Fälle, die eine höhere Strafe als zehn Jahre Zuchthaus erforderlich machten, „seien mit der Todesstrafe zu ahnden".

APRIL

1.4. An der Ostfront erscheint ein Flugblatt Wilhelm Piecks, in dem er die deutschen Soldaten zur Gefangengabe auffordert. Das Flugblatt gilt als Passierschein durch die sowjetische Front.

1.-30.4. 72 Handelsschiffe der Alliierten mit insgesamt 394.760 BRT werden durch deutsche U-Boote versenkt.

2.4. Die in Italien eingesetzten Soldaten der deutschen Luftwaffe übersenden ihrem Oberbefehlshaber Göring 140.000 kg Apfelsinen „zur Verteilung in der Heimat". Göring spendet das Obst Kindern „in luftgefährdeten Gebieten".

2.4. Im Nordabschnitt der Ostfront setzt das X. Armeekorps den Angriff zum Entsatz der bei Demjansk eingeschlossenen Kräftegruppe fort.

2.4.-10.5. Schwere deutsche und italienische Luftangriffe gegen Malta, um die Insel „sturmreif" zu machen. 2 Zerstörer und 4 U-Boote versenkt; die britischen U-Boote müssen Malta räumen.

3.4. Joseph Goebbels spricht in seinem Ministerium vor Kriegsberichtern der Propagandakompanien und hebt hervor, es sei mit ihr Verdienst, „wenn sich der Begriff der Propaganda als einer neuen Staatskunst nun auch im Kriege durchgesetzt und bewährt habe".

3.-9.4. Endkampf der amerikanisch-philippinischen Truppen auf Bataan, die am 9. April gegenüber der japanischen 14. Armee kapitulieren müssen.

4.-10.4. Japanische Trägerflotte mit 5 Trägern greift Colombo und Trincomalee auf Ceylon an, die britische „Eastern Fleet", durch gute Luftaufklärung rechtzeitig gewarnt, weicht aus und wird nicht erfasst, nur die von Ceylon kommenden Kreuzer „Cornwall" und „Dorsetshire" und der Leichte Träger „Hermes" werden versenkt. Den japanischen Kampfgruppen und U-Booten fallen im Golf von Bengalen 23 Handelsschiffe mit 112.312 BRT zum Opfer.

4.-30.4. Mit insgesamt 596 Flugzeugen greift das 1. Flieger-Korps an sechs Tagen Hafen, Schiffsziele und Flak-Stellungen in Leningrad an.

4.-30.4. Schwere deutsche Luftangriffe auf Leningrad. Schlachtschiff „Oktjabrskaja revoljucija" und 3 Kreuzer schwer beschädigt.

5.4. Hitler erlässt die „Weisung Nr. 41" für die geplante Sommeroffensive in Russland. Ziel: „die den Sowjets noch verbliebene lebendige Wehrkraft endgültig zu vernichten und ihnen die wichtigsten kriegswirtschaftlichen Kraftquellen soweit als möglich zu entziehen".

6.4. Die Verpflegungssätze werden gesenkt. Für Normalverbraucher sinkt die wöchentliche Fleischzuteilung von 400 auf 300 g, die Butter-Ration von 150 auf 125 g, die Margarine-Zuteilung von 96 auf 65 g, und die Brotmenge wird von 2500 auf 2000 g herabgesetzt.

9.4. Auf der Krim eröffnen die Sowjets auf der Landenge Kertsch eine neue Großoffensive, die nach dreitägiger Dauer scheitert.

Bild linke Seite: Ärmelband Afrika. Von Hitler gestiftete Auszeichnung für „ehrenvollen Einsatz auf afrikanischem Boden".

Bild rechte Seite: Alliiertes Propaganda-Plakat gegen die Achsenmächte in arabischer Sprache. Während Roosevelt, Stalin und Churchill die Gegner vor sich hertreiben, können sich Hitler und der Tenno zwar noch säbelschwingend im Sattel halten, doch ihr vom Pferd gefallener Partner Mussolini ist bereits ins Straucheln geraten.

9.4. In der Nacht zum 9. April werfen 168 britische Flugzeuge 250 t Bomben auf Hamburg.
11.4. In der Nacht zum 11. April werfen 185 britische Flugzeuge 227 t Bomben auf Essen.
14.4. Der sowjetische Großangriff auf der Halbinsel Kertsch ist zusammengebrochen. Das OKW meldet: „Auf der Halbinsel Kertsch und im Donez-Gebiet fanden außer örtlichen Vorstößen schwächerer feindlicher Kräfte keine wesentlichen Kampfhandlungen statt.“
15.4. Die Reste der seit Anfang Februar eingeschlossenen 33. sowjetischen Armee im Raum südöstlich Wjasma werden von den Deutschen vernichtet.
16.4. Der OB der 11. Armee, Generaloberst von Manstein, hält Hitler Vortrag über den geplanten Angriff zur Rückeroberung der Halbinsel Kertsch. Außerdem trägt er seine Absichten für den Angriff auf Sewastopol vor.
17.4. Albert Speer spricht bei einem Treffen der Gauwirtschaftsberater und legt seine Vorstellungen von der zentralen Lenkung der deutschen Wirtschaft dar.
17.4. Zwölf viermotorige britische „Lancaster“-Bomber greifen die MAN-Werke bei Augsburg an und verlieren dabei 7 Maschinen.
20.4. Zum Geburtstag Hitlers erlässt Hermann Göring einen „Aufruf an das deutsche Volk“, in dem die deutschen Männer und Frauen ihrem Führer schwören, auszuhalten, „bis der Endsieg errungen und des Großdeutschen Reiches Macht und Herrlichkeit für alle Zukunft gewährleistet ist“.
22.4. Im Raum südlich des Ilmensees gelingt es deutschen Angriffsspitzen, eine erste Verbindung zu der um Demjansk eingeschlossenen Kampfgruppe herzustellen.
24./25.4. Luftangriff auf Rostock – von der RAF nach dem „Area Bombing“ wie vorher über Lübeck praktiziert –, wobei historische Gebäude wie die aus dem 14. Jahrhundert stammende Nicolai-Kirche und das 1577 errichtete Steintor völlig vernichtet werden; 204 Tote unter der Zivilbevölkerung.
25.4. Auf der 6. Sitzung des am 10. 4. 1938 gewählten Großdeutschen Reichstages stimmt dieser dem Vollmachtsgesetz zu, nach dem Hitler der „Führer der Nation“, „Oberster Befehlshaber der Wehrmacht“, „Regierungschef“, „Oberster Inhaber der vollziehenden Gewalt“, „Oberster Gerichtsherr“ und „Führer der Partei“ ist.
25./26.4. Deutscher „Vergeltungsangriff“ auf die südenglische Hafenstadt Bath: etwa 400 Tote unter der Zivilbevölkerung.
26.4. Hitler spricht vor dem Deutschen Reichstag in der Berliner Kroll-Oper: „England aber kann in diesem Krieg nichts gewinnen, es wird verlieren. Und es wird dann vielleicht einmal in seiner Geschichte die Erkenntnis eingehen, dass man das Schicksal von Völkern und Staaten weder zynischen Trinkern noch Geisteskranken anvertrauen soll.“
26.4. Für seine „Abrechnung“ mit den deutschen Richtern wählt Hitler das Forum des Reichstages. Er droht, künftig zu milde urteilende Richter, „die ersichtlich das Gebot der Stunde nicht erkennen“, abzusetzen.
29.4. Die japanische 15. Armee unterbricht die Burma-Straße bei

Lashio in Burma und erreicht am 1. Mai Mandalay.
29./30.4. Besprechung zwischen Hitler und Mussolini auf dem Berghof bei Berchtesgaden. Sie vereinbaren, Ende Mai in Nordafrika zur Offensive überzugehen und Tobruk einzunehmen.
Ende April. Adam von Trott überreicht im Auftrag der Widerstandsbewegung „Kreisauer Kreis“ in Genf Willem A. Wisser 't Hooft eine Denkschrift für den britischen Lordsiegelbewahrer Sir Stafford Cripps.

MAI

1.5. Als „Pionier der Arbeit“ werden ausgezeichnet: Ferdinand Porsche, Ernst Heinkel und Reichswirtschaftsminister Walter Funk.
1.-31.5. Handelsschiff-Verluste der Alliierten durch deutsche U-Boote: 129 Einheiten mit zusammen 595.315 BRT.
4.-8.5. Seeschlacht im Korallenmeer zwischen amerikanischen und japanischen Verbänden: erste Trägerluftschlacht der Geschichte. Danach Aufgabe der geplanten Landung der Japaner bei Port Moresby.
5.5. Im Nordabschnitt der Ostfront wird die Verbindung zu der seit dem 21. Januar eingeschlossenen „Kampfgruppe Scherer“ in Cholm wiederhergestellt.
6.5. Japanische Truppen erobern die Felseninsel Corregidor und bringen damit die Philippinen ganz in ihre Hand.
6.5. Um bei eingeschlossenen sowjetischen Truppen die „Neigung zum Überlaufen“ zu steigern, ordnet Hitler an, dass in solchen Fällen Kommissaren und Politruks

Bild linke Seite: „MANEATER.“ Hitler als gefräßiges Monster, das ein Land nach dem anderen verschlingt. Plakat aus der Sammlung Lord Beaverbrooks, das dieser Stalin zum Geschenk machte, als er zusammen mit Churchill im August 1942 zu einer Konferenz nach Moskau kam, auf der weitere Maßnahmen der gemeinsamen Kriegführung gegen Deutschland koordiniert wurden.

Bild rechte Seite: Der Versuch der 11. deutschen Armee, die von See versorgte Festung Sewastopol im Sturm zu nehmen, blieb am 17. Dezember 1941 im schweren Abwehrfeuer der russischen Geschütze liegen. Manstein musste zur Belagerung übergehen und weitere Kräfte heranziehen, wobei auch ein schwerer deutscher Mörser des Typs „Thor“ zum Einsatz kam. Das 60 cm-Geschütz hatte eine Schussweite von annähernd 7 km und diente zur Bekämpfung schwerer Befestigungswerke. Insgesamt wurden nur 6 Exemplare gebaut, die vor allem gegen Brest-Litowsk und Sewastopol eingesetzt wurden.

„zunächst versuchsweise“ die „Erhaltung ihres Lebens“ zugesichert werden kann.
8.-18.5. Die 11. deutsche Armee tritt an der Kertsch-Front zur Gegenoffensive an. Innerhalb von 10 Tagen ist das Gros der sowjetischen Heeresgruppe („Krim-Front“) vernichtet. Die Deutschen machen 169.198 Gefangene und erbeuten oder zerstören 284 Panzer und 1.397 Geschütze.
9.5. Sowjetische Offensive der „Südwest-Front“ (Marschall Timoschenko), mit dem Ziel, Charkow zurückzuerobern.
10.5. Nach insgesamt 11.000 Einsätzen wird die seit Wochen andauernde deutsche Luftoffensive gegen Malta eingestellt. Feldmarschall Kesselring sieht die ihm gestellte Aufgabe als erfüllt an und meldet, dass der britische Stützpunkt „ausgeschaltet“ sei. Teile der Luftflotte 2 werden nunmehr aus Süditalien und Sizilien an die Ostfront verlegt.
12.5. Erste genau datierbare Massenvernichtung eines ganzen Transportes durch Gas in Auschwitz: 1.500 jüdische Männer, Frauen und Kinder aus Sosnowitz werden so ermordet.
13.5. Das OKW meldet: „Die Durchbruchsschlacht auf der Landenge von Kertsch ist entschieden.“ Bisher seien über 40.000 Gefangene eingebracht worden. „Die Verfolgung der geschlagenen Reste des Gegners in Richtung Kertsch wird rastlos fortgesetzt.“
15.5. Die 11. Armee unter Generaloberst v. Manstein erobert Kertsch an der Ostspitze der Krim.
15.5.-24.6. Angriff der japanischen 15. Armee in Zentralchina zur Ausschaltung der dortigen US-Luftbasen.
16.5. Hitler beauftragt den Oberbefehlshaber der Luftwaffe mit Erkundungen für eine mögliche Besetzung von Spitzbergen.
17.5. Gegenangriff der deutschen 17. Armee und der 1. Panzer-Armee gegen die sowjetische Offensive in Richtung auf Charkow. Am 22. 5. werden die sowjetischen Angriffsarmeen abgeschnitten.
20.5. In einer Sondermeldung gibt das OKW den Abschluss der Schlacht um Kertsch bekannt. Die 11. Armee unter Generaloberst von Manstein hat hier die 44., 51. und die 47. Sowjet-Armee zerschlagen und macht insgesamt 169.198 Gefangene. 284 Panzer und 1.397 Geschütze werden erbeutet oder zerstört. Die 11. Armee beginnt nunmehr mit den Vorbereitungen zum Angriff auf Sewastopol.
21.5. Hitler verschiebt die Mussolini im März zugesicherte Eroberung Maltas („Unternehmen Herkules“) auf unbestimmte Zeit.
21.5. Der Obermeister in einem Rüstungsbetrieb Franz Hahne wird erster Träger des von Hitler gestifteten „Ritterkreuzes des Kriegsverdienstkreuzes“, das „für überragende Verdienste auf kriegswichtigem Gebiet, durch die der Verlauf des Krieges wesentlich beeinflusst wird“, bestimmt ist.
23.5. Reichsminister Walter Darré beurlaubt. Staatssekretär Herbert Backe wird mit der Wahrnehmung der Geschäfte des Reichsministers für Ernährung und Landwirtschaft beauftragt.
23.5. Nach dem Bericht des OKW ist „im Raum Charkow der am 12. Mai begonnene sowjetische Großangriff ... unter schwersten blutigen und Materialverlusten des Feindes restlos zusammengebrochen“. Die stärkste feindliche Angriffsgruppe

sei von ihren Verbindungslinien abgeschnitten. Deutsche, ungarische und rumänische Truppen seien „auf der ganzen Front der bisherigen Abwehrschlacht zum konzentrischen Gegenangriff angetreten".

24.5. Im rückwärtigen Gebiet der Heeresgruppe Mitte beginnt ein groß angelegtes Unternehmen zur Säuberung des Gebietes südlich der Rollbahn bei Wjasma und des Raumes um Smolensk.

25.5. Auf der in Washington zu Ende gehenden Konferenz beschließen Churchill und Roosevelt die Landung in Süditalien.

26.5. „In Würdigung des heldenhaften Einsatzes gegen den bolschewistischen Feind während des Winters 1941/42" stiftet Hitler eine „Ost-Medaille".

26.5. Offensive der deutsch-italienischen Panzer-Armee unter Rommel an der Ghasala-Front.

26.-31.5. Fühlungnahme von Vertretern der deutschen Widerstandsbewegung mit George K. A. Bell, Lordbischof von Chichester, in Stockholm. Unabhängig von einander treffen Pfarrer Dietrich Bonhoeffer und Pfarrer Dr. Hans Schönfeld mit dem Bischof zusammen. In einer von Schönfeld der britischen Regierung zugedachten und dem Bischof übergebenen Denkschrift heißt es: „Die inneren Verhältnisse

Bild linke Seite: „Lilli Marleen." Notenblatt mit Text nach Gedichten von Hans Leip und mit der Musik von Norbert Schultze. „,21 Uhr 57', tönt es leise aus dem Nachrichtengerät: der deutsche Soldatensender von Belgrad. Dann erklingt Lilli Marleen. Wieviele Landser in ihrem Kfz., an den Funkgeräten oder an den Empfängern ihrer Panzer hören jetzt dieses schmalzige Liedchen? ... Da saßen sie und lauschten: in Frankreich, in Polen, in Norwegen, in Russland, auf den U-Booten und in der Wüste. Saßen in Quartieren, in Buden, in Messen und Löchern und träumten der Stimme einer jungen Frau nach", beschreibt der Militärhistoriker Paul Carell die Wirkung des von Lale Andersen gesungenen Liedes „Lilli Marleen", des populärsten Schlagers des Zweiten Weltkrieges. Entscheidend für den Erfolg des zunächst wenig bekannten Liedes war das große Interesse der Soldaten des Deutschen Afrika-Korps und der britischen 8. Armee. Der britische Kriegsberichter Alan Moorehead schreibt in seiner „Afrikanischen Trilogie": „Nicht allein die deutschen, auch die englischen Soldaten stellten ihre Rundfunkapparate auf sie ein und lauschten jeden Abend. Überall in der Wüste pfiffen die englischen Soldaten diese Melodie."

Bild rechte Seite: Deutsches Propagandablatt zu den Differenzen zwischen Roosevelt und Churchill über ihr weiteres Vorgehen in Afrika. Tatsächlich war Eisenhower von der britischen Idee der Operation „Torch" (Fackel), im französischen Nordafrika zu landen, wenig angetan. Als die Entscheidung am 22. Juli 1942 gegen ihn fiel, meinte er zu einem Vertrauten, er „könne nur inständig hoffen, dass dies nicht der schwärzeste Tag in der Geschichte" sei.

entwickeln sich gegenwärtig besonders günstig für einen Staatsstreich der Armee und der anderen vereinten Widerstandskräfte."

27.5. In Prag wird auf den stellvertretenden Reichsprotektor und Chef des Reichssicherheitshauptamtes, SS-Obergruppenführer Reinhard Heydrich, ein Attentat verübt. Am 4. Juni erliegt Heydrich seinen Verletzungen.

28.5. Die Schlacht bei Charkow endet mit der Vernichtung der eingeschlossenen Sowjettruppen und bringt den Deutschen 240.000 Gefangene, 1.250 zerstörte oder erbeutete Panzer und rund 2.000 Geschütze ein.

29.5. Hitler empfängt den „Führer des freien Indien", Subhas Chandra Bose, der kurz vor dem deutschen Angriff auf die Sowjetunion über Afghanistan und die UdSSR aus Indien nach Deutschland entkommen war. Indischen Kriegsgefangenen in Nordafrika werden jetzt von ihren deutschen Bewachern Reden von Bose vorgespielt, um sie nationalistisch-antibritisch zu beeinflussen.

29.5. Wie schon im Falle des Angriffs auf der Krim meldet das OKW wieder mit einigen Tagen Verspätung des Beginn des deutschen Angriffs in Nordafrika: „In der Cyrenaika sind deutsche und italienische Truppen am 26. Mai zum Angriff auf die feindlichen Stellungen angetreten. Seitdem ist eine erbitterte Schlacht im Gange."

29.5. Die Marine verfügt zur Zeit über 16 Zerstörer, 24 Torpedoboote, 63 Minensuch- und 102 Räumboote. Nach den ursprünglichen Bauplänen müssten es eigentlich 110 Zerstörer, 120 Torpedoboote, 400 Minensuch- und 400 Räumboote sein.

30./31.5. Erster „1000-Bomber-Angriff" der Luftkriegsgeschichte durch die RAF auf die Stadt Köln. 1.130 Bomber werfen innerhalb von 90 Minuten 1.500 Tonnen Bomben ab: 747 Tote unter der Zivilbevölkerung.

31.5./1.6. Angriff der deutschen Luftwaffe auf Canterbury.

JUNI

1.-30.6. Deutsche U-Boote versenken im Atlantik und im Mittelmeer 131 alliierte Handelsschiffe mit 616.904 BRT.

2.6. In der Cyrenaika beginnt die Panzer-Armee Afrika mit dem Angriff auf die von freifranzösischen Kräften gehaltene Festung Bir Hacheim.

2.6. In der Nacht zum 2. Juni werfen 726 britische Flugzeuge 1.235 t Bomben auf Essen, Duisburg und Oberhausen. 32 britische Flugzeuge werden abgeschlossen. Deutsche Flugzeuge greifen in derselben Nacht abermals Canterbury an.

3.-8.6. Schlacht bei Midway bringt die Wende im Pazifik-Krieg. Japanischer Träger-Luftangriff gegen den Aleuten-Stützpunkt Dutch Harbor zur Ablenkung von der beabsichtigten Landung auf den Midway-Inseln bleibt wirkungslos, da die US-Intelligence die tatsächlichen Absichten erkannt und ihre 3 verfügbaren Träger in der Flanke des anmarschierenden japanischen Träger-Verbandes aufgestellt hat. Während japanische Träger-Flugzeuge Midway angreifen, starten die US-Träger ihren Angriff, der bei schweren Flugzeugverlusten zur Versenkung von 3 Trägern, „Soryu", „Kaga" und „Akagi" führt. Dem 4. japanischen Träger „Hiryu" gelingt es, in zwei Angriffen den US-Träger „Yorktown" schwer zu beschädigen, der später von einem japani-

schen U-Boot versenkt wird. Die „Hiryu" fällt einem weiteren US-Träger-Angriff zum Opfer, ebenso wie ein Kreuzer. Der japanische Angriff auf Midway wird abgebrochen. Am 7. Juni landen japanische Truppen auf den Aleuten-Inseln Attu und Kiska.

4.6. In Prag stirbt der Stellvertretende Reichsprotektor und Chef des Reichssicherheitshauptamtes, SS-Obergruppenführer und General der Polizei Reinhard Heydrich, an den Folgen des am 27. Mai auf ihn verübten Attentats.

7.6. Nach intensiver Vorbereitung durch Artillerie und Luftwaffe tritt die 11. Armee unter Generaloberst v. Mahnstein zum Angriff auf die Festung Sewastopol an.

10.6. Vernichtung des tschechischen Dorfes Lidice als Vergeltung für die Ermordung Reinhard Heydrichs.

10.6. Die Panzerarmee in Nordafrika erobert Bir Hacheim, den südlichsten Eckpfeiler der britischen Front; Rückzug der britischen Streitkräfte auf Tobruk und in Richtung auf die ägyptische Grenze.

12.6. Heinrich Himmler billigt den sogenannten „Generalplan Ost". Damit ist die Aussiedlung der Völker Osteuropas nach Sibirien (davon etwa 85 % aller Polen, 65 % der Ukrainer, 75 % der Weißruthenen und 50 % der Tschechen) beschlossene Sache.

12.-16.6. Gleichzeitige britische Konvoi-Operation vor Gibraltar und Alexandria zur Versorgung Maltas. Von 6 Schiffen des West-Konvois werden 4 durch italienische und deutsche Flugzeuge versenkt; durch Luftangriffe, italienische Kreuzer, Zerstörer und Minen gehen 4 Zerstörer verloren, und 2 Kreuzer werden beschädigt. Der Ost-Konvoi mit 11 Schiffen verliert durch Luftangriffe 3 Transporter; ein deutsches U-Boot versenkt einen Kreuzer, deutsche Schnellboote versenken einen Zerstörer und torpedieren einen Kreuzer. Bei Sichtung der ausgelaufenen italienischen Flotte dreht der Konvoi ab; britische Torpedo-Flugzeuge und ein U-Boot versenken einen italienischen Kreuzer und torpedieren das Schlachtschiff „Littorio".

15.6. Beim Vorstoß nach Norden erreichen die deutsch-italienischen Truppen in Nordafrika über die Via Balbia hinaus bei Acroma die Küste westlich von Tobruk und schließen britische Verbände ein. Südlich von Tobruk werden stark gefestigte Wüstenforts gestürmt.

18.6. Die Männer des Attentats auf den Reichsprotektor von Böhmen und Mähren, SS-Obergruppenführer Reinhard Heydrich, werden in einer Prager Kirche gestellt und erschossen.

21.6. Im ersten Jahr des Russlandfeldzuges hatte die deutsche Wehrmacht folgende Verluste: gefallen 271.612 Offiziere, Unteroffiziere und Mannschaften, dazu 65.730 Vermisste.

21.6. Die Panzerarmee in Afrika erobert unter der Führung von Rommel die Festung Tobruk. 32.200 englische und Commonwealth-Soldaten werden von den Siegern gefangengenommen. Tags darauf wird Rommel zum Generalfeldmarschall befördert.

22.6. Rommels nächste Angriffsziele sind El Alamein, Alexandria, die Nilmündung und Kairo.

23.6. Hitler stimmt der Propaganda-Aktion „Kampf dem Kohlenklau" zu. Sie soll zur Einsparung von Gas und Strom beitragen.

24.6. An der ägyptischen Grenze werden das Fort Capuzzo, Sollum und Halfaya genommen. In Verfolgung der zurückgehenden Briten wird Sidi el Barrani erreicht.

26.6. Im Raum südostwärts Charkow wird die am 22. Juni begonnene Teiloffensive zur Gewinnung einer Ausgangsbasis für die deutsche Sommeroffensive abgeschlossen.

26.6. In der Nacht zum 26. Juni führt die britische Luftwaffe mit 713 Flugzeugen einen Großangriff auf Bremen, wo 1.450 t Bomben abgeworfen werden. 49 britische Flugzeuge werden abgeschossen.

27.6. Im rückwärtigen Gebiet der Heeresgruppe Mitte wird im Raum Brjansk-Roslawl „die Masse einer in den Winterkämpfen abgeschnittenen und auf dem Luftwege verstärkten feindlichen Kräftegruppe" vernichtet (OKW). Die Sowjets verlieren über 4.000 Tote und 9.000 Gefangene.

28.6. Beginn der deutschen Sommeroffensive an der Ostfront. Die „Armeegruppe v. Weichs" tritt um 02.15 Uhr aus dem Raum Kursk zum Angriff gegen die sowjetische Brjansker Front an.

29.6. Beim Angriff auf die Fest Sewastopol erzwingen deutsche Truppen den Übergang über das Tschernaja-Tal und brechen in die feindlichen Stellungen auf den Sapun-Höhen ein.

30.6. Die an Material bereits erschöpfte deutsch-italienische Panzerarmee in Nordafrika erreicht 100 km westlich von Alexandria die Enge von El Alamein.

30.6. Alle in der Rüstungsindustrie innerhalb des Reiches beschäftigten Juden müssen durch ausländische Arbeiter ersetzt werden.

30.6. In Ausweitung der deutschen Sommeroffensive im Südabschnitt der Ostfront tritt die 6. Armee unter General Paulus aus dem Raum von Bjelgorod zum Angriff an und

Bild linke Seite: Das Plakat der Deutschen Wochenschau aus dem Jahr 1942 zeigt, wie weit sich die Kriegsschauplätze, auf denen deutsche Soldaten kämpften, ausgedehnt hatten. Die Deutsche Wochenschau gehörte zu den wichtigsten Mitteln, die Bevölkerung im Sinne der Reichsführung zu beeinflussen. Die Wochenschau war dabei so geschickt gemacht, dass englische Experten ihre Dokumentaristen aufforderten, dort „die Kunst des Photographierens und des Schnitts zu lernen".

Bild rechte Seite: Der Befehlshaber der Unterseebote, Konteradmiral Dönitz, verleiht einer U-Bootbesatzung das EK1.

wirft den Südflügel der sowjetischen „Südwestfront" zurück.

JULI

1.7. Die 11. deutsche Armee nimmt Sewastopol ein. Ihr Oberbefehlshaber, v. Manstein, wird zum Generalfeldmarschall befördert.
1.-31.7. Im Atlantik, Nordmeer und Mittelmeer versenken deutsche U-Boote 98 Handelsschiffe mit 472.081 BRT und italienische U-Boote ein Schiff mit 3.723 BRT. Japanische U-Boote versenken im Indischen Ozean und Pazifik 12 Handelsschiffe mit 58.863 BRT.
2./3.7. 263 britische Flugzeuge werfen 511 t Bomben auf Bremen.
3.7. Generalfeldmarschall Rommel bricht den dreitägigen Versuch, die El-Alamein-Stellung der 8. britischen Armee zu durchstoßen, ab und geht mit geschwächten Kräften zur Verteidigung über.
4.7. Nach Einnahme der Halbinsel Chersones ist die gesamte Krim in deutscher Hand.
4.-11.7. Operation gegen den Murmansk-Konvoi PQ 17. Wegen des erwarteten Angriffs schwerer deutscher Schiffe wird der Konvoi aufgelöst. Von den einzelnen und in Gruppen weiterlaufenden Schiffen versenken U-Boote und Flugzeuge zusammen 24 Schiffe mit 143.977 BRT. Insgesamt gehen verloren: 3.250 Kraftfahrzeuge, 430 Panzer, 200 Flugzeuge und 99.316 t Kriegsmaterial.
5.7. „Nach dem Durchbruch durch die sowjetischen Stellungen zwischen Charkow und Kursk haben die Spitzen der deutschen und verbündeten Truppen in breiter Front den Don erreicht" (OKW).
5.7. In Ägypten sind die britischen Truppen der 8. Armee zu Gegenangriffen gegen die deutschen Stellungen bei El Alamein übergegangen.
8.7. Erste Operationsphase der deutschen Sommeroffensive abgeschlossen: sowjetische Front zwischen Don und Donez ins Wanken gebracht, aber keine wesentlichen Kräfte des Gegners vernichtet. Die Armeegruppe v. Weichs meldet 28.000 Gefangene, 1.000 Panzer und 500 Geschütze als zerstört oder erbeutet, die 6. Armee 45.000 Gefangene, 200 Panzer und 700 Geschütze als ausgeschaltet.
11.7. In seiner „Weisung Nr. 43" zur „Fortsetzung der Operationen von der Krim" ordnet Hitler an, „nächste Aufgabe der 11. Armee" sei es, „bis spätestens Mitte August alle Vorbereitungen für einen Übergang mit der Masse der Armee über die Straße von Kertsch zu treffen mit dem Ziel, beiderseits der Westausläufer des Kaukasus in südostwärtiger und ostwärtiger Richtung vorzustoßen".
12.7. Das sowjetische Oberkommando bildet die „Stalingrad-front".
12.7. Abschluss der Kampfhandlungen gegen den Wolchow-Kessel: „32.759 Gefangene gemacht, darunter der Oberbefehlshaber der 2. sowjetischen Stoßarmee, General Wlassow."
13.7. Mit der U-Bootgruppe „Wolf" werden die Konvoi-Operationen im Nordatlantik wieder aufgenommen.
13.7. Speer ordnet an, dass jede verfügbare Menge nichtgenutzten Eisens sofort der Verschrottung zuzuführen ist.
15.7.-14.10. 3 Zerstörer der sowjetischen Pazifik-Flotte werden auf dem nördlichen Seeweg zur Nordmeer-Flotte in Murmansk überführt.
16.7. Hitler verlegt sein Führerhauptquartier von Ostpreußen („Wolfsschanze" bei Rastenburg) in die Nähe von Winniza in der Ukraine („Werwolf").
17.7. Im Südabschnitt der Ostfront wird östlich des Donez die Eisenbahnlinie vom Donez-Gebiet nach Stalingrad überschritten. Das OKH beginnt mit der „Gedankenbildung" für eine bevorstehende Schlacht bei Stalingrad. Im Donez-Gebiet wird Woroschilowgrad erobert.
18.7. Generalfeldmarschall Kesselring wird als „Oberbefehlshaber der im Mittelmeerraum und in Nordafrika eingesetzten Verbände der deutschen Luftwaffe" als 15. Soldat der Wehrmacht mit den Schwertern zum Eichenlaub ausgezeichnet.
18.-25.7. Besprechungen zwischen Churchill und dem Vertrauten Präsident Roosevelts, Hopkins, sowie den Chefs der Generalstäbe in London über die alliierten Operationspläne für 1942.
20.7. Mussolini kehrt von seiner Wartestellung in Derna, von wo aus er in Kairo Einzug halten wollte, wieder nach Rom zurück.
21./22.7. Beginn der systematischen Deportierung der im Warschauer Ghetto zusammengedrängten 350.000 Juden in das Vernichtungslager Treblinka.
23.7. In der „Weisung Nr. 45" befiehlt Hitler die gleichzeitige exzentrische Operation gegen Stalingrad und gegen den Kaukasus.
24.7. Die „Combined Chiefs of Staff" einigen sich auf die Landung in Nordwest-Afrika („Torch").
25.7. Hitler stiftet einen „Krim-Schild" für die Soldaten, die an den Kämpfen auf der Halbinsel Krim beteiligt waren.
25.7. Südlich von Rostow wird eine Brücke über den Don geschlagen. Weiter östlich gewinnt die 3. Panzer-Division bei Martinowka einen Brückenkopf über den Sal, womit auf breiter Front die Ausgangsbasis für den deutschen Vorstoß gegen den Kaukasus geschaffen wird.
26.7. Die deutsche Offensive südlich des Don kommt nach Überwindung des Stromes schnell voran. Bataisk wird gestürmt. Die sowjetische Entlastungsoffensive bei Woronesch wird unter großem Panzereinsatz fortgeführt.
26./27.7. 304 britische Flugzeuge werfen 724 t Bomben auf Hamburg.

27.7. In Nordafrika werden weiterhin starke britische Angriffe an der Alamein-Front zurückgewiesen. Das OKW meldet 1.200 Gefangene.
28.7. Weisung des Oberkommandos der sowjetischen „Stalingradfront“: „Keinen Schritt zurück!“
31.7. Im Reich werden insgesamt 1.507.227 Ausländer beschäftigt, davon 820.161 in der Landwirtschaft.
31.7. Ende des Monats ist die deutsche Sommeroffensive im Südabschnitt der Ostfront in vollem Gange. Das OKW meldet: „Deutsche, rumänische und slowakische Truppen haben den Unterlauf des Don in einer Breite von 250 km überschritten. ... Die Spitzen der deutschen Angriffsarmeen stehen bereits 180 km südlich des Don.“

AUGUST

1.8. Zur vollen Ausschöpfung des französischen Rüstungspotentials wird in Paris das „Deutsche Beschaffungsamt in Frankreich“ eingerichtet.
1.-31.8. Im Atlantik, Nordmeer und Mittelmeer versenken deutsche U-Boote 114 Handelsschiffe mit 522.279 BRT und 1 Kriegsschiff, italienische U-Boote 8 Handelsschiffe mit 55.312 BRT und 1 Kriegsschiff, japanische U-Boote im Indischen Ozean und Pazifik 2 Handelsschiffe mit 5.770 BRT.
2.8. Angesichts großer Nachschubschwierigkeiten ist der Vormarsch der 6. Armee im großen Don-Bogen ins Stocken geraten.
2.-3.8. Italienisches Schnellboot torpediert im Schwarzen Meer den sowjetischen Kreuzer „Molotow“.
4.8. Der Oberlauf des Kuban wird an mehreren Stellen erreicht, nördlich Armawir ein Brückenkopf über den Fluss gebildet. Die 4. Panzer-Armee unter Generaloberst Hoth ist inzwischen nach Osten eingedreht und greift zur Einleitung eines Durchbruchs in Richtung Stalingrad über den Aksai hinweg nach Nordosten an.
6.8. Präsident Roosevelt ernennt General Eisenhower zum Oberbefehlshaber für das Unternehmen „Torch“; die geplante alliierte Landung in Französisch-Nordafrika.
6.8. „Im Kaukasus-Gebiet wurde der Eisenbahnknotenpunkt Tichorezk genommen“, wie das OKW meldet. Die 1. Panzer-Armee unter Generaloberst von Kleist stößt aus ihrem Brückenkopf bei Armawir weiter in Richtung Maikop vor.
7.-9.8. Die 1. US-Marine-Division wird mit Unterstützung von Kreuzern und Zerstörern an der Nordküste von Guadalcanal gelandet, um den im Bau befindlichen japanischen Flugplatz zu besetzen. In der Nacht zum 9. August greift eine japanische Kreuzer-Gruppe die alliierten Deckungskräfte an und versenkt 4 Schwere Kreuzer und torpediert einen weiteren ohne eigene Verluste: Nachtschlacht von Savo Island.
7.-11.8. Die 6. Armee unter General Paulus greift sowjetische Kräfte westlich Kalatsch an: Sie macht 35.000 Gefangene und erbeutet bzw. zerstört 270 Panzer und 560 Geschütze.
8.8. Das Schwarze Meer wird zum Kriegsschauplatz der Deutschen Kriegsmarine. „Die Notwendigkeit hierfür ergibt sich auch aus der Überlegung, dass unter Umständen aus dem Schwarzen Meer heraus eine Einflussnahme im Mittelmeer und Vorderen Orient erforderlich werden kann.“
10.-15.8. Versorgungs-Konvoi mit 14 Frachtern und Tankern für Malta mit starker Sicherung. Ein deutsches U-Boot versenkt den Träger „Eagle“, deutsche und italienische Luftangriffe beschädigen den Träger „Indomitable“ schwer und versenken 3 Transporter und einen Zer-

störer. Italienische U-Boote versenken einen Kreuzer und torpedieren zwei weitere. Schnellboote versenken einen Kreuzer und 4 Transporter; Flugzeuge versenken 3 weitere Schiffe und beschädigen weitere schwer. Nur 4 Transporter und der schwer beschädigte Tanker „Ohio" erreichen Malta. Ein britisches U-Boot torpediert 2 italienische Kreuzer.

Deutsche Flugzeuge an der finnischen Front.

Bild linke Seite: „Ein deutscher Aufklärer hat eine Meldung über der vorrückenden Truppe abgeworfen. Während der Beifahrer auf der Suche nach der Meldung der Rauchfahne nacheilt, orientiert sich der Fahrer schnell nach einer Geländeskizze in der ewigen Gleichförmigkeit der finnischen Tundra".

Bild rechte Seite: „Eine höchst seltsame Begegnung, die unser Berichter auf einem Feldflugplatz im hohen Norden Finnlands festhielt – ein deutsches Kurierflugzeug und eine Renntierherde in friedlicher Rast." (Originalunterschriften der Propagandazeitschrift „Signal".)

11.8. Hitler bestimmt, Norwegen solle erst nach Kriegsende „durch eine einseitige Erklärung der Reichsregierung" erfahren, wie sich „sein künftiges Verhältnis zum Deutschen Reich gestaltet".

11.-13.8. 222 britische Flugzeuge werfen in zwei aufeinanderfolgenden Nächten 580 t Bomben auf Mainz.

12.8. Die SKL legt auf Hitlers Wunsch eine Liste der französischen Häfen vor, die gegen eine Invasion zu befestigen sind (u.a. Cherbourg, Le Havre, Brest, Lorient und St. Nazaire).

12.-15.8. Besprechungen zwischen Stalin, Churchill und Harriman in Moskau über Maßnahmen gegen Deutschland und seine Verbündeten.

13.8. Generaloberst Jeremenko übernimmt den Oberbefehl über die sowjetische „Stalingradfront".

13.8. Generalleutnant Montgomery wird Oberbefehlshaber der britischen 8. Armee in Ägypten.

16.8. Der Schwere Kreuzer „Admiral Scheer" läuft zu einer bis zum 30. August dauernden Operation in die Kara-See aus und beschießt am 28. August den Hafen Port Dickson.

16.8. Der erste „Tokyo Express" zur Verstärkung der japan. Truppen auf Guadalcanal läuft von Rabaul aus.

17.8. Nach Beendigung der Einsatzperiode großer Überwassereinheiten im Nordmeer sollen die Zerstörer zum Wintereinsatz in den Westraum verlegt werden.

17.8. Das italienische Oberkommando erteilt Rommel die Weisung, die 8. britische Armee westlich des Nil-Deltas zu zerschlagen, Alexandria zu nehmen und weiter gegen den Suez-Kanal vorzugehen.

18.8. In der „Weisung Nr. 46" gibt Hitler Richtlinien „für die verstärkte Bekämpfung des Bandenunwesens im Osten", die mit den Worten beginnen: „Das Bandenwesen im Osten hat in den letzten Monaten einen nicht mehr erträglichen Umfang angenommen ... Bis zum Beginn des Winters müssen diese Banden im wesentlichen ausgerottet und damit der Osten hinter der Front befriedet werden."

18.8. Im Kaukasus-Gebiet versteift sich der sowjetische Widerstand. Nach dem Bericht des OKW wurden in den harten, noch anhaltenden Abwehrkämpfen bei Rshew im Mittelabschnitt der Ostfront seit dem 30. Juli insgesamt 1.068 sowjetische Panzer abgeschossen.

19.8. Hitler ordnet die Zwangsanwerbung von Arbeitskräften an,

wenn der Grundsatz der Freiwilligkeit nicht zum Erfolg führt.

19.8. General Paulus gibt der 6. Armee den Befehl zum Angriff auf Stalingrad.

19.8. Britischer Raid gegen Dieppe: 2 kanadische Brigaden und Kommandos landen mit Luftunterstützung und Panzern, werden aufgerieben, und der Rest wird zur Wiedereinschiffung gezwungen.

20.8. Der Präsident des Volksgerichtshofs, Otto Thierack, wird von Hitler zum Reichsjustizminister ernannt. Sein Staatssekretär wird nach der Entlassung von Franz Schlegelberger der Präsident des Hanseatischen Oberlandesgerichts in Hamburg, Curt Rothenberger. Nachfolger von Thierack als Präsident des Volksgerichtshofs wird Roland Freisler.

21.8. Eine Kampfgruppe der 1. Gebirgsdivision hisst die Reichskriegsflagge auf dem Elbrus, dem höchsten Berg des Kaukasus.

22.8. Im Angriff über den Don stößt das XIV. Panzerkorps der 6. Armee nördlich Stalingrad bis zur Wolga durch.

Bild linke Seite: Werbeplakat der Waffen-SS. Zur Beurteilung der Waffen-SS schrieb Kurt von Einem, Brigadegeneral der Bundeswehr a.D.: „Die Tragik der Waffen-SS ganz allgemein bestand darin, dass sie als Teil der Gesamt-SS in ihren ersten Anfängen, im wesentlichen aus den ‚Schutzstaffeln' und der ‚Verfügungstruppe' hervorgegangen, mit all diesen Teilen zusammen dem Befehl desselben Reichsführers SS unterstand – unabhängig von ihrem jeweiligen Einsatz an der Front. Personelle Überschneidungen konnten deshalb nicht ausbleiben. Dem oberflächlich Informierten ist es daher kaum möglich, zwischen den rein militärischen Verbänden der Waffen-SS und den vielen SS-Einheiten zu unterscheiden, an denen infolge ihrer Verwendung in Heimat- und besetzten Gebieten das Odium der KZ-Gräuel hängen blieb. Zu Ehre der Waffen-SS muss gesagt werden, dass ihre verantwortlichen Führer sich von diesen SS-Gruppen scharf distanzierten. Zu Recht bekannten sich die führenden Männer der ehemaligen Waffen-SS auch nach der Niederlage offen zu dem Grundsatz: ‚Wo das Verbrechen beginnt, hört die Kameradschaft auf.'"

Bild rechte Seite: „Czechoslovaks – Your Allies" (Tschechoslowaken – Eure Verbündeten). Amerikanisches Plakat zur Unterstützung der tschechoslowakischen Kriegsanstrengungen. Aus Flüchtlingen, die vor den Deutschen fliehen konnten, rekrutierten sich die tschechischen Armee-Einheiten, die im Exil aufgestellt wurden. Hauptziel der unter Präsident Benesch in London residierenden Exilregierung war es, die internationale Anerkennung für die legale Fortdauer der Tschechoslowakischen Republik und ihre Grenzen aus der Zeit vor dem Münchener Abkommen zu erlangen. 1945 nach Prag zurückgekehrt, wurde die legitime Benesch-Regierung mit Unterstützung der sowjetischen Besatzungsmacht durch eine kommunistische Minderheit beseitigt.

23.-31.8. Während japanische Zerstörer wiederholt das von den US Marines wiederhergestellte „Henderson"-Flugfeld auf Guadalcanal beschießen, operieren japanische und US-Träger-Gruppen ostwärts der Salomonen. Es kommt zu gegenseitigen Luftangriffen, bei denen der japanische Leichte Träger „Ryujo" versenkt, der US-Träger „Enterprise" schwer beschädigt werden. Am 31.8. torpediert ein japanisches U-Boot den US-Träger „Saratoga".

24.8. Die Abwehrschlacht bei Rshew dauert an, die Lage ist hier sehr gespannt. In der Beurteilung der Lage in diesem Frontabschnitt kommt es zu einem schweren Zusammenstoß zwischen Hitler und Generaloberst Halder.

26.8. Im Kaukasus werden einige Hochgebirgspässe genommen. Hitler befiehlt jedoch, nicht weiter in den Hochkaukasus einzudringen, sondern nur die nach Kutais und Tiflis führenden „Heerstraßen" zu sperren.

28.8. Nach der Versenkung mehrerer brasilianischer Handelsschiffe durch ein deutsches U-Boot erklärt Brasilien Deutschland den Krieg.

28.8. Göring meldet Hitler, dass Generaloberst von Richthofen die Lage bei Stalingrad „persönlich erkundet" und dabei festgestellt habe, „dass von starken feindlichen Kräften dort keine Rede sein kann". Richthofen habe jedoch den Eindruck, „dass es an einheitlicher Führung fehle". Die gespannte Lage im Hauptquartier wird dadurch noch erheblich verschärft.

31.8. In Nordafrika tritt die deutsch-italienische Panzerarmee im Südteil der Alamein-Front zum Angriff an. Infolge der britischen Luftüberlegenheit muss die Offensive bereits am 2. September wieder abgebrochen werden, womit die Initiative an der Front in Nordafrika endgültig verloren geht.

31.8. Zwei deutsche U-Boote operieren mit Erfolg im St. Lawrence-Golf.

SEPTEMBER

1.9. Hitler in seinem Aufruf zum 4. Kriegswinterhilfswerk: „Aus diesem Völkerringen muss und wird das Deutsche Reich als ein durch und durch nationalsozialistischer Staat in den Frieden zurückkehren."

1.9. Rücktritt des japanischen Außenministers Togo nach Differenzen mit Premierminister Tojo über die Errichtung eines Großostasienministeriums. Neuer Außenminister wird Tani.

1.9. Nachdem die verbündeten Truppen bereits zur Schwarzmeer-Küste durchgestoßen sind und Anapa besetzt haben, überqueren von der Krim aus deutsche und rumänische Verbände die Meeresenge von Kertsch und landen auf der Halbinsel Taman.

1.-30.9. Im Atlantik, Nordmeer und Mittelmeer versenken deutsche U-Boote 95 Handelsschiffe mit 355.835 BRT und 6 Kriegsschiffe, japanische U-Boote im Indischen Ozean und Pazifik 5 Handelsschiffe mit 28.852 BRT und 2 Kriegsschiffe.

3.9. In Voraussicht der baldigen Einnahme von Stalingrad ordnet Hitler an, „..., dass beim Eindringen in die Stadt die gesamte männliche Bevölkerung beseitigt werden soll, da Stalingrad mit seiner eine Million zählenden, durchweg kommunistischen Einwohnerschaft besonders gefährlich" sei.

3.9. Deutsche Truppenteile kämpfen sich bis auf 8 km an den Stadtkern von Stalingrad heran.

4.9. Der Jagdflieger Oberleutnant Hans Joachim Marseille, der an der ägyptischen Front in kurzer Zeit 125 Luftsiege errungen hat, erhält als 4. Soldat das Eichenlaub mit Schwertern und Brillanten.

4.9. Die „Säuberung" der Taman-Halbinsel wird fortgesetzt. „Der Angriff auf Stalingrad konnte gestern bis an die westlichen Vorstädte vorgetragen werden", meldet das OKW.

6.9. Im Raum von Stalingrad sind die sowjetischen Truppen zu heftigen Gegenangriffen, vor allem gegen den deutschen Sperrriegel nördlich der Stadt zwischen Wolga und Don, übergegangen und unternehmen außerdem Ausfallversuche aus der Stadt. Somit zeichnet sich hier bereits der Beginn einer Abnutzungsschlacht an.

7.9. Zum beschleunigten Bau von 12,8 cm-Rohren, insbesondere als Doppel-Flak, wird eine Hallenerweiterung bei Hanomag vorgenommen. Hitler fordert bis zum Frühjahr 1944 die Fertigstellung von 800 Panzern der Typen „Leopard" (150), „Panther" (600) und „Tiger" (50) sowie von 600 Selbstfahr-Lafetten.

8.9. Hauptursache für das Scheitern der Operation Suez sieht die SKL „in einem Mangel an planvoller strategischer und operativer Vorbereitung, Fehlen einheitlicher verantwortlicher Führung und Nichtberücksichtigung strategischer Überlegungen" (Wegnahme Maltas, Vorhandensein ausreichender Bevorratung, Herstellung stärkster Luftüberlegenheit, Gewähr gesicherter Nachschublinien).

8.9. Auf Befehl Hitlers dürfen Lebensmittel- und Kleiderkarten weder an Personen ohne Arbeitsnachweis noch an solche Personen ausgegeben werden, welche die Arbeitsaufnahme verweigern.

8. /9.9. Britisch-kanadischer Luftangriff auf Frankfurt am Main.

9.9. Hitler enthebt den Oberbefehlshaber der Heeresgruppe A, Generalfeldmarschall List, seines Postens und übernimmt selbst die Führung der Heeresgruppe.

9.9. Vertrauenskrise zwischen Hitler und General Jodl. Hitler erwägt, an Jodls Stelle General Paulus zum Chef des Wehrmachtführungsstabs und anstelle Keitels Generalfeldmarschall Kesselring zum Chef des OKW zu ernennen.

10./11.9. 360 britische Flugzeuge werfen 760 t Bomben auf Düsseldorf: 44 Tote, 170 Verletzte, 4.000 Obdachlose, 400 Großbrände.

11.9. Im Beisein des „Vorkämpfers für die Freiheit des indischen Volkes", Subhas Chandra Bose, wird im Hamburger Hotel Atlantik eine Deutsch-Indische Gesellschaft gegründet.

12.9. U 156 versenkt im Mittelatlantik den britischen Truppentransporter „Laconia" mit 1.800 italienischen Kriegsgefangenen an Bord; bei der Rettung der Schiffbrüchigen wird das U-Boot bombardiert. Daraufhin Befehl von Admiral Dönitz, in Zukunft solche Rettungsaktionen zu unterlassen („Laconia-Befehl").

13.-18.9. U-Boote und Flugzeuge versenken aus dem Murmansk-Konvoi PQ 18 13 Schiffe mit 70.880 BRT. Starke Flugzeugverluste.

14.9. Reichsmarschall Göring ordnet die Erhöhung der wöchentlichen Fleisch- und Brotrationen ab 19. 10. 1942 an.

14.9. In Nordafrika scheitert ein britischer Landungsversuch bei Tobruk. Die Briten verlieren den Kreuzer „Coventry", zwei Zerstörer, einige Landungsboote sowie 576 Gefangene.

15.9. Japanisches U-Boot „I-19" greift eine US-Träger-Gruppe ostwärts Guadalcanal an und versenkt den Flugzeugträger „Wasp" und beschädigt das Schlachtschiff „North Carolina" und einen Zerstörer, der später sinkt.

15.9. Staatssekretär Milch streicht das Strahlflugzeug Me 280 von der Bauliste zugunsten einer erhöhten Produktion der Me 262.

16.9. Auf Anordnung Hitlers wird der Kampf um Stalingrad einheitlich in die Hand der 6. Armee gelegt. Beim Angriff im Südteil der Stadt wird die Stariza erreicht.

17.9. Bei einem Vortrag im Führerhauptquartier berichtet der Wehrmachtbefehlshaber Südost, Generaloberst Löhr, dass sich „in Kroatien die Aufstandslage verschärft habe". Er gibt dabei ein umfassendes Bild von der Auflösung aller Ordnung in Kroatien.

18.9. Hitler ernennt den General der Infanterie Zeitzler zum Nachfolger des Generalobersten Halder als Chef des Generalstabes des Heeres.

19.9. Im Nordmeer werden deutsche Operationen gegen den britischen Russland-Geleitzug PQ 18, die am 13. September begonnen hatten, abgeschlossen. Von den 39 Frachtern des Geleitzuges werden 13 Schiffe mit 75.657 BRT versenkt, außerdem ein Zerstörer und ein Minensucher. Auf deutscher Seite gehen drei Unterseeboote und 20 Kampfflugzeuge verloren.

20.9. Zur Verstärkung der Heimatverteidigung ordnet Hitler die Umbildung der Heimat-Flak und die Vorbereitungen für die Aufstellung einer „Flak-Miliz aus Jugendlichen" an, die später als „Flak-Helfer" zum Einsatz kommen sollen.

Bild linke Seite: Russische und ukrainische Zwangsarbeiter. Auszug aus der Photodokumentation des „Reichsbahnausbesserungswerkes München-Freimann", 1942.

Bild rechte Seite: Diese für den Hund bestimmte „Lebensmittelkarte" wurde in der Presse wie folgt vorgestellt: „Für die als tauglich gemusterten Diensthunde der Wehrmacht und für ausgesprochene Rassehunde wurden zusätzliche Futtermittel zugeteilt."

20.9. Hitler wünscht, „in spätestens 14 Tagen“ möglichst 12 gepanzerte Fahrzeuge mit schweren Geschützen für Stalingrad zu erstellen. Sie kommen Anfang November zum Einsatz.
22.9. General Eisenhower setzt den Termin für die alliierte Landung in Nordwestafrika (Unternehmen „Torch“) auf den 7. 11. 1942 fest.
22.9. Die Kriegs-Güterzuglokomotive, Baureihe 52, wird vorgestellt. Bei ihrer Herstellung werden im Vergleich zu herkömmlichen Lokomotiven 26 t Werkstoff und 6.000 Arbeitsstunden eingespart.
22./23.9. Der stellvertretende rumänische Ministerpräsident Mihai Antonescu besucht Hitler im Führerhauptquartier „Werwolf“.
24.9. Rücktritt des Chefs des Generalstabes Generaloberst Halder. Nachfolger: General der Infanterie Zeitzler.
26.9. In Stalingrad gewinnen die 71. und die 94. Infanterie-Division beiderseits der Zariza-Mündung das Wolga-Ufer.
28.9. Der zähe Kampf um Stalingrad geht weiter. Die 24. Panzer-Division dringt in den Stadtteil Barrikady ein. Das OKW meldet hierzu: „Im Kampf um Stalingrad stießen die deutschen Gruppen nunmehr auch gegen die nördlichen Stadtteile vor. Das bisher eroberte Stadtgebiet wurde restlos vom Feind gesäubert.“
29.9. Rede Hitlers vor den Befehlshabern im Bereich des Oberbefehlshabers West über den Ausbau des „Atlantik-Walles“ (Aufbau-Befehl vom 25. 8. 1942).
30.9. Hitler legt die Vollmachten Sauckels als Generalbevollmächtigten für den Arbeitseinsatz fest: „Er soll nach seinem Ermessen im Großdeutschen Reich einschließlich des Protektorates sowie im Generalgouvernement und in den besetzten Gebieten alle Maßnahmen treffen, die den geordneten Arbeitseinsatz für die deutsche Kriegswirtschaft unter allen Umständen gewährleisten.“
30.9. Hitler eröffnet das 4. Kriegswinterhilfswerk mit einer Rede im Berliner Sportpalast. Er erklärt, dass Stalingrad fast vollständig erobert sei und „dass uns kein Mensch von dieser Stelle mehr wegbringen wird“.
30.9. Der Unterseebootkrieg hat im September wieder beachtliche Erfolge gehabt. 97 Handelsschiffe mit zusammen 472.653 BRT wurden in diesem Monat, vor allem bei Geleitzugkämpfen im Atlantik, versenkt. Erstmals gleichen jedoch die gegnerischen Neubauten die Zahl der versenkten Tonnage aus.

OKTOBER

1.10. Im Reichsgebiet befindliche Konzentrationslager werden „judenfrei“ gemacht und die jüdischen Häftlinge vornehmlich nach Auschwitz gebracht.
1.10. In der Neuen Reichskanzlei in Berlin empfängt Hitler Generalfeldmarschall Rommel, der einen Genesungsurlaub in Deutschland angetreten hat, überreicht ihm den Marschallstab und spricht ihm seinen Dank für seine Leistungen in Nordafrika aus.
1.10. Die seit dem 15. 5. 1941 deutscher Zivilverwaltung unterstehenden Gebiete im Süden Kärntens und der Steiermark werden zu Reichsgebiet erklärt.
1.-31.10. Im Atlantik und im Indischen Ozean versenken deutsche U-Boote 86 Handelsschiffe mit 560.682 BRT, 1 italienisches U-Boot 1 Handelsschiff mit 20.043 BRT. Finnische U-Boote versenken in der Ostsee 2 sowjetische U-Boote, japanische U-Boote im Indischen Ozean und Pazifik 6 Handelsschiffe mit 29.995 BRT und 1 sowjetisches U-Boot .
2.10. Von der Front bei Stalingrad meldet das OKW einen neuen Erfolg: „Nordwestlich von Stalingrad wurde die zu einem starken Stützpunkt ausgebaute Vorstadt Orlowka gestürmt und westlich dieses Vorortes stärkerer Feind eingeschlossen.“
3.10. Generalfeldmarschall Rommel gibt in Berlin ein Interview zur Lage in Nordafrika, in dem er erklärt: „Heute stehen wir 100 km vor Alexandria und Kairo und haben das Tor Ägyptens in der Hand – und zwar in der Absicht, auch hier zu handeln! Wir sind dort nicht hingegangen, um uns über kurz oder lang wieder zurückwerfen zu lassen ...“
4.10. Armeegeneral Schukow und Generaloberst Wassilewski vom sowjetischen Oberkommando besprechen mit den Oberbefehlshabern der 3 „Fronten“ im Raum von Stalingrad die geplante Umfassungsoperation gegen die 6. deutsche Armee.
6.10. Der Poglavnik (Führer) Kroatiens, Ante Pavelic, entlässt seinen Stellvertreter Marschall Kvaternik und übernimmt selbst das Kriegsministerium.
7.10.-13.11. Eine deutsche U-Boot-Gruppe operiert erstmalig vor Südafrika und versenkt 28 Schiffe mit 182.201 BRT.
9.10. In einer vertraulichen Information für alle Gau- und Kreisleiter gibt die Parteikanzlei über die „Endlösung der europäischen Judenfrage“ bekannt, dass alle Juden aus dem Reichsgebiet und den übrigen, in die Endlösung einbezogenen europäischen Ländern „laufend nach dem Osten in große, zum Teil vorhandene, zum Teil noch zu errichtende Lager transportiert“ werden. Es läge in der Natur der Sache, dass hierbei „nur mit rücksichtsloser Härte“ vorgegangen werden könne.
10.10. Deutsche Unterseeboote haben ihre Operationen nunmehr weit in den Südatlantik verlegt und versenken in den ersten Oktobertagen vor Kapstadt 13 Schiffe mit 77.447 BRT.

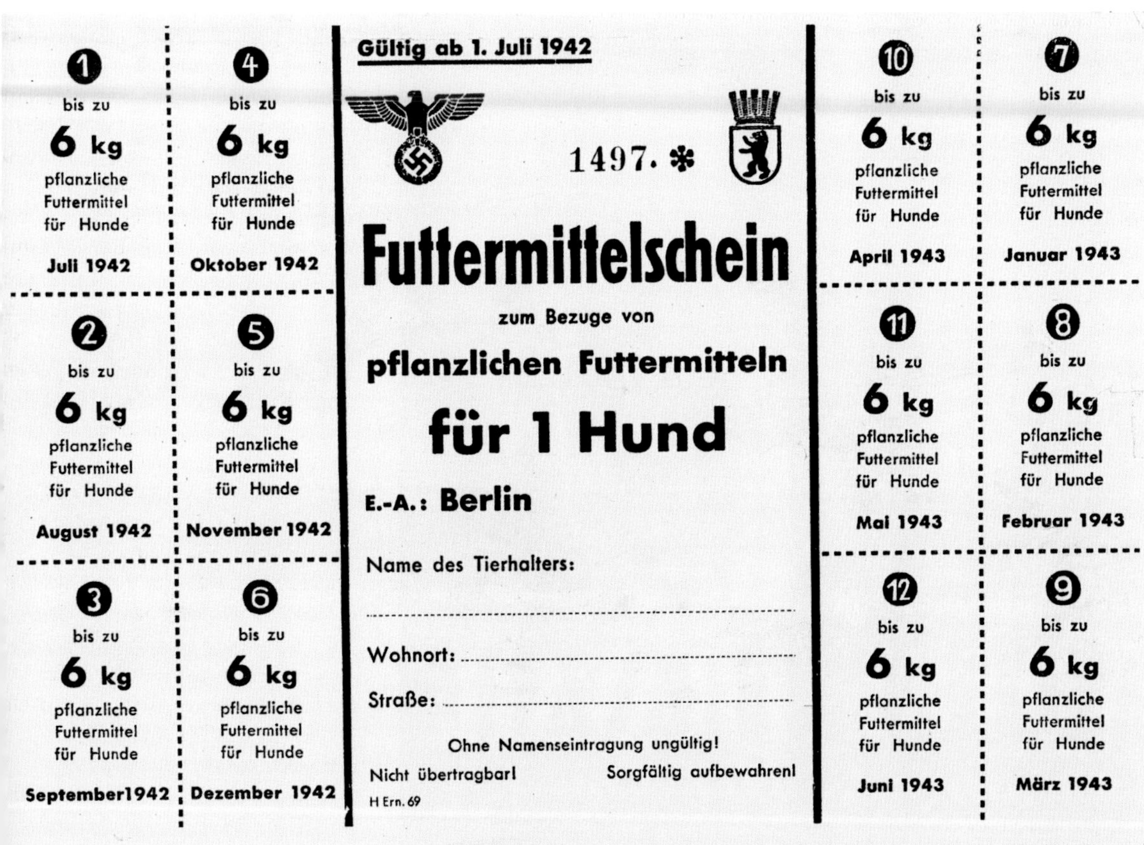
Gültig ab 1. Juli 1942

1497. ✻

Futtermittelschein

zum Bezuge von

pflanzlichen Futtermitteln

für 1 Hund

E.-A.: Berlin

Name des Tierhalters: ....

Wohnort: ....

Straße: ....

Ohne Namenseintragung ungültig!

Nicht übertragbar! Sorgfältig aufbewahren!

H Ern. 69

1 bis zu 6 kg pflanzliche Futtermittel für Hunde Juli 1942	4 bis zu 6 kg pflanzliche Futtermittel für Hunde Oktober 1942	10 bis zu 6 kg pflanzliche Futtermittel für Hunde April 1943	7 bis zu 6 kg pflanzliche Futtermittel für Hunde Januar 1943
2 bis zu 6 kg pflanzliche Futtermittel für Hunde August 1942	5 bis zu 6 kg pflanzliche Futtermittel für Hunde November 1942	11 bis zu 6 kg pflanzliche Futtermittel für Hunde Mai 1943	8 bis zu 6 kg pflanzliche Futtermittel für Hunde Februar 1943
3 bis zu 6 kg pflanzliche Futtermittel für Hunde September 1942	6 bis zu 6 kg pflanzliche Futtermittel für Hunde Dezember 1942	12 bis zu 6 kg pflanzliche Futtermittel für Hunde Juni 1943	9 bis zu 6 kg pflanzliche Futtermittel für Hunde März 1943

11./12.10. Seeschlacht bei Cape Esperance an der Nordspitze von Guadalcanal. Japanische Kreuzer werden von amerikanischen Kreuzern angegriffen. Die Japaner verlieren 2 Schiffe.

14.10. Hitler bezeichnet seine Soldaten im Osten für den kommenden Winter als „rechtzeitig und besser vorbereitet" und beurteilt die Rote Armee als „durch die letzten Kämpfe geschwächt". Die deutschen Truppen werden angewiesen, „die erreichten Linien als Ausgangsbasis für eine deutsche Offensive 1943 auf jeden Fall zu halten".

14.10. In einer Sonderaktion werden Weihnachtspakete für die Front vorbereitet. Sie enthalten u.a. Beleuchtungsmittel, Radios, Mundharmonikas, Skat-Spiele, Taschenmesser und Füllfederhalter. Hitler wünscht außerdem die Fertigung einfacher Vorführapparate für Front-Kinos.

14.10. Reichsminister Speer stellt für Helfer der Schrottsammelaktion eine größere Anzahl von Kriegsverdienstkreuzen II. Klasse zur Verfügung. Hitler genehmigt ausdrücklich die Verleihung von Kriegsverdienstkreuzen an Frauen.

15.10. Deutsche U-Boote operieren erstmals vor Kapstadt und versenken 114.000 BRT.

16.10. Beim Angriff auf Stalingrad erreicht die 16. Panzer-Division den Orlowka-Bach und stellt damit die Verbindung zwischen dem XIV. Panzerkorps und dem LI. Armeekorps her, wodurch weitere sowjetische Kräfte eingeschlossen werden.

16.10. Die SKL befürchtet einen Zusammenbruch des afrikanischen Nachschubverkehrs. In den letzten drei Monaten gingen 19 Schiffe im Mittelmeer verloren. Von Italien ist kein Ersatz zu erwarten.

18.10. In der „Weisung Nr. 46" befiehlt Hitler, alle bei Kommando-Unternehmen „von deutschen Truppen gestellten Gegner, auch wenn es sich äußerlich um Soldaten in Uniform oder Zerstörertrupps mit und ohne Waffen handelt, im Kampf oder auf der Flucht bis auf den letzten Mann niederzumachen" („Kommando-Befehl").

20.10. Die Schlacht um Stalingrad hat sich in ein zähes Ringen um einzelne Häuserblocks verwandelt. „Im nördlichen Vorort von Stalingrad entrissen die deutschen Truppen den Sowjets eine weitere Häusergruppe", heißt es dazu im OKW-Bericht.

22.10. In einer Vortragsnotiz hält der britische General Montgomery vor der Schlacht von El Alamein die Schwächen des Feindes fest: „Geringe Kopfstärke, geringe Benzin-

Bild linke Seite: „Sie geben ihr Blut – gebt ihr Eure Arbeit, um Europa vor dem Bolschewismus zu bewahren." – Ein deutsches Plakat, bestimmt für die Arbeiter im besetzten Frankreich. Die Propaganda versuchte damit, eine Verbindung zwischen dem Einsatz der französischen Freiwilligen in der Waffen-SS und der Arbeit in der deutschen Industrie herzustellen.

Bild rechte Seite: Deutscher Panzer im Hafen von Toulon.

, Munitions- und Proviantvorräte. Moral ist gut." Auf britischer Seite dagegen sieht er eine „ungeheure Überlegenheit an Geschützen, Panzern und Soldaten. Moral erstklassig." Zur Führung der Schlacht gibt Montgomery die Anweisung: „Auf Panzer und einzelne Deutsche schießen."

22.-27.10. Zur Unterstützung einer Offensive der japanischen 17. Armee zur Wegnahme des „Henderson"-Flugfeldes auf Guadalcanal operiert die „Vereinigte Flotte" ostwärts der Salomonen. Es kommt zur Träger-Luftschlacht bei Santa Cruz, in der die Japaner den US-Träger „Hornet" versenken und die „Enterprise" beschädigen, während die US-Flugzeuge 2 japanische Träger beschädigen. Weitere erhebliche Schäden auf beiden Seiten. Die Offensive scheitert trotz des taktischen Erfolges der japanischen Flotte.

23.10. Zum „Tag der Kunst" in Düsseldorf 1942 spricht Alfred Rosenberg die Hoffnung aus, es werde gelingen, „das Judentum aus allen europäischen Staaten auszuschalten".

23.10. In Stalingrad tritt die 6. Armee zu einem neuen Angriff an und nimmt das Hüttenwerk „Roter Oktober" zum großen Teil in Besitz. Sie stößt jetzt auch in diesem Abschnitt bis zur Wolga durch.

23.10. 21.40 Uhr: Beginn einer Offensive der 8. britischen Armee unter Montgomery an der El-Alamein-Front.

25.10. Die SKL erhält den Befehl, mit sämtlichen verfügbaren U-Booten gegen englische Schiffsansammlungen vor Gibraltar vorzugehen.

26.10. Hitler äußert in der Lagebesprechung Besorgnis über eine russische Winteroffensive im Abschnitt der verbündeten Armeen am Don in Richtung auf Rostow und ordnet daher an, bei allen drei verbündeten Armeen Luftwaffen-Felddivisionen als „Korsettstangen" einzusetzen.

30.10. Im Ostmittelmeer zwingen britische Zerstörer U 559 zum Auftauchen und entern das Boot, wobei Schlüsselunterlagen erbeutet werden, die Bletchley Park im Dezember den erneuten Einbruch in den U-Boot-Code ermöglichen.

30.10. Nach einwöchigem britischen Großangriff tritt an der Alamein-Front bei Sandsturm eine Kampfpause ein. Ein Durchbruch ist der 8. britischen Armee bisher nicht gelungen, doch sind die Verluste der deutsch-italienischen Gruppen erheblich.

31.10. Das Führerhauptquartier wird aus dem Lager „Werwolf" bei Winniza wieder in das Lager „Wolfsschanze" bei Rastenburg in Ostpreußen zurückverlegt.

NOVEMBER

1.11. Reichsjugendführer Axmann verleiht in Düsseldorf 200 Jungen und Mädchen für ihr besonderes Verhalten bei Luftangriffen das Kriegsverdienstkreuz.

1.-30.11. Im Atlantik, Nordmeer, Mittelmeer und Indischen Ozean versenken deutsche U-Boote 116 Handelsschiffe mit 728.533 BRT und 6 Kriegsschiffe, italienische U-Boote 8 Handelsschiffe mit 61.969 BRT. In der Ostsee versenkt 1 finnisches U-Boot 1 sowjetisches U-Boot. Japanische U-Boote versenken im Indischen Ozean 2 Handelsschiffe mit 15.338 BRT und im Pazifik 1 Kreuzer.

1.11.-14.12. Eine zweite deutsche U-Boot-Gruppe versenkt vor Südafrika 26 Schiffe mit 131.645 BRT.

2.11. Die 8. britische Armee setzt zum Durchbruch durch die Stellungen der deutsch-italienischen „Panzerarmee Afrika" an.

2.11. Die 1. Panzer-Armee erreicht in weiterem Vorstoß den Nordrand der Stadt Ordshonikidse. Die über den Kaukasus führende „Ossetische Heerstraße" wird gesperrt.

3.11. Hitler befiehlt dem Oberbefehlshaber der Truppen in Nordafrika „Halten um jeden Preis", nachdem Feldmarschall Rommel am Abend des 2. 11. den Rückzug eingeleitet hat.

4.11. Rommel erteilt aus eigener Verantwortung den Befehl zum weiteren Rückzug.

5.11. SS-Gruppenführer Dr. Best wird zum Bevollmächtigten des Deutschen Reiches in Dänemark ernannt.

6.11. In Nordafrika ist die deutsch-italienische Panzer-Armee im Rückzug auf die libysche Grenze begriffen. Das OKW meldet Kämpfe „im Gebiet von Fuka und Marsa Matruk".

7./8.11. Landung amerikanisch-englischer Streitkräfte in Marokko und Algerien, unter dem Oberbefehl von General Eisenhower. Operation „Torch".

10.11. Führerrede vor den „Alten Kämpfern" im Münchener Löwenbräukeller. Hitler über Stalingrad: „Dort war ein gigantischer Umschlagplatz. Den wollte ich nehmen – wissen Sie – wir sind bescheiden, wir haben ihn nämlich!"

10.11. Treffen Hitlers mit dem französischen Ministerpräsidenten Laval, den Hitler nach München eingeladen hatte, um zu sondieren, ob die französische Regierung in Vichy bereit wäre, auf deutscher Seite gegen Briten und Amerikaner zu kämpfen.

10.11. Über die militärischen Vorgänge in Nordafrika erklärt Churchill in einer Rede in London: „Ich habe niemals etwas anderes als Blut, Tränen, harte Arbeit und Schweiß versprochen. Jetzt haben wir aber doch etwas Neues erlebt. Den Sieg – einen bemerkenswerten, einen eindeutigen Sieg."

10.11. Mit dem Ende des Angriffs der 1. Panzer-Armee in Richtung Ordshonikidse ist die letzte deutsche Offensive des Jahres 1942 an der Ostfront zum Erliegen gekommen. Auf der ganzen Front finden nur noch örtliche Kampfhandlungen statt.

11.11. 07.00 Uhr: Deutsche und italienische Truppen überschreiten die im Waffenstillstand festgelegte Demarkationslinie und nehmen das bisher nicht besetzte Gebiet Frankreichs in Besitz.

11.-15.11. Versuche der Japaner, mit Schlachtschiffen und Kreuzern das „Henderson"-Flugfeld auf Guadalcanal auszuschalten, führen zu zwei Nacht-Seeschlachten, in denen in Nahgefechten die japanischen Schlachtschiffe „Hiei" und „Kirishima", 1 Kreuzer und 4 Zerstörer, auf US-Seite 2 Kreuzer und 7 Zerstörer verloren gehen und das Schlachtschiff „South Dakota" schwer beschädigt wird.

12.11. In Nordafrika nimmt die britische 8. Armee Sollum, Bardia und das Fort Capuzzo. Die deutsch-italienische Panzer-Armee zieht sich an den Ostrand von Tobruk zurück.

13.11. In Nordafrika besetzt die britische 8. Armee Tobruk, während die deutsch-italienischen Truppen weiter in die Cyrenaika ausweichen.

13.11. Zusammen mit Stalin halten die Generale Schukow und Wassilewski in einem Lagevortrag fest: „Es sind alle Grundlagen geschaffen für die Eröffnung der Offensive durch die Truppen der Südwestfront und der Donfront am 19. und der Stalingradfront am 20. Nov."

16.11. Als erster Frau verleiht Hitler Hanna Reitsch das Eiserne Kreuz I. Klasse, „in Anerkennung der besonderen Verdienste, die sie sich unter stetem Einsatz ihres Lebens um die Entwicklung des deutschen Fluggerätes erworben hat".

16.11. Hitler erlässt eine Verordnung über die Reichsverteidigungs-

Bild linke Seite: In den Ruinen der großen Fabriken von Stalingrad wurde fast fünf Monate erbittert gekämpft.

Bild rechte Seite: der Vormarsch, den Hitler seinen Soldaten befohlen hat, wird in den Schneewüsten Russlands enden. Aus dem Hakenkreuz wird ein Grabkreuz werden, prophezeit die sowjetische Karikatur.

kommissare und die Vereinheitlichung der Wirtschaftsverwaltung.
16.11. Teilmobilmachung in Spanien zum Schutz seiner Neutralität.
17.11. Erste Kampfberührung zwischen den deutschen Truppen in Tunesien und alliierten Verbänden, 50 km westlich Biserta.
18.11. Admiral Dönitz legt der SKL eine Lagebeurteilung vor, in der er sich gegen den verlustreichen U-Boot-Einsatz im Mittelmeer und für die Fortsetzung der Atlantik-Schlacht ausspricht.
19.11. 05.00 Uhr: Beginn der sowjetischen Großoffensive bei Stalingrad.
20.11. In Nordafrika besetzt die britische 8. Armee Benghasi, während die deutsch-italienischen Truppen sich auf Adegabia zurückziehen.
21.11. In einem Runderlass des Inspekteurs der Konzentrationslager wird festgelegt, dass Todesfälle von Juden und Jüdinnen nur noch in einer Sammelliste zu erfassen sind.
22.11. Die sowjetischen Truppen schließen die 6. Armee und weitere deutsche und rumänische Verbände, insgesamt ca. 250.000 Mann, im Raum zwischen Don und Wolga bei Stalingrad ein.
22.11. Hitler kehrt vom Berghof ins Führerhauptquartier „Wolfsschanze" zurück. Er gibt die Führung der Heeresgruppe A ab und ernennt Generaloberst von Kleist zum Oberbefehlshaber der Heeresgruppe. Er befiehlt: „Die 6. Armee igelt sich ein und wartet Entsatz von außen ab!"
23.11. Südlich Stalingrad befindet sich das VI. rumänische Armeekorps in Auflösung. Im großen Don-Bogen werden Auffangstellungen am Tschir aufgebaut. Der Oberbefehlshaber der 6. Armee teilt in der Nacht durch Funkspruch mit, seine Armee gehe der Vernichtung entgegen, wenn ihr nicht sofort die „Herausnahme aller Divisionen aus Stalingrad" und der „Durchbruch nach Südwesten" gestattet würden.
23.11. In der Nacht zum 23. Nov. werfen 222 britische Flugzeuge bei 10 Verlusten 335 t Bomben auf Stuttgart, wo der Hauptbahnhof getroffen wird. Nebenangriffe erfolgen auf Echterdingen und Schlettstadt. In dieser Nacht fand auch der erste systematische Luftangriff mit Spreng- und Brandbomben auf die Innenstadt Berlins statt.
24.11. In einem Funkspruch an die 6. Armee, die „vorübergehend von russischen Kräften eingeschlossen" sei, befiehlt Hitler, die Stellungen bei Stalingrad zu halten, nachdem Göring ihm zugesichert hat, dass es möglich sein werde, die Armee aus der Luft zu versorgen.
25.11. Beginn der Luftversorgung des Kessels von Stalingrad. Tagesdurchschnitt sind rund 95 t anstelle der von Göring versprochenen 300 t Nachschubgüter.
26.11. Hitler lehnt die Aufgabe Stalingrads als den „Verzicht auf den wesentlichen Erfolg der Offensive dieses Jahres" kategorisch ab.
27.11. Besetzung Toulons durch deutsche Panzertruppen. Selbstversenkung der französischen Kriegsflotte im Hafen von Toulon: 61 Schiffe mit 225.000 t.
28.11. Aus dem Osten meldet das OKW: „Zwischen Wolga und Don,

im großen Don-Bogen und in Stalingrad scheiterten wiederum schwere Angriffe des Feindes in erbitterten Kämpfen."

30.11.-8.12. Eine japanische Zerstörergruppe mit 8 Zerstörern greift bei einem Versorgungseinsatz für Guadalcanal vor Tassafaronga eine US-Kreuzergruppe mit 5 Kreuzern und 6 Zerstörern mit Torpedos an, durch die ein Kreuzer versenkt und drei weitere schwer beschädigt werden, bei nur einem eigenen Verlust. Bei einem weiteren Versorgungseinsatz werden japanische Zerstörer von US-Schnellbooten, u.a. mit „PT-109" (Lt. John F. Kennedy), erfolglos angegriffen.

DEZEMBER

1.12. Mussolini gibt Hitler den Rat, „das Kapitel des Krieges gegen Russland, der keinen Zweck mehr hat, ... auf die eine oder andere Weise" abzuschließen.

1.-31.12. Im Atlantik, Mittelmeer und Indischen Ozean versenken deutsche U-Boote 59 Handelsschiffe mit 315.971 BRT und 6 Kriegsschiffe, italienische U-Boote 5 Handelsschiffe mit 22.008 BRT. Im Indischen Ozean versenkt ein japanisches U-Boot 1 Handelsschiff mit 6.323 BRT.

2.12. Der US-Kernphysiker Enrico Fermi lässt in Chicago den ersten Atom-Reaktor anlaufen.

2.12. Mindestens 600 normale Eisenbahnwagen sollen auf Befehl Hitlers binnen 14 Tagen in Behelfslazarettwagen umgebaut werden. Sie werden auf der Hinfahrt zur Ostfront als normale Güterwagons eingesetzt und dienen nur auf der Rückfahrt als Lazarettwagen. Die Wagen erhalten doppelte Wände, Decken und Böden sowie Ofenheizung.

4.12. Erster US-Luftangriff auf Italien gegen Neapel: 1 Kreuzer versenkt.

4.12. „In Anerkennung des pflichtgetreuen Einsatzes der Waffen-SS" verleiht Hitler den SS-Divisionen „Leibstandarte Adolf Hitler", „Das Reich", „Totenkopf" und „Wiking" die Bezeichnung „SS-Panzergrenadier-Division".

5.12. Vor Amtswaltern seines Gaues erklärt der Gauleiter und Reichspropagandaminister Dr. Goebbels, dass „im Osten der bessere Mensch, die bessere Rasse, die bessere Anschauung und die bessere Führung den endgültigen Sieg davontragen werden, wie sie im geschichtlichen Ablauf der Welt noch immer gesiegt haben".

6.12. In einer Rede vor sozialdemokratischen Emigranten in Großbritannien fordert Erich Ollenhauer eine „ernsthafte und sachliche Vorbereitung in der Emigration" auf die politische Neugestaltung in Deutschland nach dem Sturz der Hitler-Diktatur.

7.12. Das System der deutschen Luftwarnung wird durch einen Erlass über die „öffentliche Luftwarnung bei Nacht" ergänzt.

9.12. Generalfeldmarschall von Manstein erklärt bei der Lagebesprechung seine Absicht, am 11. oder 12. Dez. zum Entsatz der 6. Armee zum Angriff anzutreten. Hitler ist zuversichtlich, die alte Stellung am Don wiedergewinnen zu können; wie er meint, ist „die erste Phase der großen russischen Winteroffensive abgeschlossen, ohne dass sie entscheidende Erfolge gebracht hat".

11.12. In Nordafrika beginnt die britische 8. Armee mit dem Angriff gegen die deutsch-italienischen Stellungen bei Marsa el Brega.

11.12. Aus Gründen der Arbeits- und Papierersparnis behalten die Lohnsteuerkarten 1942 auch für 1943 ihre Gültigkeit.

12.12. Unter dem Decknamen „Wintergewitter" tritt die 4. Panzer-Armee unter Generaloberst Hoth mit dem LVII. Panzer-Korps aus dem Raum von Kotelnikow zu einem Angriff an mit dem Ziel, die Verbindung mit der eingeschlossenen 6. Armee bei Stalingrad wiederherzustellen.

13.12. Das an der Ostfront eingesetzte Jagdgeschwader 54 unter Major Trautloft meldet seinen 3000. Luftsieg.

Bild linke Seite: Das Zeichen der Kriegsflagge am Helm, treiben als Affen charakterisierte abgeschossene japanische Piloten auf ihrem Schlauchboot im Pazifik. Im Hintergrund stürzt ihre Maschine ins Meer. Amerikanische Karikatur auf die japanische Niederlage bei Midway.

Bild rechte Seite: Bei dem versuch ganz Ostasien unter Japans Führung neu zu ordnen, präsentierten sich die streitbaren Söhne Nippons als Vorkämpfer der „gelben Rasse" gegen den verhassten europäischen Kolonialismus. Das japanische Propagandaplakat wendet sich an die indische Freiheitsbewegung, das Joch der britischen Fremdherrschaft abzuschütteln.

13.12. Beim Entsatzangriff auf Stalingrad erreicht die 6. Panzer-Division den Aksai und überschreitet den Fluss auf einer unversehrt gebliebenen Brücke. Das OKW meldet: „Eigene Panzerkräfte, die aus dem Raum südwestlich Stalingrads vorstießen, zerschlugen den starken Feind ..." Die Einschließung von Stalingrad ist jedoch bislang noch nicht bekannt gegeben worden.
15.12. Von den Getreidesammelstellen in der Ukraine wird die Ablieferung von 8,1 Millionen Tonnen Getreide im Jahre 1942 gemeldet.
15.12. Die Presse weist darauf hin, dass die Raumbeheizung durch elektrische Heizgeräte kriegswirtschaftlich unerwünscht ist. Die Herstellung solcher Geräte wurde bereits Ende 1941 verboten.
16.12. Beginn der Offensive der sowjetischen „Woronesch-Front". Die für die Versorgung von Stalingrad wichtige Nachschubbasis Tazinskaja wird von sowjetischen Panzern überrollt. 124 Transportflugzeuge können noch unter Beschuss starten.
18.12. Der bisherige Befehlshaber der spanischen „Blauen Division" an der Ostfront, General Munoz Grande, kehrt nach Madrid zurück.
21.12. Der Angriffsgruppe der 4. Panzerarmee gelingt es, bis auf 48 km an Stalingrad heranzukommen. Der Angriff scheitert aber am Widerstand der sowjetischen Truppen.
22./23.12. Der Gesamtausbruch der 6. Armee als letzte Möglichkeit (Unternehmen „Donnerschlag") kann nicht befohlen werden, weil Hitler die Genehmigung verweigert.
23.12. An der Kaukasus-Front wird die Zurücknahme des III. Panzerkorps aus dem Raum von Ordshonikidse planmäßig abgeschlossen.
24.12. Als „Elterngabe" werden für jeden im Krieg gefallenen Sohn 300 RM ausbezahlt.
24.12. Südwestlich Stalingrads tritt die sowjetische „Stalingrad-Front" unter General Jeremenko zum Gegenangriff gegen den Raum von Kotelnikowo an und durchbricht die Front der 4. Rumänischen Armee.
24.-31.12. Die U-Bootgruppe „Spitz" mit 10 U-Booten greift im Nordatlantik den Konvoi ONS.154 an. Zusammen mit der zusätzlich herangeführten Gruppe „Ungestüm" (9 U-Boote) werden 14 Schiffe mit 109.893 BRT versenkt. Ein U-Boot geht verloren.
25.12. Über den Rundfunk erklärt Goebbels zur 4. Kriegsweihnacht: „Für unsere Kinder arbeiten und kämpfen wir. Wir müssen durch das Inferno dieses Krieges hindurch, um für sie den Eingang in eine schönere und edlere Welt zu finden."
27.12. Gründung des „Smolensker Komitees" unter Führung des ehemaligen sowjetischen Generals Wlassow, später umbenannt in „Komitee zur Befreiung der Völker Russlands". Am 8. 7. 1943 verbietet Hitler aber den Einsatz der von diesem Komitee gebildeten Armee.
27.12. In einem Führerbefehl für die „weitere Kampfführung auf dem Südflügel der Ostfront" erklärt Hitler: „Ausschlaggebend für alle Maßnahmen und grundlegend für die Kampfführung der nächsten Zeit muss die Befreiung der 6. Armee bleiben." Die „Heeresgruppe Don" habe daher „das Gebiet um Kotelnikowo auf jeden Fall als Ausgangsbasis für das Antreten zur Befreiung der 6. Armee zu halten. Sie bildet die einzige Voraussetzung, die 6. Armee zu befreien."
29.12. Hitler fasst den Entschluss, die vereinigten Heeresgruppen „A" und „Don" weit zurückzunehmen, da angesichts der Gesamtentwicklung im Südabschnitt der Ostfront der weit vorspringende Frontbogen der 1. Panzer-Armee am Nordrand des Kaukasus nicht länger gehalten werden kann. Feldmarschall von Manstein hält inzwischen „jede Hoffnung, die 6. Armee doch noch zu retten", für „illusorisch".
31.12. Missglückter Angriff einer deutschen Kampfgruppe gegen den Murmansk-Konvoi JW-51B. Schwerer Kreuzer „Admiral Hipper" beschädigt, 1 Zerstörer gesunken. Hitler fordert die Außerdienststellung aller großen Schiffe.

Kampf um Tobruk

Am 18. November 1941 beginnt die lange vorbereitete britische Offensive. Monatelang ist hinter der Front Nachschub gesammelt worden, monatelang sind Verstärkungen herangerollt. Ziel Nummer eins ist die Zerschlagung der beiden Panzerdivisionen, die Rommel mittlerweile zur Verfügung hat: die 15. und die 21. Panzerdivision. Zweites Ziel ist der Durchbruch bis Tobruk, um die Besatzung zu befreien und von da aus Vorbereitungen für eine weitere Offensive zu treffen.
Der britische Angriff ist mit aller Sorgfalt vorbereitet worden. Eine Eisenbahnlinie ist so weit wie möglich an die Front herangebaut worden. Von Alexandria aus sind eine Treibstoff- und eine Wasserleitung bis dicht hinter die Front gelegt worden. Nahezu 30.000 Tonnen Munition und Nachschubgut lagern hinter der Front. Die Royal Air Force hat die deutschen Stellungen und die deutsche Stärke genau erkundet und zusammen mit der Flotte die deutschen Nachschublinien bombardiert und unter Feuer genommen.
Gleich zu Beginn fällt der Gefechtsstand des Deutschen Afrika-Korps in die Hände der Neuseeländer, ein schwerer Verlust.
Wenn auch die Schlacht zunächst hin und her wogt, so gelingt den Briten doch ein solcher Durchbruch, dass sich nun die Entscheidungsschlacht in der Nähe von Tobruk abspielt, in der Wüste bei Sidi Rezegh, Panzer gegen Panzer, Mann gegen Mann. Die deutsch-italienischen Truppen scheinen schon geschlagen. Da fällt Rommel wieder einmal eine Überraschung ein. Er lässt die britischen Panzer mitten in der Schlacht einfach stehen und braust mit seinen überlebenden Panzern in Richtung Osten, dorthin, von wo die Briten ihn eben vertrieben haben. Er rechnet damit, dass er dort nur Nachschubtruppen vor sich haben wird, mit denen er fertig werden kann. Mit diesem Streich könnte er die Niederlage in einen unerwarteten Sieg verwandeln.
Der Plan schlägt fehl, obwohl nur zweitausend Meter an seiner Verwirklichung fehlen. Rommels Panzer stoßen zwei Kilometer an den reichen britischen Nachschublagern vorbei. Die Lager werden aus der Ferne gesehen, aber keiner der deutschen Offiziere und Soldaten ahnt die Wichtigkeit der Zeltstadt dort im flimmernden Dunst. So ist es vergebens, die Briten abschneiden zu wollen, denn sie haben ihren Nachschub bei sich. Eine kurze Rechtswendung hätte genügt – Rommel hätte den Feindnachschub für sich gehabt, der Feldzug in Afrika wäre in jener Stunde zu einer englischen Niederlage geworden.
So brausen die Panzer des Afrika-Korps an der mehr als gewaltigen Beute vorbei, weil sie sie nicht erkennen.
Sie kommen wieder an die ägyptische Grenze, hinter ihnen fast die gesamte britische 8. Armee, vor sich nur schwache Sicherungen. Aber es sind nur noch 20 bis 30 Panzer unter dem Befehl von General Ravenstein, die am 25. November von Rommel den Befehl erhalten, unbedingt nach Ägypten vorzustoßen.
Die Panzer stehen bereit, da kommt ein Funkspruch: „Bisherige Befehle aufgehoben. Indische Stellungen in Richtung Bardia durchbrechen!"
Bardia liegt westwärts, im Rücken von Ravensteins wenigen übriggebliebenen Panzern, dort wo noch immer die Hauptstreitmacht des Gegners steht.
Tatsächlich gelingt es Ravenstein, bis Bardia durchzubrechen. Dort findet er Rommels Befehlspanzer schon vor. Rommel sitzt darin und schläft. Ravenstein weckt ihn und meldet sich. Der verschlafene Rommel fällt aus allen Wolken. „Was soll das heißen? Was wollen Sie hier?" Nun ist das Erstaunen an Ravenstein. Er berichtet Rommel von dem Funkspruch, dass der Befehl, nach Ägypten vorzustoßen, aufgehoben sei und er nach Bardia durchstoßen sollte.
„Schwindel!" explodiert Rommel. „Die Engländer müssen unsere Verschlüsselung haben! Von denen kommt dieser Befehl!"
Später stellt sich heraus, dass es doch nicht die Engländer waren. Der Befehl kam von Oberstleutnant Westphal, der die zusammenfassenden Aufklärungsergebnisse der Luftwaffe erhielt und daraus ersah, dass die britischen Streitkräfte um Tobruk so stark waren, dass der Vorstoß so weniger deutscher Panzer in entgegengesetzter Richtung nach Ägypten hinein glatten Selbstmord bedeutet hätte. Die Briten könnten dann ungehindert, mit der Besatzung von Tobruk vereint, weiter nach Westen vorstoßen bis Tripolis. Die paar Panzer Ravensteins in ihrem Rücken waren so schwach, dass

sie sich darum nicht zu kümmern brauchten. Westphal hat Rommel fieberhaft zu erreichen gesucht, aber der OB war nicht aufzufinden. So hatte der Oberstleutnant auf eigene Faust Rommels letzten Befehl widerrufen und dem General Ravenstein einen anderen Kampfauftrag erteilt.
So wütend Rommel im Augenblick ist, so hat er doch genügend Größe, seinen Fehler – als er ihn erkennt – einzugestehen. „Sie haben richtig gehandelt", sagt er später zu Westphal. „Ich bin Ihnen wirklich aufrichtig dankbar!"
Aus Rommels Vorstoß nach Ägypten jedenfalls wird diesmal noch nichts. Die längst in Rommels Rücken stehenden Briten haben sich am 27. November mit der Besatzung von Tobruk vereinigt, nachdem sie in der Nacht zuvor Sidi Rezegh eingenommen haben. Der General Godwin-Austen sendet nach Kairo den Funkspruch: „Ich und Tobruk erlöst!"

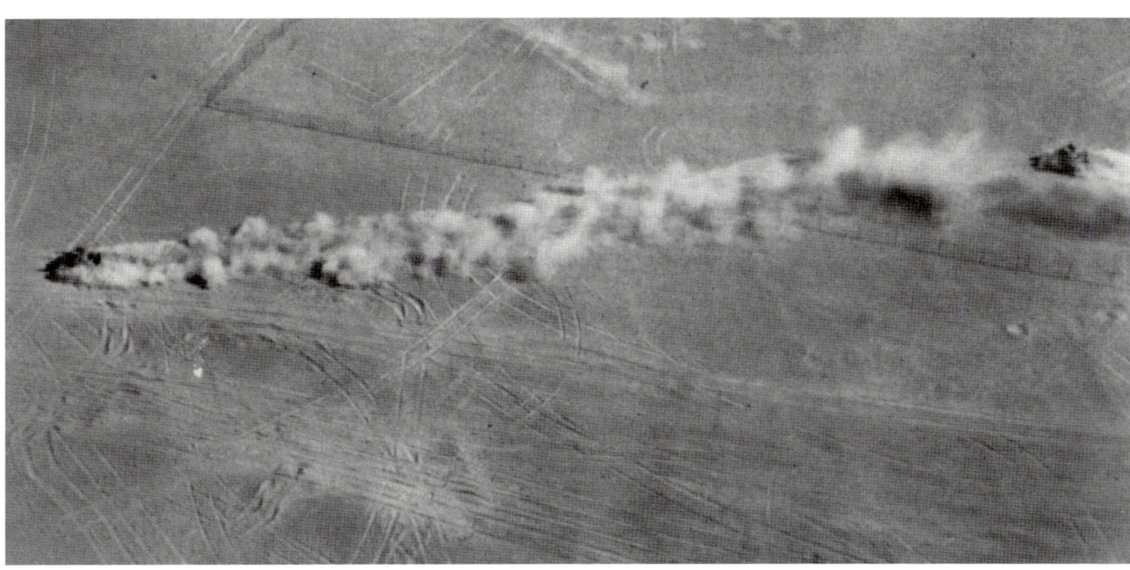

Bild linke Seite: Bombardierung von Tobruk. Dieser wichtige Cyrenaika-Hafen war am 11. April 1941 von den Achsen-Truppen eingeschlossen worden, hatte sich aber, da er über See versorgt wurde, gehalten und wurde am 10. Dezember durch Auchinleck entsetzt.

Bild rechte Seite oben: Deutscher Spähwagen auf der Wüstenpiste. Vor fast unlösbare Probleme stellte die Wüste anfangs die deutschen motorisierten Einheiten. Erstaunlich rasch aber lernten die Landser den Umgang mit Wind, Sand und Steinen. Ihrer Improvisationsgabe war es zu danken, dass das Afrika-Korps seine volle Beweglichkeit ausspielen konnte.

Bild rechte Seite unten: italienische Panzer in der Wüste. Die Kolonne ist eingehüllt in dichte Wolken aufstiebenden Sandes. Der Staub hatte viele unangenehme Eigenschaften: Er ruinierte Motoren und Waffen, er brannte in den Augen von Mensch und Tier, er nahm die Sicht. Aber er ließ sich auch zur Täuschung des Gegners nutzen. „Staub spart Munition", sagte Rommel und ließ Lastwagen im Sand herumfahren, um Aufmärsche vorzutäuschen, die gar nicht stattfanden.

Bis nach El Agheila, in der Südost-Ecke der Großen Syrte, müssen die Deutschen und Italiener zurückweichen. Immerhin hat Rommels dann abgeblasener Vorstoß nach Ägypten große Verwirrung angerichtet. Die britischen Nachschubtruppen, die natürlich nicht wissen konnten, wie schwach Rommel in Wirklichkeit war, sind zu einem Teil mit Vollgas bis Alexandrien und Kairo durchgebraust, Panik um sich verbreitend, während Rommel schon wieder auf dem nicht von ihm, sondern von Oberstleutnant Westphal angeordneten Rückzug war.

Rommels Name ist längst auch dem letzten britischen Soldaten ein Begriff. Dieser deutsche General, dem die Engländer den Namen „Wüstenfuchs" gegeben haben, scheint manchem geradezu unheimlich in seiner Allgegenwärtigkeit, mit seinen immer wieder überraschenden Einfällen. Der neue britische Oberkommandierende in Nordafrika sieht sich sogar veranlasst, einen Geheimbefehl an die Offiziere der ihm unterstellten Truppen auszugeben, in dem es heißt: „Es besteht die Gefahr, dass unser Freund Rommel eine Art Zauberer oder Kinderschreck für unsere Truppe wird, denn die Männer sprechen zu viel von ihm. Er ist auf keinen Fall ein Übermensch, obgleich er wirklich sehr energisch und fähig ist.

Selbst wenn er ein Übermensch wäre, würde es höchst unerwünscht sein, dass unsere Leute ihm übernatürliche Kräfte zuschreiben. Ich fordere Sie daher auf, mit allen Mitteln den Eindruck zu verwischen, dass Rommel mehr darstellt als einen gewöhnlichen deutschen General.

Die Hauptsache ist jetzt, dafür Sorge zu tragen, nicht mehr von „Rommel" zu sprechen, wenn wir den Feind in Libyen meinen. Bitte achten Sie darauf, dass dieser Befehl unverzüglich befolgt wird, und legen Sie allen Kommandeuren nahe, dass diese Angelegenheit vom psychologischen Standpunkt aus besonders wichtig ist.

C. J. Auchinleck, General
Commander in Chief Middle East Forces

Postscriptum: Ich bin nicht eifersüchtig auf Rommel!"

Rommel hat seine erste Niederlage erlitten. Sie ist bei weitem nicht sc

schlimm wie die der Italiener vor einem Jahr – aber immerhin. Die Moral der deutschen Afrikakämpfer hat dennoch nicht gelitten. Sie vertrauen auf Rommel und darauf, dass es bald wieder vorwärtsgehen wird.
Mit dem „bald" wird es nichts. Bei El Agheila treten die Gegner wieder auf der Stelle, wobei ausdrücklich angemerkt werden muss, dass die Italiener jetzt, unter Rommels Führung, zum Teil außerordentlich tapfer kämpfen, insbesondere bei der Verteidigung von El Gobi. Der britische General Desmond Young, der in Nordafrika in deutsche Gefangenschaft geriet, hat ein Buch über Rommel geschrieben. Darin sagt er: „Wenn Rommel eine hervorragende Eigenschaft hatte, war es die, dass er bei jedem Anprall sofort wieder zurückprallte. Er war wie ein Stehaufmännchen. Kaum hatte man ihn umgekippt, stand er wieder auf den Beinen. Am 11. Januar 1942 lag er hinter El Agheila und suchte sich von den schweren Schlägen der letzten Kämpfe zu erholen. Am gleichen Tage eroberten die Südafrikaner (die ebenfalls in Nordafrika eingesetzt waren) 550 Kilometer weiter östlich Sollum. Anfang Januar war Bardia gefallen. Am 17. Januar kapitulierten auch die deutschen Kräfte am Halfaya-Pass. Ihre Wasserversorgung war abgeschnitten. Sie waren vor Hunger erschöpft."
Der Halfaya-Pass, den General Young erwähnt, ist von Major Bach verteidigt worden, im Zivilberuf Pfarrer! General Young schreibt weiter: „Zwei Drittel der Achsenstreitkräfte waren vernichtet. Knapp die Hälfte des Afrika-Korps war dem Tode oder der Gefangenschaft entronnen oder unverletzt aus den Kämpfen hervorgegangen. ... Von Rommels 412 Panzern lagen 386 ausgebrannt, als rauchgeschwärzte Wracks, auf den Schlachtfeldern."
Im Februar 1942, während die Landser in Russland nach dem Rückschlag vor Moskau und dem Kampf in den Kesseln von Cholm und Demjansk entweder noch in den eisigen Stellungen oder aber im Süden in den Schlammlöchern liegen, greift Rommel wieder an. General Young schreibt, wie erschöpft Rommel und seine Truppen waren, ohne regelmäßige Mahlzeiten, ohne genügend Schlaf, bittere nächtliche Kälte, glühende, alles ausdörrende Hitze am Tage: „Als er El Agheila erreichte, war er wirklich erschöpft. Und doch gab er den Soldaten des Afrika-Korps gleich wieder einen neuen Marschbefehl, sogar ohne begrenztes Kampfziel. Sie sollten Marschverpflegung für drei Tage fassen und ihm dann so rasch wie möglich folgen. Mit einigen Verstärkungen, aber doch nur mit etwa 100 Panzern, darunter einigen leichten, und nahezu ohne Jägerschutz brach Rommel dann in drei Kolonnen auf. Rasch wurden die schwachen und weit auseinandergezogenen Sicherungsabteilungen des Gegners beiseite gefegt."
Sofort wird, wie bei Rommel beinahe schon üblich, aus der zunächst nur geplanten „bewaffneten Aufklärung" eine ganze Offensive.
„Die (britische) 1. Panzerdivision, die ... gerade die kampferprobten Wüstenratten von der 7. Division abgelöst hatte, war ohne jede Erfahrung im Wüstenkrieg. Sie verlor 100 von ihren 150 Panzern und viele Geschütze. Rommel hatte die 8. Armee überrumpelt. Am 7. Februar hatte er sie bei einem Eigenverlust von nur 30 Panzern auf die Linie Gazala – Bir Hacheim zurückgedrängt. Welchen Maßstab man auch anlegt: Das war kühne und beste Feldherrnkunst!"
Mittlerweile ist Japan in den Krieg eingetreten. Und so fern der „Ferne Osten" auch vom nordafrikanischen Kriegsschauplatz entfernt ist – Japans Eingreifen in den bis dahin nur europäischen Krieg macht sich doch bemerkbar. Die Briten ziehen Truppen aus Nordafrika ab, um sie nach dem Fernen Osten zu werfen. Die 18. Division landet in Singapur gerade in dem Augenblick, als die Garnison der für uneinnehmbar gehaltenen britischen Seefestung durch die Japaner von Land her erobert wird. Zwei Brigaden der Division, die eigentlich gegen das deutsche Afrika-Korps eingesetzt werden sollte, gehen kampflos in japanische Gefangenschaft.
Die britische Führung diskutiert hin und her, wann denn nun wohl die Offensive weitergeführt werden soll, um die Achsenstreitkräfte aus Nordafrika zu vertreiben. Churchill sagt: „Heute. Spätestens gestern!" General Auchinleck sagt: „Nein, erst wenn eine gewisse Erfolgschance gegeben ist!"
Es beginnt bei den Briten, wie General Young berichtet, „ein Ferndiskutieren am laufenden Band . . ., das bei allen Beteiligten immer den Eindruck hinterließ: Um Gottes willen, der Mann am anderen Ende der Strippe ist aber ein Halbidiot!"
Die größte Sorge der Briten ist, dass sie ihren Stützpunkt auf der Insel Malta verlieren könnten. Malta, die Felseninsel südlich von Sizilien und nördlich von Tripolis, versperrt alle Nachschubwege der Achsenmächte. Die Engländer haben sich selbst schon mit dem Gedanken abgefunden, eines Tages Malta aufgeben zu müssen. Schließlich ist es noch kein Jahr her, dass deutsche Fallschirmjäger die weit größere und von weit stärkeren Kräften besetzte Insel Kreta erobert haben. Malta ist gegen Kreta tatsächlich nur ein „kleiner Fisch".
Die Engländer haben noch immer nicht mitbekommen, dass sie ihren besten Verbündeten an exponierter Stelle in der deutschen Führung sitzen haben – den Generalstabschef Halder. Halder ist prinzipiell gegen den Krieg in Nordafrika, er ist na-

Bild linke Seite oben: Eine schwere Batterie beim direkten Beschuss. Bei den schnell wechselnden Situationen im Wüstenkrieg mussten die Artilleristen nicht selten Feindpanzer auf diese Weise bekämpfen.

Bild linke Seite unten: Vorgeschobene Gefechtsvorposten mit einem schweren Maschinengewehr. Das Ausheben der Deckungslöcher im steinigen Boden bedeutete stundenlange harte Knochenarbeit.

Bild rechte Seite: Dreimotorige italienische Bomber über Malta. NS-Propagandazeichnung.

turgemäß auch gegen die Eroberung Maltas, weil er sie für sinnlos und überflüssig hält. Deutschland kämpft in Europa auf Leben und Tod – was interessiert Afrika!

Am 27. Mai 1942 tritt Rommel zur Offensive an – ohne dass Malta vorher eingenommen worden ist, wie er verlangt hat. Deshalb kommt der Nachschub für Rommels Truppen immer nur tröpfchenweise.

Und noch schlimmer – Rommel, der trotz seines unkonventionellen Vorgehens auch in großem Rahmen zu denken vermag, unternimmt seine Offensive ohne Unterstützung der deutschen Führung, ja, sogar gegen ihren Willen.

Er weiß, dass in Russland die deutschen Truppen auf dem Weg zum Kaukasus sind, er denkt, sosehr er „Frontgeneral" ist, der bei den einfachen Landsern vorn in einem eiskalten Sandloch schläft, weiter als die Strategen im Führerhauptquartier. Wenn man ihm zu jener Zeit sagen würde, was gewisse Leute im Hauptquartier über ihn denken, würde Rommel wahrscheinlich sehr entsetzt sein.

Im Gegensatz zu Rommel überlebt Halder den Krieg. Und deshalb kann er auch in der Gefangenschaft aussagen, was an Rommel auszusetzen sei. Ein damaliger Kriegsgegner, wieder der General Young, berichtet nach dem Krieg über die Vernehmung des deutschen Generalstabschefs:

„Ich", so sagt Halder, der im Juni 1941 den Ostfeldzug in sechs Wochen beendet wähnt, zu dem alliierten Vernehmungs-Offizier, „sprach über diese Angelegenheit mit Rommel zuletzt im Frühjahr 1942. Damals sagte er mir, er werde Ägypten und den Suezkanal erobern. Ich konnte mich eines leichten unhöflichen Lächelns nicht erwehren und fragte ihn, was er denn für die Durchführung dieser Pläne brauche. Er meinte, er brauche zwei weitere Panzerkorps. Ich fragte ihn: „Angenommen, wir hätten diese zwei Korps, wie würden Sie den Materialnachschub und die Verpflegung sicherstellen?" Auf diese Frage antwortete er: „Das geht mich nichts an, das ist Ihre Sache!" Und damit hat Rommel natürlich Recht. Der Nachschub geht ihn als den Befehlshaber der Frontruppen wirklich nichts an. die beiden Panzerkorps, über die er mit Halder spricht, bekommt er natürlich nicht. Das allerdings liegt nicht an Halder, sondern an der Situation, die nach der Winterschlacht vor Moskau an der Ostfront entstanden ist. Alle verfügbaren Kräfte werden für die neue Offensive in Richtung Kaukasus und Stalingrad benötigt. Dennoch wäre die Erfüllung von Rommels Forderung gerade für die Ostfront wichtig gewesen. Rommel hatte die Absicht, mit seiner durch zwei Armeekorps verstärkten Streitmacht durch ganz Ägypten bis Syrien und bis zum Hafen von Basra vorzustoßen. Damit hätte er nicht nur in Basra die amerikanischen Hilfslieferungen für die Sowjetunion abschneiden können, sondern durch die Anwesenheit in Syrien und einen weiteren Vorstoß nach Norden den Süden der Sowjetunion so bedrohen können, dass der Abzug der zwei Armeekorps von der Ostfront mehr als wettgemacht worden wäre.

Jedenfalls beginnt Rommel am 27. Mai 1942, für die Briten völlig überraschend, aus der Verteidigung heraus mit seiner Offensive. Seine Kampfkraft beträgt nur etwas über die Hälfte von der des Gegners. Aber Rommel meint, dass die Überraschung einige Divisionen ersetzt.

Die gegnerischen Truppen haben sich auf einer Linie eingegraben, die von der Küste im Norden bei Gazala bis Bir Hacheim im Süden verläuft. Bei Gazala beginnt Rommel zunächst mit einer Scheinoffensive. Die britische Führung fällt darauf herein und wirft Verstärkungen an den scheinbar so gefährdeten Frontabschnitt. Rommel aber lässt plötzlich den Gegner stehen, wie er es schon so oft gemacht hat, und umgeht ihn im Süden. Dann stößt er auf die Festung Tobruk zu.

Bald erkennt der Befehlshaber der britischen 8. Armee, General Ritchie, Rommels Absicht.

Schnell wirft er seine Truppen an der Küste herum nach Süden und zum Teil zurück, in Richtung Tobruk. Rommels Waffe der Überraschung ist noch nicht stumpf. Während das Deutsche Afrika-Korps durch die Wüste nach Norden vorstößt, wird eine britische Einheit nach der anderen vernichtet oder gefangengenommen. Dennoch verlangsamt der britische Widerstand natürlich Rommels Vordringen und fügt seinen Truppen schwere Verluste zu. Zeitweilig gerät Rommel mit seinen deutsch-italienischen Truppen in verzweifelte Lagen. Schließlich marschieren sie durch die Wüste: Treibstoff, Wasser und Verpflegung sind mehr als knapp. Auch die Munition geht bald zur Neige. Dann stoßen die Achsenstreitkräfte südlich von Bir Hacheim auf ein ausgedehntes Minenfeld. Die Überquerung dieses Minenfeldes hält den Vormarsch lange auf, und während die Truppen sich mühsam durch dieses tödliche Stück Wüste hindurchquälen, greifen ununterbrochen britische Flugzeuge an.

Bild linke Seite: Flaggenehrung einer Jagdgruppe vor dem Feindflug: Unter der Überschrift „Symbol des Sieges" stilisiert die Propaganda-Illustrierte „Signal" den harten Luftkrieg über Nordafrika auf diesem Photo zur Helden-Idylle.

Bild rechte Seite oben: Eine Ju88 wir[d] mit 500-kg-Bomben beladen.

Bild rechte Seite unten: Wenn der Ghibli, ein Sandsturm, tobte, schwiegen die Waffen, und die Luftaufklärung war „blind". Rommel nutzte einen Ghibli, um seine Truppen in d[ie] Bereitstellungsräume für die Januar-Offensive 1942 zu verlegen.

Rommels Stab ist für den Abbruch der Offensive und für sofortigen Rückzug, um zu retten, was noch zu retten ist. Rommel selbst ist anderer Meinung. Er fordert Stukas und Jäger an. Mit Bomben und Bordwaffen greifen sie die Stellungen der hinter dem Minenfeld liegenden britischen Brigade an und öffnen Rommel so den Weg durch das Minenfeld.
Das Afrika-Korps und die Italiener haben das Minenfeld überwunden. Der größte Erfolg dabei: der gesamte Nachschub der britischen Brigade kann erbeutet werden. Damit hat sich die Lage der Achsentruppen entscheidend verbessert. Bir Hacheim wird genommen. Sofort wenden sich die Achsentruppen nordwärts, dem einzigen britischen Stützpunkt in der Cyrenaika zu, der Rommels Offensive vom vergangenen Jahr bis jetzt überstanden hat und zur deutsch-italienischen Niederlage im vergangenen Herbst und Winter entscheidend beigetragen hat: Tobruk.
Pausenlos bombardieren Stukas, die altbewährte Ju 87 und die neue zweimotorige Ju 88, die britischen Stellungen vor und in Tobruk, um der Infanterie, den Pionieren und den Panzern einen Weg zu bahnen. Es gibt erbitterte Kämpfe, von einer Härte, wie sie der Krieg in Afrika trotz aller bereits vorangegangenen Schlachten noch nicht sah. Aber Rommels Truppen schaffen es. Die Stukas haben mit ihren schweren Bomben die Nachrichtenverbindungen innerhalb des Festungsbereiches zerschlagen. Die Führung der britischen Truppen in der Festung hat dadurch den Überblick und die Kontrolle über ihre Truppen verloren. Die deutschen Panzer stoßen in einem Keil in das Festungsgelände hinein, stoßen bis zum Hafen vor und zerschneiden so die Festung in zwei Teile.

Am Morgen des 20. Juni 1942 hat der Sturm auf Tobruk begonnen, am Morgen des nächsten Tages ist die Festung, die sich neun Monate halten konnte, in der Hand der Achsenstreitkräfte. Rommel erhält zwei Tage darauf aus dem Führerhauptquartier die Nachricht, dass Hitler ihn zum Generalfeldmarschall befördert hat. Natürlich freut Rommel sich über diese Beförderung. Die steile Karriere, in zehn Jahren vom Hauptmann zum Marschall – das ist schon etwas, worauf ein Soldat stolz sein kann. Doch am selben Tag noch schreibt Rommel nach Hause an seine Frau: „Mir wäre lieber gewesen, er (Hitler) hätte mir eine Division geschickt!“

An eben diesem 23. Juni stehen die Truppen des neuernannten Generalfeldmarschalls wieder am libysch-ägyptischen Grenzzaun. Der mit 49 Jahren jüngste Marschall des Krieges entschließt sich, die Offensive fortzusetzen. Er will, seiner Art getreu, die Verwirrung der Briten ausnutzen und die im Rückzug befindliche 8. Armee weiterverfolgen. Sein Ziel ist es, die abgekämpften und verwirrten Gegner nunmehr endgültig zu vernichten, bis zum Suezkanal vorzustoßen und damit die Hauptlebensader des britischen Weltreiches durchzuschneiden.

Mit nur hundert Panzern hat er vor einem Monat den Kampf begonnen, und von diesen hundert Panzern sind die weitaus meisten in den vergangenen Kämpfen auf den Schlachtfeldern geblieben. Doch die Beute an britischen Panzern, anderen Fahrzeugen und Geschützen ist so groß, dass diese neue Bewaffnung Rommel genügt. Dass das Deutsche Afrika-Korps nun mehr einer britischen als einer deutschen Truppe ähnelt, macht nichts. Entscheidend ist der Erfolg.

Und der scheint zunächst sicher zu sein. Die Verwirrung beim Gegner über Rommels weiteren Vorstoß nach Ägypten verstärkt sich. Die britische Flotte verlässt den Hafen von Alexandria. Der britische Generalstab in Kairo beginnt schon damit, sämtliche Akten zu verbrennen. Fieberhaft werden Pläne für einen weiteren Rückzug nach Palästina und gar bis in den Irak aus-

gearbeitet. General Auchinleck, der britische Oberkommandierende Nahost, wirft alle verfügbaren Truppen an die Front, um Rommel zum Stehen zu bringen. Vergebens. Sollum, Ras Haleima und schließlich Marsa Matruh fallen schnell hintereinander. Gleich darauf stehen die deutsch-italienischen Truppen vor El Alamein, nur noch 60 Kilometer vom Ziel, von Alexandria entfernt.
Aber hier kommt am 30. Juni ihr Vormarsch zum Stillstand. In aller Hast haben die Briten hier eine von Minen und Stacheldrahthindernissen gespickte Verteidigungslinie errichtet. Der Ort ist günstig gewählt!
Hier müssen die Gegner auf einer Frontbreite von nur 65 Kilometern kämpfen. Es ist nicht möglich, die Flanken der Verteidigungslinien zu umgehen oder gar aufzurollen. Denn 65 Kilometer südlich der Küste beginnt die Kattara-Senke, die noch unterhalb des Meeresspiegels liegt und mit von Menschen kaum bezwingbarem Flugsand angefüllt ist. Und außerdem erheben sich auf dem 65 Kilometer langen Stück Front vier schwer zu bezwingende Höhenzüge: Ruweisat, Alam Halfa, Deir el Munassib und Miteiriya. Nur der letztere liegt hinter den Achsentruppen, die drei anderen liegen vor ihnen, sind starke britische Verteidigungsstellungen.
Den ganzen Juli über toben heftige Kämpfe. Vor allem um den Ruweisat, den nördlichsten Höhenzug, geht es. Wenn das Deutsche Afrika-Korps diesen Bergrücken erobern könnte, dann wäre das zwischen ihm und der Küste liegende Stück der britischen Verteidigungslinie aufzurollen, man könnte durchstoßen und den Gegner von hinten fassen. Die Briten wissen das, und deshalb wird der Ruweisat mit aller Erbitterung verteidigt. Stets werden die Deutschen wieder zurückgeworfen.
Am 21. Juli greifen im Norden die Australier, in der Frontmitte die Neuseeländer an. General Auchinleck und der Befehlshaber der britischen 8. Armee, Ritchie, versuchen mit aller Macht, das Kriegsglück zu wenden. Die britische Infanterie soll eine Gasse durch die mittlerweile angelegten deutschen Minenfelder bahnen, durch welche dann die Panzer hindurchstoßen können. Aber der britische Angriff gelingt ebenso wenig wie der deutsch-italienische. Die Front in Afrika ist wieder einmal erstarrt.
Im August übernimmt General Montgomery, der spätere Feldmarschall und Viscount of El Alamein, den Oberbefehl über die britischen Truppen in Nordafrika, ein Mann, der in seinem unkonventionellen Verhalten, in seiner Widerborstigkeit gegenüber höheren Kommandostellen und in seiner Beliebtheit bei den Soldaten der „britische Rommel" wird.

Bilder linke Seite: Zu den Bildern „Zwischen Libyen und Ägypten" schreibt die Propagandaillustrierte „Signal": „General Rommel, der Befehlshaber des deutschen Afrikakorps besichtigt nach der Schlacht von Sollum mit Offizieren seines Stabes das Kampfgelände. Englische Militärsachverständige hatten dem inzwischen von Churchill nach Indien strafversetzten Oberbefehlshaber Wawell einen schnellen Sieg über den deutschen Gegner vorausgesagt, weil General Rommel die Tropenerfahrung fehle."

Bild rechte Seite: Italienisches Flugabwehrgeschütz im Raum Sollum.

Sommeroffensive 1942

Mit den neuerlichen Siegen dauerte es freilich noch eine Weile. Denn wenn auch die sowjetische Winteroffensive in opferreichen Kämpfen abgefangen worden war, so war die Front im Mittelabschnitt auch im Frühjahr noch keineswegs stabil. Am bedrohlichsten war Ende März/ Anfang April die Lage südlich Charkows. Dort hatten die Russen beiderseits von Isjum die deutsche Donez-Front achtzig Kilometer breit aufgerissen und waren 100 Kilometer westwärts vorgedrungen. Überall am Rand dieser riesigen Beule in der deutschen

Front waren bis weit in den April hinein erbitterte Abwehrkämpfe im Gange.
Noch immer war es bitter kalt, um minus 40 Grad herum, und so ging der Kampf in jeder Hinsicht ums nackte Leben – um jedes Dorf, jedes Gehöft wurde gerungen; nur wer ein Haus, einen wärmenden Ofen für ein, zwei Stunden Schlaf fand, hatte eine Überlebenschance. Überwiegend Einzelkämpfe also, in kleinen Gruppen, bei denen Kampfmoral und Einfallsreichtum den Ausschlag gaben. Während noch überall solche Kämpfe tobten, begann im OKW die Planung für die nächste Offensive. Denn darüber war man sich schon vorher einig geworden: Der naheliegenden Neigung, nach den schweren Rückschlägen des Winters erst einmal zu konsolidieren, zu warten, die Russen kommen zu lassen, durfte nicht nachgegeben werden. Man durfte, so Hitler, aber auch Generale wie der Chef der Operationsabteilung, Heusinger, die Initiative nicht aus der Hand geben, den Russen, die in der bitteren Winterschlacht schließlich auch stark, zahlenmäßig sogar mehr geblutet hatten, keine Zeit lassen – also: Angriff. Wieder auf Moskau – meinte Generalstabschef Halder. Doch davon wollte Hitler nichts mehr hören. Er, der vor dem Beginn des Russlandfeldzugs Warnungen wegen der unzureichenden (Kriegs-)Wirtschaftskraft des Reiches in den Wind geschlagen hatte, stellte plötzlich wirtschaftliche Überlegungen in den Vordergrund: Das kaukasische Öl (Baku) müsse Stalin weggenommen werden, und dann, so Hitlers Plan, gleich weiter nach Persien, zu einer Zangenbewegung kontinentalen Ausmaßes:
Im Süden, nämlich aus Nordafrika, könnte dann Rommel quer durch die arabische Wüste bis zum Persischen Golf vorrollen, auch das arabische Öl einkassieren. Fürwahr ein gigantisches, besser gigantomanisches Vorhaben.
Also nicht Moskau, sondern Stoß nach Süden, zunächst den Don entlang, Richtung Stalingrad, und dann hinunter zum Kaukasus. Das war der Fall „Blau“, die Sommeroffensive 1942, so nüchtern benannt, weil Hitler nach dem steckengebliebenen „Barbarossa“ keinen Geschmack mehr an verpflichtenden Decknamen für seine Operationspläne hatte. Noch eine andere Eigenheit zeichnete die Operation „Blau“ aus: Der Wehrmachtführungsstab hatte Hitlers Intentionen in herkömmlicher Weise in Befehlsform übersetzt, das heißt, die Ziele der Operation exakt umrissen. Dem Befehlsempfänger, in diesem Falle dem Oberbefehlshaber der Heeresgruppe Süd, Generalfeldmarschall von Bock, blieb es überlassen, selbst zu entscheiden und zu planen, wie die Ziele der riesigen Operation zu erreichen seien.
Das war beim deutschen Heer seit Scharnhorsts Zeiten, also seit damals rund 130 Jahren, so üblich und bewährt: Der Generalstab plant und befiehlt im Großen, zweckmäßige Ausführung ist Sache des Befehlshabers im Kampfbereich.
So war es bis zum 4. April 1942 auch noch im Zweiten Weltkrieg gewesen. An diesem Tag legte Generaloberst Jodl Hitler die Befehlsentwürfe für den Fall „Blau“ vor.
Hitler, der wegen des Winterdebakels den Heeresoberbefehlshaber von Brauchitsch als Sündenbock in den Ruhestand geschickt und selbst den Heeresoberbefehl übernommen hatte, passte die Entscheidungsfreiheit nicht, die der Befehlsentwurf dem Oberbefehlshaber Süd ließ. Dass seine Erfolgsvisionen vom Vorjahr nicht Wirklichkeit geworden waren, hatte ihn gegen seine Generäle misstrauisch gemacht. So lehnte er den Befehlsentwurf des Führungsstabes ab. Er wünsche detaillierte Befehle, erklärte er, und die werde er selber ausarbeiten. Es war der Anfangspunkt einer fatalen Entwicklung, die später dazu führte, dass im frontfernen Führerhauptquartier schließlich über Operationen auf Bataillonsebene entschieden wurde.
Ganz soweit war es im April 1942 noch nicht. Hitlers Befehlsausarbeitung, die Führerweisung Nr. 41 vom 5. April, war ein zehn Blatt langer merkwürdiger Mischmasch aus Grundsatzentscheidungen, Operationsbefehl und Durchführungsbestimmungen, ausgerichtet auf das Ziel, „die den Sowjets noch verbliebene Wehrkraft endgültig zu vernichten und ihnen die wichtigsten kriegswirtschaftlichen Kraftquellen soweit als möglich zu entziehen“, und zwar durch weiten Vorstoß im Süden.
Ehe der beginnen konnte, musste allerdings die Front endgültig bereinigt und stabilisiert werden. Das gelang bis Anfang Mai – nur bei Isjum blieb eine weit nach Westen vorspringende Beule, die noch vor dem Hauptangriff beseitigt, sozusagen abgekniffen werden musste. Das sollten, beginnend am 18. Mai, die 6. Armee und die Armeegruppe Kleist als Zangenpaar besorgen.
Doch auch Marschall Timoschenkos Interesse konzentrierte sich auf den Frontbogen von Isjum; für ihn war er eine hervorragende Ausgangsstellung für einen Umfassungsangriff auf die deutsche 6. Armee im Raum Charkow. Und Timoschenko war schneller als sein deutscher Kollege von Bock; er griff am 12. Mai an, und zwar mit geradezu überwältigender Kraft:
Den nördlichen Arm seiner Umfassungszange bildete die 28. sowjetische Armee, die mit 16 Divisionen, drei Panzerbrigaden und zwei motorisierten Brigaden aus dem Raum Woltschansk nach Südwesten vorstieß.
Noch gewaltiger war die Streitmacht, die aus dem Frontbogen bei Isjum als südlicher Zangenarm hervorbrach: zwei Armeen, die 6. und die 57. mit insgesamt 44 Divi-

Bild linke Seite: Krad-Schütze, dick mit dem Staub der russischen Rollbahn bedeckt, auf seiner Maschine. Im zähen Schlamm, im tiefen Schnee, dem Regen und der Hitze ausgesetzt, wurde jeder Marsch zur Strapaze.

Bild rechte Seite oben: Deutsche Infanteristen im Partisanengebiet an der Südspitze der Krim.

Bild rechte Seite unten: Deutsche Spähwagen in der Donezsteppe.

sionen und 14 Panzerbrigaden! Gegen diese Übermacht war so gut wie nichts zu machen. Zwar gelang es General Paulus mit seiner 6. Armee, den nördlichen Zangenarm Timoschenkos knapp 50 km vor Charkow festzuhalten, doch der enorm starke südliche Stoßkeil war durch nichts und niemanden aufzuhalten. Die Russen überrollten die dünnen deutschen Linien und stürmten unaufhaltsam westwärts – am 16. Mai näherten sie sich bereits Poltawa, wo sich, über 100 Kilometer im Rücken von Charkow, Generalfeldmarschall von Bocks Hauptquartier befand. Die Lage war bedrohlich.

Durch Timoschenkos überraschende Offensive war der deutsche Angriffsplan undurchführbar geworden: Die 6. Armee hatte mehr als genug mit der 28. sowjetischen Armee zu tun und fiel für den ihr zugedachten Part aus. Die Frage war, ob man es riskieren konnte, den ursprünglich beabsichtigten Zangengriff auch einarmig, nur mit der Armeegruppe Kleist, zu führen. Bock, gedrängt von seinem Stabschef, General von Sodenstern, wagte es schließlich, zog den Angriffstermin sogar einen Tag vor und schickte Kleist mit seinen neun Infanterie- und drei Panzerdivisionen am 17. Mai nordwärts.

Es war eine waghalsige und deshalb nicht erwartete Antwort auf den wuchtigen sowjetischen Angriff. Zu spät erkannte Timoschenko, was sich im Rücken seiner westwärts stürmenden Armeen zusammenbraute. Als er begriff, war es zu spät: Kleists Divisionen waren durch seine weiche Flanke hindurchgestoßen, hatten am 22. Mai bei Bairak am Donez Anschluss an die 6. Armee gefunden – Timoschenkos zwei Armeen waren abgeschnitten.

Die große Schlacht südlich Charkows war nicht die einzige Vernichtungsschlacht vor dem Beginn der deutschen Sommeroffensive 1942. Denn der Frontbogen von Isjum, um den sie sich entzündete, war nicht der einzige Pfahl im Fleische der deutschen Angreifer.

Unten im Süden hielten die Russen seit Januar den Ostteil der Krim, die Halbinsel Kertsch, und nach wie vor Sewastopol. Über Kertsch führte einer der Wege in den Kau-

kasus – das war den Deutschen so klar wie Stalin.
Und deshalb hatte Stalin dort drei Armeen stationiert, die Kertsch an der schmalsten Stelle, der nur 18 Kilometer breiten Landenge von Parpatsch, verteidigten – 10.000 Mann pro Kilometer, auf jeden Meter zehn. Und nicht nur das: Quer durch die Landenge hatten die Russen einen zehn Meter breiten und fünf Meter tiefen Panzergraben ausgehoben, davor Minenfelder, dahinter riesige Drahthindernisse, ausgebaute Verteidigungsstellungen. Eine ungleiche Ausgangslage: Mansteins 11. Armee gegen drei sowjetische Armeen in einer geradezu idealen Verteidigungsstellung. Aber Manstein wäre nicht Manstein gewesen, wenn ihm dafür nichts eingefallen wäre. Zum einen greift er nicht dort an, wo sich – im Nordteil der Front – ein günstiger Flankenstoß anbietet, den die Russen auch erwarten, weshalb sie dort die Masse von zwei Armeen bereitgestellt haben.
Nein, Manstein greift am Südende des Panzergrabens an, wo er scheinbar am schwersten zu überwinden ist. Und um den entscheidenden ersten Schritt auf die andere Seite des Grabens zu gewinnen, hat er auch einen ausgefallenen Weg gefunden.
In der Nacht zum 8. Mai klettern am Schwarzmeerstrand östlich von Feodosia Infanteristen und Pioniere von der 132. Infanteriedivision in einige Dutzend Sturmboote. Nur leises Waffenklappern ist zu hören, dann ebenso leises Plätschern: Die Sturmboote paddeln gemächlich auf See hinaus, treiben langsam ostwärts, warten. 3 Uhr 15. Der Feuerschlag, der den Angriff einleitet, bricht los. Mörser, Werferbatterien, schwere Haubitzen, dazu Stukas hämmern auf die russischen Befestigungen ein; die Russen schießen aus allen Rohren Sperrfeuer. In dem Höllenlärm geht das Geräusch der schweren Sturmbootmotoren, die nun angelassen werden, völlig unter.
Mit Höchstfahrt jagen die Boote auf die Stelle zu, wo der riesige Panzergraben ins Meer mündet. Der Graben gleicht an dieser Stelle einem Kanal, ist ein ganzes Ende landeinwärts mit Wasser gefüllt – kein Problem für die flachgehenden Sturmboote. Sie fahren einfach hinein, ran ans feindliche Ufer. Im Herausspringen bereits feuern die Männer aus der Hüfte mit Maschinenpistolen, sind mit wenigen Sätzen schon im ersten russischen Graben. Die Rotarmisten glauben Gespenster zu sehen, sind verwirrt, verstehen nicht, wo plötzlich die Deutschen herkommen, werden rasch überwältigt. Die Überraschung ist gelungen, ein erster kleiner Brückenkopf auf der russischen Seite der Verteidigungsstellung gewonnen.
Auch sonst geht Mansteins Plan auf. Innerhalb eines Tages gelingt der Durchbruch im Süden, die Spitzen der 22. Panzerdivision können rasch ostwärts stoßen, dann nach Norden eindrehen. Sie erreichen nach zwei Tagen, am 11. Mai, das Meer, und damit ist zunächst einmal eine sowjetische Armee eingekesselt. Den anderen ergeht es nicht besser: Konsequent vereitelt Manstein alle Versuche der Russen, übers Meer aufs Festland zu entkommen. Nach acht Tagen sind alle drei Sowjetarmeen bei vergleichsweise geringen deutschen Verlus-

Bild linke Seite oben: Nach erbittertem Widerstand während 250 Tagen Belagerung musste die Besatzung der Festung Sewastopol unter General Petrow am 30. Juni 1942 kapitulieren; rund 100.000 Sowjetsoldaten gingen in deutsche Kriegsgefangenschaft.

Bild linke Seite unten: Befestigungsanlage an der Hafeneinfahrt von Sewastopol, die buchstäblich bis zum letzten Mann von den Russen verteidigt wurde.

Bild rechte Seite oben: Zwischen den beiden Barrieren des Dnjepr (im Bild: deutsche Sturmboote beim Übergang über den breiten Strom) und der Wolga lag die Schranke, die der Don und sein rechter Nebenfluss, der Donez, bildeten. In den Juli-Kämpfen des Jahres 1942 überschritt die Panzerarmee Hoth den unteren Donez mit Stoßrichtung Stalingrad.

Bild rechte Seite unten: eine der schnell über den Donez geschlagenen Floßsackbrücken, über welche die 6. deutsche Armee unter General Paulus den vorausgeeilten Panzern folgte.

ten (7.588 Gefallene) zerschlagen, 169.198 Gefangene gemacht, 1.397 Geschütze und 284 Panzer erbeutet oder vernichtet.

Ein paar Tage nach diesem eindrucksvollen Sieg von sechs deutschen und drei rumänischen Divisionen über drei sowjetische Armeen steht General von Manstein auf einem Hügel östlich der Stadt Kertsch, sozusagen am östlichsten Punkt der ganzen Krim. Es ist ein klarer Morgen, deutlich ist das nur 15 Kilometer entfernte andere Ufer der Meerenge zu erkennen, die Tamanhalbinsel. Von dort führt der Weg hinunter zum Kaukasus, zu Stalins Ölquellen. Doch noch kann Mansteins 11. Armee diesen Weg nicht gehen. Noch liegt in ihrem Rücken ein feindliches Bollwerk, die intakte Festung Sewastopol, deren Hafen als Operationsbasis für sowjetische Seestreitkräfte eine ständige Bedrohung darstellt, vor allem für Operationen an der östlichen Schwarzmeerküste. Und deshalb muss Sewastopol fallen, die stärkste Festung der Welt.

In den letzten Wochen des Jahres 1941 – von Mitte November bis Ende Dezember – hatte sie dem erbittertsten deutschen Ansturm standgehalten.

Keine neue Erfahrung für Stadt und Festung. Nicht ganz 90 Jahre war es her, dass – im sogenannten Krimkrieg – ein französisch-englisch-türkisches Expeditionskorps gegen ihre Mauern und Festungswerke anrannte, ein ganzes Jahr lang, unter entsetzlichen Verlusten, ehe die Festung endlich fiel.

Seither waren unter den alten Befestigungswerken riesige moderne Bunkersysteme entstanden, von denen allenfalls die flachen, schwer gepanzerten Drehkuppeln zu sehen waren, aus denen vom MG bis zum 30,5-cm-Schiffsgeschütz Waffen aller Art drohten und mit überschneidenden Schussbereichen den Zugang zur Festung wirkungsvoll versperrten.

Wie wirkungsvoll, das hatte Mansteins Armee leidvoll erfahren. Manstein hatte aus dem ersten vergeblichen Ansturm die Erkenntnis gewonnen, dass die übliche, relativ kurze Artillerie-Vorbereitung nicht ausreichte, eine Festung dieses Formats sturmreif zu schießen.

Noch einmal war er nicht bereit, seine Männer gegen fast unbeschädigte, in ihrer Funktion kaum gestörte Festungswerke zu schicken; diesmal sollten sie eine bessere Vorbereitung, eine bessere Chance haben. Das bedeutete: Noch während Mansteins 11. Armee im Frühjahr die Osthälfte der Krim freikämpfte, wurde vor Sewastopol eines der größten Artillerie-Aufgebote des Zweiten Weltkriegs in Stellung gebracht.

Es waren schließlich 1.300 Rohre aller Kaliber, die am 3. Juni rings um Sewastopol losschlugen, und dazu die Stukas und Schlachtflieger des VIII. Fliegerkorps unter General von Richthofen.

Das kennzeichnet den Unterschied zur üblichen Feuervorbereitung. Nicht einige Stunden, sondern fünf Tage lang sollten Artillerie und Luftwaffe die Festung buchstäblich zertrommeln, ehe der eigentliche Angriff begann.

Und was war alles aufgeboten! Da waren zwei Werferregimenter, einundzwanzig Batterien mit 576 Rohren, auf engstem Raum in Feuerstellung, darunter schwerste Werfer mit Spreng- und Flammölgranaten der Kaliber 28 und 32 cm. 324 Stück der infernalisch heulenden Raketengeschosse feuerten diese Batterien als Salve in wenigen Sekunden ab, auf eng begrenzte Ziele der Festung.

Doch nicht nur Werfer, Haubitzen und Stukas hüllten die Festung in einen Feuerorkan, auch die Dinosaurier der Artillerie waren herangeholt worden. Da waren zunächst einige Exemplare des „Gamma-Mörsers“. Das war eine Neuauflage der aus dem Ersten Weltkrieg berühmten „Dicken Berta“, ein bulliges Ungetüm mit einem knapp sieben Meter langen, trotzdem dick wirkenden Rohr, aus dem 42 cm dicke und tonnenschwere (1.020 kg) Granaten verschossen wurden, etwa 14 Kilometer weit. 235 Mann wurden benötigt, um so ein Monstrum zu bedienen. Dabei war dieser Riese noch das kleinste der Supergeschütze, die vom 3. bis 8. Juni auf Sewastopol einhämmerten. Das nächstgrößere Artillerie-Ungetüm war ein 60-cm-Mörser, abwechselnd „Karl“ oder „Thor“ benannt. Aus dem dicken Stummelrohr – immerhin fünf Meter lang – dieses Festungsbrechers wurden über zwei Tonnen schwere Betongranaten verschossen, die auch dickste Betondecken durchschlugen.

Aber auch „Thor“ war noch klein gegen „Dora“, das schwerste Geschütz des letzten Krieges. Diese 80-cm-Kanone war ein sogenanntes Eisenbahngeschütz; auf Straßen war ein solches Monstrum nicht zu transportieren. In sechzig Spezialwaggons musste die Superkanone zerlegt zum Einsatzort transportiert werden, und dort reichte dann auch ein normales Gleis nicht mehr, als Bettung brauchte der Gigant zwei Doppelgleise. Er brauchte noch mehr, unter anderem zum Schutz zwei komplette Flak-Abteilungen. Alles in allem waren mit der Riesenkanone 4.120 Mann beschäftigt, kommandiert von einem Generalmajor.

„Dora“ verschoss aus ihrem 32,5 m langen Rohr entweder 4,8 Tonnen schwere Sprenggranaten oder 7,1 Tonnen schwere Panzergranaten; die leichteren flogen 47, die schwereren 38 Kilometer weit. So eine Panzergranate war nebst Kartusche knapp acht Meter lang, etwas länger also, als ein zweistöckiges Haus hoch ist. Ein Schnellfeuergeschütz war „Dora“ bei diesen Ausmaßen nicht gerade, die maximale Feuergeschwindigkeit betrug drei Schuss pro Stunde – von einem vernünftigen Verhältnis zwischen Aufwand und militärischem Nutzen konnte man da kaum noch sprechen. Allerdings gelang „Dora“, diesem „Riesenspielzeug“ überehrgeiziger Kanonenbauer und Artilleristen, vor Sewastopol ein bemerkenswerter Glückstreffer: Eine der 7-Tonnen-Granaten schlug in ein großes Munitionslager, das die Russen 30 Meter unter der Erde angelegt hatten und gegen jegliche Artillerie-Einwirkung geschützt wähnten.

Wirksamer aber als diese überdimensionalen Festungsknacker war auch vor Sewastopol eine vergleichsweise kleine Kanone, die man mit Fug und Recht als die eigentliche Wunderwaffe des letzten Krieges bezeichnen kann: die 8,8-cm-Flak. Diese Kanone, ursprünglich dazu bestimmt, hochfliegende Bomber – bis ca. 10.000 m – zu bekämpfen, hatte sich schon zu Beginn des Krieges und erst recht seit Beginn des Russlandfeldzuges als eine auch im Erdkampf unschlagbare Mehrzweckwaffe erwiesen:

Ob es darum ging, Erd- und Betonbunker zu knacken, oder darum, die schweren Russenpanzer der Typen KW 1, KW 2 und T 34 zu durchlöchern (an die die Pak nur „anklopfen“ konnte) – immer war es die 8,8-cm-Flak, die das schaffte. Sie konnte das durch eine extrem hohe Geschwindigkeit, mit der ihre Geschosse das Rohr verließen.

Das bedeutete zweierlei: Auf den ersten 1.000 Metern flogen die Granaten der 8,8 praktisch geradeaus, notfalls konnte man auf diese Entfernung und darunter einfach durchs Rohr richten. Das ermöglichte supergenaues Punktfeuer auf kleinste Ziele.

Zum anderen verlieh die enorme Rasanz den relativ kleinen Granaten eine weitaus größere Durchschlagskraft, als sie schwerere, aber eben langsamer fliegende Kaliber hatten.

Auch da, wo die sogar überschweren Mörser nur Beulen in die Panzerkuppeln der russischen Forts schlugen, half die 8,8; sie schoss auf die Lagerkränze der Drehkuppeln, ein nur zentimeter- breites Ziel, und traf. Fünf Tage lang tobte der Feuerorkan über Sewastopol, aber richtig sturmreif war die Festung auch danach noch nicht: Immer noch schlug den nun stürmenden Infanteriedivisionen rasendes Abwehrfeuer entgegen, immer noch mussten jeder Bunker, jede Feldstellung, jedes MG-Nest einzeln genommen werden.

Die Verluste waren dabei so hoch, dass beispielsweise die dezimierte 132. Infanterie-Division aus der Front gezogen werden musste. Zudem machte sich nach etwa zehn Tagen deutlich Munitionsmangel bemerkbar; mehrere Divisionskommandeure rieten, den Angriff vorerst abzubrechen.

Doch das tut Manstein nicht, er weiß, dass Verstärkungen unterwegs sind, dass er den Druck nicht mindern darf, und so befiehlt er, am 17. Juni, abermals Generalangriff an der ganzen Nordfront der Festung.

Dort beherrscht noch immer das riesige Sperrfort „Maxim Gorki I“ mit seinen 30,5-cm-Schiffsgeschützen in drehbaren Panzerkuppeln das Gelände. Der fast meterdicke Panzerstahl trotzt jeglichem Beschuss, auch die 8,8 hilft da nicht.

Schließlich gelingt es, in ziemlicher Nähe zwei 35,5-cm-Mörser in Stellung zu bringen. Deren Betongranaten bleiben wirkungslos. Doch sie haben noch andere, sogenannte „Spezial-Röchling-Granaten“. Diese 1.000-kg-Brocken krepieren erst, wenn sie tief in die Panzerung eingedrungen sind. Drei Salven mit diesen „Röchlings“ – dann meldet der Beobachter: „Panzerkuppel aus dem Lager gehoben!“

Die Funksprüche aus der Zentrale des Forts sind überliefert. Der vorletzte – nach stundenlangem Kampf im Innern der Anlage – lautet: „Wir sind noch 46 Mann. Die Deutschen hämmern an die Panzertüren und fordern uns zur Übergabe auf. Zweimal haben wir die Luke geöffnet und geschossen. Jetzt geht das nicht mehr.“ Eine halbe Stunde später dann: „Jetzt sind wir noch 22. Wir bereiten die Sprengung der Zentrale vor. Dies ist der letzte Funkspruch. Lebt wohl!“ Gleich darauf dröhnt durch das Fort die Explosion, die den Kampf beendet. Von der rund 1.000-köpfigen Besatzung des Forts

werden nur 40 Schwerverwundete lebend aufgefunden.
So wird Fort auf Fort, Bunker um Bunker genommen, ausgeschaltet – einen ganzen Monat lang. Endlich, am 3. Juli, erlischt der Widerstand, Sewastopol ist gefallen.
Noch während die Schlacht um Sewastopol tobte, hatte im Nordabschnitt der Heeresgruppe Süd die eigentliche deutsche Sommeroffensive „Fall Blau" begonnen. Am 28. Juni war die Armeegruppe Weichs zum Angriff angetreten. Der erste Stoß zielt auf Woronesch. Stoßkeil ist General Hoths 4. Panzerarmee, und deren Spitze bildet die 24. Panzerdivision unter Generalmajor Ritter von Hauenschild. Plötzlich ist, in diesen letzten Junitagen, der alte Schwung wieder da, der – ziemlich genau ein Jahr zuvor – den deutschen Angriff beflügelt hatte.
Hauenschilds Division, aus dem Raum Kursk angreifend, überrennt die russischen Stellungen am Tim-Fluss und stürmt ostwärts, der Divisionsstab ganz vorne, genau nach Guderians Konzept: „Die Panzertruppe wird vorn geführt und ist in der glücklichen Lage, immer offene Flanken zu haben." Darin steckt Ironie, offene Flanken sind der Albtraum jedes Heerführers, aber wenn Panzerverbände wirklich schnell bewegt werden . . .
Dafür sorgen Hoth und, ganz vorne, Hauenschild. Nicht einmal das unvermeidliche Auftanken kann den Vormarsch bremsen. Nach zwei Tagen hat die 24. Pz.div. schon den halben Weg nach Woronesch hinter sich.
An diesem Tag, es ist der 30. Juni, tritt 150 km weiter südlich die 6. Armee zum Angriff an, vorneweg das XXXX. Panzerkorps unter Freiherr Geyr von Schweppenburg. Ziel: ebenfalls Woronesch. Es ist das alte, bewährte Zangenrezept: Zwei Stoßkeile jagen vor, drehen aufeinander ein, der Kessel ist fertig. Der erste Kessel, so sah es der Plan vor, sollte noch vor Woronesch gebildet werden.
Das klappte auch, nur – noch ehe der Kessel geschlossen war, erkannte Geyr, dass nichts drin sein würde: Die Russen leisteten zwar den vorpreschenden Panzerkeilen mit Nachhuten hinhaltenden Widerstand, aber die Masse der sowjetischen Verbände marschierte zügig und geordnet ostwärts, kaum langsamer als die vorstoßenden deutschen Panzer.
Geyr von Schweppenburg erfasst die Situation, sieht, dass der russische Rückzug den ganzen Plan durcheinanderbringt, erbittet vom Armeeoberkommando die Erlaubnis, auf die Zangenbewegung zu verzichten, gleich weiter nach Osten zu stoßen.
Doch der Armeestab ist stur: Kessel ist befohlen, Kessel wird gemacht. 4. Panzerarmee (Hoth) und XXXX. Panzerkorps treffen sich, exakt nach Plan, bei Stary Oskol, machen den Kessel zu, in dem nichts mehr ist. Sogar die schweren Waffen haben die Russen rechtzeitig herausgekarrt.
Nun endlich dämmert es auch im Führerhauptquartier – zu dieser Zeit bei Winniza in der Ukraine –, dass die alte Taktik nicht mehr zieht, dass die Russen die Schlacht nicht annehmen.
Offenbar ist Timoschenko entschlossen, seine Armeen hinter den Don zurückzuziehen. Gelingt ihm das, dann droht die Operation „Blau" ein Fehlschlag zu werden, denn das erste wichtige Operationsziel ist ja, die russischen Armeen vor dem Don abzufangen und zu vernichten.
Hitler macht einen Blitzbesuch in von Bocks Hauptquartier und stellt bei dieser Gelegenheit – in durchaus richtiger Einschätzung der Lage – dem Feldmarschall anheim, sich zunächst nicht mit der Eroberung der Stadt Woronesch aufzuhalten, sondern daran vorbei den Don entlang nach Süden zu stoßen. Zunächst sieht es so aus, als wolle von

Bild linke Seite: Deutsche Infanteristen in einem Maisfeld an der Kaukasusfront.

Bilder rechte Seite: Inmitten sommerlicher Maisfelder kämpft sich eine deutsche Vorhut zu den Anhöhen des Kaukasus durch. Ihr Begleitpanzer gerät auf dieser Gefechtsszene unter Artilleriebeschuss (oben), der Kommandant verschwindet im Turm (mitte), die Infanteristen erheben sich wieder aus der Deckung (unten).

Bock es so machen: Am Abend des 3. Juli erhält Geyrs XXXX. Panzerkorps den Befehl, direkt zum Don zu stoßen und dort den russischen Rückzug abzuriegeln. Geyr ist froh darüber, aber nicht lange: Am nächsten Mittag kommt der Gegenbefehl, nun soll er doch nach Norden schwenken, Richtung Woronesch.

Es gibt ein altes militärisches Prinzip, das lautet: „Ordre – contre-ordre – desordre", zu deutsch etwa: Wenn Befehle sogleich durch Gegenbefehle aufgehoben werden, entsteht Verwirrung. Was hatte Feldmarschall von Bock veranlasst, gegen dieses Prinzip zu verstoßen?

Im Grunde der überraschend schnelle Vormarsch von Hoths 4. Panzerarmee. Deren Spitzen, die 24. Panzerdivision sowie rechts und links daneben die 16. motorisierte Infanteriedivision und die ebenfalls motorisierte Division „Großdeutschland", hatten am Abend des 3. Juli den Don beiderseits Woronesch erreicht, mehrere Don-Brücken genommen und standen nur noch wenige Kilometer vor der Stadt. Es sah so aus, als sei es möglich, die – als Verkehrsdrehscheibe zweifellos wichtige – Stadt rasch zu nehmen und dann immer noch rechtzeitig Timoschenko den Rückzug abzuschneiden. Jedenfalls glaubte das von Bock.

Es war ein fataler Irrtum. Denn Woronesch war vollgestopft mit Truppen und keineswegs schnell zu nehmen. An dieser Stelle wich Timoschenko nicht, im Gegenteil, er führte sogar Verstärkungen heran: Der Sowjetmarschall hatte offenbar klar erkannt, dass jeder Tag, an dem er die Deutschen bei Woronesch festhalten konnte, seine Chance verbesserte, die Masse seiner Truppen über den Don zu retten. Ein nicht beabsichtigter, aber für Timoschenko günstiger Nebeneffekt war, dass der steife russische Widerstand in Woronesch auf deutscher Seite abermals ein heilloses Befehlswirrwarr auslöste.

In dieser reichlich unübersichtlichen Situation beginnt an der Südflanke planmäßig, am 9. Juli, der Angriff der 17. Armee und der 1. Panzerarmee. Das ist die sogenannte Südzange; sie soll ostwärts stoßen, sich im Raum Stalingrad mit der Nordzange vereinigen und so die sowjetischen Truppen in dem riesigen Raum zwischen Donez und Don einkesseln – soll, kann aber nicht. Der riesige Zangenplan funktioniert nicht. Zwar kommen die 17. Armee und Kleists Panzerarmee, aus dem Raum Taganrog vorstoßend, durchaus zügig voran, doch der ganze Effekt ist, dass sie die Russen vor sich hertreiben, in den riesigen Don-Bogen hinein.

Das wäre gut, wenn dort die „Nordzange" bereitstünde, den weichenden Russen den Weg zu verlegen. Aber da ist eben noch keine deutsche Abwehrfront, zu lange hat man sich bei Woronesch verzettelt, und nicht nur das: Als der Stoß nach Süden endlich, mit bedenklicher Ver-

Bild linke Seite oben: Ihren Einsatz im Kaukasus nutzte eine Gruppe von Gebirgsjägern zu einer sportlichen Extratour: Sie bestiegen am 21. August 1942 den höchsten Gipfel dieses Gebirges, den 5.633 m hohen Elbrus, und zogen dort die Reichskriegsflagge auf. Die Meldung über die Flaggenhissung ging über den Rundfunk und durch die ganze Welt. Adolf Hitler aber zeigte sich weniger begeistert: „Meine Armeen sollten den Ehrgeiz haben, die Russen zu schlagen, und nicht, auf die höchsten Berge zu steigen."

Bild linke Seite unten; Hinter der ehemaligen meteorologischen Station des Elbrus-Schutzhauses (4.200 m) befand sich die höchstgelegene Artilleriestellung des Krieges.

Bild rechte Seite oben: In den besetzten Ölgebieten fanden die deutschen Truppen nur brennende Lager und zerstörte Förderungseinrichtungen vor. Bewusst hatte Stalin das Land den Flammen preisgegeben, als die Wehrmacht einrückte. Nichts sollte den Eroberern in die Hände fallen. In gleicher Weise ruinierten die deutschen Truppen das Land, als sie von den russischen Gegenoffensiven zurückgedrängt wurden.

Bild rechte Seite unten: Anfang September 1942, noch 8 km bis Stalingrad. Der Kommandant kann aus de offenen Turmluke seines Panzers III schon die Vorstädte erkennen.

spätung, in Gang kommt, wird er gleich wieder unterbrochen, um bei Millerowo einen Kessel zu bilden. Das kostet Zeit und bringt nichts: Timoschenko läßt sich bei Millerowo ebenso wenig einkesseln wie zuvor bei Stary Oskol. Der Gegner weicht –aber planvoll, nicht geschlagen, sondern absichtlich.

Das war erkennbar, nur einer wollte es nicht sehen: Hitler. Es passte nicht in seine Vorstellungswelt, die sich nun mehr und mehr von der Realität zu entfernen begann. Als bei einer Lagebesprechung am 13. Juli im Führerhauptquartier Generalstabschef Halder die fehlgeschlagenen Kesseloperationen mit der nüchternen Feststellung erklärt: „Die Russen setzen sich planmäßig ab, mein Führer!", fährt ihn Hitler ärgerlich an: „Unsinn! Sie fliehen, sie sind fertig, am Ende!"

Und weil er das glaubt, beginnt Hitler zu improvisieren, die Kräfte noch mehr zu zersplittern, sogar, in verblendeter Siegesgewissheit, kampferprobte Verbände aus der Front herauszuziehen. Verbittert notiert Halder in seinem Tagebuch: „Die immer noch vorhandene Unterschätzung der feindlichen Möglichkeiten nimmt allmählich groteske Formen an und wird gefährlich."

Seine Fehleinschätzung der Situation verleitet Hitler zu einer Serie fataler Fehlentscheidungen.

Zunächst einmal glaubt er, die russischen Armeen, die ihm am oberen Don entwischt waren, doch noch am unteren Don einkesseln zu können. Und so ändert er den ursprünglichen Plan der „Operation Blau", der vorsah, mit allen Kräften am Don entlang und über die Landbrücke zwischen Don und Wolga auf Stalingrad zu stoßen und so die untere Wolga zu sperren.

Möglich wäre das aller Wahrscheinlichkeit nach gewesen – und von ähnlicher strategischer Bedeutung wie ganz oben im Norden eine Abriegelung des Hafens Murmansk. Denn dadurch wäre Zentralrussland sowohl von seiner Ölversorgung als auch von den über Persien hereinströmenden alliierten Hilfslieferungen abgeschnitten worden. Auch genügend Kräfte für einen schnellen Stoß auf Stalingrad standen zur Verfügung: zwei Panzerarmeen in günstiger Ausgangsstellung. Aber Hitler glaubte, mit einer improvisierten Operation die Russen zu überraschen, sie in einem riesigen Kessel mit Zentrum bei Rostow vernichtend schlagen zu können. Und so drehte er, am 13. Juli, die 4. Panzerarmee und zusätzlich das XX. Panzerkorps aus ihrem Marsch nach Stalingrad ab, schickte sie südwärts. Nach Stalingrad zog nun nur noch die 6. Armee weiter.

Das war nicht die einzige fatale Entscheidung. Zwei Tage später, am 15. Juli, entließ Hitler den Oberbefehlshaber der Heeresgruppe Süd, Generalfeldmarschall von Bock. Schon ein paar Tage vorher hatte Hitler die Teilung der Heeresgruppe verfügt, aus der 11. Armee (Manstein), der 17. Armee (Ruoff) und der 1. Panzerarmee (Kleist) eine Heeresgruppe A unter Generalfeldmarschall List gebildet. Bock hatte sich dieser Zersplitterung der Kräfte energisch widersetzt, deshalb musste er gehen. Den Rest der Heeresgruppe Süd, jetzt Heeresgruppe B (6. Armee, 2. Armee, 2. ungarische Armee), übernahm nach Bocks Ausscheiden Generaloberst von Weichs. „Damit wird die Schlacht in zwei Teile zerschnitten", notiert Bock ärgerlich in seinem Tagebuch, und das kennzeichnet exakt die Lage: Hitler glaubt tatsächlich, durch simple Zweiteilung der verfügbaren Kräfte die beiden Ziele der „Operation Blau" – Vernichtung der „restlichen" sowjetischen Armeen „vorwärts des Don" und Eroberung der sowjetischen Ölfelder am Kaspischen Meer (Baku) – gleichzeitig angehen und erreichen zu können, statt nacheinander, wie es der Plan „Blau" ursprünglich vorsah. So sicher war sich Hitler in seiner Siegesgewissheit, dass er mitten in der Offensive eine ganze Anzahl kampferfahrener Verbände aus der Front herauszog: Fünf Divisionen von Mansteins 11. Armee wurden verladen und nach Norden gefahren, Leningrad zu erobern; die Panzergrenadierdivision „SS-Leibstandarte Adolf Hitler", eine glänzend ausgerüstete Einheit, wurde zur Umgliederung nach Frankreich verlegt, und dorthin folgte wenig später auch die motorisierte Infanteriedivision „Großdeutschland", ebenfalls ein Eliteverband.

El Alamein

Zum zweiten Mal innerhalb weniger Wochen besuchte Englands Kriegspremier Winston Churchill am 19. August 1942 die Front bei El Alamein. Der neue Kommandierende General der 8. britischen Armee, Bernard Montgomery, bat den Regierungschef in seinen Kartenwagen.
„Hier setzte er uns die Situation sehr einleuchtend auseinander", schreibt Churchill in seinen Erinnerungen. „Rommels nächsten Angriff sagte er korrekt voraus und schilderte, wie er ihn abwehren wollte. Alles traf dann auch seiner Voraussage gemäß ein. "
Elf Tage vor dem letzten Versuch der deutsch-italienischen Truppen, zum Nil durchzubrechen, wusste also der gegnerische Befehlshaber, wo und wie sie zuschlagen würden.
Das Gelände war ungünstig. Den Angreifern blieb an der nur 60 Kilometer breiten, im Norden von der See und im Süden von der unbefahrbaren Kattara-Senke begrenzten Front keine sehr große Auswahl an operativen Möglichkeiten. Und nach fast eineinhalb Jahren Wüstenkrieg war Rommels „taktische Handschrift" ziemlich bekannt.
Als das DAK (Deutsches Afrika-Korps) nun durch die Vollmondnacht vorgeht, trifft es zunächst auf starke, durch Minengürtel armierte Stützpunkte, von denen die Aufklärung nichts mitgeteilt hat. Bei der 15. Pz.div. entsteht ein fürchterliches Durcheinander. Erst das II. Bataillon unter Hauptmann Weichsel ermöglicht das Räumen einer Gasse und bringt den Angriff wieder voran.
Eher schlechter geht es bei der 21. Pz.div. bei der die Panzergrenadiere mit ihren Fahrzeugen mitten in einem unbekannten Minenfeld landen: heftige Explosionen, langgezogene Schreie nach den Sanitätern. Aus den britischen Stellungen prasselt Feuer aus Maschinenwaffen in die Fahrzeuge. Volle Deckung – aber nur auf den Fahrzeug-Spuren, denn rundum lauern im lockeren Sand die tödlichen Minen.
Und dann kommen die Flieger. Außer den sattsam bekannten „Christbäumen" setzen sie nun Markierungsbomben ein, die einen hell

Bild linke Seite: Im raschen Tempo des Wüstenkrieges bedurfte es genauer Kenntnis über die Bewegungen des Gegners. Gut getarnte Vorposten sorgten dafür.

Bild rechte Seite oben: Englische Afrikakämpfer in deutscher Gefangenschaft.

Bild rechte Seite unten: Der legendäre US-Panzer M3 wurde in modernisierter Ausführung auch der britischen Armee zur Verfügung gestellt. Im Militärjargon als „General Grant" bekannt, war der 28,5 t schwere Kampfpanzer schon beim Angriff auf die Gazala-Linie am 27. Mai 1942 zur bösen Überraschung für das Deutsche Afrika-Korps geworden. Mit seiner 7,5-cm-Rumpfkanone konnte der M3 die Frontpanzerung aller deutschen Panzer auf 1.000 m Entfernung durchschlagen.

leuchtenden, magnesiumhaltigen Brennstoff am Boden ausbreiten, der schwer zu löschen ist. Jedes Fahrzeug, jeder Mann wirft in ihrem grellen Licht einen mächtigen Schlagschatten.
Aus dem schwarzen Himmel stoßen die Jagdbomber, klinken ihre Bomben aus, rasen mit feuernden Bordwaffen die Kolonnen entlang. In seinem Halbkettenfahrzeug fährt der Kommandierende General des DAK, Walther Nehring, den Angriff bei der 21. mit. Ein Jabo stürzt auf den Wagen zu. Seine Bombe detoniert unmittelbar neben der Vorderachse. Splitter durchsieben das Fahrzeug. Schwer verletzt bricht der General zusammen. Das Funkgerät bietet Stabschef Bayerlein und der übrigen Besatzung Deckung. Aber draußen werden zwei Stabsoffiziere tödlich getroffen. Ein Unteroffizier schleppt den General in seinen Kübelwagen und rast mit ihm zum Verbandsplatz.
Unmittelbar zuvor ist schon der Kommandeur der 21., Generalmajor Georg von Bismarck, ums Leben gekommen. Generalmajor Kleemann von der 90. Leichten Division wird verletzt zurückgebracht. Das DAK verliert so drei von vier Generälen in der ersten Phase der Schlacht. General von Vaerst (15. Pz.div.) übernimmt den Oberbefehl.
Erst nach Stunden lässt der britische Widerstand im Minengürtel nach. Nicht nur die unbekannten Stützpunkte, auch überraschende Geländeschwierigkeiten behindern die Truppe.
Längst ist nicht mehr mit der Überraschung des Gegners zu rechnen, auf die der DAK-Stab bei der Planung des Angriffs gehofft hat. Schnell wie immer in Afrika schwingt sich die aufgehende Sonne über den Horizont. Der südliche Teil der Front ist um 12 bis 15 km eingedrückt, aber nicht durchbrochen. Nach Rommels Plänen sollte der erste Stoß noch im Schutz der Nacht 50 Kilometer nach Osten führen, um die britischen Verbände weiträumig zu umfassen.
Der Angriff ist damit misslungen; im Stab des DAK wird auch überlegt, ihn abzubrechen. Dann entschließt sich Rommel doch zur „kleinen Lösung“: im engeren Bogen nach Norden einzudrehen. Aber mitten in der nun notwendigen Stoßrichtung liegt der schwer befestigte Höhenrücken Alam Halfa.
Das ist bekannt, die volle Stärke der verteidigenden Verbände jedoch nicht. Eine ganze, frisch aus England eingetroffene Infanteriedivision liegt hier, dazu starke Panzereinheiten, zumeist zur Verteidigung eingegraben. An ihnen kommt der deutsche Angriff nicht vorbei, obwohl ein unerwarteter Verbündeter aufgetaucht ist: Ein Ghibli, ein Sandsturm, verhüllt das Schlachtfeld mit gelben Schwaden und hält wenigstens die RAF fern.
Aber am Nachmittag des 31. August gehen die Spritvorräte der ständig manövrierenden Panzer zur Neige. In der Nacht gelingt es unter schwierigsten Umständen noch einmal, Nachschub nach vorn zu bringen. Aber der 1. September bringt das Ende der Hoffnungen auf einen Sieg. Zwar steht das Panzerregiment 8 nur noch 18 Kilometer von der Küste entfernt, und Rommel versucht selbst, die zurückhängenden Einheiten anzutreiben, insbesondere die italienische Division „Ariete“ mit ihren schwachen Kampffahrzeugen.
Aber nun ist die RAF wieder da, und mit den Kampfflugzeugen auch

Artilleriebeobachter. Schwarzer Qualm steht über dem Schlachtfeld, Grenadiere und Pioniere sterben im kochendheißen Sand, Panzermänner verbrennen in ihren Fahrzeugen. Und wer je vom schönen Heldentod gesprochen hat, möge einen einzigen Blick in so einen stählernen Sarg werfen. Immer mehr Panzer bleiben ohne Sprit liegen, die Versorgung wird fast unmöglich, weil die Jabos sich auf jedes einzelne Fahrzeug stürzen. Am Abend des 1. September befiehlt Rommel, den Angriff abzubrechen und schrittweise in die Ausgangsstellungen zurückzugehen. Die letzten Sprit-Reserven werden verteilt, fast alle Fahrzeuge können auf dem Rückzug mitgenommen werden.

Von Alexandria oder Kairo oder gar vom Persischen Golf träumt niemand mehr. Die Warner haben Recht behalten. Gegen eine überlegene britische Luftwaffe, die praktisch vor der eigenen Haustür kämpft, hätten selbst viel stärkere Bodentruppen keine Chance. In der Enge von El Alamein nützen überdies weder Rommels Tricks noch sein Talent für weiträumige, überraschende Umfassungen aus der Tiefe der Wüste. Was ein Stück weiter westlich noch dem Seekrieg mit all seinen Chancen für den schwächeren, aber eleganter operierenden Rommel glich, ist hier zur Materialschlacht nach Art des Ersten Weltkrieges geworden.

Eine solche Verkrustung der Fronten hatte Rommel immer befürchtet. Um ihr vorzubeugen, war er überhastet von Tobruk nach Osten aufgebrochen, ohne seine Nachschubwege zu sichern. Zu allem Überfluss führte auf der anderen Seite mit Montgomery nun ein Mann, der seine überlegenen Kräfte anders als seine Vorgänger geballt hatte und energisch einzusetzen verstand. Die Zukunft war düster.

Heute, bei nüchterner Betrachtung, ist es für jedermann offensichtlich, dass die El Alamein-Stellung nicht zu halten war. Auf der einen Seite fraß Malta den Nachschub, auf der anderen Seite kam ein ununterbrochener Strom von Geleitzügen mit Truppen und Gerät an.

Schon waren die ersten amerikanischen „Sherman"-Panzer aufgetaucht, den deutschen weit überlegen. Roosevelt hatte sie mit Schnelldampfern in Marsch gesetzt, als er Zeuge geworden war, wie die Nachricht vom Fall Tobruks seinen Verbündeten Churchill erschütterte, bei nüchterner Betrachtung eben, aber die ist nun einmal getrübt im Krieg. Zu viele Gräber liegen zwischen Mersa Brega und El Alamein, zu blutig ist der Besitz des

Allen Nachschubsorgen zum Trotz versuchte Rommel Ende August 1942 an der ägyptischen Front ein letztes Mal, die Initiative zurückzugewinnen. Sein Angriff auf den Höhenrücken von Alam Halfa südlich von El Alamein blieb allerdings wegen Treibstoffmangels und Flankenangriffen der Briten schon nach drei Tagen stecken. Da an eine bewegliche Kampfführung nicht mehr zu denken war, ließ Rommel seine Truppen sich eingraben und in Erwartung der britischen Gegenoffensive tiefgestaffelte Minenfelder anlegen.

Bild linke Seite: Deutsche Artillerie vor El Alamein.

Bild rechte Seite oben: Britische Artillerie auf der anderen Seite der Front.

Bild rechte Seite unten: britische Soldaten unter schwerem Beschuss.

wüsten Landes erkauft worden, um nun kaltblütig zugeben zu können: Wir werden es nicht halten.
Und so wird es noch mehr Gräber im Wüstensand geben.
Wenn auch nicht dokumentarisch belegt, so doch glaubhaft überliefert ist folgende kleine Episode vom nordafrikanischen Kriegsschauplatz: Ein junger Luftwaffen-Oberfähnrich, auf der Durchfahrt zu seinem Feldflugplatz, ließ sich in Derna den Wehrsold auszahlen. Doch als der Zahlmeister die entsprechende Eintragung im Soldbuch machen wollte, sagte der Flieger: „Halt! Nehmen Sie eine andere Seite. Hier muss noch Platz bleiben für Auszeichnungen."
Es war eine Seite, auf der schon das EK I eingetragen war.
„Sie glauben wohl, Sie kriegen hier noch mehr als das EK", meinte der Zahlmeister.
„Selbstverständlich", antwortete der Oberfähnrich kühl.
Der Zahlmeister blätterte ein paar Seiten weiter und grinste: „So, jetzt bleibt ja wohl Platz für Eichenlaub mit Schwertern."
Ein gutes Jahr später wurde es dort auch eingetragen – der Oberfähnrich war Jochen Marseille.
Marseille, waschechter Berliner des Jahrgangs 1919, bezeichnete sich selbst gern als den „ältesten Oberfähnrich der Luftwaffe". Geplante Beförderungen waren immer wieder an unmilitärischem Gebaren gescheitert. Und in seinem Führungszeugnis war gar von „fliegerischer Unzucht" die Rede. Bei diesem Ausdruck sieht man geradezu die gesträubten Haare eines Kommandeurs vor sich, der eine Liste unerlaubter Kunststückchen und zertöpperter Fahrgestelle abhakt. Als Marseille in Afrika ankam, hatte er am Kanal in der Luftschlacht um England schon acht Luftsiege errungen. Aber fast ebenso viele Me 109 hatte er auf dem Gewissen: Er flog sie zu Bruch, weil er sich zumeist bei seiner unbekümmerten Art des Angriffs so viele Treffer einhandelte wie sein Gegner.
Auch in Afrika brachte er seine „Mühlen" allzu oft als Sieb wieder nach Hause. Sein Gruppenkommandeur, der unter der Ungebärdigkeit Marseilles fliegerisches Talent erkannte, nahm sich

ihn vor, machte ihm eindringlich klar, dass er bei aller Begabung auf diese Weise nicht alt genug werden würde, um die Reife und Erfahrung zu gewinnen, die ein echtes Jäger-As brauchte.
Seine nächsten Abschüsse schaffte der Oberfähnrich, ohne selbst „den Laden vollgerotzt" zu bekommen. Und er kultivierte immer mehr eine Fähigkeit, die ihn noch aus der Reihe der großen Jagdflieger hervorhob: Die ganze Kurbelei im Luftkampf hat nur den Sinn, sich in die günstigste Schussposition zu setzen: etwas überhöht hinter dem Gegner. Aus dieser Position kann man durch „Drücken" seine Fahrt beliebig erhöhen, um an den anderen heranzukommen. Und zugleich kann er nicht zurückschießen.
Während dieses Positionskampfes, des „Kurbelns", wird kaum geschossen. Zu schnell huscht die Maschine des Gegners in der wilden Bewegung durch das Visier. Diesen Augenblick konnten nur wenige abpassen, aber einer beherrschte es schließlich in Vollendung: Marseille. Ein knappes halbes Jahr übte er sich in dieser Kunst, und zwar nicht nur im Luftkampf: Wenn die Staffel nach einem Einsatz zurückflog, pflegte Marseille um die Kameraden herumzutoben, aus allen Lagen anzufliegen, das Visier über Motorhaube und Cockpit wandern zu lassen. Und ganz plötzlich hatte er es „gefressen", wie er sagte. Am 24. September 1941, die deutsch-italienischen Truppen hatten die Cyrenaika bis über die libysch-ägyptische Grenze hinaus besetzt, schoss er zwischen dem Halfaya-Pass und Sidi Barrani fünf Gegner ab.
Seine besondere Spezialität war unnachahmlich: Mit gedrosseltem Motor holte er sich mitten im feindlichen Verband durch Drücken Fahrt und riss die Maschine dann hoch.

Der Trick war, genau im Augenblick des Überziehens, in dem die Luftströmung über den Tragflächen abreißt und das Flugzeug unmittelbar vor dem Abkippen fast bewegungslos in der Luft hängt, den Gegner im Visier zu haben. Ein kurzer Feuerstoß, der bei Marseille eben immer im Ziel saß – und die Maschine kippt, völlig überzogen, über eine Fläche weg und ist im nächsten Augenblick aus der Reichweite und zumeist auch aus dem Blickfeld des Gegners verschwunden.
Im November warf die britische Herbstoffensive Rommel auf die Ausgangsstellung zurück. Von ständig wechselnden Feldflugplätzen starteten die Jäger. Marseille erhielt im Februar nach 48 Luftsiegen das Ritterkreuz, wurde dann Oberleutnant und Staffelkapitän. Und er wurde zu einer legendären Figur, weit über den Kriegsschauplatz hinaus. Nach dem 125. Abschuss wurden ihm die Brillanten verliehen. Am 30. September 1942, die Front stand bei El Alamein, flog er mit seiner Staffel Begleitschutz. Drei Tage zuvor hatte er seinen 158. Gegner abgeschossen.
An diesem 30. September gab es keine Feindberührung. Auf dem Rückweg, drei Minuten Flugzeit von den deutschen Linien bei El Alamein entfernt, meldete Marseille Rauchentwicklung in seiner Maschine. Tatsächlich, eine immer dicker werdende Fahne schwarzen Rauchs zieht sich hinter der Me 109 her. „Ich kann nichts sehen", ruft Marseille ins Mikrofon. Aber natürlich will er nicht über feindlichem Gebiet aussteigen, hier, wo die starren Fronten keine Chance bieten, sich hinter die eigenen Linien durchzuschlagen.
Die Staffel schließt auf, nimmt ihren Kapitän in die Mitte, gibt ihm über Funk Kurskorrekturen. In 1500 Meter Höhe überqueren sie die deutschen Linien. „Ich muss jetzt raus", presst Marseille hervor. Die anderen sehen, wie er die Maschine auf den Rücken legt, das Kabinendach abwirft, sich herausfallen lässt. Aber im selben Augenblick geht die Maschine schräg nach unten weg. Der Körper schlägt gegen das Leitwerk, stürzt... Kein Fallschirm blüht auf. Als sie den toten Staffelkapitän finden, sehen sie es: Die Reißleine ist nicht gezogen, eine breite Wunde auf der Brust zeigt an, wo ihn das Leitwerk traf und bewusstlos schlug.
Im Herbst 1942 war abzusehen, dass der immer stärker werden-

Bild linke Seite oben: Ein sechsmotoriger Transporter Me 323 „Gigant" lädt einen Lastwagen aus. Den Namen „Gigant" verdiente die Me 323 mit ihren 55 m Spannweite zu Recht. 28,5 m lang und rund 8 m hoch, brachte das größte Landflugzeug der Luftwaffe 28 t, davon 10 t Nutzlast, in die Luft. Der 100 Kubikmeter große Laderaum vermittelte von innen den Eindruck eines Zirkuszeltes.

Bild linke Seite unten: Vor dem Start Einsatzbesprechung einer britischen Fliegerbesatzung.

Bild rechte Seite: Eine Me 109 über Nordafrika. Der gelbe Boden ist mit graugrünen Flecken gesprenkelt, dem kargen Gesträuch der libyischen Wüste. Das deutsche Flugzeug ist durch seinen Tarnanstrich der Landschaft ideal angepasst.

de Gegner der Panzerarmee Af rika bald mit furchtbarer Wuch den Durchbruch versuchen wür de. Daher musste man den Boder mit möglichst vielen und möglichs raffiniert verlegten Minen spicken Und da war Rommel, den die tech nische Seite des Krieges immer fas zinierte, in seinem Element. Ein fache Minengürtel erschienen ihn bei weitem zu fantasielos. Was ihn vorschwebte, taufte er in einer Kom mandeur-Besprechung „Teufelsgär ten".

Und sie wurden teuflisch genug diese tödlichen Gärten. Romme ließ sie hinter der Hauptkampf linie anlegen, damit die Pionier wenigstens nachts relativ unbeläs tigt arbeiten konnten. Als die explo siven Rabatten dann fertig waren wurde die HKL hinter sie zurück genommen.

Und das war das System:

U-förmige Kästen von 3 bis 5 Kilo meter Breite und 4 bis 6 Kilomete Länge, zum Gegner offen, wurder mit Pfählen und kräftigem Stachel draht eingezäunt. An der Innenseit der Zäune entlang lauerten stark Panzerminen im Boden. Quer übe die einladend geöffnete Frontseit zog sich ein breiter Gürtel von Tel lerminen, zwei- und dreifach ver legt. Die Idee war, den Feind da durch zu verunsichern, dass selbs

Bild linke Seite oben: Deutscher Panzerkampfwagen IV auf Spähfahrt.

Bild linke Seite unten: Zusammengeschossener deutschen Panzer. Alle deutsch-italienischen Operationen gegen Ägypten standen, bei weitgesteckten Zielen, unter dem Gesetz des Kräftemangels und der Tatsache, dass die Truppe niemals in vollem Umfang jene Versorgung erhielt, derer sie zum Angriff oder dann in der Verteidigung bedurfte.

Bild rechte Seite: Zwei Männer von Rommels Afrika-Korps auf Vorposten in der Wüste. Ihr Feldherr sagte im November 1942: „Der Feldzug ist verloren. Wenn man das in Rom und Rastenburg nicht einsieht und rechtzeitig Maßnahmen zur Rettung meiner Soldaten einleitet, dann wird eine der tapfersten deutschen Armeen in die Gefangenschaft wandern."

nach der Räumung der ersten und zweiten Lage noch immer Minen hochgingen.
Die ganze innere Fläche aber war ein Gemisch von Fliegerbomben zwischen 100 und 500 kg, schachbrettartig verlegt, durch Fahrzeugtrümmer getarnt, mit Stolperdrähten verbunden. Eine leichte Berührung genügte, um sie hochgehen zu lassen. Dazwischen lagen wieder Tretminen, die den Entschärfungstrupps den Schneid abkauften.
Auf immer neue Tricks kamen die Pioniere. Insbesondere Beute-Granaten, die aus den eigenen Geschützen nicht zu verschießen waren, wurden in ihren Werkstätten zu Höllenmaschinen umgebaut. An den harmlos aussehenden Zaunpfählen hingen schwere Sprengladungen, die jeden Panzer zerstören konnten, der das Hindernis umwalzte.
Wer auf dem Vormarsch ein erobertes Haus leichtfertig betrat, hatte zumeist selber Schuld. Mit der Türklinke verbundene Sprengladungen galten bald als besonders phantasielos. Überall steckten Höllenmaschinen, selbst an den seltenen WCs waren oft Auslösemechanismen mit der Wasserspülung verbunden. Wer in einem der besseren Quartiere nur ein schief hängendes Bild geraderücken wollte, konnte tödliche Überraschungen erleben. Diese makaber schöpferische Phantasie wurde nun in die Teufelsgärten investiert.
Mitte September war Rommel mit dem Werk zufrieden. Die Tonnen raffiniert verlegten Sprengstoffs sollten schwer genug zu überwinden sein. Er gab dem ständigen Drängen seines Arztes nach, endlich seine Lebererkrankung und die chronische Entzündung der oberen Luftwege auszukurieren. Am 23. verließ er Afrika, besuchte in Italien den Duce und Marschall Cavallero im Commando Supremo. Am 25. nahm er im Führerhauptquartier den Marschallstab in Empfang. Genau einen Monat später scheuchte ihn am Semmering bei Wien eine Alarmnachricht auf: Montgomery war zum Großangriff angetreten. Rommels Vertreter, General der Panzertruppe Stumme, war in der ersten Phase der Schlacht ums Leben gekommen. In Afrika begann der letzte Akt.

Um 20.45 Uhr am Abend des 23. Oktober 1942 brüllten gegenüber dem zehn Kilometer breiten Frontabschnitt zwischen Bir el Atash und Bir Abu Sifai fast 1000 Geschütze auf. Ein fünfstündiges Trommelfeuer, wie es bis dahin nur in den Materialschlachten des Ersten Weltkrieges vorgekommen war, pflügte die Stellungen der deutsch-italienischen Infanterie in den Abschnitten Nord und Mitte um.
Zugleich warfen Geschwader von Kampffliegern, die von ihren nahe gelegenen Plätzen mehrere Einsätze nacheinander fliegen konnten, ihre Bomben ab.
Um 22 Uhr wanderte die Feuerwalze planmäßig etwas zurück – in die Teufelsgärten. Serienweise explodierten die Minen und Fliegerbomben. Die Detonationen vereinigten sich zu einem einzigen infernalischen Brüllen.
Gebannt sahen die britischen Infanteristen in ihren Bereitstellungen hinüber in die blitzdurchzuckte Hölle aus Rauch und Staub. Ob da drüben ein einziges menschliches Wesen überhaupt am Leben bleiben konn-

te? Die Nachrichtenverbindungen nach vorn wurden zerschlagen. Nur das Brüllen des Trommelfeuers sagte den Stäben, dass der Großangriff unmittelbar bevorstand. Aber wohin würde Montgomerys Stoß zielen? Von Nord nach Süd lagen die Panzerdivisionen hinter der Front: Die 15. Pz.div. die italienische „Littorio", die 21. Pz.div. und die „Ariete". Etwas weiter zurück an der Küstenstraße im Norden noch die 90. Leichte Division. Sollte man sie zusammenziehen – oder noch abwarten?

Der Stab der Panzerarmee war ziemlich sicher, dass der Hauptstoß im Süden erfolgen würde. Alles deutete darauf hin, dass Montgomery sich den schwächeren, an die Kattara-Senke angelehnten Flügel vornehmen würde. So konnte das wilde Trommelfeuer im Norden durchaus eine Irreführung sein, zumal auch an den anderen Abschnitten eine heftige Beschießung einsetzte. Aber die Briten hatten mit Rommelscher Perfektion getäuscht. Im Süden hatte „Monty" einen Nachrichtenkopf eingerichtet, der speziell für den deutschen Horchdienst einen lebhaften Funkverkehr veranstaltete.

Aber es war der Norden, wo die Infanterie des XXX. Korps in die Stellungen der Verteidiger einbrach. Aber in den bekämpften Gräben und Schützenlöchern war doch noch Leben. Im äußersten Norden, vor den Stellungen des 125.

Bild linke Seite oben: Die Besatzung eines bewegungsunfähig geschossenen deutschen Panzers wird zur Übergabe gezwungen.

Bild linke Seite unten: ein zerstörter deutscher Panzerkampfwagen vor El Alamein.

Bild rechte Seite: Soldaten des Afrika-Korps schützen sich mit Stoffbrillen gegen den gefürchteten Wüsten-Flugsand. Die Sandstürme der libyischen Wüste waren bei der Truppe ebenso gefürchtet wie britische Fliegerangriffe. Die winzigen aufgewirbelten Sandkörnchen drangen in die Augen wie in die empfindlichsten, technischen Geräte und legten diese oft irreparabel lahm.

Panzergrenadierregiments, blieb der Angriff im wütenden Abwehrfeuer liegen.
Etwas weiter südlich jedoch, an der linken Flanke des Grenadierregiments 382, brachen australische und schottische Infanteristen durch und warfen italienische Einheiten aus ihren Stellungen. Sie umgingen sofort die Stellungen der 382er. Zugleich klirrten Panzer von Osten heran. Nach blutigen Kämpfen wurde ein Häufchen Überlebender, zumeist verwundet, in die Gefangenschaft geführt.
Bis zum Morgengrauen wurden im Norden so zwei Lücken in die HKL geschlagen. Trotz des Bombardements waren jedoch nicht alle Sprengladungen in den Teufelsgärten hochgegangen. Montgomerys nachdrängende Panzerverbände hatten schwere Verluste.
In den frühen Morgenstunden des 24. Oktober beschloss General Stumme angesichts des völligen Ausbleibens von Lageberichten, selbst nach dem Rechten zu sehen. Zusammen mit Oberst Büchting, dem Armeenachrichtenführer, ließ er sich im leichten Kübelwagen nach vorn fahren. Das Fahrzeug geriet in der Nähe der Einbruchstelle sofort in heftiges MG-Feuer. Ein Kopfschuss tötete Oberst Büchting. General Stumme erlag einem Herzschlag. Nur der Fahrer kam davon. General Ritter von Thoma übernahm vorübergehend den Oberbefehl.
Kurze Zeit später wurde Rommel von Generalfeldmarschall Keitel telefonisch aus dem Führerhauptquartier alarmiert. Er machte sich sofort auf den Rückflug nach Afrika. Bei einer Zwischenlandung in Rom erwartete ihn der Deutsche General im italienischen Hauptquartier, Enno von Rintelen, auf dem Flugplatz.
„Rommel war sehr bedrückt über die von mir geschilderte Versorgungslage seiner Armee“, schrieb Rintelen später. Die Lage war in der Tat katastrophal.
Die britische Luftwaffe, nun schon verstärkt durch amerikanische schwere Bomber vom Typ „Liberator“ und zweimotorige „Marauders“, hämmerte erbarmungslos auf den Nachschub für die Panzerarmee ein, zu Wasser und zu Lande.
In den vier Herbstmonaten sollten die Achsenmächte den Schiffsraum von 200.000 Tonnen verlieren, ein unersetzbarer Aderlass. Wie immer traf es besonders die langsamen Tanker. Benzinknappheit und dauernde Jabo-Angriffe hatten dazu geführt, dass an der Front die Artilleriemunition knapp war, obwohl 20.000 Tonnen in den Häfen der Cyrenaika lagerten.
Inzwischen zerstampften Montgomerys Batterien, für die ein unerschöpflicher Strom von Nachschub den Suezkanal hinauf und nun auch schon durch das Mittelmeer kam, weiter die El-Alamein-Stellung, um die Einbrüche mit so wenig Verlusten wie möglich zu erweitern. Tausend Panzerwagen, mehr als die Hälfte nun schwere amerikanische „Shermans“ und „Grants“, standen bereit, um im richtigen Augenblick die Verfolgungs- und Vernichtungsschlacht zu beginnen.
Der erste Panzer-Vorstoß blieb noch einmal stecken. Zwar rollten die Tanks rund 8 km tief ins Hinterland, aber dort stießen sie auf Einheiten des Panzerartillerieregiments 33 von der 15. Pz.div.
Das konzentrierte Feuer stoppte sie, und im richtigen Augenblick stieß ihnen eine Panzerabteilung in die Flanke. Zu ihrem Unglück wichen die Briten in einen der intakten Teufelsgärten aus. Donnernd entluden sich die Fliegerbomben. In wilder

Flucht jagten die Panzer zurück, 35 Wracks zurücklassend. Aber das Ende war absehbar.
Schon waren die Verteidiger zu schwach, um die Einbruchstellen zu bereinigen. Spritmangel verdammte die Panzer zu Bewegungslosigkeit, nur eine Reserve für äußerste Notfälle war noch in den Tanks. Dabei verfügte z. B. die 15. Pz.div. ohnehin nur noch über 35 einsatzbereite Kampfwagen.
Die 21. Pz.div. stand noch immer im Süden, noch immer wirkten Montgomerys Täuschungsmanöver nach, erwartete die Panzerarmee einen Angriff im Süden. Rommel holte sie am 27. Oktober nach Norden. In fruchtlosen Gegenstößen schmolzen die Einheiten zusammen, verbrauchten ihren kostbaren Sprit, während der Gegner mit eiskalter Präzision die ausgepowerten Verbände zusammenschlug.
Insbesondere die unheimlich wohlgezielten Teppiche der amerikanischen Marauder-Verbände, die immer exerziermäßig mit 18 Maschinen herandröhnten, unbeirrt ein Planquadrat nach dem anderen zerstampften und deshalb bei den Landsern „Sture 18" hießen, entnervten die Verteidiger. Am 2. November waren sie neun Tage ununterbrochen im Einsatz, ausgemergelt, hungrig, von Durst, Staub und Fliegen geplagt. Am Abend dieses Tages kündigte Rommel in einer eingehenden Lagebeurteilung an, er werde das Schlachtfeld räumen müssen.
In seinen Erinnerungen vermerkt Enno von Rintelen, dieser Bericht sei im Führerhauptquartier nur als „pessimistische Anwandlung" angesehen worden. In Wahrheit hatte jedoch Hitlers Gewohnheit, bis in die frühen Morgenstunden seine engeren Mitarbeiter durch Monologe zu narkotisieren und dann bis tief in den Vormittag hinein zu schlafen, die Reaktionen der Wolfsschanze gelähmt. Ebenso wie Rommels nur Stunden später abgesetzte Meldung, die Absetzbewegungen seien eingeleitet, sah Hitler den Lagebericht erst mit vielstündiger Verspätung. Dadurch kreuzten sich Rommels Funksprüche mit einem Durchhalteappell Hitlers, der als „moralische Spritze" schon seit Tagen fertig formuliert auf dem Führer-Schreibtisch gelegen hatte und nun scheinbar als Gegenbefehl beim DAK eintraf:
„... In der Lage, in der Sie sich befinden, kann es keinen anderen Gedanken geben als auszuharren, keinen Schritt zu weichen und jede Waffe und jeden Kämpfer in die Schlacht zu werfen ... Es wäre nicht das erste Mal in der Geschichte, dass der stärkere Wille über die stärkeren Bataillone triumphierte. Ihrer Truppe aber können Sie keinen anderen Weg zeigen als den zum Siege oder zum Tode."
Hitler fühlte sich blamiert und tobte, als endlich am späten Vormittag des 3. November Ordnung in das Chaos kam. Als Sündenbock wurde der Offizier vom Nachtdienst, ein Major, degradiert und in eine Strafeinheit gesteckt. Aber bis zum nächsten Tag widerrief Hitler den in Unkenntnis der Lage gegebenen Durchhaltebefehl nicht. Im 3.000 Kilometer entfernten Afrika stürzte diese Eitelkeit des obersten Kriegsherrn Rommel und seinen Stab in schwere Gewissenskonflikte – und kostete einen weiteren Strom von Blut.
Widerstrebend gab Rommel Befehl, alle Absetzbewegungen einzustellen und bis zur letzten Patrone zu kämpfen.
Die Folgen waren grauenhaft. Am Vormittag des 4. November wurden die Reste des DAK auf dem langgezogenen Sandhügel Tel el Mampsra von Montgomerys überlegenen Panzereinheiten zusammengeschossen. Südlich davon erlitt das XX. italienische Korps das gleiche Schicksal, verlor jeden einzelnen seiner schwach gepanzerten Kampfwagen im Feuer der überlegenen Shermans. Der Kommandierende General des DAK, Ritter von Thoma, in zwei Weltkriegen zwanzigmal verwundet und hoch dekoriert, geriet in Gefangenschaft, nachdem er seinen Stab weggeschickt und selbst die Verteidigung des Hügelzuges übernommen hatte. Stabschef Bayerlein sah ihn zuletzt hochaufgerichtet zwischen brennenden und zer-

Bild linke Seite: 90 Kilometer vor Alexandria, bei dem Dorf El Alamein, blieben Rommels Panzer in einer Material- und Abnutzungsschlacht von den Ausmaßen des Ersten Weltkrieges stecken. „Die Deutschen können eine lange Schlacht nicht durchhalten", hatte General Montgomery vor der Schlacht gesagt. „Wir können es." Er sollte Recht behalten.

Bild rechte Seite oben: „Ein paar Gefechtstage in der Wüste sind vorüber – der Kompanieschuster hat Arbeit." (Originalunterschrift)

Bild rechte Seite unten: Deutscher Minenleger bei seiner lebensgefährlichen Arbeit. Auf keinem Kriegsschauplatz spielte die Mine eine so wichtige Rolle wie in Nordafrika.

trümmerten Fahrzeugen im Feuerhagel der heranklirrenden Feindpanzer stehen.
Kurze Zeit später bat Rommel um Zurücknahme des Durchhaltebefehls. Kesselring, der kurz zuvor aus Italien eingetroffen war und entsetzt die katastrophale Situation erkannte, unterstützte ihn in einem eigenen Funkspruch. Und ohne die Gegenorder aus Rastenburg abzuwarten, rettete der Feldmarschall die Reste seiner Verbände.
Der Rückzug war längst im Gange, als Hitler spät in der Nacht auf die Funksprüche der beiden Feldmarschälle reagierte und Rommels Absetzbewegung billigte. Aber für eine geordnete Operation war es zu spät. Nur für einen Teil der Einheiten standen Fahrzeuge zur Verfügung – und viele davon blieben mit leeren Tanks stehen. Tausende von Soldaten wurden von Montgomerys schnellen Panzerspitzen überholt und gerieten in Gefangenschaft, insbesondere die nicht motorisierten italienischen Verbände. Mit 285 Panzern war das DAK in die Schlacht gezogen. Am 5. November waren noch 38 verwendungsfähig.

Stalingrad

Drückende Sommerhitze liegt in den ersten Septemberwochen 1942 über der Ukraine. Im Führerhauptquartier bei Winniza ist die Stimmung gereizt, nicht nur der Hitze wegen, die Hitler nicht verträgt: Der Strom der Siegesnachrichten von der Kaukasusfront ist versiegt.
Über den Kuban, tief in das Kaukasusgebirge und bis an den Terek waren sie vorgestürmt, die Divisionen der 17. Armee (Ruoff), der 1. Panzerarmee (von Kleist) und die wenigen Gebirgsdivisionen. Doch nun waren sie mit ihrer Kraft am Ende. Die Nachschublinien waren über jedes Maß hinaus überdehnt, da konnte auch noch so geschickte Improvisation nicht helfen. Und ohne ausreichende Versorgung kann auch die beste Armee nicht mehr angreifen.
Nur einer wollte das nicht wahrhaben: Hitler. Am 7. September schickte Hitler den Chef seines Wehrmachtführungsstabes, General Jodl, zu Generalfeldmarschall List nach Stalino, um Druck hinter seine Befehle zu setzen. Die lauteten, ungeachtet der Lage: Angreifen! Weiter vorstoßen, zu den Schwarzmeerhäfen und über den Terek nach Baku!
Dass diese Befehle illusionär waren, wusste Jodl vermutlich schon, als er abflog; als er am Abend von List zurückkam, war es Gewissheit geworden. Das sagte er Hitler auch, verlangte, wie List, Frontbegradigungen und Umgruppierungen, um das Eroberte wenigstens halten zu können.
Hitler lehnte das kategorisch ab, erklärte, Jodl habe sich offenbar von List, der alles versiebt habe, einwickeln lassen.
Das war nun selbst für den (sonst Hitler treu ergebenen) Jodl zuviel. List habe nur gemacht, was ihm befohlen worden sei, erwiderte er wütend, und dann betete er lautstark die Führerbefehle und -weisungen der letzten Wochen herunter, die Lists Heeresgruppe in ihre kritische Lage getrieben hatten.
„Sie lügen!" brüllte Hitler fassungslos zurück, „nie habe ich solche Befehle gegeben!" Dann stürmte er aus der Blockhütte, hinaus in den Wald. Erst nach Stunden kam er, stumm und verstört, zurück.
Aber bei seiner Sündenbocktheorie und den unrealistischen Angriffsbefehlen blieb er: Am nächsten Tag wurden Generalfeldmarschall List und Generalstabschef Halder gefeuert; abermals wurde befohlen, den Angriff über den Terek weiter vorzutragen. Also griffen die ausgepumpten Verbände, Befehl ist Befehl, wieder an, wühlten sich in wochenlangen, verbissenen und verlustreichen Kämpfen langsam vorwärts, kamen – Anfang November – bis kurz vor Grosnij und Ordschonikidse an der Straße nach Tiflis. Dann aber war auch die allerletzte Kraft verbraucht.
Ein Flankenstoß frischer sowjetischer Kräfte schnitt prompt die

vordersten Divisionen – 13. und 23. Panzerdivision – ab; nur mit knapper Not gelang es ihnen, sich zu ihrem Korps zurückzukämpfen. Dann – Mitte November – stand die Front.

Für ein Ziel, das mit den dafür eingesetzten Kräften nicht erreicht werden konnte, waren wertvolle Kräfte verbraucht, kampfkräftige Verbände geopfert, ausgebrannt worden. Verbände, die nun woanders fehlten. Weiter nördlich, in Stalingrad.

Nach einer durch Spritmangel erzwungenen Kampfpause war die 6. Armee Ende Juli wieder zum Marsch nach Stalingrad angetreten, den Don entlang. Die Kampfpause war ein Geschenk für die Russen gewesen: Sie hatten Zeit gehabt, den wichtigsten Don-Übergang auf dem Weg nach Stalingrad, in Kalatsch, großräumig zu sichern: Fast die gesamte 62. sowjetische Armee lag im Donbogen vor Kalatsch bereit, den deutschen Ansturm abzuwehren.

Diesen Riegel muss Paulus sprengen, wenn er aus der Donschleife heraus nach Stalingrad will. Er versucht es mit einem Umfassungsangriff nach klassischem Muster: XIV. Panzerkorps links herum, XXIV. Panzerkorps (Leihgabe von Hoths 4. Panzerarmee) rechts herum, weit ausholen, nach innen drehen, Treffpunkt Kalatsch.

Und was seit dem Frühsommer nicht mehr gelingen wollte, hier gelingt es noch einmal, zum letzten Mal in diesem Krieg, eine erfolgreiche Kesselschlacht. Denn vor Kalatsch weichen die Russen nicht, sie verteidigen den großen Donbrückenkopf erbittert – hier geht es nicht um irgendeinen Flussübergang, sondern bereits um Stalingrad, nur noch 60 Kilometer von Kalatsch entfernt.

Sozusagen im Eifer des Gefechts bemerkt Generalmajor Kolpaktschi, Oberbefehlshaber der 62. Armee, die Umfassungsabsicht erst, als sich die 16. Panzerdivision vom XIV. Korps und die 24. Panzerdivision vom XXIV. Korps bereits in seinen Rücken geschoben haben.

Zwar wirft er nun alle seine Kräfte gegen den nördlichen Zangenarm; zwar entwickelt sich in der wuchernden Krautsteppe eine merkwürdige Panzerschlacht ohne durchgehende Front, bei der sich die Kampfwagen rudelweise umkreisen, sich auszumanövrieren trachten wie ein Kreuzerverband auf See – doch das kann nicht verhindern, dass am 8. August die 16. und die 24. Panzerdivision bei Kalatsch zusammentreffen: Der Kessel ist zu, und dieses Mal ist wieder etwas drin – sieben Schützendivisionen, zwei motorisierte und zwei Panzerbrigaden, 1.000 Panzer und 750 Geschütze, die teils vernichtet, teils erbeutet werden. Die Zahl der Gefangenen ist hingegen gering; die eingekesselten Russen kämpfen hartnäckig weiter, fast 14 Tage dauert es, bis der Kessel erobert und die schnellen Panzerverbände nun zum letzten Stoß auf Stalingrad antreten können.

Der Plan sah vor, zunächst einen Korridor über die Landbrücke zwischen Don und Wolga frei zuschlagen, Stalingrad also von Norden abzuriegeln, und so gedeckt die Stadt von Süden her zu erobern.

In der Nacht zum 23. August rollt die 16. Panzerdivision über eine Pontonbrücke bei Wertjatschi, knapp nördlich von Kalatsch, ans andere Donufer, stellt sich bereit. Und dann, um 4.30 Uhr, jagen die Panzer, im Breitkeil gestaffelt, nach Osten los.

Das Gelände ist günstig, als Vormarschweg dient ein Höhenrücken, der nicht, wie die umliegende Steppe, von tiefeingeschnittenen Schluchten (Balkas) gequert wird – geradezu eine Panzerstraße. An der Spitze rollt das Panzerregiment 2 unter Oberstleutnant Sieckenius, und ganz vorn, im Befehlswagen der Funkkompanie, fährt auch der Divisionskommandeur, General-

leutnant Hube, der einarmige Panzergeneral.
„Und morgen Abend in Stalingrad“ – mit diesen Worten hatte sich Hube am Vortag nach der letzten Besprechung mit seinen Regimentskommandeuren verabschiedet, und diese Worte gedenkt er wahr zumachen. Ohne Rücksicht auf die Russen rechts und links treibt Hube seine Panzer voran. Auf halbem Weg das schwierigste Hindernis, der alte Tatarengraben. Hier versuchen die Russen den Panzersturm aufzuhalten. Vergebens. Unter der Wucht des Angriffsschwungs zerbricht die Verteidigung rasch. Nur ein paar hundert Meter breit ist die Durchbruchstelle, das muss genügen, das genügt auch.
Am Nachmittag ist es dann soweit: „Rechts vorn die Silhouette von Stalingrad!“ ruft der Kommandant des Spitzenpanzers über Funk den anderen zu. Eine schier endlose Kette von Hochhäusern, Fabrikschloten und zwiebeltürmigen Kathedralen ist diese Silhouette, 40 Kilometer lang zieht sich die Stadt am Wolgaufer hin. Rauchwolken liegen darüber, Stukas sind dabei, Kasernen und Verkehrsknotenpunkte zu bombardieren. Ohne auf nennenswerten Widerstand zu stoßen, rollen Hubes Panzer an die nördlichen Vorstädte Spartakowka, Hynok und Lataschinika heran.

Bild linke Seite: Adolf Hitler und seine engsten militärischen Mitarbeiter Generalfeldmarschall Wilhelm Keitel, Chef des Oberkommandos der Wehrmacht (OKW), und General Alfred Jodl (rechts), Chef des Wehrmachtführungsstabes. Sie ließen den Soldaten der 6. Armee keine andere Wahl, als in Stalingrad zugrundezugehen.

Bild rechte Seite: Tod aus der Luft. Pausenlos fliegen deutsche Bomber über Stalingrad, heulend stürzen sich die Stukas auf die Fabrikviertel, die Eisenbahnlinien, die Öltanks und die Häuser. Der Bombenhagel trifft auch die Zivilbevölkerung. Man verkriecht sich in Keller und Erdlöcher, denn Stalingrad ist nicht geräumt. In den Fabriken arbeiten die Menschen bis zur letzten Stunde, in der alles in Trümmer sinkt.

Plötzlich bricht auf die vorderste Abteilung unter Oberstleutnant Graf von Strachwitz ein wilder Feuerhagel los; aus drei Dutzend Rohren schießt schwere Flak auf die Panzer, merkwürdigerweise ohne zu treffen. Fast ohne Verluste schießen die Panzer 37 Geschützstellungen zusammen, und dann wissen sie, warum ihnen die gefährliche Flak keinen Schaden zugefügt hat: Die Geschützbedienungen waren Frauen, anscheinend nur zur Flugzeugabwehr ausgebildet, nicht für den Erdkampf.

Weiter rollen die Panzer, gegen Abend schieben sich die ersten, nicht weit vom nördlichen Stadtrand, auf das Hochufer der Wolga, das hier fast hundert Meter tief steil abfällt, während drüben, am anderen Ufer des zwei Kilometer breiten Stromes, sich flache Steppe endlos dehnt. Hubes Panzerdivision igelt sich nahe beim Ufer ein – die Verbindung zu den nachfolgenden Infanteriedivisionen war infolge des rasanten Vormarsches verlorengegangen. Das beunruhigte die Männer der 16. Panzerdivision jedoch nicht weiter, es herrschte Siegeszuversicht. Der Feind schien überrascht, ein schneller Erfolg schien greifbar nahe.
Dass diese Hoffnung trog, merkten die Panzermänner am nächsten Morgen, als sie zum Angriff gegen Spartakowka, den nördlichsten Industrie-Vorort der Stadt, antraten. Der Gegner erwies sich keineswegs als verwirrt oder unentschlossen, ganz im Gegenteil:
Die Vorstadt war festungsartig verbarrikadiert, das Abwehrfeuer derart heftig, dass dagegen nicht anzukommen war. Die Sowjets griffen ihrerseits an, zum Teil mit nagelneuen T 34, die ohne Anstrich und Optik direkt aus der Fabrik aufs Schlachtfeld fuhren. Das einzige, was an diesem 24. August gelang, war ein Handstreich auf die Anlegestelle der Eisenbahnfähre und das angrenzende Ufer. Dort in Stellung gebrachte Artillerie sperrte nun den Strom. Ansonsten wurde die Lage der 16. Panzerdivision zunehmend kritischer. Von allen Seiten drängten die Russen auf den „Igel“ ein. Es wurde höchste Zeit, dass die nachfolgenden Infanteriedivisionen herankamen.
Generalmajor Schlömers 3. Inf.div. (mot.) war am Vortag zunächst direkt hinter der 16. Panzerdivision nach Osten gerollt, dann jedoch nordwärts, zur Flankensicherung, ausgeschert.
Schlömer fährt in der Vorausabteilung mit. In der Nähe von Kusmitschi entdeckt er an einem Eisenbahnhaltepunkt Güterzüge, die gerade entladen werden. „Woll'n doch mal sehen, was die da bekommen!“ sagt der General und lässt die Panzerabteilung 103 angreifen. Die russischen Eisenbahner fliehen bereits bei den ersten Schüssen. Schlömer macht nützliche Beute, die einen weiten Weg hinter sich hat: über den Atlantik, ums Kap der Guten Hoffnung herum, durch den Persischen Golf, übers Kaspische Meer bis Astrachan, wolgaaufwärts bis Stalingrad und von dort mit der Bahn bis zu diesem Haltepunkt an der Front – Ford-Lastwagen, Jeeps, Raupenschlepper, Werkstatteinrichtungen, Pioniergerät.
Von Kusmitschi aus drängte die 3. Inf.Div. südostwärts, der 16. Panzerdivision nach.

Hinterher rollte eine andere Division, die im deutschen Plan nicht vorgesehen war: die mit Panzern verstärkte 35. sowjetische Schützendivision. Sie schob sich zwischen die 3. Inf.Div. und die nachfolgenden Verbände und sperrte zunächst einmal den deutschen Korridor über die Landbrücke zwischen Don und Wolga. Zwar erreichte die 3. Inf.- Div. die 16. Panzerdivision, aber beide zusammen mussten nun einen knapp 30 Kilometer langen „Igel" rundum verteidigen – und darauf warten, dass der Korridor wieder freigekämpft würde.
Das dauerte bis zum 30. August, dann endlich waren das II. Armeekorps und auch die 60. Inf.div. heran, die Landbrücke zwischen Don und Wolga durch eine stabile HKL abgeriegelt. Der Frontalangriff auf Stalingrad sowie der von Süden angesetzte Panzerstoß konnten – gegen Überraschungen aus dem Norden gesichert – nun beginnen. Frontal tritt das LI. Armeekorps unter General von Seydlitz mit zwei Divisionen an, den Stoß von Süden führt die 4. Panzerarmee unter Generaloberst Hoth. Doch der Angriff läuft nicht. Der sogenannte „innere Verteidigungsgürtel", der sich in 30-50 Kilometer Entfernung um die Stadt zieht, ist stabil. Die Russen haben dafür gekonnt das Gelände ausgenutzt: Die Infanteristen von Seydlitz' Korps bleiben zunächst einmal vor dem tiefeingeschnittenen Tal des Flüsschens Rossaschka liegen. Kein Hinüberkommen, drei Tage lang.
Genauso ist es, schon ein paar Tage vorher, den von Süden heranrollenden Panzerdivisionen, Hoths 24. und 14. Panzerdivision, ergangen, sie haben sich an den Höhen von Tundutowo festgerannt und blutige Verluste erlitten, bis Hoth den Angriff in dem für Panzer denkbar ungeeigneten Gelände einstellen lässt.
„Das hat so keinen Zweck, Fangohr!" entscheidet der Generaloberst, „wir müssen es anders machen. Passen Sie mal auf, wir könnten doch ... "
Oberst i. G. Fangohr, Hoths Ia, überträgt Hoths Überlegungen mit Karte, Zirkel und Rechenschieber sozusagen simultan in Operationen, murmelt ab und zu „das ginge", „doch, das geht", auch mal „das kostet aber viel zu viel Sprit". Schließlich telefoniert Hoth eine halbe Stunde lang mit dem Heeresgruppenchef Weichs – dann hat er grünes Licht für eine ungewöhnliche Operation: Mitten in der anlaufenden Schlacht nimmt er seine Panzer- und motorisierten Divisionen aus der Front, zieht sie – in Nachtmärschen, damit der Gegner nichts merkt – in einem halbkreisförmigen Bogen hinter den vorn stehenden Verbänden herum und führt sie gegen die weiche Flanke der 64. sowjetischen Armee bei Gawrilowka, südwestlich Stalingrad.
Die Wirkung dieses Schachzugs spüren zuerst die Infanteristen vom LI. Armeekorps. Plötzlich lässt der bis dahin unüberwindliche Widerstand nach, hört auf. Die Russen weichen, Seydlitz stößt nach, steht nach zwei Tagen schon östlich vom Stalingrader Flughafen Gumrak, nur noch acht Kilometer vom Stadtrand entfernt.

Bild linke Seite: Russen in einer gestürmten deutschen Stellung. Links der Stahlhelm eines zurückgedrängten deutschen Soldaten, rechts die Leiche eines gefallenen Rotarmisten.

Bild rechte Seite: Hinter Schutthalden verschanzt, zwei deutsche Pioniere mit ihren Maschinenpistolen.

Warum? Warum geben die Russen die günstige Riegelstellung auf, ziehen sich auf die Stadt zurück? Weil Hoths Panzer ihnen unversehens im Genick sitzen. Die riskante Umgruppierung hat sich – obwohl die Fahrerei tatsächlich sehr viel Sprit gekostet hat – gelohnt: Hoths Panzerdivisionen durchbrechen bei Gawrilowka, für den Feind völlig überraschend, den inneren Verteidigungsgürtel, stoßen zügig bis Woroponowo vor – und das treibt die Kommandeure auf der anderen Seite, Tschuikow, Jeremenko und Kommissar Chruschtschow, zu dem Entschluss, die zwei Armeen, die am inneren Verteidigungsgürtel stehen, auf den Stadtrand zurückzunehmen. Dieser Entschluss rettet den Russen zu diesem Zeitpunkt Stalingrad – schon einen Tag später, am 3. September, wären die beiden Armeen westlich der Stadt eingekesselt gewesen. Denn an diesem Tag erreichen Hoths Spitzen das Korps Seydlitz – 36 Stunden zu spät.
Die Kämpfe, die nun folgten, waren die blutigsten und härtesten des ganzen Krieges. Nirgendwo sonst gab es einen derartigen Einsatz von Menschen und Material auf aller engstem Raum. Auf beiden Seiten ersetzten Stadtpläne die Generalstabskarten, kämpften ganze Divisionen um einzelne Häuserblocks. „Es war", so schreibt Rolf Grams, damals Major und Kommandeur des Kradschützenbataillons 64, „ein unheimlicher Kampf auf und unter der Erde. In den Trümmern, Kellern, Kanälen der großen Stadt und der Industriewerke. Mann gegen Mann. Panzer kletterten über Berge von Schutt und Schrott, krochen kreischend durch zerstörte Werkshallen und schossen auf nächste Distanz in verschütteten Straßen und engen Fabrikhöfen ... und dann waren da noch die tiefen, verwitterten Löß-Schluchten, die steil zur Wolga abfielen und aus denen die Sowjets immer wieder neue Kräfte in den Kampf warfen. Drüben in den Urwäldern des tiefer gelegenen Ostufers der Wolga war der Feind nicht zu sehen, seine Batterien nicht und seine Infanterie nicht, aber er war da und schoss, und Nacht für Nacht brachte er in Hunderten von Booten Verstärkungen über den gewaltigen Strom in die Ruinen der Stadt.
Paul Carell schreibt in seinem Buch „Unternehmen Barbarossa" dazu: „Dieser Nachschub, dieser ständig über den Fluss rollende Ersatz für die Verteidiger, war das Problem der Schlacht. Das Geheimnis lag in eben diesen Löß-Schluchten des Wolga-Ufers. In diesem Steilufer, das für die deutsche Artillerie unerreichbar war, saßen die Stäbe der Sowjets, waren die Lazarette untergebracht, die Munitionsdepots. Hier waren ideale Sammelplätze für die in der Nacht über den Fluss gebrachten Menschen- und Materialtransporte. Hier waren die Ausfallstellungen für Gegenstöße. Hier mündeten die Abwässerkanäle der Industriewerke, jetzt leere lange Höhlenwege, die in den Rücken der deutschen Front führten. Sowjetische Stoßtrupps krochen hindurch. Hoben vorsichtig die Gullydeckel.
Brachten MGs in Stellung. Dann prasselten die Feuerstöße in den Rücken vorgehender deutscher Verbände, knallten in die Essensträger- und Nachschubkolonnen. Gullydeckel zu und zurück. "
Tschuikow konnte neue Divisionen heranholen, Paulus nicht. Und dennoch: Nach und nach wurde Stalingrad erobert. Ende Oktober, nach zweimonatigem Kampf, verteidigte Tschuikow nur noch ein paar Fabrikgebäude in der Nordstadt und ein paar Kilometer Steilufer, allen-

falls noch ein Zehntel der Stadt, eher weniger. Doch zu dieser Zeit war der Kampf militärisch längst sinnlos geworden: Schon Mitte September war Stalingrad eine Trümmerwüste, als Schwerindustrie-Zentrum hatte es aufgehört zu existieren, der Besitz des Ruinenfeldes konnte keinem, weder dem Eroberer noch dem Verteidiger, einen Nutzen bringen, der auch nur im entferntesten in einem sinnvollen Verhältnis zu den Opfern an Menschen und Material stand.
Es ging nur noch um das Prestige der Diktatoren hüben und drüben. Hitler am 9. November im Münchner Bürgerbräukeller: „Keine Macht der Erde kriegt uns von dort wieder weg." Stalin: „Keinen Schritt mehr zurück! Halten oder sterben!"
Hitler schien immerhin zu spüren, wie sinnlos es war, eine ganze Armee mit dem Kampf um ein paar Ruinen zu binden. Aber seine Reaktion war nicht, dieses Unterfangen aufzugeben, sondern die dringende Mahnung an die 6. Armee, in Stalingrad „nun endlich schnell Schluß zu machen".
Und dies, obwohl sich bedrohliche Zeichen mehrten: Die Feindaufklärung, sonst nicht gerade besonders zuverlässig, meldete ab Anfang November immer wieder große russische Bereitstellungen vor den deutschen Fronten nordwestlich und südlich von Stalingrad – in beiden Fällen vor Abschnitten, die von rumänischen Einheiten gehalten wurden.
Und der Stoß kam, einen Tag nachdem in Stalingrad die erschöpften Regimenter abermals zum Sturm auf die letzten russischen Bastionen angetreten waren: Am 19. November stürmt die 5. sowjetische Panzerarmee bei Blinow, die 21. sowjetische Armee bei Kletskaja gegen die Stellungen der 3. rumänischen Armee. Die Rumänen wehren sich verzweifelt, aber vergebens. Nicht nur ist ihre Bewaffnung mangelhaft, sie sind auch im Panzerkampf unerfahren und verfallen dem sogenannten „Panzerschreck": Durchgebrochene Feindpanzer, die plötzlich von hinten kommen, der entsetzte Schrei: „Russische Panzer hinter uns!" erzeugen Panik, kopflose Flucht.
Gegen Mittag wird klar, dass sich eine Katastrophe anbahnt: Die Russen sind weit nach Süden durchgebrochen, drehen dann aber ostwärts ein – sie wollen in den Rücken der 6. Armee.
Dasselbe wollen die 57. und die 51. sowjetische Armee, die einen Tag später südlich von Stalingrad aus dem Raum Krasnoarmeisk angreifen, im Frontabschnitt des VI. und VII. rumänischen Korps. Auch hier werden die Rumänen glatt überrannt. Zwar gelingt es der 29. Inf. Div. (mot.) von Hoths 4. Panzerarmee, den Stoß der 57. sowjetischen Armee abzufangen und zurückzuschlagen, doch die 51. Armee kommt etwas weiter südlich durch und rollt in Richtung Kalatsch.
Theoretisch lässt sich heute aus Kriegstagebüchern und ähnlichen Unterlagen die eine oder andere Möglichkeit ermitteln, wie damals – zwischen dem 19. und 23. November – der Durchbruch der russischen Südzange und damit die Einschließung der 6. Armee hätte verhindert werden können. Doch die dafür notwendige sichere Kenntnis der tatsächlichen Lage hatte damals keiner der verantwortlichen Kommandeure. Anders wäre es gewesen, wenn hinter der Front ausgeruhte Eingreifreserven bereitgestanden hätten, die man den Russen hätte entgegenwerfen können.
Doch solche Reserven gab es hier so wenig wie irgendwo anders an der Ostfront zwischen Ladogasee und Terek. Und so trafen am 23. November bei Kalatsch Nord- und Südzange der Russen zusammen. Die 6. Armee war eingekesselt.
Rund eine Viertelmillion Mann steckten in diesem Kessel. Was war zu tun? General Paulus, ein nüchterner Stratege, funkte am 22. 11. um 19 Uhr an die Heeresgruppe B: „Armee beabsichtigt, verbliebenen Raum von Stalingrad bis beiderseits Don zu halten, und hat hierzu alle Maßnahmen eingeleitet. Voraussetzung ist, dass Schließung Südfront gelingt und reichliche Versorgung laufend zugeflogen wird. Erbitte Handlungsfreiheit für den Fall, dass Igelbildung im Süden nicht gelingt. Lage kann dann dazu zwingen, Stalingrad und Nordfront aufzugeben, um mit ganzer Kraft Gegner an Südfront zwischen Don und Wolga zu schlagen."
In einfacherer Sprache: Paulus will vorerst den Kessel halten – wenn es möglich ist. Falls nicht, will er „Handlungsfreiheit", d. h. die Erlaubnis, in südwestlicher Richtung aus dem Kessel auszubrechen.
Hitler verweigert diese Handlungsfreiheit. Am nächsten Vormittag funkt Paulus an die Heeresgruppe: „Halte Durchschlagen nach Südwesten ... zur Zeit noch für möglich, wenn auch unter Opfern von Material." Heeresgrup-

Bild linke Seite: Sowjetische Scharfschützen nehmen den Gegner ins Visier.

Bild rechte Seite oben: Hüben und drüben wurde in den Trümmern von Stalingrad gnadenlos gekämpft. „Täglich", berichtet ein Augenzeuge, „wurden einige Stellungen gestürmt, täglich wird der Feind – oder werden wir, je nach dem, wer darin sitzt – hinausgeworfen; dass man es nur nehmen sollte, wenn man es auch halten kann, zu dieser Entscheidung waren bisher weder der Feind noch wir fähig."

Bild rechte Seite unten: Oft haben deutsche Offiziere ihre Schulterstücke entfernt, da sie die bevorzugten Ziele des russischen Gegners waren.

penchef Weichs ist derselben Meinung, fügt, als er den Funkspruch ans OKH weitergibt, noch hinzu: „Ausreichende Luftversorgung ist nicht möglich."
Keine Antwort.
Am späten Abend dieses Tages, eine Viertelstunde vor Mitternacht, funkt Paulus direkt ans Führerhauptquartier: „Munition und Betriebsstoff gehen zu Ende. Die Armee geht in kürzester Zeit der Vernichtung entgegen, wenn nicht unter Zusammenfassen aller Kräfte der von Süden und Westen angreifende Feind vernichtend geschlagen wird. Hierzu ist Herausnahme aller Divisionen aus Stalingrad und starker Kräfte aus der Nordfront erforderlich. Unabwendbare Folge muss dann Durchbruch nach Südwesten sein. Es geht dann zwar zahlreiches Material verloren, es wird aber die Mehrzahl wertvoller Kämpfer und wenigstens ein Teil des Materials erhalten. Die Verantwortlichkeit für diese schwerwiegende Meldung behalte ich in vollem Umfange, wenn ich melde, dass die Kommandierenden Generale Heitz, v. Seydlitz, Strecker, Hube und Jaenecke die gleiche Beurteilung der Lage haben. Bitte auf Grund der Lage nochmals um Handlungsfreiheit."
Hitlers Antwort am nächsten Morgen nagelt die 6. Armee endgültig in Stalingrad fest: Er befiehlt, alle noch westlich des Don stehenden Verbände in den Kessel hereinzuziehen und, wörtlich, „jetzige Wolgafront und jetzige Nordfront unter allen Umständen halten. Luftversorgung". Dieser Befehl wird allgemein als erkennbares Todesurteil für die 6. Armee betrachtet; Paulus hätte ihn, so meinen die meisten Autoren der umfänglichen Stalingradliteratur, deshalb nicht befolgen dürfen, sondern auf eigene Faust die 6. Armee aus dem Kessel führen müssen. Ganz so aber stellte sich die Lage für Paulus eben nicht dar. Wie er einen Tag nach der Einschließung der Armee, am 24. November, die Lage beurteilte, darüber gibt es einen aufschlussreichen Bericht von Coelestin von Zitzewitz, damals Major i. G. im OKH. Er war von Generalstabschef Zeitzler mit einem Funktrupp in den Kessel geschickt worden, als Spezialbeobachter für das OKH.
Zitzewitz berichtet: „Der OB (Generaloberst Paulus) stand auf dem mir durchaus einleuchtenden Standpunkt: Die Armee kann hier halten, wenn sie mit dem notwendigen Versorgungsgut, vor allem mit Betriebsstoff, Munition und Verpflegung, versorgt wird und wenn mit einem Entsatz von außen her in absehbarer Zeit zu rechnen ist. Er war allerdings auch der Auffassung, dass eine Zurücknahme der 6. Armee im Rahmen der Gesamtlage nützlicher sei. Er betonte immer wieder, dass die 6. Armee an der durchbrochenen Front zwischen Woronesch und Rostow nutzbringender für die Gesamtlage verwendet werden könnte als hier im Raum von Stalingrad. Außerdem würden dann die Eisenbahn, die Luftwaffe, die ganzen Nachschuborganisationen für Aufgaben im Dienst der Gesamtlage frei.
Doch von sich aus konnte er diesen Entschluss nicht fassen. Er konnte auch die Nichterfüllung seiner Forderung hinsichtlich Entsatz und Versorgung nicht voraussehen; dafür fehlten ihm die erforderlichen Unterlagen. Dies alles hatte der OB seinen Generalen – die wie er alle für den Ausbruch waren – mitgeteilt und anschließend seine Befehle für die Verteidigung gegeben."

Anders konnte Paulus gar nicht handeln. Und als sich später herausstellte, dass eine ausreichende Luftversorgung eben nicht möglich war, da war es für einen Ausbruch der 6. Armee aus eigener Kraft schon zu spät: Mit der spärlichen Versorgung konnte die Armee zwar noch halten, aber nicht mehr angreifen – allenfalls für ganz kurze Zeit, etwa um sich an eine bis auf wenige Kilometer herangerückte Entsatz-Armee heranzuschlagen.

Darauf hoffen sie, die Männer in Stalingrad, auf Entsatz, und auf einen Mann, Generalfeldmarschall von Manstein, der am 26. November den Oberbefehl über die neugebildete Heeresgruppe Don übernimmt. Dazu gehören die eingeschlossene 6. Armee, die zerschlagene 3. rumänische Armee, die Armeeabteilung Hollidt und die Armeegruppe Hoth.

Manstein funkt an Paulus: „Wir werden alles tun, Sie herauszuhauen!" Und er tut, was er kann. 16 Tage dauert es, bis die allgemeine Lage stabilisiert, zwei frische Panzerdivisionen aus Frankreich herangeführt sind. Dann, am 12. Dezember, schickt Manstein Hoth los. Der Angriff kommt gut voran.

Zwar wirft Jeremenko auf der anderen Seite Hoths Angriffsspitzen alles entgegen, was er zusammenraffen kann, zwar schickt Stalin die 2. Gardearmee, aber nach einer Woche, am 20. Dezember, geht Hoth bei Wassiljewka über die Myschkowa – nur noch 50 Kilometer bis zum Südrand des Kessels. Hinter den Kampftruppen stehen Kolonnen mit 3.000 Tonnen Verpflegung und Munition bereit, genug, um der 6. Armee neue Kampfkraft zu geben – falls man den Transport durchbekommt.

Doch dieser Transport erreicht Stalingrad nie. Denn am mittleren Don sind am 16. Dezember drei sowjetische Armeen zum Angriff angetreten. Sie haben die 8. italienische Armee, die dort die Front hält, glatt überrannt und stürmen südwärts, Richtung Rostow.

Manstein steht vor einer schweren Entscheidung: Kommen die Russen bis Rostow durch, dann ist die ganze Heeresgruppe Don abgeschnitten und dazu die Heeresgruppe A (Kleist), die im Kaukasus steht. Es geht nicht mehr um 200 000 Mann, sondern um anderthalb Millionen. Manstein bleibt gar nichts anderes übrig, als Hoths besten Verband, die 6. Panzerdivision, zum unteren Tschir zu schicken, um den todgefährlichen russischen Stoß auf Rostow abzublocken.

Das bedeutet aber: Mit dem, was Hoth bleibt, besteht keine Chance mehr, nach Stalingrad vorzudringen. Das ist das Todesurteil für die 6. Armee.

Am 9. Januar bieten die Russen ehrenvolle Kapitulation an. Paulus lehnt ab. Er glaubt, was Führerhauptquartier und Heeresgruppe sagen: Die 6. Armee binde durch ihren Kampf mehrere sowjetische Armeen und schütze so den bedrohten Südflügel der Ostfront.

Am nächsten Tag beginnt die russische Offensive. Hauptziel ist der Flughafen von Pitomnik. Hier landen die Ju 52. Munition, Sprit, Verpflegung werden ausgeladen und über die graue Schneewüste, aus der Fahrzeugwracks und gefrorene Pferdekadaver als Markierungszeichen ragen, zu den Kampfständen geschafft, Notbunkern, Kel-

Bild linke Seite oben: Paulus (links) wird in Beketovka bei Stalingrad am 31. Januar 1943 gefangen genommen. Rechts neben ihm sein Chef des Stabes Schmidt und Adam. Kurz zuvor hatte ihn Hitler noch zum Generalfeldmarschall befördert, in der Überzeugung, ein deutscher Generalfeldmarschall würde statt der Gefangenschaft den Freitod wählen.

Bild linke Seite unten: Erstarrter Stalingrad-Kämpfer in einem Massengrab für deutsche Gefallene.

Bild rechte Seite: In seiner letzten Lagemeldung vom 31. Januar 1943 funkte Paulus aus Stalingrad: „Die 6. Armee hat getreu ihrem Fahneneid für Deutschland bis zum letzten Mann und bis zur letzten Patrone, eingedenk ihres hohen und wichtigen Auftrages, die Position für Führer und Vaterland bis zuletzt gehalten." Erschöpft, apathisch und ausgelaugt gerieten 90.000 deutsche Soldaten in russische Gefangenschaft. Nur 6.000 von ihnen sollten die Heimat wiedersehen.

lern oder einfach nur Erdlöchern, die mit Zeltplanen abgedeckt sind. Beladen mit Verwundeten, erheben sich dann die dreimotorigen Wellblechvögel, von den Landsern „Tante Ju" genannt, wieder in die Luft und fliegen zurück zu den Landebasen Tazinskaja und Morosowskaja im Donbogen.
Die Versorgung aus der Luft, ohnehin nie ausreichend, verschlechtert sich, als der Flughafen Pitomnik am 16. Januar verloren geht. Nun ist nur noch der unzulängliche kleine Flughafen Gumrak übrig, und als der von den Russen erobert wird, muss alles mit Fallschirmen abgeworfen werden. Die Sicht ist schlecht, die Flieger erkennen oft die Markierungszeichen am Boden nicht, und wenn sie welche erkennen, sind es manchmal falsche: Die Russen haben die deutschen Zeichen kopiert; die Bomben mit dem Brot und den Patronen gehen nicht bei der 6. Armee nieder, sondern bei den Gegnern, der 62. oder 21. russischen Armee.
Der Ring schließt sich immer enger; Paulus zieht mit seinem Stab vom Flugplatz Gumrak in den Keller des Kaufhauses Univermag am Roten Platz um. Wie fünf Monate zuvor wird die Innenstadt wieder zum Kampfgebiet, nur dass diesmal die Deutschen in den Ruinen sitzen und die Russen von außen eindringen. Am 24. Januar meldet der la der Armee an Mansteins Heeresgruppe Don: „Angriffe in unverminderter Heftigkeit gegen ganze Westfront, die im Raum um Gorodischtsche seit 24. früh im Rückkämpfen nach Osten, um im Traktorenwerk zu igeln.
Im Südteil Stalingrad hielt bis 16 Uhr Westfront am Stadtrand in Linie 45.8 West- und Südrand Minina. Hier örtliche Einbrüche. Wolga- und Nordostfront unverändert. Grauenhafte Zustände im engeren Stadtgebiet, wo etwa 20 000 Verwundete unversorgt in Häuserruinen Obdach suchen. Dazwischen ebensoviel Ausgehungerte, Frostkranke und Versprengte, meist ohne Waffen, die im Kampf verloren gingen. Starkes Artilleriefeuer auf ganzem Stadtgebiet." Paulus bittet Hitler um die Genehmigung, kapitulieren zu dürfen. Hitler antwortet: „Verbiete Kapitulation."

Seit Mitte September haben die Führerbefehle betreffend Stalingrad nur noch wenig militärische Logik. Die Stadt an der Wolga ist kein Industriezentrum und kein Umschlagplatz mehr, sie ist ein Trümmerhaufen, den zu besitzen sich für niemand lohnt. Aber sie ist ein Symbol. Sie ist Stalins Stadt, das alte Zarizyn, das er 1918 als bolschewistischer Kriegskommissar gegen den Zarengeneral Denikin gehalten hat. Sie ist 1925 in Stalingrad umbenannt worden.
Und da Stalin befohlen hat, seine Stadt unter allen Umständen gegen die Deutschen zu halten, hat Hitler sie unter allen Umständen erobern und, da die Russen nach dem Eindringen der Deutschen so viele Kräfte rund um die Stadt aufgeboten haben, auch unbedingt halten wollen.
Das ist übriggeblieben von aller strategischen Weitsicht Hitlers, die wohl nie ausgereicht hat, um selbständige Konzepte zu erarbeiten, aber immerhin geniale Köpfe gewähren ließ und unkonventionelle Lösungen förderte: die blinde Weigerung, Terrain aufzugeben, das einmal von deutschen Soldaten betreten worden ist.
Nun, da die „Festung" Stalingrad geschrumpft ist auf ein Ruinenfeld, in dem halbverhungerte Landser die letzten Granaten in ihre ausgeleierten Kanonen stopfen, da der Entsatzangriff gescheitert und die Luftversorgung zusammengebrochen ist, nun befiehlt Hitler den Untergang.
Sein Denken bewegt sich nicht mehr in militärischen Gleisen, es flieht in Bilder aus der Geschichte, es wird magisch. Der Kampf in den Thermopylen hat es ihm angetan, die Geschichte vom Spartanerkönig Leonidas, der mit seinen dreihundert Mann den Pass gegen die Perser hielt und, als er erfuhr, dass die Gegner einen Weg in seinen Rücken gefunden hatten, sich weigerte, den Rückzug anzutreten, da ihm nun einmal der Pass als Kampfplatz zugewiesen worden war. Paulus ist Leonidas, die Soldaten der 6. Armee sind die Spartaner, Stalingrad die Thermopylen.
„Heldenhaftes Ausharren", lässt Hitler an Paulus funken, „bis zum letzten Soldaten. " Und am 30. Januar ernennt er ihn zum Generalfeldmarschall. „Es gibt in der Kriegsgeschichte keinen Feldmarschall, der in Gefangenschaft ging", sagt er zu Keitel.
Umso größer seine Wut, als Paulus am nächsten Tag seine Kommandeure auffordert zu kapitulieren und selbst in russische Gefangenschaft geht. „Die haben sich da absolut formgerecht übergeben", tobt Hitler. „Der Mann hat sich totzuschießen, so wie sich früher die Feldherren in das Schwert stürzten, wenn sie sahen, dass die Sache verloren war."
Und er zieht eine einzige, groteske Konsequenz aus dem Untergang der 6. Armee: „In diesem Krieg wird niemand mehr Feldmarschall."
Am 2. Februar ist der letzte Widerstand in Stalingrad erloschen. Kleine Gruppen sind vorher ausgebrochen, haben versucht, sich durchzuschlagen. Flieger sichten einige von ihnen in der Steppe, aber nur ein einziger Soldat, Unteroffizier Nieweg, erreicht die deutschen Linien.
Von den ursprünglich rund 230.000 Soldaten der 6. Armee und der ihnen angeschlossenen Verbände waren 16.800 schon vor der Kapitulation von den Russen gefangengenommen und 42.000 Verwundete, Kranke und Spezialisten ausgeflogen worden.
80.500 blieben auf dem Schlachtfeld: Tote und Schwerverwundete, die ihrem Schicksal überlassen wurden. 91.000 Mann gingen in russische Gefangenschaft. Davon kehrten kaum mehr als 6.000 in die Heimat zurück.

1943

JANUAR

1.1. In seinem Tagesbefehl an die Wehrmacht erklärt Adolf Hitler: „Wenn uns der Herrgott die Kraft gegeben hat, den Winter 1941 auf 1942 zu überwinden, dann werden wir diesen Winter und das kommende Jahr erst recht überstehen."

1.1. Vor Stalingrad erscheint ein Flugblatt mit den Unterschriften Walter Ulbrichts, Erich Weinerts und Willi Bredels. Die deutschen Soldaten werden zur Kapitulation aufgefordert.

1.-31.1. Im Atlantik, Nordmeer und Mittelmeer versenken deutsche U-Boote 44 Handelsschiffe mit 228.259 BRT und 4 Kriegsschiffe, 1 italienisches U-Boot, 1 Korvette und im Pazifik japanische U-Boote 4 Handelsschiffe mit 26.625 BRT.

1.1.-9.2. Endkampf um Guadalcanal. Während japanische Zerstörer mit Verlusten versuchen, Verstärkung nach Guadalcanal zu bringen, landen US-Landungsverbände größere Truppenverstärkungen. Vom 4. - 9. Februar evakuieren japanische Zerstörer die restlichen japanischen Truppen.

1.1.-28.2. Deutsche U-Boote versenken im Atlantik, im Nord- und Mittelmeer sowie im Indischen Ozean 110 alliierte Handelsschiffe mit insgesamt 599.284 BRT.

4.1. Mit Speer bespricht Hitler die „Rüstungsaktion 1943", wobei er sich für verschärfte Maßnahmen bei der „Anwerbung" französischer Facharbeiter und Hilfskräfte ausspricht.

4.1. Goebbels gibt Anweisung, dass in der Presse „der totale Einsatz unserer gesamten Kräfte und Reserven" gefordert werden soll, um so die Moral der Bevölkerung wieder zu stärken und Erfolge zu zeitigen. Als besondere Grundsätze für die Presseberichterstattung gibt er an: „1. Der Krieg ist dem deutschen Volk aufgezwungen worden; 2. es geht in diesem Krieg um Leben oder Sterben; 3. es geht um die totale Kriegführung."

5.1. Der Reichsbeauftragte für Kautschuk beschlagnahmt im ganzen Reich Natur- und Kunstkautschuk oder Erzeugnisse daraus, Gummi-Abfälle, Altgummi, Regenerat und Ruß.

6.1. Nach einer Zusammenstellung des Wehrmachtführungsstabes betrug am 1. Dez. 1942 die Zahl der deutschen Kriegsgefangenen in Großbritannien und in den USA insges. 26.132 Mann.

6.-23.1. Letzte italienische Konvois nach und von Tripolis.

7.1. Die 4. Panzer-Armee festigt ihre Stellungen bei Stawropol. Das OKW meldet zur Lage: „Die Kämpfe im Don- und Kalmücken-Gebiet und im Raum von Stalingrad dauern an ..."

8.1. Für alle Bezugsberechtigten über 18 Jahre werden „125 g schokoladen- oder marzipanhaltige Erzeugnisse" abgegeben.

8.1. Generaloberst Paulus lehnt eine sowjetische Aufforderung zur Kapitulation von Stalingrad ab.

10.1. Die sowjetische Don-Front unter Generaloberst Rokossowski tritt mit 5 Armeen zum Großangriff gegen den Kessel von Stalingrad an.

10.1. In einem Telegramm spricht der ObdM, Großadmiral Raeder, dem Befehlshaber der Unterseeboote, Admiral Dönitz, „Anerkennung und Glückwünsche" zur Vernichtung eines alliierten Tanker-Geleitzuges aus, aus dem 6 von 9 Schiffen mit 48.360 BRT herausgeschossen wurden.

10.-12.1. Marschall Antonescu besucht Hitler im Führerhauptquartier. Der Neuaufbau der rumänischen Armeen und ihr Einsatz an der Ostfront werden besprochen.

11.1. Die 6. Armee steht in Stalingrad im Abwehrkampf gegen konzentrische Angriffe der Sowjets, denen ein 8 km breiter und 5 km tiefer Einbruch in die deutschen Stellungen gelingt.

12.1. Im Führerhauptquartier hält der OB Süd, Generalfeldmarschall Kesselring, einen Vortrag über die Lage in Nord-Afrika und berichtet v.a. über die Seetransportlage, von der das Halten Tunesiens abhängt.

12.1. In Düsseldorf wird der KPD-Instrukteur Kaps von der Gestapo verhaftet. Äußerer Anlass ist die Denunziation einer Kontaktperson durch deren eigenen Sohn, einen fanatischen Hitlerjungen.

14.-25.1. Konferenz von Casablanca zwischen Churchill und Roosevelt, bei der die Forderung nach „bedingungsloser Kapitulation" Deutschlands, Italiens und Japans verkündet wird.

14.1.-17.2. Das RAF Bomber Command führt schwere Angriffe gegen die deutschen U-Bootbasen in Frankreich, besonders Lorient, die kaum Schäden bei den U-Booten, umso mehr aber in den Städten anrichten.

15.1. Hitler verleiht dem Oberbefehlshaber der 6. Armee, Generaloberst Paulus, als 178. Soldaten der deutschen Wehrmacht das Eichenlaub zum Ritterkreuz. Generalfeldmarschall Milch erhält den Auftrag, die Luftversorgung von Stalingrad sicherzustellen.

16.1. Im Wehrmachtsbericht findet sich erstmals ein Hinweis darauf, dass Stalingrad eingeschlossen ist. Im Text heißt es, dass die deutschen Truppen „dort seit Wochen in heldenmütigem Abwehrkampf gegen den von allen Seiten angreifenden Feind stehen". Führung und Truppe gäben hier „ein leuchtendes Vorbild heroischen deutschen Soldatentums".

16./17.1. Schwere Luftangriffe auf Berlin: 256 britische Bomber greifen die Reichshauptstadt an, 23 werden abgeschossen.

18.1. Die OKW-Berichte beginnen mit der Vorbereitung der Öffentlichkeit auf das bevorstehende Ende in

Bild linke Seite: Feinderkundung im verschneiten Gelände.

Bild rechte Seite: Befehlshaber der U-Boote Karl Dönitz (Bild Mitte) am Kartentisch. Neben ihm (links) Kapitänleutnant Adalbert Schnee, Träger des Ritterkreuzes mit Eichenlaub. Schnee versenkte als U-Boot-Kommandant 24 Feindschiffe mit 104.160 BRT. Bei Kriegsende war er als Korvettenkapitän der Kommandant eines modernen Elektro-U-Bootes. Kapitän z.S. Eberhard Godt (rechts) war bei Kriegsende Konteradmiral.

Stalingrad. So heißt es im Tagesbericht, dass die deutschen Truppen im Raum von Stalingrad „unter schwierigsten Bedingungen“ kämpfen und „in zäher Ausdauer und verbissenem Kampfeswillen weiteren starken Angriffen“ standhalten. Infolge unzureichender Versorgung ist die Verpflegungsausgabe in der Festung lahm gelegt.

18.1. In der Nacht zum 18. Januar greifen 111 britische Flugzeuge bei 22 Verlusten Berlin an und werfen 356 t Bomben auf die Stadt. In derselben Nacht werfen 118 deutsche Kampfflugzeuge Bomben auf London.

19.1. In Stalingrad muss die Nordostfront noch weiter zurückgenommen werden. Zwischen Don und Donez dringen die Sowjets weiter vor. Die Front der ungarischen 2. Armee weicht weiter zurück, die 1. ungarische Panzer-Division wird zersprengt. Sowjetische Panzer erreichen Waluiki.

20.1. Deutsch-japanisches Wirtschaftsabkommen; bleibt wegen der durch den Krieg unterbrochenen Handelswege aber unwirksam.

20.1. Die deutschen Truppen in Stalingrad werden durch russische Verbände in zwei Teile zersprengt. Die Russen richten eine Kapitulationsaufforderung an General Paulus, deren Annahme Hitler wie die vom 8. 1. untersagt: „Verbiete Kapitulation. Die Armee hält ihre Position bis zum letzten Soldaten und zur letzten Patrone und leistet durch ihr heldenhaftes Ausharren einen unvergesslichen Beitrag zum Aufbau der Abwehrfront und zur Rettung des Abendlandes.“

20.1. In Bosnien beginnt eine gemeinsame deutsch-italienisch-kroatische Großaktion zur Vernichtung der Tito-Partisanen.

20.1. Der Inspekteur der Konzentrationslager, SS-Gruppenführer Glücks, weist die Lagerkommandanten an, „mit allen Mitteln zu versuchen, die Sterblichkeitsziffer im Lager herunterzudrücken“.

22.1. In Nord-Afrika werden Misurata und Homs geräumt. Rommel vertritt in einem Bericht die Auffassung, dass die Panzer-Armee unter Aufgabe von Tripolis bis in die südtunesische Mareth-Stellung zurückgenommen werden müsse, da sie andernfalls der Vernichtung ausgesetzt sei.

23.1. Die Seekriegsleitung erzielt eine Einigung mit Hitler über den Bau von 36 Transport-Untersee-Booten, die jährlich rd. 20.000 t Rohstoffe aus Ostasien nach Europa bringen sollen. Das Programm bleibt in den Anfängen stecken.

25.1. Hitler erlässt unter Verletzung der Verfassung das „Gesetz über die Verlängerung der Wahlperiode des Großdeutschen Reichstags“, das die Legislaturperiode des bestehenden Reichstags bis zum 30. 1. 1947 verlängert.

25.1. Das OKW nennt erstmals die in Stalingrad kämpfenden Verbände: „In Stalingrad heftet die 6. Armee in heldenhaftem und aufopferndem Kampf gegen erdrückende Übermacht unsterbliche Ehre an ihre Fahnen. Verbände der rumänischen 20. Infanterie-Division und 1. Kavallerie-Division schlagen sich mit ihren deutschen Kameraden bis zum Letzten und nehmen in vollem Maße an diesem Ruhm teil.“

26.1. In Stalingrad geht die Vorstadt Minina verloren. Die Verteidiger haben sich, wie das OKW meldet, „im südlichen und mittleren Teil der Stadtruinen auf engem Raum zusammengeschlossen. Sie leisten dort unter Führung ihrer Generale weiterhin heroischen Widerstand“.

27.1. Der „Generalbevollmächtigte für den Arbeitseinsatz“, Gauleiter Sauckel, verordnet, dass sich die Zivilbevölkerung beim zuständigen Arbeitsamt für Aufgaben der Reichsverteidigung zu melden hat. Betroffen sind alle Männer vom 16. bis 65. Lebensjahr und alle Frauen vom 17. bis 45. Lebensjahr.

27.1. Die amerikanische Luftwaffe führt mit 55 viermotorigen Bombern ihren ersten Tagesangriff gegen Deutschland durch und wirft Bomben auf Wilhelmshaven. Acht Maschinen werden abgeschossen.

27.1. Die Tragödie von Stalingrad nähert sich ihrem Ende. „Die noch kampffähigen Teile der 6. Armee verkrallten sich in die Trümmer der Stadt Stalingrad“, heißt es dazu im OKW-Bericht.

30.1. Auf Vorschlag des Reichsführers SS ernennt Hitler den SS-Gruppenführer Ernst Kaltenbrunner zum Chef der Sicherheitspolizei und des SD. Er wird damit Nachfolger des am 4. 6. 1942 verstorbenen SS-Obergruppenführers Heydrich.

30.1. Der Oberbefehlshaber der Kriegsmarine, Großadmiral Raeder, wird entlassen. Der Befehlshaber der Unterseeboote, Admiral Dönitz, wird zum Großadmiral befördert und zum neuen Oberbefehlshaber der Kriegsmarine ernannt.

31.1. Hitler befördert General Paulus zum Generalfeldmarschall, der am selben Tag mit der Südgruppe der 6. Armee in Stalingrad kapituliert.

FEBRUAR

1.-5.2. Japanische Zerstörer evakuieren in zwei Operationen die Reste der 17. Armee von Guadalcanal, um das seit Mai 1942 mit schweren Verlusten auf beiden Seiten gekämpft wurde.

2.2. Die Nordgruppe der 6. Armee unter General Strecker kapituliert in Stalingrad.

3.2. In einer Sondermeldung gibt das OKW bekannt: „Der Kampf um Stalingrad ist zu Ende. Ihrem Fahneneid bis zum letzten Atemzug getreu, ist die 6. Armee unter der

Bilder linke und rechte Seite: „Tunisgrad“. Englisches Flugblatt. Je ungünstiger sich die Lage Deutschlands entwickelte, desto leichter wurde es, den Alliierten, ihre Propaganda auf die tatsächliche militärische Lage zu stützen.

vorbildlichen Führung des Generalfeldmarschalls Paulus der Übermacht des Feindes und der Ungunst der Verhältnisse erlegen."
4.2. Reichswirtschaftsminister Funk ordnet die Schließung aller nicht unbedingt kriegswichtigen Betriebe des Handels, des Handwerks und des Gaststättengewerbes an.
4.2. An der Münchner Universität sind über Nacht Schriftzüge „Nieder mit Hitler" und „Freiheit" angebracht worden. Die Gestapo registriert etwa 1.300 Flugblätter anti-nationalsozialistischen Inhalts.
4.2. Nach dem Fall von Stalingrad setzen die Sowjets auf dem gesamten Südabschnitt der Ostfront ihre große Winteroffensive fort. Sowjetische Truppen landen an der Schwarzmeerküste südlich von Noworossijsk.
5.2. Mussolini übernimmt selbst das italienische Außenministerium. Graf Ciano wird Botschafter beim Vatikan.
6.2. Himmler wird ermächtigt, die „gesamte germanische Arbeit" in den besetzten Gebieten (Niederlande, Dänemark und Norwegen) in die Hand zu nehmen.
6.2. In einem Gespräch mit Generalfeldmarschall v. Manstein in der Wolfsschanze erklärt Hitler: „Für Stalingrad trage ich allein die Verantwortung!"
8.2. Dönitz erreicht bei Hitler einen Erlass, nach dem alle für den Bau von U-Booten, deren Waffen und Hilfsschiffe eingesetzten Arbeiter grundsätzlich und voll vom aktiven Dienst mit der Waffe befreit sind.
8.2. Am Südflügel der Ostfront finden schwere Abwehrkämpfe im Donez-Gebiet statt. Im Abschnitt der 2. Armee dringt die 60. Sowjet-Armee in Kursk ein.
9.2. „Im Süden der Ostfront nahm der Ansturm des Feindes an Heftigkeit zu", wie das OKW meldet. Westlich Rostow dringen die Sowjets über den gefrorenen Don tief in die deutschen Linien ein. Die 1. Panzer-Armee steht im Abwehrkampf um Woroschilowgrad, während weiter im Norden Bjelgorod von der 40. Sowjet-Armee genommen wird.
9.2.-22.3. Die italienische Marine führt sieben Transportunternehmungen nach Tunis und Biserta durch, bei denen durch britische Luft- und U-Bootangriffe mehrere Transporter und Geleitfahrzeuge verloren gehen.
11.2. Anordnung, betreffend den Einsatz höherer Schüler als Luftwaffenhelfer: Sie werden vom vollendeten 15. Lebensjahr an einberufen.
12.2. „Unter dem Eindruck seiner schweren blutigen Verluste hat der Ansturm des Feindes gegen unsere Abwehrfront im Osten an Stärke nachgelassen" (OKW). Die 17. Armee wehrt Angriffe der Sowjets auf Noworossijsk ab. Im Kuban-Brückenkopf wird Krasnodar aufgegeben. Im Donez-Becken setzt sich die „Armeeabteilung Hollidt" weiter ab, im Abschnitt der 2. Armee kämpft sich das VII. Armeekorps durch feindliche Sperrriegel weiter zurück.
13.2. Auf Anordnung des Führers wird bei Familien mit fünf und mehr wehrpflichtigen Söhnen wenigstens ein männlicher Erbe aus dem Wehrdienst entlassen oder vom Wehrdienst zurückgestellt, wenn seine Arbeitskraft zur Aufrechterhaltung der Existenz der Familie benötigt wird.
14.2. In Tunesien beginnen die 10. und die 21. Panzer-Division mit einem Angriff gegen das II. amerikanische Korps westlich des Faid-Passes.
14.2. Die Abwehrschlacht im Südabschnitt der Ostfront nimmt ihren Fortgang. Die deutschen Truppen räumen Rostow und Woroschilowgrad. Zur Zusammenfassung aller deutschen Verbände vom Asowschen Meer bis in den Raum von Kursk werden die bisherigen Heeresgruppen „Don" und „B" zur Heeresgruppe Süd unter Generalfeldmarschall von Manstein zusammengefasst, das Kommando der bisherigen Heeresgruppe B unter Generalfeldmarschall Freiherr von

TUNISGRAD

Ich habe jede Möglichkeit von vornherein einkalkuliert

HITLER, 30.1.41.

AM 9. Dezember 1941 übernahm Adolf Hitler den Oberbefehl des deutschen Heeres. Seitdem hat er zwei Feldzüge geführt: einen in Südrussland, einen in Afrika. Beide haben mit Katastrophen geendet, für die es in der vorangehenden Geschichte der deutschen Armee kein Beispiel gibt.

In Südrussland zersplitterte Hitler seine Kräfte in zwei gleichzeitigen Offensiven gegen Stalingrad und den Kaukasus. Beide Offensiven blieben vor dem Ziel stecken. Als ihr Misserfolg feststand, verweigerte Adolf Hitler, gegen den Rat der militärischen Fachleute, einen rechtzeitigen Rückzug und setzte seine vorgetriebenen, geschwächten Armeen mit unzulänglichen Verbindungslinien der Gegenoffensive überlegener russischer Kräfte aus. Das Ergebnis war Stalingrad. Zum ersten Mal seit der Vernichtung des deutschen Ordensheeres bei Tannenberg im Jahre 1411 wurde eine deutsche Armee bis zum letzten Mann aufgerieben.

In Afrika trieb Hitler die Armee Rommel bis tief nach Ägypten vor, ohne die Verstärkungen zu stellen, die nötig gewesen wären, um das Offensivziel Suez zu erreichen, oder auch nur die vorgeschobene Stellung bei El Alamein zu halten. Nach der Niederlage bei El Alamein verweigerte Hitler, gegen den Rat Rommels, eine rechtzeitige Evakuierung. Statt dessen warf er auch noch die Armee von Arnim über das Mittelmeer, ohne die Seebeherrschung, die nötig gewesen wäre, um diese Armee ausreichend zu versorgen oder im Notfall ihren Rückzug zu sichern. Das Ergebnis ist Tunis. Zum zweiten Mal innerhalb von drei Monaten wurde eine deutsche Heeresgruppe bis zum letzten Mann vernichtet.

Die beiden Feldzüge zeigen dieselbe Hand am Werk. Unterschätzung des Gegners — pfuscherhafte Planung — Unfähigkeit, einen Fehler einzugestehen und rechtzeitig rückgängig zu machen: das sind die charakteristischen Stilmerkmale des Feldherrn Adolf Hitler.

In beiden Fällen hat er seinen Truppen unerfüllbare Aufgaben zugemutet. Im beiden Fällen hat er seine Armeen in Stellungen manövriert, die nicht zu halten waren, und aus denen es keinen Rückzug gab. Im beiden Fällen hat er selbst die Bedingungen geschaffen, die es den alliierten Heerführern ermöglichten, der deutschen Armee ein Cannä zu bereiten.

Trotzdem fordert Adolf Hitler weiter uneingeschränktes Vertrauen und uneingeschränkte Opfer — und erhält sie. Wie lange noch? Die Antwort hat er selbst am 8. November im Bürgerbräukeller gegeben: „Ich habe immer erst fünf Minuten nach Zwölf aufgehört."

G.31

Weichs wird aus der Front herausgezogen.

15.2. Zur Verstärkung der in der Heimat eingesetzten Flak-Einheiten werden die ersten Luftwaffenhelfer-Gruppen aus Schülern höherer Lehranstalten aufgestellt.

16.2. Der Reichswirtschaftsminister kündigt weitere Maßnahmen des Kriegseinsatzes im Wirtschaftsleben an; Schließung zahlreicher Betriebe.

16.2. Hitler ernennt den Chef der Luftflotte 4, General Freiherrn v. Richthofen, zum Generalfeldmarschall.

16.2. Nach einem Erlass des Reichsministers für Ernährung und Landwirtschaft werden ab 1. März auf die Konservenkarte je Verbraucher 100 g Trockengemüse abgegeben.

16.2. Im besetzten Frankreich wird die Arbeitsdienstpflicht für alle Personen, die zwischen dem 1. Jan. 1920 und dem 31. Dez. 1922 geboren wurden, eingeführt.

17.2. 02.00 Uhr: Hitler startet in Rastenburg mit seiner viermotorigen Condor zu einem dreitägigen Besuch im Hauptquartier der Heeresgruppe Süd in Saporoshe. Er fordert die Soldaten auf, jeden Quadratmeter Boden zäh zu verteidigen. Hitler: „Unbekannte, einzigartig dastehende Waffen befinden sich auf dem Weg zu euren Fronten."

18.2. Der Reichspropagandaminister hält im Berliner Sportpalast seine Rede über den „totalen Krieg". Goebbels: „Glaubt ihr mit dem Führer und mit uns an den endgültigen totalen Sieg des deutschen Volkes?" (Antwort: „Ja") „Wollt ihr den totalen Krieg?" (Antwort: „Ja").

18.2. Die Geschwister Scholl und Christoph Probst werfen Flugblätter in den Lichthof der Münchner Universität, die den sinnlosen Untergang der deutschen Soldaten in Stalingrad kritisieren. Alle drei werden verhaftet und am 22. 2. vom Volksgerichtshof zum Tode verurteilt und hingerichtet.

19.2. In der Nacht zum 19. Februar werfen 181 britische Flugzeuge bei 4 Verlusten 596 t Bomben auf Wilhelmshaven. Wie das OKW dazu meldet, hatte „die Bevölkerung vor allem der umliegenden Ortschaften ... Verluste".

20.2. In Nordafrika wird die deutsch-italienische Panzer-Armee von der britischen 8. Armee auf die Mareth-Linie an der südtunesischen Grenze zurückgedrängt.

21.2. Hitler ernennt Generaloberst Guderian zum „Generalinspekteur für die Panzerwaffe".

23.2. Rommel fasst die deutschen und italienischen Truppen in Tunesien in der Heeresgruppe Afrika zusammen. Vergeblicher Versuch, über den Kasserine-Pass nach Nordwesten vorzudringen.

23.2. Die deutsche Gegenoffensive im Südabschnitt der Ostfront macht weitere Fortschritte. Das OKW meldet: „In der großen Winterschlacht im Südteil der Ostfront sind die weitgesteckten Ziele des Feindes gescheitert."

24.2. Hitler erlässt den Befehl Nr. 7, nach dem ein militärischer Vorgesetzter „Ungehorsame auf der Stelle zu erschießen" hat.

24.2. Die Deutsche Reichspost wirbt in der Presse um weibliche Hilfskräfte als Zustellerinnen: „Frauen und Mädel! Meldet euch beim nächsten Postamt!" Dienstkleidung wird gestellt.

25.2. Um Arbeitskräfte für „Aufgaben der Reichsverteidigung freizumachen", werden im Deutschen Reich alle Galopp- und Traber-Renntage gestrichen.

26.2. Im Süden der Ostfront wird das bisherige Kampfgebiet am Dnjepr gesäubert, im Angriff nach Norden Barwenkowo erreicht. In der Lücke zwischen den Heeresgruppen Süd und Mitte zwischen Achtyrka und Sumy dringen die Sowjets weiter vor.

26.2. Aus Tunesien meldet das OKW den Abschluss des Angriffsunternehmens bei Kasserine, bei dem fast 4.000 Gefangene eingebracht und 235 Panzer sowie 169 Panzerspähwagen zerstört worden seien.

26.2. Im Atlantik werden schwere Geleitzugskämpfe abgeschlossen. Allein aus dem Geleitzug ON 166 versenken Unterseeboote in mehrtägigen Angriffen 14 Schiffe mit 88.001 BRT.

27.2. Die estnische, lettische und litauische Bevölkerung wird zum totalen Kriegseinsatz aufgerufen. Die Männer werden aufgefordert, sich entweder in ihren heimatlichen Legionen am Kampf zu beteiligen oder als Fahrer, Melder usw. der deutschen Wehrmacht beizutreten.

27.2. In der Nacht zum 27. Februar werfen 372 britische Flugzeuge bei 10 Verlusten 1.014 t Bomben auf Köln, wobei 8 Krankenhäuser zerstört werden.

Bild linke Seite: Die beiden „Großen" Roosevelt (links) und Churchill auf der Konferenz von Casablanca.

Bild rechte Seite: „Blood and Fire" (Blut und Feuer). Erinnerungsblatt der 63. britischen Infanteriedivision. Ausgegeben von den Vereinten Nationen auf der Konferenz von Casablanca, trägt sie neben anderen prominenten Unterschriften auch die Signaturen von Roosevelt und Churchill.

28.2. Die deutschen Unterseeboote versenken im Februar 68 Handelsschiffe mit zusammen 380.835 BRT, während 19 Unterseeboote verloren gehen.

MÄRZ

1.3. Die Marineleitung legt eine Denkschrift zur Rohstoff-Frage vor, nach der zu Kriegsbeginn die monatliche Stahlzuteilung für die Marine 160.000 t betrug, während im 2. Quartal 1943 nur noch monatlich 119.000 t zur Verfügung gestellt werden sollen. Die deutsche Gesamt-Stahlerzeugung beläuft sich auf 2,5 Mill. t monatlich. Von 108 geplanten Zerstörern konnten bisher nur 19 seit Kriegsbeginn in Bau gegeben werden, also nur 17,6%.

1.3. Bei der Heeresgruppe Mitte wird die „Büffel-Bewegung" eingeleitet, mit der die 4. und die 9. Armee aus dem Frontbogen von Wjasma und Rshew zurückgenommen werden, um 230 km Front zu sparen.

1.3.-30.4. Deutsche U-Boote versenken im Atlantik, im Nord- und Mittelmeer sowie im Indischen Ozean 153 alliierte Handelsschiffe mit insgesamt 866.751 BRT.

1./2.3. Bei schweren Luftangriffen auf Berlin entstehen folgende Verluste: 600 Großbrände, 20.000 Häuser beschädigt, 35.000 Obdachlose, 711 Tote und Vermisste sowie 1.570 Verwundete.

2.3. Im Zuge der deutschen Gegenoffensive im Südabschnitt der Ostfront nimmt die 1. Panzer-Armee Slawjansk und Bogoroditschno, während die 4. Panzer-Armee bei Balakleja einen Brückenkopf über den Donez bildet.

4.3. Hitler ermächtigt „den zur Bestätigung eines kriegsgerichtlichen Todesurteils berufenen Befehlshaber, darüber zu entscheiden, ob die Strafe durch Erschießen, Enthaupten oder Erhängen vollzogen werden soll".

5.3. Am Kuban-Brückenkopf kommen die mehrtägigen Versuche der 58. Sowjet-Armee, die „Gotenkopf-Stellung" der deutschen 17. Armee einzudrücken, zu einem vorläufigen Abschluss.

6.3. Rommel versucht eine letzte vergebliche Offensive gegen die 8. britische Armee in Nordafrika.

6.3. Westlich von Charkow kommt es zu schweren Kämpfen. Bis zum 16. 3. wird Charkow von deutschen Truppen erobert.

6.3. Wegen seines schlechten Gesundheitszustandes wird Kurt Schumacher aus dem KZ Dachau entlassen und nach Hannover zwangsverwiesen.

7.3. Hitler beschwert sich bei Albert Speer über den „Mangel an führenden Köpfen in der Wehrmacht".

7.3. In Tunesien wird der am Vortag eingeleitete Angriff aus der Mareth-Stellung angesichts des feindlichen Widerstandes eingestellt.

8./9.3. Am späten Abend treffen im Führerhauptquartier „Werwolf" Nachrichten vom schweren Luftangriff auf Nürnberg ein (292 britische Flugzeuge warfen 782 t Bomben). Daraufhin überschüttet Hitler Goebbels und Speer mit Vorwürfen über das Versagen der Luftwaffe und die schlechte Führung des Luftkrieges.

9.3. Anstelle des erkrankten Generalfeldmarschalls Rommel übernimmt Generaloberst v. Arnim die Führung der „Heeresgruppe Afrika".

10.3. Hitler empfängt den aus Tunis kommenden Generalfeldmarschall Rommel im Führerhauptquartier, um ihn von der Öffentlichkeit möglichst unbemerkt auszuschalten. Rommel: „Es war nichts zu machen. Ich sollte eine Kur antreten."

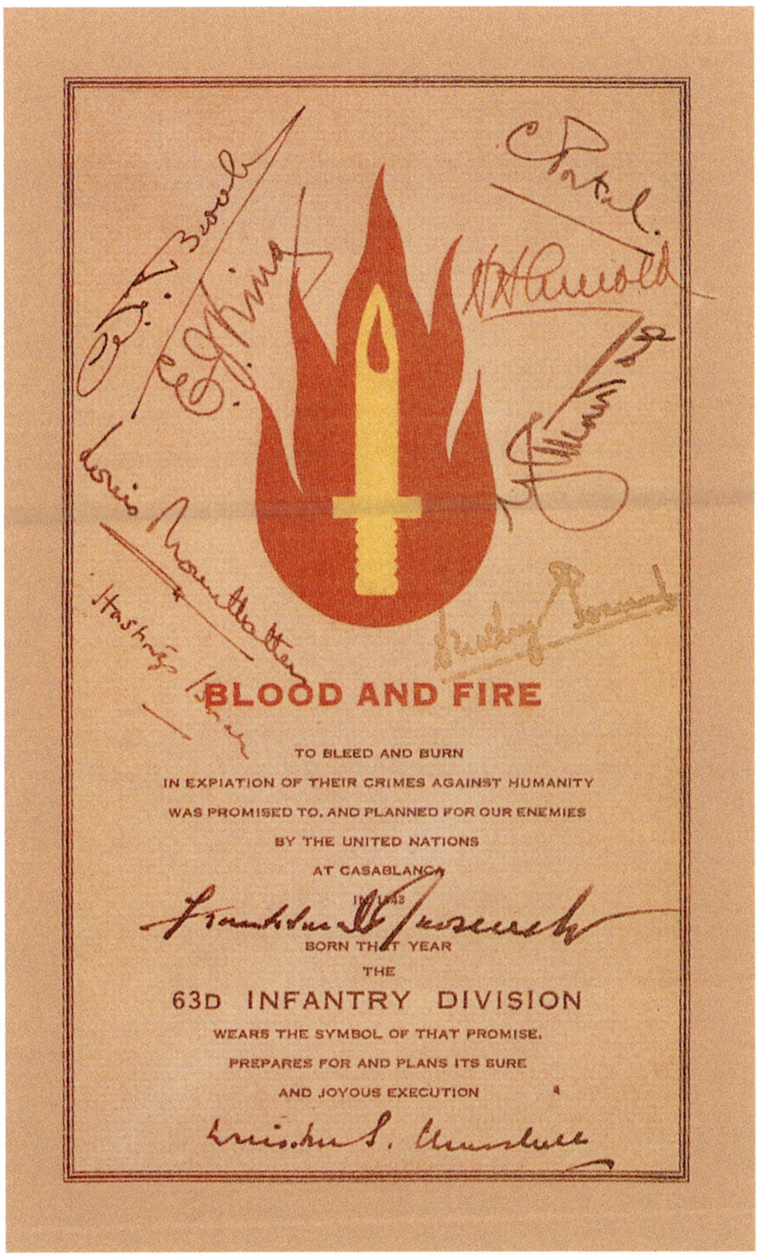

Gleichzeitig verleiht er Generalfeldmarschall Rommel als 6. Soldaten der Wehrmacht das Eichenlaub mit Schwertern und Brillanten zum Ritterkreuz des Eisernen Kreuzes. Die Verleihung wird erst am 11. März bekannt gegeben.

10.3. Sauckel beschwert sich bei Hitler: „Leider haben einige Oberbefehlshaber im Osten die Dienstverpflichtung von Männern und Frauen in den eroberten Sowjetgebieten aus – wie mir der Gauleiter Koch mitteilt – politischen Gründen untersagt."

10.3. In der Nacht zum 10. März greifen 217 britische Flugzeuge bei 8 Verlusten München an und werfen 567 t Bomben auf die Stadt. 208 Menschen sind hierbei ums Leben gekommen. Die Staatsbibliothek, die Residenz, das Nationalmuseum und die Badenburg wurden schwer getroffen. Die Bevölkerung Münchens erhält zur „Stärkung der Widerstandskraft" eine Lebensmittelsonderzuteilung.

11.3. Im Atlantik sind erneut große Geleitzugschlachten im Gange, deren Erfolg die britische Regierung zu Zweifeln an der Richtigkeit des Konvoi-Systems veranlasst. Aus dem Geleitzug SC 121 werden 12 Schiffe mit 55.461 BRT durch Unterseebootsrudel versenkt, die ihrerseits keine Verluste erleiden. Aus dem Geleitzug HX 228 werden am 10. und 11. März außerdem 4 Schiffe mit 24.175 BRT und ein Zerstörer versenkt. Hierbei gehen zwei deutsche Unterseeboote verloren.

11.3. Im Südabschnitt der Ostfront wirft das SS-Panzerkorps die Sowjets auf den Stadtrand von Charkow zurück. Achtyrka wird genommen.

12.3. In der Nacht zum 12. März werfen 267 britische Flugzeuge bei 11 Verlusten 801 t Bomben auf Stuttgart, wo es 112 Tote und 386 Verletzte gibt.

13.3. Auf dem Rückflug von Winniza nach Ostpreußen besucht Hitler das Hauptquartier der Heeresgruppe Mitte in Smolensk. Oberst von Tresckow benutzt die Gelegenheit, Oberstleutnant Brandt aus der Begleitung Hitlers ein Päckchen mit zwei englischen Handminen – als Cointreau-Flaschen getarnt – mitzugeben. Die Zünder versagen aber so, dass die Führer-Condor unbeschädigt in Rastenburg landet.

14.3. In der russischen Bevölkerung findet ein enormer Stimmungsumschwung wegen der schlechten Behandlung durch die deutschen Behörden (Arbeitseinsatz etc.) statt. „Gut informierte Stellen" melden nach Berlin, dass von der Bevölkerung, „die anfänglich zu 94% für uns war, jetzt etwa 60% auf die Rote Armee als Befreier warten".

14.3. Die Presse veröffentlicht als Spruch des Tages das Wort Adolf Hitlers: „Die ganze Nation ist jetzt angetreten. Und ich weiß: In dem Augenblick, in dem das Kommando erschallt ‚Tritt gefaßt!', wird Deutschland marschieren." – Vorschläge zur totalen Kriegsführung können von allen Volksgenossen unter dem Kennwort „Totaler Krieg" an das Reichsministerium für Volksaufklärung und Propaganda gerichtet werden.

15.3. Laut Anordnung der „Reichsstelle Kleidung" dürfen Filzhüte bis zum 15. 8. nicht verkauft werden. Ausgenommen sind Trachtenhüte für die „einheimische Bevölkerung".

15.3. Belgien muss 28.000 Metallfacharbeiter für den Arbeitseinsatz stellen. Die Niederlande haben 22.000 Metallfacharbeiter zu stellen.

15.3. Die Heeresgruppe Süd setzt nach der Einnahme von Charkow ihre Offensive fort. Das SS-Panzerkorps stößt durch Charkow hindurch und bildet einen Brückenkopf über den Uda.

16.3. Der Reichsbeauftragte für Glas, Keramik und Holzverarbeitung erlässt eine Verordnung zur Normung von Särgen (Erdsarg 1 mit Holzhöchstverbrauch von 0,11 cbm; Erdsarg 2 mit Höchstverbrauch von 0,12 cbm).

16.3. Hitler ordnet an, „dass das Verwundetenabzeichen für Verletzungen und Beschädigungen, die durch Auswirkung feindlicher Luftangriffe entstanden sind, an alle deutschen Männer, Frauen und Kinder nach den gleichen Grundsätzen wie für die im eigentlichen Kriegsgebiet eingesetzten Soldaten verliehen werden kann".

16.3. Im Bereich der Heeresgruppe Mitte schließen die 4. und die 9., Armee die am 1. März begonnene „Büffel-Bewegung" mit der Räumung der Frontbögen von Wjasma, Gshatsk und Rshew ab.

19.3. In Südtunesien tritt die britische 8. Armee zum Angriff gegen die 1. italienische Armee in der Mareth-Linie an.

20.3. Aus dem Atlantik wird der Abschluss von zwei weiteren Geleitzugschlachten gemeldet. Unterseeboote versenken aus dem Geleitzug HX 229 13 Schiffe mit 93.502 BRT und aus dem Geleitzug SC 122 8 Schiffe mit 47.340 BRT.

20.3. Das OKW gibt einen Abschlussbericht über die deutsche Gegenoffensive zwischen Donez und Dnjepr: „Der Feind verlor seit dem 13. Febr. nach vorläufiger Zählung 19.594 Gefangene, weit mehr als 50.000 Tote, 3.372 Geschütze aller Art, 1.410 Panzer und Panzerspähwagen, 3.045 schwere Infanteriewaffen aller Art und 1.846 Kraftfahrzeuge."

21.3. Hitler hält zum Heldengedenktag im Lichthof des Berliner Zeughauses eine Ansprache. Bei der anschließenden Besichtigung einer Ausstellung von Bildern aus dem Mittelabschnitt der Ostfront plant Oberst Freiherr von Gersdorff ein Attentat auf Hitler: Er hat in beiden Manteltaschen eine Handmine, aber die Zünder benötigen zehn Minuten, während Hitler in zwei Minuten mit der Ausstellung fertig ist.

22.3. Großadmiral Dönitz ordnet die Erhöhung der monatlichen U-Boot-Fertigung auf 30 Boote des Typs VII an.

23.3. Dönitz fordert die Gleichrangigkeit von U-Boot-Programm und Panzer-Programm. Mit Speer einigt er sich auf eine zusätzliche monatliche Stahlzuteilung in Höhe von 40.000 t für den Schiffsbau.

25.3. Ein russisches „Befreiungskomitee" unter dem Vorsitz des früheren Sowjetgenerals Andrei Andrejewitsch Wlassow richtet über den Rundfunksender Weichsel einen Appell an das russische Volk zur Errichtung eines neuen Russlands und fordert seine Landsleute auf, sich den Verbänden der von ihm aufgestellten russischen Befreiungsarmee anzuschließen. General Wlassow befindet sich seit Juni 1942 in deutscher Kriegsgefangenschaft.

26.3. In einer geheimen Denkschrift für Generale begründet Carl Goerdeler die Notwendigkeit eines Staatsstreichs.

26.3. Die Ingenieure des Kriegsschiffsbauamtes der Marine geben der Seekriegsleitung gegenüber zu, dass die zahlreichen neuen Bootstypen noch bei weitem nicht serienreif sind.

27.3. In Göttingen werden zu Gefängnisstrafen zwei Jugendliche verurteilt, die aus der Weser mehr als einen Zentner Fische unter Einsatz gestohlener Handgranaten „gefischt" hatten.

28.3. Die britische Luftwaffe richtet einen neuen Angriff gegen Berlin. In der Nacht zum 28. März werfen 329 Flugzeuge bei 9 Verlusten 873 t Bomben auf die Stadt, in der nach dem OKW „vorwiegend Brandschäden in Wohnvierteln und Zerstörungen an öffentlichen Gebäu-

Bild linke Seite: Anleitung zum Selbstschutz bei der Bekämpfung von Brandbomben.

Bild rechte Seite: Auch als Deutschlands Städte schon in Schutt und Asche versanken, blieb die Siegeszuversicht der „Volksgenossen" noch weithin erhalten. Hitlers Erlass über die Vorbereitung des Wiederaufbaues bombengeschädigter Städte vom 11. Oktober 1943 stieß weniger auf Skepsis als auf positive Resonanz: „Die Behebung von Schäden in den durch feindliche Terrorangriffe betroffenen Städten wird nach dem Kriege im Rahmen einer umfassenden Neuordnung erfolgen. Der Wiederaufbau soll aber bereits während des Krieges, soweit möglich, durch Aufstellen städtebaulicher Pläne vorbereitet werden. Ich behalte mir vor, die Wiederaufbaustädte im Einzelnen zu bezeichnen."

den und Kulturstätten" entstehen.
30.3. Die Presse meldet, „dass die Anfertigung von Dauerwellen reichseinheitlich gestattet wird". Ihr Verbot hatte unter den Frauen „allgemein mürrische Unzufriedenheit" ausgelöst.
30.3. Die Wehrmacht wirbt bei den Jahrgängen 1926/27: „Vom Hitlerjungen zum Offizier des Heeres – Dein Weg!"
31.3. Die deutschen Unterseeboote erzielen im März, besonders bei den Geleitzugschlachten im Nord-Atlantik, noch einmal große Erfolge und versenken in diesem Monat insgesamt 105 Schiffe mit zusammen 590.234 BRT, doch deutet sich bereits eine Wende im U-Boot-Krieg an, seit die Alliierten mit Hilfe neuer Ortungsverfahren Mitte Februar mit einer Luftoffensive gegen die Anmarschwege der Unterseeboote in der Biscaya begonnen haben.

APRIL

1.4. Auf Anordnung des Reichsbeauftragten für Edelmetalle ist die Bearbeitung von Diamanten, Edelsteinen und echten Perlen verboten.
2.4. Hitler verleiht dem Oberbefehlshaber der 9. Armee, Generaloberst Model, als 26. Soldaten das Eichenlaub mit Schwertern zum Ritterkreuz.
3./4.4. Britischer Luftangriff auf die Krupp-Werke in Essen: 27 Fabrikgebäude erhalten Treffer,635 Wohnhäuser werden zerstört, 7.129 beschädigt. 118 Tote.
4.4. Nach trommelfeuerartiger Artillerievorbereitung beginnen die Sowjets mit einem Großangriff gegen den Kuban-Brückenkopf.
5.4. Die US-Luftwaffe führt einen Tagesangriff auf Antwerpen, wobei es 2.130 Tote und Vermisste, darunter 300 Kinder, gibt.
5.4. Angesichts sehr hoher Verluste stellen die Sowjets ihren Angriff gegen die 17. Armee im Kuban-Brückenkopf ein.
6.4. In Süd-Tunesien tritt die 8. britische Armee zum Großangriff gegen die Stellungen der 1. italienischen Armee am Wadi Akarit an. Dabei wird ein tiefer Einbruch in die Schott-Stellung erzielt.
7.4. Hitler empfängt den Oberbefehlshaber der Kriegsmarine, Großadmiral Dönitz, und überreicht ihm als 223. Soldaten der deutschen Wehrmacht das Eichenlaub zum Ritterkreuz des Eisernen Kreuzes.
7.-10.4. Mussolini mit Gefolge ist Hitlers Gast in Schloss Kleßheim. Er drängt auf einen Kompromissfrieden im Osten, um die Hände gegen den Westen freizubekommen. Hitler bringt ihn davon ab. Goebbels: „Der Duce ist, wie mir der Führer erzählte, in den viertägigen Unterredungen wieder richtig in Form gebracht worden."
8.4. In Berlin findet eine Rationalisierungsschau statt. Neben Einheitszahnbürsten und Einheitsbleistiften werden auch Einheitskinderwagen

gezeigt. Hierbei handelt es sich z.B. um das einzige verbliebene von 132 Vorkriegsmodellen.

9.4. Für Kriegsgefangene, die einen Arbeitsvertrag unterzeichnen, wird ein Frankreichurlaub gewährt. Die Aktion wird abgebrochen, als im Mai von 8.000 Urlaubern 2.000 nicht zurückkehren.

10.4. Die britische Luftwaffe setzt ihre Angriffe gegen das Ruhrgebiet fort. In der Nacht zum 10. April wird Duisburg erneut von 99 Flugzeugen angegriffen, die bei 8 Verlusten 321 t Bomben auf die Stadt werfen, in der 36 Häuser völlig zerstört werden. Außerdem wird Mönchengladbach bombardiert.

11.4. Aus Ersparnisgründen spielen in der ersten Runde der Deutschen Fußballmeisterschaft 1942 /43 die Meister benachbarter Gaue in Hin- und Rückspiel gegeneinander.

11.4. Die Verbrauchsgüter-Verordnung wird gemäß Goebbels' Motto „Lieber in Lumpen siegen, als ein ganzes Leben in Lumpen herumlaufen" weiter eingeschränkt.

11.4. In Tunesien tritt der Gegner zu einem neuen Angriff im Abschnitt der 5. Panzer-Armee an, während die 1. italienische Armee sich weiter nach Norden zurückzieht. Gleichzeitig gelingt den Anglo-Amerikanern in immer größerem Maße, den deutsch-italienischen Luft- und Seenachschub nach Nordafrika zu unterbinden.

13.4. In Tunesien bezieht die 1. italienische Armee eine neue Verteidigungsstellung zwischen Enfidaville und Pont du Fahs, wodurch der Brückenkopf der Heeresgruppe Afrika auf eine Ausdehnung von nur noch 130 km Länge und 60 km Breite eingeengt wird.

14.4. In Deutschland beginnt eine große Pressekampagne wegen der Leichenfunde in Katyn. Anfang April hatten deutsche Soldaten im Wald von Katyn bei Smolensk die Massengräber von über 4.100 polnischen Offizieren gefunden, die 1940 nach dem Einmarsch der Roten Armee in Ostpolen von den Sowjets erschossen worden waren.

15.4. In seinem „Operationsbefehl Nr. 6" erklärt Hitler, dass er sich entschlossen habe, „sobald die Wetterlage es zulässt, als ersten der diesjährigen Angriffsschläge den Angriff ‚Zitadelle' zu führen", wobei die Heeresgruppen Süd und Mitte durch Vorstöße aus den Räumen Bjelgorod und Orel die sowjetischen Kräftegruppen im Frontbogen von Kursk einkesseln und vernichten sollen.

16.4. Der ungarische Reichsverweser von Horthy trifft zu einem zweitägigen Besuch bei Hitler in Kleßheim ein.

16.4. Aus dem Generalbezirk Kiew sind bisher 313.900 Ukrainer, das sind 7,5% der Bevölkerung, nach Deutschland gebracht worden.

17.4. Die britische Luftwaffe greift in der Nacht zum 17. April die Skoda-Werke in Pilsen an. Der Angriff schlägt fehl, die Masse der von den 242 angreifenden Flugzeugen abgeworfenen 617 t Bomben fällt in eine kleine Stadt südwestlich von Pilsen. 37 Bomber werden abgeschossen.

18.4. Die Heeresgruppe Mitte erhält den Befehl, den Rücktransport des II. italienischen Armeekorps nach Italien einzuleiten, womit der Einsatz italienischer Divisionen an der Ostfront beendet wird.

19.4. Beginn des Aufstandes im Warschauer Ghetto. Bis zum 16. 5. wird der Wohnbezirk durch Verbände unter SS-Gruppenführer Stroop völlig vernichtet. Mindestens 56.000 Opfer.

20.4. In Tunesien treten die Alliierten um 3.30 Uhr nach fünfstündigem Trommelfeuer zum Großangriff gegen die Achsenstellungen bei Enfidaville an.

21.4. Der Reichsjustizminister weist Generalstaatsanwälte an, Polen und Juden, die zur Entlassung aus Strafvollzugsanstalten anstehen, der Gestapo zur Einweisung in Konzentrationslager zu überstellen.

21.4. Das Jagdgeschwader 52 erzielt am Kuban-Brückenkopf seinen 5000. Luftsieg.

24.4. Der Oberbefehlshaber der Heeresgruppe A, Generalfeldmarschall von Kleist, nennt in einem Bericht als Gründe für das Fehlschlagen des Angriffs auf den sowjetischen Landekopf bei Noworossijsk den „geringen Gefechtswert der eigenen Infanterie" und die „fehlende Überraschung". Am Ansatz des Angriffs sei „nichts auszusetzen gewesen".

26.4. Die Sowjetunion bricht die diplomatischen Beziehungen zu der polnischen Exilregierung in London ab, da diese eine internationale Untersuchung über die Morde bei Katyn gefordert hatte.

27.4. Hitler empfängt den kroatischen „Staatsführer" Ante Pavelic in Kleßheim. Reichspropagandaminister Goebbels über das Treffen: „In Kroatien gehen die Dinge drunter und drüber. Pavelic ist zwar beim Führer gewesen, aber ein solcher Besuch kann ja auch nur sein äußeres Prestige stärken."

27.4. „Auch der zweite Abschnitt des britisch-nordamerikanischen Großangriffs gegen die tunesische Front ist an dem Abwehrwillen der deutsch-italienischen Truppen gescheitert" (OKW).

28.4. In Tunesien setzen die alliierten Truppen ihre Offensive fort. Die Versorgungslage der deutsch-italienischen Truppen ist nach einer Meldung der Heeresgruppe Afrika katastrophal. Vor allem fehlt es an Munition und Betriebsstoff.

30.4. Reichsleiter Robert Ley in seinem Aufruf an die deutschen Arbeiter zum „Tag der Arbeit 1943" über die Haltung der Deutschen: „So hart und biegsam wie Kruppstahl, so stark und zäh wie Leder und so stolz und unbeugsam wie ein Germane, das ist der herrliche Erfolg nationalsozialistischer Erziehung am deutschen Menschen."

30.4. Aufgrund der neuen alliierten Ortungsverfahren sind die Erfolge der deutschen Unterseeboote im April bei steigenden Verlusten

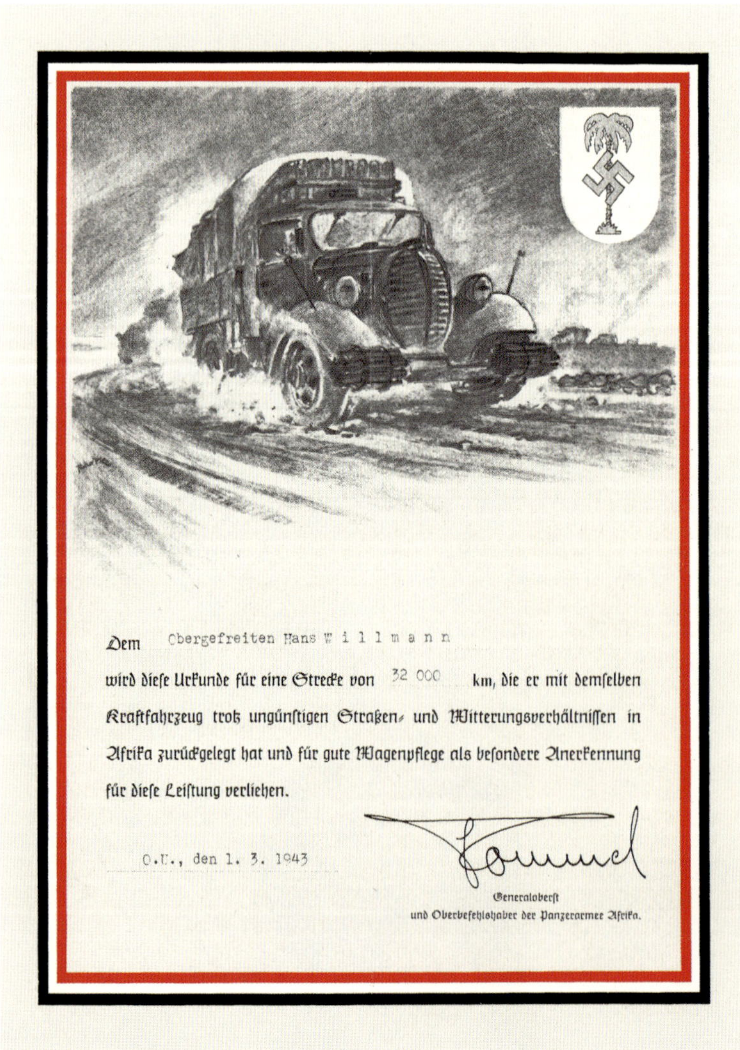

Dem Obergefreiten Hans Willmann

wird diese Urkunde für eine Strecke von 32 000 km, die er mit demselben Kraftfahrzeug trotz ungünstigen Straßen- und Witterungsverhältnissen in Afrika zurückgelegt hat und für gute Wagenpflege als besondere Anerkennung für diese Leistung verliehen.

O.U., den 1. 3. 1943

Rommel

Generaloberst
und Oberbefehlshaber der Panzerarmee Afrika.

Bild linke Seite: Obwohl Rommel schon im Juni 1942 zum Generalfeldmarschall ernannt worden war, weist ihn die vorliegende Urkunde vom 1.3.1943 noch als Generaloberst aus.

Bild rechte Seite: Vorbei an englischen Gefangenen rollt deutscher Nachschub auf einer Wüstenstraße nach vorn.

merklich zurückgegangen. Versenkt werden in diesem Monat insgesamt 48 Handelsschiffe mit 276.517 BRT, während 15 Unterseeboote verloren gehen.

MAI

1.-31.5. Im Bereich der Heeresgruppe Mitte werden die Unternehmen „Zigeunerbaron", „Freischütz", „Maigewitter" und „Nachbarhilfe" gegen starke Partisanenverbände durchgeführt.
1.-31.5. Deutsche U-Boote versenken im Atlantik, Mittelmeer und Indischen Ozean 44 Schiffe mit 229.016 BRT, japanische U-Boote im Indischen Ozean und Pazifik 6 Schiffe mit 40.080 BRT.
2.5. Nach einer Meldung der Heeresgruppe Afrika wurden im April nach Tunesien überführt 2.500 Soldaten, 18.690 t Nachschubgüter, 26 Geschütze, 46 Panzer, 268 Kraftfahrzeuge und 13 Kräder. Verloren gingen 14 Frachter, ein Tanker, zwei Zerstörer und 12 kleinere Fahrzeuge mit 15.516 t Nachschubgütern.
4./5.5. Britische Luftangriffe auf Dortmund. Es werden 1.436 t Bomben abgeworfen. Am 23./24. 5. verwüsten weitere 2.042 t Bomben Industrieanlagen und Wohnviertel.
4.-6.5. Größte Geleitzugschlacht im Atlantik: 41 U-Boote, von denen nur 12 zum Schuss kommen, versenken 12 Schiffe, aus dem Konvoi ONS. 5, aber in plötzlich einsetzendem Nebel werden 6 U-Boote versenkt und 4 schwer beschädigt, z.T. mit Hilfe von Radar.
5.5. In Tunesien beginnen britische Streitkräfte die letzte Offensive gegen die deutschen Panzerverbände. Die deutsche Front wird durchbrochen: Am 7.5. müssen Biserta und Tunis aufgegeben werden.
7.5. In Tunesien dringt der Gegner in die Städte Bizerta und Tunis ein, die von der 5. Panzer-Armee aufgegeben werden müssen. Dadurch wird die Heeresgruppe Afrika in zwei unzusammenhängende Kampfgruppen aufgespalten.
8.5. Die französische Regierung sagt aufgrund von Vereinbarungen mit dem Generalbevollmächtigten für den Arbeitseinsatz, Gauleiter Sauckel, die Rekrutierung eines dritten Kontingents französischer Arbeiter in der Höhe von 400.000 Mann zum Arbeitseinsatz für Deutschland bis zum 30. Juni zu.
8.5. In Tunesien geht die 5. Panzer-Armee südlich Bizerta ihrer Vernichtung entgegen. Alle ihre Versorgungslinien sind abgeschnitten. Gegen die 1. italienische Armee und das „Deutsche Afrika-Korps" greift der Feind weiter an. Auch hier ist die Versorgungslage kritisch.
10.5. Hitler unterzeichnet den „Erlass des Führers über die Regierungsgesetzgebung", eine verfassungswidrige Verfügung zur Verlängerung des Ermächtigungsgesetzes von 1933. „Mit Rücksicht darauf, dass das Gesetz vom 24.3. 1933 formell am 10. 5. 1943 abläuft, bestimme ich: Die Reichsregierung hat die ihr durch das Gesetz vom 24.3.1933 übertragenen Befugnisse auch weiterhin auszuüben."
10.5. Hitler verleiht dem Generaldirektor der Hermann-Göring-Werke, Staatsrat Paul Pleiger, das Ritterkreuz des Kriegsverdienstkreuzes.

11.5. Hitler teilt den beteiligten Generälen in einem „Befehl“ mit, dass die Operation „Zitadelle“ – ein begrenztes Offensivunternehmen zur Wiedereroberung von Kursk – entgegen deren Bedenken bis Mitte Juni verschoben wird.
11.5. Wie das OKW meldet, wurden „bei den erfolgreichen Abwehrkämpfen am Kuban-Brückenkopf vom 29. April bis 10. Mai ... allein von Truppen des Heeres 159 Sowjet-Panzer zerstört, erbeutet oder bewegungsunfähig geschossen“.
11.-24.5. 6 deutsche U-Bootgruppen sind gegen 9 Konvois angesetzt, von denen aber nur 4 erfasst werden, aus denen nur 6 Schiffe versenkt werden, während 14 U-Boote verloren gehen und 7 beschädigt werden. Großadmiral Dönitz entschließt sich, die Konvoioperationen im Nordatlantik abzubrechen. Wende des U-Bootkrieges.
12.5. Präsident Roosevelt gibt dem tschechischen Exilpräsidenten Benesch die Zusage zur Vertreibung der Sudetendeutschen nach dem Krieg.
13.5. Kapitulation der deutsch-italienischen Heeresgruppe Afrika unter dem Oberbefehl des Generalobersten von Arnim in Tunesien.
14.5. Amerikanische Bomber werfen 250 t Bomben auf den Kieler Hafen.
15.5. In Montenegro beginnen deutsch-italienische Truppen mit dem Unternehmen „Schwarz“ gegen Tschetniks und kommunistische Tito-Partisanen.
15.5. Die Sowjetregierung gibt die Auflösung der „Kommunistischen Internationale“ bekannt.
16.5. Muttertag: Verliehen werden 137.950 Mutterehrenkreuze, 23.439 in der Stufe I in Gold (ab 8. Kind), 29.971 in der Stufe II in Silber (6. und 7. Kind) und 84.540 in der Stufe III in Bronze (4. und 5. Kind).
16./17.5. Britische Flugzeuge bombardieren die Sperrmauern der Möhne- und Eder-Talsperren. Im Möhne- und Ruhr-Tal gibt es 1.217 Tote, darunter 718 „Fremdarbeiter“.
23.5. Im Reich werden alte Schuhe gesammelt und zu Ausrüstungsgegenständen für die Front verarbeitet.
23.5. Bis zum 12.6. findet die Spinnstoff- und Schuhsammlung statt. Reichswirtschaftsminister Funk in seinem Aufruf: „Die zur Rüstungsindustrie strömenden Volksgenossen müssen mit Arbeitskleidung und Arbeitsschuhwerk, Millionen europäische, für die deutsche Rüstung tätige Arbeitskräfte neu eingekleidet werden, damit Gesundheit und Leistung erhalten bleiben.“
24.5. Das RAF-Bomber-Command wirft die hunderttausendste Tonne Bomben auf Deutschland.
26.5. Hitler verleiht dem gefallenen japanischen Großadmiral Yamamoto „in Würdigung seiner geschichtlichen Verdienste in dem gemeinsamen Kampf unserer Waffen“ das Eichenlaub mit Schwertern zum Ritterkreuz des Eisernen Kreuzes.
27.5. In den Abendstunden greifen britische „Mosquito“-Bomber die Zeiss-Werke in Jena an.
27.5. Im rückwärtigen Gebiet der Heeresgruppe Mitte wird die „Bandenbekämpfung“ vor allem in den Waldgebieten südwestlich und nordwestlich von Brjansk fortgesetzt.
27.5. In Nordafrika bekämpft die Luftwaffe Hafenanlagen vor allem in Bône und Djidjelli, während die angelsächsischen Luftstreitkräfte ihre Angriffe immer heftiger gegen Flugplätze und Hafenplätze auf Sardinien und Sizilien sowie in Unteritalien richten.
29.5. Von deutscher Seite wird eine amtliche Darstellung der Zerstörungen veröffentlicht, die der alliierte Luftkrieg bisher im Reichsgebiet angerichtet hat. Nach dieser Aufstellung wurden 191 Schulen, 108 Krankenhäuser und 133 Kirchen zerstört und 920 Schulen, 231 Krankenhäuser und 494 Kirchen schwer beschädigt. Aufgezählt werden sodann zahlreiche Kunstdenkmäler, die bislang dem Bombenkrieg zum Opfer gefallen sind.
30.5. Die am 26. Mai begonnene sowjetische Offensive gegen den Kuban-Brückenkopf ist erfolglos geblieben und löst sich in Einzelangriffe auf.
31.5. Der U-Boot-Krieg hat im Mai einen entscheidenden Rückschlag erlitten. Versenkt werden 44 alliierte Handelsschiffe mit zusammen 225.772 BRT, während 43 deutsche Unterseeboote verloren gehen. Die Geleitzugskämpfe im Nordatlantik werden Mitte Mai abgebrochen.
31.5. In der deutschen Kriegswirtschaft sind 12,1 Millionen ausländische Arbeitskräfte tätig (einschließlich der Kriegsgefangenen).
31.5. Für die 50. Zuteilungsperiode (31. 5. – 27. 6.) werden die Rationen der Versorgungsberechtigten aller Altersstufen an Fleisch oder Fleischwaren um wöchentlich 100 Gramm gekürzt.

JUNI

1.6. Hitler verleiht der vorwiegend aus Wien neu rekrutierten 44. Infanterie-Division den Namen „Reichsgrenadier-Division Hoch- und Deutschmeister“, nachdem die alte Division in Stalingrad aufgerieben wurde.
1.-30.6. Deutsche U-Boote versenken im Atlantik, Nordmeer, Mittelmeer und Indischem Ozean 21 Schiffe mit 79.972 BRT; japanische U-Boote im Indischen Ozean und Pazifik 8 Schiffe mit 47.253 BRT.
3.6. „An der Ostfront des Kuban-Brückenkopfes dauern die schweren Abwehrkämpfe an“ (OKW).

Bild linke Seite: „Hut ab“ befiehlt der deutsche Besatzer dem russischen Bauern. „Kopf ab“ sollte dessen Antwort sein. Nicht den servilen Knecht wünschte sich die russische Propaganda, sondern den kämpferischen Partisanen, jederzeit bereit, den Okkupanten gnadenlos zu töten.

Bild rechte Seite: Bei ihrem Vorhaben, die russische Zivilbevölkerung zur Kollaboration zu gewinnen, wurde die deutsche Propaganda nicht müde, das Feindbild des brutalen bolschewistischen Kommissars zu bemühen. Im Endeffekt aber, so heißt es resignierend in einem Heeresbefehl, „lehrt die Erfahrung, dass nur solche Maßnahmen zum Ziel führen, vor denen die Bevölkerung noch mehr Furcht hat als vor dem Terror der Partisanen“.

Nach einer Meldung der Heeresgruppe A hat sich die Absicht der Sowjets, die „Gotenkopf-Stellung" einzudrücken, weiterhin bestätigt. Mit baldigen Angriffen auch gegen die Nordfront des Brückenkopfes müsse gerechnet werden.

3.-8.6. In vier aufeinanderfolgenden Einsätzen greifen deutsche Bomber das sowjetische Panzerwerk in Gorki an. Sie werfen insgesamt 684 t Bomben.

5.6. Im Berliner Sportpalast sprechen Goebbels und Speer auf einer „Kundgebung deutschen Rüstungsschaffens". Goebbels: „Der Jude wird immer so handeln, wie es seinem Wesen und seinem Rasseinstinkt entspricht. Er kann gar nicht anders. Wie der Kartoffelkäfer die Kartoffelfelder zerstört, ja zerstören muss, so zerstört der Jude die Staaten und Völker."

7.6. Das Flottenbauprogramm für das Jahr 1943 wird endgültig festgelegt. Es umfasst den Bau von 8 Zerstörern, 12 Torpedobooten, 108 S-Booten, 100 Minensuchbooten, 96 Räumbooten, 35 Sperrbrechern, 400 Vorposten- und Sicherungsbooten, 900 Marinefährprähmen, 96 Marine-Artillerie-Leichtern, 15 bis 17 Torpedofangbooten und 480 Unterseebooten und soll fünf Jahre lang gültig bleiben.

9./10.6. An der Ostfront werden 132 deutsche Bomber gegen das Gummikombinat Jaroslawl eingesetzt. Am 20./21.6. wird der Angriff mit 88 Bombern wiederholt.

10.6. Aus dem mittleren Abschnitt der Ostfront meldet das OKW den Abschluss eines weiteren Unternehmens „gegen starke bolschewistische Banden", wobei 207 befestigte Lager ausgehoben worden seien. In den Wäldern südwestlich von Brjansk verzeichneten die Partisanen 3.152 Tote, 569 Überläufer, verloren 24 Geschütze, 3 Panzer, zahlreiches Gerät.

11.6. Die Alliierten beginnen mit ihrer im Januar auf der Konferenz von Casablanca beschlossenen „kombinierten Bomber-Offensive" gegen Deutschland, bei der die amerikanische Luftwaffe Präzisionsangriffe am Tage, die britische Luftwaffe Flächenangriffe in der Nacht durchführen soll.

11./12.6. Bei schweren Luftangriffen werfen 693 britische Bomber 1.968 t Bomben auf Düsseldorf: 120.000 Einwohner werden durch Flächenbrände obdachlos. In der folgenden Nacht fallen 1.507 t Bomben auf Bochum.

13.6. Die alliierte Bomberoffensive gegen Deutschland wird nach einer Unterbrechung Anfang Juni verstärkt fortgesetzt. In der Nacht zum 13. Juni werfen 454 britische Flugzeuge bei 24 Verlusten 1.507 t Bomben auf Bochum, wo schwere Schäden im Stadtgebiet entstehen.

14.6. In Lettland und Litauen lassen die Deutschen den 14. Juni als „Trauertag zum Gedenken an die Opfer der bolschewistischen Gewaltherrschaft" begehen. Trauergottesdienste in Riga und Reval.

15.6. Der erste Strahlenbomber der Welt, die Arado Ar 234, startet zum ersten Probeflug. Insgesamt werden bis 1945 214 Maschinen dieses Musters fertiggestellt. Die Maschinen erhalten u.a. auch einen Schleudersitz und erreichen bei den Versuchsflügen Geschwindigkeiten bis 900 km/h.

17.6. Unter Beteiligung von „17 Nationen" wird in Hamburg der

Kongress „Europäische Arbeiter schaffen für den Sieg" eröffnet.
17.6. Auf dem Balkan wird das Unternehmen „Schwarz" gegen die Partisanen beendet, die etwa 11.000 Tote verzeichnen. Abermals gelingt es Tito, mit Restteilen seiner Verbände in die Berge zu entkommen.
19.6. In einer Gedenkstunde für die Bombenopfer in Wuppertal erklärt Goebbels: „Die Städte, die in Brand und auf ihren Trümmern ungebrochen stehen, winden einen unverwelklichen Lorbeerkranz um ihre Wappen."
21.6. Hitler ordnet die Bildung eines zentralen Sonderstandgerichts für die Wehrmacht an: „Das Sonderstandgericht ist dazu berufen, im Schnellverfahren politische Straftaten abzuurteilen, die sich gegen das Vertrauen in die politische oder militärische Führung richten und bei Anlegung des gebotenen scharfen Maßstabes eine Todes- oder Zuchthausstrafe erwarten lassen. Die Vollstreckung soll der Bestätigung des Urteils auf dem Fuße folgen."
22.6. In der Nacht zum 22. Juni werfen 661 britische Flugzeuge bei 42 Verlusten 1.956 t Bomben auf Krefeld, wo starke Brände vor allem in der Stadtmitte entstehen. Es ist dies der erste sogenannte „Weberschiffchen"- Angriff – die in Großbritannien gestarteten Verbände fliegen weiter nach Nordafrika.
28.6. Im Mittelmeerraum hat sich der Luftkrieg zur Vorbereitung der geplanten alliierten Landungsoperationen intensiviert. Die italienischen Inselstützpunkte Pantelleria und Lampedusa sind gefallen.
29.6. In der Nacht zum 29. Juni werfen 540 britische Flugzeuge bei 25 Verlusten 1.640 t Bomben auf Köln, wobei Flächenbrände in der Stadtmitte entstehen. Der Kölner Dom wird getroffen, sein linkes Querschiff fast völlig zerstört. Schwer getroffen werden auch das Rathaus und der Gürzenich.
30.6. Frankreich musste in den letzten drei Monaten 470.000 Arbeitskräfte für die deutsche Wirtschaft stellen. Die Gesamtzahl der im 1. Halbjahr 1943 neu ins Reich geholten ausländischen Arbeitskräfte, Zwangsdeportierten und Kriegsgefangenen beträgt 1.055.666.

JULI

1.7. Im Führerhauptquartier „Wolfsschanze" gibt Hitler allen am Unternehmen „Zitadelle" beteiligten Oberbefehlshabern und Kommandierenden Generalen seinen Entschluss bekannt, diese Operation, die mehrfach verschoben worden war, nunmehr durchzuführen. Dabei betont er, dass wir materiell „zum erstenmal den Sowjets an Panzern überlegen" seien.
1.-31.7. Deutsche U-Boote versenken im Atlantik, Nordmeer, Schwarzen Meer, Mittelmeer und Indischen Ozean 48 Schiffe mit 260.458 BRT und torpedieren einen Kreuzer, verlieren aber 38 U-Boote. Italienische U-Boote torpedieren 1 Kreuzer und 1 Hilfskreuzer, japanische U-Boote versenken 2 Schiffe mit 13.097 BRT und torpedieren ebenfalls 1 Kreuzer.
5.7. Operation „Zitadelle": Die Heeresgruppen Süd und Mitte beginnen mit dem Angriff. Nach anfänglichen Erfolgen muss dieses letzte deutsche Offensivunternehmen an der Ostfront aber schon eine Woche später

Bild linke Seite: In London gefälschte und über Deutschland abgeworfene Käsemarken, 39 gr. im Bogen zu 50 Stück. Diese Fälschungen würden sich „besonders ungünstig bemerkbar machen", notierte Goebbels am 16. März 1943 in sein Tagebuch: „Ich habe deshalb eine Pressenotiz veröffentlicht, dass deren Gebrauch mit schweren Strafen, unter Umständen mit der Todesstrafe belegt wird".

Bild rechte Seite: „Deutsches Mädel werde Schwester des Deutschen Roten Kreuzes", Inserat in der Leipziger Illustrierten Zeitung vom 5. Februar 1942. Am 25. 12. 1943 stellten die 18 Wehrkreise für den regionalen und den überörtlichen Einsatz in mobilen Sanitätseinheiten und Reserve-Lazaretten 4.300 DRK-Ärzte, 15.660 DRK-Schwestern und -Hilfsschwestern, 48.000 DRK-Schwesternhelferinnen, 313.000 DRK-Helferinnen und 65.000 DRK-Helfer.

wegen des russischen Widerstands abgebrochen und am 17. 7. endgültig aufgegeben werden.

6.7. Die Nachricht vom Flugzeugabsturz und Tod des polnischen Exil-Ministerpräsidenten General Sikorski bringt der „Völkische Beobachter“ unter der Überschrift: „Das letzte Opfer von Katyn – Sikorski von London ermordet“.

7.7. An den Angriffsfronten von „Zitadelle“ entwickeln sich schwere Panzerschlachten. Südlich Kursk erleidet die „Armeeabteilung Kempf“ erhebliche Panzerverluste, am Nordflügel gelingt der Einbruch in die zweite sowjetische Stellung. Wie das OKW meldet, wurden in den beiden ersten Kampftagen bei 41 eigenen Verlusten 637 Sowjet-Flugzeuge abgeschossen.

10.7. Beginn der alliierten Landungsoperationen auf Sizilien durch die britische 8. Armee unter General Montgomery zwischen Syrakus und Kap Passero und der 7. US-Armee unter General Patton bei Gela und Likata.

11.7. Auf Sizilien tritt die Division „Hermann Göring“ zum Angriff gegen den amerikanischen Landekopf bei Gela an. Die übrigen alliierten Landeköpfe können sich konsolidieren.

12.7. In der Sowjetunion wird das „Nationalkomitee Freies Deutschland“ gegründet.

13.7. In einem Monatsbericht über die Auswirkungen des feindlichen Luftkrieges im Juni meldet Reichsminister Speer über 8.000 Tote, 16.000 Verwundete und 550.000 Obdachlose. Im Ruhrgebiet seien infolge der Luftangriffe 560.000 t Kohle weniger gefördert worden. Die Koks-Erzeugung sei um 2%, die Eisen- und Stahlerzeugung um 20% zurückgegangen.

13.7. Während die Heeresgruppe Süd in der Schlacht um Kursk weitere Fortschritte erzielt, muss die 9. Armee ihren Angriff angesichts der durch den sowjetischen Großangriff im Orel-Bogen entstandenen kritischen Lage einstellen. Die Heeresgruppenbefehlshaber Süd und Mitte, von Manstein und von Kluge, werden ins Führerhauptquartier beordert, wo Hitler auf Drängen von Kluges und gegen den Rat von Mansteins entscheidet, das Unternehmen „Zitadelle“ abzubrechen. Nur die Heeresgruppe Süd, deren Befehlshaber unmittelbar vor dem Sieg zu stehen glaubt, erhält die Genehmigung, ihren Angriff zunächst noch fortzusetzen.

13.7. Alexander Schmorell und Kurt Huber, Mitglieder der „Weißen Rose“, werden hingerichtet.

13./14.7. Bombenangriff auf die alte Kaiserstadt Aachen. Der Dom, das Rathaus und andere historische Gebäude werden zerstört.

14.7. Auf Sizilien greift die 8. britische Armee in Richtung Catania an. Zur Verteidigung der Straße von Messina wird eine Dienststelle „Deutscher Kommandant Messina-Straße“ unter Oberst Baade geschaffen. – Der Wehrmachtsführungsstab legt unter dem Stichwort „Alarich“ einen Bericht über den Stand der Vorbereitungen für die Besetzung Italiens bei dessen Ausscheiden aus dem Kriege vor.

15.7. In Anwesenheit von Baldur von Schirach und Robert Ley enden auf der Ordensburg Sonthofen die Leistungswettkämpfe der Adolf-Hitler-Schulen. Die besten Leistungen „auf körperlichem, geistigem und musischem Gebiet“ zeigt die Schule Mecklenburg, der dafür das „Schwert der Adolf-Hitler-Schulen“ verliehen wird.

15.7. Briten und Amerikaner einigen sich über die Operation „Overlord“. Sie sieht vor, „mit Zieldatum – 1. Mai 1944 – auf dem Festland einen Landekopf zu erobern, von dem aus weitere offensive Operationen entwickelt werden können“. Der Landekopfbereich soll in Nordfrankreich gesucht werden.

17.7. Das OKH befiehlt die Herauslösung des gesamten II. SS-Panzerkorps aus der Angriffsfront südlich Kursk, sodass auch die Heeresgruppe Süd das Unternehmen „Zitadelle“ einstellen muss. Die sowjetischen Verluste in der Schlacht um Kursk betru-

Deutsches Mädel werde Schwester des Deutschen Roten Kreuzes

Der Beruf der Schwester vom Deutschen Roten Kreuz, deren Aufgabe in der Mitarbeit an der Volksgesundheit liegt und deren letztes und höchstes Ziel es ist, im Kriege die Pflege der kranken und verwundeten Soldaten in den mobilen Sanitätseinheiten zu übernehmen, bietet unendlich viele Möglichkeiten zu einer reich befriedigenden Tätigkeit für jede einzelne Schwester. Besondere Fähigkeiten und Neigungen können ausgebildet werden, wirtschaftliche und technische Begabungen finden ein reiches Arbeitsfeld, und die Mutterhäuser sorgen für die Fortbildung der Schwestern auf allen Gebieten in der Werner-Schule des Deutschen Roten Kreuzes in Berlin-Lankwitz, Frobenstraße 75—77. Die Ausbildung in der Krankenpflege ist unentgeltlich mit einer staatlichen Abschlußprüfung nach eineinhalb Jahren. Hieran schließt sich ein Jahr praktischer Arbeit im Krankenhaus bis zur Erlangung der Erlaubnis zur berufsmäßigen Ausübung der Krankenpflege. Die weitere Zugehörigkeit zu einer Schwesternschaft des DRK. sichert die Ausbildung im Wehrmacht-Sanitätsdienst zur Wehrmachtschwester.
Das Aufnahmealter liegt zwischen 18 und 34 Jahren. — Neben freier Station, Dienstkleidung, Gesundheitsfürsorge und Krankenversorgung wird ein Barzuschuß gewährt.

Aus dem Feldpostbrief einer DRK.-Schwester aus dem Westen:

„Keine von uns Schwestern, die den Einsatz im Kriegssanitätsdienst miterlebte, möchte aus ihrem Leben diese sehr ernsten Tage missen, die zugleich schönste Berufserfüllung waren. Die Stunden gingen unmerkbar vorüber. Es war immer nur zu bedenken, was am notwendigsten getan werden mußte, welchen Verwundeten zuerst geholfen werden mußte und welche der größten Fürsorge bedurften.“

Verzeichnis der Schwesternschaften vom Deutschen Roten Kreuz

1. **Altona,** Allee 161, Schwesternschaft Helenenstift
x2. **Berlin NW 40,** Scharnhorststraße 3, Schwesternschaft Märkisches Haus für Krankenpflege
3. **Berlin-Charlottenburg 9,** Ebereschen-Allee 16, Schwesternschaft Paulinenhaus
4. **Berlin-Lankwitz,** Mozartstraße 37, Schwesternschaft Luisen-Cecilien-Haus
5. **Berlin-Lichterfelde,** Hindenburg-Damm 134, Schwesternschaft Mutterhaus für Deutsche über See
x6. **Berlin-Lichterfelde,** Carstennstraße 58, Schwesternschaft Rittberghaus
x7. **Berlin NW 7,** Schumannstraße 20, Schwesternschaft Brandenburg (Charité)
8. **Berlin-Weißensee,** Große Seestraße 6, Schwesternschaft Berlin-Weißensee
9. **Bochum-Langendreer,** In der Schornau 27, Schwesternschaft Ruhrland
10. **Braunschweig,** Hamburger Str. 226, Schwesternschaft Braunschweig
11. **Bremen,** Osterstr. 1c, Hansesche Schwesternschaft
12. **Bremen,** Bentheimstr. 18, Schwesternschaft Elisabeth-Haus
13. **Breslau,** Blücherstr. 2—4, Schwesternschaft Augusta-Hospital
14. **Breslau,** Birkenwäldchen 5, Schlesische Schwesternschaft
15. **Coburg,** Gustav-Hirschfeld-Ring 1, Schwesternschaft Marienhaus
x16. **Darmstadt,** Dieburger Str. 31, Alice-Schwesternschaft
17. **Dresden,** Reichenbachstraße 67, Schwesternschaft Dresden
x18. **Düsseldorf,** Moorenstr. 5, Schwesternschaft Düsseldorf
x19. **Eberswalde,** Kaiser-Friedrich-Straße, Schwesternschaft Kurmark
20. **Elbing,** Pott Cowlestr. 22, Schwesternschaft Elbing
21. **Essen (Ruhr),** Hufelandstraße 55, Rheinisches Mutterhaus
22. **Frankfurt (Main),** Quinckestr. 14–16, Schwesternschaft Frankfurt/M. von 1866
23. **Frankfurt (Main),** Eschenheimer Anlage 4–8, Schwesternschaft Maingau
24. **Frankfurt (Oder),** Goepelstraße 15, Schwesternschaft Oderland
25. **Gelsenkirchen,** Knappschaftsstraße 14, Schwesternschaft Westfalen
26. **Gera (Thüringen),** Ebelingstraße 15, Schwesternschaft Ost-Thüringen
27. **Goddelau,** Philipps-Hospital, Schwesternschaft Philipps-Hospital
x28. **Gotha,** Erfurter Landstraße 31a, Schwesternschaft Viktoria-Adelheid-Haus
29. **Graz,** Elisabethinengasse 14, Schwesternschaft Steiermark
30. **Hamburg,** Beim Schlump 84, Schwesternschaft Hamburg
31. **Hannover,** Lützerodestraße 1, Schwesternschaft Clementinenhaus
x32. **Hannover,** Erwinstraße 7, Schwesternschaft für Säuglings- und Krankenpflege
33. **Bad Homburg v. d. H.,** Kais.-Friedr.-Promenade, Schwesternschaft Bad Homburg v. d. H.
34. **Karlsbad-Drahowitz,** Bergstraße 346, Schwesternschaft Karlsbad
35. **Karlsruhe,** Kaiserallee 10 Schwesternschaft Karlsruhe
36. **Kassel,** Hansteinstraße 29 Schwesternschaft Kassel
37. **Kiel,** Annenstraße 63—71, Schwesternschaft Nordmark
x38. **Kiel,** Lorentzendamm 6—10, Heinrich-Schwesternschaft
39. **Köln-Lindenthal,** Franzstraße 8—10, Schwesternschaft Rheinland
40. **Köln-Lindenthal,** Krieler Straße 8, Schwesternschaft Köln
x41. **Königsberg (Pr.),** Tragheimer Pulverstraße 12—13, Schwesternsch. Ostpreußen
x42. **Krefeld,** Marianne-Rodius-Straße 20, Schwesternschaft Krefeld
x43. **Landsberg (Warthe),** Friedeberger Straße 16a, Schwesternschaft Grenzmark
44. **Leipzig C 1,** Marienstr. 17, Schwesternschaft Leipzig
x45. **Lübeck,** Marlistr. 10, Schwesternsch. Lübeck
46. **Magdeburg,** Gr. Diesdorfer Straße 41, Schwesternschaft Kahlenberg-Stiftung
47. **Mainz,** Auf der Steig 16, Schwesternschaft Mainz
x48. **Marburg (Lahn),** Deutschhausstr. 25, Schwesternschaft Marburg (Lahn)
49. **Meiningen,** Ernststr. 7, Schwesternschaft Herzog-Georg-Stiftung
x50. **München,** Nymphenburger Str. 163, Schwesternschaft München
51. **Nürnberg-S,** Birkenstraße 9, Schwesternschaft der Stadt der Reichsparteitage Nürnberg
52. **Offenbach (Main),** Hindenburgring 66, Schwesternschaft des Stadtkrankenhauses Offenbach a. M. im Deutschen Roten Kreuz
53. **Prag,** Karlsplatz, Schwesternschaft Prag
54. **Posen,** Bernhardinerplatz, Schwesternschaft Posen
x55. **Quedlinburg,** Ditfurter Weg 5, Schwesternschaft Quedlinburg
56. **Saarbrücken,** Robert-Koch-Straße 2, Schwesternschaft Westmark
57. **Saasa (Thüringen)** bei Eisenberg, Else-Schwesternschaft
58. **Salzburg,** Augustinergasse 7, Schwesternschaft Salzburg
59. **Schwerin (Mecklenburg),** Schlageterplatz 1, Schwesternschaft Mecklenburg
60. **Stettin-Frauendorf,** Hermann-Göring-Straße 16, Schwesternschaft Stettin
61. **Steyr,** Sierninger Str. 129, Schwesternschaft Oberdonau
62. **Stolp (Pommern),** Steinstraße 58, Schwesternschaft Stolp
63. **Stuttgart,** Silberburgstraße 85, Württembergische Schwesternschaft
64. **Weimar,** Julius-Schreck-Straße 2, Schwesternschaft Sophienhaus
65. **Wien 19,** Billrothstraße 78, Billroth-Schwesternschaft
x66. **Wien 9,** Kinderspitalgasse 6, Schwesternschaft Ostmark
67. **Wiesbaden,** Schöne Aussicht 41, Schwesternschaft Oranien
68. **Wiesbaden,** Schwalbacher Straße 62, Schwesternschaft Wiesbaden
x69 **Wuppertal-Barmen,** Sudhoffstraße 27, Schwesternschaft Wuppertal-Barmen
70. **Wuppertal-Elberfeld,** Hardtstraße 55, Schwesternschaft Wuppertal-Elberfeld

Berlin-Lankwitz, Frobenstraße 75–77, Werner-Schule vom Deutschen Roten Kreuz.

Fortbildungslehrgänge für DRK.-Schwestern. Hauswirtschaftliche Ausbildung für junge Mädchen von 16 Jahren ab, als Vorstufe für den DRK.-Schwesternberuf.

In den mit x bezeichneten Schwesternschaften ist eine Ausbildung in der Säuglings- und Kleinkinderpflege möglich.

gen 34.000 Gefangene und 17.000 Tote, die deutschen Verluste insgesamt 20.720 Mann, davon 3.300 Tote. – Mit dem Abbruch von „Zitadelle" geht die Initiative auf dem östlichen Kriegsschauplatz endgültig auf die sowjetische Seite über.

19.7. Treffen Hitler – Mussolini in Feltre bei Belluno in Oberitalien. Hitler redet ohne Unterbrechung drei Stunden lang auf Mussolini ein, den er vor den anwesenden italienischen Generälen wegen der alliierten Landung auf Sizilien abkanzelt.

21.7. Am Mius und am mittleren Donez hält die sowjetische Offensive an, ohne zu entscheidenden Erfolgen zu führen. „Auch im Raum von Orel nahm, vor allem östlich und nördlich der Stadt, die schwere Abwehrschlacht ihren Fortgang", wie das OKW meldet. Hier brechen die Sowjets mit drei Panzerkorps an der Straße Kursk-Orel 10 km tief in Richtung Orel durch.

22.7. Auf Sizilien besetzt die den deutsch-italienischen Absetzbewegungen im Westteil der Insel folgende 7. US-Armee unter General Patton Palermo.

23.-29.7. Alliierte Großangriffe auf Hamburg. Fast 3.000 britische und amerikanische Bomber werfen in sieben Tages- und Nachtangriffen etwa 9.000 t Bomben ab. Dabei kommen über 30.000 Menschen ums Leben; 277.330 Wohngebäude und 580 Industriebetriebe werden zerstört, im Hafen 180.000 BRT Schiffsraum versenkt. Das „round the clock bombing" wird von den Engländern durch den Abwurf großer Mengen dünner Aluminiumstreifen eingeleitet, die die deutschen Ortungs- und Flak-Geräte stören und die Luftverteidigung lahm legen.

24.7. „Am Kuban-Brückenkopf, an der Mius- und an der Donez-Front, bei Bjelgorod sowie südlich des Ladoga-Sees wurden die fortgesetzten Durchbruchsversuche der Sowjets blutig abgewiesen. ... Die wechselvollen Kämpfe im Raum von Orel halten an", meldet das OKW. Die zwischen der 9. Armee und der 2. Panzer-Armee im Orel-Bogen entstandene Lücke wird durch Gegenangriffe geschlossen.

25.7. Mussolini wird gestürzt und gefangengenommen. König Viktor Emanuel III. ernennt Marschall Badoglio zum neuen Ministerpräsidenten.

26.7. Goebbels notiert in seinem Tagebuch: „In der Nacht hat ein außerordentlich schwerer Angriff auf Hamburg stattgefunden. Mit diesem Angriff werden die Illusionen, die sich viele bezüglich des weiteren Fortgangs der Luftoperationen des Feindes gemacht haben, endgültig zerblasen."

26.7. In einer „Weisung Nr. 48" trifft Hitler Anordnungen „Für die Befehlsführung und Verteidigung des Südostraums", wo er „den baldigen Beginn von Landungsunternehmen gegen die Sperrfront der Ägäis in Linie Peloponnes-Kreta-

Bild linke Seite: Panzer und Infanterie in unwegsamen Gelände.

Bild rechte Seite: Ferntrauung – ein junger Obergefreiter gibt sein Ja-Wort der tausende von Kilometern entfernten Braut in der Heimat.

Rhodos und gegen die griechische Westküste mit den vorgelagerten Ionischen Inseln" erwartet.

29.7. Bei einem Lagevortrag im Führerhauptquartier berichtet Feldmarschall Kesselring über die Möglichkeiten einer Räumung Sardiniens und der Überführung der dort stehenden deutschen Truppen nach Korsika. Eine Räumung Siziliens hält er innerhalb von drei Nächten für möglich.

30.7. An der Ostfront nehmen die Sowjets ihre Angriffe gegen den Kuban-Brückenkopf wieder auf. Im Orel-Bogen sind ihnen noch keine entscheidenden Erfolge gelungen.

31.7. Zwischen Feldmarschall Kesselring und Marschall Badoglio kommt es zu Meinungsverschiedenheiten über die deutschen Truppenbewegungen in Richtung Italien, die bei der italienischen Regierung Besorgnis erregen.

31.7. An der Ostfront und im Reich erscheint das „Manifest des Nationalkomitees ‚Freies Deutschland' an die Wehrmacht und an das deutsche Volk".

AUGUST

1.8. Das von Japanern besetzte Burma erklärt seine Unabhängigkeit und erklärt Großbritannien und den USA den Krieg.

1.8. Von Derna aus greifen 177 amerikanische B24-Bomber das rumänische Ölgebiet von Ploësti an. Nur 11 der Maschinen kehren wieder zur Basis zurück. Die Amerikaner verlieren 773 Mann fliegendes Personal.

1.-31.8. Deutsche, italienische und japanische U-Boote versenken im Atlantik, Nordmeer, Schwarzen Meer, Mittelmeer, Indischen Ozean und Pazifik 27 Schiffe mit 101.512 BRT und beschädigen 7 weitere.

3.8. Beginn einer neuen sowjetischen Offensive südlich von Bjelgorod mit Unterstützung durch Angriffe der Partisanen gegen deutsche Nachschubwege.

3.8. In Anerkennung seines „aufopferungsvollen persönlichen Einsatzes bei den Hilfsaktionen in dem schwer heimgesuchten Hamburg" verleiht Hitler dem Stadtkommandanten der Hansestadt, Generalmajor Wahle, das Ritterkreuz des Kriegsverdienstkreuzes.

4.8. Mit der Beseitigung der Einbruchsstelle bei Kuibyschewo ist die am 17. Juli begonnene sowjetische Offensive am Mius gescheitert. Nach dem Bericht des OKW hat die Heeresgruppe Süd hier 17.895 Gefangene gemacht sowie 730 Panzer und 703 Geschütze vernichtet.

5.8. Die italienische Regierung verfügt die Auflösung der faschistischen Partei.

5.8. Am Nordflügel der Heeresgruppe Süd erobert die 53. Sowjet-Armee in weiterem Vorstoß Bjelgorod. – Die 9. Armee räumt in der Nacht zum 5. August Orel und geht weiter auf eine Sehnenstellung zurück.

5.8. Auf Sizilien muss die Panzer-Division „Hermann Göring" vor starkem britischem Druck Catania aufgeben.

6.8. Als Folge der schweren Luftangriffe auf Hamburg kündigt Reichspropagandaminister Goebbels an, die Berliner Bevölkerung werde soweit wie möglich evakuiert.

6.8. „Im Raum von Bjelgorod dauern die Kämpfe mit steigender Heftigkeit an. Auch südwestlich Orel setzte der Gegner die Versuche erfolglos fort, unsere Front zu durchbrechen" (OKW). Weiter meldet das OKW: „Seit Beginn der Großkämpfe im Osten wurden im Verlauf eines Monats ... 69.164 Gefangene eingebracht, 7.847 Panzer, 3.083 Geschütze und 1.620 Granatwerfer vernichtet oder erbeutet, von der Luftwaffe 3.731 Flugzeuge abgeschossen. Die blutigen Verluste der Bolschewisten sind außerordentlich hoch."

7.8. Als „Reichsverteidigungskommissar für die Reichshauptstadt" erlässt Joseph Goebbels die „Zwölf Luftschutzgebote": Im 11. Gebot heißt es: „Brandbomben sind Menschenwerk; daran denke, wenn du sie bekämpfst! Ein tapferes Herz, entschlossener Sinn und kaltes Blut sind stärker als der Terror unserer Feinde."

7.8. Durch die Verlegung italienischer Divisionen nach Südtirol an den Brenner kommt es zu neuen deutsch-italienischen Spannungen.

9.8. Nach dem Bericht des OKW haben „SS- und Polizeiverbände, zusammen mit Einheiten des Heeres", im Raum westlich Minsk ein größeres Unternehmen „zur Vernichtung feindlicher Banden" abgeschlossen, bei dem der Feind 4.200 Tote und 6.000 Gefangene verloren habe. 154 Bandenlager und 151 Bunker seien dabei zerstört worden.

9.8. Nordwestlich und östlich Charkow setzen die Sowjets ihre Angriffe fort; die deutsche Front muss hier bis 15 km vor die Stadt zurückgenommen werden.

10.8. In der Nacht zum 10. August werfen 432 britische Flugzeuge bei 9 Verlusten 1.684 t Bomben auf Mannheim und Ludwigshafen. Die deutsche Abwehr wird, wie bereits bei den Angriffen auf Hamburg, durch das Abregnen von Aluminiumfolien behindert.

11.8. Auf Sizilien wird ein feindlicher Landungsversuch an der Nordküste der Insel bei Kap Orlando zerschlagen, doch muss sich die 29. Panzergrenadier-Division hier weiter auf den verengten Brückenkopf um Messina zurückziehen.

13.8. Bei einem Tagesangriff greifen 61 US-Bomber Wiener-Neustadt an, wobei es 181 Tote und 850 Verletzte gibt.

15.8. „Das große Ringen im Raum südwestlich Bjelgorod hält in unverminderter Heftigkeit an", meldet noch immer das OKW. Im Mittelabschnitt der Ostfront liegt der Schwerpunkt der sowjetischen Angriffe im Raum Rosslawl-Kirow. Auch die Schlacht südlich des Ladoga-Sees geht weiter.

17.8. Besetzung Siziliens abgeschlossen. Die letzten deutschen und italienischen Truppen ziehen sich über die Straße von Messina nach Süditalien zurück. 39.569 deutsche und 62.000 italienische Soldaten und umfangreiches Material werden evakuiert.

17.8. Tagesangriff der USAAF auf die Kugellagerfabriken von Schweinfurt und die Fa. Messerschmitt in Regensburg. Die Amerikaner verlieren 60 ihrer Bomber durch die deutsche Luftabwehr.

18.8. Der Generalstabschef der deutschen Luftwaffe, Generaloberst Hans Jeschonnek, begeht im Hauptquartier Görings Selbstmord. Der Öffentlichkeit wird mitgeteilt, er sei einem „schweren Leiden erlegen". Hitler lässt durch Göring einen Kranz bei der Beerdigung niederlegen.

18.8. In der Nacht zum 18. August werfen 597 britische Bomber bei 40 Verlusten 1.593 t Spreng- und 281 t Brandbomben auf die „Wissenschaftlichen Versuchsanstalten des Heeres für Gleitbomben und Raketenwaffen" in Peenemünde, wobei es 735 Tote gibt. Durch die hier angerichteten Zerstörungen wird die deutsche Raketenentwicklung um Monate zurückgeworfen.

19.8. Das OKW meldet den Abschluss der „5. Abwehrschlacht am Kuban-Brückenkopf", in der die Heeresgruppe A unter Führung von Generalfeldmarschall von Kleist mit der 17. Armee unter General der Pioniere Jänicke vom 16. Juli bis zum 12. August „andauernde Durchbruchsversuche von 17 Schützen-Divisionen, zwei Panzer-Brigaden und drei Panzer-Regimentern der Sowjets in harten Kämpfen abgeschlagen" habe.

20.8. Hitler verfügt folgende innenpolitische Maßnahmen: 1. Frh. von Neurath wird von dem Amt des Reichsprotektors für Böhmen und Mähren entbunden. 2. Zum neuen Reichsprotektor ernennt er den bisherigen Reichsinnenminister Dr. Wilhelm Frick, dessen Nachfolger der Reichsführer SS und Chef der deutschen Polizei Heinrich Himmler wird. 3. Der Reichsarbeitsdienst wird aus dem Geschäftsbereich des Innenministeriums ausgegliedert. Der Reichsarbeitsführer untersteht in Zukunft als Chef einer obersten Reichsbehörde Hitler persönlich. Reichsarbeitsführer Konstantin Hierl wird Reichsminister.

21.8. Bei einer Rückverlegung der Ostfront auf den geplanten „Ostwall" befürchtet der Wehrmachtführungsstab negative Auswirkungen im Süden auf die Anliegerstaaten am Schwarzen Meer, im Norden auf Finnland und Schweden. In der Ostsee würde durch eine Zurücknahme der Front außerdem der Seetransportverkehr wie die U-Boot-Ausbildung gefährdet.

22.8. Russische Panzerarmeen umfassen die Stadt Charkow. Sie wird am nächsten Tag eingenommen.

23.8. Im Kampfraum von Achtyrka wird eine eingeschlossene sowjetische Kampfgruppe vernichtet. Dabei werden 1.800 Gefangene gemacht und 299 Panzer sowie 188 Geschütze vernichtet.

24.8. In der Nacht zum 24. August unternimmt die britische Luftwaffe einen Angriff auf Berlin. 625 Flugzeuge werfen 1.765 t Bomben auf die Stadt. 57 Maschinen werden abgeschossen, davon 33 durch Nachtjäger.

27.8. Angesichts der bedrohlichen Entwicklung der Lage im Donez-Gebiet fliegt Hitler aus Ostpreußen in das Hauptquartier „Werwolf" bei Winniza, wo er eine Unterredung mit Generalfeldmarschall von Manstein hat, der ihn vor die Alternative einer raschen Zuführung neuer Kräfte in Stärke von mindestens 12 Divisionen oder einer Aufgabe des Donez-Gebietes stellt. Einem Gesamtausfall von bisher 133.000 Mann stünde bislang nur ein Ersatz von 33.000 Mann gegenüber. Hitler sagt die Zuführung neuer Truppen zu. Er besteht darauf, die Front zu halten, „bis der Feind von der Nutzlosigkeit solcher Angriffe überzeugt" sei.

Bild linke Seite: Zwei Männer der Französischen Legion.

Bild rechte Seite: Spaniens Diktator Franco revanchierte sich für die deutsche Waffenhilfe im Bürgerkrieg mit der Entsendung des Freiwilligenverbandes „Division Azul" (Blauer Division) an die Ostfront.

25.8. „Die große Abwehrschlacht im Osten geht mit unverminderter Heftigkeit weiter" (OKW). Als Schwerpunkte werden „unsere Stellungen am Mius, im Raum von Isjum, Charkow und südlich Shisdra" genannt. Die 6. Armee muss ihre Front am Mius weiter zurücknehmen.
26.8. Italienische Einsprüche gegen die deutschen Sicherungsmaßnahmen im deutsch-italienischen Grenzraum werden vom OKW zurückgewiesen. Die Spannungen wegen des deutschen „Aufmarsches" in Oberitalien verschärfen sich.
28.8. Angesichts des starken feindlichen Einbruchs an der Mius-Front erhält Dönitz den Befehl, alle verfügbaren leichten Seestreitkräfte zur Unterstützung der Heeresgruppe Süd in das Asowsche Meer zu entsenden.
29.8. Im Auftrag Hitlers überreicht der Kommandant von Groß-Paris, Generalleutnant Freiherr von Boineburg-Lengsfeld, bei der Feier zum zweijährigen Bestehen der französischen Freiwilligenlegion Ehrenurkunden an die Familien der Gefallenen.
29.8. Der Oberbefehlshaber der deutschen Truppen in Dänemark verhängt den Ausnahmezustand. Das dänische Heer wird entwaffnet, die Flotte versenkt sich selbst. Die dänische Regierung tritt zurück; deutsche Militärbehörden übernehmen die Verwaltung.
29.8. In Telegrammen an Prinz Kyrill, Königin Johanna und Ministerpräsident Filoff kondolieren Hitler, Göring und Ribbentrop zum plötzlichen Ableben König Boris' III. von Bulgarien.
31.8. In den letzten 8 Monaten sind in den Konzentrationslagern nach offiziellen Statistiken abermals über 60.000 Häftlinge ums Leben gekommen. Die Zahl der KZ-Häftlinge beträgt zur Zeit 224.000 Personen (Dezember 1942: 88.000). Alleine in Auschwitz befinden sich 74.000 Häftlinge, in Sachsenhausen 26.000 und in Dachau und Buchenwald je 17.000.

SEPTEMBER

2.9. Zwei neue Erlasse Hitlers: Der erste betrifft die Konzentration der Kriegswirtschaft und erweitert die Zuständigkeiten des Ministeriums von Albert Speer, das in Zukunft die Bezeichnung „Reichsministerium für Rüstung und Kriegsproduktion" führt. Der zweite Erlass betrifft die „Organisation Todt", die Hitler sich unterstellt: „unmittelbar und nur mir verantwortlich".
2.9. Gemäß der Jahresproduktion kommt zur Zeit auf ein neugeborenes Kind nicht einmal eine halbe Windel. Mit einem neuen Büstenhalter kann nur noch jede 20. Frau rechnen, ein Nachthemd gibt es nur für jede 200. Am besten sieht es bei den Schürzen aus: Jede Frau kann in diesem Jahr eine neue Schürze oder einen Kittel erhalten.
3.9. Besprechung Hitlers mit den Generalfeldmarschällen v. Manstein und von Kluge in der „Wolfsschanze". Sie fordern neue Truppen, was Hitler mit der Begründung ablehnt, „weitere Kräfte weder von anderen Kriegsschauplätzen noch von der Heeresgruppe Nord abziehen zu können".
3.9. Die 8. Armee Montgomerys landet in Kalabrien.
3.9. Nach Abschluss der Räumung des Orel-Bogens meldet das OKW, dass hier die 9. Armee unter Generaloberst Model „in einer Materialschlacht größten Ausmaßes einer konzentrischen sowjetischen Großoffensive von elf Armeen standgehalten" habe. „Dem Feind mißlang trotz seiner gewaltigen Überlegenheit der beabsichtigte Durchbruch durch die deutsche Front." Als Ergebnis der Schlacht werden 14.000 Gefangene sowie die Vernichtung von 5.114 Panzern, 854 Geschützen und 2.119 Flugzeugen gemeldet.
4.9. „Um Verbände für andere Aufgaben freizubekommen", ordnet Hitler an, den Kuban-Brückenkopf zu räumen und die 17. Armee über die Enge von Kertsch auf die Krim zurückzunehmen. Für die Räumung werden umfangreiche Zerstörungen befohlen: „Der Gegner muss ein auf lange Zeit voll unbrauchbares, unbewohnbares, wüstes Land, wo noch lange Zeit Minensprengungen vorkommen, übernehmen."
4.9. Zum „Tag der Wehrertüchtigung" richtet Hitler ein Telegramm an Reichsjugendführer Axmann, in dem er betont, „soldatisches Denken und Handeln auf nationalsozialistischer Grundlage" seien das Ziel der Erziehung durch die „Hitler-Jugend".
5.9. In Kalabrien erweitert die britische 8. Armee gegen schwachen deutsch-italienischen Widerstand ihren Brückenkopf bis zum Aspromonte.
6.9. In der Nacht zum 6. September richtet die brit. Luftwaffe einen weiteren schweren Angriff gegen Mannheim und Ludwigshafen. 546 Flugzeuge werfen bei 34 Verlusten 1.463 t Bomben auf die beiden Städte, in denen ausgedehnte Brände entstehen.
7.9. Ein deutscher Flottenverband mit den Schlachtschiffen „Tirpitz" und „Scharnhorst" sowie 9 Zerstörern läuft zu einer Unternehmung gegen Spitzbergen aus, wo militärische Einrichtungen und Kohlengruben zerstört werden. Der Verband kehrt am 9. September von diesem Unternehmen ohne Verluste zurück.
8.9. General Eisenhower gibt den Waffenstillstand mit Italien bekannt. Deutsche Gegenmaßnahmen: Besetzung Roms, Entwaffnung und teilweise Gefangennahme der italienischen Truppen im Heimatland und auf dem Balkan.
8.9. Bei seinem letzten Besuch einer Heeresgruppe an der Ostfront gestattet Hitler den Rückzug des Südflügels der Heeresgruppe Süd in die „Panther-Stellung".
9.9. Bei der Kapitulation der italienischen Streitkräfte in Dalmatien fallen Titos Partisanen große Bestände von Waffen und Munition in die Hände.
9.9. Landung der 5. US-Armee bei Salerno in Süditalien.
9.9. Die italienische Flotte geht zu den Alliierten über. Der aus La Spezia ausgelaufene Schlachtschiff-Verband wird von der Luftwaffe angegriffen, die das Schlachtschiff „Roma" durch Gleitbomben versenkt und das Schlachtschiff „Italia" beschädigt. Am folgenden Tag laufen die restlichen italienischen Einheiten in Malta ein.
10.9. In einer Sondermeldung des OKW am Abend heißt es: „Die italienische Wehrmacht besteht nicht mehr!" Deutsche Truppen marschieren in Albanien und Montenegro ein.
11.9. Generalleutnant Friedrich Hoßbach, Kommandeur der nie-

dersächsischen 31. Infanterie-Division, wird von Hitler als 298. Soldat mit dem Ritterkreuz des Eisernen Kreuzes ausgezeichnet.

11.9. „Die Entwaffnung des italienischen Badoglio-Heeres steht vor ihrem Abschluss" (OKW). Von der italienischen Flotte sind nur 2 Schlachtschiffe, 5 Leichte Kreuzer, 5 Zerstörer, 13 Torpedoboote, 3 Korvetten und 7 Unterseeboote in deutsche Hand gefallen. Die Seefestung Pola wird genommen. Alle großen Zentren in Oberitalien – mit Mailand, Turin, Florenz und Padua – befinden sich in deutscher Hand.

12.9. Hitler lässt den im Berghotel des Gran Sasso (Abruzzen) internierten Mussolini entführen und nach Deutschland bringen. Das Unternehmen leitet Generaloberst Kurt Student, dessen Fallschirmjäger mit Lastenseglern auf dem Bergmassiv landen. Hitler zu seinem Diener Linge: „Wenn diese Befreiung herauskommt, wird es die Welt wie eine Bombe treffen – am meisten die Engländer. Das wird den Engländern zeigen, dass ich niemals einen Freund fallen lasse, dass ich ein Ehrenmann bin. Dann habe ich mein Wort gehalten. England wird sagen: ‚Er ist ein wahrer Freund'."

12.9. Eine Fallschirmjäger-Kompanie landet mit Lastenseglern auf dem Gran Sasso und befreit den hier gefangen gehaltenen Mussolini. Als „Befreier des Duce" wird vor allem der SS-Hauptsturmführer Skorzeny hervorgehoben.

12.9. Der erste „Opfersonntag" des Kriegswinterhilfswerks 1943/44 brachte nach offiziellen Angaben ein vorläufiges Ergebnis von 55.241.995,05 RM.

12.9.-9.10. Räumung des Kuban-Brückenkopfes durch die 17. Armee, 239.660 Mann und 16.331 Verwundete, sowie 27.456 Zivilisten und umfangreiches Material zurückgeführt. Am 6.10. werden beim Versuch, Schiffe des Räumungsverbandes anzugreifen, die 3 beteiligten sowjetischen Zerstörer durch Stukas versenkt.

13.9. Am Landekopf von Salerno treten deutsche Panzerverbände zum Gegenangriff an und zerschlagen zwei US-Divisionen. Der Einsatz schwerer Schiffsartillerie verhindert jedoch das Eindrücken des Landekopfes.

13.9. Speer erhält von Hitler alle Vollmachten „zur Sicherung der Kriegswirtschaft" in Italien.

14.-18.9. Mussolini, vom Gran Sasso über Wien nach München gebracht, trifft auf dem Flugplatz Rastenburg ein. Gespräche mit Hitler.

15.9. In Norditalien hat sich ei-

Bild linke Seite: So stellte der Propagandazeichner Hans Liska eine Kampfszene an der Ostfront dar: Messerschmitt-Zerstörer unterstützen den Angriff deutscher Bodentruppen.

Bild rechte Seite: Bereits am 10. Februar 1943 erreichte Stukaflieger Hans-Ulrich Rudel (links) seinen 1000. Feindflug. Bis Kriegsende schoss er auf 2.530 Einsätzen 519 sowjetische Panzer ab und zerstörte über 800 Fahrzeuge. Als einziger Soldat der Wehrmacht erhielt Rudel am 29. Dezember 1944 die höchste deutsche Kriegsauszeichnung, das Goldene Eichenlaub mit Schwertern und Brillanten zum Ritterkreuz.

ne „republikanisch-faschistische" Gegenregierung gebildet, an deren Spitze Mussolini tritt.

15.9. Hitler empfängt den Hauptsturmführer der Waffen-SS und des Sicherheitsdienstes (SD) Otto Skorzeny in seinem Hauptquartier und zeichnet ihn für die „Befreiung Mussolinis" mit dem Ritterkreuz des Eisernen Kreuzes aus.

15.9. Im Hauptquartier Wolfsschanze hat Hitler eine neue Unterredung mit Feldmarschall von Manstein und Feldmarschall von Kluge, bei der er einen Rückzug der beiden Heeresgruppen in die „Panther-Stellung" in der Linie Melitopol – Saporoschje – Dnjepr – Desna – Orscha – Witebsk genehmigt.

16.9. In Süditalien wird der eigene Angriff gegen den Landekopf von Salerno fortgesetzt. Die von Tarent und aus Kalabrien vordringenden Verbände der britischen 8. Armee vereinigen sich mit der bei Salerno gelandeten amerikanischen 5. Armee.

17.-18.9. Angriff des RAF Bomber-Command mit 596 Flugzeugen gegen Peenemünde, schwere Schäden, 40 Flugzeuge abgeschossen.

18.9. Nach Gesprächen mit Hitler verlässt Mussolini das Führerhauptquartier in Ostpreußen und fliegt nach München, wo er eine erste Rundfunkansprache an das italienische Volk hält, in der er erklärt, Italien müsse nun wieder zu den Waffen greifen, um an der Seite Deutschlands, Japans und der anderen Verbündeten weiterzukämpfen.

18.-23.9. Erster Einsatz des akustisch-zielsuchenden Torpedos „Zaunkönig" in einer Operation der U-Bootgruppe „Leuthen" gegen 2 Konvois; 3 Geleitfahrzeuge und 6 Dampfer versenkt, ein Geleitfahrzeug und ein Dampfer beschädigt, Erfolg aber stark überschätzt.

19.9. Ostwärts Tschernigow durchbrechen die Sowjets die Front einer ungarischen Division und reißen eine Lücke von 40 km Breite in die Abwehrfront. Die 2. Armee geht auf den Sosh-Abschnitt zurück.

20.9. Die 8. britische Armee nimmt Bari ein, das der Sitz der königlich-italienischen Regierung Badoglio wird, die aus Rom entkommt.

20.9. Die Deutsche Werft AG in Hamburg-Finkenwerder erhält den Auftrag zum Bau von 50 U-Booten des Typs XXIII; das letzte Boot dieser Serie wird am 15. April 1945 in Dienst gestellt.

21.9. Auf 80 km Breite gelingt der sowjetischen „Zentral-Front" der Übergang über den Dnjepr und der Einbruch in die gerade ausgebaute deutsche „Panther-Stellung".

21.-22.9. Angriff britischer Klein-U-Boote gegen das Schlachtschiff „Tirpitz", das schwer beschädigt wird.

22.9. In einem Gespräch mit Goebbels in der „Wolfsschanze" wird die Möglichkeit erörtert, mit Churchill Verhandlungen über einen Friedensschluss zu führen. Goebbels notiert in seinem Tagebuch, dass Hitler „ein Verhandeln mit Churchill" als ergebnislos betrachtet. „Mit Stalin wäre der Führer schon eher zu verhandeln bereit."

23.9. Der Preis-Kommissar warnt vor überhöhten Mieten bei der Unterbringung der luftgefährdeten Bevölkerung. Er droht empfindliche Strafen an.

24.9. Smolensk wird von der Heeresgruppe Mitte aufgegeben.

24.9. Die deutsche Informationsstelle hat im Auftrag des Auswärtigen Amtes eine Sammlung des amtlichen Materials zur Entdeckung der Massengräber bei Katyn herausgegeben.

24.9. Auf Werftreparaturen des beschädigten Schlachtschiffes „Tirpitz" muss Dönitz verzichten, da Arbeitskräfte und Material für Belange des U-Boots-Krieges benötigt werden.

25.9. „Im mittleren Frontabschnitt fanden westlich des Bahnknotenpunktes Unetscha und südlich Smolensk heftige Abwehrkämpfe statt, die noch andauern. Die Städte Rosslawl und Smolensk wurden nach vollständiger Zerstörung und Vernichtung aller kriegswichtigen Anlagen vom Gegner völlig ungehindert geräumt", teilt das OKW mit.

26.9. Reichsminister Joseph Goebbels veröffentlicht in der Zeitschrift „Das Reich" die „Kriegsartikel für das deutsche Volk". Art. 1 lautet:

„Alles kann in diesem Kriege möglich sein, nur nicht, dass wir jemals kapitulieren und uns unter die Gewalt des Feindes beugen; wer davon spricht oder auch nur daran denkt, begeht damit einen feigen Verrat am Lebensrecht seines Volkes und muss mit Schimpf und Schande aus der kämpfenden und arbeitenden deutschen Gemeinschaft ausgestoßen werden."

27.9. Trauerakt in der Reichskanzlei für Gauleiter Wilhelm Kube. Der Reichskommissar für Weißruthenien war in Minsk durch ein Bombenattentat getötet worden.

27.9. In Süditalien besetzt die britische 8. Armee Foggia, dessen Flugplätze in Zukunft Hauptoperationsbasis der alliierten Luftwaffe werden. Der OB Süd beabsichtigt, mit der 10. Armee schrittweise auf den Volturno-Abschnitt auszuweichen.

28.9. Die britisch-amerikanische Luftoffensive gegen das Reichsgebiet hält weiter an. In der Nacht zum 28. September werfen 599 britische Flugzeuge bei 38 Verlusten 2.196 t Bomben auf Hannover. Außerdem wird Braunschweig angegriffen.

28.9. Für den Fall eines Ausscheidens Finnlands aus dem Krieg, das bei einer ungünstigen Entwicklung im Nordabschnitt der Front befürchtet wird, erlässt Hitler eine „Weisung Nr. 50" für die „Vorbereitung der Rückführung des Gebirgs-AOK 20 nach Nordfinnland und Nordnorwegen".

29.9. Die sowjetischen Angriffe an der Ostfront konzentrieren sich gegen die 6. Armee im Kampfraum südöstlich Saporoshje und gegen die Front am mittleren Dnjepr. Krementschug wird geräumt.

30.9. Die Gestapo meldet über die Stimmung im Reich: „Angesichts der deutschen Rückzüge im Osten ist die Stimmung der Bevölkerung noch weiter zurückgegangen."

30.9. Aus dem Ostraum sind im September weitere 35.000 Arbeitskräfte in das Reich überführt worden. Ihre Gesamtzahl beträgt jetzt 2,2 Millionen.

30.9. Der U-Boot-Krieg ist im September gekennzeichnet durch die Wiederaufnahme der Geleitzugsbekämpfung im Nord-Atlantik in der zweiten Monatshälfte. Insgesamt werden im September versenkt 19 alliierte Handelsschiffe mit zusammen 106.820 BRT, während 9 deutsche Unterseeboote verloren gehen.

OKTOBER

1.10. Die alliierten anglo-amerikanischen Truppen ziehen in Neapel ein.

Bild linke Seite: Die Siege in Polen und Frankreich hatten die Männer der Panzerwaffe unerschütterliches Selbstvertrauen eingeflößt. Guderians Satz „Nichts kann den Siegeszug der jungen deutschen Panzerwaffe hemmen – keine Straßensperre, kein Morast, kein Flussübergang", traf auch im Russlandfeldzug genau die Stimmung der Truppe.

Bild rechte Seite: „Komm zu Uns!" Werbeplakat der Panzerdivision Hermann Göring.

1.-31.10. Deutsche und japanische U-Boote versenken im Atlantik, im Nordmeer, im Schwarzen Meer, im Mittelmeer, im Indischen Ozean und Pazifik 33 Schiffe mit 124.359 BRT und 9 Geleitfahrzeuge. 29 U-Boote verloren.
3.10. Goebbels im Berliner Sportpalast: „Das Volk aber wird den Krieg mit einer fast vorauszuberechnenden mathematischen Sicherheit gewinnen, das dafür die totalste Volkskraft einsetzt und dabei entschlossen ist, niemals und um keinen Preis seine Ehre oder seine Freiheit aufzugeben."
3.10. Kassel wird von den Engländern bombardiert. 1.200 Tote, 3.345 Verwundete. Bei einem weiteren Angriff am 22. 10. wird die Stadt besonders durch Brandbomben verwüstet.
4.10. Hitler will Italien auf der Linie Gaeta – Ortona verteidigen lassen.
4.10. Die Besetzung der Insel Kos im Dodekanes wird abgeschlossen. Dabei werden 1.388 Briten und 3.145 „Badoglio-Italiener" gefangen genommen und 40 Geschütze erbeutet.
5.10. Räumung der Insel Korsika.
5.10. In Italien tritt die 16. Panzerdivision zum Angriff gegen die bei Termoli gelandeten Briten an, kommt aber infolge des Eingreifens der feindlichen Schiffsartillerie nicht zum Erfolg.
6.10. In Posen findet eine Tagung der Gauleiter, Reichsleiter und Verbände-Führer der NSDAP unter Vorsitz von Reichsleiter Bormann und mit Reden der Reichsminister Speer und Himmler, des Generalfeldmarschalls Milch, des Großadmirals Dönitz, des Stabschefs der SA Schepmann und des Reichsorganisationsleiters Ley statt. Speer fordert hierbei die Einschränkung der Herstellung von Gebrauchsgütern für die Wehrmacht und kritisiert, dass zur Zeit noch 512.000 Paar Reitstiefel, 312.000 Paar Offiziersstiefel, 360.000 Diensttaschen für Nachrichtenhelferinnen usw. gefertigt würden. Aus der jährlichen Flaschenproduktion von 730 Millionen Stück gingen 440 Millionen Flaschen allein an die Wehrmacht, und die Marine verlangte plötzlich 50.000 Offiziersdolche.
6.10. Im Raum südlich von Welikije Luki tritt die sowjetische „Kalinin-Front" unter General Jeremenko zum Angriff gegen die 3. Panzer-Armee an der Nahtstelle zwischen den Heeresgruppe Mitte und Nord an. Die 3. sowjetische Stoßarmee dringt in Newel ein.
6.10. Die Heeresgruppe B schließt ihr Unternehmen gegen die Partisanen in Istrien ab, wobei 4.700 Gefangene gemacht und 26 Geschütze erbeutet werden.
7.10. An der gesamten Ostfront vom Asowschen Meer bis in den Raum von Welikije Luki wird die sowjetische Großoffensive fortgesetzt. Aus ihrem Durchbruchsraum bei Newel stoßen die Sowjets weiter nach Westen und Nordwesten vor.
8.10. Avild Hamsun, jüngster Sohn des norwegischen Dichters Knut Hamsun, erhält für seinen „tapferen Einsatz an der Ostfront" in den Reihen der Waffen-SS das Eiserne Kreuz 2. Klasse.
8.10. Spanien fordert die Rückkehr der „Blauen Division" aus Russland.
8.10. Bei Newel setzen die Sowjets ihre Angriffe fort. Während die 3. Panzer-Armee im Wesentlichen ihre Stellungen hält, werden die Sicherungen der 16. Armee nordöstlich und östlich der Stadt durchbrochen.
9.10. 378 amerikanische Bomber greifen Gotenhafen, Danzig und Flugzeugfabriken in Marienburg und Anklam an. Dabei werden 30 Bomber abgeschossen.
9.10. Die am 13. September begonnene Räumung des Kuban-Brückenkopfes wird abgeschlossen. Die 17. Armee bringt in diesem Zeitraum 202.474 Soldaten und Zivilisten, 54.664 Pferde, 15.237 Kraftfahrzeuge, 20.600 bespannte Fahrzeuge, 1.196 Geschütze und 94.937 t Wehrmachtsgut aus dem Kuban-Gebiet zurück auf die Krim.
12.10. Portugal räumt den Alliierten Stützpunkte auf den Azoren ein.
13.10. Die italienische Regierung Badoglio erklärt Deutschland den Krieg.
13.10. Die sowjetischen Angriffe gegen den Brückenkopf Saporoshje halten an, während die 4. Panzer-Armee im Gebiet der Pripjet-Mündung durch Gegenangriffe eine Entlastung ihrer Front erreicht.
14.10. Beim Tagesangriff der 8. USAAF auf Schweinfurt gehen von 291 Bombern 77 verloren, 121 werden beschädigt. Herbstkrise der amerikanischen Tagesangriffe.
14.10. Die von japanischen Truppen besetzten Philippinen erklären ihre Unabhängigkeit, die sofort von Japan anerkannt wird.
15.10. Aus ihrem Dnjepr-Brückenkopf bei Krementschug tritt die sowjetische 2. Ukrainische Front unter General Konjew mit fünf Armeen zum Angriff in Richtung Kriwoj Rog an, wird von der 1. Panzer-Armee jedoch aufgehalten, die eine neue Abwehrfront nördlich Kriwoj Rog aufbauen kann.
16.10. „An der süditalienischen Front wehrten unsere vorgeschobenen Kampfgruppen in der Campagnischen Ebene starke Angriffe überlegener britisch-nordamerikanischer Kräfte ab" (OKW). Die Absetzbewegungen der 10. Armee unter General von Vietinghoff sind „planmäßig durchgeführt".
17.10. In der Werkshalle eines Berliner Großbetriebes spricht Reichsminister Speer zum „Reichsappell der schaffenden Jugend" und erklärt: „Zur heroischen Haltung unseres Volkes muss die technische Überlegenheit treten."
19.10. Hauptmann Walter Nowotny erhält nach seinem 250. Luftsieg als achter Soldat das Eichenlaub mit Schwertern und Brillanten zum Ritterkreuz.
20.10. In Nordgriechenland wird ein größeres Säuberungsunternehmen gegen Partisanen im Ossa-Gebiet abgeschlossen.

21.10. In der Nacht zum 21. Oktober werfen 285 britische Flugzeuge bei 15 Verlusten 1.085 t Bomben auf Leipzig. Weitere unzusammenhängende Angriffe richten sich gegen Borna, Grimma, Döbeln, Torgau, Bremen und Emden.
22.10. In Italien wird die 15. USAAF zur Führung des strategischen Luftkrieges im Süden gebildet.
22.10. Die Presse mahnt: „Weg mit alten Knochen? Nein! Denn aus ihrem Fett gewinnen wir Stearin, Olein, Seife und Glyzerin, die Grundstoffe für viele chemische und kosmetische Präparate!“
23.10. Hitler vollzieht zwei Erlasse über die „Einziehung und Bereitstellung von u.k.-Gestellten der Jahrgänge 1901 bis 1922“, nach denen 190.000 Mann aus der Kriegswirtschaft bereitzustellen und 210.000 Mann einzuziehen sind.
24.10. Russischen Truppen gelingt der Durchbruch bei Dnjepropetrowsk. Die deutsche Verteidigung am Dnjepr wird auf 150 km aufgerissen.
25.10. Der OB West lässt eine zweite Stellung hinter dem Atlantik-Wall anlegen, wofür ihm 35.000 französische Arbeitsdienstmänner zur Verfügung gestellt werden.
25.10.-8.11. Versuche, Gibraltar-Konvois in eintägigen Nachtoperationen anzugreifen, scheitern. Entschluss, zum Bau neuer schneller Elektro-U-Boote überzugehen, am 6. Nov. 290 Boote vom neuen großen Typ XXI in Auftrag gegeben, von denen bis zum Kriegsende noch 120 fertig werden, jedoch nicht mehr zum Fronteinsatz kommen.
27.10. In einer Lagebesprechung im Hauptquartier „Wolfsschanze“, an der Reichsmarschall Göring und Großadmiral Dönitz teilnehmen, wird beschlossen, die Krim zu halten. Dönitz meldet, dass hierfür an Seestreitkräften 8 Schnellboote, 12 Räumboote, 4 Unterseeboote, 60 Marine-Fährpräme und 6 Marineartillerie-Großleichter einsatzbereit seien. Göring weist darauf hin, das die Ukraine aus ernährungspolitischen Gründen gehalten werden müsse.
27.10. Mit Kavallerie und motorisierten Verbänden stoßen die Sowjets durch die Front der 6. Armee westlich Melitopol weit nach Westen vor. Das OKW meldet hierzu, den Sowjets sei es gelungen, „eine Einbruchsstelle im Raum von Melitopol etwas zu erweitern“.
28.10. Die bereits befohlene Räumung der Krim wird von Hitler angehalten, die 17. Armee zur Verteidigung der Krim bestimmt.
29.10. Der Sonderbeauftragte für den Südost-Raum, der Gesandte Neubacher, berichtet Hitler über den zunehmenden Einfluß Titos in Jugoslawien.
29.10. Hitler erlässt einen Befehl für einen „Gegenangriff am Südabschnitt der Ostfront“, durch den „etwa ab 10. November“ die über den Dnjepr abwärts Krementschug vorgestoßenen Feindkräfte zerschlagen werden sollen.
31.10. Der Durchbruch der Sowjets durch die Front der 6. Armee führt zum Verlust von Perekop, womit die auf der Krim stehende 17. Armee von ihren Landverbindungen abgeschnitten wird.
31.10. Der Unterseeboot-Krieg hat auch im Oktober nur geringe Erfolge, zumal der neue Einsatz im Nord-Atlantik zu schweren Verlusten führt. Es werden in diesem Monat 24 alliierte Handelsschiffe mit 82.199 BRT versenkt, während 26 Unterseeboote verloren gehen.
31.10. In Süditalien greifen die Alliierten am Volturno und an der Küste des Tyrrhenischen Meeres wieder an. Die 10. Armee muss einen Teil ihrer „Barbara-Stellung“ aufgeben.

NOVEMBER

1.11. Die Sängerin Lale Andersen erhält wegen „unwürdiger brieflicher Kontakte mit Juden in der Schweiz“ zeitweise Auftrittsverbot. Sie hatte versucht, eine Arbeitserlaubnis für die Schweiz zu erwirken.
1.11. Die 17. deutsche Armee auf der Krim durch sowj. Durchbruch zur Dnjepr-Mündung abgeschnitten.
1.11. Verbände der sowjetischen „Kaukasus-Front“ landen beiderseits von Kertsch auf der Krim. Die 56. Armee bildet einen Brückenkopf bei Jenikale, die 18. Armee einen weiteren bei Eltigen.
1.-2.11. Landung des US III. Amphibious Corps bei Cap Torokina auf Bougainville. Japan. Gegenstoß führt am 2. Nov. zur Seeschlacht in der Kaiserin-Augusta-Bay, bei der auf beiden Seiten je 3 Kreuzer und 2 Zerstörer mit Schäden ausfallen.
1.-30.11. Deutsche und japanische U-Boote versenken im Atlantik, Mittelmeer, Indischen Ozean und Pazifik 16 Schiffe mit 75.075 BRT, 1 Geleitträger, 3 Geleitfahrzeuge und 2 U-Boote. 20 deutsche und 8 japanische U-Boote verloren.
1.11.-12.12. Sowjetische Landung auf der Halbinsel Kertsch bei Enikale und Eltigen. Der Brückenkopf bei Eltigen wird durch leichte deutsche Seekräfte blockiert und vom 4. - 12. Dezember eingedrückt.
2.11. Die deutsche Luftwaffe richtet einen schweren Luftangriff gegen Neapel. Aus dem italienischen Raum greifen am Tage etwa 80 amerikanische Bomber Wiener-Neustadt an.
3.11. Hitler erlässt die „Weisung Nr. 51“, in der es heißt: „Die Gefahr im Osten ist geblieben, aber eine größere im Westen zeichnet sich ab: die angelsächsische Landung! ... Gelingt dem Feind hier ein Einbruch in unsere Verteidigung in breiter Front, so sind die Folgen unabsehbar.“
3.11. Auf der Krim kämpft die 17. Armee gegen die sowjetischen Landeköpfe beiderseits Kertsch und um die nördlichen Zugänge zu der Halbinsel bei Perekop, während die Sowjets in weiterem Vorstoß südlich des Dnjepr die Gegend von Cherson erreichen.

Bild linke Seite: Konnte ein prahlender Hitler Joseph Goebbels 1941 noch lauthals Erfolge herausposaunen lassen, mussten ein geknickter Führer sein lädierter Propagandaminister sich 1943 mit Lügen und Falschmeldungen behelfen. Russische Karikatur auf die Schlacht von Kursk.

Bild rechte Seite: Von links: Ein japanischer Soldat, Premierminister Tojo, Admiral Nagumo und im Hintergrund als Marionette Kaiser Hirohito. Amerikanische Karikatur auf den japanischen Militarismus.

4.11. In der Nacht zum 4. November werfen 527 britische Flugzeuge bei 18 Verlusten 2.232 t Bomben auf Düsseldorf: 622 Tote, 942 Verwundete. Außerdem wird Köln angegriffen, wobei der Dom erneut beschädigt wird.
5.11. Unter maßgeblicher Beteiligung Willy Brandts und Bruno Kreiskys verabschiedet in Stockholm die „Internationale Gruppe demokratischer Sozialisten" ein Dokument über die „Wiedererrichtung der sozialistischen Arbeiterinternationale".
5.11. An der Ostfront nimmt der sowjetische Durchbruch bei der 4. Panzer-Armee bedrohliche Ausmaße an. Das OKW meldet hierzu: „Bei und nördlich Kiew setzten die Sowjets ihre von Panzern unterstützten Angriffe fort und erzielten einige Einbrüche. Schwere Kämpfe sind dort im Gange." Da auch südlich und südwestlich Dnjepropetrowsk die sowjetischen Durchbruchsangriffe fortgesetzt werden, ist die ganze deutsche Dnjepr-Verteidigung ins Wanken geraten.
5.-11.11. Zwei US-Träger-Raids gegen Rabaul: 6 japanische Kreuzer und ein Zerstörer schwer beschädigt.
6.11. Die Russen rücken weiter vor. Die ukrainische Hauptstadt Kiew wird zurückerobert. Die Schlacht am Dnjepr-Bogen dauert an.
6.11. 290 schnelle Elektro-U-Boote vom Typ XXI in Auftrag gegeben, von denen von Juni 1944 bis April 1945 noch 120 in Dienst gestellt werden.
6.11. Torpedoflugzeuge des KG 26 versenken im Mittelmeer zwei Truppentransporter mit 28.490 BRT und einen Zerstörer.
7.11. Von seinem Hauptquartier „Wolfsschanze" begibt sich Hitler im Sonderzug nach München, um die obligate Rede am 8.11. im Löwenbräukeller zu halten. Sie wird auf Magnetophonband aufgenommen und um 20.15 Uhr als letzte öffentliche Hitlerrede vom Rundfunk übertragen.
8.11. „Im Kampfgebiet von Kiew setzten unsere Truppen den auf breiter Front mit weit überlegenen Kräften vorstoßenden Sowjets erbitterten Widerstand entgegen", meldet das OKW. Auch in dem „unübersichtlichen Seen- und Sumpfgelände des Einbruchsraumes von Newel" gehen die Kämpfe weiter. Hier wird der Südflügel der 16. Armee hart bedrängt.
9.11. Während die Sowjets ihren Einbruchsraum bei Kiew weiter in Richtung Shitomir ausweiten, tritt die „1. Weißrussische Front" unter General Rokossowski aus ihrem Dnjepr-Brückenkopf nordwestlich Lojew zum Angriff gegen die 2. Armee unter General der Infanterie Weiss an, deren Front südwestlich Gomel durchbrochen wird.
10.11. Auf der Tagung der Reichs- und Gauleiter der NSDAP in München verweist der Chef des Wehrmachtführungsstabes, General Jodl, „jede Siegeshoffnung unserer Gegner in das Gebiet der Utopie".
10.11. In Süditalien greifen britisch-nordamerikanische Verbände weiterhin die deutschen Höhenstellungen bei Venafro und Mignano an.
10.-24.11. Deutsche Landungsunternehmen gegen Leros und Samos: Ihre britisch-italienische Besatzungen kapitulieren am 17. und 22. Nov..
11.11. Als Nachfolger von Höss wird SS-Obersturmbannführer Arthur Liebehenschel zum neuen Kommandanten des KZs Auschwitz ernannt.
11.11. An der Dnjepr-Front dauern die sowjetischen Offensiven im Raum westlich Kiew und bei Tschernigow an. Die Sowjets erreichen den Ostrand von Shitomir und überschreiten die Straße Shitomir-Korosten.
12.11. Hitler unterzeichnet mehrere innenpolitische Erlasse, u.a. den „Erlass über das Familienunternehmen der Firma Friedrich Krupp".
12.11. Westlich Kiew vertieft die sowjetische „1. Ukrainische Front" ihren Durchbruchsraum und erobert Shitomir, während die „1. Weißrussische Front" bis in die Gegend von Retschiza vordringt. Die Verbindung zwischen den Heeresgruppen Süd und Mitte ist weitgehend verloren gegangen.

13.-21.11. Nach dem Abbruch der Gruppen-Operationen gegen Konvois auf der Nordatlantik-Route Versuch, mit Luftaufklärung U-Bootgruppen in Nacht-Operationen gegen Freetown- und Gibraltar-Konvois zum Angriff zu bringen; starke Geleitgruppen und Flugzeuge drücken die U-Boote unter Wasser, He-177-Flugzeuge greifen mit Hs-293-Gleitbomben an und treffen zwei Transporter.
14.11. Vom Balkan wird die Vernichtung „kommunistischer Bandengruppen im Gebiet nordöstlich Fiume" gemeldet, wobei der Feind 3.600 Tote und 4.500 Gefangene verloren habe.
14.11. Die Kriegsmarine stellt in Kiel unter dem Namen U 794 das erste „Walther"-Versuchsunterseeboot in Dienst, das eine Unterwassergeschwindigkeit von 26 sm erreicht.
15.11. Im großen Dnjepr-Bogen treten die Sowjets südwestlich Dnjepropetrowsk und nordöstlich Kriwoj Rog erneut zum Angriff an. „Nördlich der Stadt Kriwoj Rog wurde ein mit überlegenen Kräften erzielter feindlicher Einbruch in unsere Front im Gegenangriff abgefangen", heißt es dazu im OKW-Bericht.
16.11. Die Presse veröffentlicht Aufrufe zur dritten Reichsstraßensammlung des Kriegs-Winterhilfswerkes: „Je härter der Kampf, desto größer unsere Opferbereitschaft!"
17.11. Zum Seekrieg vermerkt das KTB des OKW: „Die U-Boote haben zur Zeit große Verluste, aber nur geringe Erfolge. Der Kampf wird durchgehalten, um den Feind zu zwingen, weitere starke Kräfte (auch solche der Luftwaffe) zum Geleitschutz einzusetzen."
18.11. Der Chef des Luftwaffenführungsstabes, Generalmajor Koller, gibt Hitlers Entscheidung bekannt, dass Düsenbomber wichtiger als Düsenjäger sind.
18.11.-3.12. Fünf schwere Luftangriffe auf Berlin mit 2.700 Toten und 250.000 Obdachlosen. Die Reichskanzlei wird erheblich in Mitleidenschaft gezogen.
19.11. Bei einem Lagevortrag im Führerhauptquartier tritt der OB der Heeresgruppe Nord, General-

feldmarschall von Küchler, für die Zurücknahme der 16. Armee in die „Panther-Stellung“ ein, um die „Lücke von Newel“ auszugleichen. Hitler hingegen vertritt die Auffassung, dass diese Aufgabe „offensiv gelöst“ werden solle.

19.-28.11. Nach heftigen Träger-Raids und Bombardements durch Schlachtschiffe landen US-Truppen auf den Gilbert-Inseln. Während die Verteidiger überwunden werden, erleiden die 15.545 Mann der 2. Marine-Division 3.024 Mann Verluste, ehe die 4.654 japanischen Verteidiger überwunden werden, von denen nur 146 in Gefangenschaft geraten.

20.11. Hitler spricht zum letzten Mal vor den Offiziersanwärtern, angeblich vor 20.000 Mann. Da die Luftlage in Berlin zu gefährlich ist, findet die Veranstaltung nicht im Sportpalast, sondern in der Jahrhunderthalle in Breslau statt. Hitler zum Kriegsausgang: „Das Volk, das verliert, beendet sein Dasein. Denn etwas anderes von diesem Kampf als Sieg oder Untergang zu erwarten, ist Wahnsinn.“

20.11. Gegen den Brückenkopf von Nikopol sowie im Dnjepr-Bogen nördlich Kriwoj Rog tritt die „3. Ukrainische Front“ unter General Malinowski zum Angriff gegen die 1. Panzer-Armee an, deren Befehl General der Panzer Hube übernommen hat. Diese Offensive bleibt ohne Erfolg.

21.11. Erstmals wird ein Verband von He 177-Fernbombern gegen einen Geleitzug 1.400 km westlich Bordeaux' eingesetzt. Von 25 eingesetzten Flugzeugen des Kampfgeschwaders 40 erreichen 20 ihr Ziel und versenken einen Frachter von 4.405 BRT. Ein weiterer Frachter von 6.065 BRT wird beschädigt.

22.11. Die Konzentrationslager erhalten die Anweisung, „dass die für die Häftlinge befohlene Arbeitszeit von täglich 10 Stunden auch wäh-

Bild linke Seite: Schweres Geschütz an der Front in Italien.

Bild rechte Seite: Werbeplakat der belgischen SS-Sturmbrigade „Wallonie“ unter Leon Degrelle. Von den rund 6000 Mann waren bis Kriegsende 2.400 an der Ostfront gefallen.

rend der Wintermonate eingehalten werden muss".

22.11. Während der Gegenangriff der 4. Panzer-Armee im Raum westlich Kiew weitere Fortschritte macht, gewinnt die sowjetische Offensive sowohl südlich des Dnjepr bei Krementschug wie am mittleren Dnjepr im Raum von Retschiza weiter nach Westen Boden.

23.11. In der Nacht zum 23. November führt die britische Luftwaffe den zweiten ihrer fünf Großangriffe gegen Berlin. Die Reichskanzlei wird beschädigt, das Gebäude des OKW in der Bendlerstraße schwer getroffen. Das Hauptquartier des Oberkommandos der Kriegsmarine brennt fast völlig aus, die Gesamtleitung des Seekrieges muss bis zum 30. November von der „Marinegruppe Nord" übernommen werden.

25.11. Dem Kommandeur der III. Gruppe, Hauptmann Hans-Ulrich Rudel, verleiht Hitler als 42. Soldaten der Wehrmacht das Eichenlaub mit Schwertern zum Ritterkreuz des Eisernen Kreuzes.

25.11. Seegefecht vor Cape St. George: 5 amerikanische Zerstörer (Capt. A. Burke) versenken drei japanische Zerstörer mit Truppen für Bougainville.

25.11. Im Angriffsraum westlich Kiew wird eine eingeschlossene sowjetische Kampfgruppe aufgerieben. Nach der Meldung des OKW wurden hier in den letzten vier Tagen 199 Panzer und 554 Geschütze vernichtet.

26.11. Bei einem Bombenangriff auf Berlin werden die Werke der Rüstungsfirmen Alkett, Rheinmetall-Borsig, Wimag und der Deutschen Waffen- und Munitionsfabriken schwer beschädigt.

26.11. „Im Raum von Gomel halten in dem unübersichtlichen Gelände zwischen Dnjepr und Kritschew die harten und wechselvollen Kämpfe an. Die Stadt selbst, die seit längerer Zeit in vorderer Kampflinie lag, wurde nach restloser Zerstörung geräumt" (OKW).

27.11. In einem „Führerbefehl über den Mencheneinsatz" wird auf das Missverhältnis zwischen fechtender Truppe und Etappe hingewiesen und ein „Auskämmen" der rückwärtigen Dienststellen angeordnet. Durch „Abbau unwichtiger Arbeiten" und „Einschränkung des Papierkrieges" könnte „mindestens eine Million Mann für die Front gewonnen werden".

27.11. An der adriatischen Küste tritt die 8. britische Armee erneut zum Großangriff über den Sangro an.

27.11. In der Nacht zum 27. November greifen 76 deutsche Bomber den feindlichen Nachschubstützpunkt Neapel an.

27.11.-2.12. In Teheran findet die erste gemeinsame Konferenz zwischen Stalin, Churchill und Roosevelt statt. Sie beraten über die Teilung Deutschlands nach dem Krieg, die Westverschiebung Polens mit der Curzon-Linie als Ostgrenze, Oder-Linie als Westgrenze. Stalin beansprucht Königsberg.

28.11. Zur Eröffnung der neuen Spielzeit der Jugendfilmstunden der Hitler-Jugend verspricht Joseph Goebbels: „Wenn einmal die Vergeltung kommt und die Reihe des Leidens und der Schmerzen am britischen Volk ist, dann wird bei uns keine Träne geweint werden."

29.11. Im Abschnitt der 8. Armee stellt das III. Panzer-Korps die Verbindung zu den eigenen Kräften bei Tscherkassy im Gegenangriff wieder her.

30.11. Der Unterseeboot-Krieg wird im November zwecks Bindung feindlicher Geleitschutzkräfte trotz hoher eigener Verluste fortgesetzt. Versenkt werden nur 9 Handelsschiffe mit zusammen 30.726 BRT, während 19 Unterseeboote verloren gehen.

DEZEMBER

1.12. Die alliierte Luftwaffe führt seit einiger Zeit verstärkt Angriffe gegen die im Bau befindlichen deutschen Raketenstellungen in Nordfrankreich und gegen die Produktionsstätten in Deutschland durch.

1.12. Zu Beginn des Monats werden am Südufer des Dnjepr noch die Brückenköpfe Cherson und Nikopol gehalten, während die sowjetische Offensive im Dnjepr-Bogen nordöstlich Kriwoj Rog und südwestlich Krementschug anhält.

1.-31.12. Deutsche und japanische U-Boote versenken im Atlantik, Mittelmeer und Indischen Ozean 13 Schiffe mit 86.967 BRT und 5 Geleitfahrzeuge. 9 deutsche U-Boote verloren.

2.-31.12. Intensives „Säuberungs-Unternehmen" gegen Tito-Partisanen in Jugoslawien.

2./3.12. Beim Angriff deutscher Bomber gegen Bari werden durch Explosion eines Munitionsschiffes 18 Handelsschiffe mit 71.566 BRT vernichtet, 7 weitere beschädigt. Über 1.000 Tote, schwere Schäden in der Stadt.

3.12. In der Nacht zum 3. Dezember greifen 88 deutsche Kampfflugzeuge den Hafen von Bari an, wo durch die Explosion eines Munitionsschiffes 19 Handelsschiffe mit 73.343 BRT vernichtet und 7 weitere beschädigt werden. Der Hafen fällt für einige Zeit für den alliierten Nachschub aus.

4.12. Aus Italien meldet das OKW, dass „am äußersten linken Flügel unserer Front ... die starken Angriffe der 8. englischen Armee in einem Stellungsabschnitt aufgefangen" wurden, „der einige Kilometer weiter rückwärts liege".

4.12. In der Nacht zum 4. Dezember führt die britische Luftwaffe einen schweren Angriff gegen Leipzig durch. 527 Flugzeuge werfen bei 23 Verlusten 1.382 t Bomben auf die Stadt, in der es 1.182 Tote gibt. Weite Gebiete der Innenstadt werden völlig verwüstet.

4.-8.12. Schwere US Träger-Luftangriffe gegen Kwajalein. 5 moderne Schlachtschiffe beschießen Nauru.

4.-23.12. Versuche, mit Luftaufklärung durch Fw-200- und Ju-290-Fernaufklärer U-Boote an Konvois im östlichen Nordatlantik heranzubringen, scheitert, da die Konvois aufgrund von „Ultra"-Entzifferungen um die U-Boote herumgeführt werden.

5.12. Hitler befiehlt die vorrangige Herstellung des Düsenjägers Me 262 für den Einsatz als Jagdbomber.

5.12. In allen Gauen veranstaltet die NSDAP „weltanschauliche Feierstunden" zum Thema „Frau

und Mutter". Bei der Reichsfeier im Stadttheater Würzburg nennt Oberbefehlsleiter Hilgenfeldt „zwei Formen letzter Einsatzbereitschaft: Soldatentum und Mutterschaft".

7.12. Im Reich begeht man den „Tag des deutschen Eisenbahners". 95 Eisenbahner erhalten das Kriegsverdienstkreuz I. Klasse mit Schwertern, 66 das Kriegsverdienstkreuz ohne Schwerter.

7.12. Auf der Kriegsarbeitstagung der deutschen Presse in Weimar versichert Reichsführer SS Heinrich Himmler, „dass es im Gesamtbereich der innerdeutschen Sicherheitslage nicht ein Moment gebe, das sich irgendwie mit den innerdeutschen Zuständen 1917/18 vergleichen lasse".

8.12. Auf der Krim wird der sowjetische Landekopf bei Eltigen durch die 98. Infanterie-Division, die 3. rumänische Gebirgs-Division und die 6. rumänische Kavallerie-Division zerschlagen. 2.000 Gefangene werden gemeldet.

9.12. In einem Bericht des Generalstabs des Heeres über den Verbleib des alten italienischen Heeres wird dieses mit etwa 1.520.000 Mann beziffert. Davon wurden etwa 749.000 Mann von deutscher Seite gefangen oder interniert. 42.000 sind im Einsatz auf deutscher Seite verblieben, 240.000 auf die Feindseite in Italien und 20.000 „zu den Banden auf dem Balkan" übergegangen. Nicht nachweisbar sei der Verbleib von 469.000 Mann, die wahrscheinlich desertiert sind.

10.12. Aus Dänemark meldet Generalfeldmarschall Rommel einen „befriedigenden Zustand" der dort in Vorbereitung befindlichen Verteidigungsanlagen.

10.12. „Im Westabschnitt der süditalienischen Front setzte sich der Feind beiderseits der Straße nach Cassino in den Besitz einiger Bergrücken" (OKW). Die eigene Front wird „um einige Kilometer nach Nordwesten zurückverlegt".

11.12. Im Raum von Kirowograd geht die Abwehrschlacht weiter. Weiteres Gelände muss aufgegeben werden. „Im Kampfgebiet von Shitomir und Korosten gewann der eigene Angriff trotz heftiger Gegenangriffe der Sowjets weiter an Boden" (OKW).

12.12. Die Seekriegsleitung stellt in einer Lagebeurteilung fest, dass sich „die Möglichkeiten für einen offensiven Einsatz unserer Seestreitkräfte weiterhin verringert" haben.

Bild linke Seite: Katyn, das sowjetische Verbrechen, war ein willkommener Anlass für die NS-Propaganda gegen den „gottlosen Bolschewismus". „Si les Sowjets gagnaient la guerre – Katyn partout" – Wenn die sowjets den Krieg gewinnen, ist überall Katyn, sagt das Plakat für das besetzte Frankreich. Die Tagesparole vom 13. 4. 1943 an die deutsche Presse zeigt, wie mit dem sowjetischen Verbrechen öffentlich umzugehen sei: „Die sensationelle Aufdeckung riesiger Massengräber mit über 10.000 von den Sowjets zwischen März und Mai 1940 ermordeten kriegsgefangenen polnischen Offizieren ist – der großen politischen Bedeutung dieses bolschewistischen Massenmordes entsprechend – stark herauszustellen. Dieser Vorgang ist mit allem Nachdruck als eines der grauenvollsten Geschehnisse der Menschheitsgeschichte historisch festzulegen. Es dürfen jedoch aus der Feststellung dieser Tatsachen keinesfalls Schlussfolgerungen gezogen werden hinsichtlich des Schicksals unserer eigenen Vermissten, die das deutsche Volk beunruhigen könnten."

Bild rechte Seite: „This is the Enemy" (Dies ist der Feind). Amerikanisches Propagandaplakat von Karl Koehler und Victor Anconia. Im Monokel des Nazioffiziers spiegeln sich Galgen und Gehängter als Symbole einer barbarischen deutschen Kriegführung.

12.12. In einer Beurteilung des voraussichtlichen Verhaltens des Gegners bei den voraussichtlichen Großlandungen des Gegners im Westraum erwartet das OKW eine Vorbereitung durch tagelange Luftangriffe und eine Unterstützung der Landung durch schwere Schiffsartillerie. Der Gegner werde dann auf breiter Front landen und hinter der Front auch Luftlandungen vornehmen. Das Kampffeld müsse daher von eigener Seite tief ausgebaut werden.
13.12. Bisher schwerster Tagesangriff auf norddeutsche Städte: 1462 amerikanische Bomber greifen Kiel, Bremen und Hamburg an.
15.12. Die „European Advisory Commission", ein Gremium britischer, amerikanischer und sowjetischer Diplomaten, nimmt in London ihre Arbeit auf. Sie entwirft die Besatzungszonen für Nachkriegsdeutschland und den Alliierten Kontrollrat.
15.12. Amerikanische Bomber richten von ihren Stützpunkten in Nordafrika aus einen schweren Tagesangriff gegen Innsbruck, wo es 281 Tote und über 500 Verletzte gibt.
16.12. Die Bevölkerung wird aufgefordert, gefundene Zusatzkraftstoffbehälter für Flugzeuge, die nach Gebrauch abgeworfen werden, umgehend zu melden, um wertvolles Rohmaterial einzusparen. Pro Behälter wird eine Belohnung von 10 RM gezahlt.
16.12. In Süditalien tritt die 5. US-Armee beiderseits von Mignano zu einem Angriff an. Hitler genehmigt hier die Rücknahme der Front auf eine Riegelstellung, verlangt jedoch zugleich, „auf dem italienischen Kriegsschauplatz zahlreiche hintereinanderliegende Verteidigungslinien zu erkunden und auszubauen".
16./17.12. 450 britische Flugzeuge werfen 1.815 t Bomben auf die Reichshauptstadt, 25 werden abgeschossen. Am 29. /30. 12. bombardieren die Engländer Berlin erneut.
17.12. Für den Bau der Me 262 fordert Speer 3.000 Werkzeugmacher, die ihm zunächst für vier Monate aus dem Heer zur Verfügung gestellt werden sollen.
18.12. In Charkow werden drei Deutsche von einem russischen Militärgericht zum Tode verurteilt und am folgenden Tag vor 40.000 Zuschauern öffentlich gehängt.
18.12. Auf dem Balkan wird das Unternehmen „Kugelblitz" beendet. Das Ergebnis ist enttäuschend. Die Masse des Feindes hat sich in Ost-Bosnien der Einschließung entziehen können. Gemeldet werden nur 2.668 Gefangene und etwa 3.000 Feindtote. 24 Geschütze wurden erbeutet. Um den ausgebrochenen Feind in sofortigem Nachstoß aufzureiben, tritt das V. SS-Gebirgs-Armeekorps sogleich zu dem neuen Unternehmen „Schneesturm" an.
19.12. Aufgrund der angespannten Transportlage liegen im Westen 250.000 t Kohle auf Halde, die nicht abgefahren werden können. Aus dem gleichen Grund können die Anforderungen des OB West an Beton für den „Atlantik-Wall", die auf 2 Millionen Kubikmeter beziffert werden, nicht in dieser Höhe erfüllt werden.
20.12. Die Abendlagebesprechung zeigt Hitlers Sorgen vor der drohenden Landung der Alliierten in Westeuropa: „Es gibt gar keinen Zweifel, dass im Frühjahr der Angriff im Westen kommen wird."
20.12. Der OB Südost stellt in einer Lagebeurteilung für den Balkan fest, die innere Lage in Kroatien sei dadurch gekennzeichnet, dass es Tito möglich war, „eine konstituierende Versammlung einzuberufen und durchzuführen". Sein Versuch, „vom Kleinkrieg zu regelrechten Operationen überzugehen", sei jedoch als gescheitert anzusehen.
20.12.-13.1. Versuche deutscher U-Bootgruppen zu Angriffen gegen Konvois auf der Route Freetown-Gibraltar-England zu kommen, scheitern. Nur 2 Zerstörer, 1 Fregatte versenkt, 1 Korvette beschädigt, aber 6 U-Boote verloren.
20.-31.12. Alliierte Luftangriffe auf die im Bau befindlichen V-Waffen-Abschussbasen in Westfrankreich.

24.12. General Eisenhower wird alliierter Oberbefehlshaber für die Invasion in Frankreich, der britische Luftmarschall Tedder sein Stellvertreter. General Wilson wird Oberbefehlshaber im Mittelmeerraum, General Alexander bei den Streitkräften in Italien.
25.12. Als einziger von fünf Blockadebrechern erreicht die „Osorno" Westfrankreich und wird in der Biscaya von der 8. Zerstörerflottille und der 4. Torpedobootflotille aufgenommen. Beim Einlaufen in die Gironde-Mündung läuft sie auf ein Wrack auf, doch kann ihre Ladung geborgen werden, die den Gummibedarf des Reiches für ein Jahr, den Zinnbedarf für 9 Monate und den Wolframbedarf für 6,5 Monate deckt.
26.12. Das deutsche Schlachtschiff „Scharnhorst" wird bei dem Versuch, einen britischen Geleitzug nach Murmansk anzugreifen, von überlegenen gegnerischen Kräften versenkt. Von der 1.839 Mann starken Besatzung werden nur 36 Mann gerettet.
27.12. Hitler bei der Lagebesprechung über Russland: „Man darf doch nicht annehmen, dass das ein antiker Riese ist, der jedes Mal, wenn er auf die Erde fällt, stärker wird. Einmal muss ihm ja auch der Atem ausgehen."
29.12. In den Abendstunden führt die britische Luftwaffe einen weiteren Großangriff auf Berlin durch. 656 Flugzeuge werfen bei 20 Verlusten 2.315 t Bomben auf die Stadt, in der erhebliche Industrie- und Verkehrsschäden entstehen.
29.12. Angesichts der bedrohlichen Entwicklung der Lage im Kampfraum von Shitomir entschließt sich der Oberbefehlshaber der Heeresgruppe Süd, Feldmarschall von Manstein, aus eigener Verantwortung dazu, das AOK 1 unter General der Panzer Hube mit drei Panzer-Divisionen und einer Infanterie-Division aus dem Dnjepr-Bogen herauszuziehen und in den Raum südwestlich Kiew abzudrehen.
31.12. Nachdem im Jahre 1943 der Irak (16. 1.), Dänemark (29. 8.), der Iran (9. 9.), Italien (13. 10.), Kolumbien (29. 11.) und Bolivien (9. 12.) Deutschland den Krieg erklärt haben, befinden sich nun 43 Staaten im Kriegszustand mit dem Deutschen Reich.

Die Schlacht von Kursk

Als Mitte Dezember 1942 die 4. Panzerarmee unter Hoth ihren Rettungsangriff für die in Stalingrad eingeschlossene 6. Armee abbrechen musste, weil am mittleren Don drei sowjetische Heeresgruppen die deutsche Front durchstoßen hatten und südwärts rollten, war endgültig klar, dass die Einkesselung der Stalingradarmee nur der Auftakt zu einer weit größeren Operation gewesen war. Stalin wollte mehr: Der ganze Südflügel der deutschen Ostfront sollte abgeschnitten und vernichtet werden: die Heeresgruppen B und Don, die beiden im Kaukasus stehenden Armeen und dazu noch die Panzerarmee Hoth, weit über eine Million Mann mit Waffen und Gerät.

Der gigantische Plan schien auch zu glücken: Die sowjetischen Stoßkeile können, nachdem sie die Linien der 8. italienischen Armee durchbrochen haben, ungehindert südwärts rollen.

Ganz im Stil der deutschen Panzerraids in den ersten Monaten des Feldzuges fährt vor allem das XXIV. sowjetische Panzerkorps unter General Badanow ungestüm voran. „Wir schaffen täglich rund 50 Kilometer!“ meldet Badanow stolz seinem Oberbefehlshaber, Generalleutnant Kusnezow, und der fordert, schon in Siegeslaune: „Fahren Sie, Genosse Badanow, fahren Sie! Das ist unsere Stunde.“ Und Badanows Korps fährt. In fünf Tagen schaffen sie 240 Kilometer, stehen am Abend des 23. Dezember vor Tazinskaja. Das ist das Versorgungszentrum für Stalingrad: Feldflughafen und riesige Vorratslager, die Stadt zudem ein wichtiger Eisenbahnknotenpunkt. Am nächsten Morgen wird die schwache Besatzung überrumpelt. Tazinskaja fällt, Badanow rollt weiter.

Nun steht er schon tief im Rücken der Armeeabteilung Hollidt, die weit ostwärts von Tazinskaja am Tschir kämpft. Und bis Rostow sind es nur noch 130 Kilometer – eine Strecke, die ein draufgängerischer Panzerkommandeur in drei Tagen schaffen kann. Badanow ist ein Draufgänger. Gelingt es ihm, bis Rostow durchzustoßen, dann sitzen zunächst einmal die beiden Kaukasusarmeen und Hoths 4. Panzerarmee in der Falle. Das ist Generalfeldmarschall v. Manstein genauso klar wie dem General Badanow.

Deshalb hat Manstein den Angriff der 4. Panzerarmee Richtung Stalingrad einstellen müssen – er braucht Hoths einzigen voll schlagkräftigen Verband, die 6. Panzerdivision, um Badanow zu stoppen. Auch die Armeeabteilung Hollidt muss ihren einzigen Panzerverband, die schlesische 11. Panzerdivision, abgeben. Die beiden Panzerdivisionen, in eisigen Nachtmärschen herangeführt, und dazu die 306. Inf. div. stellen Badanows Panzerkorps im Raum Tazinskaja.

Die Russen sind völlig überrascht, sind zu leichtfertig vorgeprescht, haben nicht mehr mit ernsthaftem Widerstand gerechnet. Das rächt sich nun – die 6. Panzerdivision schneidet Badanows Korps den Rückzug und damit auch den Nachschub ab; dann wird das XXIV. sowjetische Panzerkorps in dreitägiger Schlacht zerschlagen.

Nicht besser ergeht es zwei Dutzend Kilometer weiter östlich dem sowjetischen XXV. Panzerkorps, das ähnlich rasant wie Badanows Korps vorstößt, auf aufklärende Vorausabteilungen verzichtet und prompt in eine Falle läuft: Gefechtssicherungen der 6. Panzerdivision haben die Russen im Vormarsch auf eine Furt über das Flüsschen Bistraja entdeckt.

Generalmajor Raus, Kommandeur der 6. Pz.div., lässt die Panzerarmada – neunzig T 34 – über den Fluss kommen, riegelt mit bereitgestellten Kräften hinter den Russen die Furt ab – und dann beginnt eine gespenstische nächtliche Panzerschlacht. Wer Freund, wer Feind ist, kann in dem flackernden Schein brennender Panzer nur auf kürzeste Distanz ausgemacht werden; so nahe fährt man aneinander heran, dass die Russen statt mit der Kanone mit Rammstößen die deutschen Panzer auszuschalten versuchen. Vergebens. Die schwächeren, aber beweglicheren deutschen Kampfwagen behalten die Oberhand – keiner der neunzig T 34 kommt über die Bistraja zurück.

Damit sind die beiden gefährlichsten russischen Angriffsspitzen gekappt; die weiter westlich nach Süden drängenden Sowjetarmeen, die 6. und die 1. Gardearmee, wurden von der Armeeabteilung Fretter-Pico abgefangen – erstaunlicherweise, muss man sagen, denn diese Armeeabteilung ist ein bunt zu-

sammengewürfelter Verband, zum Teil kampfunerfahrene Einheiten, die aus dem Besatzungsdienst in Frankreich kommen. Bemerkenswert, dass es gelang, daraus in kürzester Zeit eine harte Abwehrtruppe zu machen.
Der bedrohliche russische Stoß aus Norden ist also einstweilen neutralisiert. Nicht aber der ebenso bedrohliche Vorstoß der 2. sowjetischen Gardearmee und der 51. Armee, die von Osten, zwischen Don und Manytsch, auf Rostow stoßen. Diese beiden Armeen haben sich Anfang Januar zwischen Hoths 4. Panzerarmee und die Armeeabteilung Hollidt geschoben – das Ziel ist wiederum, die beiden deutschen Kaukasusarmeen und Hoths Panzerarmee abzuschneiden.
Zwar haben Manstein und das OKH Ende Dezember Hitler endlich die Entscheidung abgerungen, den Kaukasus zu räumen, aber noch – Anfang Januar – stehen die Nachhuten der 1. Panzerarmee unten am Terek, 650 Kilometer von Rostow entfernt. Jeremenkos Armeen, mit dem 3. Garde-Panzerkorps unter General Rotmistrow an der Spitze, haben es längst nicht mehr so weit, rund hundert Kilometer nur noch. Es sieht schlecht aus – für die Kaukasusarmeen. Vorübergehend auch für Generalfeldmarschall von Manstein selbst: Am 7. Januar, vormittags, stürzt im Hauptquartier der Heeresgruppe bei Nowotscherkassk Hauptmann Annus, ein Ordonnanzoffizier, in das Zimmer des Oberbefehlshabers: „Herr Feldmarschall, sowjetische Panzer sind 20 Kilometer von hier über den Don gegangen und stoßen direkt auf uns zu. Anscheinend wollen sie uns ausheben. Unsere Sicherungen haben sie schon überrollt, es ist nichts mehr da!"
„So?" sagt Manstein gelassen. „Na, irgendwas wird schon noch da sein. Hier nebenan ist doch eine Panzerwerkstatt. Ein paar halbwegs einsatzfähige Panzer sollten da zu finden sein: Nehmen Sie die, und schauen Sie zu, dass Sie unseren ‚Hausfeind' vertreiben!" Und Hauptmann Annus treibt tatsächlich die russische Panzerspitze über den Don zurück.
Sehr zum Ärger von General Malinowski, dem Oberbefehlshaber der 2. Gardearmee, und von General Jeremenko, dem Oberbefehlshaber der Südfront. Doch Malinowski weiß, woran es liegt, dass gegen Mitte Januar der Angriffsschwung erlahmt, nichts mehr so recht klappen will: Auch seine Eliteverbände, wie etwa das II. Garde-Panzerkorps, sind inzwischen ausgepumpt, sie hängen nach dem weiten Vorstoß an dünnen, zu dünnen Nachschubfäden. Nur noch langsam geht es voran, aber immerhin, es geht noch voran, am 20. Januar hat sich Jeremenkos Streitmacht bei Manytschkaja bis über den Manytsch vorgewühlt – jetzt sind es nur noch 30 Kilometer bis Rostow, bis zu den Donbrücken von Bataisk, dem Schlupfloch, durch das allein Kleists 1. Panzerarmee aus dem Kaukasus entkommen kann.
Ein Katzensprung, so scheint es – aber inzwischen hat Manstein die 11. Panzerdivision von Norden herangeholt, aus der Kalmückensteppe kommt die berühmte „Windhund-Division" (16. Inf.div. mot.) heran, fällt den Russen bei Manytschka-

Bild linke Seite: Am 5. Juli, mittags um 15 Uhr, begann das deutsche Artilleriefeuer auf die russischen Verteidigungsstellungen im Kursker Bogen.

Bild rechte Seite: Lagebesprechung im Führerhauptquartier ‚Wolfsschanze'"in Ostpreußen im März 1943. Ganz rechts Generalfeldmarschall v. Kleist, daneben der Chef des Generalstabes des Heeres, General der Infanterie Zeitzler, links von Hitler Generaloberst Ruoff, ganz links Generalfeldmarschall v. Manstein.

ja in den Rücken. Auf dem engen Raum zwischen Manytschkaja und Bataisk, auf nur ein paar Quadratkilometern, entwickelt sich eine kurze, merkwürdige Schlacht: Nicht große Heerscharen stehen sich gegenüber, sondern deren dezimierte Reste. Auf deutscher Seite wird der Kampf vor allem mit Umsicht, (Kriegs-)List und Tücke geführt, auf russischer Seite mit dem festen Willen, das Ziel – zum Greifen nahe – doch noch zu erreichen. Sie erreichen es nicht. Nüchtern notiert General Malinowski am 26. Januar: „Die Truppe kann angesichts der Lage und der schweren Verluste keine aktiven Kampfhandlungen mehr führen.“ An diesem Tag besitzt die sowjetische 2. Gardearmee (!) noch ganze 29 Panzer und elf Paks. Damit ist nichts mehr zu bestellen – Rostow und die Bataisker Brücken bleiben vorerst in deutscher Hand, und durch dieses Nadelöhr rollen die langen Kolonnen der so geretteten 1. Panzerarmee.

Rückzüge waren bis dahin nicht gerade das Paradefach deutscher Kriegskunst, doch die harte Vorschule des Winters 41/42 hat gewirkt: Das schrittweise Absetzen unter Nachschubdeckung klappt nun vorbildlich, die 1. Panzerarmee bringt auch alles wertvolle Material mit zurück. Das bedeutet viel in diesen Tagen – ein Großverband, angeschlagen, aber in der Substanz intakt, für neue Aufgaben verfügbar.

Ähnliches spielt sich nun, im Winter 1942/43, auch weiter nördlich ab, überall dort, wo weit vorspringende Frontbögen unverhältnismäßig viel Aufwand zur Verteidigung gegen die überall unentwegt anstürmenden Russen erfordern. Zwar will Hitler nichts davon wissen, immer starrer wird er in seiner Auffassung, „kein Fußbreit Boden“ dürfe aufgegeben werden; die Heeresgruppenstäbe und das OKH verschleißen viel Kraft dabei, Rückzugsbefehle durchzusetzen oder auch unter anderem Namen zu ermogeln, aber schließlich gelingt es meistens doch.

Da ist der „Pilz“ von Demjansk, eher schon ein Schlauch, der 120 Kilometer tief ins Feindgebiet ragt, an der schmalsten Stelle, da, wo er anfängt, aber nur zehn Kilometer

breit ist. Das bedeutet: Die Front dieses Schlauches ist 250 Kilometer lang, sie wird von den drei Divisionen des II. Armeekorps verteidigt. Wird der Schlauch eingezogen, bleiben nur zehn Kilometer Front übrig, für deren Verteidigung zwei Regimenter reichen.

Die Russen – hier kommandiert Timoschenko – wissen das auch, versuchen also, den zehn Kilometer schmalen Flaschenhals zu durchstoßen und das II. AK, wie schon einmal im letzten Winter, einzukesseln. Es gibt erbitterte, für beide Seiten verlustreiche Kämpfe, die sich von Ende November bis Ende Januar hinziehen, dann endlich, am 31.1.43, erlaubt Hitler die Räumung des Halbkessels, gibt widerstrebend die Illusion auf, von dieser tödlich bedrohten Position aufs neue kühne Angriffsoperationen starten zu können.

„Langsamer Rückzug“ lautet der Befehl, 70 Tage sieht das OKH dafür vor. Da wäre vom II. AK vermutlich nicht viel übriggeblieben. Doch das Armeekorps war längst perfekt vorbereitet, General Laux hatte schon seit Mitte Januar das schwere Material aus dem Halbkessel herausschaffen lassen – und was 70 Tage dauern sollte, gelang ohne schlimme Verluste in zehn Tagen. Zehn Divisionen waren dadurch zur Verteidigung der bedrohten Nordfront frei geworden – eher wäre besser gewesen.

Knapp 200 Kilometer weiter südlich eine ähnliche Situation. Da dehnt sich der weite Frontbogen von Rschew nach Nordosten, 530 Kilometer Frontlinie, verteidigt von 29 Divisionen der Heeresgruppe Mitte. Eine Ausgangsstellung, die Hitler behalten möchte, der von Angriff träumt – in diesem Falle auf Moskau, nur 150 Kilometer von diesem Frontbogen entfernt.

Doch das ist eben ein Traum, der riesige Frontbogen ist nicht zu halten, wird in der Zeit vom 1. bis 22. März 1943 ohne nennenswerte Verluste geräumt. Dieser Rückzug auf die sogenannte „Büffelstellung“, von Pionieren auf der knapp 200 km langen Linie Spas Denursk – Porogobusch – Duchowstschina gut ausgebaut, spart gut anderthalb Dutzend Divisionen ein – plötzlich ist die fürchterliche, reservenlose Zeit, in der Löcher nur durch Aufreißen neuer Löcher gestopft werden konnten, vorbei. Die Front steht wieder, jedenfalls im Norden und in der Mitte.

Im Süden dagegen ist im Frühjahr 1943 wilder Bewegungskrieg im Gange. Zwar ist der russische Versuch, durch einen Vorstoß bis Rostow den deutschen Südflügel zu vernichten, vorerst abgewehrt, aber noch immer klafft dort, wo sich die 8. italienische Armee aufgelöst hat, am Donez zwischen Woroschilowgrad und Bjelgorod eine gut 300 Kilometer breite Lücke.

Durch dieses Loch setzen Stalin und seine Marschälle zur ganz großen Umfassung an: Am nördlichen Rand der Lücke rollen 69. Armee und 3. Panzerarmee Richtung Charkow/Poltawa; in der Mitte stürmt die 6. Armee – 15 Panzer an der Spitze – zum Dnjepr, nach Dnjepro-

Bild linke Seite: „Der russische Panzerschütze wurde durch Infanteriefeuer heruntergeschossen und geriet in die Ketten des noch fahrenden Panzers. Sekunden später wurde der Panzer durch Pak-Beschuss vernichtet“, schreibt der Fotograf und PK-Mann Heinz Schröter zu dieser Aufnahme.

Bild rechte Seite oben: Eine deutsche Stellung wurde von den Russen überrannt. Neben einer Feldhaubitze und Munitionsvorräten liegt ein gefallener deutscher Soldat.

Bild rechte Seite unten: Obwohl selbst verwundet, läßt sich dieser Kompanieführer nicht davon abhalten, die Männer seiner Truppe an der kämpfenden Front energisch nach vorn zu führen.

men lassen, weit kommen lassen, in Sicherheit wiegen, dann von den Flanken her zuschlagen.
Verständlicherweise war Manstein über die drei zusätzlichen Divisionen, die ihm Haussers Befehlsverweigerung einbrachte, sehr erfreut, aber er bekam wegen Haussers Eigenmächtigkeit auch Ärger. Denn Hitler tobte und fuhr, was er nur noch selten tat, an die Front, d.h. in Mansteins Stabsquartier.
Manstein erläutert Lage und Plan. Dabei ist Haussers SS-Panzerkorps dafür vorgesehen, die weit vorgepreschte 6. sowjetische Armee von Norden her in die Zange zu nehmen. Nein, entscheidet Hitler, Hausser hat Charkow aufgegeben, Hausser soll Charkow erst mal wiedererobern. Manstein ist entsetzt, erreicht mit Mühe, dass diese unsinnige, nur von Prestigedenken bestimmte Entscheidung vertagt wird.
Am nächsten Tag sehen die Lagekarten so aus, dass allen außer Manstein angst und bange wird. Die Spitzen der 6. sowjetischen Armee haben Pawlograd genommen, stepetrowsk und Saporoschje; südlich davon stößt die starke Panzergruppe Popow in Richtung zum Asowschen Meer, der deutschen Armeeabteilung Hollidt in den Rücken.
Die sowjetischen Stoßkeile haben den Befehl, „ohne Rücksicht auf Nachschub und auf feindliche Nachhuten durch den weichenden Feind zu stoßen, noch vor Beginn der Frühjahrsschlammzeit den Dnjepr zu erreichen und Manstein den Rückzug auf den Fluss abzuschneiden“.
Kein Zweifel, Stalin geht aufs Ganze, ist sich seiner Sache sicher. Denn die Deutschen sind ja schon geschlagen, sie fliehen ja schon!
So deutet das sowjetische Oberkommando – irrig – zwei kurz aufeinanderfolgende Ereignisse: Am 14. Februar hat Manstein Rostow geräumt und die Armeeabteilung Hollidt aus der Donezstellung in eine wesentlich kürzere, besser zu haltende Stellung am Mius zurückgenommen.
Einen Tag später räumt der General der Waffen-SS Paul Hausser, Kommandierender General des neuen SS-Panzerkorps, zu dem die Elitedivisionen „Das Reich“ und „Leibstandarte Adolf Hitler“ gehören, die von Einkesselung bedrohte Stadt Charkow. Für die Russen ist damit klar: Es muss einen allgemeinen Rückzugsbefehl geben, denn SS-Elite-Einheiten gehen nicht ohne Befehl zurück.
Normalerweise nicht, in diesem Falle aber doch: Hausser hatte Charkow gegen einen ausdrücklichen Führerbefehl geräumt, um seine Truppe – zwei Panzer- und eine Panzergrenadierdivision – vor der Einschließung zu bewahren. Diese voll kampfkräftigen Einheiten standen nun für die Schlacht zur Verfügung, deren Plan Manstein schon seit Tagen entwickelt hatte.
Je deutlicher sich die Absichten der Sowjets auf den Lagekarten des Hauptquartiers, jetzt in Saporoschje am Dnjepr, abzeichneten, desto öfter hörten die Stabsoffiziere ihren Chef leise „Glückliche Reise!“ oder ähnliche ironische Anmerkungen murmeln. Manstein war entschlossen, in großem Stil vorzuexerzieren, was er „Schlagen aus der Nachhand“ nannte: den kräftemäßig überlegenen Gegner kom-

hen nur noch 60 Kilometer vom Dnjepr entfernt. Die Panzergruppe Popow ist bereits bis Krasnoarmeiskoje durchgestoßen. Als Manstein kühl erklärt, dass nun aus der von fünf Armeen bedrängten Miusfront sämtliche Panzerverbände herausgezogen und gegen Popows Stoßkeile geworfen werden müssen, bekommt der Führer „Zustände", wie ein Historiker schreibt. In das Lamento Hitlers platzt die Meldung, dass die Spitze des XXV. sowjetischen Panzerkorps bis Sinelnikowo vorgestoßen ist und dort die Bahnlinie Dnjepropetrowsk-Stalino gesperrt hat, über die alle ostwärts stehenden Verbände versorgt werden.

Ein Blick auf die Karte zeigt Hitlers Begleitern, dass die Bahnstation Sinelnikowo nicht ganz 60 Kilometer von Saporoschje entfernt ist. Sie bedrängen den Führer, Mansteins bedrohtes Stabsquartier zu verlassen, und der hält das dann auch für besser. Als Hitlers Focke-Wulf 200 „Condor" in den trüben Winterhimmel entschwebt, trennen knapp zehn Kilometer Luftlinie den Führer des Großdeutschen Reiches vom nächsten russischen T 34. Aber dem Generalfeldmarschall v. Manstein ist ohne den Dreinredner, dem er Gehorsam geschworen hat, entschieden wohler. Jetzt kann er ungehindert loslegen.

Zunächst mal dirigiert er seine – schwachen – Panzerdivisionen in den Rücken der wuchtigen russischen Stoßkeile, trennt denen den Nachschub ab. Die Folgen sind bald zu spüren: Die Funksprüche der siegesgewissen russischen Frontkommandeure werden unversehens mürrisch. „Alle Räder stehen still!" funkt Panzergruppen-Oberbefehlshaber Popow am 18. Februar ärgerlich seinem Heeresgruppenchef Watutin. Gemeint ist der fehlende Spritnachschub. Zwei Tage später ist Popows Lage schon so kritisch, dass er um Erlaubnis bittet, seine Panzergruppe zurücknehmen zu dürfen.

Doch die rückwärtigen russischen Stäbe erkennen noch immer nicht, dass ihre Verbände Manstein geradenwegs ins offene Messer gelaufen sind. Wütend funkt Watutin an Popow: „Angreifen! Der Feind ist auf dem Rückzug. Er darf nicht über den Dnjepr entkommen!"

Das ist ein fataler Irrtum. Manstein will nicht über den Dnjepr entkommen, sondern wieder zum Donez vorstoßen. Und das tut er auch. Für Kesselschlachten alter Art reicht es zwar nicht, aber seine Panzerkorps überwinden nach und nach, in einer dreiwöchigen Schlacht, die viel stärkeren, aber immobilisierten Russen.

Was der Todesstoß für die deutsche Südfront werden sollte, endet mit der Vernichtung der Panzergruppe Popow und der 6. sowjetischen Armee.

Nicht nur das. Nachdem die alten Stellungen am Donez zurückerobert sind, ist der Weg nach Charkow frei. Jetzt hat das einen Sinn, und es ist Haussers SS-Panzerkorps, das am 15. März die Stadt zurückerobert.

Mansteins Strategie des „Schlagens aus der Nachhand" hat sich bewährt. Hat nicht nur die Südfront stabilisiert, den Gegner dezimiert, eine nahezu aussichtslose Situation

Bilder linke und rechte Seite: Im Juli 1943 versuchte die Wehrmacht mit einer großangelegten Offensive zweier deutscher Armeen bei Kursk, die Initiative an der Ostfront zurückzugewinnen. Neben den gewohnten Panzern III und IV (Bild rechte Seite oben) wurden dabei auf deutscher Seite auch 200 Panther und 90 schwere, selbst dem T34 (rechte Seite unten) überlegene Panzer des Typs Tiger I (Bild linke Seite oben) eingesetzt.

in einen Sieg verwandelt, sondern auch eine Chance eröffnet: Nachdem am 18. März auch Bjelgorod am Donez zurückerobert ist, verlangt die Lage geradezu danach, weiter nach Norden auf Kursk zu stoßen und die westlich davon stehenden Armeen der sowjetischen Zentralfront abzuschneiden. In der sowjetischen Kriegsliteratur ist nachzulesen, dass eine solche Operation des Gegners erwartet wurde und dass – angesichts des demoralisierten Zustandes der knapp vor dem greifbar nahen Sieg erneut in eine bittere Niederlage gestürzten Truppen – Widerstand dagegen kaum möglich gewesen wäre.
Trotzdem konnte diese Chance nicht genutzt werden. Zum einen wäre dazu auch ein Stoß von Norden in den Frontbalkon von Kursk nötig gewesen. Jedoch lehnte es Generalfeldmarschall von Kluge, Chef der Heeresgruppe Mitte, kategorisch ab, für ein solches Unternehmen Verbände bereitzustellen. Seine Truppen bräuchten nach den schweren Kämpfen des Winters erst mal Ruhe, seien noch nicht wieder angriffsbereit. Zum anderen kam nun Tauwetter und damit Schlamm – kein Angriff mehr möglich. Die Front stand, auf ihrer ganzen Länge von Leningrad bis zum Asowschen Meer. Sie war nun relativ gerade, bis auf einen bei Orel nach Osten vorragenden Bogen und den südlich davon nach Westen vorspringenden Frontbalkon vor Kursk.
Der Schlamm, der diese Frontlinie zementierte, gab der deutschen Führung Zeit. Zeit, die durch die Frontverkürzung gewonnenen Reserven aufzufrischen, Zeit auch zu der Überlegung, was zu tun sei, wenn der Schlamm getrocknet war. Generalfeldmarschall von Manstein und mit ihm die meisten deutschen Heerführer waren der Überzeugung, die Manstein so formulierte: „Zu einer Offensive mit weitgesteckten Zielen, wie wir sie in den vergangenen Jahren geführt haben, reichen unsere Kräfte nicht mehr aus. Die Defensive scheint nunmehr für uns das Gegebene zu sein." Unter „Defensive" versteht Manstein nicht starres Halten, sondern bewegliche Verteidigung, eben das „Schlagen aus der Nachhand", das er soeben so

erfolgreich vorgeführt hat.
Aber Defensive ist Hitlers Sache nicht. Kaum der Katastrophe entgangen, träumt er schon wieder von großen Offensiven. Der erste Schlag soll eine große Kesselschlacht werden, bei Kursk. Dagegen haben die Frontgenerale nicht einmal etwas; den Kursker Frontbalkon abzukneifen, ist auch im Sinne beweglicher Defensive vernünftig – nur sollte das dann, so die Meinung der Kommandeure, rasch geschehen, zum frühestmöglichen Zeitpunkt, ehe die Russen sich gar zu sehr aufgefrischt und verstärkt haben.
Doch Hitler zögert, verlangt immer neue Vorbereitungen für diesen Angriff, ist offenbar von der Angst vor einem möglichen Misserfolg geplagt, will ganz sichergehen: Was Rüstungsfabriken und Wehrersatzämter nur hergeben, er lässt es rings um den Kursker Frontbalkon bereitstellen. So wächst dort langsam für das Unternehmen „Zitadelle", wie Hitler den geplanten Großangriff getauft hat, eine Streitmacht von erstaunlichen Ausmaßen heran. Models 9. Armee, die den Stoß von Norden führen wird, hat für 50 Kilometer Frontbreite 13 Angriffsdivisionen zur Verfügung, dazu sechs Divisionen in Reserve; Hoths 4. Panzerarmee, die von Süden vorstößt, kann dafür auf 80 Kilometer Frontbreite 16 Divisionen ansetzen. Nordgruppe und Südgruppe hatten je rund 1.000 Panzer und 400 Sturmgeschütze; auf den Feldflugplätzen der Luftflotten 6 und 4 um Charkow und Orel standen 1.800 Flugzeuge bereit, die Luftherrschaft über dem Kampfraum zu sichern.
Man erinnere sich: Die deutsche Wehrmacht begann den Ostfeldzug mit 3.600 Panzern und 1.850 Flugzeugen –; jetzt wurde genauso viel für eine einzige Schlacht aufgeboten. Doch die Schlacht ließ auf sich warten. „Diesem Angriff kommt ausschlaggebende Bedeutung zu. Er muss schnell und durchschlagend gelingen ... es kommt darauf an, das Überraschungsmoment zu wahren ... " So hieß es in dem Operationsbefehl vom 15. April.
Schnell? Der April ging dahin, der Mai, der Juni – Hitler zögerte immer noch, beschied die drängenden Generale mit Hinweisen wie, dass es nötig sei, noch auf die neuesten

überschweren Panzer und Sturmgeschütze zu warten. Damit machte er auch den von ihm selbst geforderten „Überraschungsmoment" zunichte: Ein derart umfänglicher und lang dauernder Aufmarsch, noch dazu in Feindesland, lässt sich unmöglich geheim halten.

Das sowjetische Oberkommando wusste lange vor Beginn der Schlacht, was der Gegner vorhatte, und bereitete sich darauf vor. Auch für die Russen war der Kursker Frontbalkon wertvoll, als Sprungbrett für eine neue Offensive. An die 40 Prozent des russischen Feldheeres und fast alle Panzerverbände standen im Frühsommer 1943 im Kursker Bogen.

Ein lockendes Ziel, für Hitler – und deshalb hatten die Russen die viele Zeit, die man ihnen ließ, dazu genutzt, ihre riesige Streitmacht durch ein tiefgestaffeltes, sorgfältig ausgebautes Verteidigungssystem zu schützen.

Endlich, am 5. Juli, beginnt die Schlacht. Nach einer Feuervorbereitung, wie nie zuvor, stürmen die deutschen Divisionen in einer Dichte und ausgerüstet, wie nie zuvor, auf die russischen Linien. Zum ersten Mal sind ganze Abteilungen Ti-

Die Rote Armee, von den deutschen Angriffsplänen durch Partisanen sowie die eigene Luftaufklärung bestens unterrichtet, konnte den Stoß vor Kursk auffangen. Nach tagelangen mörderischen Kämpfen, die den Deutschen nur geringe Geländegewinne gebracht hatten, blieb die Offensive stecken.

Bild linke Seite oben: Landser bergen tote und verwundete Kameraden.

Bild linke Seite unten: Ein Horch-Kraftwagen, wie er als Zugfahrzeug für die 3,7-cm-Pak oder als Kommandeursfahrzeug verwendet wurde, ist auf eine Mine gefahren.

Bild rechte Seite: Zwei Millionen Soldaten waren auf beiden Seiten an der Kursker Schlacht beteiligt, die als größte Panzerschlacht in die Geschichte einging, aber auch vom Infanteristen – unser Bild zeigt einen Panzergrenadier mit geschultertem MG – den letzten Einsatz forderte.

ger-Panzer dabei, jene fast unverwundbaren 700-PS-Ungetüme mit der rasanten 8,8-cm-Kanone – der erste deutsche Panzer, der dem T 34 der Russen deutlich überlegen ist. Auch ganze Rudel der neuen mittelschweren, enorm schnellen „Panther" sind da.
Aber dieser mit nie gekannter Wucht geführte Stoß trifft auf eine Verteidigung, die standfest ist, wie nie zuvor. Der Stoß bekommt keinen Schwung. Sicher, es geht voran, sowohl bei Model im Norden als auch bei Hoth im Süden – aber langsam, nur hundertmeterweise oder allenfalls mal kilometerweise. Kaum ist ein Minenfeld gequert, die dahinterliegende Stellung in erbittertem Kampf aufgerollt, sehen sich die Pioniere, Infanteristen, Panzergrenadiere schon der nächsten, genauso gesicherten und genauso hart verteidigten Stellung gegenüber.
Acht Tage braucht Hoths Panzerkorps, um sich knapp 50 Kilometer bis Prochorowka vorzuboxen; auch Models Angriffsdivisionen im Norden schaffen kaum mehr. Doch dann, um den 12., 13. Juli herum, scheint das Schlimmste geschafft, die Panzerschlacht, die sich bei Prochorowka entwickelt, ist schon beweglicher, ein rascher, schon eingeleiteter Flankenangriff der Armee-Abteilung Kempf soll – und kann – eine Vorentscheidung bringen.
Aber dann passiert's: Die Russen greifen an. Nicht auf dem Kursker Schlachtfeld, sondern nördlich und südlich davon: Am 12. 7. durchbricht die 11. sowjetische Gardearmee die deutsche Front nördlich Orel und stößt auf die Stadt. Drei Tage später bricht die 63. sowjetische Armee östlich von Orel durch und stürmt vorwärts. Im Süden dasselbe: Am 17. Juli geht die 1. sowjetische Gardearmee bei Barwenkowa über den Donez und drückt die deutsche Front ein; die 2. Gardearmee geht an diesem Tag über den Mius und stößt auf Stalino.
Angesichts dieser Lage bleibt dem deutschen Oberkommando keine Wahl: Die Kursker Schlacht muss, just als sich der Erfolg abzuzeichnen beginnt, abgebrochen werden. Ein großer Teil der Angriffsdivisionen wird gebraucht, um die russischen Einbrüche abzuriegeln. Außerdem bedrohen die Westalliierten die Südflanke der Achsenmächte. Am 10. Juli sind sie auf Sizilien gelandet. Bei der schlechten Kampfmoral der Italiener würde die Insel bald fallen. Der Angriff aufs italienische Festland ist nur noch eine Frage der Zeit. Hitler braucht Divisionen, und die gibt es nur noch an der Kursker Front, aus der sie herausgelöst werden müssen. Was bleibt, reicht nicht, den Angriff fortzuführen, nicht einmal, das wenige gewonnene Gelände zu halten – man muss auf die Ausgangsstellungen zurück, was nicht ohne schwere Verluste, vor allem an Material, möglich ist.
Doch das ist nicht einmal das Schlimmste: Die mühevoll neu aufgebauten Reserven des Heeres, die schnellen, gut ausgerüsteten Angriffsdivisionen, ein großer Teil der neuaufgebauten Panzerwaffe, das alles ist in der Gewaltschlacht im Kursker Bogen verloren gegangen.

Endkampf in Tunesien

Erwin Rommel mag manchmal Illusionen erlegen sein; so im Sommer 1942, als er nach der Eroberung Tobruks glaubte, zum Nil oder gar zum Persischen Golf durchstoßen zu können, ohne seinen Nachschub zuvor durch die Ausschaltung der britischen Insel Malta zu sichern.
Aber gegen Ende November 1942 sah er die Situation seiner „Panzerarmee Afrika" absolut klar:
„Der Feldzug ist verloren. Afrika ist verloren. Wenn man das in Rom und Rastenburg nicht einsieht und rechtzeitig Maßnahmen zur Rettung meiner Soldaten einleitet, dann wird eine der tapfersten deutschen Armeen in die Gefangenschaft wandern." Zweimal war er aus der Mersa-Brega-Stellung zwischen der Cyrenaika und Tripolitanien nach Osten aufgebrochen. Zweimal hatte ihn die britische 8. Armee auf die Ausgangsstellung zurückgejagt. Und diesmal hatte sich die Lage drastisch verschlechtert. Rommel dachte an ein „afrikanisches Dünkirchen", eine Evakuierungsaktion ohne schwere Waffen, die nach dem Rückzug ohnehin hauptsächlich aus Beutegerät oder ausgeleiertem, schrottreifem Material bestanden. Er wollte wenigstens die 70.000 deutschen und 80.000 italienischen Soldaten retten: „Mit ihnen können wir in Sizilien oder Südfrankreich noch Schlachten gewinnen, die totale Niederlage abwenden. "
Niederlage, total oder einfach ... Jedenfalls ungewöhnliche Worte für einen Feldmarschall des Großdeutschen Reiches im Jahre 1942. Aber Rommel war auch der erste von ihnen, der die Folgen alliierter Luftüberlegenheit, verbunden mit einem Übergewicht an Artillerie und Panzern, zu spüren bekommen hatte.
Nun beherrschte ihn nur noch ein Gedanke: Zurück nach Tripolis oder noch besser nach Tunis, um auf dem kürzesten Seeweg zwischen Nordafrika und Sizilien zu retten, was zu retten war.
Und es war Eile geboten. Ein neuer Feind stand in Afrika, noch weit

im Westen, aber schon im Vordringen Richtung Tunis. Unter US-General Dwight D. Eisenhower waren am 8. November 1942 80.000 amerikanische und 25.000 britische Soldaten in Marokko und Algerien gelandet.
Schon im Dezember 1941, als er unmittelbar nach Amerikas Kriegseintritt auf dem Wege nach Washington war, hatte Winston Churchill in drei Exposés für seinen neuen Waffengefährten Roosevelt eine Art Fahrplan der Zukunft aufgestellt. Als wichtigstes Ziel führte er darin die Rückkehr auf das europäische Festland auf; vorher aber müssten die Alliierten die nordafrikanische Küste „von Dakar bis zur Levante" in ihre Hand bekommen.
Als er im August 1942 Stalin in Moskau besuchte, stand die Invasion Nordafrikas, das Unternehmen „Torch" (Fackel), unmittelbar bevor. Der sowjetische Diktator forderte seit langem von seinen angloamerikanischen Verbündeten die Errichtung einer zweiten Front in Europa, um seine hart bedrängte Rote Armee zu entlasten. Churchill musste ihm beibringen, dass daraus vorerst nichts werden konnte. Stalin verhehlte seine Enttäuschung nicht und wurde erst wieder aufmerksam, als Churchill von der bevorstehenden Landung in Nordafrika sprach.
„Wenn wir um das Jahresende im Besitz Nordafrikas sind, können wir das Hitlersche Europa am Bauch bedrohen", sagte Churchill und zeichnete, von seiner eigenen Idee mitgerissen, das europäische Festland stilisiert als Krokodil.
„So", sagte er, „so wollen wir gleichzeitig den weichen Bauch und die harte Schnauze der Bestie angreifen!"
Das war ein Spruch nach dem Herzen des Diktators, und er wurde geradezu religiös: „Möge Gott dieses Unternehmen segnen", sagte Stalin.
Schließlich beunruhigten ihn nur noch die politischen Auswirkungen auf Rest-Frankreich; immerhin gehörten Marokko, Algerien und Tunesien zum französischen Kolonialreich und waren von Truppen der Vichy-Regierung besetzt. Aber Churchill beruhigte ihn und sagte, de Gaulle werde an diesem Unternehmen nicht beteiligt; Vichy-Fran-

Bild linke Seite: Nachschub durch die Luft.

Bild rechte Seite oben: Truppentransport auf dem Weg nach Oran. Mit der Landung der Amerikaner in Marokko und Algerien ab 8. November 1942 hatten noch vor der entscheidenden Schlacht von El Alamein die Alliierten die Initiative auf dem afrikanischen Kriegsschauplatz übernommen.

Bild rechte Seite unten: Im Hafen von Bougie eröffnen französische Batterien das Feuer auf alliierte Transporter. Der Widerstand gegen die Landung wurde jedoch nach zwei Tagen eingestellt. Obwohl Marschall Pétain stets betont hatte, dass Frankreichs Besitzungen in Nordafrika gegen jeden Angreifer verteidigt werden sollten, duldete er die Waffenstillstandsverhandlungen seines Stellvertreters Darlan.

zosen würden vielleicht auf Gaullisten schießen, aber kaum auf Amerikaner.
Hier irrte Churchill.
Bekanntlich hatte sich die französische Regierung unter Marschall Pétain nach dem Zusammenbruch zu wohlwollender Neutralität gegenüber Deutschland entschlossen. Als Gegenleistung durfte sie im unbesetzten Südfrankreich regieren und die überseeischen Besitzungen behalten. So standen in den nordafrikanischen Garnisonen noch intakte französische Divisionen.
Trotzdem brauchten die Alliierten nicht mit Widerstand zu rechnen, denn sie hatten vorher mit dem französischen Oberbefehlshaber in Algier, General Juin, Verbindung aufgenommen und ihn für sich gewonnen. Aber ein krankes Kind machte ihnen einen Strich durch die Rechnung. Unmittelbar vor der Landung der angloamerikanischen Truppen flog der Oberbefehlshaber der Vichy-Truppen, Admiral Darlan, überraschend nach Algier: Sein Sohn war dort an Kinderlähmung erkrankt. Als ranghöchster Offizier am Platz war nun er anstelle von Juin Befehlshaber, als die alliierte Armada am 8. November vor der nordafrikanischen Küste auftauchte. Und Darlan gehörte zu den wenigen, die sich aus Überzeugung und nicht nur der Not gehorchend an der deutsch-französischen Kollaboration beteiligten.
Er gab sofort Feuerbefehl. Den angloamerikanischen Einheiten, die für den erwarteten freudigen Empfang ihre Musikkapellen mitgebracht hatten, schlug wütendes Feuer entgegen. In Algier sank ein britischer Zerstörer bei dem Versuch, Truppen zur Eroberung der Hafenanlagen an Land zu setzen, im Nahfeuer der Küstenbatterien. Das gleiche Schicksal erlitten zwei kleinere britische Kriegsschiffe in Oran. Auch in Casablanca kam es zu heftigen Gefechten. Die meisten französischen Kommandeure waren in einem grässlichen Gewissenskonflikt. Viele fühlten sich innerlich weit eher den Alliierten als den Achsenmächten verbunden. Aber da waren die eindeutigen Befehle ihres rechtmäßigen obersten Vorgesetzten. Dieser änderte allerdings seine Haltung verblüffend schnell.

Am 10. November gab er nach einem Gespräch mit dem US-Generalkonsul in Algier, Murphy, und dem von Eisenhower entsandten General Clark den Befehl zur Feuereinstellung. Darlan befand sich zu dieser Zeit in der Gewalt der Amerikaner. Was vorangegangen war, ist nie genau bekannt geworden. Der wichtigste Zeuge, Darlan selbst, wurde am 24. Dezember von einem jugendlichen Attentäter ermordet. Diesen wiederum ließ der gaullistische General Giraud 48 Stunden nach der Tat ohne Gerichtsverhandlung erschießen. Nur einen kleinen Luftsprung von Sizilien entfernt, angrenzend an das von Rommels Panzerarmee beherrschte Tripolitanien, saß in Tunis der französische Generalresident Admiral Estéva. Als treuer Parteigänger der Vichy-Regierung ließ er seine Truppen Gewehr bei Fuß stehen, als am 9. November die ersten Transportmaschinen mit deutschen Soldaten auf dem Flugplatz von Tunis, EI Aouina, landeten. Damit begann ein merkwürdiger Feldzug der Improvisationen. Kleine, hastig zusammengekratzte und nach Afrika geworfene Einheiten gewannen den „Wettlauf nach Tunesien", hielten Rommels bedrängter Panzerarmee den Rücken frei.

Schon die Geographie bestimmte Tunesien zum letztmöglichen Bollwerk gegen die von Westen heranrückenden Truppen Eisenhowers. Die Westgrenze des Landes zieht sich durch die raue Landschaft der beiden Atlas-Höhenzüge, bevor deren Ausläufer sich herabsenken in das flache Küstenland zwischen Biserta–Tunis und Sfax im Süden. Noch etwas weiter südlich, wo ein Mittelmeer-Golf weit ins Land hineinspringt und das flache Hinterland am Fuße des Atlas keine natürlichen Barrieren bietet, liegt die Stadt Gabes. Um diesen wichtigen Ort zu erobern, ohne den keine Verbindung zwischen Tunesien und Rommels Truppen in Tripolitanien herzustellen war, konnte die deutsche Führung in diesen ersten, wilden Tagen nichts weiter als einen Fallschirmjäger-Radfahrzug und die 3. Wachkompanie des OB Süd ansetzen. Wie das Unternehmen trotz-

dem mit Glück und frecher Stirn gelang, das illustriert die Situation am besten:
In Gabes lagen Einheiten des französischen Generals Barré. Ihre Haltung gegenüber den Deutschen wurde zu dieser Zeit immer feindseliger. Die zwölf Ju-52 Transporter, mit denen die kleine Streitmacht samt Fahrrädern den Flugplatz Gabes ansteuerte, gerieten prompt in heftiges MG-Feuer und wurden zersprengt. Nur die Maschinen mit den radfahrenden Fallschirmjägern blieben beisammen. Die Piloten suchten sich einen Landeplatz in der Niederung westlich der Straße Sfax–Gabes.
Ein Spähtrupp fuhr los, stieß auf französische Spähwagen und musste ohne Räder ins Gelände türmen. Ein zweiter Trupp, sieben Mann

Bild linke Seite: Deutsche Flak in Stellung. Sie war mit zunehmender Kriegsdauer hoffnungslos überfordert beim Kampf gegen die drückende alliierte Übermacht am Himmel.

Bild rechte Seite oben: Auf einer Tragbahre schaffen deutsche Tunesien-Kämpfer einen am Kopf verwundeten Kameraden aus dem Feuerbereich. Als der Endkampf in Nordafrika anlief, war seit der Katastrophe von Stalingrad, die einer Viertelmillion deutscher Soldaten das Leben gekostet hatte, kaum ein Monat vergangen. Doch Hitler gab auch hier die Parole „Kämpfen bis zum letzten Mann, und zur letzten Patrone“ aus und schickte noch kurz vor dem endgültigen Zusammenbruch Mannschaften und Material nach „Tunisgrad“, wie Tunis im Landser-Jargon bald heißen sollte.

Bild rechte Seite mitte: Deutsche Truppen auf dem Rückzug von Tunis nach Biserta. Angesichts der Durchhalte-Direktiven aus dem Führerhauptquartier blieb den Soldaten des Afrika-Korps nicht viel mehr, als jeden Morgen aufs Neue den Angriff der Alliierten abzuwarten und dann ihre Haut so teuer wie möglich zu verkaufen.

Bild rechte Seite unten: Ein britisches Gurka-Regiment an der Tunesien-Front.

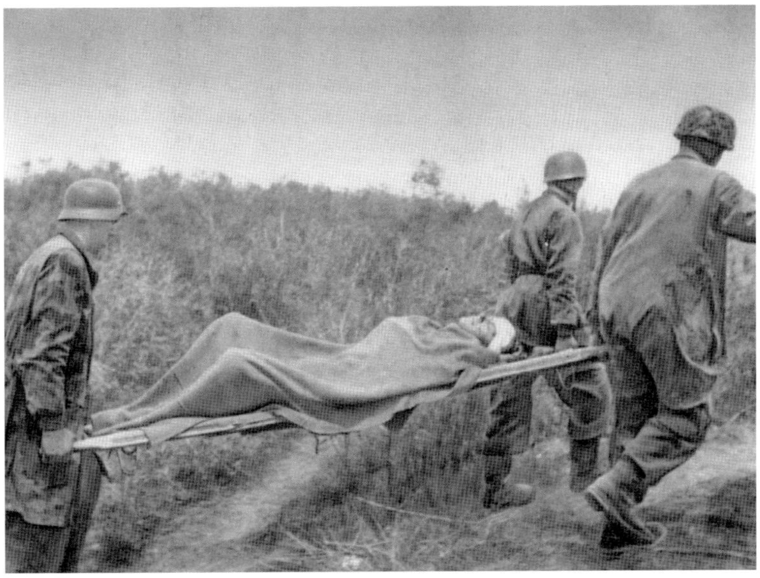

unter dem Gefreiten Beder, wurde gefangen und dem französischen Kommandeur vorgeführt.
Der Gefreite wählte die Flucht nach vorn: „Ich soll Ihnen mitteilen, dass der Flugplatz zu übergeben ist. Andernfalls erfolgt morgen früh ein Stuka-Angriff!“
„Wir werden sehen“, sagte der Franzose. „Wenn morgen früh keine Flugzeuge kommen, lasse ich euch erschießen.“
Den Jägern war nicht gut zumute, als sie am anderen Morgen aus ihrem Gefängnis geholt wurden. Aber plötzlich dröhnten schwere Flugzeugmotoren, der französische Major stürzte sich mit seinen Männern in die Fahrzeuge und brauste davon. So sahen sie nicht mehr, dass keine Stukas, sondern harmlose dicke Ju‘s angebrummt kamen. Sie brachten Verstärkung. Erleichtert feuerte der Gefreite Beder weißgrün-weiße Leuchtkugeln: Der Platz ist feindfrei.
Als drei Tage später die ersten US-Panzer auftauchten, konnten die Fallschirmjäger sie bis zum Eintreffen von zwei Bataillonen der italienischen Division Superga aufhalten.
Zu dieser Zeit, Mitte November, waren zwar noch nicht viele Einheiten, aber immerhin schon ein General in Tunesien eingetroffen: Walther Nehring, der frühere Kommandierende des Deutschen Afrika-Korps, kaum von seiner schweren Verwundung genesen. Seine Truppe hieß offiziell „LXXXX. Armeekorps“, hatte aber nicht einmal Divisionsstärke. Damit besetzte er, zumeist nach Art des Gabes-Unternehmens, den Kern des nördlichen Tunesien, mit den wichtigen Häfen Tunis und Biserta, den Pässen und Tunnels durch den Atlas in Richtung Westen, die Niederung entlang der Küstenlinie zur libyschen Grenze.
Am 24. November trafen sich drei Marschälle am „Arco dei Filani“, dem Wüstentor zwischen Tripolitanien und der Cyrenaika: Cavallero überbrachte Rommel den Befehl Mussolinis, die Mersa-Brega-Stellung unter allen Umständen zu halten. Rommel forderte stattdessen die Räumung Tripolitaniens. Kesselring versuchte vergeblich zu vermitteln. Sie wurden sich nicht einig. Vier Tage später saß Rommel in sei-

ner He 111, die mit Nordkurs über das Mittelmeer zog. Er flog unangemeldet zu Hitler, wollte ihm die Räumung Afrikas abringen.
Hitler und Göring empfingen den Generalfeldmarschall in der „Wolfsschanze" bei Rastenburg.
Der Reichsmarschall unterbrach Rommels Vortrag mit höhnischen Bemerkungen. „Der Benzin-Nachschub klappt nicht? Aber Sie hatten doch Sprit genug, um in wilder Flucht die Küstenstraße hinunterzurasen! Munition knapp? Aber Sie haben Zehntausende Artilleriegranaten in Tobruk liegen lassen! Keine Waffen? Auf der Flucht weggeschmissen habt ihr sie ... "
Zornrot wollte Rommel erwidern, aber Hitler schaltete sich ein: „Nordafrika wird verteidigt, nicht geräumt. Das ist ein Befehl, Herr Feldmarschall."
Ein Befehl ... Das magische Wort, das wie eine Berührung mit dem Zauberstab aus erwachsenen Män-

nern Marionetten macht! Rommel fuhr gehorsam zurück, diesmal im Sonderzug Görings, der in Italien „nach dem Rechten sehen" und den Duce beruhigen wollte, der sich durch Rommels direkte Kontaktaufnahme mit dem Führerhauptquartier übergangen fühlte. Göring, der den Italienern schon bei früheren Besuchen durch sein selbst für ihre Begriffe großspuriges Auftreten auf die Nerven gegangen war, stiftete auch diesmal nichts als Konfusion.
Auch er konnte nicht mehr heranschaffen, was allein eine gewisse Chance für die Truppen der Achsenmächte in Afrika gebracht hätte: Eine starke Luftstreitmacht, um Malta niederzuhalten, wenigstens auf dem 150-km-Katzensprung zwischen Sizilien und Tunis den Nachschub zu sichern und zugleich die Alliierten auf dem afrikanischen Festland daran zu hindern, endgültig die Luftherrschaft zu übernehmen. Er konnte es nicht, ebenso wenig wie er Stalingrad aus der Luft versorgen konnte, wie er versprochen hatte. Dort begann um diese Zeit das Sterben einer Armee. In Afrika sollte es auch bald beginnen.

Bild linke Seite oben: Amerikanische Soldaten in deutscher Kriegsgefangenschaft. Der Vormarsch der Alliierten in Tunesien wurde immer wieder durch erfolgreiche Gegenstöße aufgehalten. Mit dem Mut der Verzweiflung stemmte sich die deutsch-italienische Heerestruppe Afrika gegen den vielfach überlegenen Gegner.

Bild linke Seite unten: Beduinen helfen beim Tarnen eines Pak-Geschützes.

Bild rechte Seite: Im Februar 1943 trat das Deutsche Afrika-Korps noch unter Führung Rommels bei Kasserine südwestlich von Kairouan zu einer begrenzten Offensive an, die den Decknamen „Morgenluft" trug. Über Kasserine und den gleichnamigen Paß wollte Rommel in die algerische Ebene bis zur Küste bei Bône durchbrechen und das II. US-Korps von seinem Nachschub abschneiden. Doch nach der Eroberung von Kasserine und der Passhöhe blieb der Angriff im britischen Sperrfeuer liegen.

Nur wenige Tage nach der Unterredung mit Rommel, am 3. Dezember 1942, ließ Hitler Generaloberst von Arnim und Generalleutnant Ziegler von der Ostfront in sein Hauptquartier kommen. Er ernannte Arnim zum Oberbefehlshaber, Ziegler zu seinem ständig bevollmächtigten Vertreter. Als die beiden Generäle nach Afrika abreisten, kam ihnen ihre neue Aufgabe keineswegs wie ein Himmelfahrtskommando vor. Denn sie nahmen Versprechungen mit, die man nach Lage der Dinge nur als schamlos bezeichnen kann.
Drei Panzerdivisionen und drei motorisierte Schützendivisionen würden nach Tunesien in Marsch gesetzt, versprach Keitel in Gegenwart Hitlers. Generalleutnant Ziegler sah sofort den Pferdefuß: „Ist der Nachschub für eine solche Anzahl von Divisionen über das Mittelmeer gesichert?"
„Selbstverständlich", antwortete Hitler. Man kann es den Generälen nicht verdenken, dass sie unter diesen Umständen die Chance sahen, Eisenhowers Verbände zurückzudrängen oder sogar aus Afrika zu verjagen. Noch immer war die Überlegenheit der angloamerikanischen Luftwaffe nicht voll zu spüren, denn der große Regen hatte noch nicht aufgehört, die improvisierten Flugplätze der Alliierten in Frontnähe waren unbenutzbare Moräste. So wurde die Eroberung von Tunis und Biserta, die Eisenhower zunächst für eine Sache von Tagen gehalten hatte, zu einem vorerst unlösbaren Problem. Im Gegenteil: Deutsche Gegenstöße warfen im Dezember britische Einheiten, die sich bei Djedeida bis auf 20 km an Tunis herangekämpft hatten, auf Medjez zurück. Am Weihnachtsabend beschloss Eisenhower nach einer Konferenz mit seinen Kommandeuren, alle Offensivpläne für den Augenblick aufzugeben und nur das eroberte Gebiet, insbesondere die vorgeschobenen Flugplätze, zu behaupten.
Im Osten jedoch, an Rommels Front gegen Montgomery, wurde die deutsch-italienische Panzerarmee am 13. Dezember aus ihrer Stellung bei Mersa Brega geworfen. Wieder einmal entgingen die zusammengeschmolzenen Einheiten nur knapp der Einkesselung, erlitten sie blutige Verluste durch die allgegenwärtigen Schlachtflieger und Jabos. Auf halbem Wege nach Tripolis, in Buerat, bildeten sie am Jahresende wieder eine geordnete Verteidigungslinie, links begrenzt durch das Meer, rechts gedeckt durch das schwer passierbare Bergland. Aber unerbittlich rückte Montgomerys perfekte Kriegsmaschinerie nach.
Immerhin bekam der Brückenkopf Tunesien Verstärkung: Die 10. Pz.div., teilweise ausgerüstet mit den gefürchteten Tiger-Panzern mit 8,8-cm-Kanone; die 334. Infanteriedivision und Teile der Division „Hermann Göring". Aber immer noch war es reichlich vermessen, dass General von Arnims Truppe „5. Panzerarmee" genannt wurde ...
Im Laufe des Monats Januar jedoch wurde Rommels „Panzerarmee Afrika" aus Libyen und über die tunesische Grenze gedrückt. Am 15. Januar musste die Buerat-Stellung unter dem Druck von Montgomerys 8. Armee geräumt werden. Eine Woche später fiel mit Tripolis der letzte Hafen der italienischen Kolonie. Dezimiert und erschöpft, aber immer noch in guter Ordnung gingen die Verbände über die Grenze, die ein halbes Jahr zuvor noch nach Rommels Worten „die Hand am Türdrücker von Alexandria" gehabt hatten: Die Panzerdivisionen 15 und 21, die 90. und die 164. Leichte. Aus sieben

zerschlagenen italienischen Divisionen bildete Rommel drei neue. Diese Einheiten besetzten nun die Mareth-Stellung, eine von den Franzosen zum Schutz gegen italienische Einfälle schon vor dem Krieg ausgebaute Verteidigungsstellung. Angesichts des Kräfteverhältnisses ist es heute schwer vorstellbar, dass es der mächtigen alliierten Streitmacht nicht einmal gelang, die beiden deutschen Armeen durch einen konzentrierten Vorstoß zum Meer, etwa an der Enge zwischen Gafsa und dem Golf von Gabes, voneinander zu trennen.

Anfang Februar schien es soweit zu sein: Beim Stab der 5. Armee häuften sich Meldungen über Truppenkonzentrationen der Amerikaner im Raum Tebessa-Sbeitla und Sidi bou Zid. Das konnte nur bedeuten, dass Eisenhower endlich durch einen kräftigen Stoß nach Osten das Mittelmeer erreichen und die Achsenstreitkräfte spalten wollte.
Generaloberst von Arnim und sein Stab beschlossen, dem gegnerischen Schlag zuvorzukommen. Das Unternehmen „Frühlingswind“ wurde konzipiert: Unter Führung von Generalleutnant Ziegler sollten starke Panzer- und Panzergrenadier-Kräfte nach Westen in die Bereitstellungsräume der Amerikaner stoßen und dann nach Norden drehen, um Eisenhowers Front aufzurollen.
Speerspitze des Angriffs sollten die Tiger der 10. Pz.div. sein, die den Weg freikämpfen sollten. Außer den übrigen Einheiten der 10. war ein alterprobter AfrikaVerband dabei: Die 21. Pz.div., die nach der Räumung der Buerat-Linie als erste die libysch-tunesische Grenze überschritten hatte und in den Befehlsbereich des 5. AOK gekommen war. Denn obwohl die beiden Armeen nun auf Tuchfühlung zusammengerückt waren und vom Gegner kaum mehr die Luft bekommen würden, um wieder auseinander zustreben, waren immer noch keine einheitlichen Befehlsstrukturen hergestellt: Generaloberst von Arnim befehligte im Westen seine 5. Armee, Generalfeldmarschall Rommel im Osten seine Panzerarmee.
Das führte zu einem merkwürdigen Zwischenfall, typisch für Rommel, aber wohl einmalig in der Kriegsgeschichte. Kaum waren Ziegler und der für „Frühlingswind“ abgestellte Stab auf ihrem Gefechtsstand in La

Fauconnerie eingetroffen, da nahm der Generalfeldmarschall Verbindung mit ihnen auf. Er bot an, mit Verbänden des DAK aus der Mareth-Stellung die geplante Offensive zu unterstützen.
Rommel hatte dabei seine Hintergedanken. Er, der Afrika schon verloren gegeben hatte, favorisierte gleichwohl einen Plan, der über die Absichten der 5. Armee weit hinausging und, im Stil seiner gefürchteten „Raids" in der Cyrenaika, Eisenhowers Invasionsarmee einen schweren Schlag versetzen und für geraume Zeit das Kräfteverhältnis in Tunesien ändern sollte: Nicht nur im engen Bogen die Front nach Norden aufrollen, sondern weit hinter dem gegnerischen Gros zur Mittelmeerküste durchstoßen sollten die Panzerdivisionen. Eisenhowers Front würde in einem Chaos untergehen, wenn die Truppen im tunesischen Bergland von ihren algerischen Nachschub-Häfen abgeschnitten wären, sagte sich Rommel. Gegen diesen kühnen Plan setzte sich aber Generaloberst von Arnim mit dem einleuchtenden Argument durch, dass man dafür zunächst einmal selbst eine funktionierende Versorgung haben müsste. Und davon konnte nun wirklich nicht mehr die Rede sein.
Das italienische Comando Supremo hielt zudem eisern an den vorher festgelegten Operationsgebieten fest: Danach hatte Rommels Panzerarmee Afrika nördlich des 34. Breitengrades nichts zu suchen, dort operierte laut Plan nur Arnims 5.

Armee. So standen auch die letzten Offensiv-Aktionen der Achsenmächte in Nordafrika unter dem Vorzeichen versteckter Rivalitäten, während der Landser kämpfte und starb.
Der 34. Breitengrad, der knapp nördlich Gabes verläuft, sollte indes nicht mehr lange diese schicksalhafte Bedeutung haben. Ironischerweise war es das zunächst gute Gelingen seines Unternehmens „Frühlingswind", durch das Generaloberst von Arnim und sein Angriffsstab die Führungskompetenz verloren.
Am 14. Februar morgens um 4 Uhr stürmten die 10. und 21. Pz.div. über den Faid-Pass nach Westen. Die gewaltigen Tiger, 56 bis 60 Tonnen schwer, ursprünglich zum Übertrumpfen der sowjetischen T 34 konstruiert, brachen durch die entsetzten amerikanischen Truppen. Nach elf Stunden Kampf war das II. US-Korps bei Sidi bou Zid eingeschlossen. 68 US-Panzer blieben auf der Strecke.
Der nächste Tag brachte für die Alliierten eine noch schwerere Niederlage. Die 1. US-Pz.div. versuchte gegen Zieglers planmäßig nach Norden schwenkende Panzerkeile einen Gegenstoß. Am Abend waren 165 Panzer oder gepanzerte Fahrzeuge zerstört, 2.000 GI's marschierten in die Gefangenschaft. Das alliierte Oberkommando, das den Stoß erheblich weiter nördlich in Richtung auf Fondouk erwartet hatte, machte sich nun Sorgen um die Einheiten im Gebiet von Gafsa. Im Norden hatten Zieglers Truppen sie überflügelt, im Süden lagen unpassierbare Salzseen. Sie wurden deshalb zurückgezogen. Rommel, der trotz des ominösen 34. Breitengrades Teile der 164. und 15. Panzerdivision sowie schwere Artillerie als Stoßdivision bereitgestellt hatte, stieß sofort nach. Am 16. Februar stürmten die DAK-Einheiten Richtung Tebessa. Comando Supremo und OKW glaubten nun plötzlich, an Rommels kühnem Plan könne doch etwas dran sein. Mitten in der Nacht wurden ihm die 10. und 21. Pz.div. unterstellt, Ziegler samt Stab nach Tunis zurückgeschickt. Aber ein Angriff im Bergland, selbst gegen die unerfahrenen Truppen Eisenhowers, ist etwas anderes als schnelle Operationen in der weiten Wüste. In tagelangen, zermürbenden Kämpfen schob sich die geballte Kraft von drei deutschen und einer italienischen Division über den Kasserine-Pass, das Tor zum tunesischen Bergland. Zwar gab es bei den angloamerikanischen Verbänden und Stäben westlich der Passhöhe eine Panik, als der Durchbruch am Nachmittag des 20. Februar endlich gelungen war. Aber schon zwei Tage später musste Rommel, trotz weiterer Geländegewinne, die bittere Wahrheit erkennen: Es reichte nicht.
Schon war es Leichtsinn, die von Panzern und Artillerie fast völlig entblößte Mareth-Stellung vor der Nase von Montgomerys sich wieder sammelnder 8. Armee liegen zu lassen. Rommel brach die Offensive ab.
Am nächsten Tage erhielt Rommel den Oberbefehl über die neue „Heeresgruppe Afrika", die aus der 5. Panzerarmee und der deutsch-italienischen Panzerarmee zusammengefasst wurde. Darin lag keine Brüskierung des Generaloberstsen von Arnim, denn von vornherein wurde festgelegt, dass dieser den Oberbefehl von Rommel übernehmen sollte. Der Generalfeldmarschall sollte innerhalb der nächsten Wochen eine längst fällige Kur antreten.
Gesprächspartner Rommels aus dieser Zeit berichten, dass er das Schicksal seiner Heeresgruppe klar voraussah: Etwa bis Mitte Mai würde sie Widerstand leisten können, länger nicht. Jeder Angriff und damit jeder Versuch, durch das Blut seiner Soldaten bessere Ausgangspositionen für die bevorstehenden

Bild linke Seite oben: Tunesien, Raum Kasserine, März 1943. Nach der Schlacht: eine gesprengte deutsche 8,8-cm-Flak, die als Panzerabwehrkanone eingesetzt war. Nach fast drei afrikanischen Kriegsjahren verloren die Achsenmächte 7.600 Flugzeuge, 6.200 Geschütze, 2.500 Panzer, 7000 Lastkraftwagen und 624 Schiffe.

Bild linke Seite unten: Am Boden zerstört. Deutsche Ju 52-Transportmaschinen auf einem Feldflugplatz in Tunesien.

Bild rechte Seite: Eine britische „Hurricane" macht Jagd auf deutsche Panzerfahrzeuge.

Kämpfe zu erringen, konnte also nur das unausweichliche Ende hinausschieben. Schwierige Entscheidungen. Die Tatsache, dass er selbst nicht mehr dabei sein würde, hat die Situation für einen Mann wie Rommel, der sich selbst nie etwas geschenkt hat, sicherlich nicht erleichtert.

Er verantwortete noch zwei Offensiven, bevor er Afrika für immer verließ. Sie brachten den Achsen-Streitkräften keinerlei Vorteile.

Das Unternehmen „Ochsenkopf" sollte dazu dienen, im südlichen Bereich der Tunis-Front einige für die Verteidigung wichtige Höhenzüge zu besetzen, eine von Eisenhowers Nachschubstraßen zu unterbrechen sowie im Norden bei Abiod die Front in eine panzersichere Stellung vorzuschieben. Die Offensive begann am 26. Februar und brachte zunächst einige Anfangserfolge. Die Überraschung half den viel schwächeren Angreifern.

Aber dann begann die zweite Regenzeit des Jahres 1943. Verheerende Wassermassen stürzten die Wadis hinunter. Die Straßen wurden zu grundlosen Morästen. Insbesondere die schweren Tiger wurden so auf die wenigen festeren Pisten gezwungen. Das führte in der Gegend von Beja zu einer Katastrophe.

Eine Tiger-Einheit, verstärkt durch einige Panzer IV, fuhr sich im Gelände fest und musste sich auf die Straße zurückquälen. Plötzlich erfasste Pakfeuer aus der Flanke die in ihren Bewegungen behinderten Stahl-Kolosse. Mehrere Panzer wurden abgeschossen.

Am nächsten Tag rollten die übrigen wieder vor. Tiefflieger und schwere Artillerie forderten erneut schwere Verluste. Und am 28. Februar vollendete eine Minen-Falle die Tragödie: Sieben der unersetzlichen Giganten gingen kurz nacheinander verloren.

Es blieb nicht viel anderes übrig, als den Sturm des übermächtigen Feindes abzuwarten und sich so tapfer wie möglich zu wehren. Kaum einen Monat war es her, dass die Katastrophe von Stalingrad eine Viertelmillion deutscher Soldaten gekostet hatte. Doch Hitler und Mussolini schickten noch kurz vor dem endgültigen Zusammenbruch Soldaten nach „Tunisgrad", wie es

bald heißen sollte. Allein 40.000 Mann wurden von Dezember bis März auf dem Luftweg herübergebracht. Ungezählte kamen ums Leben, darunter der Kommandeur der 999. Inf.div., einer berüchtigten Bewährungseinheit.
Anfang März machte sich die deutsch-italienische Panzerarmee zu ihrer letzten Offensive fertig. Noch einmal hatte Rommel sich entschlossen, nicht auf den Angriff der 8. Armee zu warten, sondern lieber ihren Aufmarsch zu zerschlagen. Aber nicht einmal mehr der Aufschub, den das Gelingen einer solchen Operation gebracht hätte, war den Achsen-Streitkräften vergönnt.
Fast alles, was Rommel in diesem Bereich aufbieten konnte, trat am 6. März zum Angriff an: die 10., 15. und 21. Pz.div., die italienische Pz.div. Ariete, dazu die beiden leichten Divisionen und die Heeresartillerie, die den Angriff mit einem gewaltigen Schlag eröffnete. Dann rasselten die Panzer vor; keine der Divisionen hatte noch mehr als 50 Prozent ihrer Sollstärke, aber alle zusammen ergaben noch einmal ein eindrucksvolles Bild militärischer Kraft. Dass ein großer Teil des Sprits in ihren Tanks in winzigen Mengen in den Bombenschächten von Kampfflugzeugen über das Mittelmeer gebracht worden war, weil kaum ein anderes Transportmittel noch eine echte Chance hatte, sah man natürlich nicht. Aber es kennzeichnete die hoffnungslose Situation.
Schon kurz nach der Eröffnung der Offensive waren die britischen Tiefflieger da, jagten ihre Bomben und ihr Bordwaffenfeuer auf die Panzer, die Grenadiere, die Geschützbedienungen. Und dann erhob sich vor den Fahrzeugen eine Feuerwand, vernichtend und undurchdringlich. Mehr als 40 Batterien Artillerie schleuderten den Angreifern ihre Geschosse entgegen. Die andere Seite kannte keinen Mangel. Der steinige Boden vervielfachte die Splitterwirkung der Bomben und Granaten.
Innerhalb von Stunden lagen 55 deutsche Panzer als Wracks auf dem Schlachtfeld. Drei Nebelwerfer-Batterien, deren Raketengeschosse die feindliche Artillerie niederkämpfen sollten, wurden von Jabos zusammengeschossen. Am Nachmittag um 16 Uhr brach Rommel den Angriff ab.
Drei Tage später flog er nach Deutschland zurück. Im Führerhauptquartier versuchte er vergebens, Rettungsmaßnahmen für die Heeresgruppe durchzusetzen. Hitler hörte ihn nicht an und befahl ihm, sofort seine Kur anzutreten.
Der letzte Akt brach an, nur die Diktatoren in Rom und Rastenburg merkten es nicht. Sie warfen noch Menschen hinein in die alles verschlingende Maschinerie des Krieges, als die Existenz der Heeresgruppe Afrika nur noch eine Frage von Tagen oder höchstens Wochen war. Ein kriegsstarkes Ersatzbataillon Panzergrenadiere sollte im April auf drei italienischen Zerstörern nach Tunis gebracht werden. Die Schiffe wurden torpediert, aus der stürmischen See wurden ganze sechs Mann gezogen. Direkt aus italienischen Transportmaschinen, die unter Beschuss bruchlandeten, gingen noch in den letzten Tagen Teile einer Marschkompanie in Gefangenschaft.
Schwärme von alliierten Jagdflugzeugen stürzten sich auf die Transportmaschinen. Zwischen dem 18. und dem 22. April wurden an die hundert deutsch-italienische Flugzeuge abgeschossen, die meisten mit Benzin beladen. Danach wurden den Versorgungsflüge nur noch bei Nacht durchgeführt. Es spielte ohnehin keine Rolle mehr, die Versorgung war längst zusammengebrochen. Es war nicht einmal ein halbes Jahr her, dass Hitler auf Generalleutnant Zieglers Frage nach der Sicherung des Nachschubs so großspurig „selbstverständlich" gesagt hatte ...
Der Brückenkopf schmolz zusammen, von weit überlegenen Erdtruppen bedrängt, unbarmherzig aus der Luft zusammengeschlagen.
In ihrer aussichtslosen Lage verteidigten sich die deutsch-italienischen Verbände mit verzweifelter Tapferkeit. Am 6. Mai 1943 traten die alliierten Truppen zum Endangriff an. Nur eine Zahl genügt, um die Hölle anzudeuten, die über die Verteidiger hereinbrach: Die alliierte Luftwaffe machte an diesem einzigen Tag 2.500 Starts. Von den zerschlagenen Flugfeldern im Brückenkopf stieg ganze sechzigmal ein Flugzeug auf.
Der Endkampf dauerte noch bis zum 13. Mai. Einheit auf Einheit verfeuerte die letzte Munition und streckte die Waffen. Als der letzte Schuss abgefeuert war, hatten rund 100.000 Soldaten aller Nationen auf dem afrikanischen Kriegsschauplatz ihr Leben verloren.
130.000 deutsche und fast 120.000 italienische Soldaten marschierten in die Gefangenschaft. Europas „weicher Bauch" lag fast schutzlos da. Die Faust war schon geballt, die ihn treffen sollte.

Bilder oben: Erdrückend war die alliierte Materialüberlegenheit in der Endphase des Afrikafeldzuges. Die amerikanische Hilfe (rechte Seite oben: US-Panzer) machte sich bemerkbar. Auf der deutschen Seite dagegen fehlte es an allem. Die mobilen Werkstätten (linke Seite oben) hatten alle Hände voll zu tun.

Bild linke Seite unten: Deutsche Panzer-Wracks an der Mareth-Linie.

Stählerne Särge

Wenn auch – trotz der 116 Orkantage, die 1943 die Frühjahrsschlacht im Nordatlantik behindern – die Erfolge der Grauen Wölfe anhalten und die düsteren Schatten von Stalingrad verblassen lassen, wenn auch alle Versuche der Alliierten, die verhassten U-Boote in See, an ihren Geburtsstätten oder in den Stützpunkten zu bekämpfen, bis jetzt ohne schwerwiegende Auswirkungen geblieben sind, so bewegt Dönitz – nach Raeder seit dem 30. Januar 1943 Großadmiral und Oberbefehlshaber der Marine – mehr denn je die Überlegung, der Gegner könnte den Bewegungskrieg der U-Boote bisheriger Typen durch den Einsatz neuer Abwehrmittel zum Erliegen bringen. Darüber täuschen auch die lautstarken Versprechungen von Goebbels nicht hinweg, der noch im April 1943 der Welt versichert: „Wir haben mit unseren U-Booten England endlich an der Kehle gepackt."

Bereits im Frühjahr 1942 hatte Dönitz im Hinblick auf die Entwicklung der gegnerischen Ortung auf kürzesten Wellen in einer Denkschrift gewarnt und gefordert:

- Das radikalste Mittel ist: Wir müssen mit einem totalen U-Boot-Typ ins Wasser hinein;
- die Arbeiten an den Walter-U-Booten müssen beschleunigt werden;
- darüber hinaus ist zu prüfen, ob die Entwicklung des totalen U-Bootes nicht auch auf anderem Wege möglich ist;
- es ist eine gemeinsame Kommission OKM-BdU zu bilden, um die Sorgen in realisierbare Baupläne umzuwandeln.

Das OKM verhält sich, was die Kommission angeht, ablehnend. Man tue in der Frage der Walter-U-Boote und anderer neuer Bootstypen das nur irgend Mögliche. Gewiss, man tut etwas, hinsichtlich der Walter-U-Boote aber nicht genug, und das nicht erst seit Kriegsbeginn, sondern schon seit Jahren; schon seit 1933, als der noch unbekannte Germaniawerft-Schiffbauingenieur und spätere Professor Helmuth Walter einen detaillierten Vorschlag für ein US-Boot (Untersee-Schnellboot) einreichte. Erst im Sommer 1942 ist es soweit, dass die Bauaufträge für je zwei Versuchsboote vom 250 t großen Typ XVII-Entwurf erteilt werden. Diesem folgt die Bestellung von je zwölf Booten vom verbesserten Typ XVII B und XVII G bei den Werften Blohm & Voss und Germania, eine Serie, die sofort begonnen werden soll, sobald praktische Erfahrungen mit der Walter-Anlage vorliegen. Die ersten Versuche damit beginnen bereits im Mai 1943; der Bau der Boote kommt jedoch, da keine Dringlichkeitsstufe vorliegt, nur langsam voran. Neben den kleinen Walter-U-Boot-Typen steht auf Drängen von Dönitz auch ein größeres Walter-Boot (Projekt Pr. 476) an: der 1.485/1.652 t große Typ XVIII, dessen Linien von der eleganten Form vom Typ XVII (Wa 201) abgeleitet worden sind. Nach Vorlage der Konstruktionsunterlagen im November 1942 verlangt Dönitz das Anlaufen einer Großserie dieser U-Schiffe. Aber der sonst so optimistische Walter zögert. Er will – außer zwei großen Booten einer Nullserie – die Ergebnisse der ersten Boote vom Typ XVII abwarten. Auch die Produktion von Wasserstoffperoxid (H202) müsse erst beginnen. Es bleibt daher bei der Nullserie. Urplötzlich, quasi über Nacht, geht die Entwicklung einen völlig anderen Weg, über den noch im April, also noch vor dem Krisenmonat Mai 1943 entschieden wird.

Bereits im Februar 1943 war der Gedanke im K (Konstruktions)-Amt der Marine aufgetaucht, den für die zusätzliche Walter-Anlage beanspruchten Raum im großen Walter-U-Boot vom Typ XVIII einer dreifachen Batteriekapazität nutzbar zu machen: „Wenn schon ein so großes Boot, dann kann man auch mit konventionellen Antriebsmitteln sehr viel mehr erreichen als bisher." Mitte April wird bereits der ausgereifte Gegenentwurf zum Walter-U-Boot-Typ XVIII als Elektroboot vom Typ XXI Dönitz vorgelegt. Er ist auf jeden Fall problemloser als die mit dem hochempfindlichen Perhydrol arbeitende Walter-Anlage, obwohl man unter Wasser auch keine 26 kn für etwa fünf bis sechs Stunden Angriffsfahrt erwarten darf. Immerhin werden bei voll aufgeladenen Batterien unter Wasser 18 kn für anderthalb Stunden oder 12 bis 14 kn für zehn Stunden möglich sein. Ein solches U-Boot, auf dem man mit Hilfe einer hydraulischen Schnellladevorrichtung in 2 Minuten 18 Torpedos abfeuern will, wird allen Typen mit dieselelektrischem Antrieb überlegen sein. Trotz seiner Größe von 1.621/2.100 t soll der neue Typ auch im Geleitzugkampf im Nordatlantik eingesetzt werden. Dönitz entscheidet sich für eine sofortige Fertigkonstruktion in großen Serien. Man ist sich der Vorzüge des neuen Typs so sicher, dass gar nicht erst der Versuch gemacht wird, eine

Bild linke Seite: „Nach erfolgreicher Feindfahrt lehnen sie nebeneinander am Schanzkleid des Turms – ein Kommandant und sein Obersteuermann", so heißt das Bild aus der Propagandaillustrierten „Signal". Die U-Bootwaffe hatte von allen Waffengattungen die höchsten Verluste im Krieg.

Bild rechte Seite: Bei hoher Dünung durchpflügt ein aufgetaucht fahrendes deutsches U-Boot den Atlantik. Mit angespannter Aufmerksamkeit suchen die Beobachter vom Turm aus den Horizont und den Himmel ab, ob Gegner zu sehen sind oder Gefahr zum Tauchen zwingt.

Nullserie aufzulegen. Ähnlich liegen die Dinge bei dem kleinen Walter-U-Boot, für das die Herren im K-Amt ebenfalls einen Gegenentwurf parat haben: das Elektroboot von Typ XXIII.
Noch eine weitere, für die Marine wichtige Entscheidung ist gefallen: Am 31 März 1943 wird Albert Speer, Reichsminister für Rüstung und Munition, die Marinerüstung und damit der U-Boot-Bau vollverantwortlich übertragen.
Inzwischen haben die Alliierten in aller Stille ein neues Funkmessgerät, das H2S-Panoramagerät, entwickelt, dessen 9cm-Wellen von dem deutschen Funkmessbeobachtungsgerät „Metox" nicht mehr erfasst werden können. In Küstennähe von Land aus und auf See von den Trägern der sechs Support-Groups setzen sie im Mai 1943 schlagartig Flugzeuge mit dem neuen Magnetrongerät ein; auch über dem „Black Pit" im Nordatlantik, das die fetteste Weide der U-Boote war und das jetzt von VLR (Very Long Range)-Bombern kontrolliert wird. Eingewiesen vom Peilstrahl des H2S, nähern sie sich überall, wo U-Boote aufgetaucht fahren müssen, um die erschöpften Batterien wieder aufzuladen. Die Nacht oder dicke Wolkendecken bieten keinen Schutz mehr: kurzer Gleitflug – Treffer ins Ziel. Unvorbereitet und daher kampflos werden die Grauen Wölfe überrascht. In diesem Monat gehen 41 deutsche Front-U-Boote verloren, 37 davon im Nordatlantik. Der größte Teil (21) wird das Opfer von Flugzeugen, einen Teil vernichten auch die an den oder in der Nähe von Geleitzügen operierenden, gut aufeinander eingespielten Escort-Groups, denen die neuen U-Bootbekämpfungswaffen „Hedgehog" und die Tiefwasserbombe „Torpex" zur Verfügung stehen. Zur gleichen Zeit fast werden auch die automatisierten Funkpeildienste an Land und an Bord der Sicherungsfahrzeuge auf breiter Ebene eingesetzt.
Die Funkaufklärung auf britischer Seite macht bedeutende Fortschritte. Seit im Oktober 1942 aus dem versenkten „U 599" im Mittelmeer wichtige Schlüsselunterlagen geborgen wurden, können die Experten des Chiffrierdienstes in Bletchley Park den deutschen Funkverkehr wenigstens zeitweilig entziffern. Und selbst wo es den Geleitzügen nicht möglich ist, eine deutsche U-Boot-Aufstellung zu umgehen, hat sogar ein frontales sich Durchboxen noch Chancen, da die Bewacher zahlenmäßig und von der Ausstattung her das Übergewicht haben. Die Katastrophe ist also durch gleichzeitiges Wirksamwerden verschiedener Faktoren ausgelöst worden.
Lähmendes Entsetzen bricht über die Befehlsstelle des BdU herein. Es ist eingetreten, was Dönitz seit langem befürchtet hat. „Wir haben die größte Krise der U-Bootführung zu bestehen", erklärt er im Führerhauptquartier nach diesem „Totentanz" im Niemandsland nordatlantischer Seeräume, in denen die Alliierten außer der Masse an Flugzeugen Kriegsfahrzeuge zum Schutz ihrer Geleitzüge eingesetzt haben. Das ist der Erfolg der alliierten Anstrengungen nach der „Atlantic-Convoy-Conference" vom März 1943 („Der Sieg über die U-Boote ist die Grundvoraussetzung für jede weitere Operation"): Von der dritten Maiwoche an geht sogar überhaupt kein Schiff mehr auf der Nordatlantikroute verloren. Dönitz, den die U-Bootmänner den Großen Löwen nennen, hat sich am 24. Mai entschlossen, den Geleitzugkampf bis zur Auslieferung neuer Waffen vorübergehend einzustellen. Brennstoffstarke Boote werden nach Sü-

den abgezogen, brennstoffschwache Boote locker über den Nordatlantik verteilt. Sie sollen durch verstärkten Funkverkehr dem Gegner das Vorhandensein starker Gruppen vortäuschen. Ganz abziehen kann und darf Dönitz die U-Boote aus dem Nordatlantik nicht, denn noch immer binden sie alliierte Luftstreitkräfte über See. Doch die U-Boote sind nicht mehr Deutschlands Luftschutzkeller. Nach der Aufgabe der Geleitzugschlachten im Nordatlantik haben die Alliierten große Teile ihrer Luftstreitkräfte für andere Ziele frei. Hamburg trifft der erste Schlag. Hamburg wird das dritte Stalingrad: Tausend Bomber legen zwischen dem 25. und 30. Juli 1943 die Hansestadt in Schutt und Asche. 41.000 Hamburger sterben. Auf See halten die Verluste an. Im Juni sinken 17 Boote (elf davon durch Flugzeuge), im Juli sind es 37 (30) Verluste, die auch zur Reduzierung der Fernunternehmen führen. Der Ausfall von U-Tankern zwingt überdies zum Abbruch entfernter Operationen mit mittleren Booten. Ende Juli glaubt man fälschlicherweise, die Ursache für die hohen U-Bootverluste liege in der Einpeilung der von den an Bord befindlichen Überlagerungsempfängern ausgestrahlten Zwischenfrequenz durch den Gegner.

Das neue FuMB-Gerät „Zypern" (auch Wanze genannt) bringt keine Abhilfe. Selbst der völlig strahlungsfreie Detektorvorsatz FuMB 10 „Borkum" bietet im Ortungskrieg keinen Schutz, da er nur bis etwa 20-cm-Wellenlänge arbeitet. Erst die abgeschlossenen Untersuchungen eines im Frühjahr bei Rotterdam abgeschossenen Feindflugzeuges weisen über das dabei gefundene versuchsweise eingebaute H2S-Gerät den Weg. Im Juni wird das FuMB 7 „Naxos" fertig. Seine Reichweite ist mit nur fünf Kilometern viel zu gering, um Überraschungsangriffe aus der Luft auszuschließen. Die Unsicherheit bleibt. Hat der Gegner erneut neue Ortungsmethoden?

Erst die im Mai/Juni 1944 eingebaute Peilkombination ,,Tunis" mit der Dipolantenne „Fliege" für 9-cm-Wellen und mit dem Hornstrahler „Mücke" für das neue amerikanische 3-cm-Radar verbessert mit Reichweiten bis zu 70 km die Lage. Verbesserungen im U-Bootkrieg erhofft man auch durch eine Verstärkung der U-Boot-Flak, die der Anbau eines „Wintergartens" an die Turmbrücke ermöglicht. Doch muss die U-Bootführung bald erkennen, dass auf diesem Weg die alte Kampfkraft der Boote bewährter Typen nicht zurückzugewinnen ist. Eine wirkliche Verbesserung der Lage verspricht der Luftmast mit dem Suggestivnamen „Schnorchel", den die Holländer zur Durchlüftung ihrer U-Boote in der kolonialen Tropenfahrt benutzt hatten. Es ist – (ausgerechnet) Helmuth Walter, der diese Idee im Frühjahr 1943 aufgreift, damit U-Boote mit einem Schnorchel als Frischluft- und Auspuffrohr auch bei Unterwassermarsch mit Dieselantrieb fahren können. Das Problem, den Schnorchelkopf auch bei Seegang funktionsfähig zu halten, wird ebenso gelöst wie die

Bild linke Seite: Ein amerikanischer Geleitzug kämpft sich durch die stürmische See des Nordatlantiks. Das Fahren im Geleitzug brachte der alliierten Schiffahrt nicht nur Vorteile: Die Züge mussten umständlich gesammelt werden, und während der Fahrt wurde das Tempo vom langsamsten Schiff bestimmt. Und wenn es den deutschen U-Booten gelang, in Rudeln an der Zug heranzukommen, verwandelte sich auch der Vorteil des Geleitzug-Systems – geschlossenes Fahren als Schutz gegen einzelne U-Boote – in einen Nachteil: Ein Teil der „Grauen Wölfe" beschäftigte die Abwehr, der andere schoß aus dem Dampfergedränge die „fettesten Brocken" heraus.

Bild rechte Seite: Begegnung zweier U-Boote im Südatlantik. Die Einführung größerer U-Boottypen und der Einsatz von Versorgungsschiffen vergrößerten den Aktionsradius der deutschen U-Bootwaffe. Englische Handelsschiffe mussten auch in abgelegenen Seegebieten damit rechnen, angegriffen zu werden. Churchill schrieb später: „das einzige, was mich während des Krieges wirklich beängstigte, war die Bedrohung durch die U-Boote."

Schwierigkeit, den anfangs starren und dann beiklappbaren Schnorchel gleich dem Sehrohr ein- und ausfahrfähig einzubauen. Auch für die in ihrer Turbinenfahrt begrenzten Walter-U-Boote ist der Schnorchel ein Geschenk. Bereits im Juni 1943 liegt die erste Versuchsausführung vor, aber erst im September kann ein klappbarer Schnorchel auf den VII C-Booten U 235 bis U 237 eingebaut und mit Erfolg erprobt werden. Die Front ist skeptisch: Schneidet der Schnorchel bei Seegang unter – etwa bei Unaufmerksamkeit des Tiefenrudergängers – schließt sich automatisch das Schwimmerventil am Schnorchelkopf. Der Diesel reißt dann die Luft aus der Röhre. Der Zustand im Boot ist fast so schlimm, wie wenn ein Mensch in einer Sekunde von null in 4.000 bis 5.000 m Höhe geschleudert wird: Den Männern drohen die wahnsinnig schmerzenden Trommelfelle zu zerreißen. Ohnmachtsanfälle stellen sich ein. Noch übler sind Qualmeinbrüche, wenn das Personal nicht ganz exakt zusammenarbeitet. Wird nämlich eines der Abgasleitungsventile nicht rechtzeitig beim Anlassen der Motoren geöffnet, dringen die C02-Abgase ins Boot. Mehrmaliges Abwürgen des Dieselmotors kann zu Personalausfällen führen. So setzt sich denn der Schnorchel, dessen Betrieb mit einer eingefahrenen Besatzung überhaupt nicht schwierig ist, erst allmählich durch, auch technisch, denn Schnorchelanlagen bleiben bis Mitte 1944 ein Engpass. Dann aber melden schnorchelbetriebene U-Boote in zunehmendem Maße Erfolge selbst in Seegebieten, die bei den Briten bislang als U-Boot-sicher gelten.

Große Hoffnungen setzen die U-Bootmänner auf die neuen, lagenunabhängigen Torpedos, die schleifenförmig die See abharken können, und auf den G 7 ES „Zaunkönig" (T 5), der im Herbst 1943 einsatzbereit ist. Der T 5 ist ein Torpedo, der sich Ziele mit Geschwindigkeiten von 10 bis 18 kn, Eskortschiffe also, selbst sucht, indem er auf deren Schraubengeräusche anspricht.

Mit bis zu acht 2-cm-Flak, neuen FuMB-Geräten und den streng geheimgehaltenen T 5 an Bord werden ab Mitte September 1943 die Grauen Wölfe von Dönitz wieder für Rudeloperationen angesetzt. Die Erfolgsmeldungen gegen die ersten Konvois ON 202 und ONS 18 stimmen trotz der zwei Eigenverluste den BdU optimistisch: Außer vier Frachtern sind zwölf Eskortschiffe versenkt worden. In Wahrheit detonierten die meisten der 24 auf die Eskortschiffe geschossenen T 5 jedoch wirkungslos im Kielwasser, oder sie gingen fehl. Nur vier trafen ihre Ziele, von denen die Fregatte „Lagan" nur schwer beschädigt wurde und überlebte. Diese Überschätzung der T 5-Wirkung darf indessen nicht als Leichtfertigkeit ausgelegt werden, denn die Boote müssen nach einem T 5-Schuß sofort tief tauchen und können den Erfolg optisch nicht beobachten. Man hört die T 5-Detonationen und ist vom Verlust des beschossenen Eskortschiffes überzeugt. Ähnlich steht es in den Folgemonaten um die Konvois, bei denen der Gegner auf den Eskortschiffen Foxer genannte Geräuschbojen im Kielwasser fährt. Neu beim Gegner ist auch ein Fido genannter akustischer U-Jagd-Torpedo, der aus Flugzeugen abgeworfen wird.

Die massierte Flak nutzt nur hier und dort, oft nur bedingt und mit schrecklichen Folgen; so im Oktober beim Angriff auf die Konvois ON 206 und ONS 20: Um die in der Nähe der beiden Geleitzüge verstreuten Boote heranzubringen, gibt Dönitz den FT-Befehl, sich den Weg gegen die starke Luftsicherung aufgetaucht mit der Flak freizuschießen. U 844, U 964 und U 470 schießen eine Liberator ab und beschädigen eine andere, werden jedoch selbst nacheinander versenkt. Nur U 426 kommt an ONS 20 heran und versenkt einen Frachter. Bei Angriffsversuchen weiterer Boote, die durch die starke Luftsicherung immer wieder abgedrängt werden, gehen noch drei Boote verloren, während der Gegner nur noch ein Flugzeug verliert. Dieses eine Beispiel mag genügen.
Entweder werden die U-Boote von Flugzeugen oder Eskortschiffen abgedrängt, oder der Konvoi umgeht von ihm erkannte Aufstellungen, oder die T 5 versagen. Die Hoffnung, wieder Geleitzugschlachten im Nordatlantik führen zu können, erfüllt sich nicht – trotz kampfstarker Gruppenaufstellungen, wie Hai mit 22 Booten oder Igel I und II mit 28. Im Juni, Juli, August 1943 sinkt im Nordatlantik kein Konvoischiff, im September sind es 36.428 BRT, im Oktober 15.205, im November null, im Dezember null, im Januar 1944 14.535, im Februar 8.774, im März 10.342 BRT. Im gleichen Monat löst Dönitz die Gruppenaufstellungen auf. Mit den vorhandenen Mitteln sind planmäßige Konvoioperationen im Nordatlantik nicht mehr möglich.
Erfolge gab und gibt es nur noch im Mittel- und Südatlantik, in den südafrikanischen Gewässern und neuerdings auch im Indischen Ozean, wo ein Teil der U-Boote zur Überholung und Ausrüstung in die von den Japanern in Malaya und auf Java zur Verfügung gestellten neuen Stützpunkte einlaufen. Hier fehlt es an allem: an Torpedos, die nur ein einziges Transport-U-Boot durchbringt, an Akkubatterien oder an Weißblech etwa, das zum Eindosen einiger Lebensmittel benötigt wird und nur auf abenteuerlich krummen Wegen ohne Einverständnis der Japaner – be-

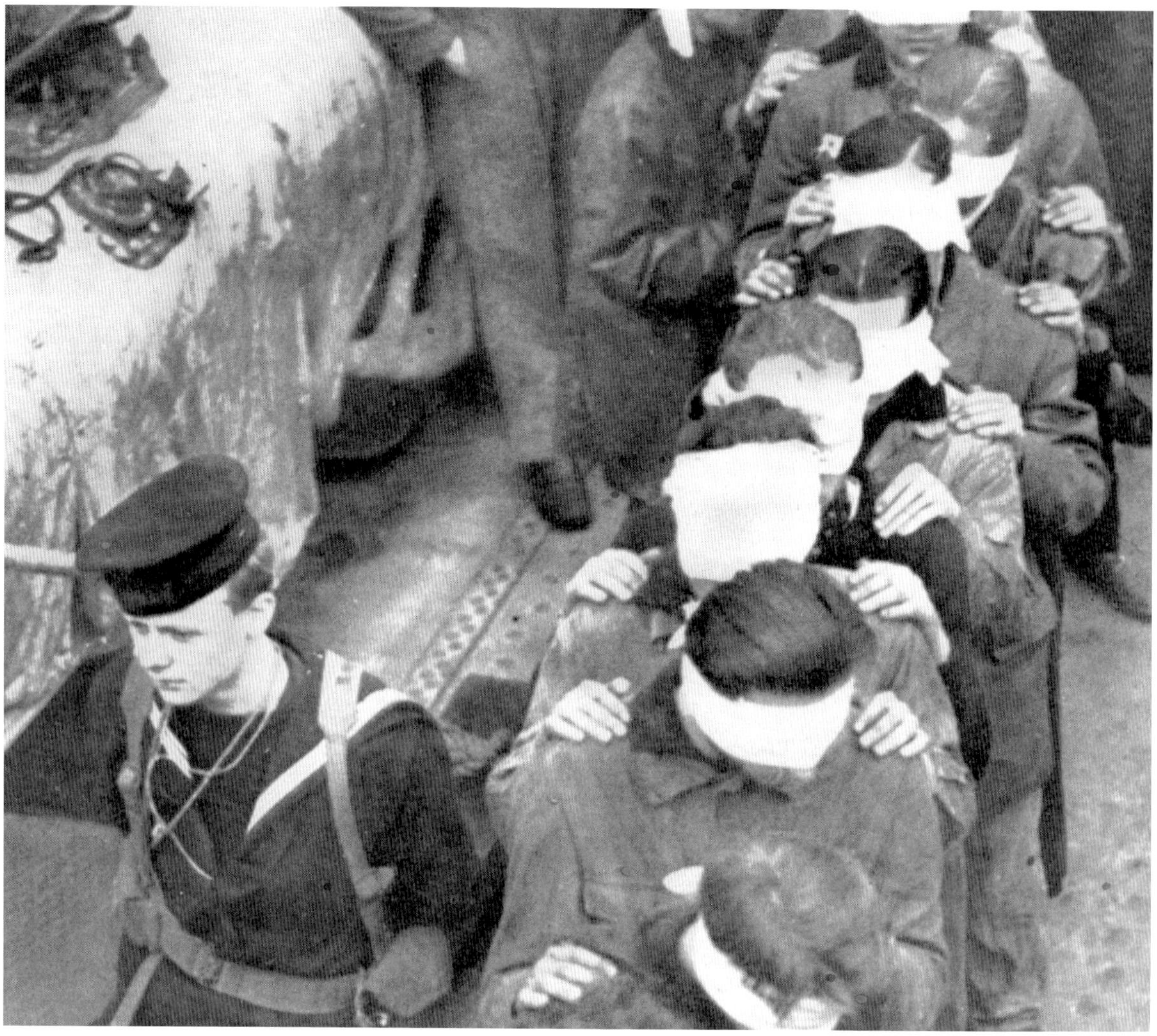

schafft werden kann. Erfolge gibt es auch im Schwarzen Meer – dorthin werden auf dem Land- und Donau-Weg kleine U-Boote vom Typ II B transportiert – und im Mittelmeer, wo bald (am 19. Mai 1944) der letzte U-Booterfolg an einem Konvoi erzielt wird, den italienische T-Boote sichern, die mit der Masse der italienischen Flotte nach der Kapitulation Italiens unter alliiertes Kommando kamen.

Nur die neuen Elektroboote vom Typ XXI lassen hoffen, dass die Geleitzugschlachten im Nordatlantik wieder aufleben werden. Die ersten 170 Boote werden im November 1943 in Auftrag gegeben, die Konstruktions- und Fertigungszeichnungen liegen aber erst im Dezember 1943 vor. Der Bau ist weitgehend rationalisiert. Er erfolgt in drei Ebenen: 1. Der Rohsektionsbau obliegt den Stahlwerken an der Küste und im Binnenland; 2. erfahrene U-Bootwerften übernehmen die maschinen- und schiffstechnischen Einbauten in die Sektionen, und 3. der Montagebau der Schübe wird auf leistungsfähigen Großwerften im Taktverfahren gemacht. Je Boot vom Typ XXI sind neun Sektionen und beim Typ XXIII vier Sektionen vorgesehen. Bauvorhaben an konventionellen Typen werden gestoppt, auch an den Walter-U-Booten bis auf die Versuchstypen und die zwölf Boote vom Typ XVII B und G.

Zwei der Walter-Versuchsboote, U 792 von Blohm & Voss und U 794 von der Germaniawerft, können im November 1943 in Dienst gestellt werden. Nach Überwindung einiger Kinderkrankheiten wird U 792 auf der Messmeile, einer Teststrecke, erprobt.

Kapitän zur See Sachs, Chef des UAK, fühlt sich veralbert, denn der vom Bootskommando behauptete Unterwasserdurchgang von 24 kn kann mit den herkömmlichen Mitteln nicht gemessen werden. Erst quer zur Messmeile gelegte elektrische Kabel bestätigen induktiv, was die Verantwortlichen im Boot behaupten. Und es bleibt nicht nur beim Wunder der schnellbootähnlichen Unterwasserfahrt: Das Boot ist auch mit dem Gruppenhorchgerät (GHG) nicht zu orten gewesen. Also wird auch das gegnerische Asdic keine Ortung erbringen. Diese Erkenntnis ist eine noch größere Sensation. Im März 1944 klettert Dönitz mit gleich vier Admiralen an Bord von U 794. Nach der Fahrt drückt er dem Probefahrt-Ingenieur, Kapitänleutnant (Ing.) Heller,

Bild linke Seite oben: Die gefangene Mannschaft eines im Atlantik gesunkenen deutschen U-Bootes wird von Bord eines britischen Zerstörers abgeführt. Den Männern wurden die Augen verbunden, damit sie die militärischen Anlagen nicht beobachten konnten.

Bild linke Seite unten: Der Maat im Bugraum meldet, dass der „Torpedo los ist". Doch über Wasser lockte nicht nur Beute, sondern lauert auch der Feind. Die Revolutionierung der Radar-Technik durch das von britischen Wissenschaftlern entwickelte Magnetron, eine leistungsstarke Senderöhre für scharfgebündelte Zentimeterwellen, bescherte den Angloamerikanern die siegreiche Wende in der „Schlacht im Atlantik". Die deutschen U-Boote konnten jetzt zielgenau geortet werden. Alle Opfer waren jedoch vergebens. Zwar versenkten die deutschen U-Boote im Zweiten Weltkrieg 14 Millionen Tonnen, aber den Alliierten standen, vor allem gestützt auf das amerikanische Potential, am Ende des Krieges wieder rund 44 Millionen Tonnen neuen Schiffsraums zur Verfügung.

Bild rechte Seite: Dieser Matrose von U175 konnte sich mit seiner Schwimmweste zu einem alliierten Schiff retten.

lange die Hand: „Das hätten wir bei mehr Vertrauen und Wagemut schon ein bis zwei Jahre früher haben können. Das Boot ist eine echte Revolution." Der Bau an den Walter-Booten wird neben den Großserien der Typen XXI und XXIII wieder aufgenommen. Vom mittleren Typ XXVI W werden bei Blohm & Voss die Boote U 4501 bis 4600 vergeben.

An der Atlantikfront sinkt im April/Mai 1944 die Bootszahl wegen der Umrüstung auf den Schnorchelbetrieb und der erwarteten Invasion auf 40 Boote. Am 6. Juni 1944, dem Tag der alliierten Landung in Frankreich, liegen von 172 Frontbooten zehn Schnorchel- und 28 konventionelle Boote in Norwegen, 13 Schnorchel- und 23 normale U-Boote in westfranzösischen Häfen. Schwere Ausfälle zwingen den BdU, die Boote ohne Schnorchel nach dem Auslaufen zurückzurufen, während die Schnorchel-U-Boote gegen die Invasionsflotte zum Einsatz kommen. Die Erfolge sind dürftig, die Verluste erschütternd: 7 Geleitfahrzeuge, 3 Landungsschiffe und 13 Transporter bei 18 U-Boot-Verlusten.

Mit 426 U-Booten – stärker denn je – beginnt das Jahr 1945; doch nur 117 Boote sind frontbereit. Und nur 35 davon sind mit Schnorchel ausgerüstet. 128 der bei den Schulflottillen stehenden Boote sind von den Typen XXI und XXIII, von denen 144 weitere noch im Bau sind. 245 Elektroboote sollten zum Jahresbeginn fertiggestellt sein. Knapp die Hälfte des Solls wurde erreicht. Nicht eines der Boote kam bisher an die Front – alles Folgen der alliierten Bombenangriffe.

Dadurch, dass es dem britischen Chiffrierdienst gelungen ist, die Funksprüche der japanischen Botschaft in Berlin an die Regierung in Tokio zu entziffern, kennen die Strategen in Bomber Command die Eigenschaften der schnellen Elektroboote sehr gut, sie richten gezielte Angriffe gegen Zulieferer-Betriebe, Transportwege und Endbauwerften und verstärken die Luft-Minenoffensive gegen die Ostsee-Übungsräume.

Der Schnorchel hat es inzwischen möglich gemacht, dass auch aus dem Nordatlantik, aus den Seegebieten um England (Januar 54.000 BRT, Februar 43.904, März 40.046, April 86.427) und den Küstenvorfeldern der USA wieder Versenkungen gemeldet werden, nicht mehr jedoch aus dem Mittelmeer und nicht mehr aus dem Indik, wo man die Kampf-U-Boote in den Stützpunkten des Südostraums zu Transport-U-Booten für Rohgummi, Wolfram,

Molybdän, Zinn und Chinin umgebaut hat, von denen aber nur wenige die Heimat erreichen.
Als die großdeutsche Wehrmacht am 7. Mai 1945 kapituliert, sind von den 1174 in Dienst gestellten U-Booten 781 verlorengegangen, 721 davon durch Feindeinwirkungen an der Front; 221 Boote werden selbst versenkt; 145 werden den Alliierten übergeben; 26 werden abgewrackt oder im Südostraum von Japan übernommen; ein Boot, U 977, schnorchelt in einem 66tägigen Unterwassermarsch von Norwegen nach Argentinien, wo es interniert und an die USA ausgeliefert wird – den Goldschatz Adolf Hitlers hat es entgegen allen Orakeln nicht an Bord.
Während des 68 Monate andauernden Ringens haben die Alliierten 4.786 Handelsschiffe mit über 21 Millionen BRT und 178 Kriegsschiffe verloren. Die neue Waffe, die großen Elektro-U-Boote, bekamen sie (einige erfolgreiche Operationen mit kriegsbereiten Booten vom kleinen Typ XXIII ausgenommen) nicht mehr zu spüren. Nur eines der mit so viel Hoffnungen und Zuversicht erwarteten Boote vom Typ XXI lief vor der Kapitulation noch zur Feindfahrt aus: U 2511. Unter Korvettenkapitän A. Schnee sichtete es einen britischen Kreuzer und setzte auf Grund seiner hohen Unterwassergeschwindigkeit unbemerkt zu einem Scheinangriff an, denn Stunden vorher hatte Dönitz Waffenruhe befohlen. Der Torpedo, der den Beweis für die Qualifikation der XXIer erbracht hätte, blieb im Rohr.
Versenkte Walter-Versuchs-U-Boote werden gehoben. Die fertigen Boote vom Typ XVII B teilen sich Briten und Amerikaner. U 1406 bringt man auf dem US-Transporter „Shoemaker“ in die USA; U 1407 wird von der Royal Navy unter dem beziehungsreichen Namen „Meteorite“ in Dienst gestellt. Zwei kleinere Elektro-U-Boote vom XXIIIer Typ erhält später die Bundesmarine als „Hai“ und „Hecht“. Das aufkommende Atom-U-Boot erübrigte die vielversprechende Entwicklung der Walter-U-Boote zum Untersee-Schnellboot.
Der letzte scharfe Schuss beendet in diesen chaotischen Tagen das Leben eines Offiziers, der den Tod an den Fronten der Meere hundertfach besiegte – Kapitän zur See Wolfgang Lüth, Träger der Brillanten zum Ritterkreuz mit Eichenlaub und Schwertern. Am 14. Mai 1945 überquert Lüth in der Dunkelheit das Gelände der Marineschule in Flensburg-Mürwik, deren Kommandeur er ist. Er hört den Anruf eines der deutschen Wachposten nicht die den Befehl haben, bei Nichtbeachtung sofort zu schießen. Der erste Schuss trifft tödlich – Kapitän zur See Lüth wird das letzte Opfer einer Waffe aus deutscher Soldatenhand. So endet das Ringen um den Atlantik mit einem tragischen Irrtum, so, wie es mit einem Irrtum begann, als Kaleu Lemp den Passagierdampfer „Athenia“ mit einem britischen Hilfskreuzer verwechselte.
Über das Ende der Schlacht im Atlantik heißt es in His Majesty‘s Stationary Office, London, u. a.: „Die deutsche U-Bootwaffe hat bis zum Ende mit Disziplin und Heftigkeit gekämpft. Ihre Moral war ungeschwächt. Noch in der Nacht vor der Kapitulation sanken vor dem Firth of Forth zwei Handelsschiffe und ein Minensucher in der Lyme Bay...“

Bild linke Seite: Die Erfindung des Schnorchels erlaubte den deutschen U-Booten tagelanges Unterwasserfahren; der Schnorchel konnte vom Radar nicht geortet werden, weil er zu klein war, um auf dem Bildschirm zu erscheinen.

Bild rechte Seite: Flugbombentreffer auf ein deutsches U-Boot. Mit ihrer überlegenen Radar-Technik orteten die alliierten Maschinen die deutschen Boote, sobald sie sich an der Wasseroberfläche zeigten. Das zwang die U-Boot-Führung zu einer neuen Taktik, denn praktisch konnten die Boote nicht mehr zur Überwasserfahrt übergehen, um mit ihren Dieselmotoren die Batterien aufzuladen, weil sie sonst einen Überraschungsangriff riskierten.

Warschauer Ghetto-Aufstand

Nachdem von Ende Juli bis Anfang Oktober 1942 über 310.000 Juden durchweg in das Vernichtungslager Treblinka „umgesiedelt" worden waren, beschlossen die im Getto vertretenen jüdischen Parteien, sich weiteren Deportationen gewaltsam zu widersetzen. Unter dem so genannten „Koordinierungskomitee" (KK) wurde eine Kampforganisation (ZOB) aufgestellt. Ihre insgesamt 22 Einheiten in Stärke von etwa 1500 Männern und Frauen befehligte der 24-jährige Mordechai Anielewicz. Die nationalistischen Juden der Revisionistischen Partei schlossen sich der „ZOB" nicht an. Ihre Militärorganisation, der Irgun Zwai Leumi, hatte drei eigene Kampfgruppen. Unter dem Vorwand, Luftschutzunterstände zu errichten, wurden einige hundert Bunker gebaut, die zum Teil mit dem Kanalisationssystem verbunden waren. Hauptsächlich die polnische „Heimatarmee" stellte Waffen und Sprengstoff zur Verfügung.

Von den noch im Getto lebenden etwa 75.000 Juden wurden im Januar 43 überraschend 6 500 deportiert. Bei der Aktion kam es zu Widerstandshandlungen; ein Polizeihauptmann wurde schwer verletzt und 1 171 Juden im Zuge von Gegenmaßnahmen erschossen. Nach dem Zwischenfall ordnete Himmler die Auflösung und Zerstörung des Gettos an. Am 19. 4. 1943, 3 Uhr morgens, befahl der SS- und Polizeiführer von Warschau, Ferdinand von Sammern-Frankenegg, die Räumung des Gettos innerhalb von drei Tagen. Beim Einrücken in das Getto um 6 Uhr wurden die ihm unterstellten Einheiten von den Kampfgruppen der „ZOB" mit konzentriertem Feuer empfangen und mussten sich unter Verlusten zurückziehen. Gegen 8 Uhr wurde Sammern-Frankenegg von dem SS-Brigadeführer Stroop abgelöst, der neue Angriffe befahl. Seine Einheiten wurden immer wieder gezwungen, sich zurückzuziehen. Am 23. 4. ließ er die Häuser in Brand setzen. Das Getto wurde ein Flammenmeer. Zahlreiche Juden flüchteten in das Kanalisationssystem. Durch Flutung und Sprengungen von Teilen der Kanalisation erlitten sie schwere Verluste. Stroop ließ schließlich die noch bestehenden Bunker systematisch durch Stoßtrupps ausräuchern. Die Reihen der kämpfenden Juden lichteten sich rapide. Am 8. 5. 1943 fiel Anielewicz.

Mitte Mai 43 war der Widerstand der „ZOB" gebrochen. Als Zeichen für die Niederlage der Juden ließ Stroop am 16. 5. 43 die im „arischen" Teil Warschaus gelegene große Tlomacki-Synagoge sprengen und berichtete seinem Vorgesetzten, dem Höheren SS- und Polizeiführer im Generalgouvernement Friedrich Wilhelm Krüger: „Es gibt keinen jüdischen Wohnbezirk in Warschau mehr" (so genannter Stroop-Bericht). Von den bei Beginn der Aktion noch im Getto befindlichen 70.000 Juden waren rund 56.000 in Gefangenschaft geraten. 7.000 hiervon wurden erschossen, weitere rund 7.000 nach Treblinka „umgesiedelt" und 15.000 kamen ins Vernichtungslager (Lublin-)Maidanek. Der Rest wurde in Arbeitslager eingewiesen. Die Verluste der Deutschen und der mit ihnen eingesetzten Hilfswilligen (ein Bataillon Ukrainer und polnische Polizei) betrugen 16 Tote und 90 Verwundete.

Monte Cassino

Monte Cassino und der gleichnamige Ort bildeten 1943/44 das Herzstück der deutschen „Gustav"-Linie, an der nach der Kapitulation Italiens (8.9.43) der Vormarsch der Alliierten nach Rom zum Stehen gebracht werden sollte. Der dem Massiv des Monte Cairo (1669 m) vorgelagerte Berg beherrschte das Lirital, den Zugang zur Ebene von Latium und damit zur italienischen Hauptstadt, deren Eroberung von den Alliierten nach dem Erfolg der Landung bei Salerno noch für Oktober 43 vorgesehen war. Wegen Wetter-, Nachschub- und Geländeschwierigkeiten, v.a. aber wegen des geschickten Widerstands der 10. deutschen Armee (v. Vietinghoff), erreichten die amerikanische 5. (Clark) und die britische 8. Armee (Montgomery) erst im Januar 44 die „Gustav“-Linie in voller Länge und versuchten in vier Schlachten, den Riegel am Monte Cassino zu durchbrechen:

1) Am 18.1.44 griffen das X. britische Korps (McCreery) im Mündungsgebiet des Garigliano und das II. US-Korps (Keyes) am Rapido südlich des Monte Cassino an, um Verteidigungskräfte zu binden und damit die Landung des VI. US-Korps bei Anzio im Rücken der deutschen Front zu entlasten. Während die Briten einen kleinen Brückenkopf gewinnen konnten, mussten sich die Amerikaner bei 2000 Mann Verlust nach Gegenangriffen des deutschen XIV. Panzerkorps (von Senger und Etterlin) bis 22.1. wieder in die Ausgangsstellung zurückziehen. Flankenangriffe des französischen Expeditionskorps (Juin) gegen Atina im Norden und der britischen 46. Division bei Sant' Ambrogio im Süden des amerikanischen Abschnitts scheiterten ebenso.

Bild linke Seite oben: Jüdische Widerstandskämpferinnen in Warschau. In einem Kampfaufruf auf Flugblättern hieß es: „Jede Mutter werde zu einer Löwin, die ihre Jungen verteidigt! Kein Vater sehe mehr ruhig auf den Tod seiner Kinder!“

Bild linke Seite unten: Aus den brennenden Häusern des Warschauer Gettos stürzen Menschen als lebende Fackeln in den Tod.

Bild rechte Seite: Allein bei der ersten Beschießung der Benediktinerabtei Monte Cassino wurden von den Alliierten 52.000 Schuss Trommelfeuer abgegeben. Die erst in den Klosterruinen eingerichtete deutsche Verteidigung gelang hier so gut, weil das Gelände eine Panzerführung unmöglich machte und die tief eingeschnittenen Rinnen gute Deckung gegen Jagdbomber-Angriffe boten.

2) Nach kurzer Pause gingen die Alliierten am 25.1.44 zur Daueroffensive über. Vergeblich jedoch versuchte die 34. US-Infanteriedivision, den Monte Cassino im Norden zu umgehen, und ebenso erfolglos blieben Vorstöße der Franzosen, die vorübergehend einige umliegende Gipfel nehmen konnten. Gegenangriffe der deutschen 44. Infanteriedivision stellten die alte Lage wieder her. Der den Monte Cassino überragende Kalvarienberg (593 m) wechselte zwischen 6.2. und 10.2. viermal den Besitzer, Sieger blieb die durch 3 Bataillone Fallschirmjäger verstärkte deutsche 90. Panzergrenadierdivision gegen das 11. US-Korps. Das zur Unterstützung der Amerikaner herangeführte II. neuseeländische Korps (Freyberg) wurde daher mit einem erneuten Frontalangriff auf den Monte Cassino beauftragt, es forderte dafür aber eine vorbereitende Bombardierung des Klosters, das von den deutschen Verteidigern bewusst aus dem Kampfraum ausgespart und dessen Kunstschätze nach Rom ausgelagert worden waren. 142 Flying Fortress und 87 weitere Maschinen verwandelten am 15.2. die Abtei in einen Trümmerhaufen, den erst jetzt Einheiten der deutschen Fallschirmjägerdivision (Generalleutnant Heidrich) besetzten. Wiederholte Sturmangriffe britischer Kolonialtruppen auf den Kalvarienberg wurden am 18.2. abgewiesen.

3) In der 3. Schlacht am Monte Cassino sollte ein Angriff durch den Ort Cassino den Durchbruch schaffen: Am 15.3. gingen die Neuseeländer vor, nach Bombardierung der deutschen Stellung mit 800 Maschinen, die 1200 t Bomben abwarfen. Dennoch lief sich der Angriff fest und war auch durch massiertes Feuer der Artillerie nicht voranzubringen, die fast 600.000 Granaten verschoss. Am 23.3. mussten die Alliierten den Kampf erneut abbrechen.

4) Für den nächsten Großangriff gruppierte der alliierte Oberbefehlshaber Alexander um: Das Zentrum am Monte Cassino übernahm die britische 8. Armee mit dem XIII. britischen und dem II. polnischen Korps (Anders), während die Amerikaner an der Küste auf Minturno und die Franzosen nördlich davon gegen das Massiv des Monte Majo (940 m) am westlichen Eingang des Liritales vorstoßen sollten. Die Zeit drängte, da das Unternehmen „Overlord“ bevorstand und der Vormarsch auf Rom die Invasion in der Normandie durch Bindung deutscher Kräfte erleichtern sollte. In der Nacht vom 11./12.5. feuerten über 2000 alliierte Geschütze an der gesamten Monte Cassino-Front und leiteten die vierte Offensive ein, die im Zentrum nach geringen Geländegewinnen zunächst liegen blieb. Erfolgreicher verliefen die Angriffe marokkanischer Divisionen des französischen Expeditionskorps, die am 13.5. auf dem Majo die Trikolore hissten und unter Verzicht auf motorisierte Verbände zu Fuß mit Maultieren durch die Monti Aurunci vordrangen. Das XIV. Panzerkorps auf dem rechten deutschen Flügel musste weichen, wodurch die gesamte Front in Bewegung geriet und der deutsche Oberbefehlshaber Süd Kesselring Monte Cassino am 17.5. räumen ließ, wo am nächsten Tag polnische Truppen einzogen. Dem VI. US-Korps gelang nun auch der Ausbruch aus dem Brückenkopf bei Anzio, der Weg nach Rom war offen. Insgesamt verloren die Alliierten bei Monte Cassino 12.000 Mann und wochenlang Zeit, die Wehrmacht büßte über 20.000 Mann an Gefallenen, Vermissten und Gefangenen ein und opferte wertvolle Kräfte für die Abwehrschlacht im Osten und die bevorstehende Invasion in der Normandie.

1944

JANUAR

1.1. Hitler in seinem Neujahrsaufruf an das deutsche Volk: „Das Jahr 1944 wird harte und schwere Forderungen an alle Deutschen stellen. Das ungeheure Kriegsgeschehen wird sich in diesem Jahre der Krise nähern. Wir haben das volle Vertrauen, dass wir sie erfolgreich überstehen."

1.1. In seinem Tagesbefehl an die Soldaten der Wehrmacht und des Heeres prophezeit Hitler: „Es mag die plutokratische Welt im Westen ihren Landeversuch unternehmen, wo sie will. Er wird scheitern!"

1.1. Im Westen übernimmt Generalfeldmarschall Rommel unter dem Oberbefehl des OB West, Generalfeldmarschall v. Rundstedt, die Führung der Heeresgruppe B mit allen nördlich der Loire stehenden deutschen Kräften. Damit wird er zugleich mit allen Vorbereitungen zur Abwehr einer alliierten Invasion im Westen betraut.

2.1. Die britische Luftwaffe nimmt bereits in der Nacht zum 2. Januar ihre schweren Angriffe auf Berlin wieder auf. 386 Flugzeuge werfen bei 28 Verlusten 1.401 t Bomben auf die Stadt.

2.1. Im Osten dringt die „1. Ukrainische Front" unter General Watutin aus dem Kampfraum von Shitomir – Berditschew weiter nach Westen vor.

2.1. Beim Lagevortrag im Hauptquartier „Wolfsschanze" erläutert Großadmiral Dönitz den Verlauf der „Scharnhorst"-Operation, aus der er die Schlussfolgerung zieht, dass „ohne brauchbare Funkmessgeräte ein Kämpfen auch für die Überwasserstreitkräfte nicht mehr möglich sei". Gemeinsam mit Speer berichtet Dönitz ferner über den Stand des Bauprogramms für die Elektro-U-Boote und fordert in diesem Zusammenhang auch eine scharfe Konzentration auf dem Gebiet der Hochfrequenztechnik.

3.1. Hitler versetzt den Staatssekretär im Reichsjustizministerium, Dr. Rothenberger, in den Wartestand. Sein Nachfolger wird der in der Parteikanzlei tätige Ministerialdirektor Klemm.

3.1. Im Vorstoß aus dem Kampfraum von Shitomir erreichen die Sowjets erstmals die altpolnische Grenze in der Gegend von Sarny. Nach dem OKW „stehen unsere Truppen in schwerem Kampf mit feindlichen Angriffsgruppen".

4.1. In den Mittagsstunden führt die 8. amerikanische Luftflotte einen neuen, schweren Angriff gegen Kiel. 29 Bomber werden abgeschossen.

4.1. In Süditalien nimmt die 5. US-Armee ihre Angriffstätigkeit gegen die „Gustav-Linie" im Raum von Mignano wieder auf.

4.1. Generalfeldmarschall v. Manstein reist ins Führerhauptquartier „Wolfsschanze", um Hitler klarzumachen, dass der Dnjepr-Bogen nicht zu halten sei. Hitler lehnt die Räumung des Gebietes und die Aufgabe von Nikopol kategorisch ab.

5.1. In zahlreichen deutschen Städten werden Sonderlehrgänge und Weiterbildungsmöglichkeiten für Kriegsversehrte angeboten.

6.1. Beiderseits von Kirowograd setzen die Sowjets ihre Großoffensive fort. „Im Kampfraum von Shitomir griffen die Bolschewisten besonders nordwestlich Berditschew mit unverminderter Heftigkeit an", meldet das OKW. Auch südöstlich und nordwestlich Witebsk hält die Abwehrschlacht an.

6.1. Auf dem Balkan finden in Ost-Bosnien größere Unternehmungen gegen Partisanen ihren Abschluss. Im Dezember haben die Tito-Verbände bei diesen Kämpfen annähernd 23.000 Mann verloren. Ihr geplanter Einfall nach Serbien wurde vereitelt.

7.1. Das Deutsche Nachrichtenbüro meldet die Fertigstellung von Befestigungsanlagen an den Küsten des Mittelmeeres. Die gesamte Front von Norwegen über Dänemark, entlang der deutschen Nordsee-Küste, am Kanal and am Atlantik sei in einer Länge von etwa 5.000 km ein Befestigungswerk von Bunkern und Kampfständen mit Tausenden von Geschützen aller Kaliber und einer kampferprobten Truppe.

8.1. Hitler unterzeichnet einen „Befehl über die weltanschauliche Schulung der Soldaten". Darin heißt es: „Der Offizier muss auch auf weltanschaulichern Gebiet aktiver Vorkämpfer sein und seine Soldaten zu überzeugten und unüberwindlichen Kämpfern für unser großes germanisch-deutsches Reich im Sinne unserer nationalsozialistischen Weltanschauung erziehen können."

9.1. In München gewinnt die Wienerin Martha Musilek zum dritten Mal die Kriegsmeisterschaft im Eiskunstlauf der Frauen.

9.1. Im Dnjepr-Bogen muss die Stadt Kirowograd aufgegeben werden. Gegen die südliche Flanke des sowjetischen Angriffskeils westlich Kiew richten sich Gegenangriffe vor allem bei Pogrebischtsche. Westlich Retschiza treten die Sowjets erneut zum Angriff an, während ihre Durchbruchsangriffe südöstlich Witebsk anhalten.

Bild linke Seite: NS-Propagandaplakat.

Bild rechte Seite: „Heldentum der Heimat. Männer einer Luftschutztruppe und freiwillige Helfer bei der Bergung Verschütteter nach einem feindlichen Terrorangriff auf eine deutsche Stadt. Im Lichtschein brennender Häuser sind die Retter unter Zuhilfenahme von Fackeln in den Keller des zerstörten Wohnhauses eingedrungen und befreien die Eingeschlossenen. In den noch vom Schrecken des Angriffs gezeichneten Gesichtern zeigt sich bereits wieder ein Zug stolzen Trotzes und entschlossenen Lebenswillens, der in unerschütterlichem Glauben an den deutschen Sieg wurzelt" („Leipziger Illustrierte", 18. Mai 1944).

10.1. Ein Sondergericht in Verona verurteilt die Mitglieder des Großen Faschistischen Rates, die am 24. 7. 1943 gegen Mussolini gestimmt hatten, zum Tode. Fünf Ratsmitglieder, unter ihnen der Schwiegersohn Mussolinis, Graf Ciano, werden am 11.1. um 9.00 Uhr erschossen.

11.1. Am Tage greifen 663 Bomber der 8. US-Luftflotte unter starkem Jagdschutz Flugzeugwerke in Halberstadt, Braunschweig, Magdeburg und Oschersleben an. Gegen diese Verbände werden 239 deutsche Jagdflugzeuge eingesetzt, die teilweise mit Raketen ausgerüstet sind. Sie schießen bei 40 eigenen Verlusten 59 Bomber und 5 US-Jäger ab.

12.1. Eine OKW-Weisung ordnet für den Fall einer alliierten Landung in Portugal oder an der spanischen Biskaya-Küste die Vorbereitung für eine Sperrung der Pyrenäen an.

13.1. Während die Kämpfe bei Kertsch andauern, setzen die Sowjets zu neuen Angriffen gegen den Brückenkopf Nikopol sowie im Raum westlich Kirowograd an. Westlich Nowograd – Wolynsk und Sarny dringen die Sowjets, wie eine deutsche Meldung besagt, „weiter in Richtung auf die Grenzen des Generalgouvernements vor".

14.1. Der britische Premier Churchill bezeichnet die Oder-Neiße-Linie als endgültige polnische Westgrenze.

14.1. In Süditalien müssen sich die deutschen Truppen im Westabschnitt der Front vom Feinde absetzen.

14.1. Die Russen eröffnen ihre große Offensive zur endgültigen Befreiung Leningrads. Hitler wollte die Stadt, die er 1941 nicht hatte erobern können, „dem Erdboden gleichmachen" lassen. Jetzt erleben die deutschen Truppen eine schwere Niederlage: Sie werden bis zum Peipus-See zurückgeschlagen.

15.1. Einem britischen Vorschlag zu Zoneneinteilung Deutschlands stimmen die UdSSR am 18. Februar und die USA am 1. Juni zu.

15.1. Die Abwehrschlacht im Osten geht an den bisherigen Schwerpunkten weiter. „Im Raum westlich Nowograd – Wolynsk und Sarny hält der starke Druck des Feindes an", meldet das OKW.

15.1. In Süditalien werden die Kämpfe um die vorgeschobenen Stellungen der „Gustav-Linie" mit der Einnahme des Monte Santa Croce durch gaullistische Truppen unter General Juin abgeschlossen.

15.1. Die DAF führt wieder eine Vitamin-Aktion durch. 750 Millionen Vitamin-Portionen werden in den Betrieben verteilt. Auch Ostarbeiter erhalten die Vitamine, wenn sie untertage arbeiten.

16.1. Da die Heeresgruppe Nord eine Reihe von Divisionen an den Südabschnitt der Ostfront hat abgeben müssen, verbleiben ihr kaum noch Reserven.

17.1. Hitler erlässt eine Weisung für die „Einrichtung von Kampfzonen im Bereich des Oberbefehlshabers West", durch die der OB West ermächtigt wird, „einen von ihm festgelegten Bereich an der belgischen und französischen Küste ganz oder teilweise ‚zur Kampfzone' zu erklären".

18.1. Beim Lagevortrag im Führerhauptquartier erklärt Dönitz, die Marine könne monatlich 45.000 t Nachschub auf die Krim überführen. Außerdem erklärt sich Hitler mit dem Bau von 50 Kleinst-U-Booten sowie von Einmann-Torpedos einverstanden.

18.1. Im Südabschnitt der Ostfront verlagern sich die Kämpfe bis in den Raum von Shaschkow, wo die 4. Panzer-Armee zu Gegenangriffen antritt. Im Mittelabschnitt der Ostfront geht die Abwehrschlacht bei Witebsk mit einem deutschen Abwehrerfolg zu Ende.

20.1. Während die amerikanischen Angriffe gegen die deutsche Front in Süditalien zur Unterstützung einer geplanten Landung im Rücken der deutschen Linien anhalten, richtet die alliierte Luftwaffe einen schweren Tagesangriff auf Rom.

21.1. In Dortmund wird bei der Panzerherstellung Sabotage verübt, damit die Kampfwagen bei Belastung ausfallen sollen.

21.1. In Süditalien greifen die Amerikaner südwestlich Castelforte mit überlegenen Kräften an. Zur Vorbereitung eines Gegenangriffs zieht der OB Südwest, Generalfeldmarschall Kesselring, alle verfügbaren Reserven aus dem Raum südlich heran, der damit von eigenen Kräften weitgehend entblößt wird.

22.1. Die 5. amerikanische Armee landet mit 70.000 Mann bei Anzio/Nettuno südlich von Rom.

22.1. Die Presse ermahnt die Eltern, ihre Kinder in den Lagern der Kinderlandverschickung (KLV) zu lassen: „Nicht leichtsinnig werden! Denkt an die Gesundheit und die Sicherheit eurer Kinder!" In derselben Nacht greifen 447 deutsche Kampfflugzeuge des IX. Fliegerkorps unter Oberst Peltz in zwei Wellen London an und eröffnen damit eine Reihe von Angriffen auf die britische Hauptstadt und Orte in Süd- und Südost-England, die von den Briten als „Little Blitz" bezeichnet werden.

22.1. Angesichts des drohenden Zusammenbruchs der Heeresgruppe Nord hält Feldmarschall von Küchler im Hauptquartier „Wolfsschanze" Hitler Vortrag über die unhaltbare Lage und verlangt die Genehmigung zum Rückzug auf die „Panther-Stellung", die von Hitler abgelehnt wird. Er sagt lediglich die Zuführung einer Panzer-Division von der Heeresgruppe Mitte zu.

23.1. Im Hauptquartier „Wolfsschanze" empfängt Hitler den norwegischen „Ministerpräsidenten" Vidkun Quisling.

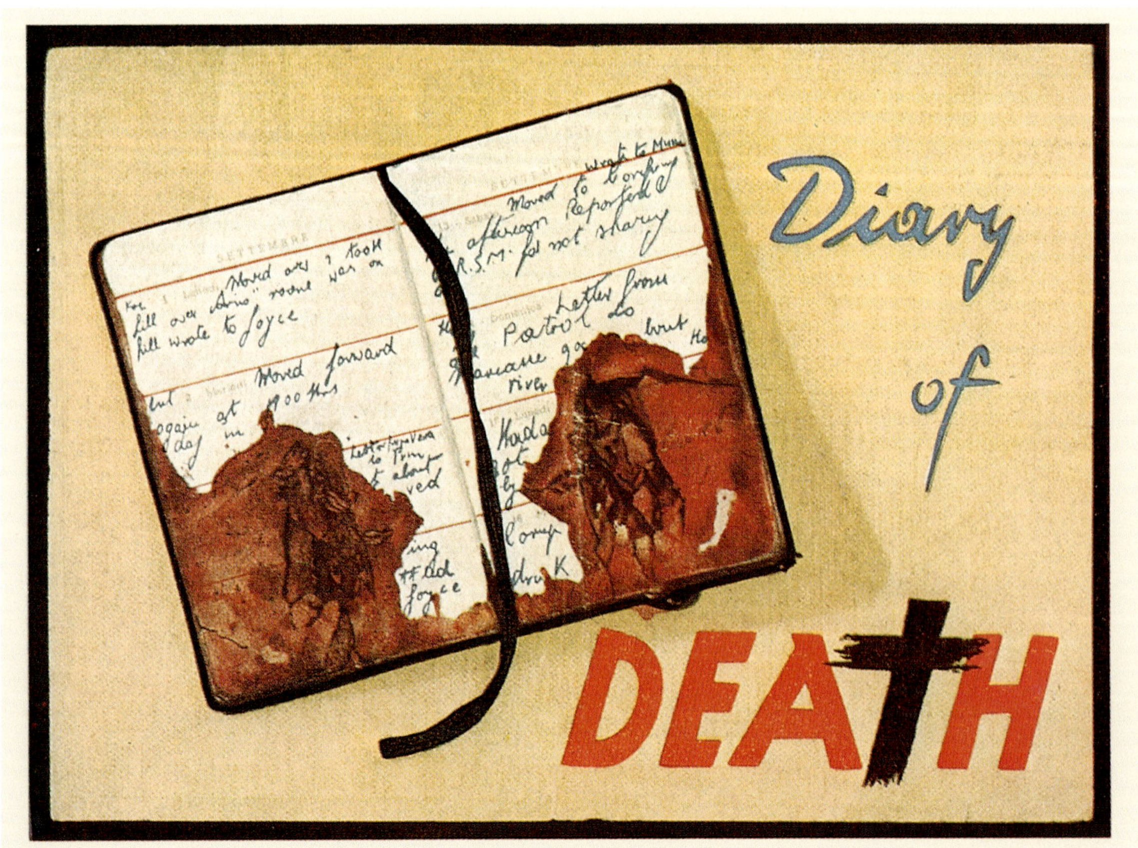

24.1. Bei der 18. Armee der Heeresgruppe Nord bahnt sich eine schwere Krise an, die zur Aufgabe des Frontbogens Mga zwingt. Hierzu heißt es im Bericht des OKW: „Nördlich des Ilmen-Sees und südwestlich Leningrad stehen unsere Truppen in schwerem Abwehrkampf ... Südöstlich Leningrad räumten unsere Truppen, vom Feind ungehindert, einen vorspringenden Frontbogen." Damit wird der noch wenige Tage zuvor von Hitler untersagte Rückzug auf die Luga-Stellung eingeleitet.

26.1. Im Frontabschnitt Shaschkow – Pogrebischtsche unternehmen deutsche Verbände heftige Gegenangriffen während der sowjetische Zangenangriff in Richtung Schepetowka weitere Fortschritte macht.

27.1. Gegen die 17. Armee auf der Krim treten die Sowjets aus dem Landekopf nördlich Kertsch sowie an der Landenge von Perekop zu einem Doppelangriff an. Südlich von Sarny eröffnen außerdem die 13. und die 16. Armee der sowjetischen 1. Ukrainischen Front eine Offensive gegen den geschwächten Nordflügel der Heeresgruppe Süd in Richtung auf Luzk und Rowno.

27.1. Den ganzen Monat Januar über bombardieren die Engländer in Nachtangriffen Berlin. Am 27. /28. 1. und in der folgenden Nacht greifen insgesamt 1077 Bomber die Reichshauptstadt an und werfen 3715 t Bomben ab.

27.1. Hitler versammelt seine Generalfeldmarschälle und Oberbefehlshaber im Hauptquartier „Wolfsschanze" und hält ihnen eine Rede: „Meine Herren, wenn es jemals eine letzte Stunde gibt, dann hoffe ich, dass Sie, meine Herren Generale, zusammen auf den Barrikaden stehen und dass Sie, meine Feldmarschälle, mit gezogenem Degen bei mir sind." Manstein: „Das wird auch der Fall sein, mein Führer!"

27.1. Auf einer Frontstudentenkundgebung in Erlangen verkündet Reichsstudentenführer Gauleiter Dr. Scheel als neuen Wahlspruch der deutschen Studenten: „Dein Volk ist alles!"

28.1. Durch eine Zangenoperation der 1. und der 2. sowjetischen Ukrainischen Front, die bei Swenigorodka zusammentreffen, wird der deutsche Frontbogen um Tscherkassy eingeschlossen. Abgeschnitten sind hier das XI. Armeekorps unter General der Artillerie Stemmermann und das XXXXII. Armeekorps unter Generalleutnant Lieb, die der 8. Armee angehören, insgesamt rund 54.000 Mann. Durch Funkspruch wird den beiden Korps jede eigene Initiative zu einem Ausbruch durch das OKW untersagt.

28.1. In einem Fernschreiben an OB Südwest, Generalfeldmarschall Kesselring, erklärt Hitler zur Lage in Süditalien: „In den nächsten Tagen wird der ‚Kampf um Rom' entbrennen. Er entscheidet über die Verteidigung Mittelitaliens und über das Schicksal der 10. Armee." Der Kampf müsse geführt werden „mit dem heiligen Hass einem Feind gegenüber, der einen erbarmungslosen Ausrottungskrieg gegen das deutsche Volk führt".

28.1. Nach einer nächtlichen Unterredung mit Hitler über die „Sicherung der Zukunft des deutschen Volkes" notiert Bormann: „Wir müssen wünschen, dass die Frauen, die nach dem Kriege keinen Ehemann mehr haben oder bekommen, mit möglichst einem Mann ein eheähnliches Verhältnis, aus dem möglichst viele Kinder erwachsen, eingehen. Auf besonderen Antrag sollen Männer nicht nur mit einer Frau, sondern mit einer weiteren ein festes Eheverhältnis eingehen können."

29.1. In den frühen Morgenstunden wird Berlin abermals von der britischen Luftwaffe angegriffen. 596 Flugzeuge werfen bei 46 Verlusten 1.954 t Bomben auf die Stadt, wobei wiederum schwere Schäden in Wohnvierteln entstehen. Bei dem Bombenangriff wird auch die Alte Philharmonie zerstört. Die Konzerte finden von nun an im Beethoven-Saal, im Dom, in der Staatsoper und schließlich im Admiralspalast statt.

30.1. Im Südabschnitt der Ostfront weiten die Sowjets ihre Offensive auch auf den Raum südwestlich von Dnjepropetrowsk aus. Die Heeresgruppe Süd befiehlt indessen die Versammlung von je einer Panzergruppe an den inneren Flügeln der 1. Panzer-Armee und der 8. Armee für einen Entsatzangriff in Richtung Tscherkassy.

30.1. Noch vor Beginn des geplanten deutschen Gegenangriffs treten die Alliierten aus dem Landekopf von Nettuno heraus zum Angriff

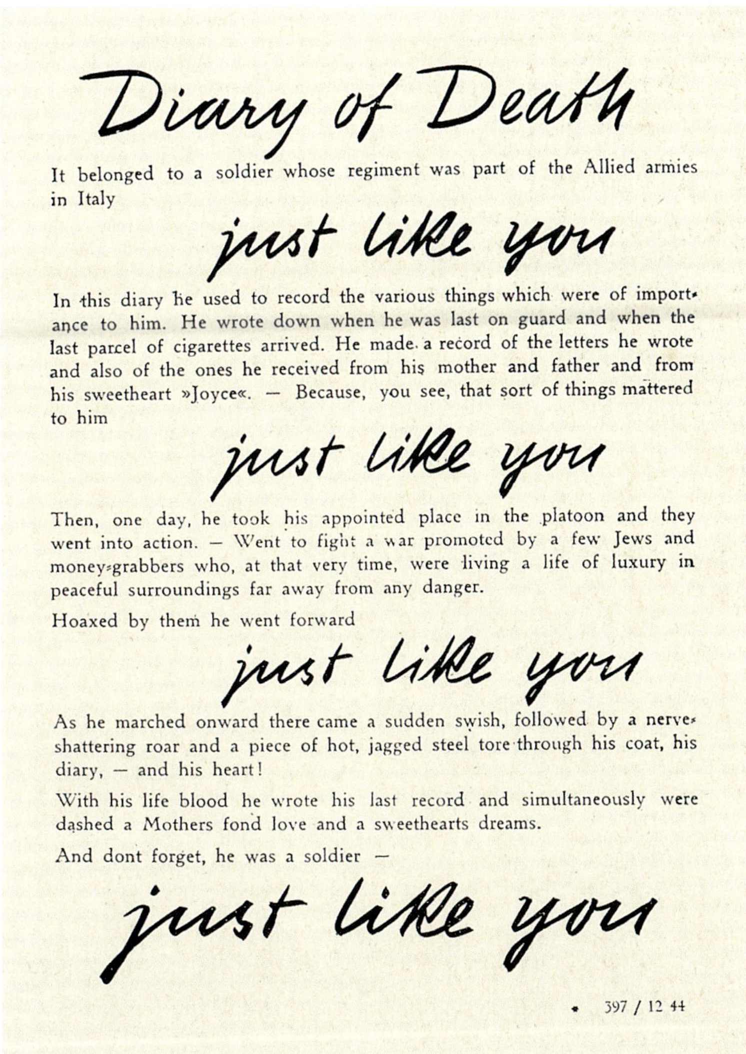

Diary of Death

It belonged to a soldier whose regiment was part of the Allied armies in Italy

just like you

In this diary he used to record the various things which were of importance to him. He wrote down when he was last on guard and when the last parcel of cigarettes arrived. He made a record of the letters he wrote and also of the ones he received from his mother and father and from his sweetheart »Joyce«. — Because, you see, that sort of things mattered to him

just like you

Then, one day, he took his appointed place in the platoon and they went into action. — Went to fight a war promoted by a few Jews and money-grabbers who, at that very time, were living a life of luxury in peaceful surroundings far away from any danger.

Hoaxed by them he went forward

just like you

As he marched onward there came a sudden swish, followed by a nerve-shattering roar and a piece of hot, jagged steel tore through his coat, his diary, — and his heart!

With his life blood he wrote his last record and simultaneously were dashed a Mothers fond love and a sweethearts dreams.

And dont forget, he was a soldier —

just like you

• 397 / 12 44

Bilder linke und rechte Seite: „Diary of Death." Deutsche Propaganda („Südstern") für alliierte Truppen an der Italien-Front. Der Text auf der Rückseite lautet auf Deutsch:
„Tagebuch des Todes
Es gehört einem Soldaten, dessen Regiment Teil der Alliierten in Italien war.
Genau wie du. In diesem Tagebuch schrieb er verschiedene Dinge auf, die für ihn wichtig waren. Er schrieb auf, wann er das letzte Mal Wache hatte und wann das letzte Paket mit Zigaretten ankam. Er machte eine Eintragung über die Briefe, die er schrieb, und über die, die er von seiner Mutter und seinem Vater und von seiner Allerliebsten „Joyce""erhielt. – Denn, du siehst, diese Dinge bedeuten ihm etwas.
Genau wie dir.
Dann, eines Tages, begab er sich auf seinen vorbestimmten Platz in seinem Zug, und sie gingen in Aktion. – Kämpften in einem Krieg, der von ein paar Juden und Geldraffern angezettelt wurde, die zu dieser Zeit ein Luxusleben in friedlicher Umgebung, weit weg von jeder Gefahr, führten. Reingelegt von ihnen, marschierte er vorwärts.
Genau wie du.
Als er marschierte, war da ein plötzliches Schwirren, gefolgt von einem ohrenbetäubenden Getöse, und ein Stück heißer, gezackter Stahl schoss durch seinen Mantel, sein Tagebuch – und sein Herz!
Mit seinem Herzblut schrieb er seine letzten Zeilen, und gleichzeitig wurden die zärtliche Liebe seiner Mutter und die Träume einer Geliebten zerschmettert.
Und vergiss nicht, er war ein Soldat. Genau wie du."

an und steigern zugleich ihre Anstrengungen im Raum Minturno – Cassino.

30.1. Großangriff der 8. US-Luftflotte auf Braunschweig und Hannover.

30.1. Hitler stiftet einen neuen Orden, die „Ehrenblatt-Spange", und ein „Bandenkampfabzeichen". Über die „Ehrenblatt-Spange" heißt es in der Verordnung: „Dieses Abzeichen besteht aus einem Hakenkreuz im Eichenkranz in goldener Ausführung. Es wird auf dem Band des Eisernen Kreuzes von 1939 getragen." Das „Bandenkampfabzeichen" wird vom Reichsführer SS in drei Stufen für jeweils 20, 50 und 100 Kampftage gegen Partisanen verliehen.

30.1. Anlässlich des 11. Jahrestages der nationalsozialistischen Machtergreifung zieht Hitler es vor, in seinem Hauptquartier zu bleiben, statt im bombardierten Berlin vor eine größere Öffentlichkeit zu treten. Er hält nur eine Rundfunkansprache, in der England erneut angegriffen wird: „Ganz gleich, wie dieser Kampf auch ausgehen würde, England hat seine Rolle auf dem Kontinent endgültig ausgespielt."

31.1. Während die Abwehrschlacht im Südabschnitt andauert und die sowjetischen Verbände in Wolhynien weiter nach Westen vordringen, meldet das OKW den Abschluss von Angriffskämpfen im Raum südlich Pogrebischtsche, wo in der Zeit vom 24. bis 30. Januar die 1. Panzer-Armee unter General Hube über zehn sowjetische Schützen-Divisionen und mehrere Panzerkorps zerschlagen habe. Der Feind habe dabei 6.500 Gefangene, über 8.000 Tote, 700 Panzer und 680 Geschütze verloren.

31.1. Der Unterseebootskrieg ist auch im Januar trotz großer Opfer fortgesetzt worden. Insgesamt werden 11 Handelsschiffe mit 74.816 BRT versenkt, während 15 eigene Boote verloren gehen.

31.1. Die deutsche Luftwaffe verliert im Januar insgesamt 1.150 Jagdflugzeuge.

FEBRUAR

1.2. In den Westgebieten werden alle Männer zwischen 16 und 60 Jahren und alle Frauen zwischen 19 und 45 Jahren der Arbeitsdienstpflicht unterworfen.

2.2. Bei der Heeresgruppe Nord erreichen die Sowjets die Eisenbahnlinie Leningrad – Pleskau und die Gegend von Jamburg.

2.2. An der Südfront verstärkt die 5. US-Armee ihre Offensive im Abschnitt des Bergmassivs des Monte Cassino.

2.2. Von einem italienischen Sondergericht wird Generaloberst Gariboldi, vormals Befehlshaber der 8. italienischen Armee an der Ostfront, wegen „Teilnahme an der Badoglio-Verschwörung" zum Tode verurteilt und sogleich hingerichtet.

3.2. Im Abschnitt von Witebsk beginnen die Sowjets mit einer neuen Offensive gegen die Front der 3. Panzer-Armee und eröffnen damit die zweite Winterschlacht um Witebsk.

3.2. Das estnische Volk wird von seinem ersten Landesdirektor Dr. Mäe zur allgemeinen Mobilmachung aufgerufen.

3.2. Amerikanische Bomberverbände führen einen weiteren schweren Tagesangriff gegen Wilhelmshaven durch.

4.2. Beginn einer japanischen Offensive in West Burma zur Vorbereitung einer Invasion Indiens mit Beteiligung der „Indischen Nationalarmee", die aber nach Anfangserfolgen scheitert.

4.2. Im Landekopf von Nettuno wird im Nordabschnitt ein Kessel ausgeräumt, wobei 960 Gefangene gemacht werden und der Einbruch bei Aprilia beseitigt wird.

4.2. An der Südfront wird der in den Nordostteil von Cassino eingebrochene Feind wieder zurückgeschlagen.

4.2. Deutsche Kampfflugzeuge greifen in der Nacht zum 4. Februar abermals London an.

5.2. Im Südabschnitt der Ostfront werden die sowjetischen Zangenangriffe gegen den vorspringenden Frontbogen der 6. Armee am Brückenkopf von Nikopol und bei Saporoshije fortgesetzt.

Bild linke Seite: „Jetzt awer nüss!" Französisches Propaganda-Plakat nach der Befreiung von Elsass-Lothringen 1945. Oben eingeklinkt und durchkreuzt ist ein deutsches Plakat aus der Zeit nach dem Sieg über Frankreich 1940: „Hinaus mit dem welschen Plunder." Während hier der französische Hahn dem energischen deutschen Besen weichen muss, thront dieser nun siegreich auf der Kanone eines alliierten Panzers. Unter der Parole „Liberté, Egalité, Fraternité" – Freiheit, Gleichheit, Brüderlichkeit – überrollt der Panzer Hitlers „Mein Kampf", treibt er die Nazis mit bluttriefendem Henkerbeil vor sich her und wird dabei von den französischen Landeskindern Elsass und Lothringen, in einheimischer Tracht, freudig begrüßt.

Bild rechte Seite: Plakat der FFI (Forces Françaises de l'Intérieur) mit den Porträts von Churchill, Roosevelt, de Gaulle und Stalin. Die französische Résistance erhielt ihren ersten Impuls durch den Aufruf de Gaulles über die BBC vom 18. Juni 1940 zur Weiterführung des Kampfes aus dem Untergrund. Die Résistance verteilt Flugschriften, betrieb Spionage-Sender, versteckte und transportierte Flüchtlinge, verübte Sabotage-Akte u.a. Es bildeten sich Freischärlergruppen (z.B. die kommunistischen Franc Tireurs et Partisans), daneben die von Gaullisten befehligte Armée Secrète. Widerstandsnester in unzugänglichem Gebiet wurden von den Alliierten aus der Luft mit Waffen versorgt. Nach der Invasion sollten die Verbände der Résistance in großem Stil losschlagen; zu diesem Zweck wurden sie im Februar 1944 unter General Pierre Koenig zu den Forces Françaises de l'Intérieur (FFI) zusammengefasst, und sie stellten bei der alliierten Invasion nach Einschätzung Eisenhowers einen Kampfwert von 15 Divisionen dar.

7.2. Die Abwehrkämpfe im Süden und in der Mitte der Ostfront gehen weiter. „Bei Witebsk und südlich der Berezina setzen die Bolschewisten ihre Durchbruchsversuche mit überlegenen Kräften fort" (OKW).

8.2. Die Alliierten schließen die Planungen zu „Overlord", der Landung in der Normandie, ab.

8.2. Die 6. deutsche Armee kann den Brückenkopf Nikopol nicht länger halten, weil die Gefahr der Abschnürung durch die Russen zu groß ist.

8.2. Hitler stiftet den „Dr.-Fritz-Todt-Preis", der für „erfinderische Leistungen, die für die Volksgemeinschaft von hervorragender (d.h. kriegswichtiger) Bedeutung sind", verliehen wird.

9.2. Im Angriff auf den Landekopf von Nettuno nimmt die 14. Armee Aprilia und macht hier 1.600 Gefangene.

9.2. Im Reichsgebiet gibt es 150 Großbestrahlungsanlagen, um die Arbeiter mit künstlicher Höhensonne zu versorgen.

10.2. An der Südfront werden die Amerikaner, die zum dritten Mal in Cassino eingedrungen waren, erneut aus den Ruinen der Stadt geworfen.

11.2. Der Plan der deutschen Widerstandsbewegung, Hitler zusammen mit Himmler durch ein Bombenattentat zu beseitigen, wird aufgegeben, da Himmler nicht erscheint.

11.2. Neue, schwere Tagesangriffe der amerikanischen Luftwaffe richten sich gegen Frankfurt am Main und Ludwigshafen.

11.2. Aus dem Landekopf von Nettuno werden seit Beginn der alliierten Landung von den Deutschen über 4.000 Gefangene eingebracht.

13.2. Im Nordabschnitt der Ostfront hat die 18. Armee neue Verteidigungsstellungen ostwärts von Narva bezogen.

13.2. An der italienischen Südfront wird ein erneuter amerikanischer Einbruch bis in die Mitte des Trümmerfeldes von Cassino vom Grenadier-Regiment 211 „restlos beseitigt".

13.2. In allen Gauen veranstaltet die NSDAP weltanschauliche Feierstunden zum Thema „Pflug und Schwert".

14.2. Auf Wunsch Hitlers sollen die Schweren Kreuzer „Prinz Eugen" und „Admiral Scheer" der Narva-Front artilleristische Unterstützung geben.

14.2. Das gesamte deutsche Nachrichten- und Spionagewesen wird vereinigt. Auch das Amt „Abwehr" des OKW wird Himmler bzw. Kaltenbrunner unterstellt.

14.2. General Eisenhower wird zum OB der alliierten Invasionsstreitkräfte ernannt.

14.-18.2. Letzter Versuch einer geführten Gruppenoperation von U-Booten im Nordatlantik gescheitert.

15.2. Im Süden der Ostfront kommt von Südwesten her ein deutscher Panzerkeil bis auf 13 km an den Kessel von Tscherkassy heran, bleibt dann aber liegen. Hitler erteilt nun endlich den eingeschlossenen Kräften die Genehmigung, ihrerseits den Entsatzverbänden entgegenzustoßen und aus dem Kessel auszubrechen.

15.2. Der Chef des Stabes der Skl, Meisel, erklärt vor den Befehlshabern der Marine, er halte eine Invasion im Südwestraum für das wahrscheinlichste Ziel der Alliierten.

16.2. Im Ausbildungslager Angevoor in den Niederlanden zeichnet Reichsführer-SS Himmler niederländische SS-Männer mit der von ihm gestifteten „Germanischen Leistungs-Rune" aus.

16.2. Die Deutschen beginnen eine Gegenoffensive gegen den Landekopf bei Anzio, um die Amerikaner ins Meer zu werfen. Nach geringen Erfolgen bleibt der Angriff stecken.

16.2. Der Generalbevollmächtigte für den Arbeitseinsatz, Gauleiter Fritz Sauckel, ruft Deutschlands Pensionäre zum „freiwilligen Ehrendienst in der deutschen Kriegswirtschaft" auf. „Dem guten Willen und der Bereitschaft sind keine Alters- und sonstigen Grenzen gesetzt. Im Jahre 1944 muss in dem großen Ringen um die Freiheit Europas die kriegswirtschaftliche Erzeugung auf ihren höchsten Stand gebracht werden." Des Weiteren fordert er die Anwerbung von 1,5 Millionen Arbeitskräften aus Italien, 1 Mill. aus Frankreich, je 250.000 aus den Niederlanden und Belgien, 600.000 aus den Ostgebieten und von 100.000 aus den anderen europäischen Ländern.

16.2. In der Nacht zum 16. Februar erfolgt ein weiterer britischer Luftangriff auf Berlin. 806 Flugzeuge werfen bei 43 Verlusten 2.643 t Bomben auf die Stadt, in der schwere Schäden in Wohnbezirken entstehen.

17.2. Die Heeresgruppe Nord beginnt mit Genehmigung Hitlers ihre Absatzbewegungen auf die „Panther-Stellung", die in der Linie Narva – Peipus-See – Pleskau – Opotschka westlich Newel teilweise vorbereitet ist.

17.2. Generalfeldmarschall Rommel besichtigt den Atlantik-Wall. Sein besonderes Interesse gilt den strategisch wichtigsten Punkten, zu denen vor allem die Flussmündungen und die Hafenstädte des südwestlichen Frankreichs zählen.

18.2. Um Cassino wird weiter schwer gekämpft. Der Bahnhof des Ortes wechselt mehrfach den Besitzer. Zur Bombardierung der Abtei von Cassino gibt der OB Südwest, Generalfeldmarschall Kesselring, eine offizielle Erklärung ab, in der er erneut feststellt, dass sich auf Bitten des Vatikans hin kein deutscher Soldat in dem Kloster aufgehalten habe.

18. /19.2. 187 deutsche Flugzeuge greifen London an: 11 werden abgeschossen.

19.2. Das OKW erlässt Richtlinien für den „Einsatz der Seestreitkräfte im Falle einer feindlichen Landung", in denen es heißt: „Gedanken an die Erhaltung von Schiff und Besatzung sind nicht mehr am Platze."

19./20.2. 730 britische Bomber greifen Leipzig an: 78 Maschinen werden abgeschossen.

20.2. Das OKW gibt die Rückführung der restlichen Verbände der spanischen „Blauen Division" von der Ostfront frei.

20.-25.2. Die Amerikaner fliegen laufend Tageseinsätze gegen die deutsche Flugzeugindustrie. Ihre 8. Luftflotte setzt 3.300 Flugzeuge, die 15. Luftflotte 500 ein. Deutsche Jäger und Flak schießen 226 Bomber und 28 Jäger ab; die Amerikaner verlieren 2.600 Mann ihres fliegenden Personals.

21.2. In der Nacht zum 21. Februar werfen 552 britische Flugzeuge bei 9 Verlusten 1.990 t Bomben auf Stuttgart. Am Tage werden der west- und der südwestdeutsche Raum von der amerikanischen Luftwaffe angegriffen, wobei 33 Bomber abgeschossen werden. Deutsche Kampfflugzeuge greifen in der Nacht zum 21. Februar erneut London an.

22.2. Die Ostfront muss an verschiedenen Stellen weiter zurückgenommen werden. Im großen Dnjepr-Bogen räumt die 1. Panzer-Armee die Stadt Kriwoj Rog, auf deren Verteidigung Hitler wegen der dortigen Erzvorkommen lange bestanden hatte.

22.2. In Hamburg werden erneut Todesurteile wegen „Unterschlagung und Schiebungen" mit Lebensmittelkarten gefällt.

23.2. Im Mittelabschnitt der Ostfront hat sich bei Rogatschew ein neuer Schwerpunkt sowjetischer Angriffe herausgebildet.

23.2. Die Arbeitsämter rufen alle Männer und Frauen zur Meldung auf, die aus Anlass des Luftkrieges ihre bisherige Tätigkeit aufgegeben haben.

23.2.-10.3. Letzte Versuche von U-Bootoperationen gegen Sierra Leone und Gibraltar-Konvois scheitern.

24.2. Am Landekopf von Nettuno wird eine südlich Aprilia eingeschlossene amerikanische Kräftegruppe weiter zusammengedrängt, wobei 400 Gefangene gemacht werden. Entlastungsangriffe des Gegners scheitern.

24.2. Der Wehrmacht-Führungsstab legt neue Unterlagen für den „Fall Margarethe" (Besetzung Ungarns) vor.

24.2. Starke amerikanische Bomberverbände greifen in den Mittagsstunden Orte in Nord-, Mittel- und Süddeutschland an und werfen Bomben vor allem auf Gotha und Schweinfurt. Bei Schweinfurt werden von 266 angreifenden viermotorigen „B 17"-Maschinen 11 abgeschossen.

25.2. Im Raume südlich der Beresina und nördlich Rogatschew halten die Abwehrkämpfe an, während sowjetische Verbände im Nordabschnitt der Front zwischen der Bahnlinie Pleskau – Luga und

Bild linke Seite: „Verzagte Briefe schreibt man nicht: Die Front erwartet Zuversicht!" Die Feldpost – während des Krieges wurden insgesamt 40 Milliarden Sendungen befördert – war das wichtigste Bindeglied zwischen Front und Heimat, das „Herzstück" der NS-Propaganda, die Moral der Truppe aufrecht zu erhalten.

Bild rechte Seite: Die sowjetische „Frontillustrierte für den Deutschen Soldaten" vom Juli 1943 appelliert an die ewige Angst: „Wenn der Landser an der Front ist...." so suggeriert es der zweite weiße Pfeil, liegt der Ausländer („11 Millionen Ausländer leben heute in Deutschland") gemächlich im Bett deiner Frau. Je länger der Krieg dauerte, desto professioneller wurde auch die Propaganda auf beiden Seiten. Sie suchte ihre Anknüpfungspunkte nicht mehr in Politik und Ideologie, sondern in den ganz privaten Ängsten des Soldaten: vor Liebesentzug und Demütigung, vor Verletzung und Tod.

dem Peipus-See in die deutschen Absatzbewegungen hineinzustoßen versuchen.

26.2. Im Zuge eines Austauschs treffen die Mitglieder des deutschen Generalkonsulats in Algier sowie 1.116 Reichsdeutsche aus Nord-, Mittel- und Südamerika und 118 schwerverwundete deutsche Kriegsgefangene aus den USA und Kanada in Lissabon ein, von wo aus sie in das Reich weitergeleitet werden.

26.2. Beim Lagevortrag auf dem „Berghof" berichtet Dönitz über die Gründe für das Scheitern einer geführten U-Boot-Gruppen-Operation im Nordatlantik Mitte Februar und betont, dass der neue Typ XXI hier große Erfolgschancen gehabt hätte. In der Fertigung dieses Typs seien jedoch bereits zwei Monate Verspätung eingetreten.

26.-28.2. Besuch des rumänischen Staatsführers Marschall Antonescu bei Hitler.

27.2. Im rückwärtigen Gebiet des Mittelabschnitts der Ostfront bringen deutsche Sicherungsverbände zusammen mit der „Französischen Freiwilligen-Legion" ein Unternehmen gegen stärkere Partisanengruppen zum Abschluss, bei dem 43 Partisanenlager und über 1.000 Bunker vernichtet werden.

27.2. Mit dem Baustopp für „Schiff 5" stellt die Seekriegsleitung die Ausrüstung von Hilfskreuzern ein.

27.2. In der Panzerfabrik „Phönix" in Dortmund-Hörde legt die Belegschaft für eine Stunde die Arbeit nieder, um gegen geplante Arbeitszeitverlängerungen zu protestieren.

28.2. Zur militärischen Lage führt Goebbels u.a. aus: „Wahrscheinlich werden unsere Gegner versuchen, eine Invasion im Westen des Kontinents durchzuführen. Damit würde sich dieser Krieg seinem entscheidenden Höhepunkt nähern. Wenn es der deutschen Führung gelang, die hinter uns liegenden schwierigen Situationen an den Fronten zu meistern, ohne ihre letzten Trümpfe auszuspielen, so kann kein Zweifel darüber bestehen, zu wessen Gunsten diese Entscheidung ausfallen wird. Der Sieg unserer Waffen ist nicht nur eine deutsche Hoffnung, sondern eine geschichtliche Gewissheit. Wir können ihm im Bewusstsein unserer Stärke mit ruhiger Zuversicht entgegensehen."

28.2. Im Raum nordwestlich Newel treten die Sowjets zu einem Großangriff gegen die im Rückzug auf die „Panther-Stellung" befindliche 16. Armee an.

28.2. Am Landekopf von Nettuno wird die südwestlich Aprilia um Buen Riposo eingeschlossene amerikanische Kräftegruppe aufgerieben, wobei 650 Gefangene gemacht werden.

29.2. Im britischen Unterhaus erklärt Luftfahrtminister Sir Archibald Sinclair, dass von den von England aus im Jahre 1943 gegen Deutschland gerichteten Luftoperationen mehr als 2.500 Flugzeuge nicht zurückgekehrt seien.

29.2. Deutsche und japanische U-Boote versenken im Atlantik, Nordmeer, Mittelmeer und Indischen Ozean im Februar 25 Handelsschiffe mit 118.480 BRT, einen Kreuzer, 2 Geleitfahrzeuge und 3 Landungsschiffe und beschädigen 4 weitere Schiffe und ein Geleitfahrzeug. 21 deutsche und 7 japanische T-Boote verloren.

29.2. An der Ostfront ist am Monatsende eine gewisse Beruhigung eingetreten, während die deutschen Absetzbewegungen im Nordabschnitt kurz vor dem Abschluss stehen. Der Generalstab des Heeres erwartet den Schwerpunkt der künftigen sowjetischen Offensivoperationen im Südabschnitt der Front, zumal hier die Heeresgruppen A und Süd in einer immer weiter ausgedehnten Front vom unteren Dnjepr bis zu den Ausläufern der Karpaten stehen.

MÄRZ

1.3. Hitler empfängt den kroatischen Ministerpräsidenten Mandic und seinen Außenminister im Hauptquartier „Wolfsschanze".

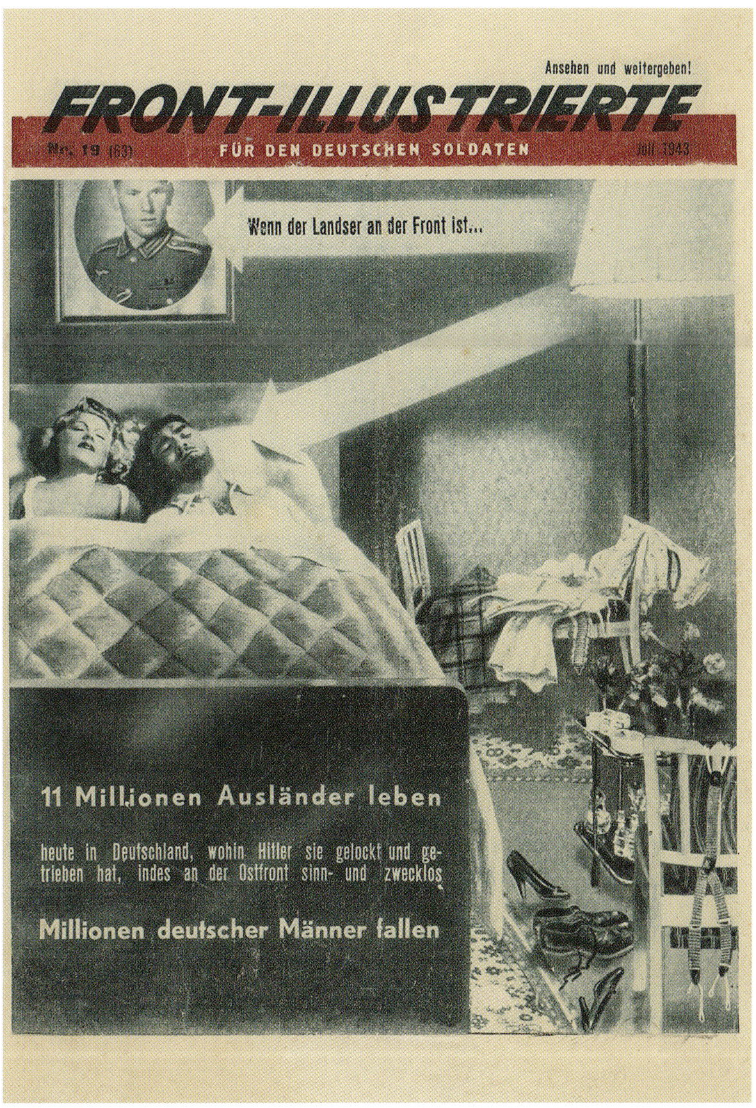

1.3. Der von dem Theologen Paul Tillich gegründete „Council for a Democratic Germany" bemüht sich in Nordamerika um die Erstellung eines konkreten Programms für die politische Zukunft Deutschlands. Thomas Mann verweigert jedoch die Mitarbeit, und die amerikanische Regierung zeigt kein Interesse an der Möglichkeit zur Errichtung einer deutschen Exilregierung.

1.3.-30.4. Im April versenken deutsche und japanische U-Boote im Atlantik, Nordmeer, Schwarzen Meer, Mittelmeer und Pazifik 11 Schiffe mit 72.185 BRT und 1 Escort. 23 deutsche und 7 japanische U-Boote verloren.

2.3. Nach Abbruch der Blockadebrecheraktionen zieht die Seekriegsleitung Bilanz. Von 35 Schiffen haben 16 wieder die „Festung Europa" erreicht. Sie haben 11.490 t Rohstoffe aus Ostasien gebracht. Der Kommandant des Blockadebrechers „Osorno" Paul Hellmann, der drei Ostasienfahrten erfolgreich durchgeführt hat, erhält als erster Handelsschiffskapitän das Ritterkreuz des Eisernen Kreuzes.

2.3. In der Nacht zum 2. März werfen 503 britische Flugzeuge bei nur vier Verlusten 1.739 t Bomben auf Stuttgart, wo es 125 Tote und Vermisste sowie 510 Verletzte unter der Bevölkerung gibt. In den Mittagsstunden unternehmen starke amerikanische Bomberverbände Angriffe gegen Orte in West- und Süddeutschland.

3.3. Bei der Lagebesprechung im Führerhauptquartier erklärt Hitler, dass Ende März ein zu später Termin für den geplanten Einmarsch in Ungarn sei. Nach einem neuen Terminplan des Wehrmachtführungsstabes kann die Operation bereits Mitte März eingeleitet werden.

3.3. Unter starkem Jagdschutz dringen Verbände der 8. US-Luftflotte in den Mittagsstunden nach Norddeutschland ein, können wegen der ungünstigen Wetterlage jedoch ihren geplanten Tagesangriff nicht durchführen. Nur einige Langstrecken-Jäger erreichen die Außenbezirke der Reichshauptstadt.

4.3. Die „1. Ukrainische Front" unter Marschall Schukow tritt im Raum von Schepetowka zu ihrer

Frühjahrsoffensive gegen den Nordflügel der Heeresgruppe Süd (Generalfeldmarschall v. Manstein) an. An verschiedenen Stellen gelingen Einbrüche in die Front der 1. Panzer-Armee und der 4. Panzer-Armee.

5.3. Während die „1. Ukrainische Front" ihre Offensive gegen die Linie Proskurow-Tarnopol fortsetzt, tritt auch die „2. Ukrainische Front" unter General Konjew im Abschnitt von Swenigorodka zum Angriff gegen die Heeresgruppe Süd an. Ihre Stoßrichtung zielt auf Uman.

6.3. Die amerikanische 8. Luftflotte führt einen Tagesangriff auf Berlin durch, bei dem 627 Bomber unter starkem Jagdschutz 1.600 t Bomben auf Wohnbezirke der Stadt abwerfen. 68 Bomber und 11 Jäger werden abgeschossen.

6.3. Vizeadmiral Meisel wird zum „Chef der Seekriegsleitung" ernannt.

6.3. Finnland leitet intensive Verhandlungen mit der Sowjetunion über ein eventuelles Ausscheiden aus dem Kriege ein.

7.3. Im Abschnitt Kriwoj Rog – Kirowograd sowie im Raum Swenigorodka und Schepetowka geht die Abwehrschlacht weiter, und vom Mittelabschnitt der Front meldet das OKW: „An der Autobahn Smolensk – Orscha setzen die Bolschewisten auf schmaler Front ihre in mehreren Angriffswellen vorgetragenen Durchbruchsversuche fort. Sie brachen nach erbitterten Kämpfen zusammen." Auch die Versuche, den Aufbau einer neuen deutschen Abwehrfront bei der Heeresgruppe Nord zu stören, dauern an.

7.3. In Italien setzen die Alliierten ihre seit Tagen andauernden Luftangriffe auf Rom fort.

8.3. In einem „Führerbefehl Nr. 11" gibt Hitler Weisungen für die „Kommandanten fester Plätze und Kampfkommandanten", in denen bestimmt wird, dass die „festen Plätze" die Aufgabe der früheren „Festungen" zu erfüllen hätten. Kommandant eines solchen Platzes solle „ein besonders ausgesuchter, harter Soldat" sein, der „mit seiner Soldatenehre für die Erfüllung seiner Aufgaben bis zum letzten" hafte.

9.3. Die Abwehrschlacht im Südabschnitt der Ostfront nimmt immer größere Heftigkeit an. Die Stadt Uman muss aufgegeben werden. Auch an den anderen Schwerpunkten gehen die Kämpfe weiter.

10.3. Vom Südabschnitt der Ostfront meldet das OKW: „In den Abschnitten westlich Kirowograd, südwestlich Swenigorodka, südlich Schepetowka sowie südwestlich Jampol steigerte sich die Abwehrschlacht zu größerer Heftigkeit."

11.3. Zum Heldengedenktag gibt der Reichspostminister eine Reihe von 13 Sondermarken heraus, auf denen Professor Anton aus Bremen die Wehrmacht und ihre Waffen in kleinen Kunstwerken darstellt.

11.3. Am Vormittag greifen amerikanische Bomberverbände Orte im Raum von Münster an.

11.3. Im Dnjepr-Bogen gewinnen die Sowjets weiter an Boden und drohen, die 6. Armee abzuschneiden, während die 1. Ukrainische Front nach Süden eingedreht hat und im Kampf in der Linie Pogrebischtsche – Tarnopol steht.

12.3. Die Haussammlung zum 7. Opfersonntag des Kriegs-Winterhilfswerks (WHW) erbrachte 64.740.672,70 RM, gegenüber der gleichen Sammlung des Vorjahres eine Steigerung um 12,8 %.

13.3. „Der Schwerpunkt der sowjetischen Großangriffe liegt unverändert im Südabschnitt der Ostfront", meldet das OKW. Hier sind die vier sowjetischen „Ukrainischen Fronten" in 1.100 km Breite in der Offensive gegen die Heeresgruppen A und Süd.

14.3. Während der linke Flügel der 8. Armee in der Ukraine verlustreich um die Bug-Übergänge kämpft, versucht die 4. Panzer-Armee südlich Staro-Konstantinow und östlich Tarnopol die vordringenden sowjetischen Verbände durch Gegenangriffe aufzuhalten.

15.3. Am Ingul, am mittleren ukrainischen Bug, südwestlich Pogrebischtsche und östlich Tarnopol dauert die Abwehrschlacht an. Nachdem der linke Flügel der 8. Armee unter General Wöhler weitgehend zerschlagen ist, gelingt es den Sowjets, durch eine breite Frontlücke über den Bug vorzudringen. Damit ist auch der deutsche Versuch, eine Bug-Verteidigung aufzubauen, gescheitert.

15.3. An der süditalienischen Front tritt die 5. US-Armee zu einem neuen Großangriff gegen Cassino an.

16.3. Nachdem in den letzten Nächten nur Störangriffe auf das Reichsgebiet erfolgt sind, führt die britische Luftwaffe in der Nacht zum 16. März mit 813 Flugzeugen wieder einen schweren Angriff auf Stuttgart durch, wo 2.609 t Bomben abgeworfen werden. 36 Flugzeuge werden abgeschossen.

16.3. In Süditalien wird eine in Cassino eingedrungene feindliche Kampfgruppe wieder aus dem Ort geworfen.

17.3. Vertreter der rumänischen Oppositionsparteien unter Prinz Stirbey leiten in Kairo geheime Waffenstillstandsverhandlungen mit den Vertretern der Alliierten ein.

17.3. In Süditalien verteidigt die 1. Fallschirmjäger-Division Cassino weiterhin gegen die Angriffe der

Bild linke Seite: „Wir betteln nicht um Freiheit, wir kämpfen um sie". Polnisches Plakat der Exilregierung in England. Die Namen auf dem Gewehr scheinen den Weg Polens zum Sieg zu zeichnen, von der bitteren Niederlage in Warschau über den Sieg am Monte Cassino nach Ancona weiter vorwärts. Doch die wahre Niederlage stand den Freiheitskämpfern noch bevor. Sie verloren den Frieden.

Bild rechte Seite: In Anspielung auf das alte englische Soldatenlied „It's a long way to Tipperary" mokiert sich das deutsche für Frankreich bestimmte Plakat „It is a long way to Rome" über das langsame Vordringen der Alliierten in Italien, symbolisiert durch eine Schnecke, deren Fühler mit der britischen und der amerikanischen Flagge geschmückt sind.

78. britischen, der 4. indischen und einer neuseeländischen Division.
18.3. Starke Verbände der 8. US-Luftflotte führen schwere Tagesangriffe auf München und auf Friedrichshafen durch, wobei allein die 392. Bombergruppe von 28 eingesetzten Maschinen 27 verliert.
19.3. Beginn der deutschen Besatzung von Ungarn. Das Sonderkommando Eichmann beginnt damit, in Budapest den Abtransport ungarischer Juden in das Vernichtungslager Auschwitz zu organisieren.
19.3. Im Südabschnitt der Ostfront entwickelt sich die Lage immer bedrohlicher. Sowjetische Truppen überschreiten bei Jampol den Goryn und dringen über den Bug hinweg auf den Dnjestr vor. Auch im Raum Krzemieniez – Kowel drücken sie die deutsche Front weiter zurück.
19.3. Auf dem Berghof empfängt Hitler die Feldmarschälle v. Rundstedt und Rommel, die ihm über den Stand der Verteidigungsvorbereitungen im Westraum berichten und ihm bei dieser Gelegenheit eine Loyalitätserklärung der „Generalfeldmarschälle des Heeres" überreichen, in dem sie den „Verrat" des in Stalingrad gefangengenommenen Generals der Artillerie Walter v. Seydlitz-Kurzbach verurteilen, der in der Sowjetunion das „Nationalkomitee Freies Deutschland" mitbegründet hat.
19.3. Dem Berliner Vertreter der schwedischen Zeitung „Stockholms Tidningen" gewährt Hitler ein Interview zur Finnland-Frage. Hitler im letzten Interview seines Lebens: „Ich beurteile die von den Sowjets bekannt gegebenen Waffenstillstandsbedingungen genau so, wie sie gemeint sind ... Es handelt sich hier nur darum, dem Opfer eine Schlinge um den Hals zu legen, um sie dann zu gegebener Zeit zuziehen zu können."
20.3. Angesichts der Entwicklung im Schwarzmeer-Gebiet tritt die Operationsabteilung der SKL für eine freiwillige Räumung der Krim ein, die von Dönitz jedoch abgelehnt wird.
21.3. Zwischen mittlerem Bug und Dnjestr kommt es zu schweren Kämpfen mit weiter vordringenden sowjetischen Verbänden. Bei der 4. Panzer-Armee gelingt einer feindlichen Kampfgruppe mit 200 Panzern ein Durchbruch, und „im Raum von Kremieniez und bei Kowel steigerte sich die Wucht der feindlichen Angriffe" (OKW).
22.3. Im Südabschnitt der Ostfront verschärft sich die Lage dramatisch. Der sowjetische Durchbruch vom Vortage hat eine breite Lücke zwischen dem linken Flügel der 1. Panzer-Armee und der Front bei Tarnopol aufgerissen. Schmerinka muss geräumt werden. Im Raum von Brody dringen die Sowjets weiter vor.
22.3. Unter deutschem Druck findet in Ungarn ein Regierungswechsel statt. Ministerpräsident und Außenminister der neuen Regierung wird Dome Sztojay. Zum neuen Gesandten des Großdeutschen Reiches in Ungarn wird Edmund Veesemeyer ernannt, der die Funktionen eines Reichskommissars für Ungarn wahrnimmt. Damit endet die selbständige Politik Ungarns.
23.3. In Berlin empfängt Reichsminister Goebbels eine „Frontkämpfer-Abordnung aus dem Kampfraum von Cassino" unter Führung von Oberst v. Behr, wobei er erklärt, der „Heldenkampf von Cassino" habe „heute schon fast legendäre Bedeutung".
23.3. Die britische Luftwaffe führt in der Nacht vom 23. März mit 860 Flugzeugen bei 33 Verlusten einen weiteren Großangriff auf Frankfurt am Main durch, wo 3.160 t Bomben abgeworfen werden.
24.3. Amerikanische Bomberverbände richten einen neuen schweren Tagesangriff gegen Frankfurt am Main. Außerdem greifen 60 US-Bomber die Kugellagerwerke in Schweinfurt an, verfehlen jedoch ihr Ziel.
24.3. In Berlin werden erstmals Einzelheiten über ein neues Panzerbekämpfungsmittel bekannt gegeben, bei dem es sich um den ferngesteuerten, unbemannten und mit einer Sprengladung versehenen Miniaturpanzer „Goliath" handelt, der bereits am Landekopf von Nettuno erprobt wurde.
25.3. In der Nacht zum 25. März greifen 90 Kampfflugzeuge des IX. Fliegerkorps unter Oberst Peltz wiederum London an.
25.3. In Süditalien scheitern weitere alliierte Angriffe gegen den Ost- und Nordteil von Cassino am Widerstand der 1. Fallschirmjäger-Division unter Generalleutnant Heidrich.
25.3. Hitler zu Generalfeldmarschall v. Manstein über die Lage der bei Kamenez-Podolsk eingekesselten 1. Panzerarmee: „Ich habe mir die Sache noch einmal überlegt, ich stimme Ihrer Absicht bezüglich des Durchschlagens der 1. Panzerarmee nach Westen zu. Schweren Herzens habe ich mich entschlossen, ein im Westen neuaufgestelltes SS-Panzerkorps und die 367. Infanteriedivision der 4. Panzerarmee für die beantragte Stoßtruppe zuzuführen."
26.3. Im Südabschnitt der Ostfront tritt die 1. Panzer-Armee unter General Hube zum Ausbruchsangriff nach Westen an, muss dabei jedoch Kamenez-Podolsk aufgeben. Zu einer neuen Offensive treten die Sowjets im Raum zwischen Dnjepr und Tschaussy an.
26.3. In Süditalien stellen die Alliierten ihre am 15. März begonnenen und ergebnislos gebliebenen neuen Durchbruchsangriffe bei Cassino wieder ein.
27.3. In der Nacht zum 27. März führt die britische Luftwaffe einen neuen Großangriff gegen das Ruhrgebiet. 677 Flugzeuge werfen bei 9 Verlusten 2.834 t Bomben auf Essen. Außerdem wird Oberhausen angegriffen.
27.3. Auf dem Berghof empfängt Hitler den OB der Heeresgruppe A, Generalfeldmarschall von Kleist, der um Zustimmung zur Zurücknahme der 6. Armee auf den unteren Dnjestr ersucht.
28.3. In der Bukowina dringen die Sowjets auf Czernowitz vor, während ungarische Truppen Kolomea räumen. Das OKW meldet hierzu: „Südlich Proskurow, nordwestlich Czernowitz, bei Tarnopol und im

Raum von Brody nimmt die Abwehrschlacht mit unverminderter Heftigkeit ihren Fortgang. Unsere Truppen leisten den sowjetischen Angriffskräften erbitterten Widerstand."

29.3. Am Südflügel der Ostfront überschreiten Verbände der II. Ukrainischen Front nördlich von Jassy den Pruth und dringen in altrumänisches Gebiet ein. Vor der deutschen Frontlinie verteidigen sich weiterhin die zu „Festungen" erklärten Städte Tarnopol und Kowel.

30.3. Tagebuchnotiz v. Mansteins: „Abends beim Führer. Nach Verleihung der Schwerter erklärte er mir, er habe sich entschlossen, die Heeresgruppe anderweitig zu besetzen. Im Osten sei die Zeit der Operationen größeren Stiles, für die ich besonders geeignet gewesen sei, abgeschlossen. Es komme jetzt hier nur noch auf starres Festhalten an."

30.3. Hitler ersetzt Generalfeldmarschall v. Manstein, Oberbefehlshaber der Heeresgruppe Süd (jetzt: Nord-Ukraine), durch Generalfeldmarschall Model. Auch der Oberbefehlshaber der Heeresgruppe A (jetzt: Süd-Ukraine), Generalfeldmarschall von Kleist, wird durch Generaloberst Schörner ersetzt.

31.3. Der Südflügel der Ostfront ist am Ende des Monats weiter zurückgeworfen und hat gegen die sowjetische Großoffensive, die bis auf rumänisches Gebiet und nach Galizien hineingeführt hat, noch keine neue Abwehrfront aufbauen können.

31.3. In Italien ist nach vergeblichen alliierten Durchbruchsversuchen bei Cassino wieder eine Kampfpause eingetreten. Die Bereinigung des Landekopfes von Nettuno ist in diesem Monat jedoch nicht gelungen.

31.3. Deutsche und japanische U-Boote versenken im Atlantik, Nordmeer, Mittelmeer und Indischen Ozean 24 Schiffe mit 145.693 BRT sowie 2 Landungsschiffe und 4 Escorts. 27 deutsche und 2 japanische U-Boote verloren.

APRIL

1.4. Hitler ernennt den Gauleiter von Berlin, Reichspropagandaminister Joseph Goebbels, zum Stadtpräsidenten von Berlin, der damit die vollziehende Gewalt in der Reichshauptstadt übernimmt.

1.4. Beginn der Massendeportationen aus Südeuropa (Griechenland, Ungarn) nach Auschwitz.

1.4. Gegen die Heeresgruppe Nord treten die Sowjets südlich von Pleskau zum Angriff an.

1.4. In diesem Jahr sind bisher 53.330 ausländische Arbeitskräfte für das Reich „angeworben".

2.4. Die Sowjetregierung erklärt, dass sie nicht beabsichtige, „sich irgendein Teilgebiet des rumänischen Territoriums anzueignen oder die bestehende Gesellschaftsordnung Rumäniens zu verändern."

2.4. Hitler in seinem „Operationsbefehl Nr. 7": „Die russische Offensive im Süden der Ostfront hat ihren Höhepunkt überschritten. Der Russe hat seine Verbände abgenutzt und auseinandergezweigt. Es ist jetzt der Zeitpunkt gekommen, das russische Vorgehen endgültig zum Stehen zu bringen."

2.4. Amerikanische Bomberverbände der 15. US-Luftflotte richten am Tage Angriffe gegen Orte in Süddeutschland und Österreich mit Schwerpunkt auf Steyr.

2.4. Westlich des Pruth werden sowjetische Durchbruchsversuche in Richtung auf Jassy von deutsch-rumänischen Truppen verhindert.

2.4. In der Nacht vom 2. zum 3. 4. wird in Deutschland wieder die Sommerzeit eingeführt.

3.4. Im Raum von Pleskau dauert die sowjetische Offensive gegen die 16. Armee am Südflügel der Heeresgruppe Nord an.

3.4. Bei einem Angriff britischer Trägerflugzeuge gegen das im Kaa-Fjord in Norwegen liegende Schlachtschiff „Tirpitz" wird dieses von mehreren Bomben getroffen, wobei es unter der Besatzung 122 Tote und 316 Verletzte gibt.

4.4. Alliierte Aufklärer machen die ersten Luftaufnahmen von den KZs Auschwitz und Birkenau. Jüdische Aufforderungen, die Bahnanlagen der Lager zu bombardieren, werden in der Folgezeit „angesichts der sehr großen technischen Schwierigkeiten" zurückgewiesen.

4.4. Im Südabschnitt der Ostfront geht die Abwehrschlacht an der aufgerissenen Front der deutschen Armeen weiter, während die 2. Armee der Heeresgruppe Mitte ihren Entsatzangriff auf Kowel fortsetzt und Tarnopol noch immer gehalten wird.

4.4. Aus den Partisanenkämpfen in Kroatien werden für den März 5.926 aufgefundene Feindtote und 1.931 Gefangene gemeldet. Besonders hervorgehoben wird dabei der Einsatz der 1. Kosaken-Division.

5.4. Die Alliierten beginnen von Italien aus mit einer Luftoffensive gegen das rumänische Erdölgebiet.

5.4. Amerikanische „Mustang"-Jagdbomber stoßen bis Berlin vor.

5.4. Im Südabschnitt der Ostfront hält die sowjetische Offensive an. „Zwischen Dnjestr und Pruth sind heftige Kämpfe mit angreifenden sowjetischen Panzerverbänden im Gange", meldet das OKW. Nördlich Czernowitz kämpfen sich abgeschnittene Einheiten zu den eigenen Linien zurück. Die 2. Armee stellt die Verbindung zu der Besatzung von Kowel her.

6.4. Östlich des unteren Dnjestr geht die 6. Armee unter General der Infanterie Hollidt weiter zurück, so dass sich die Kämpfe in den Raum

Bilder linke und rechte Seite: „Der Sieg wird unser sein!" – „La victoire des nations unies est maintenant certaine" (Der Sieg der Vereinten Nationen ist jetzt gewiss). Ein Vergleich beider Abbildungen zeigt deutlich die wahre Situation: Während auf dem Hintergrund von Hakenkreuzfahnen das deutsche Plakat lediglich einen entschlossenen Infanteristen zeigt, betont das Plakat der Alliierten die Überlegenheit der eigenen Seite an Menschen und Material, die schließlich zum Sieg der Anti-Hitler-Koalition führte.

von Odessa verlagern. Die Stadt Kowel, die sich unter dem Befehl des SS-Gruppenführers und Generalleutnants der Waffen-SS Gille seit dem 17. März gehalten hatte, wird von der 2. Armee unter Generaloberst Weiss befreit.

7.4. Die „4. Ukrainische Front" unter General Tolbuchin tritt zum Großangriff gegen die Zugänge der von der 17. Armee unter Generaloberst Jaenecke verteidigten Krim an der Landenge von Perekop und am Ssiwasch-Brückenkopf an.

8.4. Die bei Kamenez-Podolsk eingeschlossene 1. Panzerarmee bricht nach Westen aus.

8.4. Amerikanische Bomberverbände führen erneut starke Tagesangriffe auf den Raum Braunschweig durch.

8.4. Im Raum Ostrow-Pleskau setzen die Sowjets ihre Durchbruchsangriffe gegen die Front der 16. Armee fort, um den Zugang zu den baltischen Staaten zu erzwingen.

8.4. Reichsfinanzminister Graf Schwerin-Krosigk spricht im Rundfunk über „die Finanzierung des Krieges". Er erklärt u.a.: „Viele Deutsche machen sich nun Sorgen wegen der Höhe der Kriegsschuld. Ich verstehe diese Sorge. Aber einmal läuft dem Wachstum der öffentlichen Schuld eine Abnahme der privaten Verschuldung innerhalb der deutschen Volkswirtschaft parallel. Zweitens wird die Verschuldung des Reiches durch den Gewinn großer und fruchtbarer Gebiete weitgehend wettgemacht. Drittens ist die Schuld des Reiches im Grunde eine Schuld des deutschen Volkes an sich selber. Es kann und muss daher nach Kriegsende gelingen, die öffentliche Schuld teils aus den Steuereinnahmen der wiederaufblühenden privaten Wirtschaft zu tilgen, teils langfristig zu konsolidieren, so dass wir in einem langen segensreichen Frieden die erforderliche Zeit haben, die Entschuldung des Reiches durchzuführen."

9.4. Die sowjetische Offensive gegen die nördlichen Zugänge zur Krim hält an. In der Bukowina dringen die Sowjets weiter auf die Karpaten vor, während Tarnopol noch immer verteidigt wird.

10.4. Die 6. deutsche Armee räumt Odessa. Konstanza wird Nachschubhafen für die von Landverbindungen abgeschnittene 17. deutsch-rumänische Armee auf der Krim.

10.4. Dönitz befiehlt den „vollen Einsatz" der Kriegsmarine und betont: „Den Soldaten jedoch, der sich nicht bis zum letzten einsetzt und seine Pflicht nicht bis zum Äußersten erfüllt, den werde ich mit Schimpf und Schande vernichten!"

11.4. An der Nordfront der Krim gelingt der „4. Ukrainischen Front" der Durchbruch in den nördlichen Teil der Halbinsel, so dass das V. Armeekorps unter General der Infanterie Allmendinger von der Halbinsel Kertsch abgezogen werden muss.

12.4. Hitler befiehlt, „dass Sewastopol auf die Dauer zu halten ist", und untersagt die Rückführung der 17. Armee von der Krim.

12.4. Der finnische Reichstag lehnt die sowjetischen Friedensbedingungen ab.

12.4. Der Präsident des Volksgerichtshofs, Dr. Roland Freisler, erklärt im Hamburger Rathaus: „Der Defaitist ist ein Mörder an unserem Volke."

12.4. Britische Bomberverbände führen in der Nacht zum 12. April einen schweren Angriff gegen Aachen, wobei 22 Flugzeuge abgeschossen werden.

13.4. Britische Flugzeuge werfen in der Nacht zum 13. April Bomben auf Osnabrück. Am Tage greifen Verbände der 8. US-Luftflotte Schweinfurt und Augsburg an. Die Kugellager-Werke in Schweinfurt werden jedoch auch diesmal nicht ausgeschaltet.

14.4. Die Presse weist darauf hin, dass aus Reichsmitteln zum Bau von Behelfsheimen im Rahmen des Deutschen Wohnungshilfswerkes eine Prämie von 1.700 RM als verlorener Zuschuss gewährt wird.

15.4. Angriff der 15. USAAF gegen die Ölförderanlage in Ploesti.

16.4. Die amerikanische Luftwaffe führt starke Angriffe gegen Städte in Südost-Europa und wirft Bomben vor allem auf Belgrad, Bukarest und Kronstadt.

16.4. Nördlich Jassy greifen die über den Pruth vorgestoßenen sowjetischen Verbände mit starken Kräften die deutsch-rumänischen Stellungen an. Ein Teil der aus Tarnopol ausgebrochenen deutschen Besatzung nimmt Verbindung mit den von Westen her angreifenden eigenen Verbänden auf.

17.4. Die ungarische Wehrmacht nimmt wieder aktiv an den Abwehrkämpfen im Osten teil. Der ungarische Generalstab meldet: „Unsere zur Verteidigung der Karpaten-Pässe vorgeschobenen Sicherungen stehen seit ungefähr zwei Wochen in Kampffühlung mit dem Feind."

17.4. Für je 5 Kilo abgelieferte Knochen erhält der Ablieferer eine Bezugsberechtigung für ein Stück Kernseife als Prämie ausgehändigt.

18.4. Im Laufe des Tages werden durch die 8. US-Luftflotte verschiedene deutsche Städte, darunter Cuxhaven, Oranienburg und Rathenow, angegriffen, wobei die alliierte Luftwaffe mit dem Abwurf von 4.000 t Bomben ihren bisherigen „Tagesrekord" erzielt. 40 US-Flugzeuge werden abgeschossen, großenteils durch das Jagdgeschwader 3 „Udet".

18.4. Das OKW meldet den Durchbruch weiterer Einheiten der Besatzung von Tarnopol, die „in 25tägigem erbittertem Ringen ... dem Ansturm einer mehr als zehnfachen Übermacht bei schwerstem Artilleriefeuer und laufenden Luftangriffen standgehalten und durch das Binden starker feindlicher Kräfte den Aufbau einer festen Abwehrfront ermöglicht" habe (OKW).

19.4. Am Vorabend von Hitlers Geburtstag sagt Goebbels voraus: „Man wird beispielsweise zehn Jahre nach Friedensschluss in deutschen Städten vermutlich kaum noch Überbleibsel der Zerstörungen entdecken können, die der feindliche Luftterror in ihnen angerichtet hat."

19.4. In der Nacht zum 19. April greifen 125 Kampfflugzeuge des IX. Fliegerkorps erneut London an.

20.4. Auf dem Berghof nimmt Hitler die Glückwünsche der Wehrmacht, der Waffen-SS und Prominenter aus Partei und Regierung zu seinem 55. Geburtstag entgegen. Die Zahl der ausländischen Gratulanten wird von Jahr zu Jahr geringer.

20.4. Die Angriffe der alliierten Luftwaffe konzentrieren sich bei Tag und Nacht gegen Verkehrsverbindungen in Belgien und Nordfrankreich, die von über tausend Bombern angegriffen werden.

20.4. Die Luftwaffenverbände werden mit den ersten Strahljägern Me 262 beliefert.

21.4. Die Türkei stellt unter dem Druck der Alliierten die Chrom-Lieferungen nach Deutschland ein und erklärt sich zum „alliierten Staat".

22.4. An der Ostfront ist nach den langen Kämpfen im Rahmen der sowjetischen Frühjahrsoffensive im Südabschnitt eine Beruhigung eingetreten.

23.4. In der Nacht zum 23. April greifen starke britische Bomberverbände Düsseldorf und Braunschweig an. Am Tage werden Wiener-Neustadt und Orte im Raum von Wien von der 15. US-Luftflotte mit Bomben belegt.

24.4. Im Westraum wird die Stadt Rouen von amerikanischen Bombern angegriffen. Es gibt 400 Tote und 700 Verletzte unter der Bevölkerung.

25.4. Hitler unterzeichnet den „Erlass über die Wehrpflicht und Reichsarbeitsdienstpflicht von Staatenlosen", die nun ebenso wie deutsche Staatsangehörige einberufen werden sollen.

25.4. In der vergangenen Nacht erlebte München den schwersten Nachtangriff des Zweiten Weltkriegs. Die Statistik verzeichnet zwar „nur" 85 Sprengbomben, aber 25.429 Phosphor-Bomben und 55.000 Stabbrand-Bomben. 136 Tote und 4.185 Verletzte werden gezählt.

25.-29.4. Deutsche Luft- und Seestreitkräfte führen zahlreiche Einsätze gegen die Landungsvorbereitungen an der südenglischen Küste. Bei Vorstößen deutscher Torpedoboote gehen 2 T-Boote verloren und ein kanadischer Zerstörer wird versenkt. Schnellboote greifen am 27./28. April in der Lyme Bucht ein Landungsmanöver an und torpedieren drei Landungsschiffe, wobei 197 alliierte Seeleute und 552 Soldaten umkommen. Es werden zahlreiche Mineneinsätze durchgeführt. Das IX. Fliegerkorps führt einen Angriff gegen Portsmouth und legt Luftminen.

26.4. Der Chef der Sicherheitspolizei vereinfacht per Erlass die Registrierung von Masseneinweisungen „Ostvolkangehöriger" in die Konzentrationslager. Eine Registrierung dieser Häftlinge erfolgt nur noch im Konzentrationslager selbst. „Meldungen über Verpflegung, Todesfälle oder sonstige Veränderungen dieser Häftlinge kommen dadurch in Wegfall."

27.4. In der Nacht zum 27. April greifen 78 Kampfflugzeuge des IX. Fliegerkorps den Hafen von Portsmouth an. – In derselben Nacht setzen britische Bomberverbände im Rahmen ihrer seit Wochen fast ununterbrochenen Luftoffensive ihre Angriffe gegen das Reichsgebiet fort und werfen Bomben vor allem auf Essen und Schweinfurt.

29.4. In den Mittagsstunden greifen amerikanische Bomberverbände Berlin an, wo es erhebliche Schäden in Wohngebieten gibt.

29.4. Im Westraum wird die verstärkte Kampftätigkeit fortgesetzt. In der Nacht werfen 58 deutsche Kampfflugzeuge abermals Luftminen im Seegebiet von Portsmouth, während es vor der bretonischen Küste zu Seegefechten zwischen Zerstörern kommt.

30.4. Am Ende des Monats ist der Südabschnitt der Ostfront weiter zurückgeworfen; die Ukraine befindet sich wieder völlig in sowjetischer Hand. Auf der Krim ist nur noch Sewastopol in deutschem Besitz geblieben. An Truppen sind bis zum Monatsende bereits 80.000 Mann, die nicht „kämpfenden Einheiten" angehören, von der Halbinsel abtransportiert worden.

MAI

1.5. Der Maifeiertag dieses Jahres „dient ausschließlich der Entspannung der schaffenden Bevölkerung". Veranstaltungen finden nicht statt, Beflaggung unterbleibt. Hitler ernennt Verkehrsminister Dorpmüller, den saarländischen Industriellen Ernst Röchling, den Flugzeugkonstrukteur Claudius Dornier und den Industriellen Albert Vögler zu „Pionieren der Arbeit".

1.5. Im KZ Buchenwald fordern politische Häftlinge in der sog. Buchenwalder Plattform die Vernichtung der faschistischen Diktatur und die Errichtung einer deutschen Volksrepublik auf neuer demokratischer Grundlage; an der sog. Buchenwalder Plattform haben Vertreter der SPD, der KPD und Christlichen Demokraten mitgearbeitet.

1.5. Das Amt für Kriegsgefangenenwesen teilt mit, dass bisher 5.165.381 Rotarmisten in deutsche Kriegsgefangenschaft geraten sind. Die Statistik registriert rund 2. Mill. Todesfälle und außerdem 1.030.157 Gefangene, die „auf der Flucht erschossen" oder dem SD übergeben wurden. 280.000 Soldaten hatten bereits die Durchgangslager nicht überlebt.

Abschrift   Geheim !   Tab./112/44g

Der Kommandeur der Sicherheitspolizei
in K A T T O W I T Z
Hauptaussenstelle Oppeln
6d-Oi-446/44g (PA. 199)

Oppeln, den 10. Nov. 1944

An die
Kommandantur des Konzentrationslagers
in Gross-Rosen

Betrifft : Tod des NN-Gefangenen Florimond Roger, geboren am 17.10.1887 – gest. am 7.11.1944
Vorgang : Dortiges FS. vom 8.11.1944 Nr. 2236.
Anlagen : Ohne

NN-Häftlinge sind solche Häftlinge, die sich in den besetzten Gebieten gegen die Besatzungsmacht vergangen haben, und zur Aburteilung in das Reich übergeführt worden sind, um sie von jeder Verbindung mit der Heimat, den Angehörigen, Mittätern usw. loszulösen.

Die Leichen in Justizhaftanstalten verstorbener Nacht- und Nebelhäftlinge werden der zuständigen Staatspolizeistelle übergeben, die für die unauffällige Bestattung der Leiche Sorge zu tragen hat. Das Grab wird lediglich mit einem Stein, der die Nummer der Friedhofsbelegliste trägt, versehen. Die Nummer der Friedhofsbelegliste ist im Sterberegister hinter dem Namen und der Nummer des NN-Häftlings einzutragen, wonach sich also jederzeit die Identität feststellen lässt.

Bild linke Seite: Der Kommandeur der Sicherheitspolizei in Kattowitz meldet der Kommandantur KZ Groß-Rosen den Tod des belgischen „Nacht- und Nebelhäftlings" Florimond Roger.

Bild rechte Seite: „Helft Gebt". Die schon in Friedenszeiten eingeführten Appelle an die Spendenbereitschaft des Volkes wurden bis zum bitteren Ende beibehalten.

1.-31.5. Deutsche U-Boote versenken im Mai im Atlantik, Schwarzen Meer und Mittelmeer 6 Schiffe mit 24.602 BRT, einen Geleitträger und 4 Escorts und beschädigen 2 Schiffe mit 17.754 BRT sowie 4 Escorts. 22 U-Boote gehen verloren. Die Japaner verlieren 8 U-Boote.

2.5. Radio Budapest veröffentlicht eine Meldung, nach der in den größten Städten Ungarns eine „Umsiedlung der Juden in Ghettos" vorgenommen wird.

2.5. Der OB der 17. Armee, Generaloberst Jaenecke, der am 29. April eine Räumung der Krim einschließlich Sewastopols empfohlen hatte, wird seines Postens enthoben und durch General der Infanterie Allmendinger ersetzt.

3.5. Beiderseits des Sereth treten die Sowjets erneut zu einem Großangriff an. „Der angestrebte Durchbruch wurde durch den zähen Widerstand und die sofort einsetzenden Gegenangriffe der deutschen und rumänischen Truppen vereitelt" (OKW).

4.5. Das Jagdgeschwader 51 „Mölders" meldet seinen 8000. Luftsieg.

5.5. Bei einem schweren amerikanischen Luftangriff auf das rumänische Erdölzentrum Ploesti werden 25.000 t Treibstoff vernichtet.

5.5. Spanien schließt auf Druck der Alliierten hin das deutsche Generalkonsulat in Tanger und weist alle Deutschen aus Spanisch-Marokko aus. Außerdem werden die Wolfram-Lieferungen an Deutschland eingeschränkt.

5.5. In einem Lagevortrag weist Dönitz Hitler auf den unzureichenden Schutz der Fertigungsstellen für die neuen U-Boote hin. Außerdem herrsche starker Mangel an Arbeitskräften, so dass 1944 nach den neuesten Unterlagen statt der geplanten 218 nur 140 Unterseeboote geliefert werden könnten. Er schlägt daher vor, dass Speer eine Weisungsbefugnis gegenüber Sauckel erhalten sollte, was Hitler jedoch ablehnt.

5.5. In der Nacht zum 5. Mai werfen einzelne britische Flugzeuge Bomben auf Köln. Amerikanische Bomberverbände richten einen schweren Tagesangriff gegen das Erdölgebiet von Ploesti, wo 25.000 t Treibstoff vernichtet werden. Außerdem wird Turnu-Severin angegriffen.

6.5. Amerikanische Bomber greifen am Tage erneut Rumänien an. 400 Flugzeuge werfen Bomben auf das Ölzentrum Campina, andere auf Kronstadt.

7.5. Vor Sewastopol dehnen die Sowjets ihre Offensive auch auf die Ostfront der Festung aus, um die deutschen Stellungen auf den Sapun-Höhen zu überwinden.

8.5. General Eisenhower legt den Beginn der alliierten Landung in Nordfrankreich (Unternehmen „Overlord") auf den 5. 6. fest.

8.5. Am Abend erteilt Hitler nach langem Zögern den endgültigen Räumungsbefehl für die Krim.

8.5. In der Nacht zum 8. Mai werfen britische Flugzeuge Bomben im Raum von Köln und Düsseldorf. Bei Tagesangriffen der US-Luftwaffe wird Berlin von 500 Bombern, Braunschweig von 300 Bombern der 8. US-Luftflotte angegriffen.

9.5. Hitler ordnet an, dass 10.000 Soldaten der von der Krim zurückgeführten Verbände als Bewachungsmannschaften „für ungarische Juden, KZ-Häftlinge usw." einzusetzen seien.

10.5. Der Bamberger Rechtsanwalt Wilhelm Wölfel wird wegen „Wehrkraftzersetzung und Feindbegünstigung" vom 6. Senat des Volksgerichtshofes zum Tode verurteilt. Er war seit 1932 Vorsitzender des Ortskartells der katholischen Vereine Bambergs und ein früher Gegner des Nationalsozialismus.

11.5. Da „Zweifel aufgetaucht sind", weist der Reichskommissar in einem Erlass erneut darauf hin, „dass alle Gewerbetreibenden den Preis von 50 Rpf für das Nachschleifen von zehn Stück Rasierklingen zu beachten haben".

11.5. Die Türkei hat die Chromerz-Ausfuhr nach Deutschland, entgegen den vertraglichen Abmachungen, eingestellt.

11.5. In Würzburg fordert Reichsgesundheitsführer Dr. Conti „Geburtenhöchstleistungen"; man könne gerade bei Soldaten „die gesunde Ansicht" hören: „Jetzt habe ich ein Kind, jetzt kann ich beruhigt wieder an die Front."

12.5. Hitler empfängt in Schloss Kleßheim slowakische Politiker. In den Gesprächen mit Staatspräsident Dr. Tiso, so das Kommuniqué, gab der Führer seiner Entschlossenheit Ausdruck, „den uns von den Feinden des Reiches und seinen Verbündeten aufgezwungenen Krieg im Osten und Westen bis zum siegreichen Ende kompromisslos durchzuschlagen".

12.5. Die amerikanische Luftwaffe beginnt mit einer systematischen Vernichtung der Werke zur Herstellung synthetischen Treibstoffs in Deutschland. Angegriffen werden die Leuna-Werke bei Merseburg, wo 60 % Ausfall entstehen, Tröglitz (100 % Ausfall) und Böhlau (50 % Ausfall). Außerdem greifen 150 Bomber die Hydrierwerke in Brüx im Protektorat an, wo ebenfalls 100 % Ausfall entstehen. 46 Bomber werden abgeschossen. Außerdem greifen 400 amerikanische Bomber unter dem Schutz von 200 Fernjägern Mannheim an. Ein anderer Verband wirft Bomben auf Marienburg und Gotenhafen.

12.5. Im rückwärtigen Gebiet des Mittelabschnitts der Ostfront werden südlich von Polozk nach dreiwöchigen Kämpfen stärkere sowjetische Partisanen-Verbände eingekesselt und aufgerieben, wobei die Sowjets 6.000 Tote und 6.700 Gefangene verlieren. 102 Partisanen-Lager und 264 Bunker werden zerstört.

12.5. An der süditalienischen Front treten nach mehrwöchiger Kampfpause die 5. amerikanische und die 8. britische Armee zu einem Großangriff gegen die 10. Armee unter Generaloberst von Vietinghoff am Garigliano, am Golf von Gaeta bis nach Cassino an.

13.5. Von der Krim werden die letzten noch auf der Halbinsel Chersones befindlichen deutsch-rumänischen Truppen abgezogen. Von den insgesamt 230.000 Mann der 17. Armee sind seit dem 12. April rund 130.000 Mann auf dem Seewege, weitere 21.457 Mann auf dem

Luftwege auf das Festland überführt worden. Die Zahl der Gefallenen und Vermissten betrug seit dem 8. April 31.700 deutsche und 25.800 rumänische Soldaten.

13.5. Zu den alliierten Luftangriffen im Westraum meldet das OKW: „Die anhaltenden starken Angriffe britisch-amerikanischer Bomber gegen die besetzten Westgebiete können als Vorbereitung der Invasion betrachtet werden."

14.5. Der OKW-Bericht meldet den Verlust der Krim: „In einer einzigartigen Absatzbewegung haben Einheiten der deutsch-rumänischen Kriegs- und Marineeinheiten sowie Transportverbände der Luftwaffe gegen starke feindliche Abwehr die auf der Krim eingesetzten verbündeten Truppen auf das Festland zurückgeführt."

14.5. In Süditalien hält das schwere Ringen an. Der OB Südwest, Feldmarschall Kesselring, gibt angesichts tiefer feindlicher Einbrüche die Rücknahme der Front auf eine Sehnenstellung frei.

15.5. Generalfeldmarschall Rommel und General Stülpnagel (Paris) planen die Festnahme Hitlers und seine Aburteilung durch ein deutsches Gericht.

15.5. Rommel besichtigt dieser Tage die deutsche Verteidigungsanlagen in der Normandie. Die hohe Kampfkraft der deutschen Festungsanlagen an der französischen Küste gegen jeden, auch überraschenden Angriff von See her oder aus der Luft wird bestätigt.

15.5. In den Morgenstunden greifen 91 Kampfflugzeuge des IX. Fliegerkorps unter Generalmajor Peltz bei 13 Verlusten Bristol an.

15.5. Bis zum 27. 6. werden 380.000 Juden aus Ungarn deportiert, 250.000 davon werden in Auschwitz ermordet.

15. /16.5. Alliierter Durchbruch durch die deutsche „Gustav"-Linie in Mittelitalien.

16.5. Im „Führerbefehl betr. Einsatz der Fernwaffen gegen England" ordnet Hitler den Beginn des Raketenbeschusses der englischen Insel für Mitte Juni an.

17.5. „In dem gebirgigen Gelände der italienischen Südfront tobt auf einer Breite von 35 km eine Materialschlacht größten Ausmaßes." Mit ihrem ununterbrochenen Trommelfeuer haben diese Kämpfe „das Gepräge der großen Abwehrschlachten des letzten Weltkrieges" (OKW). Die Orte Esperia und Pignataro gehen verloren, worauf der OB Südwest auch die Aufgabe der bisherigen Stellungen bei Cassino und das Absetzen des XIV. Panzerkorps auf eine rückwärtige Linie anordnet.

18.5. Deutsche Truppen räumen ihre Stellungen in Cassino /Süditalien.

18.5. Nach dem Bericht des OKW haben die „kommunistischen Banden" auf dem Balkan in der ersten Mai-Hälfte über 5.000 Tote, 1.300 Gefangene und zahlreiche Überläufer eingebüßt.

20.5. Der Versuch der Tito-Verbände, in serbisches Gebiet einzudringen, wird nach schweren Kämpfen in Mittel-Bosnien als gescheitert angesehen.

20.5. Entgegen den Vorschlägen des OB der Heeresgruppe Mitte, Generalfeldmarschall Busch, befiehlt Hitler, dass die im weiten Bogen nach Osten vorspringende Frontlinie der Heeresgruppe „unter allen Umständen zu halten" sei.

21.5. Zur Vorbereitung der Invasion greifen am Tage rund 5.000 alliierte Jäger und Jagdbomber das Verkehrssystem in den besetzten Westgebieten und in Westdeutschland an. Ein schwerer Luftangriff richtet sich außerdem gegen Kiel.

21.5. In Süditalien wird die deutsche Stellung zwischen Pico und Pontecorvo durchbrochen, womit sich die Gefahr einer Vereinigung der nach Norden und Nordwesten vorstoßenden feindlichen Angriffsspitzen mit dem Landekopf von Nettuno abzeichnet.

21.5. Über den Hafen von Barcelona tauschen Deutschland und Großbritannien verwundete Kriegsgefangene und Sanitätspersonal aus.

22.5. In einem Telegramm an Mussolini zum 5. Jahrestag des Stahlpaktes gibt Hitler seiner Gewissheit Ausdruck, „dass am Ende dieses schicksalhaften Kampfes der Sieg der Dreierpakt-Mächte als sicherste Gewähr für eine glückliche und freie Zukunft unserer Völker stehen wird".

22.5. In einem Vortrag bei Hitler berichtet Reichsminister Speer, dass die Verkehrsschwierigkeiten im Reich bereits im April ein „leichtes Absinken der Grundproduktion" an Kohle und Eisen zur Folge gehabt hätten.

23.5. Am untersten Dnjestr wird ein sowjetischer Brückenkopf bei Dubosari zerschlagen, wobei über 2.000 Gefangene eingebracht werden.

23.5. In Süditalien tritt die 5. US-Armee unter General Mark Clark aus dem Landekopf von Nettuno zum Großangriff gegen die 14. deutsche Armee unter Generaloberst von Mackensen an.

25.5. Auf dem Balkan beginnt das Unternehmen „Rösselsprung", bei dem versucht wird, Tito und seinen Stab durch den Einsatz von Fallschirmjägern auszuheben. Zwar gelingt es, rasch das ganze feindliche Führungszentrum um den Ort Drvar zu besetzen, doch entkommt Tito durch Flucht auf die Insel Lissa in der Adria.

26.5. „Im Kampfraum von Cisterna sind starke feindliche Panzerverbände nach Norden vorgestoßen. Dadurch haben sich die schweren Kämpfe in den Raum südlich und östlich Velletri verlagert", meldet das OKW. Am Nachmittag stehen die Amerikaner bereits dicht süd-

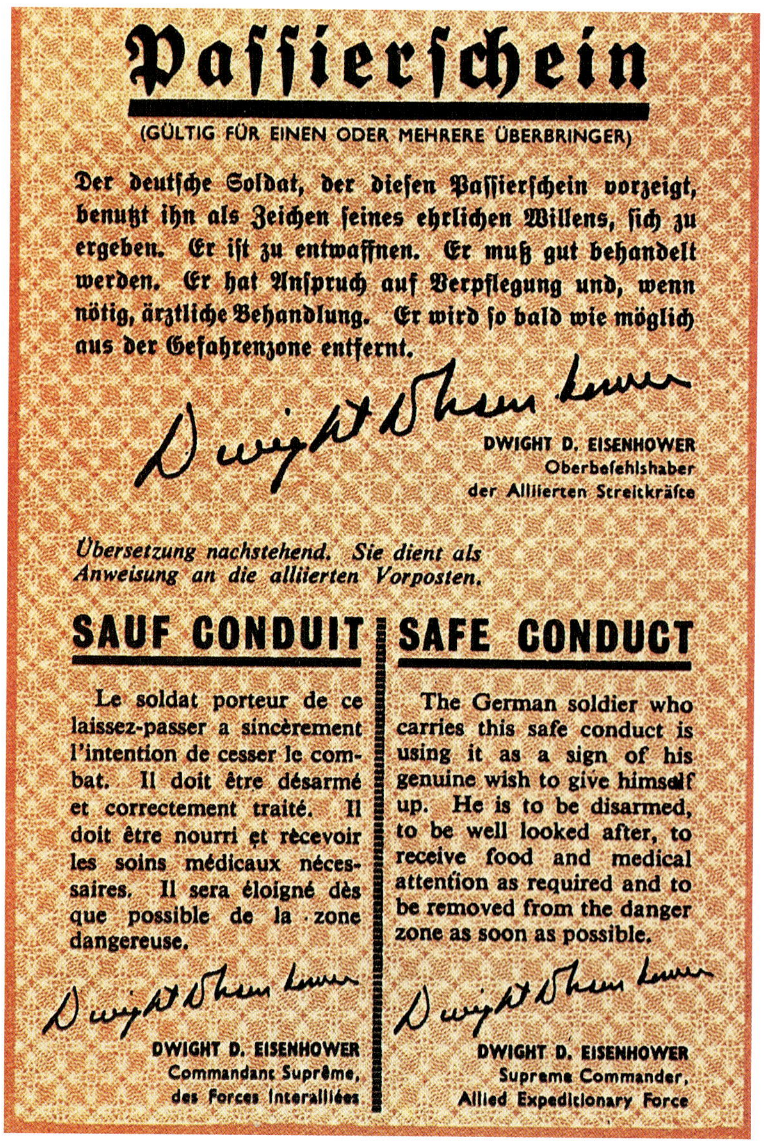

Passierschein

(GÜLTIG FÜR EINEN ODER MEHRERE ÜBERBRINGER)

Der deutsche Soldat, der diesen Passierschein vorzeigt, benutzt ihn als Zeichen seines ehrlichen Willens, sich zu ergeben. Er ist zu entwaffnen. Er muß gut behandelt werden. Er hat Anspruch auf Verpflegung und, wenn nötig, ärztliche Behandlung. Er wird so bald wie möglich aus der Gefahrenzone entfernt.

Dwight D. Eisenhower

DWIGHT D. EISENHOWER
Oberbefehlshaber
der Alliierten Streitkräfte

Übersetzung nachstehend. Sie dient als Anweisung an die alliierten Vorposten.

SAUF CONDUIT

Le soldat porteur de ce laissez-passer a sincèrement l'intention de cesser le combat. Il doit être désarmé et correctement traité. Il doit être nourri et recevoir les soins médicaux nécessaires. Il sera éloigné dès que possible de la zone dangereuse.

Dwight D. Eisenhower

DWIGHT D. EISENHOWER
Commandant Suprême,
des Forces Interalliées

SAFE CONDUCT

The German soldier who carries this safe conduct is using it as a sign of his genuine wish to give himself up. He is to be disarmed, to be well looked after, to receive food and medical attention as required and to be removed from the danger zone as soon as possible.

Dwight D. Eisenhower

DWIGHT D. EISENHOWER
Supreme Commander,
Allied Expeditionary Force

Bild linke Seite: Von General Eisenhower unterschriebener „Passierschein". Trotz Zusicherung einer fairen Behandlung waren die Bemühungen, deutsche Soldaten zum Überlaufen zu bewegen, auch an der Westfront wenig erfolgreich.

Bild rechte Seite: „Fünf Minuten Englisch." Mitteilungsblatt für deutsche Kriegsgefangene.

lich Valmontone und bedrohen damit die Rückzugslinien der 10. Armee.

27.5. Während an der Ostfront weiterhin weitgehend eine Kampfpause herrscht, geht die Abwehrschlacht in Süditalien weiter. Der feindliche Einbruchsraum bei Valmontone wird eingeengt. Der Schwerpunkt der Kämpfe liegt bei Castro dei Volsci und bei Ceprano. In einer Besprechung beim OB Südwest wird die abschnittsweise Zurücknahme der Front besprochen.

28.5. In der Nacht zum 28. Mai setzt die Luftwaffe ihre Angriffe gegen die südenglischen „Invasionshäfen" fort und belegt mit 66 Flugzeugen des IX. Fliegerkorps Weymouth mit Bomben.

29.5. Aus Süditalien meldet der OB Südwest, dass in der 17 Tage anhaltenden Abwehrschlacht personelle Verluste in Höhe von 25.000 Mann eingetreten seien. Außerdem seien 2.000 MGs, 500 schwere MGs, 420 schwere Pak, 148 Panzer und 295 Geschütze verloren gegangen. Die Kämpfe verlagern sich an den Rand der Albaner Berge, so dass auch Rom bedroht wird.

30.5. Der Reichsbeauftragte für Verpackungsmittel errichtet eine „Verteilungsstelle für Kisten des Reichsbeauftragten für Verpackungsmittel", der die Befugnisse einer Bewirtschaftungsstelle zustehen.

30.5. Reichsleiter Bormann, Leiter der Parteikanzlei, untersagt das Einschreiten gegen die an Besatzungen abgeschossener alliierter Flugzeuge geübte Lynchjustiz.

31.5. Der Einsatz der Unterseeboote hatte im Mai außergewöhnlich geringe Erfolge. Es wurden lediglich 4 Schiffe mit 24.424 BRT versenkt, während 22 Unterseeboote verloren gingen.

31.5. Reichsleiter Dietrich besucht Köln. Er dankt der westdeutschen Presse „für ihren unermüdlichen Einsatz während des Bombenkrieges". besonders wird die Notwendigkeit betont, die Moral der Bevölkerung gegen die „Terrorangriffe" zu stärken.

31.5. Insgesamt werden 7,1 Mill. Ausländer und Kriegsgefangene in der deutschen Wehrmacht eingesetzt.

JUNI

1.6. Ablösung des Chefs des Amtes Ausland/ Abwehr im OKW, Admiral Canaris.

1.-30.6. Im Juni werden im Atlantik, im Schwarzen Meer und Indischen Ozean von deutschen U-Booten 12 und von einem japanischen U-Boot ein weiteres Schiff mit zusammen 83.062 BRT versenkt, 4 weitere beschädigt. Außerdem 4 Geleitfahrzeuge versenkt und ein Landungsschiff beschädigt. 26 deutsche und 12 japanische U-Boote verloren.

2.6. In Süditalien wird weiter um die Albaner Berge gekämpft. „Bei den schweren Kämpfen in Italien ... bewährte sich die Kampfmoral unserer Truppen immer wieder gegen die zahlenmäßige und materielle Überlegenheit des Feindes", verkündet das OKW.

3.6. In Süditalien dringen die amerikanischen Angriffsspitzen weiter auf Rom vor. Nachdem sie die deutsche Abwehrfront bis auf 10 km östlich der italienischen Hauptstadt zurückgedrängt haben, bietet der OB Südwest, Feldmarschall Kesselring, um 23 Uhr durch den deutschen Botschafter beim Vatikan die Erklärung Roms zur „Offenen Stadt" an. Der britische Oberbefehlshaber General Alexander ruft hingegen die Bevölkerung Roms zum bewaffneten Widerstand gegen die deutschen Truppen auf.

4.6. Die deutschen Truppen müssen Rom aufgeben und den Alliierten überlassen, um „die Gefahr einer Einbeziehung dieses ältesten Kulturzentrums der Welt in direkte Kampfhandlungen zu vermeiden" (OKW-Bericht).

4.6. Die Alliierten rücken in Rom ein, während sich die 14. Armee hinter den Tiber zurückzieht, ohne die Brücken über den Fluss zu sprengen. Die deutschen Nachhuten erleiden durch schnell nachstoßende amerikanische Panzer schwere Verluste.

6.6. Beim Frühstück auf dem Berghof erhält Hitler die Nachricht vom Beginn der Invasion. Er erklärt Keitel: „Die Nachrichten können gar nicht besser sein! So lange sie in England waren, konnten wir sie nicht fassen. Jetzt haben wir sie endlich dort, wo wir sie schlagen können."

6.6. 06.30 Uhr Beginn der alliierten Landung in der Normandie unter dem Oberbefehl von Montgomery. Die Invasion gelingt, obwohl Hitler verkündet hatte, die Alliierten könnten von Glück reden, wenn sie „neun Stunden" an Land blieben.

7.6. Empfang des neuen ungarischen Ministerpräsidenten Sztojai auf dem Berghof. Es werden „die aktuellen Fragen der deutsch-ungarischen Zusammenarbeit in der gemeinsamen Kriegführung der beiden Völker behandelt".

7.6. An der normannischen Küste haben die Alliierten an verschiedenen Punkten festen Fuß fassen können. „Beiderseits der Orne-Mündung und nördlich Carentan sind heftige Kämpfe mit stärkerem Gegner entbrannt, dem es bis jetzt noch gelungen ist, diese Brückenköpfe, wenn auch mit schweren Verlusten, zu behaupten", meldet dazu das OKW.

7.6. In Italien stößt der Gegner bis Civita Vecchia und zum Bracciano-See vor.

7.6. Das von der SS betriebene Mittelwerk bei Nordhausen ist zur größten unterirdischen Fabrik der Welt ausgebaut worden. Allein 27 Tunnels dienen der Raketen-Fertigung. Etwa 10.000 KZ-Häftlinge und Strafgefangene sind an den Arbeiten beteiligt.

8.6. Westlich der Orne-Mündung gelingt es den Briten, ihre Brückenköpfe zu vereinigen und zu einem großen Landekopf von 60 km Län-

N°1 **Fünf Minuten Englisch**

Blitzkurs für Landser

DEUTSCH	ENGLISH	VEREINFACHTE AUSSPRACHE
Ich bin verwundet (krank).	I am wounded (sick).	*Ai em wuhnded (ssick).*
Wir ergeben uns.	We surrender.	*Ui ssörrenda.*
Danke für die Zigaretten.	Thanks for the cigarettes.	*Senks for se ssiggarets.*
Ich bin hungrig (durstig).	I am hungry (thirsty).	*Ai em hangri (sörsti).*
Bitte noch eine Tasse Kaffee.	Some more coffee, please.	*Sam mor koffi, plies.*
Wann kann ich mal baden ?	When can I take a bath ?	*W'en ken ai tek a bahs ?*
Wo ist warmes Wasser ?	Where is there hot water ?	*W'er is ser hot wota ?*
Ich möchte noch eine Decke.	I'd like another blanket.	*Aid laik anosa blänket.*
Gibt es was zu lesen ?	Got anything to read ?	*Gat änising tu ried ?*
Bitte um Schreibpapier.	A letter blank, please.	*E letta blenk, plies.*
Wann geht die Post ab ?	When does the mail leave ?	*When das se mehl liew ?*

ge und 10-12 km Tiefe auszuweiten. Die alliierte Luftwaffe zerschlägt die Anmarschwege der deutschen Reserven, setzt Stäbe außer Gefecht und unterbricht das deutsche Funkwesen. Die Stadt Bayeux geht verloren.

8.6. Aus dem Osten wird das Ende des Gegenangriffs der 8. Armee (General Wöhler) im Raum nördlich von Jassy gemeldet. Vom 30. Mai bis zum 7. Juni seien hier 1.400 Gefangene gemacht sowie 209 Panzer und 410 Geschütze zerstört worden.

9.6. Amerikanische Bomber-Verbände führen am Vormittag einen schweren Angriff auf München durch.

9.6. Auf der Karelischen Landenge treten die 21. und die 23. Armee der sowjetischen „Leningrad-Front" zum Großangriff gegen die finnischen Stellungen an.

9.6. Speer beschwört vor Vertretern der Industrie das „Wunder der Rüstung" und erklärt, dass es „uns von Monat zu Monat trotz zunehmender Fliegerangriffe zu weiteren Leistungen befähigt".

10.6. Als Repressalie gegen Partisanentätigkeit äschern SS-Truppen das südfranzösische Dorf Oradour-sur-Glane ein. Der größte Teil der Bevölkerung kommt dabei um.

10.6. Dem Gegner gelingt es, die Verbindung zwischen dem britischen und dem amerikanischen Landekopf herzustellen und somit eine einheitliche Front zu schaffen.

11.6. Amerikanische Bomber der 15. US-Luftflotte greifen am Tage von Süditalien aus die Öllager von Giurgiu und Konstanza in Rumänien an.

11.6. Mit der Vereinigung ihrer Brückenköpfe in der Normandie ist den Anglo-Amerikanern die Landung in der Normandie endgültig gelungen.

12.6. Bei einer Unterredung mit Großadmiral Dönitz auf dem „Berghof" beurteilen Keitel und Jodl die Lage im Invasionsraum als „sehr ernst". Sollte dem Gegner der Durchbruch in den französischen Raum gelingen, seien Maginot-Linie und Westwall die nächste Verteidigungsmöglichkeit. Keitel glaubt, „dass auch dann noch eine Möglichkeit zur Reichsverteidigung gegeben ist", während Jodl diese Frage offen lässt.

13.6. In einem Rückblick auf die bisherigen Invasionskämpfe stellt der OB West, Feldmarschall v. Rundstedt, fest, dass der Gegner räumlich und zeitlich sein Ziel zwar nicht erreicht, die deutschen Kräfte jedoch in die Verteidigung gedrängt habe. Noch immer rechnet von Rundstedt mit einer „zweiten Landung" im Somme-Gebiet oder in Belgien.

13.6. Britische Flugzeuge greifen in der Nacht zum 13. Juni die Hydrierwerke bei Gelsenkirchen an. Außerdem sind Recklinghausen und Essen die Ziele britischer Luftangriffe. US-Bomber richten einen Tagesangriff gegen München.

13.6. Um 1.20 Uhr morgens beginnt das Flak-Regiment 155 mit dem Abschuss von V 1-Raketen gegen den Großraum von London. Der volle Einsatz des Vergeltungsschießens setzt in der Nacht zum 16. Juni ein.

14.6. In der Normandie treten die Alliierten bei Caen, beiderseits der Straße Bayeux – St.-Lô und bei Ste.-Mère-Eglise zum Großangriff an.

14.6. In Italien setzen sich die deutschen Verbände vor starken feindlichen Angriffen im Raum des Bolsena-Sees weiter nach Norden ab.

15.6. Für den italienischen Kriegsschauplatz verlangt Hitler die Abänderung des Namens „Gotenstellung" in „Grüne Linie", damit der Feind im Falle ihrer Eroberung „keinen Anlass zu Siegesgeschrei" habe.

15.-16.6. Von 144 gegen den Großraum London gestarteten V 1 werden 21 von der Abwehr abgeschossen.

16.6. Der deutsche Wehrmachtbericht gibt den Einsatz der V-Waffen bekannt: „Südengland und das Stadtgebiet von London wurden in der vergangenen Nacht und heute Vormittag mit neuartigen Sprengkörpern schwersten Kalibers belegt."

16.6. An der Invasionsfront treten deutsche Truppen zu einem Gegenangriff gegen den alliierten Brückenkopf östlich von Orne an, der jedoch kaum vorankommt und bald abgebrochen werden muss.

16.6. In Italien drücken die Alliierten den deutschen Brückenkopf südlich Grosseto ein. Der Chef des Wehrmachtführungsstabes drängt den OB Südwest, „örtliche Rückschläge möglichst nicht zum Anlass zu nehmen, die ganze Front zurückzuverlegen".

17.6. Von Berchtesgaden fliegt Hitler nach Frankreich und trifft sich in Margival bei Soissons mit den Feldmarschällen Rommel und von Rundstedt. Er rügt die geglückte Landung der Alliierten und befiehlt dem pessimistischen Rommel: „Kümmern Sie sich nicht um den Weitergang des Krieges, sondern um Ihre Invasionsfront!"

Bild linke Seite: den besiegten Völkern Europas verkaufte Hitler seinen Eroberungskrieg im Osten immer als Präventivschlag gegen den Bolschewismus, die tödliche Bedrohung aus dem Osten. Er gab vor, für Europas Freiheit zu kämpfen, doch was nach dem Sieg dabei herausgekommen wäre, enthüllte sein Ausspruch, den Goebbels in seinem Tagebuch notierte; „Das Gerümpel kleiner Staaten, die heute noch in Europa existieren, muss liquidiert werden.

Bild rechte Seite: Eine feste Hand greift Stalin den „Tyrannen und Kriegstreiber" im Nacken um ihm das blutige handwerk zu legen. Mit dieser Aussage des NS-Plakates hatte Hitlers Politik in Russland nicht das Geringste gemein. Für ihn galt allein die Devise: „Beherrschen, Verwalten, Ausbeuten". Zwangsweise wurden die russischen Völker wieder in Stalins Arme getrieben. Die nationalsozialistische Besatzungspolitik im Zweiten Weltkrieg war mit ein Grund für das Überleben des Moskauer Diktators.

17.6. Im Reich findet die erste Straßensammlung für das Kriegshilfswerk des Deutschen Roten Kreuzes statt.
18.6. Schwerer Luftangriff der 8. US-Luftflotte auf Hamburg. Hamburgs älteste Kirche, die Jakobi-Kirche, brennt vollständig aus.
18.6. Die 21. alliierte Heeresgruppe unter Feldmarschall Montgomery hat bis zu diesem Zeitpunkt 619.000 Soldaten, 95.000 Fahrzeuge und 218.000 t Material an der normannischen Küste gelandet.
19.6. Hitler unterzeichnet einen Erlass über die Konzentration der Rüstung und Kriegsproduktion und die Einziehung der Künstler zu Militärdienst oder Rüstungsarbeit.
19./20.6. Russische Partisanen zerstören an etwa 9.600 Stellen Eisenbahnanlagen im Rücken der Heeresgruppe Mitte.
20.6. Starke amerikanische Bomber-Verbände führen am Vormittag schwere Angriffe gegen Hamburg, Hannover, Magdeburg und Stettin durch. Mit rund 1.500 Bombern und über 1.000 Begleitjägern greift die 8. US-Luftflotte insbesondere die Hydrierwerke in Ostermoor, Pölitz, Miesburg und Fallersleben an. 4.252 t Bomben werden abgeworfen. 50 Bomber und 5 Jäger werden abgeschossen, weitere 468 Bomber werden zum Teil schwer beschädigt.
21.6. Die 8. US-Luftflotte greift mit ca. 2.500 Flugzeugen Ziele im Raum Berlin (Flugzeugwerke, Eisenbahnanlagen) und das Regierungsviertel der Stadt an.
22.6. Am dritten Jahrestag des deutschen Überfalls eröffnen die Russen ihre große Sommeroffensive im Mittelabschnitt der Ostfront. Innerhalb von zwei Wochen werden 25 deutsche Divisionen vernichtet und die gesamte Heeresgruppe Mitte zerschlagen.
23.6. An der mittleren Ostfront dringen die sowjetischen Angriffsspitzen beiderseits der Smolensker Rollbahn weiter vor. Bei Witebsk gelingt ihnen ein doppelter Durchbruch.
24.6. In der Nacht zum 24. Juni werfen einzelne britische Flugzeuge Bomben auf Bremen. Am Tage wird Bremen sodann von einem starken amerikanischen Verband mit Bomben belegt.
25.6. An der Invasionsfront dringen amerikanische Truppen in die Stadt Cherbourg ein. Der Kampf um die Festung geht weiter. Die deutschen Küstenbatterien stehen in schwerem Kampf mit feindlichen Schlachtschiffen.
25.6. An der Ostfront zeichnet sich nach tiefen sowjetischen Durchstößen vor allem im Raum von Bobruisk eine Einschließung größerer deutscher Verbände und ein Zusammenbruch der ganzen Heeresgruppe Mitte ab.
26.6. Von amtlicher deutscher Seite wird bekannt gegeben, dass die gegen Südengland eingesetzten neuartigen Sprengmittel die Bezeichnung „V 1" („Vergeltungswaffe Nr. 1") tragen.
26.6. Vor Wehrwirtschaftsführern hält Hitler auf dem Obersalzberg die letzte Rede vor größerem Publikum. Er erklärt: „Der Frieden, den können meinetwegen auch andere gestalten; den Krieg, das weiß ich nicht, ob andere mit diesem Krieg nicht so fertig werden, wie ich damit fertig wurde."
27.6. „In Cherbourg wurde den ganzen Tag über in einzelnen Stützpunkten mit größter Erbitterung gekämpft" (OKW). Ein größerer Teil der Stadt wird von den Amerikanern in Besitz genommen.
27.6. Die Lage im Mittelabschnitt der Ostfront, wo starke deutsche Kräfte eingeschlossen sind, spitzt sich dramatisch zu. Eine vom OB der Heeresgruppe Mitte beantragte Aufgabe der „Festen Plätze" Bobruisk, Mogilew und Orscha lehnt Hitler ab, doch wird Orscha am selben Tage von der „3. Ukrainischen Front" erobert.
28.6. Im Osten wird der OB der Heeresgruppe Mitte, Generalfeldmarschall Busch, seines Postens enthoben und durch Generalfeldmarschall Model ersetzt, der bis zum 15. Juli auch noch die Führung der „Heeresgruppe Nord-Ukraine" beibehält.
28.6. Das erste schnelle Elektro-U-Boot vom Typ XXI wird in Dienst gestellt.
28.6. Die DAF und die NS-Volkswohlfahrt haben ein Abkommen über 14-tägige Erholungskuren für Rüstungsarbeiterinnen abgeschlossen.
29.6. Auf dem Berghof findet eine Besprechung mit Oberbefehlshabern und Generälen über die Lage an der Westfront statt. Rundstedt und Rommel versuchen erneut, Hitler von der Aussichtslosigkeit des Kampfes zu überzeugen; er aber erwartet von seiner „Wunderwaffe" V 1 die „kriegsentscheidende Wirkung".
29.6. An der Ostfront vollzieht sich der Zusammenbruch der Heeresgruppe Mitte in immer bedrohlicherem Umfang. Die im Raum von Bobruisk eingeschlossenen Verbände der 9. Armee, das XXXV. und das XXXXI. Panzerkorps, kapitulieren in Stärke von rund 70.000 Mann vor der 3., 18., 48. und 65. Sowjetarmee. Die 4. Armee kämpft sich weiter zur Beresina zurück, während die Reste der 3. Panzerarmee den Anschluss zur nördlich von ihr stehenden 16. Armee verlieren, die noch im Raum von Polozk hält.
30.6. Am Ende des Monats befinden sich 850.279 Soldaten, 148.803 Fahrzeuge und 570.505 t Material im alliierten Brückenkopf in der Normandie. Die Deutschen haben bisher 2.000 V 1 gestartet. Davon erreichten knapp 1.000 London, 661 wurden abgeschossen.

JULI

1.7. Oberst i.G. Graf von Stauffenberg wird zum Chef des Stabes des Befehlshabers des Ersatzheeres, des Generaloberstеn Fromm, ernannt.
1.7. Die Elbinger Schichau-Werft erhält den Bauauftrag über 500 Kleinst-U-Boote des Typs XXVII B. Im Oktober werden 192 Boote desselben Typs in Auftrag gegeben.
3.7. Der Krise an der Invasionsfront versucht Hitler durch personelle Umbesetzungen zu begegnen. Der OB West, Generalfeldmarschall von Rundstedt, wird abgelöst und durch Generalfeldmarschall von Kluge ersetzt. An die Stelle des Befehlshabers der „Panzergruppe West", General Geyr von Schweppenburg, tritt General Eberbach. Ein „elastischer Widerstand" kann nach Auffassung Hitlers nicht riskiert wer-

den, „da ein Ausgleich in der Luft nicht geschaffen sei".

4.7. Im Südabschnitt der Ostfront wird die Stadt Kowel zur Frontverkürzung geräumt. Im Mittelabschnitt treten die sowjetische „1. Baltische Front" sowie die „1., 2. und 3. Weißrussische Front" zum weiteren Vorstoß in Richtung Wilna und Brest-Litowsk an. Angriffsspitzen erreichen den Raum von Molodeczno.

5.7. Im Westabschnitt des normannischen Landekopfes greift die 1. US-Armee zwischen Carentan und der Westküste der Halbinsel Cotentin mit starken Kräften nach Süden an. Die Kämpfe im gesamten Invasionsraum nehmen immer stärker den Charakter der großen Materialschlachten des Ersten Weltkrieges an.

6.7. In einem Vortrag auf dem Berghof drängt Reichsminister Speer in einem Bericht über die Produktion von Flugbenzin und sonstigem Treibstoff noch einmal auf stärkeren Flak-Schutz für die Hydrier-Werke, deren Produktion im Juli 1944 nur 38 % der April-Produktion erreichte.

6.7. Am Westflügel des normannischen Landekopfes setzt die 1. US-Armee ihren Großangriff fort. In einer neuen Weisung für die „Kampfführung im Westen" wird ein Halten der bisherigen Landekopffront befohlen, um einen „Einbruch des Feindes in die Weite des französischen Raumes ... unter allen Umständen zu verhindern".

6.7. Vor der normannischen Küste werden in der Nacht zum 6. Juli erstmals die neuen Einmann-Torpedos „Neger" gegen die Invasionsflotte eingesetzt. Versenkt werden zwei Minensucher, wobei von 26 eingesetzten „Neger"-Torpedos 9 verloren gehen.

8.7. Im Raum südlich von Minsk kapituliert Generalleutnant Vincenz Müller, stellvertretender Kommandeur des XII. Armeekorps, mit den Resten der hier eingeschlossenen 4. Armee. Damit hat die Heeresgruppe Mitte seit dem 22. Juni 28 Divisionen mit rund 350.000 Mann verloren.

9.7. Beim Lagevortrag auf dem Berghof warnt Großadmiral Dönitz vor den Folgen eines sowjetischen Durchbruchs zur Ostseeküste, da im Raum Hela-Libau 50 bis 60 % der gesamten U-Boot-Ausbildung abgewickelt würde. Auch sei dann eine Versorgung der Heeresgruppe Nord und Finnlands über See nicht mehr möglich.

10.7. „Die große Abwehrschlacht im Raum von Caen griff im Laufe des gestrigen Tages auf die Stadt selbst über", meldet das OKW. Am 10. Juli geht die Stadt verloren. Die 1. US-Armee führt indessen ihren Großangriff im Raum von St.-Lô und auf dem Westflügel des Cotentin fort, ohne einen Durchbruch zu erzielen.

11.7. Beim Lagevortrag auf dem „Berghof" verzichtet Oberst Graf von Stauffenberg auf den geplanten ersten Versuch eines Bombenattentates auf Hitler, da Himmler bei dieser Besprechung nicht zugegen ist.

12.7. Die 8. US-Luftflotte führt einen erneuten Tagesangriff gegen München durch. „Die Schlacht in der Normandie hat sich noch auf weitere Abschnitte ausgedehnt, das Artilleriefeuer noch gesteigert" (OKW).

13.7. Die 1. Ukrainische Front beginnt die Offensive gegen die deutsche Heeresgruppe Nord-Ukraine in Ostgalizien.

13.7. Vor seiner Abreise vom Obersalzberg trifft Hitler eine Reihe innenpolitischer Verfügungen zur Verstärkung des zivilen Kriegseinsatzes.

14.7. Nach fünfmonatiger Abwesenheit kehrt Hitler vom „Berghof" wieder in das Führerhauptquartier „Wolfschanze" bei Rastenburg in Ostpreußen zurück. Er wird nie wieder auf den Obersalzberg zurückkehren.

15.7. Angesichts der Entwicklung der Lage an der Invasionsfront richtet Generalfeldmarschall Rommel ein Fernschreiben an Hitler, das mit den Worten schließt: „Die Truppe kämpft allerorts heldenmütig, jedoch der ungleiche Kampf neigt sich dem Ende entgegen. Ich muss Sie bitten, die Folgerungen aus dieser Lage unverzüglich zu ziehen. Ich fühle mich verpflichtet, als Oberbefehlshaber der Heeresgruppe dies klar auszusprechen."

15.7. Zur Zeit sind 75.000 ausgebombte berufstätige Jugendliche in Jugendwohnheimen untergebracht.

15.7. In der Nacht zum 15. Juli werfen britische Flugzeuge Bomben auf Hannover. – Amerikanische Bomberverbände greifen am Tage erneut das rumänische Erdölgebiet von Ploesti an.

16.7. Während am Westflügel des normannischen Landekopfes die Schlacht um St.-Lô weitergeht, tritt die 2. britische Armee aus dem Raum von Caen erneut zum Großangriff an.

17.7. Bei einem Jabo-Angriff auf sein Kraftfahrzeug erleidet Feldmar-

Bild linke Seite: Hermann Göring auf einem Plakat des Reichsluftschutzbundes. Konnte Göring zu Beginn des Krieges noch mit der Unschlagbarkeit „seiner" Luftwaffe prahlen, so ging diese nach Anlaufen der amerikanischen Rüstungsindustrie Schritt um Schritt verloren. In einem Bericht vom April 1944 musste der General der Jagdflieger Adolf Galland den unaufhaltsamen Niedergang der deutschen Luftstreitmacht feststellen: „Das Zahlenverhältnis, unter dem jetzt am Tag gekämpft wird, liegt etwa bei eins zu sieben. Der Ausbildungsstand der Amerikaner ist außerordentlich hoch. Die Tagjagd hat in den letzten vier Monaten weit über 1.000 Flugzeugführer verloren, darunter die besten Staffelkapitäne, Kommandeure und Geschwaderkommodores. Diese Lücken sind nicht zu schließen. ... Es ist jetzt so weit, dass man sagen muss, es besteht die Gefahr des Zusammenbruchs unserer Waffe."

Bild rechte Seite: „Wo ist Frau Brylla?" Ein Frontsoldat auf „Bombenurlaub" in der Heimat. Von Frau und Kind fehlt jede Spur. Ihm bleibt nur die Suchmeldung an der Wand des zerbombten Hauses.

schall Rommel in der Normandie einen schweren Unfall. Die Führung der Heeresgruppe B wird von Feldmarschall v. Kluge, dem OB West, übernommen.

17.7. Die Alliierten setzen in der Normandie erstmals Napalm-Bomben ein.

18.7. Das OKW meldet erstmals den Einsatz „neuartiger Kampfmittel der Kriegsmarine", der sogenannten Einmann-Torpedos, vor der Invasionsküste.

19.7. Angesichts der Folgen des Luftkriegs prophezeit Gauleiter und Reichsdozentenführer Scheel: „Unsere hohen Schulen, die der Feind in seiner sadistischen Wut getroffen hat, werden größer und echter erstehen als je zuvor."

20.7. 12.42 Uhr: Explosion einer Bombe im Führerhauptquartier „Wolfsschanze", als sich Hitler bei der Mittagsbesprechung über den Kartentisch beugt. Oberst Graf Stauffenberg, Chef des Stabes des Befehlshabers des Ersatzheeres, hatte die Bombe in einer Aktentasche unter den Tisch gestellt. Hitler wird nur leicht verletzt, vier seiner Mitarbeiter aber so stark, dass sie sterben.

20.7. 13.00 Uhr: Stauffenberg fliegt nach Berlin, in der irrigen Überzeugung, Hitler sei tot.

20.7. 15.30 Uhr: Hitler empfängt Mussolini zu seinem letzten Besuch. Er zeigt ihm die Explosionsstelle und erklärt: „Nach meiner heutigen Errettung aus der Todesgefahr bin ich mehr denn je davon überzeugt, dass es mir bestimmt ist, nun auch unsere gemeinsame große Sache zu einem glücklichen Abschluss zu bringen."

20.7. 16.00 Uhr: In Berlin wollen Oberst Graf Stauffenberg, Generalfeldmarschall von Witzleben, die Generäle Beck, Hoeppner und Olbricht den Putsch durch Mobilisierung des Ersatzheeres in Gang setzen. Das Berliner Wachbataillon „Großdeutschland" soll das Regierungsviertel absperren.

20.7. 18.35 Uhr: Major Remer, Kommandeur des Wachbataillons „Großdeutschland", fragt bei Goebbels nach, ob Hitler wirklich tot sei. Goebbels stellt eine telefonische Verbindung zwischen Hitler und Remer her. Hitler: „Ich spreche als Oberster Befehlshaber der Wehrmacht. Nur meine Befehle sind zu befolgen. Sie haben Berlin für mich zu sichern. Erschießen Sie jeden, der versucht, meinen Befehlen nicht zu gehorchen."

21.7. gegen 0.30 Uhr: Auf dem Hof des OKH in der Bendlerstraße werden Stauffenberg, General Olbricht, Oberleutnant von Haeften und Oberst Quirnheim standrechtlich erschossen.

22.7. An der Ostfront macht die sowjetische Großoffensive weitere Fortschritte. Im Südabschnitt stoßen sowjetische Verbände in Richtung auf den San und auf Lublin vor, während sie im Mittelabschnitt vor allem zwischen Brest-Litowsk und Grodno weiter nach Westen vordringen.

23.7. Auf Vorschlag Görings wird in der Wehrmacht der „Deutsche Gruß" eingeführt.

24.7. Das KZ Maidanek wird als erstes nationalsozialistisches Vernichtungslager befreit.

24.-29.7. Drei schwere Luftangriffe der RAF verwüsten die Innenstadt von Stuttgart: über 100.000 Obdachlose, 898 Tote und 1.916 Verletzte.

25.7. Goebbels wird zum „Reichsbevollmächtigten für den totalen Kriegseinsatz" ernannt. Ergebnis: Schließung sämtlicher Theater, Konzerthallen usw. und die Einziehung der Künstler zu Militärdienst oder Rüstungsarbeit.

25.7. Die Sowjet-Regierung veröffentlicht einen Aufruf von 16 deutschen Generälen der Heeresgruppe Mitte, die in Gefangenschaft geraten sind und die Wehrmacht zur Aufgabe des Kampfes aufrufen.

26.7. In der Normandie verschärft sich die Lage durch die schweren amerikanischen Durchbruchsangriffe im Raume von St.-Lô, während die Offensive der 2. britischen Armee von Caen in Richtung Falaise liegen bleibt.

27.7. In der Normandie wird die deutsche Abwehrfront im Raum von St. Lô an mehreren Stellen aufgerissen; die Kampfstärken der deutschen Verbände sind durch die Materialschlacht stark abgesunken. Die Amerikaner stoßen auf Périers vor.

27.7. In der Nacht zum 27. Juli greift die britische Luftwaffe Hamburg und Tilsit an. Am Tage wird Budapest erneut von starken amerikanischen Bomberverbänden angegriffen.

28.7. Der Reichsminister für die Kriegsproduktion, Albert Speer, legt Hitler in einer Denkschrift die katastrophale Lage der synthetischen Treibstoffherstellung infolge der Bombenangriffe auf die Hydrierwerke dar.

29.7. An der Ostfront schieben sich die Sowjetarmeen im Mittelabschnitt weiter an den großen Weichsel-Bogen und in den Raum von Warschau heran.

30.7. Amerikanische Bomberverbände greifen am Tage Budapest an.

31.7. Durchbruch der Alliierten bei Avranches, die sich damit den Zugang zum übrigen Frankreich erkämpfen. Die deutsche Abwehrfront am Atlantik bricht zusammen.

31.7. Im Unterseeboot-Krieg werden im Juli 16 alliierte Handelsschiffe mit insgesamt 76.199 BRT versenkt, während 24 Unterseeboote verloren gehen.

31.7. Im Rahmen der Maßnahmen „zur Totalisierung unserer Kriegsanstrengungen" setzt der Generalbevollmächtigte für den Arbeitseinsatz, Gauleiter Sauckel, das Alter der meldepflichtigen weiblichen Arbeitskräfte vom 45. auf das 50. Lebensjahr herauf.

AUGUST

1.8. Polnischer Aufstand in Warschau. Die Aufständischen, die auf baldige Entsetzung durch sowjetische Truppen rechnen, leisten der deutschen Wehrmacht bis zum 2. 10. Widerstand.

1.8. Als neuer Befehlshaber des Ersatzheeres erlässt Reichsführer SS Himmler einen ersten Tagesbefehl, indem er es zur Aufgabe erklärt, „durch Tat und Leistung die Schande des 20. Juli vergessen zu machen".

1.8. Für die Wehrmacht verfügt Hitler die Einführung der „Sippenhaf-

tung", nach der auch gegen die Familien von Soldaten, die „Verrat an Deutschland" verübt haben, vorgegangen werden soll.
3.8. Die Türkei bricht die diplomatischen und wirtschaftlichen Beziehungen zu Deutschland ab.
3.8. Mit großer Verspätung wird der deutschen Öffentlichkeit der Unfall des Generalfeldmarschalls Rommel vom 17. Juli mitgeteilt.
3.8. Himmler kündigt in Posen für die Nachkriegszeit einen Friedensbestand von 12 SS-Panzer-Divisionen und 30 europäischen Divisionen an.
4.8. Der von Hitler eingesetzte „Ehrenhof des deutschen Heeres" verstößt die am 21.7. standrechtlich erschossenen und die 12 in Haft befindlichen Mittäter des 20.7. aus der Wehrmacht.
4.8. Die Presse mahnt: „Blindgänger berühren oder sich in deren Nähe aufzuhalten bedeutet Lebensgefahr!"
5.8. Während die deutsche Front im östlichen Teil des normannischen Landekopfes weiterhin gehalten wird, stößt die 1. US-Armee tief in den französischen Raum vor und erreicht die Gegend von Mayenne und Laval.
5.8. „In Italien wurden unsere Truppen in den Raum nördlich Florenz zurückgenommen, um die historische Stadt, die der Feind gestern den ganzen Tag über mit schwerer Artillerie beschoß, mit ihren unersetzbaren Kunstwerken zu schonen".
6.8. Die 1. und die 3. US-Armee setzen ihren Vorstoß in die Tiefe des französischen Raumes fort. Die Seefestung St.-Malo wird eingeschlossen. Die Städte Vire, Laval und Mayenne gehen verloren.
7. /8.8. Prozess vor dem Volksgerichtshof in Berlin gegen Generalfeldmarschall von Witzleben u.a. Freisler verurteilt sie ausnahmslos zum Tod durch den Strang.
8.8. „Nach mehrstündigem Trommelfeuer trat der Feind in den heutigen Morgenstunden südlich und südöstlich Caen erneut zum Angriff an", meldet das OKW. Durch diesen Fesselungsgriff wird die Fortsetzung der deutschen Offensive im Raum von Mortain endgültig vereitelt.
9.8. In der Normandie sind nunmehr auf der gesamten Front von südlich Calais bis in den Raum östlich Avranches schwerste Kämpfe im Gange" (OKW). Durch feindliche Einbrüche entsteht südlich Caen eine Krise, die jedoch gemeistert werden kann.
10.8. Verbände der 15. US-Luftflotte greifen bei Tage erneut das Ölgebiet von Ploesti an. – Bei Tage stoßen außerdem feindliche Jagdbomber nach Süddeutschland und bis in den Raum von München vor und richten ihre Angriffe vornehmlich gegen Eisenbahnziele.
10.8. Nachdem deutsche Truppen am 4.8. den südlichen Teil von Florenz geräumt und die Arno-Brücken gesprengt haben, ziehen sie sich auch aus den nördlichen Stadtteilen zurück.
11.8. Die SS beginnt mit der allmählichen Auflösung des Vernichtungslagers Auschwitz. Die überlebenden Insassen werden auf Hungermärsche und -transporte nach Buchenwald, Sachsenhausen und Flossenbürg geschickt.
11.8. Im Raum von Kowno wird die Stadt Wilkowischken im Gegenangriff zurückerobert und das Vordringen der Sowjets gegen Ostpreußen aufgehalten.
12.8. In der Normandie dringen amerikanische Verbände nach der Einnahme von Alençon bis Argentan vor und verschärfen damit die Gefahr einer Abschnürung für die 7. Armee und die 5. Panzer-Armee. Das OKW meldet, dass der Feind hier bestrebt sei, „durch Angriff nach Norden in den Rücken unserer Hauptfront zu stoßen". Um St.-Malo wird weiter schwer gekämpft.
14.8. Im Raum Falaise-Argentan bahnt sich die Einschließung starker Teile der beiden dort kämpfenden deutschen Armeen an. Hitler erteilt dem OB West den Befehl, zunächst das XV. US-Armeekorps im Raum von Alençon zu vernichten. – In Lettland dauert die Abwehrschlacht bei Raseinen an.

15.8. Alliierte Truppen landen an der südfranzösischen Küste zwischen Cannes und Toulon, ohne auf großen deutschen Widerstand zu stoßen.
15.8. Die Gesamtzahl der KZ-Häftlinge beläuft sich zur Zeit auf 524.285, davon 317.165 Männer und 145.119 Frauen.
17.8. Im Westen spitzt sich die Lage weiter zu. Während der Abzug der nahezu eingeschlossenen deutschen Truppen durch den noch zwischen Falaise und Argentan bestehenden Schlauch auf das Westufer der Orne eingeleitet wird, nimmt die 1. kanadische Armee am Abend Falaise.
18.8. Der bisherige OB West, Generalfeldmarschall v. Kluge, begeht auf der Rückfahrt nach Deutschland an der Straße von Verdun nach Metz Selbstmord durch Gift, da er der Mitwisserschaft am Attentat vom 20. Juli verdächtigt wird.
19.8. Im Raum von Falaise beginnt die eingeschlossene 7. Armee unter SS-Oberstgruppenführer Hausser mit Ausbruchsangriffen, denen von außen das II. SS-Panzerkorps entgegenstößt. Das OKW meldet hierzu recht allgemein: „In der Normandie müssen die vorgesehenen Absetzbewegungen über Orne und Dives nach Osten gegen den Feind erkämpft werden, der von Norden bis in den Raum von Trun durchgestoßen ist."
20.8. Im Nordabschnitt der Ostfront stößt die 3. Panzerarmee mit Unterstützung durch deutsche Seestreitkräfte, darunter der Schwere Kreuzer „Prinz Eugen", bei Tukkum wieder zum Rigaischen Meerbusen durch, womit die Landverbindung mit der Heeresgruppe Nord wiederhergestellt wird.

Bild linke Seite: Auge in Auge mit den potentiellen Opfern, mit Frauen und Kindern, wäre wohl kaum einer der Piloten bereit gewesen, seine tödliche Last auszuklinken. Die Anonymität des Leidens und Sterbens, das er erzeugte, machte ihm erst die Ausübung seines furchtbaren Handwerks möglich.

Bild rechte Seite: „Hilf siegen". Aufruf an junge Frauen, sich freiwillig als Luftnachrichtenhelferin zu melden.

20.8. Goebbels ordnet an: „Sämtliche Theater, Varietés, Kabaretts und Schauspielschulen sind zum 1. September zu schließen."
21.8. Die Schüler der „Adolf-Hitler-Schulen" werden im Bergbau und in der Rüstungsindustrie eingesetzt. Sie erhalten neben Unterkunft und Verpflegung täglich 30 Reichspfennig zur Verfügung.
22.8. Die aus Südfrankreich zurückmarschierende 19. Armee unter Generaloberst Blaskowitz wird in ihrem Rücken zunehmend durch französische Widerstandsgruppen gefährdet, gegen die sie sich ihren Weg freikämpfen muss.
23.8. Hitler befiehlt: „Die Verteidigung des Brückenkopfes Paris ist von entscheidender Bedeutung."
23.8. In Rumänien wird Marschall Antonescu gestürzt. Die neue Regierung schließt sofort einen Waffenstillstand mit der Sowjetunion ab und erklärt Deutschland am 25.8. den Krieg.
24.8. Südwestlich von Kischinew wird die 6. deutsche Armee von den beiden Ukrainischen Fronten 2 und 3 eingeschlossen.
24.8. Zu den von Goebbels veranlassten Maßnahmen zur totalen Kriegführung gehören auch die 60-Stunden-Woche im öffentlichen Dienst und die Einstellung der „Truppenbetreuung" durch KdF.
24.8. Die Luftwaffe richtet auf Befehl Hitlers einen heftigen Angriff auf Bukarest. Der Versuch des Heeres, die rumänische Hauptstadt in Besitz zu nehmen, scheitert.
25.8. Der Kommandant von Paris, General der Infanterie von Choltitz, lässt auf eigene Verantwortung den Widerstand einstellen, um die Stadt vor der Zerstörung zu bewahren. Am selben Tag hält General de Gaulle seinen Einzug in die französische Hauptstadt.
25.8. Der Jagdflieger-Oberleutnant Erich Hartmann erringt seinen 300. Luftsieg und erhält das Eichenlaub mit Schwertern und Brillanten zum Ritterkreuz als 18. Soldat der Wehrmacht.
26.8. Der bulgarische Ministerpräsident Bagrianoff erklärt den „Rückzug Bulgariens aus dem Kriege".
27.8. In Frankreich dringend amerikanische Truppen östlich Paris auf die untere Marne vor. Die Besatzung von Brest lehnt eine Aufforderung zur Übergabe ab. Daraufhin treten die Alliierten zum Großangriff gegen die Festung an.
28.8. Bei einem Luftangriff auf die Umgebung von Weimar wird das Konzentrationslager Buchenwald von Sprengbomben getroffen. Nach der offiziellen Meldung gehören die früheren Reichstagsabgeordneten Breitscheid und Thälmann zu den ums Leben gekommenen Häftlingen. In Wirklichkeit war der ehemalige KP-Chef Ernst Thälmann schon zehn Tage vorher ermordet worden.
28.8. Im OKM wird die Mindestarbeitszeit im Zuge der Maßnahmen zum „Totalen Krieg" auf 57 Wochenstunden festgesetzt: Montags bis freitags 8-18 Uhr, sonnabends 8-15 Uhr und am Sonntagvormittag.
28.8. In den bombengeschädigten Städten laufen Versuche, Bauschutt als Baustoffreserve neuer Verwendung zuzuführen.
29.8. In der mittleren Slowakei bricht im Raum von Neusohl ein kommunistischer Aufstand aus, dem sich in der Folge große Teile der slowakischen Armee anschließen.
30.8. Rumänien wird schrittweise durch sowjetische Truppen in Besitz genommen. Sie dringen bis in das Erdölgebiet von Ploesti vor. Im rumänischen Schwarzmeer-Hafen werden sowjetische Truppen gelandet, worauf sich die im Schwarzen Meer stationierten leichten Seestreitkräfte selbst versenken.
31.8. In Gesprächen im Führerhauptquartier äußert Hitler seine Hoffnung auf einen Bruch zwischen den Alliierten. Im Übrigen erklärte er: „Wir werden uns schlagen, wenn nötig, sogar am Rhein."
31.8. Deutsche Unterseeboote versenken im August insgesamt 18 alliierte Handelsschiffe mit zusammen 98.876 BRT, während 38 eigene Boote verloren gehen.

SEPTEMBER

1.9. Hitlers Lagebesprechung spiegelt die katastrophale Lage an allen Fronten wider: In Rumänien, im Baltikum, in Frankreich, in Belgien, in Bulgarien und in Italien werden die deutschen Verbände geschlagen und befinden sich auf dem Rückzug.
1.9. Beginn des amerikanischen Angriffs zur Eroberung der „Festung" Brest, die am 19. 9. eingenommen wird.
2.9. Finnland stellt den Kampf gegen die Sowjetunion ein und bricht die Beziehungen zu Deutschland ab.
2.9. Der Reichsbeauftragte der NSDAP für Altmaterialerfassung gibt das vorläufige Ergebnis der Spinnstoff-, Wäsche- und Kleidersammlung bekannt. Danach sind rund 33.531.000 Kilogramm Altspinnstoffe bei den Sammelstellen angeliefert worden.
3.9. Die Engländer nehmen Brüssel ein. Lyon wird von französischen Widerstandstruppen und amerikanischen Einheiten genommen.
4.9. In seinem Hauptquartier „Wolfsschanze" empfängt Hitler den japanischen Botschafter Oshima.
5.9. Russland erklärt Bulgarien den Krieg. Zwei Tage später muss das Land kapitulieren. Am 8.9. erklärt Bulgarien Deutschland den Krieg.
6.9. Im Westen gehen die deutschen Armeen weiter zurück. Gent und Lüttich gehen verloren. Das OKW meldet zur Lage: „Gegen die Linie Löwen-Namur-Sedan griff der Feind auf breiter Front an." Gleichzeitig wird der alliierte Großangriff gegen die eingeschlossenen „Küstenfestungen" Le Havre und Brest fortgesetzt.
7.9. Der Kampf gegen die Aufstandsbewegung in Warschau hält noch immer an. Das OKW meldet: „In Warschau wurde jetzt auch das gesamte Weichsel-Viertel von Banden gesäubert."

8.9. Zum ersten Mal wird eine V 2-Rakete abgeschossen. Bis zum Ende des Beschusses am 27.3.45 schlagen 1.115 V 2 in England ein: Die Bevölkerung verzeichnet 2.724 Tote und 6.467 Verletzte.

9.9. Unter dem Titel „Programm zur Verhütung des dritten Weltkriegs durch Deutschland" übergibt der amerikanische Finanzminister Henry Morgenthau Präsident Roosevelt sein Memorandum, das die vollständige Entmilitarisierung Deutschlands, die Spaltung des Landes und die Vernichtung seiner Industrie vorsieht.

9.9. In Frankreich wird eine provisorische Regierung unter General de Gaulle mit Bidault als Außenminister gebildet.

11.9. Die 1. US-Armee erreicht die deutsche Grenze nördlich von Trier.

11./12.9. Darmstadt wird bei einem schweren englischen Luftangriff zerstört. 70.000 Einwohner werden obdachlos, rund 12.000 werden getötet.

11.-16.9. Konferenz von Quebec zwischen Roosevelt und Churchill in Gegenwart von Morgenthau, der eine vorübergehende Billigung seines Planes durch die Staatsmänner erreichen kann. Roosevelt distanziert sich schon kurze Zeit später davon.

12.9. Bei einem schweren englischen Nachtangriff auf Stuttgart

Bild linke Seite: TO VICTORY - U.S. ARMY AIR FORCE (Zum Sieg - U.S. Heer Luftwaffe) Die Botschaft dieses Plakates entsprach der Wahrheit, wobei der U.S.-Airforce eine entscheidende Rolle zu kam: „Unseren Augen bietet sich ein gewaltiges Bild", schrieb ein deutscher Jagdflieger im Februar 1944 in sein Tagebuch. „Rund eintausend Viermots fliegen in breiter Front unter starkem Jagdschutz Kurs Ost. Zusammen mit den Begleitjägern schätze ich den Gesamtverband auf 1.200 Flugzeuge! Wir sind 40 Maschinen!". Einige Monate später führte er seine dezimierte Staffel von fünf Jägern in einen letzten verzweifelten Kampf gegen 60 „Mustang" und „Thunderbolt" und wurde nach wenigen Minuten abgeschossen.

Bild rechte Seite: Sie haben alles verloren und nur das nackte Leben gerettet. – „Was hielt die Menschen noch aufrecht?", fragt sich der deutsche Chronist des Bombenkrieges Hans Rumpf. „Ruhm, Ehre, Begeisterung waren schon dem Soldaten fremd geworden. Auch der kältere Begriff der Pflicht würde das unbeirrbare Ausharren nicht verständlich machen. Was viele hielt, war jene Notlage, die zwanghafte und beinahe mechanische Verflechtung des Geschehens mit ihrem Leben, woraus es keinen Ausweg mehr gab. Denn selbst Flucht war schon längst kein Ausweg mehr. Die Bevölkerung ertrug ihr Los, weil sie fühlte, dass niemand ihr eine andere Wahl ließ."

hat die Zivil-Bevölkerung 957 Tote zu beklagen. Es gibt über 1.000 Verletzte und 50.000 Obdachlose.
13.9. Die 47. Sowjetarmee nimmt den Warschauer Vorort Praga und rückt bis zur Weichsel vor, ohne jedoch den polnischen Aufständischen in Warschau selbst zu Hilfe zu kommen.
14.9. Beginn einer sowjetischen Offensive gegen das Baltikum, die zur Räumung von Estland und Lettland bis zur Düna führt.
15.9. Eisenhower schreibt an Montgomery: „Es ist mein Wunsch, auf dem direktesten und schnellsten Wege auf Berlin vorzustoßen."
15.9. Nachdem die Frist für die Räumung Finnlands durch die deutschen Truppen abgelaufen ist, erklärt Finnland Deutschland den Krieg.
16.9. Abkommen zwischen Himmler und General Wlassow. Die in Deutschland gebildete russische Befreiungsarmee wird zum Kampf gegen den „Bolschewismus" aufgerufen.
17.9. Britische Luftlandungen bei Arnheim.
17.9. Zur Unterstützung der Aufständischen in Warschau wirft die 8. US-Luftflotte mit 110 B-17-Bombern 1.248 t Versorgungsgüter über der Stadt ab, von denen jedoch 90% in deutsche Hand fallen.
18.9. Hitler empfängt in seinem Hauptquartier den Staatschef des unabhängigen Staates Kroatien, Ante Pavelic.
19.9. In der unter dem Befehl des Generals der Fallschirmtruppen Ramcke stehenden „Festung Brest" muss der Widerstand eingestellt werden.
19.9. Die Straßensammlung des Kriegshilfswerkes für das Deutsche Rote Kreuz am 19. und 20.8. brachte 49.156.035,08 RM ein.
20./24.9. Hitler unterzeichnet die letzten Gesetze seines Lebens: das „Gesetz zur Änderung der Vorschriften gegen Landesverrat" und das „Gesetz zur Änderung und Ergänzung des Wehrgesetzes", nach dem die „Mitgliedschaft in der NSDAP auch für die Dauer des aktiven Wehrdienstes in Kraft bleibt".
21.9. Das OKW meldet das Ende der Kämpfe um Brest: „Der letzte Widerstand der Besatzung von Brest auf der Halbinsel Le Urozon ist zu Ende." Durch den langen deutschen Widerstand sei „dem Gegner nicht ein Hafen, sondern nur ein Trümmerhaufen in die Hand gefallen".
22.9. Die Abwehrschlacht um Aachen hält an. „Südöstlich der Stadt verstärkte sich der feindliche Druck" (OKW).
25.9. Seinen „Erlass über die Bildung des deutschen Volkssturms" begründet Hitler mit dem „Versagen aller unserer europäischen Verbündeten". Er ordnet die Erfassung aller „waffenfähigen Männer im Alter von 16 bis 60 Jahren" an.
27.9. Zwischen Boulogne und Calais fallen die letzten deutschen Fernkampfbatterien in die Hand der kanadischen Truppen. Calais selbst

wird weiterhin heftig angegriffen.
28.9. Von Rumänien und Bulgarien aus dringt die 3. Ukrainische Front der Roten Armee zum Angriff auf Belgrad vor.
28.9. Theresienstadt wird weitgehend liquidiert. Im Laufe eines Monats werden in 11 Transporten 18.404 Juden nach Auschwitz deportiert. Nicht mehr als 2.000 von ihnen überleben den Krieg.
29.9. Zur Lage im Nordabschnitt der Westfront meldet das OKW abschließend: „Der Versuch des Feindes, durch einen gewaltigen Einsatz von Luftlandetruppen das Maas- und Rhein-Hindernis in Holland zu überspringen, die Westfront von Norden zu umgehen und zwischen Emden und Münster in Deutschland einzubrechen, ist gescheitert." Die 2. britische Armee versuche nun, „den schmalen über Eindhoven auf Nijmegen vorgetriebenen Angriffskeil nach Westen und Osten zu verbreitern".
30.9. Deutsche Unterseeboote versenken im September nur noch 7 alliierte Handelsschiffe mit 43.380 BRT, während 19 eigene Boote verloren gehen.
30.9. Für diesen Monat zahlt allein der Krupp-Konzern 49.304 RM an das Konzentrationslager Buchenwald für die Überlassung von Häftlingsarbeitskräften. Der Tagessatz beträgt 4 RM pro Häftling.

OKTOBER

1.10. Die Schweizer Regierung beschließt, mit Wirkung vom 1. Oktober den Export von Kriegsmaterial einzustellen.
1.10. Mit dem Verlust des letzten Unterseebootes im Mittelmeer nimmt der U-Boot-Krieg in diesem Seegebiet sein Ende.
1.10. Im KZ Auschwitz wird bei einer Häftlingsrevolte ein Krematorium gesprengt. Der Aufstand wird niedergeschlagen. Beginn der Rückführung von Häftlingen vor den heranrückenden alliierten Armeen ins Reich.
2.10. In Warschau kapitulieren die Reste der polnischen „Heimat-Armee" unter General Bor-Komorowski, der in Kriegsgefangenschaft gerät. Am folgenden Tage meldet das OKW: „Die Aufstandsbewegung in Warschau ist zusammengebrochen. Nach wochenlangen Kämpfen, die zur fast völligen Zerstörung der Stadt führten, haben die Reste der Aufständischen, von allen Seiten verlassen, den Widerstand eingestellt und kapituliert."
3.10. Im holländischen Kampfraum zerstören britische Bomber die Seedeiche der von deutschen Truppen gehaltenen Insel Walcheren, um durch die dadurch entstehenden Überschwemmungen die deutschen Küstenbatterien auszuschalten.
4.10. Ein Tankwart wird wegen Abgabe von Benzin ohne Tankscheine zum Tode verurteilt.
5.10. Die Engländer landen in Griechenland und ziehen am 12. 10. in Athen ein.
7.10. Britische Bomberverbände greifen in der Nacht zum 7. Oktober Dortmund und Bremen an. Am Tage setzt die alliierte Luftwaffe bei ihrer Großoffensive gegen das Reichsgebiet 3.000 Flugzeuge ein. Angriffsziele sind Magdeburg, Kassel, Merseburg und Bielefeld. Außerdem werden 1.270 t Bomben auf Anlagen zur Herstellung synthetischen Treibstoffs geworfen.
8.10. Amerikanische Einheiten beginnen eine Zangenoperation zur Einschließung von Aachen. Nach

schweren Kämpfen fällt die alte Kaiserstadt am 21. 10. in die Hand der 9. US-Armee.

8.10. Im ganzen Reichsgebiet wird ein „Wehrertüchtigungstag" der Hitlerjugend veranstaltet. Reichsjugendleiter Axmann meldet Hitler, dass sich angeblich 70 % der Angehörigen des Jahrgangs 1928 als „Kriegsfreiwillige" gemeldet hätten. Hitler selbst erklärt in einem Aufruf an die Hitlerjugend: „Ihr aber als junge nationalsozialistische Kämpfer müsst unser ganzes Volk an Standhaftigkeit, zäher Beharrlichkeit und unbeugsamer Härte noch übertreffen."

9.-20.10. Churchill und Stalin treffen sich in Moskau und einigen sich über Einflusszonen in Südosteuropa.

10.10. Hitler ordnet die „Wiederaufnahme der Verleihung des Deutschen Schutzwall-Ehrenzeichens" an, um die neue „Westwall-Aktion" zu unterstützen. Auch im Westen werden Männer und Knaben vom 14. bis zum 60. Lebensjahr zwangsweise eingezogen, um Panzergräben zu schaufeln.

12.10. In der Schlacht um Aachen dringen amerikanische Verbände bis an den Ostrand der Stadt vor.

13.10. In der Nacht zum 13. Oktober greifen britische Flugzeuge Hamburg an. – Amerikanische Bomber richten einen schweren Tagesangriff gegen Wien und auf Oberschlesien.

14.10. Generalfeldmarschall Rommel scheidet auf Befehl Hitlers aus dem Leben. Der Öffentlichkeit wird erklärt, er sei „an den Folgen seiner schweren Kopfverletzung, die er als Oberbefehlshaber einer Heeresgruppe im Westen durch einen Kraftfahrzeugunfall erlitten hat, verstorben".

15.10. Waffenstillstandsangebot der ungarischen Regierung an die Sowjetunion. Unter deutschem Druck wird Reichsverweser von Horthy zur Zurücknahme des Angebots, zur Entlassung der Regierung und zum eigenen Rücktritt gezwungen.

16.10. Sowjetische Truppen dringen auf ostpreußisches Gebiet vor. Eydtkuhnen, Stallupöhnen und Goldap werden eingenommen.

16.10. Mit dem Beginn der 68. Zuteilungsperiode tritt eine Senkung der Brotrationen ein. Die Kürzung beträgt beim Normalverbraucher 200 g, so dass die Wochenration eines Normalverbrauchers jetzt 2.225 g beträgt.

18.10. Der deutschen Öffentlichkeit wird der Erlass Hitlers vom 25. September über die Bildung des „Deutschen Volkssturms" bekannt gegeben.

19.10. „Die Schlacht an der ostpreußischen Grenze zwischen Sudauen (Suwalki) und Schirwindt dauert mit steigender Heftigkeit an. Eydtkau ging verloren", meldet das OKW.

20.10. Ein schwerer britischer Luftangriff richtet sich in der Nacht zum 20. Oktober gegen Stuttgart. 2.425 t Bomben werden auf die Stadt abgeworfen, in der es 376 Tote und 872 Verletzte gibt. Andere britische Verbände werfen 880 t Bomben auf Nürnberg.

21.10. Nach einer 19-tägigen schweren Schlacht erobert die 9. US-Armee Aachen.

22.10. Die 5. deutsche Panzer-Armee unter General der Panzer von Manteuffel übernimmt den Frontabschnitt östlich von Aachen.

22.10. „In der Schlacht im ostpreußischen Grenzgebiet wurde beiderseits der Rominter Heide mit großer Erbitterung gekämpft", meldet das OKW. Wie aus Königsberg mitgeteilt wird, sind die ersten Volkssturm-Bataillone „in die von der Bevölkerung gebauten Schutzstellungen eingewiesen" worden.

22.-25.10. In der See-Luftschlacht von Leyte versucht die japanische Flotte die Landung der Amerikaner auf den Philippinen zu verhindern. Der Verlust von 3 Schlachtschiffen, 4 Flugzeugträgern, 6 Schweren und 3 Leichten Kreuzern besiegelt das Ende der japanischen Marine.

23.10. „Die Schlacht im ostpreußischen Grenzgebiet hat nach Süden bis in den Raum Augustowo übergegriffen" (OKW). Der Schwerpunkt der sowjetischen Durchbruchsversuche liegt beiderseits Ebenrode.

24.10. Die Seekriegsleitung erklärt die östliche Ostsee zum „Operationsgebiet" und erkennt sie damit als Kriegsgebiet an.

25.10. Die US-Luftwaffe wirft 1.656 t Bomben auf Treibstofflager und Ölraffinerien in Hamburg.

26.10. Im ostpreußischen Grenzgebiet werden die Sowjets aus Schloßberg wieder zurückgeworfen. „Volkssturm-Bataillone kämpften tapfer Seite an Seite mit unseren Divisionen zum Schutze ihrer Heimat", verkündet das OKW.

27.10. In großer Aufmachung wird über die Gräueltaten der 11. sowjetischen Garde-Armee unter Generaloberst Galitzki in dem von deutschen Truppen zurückeroberten Nemmersdorf in Ostpreußen berichtet.

28.10. In Holland halten deutsche Truppen weiterhin ihren Brückenkopf westlich von Breskens und stehen im Kampf auf Süd-Beveland. Britische Truppen dringen in Bergen-op-Zoom ein.

29.10. Die Abwehrschlacht in Kurland dauert in den Abschnitten Libau und Autz mit großer Heftigkeit an, während im ostpreußischen Grenzgebiet eine vorübergehende Kampfpause eingetreten ist.

30.10. Von Süd-Beveland ziehen sich die deutschen Truppen auf die Insel Walcheren zurück, auf deren Küstenbatterien die britische Luftwaffe in den beiden vorangegangenen Tagen 2.746 t Bomben abgeworfen hat.

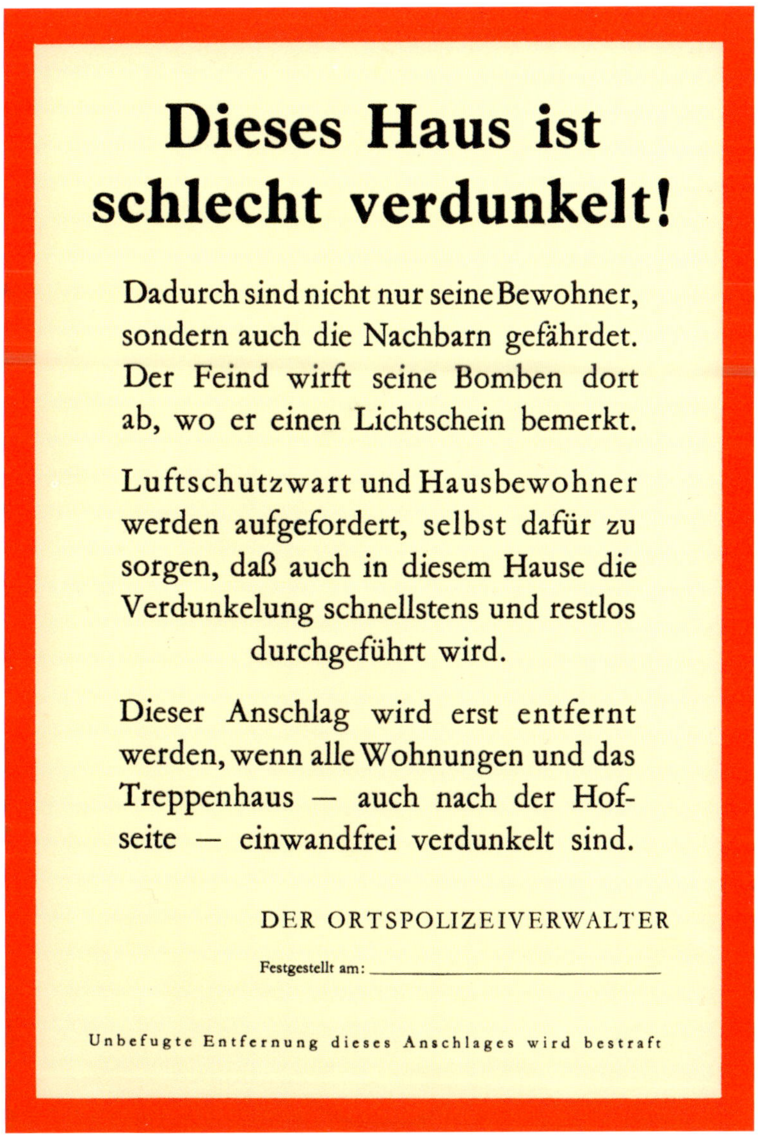

Bild linke Seite: Noch bevor sie London erreichen kann wird eine deutsche V-1 über England abgeschossen. Gemälde von Leslie Cole.

Bild rechte Seite: Immer wieder mussten Plakate an die seit Kriegsbeginn geltende Verdunklungspflicht erinnern, mit der feindlichen Fliegern die Orientierung und das Auffinden der Ziele bei Nacht erschwert werden sollte. Wer die Verdunklungspflicht zu Straftaten nutzte wurde als „Volksschädling" zumeist mit dem Tod bestraft.

31.10. Der Unterseeboot-Krieg erreicht im Oktober seinen absoluten Tiefpunkt. In diesem Monat wird nur ein einziges alliiertes Handelsschiff mit 6.131 BRT versenkt, während 12 deutsche U-Boote verloren gehen.

NOVEMBER

2.11. Britische Flugzeuge werfen in der Nacht zum 2. November 1.191 t Bomben auf Oberhausen und greifen außerdem wiederum Berlin an. Am Tage werden Bielefeld, Duisburg, Trier sowie Orte in Mitteldeutschland von anglo-amerikanischen Bomberverbänden angegriffen. Die 8. US-Luftflotte wirft 1.223 t Bomben auf die Leuna-Werke bei Merseburg.

3.11. In Ungarn dringen sowjetische Verbände aus dem Raum von Kecskemet bis an die südöstlichen Vorstädte von Budapest vor, wo sie durch das deutsche III. Panzerkorps unter General der Panzer Breith aufgehalten werden.

4.11. Die US-Luftwaffe wirft 1.030 t Bomben auf Treibstofflager in Hamburg.

5.11. Deutsche Truppen erobern die ostpreußische Stadt Goldap zurück.

6.11. Bei der Lagebesprechung im Hauptquartier „Wolfsschanze“ ärgert sich Hitler über die „Frechheit von Herrn Franco“, der einem Vertreter von United Press erklärt hatte, er wolle mit „Angloamerikanern und Russen zusammenarbeiten, um den Frieden zu organisieren“.

7.11. Franklin D. Roosevelt wird zum vierten Mal zum Präsidenten der USA gewählt, Harry S. Truman zum Vizepräsidenten.

8.11. Der deutsche Wehrmachtbericht meldet erstmals: „Nachdem seit dem 15.6. der Großraum von London mit nur kurzer Unterbrechung und in wechselnder Stärke unter dem Feuer der V 1 liegt, wird dieser Beschuss seit einigen Wochen durch den Einsatz eines noch weit wirksameren Sprengkörpers, der V 2, verstärkt.“ Weitere „Wunderwaffen“ besaß Hitler nicht, obwohl er den Glauben daran bis zuletzt im Volk aufrechterhalten ließ.

10.11. Bei seinem Besuch in Paris wird Churchill von de Gaulle unter Druck gesetzt, Frankreich „an der Besetzung Deutschlands zu beteiligen, und zwar nicht unter britischem oder amerikanischem, sondern mit eigenem französischem Kommando“.

10.11. Da die städtischen Straßenbahnen immer mehr zum innerstädtischen Güter- und Schleppverkehr herangezogen werden, verfügt der Reichsminister des Innern, dass „für die Dauer kriegsbedingter Verhältnisse“ Schienenfahrzeuge grundsätzlich Vorfahrt haben.

12.11. Statt der üblichen Erinnerungskundgebung an den Münchener Putsch von 1923 lässt Hitler eine Proklamation von Himmler verlesen: „Die Erfordernisse der totalen Kriegsführung haben mich veranlasst, die Erinnerungsfeier vom 9. 11. auf den nächsten freien Sonntag zu verschieben. Ebenso gestattet mir die Arbeit im Hauptquartier nicht, es zur Zeit auch nur für einige Tage zu verlassen. Davon abgesehen sehe ich meine Aufgabe heute ohnehin weniger im Halten von Reden als vielmehr in der Vorbereitung und Durchführung jener Maßnahmen, die zum endgültigen siegreichen Durchschlagen dieses Kampfes notwendig sind.“

12.11. Britische „Lancaster“-Bomber greifen mit 5,4-t-Bomben das vor Tromsö liegende Schlachtschiff „Tirpitz“ an, das durch mehrere Treffer zum Kentern gebracht wird. 28 Offiziere und 874 Mann der Besatzung kommen ums Leben.

13.11. Mit dem 69. Verteilungsabschnitt (ab 13.11.) führt der Reichsernährungsminister eine neue Reichseierkarte ein.

14.11. In London legt die „European Advisory Commission“ im 2. Zonenprotokoll die Grenzen der amerikanischen und englischen Besatzungszone fest, nachdem sie am 12.9. das Abkommen über „die Besatzungszonen in Deutschland und die Verwaltung von Groß-Berlin“ geschlossen hatte. Ein alliierter Kontrollrat wird als oberste Besatzungsinstanz vorgesehen.

15.11. An der Westfront finden Abwehrschlachten in Südost-Holland und an der lothringischen Grenze statt. Die 3. US-Armee erweitert ihren Mosel-Brückenkopf östlich Diedenhofen.

16.11. In der Nacht zum 16. November greifen britische Störflugzeuge Berlin an. Am Tage werden München und Innsbruck von amerikanischen Bombern angegriffen. Außerdem richten britische Bomberverbände schwere Angriffe gegen die rückwärtigen Verbindungen im Mittelabschnitt der Westfront. Sie werfen 2.703 t Bomben auf Düren, 1.917 t Bomben auf Jülich und 1.020 t Bomben auf Heinsberg. Die 8. US-Luftflotte greift den Raum Düren, Eschweiler mit 3.678 t Bomben an.

17.11. Die „dritte Schlacht bei Aachen“ ist durch den Großangriff der 9. US-Armee unter General Simson voll entbrannt.

19.11. Zur Eröffnung der „6. Kriegserzeugungsschlacht“ gibt Reichsbauernführer Herbert Backe die „Richtlinien für die Arbeit im sechsten Kriegsjahr“ aus.

Bild linke Seite: An Ehre und Gewissen der Flamen wendet sich das Plakat der Waffen-SS. Der „Kreuzzug“ gegen den Bolschewismus war Anreiz für die jungen Männer, die sich aus zahlreichen Ländern zur Waffen-SS meldeten. „Sie waren die letzten echten Söhne des Kriegsgottes“, schreibt der Historiker Ernst Nolte über die europäischen Waffen-SS-Freiwilligen.

Bild rechte Seite: „Barracudas“, britische Torpedo- und Sturzkampfflugzeuge im Angriff auf das deutsche Schlachtschiff „Tirpitz“. Gemälde von N. Wilkenson.

20.11. Hitler verlässt sein Hauptquartier „Wolfsschanze" endgültig, in dem er mit Unterbrechungen fast dreieinhalb Jahre zugebracht hatte. Bis zum 10.12. ist sein Hauptquartier im 1943 erbauten „Führerbunker" im Garten der Reichskanzlei in Berlin.

21.11. In die Abwehrkämpfe auf der Halbinsel Sworbe (Ösel) greifen deutsche Seestreitkräfte mit dem Schweren Kreuzer „Prinz Eugen" ein.

22.11. Amerikanische Einheiten nehmen Metz ein, am folgenden Tag Straßburg. Die Amerikaner dringen bis zum Rhein vor, drehen dann nach Süden und Norden ab.

23.11. An der Westfront nimmt die Abwehrschlacht bei Aachen erneut an Heftigkeit zu. Eschweiler muss aufgegeben werden. Am rechten Flügel der Angriffsfront treten deutsche Verbände zu Gegenangriffen an. Wie das OKW mitteilt, verloren die Amerikaner in der ersten Woche der neuen Abwehrschlacht 320 Panzer und 20.000 Mann, doch seien auch die eigenen Verluste „nicht unerheblich".

24.11. Während bei Aachen weiterhin schwere Stellungskämpfe anhalten, dringt die 1. französische Armee durch die Burgundische Pforte weiter vor und nimmt Mühlhausen. Die deutsche 19. Armee bildet daraufhin im Oberelsass einen Rhein-Brückenkopf mit dem Mittelpunkt Colmar.

25.11. Hitler regelt durch einen besonderen Befehl die Kommandoführung bei abgeschnittenen Truppenteilen. Darin heißt es: „Glaubt ein Truppenführer, den Kampf aufgeben zu müssen, so hat er erst seine Offiziere, dann Unteroffiziere, danach die Mannschaften zu befragen, ob einer von ihnen den Auftrag erfüllen will. Ist dies der Fall, über-

gibt er diesem ohne Rücksicht auf den Dienstgrad die Befehlsgewalt und tritt selbst mit ein."

25.11. Gegen die deutschen Stellungen an der Westfront fliegen die 9. US-Luftwaffe sowie die 1. und 2. Taktische Luftflotte 2.052 Tageseinsätze.

26.11. Amerikanische Bomberverbände werfen 1.993 t Bomben auf Eisenbahnanlagen von Paderborn, Bielefeld, Hamm, Osnabrück, Hannover und Gütersloh. Außerdem wird die Ölraffinerie in Misburg bei Hannover bombardiert.

27.11. Frankreich wird Mitglied der am 15.12.1943 gegründeten European Advisory Commission.

28.11. Im KZ Auschwitz beginnt die SS mit der Zerstörung der Krematorien.

29.11. Erstmals wird von deutscher Seite gemeldet, dass „in den letzten Tagen ... große Transporte von Juden aus der ungarischen Hauptstadt durchgeführt worden" seien, womit das „Judenproblem", das „von keiner der bisherigen ungarischen Regierungen tatkräftig angefaßt wurde, einer Lösung entgegengebracht" werde.

30.11. Der Unterseebootkrieg hatte auch im November nur geringe Erfolge zu verzeichnen. Insgesamt werden in diesem Monat nur 4 alliierte Handelsschiffe mit 18.026 BRT versenkt, während 7 eigene Boote verloren gehen.

DEZEMBER

1.12. Nach dem Bericht des OKW haben „in der nun seit dem 17. November tobenden Schlacht [bei Aachen] ... unsere Verbände den fortgesetzten Großangriffen der 9. und 1. amerikanischen Armee unerschütterlich standgehalten und in wuchtigen Gegenstößen alle ihre Durchbruchsversuche zerschlagen".

2.12. Reichsführer-SS Himmler übernimmt den Befehl über die „Heeresgruppe Oberrhein" im Abschnitt von der Schweizer Grenze bis in den Raum südlich Karlsruhe.

3.12. Verfügung Hitlers über neue militärische Aufgaben des Reichsarbeitsdienstes, der einen Teil der bisher vom Ersatzheer durchgeführten militärischen Ausbildung zu übernehmen hat.

3.12. Beginn des Aufstandes der ELAS gegen die griechischen Regierung, die von britischen Einheiten unterstützt wird.

3.12. Im Raum von Aachen setzen die amerikanischen Armeen ihre Angriffe unablässig fort. Nach einer Meldung des OKW kosten die Kämpfe im Westen den Feind „steigende Verluste an Menschen und Material". Im November seien 5.200 Gefangene eingebracht und 1.514 Panzer vernichtet worden.

4.12. Im Raum von Arnheim sprengen deutsche Pioniere die Deiche auf dem Südufer des Niederrheins.

5.12. Während in Ungarn zwischen der Drau und der Südspitze des Plattensees eine neue Abwehrfront aufgebaut wird, treten die Sowjets beiderseits Budapest erneut zum Großangriff an und überschreiten südlich der Stadt die Donau.

6.12. „In Ungarn hat die Schlacht an Ausdehnung und Heftigkeit zugenommen" (OKW). Die Front verläuft jetzt von der Drau zum Plattensee und von da aus weiter an die Donau. Weiter nördlich versuchen die Sowjets, Budapest von beiden Seiten zu umfassen.

7.12. Zum „Tag des deutschen Eisenbahners" wird eine Feierstunde abgehalten, bei der acht Eisenbahnern das Ritterkreuz zum Kriegsverdienstkreuz mit Schwertern verliehen wird. Staatssekretär Ganzenmüller gibt ein Bild von den Leistungen der Eisenbahner bei den Absetzungsbewegungen in den Operationsgebieten und der Arbeit zur Aufrechterhaltung des Heimatverkehrs.

7.12. In der Nacht zum 7. Dezember wirft die 5. RAF-Bomber-Group 1.193 t Bomben auf Gießen. Außerdem wird Osnabrück mit 1.355 t Bomben angegriffen. Ein erneuter Luftangriff richtet sich auch gegen die Leuna-Werke, auf die 1.847 t Bomben abgeworfen werden. Schnelle Kampfflugzeuge unternehmen einen Angriff auf Berlin.

8.12. Die Russen beginnen eine Großoffensive zur Einkesselung von Budapest. Am 24.12. ist die Stadt vom Westen abgeschlossen.

8.12. Britische Flugzeuge werfen in der Nacht zum 8. Dezember abermals 933 t Bomben auf Duisburg. Außerdem wird die Sperrmauer der Urft-Talsperre mit 797 t Bomben belegt.

9.12. In Italien drängen deutsche Gegenangriffe die Briten im Raum von Faenza zurück und stabilisieren die Front in diesem Abschnitt.

10.12. Hitler verlegt sein Hauptquartier nach Ziegenberg im Taunus, um seine Westoffensive vorzubereiten.

11.12. Am Tage werfen amerikanische Flugzeuge 882 t Bomben auf Frankfurt/Main und greifen außerdem Wien an. Britische Flugzeuge richten einen neuen Angriff gegen die Sperrmauer der Urft-Talsperre, auf die 1.057 t Bomben geworfen werden.

12.12. Auf dem III. Kongress Nationaler Journalistenverbände erklärt Reichspressechef Dietrich: „Unser Programm ist die Rettung Europas vor den vereinigten Barbaren aus Ost und West."

13.12. Im Nord-Elsass wird die deutsche Front stellenweise bis an die Grenze der Pfalz zurückgenommen. Hier wird vor allem zwischen Reichshofen und Wörth gekämpft.

16.12. In der Frühe beginnt die letzte deutsche Offensive in den Ardennen.

17.12. An der Angriffsfront im Westen werden die amerikanischen Stellungen im ersten Ansturm durchbrochen, doch hält sich der Stützpunkt St.-Vith.

18.12. Die im Zuge der „Ardennen-Offensive" – deren Beginn an diesem Tage vom OKW bekannt gegeben wird – in Richtung Lüttich angesetzte 6. SS-Panzer-Armee kommt nach einigem Geländegewinn vor verstärktem amerikanischem Widerstand zum Stehen.

19.12. Die britische Luftwaffe wirft in der Nacht zum 19. Dezember 824 t Bomben auf den deutschen Flottenstützpunkt Gotenhafen, wobei zahlreiche Kriegs- und Handelsschiffe versenkt werden, darunter das Linienschiff „Schleswig-Holstein", das die ersten Schüsse des Zweiten Weltkrieges abgefeuert hatte.

20.12. An der Angriffsfront im Westen nimmt das I. SS-Panzerkorps unter SS-Obergruppenführer Priess Stavelot. Wie das OKW

meldet, sind bei der Offensive bisher 10.000 Gefangene eingebracht worden.

21.12. In Kurland treten die Sowjets zum dritten Male zum Großangriff gegen die Heeresgruppe Nord an.

22.12. In Ungarn machen die beiden Flügel des sowjetischen Zangenangriffs gegen Budapest im Raum von Stuhlweißenburg und bei Gran weitere Fortschritte.

24.12. Aus der Rundfunkansprache von Reichsminister Goebbels: „Das deutsche Volk begeht heute seine sechste Kriegsweihnacht. Dieses Volk will in dieser feierlichen Stunde wie eine Mauer vor dem Führer stehen. Wenn unsere Feinde ihn in ihrer lügnerischen Agitation als krank schildern, so ist der Wunsch Vater des Gedankens. Nie sah ich den Führer so voll von Plänen und Zukunftsbildern wie in den letzten Wochen vor unserer neuen Westoffensive."

24.12. Im Führerhauptquartier „Adlerhorst" gibt Generaloberst Guderian eine Übersicht über die im Osten vor der deutschen Front aufmarschierenden sowjetischen Armeen, die von Hitler mit den Worten quittiert wird: „Das ist der größte Bluff seit Dschingis Khan! ... Ich glaube nicht, dass die Russen überhaupt angreifen!"

25.12. Zwischen Saar und Rhein dringen deutsche Verbände in einer begrenzten Gegenoffensive wieder in das Unterelsass ein, das zum Teil von amerikanischen Kräften entblößt ist.

27.12. „Der Großkampf in Südost-Belgien und Mittel-Luxemburg nimmt weiter an Heftigkeit zu", heißt es im OKW-Bericht, der nun nicht mehr von eigenen „Angriffskämpfen" spricht. Damit wird zugleich indirekt auch die Wende des Kampfgeschehens zugegeben.

30.12. In der Nacht zum 30. Dezember greifen 337 britische Bomber die Treibstoffwerke Scholven-Buer an. Am Tage richten sich schwere amerikanische Luftangriffe gegen Kassel und Kaiserslautern, während die britische Luftwaffe in den Abendstunden erneut Köln bombardiert. Weitere Störangriffe richten sich gegen Hannover.

31.12. Der Unterseeboot-Krieg hat im Dezember wieder etwas größere Erfolge zu verzeichnen. 12 alliierte Handelsschiffe mit zusammen 72.051 BRT werden versenkt, während 14 eigene Boote verloren gehen.

Ein russisches (linke Seite) und ein deutsches (rechte Seite) Beispiel für die auf beiden Seiten praktizierte Überläuferpropaganda. Das deutsche Flugblatt zeigt die einzelnen Stationen eines Überläufers in fünf Bildern. 1. Kampf; 2. Überlaufen; 3. Freundlicher Empfang; 4. Gute Verpflegung;. und 5. Der Überläufer als Propagandist der Deutschen: »... Kameraden, lauft auch ihr über, wir sind hier in Sicherheit."

D-Day

Eine Invasion in Nordfrankreich wurde auf deutscher Seite seit langem erwartet, doch gingen die Vermutungen eher Richtung Pas de Calais als Normandie. Die Verteidiger wurden daher am 6.6.44 (D-Day) fast völlig überrascht, als im ersten Morgenlicht Fallschirmjäger im normannischen Hinterland niedergingen und wenig später ein dichter Bombenhagel die Küstenbefestigungen umpflügte. Ihm folgte um 5.50 Uhr ein Feuerschlag aus über 1000 Rohren der Deckungsflotte, bestehend aus 7 Schlachtschiffen, 2 Monitoren, 23 Kreuzern, 105 Zerstörern und 1076 kleineren Einheiten, ehe um 6.30 Uhr die erste Welle der Landungstruppen das Ufer erreichte. Unter dem Schutz von 5112 Bombern und 5409 Jägern folgten pausenlos weitere Truppen in 4126 Landungsfahrzeugen und 2316 Transportflugzeugen, sodass in 5 Tagen mit Hilfe der künstlichen „Mulberry"-Häfen 326.000 alliierte Soldaten mit 104.000 t Nachschub und 54.000 Fahrzeugen angelandet waren.
Entscheidend für diese alliierten Erfolge war die verzweifelte deutsche Luftlage. Seit die Amerikaner den Aktionsradius ihrer Begleitjäger durch Zusatztanks auf 1.350 km vergrößert hatten, flogen ihre schweren Bomber nahezu ungehindert Tagesangriffe über Westeuropa und dem Reichsgebiet. Ihre Präzisions-Bombenteppiche waren insbesondere durch die Zerschlagung des Eisenbahnnetzes von Bedeutung für die Invasion. Am Morgen des 6. Juni war zum Beispiel keine Seine-Brücke zwischen Paris und der Mündung mehr benutzbar. Eine Art „Eisenbahnwüste" rund um die Normandie, schreibt Montgomery in seinen Memoiren.
Zumindest ein deutscher Stab ist am Abend des 5. Juni 1944 voll besetzt: Im Gefechtsbunker des zur 7. Armee gehörenden LXXXIV. Armeekorps in St. Lô, dem die fünf Divisionen im Küstenbereich von der Halbinsel Cotentin bis zur Mündung der Orne unterstehen, studiert General Erich Marcks (53) die Lagekarten. Der asketische Gelehrtensohn, seit einer Verwundung in Russland beinamputiert, will sich nicht nur auf das geplante „Kriegsspiel" in Rennes vorbereiten. Der Stab ist beunruhigt durch die heftige Aktivität der feindlichen Luftwaffe seit Einbruch der Dunkelheit. Ordonnanzen haben ein paar Flaschen Chablis bereitgestellt: Um Mitternacht beginnt der Geburtstag des Generals. Aber als die Uhr vom Turm der Kathedrale zwölf-

mal schlägt, trinkt jeder nur schnell ein Gläschen im Stehen. General Marcks kann Feierlichkeiten ohnehin nicht leiden. Und nun ist die Luft über seinem Bunker erfüllt vom Dröhnen der Flugzeugmotoren.
Die vier mächtigen Triebwerke des „Halifax"-Bombers reißen den „Horsa"-Lastensegler von Feldwebel Wallwork mit 280 km/h durch die bockige Luft über dem Kanal. Der Feldwebel konzentriert sich zunächst nur darauf, seinen schwerfälligen Vogel aus den Propeller-Böen des Schleppflugzeuges herauszuhalten. In zwanzig Minuten wird er ihn zu Bruch schmeißen. Und das vorsätzlich.
Rechts neben ihm konzentriert sich der 30jährige Fallschirmjäger-Major John Howard auf seinen Vorsatz, bei diesem Lastensegler-Flug zum ersten Mal seine Übelkeit zu unterdrücken. Zum Vergnügen seiner Soldaten war ihm bisher noch bei jedem Übungsflug schlecht geworden. Seine Truppe von 160 Mann ist auf sechs Lastensegler verteilt. Sie werden als erste alliierte Soldaten der Operation „Overlord" französischen Boden betreten. Ihr Ziel sind zwei Brücken, eine über die Orne und eine über den Orne-Kanal. Sie sollen unzerstört erobert werden. Deshalb wird der Angriff mit Lastenseglern ausgeführt. Mit ihnen kann man Trupps von zwanzig bis dreißig Mann konzentriert und blitzschnell schlagbereit an ihr Ziel heranführen, während sich verstreut landende Fallschirmjäger-Einheiten erst lange sammeln müssen.
Das Gelände unmittelbar bei den Brücken ist für eine glatte Landung mit 145 km/h absolut ungeeignet. Zu allem Überfluss entdecken sie auf einer Luftaufnahme vom 30. Mai auch noch frisch eingepflanzte „Rommelspargel". Aber Feldwebel Wallwork sagt zufrieden: „Die Dinger sind gut! Wir schweben zwischen ihnen ein, lassen uns die Tragflächen wegbrechen und nehmen dem Vogel damit Bewegungsenergie. Dann wird der Aufprall an der Brücke nicht so hart."
Um Mitternacht sind sie nicht mehr weit von der französischen Küs-

Bild linke Seite: Am frühen Nachmittag des 6. Juni 1944 lässt sich Hitler die alliierten Landeköpfe in der Normandie auf einer Landkarte markieren. Umstehende hörten dabei die Worte: „Die Nachrichten könnten gar nicht besser sein! Solange sie in England waren, konnten wir sie nicht fassen. Jetzt haben wir sie endlich dort, wo wir sie schlagen können." Von links nach rechts: Günther Korten, Stabschef der Luftwaffe; Marschall Hermann Göring, Oberbefehlshaber der Luftwaffe; Alfred Jodl, Stabschef; General Walter Warlimont, der Stellvertreter von Generalfeldmarschall Wilhelm Keitel, Chef des Oberkommandos der Wehrmacht.

Bild rechte Seite: Ein schweres Eisenbahngeschütz in Feuerstellung. Der Atlantikwall war das Lieblingskind der deutschen Propaganda. Er war weder eine Fiktion noch das lückenlose Verteidigungswerk, als das er hingestellt wurde.

te entfernt. Aus dem Dunkel des Laderaums fragt eine mitfühlende Stimme: „Hat der Major schon gekotzt?“

Sechzehn Minuten später klinkt Wallwork aus und legt die „Horsa“ in eine steile Rechtskurve. Im Mondschein glänzt unter ihnen der Kanal. Das Gelingen des Unternehmens hängt jetzt von Wallworks Geschick ab, haargenau in der richtigen Höhe und mit der richtigen Geschwindigkeit einzuschweben. Denn sein Auftrag lautet, bei der geplanten Bruchlandung mit dem Rumpf den Stacheldraht am Fuß der Brücke zu zerreißen und genau dahinter liegen zubleiben, ohne seine Passagiere umgebracht zu haben.

Die haben sich untergehakt und die Beine angezogen, eine lebende Kette in Erwartung der Zerreißprobe. Das Krachen und Splittern scheint Stunden zu dauern, als die Tragflächen brechen und der Rumpf durch Boden und Stacheldraht pflügt. Aber die menschliche Kette hält, und die Nase der Maschine bleibt genau am vorberechneten Punkt liegen, 20 Meter von der Brücke.

Der Handstreich glückt in Minuten. Die deutsche Brückenwache wird überrumpelt. In das Krachen der Handgranaten und das Rattern der Maschinenwaffen mischt sich das Getöse, mit dem die beiden anderen Lastensegler niedergehen. Nirgends weiter westlich klappte die Luftlandung so reibungslos wie bei Major Howards kleiner Truppe. Die amerikanischen Einheiten gerieten an den Rand einer Katastrophe.

Unzählige Tragödien spielten sich ab, ganze Lastensegler verschwanden mit Mann und Maus in den Sümpfen der Überschwemmungsgebiete. Ungezählte Fallschirmjäger wurden von ihrer schweren Ausrüstung unter Wasser gezogen und ertranken. Aber schließlich sammelten sich überall kleine Trupps, manche verstört, verwundert oder triefend nass, und gingen an die Erfüllung ihrer Aufgaben. Major Friedrich Hayn, der Feindnachrichtenoffizier des LXXXIV. Armeekorps, erinnert sich an die dramatischen Stunden im Befehlsbunker von General Marcks: „Um 01. 11 Uhr schrillte der Feldfernsprecher. Etwas Wichtiges schien durchzukommen. Der General richtete sich steil auf. Die rechte Hand umschloss die Tischkante ... “

Innerhalb von Minuten liefen von den Divisionen die Meldungen über feindliche Luftlandungen ein. Aussagen von Gefangenen ergaben schon nach kurzer Zeit, dass 75 Prozent der nach den Informationen des Nachrichtendiensten in Südengland liegenden britisch-amerikanischen Luftlandeeinheiten beteiligt waren. Das konnte nur eines bedeuten: Es geht los!

Interessant ist, wie diese klare, noch vor Beginn der amphibischen Operation logisch begründete Erkenntnis auf dem Weg nach oben verwässert wurde – teils durch zusätzliche, irreführende Informationen, teils durch blanke Ignoranz.

Marcks alarmierte sofort Generalmajor Max Pemsel, Chef des Generalstabs der 7. Armee. Der unterrichtete die Heeresgruppe B, Rommels Hauptquartier. Kurze Zeit später konnte er die nun höchst alarmierende Meldung nachschieben, dass die Funkmessstationen der Marine in Cherbourg eine größere Zahl von Schiffen geortet hatten, die in der Seinebucht operierten.

Die Gelassenheit, die bei den Stabsoffizieren der Heeresgruppe noch lange herrschte, erklärt sich nur zum Teil durch die gleichzeitig einlaufende Nachricht, der Feind habe als Fallschirmjäger verkleidete Puppen abgeworfen. Das hatte der Feind, um weitere Verwirrung zu stiften, in der Tat getan – und die Puppen auch noch rundum mit Feuerwerkskörpern behängt, die bei der Landung krepierten und einen wüst um sich feuernden Mann vortäuschten ...

Aber die Gefangenen bei der 716. und 709. Inf.Div. waren überaus lebendig und gaben Auskunft über ihre Einheiten. Diese Erkenntnis schlug nicht durch, die Heeresgruppe B ließ ihren Oberbefehlshaber Rommel in Deutschland ruhig schlafen. Der Oberbefehlshaber West alarmierte immerhin die OKW-Reserve, die 12. SS- und die Panzer-Lehr-Division, und bat ohne besonderen Nachdruck beim Führerhauptquartier um ihre Freigabe. Die sollte bis 16.40 Uhr auf sich warten lassen. Auch die 21. Pz.div., die als Heeresgruppen-Reserve gleich südlich Caen zum Eingreifen bereitstand, sollte noch

Bild linke Seite: Ein 46,5-cm-Schiffsgeschütz, ursprünglich für die Schlachtschiffe der H-Klasse vorgesehen und dann in einen Bunker eingebaut, war das oft fotografierte Prunkstück des Atlantikwalls, der von der Propaganda unermüdlich als unüberwindliches Bollwerk gefeiert wurde. Die Invasion im Juni 1944 aber enthüllte die Wirklichkeit: Die Atlantikküste war nur streckenweise gut befestigt, an vielen Stellen dagegen kaum oder gar nicht.

„Ich habe dem Hause mitzuteilen, dass wir im Laufe der heutigen Nacht und der frühen Morgenstunden die erste einer Reihe von Großlandungen auf dem europäischen Festland vorgenommen haben“, verkündete Premierminister Churchill am 6. Juni 1944 vor dem Unterhaus.

Bild rechte Seite oben: Die erste Welle alliierter Truppen stürmt aus den Landungsbooten an Land.

Bild rechte Seite unten: Blick auf die „Rommelspargel“ genannte Küstenbefestigung, die aus simplen hölzernen Rammböcken zur Behinderung von Landungstruppen bestand.

lange auf den Einsatzbefehl warten. Aber inzwischen befanden sich schon 18.000 alliierte Soldaten auf französischem Boden. Lastensegler mit Jeeps und panzerbrechenden Waffen waren auf rasch von Fallschirmjägern angelegten Feldern gelandet. Allen war besonders eingebläut worden, jedes Kabel durchzuschneiden, auf das sie stoßen sollten. So brachen allmählich immer mehr Nachrichtenverbindungen zusammen – ein nicht unbedeutender Nebeneffekt des Unternehmens. Generalmajor Pemsel knurrte, er müsse Krieg führen „wie Wilhelm der Eroberer – nur mit Augen und Ohren". Der scharfsinnige Offizier, der schon jetzt ziemlich genau ahnte, was bevorstand, hätte mit besseren Informationen den Plan der Alliierten weitgehend erraten können:

Auf dem linken Flügel hatten die amerikanischen Luftlandetruppen

nördlich Carentan praktisch den östlichen Fuß der Halbinsel Cotentin besetzt. Im Überschwemmungsgebiet des Flüsschens Merderet war die Eisenbahn Cherbourg-Carentan in ihrer Hand, ebenso wie das Städtchen St. Mère-Église mit der parallel laufenden Straße. Zugleich hatten sie die Dämme und Straßen, die hier von der Küste durch das Überschwemmungsgebiet landeinwärts liefen, erobert.
Auf dem rechten Flügel gehörte den Engländern bereits ein großes Gebiet nordöstlich Caen mit den wichtigen Brücken über Orne und Kanal. Zwar waren die Fallschirmjäger-Angriffe auf die Küstenbatterien zum Teil fehlgeschlagen, aber die Flanken eines rund 80 km langen Küstenstreifens zwischen dem Fuß der Cotentin-Halbinsel und der Ornemündung waren nun abgesichert. Und genau hier hinein ging in der Tat der Stoß der Landungsstreitkräfte.
Wohl der erste Deutsche, der das gewaltige Ausmaß der Landungsflotte sah, war der Artilleriemajor Werner Pluskat. Er saß etwa in der Mitte der Seine-Bucht, bei St. Honorine, in einem vorgeschobenen Gefechtsstand, der in die hier hochragenden Klippen der Steilküste gebaut worden war. Schon oft in dieser Nacht hatte er das starke Scherenfernrohr über die im Mondschein glänzende See bewegt. Nur einige tiefliegende Nebelbänke behinderten die Sicht in der Bucht. Als der östliche Horizont sich verfärbte, entschloss er sich zu einem letzten Schwenk. Die Nebelbänke zerflatterten, die Linie der Kimmung wurde klar. Und wie durch Zauberhand lag da plötzlich die gewaltigste Flotte, die je ein Mensch gesehen hat. Unmittelbar darauf kamen die Bomber.
Eisenhower und Montgomery waren sich einig gewesen, dass jede landende Armee ihren eigenen Brückenkopf schaffen sollte, um wenigstens im Bereich der Organisation die unvermeidliche Verwirrung so gering wie möglich zu halten. Deshalb war das Invasionsgebiet „Neptune" eingeteilt in:
„Utah", am östlichen Fuß von Cotentin, 4. US-Inf.div.;
„Omaha", in der Mitte der Bucht zwischen Vierville und Colleville, 1. US-Inf.Div.;

„Gold", „Juno" und „Sword", von Bessin bis zur Orne-Mündung, 50., 3. britische und 3. kanadische Inf. Div. sowie 8., 27. britische und 2. kanadische Panzerbrigade.
In diesen Strandabschnitten tat sich um 4 Uhr früh die Hölle auf. Bombenteppiche zerstörten Bunker und Geschützstellungen. Welle auf Welle dröhnte heran, Viermotorige über den Wolken, flinke zweimotorige „Marauders" in kaum 500 Meter Höhe. Und dazwischen brüllten die Geschütze der schweren Einheiten der Invasionsflotte.
Am 6. Juni wurden von der alliierten Luftwaffe insgesamt 10.743 Einsätze geflogen und 11.912 Tonnen Bomben abgeworfen. Aber ein Küstenabschnitt blieb zunächst unversehrt – mit fatalen Folgen. Die Verbände von „Fliegenden Festungen" und „Liberators", die ihre explosive Last auf die Befestigungen vor „Omaha" werfen sollten, verfehlten ihr Ziel. Die Bomben fielen bis zu 5 km landeinwärts. Die 1. US-Inf.div. sollte es zu spüren bekommen.
Die ersten Verluste fordert die raue See. Landungsboote schlagen um, die bepackten Insassen schreien um Hilfe. Mit steinernen Gesichtern fahren die Kameraden an ihnen vorüber. Der Befehl untersagt ihnen ausdrücklich, sich mit Rettungsaktionen aufzuhalten. Auch die Amphibienpanzer sind nicht für Seegang gemacht. Sie sollen auf einer Segeltuch-Lufthülle an Land schwimmen. Reihenweise versinken die „Shermans", ohne einen Schuss abgefeuert zu haben.
Am „Utah"-Strand liegt das Widerstandsnest W 5. Leutnant Arthur Jahnke befehligt hier mehrere Bunker mit 5-cm-Kanonen, eine 8,8 cm-Flak, Pakgeschütze und flankierende MG-Nester. In der Nacht hat seine kleine Truppe noch 19 Gefangene gemacht – US-Fallschirmjäger, die verloren im überschwemmten Hinterland herumplatschten.
Aber morgens um 4 haben „Marauders" sich W 5 vorgenommen. Was sie übrig ließen, zerschlägt die Schiffsartillerie. Als die Landungsboote unten auf den Strand preschen, schießen nur noch zwei SMG's und die 8,8. Aber diese gefürchtete Waffe ist durch das Bombardement so angeschlagen, dass sie die Erschütterung ihres ersten Schusses nicht übersteht.
Und unten rollen Amphibienpanzer an Land, nach der Katastrophe ihrer Kameraden jetzt dicht am Ufer abgesetzt. Noch halten die MG-Garben von W 5 die Infanteristen und Pioniere neben ihren Booten nieder, aber jetzt fahren mit ihrem charakteristischen „Rrumm-Krach" Panzergranaten in die Stellungen. Das Telefon ist tot. Jahnke schickt einen Melder zur Artillerie in Varreville, will Sperrfeuer auf den Strand anfordern. Der Mann schafft nicht einmal die drei Kilometer; einer der allgegenwärtigen Jagdbomber schießt ihn vom Rad.
Leutnant Jahnke, Ritterkreuzträger aus dem Russlandfeldzug, wird durch einen Granateinschlag in seiner Stellung verschüttet. Er ist halb bewusstlos, als ihn ein US-Infanterist am Bein unter den Trümmern hervorzerrt. Kurze Zeit später vereinigen sich Spitzen der 4. US-Division mit den Fallschirmjägern im Hinterland. „Utah" ist geglückt.
Es war ohnehin ein Wunder, dass nach dem grausamen Bombardement am „Utah"-Strand überhaupt noch jemand schoss, dass das Häuflein Überlebende noch reaktionsfähig war und nicht in Panik davonstürzte. Am „Omaha"-Strand sieht es anders aus.
Nicht nur dass die Bomber hier die Stellungen verfehlten. Hier liegt auch die kampfkräftige 352. Inf.div., erst kürzlich zur Verstärkung eingeschoben. Vernichtendes Feuer von Artillerie aller Kaliber und aus Handfeuerwaffen prasselt in die Landungsboote, zwischen die an Land watenden Männer. Die ersten Einheiten verlieren bis zu 50 Prozent ihrer Soldaten Nur zwei Panzer kommen an Land, werden sofort in Brand geschossen. Nur vier Stunden nach Beginn des Angriffs liegen 3.000 Tote und Schwerverwundete auf dem 6 km langen Stück Strand.
Einer der Verteidiger ist der 21jährige Bauernsohn Hein Severloh. Im Stützpunkt W 62 hat er bis zum Mittag 12.000 Schuss aus dem Lauf seines MG 42 gejagt. Er sieht, wie sich die Wende anbahnt: Auf großen Prähmen bringen die Amerikaner jetzt schwereres Gerät und Panzer heran. Ein paar „Sherman" kommen durch.
Was von den Infanteristen der 1. und 29. US-Division über den Strand von „Bloody Omaha" gekommen ist, drängt sich unten am Fuß der Dünen hinter der kleinen Mauer zusammen, an der damals die beiden Kampfschwimmer den Posten fluchen hörten. Die Männer sind entnervt und erschöpft.
Aber sie sehen Beispiele von überraschender Tapferkeit. Mitten im mörderischen Feuer räumt und sprengt eine Pioniertruppe Rommels raffinierte Vorstrandhindernisse weg, damit die Prähme herankommen können.
Von einem dieser sogenannten „ducks" rollt Feldwebel Hyman Haas, ein jüdischer Handtaschenfabrikant aus dem New Yorker Stadtteil Bronx, mit seinem 3,7-cm-Flakgeschütz auf Selbstfahrlafette. Er sieht 300 Meter entfernt in der Hügelflanke einen Bunker, aus dem

„Die Invasion ist einen Tag älter. Ich bin nicht sehr glücklich über die Lage. Das amerikanische V. Korps scheint festzustecken. Wir gewinnen nicht genug Boden, und die deutschen Kräfte versammeln sich schnell. Ich wünschte, wir landeten an einer breiteren Front" heißt es im Tagebuch eines amerikanischen Generals zum Juni 1944.

Bild linke Seite oben: Schwere Kompanie einer SS-Panzerdivision in Fliegerdeckung.

Bild rechte Seite unten: In Deckung vor einem Jagdbomberangriff der Alliierten.

Bild rechte Seite: Dieses Bild der Propaganda-Illustrierten „Signal" sollte die zuverlässige Wachsamkeit der deutschen Soldaten am Atlantik demonstrieren. Die Wehrmachführung wurde dann aber von der Invasion völlig überrascht, obwohl die Abwehr sichere Anzeichen gemeldet hatte.

eine Kanone ununterbrochen feuert. Mit seiner 3,7 kann er nicht in niedrigem Winkel nach vorn schießen. Er weist seinen Fahrer an, zu wenden und halb ins Wasser zu rollen. So bekommt er den Bunker ins Visier und feuert zehn Schuss in die Scharte. Die Kanone schweigt.
Auch die Engländer geraten zum Teil auf den Abschnitten „Gold", „Juno" und „Sword" in wütendes Abwehrfeuer. Aber außer der Tatsache, dass hier das gnadenlose Bombardement im Ziel gesessen hat, gibt es für die Angreifer einen weiteren Pluspunkt: Sie landen ihre Panzer durch Boote mit Bug-Klappen direkt am Ufer, und diese bahnen sich mit raffinierten Apparaturen ihren Weg durch die Hindernisse:
Da gibt es die „Dreschflegel". Sie haben am Bug zwei lange Arme montiert, zwischen denen sich eine Stange mit Ketten und Kugeln dreht. Die Kugeln trommeln beim Vorrollen den Bogen, bringen Minen zur Explosion und hinterlassen den Kameraden eine weithin sichtbare, minenfreie Spur. Andere legen aus mächtigen Rollen Sisal- oder Stahlmatten über Stellen unsicheren Grundes, die durch die Bodenproben der beiden Kampfschwimmer bekannt sind. Es gibt gewaltige Flammenwerfer und Mörser auf Sherman-Fahrgestell, dazu Räum- und Brückenbau-Panzer.
Diese stählerne Armada stürmt an Land, unter dem Gebrüll ihrer Motoren und dem Krachen ihrer Geschütze. Die Vereinigung mit den Fallschirmjägern gelingt. Aber noch klafft eine Lücke zwischen „Juno" und „Sword". Und genau dort hinein scheint am Nachmittag der erste Panzer-Gegenstoß der Verteidiger zu zielen. Nach langen Querelen in der deutschen Führung rollt die 21. Pz.div.
Auch zwei andere deutsche Vorstöße sind bemerkenswert, wenngleich rührend in ihrer Ohnmacht.
Gegen die Armada der 5.000 Invasionsschiffe stürmt Korvettenkapitän Heinrich Hoffmann mit drei Torpedobooten aus Le Havre. Aus einer von alliierten Einheiten selbst gelegten Nebelwand flitzen die kleinen Schiffe auf Torpedoschussweite heran – „Ich kam mir vor wie im Paddelboot", sagt Hoffman später – und lassen ihre „Aale" rauschen.

Sie versenken einen Zerstörer und verschwinden unversehrt wieder im Kunst-Nebel.
Das tollste Stück aber leistet sich Oberst Priller, das Flieger-As. Zwar hat er mit Feldwebel Wodarczyk seinen Vorsatz wahrgemacht und sich mächtig mit Cognac vollaufen lassen, aber der Alarm findet die beiden einsatzbereit. Der Ia vom Jagdkommando II nimmt die Beschimpfungen des Obersten gelassen hin, denn dafür war „Pips" ohnehin berühmt. Montgomery schreibt zwar in seinen Memoiren, die deutsche Luftwaffe habe es nicht ein einziges Mal gewagt, die Invasionstruppen anzugreifen, aber hier irrt der Feldmarschall. Mit der etwas unpräzisen Angabe „da oben bei Le Havre" brummen die beiden FW 190 los. Die gewaltige Invasionsflotte ist auch nicht zu verfehlen.
Den Seeleuten auf den alliierten Schiffen verschlägt es den Atem, als die beiden mit ratternden Bordwaffen aus den Wolken stürzen. An zahlreichen Einhei-

Bild linke Seite oben: Sie wiesen den Invasionstruppen den Weg ins deutsch besetzte französische Hinterland. US-General Dwight D. Eisenhower (links) und der britische General Bernhard Montgomery (rechts) befehligten die Invasionsarmada.

Bild linke Seite unten: Erwin Rommel, Hauptmann Helmut Lang und General Hans Speidel an der Invasionsfront. Nach dem Krieg maßgeblich am Aufbau der Bundeswehr beteiligt, war Speidel von 1957 bis 1963 Oberbefehlshaber der NATO-Landstreitkräfte in Mitteleuropa.

Bild rechte Seite oben: Neue Landungen erfolgen nach Erweiterung und Fertigung der Brückenköpfe. „Nach allen bisherigen Feststellungen Feind versorgungsmäßig hervorragend ausgestattet", notiert das Kriegstagebuch des Heeres.

Bild rechte Seite unten: „Port Winston", einer der künstlichen Häfen, aus der Luft aufgenommen. Am oberen Bildrand deutlich sichtbar eine Kette von Senkkästen, sogenannten Mulberries, die als Wellenbrecher dienten.

Und an ihrer Seite Männer aus den besetzten Staaten Osteuropas, die mehr oder minder freiwillig in deutsche Uniform geraten sind und verständlicherweise wenig Lust verspüren, für Hitler zu sterben. So ist der Widerstand, auf den die Alliierten hier am rechten Flügel ihres Landegebietes stoßen, je nach der zufälligen Zusammensetzung der verteidigenden Einheiten recht unterschiedlich. Zwischen Lagrune und Lion überwiegt der harte Kern. Und die kriegserfahrenen Landser schöpfen beim Anblick der Schützenpanzerwagen der 192er neue Hoffnung: Wenn jetzt auch noch die Panzer kommen ...

Links und rechts liegen die britischen Landeköpfe offen für einen energischen Vorstoß. Die Flanken von „Sword" und „Juno" sind weich, auf dem Strand herrscht die unvermeidliche Verwirrung, bis die jeweils landenden Einheiten entknäult und eingewiesen sind.

Eine Tragödie scheint bevorzustehen. Denn ein paar Kilometen sind zum Schutz gegen Tieffangriffe Fesselballons befestigt, aber Priller und sein Rottenkamerad tauchen elegant zwischen den Stahlseilen durch und rasen schon feuernd über den „Sword"-Strand, als sämtliche Flakgeschütze der Invasionsflotte zu schießen beginnen. Auf HMS „Dunbar" sagt der Oberheizer Robert Dowie kopfschüttelnd: „Deutscher hin, Deutscher her, viel Glück wünsch' ich euch. Ihr Kerls habt Schneid." Sein Wunsch geht in Erfüllung, die beiden kommen tatsächlich von ihrem irren Einsatz nach Hause.

In geborstenen Bunkern und halbverschütteten Gräben liegen am Nachmittag des 6. Juni noch deutsche Infanteristen der 716. Division mitten im britischen Landeabschnitt an der Kanalküste. Jabos stoßen mit hämmernden Bordwaffen herunter, Bomben durchwühlen die Dünen, von den schweren Einheiten der Invasionsflotte heulen die Granaten der Schiffsgeschütze heran.

Wer noch lebt, wühlt sich immer wieder aus dem Dreck, wirft sich wieder hinter die Maschinenwaffen. Von rechts arbeiten sich Soldaten der knochenharten 4. „Commando"-Brigade aus dem Landekopf „Sword" vor. Sie haben den Auftrag, die Verbindung zur 3. kanadischen Inf.Div. im Landekopf „Juno" herzustellen. Aber die Überlebenden in den Bunkern der 716. Inf.div. halten.

Sie arbeiten wie Automaten, halb betäubt und ohne viel zu denken. Die Eckpfeiler ihres knapp vier Kilometer breiten Strandabschnitts sind die Dörfer Lagrune und Lion. Hier sind harmlos aussehende Villen durch mächtige Betonwände in Bunker verwandelt worden. Und in ihrem Rücken, etwa drei Kilometer entfernt, hält der schwer befestigte Luftwaffenstützpunkt Douvres die Kanadier auf.

Am späten Nachmittag mischt sich ein neues Geräusch in das Getöse der Schlacht. Schwere Motoren dröhnen, Ketten rasseln, aus dem Raum nördlich Caen schiebt sich das 192. Panzergrenadierregiment in die Lücke zwischen „Sword" und „Juno". Die erschöpften Männer der 716. Inf.div. springen den Halbkettenfahrzeugen entgegen.

Eine eigenartige Division, die 716. Das Rückgrat des Haufens bilden kampferprobte Landser, zumeist nach schwerer Verwundung ins „erholsame" Frankreich versetzt.

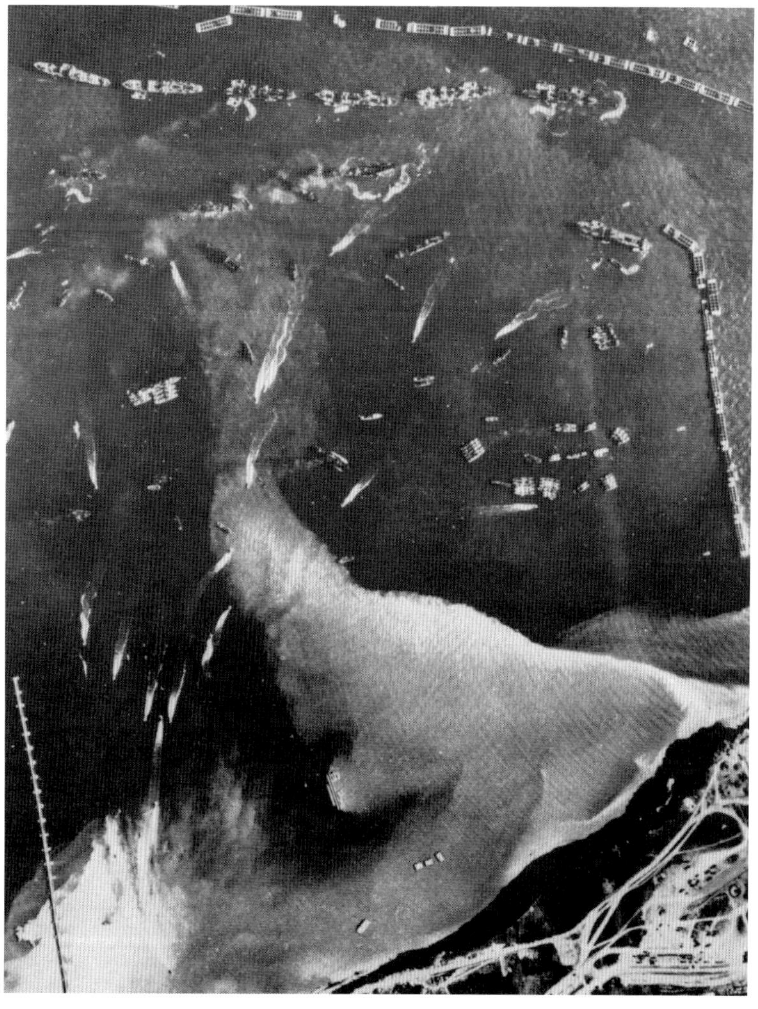

So war das Panzerregiment 22 zusammen mit Panzergrenadiereinheiten östlich der Orne auf dem Weg nach Norden, als General Marcks den Zuschlag bekam. Und der war wiederum entschlossen, den britischen Landekopf westlich der Orne anzugreifen.
Die Brücken über die Orne und den parallel laufenden Kanal sind von Major Howards Fallschirmjägern besetzt, Montgomerys linke Flanke ist geschützt. Also müssen die Panzer kehrtmachen, klirren nach Süden zurück und dann wieder nordwärts durch die fast unpassierbare, von Luftangriffen zerschlagene Stadt Caen. Nur die 4. Kompanie mit 30 Panzern bleibt auf der anderen Orne-Seite, richtet aber gegen die Howard-Truppe nicht viel aus, denn planmäßig sind hier die Lastensegler mit den panzerbrechenden Waffen gelandet.
Ein erster Schritt zum „Kleckern" ist getan, aber die verbleibenden 120 Kampfwagen kommen immerhin ohne Jabo-Angriffe durch bis zum Städtchen Lébisey. „Ein echter Feldherrenhügel", frotzelt Major Vierzig, Chef der II. Abteilung des Panzerregiments. Denn hier erwartet ihn nicht nur sein Divisionskommandeur; auch General Marcks ist von St. Lô herübergefahren, hin- und hergerissen zwischen Sorge und Hoffnung: Der einzige Panzerangriff muss klappen, sonst hat er

ter weiter südlich brüllen wirklich Panzermotoren, donnert das Panzerregiment 22 der 21. Pz.div. mit fast 120 Kampfwagen „P IV" nach Norden.
Die Panzer haben allerdings schon eine ziemliche Odyssee hinter sich. Ihre Division war südlich Caen stationiert, in günstigster Position zum Eingreifen. Es gab nur ein Handikap: Es war nicht völlig klar, wer den Befehl dazu zu geben hatte. Noch heute ist nicht so recht zu ermitteln, wem die Division nun wirklich unterstellt war. Nach Rommels Biograph Lewin war die 21., im Gegensatz zur OKW-Reserve (12. SS-Pz.div. „Hitlerjugend" und Panzer-Lehr), als Eingreifreserve der Heeresgruppe B unterstellt. Nach anderen Berichten soll sie ebenfalls OKW-Reserve gewesen sein. Der Oberbefehlshaber West war natürlich auch noch zu fragen, ebenso das Generalkommando der Panzertruppen West sowie das LXXXIV. Armeekorps in St. Lô. Nur der Kommandeur der 716. Inf.div., Generalleutnant Richter, glaubte fest, die 21. sei „im Angriffsfall" ihm zugeteilt.
Richter hatte denn auch schon in der Nacht um 1.20 Uhr einen Angriffsbefehl gegeben, der 40 Minuten später spezifiziert wurde: „Luftgelandeten Feind ostwärts der Orne angreifen und vernichten!"
Generalleutnant Feuchtinger war in einer unbehaglichen Lage, tragikomisch im Rückblick und bezeichnend für den desolaten Zustand der Wehrmachtführung: Ein General, der nicht genau weiß, ob er kämpfen darf oder nicht!
Stunden vergingen. Vom LXXXIV. Armeekorps, in dem die Lage offensichtlich am klarsten beurteilt wurde, kämpfte General Marcks telefonisch um die Pz.div. Nach den Erinnerungen seines Ic Major Hayn sprach der sonst überaus beherrschte Mann „mit zuckendem Gesicht" immer erregter mit dem ihm nun wieder vorgesetzten Oberkommando der 7. Armee in Le Mans, dann mit der Heeresgruppe und schließlich mit Jodl, der in Berchtesgaden immer noch den Schlaf seines Führers bewachte.
Um 10 Uhr wurde die 21. Pz.div. endlich Marcks unterstellt. Inzwischen hatte Feuchtinger auf weitere Ratespiele verzichtet und den einzigen Befehl befolgt, der ihm bis dahin vorlag: Richters Order, die britischen Luftlandetruppen anzugreifen.

Bild linke Seite: Eine Formation von „Fliegenden Festungen" Boeing B-17 im Anflug auf Deutschland. Die „Flying Fortress", Rückrat der amerikanischen Bombengeschwader, zeichnete sich durch große Flughöhe und Reichweite sowie starke Panzerung aus.

Bild rechte Seite oben: Abgeschossener „Tiger"-Panzer im zerstörten Caen. Schwer hatten es die Alliierten vor allem bei der Eroberung der Städte, wo sie ihre Luftüberlegenheit nicht so ungehindert entfalten konnten und wo die deutschen Panzer ihnen schwere Abwehrgefechte lieferten. Trümmerwüsten blieben zurück.

Bild rechte Seite unten: Je länger der Krieg dauerte, desto jünger wurden die Gesichter der deutschen Soldaten.

nichts; selbst wenn das OKW endlich die beiden anderen Panzerdivisionen freigibt: Sie liegen viel zu weit entfernt.
Marcks sagt zu Oberst von Oppeln-Bronikowski, dem Regimentskommandeur: „Oppeln, wenn Sie die Engländer nicht ins Meer werfen, haben wir den Krieg verloren!"
Der Korpskommandeur fährt selbst vor mit dem 192. Panzergrenadierregiment, das nun also zur Küste durchstößt, fast unbehelligt zwischen „Sword" und „Juno". Um diese Zeit rast Rommel in seinem schweren Horch von Deutschland zurück nach Frankreich, telefoniert einmal von Reims aus mit seinem Stabschef. Als er wieder in den Wagen steigt, sagt er zu seinem Ordonnanzoffizier, Hauptmann Hellmuth Lang: „Mein Gott! Wenn die 21. Pz.div. es schafft, können wir sie vielleicht in drei Tagen zurückwerfen."
Der Spalt ist offen, in den die Panzergrenadiere schon hineingestoßen sind. Aber die Binsenweisheit bestätigt sich, dass im modernen Krieg Funkgeräte mindestens ebenso wichtig sind wie Geschütze – besonders, wenn eines davon in einem aufklärenden Flugzeug steckt. Am Himmel der Normandie gibt es nur alliierte Flugzeuge, Oberst Bronikowski marschiert blind.
Er trifft Generalleutnant Richter, der keinerlei Verbindung mehr zu seinen Einheiten hat und „vor Gram fast wahnsinnig" ist. Bronikowski drängt, die Karte in der Hand: „Wo sind Ihre Stellungen?" Der General schüttelt mit Tränen in den Augen den Kopf: „Ich weiß es nicht."
Kurze Zeit später ist der Vorstoß gescheitert. Bronikowski verfehlt haarscharf die Lücke, bei Périers und Biéville gerät das Regiment in das Feuer panzerbrechender Waffen. In wenigen Minuten werden sechs Kampfwagen abgeschossen. Zugleich landen britische Lastensegler im Schlauch zwischen „Sword" und „Juno". Ein wildes Gefecht entbrennt, die Reste der 716. Inf.div. und die Panzergrenadiere werden zurückgeworfen. Die 21. Pz.div. verliert ein Viertel ihrer Panzer. Die britischen Landeköpfe vereinigen sich, nur der Stützpunkt Douvres hält noch zehn Tage, von den Engländern als eher nebensächliches Ärgernis behandelt. Während des ganzen Tages ist, trotz blutiger Verluste im stellenweise vernichtenden Abwehrfeuer der deutschen Artillerie- und Infanterieeinheiten, ein stetiger Strom von Truppen und Material in den alliierten Landeköpfen angekommen; am Abend des zweiten Tages werden 176.000 Mann und 20.000 Fahrzeuge auf französischem Boden sein.
Ebenso wie bei den Briten hat die Flankensicherung durch die Luftlandetruppen der 4. US-Inf.div. auf dem „Utah"-Strand am östlichen Fuß der Halbinsel Cotentin die Sicherung ihres Landegebietes erleichtert. Hier wendet sich die Überschwemmung des Geländestreifens hinter den Küstenbefestigungen gegen die Urheber: Am Städtchen St. Mère-Église kommt man nicht mehr vorbei. Und daraus lassen sich die Amerikaner nicht mehr vertreiben; selbst Elite-Einheiten wie das 6. Fallschirmjäger-Regiment des Oberstleutnants Freiherr von der Heydte und das Sturmbataillon der 91. Luftlandedivision unter Major Messerschmitt scheitern.

Und auch am Strand von „Bloody Omaha" ist die Lähmung überwunden. Rangers haben unter grässlichen Verlusten die steilen Klippen des Pointe du Hoc mit Hilfe hinaufgeschossener Strickleitern und von der Londoner Feuerwehr gepumpter Drehleitern gestürmt. Selbst die erstklassige 352. Inf.div. muss weichen. Nicht alle Operationsziele des D-Day sind erreicht, aber Montgomery ist zufrieden.

Sein alter Gegner Rommel ist am Abend nach rasender Fahrt wieder in seinem Hauptquartier eingetroffen, bleich und schweigsam. Er ahnt wohl, mit welchen Klötzen am Bein er seinen letzten Kampf wird fechten müssen.

Das OKW-Kriegstagebuch liest sich heute streckenweise wie der Arbeitsbericht eines Kreditsachbearbeiters in Krisenzeiten: „Heeresgruppe B beantragte ... Der Führer lehnte ab ... Der Führer befahl ... OB West schlug vor ... erbat ... Der Führer verbot ... "

Nachdem der Feind nun einmal Fuß gefasst hatte, waren sich die ungleichen Feldmarschälle von Rundstedt und Rommel relativ einig. Aber das Führerhauptquartier räumte ihnen nicht die geringste operative Freiheit ein. Aus Berchtesgaden oder dem noch ferneren Rastenburg (Ostpreussen) griff Hitler in Entscheidungen noch unterhalb Divisionsebene ein. Dabei ließ er sich von drei Grundsätzen leiten:

Kein Fußbreit Boden wird kampflos aufgegeben. Infolgedessen wurden hochkarätige Verbände einschließlich der Panzerdivisionen durch „Halten" verheizt, ohne jemals zu einem entschlossenen Stoß zusammengefasst zu werden.

Von der 15. Armee am Pas de Calais werden keine Einheiten abgezogen. Weil eine großangelegte alliierte Täuschungsoperation die Deutschen in dem Glauben ließ, dass hier die zweite Invasion zu erwarten ist. So standen Salmuths Verbände Gewehr bei Fuß, bis sie in den Strudel hineingerissen wurden.

Festungen, an denen der Feind vorbeistößt, werden bis zur letzten Patrone verteidigt. Bei Cherbourg beginnend und über die Häfen an der Atlantik- und Kanalküste wurden so schließlich 200.000 Mann gebunden.

Montgomery, der am sechsten Tag 326.000 Mann, 54.000 Fahrzeuge und 104.000 Tonnen Material gelandet hatte, blieb zwar zunächst hinter seinem Zeitplan zurück. Aber er sollte ihn schließlich ein- und überholen, als die deutsche Führung den Bogen überdehnt hatte. Dabei begünstigten verschiedene Umstände zunächst noch die Verteidiger.

Das Heckengelände der Bocages glich nach dem Urteil von Major Hayn (Ic beim LXXXIV. Armeekorps) das feindliche Übergewicht an Panzern und Flugzeugen etwas aus. Eine Unzahl winziger Feld- und Weideflächen, umgeben von Wällen und Hecken und durchzogen von überwucherten Hohlwegen, bot Deckung gegen Flieger und an jeder Ecke böse Überraschungen für angreifende Einheiten.

Zugleich war das Wetter in den ersten Wochen gegen die Alliierten. Regen und tiefhängende Wolken behinderten die im Sichtflug angreifenden Jabos. Und ein schwerer Sturm zerschlug am 19. Juni die „Mulberries", die künstlichen Häfen. Erhebliche Versorgungsschwierigkeiten bis hin zu Munitionsmangel waren die Folge. Die strategischen Bombergeschwader setzten jedoch ihre Angriffe fort, Montgomerys „Eisenbahnwüste" im weiten Umkreis um das Kampfgebiet wurde erneut umgewühlt, Nachrichtenverbindungen und Versorgungseinrichtungen zerschlagen. Zahlreiche Einheiten, die zur Verstärkung herangeführt wurden, erlitten schon schwere Verluste, bevor sie auch nur den Geschützdonner im Kampfgebiet hören konnten.

Und die „Mulberries" wurden repariert, eine Benzin-Pipeline durch den Kanal gezogen. Als der eroberte Raum zunächst begrenzt blieb, wurden für leichtere Kampfflugzeuge Behelfsrollbahnen aus tragbaren Metall-Teppichen zusammengesetzt. Die deutsche Front war wie ein zu schwacher Deich, hinter dem zäh und unbeirrt eine

Bild linke Seite: Umjubelt von seinen Landsleuten zieht General de Gaulle durch den Arc de Triomphe ins befreite Paris ein.

Bild rechte Seite oben: Nur gut getarnt, bei schlechtem Wetter oder nachts konnte die deutsche Führung Reserven an die Invasionsfront bringen. Die motorisierten Verbände (Bild: Jagdpanzer IV) litten unter der absoluten Luftherrschaft der Alliierten, die deutsche Truppenkonzentrationen schon in den Bereitstellungsräumen zerschlugen. Nur tropfenweise erreichte daher Ersatz die kämpfende Truppe.

Bild rechte Seite unten: Amerikanische Truppen beim Vormarsch auf Falaise, eine Stadt in der Normandie, die nach harten Kämpfen am 17.8. 1944 erobert wurde. Von 125.000 eingeschlossenen deutschen Soldaten konnten sich nur 80.000 unter hohen Verlusten und starken Materialeinbußen retten.

mächtige Flut Zentimeter um Zentimeter stieg. Die Halbinsel Cotentin wurde abgeriegelt, am 28. Juni kapitulierte Cherbourg. Am 15. Juli schrieb Rommel an Hitler, er habe rund 97.000 Mann verloren, in absehbarer Zeit werde der Feind in die Weite des französischen Raumes stoßen, „... der ungleiche Kampf neigt sich dem Ende entgegen. Ich muss Sie bitten, die Folgerungen aus dieser Lage unverzüglich zu ziehen.“

Zwei Tage später verunglückte der Feldmarschall mit dem Auto bei einem Jabo-Angriff und wurde bewusstlos nach Deutschland gebracht. Kurz zuvor hatte Hitler Generalfeldmarschall von Rundstedt als OB West abgesetzt und durch Günther von Kluge ersetzt.

Rommels Prophezeiung trat Ende Juli ein. Am äußersten westlichen Ende der Front, in Avranches, brachen die Amerikaner durch. Panzergeneral Patton stürmte in den freien Raum wie Rommel vier Jah-

re zuvor. Wie ein Strafgericht traf die deutschen Armeen genau das Schicksal, das sie 1940 den französischen Streitkräften bereitet hatten: Ein überlegener Feind, siegesgewiss und mit technischer Perfektion ausgerüstet, jagt durch das Land, perfekt mit seiner Luftwaffe zusammenspielend, die gnadenlos zuschlägt, wo immer sich Ansätze zu organisierter Verteidigung bilden. Alles auf alliierter Seite ist motorisiert und mechanisiert, bei den Deutschen fehlt selbst für die paar übriggebliebenen Panzer oft der Sprit.

Weit hinten spielt Hitler auf seinen Karten mit Divisionen, von denen oft nicht vielmehr als die Nummer existiert. Er will durch einen energischen Stoß an der Basis der Halbinsel Cotentin die nach Frankreich hineinströmenden US-Truppen abschneiden. Die Reste von neun Infanterie- und fünf Panzerdivisionen werden unter den ständigen Schlägen der feindlichen Luftwaffe im Raum Mortain-Falaise bereitgestellt, so gut es geht. Der Angriff scheitert blutig. Die Verbände, die ihn vortragen sollen, sind ersatzlos aus der Front herausgezogen worden. Das gibt Montgomery Bewegungsfreiheit, britische Einheiten stoßen bei Falaise nach Süden, Teile der durchgebrochenen US-Verbände nach Osten und Norden, die Falle schnappt zu. In einzelnen Kampfgruppen versuchen die Eingeschlossenen, sich nach Osten durchzuschlagen. In die verstopften Rückzugsstraßen krachen Bomben und Granaten, hämmern die Bordwaffen der Jabos.

Hitler verschiebt wieder Feldmarschälle; Model löst Kluge ab, der appelliert in einem Abschiedsbrief an den Führer, den aussichtslos gewordenen Kampf zu beenden, und tötet sich auf dem Heimweg nach Deutschland mit Gift. Der Kessel von Falaise wird zur Katastrophe des Westheeres. Am 19. August können zwar noch 80.000 Mann ausbrechen. 45.000 Soldaten aber gehen in Gefangenschaft oder sind gefallen. Hitler tobt, befiehlt die Verteidigung von Paris: „... darf nicht oder nur als Trümmerfeld in die Hand des Feindes fallen."

Als General von Choltitz die Stadt unversehrt übergibt, will Hitler sie mit V1 zusammenschießen lassen. Auch dieser Befehl wird nicht ausgeführt.

In Südfrankreich gelandete US-Einheiten stoßen die Rhône aufwärts. Dort ebenso wie weiter nördlich überholen die schnellen Verbände mühelos die zu Fuß zurückflutenden Deutschen. Eine geplante Verteidigungslinie an der Seine kommt nicht zustande; Patton ist längst drüben ...

Neunzig Tage nach „D-Day" müsse die Seine überschritten sein, hat Montgomery sich vorgenommen. Nun stoßen die Alliierten schon am 75. Tag über den Fluss. „Keinerlei nennenswerte Verbände befanden sich mehr auf der Erde, geschweige denn in der Luft", schrieb Dr. Hans Speidel, damals Generalstabschef der Heeresgruppe B, in seinen Erinnerungen. Buntscheckige Haufen hasteten nach Osten, krallten sich hier und dort fest, wurden überwältigt oder geworfen. Nur die 15. Armee, deren Masse die ganze Zeit vergebens auf die „Haupt-Invasion" am Pas de Calais gewartet hatte, entkam vergleichsweise vollständig und mit schweren Waffen über die Schelde. Nicht zuletzt deshalb gelang es Model schließlich, eine Verteidigungslinie von der Scheldemündung zum Westwall, durch Luxemburg und Elsass-Lothringen zur Schweizer Grenze aufzubauen.

Zu dieser Zeit verstärkten sich die Nachschubsorgen der Alliierten. Noch war kein Hafen von nennenswerter Kapazität in ihrer Hand; Cherbourgs Kais waren vor der Kapitulation gründlich zerstört worden, über hastig reparierte Anlagen und über die alten „Mulberries" vor der Normandie mussten täglich mindestens 20.000 Tonnen Material gelöscht und über immer weitere Entfernungen nach vorn gebracht werden. Und das Eisenbahnnetz hatten sie selbst zerschlagen müssen. Da nahm die 11. britische Pz.div. am 4. September – nach dem wilden Vorstoß über 350 km in knapp vier Tagen – Antwerpen mit fast unbeschädigten Hafenanlagen.

Aber diese waren nur durch die Scheldemündung zu erreichen, und die war noch fest in der Hand der Deutschen. Statt nun zuerst diese wichtige Wasserstraße mit allen Kräften freizukämpfen, entschloss sich Montgomery zu einem gewagten Sprung nach vorn, in der tiefen Flanke der feindlichen Truppen über den Niederrhein. Die Hoffnung war immerhin berechtigt, dass die feindlichen Einheiten an der Scheldemündung sich der drohenden Umklammerung nach Osten entziehen würden. Strategen mögen sich noch lange über dieses Problem streiten, schreibt Churchill in seinen Memoiren. So meint der US-Historiker Cornelius Ryan, Montgomery habe das Unternehmen aus Hochmut und Eitelkeit befohlen – und aus Wut darüber, dass nicht er, sondern Eisenhower den Oberbefehl über die alliierten Land-

Bild linke Seite: Claus Graf Schenk von Stauffenberg, dessen Entschlossenheit immer stärker zum Handeln drängte, legte am 20. Juli 1944 die Bombe in der Besprechungsbaracke Adolf Hitlers. Noch am selben Tage wurde Stauffenberg standrechtlich erschossen. Ursprünglich ein Anhänger Hitlers, hatte der schwäbische Adlige bereits vor dem Krieg die Gefährlichkeit von Hitlers Risikopolitik erkannt. Die Erfahrung der deutschen Ostpolitik im Krieg machte ihn vollends zum Gegner des Nationalsozialismus. An Hitlers Einsichtsfähigkeit glaubte er nicht. „Es kommt nicht darauf an, ihm die Wahrheit zu sagen, sondern es kommt darauf an, ihn umzubringen", sagte er einmal.

Bild rechte Seite oben: Nach dem Attentat (von links): Mussolini, Bormann, Dönitz, Hitler, Göring, SS-Gruppenführer Fegelein und Generaloberst Loerzer.

Bild rechte Seite unten: Unter Vorsitz von Gerichtspräsident Roland Freisler (vor der Hitlerbüste) machte ein „Volksgerichtshof" kurzen Prozess mit den Verschwörern. In einem hastig und brutal geführten Verfahren ergingen zahlreiche Todesurteile.

streitkräfte erhalten hatte. In der Tat hatte „Ike“ verabredungsgemäß am 1. September den Oberbefehl übernommen. Unter seiner Oberleitung befehligten „Monty“ (21. britische Heeresgruppe) und US-General Omar Bradley (12. amerikanische Heeresgruppe) nunmehr 37 Divisionen mit Kampftruppen von mehr als einer halben Million Mann. Mit dieser Streitmacht, entschied Eisenhower, sei auf breiter Front an die deutsche „Siegfriedlinie“ heranzurücken und dann ein Stoß ins Saargebiet zu führen. Darin war der vorwärtsdrängende Montgomery allerdings völlig anderer Ansicht. Er schlug Anfang September vor, auf eine breite Front zu pfeifen und die gesamten Streitkräfte zu einem entschlossenen Stoß zusammenzufassen – entweder unter seiner Führung im Norden durchzubrechen und das Ruhrgebiet zu umfassen, oder unter Bradley im Süden gegen die Saar. In jedem Fall aber sollten für diesen Durchbruch sämtliche Kampfmittel und der gesamte Nachschub zur Verfügung stehen. Und er machte kein Hehl daraus, dass er angesichts der ungeheuren operativen Möglichkeiten im freien Raum der Norddeutschen Tiefebene der Offensive im Norden den Vorzug geben würde. So sei der Krieg bis Weihnachten zu beenden.

Erst als Eisenhower an seinem bedächtigen Plan festhielt, kam es zum Kompromiss: Montgomery sollte wenigstens Gelegenheit erhalten, zum Niederrhein durchzustoßen und auf dem nördlichen Ufer bei Arnheim einen Brückenkopf zu errichten. Man mag vermuten, dass Enttäuschung über die Ablehnung der großen Lösung das Urteilsvermögen Montgomerys bei der Entwicklung dieses Planes trübte; dass Eisenhower ihn halbherzig genehmigte, um den britischen Kollegen nicht noch mehr zu verärgern. Zeitdruck kam hinzu, denn der deutsche Widerstand versteifte sich von Tag zu Tag. Das Ergebnis war „Kleckern“.

Zwanzigster Juli

Der militärische Widerstand konzentrierte sich seit dem Beginn des Russlandfeldzugs an drei Stellen: beim Oberkommando des Ersatzheeres in Berlin um General Olbricht, Chef des Allgemeinen Heeresamtes (der Befehlshaber Generaloberst Fromm gehörte nicht zum Widerstand, obwohl er dessen Aktivitäten kannte); bei der Abwehr um Oster (der aber im April 1943 amtsenthoben wurde, knapp ein Jahr, bevor das gleiche Canaris geschah); beim 1. Generalstabsoffizier („Ia“) der Heeresgruppe Mitte, von Tresckow, seit November 1943 Chef des Stabes der 2. Armee im selben Operationsgebiet. An Tresckows Dienstsitz bei Smolensk wurde das erste militärische Attentat gegen Hitler geplant (die Tat im Bürgerbräukeller 1939 war der zivile Anschlag des Einzeltäters Georg Elser gewesen). Es gelang Tresckow, Generalfeldmarschall von Kluge zu einer Einladung Hitlers bei der Heeresgruppe Mitte zu überreden. Hitler erschien am 13. März 1943. Die Verschwörer plazierten eine Bombe im Flugzeug, deklariert als „zwei Flaschen Cognac“ für (den Mitverschworenen) Oberst Stieff im Führerhauptquartier. Die Cognac-Bombe sollte während des Fluges explodieren, doch der Zünder versagte. Es gelang Tresckow, die Übergabe des „Geschenks“ telefonisch aufzuhalten; es sei eine Verwechslung passiert. Schlabrendorff flog ins Hauptquartier und tauschte das fatale Paket gegen zwei echte Flaschen aus. Der Anschlag blieb unerkannt. Acht Tage später besichtigte Hitler russische Beutestücke im Berliner Zeughaus. Oberst von Gersdorff fand sich zu dem Selbstopfer bereit, sich mit Hitler zusammen in die Luft zu sprengen. Hitler beendete jedoch den Rundgang so rasch, dass der Sprengkörper mit dem kürzest möglichen Zündzeitpunkt von 10 Minuten nicht mehr zur Auslösung kam. Gersdorff gelang es, die Bombe unmittelbar vor der Detonation unschädlich zu machen. Auch dieser Versuch fand keine ungelegenen Mitwisser.

Die militärische Opposition, die bei diesen Versuchen in Kauf nahm, dass eigentlich Unschuldige mitgeopfert wurden, und ihre Planungen auch weiterhin durch diese moralische Erschwernis nicht behindern ließ, stieß im Sommer 1943 auf einen entschiedenen Hitler-Gegner und Befürworter von dessen gewaltsamer Beseitigung: Claus Graf Schenk von Stauffenberg, 35 Jahre alt, in Afrika schwer verwundet (Verlust eines Auges, der rechten Hand, zweier Finger der linken). Genesen, wurde er Olbrichts Stabschef (l. Oktober 1943) und zu einer Schlüsselfigur aller Planungen, bei

denen Attentat und Staatsstreich koordiniert werden mussten. Olbricht entwickelte eine Möglichkeit, den Umsturz „legal“ einzuleiten: dadurch, dass nach gelungenem Anschlag auf Hitler der Alarm für innere Unruhen (Codebezeichnung „Walküre“), gedacht zum Beispiel bei theoretisch möglicher, praktisch kaum vorstellbarer Rebellion von Zwangsarbeitern, ausgelöst und die dadurch mobilisierte Truppenmacht in den Dienst des militärischen Widerstands gestellt werden sollte. Dazu mussten ergebene Truppenführer in die Schaltstellen lanciert werden. Die Vorbereitungen waren weit gediehen, als Stauffenberg am 1. Juli 1944 Stabschef beim Befehlshaber des Ersatzheeres (Fromm) wurde und damit Zugang zum Führerhauptquartier erhielt. In dieser Position konnte und wollte er persönlich handeln. Die Zeit drängte, weil immer mehr einzelne aus dem (vor allem zivilen) Widerstand heraus verhaftet wurden und die Gestapo noch vor dem entscheidenden Schlag ins Zentrum des Widerstands vordringen könnte. Beim Versuch, oberste Frontkommandeure zu gewinnen, war eindeutiger Erfolg nur bei Generalfeldmarschall Rommel an der Invasionsfront erzielt worden; der Oberbefehlshaber West, Generalfeldmarschall von Kluge, sympathisierte ohne feste Zusage. Rommel aber wurde am 17. Juli 1944 schwer verwundet und fiel aus. Am 20. Juli unternahm Stauffenberg binnen drei Wochen den dritten Versuch, eine Bombe in Hitlers unmittelbarer Nähe zu platzieren (beim ersten Mal hatten Himmler und Göring gefehlt, beim zweiten Mal hatte Hitler die Lagebesprechung noch vor Zündung der Bombe beendet). Aufgrund unerträglicher Nervenanspannung und der übrigen Gefahren wollte Stauffenberg nicht länger warten, obwohl die äußere Situation ungünstig war: Wegen Reparaturarbeiten fand die „Lage“ nicht im Bunker, sondern in einer Holzbaracke statt, wo der Explosionsdruck leicht entweichen konnte. Auch fehlten Himmler und Göring abermals.

Unmittelbar nach Beginn der „Mittagslage“ um 12.30 Uhr setzte Stauffenberg mit Hilfe einer eigens für ihn konstruierten Flachzange in einem der Gästequartiere den Zeitzünder des Sprengkörpers in Gang. Die Laufzeit betrug etwa 10 Minuten. Stauffenberg deponierte die Aktentasche mit der Bombe an der Innenseite des rechten Tischsockels und verließ unter einem Vorwand den Raum, während General Heusinger über die Lage im Osten referierte. Ein Teilnehmer stellte die störende Tasche auf die Außenseite des Sockels. Als gleich danach die Bombe detonierte, ging der Hauptdruck zu jener, von Hitler abgelegenen Außenseite: Von den 8 Schwerverletzten (4 starben) befanden sich sieben dort. Hitler erlitt nur leichte Verletzungen, die Baracke war weitgehend zerstört.

Stauffenberg hörte den Donnerschlag in der Nähe des Tatortes und hielt Hitler für tot. Mit List und Glück gelangte er durch die drei sofort geschlossenen Sperrkreise, fuhr nach Rastenburg und flog kurz nach 13 Uhr zurück nach Berlin, um dort die Leitung des Staatsstreichs zu übernehmen. War diese Doppelaufgabe, bei zweieinhalb Stunden Flugdauer, schon an sich bedenklich, so verstrich diese kostbare Zeit obendrein ungenutzt: Die Verschwörer in der Bendlerstraße um Olbricht lösten das Codewort „Walküre“ nicht aus, weil die erwartete Erfolgsnachricht von verbündeter Seite im Führerhauptquartier (General Fellgiebel) ausblieb. Erst Stauffenberg, zurück aus Ostpreußen, veranlasste „Walküre“, wobei er sich von der gerade empfangenen Mitteilung Fromms, dass das Attentat mißlungen sei, nicht beirren ließ; Generalfeldmarschall Keitel lüge „wie immer“. Fromm, der unter den unklaren Umständen das Stichwort „Walküre“ auszugeben verweigerte, wurde mit der Tatsache konfrontiert, dass dies bereits geschehen sei. Als er die Tatbeteiligten festnehmen wollte, wurde er selber inhaftiert. Die Widerstandsbewegung gab der Auslösung des legalen Stichworts inhaltliche Begründungen bei, die lange vorbereitet waren: Hitler sei tot, „eine ge-

Bild linke Seite: Der Hinrichtungsraum in der Strafanstalt Plötzensee, in dem 89 Opfer des 20. Juli gehenkt wurden, heute eine Gedenkstätte des Widerstandes. Während des Zweiten Weltkrieges wurden sie noch weitgehend von den Alliierten ignoriert, aber bereits 1946 würdigte Churchill die Männer des deutschen Widerstandes: „In Deutschland lebte eine Opposition, die durch ihre Opfer und eine entnervende internationale Politik immer schwächer wurde, aber zu dem edelsten und größten gehört, was in der politischen Geschichte aller Völker je hervorgebracht wurde. Diese Männer kämpften ohne jede Hilfe von innen und außen, einzig getrieben von der Unruhe des Gewissens. Solange sie lebten, waren sie für uns unsichtbar und unerkennbar, weil sie sich tarnen mussten. Aber an den Toten ist der Widerstand sichtbar geworden.“ So unterschiedlich die Motive der einzelnen Widerstandskämpfer auch gewesen sein mögen, sie alle hätten sich zu den Worten bekannt, mit denen Hans Scholl und Graf Stauffenberg in den Tod gingen. Scholl rief: „Es lebe die Freiheit!“ Und Stauffenberg: „Es lebe Deutschland!“

Bild rechte Seite: Die Hauptstraße von Oradour-sur-Glane nach der völligen Zerstörung durch die SS.

wissenlose Clique frontfremder Parteiführer" habe die Macht übernehmen wollen. Daher habe die Regierung dem Unterzeichnenden – Generalfeldmarschall von Witzleben, der 1942 von Hitler entlassen worden war – die Wehrmacht und die vollziehende Gewalt im Staat unterstellt. Als die sich häufenden „Walküre"-Befehle infolge dringlicher Rückfragen der Empfänger im Führerhauptquartier bekannt wurden, ergingen von dort Gegenbefehle, so dass stundenlang eine Schlacht der Fernschreiber tobte. Das Regime siegte vor allem durch Hitlers Überleben, welches den Absprung in die Illoyalität äußerst erschwerte. Im äußerlichen Ablauf waren darüber hinaus zwei Umstände maßgeblich: Der zentrale Rundfunksender wurde nicht rechtzeitig besetzt und konnte die Nachricht vom Misslingen des Attentats verbreiten; Goebbels ließ den bei ihm erschienenen Kommandeur des Wachbataillons, Major Remer, mit Hitler verbinden, der Remer befahl, den Putsch niederzuschlagen.
Im Lauf des späten Abends kehrten sich die Kräfteverhältnisse in Berlin um. Fromm wurde befreit und ließ Stauffenberg, Olbricht, dessen Stabschef Merz von Quirnheim sowie Stauffenbergs Adjutanten von Haeften erschießen, wohl um sich der Zeugen seiner Mitwisserschaft zu entledigen. (Dennoch wurde Fromm verhaftet, verurteilt und hingerichtet.) Beck schied an Ort und Stelle freiwillig aus dem Leben (er war als neues Staatsoberhaupt vorgesehen gewesen). Tresckow tat in Russland das gleiche. In Paris, dem einzigen Ort, wo der Umsturz wirklich gelungen und die gesamte Gestapo im Gefängnis gelandet war, musste der Militärbefehlshaber General Karl-Heinrich von Stülpnagel den errungenen Sieg resignierend wieder aus der Hand geben. Noch in der Nacht sprach Hitler über alle Sender und verkündete: „Diesmal wird nun so abgerechnet, wie wir das als Nationalsozialisten gewohnt sind." Die verbreitete Empörung im Volk über das Attentat gegen Hitler, dessen Magie auch im fünften Kriegsjahr nicht erloschen war, wurde vom Volksgerichtshof unter seinem Präsidenten Freisler zu einem enthemmten Rachefeldzug, zugleich in würdelosen Formen äußerer Erniedrigung, genutzt. Unter den führenden Militärs im Widerstand fielen die meisten den verbissenen Verfolgungen des Regimes kurz vor dessen eigenem Untergang zum Opfer, darunter die Marschälle Rommel und von Witzleben, ferner Canaris, Fellgiebel, von Hase, Oster, von Stülpnagel und zahlreiche weitere Offiziere. Die Tragik des deutschen Widerstands, militärisch und zivil, lag in seiner doppelten Vergeblichkeit. Selbst ein gelungener Umsturz am 20. Juli hätte nichts mehr an den furchtbaren Verbrechen, die inzwischen geschehen waren, geändert und die wankenden Fronten nicht stärker machen können, als sie waren. Dem Patriotismus der Widerständler wäre also, wenn nicht durch Hitler, dann durch die alliierte Kriegszielpolitik Bitternis widerfahren. Die Größe liegt im Dennoch des Umsturzversuches aus grundsätzlichen sittlichen Erwägungen. Dass eine Elite selbstloser Charaktere versucht hat, auf dem Tiefpunkt unserer Geschichte moralische Grundnormen wiederherzustellen, wurde zur unentbehrlichen geistigen Vorbedingung für den demokratischen Wiederaufbau nach 1945.

Oradour-sur-Glane

Das bis dahin vom Krieg kaum berührte Oradour-sur-Glane, 22 km nordwestlich Limoges im Limousin (Frankreich) gelegen, wurde am 10.6.44 gegen 14 Uhr von der 3. Kompanie des I. Bataillons des Regiments „Der Führer" der 2. SS-Panzerdivision „Das Reich" besetzt, die schon kurz zuvor mit dem Massaker von Tulle Furcht und Schrecken verbreitet hatte. Die Einwohner von Oradour-sur-Glane wurden angeblich zur Feststellung der Personalien zusammengetrieben, die Männer von den Frauen und Kindern getrennt.
Während einige SS-Leute die Männer in Scheunen und Häusern erschossen, schlossen andere die etwa 500 Frauen und Kinder in der Kirche ein, zündeten das Gebäude an und feuerten auf jeden, der zu fliehen versuchte. Anschließend zogen die Soldaten plündernd durch Oradour-sur-Glane, legten an allen Häusern Feuer und verließen den Ort gegen Abend. 642 Menschen, von denen sich nur noch 52 identifizieren ließen, waren ihnen zum Opfer gefallen, nur 36 hatten entkommen können. Offiziell wurde das Massaker von deutscher Seite als Präventivmaßnahme gegen angebliche Waffenlager der Résistance und als Repressalie für heimtückische Partisanenangriffe auf die an die Invasionsfront marschierende Division ausgegeben. Hitler verhinderte eine gerichtliche Verfolgung, die auch durch den schnellen alliierten Vormarsch und den Untergang der 3. Kompanie in der Normandie zunächst unmöglich war. Auch nach dem Krieg wurden nur einige der Verantwortlichen gefunden und abgeurteilt: Der Chef des Verbindungsstabs in Limoges, General von Borodowsky, wurde von der französischen 1. Armee festgenommen und bei einem Fluchtversuch erschossen; die Briten verweigerten die Auslieferung des Divisionskommandeurs, SS-General Lammerding. 21 ehemalige Angehörige der SS-Einheit mussten sich schließlich 1953 vor einem Militärtribunal in Bordeaux nach einer eigens erlassenen Lex Oradour-sur-Glane, die bereits die Zugehörigkeit zu einer an Kriegsverbrechen beteiligten Einheit unter Strafe stellte, verantworten. Es handelte sich

um 7 deutsche Soldaten und 14 Elsässer, die das Gericht vor erhebliche Probleme stellten, da nur 2 der elsässischen Angeklagten freiwillig zur Waffen-SS gegangen waren. 2 Todesurteile, 18 Haftstrafen und 1 Freispruch waren schließlich ein Kompromiss, mit dem niemand zufrieden war. Der Bürgermeister von Oradour-sur-Glane schickte empört über die Milde das Kreuz der Ehrenlegion zurück, die französische Nationalversammlung verkündete umgehend eine Amnestie für die französischen (elsässischen) Verurteilten.

Ein letztes Nachspiel gab es 1983 in Ost-Berlin, wo ein Zugführer der 3. Kompanie, Heinz Barth, zu lebenslanger Haft verurteilt wurde. Die Ruinen von Oradour-sur-Glane blieben nach dem Krieg als Mahnmal stehen, der Ort wurde in der Nähe neu aufgebaut.

Die Brücke von Arnheim

Die ersten Soldaten, die in der bisher größten Luftlandeoperation der Kriegsgeschichte auf feindbesetztem Boden landeten, waren die Männer der Unabhängigen Fallschirmjägerkompanie des britischen Majors B. A. Wilson. Zwölf umgebaute Stirling-Bomber brachten sie am Mittag des 17. September 1944 über das Heidegebiet westlich von Arnheim, in dem sie für die dichtauf folgenden Einheiten der 1. Luftlandedivision mit bunten Tüchern Absprungplätze abstecken sollten. Im Tiefflug betrachtete Kompaniechef Wilson die saftigen holländischen Wiesen und genoss das friedliche Bild grasender Kühe. Die Idylle wurde auch über dem Zielgebiet kaum gestört; mäßiges Flakfeuer schüttelte die Flugzeuge, zwei Fallschirmjäger wurden beim Absprung durch Infanteriewaffen verletzt, und der Major hatte sich kaum von seinem Fallschirm befreit, als sich ein älterer, besorgt aussehender deutscher Soldat regelrecht zur Gefangennahme aufdrängte.

Aber ein paar Kilometer weiter nördlich, in Hoenderloo, hatte ein erheblich gefährlicherer Mann einen zunächst noch gleichgültigen Blick auf die letzten in der Heide niedergehenden Fallschirme geworfen: SS-Obersturmbannführer Walter Harzer, Ia der 9. SS-Panzerdivision „Hohenstaufen", stieß dort auf das Wohl des Kommandeurs seiner Aufklärungsabteilung, Hauptsturmführer Walter Gräbner, an, der vor ein paar Tagen mit dem Ritterkreuz dekoriert worden war. Die Fallschirme regten die SS-Offiziere nicht weiter auf: Offenbar hatte die Flak mal einen Ami-Bomber erwischt. Während Wilsons Männer unter den Augen hingerissener Holländer in aller Ruhe ihre Tücher auslegten und ein sonores Dröhnen im Süden die sich nahende Luftlande-Armada ankündigte, die SS-Offiziere sich zuprosteten und Generalfeldmarschall Walter Model in einem Hotel in Oosterbeek, dem unmittelbar an das Landegebiet angrenzenden Arnheimer Vorort, einige Herren seines Stabes zu einem Gläschen gekühlten Mosels versammelte, bereiteten sich in den umliegenden Ortschaften und Gehöften ein paar tausend SS-Soldaten auf das mittägliche Essenfassen vor. Nach Ansicht der meisten Feindnachrichten-Offiziere in den alliierten Stäben durften sie sich dort keineswegs aufhalten. Sie würden es in Arnheim mit „Hitlerjungen und Greisen auf Fahrrädern" zu tun bekommen, wussten die englischen Fallschirmjäger. In der Tat hatte nur ein blinder Zufall die Soldaten zweier angeschlagener, aber fanatischer und kampferprobter SS-Panzerdivisionen in das Gebiet von Arnheim geführt. Andere Faktoren jedoch, die aus dem kühnsten Unternehmen des Feldmarschalls Bernard L. Montgomery ein blutiges Debakel machen sollten, waren einprogrammiert, voraussehbar und die Folgen politischer und persönlicher Differenzen, wie sie der Koalitionskrieg unvermeidlich mit sich bringt.

Nach dem Zusammenbruch der deutschen Front in der Normandie hatte der Vormarsch der alliierten Armeen ein atemberaubendes und für die Logistiker nervenzerrüttendes Tempo angenommen. Anfang September würde man die Deutschen bis zur Seine zurückgedrängt, sieben Monate später die deutsche Grenze erreicht haben, war zu Beginn der Invasion im Stab des Oberbefehlshabers Eisenhower geschätzt worden.

Statt dessen stand nun, Anfang September, der südliche Flügel des alliierten Millionenheeres schon am Westwall, wo der US-Panzergeneral Patton wütend darauf drängte, für einen Stoß über die Saar nach Frankfurt mit Nachschub versorgt zu werden: „Meine Soldaten können ihre Gürtel fressen, aber meine Tanks brauchen Benzin!" Und im Norden hatte die 11. britische Panzerdivision – nach einem wilden Vorstoß über 350 km in knapp vier Tagen – Antwerpen mit fast unbeschädigten Hafenanlagen genommen.

Davon hatten die geplagten alliierten Nachschub-Planer jedoch

Bild linke Seite: Ein deutscher schwerer Panzerspähwagen im Gelände. Die beiden SS-Panzerdivisionen, auf die die alliierten Luftlandetruppen in ihren Zielräumen stießen, waren ihrer Feindaufklärung völlig entgangen.

Am 12. September 1944 trafen sich bei Landres in Burgund die ersten Einheiten der „Dragoon-Front" mit der 3. US-Armee (Patton) der „Invasionsfront". Die „Säuberung" ganz Frankreichs von deutschen Truppen war damit nur noch eine Frage kurzer Zeit: Stadt für Stadt, Dorf um Dorf wurde von den Alliierten oft schon im ersten Ansturm genommen.

Bild rechte Seite oben: Eine kanadische Abteilung macht deutsche Gefangene bei Saint-Lambert-sur-Dives.

Bild rechte Seite unten: US-Panzer rollen in das befreite Dreux. Die Ausfallstraße ist bedeckt mit Ausrüstung der zurückweichenden Deutschen.

nichts, denn die rund 75 km lange Zufahrt zum Hafen, die Westerschelde, war auf beiden Ufern von der 15. deutschen Armee besetzt, die sich als einziger Großverband in ziemlich guter Ordnung aus dem Calais-Gebiet hierher zurückgezogen hatte. Die gesamte Versorgung, mindestens 20.000 Tonnen täglich, musste also vorerst weiterhin in Cherbourg gelöscht und über rund 700 Straßenkilometer nach vorn geschafft werden.

Seit der Invasion hatte Feldmarschall Montgomery die Koordinierung sämtlicher alliierter Landstreitkräfte in der Hand gehabt. Am 1. September übernahm der Oberbefehlshaber, US-General Dwight D. Eisenhower, verabredungsgemäß persönlich die Gesamtleitung, und „Monty" musste sich auf die Führung seiner 21. Heeresgruppe am linken, nördlichen Flügel beschränken. Sofort kam es zu einer scharfen Auseinandersetzung über strategische Fragen, an der sich von Süden her schrill der populäre US-Haudegen Patton beteiligte.

Der sonst so bedächtig planende Profi Montgomery sah Anfang September die Chance, den Krieg noch vor Weihnachten zu beenden. Er forderte von Eisenhower, seine eigene und die 12. Heeresgruppe unter US-General Omar Bradley „als eine solide Masse von 40 Divisionen" zusammenzufassen und in einem mächtigen Stoß nach Nordosten über den Niederrhein in die Norddeutsche Tiefebene einzubrechen.

Die operativen Möglichkeiten waren in der Tat gigantisch; das Ruhrgebiet war abzuschneiden, selbst Berlin angesichts des Zustandes des deutschen West-Heeres erreichbar. Die Kräfteverteilung auf alliierter Seite, wie sie nach dem Marsch durch Frankreich und Belgien nun einmal war, hätte es allerdings nötig gemacht, alle Anstrengungen unter Montgomerys Frontabschnitt zu konzentrieren und die 3. US-Armee von Patton, dem Lieblingsgeneral der amerikanischen Kriegsberichterstatter, einfach anzuhalten.

Dadurch wurde Montgomerys strategisches Konzept nicht weniger richtig, für einen publizitätsbewussten US-General jedoch unannehmbar. Mit einem Auge in den

Kommentarspalten der US-Zeitungen, in denen vor dem 1. September schon mächtig darüber geschrieben worden war, dass Bradley und der Durchbruchs-Held Patton immer noch dem Engländer Montgomery unterstanden, beharrte Eisenhower eisern auf seinem Konzept der „Breiten Front", auf der gleichmäßig und bei gleichmäßiger Verteilung des Nachschubs vorzurücken sei. Und insgeheim hoffte jedermann auf amerikanischer Seite, der wilde Patton werde unten im Süden schon einen Durchbruch erzwingen oder, wie er selbst es ausdrückte, „durch den Westwall flitzen wie die Scheiße durch die Gans".

Die durch einen flüchtigen Blick auf die Landkarte erkennbare Tatsache, dass vor Patton bergiges Land mit engen, gewundenen Straßen die Verteidigung begünstigte und schwere Verluste bei Panzerangriffen signalisierte, während sich die Norddeutsche Tiefebene für eine mechanisierte Streitmacht geradezu anbot, wurde verdrängt. Inzwischen brütete Montgomery, die verweigerte Gelegenheit zum entscheidenden Schlag gegen das Dritte Reich vor Augen, einen Plan aus, der alle Nachteile eines Kompromisses aufwies, aber einen gewaltigen Vorteil hatte: Er war machbar, Eisenhower würde ihn genehmigen.

Die beiden hatten eine gemeinsame Sorge: In England warteten, tatendurstig und bis hin zur Insubordination von Langeweile gequält, seit der Invasion englische und amerikanische Eliteverbände auf ihren Einsatz: die Fallschirmjäger. Mindestens ein Dutzend Mal seit dem Durchbruch von Avranches waren für sie Luftlandeoperationen geplant worden, mehrere Male hatten sie schon in den Flugzeugen gesessen – jedes Mal war das Unternehmen abgeblasen worden, weil der deutsche Widerstand schneller als erwartet zusammenbrach. Eine Chance, diese Eliteverbände in den Kampf zu werfen, würde Eisenhower jederzeit ergreifen.

Er genehmigte auch sofort den Plan, den Montgomery ihm vorlegte: Ausgehend von der britischen Front in der Nordostecke Belgiens, knapp westlich der Maas im Bogen des Maas-Schelde-Kanals, sollten die Luftlandetruppen die Brücken

entlang der Linie Eindhoven-Uden-Grave-Nimwegen-Arnheim besetzen und damit einen Korridor für drei nachrückende britische Korps schlagen. Wenn alles klappte, würde das Ergebnis ein Brückenkopf auf dem Nordufer des Niederrheins, jenseits der letzten, der Brücke von Arnheim sein.

Wenn alles klappte ... In seinem Buch „Die Brücke von Arnheim" wirft der US-Historiker Cornelius Ryan dem britischen Feldmarschall vor, er habe sich aus gekränkter Eitelkeit und persönlichem Ehrgeiz auf das gefährliche Unternehmen eingelassen, statt zunächst die weniger spektakuläre, aber sinnvollere Aufgabe der Säuberung der Westerschelde zu übernehmen. Abgesehen davon, dass ein erfolgreicher Berufssoldat ohne Ehrgeiz sowieso schwer vorstellbar ist, tut der Amerikaner dem Briten auch in einem objektiven Punkt unrecht: Das Unternehmen „Market Garden", wie die kombinierte Operation genannt wurde, war durchaus geeignet, zwei Fliegen mit einer Klappe zu schlagen und außer der Öffnung eines Zuganges zur Norddeutschen Tiefebene das Problem der Antwerpen-Zufahrt sozusagen nebenbei zu erledigen: Nur 24 km ist die südlichste Bucht der Zuidersee von Arnheim entfernt; ein einziger Stoß genügte von dort, um das gesamte westliche Holland einschließlich Amsterdam und Rotterdam abzuschneiden. Bemerkenswert ist vielmehr, dass ein Oberbefehlshaber wie Eisenhower die gewaltigen Möglichkeiten nicht sah oder absichtlich übersah, und dass er Montgomery mit Mitteln wursteln ließ, die kaum für das kriegsentscheidende Ziel ausreichen würden. Seit man weiß, dass sie nicht gereicht haben, ist es natürlich bequem, Montgomery zu kritisieren. Für Deutsche sollte bei dieser Diskussion bedenkenswert sein, dass Montgomerys strategisches Konzept die politische Landkarte im Mitteleuropa der Nachkriegszeit entscheidend verändert hätte.

Nachdem so viel Zeit mit nutzloser Diskussion vertan war, wurde das Unternehmen „Market Garden" hastig vorbereitet. Zum ersten Mal in seiner Karriere als Berufssoldat plante Montgomery nicht mit seiner an Pedanterie grenzenden Genauigkeit. Während der Vorbereitung tauchten Informationen auf, die ihn normalerweise dazu gebracht hätten, entweder das Unternehmen abzublasen oder den Kampf mit Eisenhower um eine stärkere Konzentration von Kräften erneut aufzunehmen. Waren dem Feldmarschall diese Informationen bekannt?

Die wichtigste Information, die zur Änderung der Pläne hätte führen müssen, betraf die Reste der 9. und 10. SS-Panzerdivisionen „Hohenstaufen" und „Frundsberg". Ihr Vorgesetzter, der Kommandierende General des II. SS-Panzerkorps, Obergruppenführer Bittrich, hatte am 3. September von Generalfeldmarschall Walter Model, Oberbefehlshaber der Heeresgruppe B, den Befehl erhalten, die beiden seit der

Landung in der Normandie fast ununterbrochen eingesetzten und schwer angeschlagenen Divisionen vom Gegner zu lösen und aufzufrischen. Diese Bewegung begann allmählich am 5. und 6. September. Als Aufstellungsraum bot sich die ruhige Gegend um Arnheim an. Holländische Widerstandskämpfer berichteten schon bald darauf über die Truppenbewegung, Luftbilder zeigten Fahrzeugansammlungen, aber der Nachrichtendienst des XXX. britischen Korps, das die Spitze des Keils der Bodenoperation bilden sollte, berichtete weiterhin, ernsthafte Gegner seien im Bereich des geplanten Unternehmens nicht zu erwarten. Am 17. September begann das Unternehmen „Market Garden". Die Brücken auf den ersten Stationen der zu schlagenden Bresche, zwischen Eindhoven und Nimwegen, wurden von der 101. und der 82. US-Luftlandedivision

Bild linke Seite oben: Am 17. September 1944 starteten die Alliierten bei Arnheim die bisher größte Luftlandeoperation der Geschichte. Das alliierte Oberkommando verfolgte mit dieser Unternehmung („Market Garden") den Plan, sich in den Niederlanden starke Brückenköpfe rechts des Rheins zu sichern, aus denen heraus der Stoß in die Norddeutsche Tiefebene hätte erfolgen können.

Bild linke Seite unten: Die US-Generäle Simpson und Bradley im Gespräch mit Feldmarschall Montgomery, dem Initiator des Arnheim-Unternehmens.

Noch während der Befreiung Frankreichs begann die harte und häufig auch ungerechte Abrechnung mit der Kollaboration. Während die neue provisorische Regierung sich bemühte, klaren Kopf zu bewahren, und eine Abstrafung auf gesetzlicher Grundlage anstrebte, kam es im ganzen Land zu illegalen und blutigen Exzessen.

Bild rechte Seite oben: Ein Kollaborateur bekommt die Wut der Widerstandskämpfer zu spüren.

Bild rechte Seite unten: Deutsche Soldaten werden von Männern der Résistance abgeführt.

besetzt. Das Ziel des ganzen Unternehmens, die Niederrhein-Brücke von Arnheim, sollte von der 1. britischen Luftlandedivision zusammen mit der polnischen Fallschirmjägerbrigade des Generals Stanislaw Sosabowski genommen werden. Es konnte kein Zweifel daran bestehen, dass Arnheim, das am weitesten entfernt liegende Ziel, zugleich der entscheidende und der gefährlichste Punkt des ganzen Unternehmens war.

Nach der Verteilung der Lufttransportkapazität hätte es jedoch genau umgekehrt sein müssen: Während die Amerikaner im Süden großzügig genug bedient wurden, um fast ihre gesamten Kampftruppen am ersten Tag an den Feind zu bringen, verzettelte sich das Absetzen der Briten und Polen laut Plan auf drei volle Tage, und durch ungünstige Umstände wurden noch mehr daraus.

In den von Wilsons Pfadfinder-Kompanie abgesteckten Gebieten landeten am 17. September nur zwei der drei Brigaden der 1. Luftlandedivision. Am 18. sollte die 4. Fallschirmjägerbrigade unter Sir John Hackett folgen, schließlich am 19. Sosabowskis Einheit.

Als „Shan" Hackett und seine Brigade sich zum Abflug fertig machten, hielt er nach dem offiziellen „Briefing" seine Bataillonskommandeure zurück und sagte: „Das waren also unsere Befehle und der Plan, und nun könnt ihr das alles gleich wieder vergessen. Wir treten nämlich gegen einen Gegner an, der blitzschnell und mit äußerster Härte reagiert, wenn sich eine wirklich entscheidende Bedrohung zeigt. Seit gestern, seit der Landung der ersten Welle, hatten die Deutschen Zeit genug, unsere Absichten zu erkennen. Ihr Widerstand dürfte inzwischen voll entwickelt sein. Wir werden unseren schwersten Kampf und unsere größten Verluste nicht beim Halten unserer Ziele, sondern schon auf dem Weg dorthin haben. "

In der Tat erreichte Hacketts Brigade nie das ihr zugewiesene Ziel, das Höhengelände im Norden Arnheims. Inzwischen war drüben, wo es mit der Landung von Wilsons Pfadfinder-Kompanie so glatt begonnen hatte, eine Menge schiefgegangen.

Die beiden Brigaden der von General Roy Urquhart befehligten 1. Luftlandedivision waren zunächst mit Lastenseglern und an Fallschirmen gut gelandet. Ein Bataillon, geführt von Oberstleutnant John Frost, setzte sich sofort in Marsch zum rund 10 km entfernten Ziel des Angriffs, der Straßenbrücke. Der Vormarsch wurde zunächst fast nur von jubelnden Holländern gestört. Aber dann brach die Hölle los.
Die deutsche Führung, die aus den vorbereitenden Luftangriffen noch keinerlei alarmierende Schlüsse gezogen hatte, wurde aufgeschreckt und reagierte zumindest auf mittlerer Ebene mit der Geschwindigkeit und Härte, die Brigadier Hackett vorausgesagt hatte. Die Mitteilung, dass in ein paar Kilometer Entfernung feindliche Lastensegler landeten, hatte Generalfeldmarschall Model nicht nur mit solcher Eile vom Mosel weg auf die Straße eilen lassen, dass er ein Köfferchen verlor und Toilettensachen über den Bürgersteig streute, sondern auch zu der etwas zu selbstbewussten Überzeugung gebracht, dies sei ein Handstreich der Alliierten, um ihn zu kidnappen.
Sachbezogener reagierten die SS-Offiziere. Unter der Parole „Der Feind ist da, wo Gefechtslärm ist!" (Bittrich) warfen sie ihre Einheiten gegen den so plötzlich erschienenen Feind. Frosts Bataillon erreichte zwar die nördliche Auffahrt der Straßenbrücke, stand aber schon gegen Abend in erbittertem Abwehrkampf, die Gebäude an der Straßenrampe haltend, aber unfähig, das Südende der Brücke zu besetzen oder Verbindung zu den nachrückenden Einheiten aufzunehmen. Das Schlimmste aber war, dass der Divisionskommandeur verschwunden war.
Eine technische Panne hatte General Urquhart in eine peinliche Situation gebracht: Die Funkgeräte, mit denen er Verbindung zu Frost und den nachrückenden Einheiten halten wollte, funktionierten in dem dichtbebauten Gelände nicht. Als der General daraufhin selbst nach vorn ging, geriet er zwischen deutsche Truppen und musste sich 36 Stunden lang in ihrer Hörweite auf einem Dachboden verstecken.
Die SS-Verbände verstärkten sich ständig, Panzer und Artillerie rollten an, auch Model hatte sich schnell von seinem Schrecken erholt und beim OB West, Feldmarschall von Rundstedt, Verstärkungen angefordert. Und sie kamen: zuerst ein Versehrtenbataillon unter Führung eines Majors mit Holzbein und Krücken, 16- bis 17jährige Arbeitsdienst-Jungen, dann aber auch Pionier- und Polizeibataillone, Flakbatterien, bunt zusammengewürfelte Alarmeinheiten aus Marine und Luftwaffe.

Bild linke Seite: Während den Amerikanern am 20. September 1944 die Eroberung der Rhein-Brücke bei Nimwegen gelang (unser Bild zeigt ein amerikanisches Kriegsgemälde) scheiterte bei Arnheim die 1. britische Luftlande-Division.

Bild rechte Seite: Britische Soldaten gehen in Gefangenschaft. Ihre Einheit, die die Brücke von Arnheim besetzen sollte, wurde eingeschlossen. Nur 2.400 Soldaten gelang der Ausbruch. 7.000 blieben als Gefangene, Verwundete oder Gefallene zurück.

Als General Hackett am frühen Nachmittag des 18. September landete, war der Absprungplatz seiner Brigade gerade notdürftig durch einen Bajonettangriff feindfrei gemacht worden. Trotz der chaotischen Verhältnisse kam die Truppe halbwegs herunter. Der draufgängerische General, der zunächst einmal seinen beim Absprung verlorengegangenen Spazierstock suchte, machte dabei einige Gefangene, „obwohl ich viel mehr Angst hatte als die". Dann traf er auf Charles Mackenzie, Urquharts Stabschef, und dessen Neuigkeiten stimmten ihn missmutig:
Der Divisionskommandeur verschwunden, Brigadier P. H. W. Hicks (Sir John: „Ein guter, aber wenig einfallsreicher Soldat") als Kommandeur eingesprungen, Frost an der Brücke festgenagelt. Und ein Bataillon sollte er von seiner Brigade sofort abgeben, um einen Stoßtrupp, der zu Frost endlich durchbrechen sollte, zu verstärken. Mit Entsetzen registrierte er, dass diese Kampfgruppe nicht einmal unter einen gemeinsamen Oberbefehl gestellt worden war, dass vier Bataillonskommandeure unabhängig voneinander in der Nacht durch bebautes Gelände und unter starkem Feinddruck vorrücken sollten. „Das hieß ein Desaster herausfordern!" In der Tat kam keine der Einheiten bei Frost an.
In der Stadt, die an allen Ecken und Enden brannte, kam es zu erbitterten Häuserkämpfen. Inzwischen warfen alliierte Lufttransportgeschwader in Unkenntnis der Lage den dringend benötigten Nachschub hinter die deutschen Linien. Auf der Brücke schoss Frosts Truppe die Aufklärungsabteilung des soeben dekorierten Hauptsturmführers Gräbner, die von Süden durchbrechen wollte, auf kürzeste Entfernung zusammen. Gräbner kam dabei ums Leben. Frosts Männer hatten gehofft, andere Fahrzeuge auf der Brücke auftauchen zu sehen: In zwei Tagen, so lautete Montgomerys Plan, sollte das XXX. Korps, an der Spitze die Gardepanzer, bis zur Brücke von Arnheim durchstoßen. Aber auch zwischen Eindhoven und Nimwegen lief nicht alles planmäßig. Zwar hatten die Luftlandeunternehmen im Wesentlichen geklappt. Aber der Vormarsch der Panzertruppen blieb immer wieder stecken. Die Vormarschstraße verlief zum Teil durch unbefahrbares Sumpfgelände, zum Teil über einen Damm, den Panzerfahrzeuge nicht verlassen konnten. Was kann die mächtigste Streitmacht schon ausrichten, wenn ihre Spitze sich „auf einer Panzerbreite" vorwärts kämpfen muss? Einzelne Sturmgeschütze, Pak- oder Flakstellungen mussten in endlosen Gefechten niedergekämpft werden.
Erst am 20. September sollten die Panzerspitzen die Waalbrücke in Nimwegen erreichen und sich unter blutigen Opfern den Zugang erkämpfen, während US-Fallschirmjäger weiter westlich im Kugelhagel den Fluss in Sturmbooten überwanden. Die Eingeschlossenen von Arnheim sollten noch lange warten.
Am 19. September hatte sich General Urquhart endlich aus seinem Dachboden davonschleichen kön-

nen. Er erkannte sofort, dass seine zusammengeschmolzene Division den ursprünglichen Plan, Arnheim bis hin zu den nördlichen Höhen zu besetzen, nicht mehr erfüllen konnte. Es zeigte sich, dass es auch für einen koordinierten Vorstoß zu Frost an der Brücke zu spät war. Die Reste der Division zogen sich in einen Brückenkopf im westlichen Vorort Oosterbeek zurück, angelehnt an das Nordufer des Niederrheins. Unmittelbar südlich davon sollten am 20. September General Sosabowskis polnische Fallschirmjäger abspringen, deren für den 19. geplanter Abflug in England wegen schlechten Wetters scheiterte. Auch am 20. hingen die Wolken tief, konzentriertes Flakfeuer zerstreute die Verbände der Transportmaschinen, der Absprung der 3.000 Elitesoldaten wurde zum blutigen Desaster. Ganze 50 von ihnen konnten sich schließlich zum Urquharts Kessel durchschlagen.

An diesem Nachmittag war Frosts Truppe von ursprünglich 600 Mann auf 140 zusammengeschmolzen, der Oberstleutnant lag schwer verwundet in einem Keller. Abends kämpfte nur noch eine kleine Gruppe an der Brücke. Sie gab erst drei Tage später auf, als die letzte Patrone verschossen war.

Am Nachmittag des 25. September erreichten die Spitzen des XXX. Korps gegenüber von Oosterbeek das Südufer des Niederrheins. In der folgenden Nacht floh das Häuflein der Überlebenden der stolzen 1. Luftlandedivision nach Süden über den Fluss, schwimmend oder in Pionierbooten. Über 10.000 Mann waren in Arnheim gelandet, ganze 2.400 fanden sich schließlich in den Sammelstellen.

Übrig blieb ein kleines Stückchen Menschlichkeit mitten im blutigen Gemetzel: In der Nacht zum 21. September war von der deutschen Seite ein Funkspruch des britischen Divisionsarztes Oberst Warrack abgehört worden: Unsere Verbandsplätze sind überfüllt, es fehlt an Medikamenten und Wasser. Daraufhin befahl SS-General Bittrich, alles für die Rettung der britischen Verwundeten zu tun. Winston Churchill meinte zwar: „Die Schlacht hat mit einem ausgesprochenen Sieg geendet; nur die führende Division, die berechtigterweise nach mehr strebte, ist zerzaust worden ... “

Aber was sich in Arnheim entschied, war nicht der Kampf um eine von mehreren gleichwertigen Brücken. Die Brücke von Arnheim war das einzige Ziel der ganzen Operation, das Tor zum vorzeitigen Ende des Krieges. Dass sie nicht gehalten werden konnte, hat mit großer Wahrscheinlichkeit die Geschichte verändert.

Bild linke Seite: Generalfeldmarschall von Manstein (vorn), wohl der fähigste deutsche Stratege, hatte in der entscheidenden Phase nach Stalingrad den Oberbefehl im bedrohten Südabschnitt der Ostfront.

Bilder rechte Seite: Bis an den Rand der totalen Erschöpfung strapazierten die unsinnigen Befehle aus dem Führerhauptquartier die Truppe. Zu den Qualen des Rückzugs kamen die pausenlosen Angriffe der Russen (oben). Zum Rasten kamen die Landser kaum (unten).

Manstein rettet die Südfront

Die zehntägige, blutige Schlacht im Kursker Bogen hatte fast alles verbraucht, was an Reserven aufgebaut worden war, vor allem die schnellen Divisionen und die neue Panzerwaffe waren weitgehend aufgerieben. Die Offensivkraft des Ostheeres war nun endgültig gebrochen, die Lage so schlimm wie nie zuvor – die ganze lange Front von Leningrad bis Taganrog mit gefährlich ausgedünnten Verbänden besetzt, fast überall zu schwach, massivem Druck des Gegners standzuhalten. Und keine operativen Reserven mehr.
Überdies: Den immer weniger und kleiner werdenden deutschen Divisionen standen immer mehr russische gegenüber. Models 9. Armee konnte Orel nicht halten. Weiter südlich, bei Bjelgorod, nahe der Donez-Quelle, schlug die sowjetische Woronesch-Front („Front" entspricht etwa der deutschen Heeresgruppe) mit fünf auf engem Raum geballten Armeen zu. Nach russischen Angaben war die Überlegen-

heit gegenüber den Verteidigern bei Artillerie und Panzern etwa 6:1; im Angriffsstreifen setzten die Russen pro Kilometer Frontbreite 230 Rohre Artillerie und Werfer sowie rund 70 Panzer ein.

Dagegen gab es nichts zu halten. In kurzer Zeit klaffte eine 45 Kilometer breite Lücke in der deutschen Front, und die Russen rauschten durch. Das war am 14. September 1943.

Wohin die Russen wollten, war klar: zum Dnjepr. Der gewaltige Strom ist südlich von Kiew auf ganzer Länge zwei bis dreieinhalb Kilometer breit, bis zwölf Meter tief, das westliche Ufer ist ein Steilhang: Eine ideale Verteidigungsstellung also gegen Angreifer aus dem Osten.

Sowohl Manstein, der Oberbefehlshaber der Heeresgruppe Süd, als auch Kluge, OB der Heeresgruppe Mitte, in dessen Befehlsbereich der Oberlauf des Stromes lag, dachten früh daran, diese mächtige Barriere zu nutzen. Schon im Frühsommer hatte Manstein im Führerhauptquartier nachgefragt, was wichtiger sei: das Donezbecken zu halten oder die Russen am Dnjepr sich den Sommer lang aufreiben zu lassen. „Der Führer möchte beides", wurde Manstein beschieden.

Aber beides war nicht zu haben. Das Donezbecken, das Hitler aus wirtschaftlichen Gründen (Schwerindustrie) nicht aufgeben mochte, konnte – wenn überhaupt – nur dann von der Heeresgruppe Süd gehalten werden, wenn ihr mindestens ein halbes Dutzend frische, vollausgerüstete Divisionen zugeführt wurden. Manstein forderte das immer wieder, Hitler zögerte, gab schließlich nach, versprach Manstein die geforderten Divisionen – aber er hatte sie gar nicht. Kluges Heeresgruppe Mitte sollte sie abgeben, doch sie war selbst in Bedrängnis und weigerte sich strikt, auch nur einen Großverband freizumachen.

Andererseits verbot Hitler lange Zeit, die günstige Dnjepr-Stellung auszubauen – „es verleitet meine Generale und die Truppe nur zum Ausreißen, wenn sie wissen, dass hinter ihnen eine ausgebaute Festungslinie ist", begründete er seine Haltung. Als er, Mitte August, schließlich doch genehmigte, am Dnjepr einen „Ostwall" zu errichten, gab er keine Arbeitskräfte dafür frei – es geschah praktisch nichts.

Derweil wird die Lage am Donez und am Mius immer bedrohlicher. Am 14. September funkt Manstein ans Führerhauptquartier: „Durchbruch des Feindes auf Kiew und Krementschug im Bereich der Möglichkeit. Ich werde morgen Vormittag der 4. Panzerarmee befehlen, auf den Dnjepr ... zurückzugehen, um zu verhindern, dass die Armee ... in einzelnen Gruppen eingekesselt und zerschlagen wird." Die 8. Armee und die 1. Panzerarmee werde er ebenfalls sehr bald auf den Strom zurücknehmen, fügt er hinzu. Und wie zur Bestätigung meldet Generalfeldmarschall Kluge, OB der Heeresgruppe Mitte, am selben Tage: „Das Absetzen meiner Hauptkräfte auf den Ostwall (Dnjepr) wird unvermeidlich."

Antwort des Führerhauptquartiers an Manstein: „Befehl darf nicht gegeben werden. Führer erwartet Sie morgen zur Rücksprache."

Die Aussprache zwischen Manstein und Hitler in der ostpreußischen „Wolfsschanze", die vierte innerhalb weniger Wochen, ist kurz und heftig. Manstein setzt sich durch. Endlich stimmt Hitler zu, die Hauptfront hinter den Dnjepr zurückzunehmen.

Die Frage ist – gelingt das überhaupt noch, oder ist es schon zu

Im Spätsommer 1944 waren zwei Jahre seit dem Beginn der Schlacht um Stalingrad vergangen. In dieser Zeit war die Wehrmacht unter fürchterlichen Opfern auf beiden Seiten von der Wolga bis zur Weichsel zurückgedrückt worden. Der Krieg war längst verloren, doch Hitler würde seine Soldaten bis zum letzten kämpfen lassen – noch an der Oder und auch an der Spree.

Bild linke Seite oben: Versprengte deutsche Einheit im Rückmarsch nach Westen.

Bild linke Seite unten: Sturmgeschütze unterstützen den Kampf der Infanterie.

Bild rechte Seite: In einem Rückzugsgefecht abgeschossener „T34".

spät? Sechs Übergänge über den Strom stehen zur Verfügung, fünf Brücken und der Staudamm von Saporoschje. Rund eine Million Mann mit Waffen und Gerät müssen zu diesen Engpässen geführt, durchgeschleust und auf dem anderen Ufer wieder auf 700 Kilometer Frontlänge ausgefächert werden.
Nicht nur das: Ein Gebiet, nicht viel kleiner als die Bundesrepublik, sollte geräumt werden – vor allem von Nahrungsmittelvorräten, Rindern, Schweinen, Pferden, brauchbaren Maschinen und nicht zuletzt auch von den Menschen.
Denn es hatte sich gezeigt, dass die Rote Armee in wiedereroberten Gebieten buchstäblich jeden, der noch halbwegs laufen konnte, ob Kind, ob Greis, sofort rekrutierte, praktisch unausgebildet den Kampftruppen eingliederte, mit den Waffen von Gefallenen und Verwundeten ausrüstete. Die Methode hatte Sinn und Effekt – General Nehring, damals Kommandierender General des XXIV. Panzerkorps, erinnert sich: „Das waren zwar keine vollwertigen Soldaten, aber sie liefen mit – und überschwemmten uns."
Deshalb nahm man auch die Menschen mit. So setzten die Rückzugsbefehle, die am 15. September Mansteins Hauptquartier in Saporoschje verließen, einen gigantischen Treck in Gang: Marschkolonnen, Viehherden, endlose Ketten hochbeladener Panjewagen – schwierig genug, so etwas in Ruhe und Frieden zu organisieren und zu koordinieren.
Aber Frieden und Ruhe waren nicht in den von der Herbstsonne überglühten Weiten zwischen Donez und Dnjepr; Mansteins Armeen standen in einer wüsten Abwehrschlacht gegen die inzwischen von Siegeszuversicht erfüllten Russen. Wie gefährlich unter diesen Umständen der Rückzug war, spiegelt sich in den dürren Worten der Mansteinschen Befehle wider: „Mit einer intakten Truppe", mahnt er die Kommandeure, „meistert man jede Schwierigkeit, dagegen ist mit Truppen, die ihre Kampfkraft oder ihren Halt verloren haben, insbesondere ein Rückzug nicht durchzuführen. "
In den nächsten Sätzen erweist sich der General als gescheiter Psychologe: „Die Armeen haben die ... weiteren Ziele nicht nach unten weiterzugeben, sondern straff von Tag zu Tag zu führen ..." In Zivildeutsch: „Sagt denen bloß nicht, wie weit's zurückgeht, sonst bringen wir sie nie heil zurück ... "
General Busse, Mansteins Stabschef, fertigt am Abend des 15. September 1943 die letzten Befehle für den Rückzug aus. Manstein kommt herein, zurück aus dem Führerhauptquartier. Missmutig blickt Busse auf die Lagekarte. „Wenn die drüben", denkt er laut, „unsere Grundsätze des Panzerkrieges auch nur halbwegs kapiert haben, dann geht's uns schlecht. Dann stoßen sie in die Lücken und sind schneller an den Brücken als wir! Ein, zwei Guderians da drüben – dann gnade uns Gott!"
„Ich kann nur hoffen, dass sie es noch nicht gelernt haben", brummt Manstein. Er behält recht mit seiner Hoffnung. Zwar gibt es einen Wettlauf zum Dnjepr, die Rote Armee rollt tatsächlich in die Lücken, die sich zwangsläufig zwischen den zu den Brücken strebenden deutschen Verbänden öffnen, aber zu den Brücken stoßen die Russen nicht, ob-

wohl sie könnten. Die sowjetischen Armeen, die hinter und neben den Deutschen zum Dnjepr stürmen, haben den Befehl, wo immer sie den Strom erreichen, hinüberzugehen – aber merkwürdigerweise nicht, die Brücken zu erobern. Und so bleiben der rückmarschierenden Heeresgruppe Süd alle sechs Dnjepr-Übergänge, selbst die merkwürdige Brücke von Kanew. Das ist eine Eisenbahnbrücke, die von Pionieren aufgestockt worden ist: Sie haben in die Stahlgitterkonstruktion über den Gleisen eine Fahrbahn eingebaut – unten rollen Züge, oben, in luftiger Höhe, rollen Fahrzeuge, marschieren Kolonnen. So lange, bis schließlich die kämpfenden Nachhuten heran sind, auch über die Brücke gehen und sie schließlich in die Luft jagen. Der waghalsige, überaus gefährliche Rückzug gelingt; Manstein bringt seine Heeresgruppe tatsächlich ziemlich heil über den Strom. Und das ist durchaus ein Erfolg. Denn wer den Dnjepr hat und halten kann, der verfügt über Kornkammer Ukraine und etliche wichtige Erzlagerstätten dazu. Aber es war eben doch schon zu spät.

Denn einen „Ostwall", eine ausgebaute Stellung am Westufer, gibt es nicht. Und so können die Russen, die an vielen Stellen zugleich mit den Deutschen den Strom erreichen, ihn auch überschreiten. Merkwürdigerweise machen sie noch immer keinen Versuch, eine der großen Brücken zu erobern. Sie warten auch nicht darauf, bis schweres Pioniergerät zum Übersetzen heran ist, sondern gehen in kleinen Gruppen, mit Fischerkähnen, rasch zusammengehauenen Flößen und ähnlichen Behelfen über den Strom. Wo am anderen Ufer schon deutsche Sicherungskräfte sind, werden solche Übersetzversuche abgewehrt, aber es sind eben nicht überall schon Deutsche da, und so gelingt es der Roten Armee in der letzten Septemberwoche auf der 700 Kilometer langen Flussstrecke von Lojew bis

Bild linke Seite: Ein schwerer Mörser beschießt aus offener Feuerstellung sowjetische Stellungen.

Bild rechte Seite: Bekämpfung russischer Panzer aus der Luft.

Saporoschje an insgesamt 23 Stellen, den Strom zu überqueren. Allerdings, es sind Minibrückenköpfe, ohne Panzer, ohne schwere Waffen, operativ fast alle wertlos. Nur an einer Stelle kommt eine ganze russische Armee, die 13., über den Strom – rund 100 Kilometer nördlich von Kiew, wo der Pripjet in den Dnjepr mündet. Damit hatte niemand gerechnet, denn das Stromdreieck ist ein völlig unwegsames Sumpfgelände – nur hatten Partisanen in monatelanger Arbeit versteckte Knüppeldämme angelegt. Nur mühsam gelingt es, die Russen am weiteren Durchbruch zu hindern, aber es gelingt.
Auch aus den vielen kleinen und kleinsten Brückenköpfen kommen sie nicht heraus. Der größte davon ist der in der Dnjepr-Schleife bei Bukrin, 15 Kilometer nördlich von Kanew. Hier will's die Rote Armee mit Gewalt wissen: Während das deutsche XXIV. Panzerkorps unter General Nehring noch über die doppelstöckige Brücke in Kanew ans Westufer rollt, fallen in der Abenddämmerung des 24. 9. südlich von Bukrin und Grigorowka weiße Pilze vom Himmel: Ein Fallschirmjäger-Großangriff soll den Brückenkopf von Bukrin auf eine nutzbare operative Größe bringen.
Aber die Russen, einst die Erfinder großer Luftlandeoperationen, haben überhastet und schlecht geplant, sie springen fast überall direkt in die sich entfaltenden Verbände des XXIV. Panzerkorps hinein, noch dazu am Abend, der für Fallschirmjäger, die sich orientieren und sammeln müssen, ungünstigsten Zeit. Der Spuk dauert nur wenige Stunden, dann sind die knapp 2.000 Mann, die mit der ersten Welle gesprungen sind, entweder tot oder gefangen; die Russen verzichten nach dieser Katastrophe darauf, die ursprünglich geplante zweite Welle loszuschicken.
Für eine kurze Zeit schien der Vormarsch der Roten Armee am Dnjepr und der sogenannten „Wotanstellung" auf der Linie Saporoschje-Melitopol gestoppt. Doch die Ruhe währt nicht lange. Anfang Oktober bricht der russische Sturm erneut los, zunächst bei Saporoschje, wo das XXXX. Panzerkorps einen großen Brückenkopf auf dem Ostufer des Dnjepr hält, als Flankenschutz für die südlich davon kämpfende 6. Armee.
Eine ganze Heeresgruppe – drei Armeen, zwei Panzerkorps, eine Luftflotte – lässt der Armeegeneral Malinowski gegen dieses eine Panzerkorps anrennen. Knapp eine Woche lang halten General Heinricis Divisionen dieser zehnfachen Übermacht stand, dann müssen sie, am 15. Oktober, Saporoschje räumen, Brücke und Staudamm sprengen. Der nördliche Eckpfeiler der Wotanstellung ist eingestürzt, die 6. Armee hat ihren Flankenschutz verloren. Nicht nur das, die 6. Armee selbst sieht sich, in der Gegend nördlich Melitopol, den wütenden Angriffen einer ebenfalls riesigen Übermacht ausgesetzt, hier von General Tolbuchin kommandiert. Fast 14 Tage lang hält die Armee stand, bis Mitte Oktober, dann muss sie weichen. Ihre Divisionen sind teilweise bis auf ein Hundertstel der Sollstärke geschrumpft, so hat die 73. Inf.div. noch 170 Mann, die 111. Inf.div. noch 200 Mann. Die ganze Armee besitzt noch 25 einsatzbereite Panzer und Sturmgeschütze, kaum noch Munition.
Am 23. Oktober fällt Melitopol, die deutsche Front reißt auf, Tolbuchin jagt seine Divisionen durch die Lücke, deren Ränder dabei immer mehr abbröckeln, bis sie schließlich 45 Kilometer breit ist – keine Chance mehr, die Lücke zu schließen, die Flut einzudämmen. Tolbuchins Panzer rollen westwärts, der Dnjepr-Mündung zu. Sein Stoßkeil zerschneidet die 6. Armee, aber vernichten kann er sie nicht – die Teilgruppen kämpfen sich nach und nach bis hinter den Unterlauf des Dnjepr zurück, den ganzen langen (über 200 km!) Weg von Melitopol bis Cherson. Auf halbem Weg liegt Perekop, die schmale Landenge, die den Zugang zur Krim bildet. Und auf der Krim steht, untätig, eine ganze intakte deutsche Armee, die 17.
Wieder und wieder haben Manstein und auch andere versucht, Hitler dazu zu bewegen, die 17. Armee von der Halbinsel abzuziehen, sie zur Verstärkung des Südflügels einzusetzen. Zeit dazu wäre noch den ganzen September durch gewesen Doch Hitler weigerte sich beharr-

lich, die Krim zu räumen. Das ginge, meinte er, aus politischen Gründen nicht, würde die verbündeten Schwarzmeeranrainer Rumänien und Bulgarien irritieren, ebenso die freundlich-neutrale Türkei. Außerdem sei die Krim ein idealer „Flugzeugträger“ für Bomber, die von dort die rumänischen Ölfelder bei Ploesti erreichen können – und Ploesti-Sprit hielt mehr als die Hälfte der deutschen Kriegsmaschinerie in Gang.
Theoretisch war das so falsch nicht, nur: Während die 17. Armee tatenlos auf der Krim herumsaß, stießen die Russen bis zur Dnjepr-Mündung durch. Damit waren sie auf dem Festland auch schon in Bomberreichweite für Ploesti, und die 17. Armee war abgeschnitten, verloren. Doch das glaubte Hitler nicht – er befahl, nach dem russischen Vorstoß zum unteren Dnjepr, südöstlich von Nikopol einen großen Brückenkopf jenseits des Dnjepr zu halten, als Ausgangsbasis für einen Angriff Richtung Krim bei nächster Gelegenheit. Eine tödliche Illusion. Die 17. Armee musste im nächsten Frühjahr von der Krim evakuiert werden.
Aber noch sind wir im Katastrophen-Herbst 1943. Wie um zu zeigen, zu welcher Kraftentfaltung sie nun fähig war, griff die Rote Armee nicht nur im Süden (Saporoschje, Melitopol) an, sondern auch im Mittelabschnitt, knapp nördlich von Kiew. Dort war es gelungen, einen der kleinen Brückenköpfe auf dem Westufer des Dnjepr, bei dem Dorf Ljutesch, nach und nach auszubauen. Erst waren es auch hier nur eine Handvoll Soldaten auf Kähnen und Flößen gewesen, aber hier fanden sich auch leicht beschädigte Lastkähne, auf denen sich Panzer übersetzen ließen, bei Nacht zunächst. Dank der Panzer gelang es den Russen, den Ljutesch-Brückenkopf so weit auszuweiten, dass sie eine mächtige Angriffsstreitmacht darin bereitstellen konnten: drei Armeen, ein Panzerkorps, dazu 2.500 Geschütze, Granatwerfer, Raketenwerfer.
Die brechen am 3. November, morgens, los; ein gewaltiger Feuerschlag, der die drei deutschen Divisionen, auf die er trifft, fast wegfegt: Die sowjetischen Schützendivisionen stoßen zunächst kaum auf Widerstand, kommen sieben bis zehn Kilometer voran, ehe sich der deutsche Widerstand versteift. Dann, am Abend des nächsten Tages, geschieht Ungewöhnliches:
Das Schlachtfeld wird hell, irres Kreischen gellt durch die Nacht. Der russische Panzergeneral Rybalkow lässt starke T-34-Rudel mit grellen Scheinwerfern und jaulenden Sirenen auf die deutschen Linien zurollen; sie schießen im Fahren, was aus den Rohren rausgeht; hintendrauf hocken, durch die blendenden Scheinwerfer unsichtbar, Infanteristen – ein Höllenspektakel, auf psychologische Wirkung berechnet. Und es wirkt, sowohl psychologisch als auch sonst, die Feuerkraft der T-34-Trauben ist enorm, die dünnen deutschen Linien lösen sich auf.
Rybalkows 3. Garde-Panzerarmee kommt nun richtig in Schwung, sie stößt westlich an Kiew vorbei südwärts, während General Moskalenkos 38. Armee Kiew stürmt – am 6. November ist die Hauptstadt der Ukraine wieder in russischer Hand. Weit schlimmer aber ist, dass Rybalkows Panzer am nächsten Tag den riesigen Verschiebebahnhof Fastow,

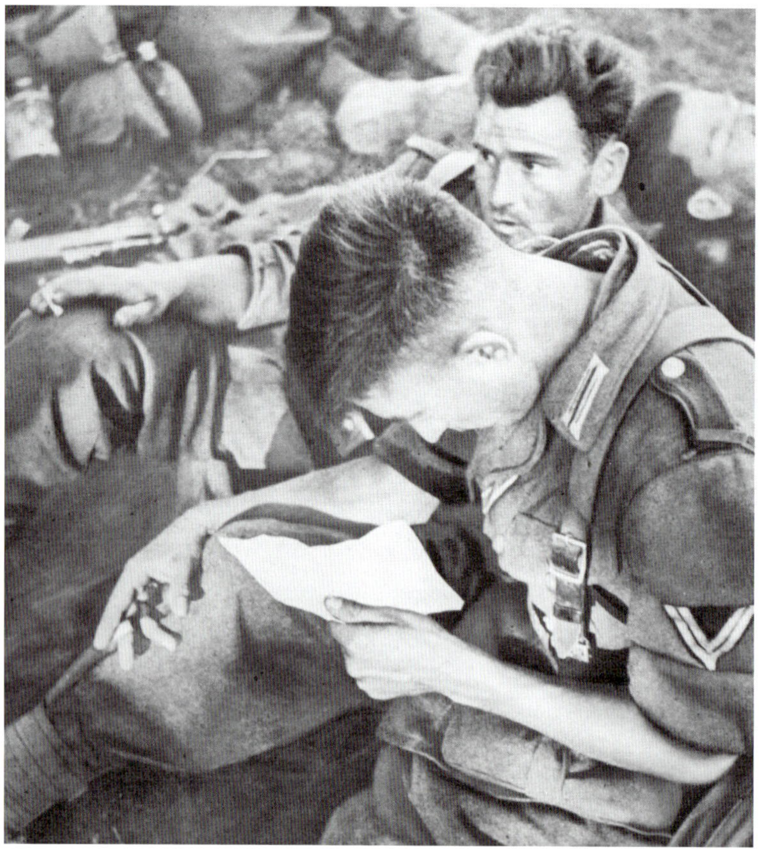

Bild linke Seite oben: Die Feldpost, der Brief – das Band zwischen Front und Heimat.

Bild linke Seite unten: Erschöpfte Krad-Fahrer.

Eine besondere Episode in der Endphase des Russlandkrieges spielte sich im Baltikum ab, wo bereits am 10. Oktober 1944 die Heeresgruppe Kurland mit 160.000 Soldaten der Wehrmacht und 14.000 lettischen Freiwilligen eingeschlossen worden war. Der Verband behauptete sich in sechs schweren Abwehrschlachten bis zum Kriegsende im Mai 1945.

Bild rechte Seite oben: Mann und Pferd am Ende ihrer Kräfte.

Bild rechte Seite unten: Auf dem Bahnhofsgelände einer eingeschlossenen Stadt in Kurland haben sich deutsche Verteidiger im Schutz zerbombter Eisenbahnwaggons eingenistet.

fünfzig Kilometer südwestlich von Kiew, erstürmen und Massen rollenden Materials erbeuten, darunter fünfundvierzig Lokomotiven. Das war eine Katastrophe für die Versorgung der Heeresgruppe Süd, und überdies stand Rybalkow nun auch schon ein ganzes Stück im Rücken von Mansteins Heeresgruppe. Ein weiterer Eckpfeiler der „Dnjepr-Stellung" war eingedrückt.

Januar 44. Nur noch bei Kanew und bei Nikopol hält die Heeresgruppe Süd kleine Stückchen Dnjepr-Ufer. Und weder Schlamm noch Frost mindern den russischen Angriffsdruck: Es kommt zu einer Serie von Kesselschlachten. In der Nacht zum 7. Januar werden in und um Kirowograd vier Divisionen eingeschlossen, darunter die 3. Panzerdivision. Deren Kommandeur, Generalmajor Bayerlein, ist gerade frisch aus Afrika eingetroffen, ihm ist die sture Festhaltetaktik Hitlers noch nicht in Fleisch und Blut übergegangen. Natürlich ist befohlen, Kirowograd unter allen Umständen zu halten. Aber kurz nach der Einschließung ist der Fernsprech- und auch der Funkverkehr zur Armee zusammengebrochen.

Bayerlein beurteilt die Lage nach Art eines Panzerführers Guderianscher Schule: „Panzer sind für bewegliche Kampfführung da, nicht zum Halten von Plätzen. Wir müssen beweglich bleiben, also hier raus, und zwar schleunigst!" Da, mangels Funkverkehr, niemand da ist, den er fragen könnte, handelt Bayerlein entsprechend seiner Lagebeurteilung: Er tritt mit seiner Division unverzüglich, schon am Abend des 7., zum Ausbruch an. Die Russen sind so verblüfft, dass die Division sich fast ohne Verluste durch den Einschließungsring schlagen kann, nur ein Panzer geht verloren. Kaum ist Bayerlein draußen, da macht er kehrt und greift die russischen Einschließungskräfte von hinten an – ein blendendes und, wie sich zeigen sollte, auch erfolgreiches Manöver: Es gelingt, die drei eingeschlossenen Divisionen ohne nennenswerte Verluste aus dem Kessel zu holen.

Knapp zwei Wochen später setzen die Sowjets abermals zu einer Umfassung an: Je eine Panzerarmee von Watutins 1. und Konjews 2. Ukrainischer Front brechen, auf-

einander zustoßend, bei Krasnojelka und bei Medwin durch die deutsche Front, vereinigen sich drei Tage später bei Swenigorodka – und damit sind zwei deutsche Armeekorps, die sich noch bei Kanew an den Dnjepr klammern, abgeschnitten.
Konjew und Watutin freilich glauben, die ganze 8. Armee in der Falle zu haben, und deshalb machen sie eilig den Kessel unglaublich stark. So bleibt der durchaus schnell und entschlossen geführte Entsatzangriff des III. Panzerkorps knapp vor einer entscheidenden Höhe liegen; der Ausbruch aus dem innerhalb von 14 Tagen von 2.000 auf knapp zehn Quadratkilometer geschrumpften Kessel gerät am 17. Februar zu einem Blutbad. Nur etwa die Hälfte der ursprünglich 56.000 Eingeschlossenen retten schließlich das nackte Leben – sonst nichts, keine Waffen, kein Gerät: Die verfügbare Kampfkraft von sechseinhalb Divisionen ist vernichtet, ein für die ohnehin ausgeblutete Heeresgruppe Süd fataler Aderlass.
Und kein Aufatmen. Kaum ist von der Dnjepr-Mündung bis zu den Pripjetsümpfen notdürftig eine neue zusammenhängende Front errichtet, da stürmen Konjews und Schukows Armeen wieder los. In gewaltigen Keilen stoßen sie aus dem Raum von Uman südwestwärts, aus dem Raum Rowno-Schepetowka südwärts. Und ganz im Süden stoßen Malinowkis Armeen ebenso schwungvoll zum Bug – die endgültige Katastrophe im Süden der Ostfront bahnt sich an.
Nach drei Wochen ist sie da: Ganz im Süden sind 6. und 8. Armee praktisch zerschlagen, am anderen Ende ist die Front der 4. Panzerarmee aufgerissen und weit nach Westen zurückgeworfen, und dazwischen sitzt, eingeschlossen in einem riesigen Kessel zwischen Bug und Dnjestr, die 1. Panzerarmee.
Wenn dieser Verband – 22 Divisionen, beste Panzerdivisionen darunter, zusammen rund 200.000 Mann – auch noch verloren geht, dann bricht die Südfront zusammen, dann ist nichts mehr da, was die Russen hindern kann, nach Westen zu rollen, so weit sie wollen.
General Hube, der einarmige Oberbefehlshaber der 1. Panzerarmee,

sieht das auch, er möchte so schnell wie möglich aus dem Kessel ausbrechen, nach Süden, über den Dnjestr. Denn da ist noch ein Loch, wo – wenn überhaupt – ganz wenige Russen sind.
Doch der Heeresgruppenchef, Manstein, lehnt das ab – er sieht, dass ein Ausbruch nach Süden die 1. Panzerarmee nur in eine neue Einschließung führen würde: Die Russen brauchten sie dann nur noch gegen die Karpaten zu drängen.
Manstein will Hube nach Westen ausbrechen lassen, obschon er dabei über zwei Flüsse hinweg und durch zwei Sowjetarmeen hindurch muss. Der Grund: Nur wenn es gelingt, 4. Panzerarmee und 1. Panzerarmee wieder zu vereinen, besteht Aussicht, eine seitlich an die Karpaten angelehnte Südfront zu stabilisieren. Freilich, um das zu erreichen, sind ein paar frische Divisionen für die 4. Panzerarmee nötig, damit sie Hubes Armee entgegenkommen kann.
Diese Divisionen fordert Manstein von Hitler. Es ist der 23. März 1944. Am nächsten Tag kommt die Antwort vom Berghof auf dem Obersalzberg, von wo aus Hitler seit ei-

Zu den Bildern auf der linken Seite oben lieferte die deutsche Propaganda-Illustrierte „Signal" die folgende Originalunterschrift: „Flach auf dem Boden liegend glotzt es dich an, grinsend mit breitem Maul, unter dem Schädeldach zwei mächtige Flügel ... Was von hinten gesehen wie ein Fabelwesen wirkt, ist von oben betrachtet eine Me109, die zum Schutz gegen Splitterwirkung in eine Senke gerollt und von Erdwällen umgeben worden ist."

Bild linke Seite unten: Ein schweres Maschinengewehr in Feuerstellung.

Bild rechte Seite oben: Verladung von Pak-Geschützen in einen „Gigant". Unter den Transportflugzeugen war der sechsmotorige Großraumtransporter Me 323 „Gigant" mit 28 Metern Länge, bei einer Spannweite von 55 Metern und 43 Tonnen Startgewicht, das größte Landflugzeug seiner Zeit.

Bild rechte Seite unten: Deutscher Pionier mit Flammenwerfer im Angriff.

nigen Tagen seinen Krieg führt. Er befiehlt: „Die 1. Panzerarmee hält ihre Front am Bug und kämpft sich aus eigener Kraft die zerschnittenen rückwärtigen Verbindungen wieder frei.“ Zornig ruft Manstein wieder auf dem Berghof an.

Generalstabschef Zeitzler ist am Apparat. „Der Befehl ist undurchführbar“, stellt Manstein fest, „wenn ich nicht bis 15 Uhr verbindliche Zusage für die geforderten Verstärkungen habe, gebe ich der 1. Panzerarmee sofort Befehl zum Ausbruch. “

Das ist ein Ultimatum. Hitler antwortet nicht, jedenfalls nicht bis 15 Uhr. Um 16 Uhr lässt er Manstein ausrichten, er sei mit dem Ausbruch der 1. Panzerarmee einverstanden, aber ihre Front müsse sie trotzdem halten.

„Ausbrechen und trotzdem halten“, knurrt Manstein, „ich wüsste gern, wie man so was macht!“

„Das ist Stalingrad-Methode“, sagt sein Stabschef, General Busse, „dem Paulus hat er auch erlaubt, auszubrechen – wenn er zugleich die Stadt und die Wolgastellung hält. “

Noch einmal ruft Manstein Zeitzler an. „Was der Führer verlangt, ist absolut undurchführbar. Ist denn das so schwer zu kapieren?“

„Für mich nicht“, sagt Zeitzler trocken, „aber der Führer sieht‘s anders.“

„Ich mache jedenfalls, was die Lage zwingend erfordert“, erklärt Manstein, hängt auf und macht sich mit General Busse daran, die Vorbefehle für den Ausbruch der 1. Panzerarmee zu formulieren.

Um 17.35 Uhr gehen die Befehle an Hube heraus. Eine halbe Stunde später weiß es Hitler. Er lässt Manstein am nächsten Morgen zum Vortrag bestellen.

Auf dem Berghof gibt es zunächst eine wütende Auseinandersetzung zwischen Hitler und Manstein, die sich gegenseitig mit Vorwürfen überhäufen, und die damit endet, dass Hitler beleidigt weggeht, ohne eine Entscheidung getroffen zu haben, woraufhin Manstein bittet, ihn von seinem Kommando zu entbinden, falls man seinen Vorstellungen nicht folgen könne. Am Abend gibt Hitler dann, völlig unerwartet, nach. Manstein bekommt die Divisionen, die er braucht.

Und wieder einmal, zum letzten Mal, erweist sich, dass der alte Fuchs Manstein richtig gerechnet hat. Sein Gegenspieler Schukow ist fest überzeugt, dass Hubes Armee nach Süden ausbrechen wird, was ja naheliegend war und Hube ja auch selber wollte. Schukow hat deshalb nach Süden geworfen, was immer nur er dorthin bekommen kann. So unerwartet kommt für Schukow der Angriff der 1. Panzerarmee nach Westen, durch seine rückwärtigen Linien hindurch, und der gleichzeitige Stoß der aufgefrischten 4. Panzerarmee in entgegengesetzter Richtung, dass es ihm nicht gelingt, seine südwärts strebenden Verbände rechtzeitig umzudrehen.

Mansteins Plan ging auf. Fünf Tage nach Angriffsbeginn trafen bei Butschatsch die Spitzen von 4. und 1. Panzerarmee zusammen, der Kessel war aufgerissen, 22 Divisionen konnten wieder in die Front eingegliedert werden. Das besorgte aber nicht mehr Manstein, sondern sein Nachfolger Model.

Am 30. März, als sich der Erfolg der Operation abzuzeichnen begann, hatte Hitler Manstein abermals auf den Berghof zitiert, ihn mit den Schwertern zum Eichenlaub des Ritterkreuzes belohnt – und ihn im gleichen Atemzug entlassen. „Die Zeit des Operierens ist vorbei“, lautete die Begründung dieses Beschlusses, „ich brauche jetzt nur noch Steher.“

Ein fatales Wort. Es zeigt, wie noch wirklichkeitsferner Hitlers Denken schon im Frühjahr 1944 geworden war. Solange es Kriege gab, war noch keiner im Stehen gewonnen worden. Dass nicht Stehvermögen, sondern Mansteins Operationskunst dazu geführt hatte, dass die Front im Süden nun zum ersten Mal seit mehr als einem Jahr einigermaßen stand – er sah es nicht.

22. Juni 1944. Hitlers Feldzug gegen die Sowjetunion hat Geburtstag, drei Jahre ist es her, dass der verhängnisvolle Angriff begann. Merkwürdig sieht an diesem Tag die Front aus, die seit Mitte April auf ganzer Länge verhältnismäßig stabil und ruhig ist: Auch die Rote Armee hat nach den irrsinnigen Angriffsanstrengungen vom Sommer 43 durch Herbst und Winter bis ins Frühjahr 44 eine Verschnauf-

pause gebraucht. Im Süden ist die Front weit nach Westen vorgeschoben: Vom Unterlauf des Dnjestr schwenkt sie westwärts bis an die Karpatenhänge, dann von Kolomea an ziemlich genau nordwärts über Tarnopol und Kowel bis an den Pripjet. Dann aber verläuft sie Hunderte Kilometer ostwärts, ehe sie am Zusammenfluss von Beresina und Dnjepr wieder nordwärts schwenkt. Das heißt: Die deutschen Heeresgruppen Mitte und Nord stehen im Frühsommer 1944 noch immer tief in Russland, von der Reichsgrenze gerechnet gut 1.000 Kilometer tief, zwischen Orscha und Mogilew sogar noch jenseits des Dnjepr. Die Frage war, was machen die Russen aus dieser Situation? Hitler wusste die Antwort: Sie brechen aus der Gegend zwischen Tarnopol und Kowel mit aller Macht hervor und stoßen zur Ostsee, nach Königsberg oder Danzig durch, um beide Heeresgruppen in einem Riesenkessel einzufangen.

Auch dies merkwürdig genug: Selber auf stupides Halten eingeschworen, traut Hitler dem Gegner wahrhaft kühne und gigantische Operationen zu, und nicht nur das. Er ist so sicher, dass Stalin und seine Generale es so und nicht anders machen, dass er alles, was noch aufzubieten ist, dahin packt, wo die Russen kommen „müssen", in den Raum nördlich Lemberg.

Doch die Russen tun Hitler nicht den Gefallen. Sie haben unendlich viel gelernt in den bitteren Jahren der Niederlagen, aber derart wilde Operationen lassen sie lieber. Sie machen es schlichter: Just am 22. Juni, dem Jahrestag des deutschen Angriffs, gehen sie frontal auf die Heeresgruppe Mitte los, mit vier Heeresgruppen, 19 Armeen, Tausenden von Panzern.

Die Heeresgruppe Mitte hat dem nichts entgegenzusetzen. Hitlers unsinnige Haltetaktik tut ein Übriges: „Feste Plätze" sollen den Ansturm brechen. Das heißt: Wichtige Städte, Verkehrsknotenpunkte sollen gehalten werden, vielfach stärkere Feindkräfte binden. Das hat im Winter 41/42 mal an ein oder zwei Stellen funktioniert, jetzt funktioniert es nicht mehr. Stalins Generale lassen Hitlers „Feste Plätze" – mit jeweils einer, mitunter auch mehreren Divisionen darin – einfach rechts oder links liegen und

Bild linke Seite: Im Mai 1940 waren sie durch die Ardennen und Belgien nach Frankreich eingefallen. Im Dezember 1944 sollten sie diesen Erfolg wiederholen, doch es waren nicht mehr dieselben siegesgewissen Landser, und es war auch nicht mehr derselbe Feind, gegen den sie zogen. Fünf Jahre Krieg hatten die Rollen gründlich vertauscht.

Immer wieder hatte die deutsche Kriegspropaganda nach der alliierten Invasion in Frankreich mit ihren Durchhalteparolen der Heimat und den Soldaten an der Front einen unmittelbar bevorstehenden Umschwung versprochen. Im Dezember 1944 sah es einige Tage lang tatsächlich so aus, als könne das Blatt noch einmal gewendet werden.

Bild rechte Seite oben: SS-Unterführer beim Kartenstudium in einem VW-Schwimm-Kübel. Am 16. Dezember 1944 begann die Offensive in den Ardennen. Was als Vorstoß auf Antwerpen gedacht war, blieb auf halbem Wege stecken. Das Unternehmen „Wacht am Rhein" zerbrach an alliierter Materialüberlegenheit und Luftherrschaft. Entscheidend war auch der Treibstoffmangel bei den Deutschen, denen es nicht gelang, das US-Depot bei Spa zu erobern.

Bild rechte Seite unten: Planung der Ardennenoffensive, November 1944. Von links: Generalfeldmarschall Model, Generalfeldmarschall von Rundstedt sowie General Krebs.

brausen weiter. Die. „Festen Plätze“ werden zum Grab vieler Divisionen und nutzen gar nichts; eine Schimäre, entsprungen einem längst kranken Hirn.

Rund anderthalb Jahre hatte der bittere Rückweg der Heeresgruppe Süd vom tiefen Kaukasus bis zu den Karpaten gedauert, und danach war immer noch etwas davon übrig. Jetzt wurde die Heeresgruppe Mitte in nur fünf Wochen zerschlagen, niedergewalzt, vernichtet – an die 400.000 Mann. Damit war dem deutschen Ostheer endgültig das Rückgrat gebrochen; dieser Verlust war durch nichts mehr zu ersetzen. Ende Juli steht die Rote Armee vor Ostpreußen, an der Weichsel, bestimmt allein das Tempo des Vormarschs.

Die Gegenwehr der zerschlagenen Reste des Ostheeres, die sich vom Sommer 44 bis zum bitteren Ende im Frühjahr 1945 hinzieht, ist nur noch Reflex – unglaublich tapferer und erbitterter Widerstand überall, aber nie mehr als das, nur noch verzweifeltes Aufbäumen gegen ein ungewolltes, unverstandenes und doch unvermeidliches Schicksal.

„Wacht am Rhein“

Mit einigem Staunen, aber ohne jede Spur von Empörung registrierte General Hasso von Manteuffel am 3. November 1944, welches an Verachtung grenzende Misstrauen der Führer seinen höchsten Kommandeuren entgegenbrachte: Auf Befehl des Obersten Kriegsherrn musste er vor einer Konferenz der Armeeführer in Feldmarschall Models Heeresgruppe B ein ungewöhnliches Dokument unterschreiben. Die Offiziere verpflichteten sich darin zu vollkommenem Stillschweigen über die Informationen, die der Chef des Wehrmacht-Führungsstabes, Generaloberst Jodl, ihnen geben würde, und wurden darauf aufmerksam gemacht, dass ein Bruch dieses Gebots die Todesstrafe nach sich ziehen könne. Solcherart auf den Status schwer erziehbarer Jungen reduziert, die nur durch Strafandrohung zur Einhaltung der einfachs-

ten Regeln gezwungen werden können, hörten die Generäle zum ersten Mal von der bevorstehenden Ardennenoffensive.

Die Idee war inzwischen rund sieben Wochen alt, aber nur ein paar Männer wussten bis dahin davon. Am 16. September hatte Hitler nach einer Lagebesprechung in der „Wolfsschanze" OKW-Chef Keitel, Jodl und Generalstabschef Guderian zurückgehalten und, theatralisch mit der Faust auf die Landkarte schlagend, ausgerufen: „Ich will die Offensive – hier in den Ardennen! Über die Maas und weiter nach Antwerpen!"

Sicher ist: Wenn es jemals nach der Invasion einen Zeitpunkt gegeben haben sollte, an dem die deutsche Wehrmacht die Initiative im Westen zurückgewinnen konnte, dann hatte Hitler ihn durchaus getroffen. Im späten Herbst 1944 litten die alliierten Armeen an Deutschlands Westgrenze immer noch unter überdehnten Nachschublinien; nur in Cherbourg wurden Sprit, Munition und Verpflegung gelöscht, Le Havre und Rotterdam waren noch nicht als Versorgungshäfen zu benutzen. Das misslungene Unternehmen gegen die Niederrheinbrücke in Arnheim, die schweren Kämpfe im Hürtgenwald und an der Roer hatten Eliteeinheiten dezimiert und erschüttert. Zugleich aber machte sich in Stäben ebenso wie in Mannschaftsquartieren die in jedem Falle gefährliche Überzeugung breit, der Gegner sei am Ende.

Auch die strategische Grundidee hatte manches für sich. Der Vorstoß aus den Ardennen schräg hinauf nach Antwerpen würde im südlichen Holland und nördlichen Belgien rund 30 alliierte Divisionen abschneiden. Die Frage war nur, ob die Wehrmacht nach den Aderlässen der letzten Zeit – allein in den Monaten Juli, August und September betrugen die Verluste 1,2 Millionen Mann – die Kraft für ein solches Unternehmen aufbringen würde. Rund dreißig Divisionen waren nötig – woher sollten die Soldaten, woher ihre Waffen kommen?

Noch hatte das Großdeutsche Reich zehn Millionen Mann unter Waffen. Und ergebene Gehilfen des Führers waren mit Eifer dabei, das Letzte aus dem Volk herauszuquetschen:

Goebbels, der Reichsbevollmächtigte für den totalen Kriegseinsatz; Himmler, nun auch Oberbefehlshaber des Ersatzheeres; Speer, der unermüdliche Rüstungsminister...

Bis November standen allein 18 frische, wohlausgerüstete Volksgrenadierdivisionen bereit, ihre Kurzausbildung zumeist durch Begeisterung ergänzend. War da nicht wirklich eine reelle Chance, das Blatt noch einmal zu wenden?

Der seit dem misslungenen Bombenanschlag vom 20. Juli angeschlagene und körperlich verfallene Diktator lebte auf, als Jodl ihm unter dem symbolträchtigen Namen „Christrose" am 12. Oktober befehlsgemäß einen ausgearbeiteten Plan vorlegte, nach dem am zweiten Tag die Maas zu überqueren und am siebten Tag Antwerpen zu nehmen war. Er war begeistert und ordnete nur eine einzige Änderung an: Der Deckname sollte „Wacht am Rhein" lauten. Die Kommandeure an der Westfront sollten möglichst spät von dem Plan erfahren. Soweit war es dann an diesem 3. November, und zu Jodls Missvergnügen waren die Generäle nicht überrumpelt genug, um nicht sogleich Bedenken anzumelden. Hasso von Manteuffel bezweifelte kühl, dass die für den 25. November angesetzte Operation vor dem 15. Dezember stattfinden könnte. Und Feldmarschall Model entwickelte sofort einen Alternativplan, der, wie die Ereignisse zeigen sollten, zwar den Realitäten eher angepasst war, aber vermutlich genauso wenig funktioniert hätte:

Vorstoß aus den Ardennen nur bis zur Maas, dann Eindrehen nach Norden. Gleichzeitiger Angriff der 15. Armee aus dem Bereich des Dreiländerecks Holland-Belgien-Deutschland, um einen zweiten Zangen-Arm zu bilden. Nach dem Gelingen dieser Kesselschlacht könne der Vorstoß nach Antwerpen angesetzt werden. Natürlich blieb es beim Hitler-Jodl-Plan. Nur die Bedenken Manteuffels erwiesen sich als stichhaltig: Erst im Morgengrauen des 16. Dezember konnte das Unternehmen „Wacht am Rhein" beginnen.

Zwei Voraussetzungen mussten erfüllt sein, um einen Offensiverfolg, mit welchem Ziel auch immer, zu gewährleisten: Die Infanterie musste es schaffen, die amerikanische Front so schnell und so weit aufzureißen, dass die durch die Lücke brechenden Panzerdivisionen noch den Vorteil der Überraschung für sich hatten, wenn sie das Hinterland aufrollten. Die winterliche Tief-Wetterlage mit auf den Bergen schleifenden Wolken musste erhalten bleiben, um die den Himmel beherrschende Luftwaffe der Alliierten am Boden zu halten.

Wenn alles nach Jodls Plan gegangen wäre, dann hätten die deutschen Panzer immerhin schon in Antwerpen gestanden, als um den 22. Dezember langsam der Himmel aufriss. Aber sie waren noch nicht einmal an der Maas, als sich die Lightnings, Typhoons und Mustangs im Tiefflug auf sie und ihre Nachschubkolonnen stürzten, die dröhnenden Verbände der Fortress', Liberator und Marauder ihre Bombenklappen öffneten. Und das war weitgehend eine Folge der Tatsache, dass auch die erste Voraussetzung nicht erfüllt worden war.

Die wehrmachtinterne Meinung über US-Soldaten, nach den ersten Kontakten zwischen völlig unerfahrenen GI's und deutschen Elitetruppen in Afrika noch überaus geringschätzig, hatte sich inzwi-

Bild linke Seite: Mittels Zeichensprache erkundigt sich ein in Gefangenschaft geratener GI bei Offizieren der 1. SS-PzDiv. nach dem einzuschlagenden Weg.

Bild rechte Seite: Deutscher Panzer VI („Königstiger") mit aufgesessener Infanterie in den Ardennen. Vorankommen war bei den winterlichen Verhältnissen nicht leicht. Mühselig quälten sich die Kolosse über enge Waldstraßen, viele von ihnen blieben in den endlosen Verkehrsstockungen hängen und wurden Opfer der amerikanischen Jagdbomber, als das Wetter aufklarte.

schen schon sehr gewandelt. Aber immer noch herrschte die Meinung vor, dass die Amerikaner zwar einigermaßen schneidig in der Offensive sein könnten, zu zäher Verteidigung unter ungünstigen Umständen aber, anders als die „sturen“ Engländer, unfähig seien. Das erwies sich als fataler Irrtum.

Der deutsche Angriff brach ohne jede Vorwarnung über sie herein. Der alliierte Nachrichtendienst konnte – wohl hauptsächlich wegen des Wetters, das eine kontinuierliche Luftbeobachtung unmöglich machte und auch weil aus der Funkaufklärung keine deutlichen Anzeichen für eine Offensive erkennbar waren – vollständig getäuscht werden. Dabei waren gewaltige Truppenbewegungen nötig, außer den neu aufgestellten Divisionen wurden Einheiten buchstäblich aus allen Gegenden von Norwegen bis zum Balkan in die Eifel gebracht. Während die Bewegungen in diesem Bereich sorgfältig verschleiert wurden, zeigte man auffällige Aktivität weiter nördlich; dort begann sogar eine nicht existierende Armee – die 25. – einen heftigen Funkverkehr mit zahlreichen Sendern.

Die logistische Leistung war, angesichts eines schon schwer angeschlagenen Eisenbahnnetzes, gigantisch. Eine gewaltige Streitmacht war zusammengebracht worden, geräuschlos und pünktlich, zusammen mit mächtigem Kriegsgerät, das auf den wichtigsten Gebieten – Panzer und Infanteriewaffen – dem der Alliierten immer noch qualitativ hoch überlegen war.

In der Nacht vor dem Angriff rollte diese tödliche Kriegsmaschine auf strohbestreuten Straßen in die Bereitstellungsräume. Es machten sich bereit:

Im Norden die 6. SS-Panzerarmee unter SS-Generaloberst Sepp Dietrich; als stärkste Streitmacht (vier Panzer- und fünf Infanteriedivisionen) sollte sie den Hauptstoß führen, beiderseits Lüttich über die Maas gehen und Antwerpen erobern.

Im Mittelabschnitt die 5. Panzerarmee unter Hasso von Manteuffel; drei Panzer- und vier Infanteriedivisionen stark, sollte sie die Maas weiter südwestlich überschreiten, Dietrichs Operation weitausholend

mitmachen und seine linke Flanke schützen, insbesondere in der zweiten Phase gegen aus Westen vorrückende feindliche Reserven.

Im Süden die 7. Armee unter General Brandenberger, die einen schützenden Schleier an Manteuffels südlicher Flanke entlang ziehen sollte; entgegen der ursprünglichen Planung, die eine Panzer- und fünf Infanteriedivisionen vorsah, bestand sie am Angriffstag nur aus vier Infanteriedivisionen. (In Sorge um seine Flanke hatte Manteuffel „wenigstens ein paar Panzer“ für Brandenberger gefordert, worauf Hitler schließlich 30 Sturmgeschütze, hundert Raketenwerfer und ein paar Batterien der neuen, weitreichenden 12-cm-Geschütze zusätzlich herausrückte.) Als OKW-Reserve standen zwei Panzer- und fünf Infanteriedivisionen bereit.

Die Nacht zum 16. Dezember war in den Ardennen feuchtkalt und dunstig. In der Spitze des Wasserturms von Hosingen, ungefähr in der Mitte der „Geisterfront“, saß als Beobachtungsposten ein junger GI vom 110. US-Infanterieregiment. Wie die meisten seiner Kameraden hatte er noch keine Kampferfahrung.

Um 5.30 früh rief er pflichtgemäß den Gefechtsstand seiner „K“-Kompanie an, um seine Routinemeldung durchzugeben: „Keine besonderen Vork ... “ Er brach mitten im Wort ab und sagte dann: „Merkwürdig, die ganze deutsche Front ist auf einmal voller komischer Lichtpünktchen!“

Im nächsten Augenblick detonierten rundum Granaten. Wie fast überall an der Front hatte die Artillerievorbereitung begonnen. Zugleich setzten die Einheiten der 26. Volksgrenadierdivision, Manteuffels bester Infanteriedivision, über das Flüsschen Our. Sie sollten für die Panzer, die bei Gemünd und im einige Kilometer nördlich gelegenen Dasburg den Flusslauf überquerten, den Weg freikämpfen. Das schien gegen das „grüne“ 110. US-IR, das einen beträchtlichen Abschnitt im Bereich der Ortschaften Marnach, Clervaux, Munshausen, Hosingen, Holzthum, Wahlhausen und Consthum zu halten hatte, kein Problem zu sein. Es wurde eine harte Aufgabe. Das etwas weiter östlich gelegenen Wahlhausen ging nach hartem Kampf verloren. Aber es dauerte bis zum Abend des 16. Dezember. Zu dieser Zeit ging den letzten Überlebenden des Zuges, der Wahlhausen verteidigte, die Munition aus. Sie forderten Artilleriefeuer auf die eigene Stellung an. Nur einer von ihnen überlebte.

In den anderen Orten igelten sich die Amerikaner ein und leisteten wütenden Widerstand.

Als der kurze Wintertag zu Ende ging, waren die Brücken bei Gemünd und Dasburg geschlagen, aber vorn ging es nicht voran. Das

Verkehrschaos auf den von „Tiger"-Ketten zermalmten Straßen nahm katastrophale Formen an.
Und die Männer des 110. Regiments hielten noch 36 Stunden lang aus, obwohl nun auch die Panzer der berühmten 2. Pz.Div. deren „Panther" zum Teil mit Infrarot-Nachtzielgeräten ausgerüstet waren, in den Kampf eingriffen. Erst im Morgengrauen des 18. Dezember ergaben sich in Clervaux, Hosingen und Holzthum die letzten Überlebenden oder schlugen sich nach Westen durch. Kaum 2.000 Mann hatten den Vormarsch zweier Elitedivisionen entscheidend verzögert.
Die Chancen für „Wacht am Rhein" hatten sich damit ganz beträchtlich vermindert. Denn der entscheidende, große Durchbruch war auch an den anderen Frontabschnitten nicht gelungen. Eine der beiden Voraussetzungen für einen Erfolg war nicht eingetroffen: Es würde keinen überraschenden, zermalmenden Panzersturm durch das Hinterland des

Gleichzeitig mit dem Unternehmen „Wacht am Rhein" wurde das Unternehmen „Greif" gestartet, bei dem als US-Offiziere getarnte SS-Männer Verwirrung hinter den feindlichen Linien stiften sollten. Viele Kombattanten dieser von SS-Obersturmbannführer Skorzeny, dem „Mussolini-Befreier", geführten Kolonne, die in die Einsatzgebiete eingesickert waren, flogen auf.

Bild linke Seite oben: Ein letztes Mal in diesem Krieg sollte es für die Deutschen vorangehen. Bis zu 60 km tief brach die Wehrmacht in die alliierten Frontlinien ein.

Bild linke Seite unten: Als sich die Angriffsspitzen der 6. deutschen Panzer-Armee am 17. Dezember den alliierten Benzin-Depots in den Ardennen näherten, vernichteten die Amerikaner ihre Brennstoffvorräte und brachten damit die mit ihren letzten Tropfen zu den feindlichen Vorratslagern vorgestoßenen deutschen „Tiger" zum Stehen.

Bild rechte Seite: Standrechtliche Erschießung eines Mannes vom „Greif"-Kommando.

Feindes geben. Zwischen den Ardennen und der Maas begann der Gegner sich zu organisieren.
Hasso von Manteuffel hatte nicht von ungefähr seine beiden besten Divisionen – noch verstärkt durch Teile der Panzer-Lehr-Division, die Hitler ihm zusammen mit der Führer-Begleitbrigade noch im letzten Augenblick unterstellt hatte – im Bereich Dasburg-Gemünd eingesetzt. Es galt, innerhalb der ersten 24 Stunden den Fluss Clervé zu überwinden und sofort Bastogne zu nehmen, den wichtigsten Verkehrsknotenpunkt im ganzen Operationsbereich, in dem sich drei Eisenbahnlinien und fünf wichtige Straßen kreuzen. Die Verzögerung hatte genügt. Die amerikanische Führung warf Verstärkung nach Bastogne. Es wurde zwar eingeschlossen, aber nie genommen. Als der deutsche Kommandeur einen Parlamentär mit der Aufforderung zur Kapitulation in die Stadt schickte, schrieb der amerikanische General McAuliffe als Antwort nur ein Wort auf einen Zettel: „Nuts!" Es bedurfte einer ausgedehnten Rundfrage bei den deutschen Kommandostellen, um zu klären, was das Wort aus dem US-Militärslang bedeutete: „Quatsch".
So langsam es auch bei Manteuffel voranging, die beiden anderen Armeen hatten noch größere Schwierigkeiten. Insbesondere bei Sepp Dietrich, auf den Hitler seine größten Hoffnungen gesetzt hatte, war der Geländegewinn unbedeutend und blieb weit hinter dem Plan zurück. Trotzdem sagte Hitler am zweiten Angriffstag zu General Balck, dessen 1. Armee im Raum Saarbrücken-Trier in schweren Abwehrkämpfen gegen Pattons Armee stand: „Vom heutigen Tag an darf kein Fußbreit Boden mehr preisgegeben werden. Wir marschieren wieder. Balck, Balck, das ist der große Umschwung im Westen! Der Sieg, der Endsieg ... "
Gewiss, ein Fähnchen konnte man in den ersten Tagen der „Wacht am Rhein" ziemlich weit westlich in die Lagekarte bohren: Der erst 28 Jahre alte SS-Obersturmbannführer Jochen Peiper, ein schon von der Ostfront als furcht- und rücksichtslos bekannter Panzeroffizier, jagte mit der ersten Kampfgruppe der SS-Division „Leibstandarte" zunächst fast ungehindert durch das feindliche Hinterland.

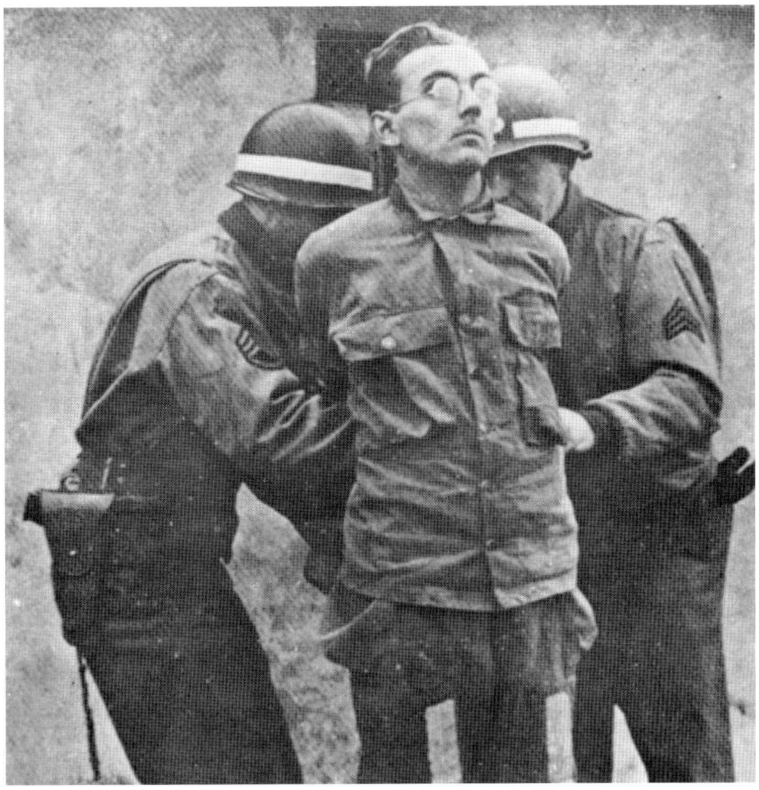

Auch in seinem Angriffsstreifen Losheimer Graben, dem deutschen Einfallstor nach Westen von 1870, 1914 und 1940, war die Infanterie zunächst nicht vorangekommen. Keuchend vor Ungeduld „pumpte" Peiper sich ein Bataillon von der 3. Fallschirmjägerdivision und setzte seine Kampfgruppe mit ihrer gewaltigen Feuerkraft als Rammbock ein; zu ihr gehörten auch Panzer IV, schwere „Tiger", schnelle „Panther", zahlreiche „Jagdtiger", mächtige 12,8-cm-Kanonen auf Selbstfahrlafette, einige Batterien „Achtacht" sowie Panzergrenadiere und Brückenbaupioniere in Schützenpanzerwagen. Nachdem er sich aus einem amerikanischen Treibstofflager bei Bullingen bedient hatte, rasselte Peiper schon am 17. Dezember auf Stavelot zu, weit vor jeder anderen Einheit. Aber viel weiter sollte auch er nicht mehr kommen; zusammengewürfelte Truppen, oft nicht einmal mit Pak ausgerüstet, bremsten seinen Vormarsch, ein paar Tage später saß die Kampfgruppe eingekesselt jenseits der Amblève, deren Brücken nun gesprengt oder schwer verteidigt waren. Nicht einmal zurück gab es einen Weg; die Kampfgruppe musste schließlich ihre Fahrzeuge sprengen und sich zu Fuß nach Osten durchschlagen. Zu dieser Zeit traf auch die zweite Voraussetzung für ein Gelingen der „Wacht am Rhein" nicht mehr zu:
Am wolkenlosen Himmel erschienen die Jabos und Bomber der Alliierten.
Inzwischen hatte Manteuffels Speerspitze immerhin nahezu die Maas erreicht. Die zweite Panzerdivision stand bei Celles, kurz vor Dinant, aber auch dies bedeutete nicht mehr als ein trügerische Hoffnungen erweckendes Fähnchen auf Hitlers Lagekarte: Angesichts der zurückhängenden Armeen Dietrichs und Brandenbergers fehlte der Flankenschutz; Bastogne band immer noch entscheidend wichtige Kräfte; über eine Woche war vergangen, eigentlich sollte man in Antwerpen sein, koordinierte Gegenmaßnahmen der Alliierten liefen an.
Von Südwesten her schlug Pattons 4. Panzerdivision einen Korridor nach Bastogne hinein. Hitler, den die Berichte über General McAuliffes „Nuts"-Brief schon rasend gemacht hatten, schäumte und befahl, weitere Einheiten gegen diesen Pfahl im Fleisch einzusetzen, darunter die im Raum Rochefort-St. Hubert stehende Panzer-Lehr-Division, was die linke Flanke der vorgeprellten 2. Panzerdivision völlig entblößte. Doch Bastogne hielt. Was folgte, war nur noch auf die Manie Hitlers zurückzuführen, in einen offensichtlichen Misserfolg so viel Menschen und Material wie nur möglich zu investieren.
Die Menschen machten Grausiges durch. Mit erfrorenen Gliedern, jede Minute von Tieffliegern gejagt, schleppten sich die geschlagenen Armeen in der ersten Januarhälfte zurück in ihre Ausgangsstellungen. Offizielle Verlustzahlen liegen nicht vor; Schätzungen besagen, dass auf deutscher Seite fast 70.000 Mann getötet, verwundet oder gefangengenommen worden sind. Die Verluste auf alliierter Seite waren noch höher.
Unter den Toten waren zahlreiche Amerikaner, die als wehrlose Gefangene von SS-Einheiten niedergeschossen wurden. Als das bekannt wurde, nahmen wiederum US-Einheiten an deutschen Gefangenen Rache.
Kaum Überlebende gab es bei einer Sondereinheit, auf die Hitler große Hoffnungen gesetzt hatte: Unter dem Kommando von Otto Skorzeny sollten SS-Leute in amerikanischen Uniformen im Hinterland Brücken besetzen, schwächere Einheiten überrumpeln und Verwirrung stiften. Eigentlich wurde nur das letzte Ziel erreicht: Es entstand eine Art „5.-Kolonne-Hysterie", Eisenhower wurde von seinen gestrengen Bewachern sogar an Spaziergängen gehindert, und ältere US-Offiziere erlebten gelegentlich peinliche Stunden, wenn sie Testfragen nach Kino-, Baseball- und Comic-strip-Stars nicht beantworten konnten.
Das einzige erkennbare Ergebnis der letzten Großoffensive der deutschen Wehrmacht liegt in einer erheblichen Verschiebung der Demarkationslinie zwischen West und Ost. Die Rote Armee begann, auf einen Hilferuf Churchills an Stalin, vorzeitig am 12. Januar ihren Angriff aus dem Baranow-Brückenkopf. Auf der Konferenz von Jalta traf ein strahlender, siegesbewusster Stalin seine westlichen Partner (und zukünftigen Gegner). Seine Panzer standen 65 km vor Berlin.

1945

JANUAR

1.1. Hitler verliest im Rundfunk seine Neujahrsproklamation an das deutsche Volk.

1.1. In seinem „Neujahrsbefehl an die deutsche Wehrmacht" erklärt Hitler, es gehe heute „um Leben oder Tod! Denn das Ziel der uns gegenüberstehenden jüdisch-internationalen Weltverschwörung ist die Ausrottung unseres Volkes."

1.1. Unternehmen „Bodenplatte": Mit über 1.035 Maschinen greift die deutsche Luftwaffe Flughäfen der Alliierten hinter der Westfront an. 479 zerstörte Feindmaschinen werden gemeldet. Deutsche Verluste: 277 Flugzeuge, zwei Drittel von eigener Flak abgeschossen.

1.1. Im Neujahrsaufruf an die politischen Leiter erklärt Robert Ley: „Die Partei ist Deutschland, Adolf Hitler ist die Partei, und Deutschland ist Adolf Hitler."

1.1. Aus Gründen der Verwaltungsvereinfachung werden die Rundfunkgebühren in Höhe von sechs Reichsmark zukünftig vierteljährlich im voraus erhoben.

1.1. Als erstem Offizier der Wehrmacht verleiht Hitler das neugestiftete „Goldene Eichenlaub mit Schwertern und Brillanten zum Ritterkreuz" dem Kommodore des Schlachtgeschwaders „Immelmann", Oberstleutnant Hans-Ulrich Rudel, der zugleich zum Obersten befördert wird. Rudel bleibt der einzige Träger dieses Ordens.

1. /2.1. Die 8. US-Luftflotte greift die Rheinbrücken bei Koblenz, Neuwied und Remagen an.

2.1. Bei einem Luftangriff der Royal Air Force auf Nürnberg zerstören 2.067 t Bomben die Burg, das Rathaus, Kirchen, Patrizierhäuser und Teile des Germanischen Museums. 1.888 Tote.

3.1. Die 8. US-Luftflotte richtet einen Großeinsatz gegen Bahnanlagen im westlichen Reichsgebiet, auf die 1.975 t Bomben abgeworfen werden. Schwerpunkte der Angriffe sind Fulda und Aschaffenburg.

3.1. In der Winterschlacht im Westen haben die Alliierten nach einer Meldung des OKW bisher 24.000 Gefangene, 400 Geschütze und 1.230 Panzer eingebüßt.

4.1. Gegen den deutschen Angriffskeil in den Ardennen greifen alliierte Verbände von Norden her auch im Abschnitt Stavelot-Marche an, um der bei Bastogne kämpfenden 3. US-Armee entgegenzustoßen.

5.1. Aus Mangel an Kraftfahrzeugen werden Feuerwehrwagen und Milchwagen zum Transport von Waffen aus Berlin an die Oder-Front eingesetzt.

5.1. Auf die „Atlantik-Festung Gironde-Nord" werfen britische Flugzeuge in der Nacht 1.652 t Bomben, wobei die Stadt Royan weitgehend zerstört wird.

5.1. Nördlich Faenza bezieht die 10. Armee am Südufer des Comacchio-Sees eine neue Abwehrstellung gegen die weiter angreifende 8. britische Armee.

6.1. Britische Flugzeuge werfen in der Nacht zum 6. Januar 2.365 t Bomben auf Hannover. Schnelle britische Kampfflugzeuge greifen außerdem Berlin an. Ausgedehnte Tagesangriffe der 8. US-Luftflotte richten sich erneut gegen Verkehrsziele im westlichen Reichsgebiet. Schwerpunkte der Angriffe sind die Städte Mannheim, Worms und Düsseldorf. Auf die Eisenbahnanlagen in Köln-Kalk werden 1.092 t Bomben geworfen, die Eisenbahnbrücke bei Köln wird zerstört.

7.1. Zum Schutz der Sammlung „Volksopfer" erlässt Hitler folgende Verordnung: „Wer sich an gesammelten Sachen bereichert, wird mit dem Tode bestraft. Diese Verordnung tritt mit ihrer Verkündigung durch den Rundfunk in Kraft."

7.1. Der Reichserziehungsminister ordnet an, dass den Schülern und Schülerinnen sämtlicher Schulen im Unterricht ein „Anschauungsbild von der Bedeutung des Volksopfers gegeben wird".

7.1. Im Elsass eröffnen deutsche Truppen auch von Süden her den Angriff gegen den vorspringenden alliierten Frontbogen bei Straßburg, während sie nördlich der Stadt ihren Rheinbrückenkopf verstärken.

7.-13.1. Zweiter Versuch eines Entsatzvorstoßes auf Budapest.

8.1. Die alliierte Luftwaffe setzt ihre Großangriffe gegen das Reichsgebiet fort. In der Nacht zum 8. Januar werfen britische Flugzeuge 2.175 t Bomben auf die Innenstadt von München. Ein weiterer Bomberverband greift Hannover an. Am Tage sind Linz sowie Verkehrsziele im Rheinland das Ziel von Bombenangriffen.

9.1. Im Unterelsass dringt die 25. Panzergrenadier-Division bei Hatten tief in die Maginot-Linie ein.

9.1. Im Führerhauptquartier „Adlerhorst" berichtet Generaloberst Guderian über die Vorbereitungen für eine sowjetische Großoffensive im Osten und fordert neue Kräfte für die Ostfront an, worauf Hitler erwidert: „Der Osten muss sich allein helfen und mit dem auskommen, was er hat". Die Angaben über die russischen Truppenstärken bezeichnet er als „völlig idiotisch".

10.1. Am Tage sind Verkehrsziele in Westdeutschland Ziel alliierter Luftangriffe. Die Rheinbrücken in Köln und Karlsruhe werden zeitweilig infolge von Beschädigungen gesperrt.

11.1. Wie das OKW meldet, wurde an der Ardennen-Front „der über die Ourthe nach Westen vorspringende Teil, ohne vom Feind be-

Bild linke Seite: Während in Wirklichkeit Jugendliche und alte Männer mit Panzerfäusten zum Einsatz kamen, zeigte die Propaganda markige Fallschirmjäger, die den Gegner aufhalten würden.

Bild rechte Seite: Panzerwerfer (15-cm-Nebelwerfer) auf leicht gepanzerter Selbstfahrlafette „Maultier". Vor einem brennenden Dorf an der Ostfront. Viel hatten die deutschen nicht mehr aufzubieten, um Gegenstöße gegen die vorstürmenden Russen zu führen. Wenige Panzer und vereinzelte Artillerie konnten die Infanterie nur ungenügend gegen die erdrückende Übermacht unterstützen.

drängt zu werden, zurückgenommen und die Stadt St.-Hubert aufgegeben". Damit wird die Räumung des im Dezember gewonnenen Frontbogens eingeleitet.

12.1. Beginn der großen russischen Offensive im Mittelabschnitt der Ostfront. Sie führt die Russen innerhalb von zwei Wochen nach Oberschlesien und an die Oder.

12.-22.1. Träger-Raids der US Task Force 38 im Südchinesischen Meer bekämpfen Ziele in Indochina, Südchina, Nord Luzon, Formosa und die Riukiu Inseln.

13.1. Im Südosten bezieht die Heeresgruppe E unter Generaloberst Löhr nach Beendigung ihres Rückmarsches aus Griechenland, Albanien und Süd-Jugoslawien eine Abwehrstellung an der Drina. Nach dem Bericht des OB Südost mussten bei dem Rückzug 1.403 Behelfsbrücken gebaut werden. Gesprengt wurden 223 Straßenbrücken, 281 Eisenbahnbrücken, 95 Tunnels sowie 598 km freie Strecke, vernichtet wurden 9.776 Waggons und Lokomotiven.

14.1. Die Gesamtzahl der KZ-Häftlinge beläuft sich zur Zeit auf 714.211, davon sind 511.537 Männer und 202.674 Frauen. Die Stärke der SS-Wachmannschaften beträgt rund 40.000 Mann.

14.1. In der Nacht zum 14. Januar werfen britische Flugzeuge 813 t Bomben auf die Treibstoffwerke bei Pölitz, wobei jedoch die Hauptwerke verfehlt werden. Durch Zeitzünder tritt lediglich eine kurze Unterbrechung der Produktion ein.

15.1. Hitler verlässt sein Hauptquartier in Ziegenberg/Taunus und begibt sich endgültig nach Berlin in die Reichskanzlei.

15.1. In der Nacht zum 15. Januar richten britische Flugzeuge einen neuen Angriff gegen die Leuna-Werke bei Merseburg, auf die 2.181 t Bomben geworfen werden. Teilkräfte greifen außerdem Berlin an. Schwere amerikanische Tagesangriffe richten sich gegen Wien, Augsburg, Reutlingen und Tübingen, während britische Flugzeuge Bochum angreifen.

16.1. Premierminister Churchill versichert vor dem britischen Unterhaus erneut, dass der Krieg gegen Deutschland und Japan bis zur bedingungslosen Kapitulation der beiden Staaten weitergeführt werde.

16.1. Am Tage richten sich amerikanische Luftangriffe gegen Magdeburg, Dessau und Bitterfeld, während ein Angriff gegen das Hydrierwerk Schwarzheide fehlschlägt.

16.1. An der gesamten Front von den Karpaten bis zur Memel ist die Abwehrschlacht in vollem Gange. Sowjetische Panzerspitzen erreichen den Ostrand von Tschenstochau. An der Front der 9. Armee erweitern die Sowjets ihren Durchbruch nördlich von Radom. An der ostpreußischen Grenze können die Angriffe abgefangen werden.

17.1. In der Nacht zum 17. Januar führen britische Bomber einen weiteren Angriff gegen Magdeburg und werfen 1.060 t Bomben auf die Stadt. Außerdem werden Zeitz, Wanne-Eickel und die Treibstoffwerke bei Brüx angegriffen.

18.1. Trotz des Hitler-Befehls, Warschau „um jeden Preis" zu halten, fällt die Stadt, weil die schwachen deutschen Kräfte nicht zur Verteidigung ausreichen.

18.1. In Ungarn tritt das IV. SS-Panzerkorps unter SS-Obergruppenführer Gille um 5 Uhr morgens nördlich des Plattensees zu einem dritten Entsatzangriff in Richtung Budapest an und durchstößt die sowjetischen Linien. In Budapest selbst lässt SS-Obergruppenführer Pfeffer von Wildenbruch den Ostteil der Stadt räumen und zieht sich auf den Stadtteil Buda westlich der Donau zurück.

19.1. Die „1. Weißrussische Front" unter Marschall Schukow nimmt Lodz und durchbricht die deutschen Linien vor der Grenze Oberschlesiens. Über Kutno stoßen die Sowjets bis Wloclawek vor. Das OKW meldet zur Lage: „An der gesamten Front von den Nordhängen der Karpaten bis zur Memel tobt die Winterschlacht um den deutschen Ostraum mit größter Erbitterung."

20.1. Nördlich Beuthen dringen die Sowjets in Oberschlesien ein und stoßen bis Neu-Strehlitz vor. Hinter der sowjetischen Angriffsfront erzwingt die „Gruppe Nehring" als „wandernder Kessel" mit dem XXIV. Panzerkorps und Resten des XXXXII. Armeekorps den Übergang über die Pilica nach Westen und stellt am folgenden Tage die Verbindung mit dem aus Ostpreußen herangezogenen Panzerkorps unter General der Panzer von Saucken in der Gegend von Sieradz her.

22.1. Nach Bergung der Gebeine des Feldmarschalls von Hindenburg und der dort aufbewahrten Fahnen wird das Reichsehrenmal Tannenberg gesprengt.

22. /23.1. Beginnend in der Nacht von Montag auf Dienstag fallen bis auf weiteres alle D- und Eilzüge, einschließlich der für den öffentlichen Verkehr vorgesehenen Zugteile der Wehrmachtsurlauberzüge, im ganzen Reich aus.

23.1. Beginn der Transporte von Flüchtlingen, Soldaten und Verwundeten aus Ostpreußen und den Häfen der Danziger Bucht. Bis Kriegsende werden zwei Millionen evakuiert; mehr als 23.000 kommen bei den Seetransporten ums Leben.

24.1. Generaloberst Guderian informiert Reichsaußenminister von Ribbentrop über die Lage im Osten und regt an, Waffenstillstandsver-

Bild linke Seite: „Frontstadt Frankfurt wird gehalten." NS-Propagandaplakat 1945. Im Januar /Februar 1945 kam der russische Vormarsch an der Oder zum vorübergehenden Stillstand; schon verbreitete die NS-Führung die Illusion, „Frontstädte" wie Frankfurt an der Oder könnten von Frauen, Kindern und alten Männern gehalten werden. Der Großangriff der Sowjets im April 1945 ließ solche Hoffnung wie Spreu im Wind verfliegen.

Bild rechte Seite: „Panzerbär" vom 28. April 1945. Nachdem der „Völkische Beobachter" sein Erscheinen eingestellt hatte, war der „Panzerbär" das letzte Durchhalteblatt des Dritten Reiches.

handlungen einzuleiten, was Ribbentrop ablehnt. Hitler bezeichnet in der Abendlage diesen Schritt als „Landesverrat", ohne jedoch Konsequenzen zu ziehen.

25.1. In Schlesien überschreiten die Sowjets zwischen Kosel und Breslau an vier Stellen die Oder und schieben sich an Breslau selbst heran. Posen, Thorn und Bromberg werden eingeschlossen. Am Südrand von Elbing wird mit Vorhuten der 5. Sowjet-Garde-Panzerarmee gekämpft.

26.1. Als „Reichsbevollmächtigter für den totalen Kriegseinsatz" erlässt Goebbels eine Verordnung, in der es heißt: „Der Führer hat befohlen, die Wehrmacht, Waffen-SS und Polizei im Heimatgebiet mit dem Ziele zu überprüfen, das Höchstmaß von Soldaten zur Abgabe an die Front freizustellen."

26.1. Bei Rastenburg schieben sich sowjetische Panzer an die Anlagen des vormaligen Führerhauptquartiers „Wolfsschanze" heran, die gesprengt werden.

26./27.1. Sowjetische Truppen befreien die NS-Vernichtungslager Auschwitz und Birkenau.

27.1. Durch die Angriffe der „1. Ukrainischen Front" wird die Front der 17. Armee unter General der Infanterie Schulz aufgerissen, sodass der OB der Heeresgruppe Mitte, Generaloberst Schörner, die Räumung des oberschlesischen Industriegebietes genehmigt.

28.1. Hitler empfängt den norwegischen Ministerpräsidenten Vidkun Quisling in der Reichskanzlei. Es ist der letzte diplomatische Empfangstag.

28.1. Oberschlesien ist bis zur Oder in sowjetischer Hand. Feindliche Panzer stehen bereits nördlich Ratibor.

29.1. Südwestlich Königsberg stoßen die Sowjets bis an das Frische Haff durch. Zur Verteidigung der Stadt stellt die Kriegsmarine schwere Artillerieträger bereit.

30.1. Von der Reichskanzlei aus hält Hitler seine letzte Rundfunkansprache zur Erinnerung an die nationalsozialistische Machtübernahme. Er bekräftigt noch einmal seinen „unabänderlichen Willen, in diesem Kampf der Errettung unseres Volkes vor dem grauenhaftesten Schicksal aller Zeiten vor nichts zurückzuschrecken".

30.1. Aus den Seetransporten zur Evakuierung der Zivilbevölkerung aus den Ostgebieten heraus versenkt das sowjetische Unterseeboot „S13" das 25.484 BRT große KdF-Schiff „Wilhelm Gustloff" nordostwärts von Leba. Von den an Bord befindlichen mehr als 6.000 Menschen können nur etwa 1.200 gerettet werden.

31.1. Hitler ernennt den russischen General Wlassow zum Oberbefehlshaber aller auf deutscher Seite kämpfenden russischen Streitkräfte.

31.1. Das KZ Buchenwald hat seit August 1944 für weibliche Hilfsarbeitskräfte von der Industrie rund 11.458.130 RM erhalten.

FEBRUAR

2.2. Angesichts der Gefahr feindlicher Luftlandungen „auch im Heimat-Kriegsgebiet" führt der Reichsluftfahrtminister das Warnsignal „Luftlande-Alarm" ein, das aus einem fünf Minuten lang währenden Sirenengeheul besteht, behelfsmäßig auch aus einem fünf Minuten langen Sturmläuten der Kirchenglocken.

2.2. In Oberschlesien, wo die Sowjets im Raume von Brieg einen Brückenkopf über die Oder gebildet haben, hat sich die Lage im Wesentlichen stabilisiert, während in Pommern bei Jastrow und Deutsch-Krone weiterhin schwer gekämpft wird.

3.2. Schwerer amerikanischer Luftangriff auf die Reichshauptstadt. Unter den ca. 22.000 Toten ist der Vorsitzende des „Volksgerichtshofs", Roland Freisler.

4.2. US-Truppen (6. Armee) besetzen die von den Japanern verlassene Hauptstadt der Philippinen, Manila.

4.2. Hitler unterzeichnet den „Befehl über Rücktransporte aus dem Osten nach Dänemark". Darin wird erklärt, „aus dem Osten des Reiches vorübergehend rückgeführte Volksgenossen sind außer im Reich auch in Dänemark unterzubringen", besonders, wenn sie von der Kriegsmarine über See transportiert werden können.

4.2. Während vor Frankfurt/Oder sowjetische Angriffe abgewiesen werden, dringen die Sowjets in Pommern weiter vor. Auch Arnswalde wird eingeschlossen. In Posen geht durch die hohen Ausfälle die Stärke der Besatzung von 12.000 auf 3.000 Mann zurück.

4.-11.2. Konferenz von Jalta der Regierungschefs und Außenminister von Großbritannien (Churchill und Eden), der UdSSR (Stalin und Molotow) und der USA (Roosevelt und Stettinius). Hauptthema der Gespräche ist die Behandlung Deutschlands nach Kriegsende: die Aufteilung in Besatzungszonen, die Beteiligung Frankreichs an der deutschen Besetzung, die Bildung eines Alliierten Kontrollrats und die deutschen Reparationsleistungen. Die „Großen Drei" einigen sich über die neue sowjetisch-polnische Grenze, während die Festlegung der polnischen Westgrenze einer Friedenskonferenz vorbehalten bleibt; für die Fortführung des Krieges gegen Japan vereinbaren Stalin und Roosevelt: Die UdSSR wird drei Monate nach Kriegsende in Europa in den Pazifik-Krieg eingreifen. Sie erhält dafür Süd-Sachalin, die Kurilen und die Verfügung über die mandschurische Eisenbahn.

5.2. Der Bürgermeister von Königsberg in der Neumark, Kurt Flöter, wird vom Standgericht Schwedt zum Tode verurteilt und gehängt, da er seine Stadt „ohne Räumungsbefehl verlassen hatte".

5.2. Im Raum von Danzig befinden sich jetzt 1.000.000 Menschen auf der Flucht, so dass die Gesamtzahl der Flüchtlinge jetzt auf 10 Millionen geschätzt wird.

5.2. Aus Kurland sind die Kampfstaffeln des III. SS-Panzerkorps nach Stettin abtransportiert worden. In den Ostseehäfen gibt es große Flüchtlingsstaus, in Swinemünde allein 47.000 Flüchtlinge und 5.000 Verwundete.

6.2. Die Abwehrschlacht im Osten konzentriert sich auf den Raum von

Der Panzerbär

Lesen und weitergeben!

28. April 1945

KAMPFBLATT FÜR DIE VERTEIDIGER GROSS-BERLINS

Wir halten durch!

Die Stunde der Freiheit wird kommen

Heiliges Wort:

Berlin

Die Hauptstadt des Reiches ist zur Hauptstadt des Kampfes geworden. In Berlin ergingen die Führerbefehle, die aus der inneren deutschen Zerrissenheit ein einiges Großdeutschland machten und dem Volk die Grundlagen einer mustergültigen sozialen Ordnung gaben. Aus Berlin kamen die Führerbefehle, die Europa Zug um Zug befriedeten. Aus Berlin kamen die Führerbefehle, die während des Krieges trotz aller Schwierigkeiten jahrelang dem von uns besetzten Europa Ruhe und Ordnung, Arbeit und Brot gaben. Berlin war die Hauptstadt der inneren deutschen Ordnung, Berlin war die Hauptstadt der europäischen Ordnung.

Heute schlägt der Bolschewismus auf das verhaßte Berlin ein. Er will das Haupt der deutschen Ordnung, der europäischen Ordnung, tödlich treffen. Wir bekennen uns zu diesem Kampf. Darum ist der Führer in Berlin. Er trägt mit uns alle Belastungen der hart umkämpften Frontstadt. Er steht mit uns im schweren Kampf. Von Berlin aus ergehen wieder seine Befehle zum Freiheitskampf, der Weltgeschichte macht. In Berlin wird es sich entscheiden, ob in Zukunft der Bolschewismus alle Völker unterjochen darf oder ob die Völker ihr Selbstbestimmungsrecht behalten. In Berlin werden wir den Bolschewismus entscheidend schlagen. Darum ist der Führer in Berlin. Er steht auf dem heißesten Schlachtfeld, das die Geschichte kennt. Es scharen sich um ihn die fanatischsten Soldaten, von denen man weiß.

In Berlin wurde der bolschewistischen Weltgefahr der Heilige Krieg erklärt. In Berlin wird dieser Krieg entschieden. Alle Völker, die unter der bolschewistischen Geißel zusammenbrechen, sehen auf Berlin. Alle Staaten, die von der bolschewistischen Weltherrschaft bedroht werden, ahnen die Tragweite dieses Entscheidungskampfes. Die Haltung der Berliner und der unbeugsame Kampfgeist seiner Verteidiger werden den Bolschewismus schlagen und die Furcht vor dieser Weltgefahr aus den Herzen der Menschen verjagen.

Der Führer ist in Berlin. Der Weltfeind wird hier geschlagen.

Heldischer Kampf um Berlin
Anmarsch der Reserven von allen Seiten

Aus dem Führerhauptquartier, 27. April

Das Oberkommando der Wehrmacht gibt bekannt:

Der Schwerpunkt der Kampfhandlungen in Nordwestdeutschland lag auch gestern in Bremen. In schweren und verlustreichen Straßenkämpfen konnten die Engländer ihre Einbrüche im Stadtgebiet erweitern.

Elbefront im wesentlichen ruhig

An der Elbefront verhielten sich die Anglo-Amerikaner weiterhin ruhig. Lediglich südlich Tangermünde setzten schwächere feindliche Abteilungen über den Fluß.

Im Mittelpunkt der Kämpfe stand auch gestern die Schlacht im Raum Berlin. Schulter an Schulter mit allen waffenfähigen Männern führten unsere Truppen einen heldischen Kampf gegen den bolschewistischen Massenansturm, verteidigten jedes Haus und warfen den Feind durch Gegenangriffe aus dem inneren Verteidigungsring der Stadt wieder zurück.

Die Schlacht im Raum Berlin

Aus dem Raum südlich Fürstenwalde stießen unsere Verbände im Angriff nach Westen in die tiefe Flanke der im Süden von Berlin operierenden Bolschewisten und durchbrachen deren Hauptnachschubverbindung auf der Straße Baruth — Zossen. Unsere im Westen schwungvoll angreifenden jungen Divisionen erreichten den Raum von Beelitz und stehen dort in schweren Waldkämpfen mit den Sowjets. Angriffe auf Brandenburg und Rathenow wurden verlustreich abgewiesen. Beiderseits Oranienburg brachen Uebersetzversuche der Bolschewisten über den Rhin und Hohenzollernkanal verlustreich für den Feind zusammen. Dagegen konnten die Sowjets südwestlich Stettin auf Prenzlau hin weiter Boden gewinnen.

In Süddeutschland

In Süddeutschland hielt der starke feindliche Druck gegen die Donaulinie von Deggendorf bis Ulm an. Bei Dillingen konnten die Amerikaner ihren Brückenkopf nach Südwesten erweitern und nach heftigen Kämpfen in den Nordteil von Ulm eindringen. In der Schwäbischen Alb und nordwestlich des Bodensees kämpfen sich eigene Kampfgruppen durch die feindlichen

Pommern bis Ostpreußen. Elbing lehnt eine Aufforderung zur Übergabe ab. In den Kampf um Pillau greifen eigene Seestreitkräfte ein, bei Königsberg der Schwere Kreuzer „Admiral Scheer“.

7.2. Im Oberelsass kämpft die 19. Armee in einem verengten Brückenkopf um Neu-Breisach und setzt die Räumung des westrheinischen Gebietes fort.

8.2. Im Raum östlich Nijmegen tritt die 1. kanadische Armee zum Großangriff gegen die 1. deutsche Fallschirm-Armee unter General der Flieger Schlemm an. – Die 3. US-Armee setzt ihre Angriffe bei Echternach fort und erzielt nördlich Prüm einige Fortschritte.

8.2. Aus den Oderbrückenköpfen Steinau und Leubus heraus tritt die sowjetische „1. Ukrainische Front“ zum Großangriff an, um Breslau einzuschließen.

9.2. Nördlich Breslau dringen Verbände der „1. Weißrussischen Front“ bis an den Bober vor. Die 3. Garde-Panzer-Armee dringt in den Ostteil von Liegnitz ein.

10.2. Aus den deutschen Seetransporten versenkt das sowjetische U-Boot „S 13“ den 14.660 BRT großen Passagierdampfer „General Steuben“, wobei von den 4.267 Passagieren 3.608 nicht gerettet werden konnten.

10.2. In Hinterpommern ist es der 2. deutschen Armee in lang anhaltenden Kämpfen gelungen, den von der „2. Weißrussischen Front“ versuchten Durchbruch zu verhindern. Schwetz muss aufgegeben werden. Die Besatzung von Elbing schlägt sich unter Mitnahme von 900 Verwundeten nach Westen durch.

11.2. Im Raum von Breslau kann ein Vorstoß der 20. Panzer-Division die Vereinigung der zur Umfassung von Breslau angesetzten sowjetischen Zangenflügel im Raum von Kostenbluth verhindern.

12.2. Nach dem Bericht des OKW wurden „in den bisherigen vier Wochen der Winterschlacht im Osten“ 7.966 feindliche Panzer und mehr als 10.000 motorisierte und bespannte Fahrzeuge vernichtet.

13.2. Budapest geht nach wochenlanger Belagerung verloren.

13./14.2. Die Royal Air Force greift Dresden in zwei schweren Nachtangriffen an. Am Mittag bombardieren amerikanische Verbände die Stadt, die zu 50 % vernichtet wird. Die Zahl der Toten in der von Flüchtlingen aus Schlesien übervölkerten Stadt konnte nie genau ermittelt werden.

14.2. Sowjetische Panzerspitzen erreichen den Ostrand von Sagan und dringen im Oder-Knie bis Grünberg vor. Am Bober wird eine neue deutsche Abwehrfront aufgebaut.

15.2. Verordnung des Reichsjustizministers Dr. Thierack über die Errichtung von Standgerichten in feindbedrohten Reichsverteidigungsbezirken.

16.2. Am Tage werfen 263 Flugzeuge der 15. US-Luftflotte 559 t Bomben auf Regensburg, wo die Messerschmitt-Werke getroffen werden. Außerdem werden Verkehrsziele in Innsbruck und Rosenheim angegriffen.

18.2. Im Westen weitet sich die Angriffstätigkeit der Alliierten aus. Während die Abwehrschlacht am Niederrhein weitergeht, eröffnet die 3. US-Armee einen neuen Angriff im Raum von Echternach. Am Saar-Brückenkopf bei Forbach wird ebenfalls erbittert gerungen.

19.2. Der Reichsführer SS und Reichsinnenminister Himmler nimmt Kontakte zu dem schwedischen Grafen Bernadotte auf, um die Möglichkeiten eines Sonderfriedens mit den Westmächten zu erkunden.

19.2. In Ostpreußen wird durch einen Angriff der „Armee-Abteilung Samland“ unter General der Infanterie Gollnick gegen die 39. Sowjet-Armee eine Landverbindung zwischen Königsberg und Pillau freigekämpft.

20.2. Im Westen halten die Abwehrkämpfe an. Das OKW meldet zusätzlich: „Die seit Wochen im Abschnitt von Remich anhaltenden amerikanischen Angriffe haben ... an Heftigkeit und Ausdehnung zugenommen.“

20.2. In Kurland tritt die sowjetische „1. Baltische Front“ zum 5. Großangriff gegen die deutsche Front an.

20. /21.2. An zwei aufeinanderfolgenden Tagen wirft die 8. US-Luftflotte insgesamt 3.800 t Bomben auf Nürnberg.

21.2. In der Nacht zum 21. Februar greift die britische Luftwaffe Berlin und Dortmund an. Am Tage wird Nürnberg von der 8. US-Luftflotte abermals mit 1.800 t Bomben belegt.

22.2. In der Nacht zum 22. Februar greifen 373 britische Bomber Duisburg und weitere 349 Bomber Worms an. Schnelle britische Kampfflugzeuge werfen Bomben auf Berlin. Am Tage fliegen rund 3.000 alliierte Kampfflugzeuge Angriffe gegen Verkehrsziele in Westdeutschland und Bayern.

Bild linke Seite: „Am Ende steht der Sieg!“ Bis zum Schluss ließ die NS-Propaganda nicht nach, an den Durchhaltewillen des Deutschen Volkes zu appellieren.

Bild rechte Seite: „Die Pläne zum Berghof wurden von Hitler nicht nur skizziert“, berichtet Albert Speer. Erließ sich von mir Reißbrett, Reißschiene und anderes Zeichengerät geben, um Grundriss, Ansichten und Schnitte seines Baus maßstäblich selbst aufzuzeichnen. Am 25. April 1945 wurde Hitlers Berghof angegriffen und von 318 britischen Maschinen zerbombt. Die Ruinen wurden später von den Alliierten dem Erdboden gleichgemacht.

23.2. Der Großkampf um das Reichsgebiet beginnt nun auch an der Westfront. Das OKW meldet: „Nach schwerstem Artilleriefeuer sind in den heutigen Morgenstunden die 9. und Teile der 1. amerikanischen Armee an der Roer auf breiter Front zu dem erwarteten Großangriff angetreten."

24.2. Bei der abendlichen Lagebesprechung spielt die Einschließung Breslaus durch die Russen seit dem 16.2. die Hauptrolle. Das brutale Vorgehen des Gauleiters Hanke gefällt Hitler besonders.

24.2. Zum Parteigründungstag erlässt Hitler eine Proklamation, die von Hermann Esser in München verlesen wird. Am Ende prophezeit Hitler noch immer „den Sieg des Deutschen Reiches".

25.2. Nach Meldungen der Kriegsmarine wurden aus Ostpreußen und den Häfen an der Danziger Bucht bisher 441.389 Flüchtlinge abtransportiert.

26.2. Sowjetische Flugzeuge greifen in der Nacht zum 26. Februar Mährisch-Ostrau an, britische Schnellbomber Berlin. Am Tage richten Verbände der 8. US-Luftflotte einen neuen schweren Angriff gegen Berlin, wobei 1.112 Flugzeuge 2.886 t Bomben auf die Stadt abwerfen, wo Schäden besonders im Zentrum entstehen.

28.2. Unterseeboote versenken im Februar insgesamt 15 alliierte Handelsschiffe mit zusammen 65.233 BRT, während 22 eigene Boote verloren gehen.

MÄRZ

1.3. Die britische Luftwaffe setzt auch in der Nacht zum 1. März ihre andauernden Angriffe auf Berlin fort. Am Tage sind Ulm, Ingolstadt, Reutlingen und Dortmund Ziel von Luftangriffen. Ein schwerer Angriff richtet sich außerdem gegen Mannheim, wo ein Feuersturm entsteht und der Rest des Wohnraumes vernichtet wird.

2.3. Kreisleiter Wagner in seinem Aufruf an die Verteidiger der „Festung" Königsberg: „Kämpft wie Indianer und schlagt Euch wie Löwen! Seid listig! Schießt bis zur letzten Patrone und kämpft bis zum letzten Kolbenschlag! Wer nicht kämpfen will und abhaut, wird umgelegt!"

2.3. „Zwischen Venlo und dem Quellgebiet der Roer tobt die Abwehrschlacht weiter mit der größten Erbitterung", meldet das OKW. Die Kämpfe greifen auf den Raum nordwestlich Düsseldorf über.

4.3. An den Bomberverband, der die Treibstoffwerke Kamen bei Dortmund angegriffen hat, hängen sich 100 deutsche Nachtjäger an, die über England 19 britische Bomber abschießen.

4.3. „Im Westen dauert die Materialschlacht nach Zuführung neuer feindlicher Kräfte in unverminderter Stärke an", meldet das OKW. Ein Durchbruch auf Köln kann noch verhindert werden, doch geht Euskirchen verloren.

5.3. Bei ihrem Großangriff im Westen erreichen amerikanische Verbände die westlichen Vorstädte von Köln und stoßen bis in die Innenstadt vor.

6.3. Die Alliierten haben den „Westwall" in seiner gesamten Ausdehnung zwischen Aachen und der Pfalz durchbrochen. Sie nehmen Köln ein. Einen Tag später gelingt es ihnen, den Rhein bei Remagen zu überschreiten. Hitler lässt die fünf Offiziere, die angeblich die Sprengung der dortigen Eisenbahnbrücke versäumt haben, erschießen.

6.3. Die letzte deutsche Offensive in Ungarn. Sie muss wegen der starken russischen Gegenangriffe am 15.3. abgebrochen werden.

7.3. Vor der Presse erklärt der Generalstabschef des Heeres, Generaloberst Guderian, dass die „von den Bolschewisten in den von den deutschen Truppen zurückeroberten Gebieten und Ortschaften angerichteten Greueltaten" bisher in der Geschichte „ohne Beispiel" daständen.

7.3. In der Nacht zum 7. März greifen britische Bomber den Hafen von Sassnitz an, wo das Lazarettschiff „Möhring" ausbrennt. Weitere Luftangriffe richten sich gegen Berlin und Wesel.

8.3. Der Höhere SS- und Polizeiführer in Italien, Wolff, nimmt in der Schweiz geheime Kontakte mit Vertretern der Alliierten über die Kapitulation der deutschen Truppen in Italien auf.

9.3. Am Niederrhein wird der Brückenkopf Wesel in schweren Kämpfen noch behauptet, während Bonn von der 1. US-Armee genommen wird.

9.3. Reichsminister Goebbels besucht das „befreite Lauban", wo er von Generaloberst Schörner, OB der Heeresgruppe Mitte, empfangen wird und auf dem Marktplatz eine Rede hält, in der er den „Kampf gegen den Bolschewismus" mit einem „Kreuzzug" vergleicht.

10.3. Bei Remagen führen die Amerikaner, die hier bereits drei Kriegsbrücken errichtet haben, weitere Kräfte nach. Auf dem Westufer des Rheins geht Andernach verloren.

12.3. Im Zuchthaus Brandenburg wird der ehemalige Befehlshaber des Ersatzheeres, Generaloberst Fromm, wegen Beteiligung an der Verschwörung des 20. Juli 1944 gegen Hitler erschossen.

12.3. Das DNB veröffentlicht einen Befehl des sowjetischen Ortskommandanten von Oels in Schlesien, nach dem die gesamte männliche Bevölkerung im Alter von 17 bis 50 Jahren sich den sowjetischen Behörden zu stellen habe.

13.3. Russischer Großangriff in Ostpreußen: Königsberg wird von seinen Verbindungen nach Südwesten abgeschnitten. Am 7./8.4. dringen die Russen in die brennende Stadt ein.

14.3. Während die 1. US-Armee ihren Brückenkopf bei Remagen weiter ausweiten kann, greift die 3. US-Armee über die Mosel nach Süden an und überschreitet bei Cochem den Fluss.

15.3. Wegen „Verknappung der Spinnstofflage" können Ehegatten, Eltern und Kinder eines Verstorbenen jetzt nur noch je einen „Bezugschein für einen Trauerflor" beantragen.

15.3. In Oberschlesien tritt die sowjetische „1. Ukrainische Front" mit der 21. Armee und 4. Panzer-Armee aus dem Raum Grottkau zum Angriff nach Süden, mit der 59. und der 60. Armee im Raum nördlich Ratibor zum Angriff nach Westen an. Panzerspitzen erreichen die Straße Leobschütz-Cosel.

15.3. In die Abwehrschlachten in West- und Ostpreußen greifen wieder Seestreitkräfte mit dem Linienschiff „Schlesien" und dem Schweren Kreuzer „Prinz Eugen" ein. Der Abtransport der Flüchtlinge über See wird fortgesetzt. Die Gesamtzahl der bisher von der Kriegs- und Handelsmarine geretteten Flüchtlinge wird mit über 590.000 Menschen angegeben.

16.3. In Ungarn treten die 2. und die 3. sowjetische „Ukrainische Front" zum Großangriff gegen die 6. SS-Panzer-Armee im Raum von Stuhlweißenburg an.

17.3. Am Mittelrhein dringen amerikanische Verbände nach Einnahme von Königswinter aus ihrem Brückenkopf bei Remagen weiter vor.

18.3. Bevor Kolberg nach 14-tägiger Einschließung fällt, können 68.000 Einwohner, 1.200 Verwundete und 5.200 Soldaten über See evakuiert werden.

18.3. Bei ihrem bisher schwersten Luftangriff auf Berlin werfen amerikanische Bomberverbände 4.000 t Sprengbomben ab. Am 14./15.4. zerstören englische Bomberverbände Potsdam, wobei 5.000 Menschen getötet werden.

18.3. An der Ostseeküste wird die „Festung Kolberg" unter Oberst Fullriede von der 1. polnischen und der 1. sowjetischen Garde-Panzer-Armee überwältigt. Zuvor sind aus der Stadt 68.000 Zivilisten, 1.223 Verwundete und 5.213 Soldaten über See abtransportiert worden.

19.3. Hitler erlässt seinen „Zerstörungsbefehl", in dem es heißt: „Alle militärischen, Verkehrs-, Nachrichten-, Industrie- und Versorgungsanlagen sowie Sachwerte innerhalb des Reichsgebietes, die sich der Feind für die Fortsetzung seines Kampfes nutzbar machen kann, sind zu zerstören."

20.3. Im Garten der Reichskanzlei begrüßt Hitler Reichsjugendführer Axmann mit einer Abordnung von 20 Hitlerjungen, die sich bei der Verteidigung ihrer Heimat im Osten „als Einzelkämpfer mit der Panzerfaust besonders bewährt haben". Der jüngste ist 12 Jahre alt und Träger des EK II. Die Szene wird für die Deutsche Wochenschau gefilmt; sie enthält die letzten Aufnahmen von Hitler.

20.3. Im Abschnitt der „Heeresgruppe G" nimmt die Entwicklung einen raschen Verlauf. Die 3. US-Armee bricht tief in das pfälzische Gebiet ein. In Bingen wird gekämpft, Kaiserslautern geht verloren, an Mainz schieben sich amerikanische Verbände heran. Die 24. US-Panzer-Division steht vor Worms.

21.3. An der Ostfront liegen die Angriffsschwerpunkte der Sowjets weiterhin in Oberschlesien, an der Danziger Bucht, in Ostpreußen und in Kurland, während an der Oder-Front eine Kampfpause eingetreten ist.

22.3. Am Mittelrhein geht Neuwied verloren, während ein Panzerverband der 3. US-Armee bei Oppenheim den Rhein überschreitet und bis in den Raum Groß-Gerau vordringt. Von hier aus setzen die Amerikaner zu einem operativen Vorstoß nach Osten an.

23.3. Am Tage greifen amerikanische Bomber erneut Wien und Schwarzheide an, wo das Hydrierwerk zu 100 % ausfällt.

24.3. Beiderseits Wesel überschreitet die 21. britische Heeresgruppe unter Feldmarschall Montgomery den Rhein, während die 17. amerikanische und die 6. britische Luftlande-Division mit 1.326 Lastenseglern und 1.572 Transportflugzeugen eine groß angelegte Luftlandung nördlich der Lippe unternehmen.

26.3. Die Einführung eines „Tieffliegervernichtungsabzeichens" für den Abschuss von Flugzeugen durch Handwaffen bzw. kleinkalibrige Maschinenwaffen wird in einer Verordnung Hitlers bekannt gegeben.

26.3. Nach einem „Führerbefehl" sollen nunmehr alle „Heimatkräfte" an die Front geworfen werden. Außerdem wird angeordnet, dass gegen das Zeigen weißer Tücher, das Öffnen der Panzersperren usw. durch die Zivilbevölkerung „energisch vorzugehen" sei.

26.3. Aus dem Brückenkopf Remagen heraus gelingt der 1. US-Armee der Durchbruch nach Osten. Das LXVII. Armeekorps der deutschen 15. Armee wird hier überrollt, amerikanische Panzerspitzen erreichen den Raum von Limburg.

27.3. In Ungarn wird vor Raab und Komorn gekämpft, während die nördlich der Donau stehende 8. Armee angesichts des sowjetischen Vormarsches in Ungarn ihre Linien in der Slowakei weiter zurücknehmen muss.

29.3. Die britische 21. Heeresgruppe nimmt in weiterem Vorstoß Coesfeld und Stadtlohn und erreicht mit Spitzen den Raum nordostwärts Münster.

30.3. Während die alliierten Armeen von Westen und Osten immer tiefer in das Reichsgebiet eindringen, hält die alliierte Luftoffensive mit großer Stärke an. In der Nacht zum 30. März greifen britische Bomber erneut Berlin an.

30.3. General Eisenhower ernennt Generalmajor Lucius Clay zum Stellvertreter des Alliierten Oberbefehlshabers für Zivilangelegenheiten in den besetzten deutschen Gebieten.

31.3. Der Unterseebootskrieg wird auch im März fortgesetzt. 16 alliierte Handelsschiffe mit 67.286 BRT werden versenkt, während 32 eigene Boote verloren gehen.

APRIL

1.4. Landung der Amerikaner auf Okinawa.

1.4. Der Zusammenbruch der Westfront vollzieht sich in immer schnellerer Folge. Im Norden stoßen die Alliierten bis Münster und Bielefeld durch, während die 1. US-Armee Soest erreicht. Um Recklinghausen wird gekämpft.

3.4. In Norddeutschland rücken die Alliierten weiter vor. Sie nehmen Münster und Rheine und erreichen mit Panzerspitzen Osnabrück.

3.4. An der adriatischen Küste nimmt die 8. britische Armee nach mehrwöchiger Kampfpause ihre Angriffe gegen die 14. Armee an der Landbrücke am Comacchio-See wieder auf und dringt in die deutschen Linien ein.

4.4. In Thüringen nimmt die 3. US-Armee Mühlhausen und Suhl, während die 1. französische Armee nach Überwindung des Rheins Karlsruhe besetzt.

5.4. In der Nacht zum 5. April richten sich schwere britische Luftangriffe gegen die Leuna-Werke, Naumburg sowie mit Teilkräften gegen Hamburg und Berlin.

7.4. Flugzeuge der Task Force 38 versenken das japanische Superschlachtschiff „Yamato" nördlich Okinawa.

7.4. Bei einem Unternehmen „Werwolf" werden 183 deutsche „Rammjäger" gegen einen Großeinflug der 8. US-Luftflotte eingesetzt, wobei es zu einer Luftschlacht über dem Steinhuder Meer kommt. Dabei werden bei 133 eigenen Verlusten 23 viermotorige Bomber vernichtet. Deutsche Düsenjäger schießen weitere 28 amerikanische Bomber ab.

9.4. Von zwei „Standgerichten" verurteilt, werden die Mitglieder der Widerstandsgruppe des Generals Oster hingerichtet: Oster, Admiral Canaris, Pastor Dietrich Bonhoeffer, der Heeresrichter Karl Sack und Ludwig Gehre im Konzentrationslager Flossenbürg, Hans von Dohnanyi im Konzentrationslager Sachsenhausen.

9.4. Hannover liegt unter feindlichem Artilleriefeuer. Göttingen wird kampflos übergeben, amerikanische Panzer stoßen über Duderstadt weiter vor.

9.4. In Italien tritt die 8. britische Armee am adriatischen Küstenabschnitt nach vorbereitenden Vorstößen in den vergangenen Tagen zum Großangriff an.

10.4. In der Nacht zum 10. April werfen britische Flugzeuge 2.634 t Bomben auf die Hafenanlagen von Kiel. Der Schwere Kreuzer „Admiral Scheer" kentert, der Schwere Kreuzer „Admiral Hipper" und der Leichte Kreuzer „Emden" werden schwer beschädigt.

11.4. Beim Kampf um den Ruhrkessel ist bereits ein großer Teil des

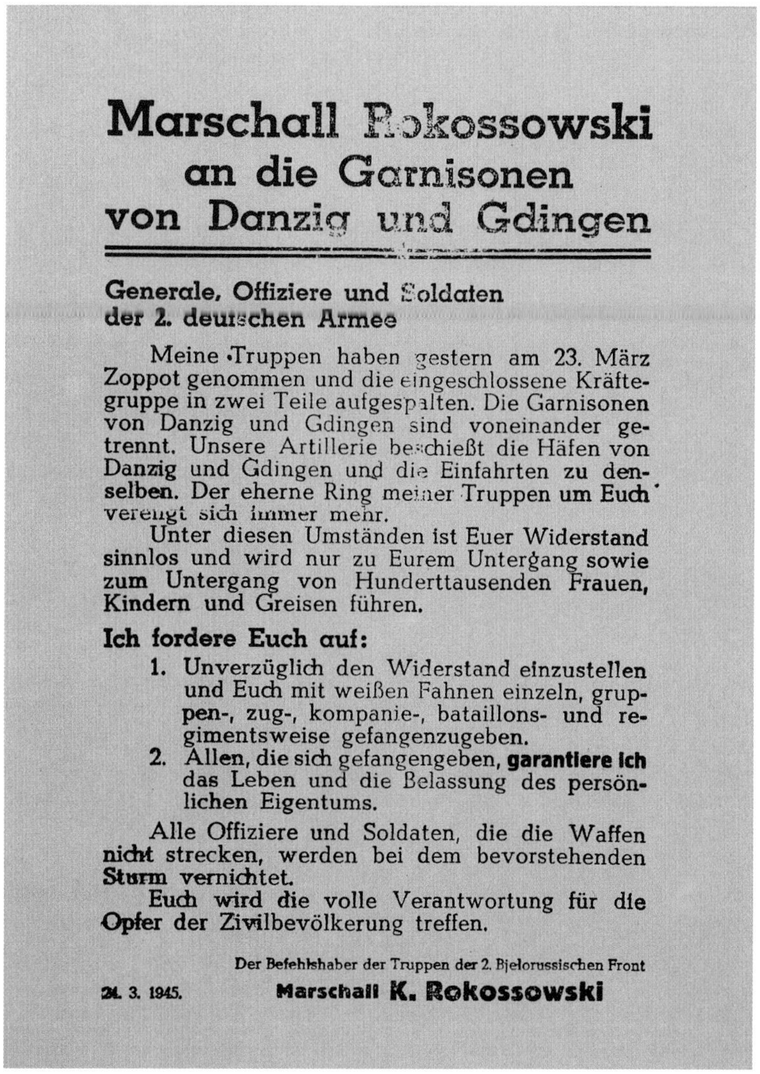

Marschall Rokossowski an die Garnisonen von Danzig und Gdingen

Generale, Offiziere und Soldaten der 2. deutschen Armee

Meine Truppen haben gestern am 23. März Zoppot genommen und die eingeschlossene Kräftegruppe in zwei Teile aufgespalten. Die Garnisonen von Danzig und Gdingen sind voneinander getrennt. Unsere Artillerie beschießt die Häfen von Danzig und Gdingen und die Einfahrten zu denselben. Der eherne Ring meiner Truppen um Euch verengt sich immer mehr.

Unter diesen Umständen ist Euer Widerstand sinnlos und wird nur zu Eurem Untergang sowie zum Untergang von Hunderttausenden Frauen, Kindern und Greisen führen.

Ich fordere Euch auf:

1. Unverzüglich den Widerstand einzustellen und Euch mit weißen Fahnen einzeln, gruppen-, zug-, kompanie-, bataillons- und regimentsweise gefangenzugeben.
2. Allen, die sich gefangengeben, **garantiere ich** das Leben und die Belassung des persönlichen Eigentums.

Alle Offiziere und Soldaten, die die Waffen nicht strecken, werden bei dem bevorstehenden Sturm vernichtet.

Euch wird die volle Verantwortung für die Opfer der Zivilbevölkerung treffen.

Der Befehlshaber der Truppen der 2. Bjelorussischen Front

24. 3. 1945. **Marschall K. Rokossowski**

Bild linke Seite: Am 20. März 1945 wagte sich Hitler zu seinem letzten öffentlichen Auftritt aus dem Bunker seiner Berliner Reichskanzlei hervor, um „kampfbewährte Hitlerjungen" mit dem Eisernen Kreuz auszuzeichnen. Auch die Verheizung der Hitlerjugend – sprich: von Kindern – im völlig sinnlosen Endkampf um Berlin, der Tausende das Leben kostete, zählt zu den Kriegsverbrechen Adolf Hitlers.

Bild rechte Seite: Kapitulationsaufforderung des Befehlshabers der Truppen der 2. Bjelorussischen Front Rokossowski an die Garnisonen von Danzig und Gdingen vom 24. März 1945.

Industriegebietes verloren gegangen. Wanne-Eickel und Bochum fallen in die Hand des Gegners.

11.4. Bewaffnete KZ-Häftlinge in Buchenwald übernehmen das Lager und übergeben es den anrückenden Amerikanern. Ähnliches ereignet sich auch in anderen Lagern.

12.4. Die Nachricht vom Tod des amerikanischen Präsidenten Franklin D. Roosevelt löst in Hitlers Umgebung Euphorie aus. Goebbels glaubt, der Krieg werde sich nun zu Deutschlands Gunsten entwickeln.

12.4. In Thüringen besetzt die 3. US-Armee Erfurt und Weimar und befreit das Konzentrationslager Buchenwald.

13.4. Der Schwerpunkt der Offensive aus dem Westen liegt in Mitteldeutschland, wo die 3. US-Armee Jena und Gera nimmt und bis Halle vorstößt.

14.4. Der Zusammenbruch im Westen zeichnet sich immer deutlicher ab. Der Ruhrkessel wird durch Angriffe der 9. US-Armee von Norden und der 1. US-Armee von Süden aufgespalten. Auch an den Außenfronten rücken die Alliierten rasch weiter vor.

15.4. Hitler befiehlt für den Fall der Vereinigung der Ost- und Westalliierten in Mitteldeutschland: Im nördlichen Raum wird Großadmiral Dönitz Oberbefehlshaber, im südlichen Generalfeldmarschall Kesselring.

15.4. Letzter Tagesbefehl Hitlers an die Soldaten der Ostfront: Sie sollen jeden, der zum Rückzug auffordert, sofort festnehmen und „nötigenfalls augenblicklich umlegen".

16.4. Beginn der russischen Offensive in Schlesien und an der Oderfront mit dem Ziel, Berlin einzuschließen und zu erobern.

17.4. Im Westen erlischt der letzte Widerstand der „Heeresgruppe B" im Ruhrkessel. 325.000 deutsche Soldaten geraten hier in amerikanische Kriegsgefangenschaft. Die 15. Armee und die 5. Panzer-Armee haben damit aufgehört zu bestehen.

18.4. Amerikanische Einheiten erobern Magdeburg, am nächsten Tag Leipzig.

Mittwoch, 2. Mai 1945 — Nummer 102

Erzgebirgisches Nachrichten- und Anzeigeblatt

Marienberg

Erscheint jeden Werktag mittags. Monatsbezugspreis 1,75 Reichsmark, Einzelnummer 10 Reichspfennige. Fernsprecher: Amt Marienberg Nr. 209. Drahtanschrift: Nachrichten Marienberg. Postscheckkonto: Leipzig Nr. 20192. Spargiro: Nr. 29 Stadtbank Marienberg, Sa.

Vereinigt mit der „Flöhatal-Zeitung", Lengefeld

Das „Erzgebirgische Nachrichten- und Anzeigeblatt" ist das zur Veröffentlichung der amtlichen Bekanntmachungen des Landrats zu Marienberg sowie der Bürgermeister der Städte Marienberg und Zöblitz behördlicherseits bestimmte Blatt.

121. Jahrgang.

Rotationsdruck und Verlag: Fa. Neubert & Mehner. Anzeigenpreis: Die 6gespaltene Millimeterhöhe 7 Reichspfg., im Textteil 3gespalten 20 Reichspfg. Für Auskunft 25 Reichspfg. Ziffergebühr 30 Reichspfg. Annahme: Für Kleinanzeigen am Drucktag bis 8³⁰ Uhr, größere am Vortag bis 16 Uhr. Z.-Zt. gültig Preisliste 7. Erfüllungsort: Marienberg Sa.

Der Führer für Deutschland gefallen

Der deutsche Rundfunk gab in den Abendstunden des 1. Mai dem deutschen Volke folgende ernste Mitteilung:

Aus dem Führerhauptquartier wird gemeldet, daß unser Führer Adolf Hitler heute nachmittag in seinem Befehlsstand in der Reichskanzlei, bis zum letzten Atemzuge gegen den Bolschewismus kämpfend, für Deutschland gefallen ist.

Am 30. April hat der Führer den Großadmiral Dönitz zu seinem Nachfolger ernannt.

Aufruf des Großadmirals Dönitz an das deutsche Volk

Der Großadmiral und Nachfolger des Führers hat an das deutsche Volk folgende Proklamation erlassen:

Deutsche Männer und Frauen! Soldaten der deutschen Wehrmacht!

Unser Führer Adolf Hitler ist gefallen. In tiefster Trauer und Ehrfurcht verneigt sich das deutsche Volk vor seinem Heldenmut.

Frühzeitig hatte er die furchtbare Gefahr des Bolschewismus erkannt und diesem Ringen sein Dasein geweiht. Am Ende dieses seines Kampfes und seines unbeirrbaren geraden Lebenswegs steht sein Heldentod in der Reichshauptstadt.

Sein Leben war ein einziger Dienst für Deutschland.

Sein Einsatz und sein Kampf gegen die bolschewistische Sturmflut galt darüber hinaus Europa und der gesamten Kulturwelt.

Der Führer hat mich zu seinem Nachfolger bestimmt. Im vollen Bewußtsein der Verantwortung übernehme ich die Führung des deutschen Volks in dieser schicksalschweren Stunde.

Meine erste Aufgabe ist es, deutsche Menschen vor der Vernichtung durch den vordrängenden bolschewistischen Feind zu retten. Nur für dieses Ziel geht der militärische Kampf weiter. So weit und so lange die Erreichung dieses Ziels durch die Briten und Amerikaner behindert wird, werden wir uns auch gegen sie weiter verteidigen und weiter kämpfen müssen.

Die Anglo-Amerikaner setzen dann den Krieg nicht für ihre eigenen Völker, sondern allein für die Ausbreitung des Bolschewismus in Europa fort.

Was das deutsche Volk in dem Ringen dieses Kriegs kämpfend vollbracht und in der Heimat ertragen hat, ist geschichtlich einmalig.

In der kommenden Notzeit unseres Volks werde ich bestrebt sein, unseren tapferen Frauen, Männern und Kindern, soweit dies in meiner Macht steht, erträgliche Lebensbedingungen zu schaffen.

Zu all dem brauche ich Eure Hilfe, schenkt mir Euer Vertrauen, denn Euer Weg ist auch mein Weg.

Haltet Ordnung und Disziplin in Stadt und Land aufrecht. Tue jeder an seiner Stelle seine Pflicht, nur so werden wir die Leiden, die die kommende Zeit jedem Einzelnen von uns bringen wird, mildern und den Zusammenbruch verhindern können. Wenn wir tun, was in unseren Kräften steht, wird auch der Herrgott nach so viel Leid und Opfer uns nicht verlassen.

Dönitz, Großadmiral.

Tagesbefehl des Großadmirals Dönitz an die deutsche Wehrmacht

Als oberster Befehlshaber der deutschen Wehrmacht hat Großadmiral Dönitz folgenden Tagesbefehl an die deutsche Wehrmacht gerichtet:

Deutsche Wehrmacht! Meine Kameraden!

Der Führer ist gefallen. Getreu seiner großen Idee, die Völker Europas vor dem Bolschewismus zu bewahren, hat er sein Leben eingesetzt und den Heldentod gefunden. Mit ihm ist einer der größten Helden deutscher Geschichte dahingegangen. In stolzer Ehrfurcht und Trauer senken wir vor ihm unsere Fahnen.

Der Führer hat mich zu seinem Nachfolger als Staatsoberhaupt und als obersten Befehlshaber der Wehrmacht bestimmt.

Ich übernehme den Oberbefehl über alle Teile der deutschen Wehrmacht mit dem Willen, den Kampf gegen den Bolschewismus so lange fortzusetzen, bis die kämpfende Truppe und die Hunderttausende von deutschen Familien und der deutsche Ostraum vor der Verfolgung und vor der Versklavung gerettet sind.

Gegen Engländer und Amerikaner muß ich den Kampf so weit und so lange fortsetzen, wie sie mich in der Durchführung des Kampfes gegen die Bolschewisten hindern.

Die Lage erfordert von Euch, die Ihr schon so große geschichtliche Taten vollbracht habt, und die Ihr jetzt das Ende des Kriegs herbeisehnt, weiteren bedingungslosen Einsatz.

Ich verlange Disziplin und Gehorsam. Nur durch vorbehaltlose Ausführung meiner Befehle werden Chaos und Untergang vermieden.

Ein Feigling und Verräter ist, wer sich gerade jetzt seiner Pflicht entzieht und damit deutschen Frauen und Kindern Tod oder Versklavung bringt.

Der dem Führer von Euch geleistete Treueid gilt nunmehr für jeden Einzelnen von Euch ohne weiteres mir als dem vom Führer eingesetzten Nachfolger. Deutsche Soldaten, tut Eure Pflicht, es gilt das Leben unseres Volks.

Dönitz,
Großadmiral und oberster Befehlshaber der deutschen Wehrmacht.

Der jüngste General der deutschen Wehrmacht.

Der Führer hat den Kommandanten eines Berliner Kampfabschnitts, Oberstleutnant Bärenfänger, zum Generalmajor befördert. Mit 30 Jahren ist Bärenfänger der jüngste General der deutschen Wehrmacht. Er ist alter HJ-Führer und war vorübergehend Leiter der vormilitärischen Ausbildung der Hitler-Jugend.

In den ersten Tagen der schweren Kämpfe um die Reichshauptstadt war der unter Befehl des Schwerterträgers Oberstleutnant Bärenfänger stehende Abschnitt besonders heftigen bolschewistischen Angriffen ausgesetzt. Immer wieder gingen die eigenen Truppen, Volkssturmmänner, Kampftrupps der Flakartillerie, Soldaten des Heers und Angehörige des HJ-Regiments Berlin unter der schneidigen Führung von Oberstleutnant Bärenfänger, der als Sturmbannführer in den Reihen der SA steht, zum Angriff über. Als die Bolschewisten schließlich in die Hauptkampflinie eindrangen und bis an den Gefechtsstand des Oberstleutnants Bärenfänger vorstießen, kämpfte er mit seiner Kampftruppe in vorbildlicher Standfestigkeit weiter. Der Feind erlitt hohe blutige Verluste. Nachdem die Kampfgruppe fast 24 Stunden eingeschlossen war, brach sie aus der Umklammerung aus und stieß in die Flanken der vorgeprellten Bolschewisten. In hartem Nahkampf wurden mit der Panzerfaust von der Kampfgruppe Bärenfänger 25 sowjetische Panzer abgeschossen. Die blutigen Verluste der Sowjets waren hoch. Durch diese schneidige Tat trat im Nachbarabschnitt eine fühlbare Entlastung ein, sodaß die eigene Stellung wieder zurückerobert werden konnte. Der Führer empfing Oberstleutnant Bärenfänger in seinem Hauptquartier und dankte ihm für die hervorragende Führung in dem ihm anvertrauten Kampfabschnitt. In Anerkennung seiner besonderen Verdienste wurde er, wie erwähnt, zum Generalmajor befördert.

Im April rund 160 000 BRT Schiffsraum versenkt

Heroisches Ringen gegen die bolschewistische Uebermacht in Berlin. — Heftige Kämpfe bei Lauenburg. — Ueberlegene Feindkräfte in München eingedrungen. — Säuberungskämpfe im Raum Bautzen—Kamenz und Königsbrück.

DNB Aus dem Führerhauptquartier, 1. Mai. Das Oberkommando der Wehrmacht gibt bekannt:

Im Stadtkern von Berlin verteidigt sich die tapfere Besatzung, um unseren Führer geschart, auf engstem Raum gegen die bolschewistische Uebermacht. Unter schwerstem feindlichen Artilleriefeuer und rollenden Luftangriffen dauert das heroische Ringen an. Südlich der Reichshauptstadt haben die Verbände unserer 9. Armee den Anschluß an die Hauptkräfte gefunden und stehen mit diesen in der Linie Niemegk—Beelitz—Werder in harter Abwehr gegen die pausenlos anrennenden Sowjets.

Auch zwischen Rathenow und Fehrbellin behaupten sich unsere Truppen gegen starke feindliche Angriffe.

In Mecklenburg richtet sich der Hauptstoß der Bolschewisten gegen den Raum zwischen der Müritz und Demmin. Heftige Kämpfe sind hier mit den weiter vordringenden sowjetischen Verbänden im Gange.

Teilkräfte des Gegners drehten nach Nordosten ab und versuchten vergeblich, über die Peene-Enge auf verengtem Raum östlich Anklam überzusetzen. Nördlich davon behauptete sich der Stützpunkt Wolgast gegen alle Angriffe.

Von Osten her gegen die Dievenow-Enge geführte Durchbruchsversuche brachen verlustreich für die Bolschewisten zusammen.

In Nordwestdeutschland lag der Schwerpunkt der Kampfhandlungen gestern zwischen Weser und Elbe, wo es den Engländern in schweren Kämpfen gelang, unsere Truppen über die Eisenbahnlinie Bremervörde—Stade zurückzudrängen.

Zu heftigen Kämpfen kam es wiederum in dem feindlichen Elbe-Brückenkopf westlich Lauenburg, den der Gegner nach wechselvollem Ringen nur wenig erweitern konnte.

Südöstlich Woizenburg gelang es dem Feind, unter starkem Feuerschutz mit schwächeren Kräften auf das Nordufer der Elbe überzusetzen.

Aus dem Bayrischen Wald stießen amerikanische Panzerverbände an Passau vorbei und erreichten die Donau östlich der Stadt.

In Oberbayern drängt der Feind von Regensburg weiter nach Süden vor.

Ueberlegene feindliche Kräfte sind von Nordwesten und Westen in München eingedrungen, wo im Stadtkern erbittert gekämpft wird.

Aus dem Allgäu erreichte der Gegner Garmisch-Partenkirchen und ist im Vorstoß auf Mittenwald.

In Oberitalien kämpfen sich unsere Divisionen weiter nach Norden zurück, erwehrten sich fortgesetzter Angriffe überlegener feindlicher Kräfte und zerschlugen kommunistisch-terroristische Gruppen, die ihnen den Rückweg abzuschneiden versuchten.

Aus dem Südabschnitt der Ostfront werden nur örtliche

Bild linke Seite „Der Führer für Deutschland gefallen." Mit dieser Meldung, die in allen noch erscheinenden deutschen Zeitungen ähnlich lautete, verkündete das „Erzgebirgische Nachrichten- und Anzeigenblatt" vom 2. Mai 1945 den Tod Adolf Hitlers. Was sich im Führerbunker (Bild rechte Seite) tatsächlich abspielte, sollte die Öffentlichkeit erst später erfahren. Über sein Motiv, nicht „kämpfend" zu fallen, äußerte Hitler Albert Speer gegenüber: „Ich werde nicht kämpfen. Die Gefahr ist zu groß, dass ich nur verwundet werde und lebend in die Hände der Russen falle. Ich möchte auch nicht haben, dass meine Feinde mit meinem Körper Schindluder treiben. Ich habe angeordnet, dass ich verbrannt werde. Glauben Sie mir, Speer, es fällt mir leicht, mein Leben zu beenden. Ein kurzer Moment, und ich bin von allem befreit, von diesem qualvollen Dasein erlöst."

19.4. Die 2. britische Armee erreicht die Elbe bei Lauenburg.

20.4. U 2371, das letzte U-Boot (Typ XXIII), wird in Dienst gestellt. Der Auftrag war am 7.7.1944 der Deutschen Werft-AG in Hamburg-Finkenwerder gegeben worden.

21.4. Russische Artillerie beginnt mit dem Beschuss des Stadtzentrums von Berlin.

21.4. Der bisherige OB der „Heeresgruppe B“ im Ruhrkessel, Generalfeldmarschall Model, begeht in einem Wald bei Duisburg Selbstmord.

22.4. Französische Truppen nehmen Stuttgart ein.

22.4. Nach einer Krise mit Selbstmorddrohungen beschließt Hitler, in Berlin zu bleiben und den Oberbefehl über die Verteidigungstruppen zu übernehmen.

23.4. Wegen „Verrates“ entlässt Hitler seinen Reichsmarschall Göring aus allen Ämtern. Dieser hatte telegraphisch in Berlin angefragt, ob er „die Gesamtführung des Reiches übernehmen“ soll.

23.4. Ein Hamburger wird wegen Diebstahls von Feldpost hingerichtet. Es ist vermutlich die letzte „reguläre“ Hinrichtung während des Dritten Reiches.

24.4. Das Oberkommando der Wehrmacht mit den Generälen Keitel und Jodl wird von Berlin nach Rheinsberg verlegt und unternimmt Versuche, Berlin zu entsetzen.

24.4. Erneutes Treffen Himmlers mit Graf Bernadotte. Am 28. 4. erfährt Hitler, Himmler habe den westlichen Alliierten die Kapitulation angeboten.

25.4. Bei Torgau an der Elbe treffen amerikanische und russische Divisionen zusammen. Der noch von deutschen Truppen kontrollierte Raum wird in zwei Teile getrennt.

25.4. Die Russen können den Ring um Berlin schließen.

27.4. Seit dem Abend liegt die Reichskanzlei unter andauerndem Artilleriebeschuß, aber Hitler hofft noch immer auf Entsatz.

27.4. In Wien bildet der frühere Staatskanzler Karl Renner eine provisorische österreichische Regierung, die die Unabhängigkeit Österreichs vom Deutschen Reich erklärt.

28.4. Auf das Stichwort „Fasanenjagd“ beginnt die bayerische Widerstandsgruppe „Freiheitsaktion Bayern“ ihre Tätigkeit. Die Aktion scheitert jedoch. General von Epp verweigert seine Mitwirkung. Sein Adjutant, Major Caracciola, wird am nächsten Tag als Mitwisser auf Befehl Gauleiter Gieslers und des Kampfkommandanten, General Hübner, standrechtlich erschossen.

29.4. In Caserta (Italien) wird die Kapitulation der deutschen Heeresgruppe C gegenüber den alliierten Streitkräften unter General Alexander unterzeichnet.

29.4. Adolf Hitler heiratet im Bunker der Reichskanzlei seine Lebensgefährtin Eva Braun. Anschließend diktiert er sein „politisches Testament“, in dem er Göring und Himmler aus der NSDAP ausstößt und Großadmiral Dönitz zum „Reichspräsidenten und Obersten Befehlshaber der Wehrmacht“ ernennt.

29.4. In einer Radionachricht erfährt Hitler vom Tod Mussolinis und dessen Geliebter, Clara Petacci. Der Sender des italienischen „Nationalen

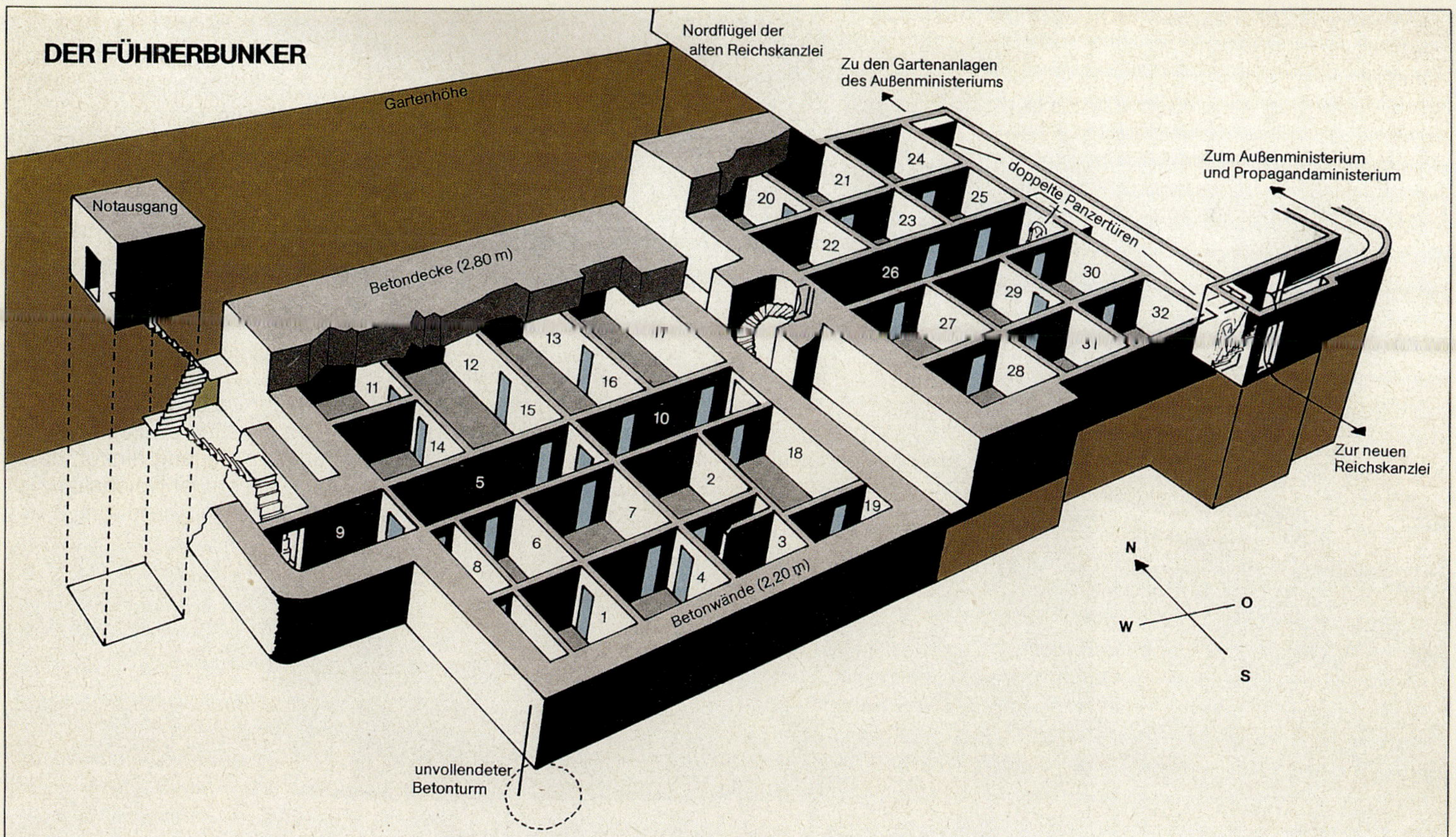

Die Privaträume Hitlers und Eva Brauns

1 Hitlers Schlafzimmer
2 Eva Brauns Wohn- und Schlafzimmer
3 Bad und Ankleideraum
4 Hitlers Wohnraum

Arbeitsräume

5 Korridor und Konferenzraum
6 Kleines Besprechungszimmer
7 Hitlers Arbeitsraum
8 Garderobe
9 Vorraum
10 Korridor

11, 12 Zimmer Dr. Stumpfegger mit Behandlungsraum
13 Notzentrale
14 Wohn- und Schlafzimmer von Goebbels (früher Raum des Leibarztes Morell)
15 Ankleide
16 Telefonzentrale und Wachraum
17 Maschinenraum für Heizung, Ventilation und Beleuchtung

18 Toiletten
19 Schalttafel für Stromversorgung
20, 21, 22, 23 Räume der Familie Goebbels
24, 25 Personal
26 Gemeinschaftlicher Speiseraum
27, 28 Vorratsräume und Weinkeller
29, 30, 31, 32 Küchenräume (mit Diätküche)

Befreiungskomitees" gibt bekannt, dass beide von einem „Sondergericht" zum Tode verurteilt und hingerichtet worden seien.

30.4. Amerikanische Truppen besetzen München.

30.4. Keitel beantwortet Hitlers telegraphische Anfrage nach Entsetzung der Reichshauptstadt wie folgt: „Spitze Wenck liegt südlich Schwielow-See fest. 12. Armee kann daher Angriff auf Berlin nicht fortsetzen. 9. Armee mit Masse eingeschlossen. Korps Holste in die Abwehr gedrängt."

30.4. Die Gruppe Ulbricht fliegt am frühen Morgen in Moskau ab, landet bei Kahlau und wird nach Bruchmühle bei Straußberg weitergefahren; eingegliedert in die sowjetische Armee als Majore, Ulbricht als Oberst, kommen sie nach Deutschland.

30.4. In der Mittagslagebesprechung erfährt Hitler, dass die Russen am Potsdamer Platz und an der Weidendammer Brücke stehen. Um 15.30 Uhr erschießt er sich, seine Frau nimmt Gift. Ihre Leichen werden im Garten der Reichskanzlei verbrannt.

MAI

1.5. Um 22.30 Uhr wird über den Rundfunk folgende Meldung verbreitet: „Aus dem Führerhauptquartier wird gemeldet, dass unser Führer Adolf Hitler heute Nachmittag in seinem Befehlsstand in der Reichskanzlei, bis zum letzten Atemzug gegen den Bolschewismus kämpfend, für Deutschland gefallen ist."

2.5. In Flensburg bildet Großadmiral Dönitz eine neue Reichsregierung mit dem ehemaligen Reichsfinanzminister Graf Schwerin von Krosigk als Reichsaußenminister. Die verfassungswidrige Ernennung von Dönitz zum „Reichspräsidenten" und „Obersten Befehlshaber der Wehrmacht" wird auch nach Hitlers Tode widerspruchslos hingenommen.

2.5. Die Kapitulation der deutschen Heeresgruppe C (Generaloberst v. Vietinghoff) in Italien wird bekannt gegeben und tritt um 14.00 Uhr in Kraft.

2.5. General Weidling, der Kommandant von Berlin, kapituliert und gibt sich den Russen gefangen.

3.5. Britische Streitkräfte rücken in Hamburg ein, das Gauleiter Kaufmann zur „offenen Stadt" erklärt hat.

3.5. Rangoon, die Hauptstadt Burmas, wird von den Japanern geräumt.

4.5. Kapitulation der deutschen Streitkräfte im nordwestdeutschen Raum, in Holland und Dänemark durch Generaladmiral von Friedeburg, im Hauptquartier Montgomerys südlich von Lüneburg.

5.5. Aufstand tschechischer Nationalisten in Prag.

5.-9.5. Letzte Fahrt deutscher Zerstörer und Schnellboote nach Hela, bei der 43.000 Menschen evakuiert werden.

6.5. Großangriff der sowjetischen Armee gegen die Heeresgruppe Mitte in Böhmen.

7.5. Gesamtkapitulation der deutschen Wehrmacht im Hauptquartier von General Eisenhower in Reims, von Generaloberst Jodl und Generaladmiral von Friedeburg sowie General Oxenius (für die Luftwaffe) unterzeichnet.

7.5. Die 12. deutsche Armee unter General Wenck setzt mit ca. 100.000 Mann über die Elbe und begibt sich in amerikanische Gefangenschaft.

7.-15.5. Rest der Kroatischen Armee zieht sich nach Österreich zurück und kapituliert vor der brit. 8. Armee. Am 15.5. wird die Masse des kroat. Heeres an die Tito-Partisanen ausgeliefert, es werden etwa 80.000 Soldaten und 30.000 Zivilisten ermordet.

8./9.5. Um 00.16 Uhr wird der Akt der Kapitulation in der militärtechnischen Schule in Berlin-Karlshorst vor Marschall Schukow und dem britischen Luftmarschall Tedder wiederholt. Keitel, von Friedeburg und Generaloberst Stumpff unterschreiben folgenden Text: „Wir, die hier Unterzeichneten, die wir im Auftrage des Oberkommandos der Deutschen Wehrmacht handeln, übergeben hiermit bedingungslos dem Obersten Befehlshaber der Alliierten Expeditionsstreitkräfte und gleichzeitig dem Oberkommando der Roten Armee alle gegenwärtig unter deutschem Befehl stehenden Streitkräfte zu Lande, zu Wasser und in der Luft..."

9.5. Die deutsche Gesamtkapitulation tritt um 00.01 Uhr in Kraft. An allen europäischen Fronten – mit Ausnahme der Tschechoslowakei – ruhen die Waffen.

10.5. Kapitulation der Heeresgruppe Kurland (Generaloberst Hilpert) mit ca. 208.000 Mann.

11.5. Kapitulation der deutschen Kräfte in der Ägäis und in Dünkirchen.

12.5. Das Ausgehverbot wird in Hamburg von der Besatzungsmacht auf die Zeit von 21.00 Uhr bis 06.00 Uhr festgesetzt.

14.5. Um 12.00 Uhr wird die Übergabe der Armee „Ostpreußen" (General v. Saucken) mit ca. 150.000 Mann gegenüber den Russen vollzogen.

23.5. Großadmiral Dönitz, die Minister seines Kabinetts sowie alle Mitglieder des Oberkommandos der Wehrmacht werden in Flensburg verhaftet.

Bild linke Seite: „Lasst uns über Berlin die Fahne des Sieges hissen!" Russisches Plakat 1945.

Bild rechte Seite: „Remember Dec. 7th – ?" Keep America free." Den ganzen Krieg über vergaß die amerikanische Propaganda nicht, den japanischen Überfall auf Pearl Harbor anzuprangern. Der 7. Dezember 1941 gehört bis heute zum kollektiven Gedächtnis der USA, vergleichbar mit dem Terroranschlag auf das World Trade Center in New York am 11. September 2001 – zwei Ereignisse, die in den Medien der USA immer wieder in Verbindung gebracht werden.

23.5. Der Reichsführer SS Heinrich Himmler begeht Selbstmord, nachdem er in britische Gefangenschaft geraten ist.
23.-26.5. 520 US B-29 Bomber werfen 750.000 Phosphor Brandbomben auf Tokio, 50% der Stadt verwüstet.
27.5. In Hamburg wird der ehemalige Reichsstatthalter und Gauleiter von Danzig-Westpreußen, Albert Forster, verhaftet.
28.5. Die US-Militärregierung setzt in Bayern eine Landesregierung ein: Ministerpräsident und Finanzminister Dr. Friedrich Schäffer.
29.5. In der Nähe von Flensburg verhaften britische Offiziere den früheren englischen Sprecher des Reichsrundfunks, William Joyce. Mit seiner Sendefolge „Germany Calling" hatte es der „Lord Haw Haw" genannte Joyce zu europäischer Berühmtheit gebracht.

JUNI

5.6. In Berlin veröffentlichen die Vertreter der vier alliierten Siegermächte – Feldmarschall Montgomery für Großbritannien, Armee-General Eisenhower für die USA, Marschall Schukow für die Sowjetunion und Armee-General de Lattre de Tassigny für Frankreich – eine Erklärung über die Übernahme der Obersten Regierungsgewalt in Deutschland durch die Besatzungsmächte.
6.6. Mit Genehmigung der Militärregierung wird bekannt gegeben, dass Hamburgs Bürgermeister Rudolf Petersen die Ehrenbürgerschaft der Hansestadt für Hitler und Göring aufgehoben hat.
9.6. Der letzte aus deutscher Kriegsgefangenschaft befreite alliierte Soldat tritt die Heimreise an. Insgesamt haben die Armeen der Westmächte 91.000 amerikanische und 167.000 britische Kriegsgefangene befreit und in ihre Heimat zurückgeführt.
10.6. Die sowjetische Militär-Administration (SMAD) genehmigt die Bildung von Gewerkschaften und vier Parteien (KPD, SPD, CDU LDPD) in der sowjetischen Besatzungszone.
11.6. Zulassung der KPD in den Westzonen, es folgen SPD (15. 6.), CDU – in Bayern CSU – (26. 6.), FDP (5. 7.).
21.6. Die Verwaltungen der westlichen Teile Mecklenburgs, der Provinz und des Landes Sachsen sowie des ganzen Landes Thüringen, die im April von amerikanischen Truppen besetzt wurden, werden abmachungsgemäß durch die SMAD noch vor dem Einmarsch der russischen Truppen übernommen.
22.6. Ende des organisierten Widerstandes auf Okinawa, Gen.Lt. Ushijima und sein Stab begehen Selbstmord. 131.303 Japaner gefallen, 7.401 Gefangene. US-Verluste: 11.939 Tote, 181 vermisst, 35.905 Verwundete. Durch japanische Kamikaze-Angriffe 26 Kriegsschiffe versenkt, 164 beschädigt.
26.6. Gründung der UNO (United Nations Organization) in San Francisco.

JULI

1.7. Mit Genehmigung der Militärregierung findet das erste Nachkriegs-Symphoniekonzert des Hamburgischen Philharmonischen Orchesters statt.
1.7. Gemäß der endgültigen Einteilung der Besatzungszonen Deutschlands räumen die Westmächte Sachsen, Thüringen und die westlichen Teile Mecklenburgs. Russische Truppen marschieren in Schwerin, Halle, Leipzig, Weimar, Erfurt und Plauen ein.
1.-4.7. Räumung der vorgesehenen sowjetischen Besatzungszone durch britische und amerikanische Truppen.
7.7. Abkommen über die Viermächte-Verwaltung Berlins.
10.-30.7. Laufende Angriffe der US Task Force 38 gegen Ziele in Japan mit Trägerflugzeugen und Küstenbeschießungen. In mehreren Nächten Massenangriffe der 20. USAAF mit B-29 Bombern gegen japanische Städte.
15.7. Erster erfolgreicher Atombombentest bei Alamogordo (USA).

17.7.-2.8. Potsdamer Konferenz zwischen Stalin, Truman und Churchill, der nach dem Wahlsieg der Labour Party am 29.7. von Attlee abgelöst wird. Ergebnis: das „Potsdamer Abkommen", der „Rat der Außenminister"; der Friedensvertrag mit Deutschland wird bis zur Einsetzung einer deutschen Zentralregierung vertagt.
24.7. Die letzten japanischen Einheiten auf Okinawa stellen den Kampf ein.
30.7. Japanisches U-Boot „I-36" versenkt den US Kreuzer „Indianapolis", der die wichtigen Teile der Atombomben nach Tinian transportiert hatte.

AUGUST

2.8. Unterzeichnung des „Potsdamer Abkommens". Politische Grundsätze: völlige Abrüstung und Entmilitarisierung Deutschlands. „Entnazifizierung", Verurteilung von Kriegsverbrechern, Demokratisierung, Neuaufbau einer dezentralisierten deutschen Verwaltung; wirtschaftliche Grundsätze: Industriekontrolle und Demontage, Behandlung Deutschlands als wirtschaftliche Einheit.
6.8. Abwurf der ersten amerikanischen Atombombe auf Hiroshima. 80 % der Stadt werden vernichtet; nach der endgültigen Zählung gibt es über 90.000 Tote.
9.8. Einen Tag nach der Kriegserklärung an Japan beginnt die sowjetische Rote Armee eine Offensive gegen die Kwantung-Armee in der Mandschurei.
9.8. Beim Abwurf der zweiten Atombombe auf Nagasaki kommen über 60.000 Menschen ums Leben.
10.8. Japanische Regierung offeriert den Alliierten ein Kapitulationsangebot, wenn die Stellung des Kaisers unangetastet bleibt.

SEPTEMBER

2.9. Um 02.40 Uhr MEZ wird die bedingungslose Kapitulation Japans an Bord des amerikanischen Schlachtschiffes „Missouri" in der Bucht von Tokio unterzeichnet. Dieser Akt bildet den formalen Abschluss des Zweiten Weltkriegs.

Über den Rhein

Die Ardennenoffensive war zusammengebrochen. 120.000 deutsche Soldaten waren tot, verwundet oder gefangen. Es fehlte ein Großteil der schweren Waffen: zerschossen, beim Rückzug gesprengt, Panzer und Fahrzeuge ohne Treibstoff liegengeblieben. Der Luftwaffe war endgültig das Rückgrat gebrochen. Ihr letztes Aufgebot war in der Luft und am Boden dezimiert worden. Hitler hatte am 2. Januar 1945 befohlen, den Angriff bei Bastogne erneut aufzunehmen und die frühere Front herzustellen. Generalfeldmarschall Walter Model meldete, dass der Angriff aus Kräftemangel nicht mehr zu führen sei.

Ein, wenn auch die letzten Illusionen zerstörender Erfolg der Ardennenoffensive war für die deutsche Führung ein beim Vorstoß erbeutetes, streng geheimes amerikanisches Dokument: Der Plan der „Operation Eclipse" – „Unternehmen Sonnenfinsternis". Generalmajor Reinhard Gehlen – Chef der Generalstabsabteilung „Fremde Heere Ost" – zeigte den Eclipse-Plan Monate später dem Generaloberst Gotthard Heinrici. Der sagte: „Das ist das Todesurteil." „Eclipse" beschrieb die alliierten Absichten nach dem deutschen Zusammenbruch: bedingungslose Kapitulation, Einteilung des Reichsgebietes in eine russische, amerikanische und britische Besatzungszone (eine französische Zone war nicht vorgesehen) und die Einteilung Berlins in drei Sektoren.

Dem Oberkommando der Wehrmacht war nun klar, dass mit einem Angriff der Russen auf Berlin zu rechnen war, nicht jedoch mit einem der Westalliierten. Diese aber wollten sehr wohl nach Berlin, hatten jedoch einen harten, langen Weg vor sich: Die Heeresgruppe B unter Generalfeldmarschall Model kämpfte noch immer verzweifelt in der Eifel und verzögerte den Vormarsch der Amerikaner, die erst Ende Januar 1945 über die Our bis ans Vorfeld des Westwalls und vor die Rur-Talsperren gelangten. Der vor dem Krieg von der deutschen Propaganda hochgelobte Westwall war indessen bereits in den drei Schlachten um Aachen durchbrochen worden – und hatte sich beileibe nicht als das angepriesene, unüberwindliche Bollwerk gezeigt. Einige Bunker waren verschlossen, andere aufgebrochen und ausgeplündert, wieder andere standen unter Wasser.

Außerdem war die Heeresgruppe B – die auf 250 Kilometer Breite kämpfte – nicht nur durch die Verluste der Ardennenoffensive, sondern auch durch den Abtransport der 6. Panzerarmee mit ihren vier Panzerdivisionen, zwei Brigaden und drei Volkswerfer- und drei Volksartilleriekorps geschwächt worden: Nach dem Beginn der sowjetischen Januar-Offensive hatte Hitler befohlen, die 6. Panzerarmee nach dem Osten zu verlegen – nicht etwa zum Schutz des bedrohten Schlesiens, sondern nach Ungarn. Der geringe Mannschaftsersatz, der stattdessen zur Heeresgruppe B kam, war schlecht ausgebildet.

Da aber begann der Großangriff von General George S. Pattons 3. amerikanischer Armee in der Südeifel. Deutsche Soldaten flüchteten über den Westwall zurück, der nun auch bei Prüm von den Amerikanern überrannt wurde. Generalfeldmarschall Model ließ die Rur-Talsperren sprengen – das brachte einen Zeitgewinn von zwei Wochen, dann setzten die Amerikaner alles ein, was ihnen an Material zur Verfügung stand. Die Artillerie trommelte auf die deutschen Stellungen an der Rur – die nach fünf Tagen erbitterter Kämpfe genommen wurden. Die Amerikaner nahmen die „Erft-Linie" wenig später, En-

de Februar 1945 setzten sie zum Stoß auf Köln an. Sie erreichten Neuss, andere Teile marschierten in Richtung Köln, einige auf Euskirchen und Bonn zu. Am 6. März schlugen sich amerikanische Soldaten mit kleinen deutschen Kampfgruppen inmitten der Trümmerwüste von Köln – US-Panzer rasselten über den Domplatz.

Am 7. März um 11 Uhr übernahm Major Scheller den Befehl als Kampfkommandant von Remagen. Ein Funktrupp, der ihn begleitet hatte, war auf dem Weg in die Stadt wegen Benzinmangels liegengeblieben. Die strategisch wichtige Eisenbahnbrücke über den Rhein – die Ludendorff-Brücke – war von Flak gesichert. Eine schwache Pionierkompanie hatte die Sprengung der Brücke vorbereitet. Um die Mittagszeit – deutsche Soldaten und Fahrzeuge überquerten die Brücke – tauchte plötzlich eine amerikanische Aufklärungseinheit unter einem Leutnant Timmerman am westlichen Rheinufer auf. Um 15.30 Uhr rollten US-Panzer auf die Brücke zu. Major Scheller befahl die Sprengung – aber die Zündung versagte. Im rasenden Feuer der Panzer gelang es nicht, die Zündkabel neu zu verlegen – Panzer, gefolgt von amerikanischen Infanteristen, rollten auf das Ostufer des Rheins. Der Ortskommandant und der Chef der Pionierkompanie gerieten in Gefangenschaft, Major Scheller, der Kampfkommandant, aber entkam dem Debakel und meldete den Übergang der Amerikaner über die Brücke von Remagen. Er wurde am 11. März vom „Fliegenden Sonderstandgericht West" zum Tode verurteilt und erschossen, ebenso die Majore Strobel und Kraft, die als Bataillonskommandeure für den Ortskommandanten bzw. den Chef der Pionierkompanie von Remagen verantwortlich gewesen waren. Derweil überquerten acht amerikanische Divisionen die Brücke von Remagen.

Weiter im Norden überschritt die von Montgomery geführte 21. Armeegruppe am 23. März bei Wesel den Rhein und stieß nördlich des Ruhrgebiets nach Westfalen vor.

Am 25. März brach die 1. US-Armee aus dem mächtig erweiterten Brückenkopf von Remagen hervor. General Patton hatte inzwischen bei Oppenheim ebenfalls den Rhein überquert, und seine Soldaten marschierten so schnell es ging nach Osten, in das Herz des Deutschen Reiches hinein.

Im Süden kämpfte sich die 1. französische Armee – erst vor sechs Monaten aufgestellt – zunächst durch die Vogesen, dann über den Rhein, dann durch den Schwarzwald. Hitlers Befehl, auf dem Westufer des Rheins zu kämpfen und den Strom nicht zu überschreiten, kostete die Wehrmacht ungefähr 60.000 Tote und Verwundete sowie den Verlust von 300.000 in Gefangenschaft geratenen Soldaten. Das entsprach mehr als 25 Divisionen. Nach alliierten Schätzungen konnten die Deutschen nur noch 26 schlecht ausgerüstete und versorgte Divisionen an der gesamten Westfront haben.

Doch die Katastrophe verschlimmerte sich noch: Drei nach Osten marschierende US-Armeen schwenkten plötzlich um das Ruhrgebiet herum und kesselten die Reste der Heeresgruppe B ein. Sie hatte kurz zuvor noch die 11. Panzerdivision abgeben müssen: zum Schutz von Frankfurt am Main – die Division blieb größtenteils auf dem Marsch dahin wegen Benzinmangels liegen. Im Harz – so wurde die Heeresgruppe B getröstet – werde eine Armee zum Entsatz des Ruhrkessels zusammengestellt.

Die Amerikaner drückten nur allmählich auf den Ruhrkessel – sie waren sich ihres Sieges gewiss. Die deutschen Truppen kämpften kaum noch, sie wichen vor Feindangriffen zurück. Es fehlte an Munition, an Verpflegung und – naturgemäß

Bild linke Seite: Vom „Unsinkbaren Flugzeugträger" England aus flog die alliierte Bomberwaffe gegen die nicht überdachte „Festung Europa". Bei Tage kamen die Amerikaner (unser Bild zeigt Bomber vom Typ B-24) zu Punktangriffen gegen militärische und industrielle Ziele, nachts flog die Royal Air Force zu „Teppich"-Würfen ins Reichsgebiet ein.

Bild rechte Seite: Deutsche Sturmgeschütze mit aufgesessener Infanterie auf dem Rückzug.

bei solcher Lage – an Kampfmoral. Generalleutnant Bayerlein kapitulierte eigenmächtig mit seinem III. Korps. Versprengte Soldaten lagerten in den Wäldern. Ganze Einheiten verschwanden über Nacht. Mitte April wurde der Kessel von den Amerikanern in zwei Hälften zerschnitten. Generalfeldmarschall Model entschloss sich, die Heeresgruppe B aufzulösen. Wer sich durchschlagen wollte, konnte dies tun. Junge und alte Soldaten wurden aus der Wehrmacht entlassen. Am 20. April hörten die Reste des Heeresgruppenführungsstabes im Rundfunk die Ansprache von Reichsminister Dr. Goebbels zum Geburtstag Hitlers, dabei erwähnte Goebbels die „verräterische Ruhrarmee“. Am Tag darauf, gegen 16 Uhr, erschoss sich Generalfeldmarschall Model in einem Wald bei Duisburg.

Bild linke Seite oben: Als Vortruppen der amerikanischen 1. Armee am 7. März 1945 bei Remagen eintrafen, fanden sie die wichtige Ludendorff-Brücke 10 Minuten vor der beabsichtigten Sprengung unbeschädigt und so gut wie unverteidigt vor. Handstreichartig nahmen sie die Brücke, warfen über sie auf das rechte Rheinufer, was an Truppen und Material herbeizuschaffen war, und hatten bereits am 8. März einen starken rechts-rheinischen Brückenkopf gebildet. Die deutschen Bemühungen, die Brücke durch Fernkampf-Artillerie und Bombenangriffe wenigstens nachträglich zu zerstören, führten zwar dazu, dass sie am 17. März einstürzte, aber da war die Zerstörung bereits nutzlos und überflüssig geworden.

Bild linke Seite unten: Die Trümmerlandschaft beim Kampf um die Ruhr zeigt, wie hart die Alliierten noch kämpfen mussten, um ins Innere des Reiches vorzustoßen.

Bild rechte Seite: Auf den „Straßen des Führers“ ziehen deutsche Soldaten in die Gefangenschaft. Nach 6 Jahren Krieg erwartet die Gefangenen erneut ein bitteres Schicksal: Entbehrung, Zwangsarbeit, Krankheit und Tod. Viele von ihnen sollten nie und viele erst nach langen Jahren aus der Fremde zurückkehren.

Die westalliierten Truppen marschierten weiter nach Osten – über die Ränder ihrer Karten hinaus. Manche ihrer Offiziere orientierten sich nach den winzigen Karten des Baedeker. Montgomery hatte sich sein Ziel gesetzt: Berlin. Winston Churchill nannte Montgomerys Vormarschroute „die kürzeste Straße nach Berlin". Churchills Glaube an die demokratische Gesinnung Josef Stalins war tief erschüttert worden: Bereits sechs Wochen nach der Unterzeichnung des Jalta-Abkommens hatte Stalin es bereits zum ersten Mal verletzt. Die Regierung von Rumänien war auf Befehl Moskaus gestürzt und durch Kommunisten ersetzt worden. Die versprochenen freien Wahlen der Polen hatten nicht stattgefunden. Der Teilungsplan „Eclipse" musste somit nicht eingehalten werden, Churchill sagte am 24. März zu seinem Sekretär: „Es passt mir gar nicht, Deutschland zu zerstückeln, bevor meine Zweifel an den russischen Absichten beseitigt sind." Auch Roosevelt war von Stalins Haltung tief betroffen. Als er am gleichen Tage über die Lage in Polen unterrichtet wurde, bekam er einen Wutanfall.

Die 1. Alliierte Luftlandearmee bereitete sich zu dieser Zeit auf die Eroberung Berlins aus der Luft vor: Die 82. US-Luftlandedivision sollte über dem Flughafen Tempelhof abspringen, die 101. US-Luftlandedivision über Gatow und eine britische Fallschirmjägerbrigade über dem Flugplatz von Oranienburg.

Doch Generalleutnant William Simpson, Befehlshaber der 9. US-Armee, wollte ebenfalls nach Berlin. Er hatte von Eisenhower den Befehl erhalten, „den Vorstoß auf Berlin oder nach Nordosten fortzusetzen ..." Seine 2. Panzerdivision „Hell on wheels" (Hölle auf Rädern) hoffte, nach Errichten eines Elbe-Brückenkopfes bei Magdeburg, in 48 Stunden Berlin zu erreichen.

Der „Hölle auf Rädern" erwuchs eine erbitterte Konkurrenz: die 83. US-Infanteriedivision, die unterwegs alles, was sich an brauchbaren Feindfahrzeugen anfand, in ihre Verbände einzureihen, oliv anzupinseln und mit einem weißen Stern zu versehen pflegte: „Tiger"-Panzer, Mercedes-Pkws, Motorräder, Feuerwehrwagen und zwei Omnibusse

– auf einem stand: „Nächste Haltestelle: Berlin". Sogar eine Me 109 hatte die „Lumpensammler-Division" – und jemanden, der sie fliegen konnte. Auf den Tragflächen stand: 83. Infanteriedivision.

Nach Berlin wollte auch die 5. US-Panzerdivision, die fast ohne Unterbrechung marschierte. Als Sieger in Berlin sahen sich ebenfalls die Soldaten der 30. und der 102. US-Division. Am 8. April hatte die 84. US-Division Hannover erreicht. Eisenhower fragte den Kommandeur: „Was haben Sie jetzt vor?" – „...auf Berlin vorstoßen..." Eisenhower sagte: „Viel Glück, lassen Sie sich von niemanden aufhalten!" Die 84. Division war überzeugt, zuerst in Berlin zu sein. Doch dann trat plötzlich – rund zweihundert Kilometer vor Berlin – eine Vormarschpause ein. Sie wurde durch viele Gründe veranlasst. Hauptsächlich aber durch ein Phantom, das durch amerikanische Geheimdienstmeldungen geisterte und in Karteneinzeichnungen seinen Niederschlag fand: die „Alpenfestung". Dort, in den bayerischen, österreichischen und Südtiroler Bergen, sollte sich ein gigantisches Reduit befinden, mit unterirdischen Fabriken, Munitionslagern und uneinnehmbaren Stellungen. Hitler selbst sollte dort den Oberbefehl über die Elitetruppen des Reiches führen. Eisenhower, Oberbefehlshaber der westalliierten Streitkräfte, dachte militärisch und nicht politisch. Berlin, ein Trümmerhaufen, in dessen Nähe ohnedies die verbündeten Russen standen, schien ihm nicht so wichtig wie die geheimnisvolle, offenbar machtstrotzende Alpenfestung.

Aber auch die Deutschen selbst hinderten den Vormarsch Eisenhowers auf Berlin: General Walther Wenck hatte seine 12. Armee übernommen: Sie war hauptsächlich aus angeschlagenen Einheiten und Offiziersanwärtern verschiedener Lehrgänge und Kriegsschulen zusammengekratzt, besaß kaum schwere Waffen und nur ein paar Dutzend Panzer. Aber die Offizieranwärter waren gut ausgebildet, von fronterfahrenen Ausbildern geführt und verfügten über den Mut der Verzweiflung. Insgesamt bestand die Armee Wenck aus etwa 55.000 Mann. Sie schickten sich an, den Elbeübergang der Amerikaner zu vereiteln. Tatsächlich war dort der amerikanische Vormarsch wieder in Gang gekommen, wenngleich große Teile nun auf München und Salzburg abgedreht worden waren. Teile der 2. US-Panzerdivision waren bereits in Magdeburg eingedrungen. Die Autobahnbrücke über die Elbe war unversehrt.

Doch der bisher schwache deutsche Widerstand hatte sich unversehens verstärkt: Rasendes Feuer schlug den Amerikanern entgegen. Sie vermochten die Brücke nicht zu stürmen. Blutige Kämpfe auch um die Brücke von Schönebeck – kurz bevor die Amerikaner sie erobern konnten, flog sie in die Luft. Das war am 12. April.

Die 5. Panzerdivision hatte bereits Tangermünde erreicht und erlebte die Hölle: Mitten in der Stadt wurden die Panzer aus Fenstern, Dachluken und Kellern mit Panzerfäusten eingedeckt. Mitten zwischen den Detonationen eine fürchterliche Explosion: Die Elbbrücke war von deutschen Pionieren gesprengt worden. Nach Berlin waren es nur noch 85 Kilometer. Aber an der Elbe gab es kein Remagen, und die 2. Panzerdivision musste versuchen, die Elbe kämpfend zu überqueren. Am Abend des 12. April setzten bei Westerhüsen, in der Nähe von Magdeburg, die ersten Amphibienfahrzeuge über. Um Mitternacht lagen

zwei Infanteriebataillone auf dem Ostufer. Amerikanische Pioniere begannen mit dem Bau einer Kriegsbrücke. Da jaulten deutsche Granaten heran. Die kümmerliche Artillerie der Armee Wenck zerschlug den Brückenbau mit präzisem Feuer.
Am 13. April hatten Teile der 83. „Lumpensammler"-Division bei Barby die Elbe erreicht und eine gesprengte Brücke vorgefunden. Doch die Soldaten gingen sofort in Sturmbooten und Amphibienfahrzeugen über den Fluss. Am Abend des 13. hatten die Pioniere ihre Brücke fertig – die gesamte Division befand sich auf dem Ostufer. Die 2. Panzerdivision hatte inzwischen ein Kabel über die Elbe gezogen und einen Fährbetrieb eröffnet. Es konnte weitergehen: nach Berlin. Doch als die erste Pontonfähre in der Mitte der Elbe schwamm, rauschte eine einzelne deutsche Granate heran und traf zufällig das Fährkabel. Die bereits auf dem Ostufer befindlichen Teile der 2. Panzerdivision wurden gleichzeitig von deutschen Panzern angegriffen. Die amerikanischen Jagdbomber lagen so weit zurück, dass sie kaum noch in die Kämpfe eingreifen konnten. Die Amerikaner auf dem Ostufer kämpften verzweifelt, mussten sich dann aber auf das Westufer zurückziehen. Der Vorstoß der 2. Panzerdivision auf Berlin war abgeschlagen. Am 14. April um 15 Uhr entschloss sich General Eisenhower, den Vormarsch in dieser Richtung zu stoppen: „Berlin ist kein militärisches Ziel mehr." Die Nachschublinien für die 4.600.000 westalliierten Soldaten waren überlastet, es gab nur eine Eisenbahnbrücke über den Rhein, die Versorgung rollte fast ausschließlich per Lastwagen über die Straßen, wenngleich auch Hunderte von Transportflugzeugen Eilgüter einflogen.
Bei den amerikanischen Soldaten breiteten sich Niedergeschlagenheit und Enttäuschung aus, als sie den Haltebefehl erhielten. Stalin – von Eisenhower informiert – hielt in seinem Misstrauen den Stopp der Westalliierten für eine bloße Finte der Kapitalisten – und befahl den Angriff auf Berlin zu einem früheren Termin als ursprünglich vorgesehen. Den US-Botschafter in Moskau informierte er zwar davon, dass eine Offensive der Roten Armee bevorstehe, als Angriffsziel aber nannte er Dresden.
Am 25. April 1945 um 16.40 Uhr traf der US-Leutnant William D. Robinson am Elbufer bei Torgau eine Gruppe Rotarmisten. Vier davon nahm er zu seinem Gefechtsstand mit. Später wurde das zum offiziellen historischen Treffen der Amerikaner und Russen an der Elbe erklärt.
Doch die erste Begegnung hatte bereits drei Stunden und zehn Minuten früher bei dem Dorf Leckwitz stattgefunden. Der US-Leutnant Albert Kotzebue von der 69. Division traf dort einen Russen, der auf einem Pony ritt und ohne jede Gemütsbewegung erklärte, dass seine Truppe am ostwärtigen Elbufer liege.
Kotzebue setzte mit einigen seiner Soldaten über die Elbe. Am Ufer lagen über mehrere hundert Meter hinweg tote Zivilisten: Männer, Frauen und Kinder, verstreut zwischen umgekippten Planwagen, Gepäck- und Kleidungsstücken. Eine Gruppe russischer Soldaten befand sich in der Nähe des niedergemetzelten Flüchtlingstrecks.
Amerikaner und Russen grüßten sich stumm. Keine Freude, kein Lachen, Umarmen oder Schulterklopfen. Das erste Zusammentreffen zwischen Amerikanern und Russen fand am Ort eines grauenvollen Massakers statt.

Der Volkssturm

Gegen Mitternacht waren die Regimenter in das Lager Döberitz eingedrungen. Von dort telefonierte Mestscherski. „Der Gegner flieht", meldete er. „Ich habe einen Gefangenen."
Diesen Gefangenen hatte Mitrochin im Straßengraben beim Kragen gepackt. Er wurde Lubjenzow vorgeführt. Mitrochin brachte ihn selbst an. Sein Gesicht war stark zerkratzt. Mitrochin hatte ihn so zugerichtet. Er hüstelte verlegen, er schämte sich ein wenig. Der Gefangene war nämlich ein sechzehnjähriger Bengel. Als die Soldaten ihn erblickten, lachten sie laut.
Auch Lubjenzow fing an zu lachen. Der Junge sah aber auch komisch aus. Der Soldatenrock hing ihm auf den Schultern wie einer Vogelscheuche, er reichte ihm beinahe bis zu den Knien. Viel zu große Stiefel und ein Käppi, das ihm jeden Augenblick über die Augen rutschte, vollendeten das Bild.
Der Kleine gehörte zur Hitlerjugend, zum Volkssturm. Während sich Lubjenzow mit ihm unterhielt, trat plötzlich Hauptfeldwebel Woronin auf ihn zu. Er starrte dem Kleinen mit seinen scharfen Augen ins Gesicht, streckte die Hand aus und schob die Falten auf der linken Brustseite des Kleinen auseinander. Lubjenzow sah mit Verwunderung ein nagelneues Eisernes Kreuz.
Der Kleine wurde rot und blickte den Gardemajor ängstlich an. Mitrochin aber nahm eine würdevolle Haltung an; der Gefangene war also kein so nichtssagender Mensch, man brauchte sich seiner jedenfalls nicht zu schämen. Lubjenzow lächelte.
„Wofür hast du es denn bekommen?" fragte er.
Der Volkssturmmann stotterte, er habe es vor drei Tagen gekriegt, weil er am Ostrand der Stadt mit einer Panzerfaust einen Sowjetpanzer kampfunfähig gemacht habe. „Oh, du Hundesohn, du!" schnaubte Lubjenzow."
Diese Szene erzählt Emanuel Kasakewitsch im Roman „Frühling an der Oder".

Im Jahre 1944 hatte Deutschland noch 6 Millionen kampffähige Männer in Reserve. Von den Jahrgängen 1884 bis 1928 waren allein über 5 Millionen „uk" (unabkömmlich) Während Großbritannien bereits im Mai 1940 Freiwilligen-Verbände aufstellte, die „Local Defense Volunteers", die spätere „Home Guard", die UdSSR im Juli 1941 ihre Volkswehr, die Arbeiter-Milizen organisierte, erinnerte sich die deutsche Wehrmachtsführung erst im Herbst 1944 ihrer Reserven an kampffähigen Männern.

Am 25. September 1944 unterschrieb Hitler den „Erlass über die Bildung des Deutschen Volkssturms". „Dem uns bekannten totalen Vernichtungswillen unserer jüdisch-internationalen Feinde setzen wir den totalen Einsatz aller deutschen Menschen entgegen", hieß es darin. Aufstellung und Führung des Volkssturms übernahm die NSDAP, ihre Gaue und ihre Gauleiter. Die Partei bediente sich dabei ihrer Organisationen: SA, SS, NSKK (Nationalsozialistisches Kraftfahrerkorps) und HJ. Vorgesehen waren vier Volkssturm-Aufgebote. Und zwar für Besatzung in Grenz- und Festungsbereichen; Ortsverteidigung gegenüber durchgebrochenen Feindtruppen; Bau und Sicherung von Panzersperren; Objektschutz; Bau und Schanzarbeiten an der Front; Nachschubdienst; Räumungs- und Begleitkommandos bei der Rückführung von Menschen und kriegswichtiger Güter; Panzerjägerkommandos; Spreng- und Spezialkommandos und Wehrmachtseinsatz.

Bild linke Seite: Das historische Treffen amerikanischer und sowjetischer Truppen in Torgau an der Elbe am 25. April 1945, wodurch das restliche deutsche Kampfgebiet in zwei Teile zerschnitten wurde.

Bild rechte Seite: Als halbe Kinder kamen die Jugendlichen bereits zur kämpfenden Truppe oder in den Volkssturm. Sie sollten als Hitlers letztes Aufgebot die feindlichen Armeen stoppen und den Endsieg erkämpfen. Manche Mütter versuchten, ihre Söhne zu verstecken. Wurden sie erwischt, drohten drakonische Strafen.

Das 1. Aufgebot umfasste alle zum Kampfeinsatz tauglichen Männer der Jahrgänge 1884 bis 1924. Die meisten Volkssturmmänner hatten schon im Ersten Weltkrieg gekämpft. Das Durchschnittsalter war 52 Jahre. Das 2. Aufgebot, dessen Einsatz vorgesehen war, wenn der Feind vor den Toren stand, umfasste die zum Kampfeinsatz tauglichen Männer der Jahrgänge 1884 bis 1924, die wegen ihrer beruflichen Tätigkeit in der Heimat bis zur Annäherung des Feindes an ihrem Arbeitsplatz bleiben mussten. Es waren überwiegend ungestellte Wehrpflichtige, zwischen 25 und 50 Jahre alt. Diesen beiden Aufgeboten gehörten vier Millionen Volkssturmmänner an. 6.710 Bataillone hätte man mit ihnen aufstellen können. Vorausgesetzt, das wäre Jahre vorher geschehen.
Im 3. Aufgebot wurden die Jahrgänge 1925 bis 1927 zusammengefasst, soweit sie nicht schon bei der Wehrmacht waren. Die jungen Männer vom Jahrgang 1928 wurden bis zum 31. März 1945 in den Wehrertüchtigungslagern der HJ und vom Reichsarbeitsdienst militärisch ausgebildet. Im Anschluss daran sollten die Jahrgänge 1927 bis 1925 folgen. Wegen der langen Arbeitszeit, in den Rüstungsbetrieben bis zu 72 Wochenstunden, standen für die Waffen- und Gefechtsausbildung der Volkssturmmänner praktisch nur die Sonntage zur Verfügung. Wo es möglich war, gab es Unterricht und Ausbildung am Arbeitsplatz in Feierschichten.
Als Uniformierung waren feldgrau eingefärbte Parteiuniformen vorgesehen, jedenfalls aber eine Armbinde mit dem Aufdruck: „Deutscher Volkssturm – Wehrmacht".
Mit der Aushändigung eines Soldbuchs und dem Tragen der Armbinde war der Volkssturmmann Kombattant im Sinne der Haager Landkriegsordnung. Im Übrigen hatte er die Pflichten und Rechte wie jeder Soldat der Wehrmacht.
Für das 1. und 2. Aufgebot benötigte der Volkssturm: 4 Millionen Gewehre und Maschinenpistolen, 18.1150 Gewehr-Granat-Geräte, 203.150 leichte und 25 680 schwere Maschinengewehre, 25.680 Granatwerfer, 5.500 Pak- und Infanteriegeschütze, 40.260 Panzerfäuste – im Herbst/Winter 1944 geradezu utopische Zahlen. Die Wehrmacht konnte aus ihrer Karabinerproduktion, monatlich 200.000 vom Typ 98k, kein einziges Gewehr abgeben. In Eile konstruierte die Firma Carl Walther in Zella-Mehlis ein materialsparendes Volksgewehr und eine vereinfachte Maschinenpistole eigens für den Volkssturm. Deren Herstellung übernahmen Klein- und Handwerksbetriebe.
„Volk steh auf, Sturm brich los!" hatte Goebbels im Berliner Sportpalast gerufen. Und der Sturm brach los. Aber es war ein roter Sturm. Achtzigtausend Volkssturmmänner kämpften in Ostpreußen gegen ihn an.
„... im Raum ostwärts Treuburg, noch in Polen, erschienen vorn im Schützengraben alte Männer mit Armbinden des Volkssturms, mit italienischen Gewehren."
„... im Morgengrauen wurde das Goldaper Volkssturm-Bataillon mit Granatwerferfeuer und Bomben eingedeckt. Sechsundsiebenzig Tote und Verwundete."

Bild linke Seite: Volkssturmleute auf dem Weg zum Einsatz. Über den Wert solcher Einheiten urteilt ein Militärhistoriker: „Der deutsche Volkssturm war keine intakte Territorialmiliz, weil mit seiner Aufstellung viel zu spät begonnen worden war und es ihm fast gänzlich an feldbrauchbaren Waffen aller Art, an Munition und nicht zuletzt an Zeit für eine auch nur annähernd ausreichende Ausbildung fehlte. Infolgedessen mussten seine Bataillone unter dem Zwang der Lage vorzeitig als regellose Haufen anstatt als einigermaßen festgefügte Verbände in den Kampf geworfen werden."

Bild rechte Seite oben: Insbesondere an der Panzerfaust wurden die Volkssturmmänner ausgebildet, da ihre Hauptaufgabe in der Panzerbekämpfung bestehen sollte.

Bild rechte Seite unten: Mobilisierung aller verfügbaren Kräfte war die Parole der letzten Kriegswochen.

„... unter den Verwundeten, die wir bekamen, mehrten sich diejenigen, die nicht mehr als regelrechte Soldaten zu bezeichnen waren. Viele sind über das wehrpflichtige Alter hinaus. Sie wurden als Volkssturmmänner in eine Uniform gesteckt und gleich auf den Feind losgelassen. Manche haben dabei erstaunliche Leistungen vollbracht. Einer von ihnen war trotz schwerer Verwundung fast irre vor Begeisterung über sich, weil es ihm gelungen war, hintereinander vier russische Panzer abzuschießen."

Im Wartheland kämpften sechzehntausend Volkssturmmänner.

Das Volkssturm-Bataillon „Sternberg" verteidigte einen ganzen Monat lang seine Bunkerstellungen, während die Front längst 60 km weiter westlich an der Oder lag. In Kolberg standen Volkssturmmänner vierzehn Tage lang gegen zwei sowjetische Panzer-Divisionen, verstärkt durch polnische Truppen. An die achtzigtausend Flüchtlinge konnten über See ausfahren.

„... der Volkssturm war mangelhaft ausgerüstet, z. T. mit Jagd- und Sportflinten bewaffnet, schlecht mit Munition versorgt, tagelang unzureichend verpflegt. Ein Teil des Volkssturms bestand zudem aus unausgebildeten Männern. Ohne schwere Waffen verteidigten sie jeden Fußbreit Boden, damit der Hafen so lange wie möglich gehalten werden konnte."

Rotarmisten und polnische Soldaten gaben den Volkssturmmännern keinen Pardon. In Königsberg und in Elbing metzelten sie alle gefangenen und verwundeten Volkssturmmänner nieder. Sie hielten sie für Partisanen. Tatsächlich aber waren sie Deutschlands „verlorene Bataillone". Am 16. April 1945 rief sie der Führer auf zum letzten Gefecht:

„Zum letzten Male ist der jüdisch-bolschewistische Todfeind mit seinen Massen zum Angriff angetreten. Er versucht Deutschland zu zertrümmern und unser Volk auszurotten. Ihr Soldaten aus dem Osten wisst zu einem hohen Teil heute bereits selbst, welches Schicksal vor allem den deutschen Frauen und Kindern droht. Während die Alten, Männer und Kinder ermordet werden, werden Frauen und Mädchen zu Kasernenhuren erniedrigt. Der Rest marschiert nach Sibirien. Wir haben diesen Ansturm vorausgesehen, und seit dem Januar dieses Jahres ist alles geschehen, um eine starke Front aufzubauen. Eine gewaltige Artillerie empfängt den Feind. Die Ausfälle unserer Infanterie sind durch neue Einheiten ergänzt. Alarm-Einheiten, Neuaufstellungen und Volkssturm verstärken unsere Front ... " Ohne Zweifel war dieser Führer-Aufruf der verlogenste von allen. Die angeblich so gewaltige Artillerie bestand mehr oder weniger aus ausgeleierten Geschützen, obendrein darunter noch viele Beute-Geschütze ohne ausreichende Munition. Die Panzer waren ausgefahren, ihr Spritmangel permanent. Die Neuaufstellungen waren nichts anderes als hastig ausgebildete, miserabel ausgerüstete sogenannte Volksgrenadier-Divisionen; zusammengeschustert vom Heeres-Ersatz, von Versprengten-Sammelstellen und vom Volkssturm. Die Alarm-Einheiten kamen aus Lazaretten, Stabs-Kompanien, aus Kriegsschulen und Wehrertüchtigungslagern. Luftwaffensoldaten und Matrosen wurden zu Infanteristen umgemodelt, Hitlerjungen mit Panzerfäusten und Volksgewehr in den Kampf geschickt. Und mit dabei, beim letzten Gefecht, war der Volkssturm. In kleinen und großen Haufen, in Bataillonen und Kompanien. Manchmal nur ein paar alte Männer.

Als am 12. Januar 1945 der sowjetische Großangriff auf Ost- und Westpreußen, auf Pommern und Schlesien begann, hatte das Heeresamt an den „Deutschen Volkssturm" insgesamt 13.000 Karabiner 98k geliefert, dazu 1.000 Maschinengewehre (Typ 42) und 1.243 mittlere Granatwerfer. Und 100.000 Panzerfäuste. Ausreichend vorhanden waren: gebrauchte italienische Karabiner mit selten mehr als 10 Schuss Munition, Panzerabwehrkanonen aus sowjetischer, tschechischer, französischer, italienischer Waffen-Beute. Meistens mit geringster Munitionsausstattung. Feldküchen fehlten völlig beim Volkssturm; Schweinekartoffeldämpfer und Waschkessel mussten genügen. Schuhe und Stiefel wurden an den Volkssturm nicht geliefert. Viele Volkssturmmänner zogen mit Halbschuhen in den Kampf. Trotz allem, sie kämpften. Oft genug der Großvater und sein Enkel nebeneinander.

Fünfzehntausend Volkssturmmänner kämpften in Breslau. Die knapp fünfzigtausend Mann starke Besatzung der Stadt hielt drei Monate gegen 150.000 Rotarmisten.

„... bekam der Feind nach Überschreiten der Stadtgrenze sehr bald einen Vorgeschmack davon, dass wir nicht gewillt waren, Breslau aufzugeben. Am späten Nachmittag warf das Volkssturm-Bataillon 55 der HJ am Südpark den Feind wieder aus der Stadt hinaus."

„... bei den seit Ostern andauernden Kämpfen haben die Volkssturm-Bataillone einen großen Anteil daran, dass dem Feind rascher Geländegewinn verwehrt wurde. So erwiesen sich die HJ-Bataillone 55 und 56 beim Kampf um die Rüttgers-Werke und den Bahnhof Pöpelwitz ihres guten Rufes würdig. Auch das Volkssturm-Eisenbahner-Bataillon 74, das bei dem Verschiebebahnhof Mochbern kämpfte, hielt sich hervorragend."

Die artilleristische Ausrüstung der Volkssturm-Bataillone in Breslau bildeten französische, sowjetische und tschechische Beute-Geschütze ohne Schusstafeln. Die Munitionsausstattung war jämmerlich. Seit Mitte Februar 1945 war Breslau eingeschlossen. Ende Februar begannen die Kämpfe um die Stadt. Als Hitler bereits tot war und Berlin schon kapituliert hatte, kämpfte Breslau immer noch. Erst am 6. Mai 1945 übergab der Festungskommandant General Niehoff die Stadt der Roten Armee. Volkssturmmänner kämpften von Oberschlesien bis zur Ostsee verbissen um ihre Heimat. „... in den Mittagsstunden des 31. Januar drangen von Norden her russische Panzer in die Küstriner Neustadt ein, um sich der Festung durch Handstreich zu bemächtigen, zogen sich aber wieder zurück, nachdem es einer HJ-Einheit des Volkssturms gelungen war, mehrere Panzer durch Panzerfäuste zu vernichten."

Das zum Einsatz in der Bunker-Stellung beiderseits der Straße Schwerin/W-Küstrin vorgesehene Volkssturm-Bataillon aus Landsberg/Warthe erhielt am 20. Januar den Befehl zum Abmarsch. Am 21. Januar ging das Bataillon in Stellung. Die Volkssturmmänner trugen Zivilkleidung. Erst in der Stellung wurden sie am italienischen Gewehr, am leichten Maschinengewehr, an Granatwerfern und tschechischen Pakgeschützen ausgebildet.

Das Bataillon sollte die Bunker-Stellung verteidigen, während die Wehrmacht das dazwischenliegende Gelände übernahm. „... in der Nacht vor dem ersten Angriff der Russen verschwand, ohne den Volkssturm zu unterrichten, die besagte Wehrmachts-Einheit einschließlich ihrer Offiziere. Die Wirkung auf den Volkssturm, nach wochenlanger Zusammenarbeit und fester Absprache plötzlich allein gelassen zu sein, war erheblich. Im Laufe des Vormittags erfolgten die ersten Panzergranateinschläge rund um unseren Bunker. Um den Bataillons-Bunker an der Chaussee wurde hart gekämpft; noch als die weiter südlich gelegenen Bunker von den Russen überrannt waren." Der Volkssturm im Osten kämpfte, und oft genug mit erstaunlicher Tapferkeit.

Der Volkssturm in West- und in Süddeutschland baute hauptsächlich Panzersperren. Und er verteidigte sie nur hier und dort, Die Taktik der US-Panzerdivisionen aber, beim geringsten Widerstand an den Panzersperren unverzüglich die ganze Ortschaft zu bombardieren, machte diesen Kampf sinnlos. Außerdem wurden im Osten psychische Fakten wirksam, die in West- und Süddeutschland fehlten und die den Kampfgeist der in Ostdeutschland beheimateten Volkssturmmänner weitgehend beeinflussten.

General Brandenberger, ehemaliger Oberbefehlshaber der 19. Armee (Oberrheinfront), berichtet vom Volkssturm in Westdeutschland: „Die Bewaffnung und Bekleidung waren mehr als primitiv, nur ein geringer Teil der Volkssturmmänner hatte Uniformen, die meisten nur gestempelte Armbinden. Die Hoffnung, dass der Kampfwert durch die Verteidigung des eigenen Hofes und Herdes erhöht werden könnte, erwies sich als trügerisch. Die Volkssturmmänner wollten nicht zu guter Letzt ihre Haut zu Markte tragen. Der Gedanke, dass bei einem Kampf am Heimatort der eigene Besitz gefährdet werde, verleitete eher zum Ausweichen als zum Widerstand. So haben beim Zusammenbruch viele Volkssturmmänner sehr schnell den Weg von ihrer Stellung in das eigene Haus gefunden. Es hat aber auch im Volkssturm tadellose, zum letzten Einsatz bereite Männer gegeben."

Immerhin berichtet die „Geschichte der amerikanischen 100. Infanterie-Division" vom Kampf um Heilbronn Erstaunliches: „... der Feind zeigte einen unglaublichen Fanatismus. Junge, alte Männer, ja Krüppel schossen auf unsere Soldaten. Alles in allem kostete es acht Tage des heftigsten Kampfes. Durch einen Häuserblock um den anderen, ja Haus für Haus mussten sich unsere Truppen einen Weg durch die Stadt bahnen. Erst am 13. April 1945 war der letzte SA-Mann, der letzte Hitlerjunge, der letzte Volkssturmmann geschlagen und zu Boden gezwungen." Zehntausende Volkssturmmänner fielen in Pflichterfüllung und im Glauben, für eine gerechte Sache zu kämpfen. Eine noch größere Zahl wurde verwundet. 175.000 Volkssturmmänner waren nach dem Krieg in den Vermissten-Karteien registriert.

Über die Weichsel

Zum Abendessen wird eine Gans serviert. Es gelingt mir mit größter Mühe, kleinste Partikel unter erheblichem Kraftaufwand abzusäbeln, wobei ich mit größter Vorsicht operieren muss, damit meine Gänsekeule nicht meiner Nachbarin auf den Schoß hopst."

Ort des Gänseessens: die Villa des Reichspropagandaministers Dr. Goebbels in Berlin. Zeit: der Silvesterabend 1944. Einer der Silvestergäste ist Wilfried von Oven, Pressereferent des Ministers. Er berichtet weiter: „Ich sehe mich zwischendurch in der Runde um und stelle zu meiner Befriedigung fest, dass das allgemeine Schweigen bei Tisch darauf zurückzuführen ist, dass alle Tischgenossen sich mit der gleichen Verbissenheit bemühen, ihren Braten in mundgerechte Teile zu zerlegen. So säbeln wir eine Weile in emsiger Stille weiter. Die Gäste sagen nichts,

um die Hausfrau nicht zu kränken, die Hausfrau sagt nichts, um den Spender der Gans, Gauleiter Hanke, nicht zu verletzen, und dieser mag sich der stillen Hoffnung hingegeben haben, dass nur er ein so zähes Stück erwischt habe.
Schließlich bricht der Hausherr den Bann, indem er sich an seine Frau wendet: ‚Sag mal, ist dein Gänsebein auch so unglaublich zäh wie meines?'
Allgemeines Aufatmen. Das Gesprächsthema ist gefunden. Lebhafte Diskussion über den jeweiligen Grad der Zähigkeit. Hanke meint in Erwiderung zahlreicher Anspielungen, es sei ein gutes Zeichen für die deutsche Ernährungslage im sechsten Kriegsjahr, dass die Gänse bei uns noch so alt würden.
Später sitzen wir in der Halle vor dem flackernden Kaminfeuer. Als das alte Jahr zu Ende geht, wird der Rundfunkempfänger auf höchste Lautstärke gestellt. Das ‚Preußische Bekenntnis' von Clausewitz, von Heinrich George gesprochen, erklingt. In seine letzten Sätze mischen sich, von zarten Geigen getragen, die Klänge des Deutschlandliedes. Zwölf Schläge verkünden das Ende des alten Jahres, das uns so viel Schweres, aber zuletzt doch noch einen neuen Hoffnungsschimmer gebracht hat. Mit dem letzten Glockenschlag hebt das eherne Dröhnen der Glocken an, das in den machtvollen Gesang des Liedes ‚O Deutschland hoch in Ehren' übergeht. Wir haben uns erhoben. Frau Goebbels weint. Auch wir anderen sind in ergriffener Stimmung."
Zuletzt ein neuer Hoffnungsschimmer? Sie müssen es wohl so empfunden haben, was in Wirklichkeit doch nur eine Atempause vor dem nun schon unausweichlichen Verhängnis war. Gewiss, die Fronten waren nach und nach zum Stehen gekommen, aber warum?
Nicht weil Wunderwaffen oder neue Armeen den Feind gestoppt haben, sondern weil es Winter geworden ist und der Feind, im Osten wie im Westen, einen langen, blutig erkämpften Vormarsch hinter sich hat und eine Verschnaufpause braucht, ehe er zum letzten Schlag ausholen kann. Vor allem die Rote Armee ist in einem Sturmlauf ohnegleichen westwärts vorgedrungen. Die sowjetischen Heeresgruppen (l. Baltische, 3., 2. und 1. Weißrussische Front), die am 22. Juni aus dem Raum Witebsk-Smolensk-Rogatschew mit ungeheurer Übermacht hervorgebrochen waren, die deutsche Heeresgruppe Mitte überrannt und praktisch vernichtet hatten, standen bereits fünf Wochen später an der Weichsel südlich Warschau und an der Grenze Ostpreußens.
Über 700 Kilometer hart erkämpfter Vormarsch in nur fünf Wochen, das entsprach den Rekorden der deutschen Wehrmacht in der Gegenrichtung. Und damit nicht genug, die Rote Armee greift unentwegt weiter an, dringt in Ostpreußen ein, steht im Oktober in Warschau, rollt im Süden die Verbündeten des Reiches (Rumänien, Ungarn, die prompt abfallen) nacheinander auf, stürmt in den Rücken der deutschen Balkanfront, nimmt Mitte Oktober Belgrad, erobert Budapest ...

Bild linke Seite: „Nach fünfjährigem schwersten Kampf steht infolge des Versagens aller unserer europäischen Verbündeten der Feind an einigen Fronten in der Nähe oder an den deutschen Grenzen. Er strengt seine Kräfte an, um unser Reich zu zerschlagen, das deutsche Volk und seine soziale Ordnung zu vernichten, sein letztes Ziel ist die Ausrottung des deutschen Menschen." Mit diesen Sätzen begann der „Erlaß über die Bildung des deutschen Volkssturms", mit dem im September 1944 „alle waffenfähigen Männer im Alter von 16 bis 60 Jahren" einberufen wurden.

Bild rechte Seite: Die deutsche Raketenpanzerbüchse 44 mit dem Beinahmen Panzerschreck war eine vergrößerte Panzerfaust mit einem Kaliber von 8,8 cm und einem gewicht von 9,5 kg bei 1,64 m Länge. Wegen des starken Feuerstrahls und der damit schnell auszumachenden Position des Schützen war aber auch ihr Einsatz, genau wie der der Panzerfaust, an günstige Geländeverhältnisse gebunden.

Aber dann ist Pause. Denn wenn der Vormarsch auch rasant war, so musste er doch teuer erkauft werden – gegen erbitterten Widerstand. Die Russen stürmten buchstäblich ohne Rücksicht auf Verluste.
Die Gefechtsberichte der dem Ansturm ausgesetzten deutschen Verbände sprechen da eine deutliche Sprache. Immer wieder ist da nachzulesen, dass in einem Kompanieabschnitt ein mehrfach wiederholter russischer Angriff abgeschlagen worden sei – mindestens 4.000 Rotarmisten tot oder verwundet, 32 Panzer vernichtet, bei nur 40 Mann eigenen Verlusten sowie Verlust von zwei Sturmgeschützen, zwei Feldhaubitzen und einigen MGs.
Zahlenmäßig hört sich das wie ein Sieg an, nur – die Russen konnten solche Verluste per Saldo verkraften, sowohl was Menschen als auch Material anlangt, aber 40 erfahrene Kämpfer und die letzten beiden Haubitzen – das war für eine ohnehin schon auf die Hälfte der Sollstärke oder noch weniger zusammengeschmolzene Kompanie ein unersetzbarer Verlust.
Und was für Kompanien galt, galt ebenso für Bataillone, Regimenter, Divisionen und Armeen – sie warfen sich mit schier übermenschlicher Bravour dem Ansturm wieder und wieder entgegen – bis auch die letzte Kraft erlahmt war und sie dem Druck weichen mussten.
Endlich, Mitte November, ließ der Druck nach, es entstand wieder eine zusammenhängende, leidlich stabilisierte Frontlinie. Sie begann im Norden am Kurischen Haff, führte dann an der ostpreußischen Grenze entlang und durch ostpreußisches Grenzgebiet bis zum Narew. Die Frontlinie folgte dann diesem Fluss bis zu dessen Mündung in die Weichsel, dann der Weichsel bis quer durch Warschau hindurch. Südlich Warschau umschloss die Front zwei russische Brückenköpfe auf dem Westufer der Weichsel – den nördlichen im Weichselknick bei Pulawy-Zwolen, den südlicheren, weit größeren und gefährlicheren, im Weichselbogen vor Baranow. Südlich dieses russischen Brückenkopfes folgte die Front nur noch kurz dem Weichselufer, durchschnitt den Strom dann und verlief fast geradeaus südwärts bis Kaschau

im ungarisch-tschechischen Grenzgebiet, wo dann die Front der Heeresgruppe Süd anschloss.
Eine immer noch rund 1.000 Kilometer lange Front, gehalten von ganzen zwei deutschen Heeresgruppen, genauer von dem, was nach den wüsten Rückzugsschlachten des Sommers und des Herbstes davon übriggeblieben war. Den Nordabschnitt hielt die im Sommer zerschlagene und nur notdürftig neu aufgebaute Heeresgruppe Mitte unter dem Oberbefehl des Generalobersten Reinhardt, den Südabschnitt, von Warschau bis Kaschau, hatte die Heeresgruppe A zu verteidigen, befehligt von Generaloberst Harpe. Gegenüber dieser dünnen deutschen Front begann, kaum dass sie sich stabilisiert hatte, der Neuaufmarsch der Roten Armee. Ihre vier Heeresgruppen – von Norden nach Süden unter den Befehlshabern Rokossowski, Tschernjachowski, Schukow und Konjew – wurden in raschem Tempo derart mit Menschen und Material aufgefüllt, dass schon Mitte Dezember das Kräfteverhältnis der beiden Seiten der Front wieder fast groteske Formen annahm: Russische Überlegenheit bei Infanterie 9 zu 1, bei Panzern 6 zu 1, bei Artillerie 10 – 15 zu 1, je nach Frontabschnitt. Luftwaffe war auf deutscher Seite praktisch gar nicht mehr, auf russischer überreichlich vorhanden – auch im Osten war die Luftherrschaft, in den Anfangsjahren des Krieges einer der Schlüssel zu den deutschen Erfolgen, längst an den Gegner übergegangen.
Wann diese Übermacht abermals auf die dünne deutsche Front losrennen würde, war nur eine Frage der Zeit, und was dann geschehen würde, war kaum eine Frage mehr, nicht für die Armee- und Heeresgruppenkommandeure an der Front, und auch nicht für Generaloberst Guderian, den Panzergeneral, der seit Juli 1944 Generalstabschef des Heeres war.
Guderian verlangte, und das nicht erst im Dezember, wieder und wieder von Hitler, die in Kurland stehende Heeresgruppe Nord – an die 30 intakte Divisionen, die da fast tatenlos herumstanden – zur Verstärkung der eigentlichen Ostfront zurückzuholen. Das war militärisch nötig und technisch möglich, aber Hitler lehnte ab, wie er seit geraumer Zeit jede Rückwärtsbewegung ablehnte.
Stattdessen startete Hitler eine wahnwitzige Offensive im Westen – die sogenannte Ardennenoffensive! Guderian verlangte, nachdem er diesen Unfug schon nicht zu verhindern vermochte, man möge ihm wenigstens dann, wenn der Angriff im Westen nicht den erstrebten Erfolg brächte, die dann freiwerdenden Divisionen für die Ostfront geben. Das sagte Hitler zu, um es dann doch nicht zu halten. Guderian bekam für die Ostfront praktisch nichts.
Er und die Heeresgruppenkommandeure mussten sich selbst helfen. Sie zogen die wenigen beweglichen Verbände aus der dünnen Front heraus, frischten sie mit allem, was irgendwie zusammenkratzbar war, hinter der Front auf und brachten so eine Reserve von 14 mageren Divisionen zusammen. Die Panzerdivisionen dieser Reserve, die hinter der Front von der Ostsee bis zum südlichen Weichselknie aufgestellt war, zählten 70-80 Panzer pro Division, ein Drittel der Sollstärke – für deutsche Verhältnisse eine beachtliche Zahl. Aber was bedeutete das schon gegenüber einem Gegner, der ganze Panzerkorps dutzendweise auffahren konnte! Es lag nahe, dass die deutschen Generäle bestrebt waren, was ihnen an Masse fehlte, nach Möglichkeit durch Taktik wettzumachen. Aus diesem Bestreben war der Plan „Schlittenfahrt“ entstanden, entwickelt vor allem vom Generalstabschef der Heeresgruppe A, dem noch relativ jungen Generalleutnant Wolfdietrich Ritter von Xylander.
Der war von der inzwischen bekannten russischen Angriffstaktik ausgegangen, die auf der riesigen Artillerieüberlegenheit der Russen beruhte. Die Russen begannen ihre Angriffe stets mit einem langen, mörderischen Trommelfeuer, darauf angelegt, möglichst jeden Quadratmeter der deutschen Hauptkampflinie umzuwühlen. Das bedeutete allemal schwerste Verluste, die einfach nicht mehr zu verkraften waren.
Ritter v. Xylander hatte deshalb vorgeschlagen, unmittelbar vor Angriffsbeginn – dessen Zeitpunkt zu ermitteln er der Feindaufklärung (zu Recht) durchaus zutraute – die Truppen aus der vordersten Linie zurückzuziehen, damit sie von dem Artillerie-Orkan verschont blieben und dem danach ziemlich blind vorstürmenden Gegner ungeschwächt gegenübertreten könnten. Alles schön gedacht, auch durchaus richtig, nur ohne Hitler. Der hielt von Bewegung nichts mehr, beharrte auf sturem Stehen. Er verwarf das „Schlittenfahrt“-Konzept und ließ nicht einmal zu, die mühsam aufgebauten Reserven in gebührendem Abstand hinter der Front bereitzustellen, damit sie sich dann da, wo sie gebraucht wurden, entfalten könnten. Nein, diese Reserven standen, Führerbefehl, knapp zehn bis zwölf Kilometer hinter der Front.
Gebraucht wurden sie, laut Hitler, sowieso nicht; der Führer hielt alle Meldungen über den sowjetischen Aufmarsch – Überlegenheit

Bild linke Seite: Ein Panzergraben wird überwunden. In fieberhafter Eile schaufeln die Grenadiere eine Furt für die nachrückenden Panzer, Geschütze und Trossfahrzeuge“. (Originalunterschrift).

Bild rechte Seite: Was die Deutschen im Osten erwartete, zeigten Bilder aus zurückeroberten Ortschaften. Deutsche Soldaten fanden zu Tode gequälte Menschen jeden Alters und Geschlechts vor. Solche und ähnliche Bilder durch Angehörige der Roten Armee begangener Grausamkeiten, die der damalige sowjetische Soldat und russische Schriftsteller Lew Kopelew schon lange vor Gorbatschows „Glasnost“-Direktiven zur Aufhebung der Zensur mit schonungsloser Offenheit („Aufbewahren für alle Zeit!“) thematisiert hat, waren die beste „Propaganda“, den deutschen Widerstand im Osten zu stärken.

der Russen in den Weichselbrückenköpfen inzwischen auf Infanterie 11:1, Panzer 7:1, Artillerie 20:1 angestiegen – für erstunken und erlogen; er glaubte zu wissen, die Russen seien viel zu schwach, um überhaupt anzugreifen.

Guderian wusste es besser, Generalmajor Gehlens Feindaufklärung, Abteilung „Fremde Heere Ost", arbeitete in dieser Phase, anders als früher, ausnahmsweise gut, sie hatte sogar den Zeitpunkt des russischen Angriffs korrekt vorausgesagt: 12. Januar 1945.

An diesem Tag, nachts um 1.30 Uhr, begann an der Front des Baranow-Brückenkopfes das erwartete und gefürchtete russische Trommelfeuer.

Die Feuerdichte auf russischer Seite betrug 250 Geschütze und Stalinorgeln pro Kilometer – alle vier Meter eins. Es dokumentierte die Ohnmacht der deutschen Wehrmacht, dass sie nicht imstande war, einen derart dichten Artillerie-Aufmarsch zu zerschießen, zu zerbomben oder sonst wie unmöglich zu machen.

Bis 6 Uhr morgens prasselte der Geschosshagel auf die dünnen deutschen Linien, dann hörte er auf. Doch gerade als die Überlebenden sich zu sammeln begannen und das, was von ihren Waffen übriggeblieben war, brach das Inferno abermals los, mit doppelter Gewalt, bis 7 Uhr. Dann waren Stellungen und Truppe der 4. Panzerarmee, die vor dem Baranow-Brückenkopf lag, buchstäblich zermalmt, nicht mehr in der Lage, die Russen zu halten, die nun in schmalen Keilen, dichte Panzerrudel voran, durch die zerstampfte deutsche Front stießen und, ohne sich um Flankenschutz oder dergleichen zu scheren, vorwärts rollten. Die dürftigen Reserven, viel zu dicht hinter der Front aufgestellt, wurden – noch ehe überhaupt über die Lage Klarheit gewonnen war und sie wirksam angesetzt werden konnten – von den vorpreschenden Sowjetpanzern erreicht, angegriffen und am Versammlungsplatz in wütende Kämpfe verwickelt – und wurden damit operativ wertlos.

Konjews Durchbruch im Süden der Ostfront folgten Schlag auf Schlag die nächsten Katastrophen. Am 13. Januar brach im Norden die Heeresgruppe Tschernjachowski durch

die deutschen Linien an der ostpreußischen Grenze und südlich davon die Heeresgruppe Rokossowski über den Narew. Tschernjachowskis Stoß zielte auf Königsberg und Samland, Rokossowskis Angriffsdivisionen stürmten Richtung Elbing-Danzig – eine großräumige Klammerbewegung, um Ostpreußen vom Reich abzutrennen.

Am nächsten Tag, dem 14. Januar, stürmten Schukows Armeen südlich und nördlich von Warschau über die zugefrorene Weichsel in den Warthegau.

An allen drei Frontabschnitten war der sowjetische Vormarsch zwar stürmisch, aber deswegen nicht leicht. Denn wenn auch die deutschen Linien fast durchweg im ersten Ansturm überrannt wurden – was übrig blieb, sich wieder sammelte, warf sich dem Ansturm mit berserkerhaftem Kampfgeist entgegen, focht mit einer Härte und einer Erbitterung wie niemals zuvor in diesem Krieg.

Wenn irgendwo in den erbitterten Rückzugskämpfen zwischen Kurischem Haff und den Karpaten dieser oder jener Gegenstoß in zuvor feindbesetzte Dörfer, Flecken, Kleinstädte führte, oder wenn eingeschlossene Truppenteile sich als „wandernde Kessel" westwärts durch den Feind zurückkämpften, sahen sie in namenlosem Entsetzen überall das gleiche. Das ließ sie nicht mehr fragen, nur noch kämpfen.

Die Gräueltaten der Roten Armee in den deutschen oder von Deutschen besiedelten Gebieten, in die sie in den letzten Januarwochen des Jahres 1945 einbrachen, sind gewiss durch nichts zu entschuldigen. Zweierlei aber ist zu bedenken. Zum einen waren die russischen Kampftruppen auf ihrem Weg zu den Grenzen Deutschlands durch ein Meer von Blut gewatet, und zwar vornehmlich durch das ihrer Kameraden – der gesamte russische Vormarsch war immer und überall mit einem kaum vorstellbaren Blutzoll erkauft worden. Überdies waren diese Truppen nicht durch Feindesland, sondern durch ihr eigenes, vom Feind total verwüstetes Land vormarschiert – beides Grund genug, die Truppe in einen wilden Blut- und Racherausch zu versetzen, der alle Grenzen sprengte. Ob es dazu überhaupt der wüsten Hasspropaganda bedurft hätte, mit der die Rotarmisten angefeuert

Bild linke Seite oben: Am Abend des 5. April dröhnten aus russischen Stellungen Lautsprecher nach Königsberg hinein: „Heute Nacht habt ihr die letzte Chance, zu uns zu kommen. Morgen um 8 Uhr beginnt die Offensive. Wer das Trommelfeuer überlebt, wird von den Panzern niedergewalzt. Denkt an Stalingrad! Morgen beginnt das große Sterben." Über den am nächsten Tag einsetzenden russischen Großangriff berichtet ein deutscher Offizier: „Man sah Greise, Frauen und Kinder Möbel oder Hausrat aus brennenden Häusern heraustragen und Brände mit unzulänglichen Mitteln löschen. Die Gefechtsstände, Verwundeten-Sammelstellen, Hauptverbandsplätze und Lazarette füllten sich mit verwundeten Soldaten und Zivilisten. Königsberg bot überall ein Bild des Schreckens. Die Luft war rauch- und dunsterfüllt, und in der Nacht war der Himmel durch die ausgedehnten Großbrände hell erleuchtet."

Bild linke Seite unten: „Auf den vereisten und überfüllten Straßen kamen uns Fahrzeuge der deutschen Wehrmacht entgegen. Wagen kippten um, Pferde brachen die Beine. Menschen mit erfrorenen Gliedern mühten sich vorwärts."

Bild rechte Seite: „Unter den Ausschreitungen der einziehenden russischen Truppen hatten ganz besonders die Frauen zu leiden. Unter den zahlreichen Erlebnisberichten, die vom Einzug der Roten Armee handeln, gibt es kaum einen, der nicht von Vergewaltigungen deutscher Frauen und Mädchen zu berichten weiß, in vielen wird sogar in aller Offenheit von selbsterlittenen Vergewaltigungen erzählt. Es kann auch bei kritischster Prüfung dieser Berichte kein Zweifel sein, dass es sich bei den Vergewaltigungen deutscher Frauen und Mädchen durch russische Soldaten und Offiziere um ein Massenvergehen im wahren Sinne des Wortes handelt, keineswegs um bloße Einzelfälle" (Dokumentation der Vertreibung der Deutschen aus Ost-Mitteleuropa).

wurden, kann allerdings bezweifelt werden. Zum anderen: Die Verantwortlichen dafür, dass dieses entsetzliche Schicksal die deutsche Zivilbevölkerung treffen konnte, saßen nicht in Moskau, sondern in Königsberg, Posen, Breslau und Berlin – die Gauleiter von Ostpreußen, Koch, vom Warthegau, Greiser, und von Schlesien, Hanke, sowie ihr oberster Vorgesetzter (außer Hitler), der Reichsleiter Bormann. Absolute Herrscher in ihren Gaufürstentümern, die sie waren, war für sie offenbar der Gedanke, die Herrlichkeit könne ein Ende haben, schier undenkbar. In blindem Glauben an Endsieg und unmittelbar bevorstehende Wende ließen sie zwar die Bevölkerung, soweit sie einen Spaten halten konnte, schanzen: Während des Winters wurden, von Ostpreußen bis hinunter nach Schlesien, Panzergräben gegraben und Feldbefestigungen gebaut, in drei Linien hintereinander. Aber was eigentlich das Gebot der Stunde war: die Bevölkerung aus den bedrohten Gebieten rechtzeitig zu evakuieren, das taten sie nicht, wohl weil es ihnen als Zweifel am Endsieg, als Eingeständnis der bevorstehenden Niederlage schien.

Technisch möglich wäre eine geordnete Rückführung der Bevölkerung aus den Ostgebieten ins Reichsinnere gewesen. Sie hätte Tausenden und Abertausenden Tod und Martyrium erspart, sei es durch die rasenden Russen, sei es durch grauenvolle Flucht inmitten des Kampfstrudels bei eisiger Kälte von minus 20 Grad und mehr. Denn die Flucht begann fast überall erst, als näherkommender Kampflärm und Rauchschwaden vom brennenden nächsten Dorf der Bevölkerung klarmachten, dass alle Beteuerungen ihrer Ortsgruppen- und Kreisleiter falsch gewesen waren, dass die Russen buchstäblich vor der Tür standen.

Und so mischten sich überall die elenden Trecks, nur mit dem Notdürftigsten ausgerüstet, in die rückflutenden Etappendienste, erbarmungswürdig hilflos, ohne recht zu wissen, wohin. Die verzweifelt kämpfende Truppe mühte sich, die Flüchtenden in die Mitte zu nehmen, sie zu schützen, wurde aber natürlich dadurch zusätzlich in ihrer Bewegungsfreiheit behindert.

Das Tempo des russischen Vormarschs ist enorm. Im Süden erreichen Konjews Angriffsspitzen bereits nach acht Tagen, am 20. Januar, die schlesische Grenze, am 22. Januar fallen Gleiwitz und Beuthen, am 25. wird die Oder bei Brieg und Steinau überschritten.

In der Mitte jagen Schukows Armeen quer durch Polen: Am 17. Januar fällt Lodz (damals Litzmannstadt) und am 18. Krakau, am 27. Januar wird Posen eingeschlossen, am 30. Januar erreichen Panzerspitzen zwischen Frankfurt und Küstrin die Oder, überqueren den fest zugefrorenen Fluss; gleich darauf werden beiderseits Küstrin zwei starke Brückenköpfe gebildet.

Im Norden ist Rokossowski, in Süd-Nord-Richtung angreifend, binnen zehn Tagen bis zur Ostsee durchgestoßen, er erreicht sie am Südende des Frischen Haffs. Damit sind alle Landverbindungen zwischen Ostpreußen und dem Reich abgeschnitten, nur über das zugefrorene Haff und die schmale Nehrung besteht noch ein Durchschlupf.

Zwei Tage nach Beginn des russischen Angriffs begreift Hitler, bis dahin immer noch mit dem fehlgeschlagenen Verzweiflungsangriff im Westen beschäftigt, endlich die tödliche Gefahr, die im Osten droht, und verlegt sein Hauptquartier aus dem Westen in die Reichskanzlei. Er beschließt, die Westfront auf Verteidigung umzustellen und die freiwerdenden Verbände, vor allem die 6. SS-Panzerarmee, zu Guderians hellem Entsetzen, nicht an die Ostfront, sondern nach Ungarn zu werfen, um Budapest zurückzuerobern.

Weitere Führerentschlüsse der letzten Januarwochen: Hitler ernennt Himmler zum Oberbefehlshaber der neu zu bildenden Heeresgruppe Weichsel, die das weit klaffende Loch zwischen nördlicher Weichsel und der Reichsgrenze schließen soll – entstanden dadurch, dass der größte Teil der Heeresgruppe Mitte nach Ostpreußen abgedrängt und dort eingeschlossen ist.

Ein fataler Beschluss – Himmler mochte im nationalsozialistischen Sinne seine Meriten haben; von der überaus schwierigen Generalstabsaufgabe, fast aus dem Nichts – aus rückflutenden Restverbänden, frisch ausgehobenen Volksgrenadiereinheiten, zweckentfremdeten Etappensoldaten aller Art und dergleichen – eine neue, einsatzfähige Heeresgruppe aufzubauen, verstand Himmler überhaupt nichts, und der Stab, den er sich auf ausdrücklichen Führerwunsch selbst zusammensuchte, nicht viel mehr.

Ein anderer Führerbefehl betraf das oberschlesische Industriegebiet, das unbedingt gehalten werden müsse. Hitler ersetzte den nach seiner Auffassung zu schlappen Oberbefehlshaber der Heeresgruppe A, die in Oberschlesien kämpfte, Generaloberst Harpe, durch den ihm ergebenen Generaloberst Schörner, einen Mann, der es erklärtermaßen für richtig hielt, Truppen mit Terrormethoden in den Kampf zu jagen („Mehr Angst im Rücken als von vorne!").

Aber gerade dieser Schörner, der 15jährige Luftwaffenhelfer, die nichts weiter taten, als den gewohnten Weg von der Batterie nach Hause zu gehen, als Deserteure aufhängen ließ und sich den für diesen Brutalstil reichlich milden Namen „Heldenklau" einhandelte, dieser Schörner war es, der sich den Tatsachen beugen musste. Als die gegen Ende Januar im oberschlesischen Industriegebiet kämpfende 17. Armee fast umzingelt war, befahl Schörner auf eigene Faust Aufgabe des Industriegebietes und Rückzug der 17. Armee über die Oder. Das war am 27. Januar.

Schörner selbst teilte diese, in der Sache richtige, Hitlers Befehlen aber krass widersprechende Entscheidung seinem Führer telefonisch mit. Ohne diesen Rückzugsbefehl, begründete er, sei die ganze 17. Armee in kürzester Zeit zum Teufel, und das könne er nicht riskieren, die brauche er noch. Generalleutnant Ritter von Xylander, nach wie vor Generalstabschef der Heeresgruppe, der das Gespräch mithörte, erwartete danach, dass Hitler den ungehorsamen Schörner, wenn nicht sofort erschießen, so doch mindestens sofort ablösen lassen würde. Stattdessen hörte er einen müden Hitler sagen: „Ja, wenn Sie meinen, Schörner. Sie führen ja schon richtig. “

War das schon wunderbar, so geschah – nachdem Schörners Heeresgruppe bis über die Görlitzer Neiße zurückgedrängt worden war – noch Wunderbareres: Die Russen blieben, Mitte Februar, stehen.

Warum die russischen Armeen, noch im vollen Angriffsschwung, Mitte Februar plötzlich stehen blieben, nicht weiterstürmten, daran ist seither viel herumgerätselt worden. Nur einer rätselte damals nicht: Hitler. Als die Front – entlang der Görlitzer Neiße und dann die Oder entlang bis kurz vor Stettin, von da in flachem Bogen durch Pommern bis Danzig – unerwartet stehen blieb, da war für ihn klar, dass sich nun die Wende anbahnte, die Russen am Ende ihrer Kraft waren und es nur geringer Anstrengung bedürfe, um das Schicksal zu wenden.

Das war eine aberwitzige Illusion, in der jedoch ein wahrer Kern steckte. Denn die Russen konnten wirklich nicht mehr. Ihre Nachschublinien waren nach dem rasanten Vormarsch überdehnt und funktionierten nicht mehr, die Fronttruppe war erschöpft und ausgeblutet, und die militärische Lage war auch nicht so – die russischen Marschälle hatten vor ihren Gegenübern noch immer höllischen Respekt. Gewiss, man stand an der Oder, nur noch 90 Kilometer vor Berlin, aber oben waren die Germanskis noch in Pommern, unten in Schlesien, und wenn die da noch was auf die Beine bringen würden und eine Riesenzange von Norden und Süden durch die dürftigen rückwärtigen Linien ansetzten ...

In dieser Richtung wurde auf deutscher Seite auch gedacht. Nur, was die Russen nicht wussten – dafür fehlte längst die Kraft. Noch etwas anderes als diese militärischen Überlegungen brachte den russischen Vormarsch zum Stehen: Die russischen Kommandeure verloren vorübergehend die Kontrolle über ihre siegestrunkenen Truppen. Die waren inzwischen nicht mal mehr so sehr mit Vergewaltigen als mit Beutemachen beschäftigt, sie

entdeckten, dass diese verfluchten Nemetzkis selbst im soundsovielten Kriegsjahr weit besser gelebt hatten als sie im tiefen, fast schon vergessenen Frieden je zu Hause, und sie machten sich über das her, was sie fanden: Alkoholika, Gebrauchsgegenstände aller Art.

Ganze Truppenteile verweigerten in diesem Taumel Befehle, so nachzulesen sogar in offiziellen sowjetischen Quellen. Eine Pause war unumgänglich.

Das hieß freilich nicht, dass die Russen den Angriff überall einstellten. In den Wochen von Mitte Februar bis Mitte März wurde die Heeresgruppe Weichsel aus Pommern herausgedrängt; in der gleichen Zeit vollzog sich das Schicksal Ostpreußens. Dort ging, auf einen immer kleiner werdenden Kessel um Heiligenbeil zusammengedrängt, die 4. Armee unter, bis zuletzt erbittert kämpfend, um möglichst vielen die Flucht über das gefrorene Haff und die Nehrung zu ermöglichen; in Pommern zerfaserte die ausgeblutete 2. Armee unter dem Ansturm von Schukows Panzern, die auf breiter Front fächerförmig zur Küste durchstießen.

Am 20. März ernannte Hitler auf Drängen Guderians den Generalobersten Gotthard Heinrici zum neuen Oberbefehlshaber der Heeresgruppe Weichsel. Der eher kleine, schlanke General, grauhaarig, damals 56 Jahre alt, war ein Verteidigungsspezialist, von dem die Rede ging, er gehe erst zurück, wenn die Luft nur noch aus Blei bestehe, aber auch dann erst nach reiflicher Überlegung. Das hieß jedoch nicht, dass er seine Truppen verheizte, ganz im Gegenteil, Heinrici verstand sich auf die Kunst, bei geringsten eigenen Verlusten möglichst viele Gegner aufzuhalten.

Was er allerdings bei Übernahme seines Kommandos vorfand, ließ ihn an der Möglichkeit eines Erfolges zweifeln. Die Front der Heeresgruppe Weichsel folgte jetzt dem westlichen Oderufer, von der Mündung – wo die Inseln Usedom und Wollin noch in deutscher Hand waren – bis zur Einmündung der Görlitzer (Lausitzer) Neiße. Dort schloss die Front der Heeresgruppe Schörner an, die durch die Lausitz und dann entlang dem Riesengebirge und den anschließenden Höhenzügen bis zur Slowakei verlief.

Heinricis Frontabschnitt wurde von zwei Armeen gehalten, die nördliche Hälfte – Odermündung bis Eberswalde – von der 3. Panzerarmee unter General von Manteuffel; die südliche Hälfte – Eberswalde bis Neißemündung – von der 9. Armee unter General Busse.

Manteuffel und Busse waren beide energische, fronterfahrene Armeeführer, nur ihre Armeen – das waren gar keine. Es waren bunt zusam-

Bild linke Seite: Im Panzergraben vor der Ostseestadt Pillau. Einer der Hunderttausende deutscher Soldaten, die, abgekämpft und material- und zahlenmäßig unterlegen, den russischen Vormarsch im Osten aufhalten sollten. General Tschuikow hingegen konnte angesichts seiner Streitkräfte vor dem Sturm auf das Deutsche Reich triumphieren: „Es waren zehntausend Geschützrohre auf die Verteidigungsstellungen des Gegners gerichtet. Zweihundert bis zweihundertfünfzig Geschütze je Frontkilometer garantierten den Erfolg. Tausende von Panzern und Sturmgeschützen standen in den Wartestellungen bereit. Tausende von Flugzeugen warteten mit eingehängten Bomben auf den Einsatzbefehl. “

Bild rechte Seite oben: Sowjetische Bereitstellung. Ihre Parole: „Vorwärts über die Weichsel“

Bild rechte Seite unten: Als die Soldaten der deutschen Wehrmacht in Russland vordrangen, befahl Stalin der zurückflutenden Roten Armee, alles zu zerstören was dem Feind nützen könne. Als sich die Wehrmacht aus Russland zurückziehen musste, erging der Befehl „Verbrannte Erde“, diesmal von der deutschen Führung angeordnet, brachte er erneutes Leid über die geplagte Bevölkerung.

mengewürfelte Haufen, zusammengestellt aus dem, was sich aus dem Inferno der Januaroffensive über die Oder gerettet hatte, wahllos aufgefüllt mit Halbgenesenen aus Lazaretten, kaum ausgebildeten jungen Rekruten, Volkssturmeinheiten und dergleichen; mit Offizieren und Unteroffizieren besetzt, die zum erheblichen Teil den Krieg bis dahin nur am Schreibtisch erlebt hatten. Nur wenige intakte, kampferprobte Divisionen waren dabei.

Ähnlich stand es mit der Ausrüstung. Nur die wenigen alten Divisionen hatten im Wesentlichen, was sie brauchten, den neu auf- oder zusammengestellten Verbänden dagegen fehlte es an allem, Waffen, Munition, Sprit, sogar Schanzgerät wie Spaten und Pickel.

Einziger Lichtblick: 850 Panzer sind da, zum größten Teil neu, sozusagen letzter Ausstoß der nun erlahmenden Rüstungsindustrie. Dafür gibt's zwar noch nicht sofort genug erfahrene Besatzungen und Offiziere, doch die finden sich – das ergibt ein paar leidliche Panzerdivisionen, die annähernd diesen Namen verdienen.

Emsig bemühen sich Heinrici und seine Armeekommandeure, unter exzessivem persönlichem Einsatz, aus diesem Mischmasch kampffähige Verbände zu machen. Das gelingt auch, doch genug war das angesichts dessen, was sich am anderen Ufer der Oder zusammenbraute, ganz und gar nicht.

Hinzu kam noch Hitlers Unwillen über die russischen Brückenköpfe westlich der Oder, die Guderian nicht hatte beseitigen können.

Der aber wies die Führer-Kritik in einem wütenden Brief zurück, woraufhin er mit General Busse vor den Diktator zitiert wurde.

Guderian und Busse waren pünktlich in der Reichskanzlei erschienen. Busse begann seinen Vortrag, doch Hitler ließ ihn nicht ausreden, sondern überschüttete Busse mit Vorwürfen. Guderian hörte das nur einige Augenblicke an, dann unterbrach er lautstark Hitlers Suada. Er erklärte exakt, warum Busse und seine Soldaten beim besten Willen keinen Erfolg haben konnten.

Adolf Hitler, der es nicht gewohnt war, unterbrochen zu werden, sprang zornbebend auf. Er war zwar in den knapp vier Jahren von 41 bis 45 körperlich zu einem zitternden Tattergreis ausgebrannt, konnte aber gleichwohl immer noch erstaunliche Energien mobilisieren. Und nun entlud sich all sein aufgestauter Hass gegen den Generalstab, diesen Hort des Defätismus, der seine Ideen konterkariert habe, nichts begreife ...

Solange Hitler in Deutschland an der Macht war, hatte in Konferenzen oder Besprechungen mit ihm, wenn überhaupt, nur einer gebrüllt: er selber. Das änderte sich an diesem Tag: Guderian schrie zurück. Nicht nur das, der General, ohnehin von der Natur mit einer lauten, polternden Stimme beschenkt, überbrüllte Hitler.

Auch bei Guderian kam alles hoch: die nicht zurückgeholte, nutzlos im Norden herumstehende Kurlandarmee, die sinnlose Ardennenoffensive, der idiotische Versuch, Budapest zurückzuerobern – alles auf Kosten der Ostfront, die noch 500 Kilometer vom Reich entfernt stehen könnte, ohne diesen ganzen Unfug ... Hitler schrie derweil unentwegt, er habe es satt, er brauche keinen Generalstab mehr, da sitze der ganze 20. Juli, er brauche keinen Generalstab mehr ...

Das Zorngebrüll der beiden Männer hatte die Umgebung zunächst erstarren lassen, dann trat General Burgdorf hinter Hitler und zerrte ihn mit den Worten „Mein Führer, so beruhigen Sie sich doch!" in den Sessel zurück, in den sich Hitler, plötzlich erschlafft, dann auch fallen ließ. Jodl packte den vor Wut krebsroten Guderian am Arm und führte ihn dann an der entferntesten Wand des riesigen Hitler-Arbeitszimmers auf und ab, was nicht viel nützte: Unentwegt dröhnte Guderians polternde Stimme durch den Raum, das „Verhängnis" beschwörend, das „Er" mit seinen Fehlentscheidungen über die Ostfront gebracht habe.

Guderians Adjutant, Major Bernd von Freytag-Loringhoven, bekam es mit der Angst, fürchtete, Hitler werde seinen Chef verhaften, wenn nicht gar erschießen lassen. Er sorgte dafür, dass Guderian aus seinem Zossener Hauptquartier angerufen und längere Zeit am Telefon festgehalten wurde.

Inzwischen beruhigte sich Hitler, setzte die Lagebesprechung fort, und auch Guderian hatte zum mindesten äußerlich seine Selbstbeherrschung wiedergefunden, als er dann in Hitlers Arbeitszimmer zurückkehrte. Er blieb stumm, bis die „Lage" beendet war. Dann Hitler: „Guderian und Keitel, bitte bleiben Sie noch."
Hitler, als alle anderen das Arbeitszimmer verlassen hatten: „Guderian, Ihre Gesundheit erfordert Ihre sofortige Beurlaubung. Ihr Herz macht Ihnen wieder zu schaffen. Ich hoffe, in sechs Wochen sind Sie wiederhergestellt." Guderian: „Ich melde mich beurlaubt!"
Damit verließ der letzte Mann aus der Umgebung Hitlers, der noch nicht den Kontakt zur Wirklichkeit verloren hatte, die Kommandobrücke des OKH.
Zurück in der militärischen Führungsspitze des Deutschen Reiches blieben nur noch Gestalten, die längst zu ergebenen Marionetten des gleichermaßen tatterigen wie unverändert allmächtigen Diktator-Greises geworden waren: Jodl, Keitel, Burgdorf, Krebs (Guderians Nachfolger).
Mit Guderian hatte Heinrici seine letzte Stütze im Führerhauptquartier verloren, nun musste er allein versuchen, die dünne Oderfront zu verstärken und vor allem Reserven im rückwärtigen Frontgebiet aufzubauen. Doch so sehr er Hitler auch drängte, er bekam keine Reserven, im Gegenteil, am 6. April nahm ihm Hitler auch noch die Hälfte seiner 850 Panzer weg und schickte sie zu Schörner, weil er plötzlich der Meinung war, der russische Hauptangriff werde im Süden, durch die Lausitz, angesetzt werden.
Am Nachmittag dieses 6. April hielt Heinrici in der „Führerlage" Vortrag; er zeichnete ein düsteres Bild von der Oderfront, die – so Heinrich – einem sowjetischen Großangriff schwerlich auf Dauer werden standhalten können. Hitlers Antwort war eine Tirade über den „fanatischen Glauben", auf den es jetzt ankäme, der jeden Soldaten erfüllen müsse: „Jetzt kommt es nur noch darauf an, wer stärker glaubt, wer in diesem Kampf der letzten Kräfte einige Minuten länger aushält. Das aber werden wir sein, und daran hat jeder Soldat an der Oder fanatisch zu glauben!" Müde, auch entmutigt, kehrte Heinrici an diesem Tag in sein Hauptquartier bei Prenzlau zurück. „Es hat alles keinen Zweck", sagte er bedrückt zu seinem la, Oberst Eismann, „es ist alles so sinnlos." Und doch brachte Heinrich zehn Tage später, als der Sturm auf Berlin begann, zusammen mit General Busse ein militärisches Kunststück von hohen Graden fertig. Es war ihm gelungen – obwohl die Russen eisern Funkstille hielten und Luftaufklärung so gut wie unmöglich war –, Ort und Zeit des russischen Angriffs richtig abzuschätzen. Und er hatte es fertiggebracht, in der Nacht vom 15. zum 16. April geräuschlos seine Truppen aus den Stellungen gegenüber dem waffenstarrenden sowjetischen Brückenkopf vor Küstrin auf die dahinterliegende Stellung am Ostrand der Seelower Höhen zurückzuführen. Marschall Schukow, der am 16. April um 4 Uhr morgens aus dem Küstriner Brückenkopf heraus angriff, hatte sich dafür etwas Besonderes ausgedacht: Er ließ das Schlachtfeld mit 140 gleißenden Scheinwerfern ausleuchten, um die Deutschen zu blenden und sie gegen das mörderische Trommelfeuer seiner Artillerie noch wehrloser zu machen. Mit 20.000 Geschützen schoss Schukow in den schmalen Angriffsstreifen hinein; der Feuerorkan war so gewaltig, dass er noch weit entfernt erdbebenartige Wirkungen auslöste; der Druck der gleichzeitigen Abschüsse zerfetzte die Trommelfelle der russischen Geschützbedienungen.
Doch Schukows Scheinwerfer hatten niemanden geblendet, sein Artillerie-Orkan war ins Leere gegangen: Er merkte es, als gegen Morgen seine Truppen durch das sumpfige Oderbruch gegen die Seelower Höhen stürmten. Sie kamen nicht weit. Oben saßen die Deutschen und feuerten, was aus den Rohren ging, „und die brauchten nicht mal groß zu zielen!", wie sich ein russischer Major des blutigen Gemetzels erinnerte.
Schukow tobte; er war ganz sicher gewesen, die Deutschen überrennen zu können. Stattdessen lag er vor den Seelower Höhen zunächst einmal fest, während sein Rivale Konjew weiter südlich flott vorwärts stürmte. Stalin hatte eine Grenzlinie zwischen den Heeresgruppen der beiden Rivalen festgelegt, die Schukow begünstigte. Konjew hatte den weiteren Weg. Aber ihm glückte auf breiter Front der Übergang über die Neiße, einen Tag später auch über die Spree.
Das war in Schörners Abschnitt. „Dieser große Soldat", bemerkte Heinrici bitter in seinem Hauptquartier am Abend des 16. April, „hat seine Front nicht mal einen Tag lang halten können." Heinricis Front hielt noch immer. Sie hielt zwei Tage lang, so lange, wie überhaupt noch etwas zum Schießen da war. „Aber dann", klagte General Busse, „werden sie doch überrannt." Am 18. April siegte der übermächtige Druck, Schukow eroberte die Seelower Höhen. Doch seine Truppen waren in der wüsten, enorm verlustreichen Schlacht so durcheinandergeraten, dass er eine Reorganisationspause brauchte.
Hitler schlief, als der Morgen des 20. April 1945 heraufdämmerte, sein 56. Geburtstag. An diesem Morgen näherten sich sowohl Schukows als auch Konjews Panzerspitzen den Außenbezirken der Reichshauptstadt. Die Amerikaner hatten bei Barby die Elbe überschritten. Busses 9. Armee hing mit einem Flügel noch an der Oder, war aber auf der anderen Seite bis Fürstenwalde zurückgedrängt und in Gefahr, eingeschlossen zu werden. Auf Manteuffels sogenannte 3. Panzerarmee am Unterlauf der Oder stürmte an diesem Morgen, nach mörderischem Artilleriefeuer, Rokossowskis Heeresgruppe mit gewaltiger Übermacht los. Die Szene zum größten Drama dieses Jahrhunderts war gerichtet.

Rückzug aus dem Balkan

Die deutsche Wehrmacht hatte drei Jahre lang Griechenland, Jugoslawien und die Inseln der Ägäis, bis September 1943 zunächst noch mit italienischer Mitwirkung, besetzt gehalten. Italien unterhielt noch im Sommer 1943 auf dem Balkan und dem Dodekanes 33 Divisionen. Wachsender Druck auf die deutschen Stützpunkte und Verbindungslinien durch Partisanen, die einen gnadenlosen Kleinkrieg gegen die Besatzungsmacht entfesselten, zwang die deutschen Soldaten zu einem Kampf ohne feste Fronten.
Dem Oberbefehlshaber Südost,

Generalfeldmarschall Maximilian Freiherr von Weichs, unterstanden, von vorübergehenden Ausnahmen abgesehen, keine erstklassigen Divisionen. Ihre Mannschaften bestanden meist aus Soldaten älterer Jahrgänge. Die Verbände besaßen oft nur eine dürftige Materialausstattung. Ihre Beweglichkeit war unzureichend. Hohe Kraftfahrzeugverluste durch Partisanenanschläge und Überfälle verschlechterten die Lage zusätzlich. Die deutsche Führung versuchte mangels anderer Einheiten das dünne Netz der Heerestruppen durch den Einsatz von Tausenden von „Wehrunwürdigen" zu verdichten und griff auch auf „Fremdstämmige" aller Nationalitäten zurück.
Die deutschen Soldaten mussten allerdings die Hauptlast der erbitterten Kämpfe meist allein tragen, in einem Gebiet, in dem die Weite des Raumes und die Unwegsamkeit des Geländes tödliche Gefahren bargen. Das Verkehrsnetz war dünn. Kahle Hochgebirge, Pässe und Schluchten wechselten ab mit Urwäldern und Fiebersümpfen in den Küstengebieten. Die Wetterverhältnisse setzten der Fliegerei Grenzen, und atmosphärische Störungen ungewöhnlichen Ausmaßes behinderten den Funkverkehr wie kaum anderswo. Das Mittelmeer und die Ägäis wurden von den Flotten der Alliierten beherrscht, und auch der Luftraum war im Besitz der Gegner. Seit Mai 1944 griff die britisch-amerikanische Luftwaffe zur Unterstützung der Partisanen in die Erdkämpfe ein. Sie bombardierte deutsche Stützpunkte und Nachschublinien. Jagdbomber griffen deutsche Truppen auf dem Marsch an. Alliierte Jagdflugzeuge überwachten die deutschen Fliegerhorste und erschwerten den Einsatz der schwachen eigenen Luftstreitkräfte. Sie bestanden am 20. August 1944 aus insgesamt 352 Maschinen, von denen 272 (davon 107 Transporter) am Stichtag einsatzbereit waren. Zur Luftabwehr standen 107 schwere und 68 leichte Flakbatterien zur Verfügung.
Der OB Südost verfügte im August 1944 in Kroatien, Montenegro und Serbien über vier Armeekorps mit neun Divisionen, darunter drei kroatische Legionsdivisionen und die 1. Kosakendivision. In Albanien stand ein Gebirgskorps mit drei Divisionen. Die dem OB Südost unterstellte Heeresgruppe E (Generaloberst Alexander Löhr) in Griechenland und auf den Inseln bestand aus drei Generalkommandos mit fünf Divisionen und vier Festungsbrigaden. Auf Kreta lagen die gute 22. Inf. div. und eine Festungsdivision, auf Rhodos die Sturmdivision „Rhodos" und auf Leros eine Festungsbrigade. Besondere Schwierigkeiten bereitete es im Sommer 1944, die Inseln der Ägäis über See zu versorgen. Die deutschen Seestreitkräfte waren dem Gegner weit unterlegen. Ähnlich sah es bei der Transportflotte aus. Sie schmolz 1944 so zusammen, dass die Inseln schließlich nur noch aus der Luft versorgt werden konnten sowie von kleinen Motorseglern, die sich von Insel zu Insel „durchmogelten". Aber auch von diesen konnte der Gegner viele abfangen und versenken.
Die Kriegserklärung des bisherigen Verbündeten Rumänien am 25. August 1944, der in wenigen Tagen der Zusammenbruch der deutschen Heeresgruppe Südukraine folgte, und der sich abzeichnende Abfall Bulgariens zwangen Hitler am gleichen Tag zu einem Befehl zur „Auflockerung" der deutschen Besetzung Südosteuropas. Die Räumung Griechenlands und der Ägäis-Inseln sollte vorbereitet werden. Der OB Südost musste nun in seinem Bereich praktisch aus dem Nichts eine neue Ostfront aufbauen.
Am 27. 8. begann der Abtransport der 4. SS-Polizei-Panzergrenadierdivision aus dem Raum Larissa nach Belgrad, am 3. 9. das Herauslösen der 11. Luftwaffen-Felddivision aus Athen. Drei Tage später erhielt die Heeresgruppe E den Befehl, von den Inseln möglichst viele Einheiten aufs Festland zu verlegen. Auf Kreta standen zu dieser Zeit 34.000 deutsche und 6.500 „hilfswillige" italienische Soldaten, auf den Inseln des Dodekanes 23.300 Deutsche und 7.350 Italiener. Die Insel-Räumung erfolgte unter größter Anspannung der schwachen See- und Luftstreitkräfte. Niemand wusste, wie lange der Gegner der deutschen Führung Zeit ließ, im östlichen Jugoslawien eine neue Front aufzubauen, und ob die herausgelösten Truppen noch rechtzeitig dort eintreffen würden. Rund 100 Ju 52 schafften ab 30. 8. bei durchschnittlich 44 Flügen täglich die 22. Inf.Div. von Kreta, die Div. „Rhodos" und die Festungsbrigade 967 von Leros aufs Festland. Vom 7. bis 12. 9. stieg die tägliche Einsatzzahl auf durchschnittlich 82 Transporter. Zante und Kephalonia, die Inseln westlich von Griechenland, wurden in der ersten Septemberhälfte über See geräumt, ebenso die Ägäis-Inseln Mytilene und Chios. Auf Kreta zogen sich die dort verbleibenden Deutschen aus dem Ostteil der Insel zurück, von Korfu wurde bis zum 30. 9. die Festungsbrigade 1017 abtransportiert. Der Gegner störte diese Transporte zunächst erstaunlich wenig, dann aber stieß in der Nacht zum 13. 9. erstmalig ein britischer Flottenverband unter dem Schutz von Trägerflugzeugen in die Ägäis vor. Luftangriffe auf die deutschen Flugplätze schlossen sich an. Die Zahl der Ju 52 schmolz zusammen, andere wurden benötigt, um Truppen aus dem Raum Athen weiter nach Norden zu bringen. Anfang Oktober 1944 brachten die Ju 52 auch Teile der 133. Festungsdivision von Kreta nach Athen, der Rest der Division „Rhodos" wurde nach Saloniki geflogen. Von August bis Ende Oktober 1944 schafften die Transportflugzeuge in 2.050 Einsätzen 30.740 Soldaten und rund

Am 22. Januar 1945 erreichte die Rote Armee nördlich und südlich von Breslau die Oder; drei Tage später wurde die Landverbindung nach Ostpreußen durchtrennt.

Bild linke Seite: Eine der letzten Aufnahmen von Goebbels im schlesischen Lauban vom 11. März 1945.

Bild rechte Seite: Deutsches Sturmgeschütz vor der Akropolis.

1.000 t Gerät von den Inseln aufs Festland.

Der Peleponnes wurde bis zum 12. 9. planmäßig geräumt. Die am 8. 9. 1944 erfolgende bulgarische Kriegserklärung an Deutschland brachte für den OB Südost neue Gefahren. Die sowjetische 3. Ukrainische Front (Marschall Tolbuchin) war am 5. 9. mit den Armeen 37, 46 und 57 in Bulgarien einmarschiert. Ihr operatives Ziel war die Eroberung der Räume von Nisch und Skopje, um die Heeresgruppe E auf dem Südbalkan einzuschließen. Alliierte Bomber stürzten sich in diesen Tagen auf die Eisenbahnbrücken an der Strecke Saloniki-Belgrad und brachten den Transportverkehr fast zum Erliegen. Die Heeresgruppe E warf, so wie sie eintrafen, ihre Verbände an die Pässe entlang der Grenze von Mazedonien-Altbulgarien. Glücklicherweise verließen viele der bisher stationierten bulgarischen Verbände ihre Stellungen und rückten nach Osten ab. Der Kommandierende General des XI. Korps ging zu den Deutschen über. In Mazedonien konnten die Deutschen in rascher Reaktion einige Divisionsstäbe ausheben und einen Teil der Bulgaren entwaffnen. Am 22. 9. setzte im Südabschnitt der mazedonischen Front starker Druck durch die sowjetische 46. Armee ein. Anfang Oktober trat der Gegner auf der ganzen noch unfertigen Front des OB Südost vom Eisernen Tor bis zum Strumica-Tal mit der 2. und 3. Ukrainischen Front zum Angriff an und erzielte rasch tiefe Einbrüche. Daraufhin gab Hitler am 3.10. den Befehl zur Aufgabe von ganz Griechenland, Südalbanien und Südmazedonien. Damit war das Schicksal der restlichen Inselbesatzungen besiegelt. Ohne den Besitz der attischen Flugplätze war ein weiterer Abtransport nicht mehr möglich. Auf Kreta blieben 11.828 deutsche und 4.737 italienische Soldaten zurück, auf den Dodekanes-Inseln 11.159 Deutsche und 5.517 Italiener. Sie blieben dort bis zum Kriegsende.

Im Oktober drangen die bulgarischen Armeen 1, 2 und 4 im Verband der 3. Ukrainischen Front in das Becken von Skopje vor. Sie besetzten die Stadt am 14. 10. und Nisch am nächsten Tag. Zur gleichen Zeit vollzog sich im Raum Belgrad das Schicksal der sich dort verzweifelt wehrenden Korpsgruppe Schneckenburger mit Teilen von vier Divisionen und einer Brigade. Am 20. Oktober eroberten sowjetische und jugoslawische Verbände die jugoslawische Hauptstadt.

Die deutschen Soldaten in Albanien und Montenegro kämpften sich durch Partisanengebiete nach Norden zurück. Die albanische Hauptstadt Tirana räumten sie am 17. 11., Skutari am 30. 11. Der Rückzug des XXI. Gebirgskorps aus Albanien glich einer Odyssee. Am 18. 12. 44 erreichten seine 21.000 Soldaten trotz starker Behinderung durch Partisanen, alliierte Flugzeuge, das Gelände und eine Hochwasserkatastrophe die deutsche Front. Als die Nachhuten dieses Korps am 13.1.1945 die kroatische Grenze überschritten, hatte die große Absetzbewegung im Südosten nach 4 1/2 Monaten ununterbrochener Märsche und Kämpfe ihr Ende gefunden. Die Materialverluste waren sehr groß, aber es war gelungen, das Gros der Verbände kampffähig nach Norden zu retten.

Was hatte sich unterdessen nördlich des Bereichs des OB Südost bei der Heeresgruppe Süd nach der Kriegserklärung Rumäniens ereignet?

Bild linke Seite oben: „Wieder ist es unseren Truppen gelungen, nach harten Kampf eine der bolschewistischen Banden, die das kroatische Gebirgsland terrorisieren, unschädlich zu machen.“ Für die deutsche Propaganda handelte es sich bei den Partisanen um Banden und bei ihrem Verhalten den Okkupanten gegenüber um hinterhältigen Terror.

Bild linke Seite unten: Geiselerschießung durch ein SS-Kommando. Der Abschreckungseffekt solcher Maßnahmen blieb weitgehend aus. Der deutsche Gesandte in Belgrad berichtete, „ein Teil der männlichen Bevölkerung sei aus Angst vor neuen deutschen Repressalien in die Berge“ geflüchtet, was natürlich eine Verstärkung der Partisanen bedeutete.

Bild rechte Seite: Der Engel auf der Rathausbalustrade blickt hinab auf das Ruinenfeld Dresden.

Rückschläge und nachlassender Kampfwille bei den ungarischen Armeen und aufkommende Gerüchte zeigten der deutschen Führung an, dass sich in Ungarn etwas ähnliches anbahnte wie in Rumänien. Daher wurden Vorbereitungen von SD, SS und Wehrmacht getroffen, um einer ähnlichen Überraschung rechtzeitig begegnen zu können.
Die Deutschen konnten sich dabei der Hilfe der rechtsradikalen Pfeilkreuzler-Partei unter ihrem Anführer Ferenc Szálasi versichern. Sie planten einen Staatsstreich. Hitler entsandte den SS-Sturmbannführer Otto Skorzeny, den die deutsche Propaganda anlässlich der Befreiung Mussolinis groß herausgestellt hatte, mit einem Sonderkommando nach Budapest. Der SS-Obergruppenführer von dem Bach-Zelewski, der gerade den Warschauer Aufstand blutig niedergeschlagen hatte, erhielt den Befehl über alle deutschen Truppen in und um Budapest. Fallschirmjäger und Panzer kamen in die ungarische Hauptstadt, darunter 42 „Tiger". Währenddessen liefen die Vorbereitungen des ungarischen Reichsverwesers Horthy für einen Waffenstillstand mit der UdSSR.
Den Deutschen blieben diese Vorbereitungen nicht verborgen. Am frühen Morgen des 10.10. kidnappten SD-Leute den ungarischen Stadtkommandanten von Budapest, Gen. Lt. Szilárd von Bakay, wie einige Tage zuvor den Chef der Donauflottille, GenMaj. Hardy. Am 15. 10. ging Horthys Sohn in die Falle des SD und wurde nach Deutschland gebracht. Am gleichen Tag erfolgte die Erklärung zum deutschen Operationsgebiet für ganz Ungarn. Mittags brachte Radio Budapest die Nachricht vom Waffenstillstand mit der UdSSR. Die Sendung wurde plötzlich unterbrochen. Pfeilkreuzler und SS besetzten das Rundfunkgebäude und hatten bald die ganze Stadt in ihrer Gewalt. Wer sich gegen die Putschisten stellte, wurde niedergemacht. Während dies geschah, verhandelten Botschafter Veesenmayer und Hitlers Sondergesandter Rahn mit Horthy. Am frühen Morgen des 16.10. begann das Sonderkommando Skorzeny mit dem SS-Fallschirmjägerbataillon 600 und Panzern die königliche Burg zu besetzen. Die Burgwache wurde nach kurzem Feuergefecht überwältigt. Horthy musste seine Rundfunk-Proklamation vom Vortag widerrufen, Szálasi zum neuen Ministerpräsidenten ernennen und dann zurücktreten. Danach wurde Horthy mit seiner Familie in Deutschland interniert. Die Regierung Szálasi setzte den aussichtslosen Kampf an der Seite Deutschlands fort. Zu dieser Zeit hatte die Rote Armee bereits die Hälfte Ungarns besetzt. Ende Oktober gaben die Ungarn die Karpato-Ukraine auf. Im Süden gewann die 3. Ukrainische Front Brückenköpfe jenseits der Donau, aus denen sie am 27.11.44 zur Offensive antrat und Mohacs und Fünfkirchen eroberte. Erst in der Margarethen-Stellung zwischen Drau und der Südspitze des Plattensees kam der Angriff zum Stehen. Am 8.12. trat die 2. Ukrainische Front zum Stoß auf Budapest an. Die Verteidiger der Stadt erlagen am 11.2.45 der Übermacht. Auch eine letzte Offensive in Ungarn nördlich des Plattensees (6. bis 15.3.) mit dem Ziel, den gesamten Raum westlich der Donau zurückzugewinnen, musste nach sowjetischen Gegenangriffen eingestellt werden. Offensiven der 2. und 3. Ukrainischen Front folgten. Hitler, wütend darüber, dass seine 6. SS-Panzerarmee die Lage nicht hatte meistern können, befahl, der 1. SS-Pz.div. „Leibstandarte Adolf Hitler" die Ärmelstreifen mit seinem Namen abzureißen. Am 2. 4. eroberte die sowjetische Armee das ungarische Ölzentrum von Nagy Kanisza.
Zwei Tage später verließen die letzten deutschen Soldaten ungarischen Boden. Am gleichen Tag nahm die Rote Armee Pressburg ein, und am 5. 4. trat die 3. Ukrainische Front zum Angriff auf Wien an, der acht Tage später zur Eroberung der österreichischen Hauptstadt führte.
In Kroatien erwehrten sich die Reste der Heeresgruppe E jugoslawischer und sowjetischer Angriffe. Mitte April 1945 gaben sie den Ostteil des Landes auf, am 22.4. Banja Luka. Am 1.5.45 trafen bei Triest die Streitkräfte Titos auf die britische 8. Armee. Am Tag der deutschen Kapitulation drangen Titos Verbände in Agram ein. Die Reste der kroatischen Wehrmacht ergaben sich der 8. Armee, wurden von dieser aber am 15.5. an Tito ausgeliefert. Mindestens 30.000 kroatische Zivilisten und 80.000 Soldaten wurden danach umgebracht.

Militärisch uninteressant

Die einstige sächsische Residenzstadt, wegen ihrer Schönheit und reichen Kunstschätze als „Elb-Florenz" gerühmt, wurde am 13./14.2.45 Opfer eines kombinierten Großangriffs der britischen und amerikanischen Luftwaffen, 13 km² Fläche, darunter die historische Altstadt mit architektonischen Kostbarkeiten wie Zwinger, Schloss oder Hofkirche wurden total zerstört. Die genaue Zahl der Opfer konnte nie ermittelt werden, da Dresden zum Zeitpunkt des Angriffs mit Flüchtlingen aus Schlesien überfüllt war; mindestens 1,25 Millionen Menschen hielten sich in der Stadt auf. Die Leichen unzähliger namenloser Opfer wurden auf riesigen Rosten verbrannt oder in Massengräbern beigesetzt. Bis zum 6.5.45 waren 39 773 Tote identifiziert; amtliche Schätzungen sprachen von 135.000 Toten, inzwischen jedoch wurden die abschließenden Zahlen auf 40.000 bis 60.000 Opfer korrigiert.
Mit Ausnahme zweier US-Tagesangriffe, die 911 Menschenleben gefordert hatten, waren Dresden bis ins sechste Kriegsjahr schwere Bombenschäden erspart geblieben. Es hieß im Volksmund neidisch „Reichsluftschutzkeller". Viele Ein-

wohner gaben sich daher der trügerischen Hoffnung hin, die alliierten Luftkriegsstrategen würden ihre Stadt als einen Hort der Kultur und der schönen Künste verschonen. Der britische Luftmarschall Harris drängte jedoch bereits seit November 44 auf eine systematische Zerstörung der letzten noch unversehrten deutschen Großstädte, darunter auch Dresdens. Zu jener Zeit standen aber Angriffe gegen Industrie- und Verkehrsziele im Vordergrund der Stabsplanungen. Den Anstoß zur Vernichtung Dresdens gab schließlich Churchill. Angesichts des sowjetischen Durchbruchs in Schlesien forderte er am 26.1.45 vor seiner Abreise zur Konferenz von Jalta Zerstörungsangriffe gegen die großen Städte Ostdeutschlands.

Als militärisches Ziel war Dresden uninteressant: Es beherbergte zahlreiche Lazarette; in Lagern am Stadtrand waren rund 26.000 Kriegsgefangene untergebracht; die Flak war an die Ostfront abgezogen worden, Schutzbunker für die Zivilbevölkerung fehlten weitgehend; Industriebetriebe von einiger strategischer Bedeutung waren auf den Zielkarten nicht verzeichnet. Der Angriff auf die überfüllte Flüchtlingsstadt sollte in erster Linie die Moral der Zivilbevölkerung treffen und zudem den Sowjets die Schlagkraft des RAF-Bomberkommandos demonstrieren.

Die RAF flog ihren verheerenden Flächenangriff nach dem Muster des Unternehmens „Gomorrha" gegen Hamburg Ende Juli 43: Eine erste Welle von 244 Lancaster überschüttete die Innenstadt mit Sprengbomben, die möglichst viele Dächer abdecken und Gebäude zerstören sollten. Zwei Stunden später erschien die Hauptstreitmacht von 529 Lancaster über dem Ziel. Ein Hagel von 650.000 Brandbomben entfachte einen Feuersturm, der mit Temperaturen bis zu tausend Grad durch die Straßen raste. Insgesamt warf die RAF innerhalb von drei Stunden 2978 t Bomben. Die Amerikaner stießen am nächsten Tag mit rund 450 Flying Fortress nach. Offizielles Ziel waren Verschiebebahnhöfe, doch wurde Dresden wegen tiefer Wolkendecke blind bombardiert. Die Berichte von regelrechten

Jagden auf schutzlose Flüchtlinge auf den Elbwiesen, unternommen angeblich von US-Begleitjägern mit Bordwaffen, blieben umstritten und betreffen vermutlich nur Einzelfälle.

Die Stadt brannte drei Tage lang, die Aufräumungsarbeiten und die Bergung der Leichen zogen sich wochenlang hin. Die Schreckensnachrichten aus Dresden lösten nicht nur in Deutschland einen Schock aus, Korrespondenten aus den neutralen Ländern berichteten erschüttert über das Inferno, das alle bekannten Schrecken des Luftkriegs übertraf. Goebbels schlachtete die Tragödie der Stadt als Beweis für die blindwütige Rachsucht der Alliierten für seine Durchhaltepropaganda aus; in England regte sich öffentliche Kritik an der Strategie von Harris.

Dresden wurde am 15.2., 2.3. und 17.4. erneut von der US-Luftwaffe angegriffen, ehe die sowjetische 5. Gardearmee (Schadow) die Stadt am 8.5.45 einnahm. Auch nach dem Wiederaufbau seiner weltbekannten Kulturstätten wird Dresden immer zu den Namen gehören, die, beginnend mit Guernica, über Warschau, Rotterdam, Coventry bis hin zu Hiroshima, den sinnlosen Luftterror anklagen.

Der Tod von Dresden

Unter diesem Titel mit der Unterzeile „Bericht vom Sterben einer Stadt in Augenzeugenberichten" hat Axel Rodenberger die angloamerikanischen Luftangriffe vom 13. und 14. Februar dramatisiert. Der folgende Auszug lässt das Inferno lebendig werden:

Albrecht Merten hatte hastig in der Küche einen Teller Suppe gegessen. Dann ging er wieder in den Betrieb. Obermeister Brecht war schon da. Ein tüchtiger Fachmann, der aber nicht geachtet wurde. Und als er jetzt forsch die Hacken zusammenschlug und mit einem strammen „Heil Hitler!" grüßte, erinnerte sich Merten, dass dieser schneidige Brecht sich damals recht feige gezeigt hatte, als ein Dutzend Bomben so nebenbei auf Dresden gefallen waren. Gegen 18 Uhr begannen die Druckmaschinen zu dröhnen. Es war Musik für alle jene, die schon seit Tagen gefeiert hatten. Gegen 19 Uhr ging Merten zum Abendessen nach Hause. Er leuchtete das Haus ab und sah, dass die Fensterscheibe bei Frau Westermann repariert worden war. Unwillkürlich musste er lächeln. Die Frau hatte es also doch geschafft. Frau Merten hatte den Tisch festlich gedeckt, obgleich das Essen recht dürftig war. Auf Karins Wangen waren die mit Lippenstift gemalten Herzen schon etwas verwischt. Übermüdet vom Herumtollen auf der Straße, schlief die Kleine beim Essen ein. Frau Merten brachte das Kind ins Bett. Albrecht hatte auf einen Schluck Wein Appetit. Seine Frau stimmte ihm zu: „Aber nur vom Besten! Wer weiß, wie lange noch", fügte sie leise hinzu. Er verstand sie. Ernst blickte er in ihre Augen. Sie legte den Kopf an seine Schulter. „Was Gott verhüten möge!" sagte er. Seine Frau hatte Kristallrömer auf den Tisch gestellt. Rot funkelnd, leuchtete der Wein, und hell wie eine Glocke erklang es, als sie anstießen. Das Radio brachte Musik, die durch eine Luftlagemeldung unterbrochen wurde. „Achtung! Achtung! Schwacher Kampfverband im Anflug auf Nordwestdeutschland." Es war gegen 21.30 Uhr. Albrecht Merten rief den Betrieb an. „Keine Gefahr", sagte er zum Betriebsleiter. „Das Übliche: Schwacher Kampfverband." Mit den Worten: „Na,

wir sehen uns ja dann wieder", legte er den Hörer auf und setzte sich zu seiner Frau.
Sie stießen erneut an und tranken den alten Wein. Plötzlich brach die Musik ab. Der Wecker im Radio begann zu ticken. Erstaunt blickten sich beide an. Ohne jeden Übergang der Wecker? Was hatte das zu bedeuten? Ihr Atem ging schwerer. Die Sirenen heulten auf. Vollalarm! Gleichzeitig war ein Keuchen im Radio zu hören, dann eine Stimme, die sich kreischend überschlug: „Achtung! Achtung! Kampfverbände...". Die weiteren Worte waren schon unverständlich. Der Ansager schien verwirrt und kopflos zu sein; `rauf und `runter gingen die heulenden Töne der Sirenen; sie hörten überhaupt nicht auf. Albrecht war aufgesprungen. Im nächsten Augenblick stand er schon auf der Straße. Da! Was war das? Ein Lichterbaum wuchs empor; dann noch einer und noch einer. Man hörte nur den Klang einzelner Flugzeuge. Und immer heller wurde es. Fast taghell. Deutlich konnte er die Häuser, die aus dieser unnatürlichen Helligkeit herauswuchsen, erkennen. Menschen hasteten die Straße entlang. Irgendwohin. Sie suchten Schutz. Eine Frau weinte laut. Kinder schrieen. Ängstliche Rufe wurden aus allen Richtungen hörbar. „Diesmal wird es ernst." Mit diesen Worten stürzte Albrecht in das Zimmer. „Rasch die Kleine und das Luftschutzgepäck!" Er hätte seine Frau nicht zur Eile anzutreiben brauchen. Sie zitterte am ganzen Körper, als sie ihr Kind in die Arme nahm. Sie lauschte. Ein Brausen drang an ihr Ohr. Es schwoll an. Das Dröhnen Hunderter, ja Tausender von Flugzeugmotoren wurde hörbar. Sie hasteten die Kellertreppe hinunter. Viele Menschen von der Straße stürzten hinterher. „Wo ist denn hier der Luftschutzkeller?" Taschenlampen blitzten auf. „Licht aus! Zum Donnerwetter; Licht aus!"
Ein Mann höhnte: Feine Sache hier. Und das nennt sich Luftschutzkeller. Wenn da ein Ding drauffällt, sind wir alle zur Katze." „Ruhe!" rief es von allen Seiten. Ein Kind weinte laut. Es verlangte nach den Großeltern. Ein Unbekannter hatte es einfach mitgenommen und die Kellertreppen hinuntergerissen. Die Großeltern mochten in einem Keller der Nachbarschaft gelandet sein. Sicherlich verzehrten sie sich vor Sorge um das ihnen anvertraute Enkelkind. Und dann kam das Inferno! Die Uhr der Frauenkirche zeigte 22.09 Uhr. Die Hölle brach los. Die Erde schwankte. Bomben explodierten, löschten das Geräusch der Motoren aus. Die Feuerwalze kam näher, immer näher. Man hörte das Sausen der Bomben zwischen den Explosionen. Dann war das Verderben da. Ohne Mitleid, ohne Erbarmen. Auf Menschen, auf lebende Wesen, die man Geschöpfe Gottes nannte, prasselten die verderbenbringenden Lasten herunter. Jeder Druck auf den Hebel eines Bombers bedeutete den Tod. Der Wahnsinn des Luftkrieges feierte Orgien – der Wahnsinn des Krieges schlechthin. Ein Einschlag sprengte die Türen des Kellers. Taghell flutete das Licht von draußen in die Dunkelheit des engen Raumes. Albrecht, der seine Frau und sein Kind eng umschlungen hielt, stürzte durch den Luftdruck zu Boden. Hysterisch schrie eine Frau: „Licht aus! Herrgott, Licht aus! Sie sehen uns, sie werden uns treffen!"
Plötzliche Stille. Die Herzen klopfen zum Zerspringen. Es dröhnte in den Ohren. Die wenigen Minuten waren in der Zeitrechnung dieser armen, gequälten Menschen zu einer Ewigkeit geworden.
Da! Was war das? Albrecht fühlte ein kaltes Grauen den Rücken heraufziehen. Erneutes Motorengeräusch, heranbrandend wie das Jüngste Gericht. Und dann begann das Inferno von neuem. Es war mehr, als ein Mensch ertragen konnte, Die Bomben rasten näher, Tod und Verderben speiend. Eisenhart der Klang der Einschläge. Jetzt legte sich der Bombenteppich wie ein Leichentuch über die Todgeweihten. Sie hörten das Sausen der Bomben. Ergeben wie ein Unschuldiger, der auf dem Schafott kniet und den Streich des Henkers erwartet, sank Albrecht auf die Knie und zog seine Frau mit sich. Ihr Kind hatten sie fest umschlungen. Ein neuer Schlag warf sie vollends zu Boden. Es war wie ein Wunder, dass sie am Leben blieben, dass sie nicht verstümmelt, zerfetzt, zerquetscht, verbrannt wurden wie Tausende in diesen Augenblicken. Noch einzelne Bomben fielen, dann trat wieder Ruhe ein. Das fahlgrüne Licht, das von draußen hereindrang, veränderte seine Farbe. Es wechselte zum Rosa über. „Wo ist mein Hut? Ich habe meinen Hut verloren! Ich will meinen Hut haben", rief eine heisere Männerstimme. „Ruhe! Seien Sie still, Sie Idiot. Man hört uns doch!" „Ich will meinen Hut wiederhaben. Wo ist mein Hut?" „Halt deine Schnauze, oder ich schlage

Bild linke Seite: Flüchtlingstrecks in den Straßen von Dresden.

Bild rechte Seite: Vor der zerstörten Frauenkirche, das vom Sockel gestürzte Denkmal Martin Luthers.

dich tot, du Hund!“ „Ich will meinen Hut wieder ...“ Erneutes Motorengeräusch. Stille, Totenstille. Sodom und Gomorra brach wieder über die herein, die den Namen „Menschen“ führten. „Mutter! Mutter! Hilfe! Sie töten mich!“ Die wimmernde Frauenstimme ging unter im Getöse der erneut fallenden Bomben, die lückenlos wie ein Teppich die Stadt zudeckten. Die Erde schwankte. „Vater unser, der du bist im Himmel!“ fing jemand zu beten an. „Hilfe, Hilfe, sie morden mich!“ heulte ein anderer mit wahnverzerrter Stimme. Abgehackte Worte wurden zwischen den einzelnen Explosionen hörbar: „ – und vergib uns unsere Schuld!“ sst – bum! sst – bum! „... wie wir vergeben unseren Schuldigern! Hilfe! Herrgott hilf!“ „Ich kann nicht mehr!“ flüsterte Frau Merten verzweifelt. „Sei mutig, Kind! Sicher ist es jetzt vorbei!“ Das rosa Licht hatte seine Farbe abermals geändert. Blutigrot wie Feuerschlünde der Hölle leuchtete es durch die Kellerfenster. Ein unheimliches Prasseln war zu hören. „Wo ist mein Hut?“ Ein Wutgebrüll, ein dumpfer Schlag, dann Ruhe. Das Prasseln verstärkte sich. „Lass mich los! Ich will raus“, schrie ein Landser, wohl ein Urlauber. „Bleib hier, Hermann, bitte, bleib hier“, jammerte seine Frau. „Denkste, ich will hier wie eine Maus in der Falle sitzen oder verbrennen oder begraben werden. Nichts wie `raus“. Seine Stiefel klirrten die Kellertreppe hoch. Er zerrte seine Frau hinter sich her, Glasscherben krachten unter seinen Nagelsohlen.

Eilig kam er gleich danach wieder heruntergepoltert. Auf halber Treppe schrie er: „Das Haus brennt, alle Häuser brennen. Los, alle raus“! Dalli, dalli, ehe es zu spät ist!“ Alle drängten zum Ausgang. Fünf, sechs erreichten gleichzeitig die Tür. Gewaltsam kämpften sie sich vorwärts. Ohne Rücksicht auf den Nächsten. Männer brüllten, Frauen schrieen, Kinder jammerten. Ein Hund heulte auf.

Im ersten Augenblick wollte auch Merten den Keller verlassen. „Nein, wir bleiben!“ entschied er dann. „Noch ist keine Brandgefahr im Keller, und draußen ist die Hölle los.“ Durch den allgemeinen Lärm überhörten die Menschen einen erneuten Anflug. Eine Explosion, gewaltiger als alle bisherigen, ließ die Erde erbeben. Konservengläser, die noch irgendwo auf einem Regal gestanden hatten, splitterten zur Erde. Das war die dritte Bomberwelle im Zeitraum weniger Minuten, und viele Dutzende von Wellen gingen noch über Dresden hinweg. 30 Minuten lang hagelte es Bomben auf eine ungeschützte Stadt. Geschwader auf Geschwader öffnete seine Bombenschächte und lud seine todbringenden Lasten ab. 30 Minuten Angriff auf Angriff ohne Unterbrechung! 30 Minuten Tod und Verderben! 30 Minuten Verzweiflung und Todesangst. 30 Minuten zwischen Tod und Leben! Über eine Million Menschen musste das alles 30 Minuten lang ertragen. Dann verließen sie wankend den Keller. Diese 30 Minuten waren ihnen wie eine Ewigkeit vorgekommen.

Gespensterhaft wirkten die Menschen mit ihren rußgeschwärzten Gesichtern; sie waren dem Wahnsinn nahe. Eine Frau überholte die Familie Merten, stürzte an ihr vorbei. „Meine Wohnung, meine Zimmer, meine Scheiben“, schrie sie verzweifelt. Ihre gellende Stimme übertönte das Prasseln der Flammen. Es war Frau Westermann. Im Treppenhaus schlugen die Flammen bis zum zweiten Stockwerk herab. „Zurück“, schrie Merten, als er Frau Westermann die Treppe hocheilen sah. Sie war wie von Sinnen. Albrecht rannte hinterher. Sie war schneller, und ehe er sie erreichen konnte, stürzte sie sich in die Flammen, die aus ihrer Wohnung schlugen. Er wollte ihr folgen. Hitze und Rauch trieben ihn zurück.

„Mein Gott“, stammelte Merten. „Welch furchtbares Ende.“

Jedes einzelne Haus glich einer Fackel. Dachstühle brannten, Häuser, die noch vor einer Stunde gestanden hatten, existierten nicht mehr. Volltreffer! Aus! Vorbei! Hunderte Meter weiter begannen geschlossene Häuserblocks.

Sie brannten vom Erdgeschoss bis zum Dachstuhl im sechsten Stockwerk. Wie die blauglühenden Strahlen einer Lötlampe trafen sich die Flammen in der Mitte der Straße. Einzelne Menschen wankten aus diesem Feuerofen heraus. Brennende Fackeln. Sie schrieen, wie nur Menschen in Todesnot schreien können. Sie stürzten zusammen. Hunderte brennende, schreiende Fackeln stürzten zusammen, verstummten. Und immer neue folgten, und keiner kam mit dem Leben davon. Waren es Frauen, Greise, Kinder, Männer? Niemand konnte es erkennen. Die lebenden Fackeln brannten, schrieen, liefen, verstummten und verlöschten. Straßen und Gärten glichen einer Mondlandschaft. Krater an Krater. Hochauf spritzte eine Fontäne aus einem getroffenen Wasserrohr und verwandelte die Umgebung in Morast. Die Straße mit Leichen übersät, Torsos hingen in den verstümmelten Bäumen. Umgestürzte Planwagen. Pferdekadaver in Bombentrichtern. Menschen irrten umher. Einer lief – wie unter einem Zwange – in ein brennendes Haus hinein, das krachend über ihm zusammenstürzte.

Was war in dieser Stunde noch ein Menschenleben wert, wo unzählige starben? Nichts, gar nichts! Die Glut entfachte Sturm. Fauchend schürte er die Flammen. Milliarden Funken wirbelten durch die Luft. Was noch nicht brannte, brachten sie zur Lohe. Fort, nur fort! Mertens eilte in eine der Nachbarstraßen. Wie ein Wunder erschien es ihnen, dass das Haus ihrer Bekannten noch nicht brannte. Weit und breit das einzige

Bild linke Seite: Durch Hitzeeinwirkung mumifizierte Frauenleiche.

Bild rechte Seite: Tagelang verbrannten russische Hilfswillige auf Schienenrosten die Leichen der Opfer.

alleinstehende Gebäude, das noch nicht Feuer gefangen hatte, Verzweifelt kämpften dort Menschen, um den Funken die Nahrung zu nehmen. Aus den leeren Fensterhöhlen warfen sie Kissen, Betten, Decken und Gardinen auf die Straße. Mertens wandten sich an ihre Bekannten: „Nehmt unser Kind in Obhut. Wir wollen versuchen, noch etwas zu retten."

Zurück in die Hölle, Dachziegel prasselten herab. Glühende Balken versperrten den Weg. Dann standen sie wieder vor ihrem brennenden Haus. Das Erdgeschoss war noch unversehrt.

Zwei Stunden arbeitete das Ehepaar Merten verzweifelt. Praktisches und unnutzes Zeug schleppten sie aus der Wohnung und brachten es hinter einer Gartenmauer in Sicherheit.

Hitlers Ende

Führers Geburtstag 1945 – früher Festtag, Tag großer Paraden. Diesmal nicht. Niemand außer einem Häuflein Getreuer bekam an diesem Tag Hitler zu sehen. Die Volksgenossen wussten nicht, dass der „Führer" inzwischen ein von Drogen und Schlaflosigkeit zerrütteter, ausgebrannter Greis mit wackelndem Kopf und zitternden Gliedern war, zusammengehalten nur noch von einer schier übermenschlichen Willenskraft.

Sie wussten nicht einmal, wo er war, dass Hitler schon seit einiger Zeit sein Hauptquartier in der Reichskanzlei in Berlin aufgeschlagen hatte, und dass er an seinem 56. Geburtstag bereits seit vier Wochen in einem Betonverlies 16 Meter tief unter der Erde hauste, im sogenannten Führerbunker.

Das war vermutlich der sicherste Platz im restlichen Deutschland, aber ein elendes Quartier, sechs bis acht Quadratmeter große Kämmerchen mit nackten Wänden, teils feucht, teils staubtrocken – der Bunker war in verschiedenen Phasen gebaut und nie ganz fertig geworden.

Hitler schlief an seinem 56. Geburtstag bis gegen elf Uhr. Anschließend fand eine kurze Lagebesprechung statt. Die militärische Lage an diesem Tag trug alle Zeichen der sich anbahnenden Katastrophe. Im Süden der Stadt waren Konjews Panzer über Lübben und Baruth bis kurz vor Zossen vorgestoßen.

Bei Zossen befanden sich, in riesigen Bunkeranlagen, das Oberkommando des Heeres und der Wehrmachtführungsstab und nicht nur das: Im Zossen befand sich auch die Zentrale des militärischen Nachrichtennetzes, das sogenannte Amt 500, die seinerzeit wohl modernste und leistungsfähigste Anlage ihrer Art.

OKH und Wehrmachtführungsstab mussten die Zossener Anlagen Hals über Kopf räumen, Amt 500 fiel unversehrt in die Hand der Russen – ein unentbehrliches Führungsinstrument war verloren.

Abgesehen davon bedeutete Konjews rascher Vorstoß nach Norden, dass er der mit dem Südflügel noch bei Frankfurt an der Oder haltenden 9. Armee (Busse) in den Rücken fuhr. Nachdem Schukow am

18. 4. die verzweifelt verteidigte Seelower Höhenstellung durchbrochen hatte und nun in atemberaubendem Tempo in Richtung Müncheberg-Straussberg auf Berlin vor und nördlich daran vorbeistieß, war die 9. Armee von Einschließung bedroht.
Der Oberbefehlshaber der Heeresgruppe Weichsel, Generaloberst Gotthard Heinrici, hatte das kommen sehen, hatte wieder und wieder verlangt, den Südflügel der 9. Armee von der Oder zurückzunehmen. War die 9. Armee erst einmal eingekesselt, so wusste Heinrici, war sie verloren. Noch andere Sorgen bedrückten den Generaloberst, zu dessen Befehlsbereich seit kurzem auch die Stadt Berlin gehörte. Heinricis Bestreben war es, seine Armee nicht in die Stadt drücken zu lassen – er wollte unter allen Umständen verhindern, dass es in der mit Flüchtlingen vollgestopften Stadt zum Kampf kam.
Doch Hitlers Blick blieb auf die Oder fixiert, er befahl, die 9. Armee habe an der Oder zu bleiben, nicht nur das, sie habe südwärts anzugreifen, Konjews Angriffskeil zu durchschneiden und wieder Verbindung zur der in Gegenrichtung angreifenden 4. Panzerarmee Schörners herzustellen. Das war nun bereits schiere Fantasie – weder Busses 9. Armee noch Schörners 4. Panzerarmee hatten noch die Kraft zu irgendwelchen Angriffshandlungen. Doch weder Keitel noch Jodl, noch Krebs, die das wissen mussten, widersprachen Hitler, sondern gaben, wie schon lange, seine unsinnigen Befehle weiter.
In den Morgenstunden des 20. April begann auch im Norden der Oderfront, südlich von Stettin, der russische Angriff. Hier stürmte Rokossowskis 1. weißrussische Front (Heeresgruppe) über den Strom. Hitler schenkte dem zunächst keine Beachtung, meinte, die 3. Panzerarmee unter General Hasso von Manteuffel werde schon halten. Über die Westfront wurde kaum noch geredet, es gab sie nicht mehr – schon vor Tagen hatte die im Ruhrgebiet eingekesselte Heeresgruppe B unter Model kapituliert, seither drangen Amerikaner und Briten fast ungehindert durch Niedersachsen, Hessen und Sachsen zur Elbe vor. Nach der „kleinen Lage“ begann sich, von der Mittagsstunde an, das enge Bunkerverlies unter der alten Reichskanzlei zu füllen: Die Größen des geschlagenen NS-Reiches erschienen zur Gratulationscour. Es zog sie alle noch einmal zu dem Mann, dem sie Macht und Größe verdankt hatten. Göring gratulierte sozusagen auf der Durchreise, am Vormittag hatte er eigenhändig den Hebel der Zündmaschine niedergedrückt und seinen pompösen Landsitz Karinhall in die Luft gejagt – nicht ohne zuvor zwei Dutzend schwere Lastwagen mit dem wertvollsten Besitz südwärts in Marsch zu setzen, reichlich mit Sprit und glänzend bewaffneten Beschützern ausgestattet. Diese Kolonne rollte schon südlich von Berlin Richtung Bayern, als Göring nach den obligaten Gratulations- und Zuversichtssprüchen von Hitler die Erlaubnis erbat und erhielt, sich ebenfalls nach Bayern zu begeben.
Es kamen Himmler und natürlich Goebbels, es kam der eine oder andere verstörte Gauleiter, um sich Mut zusprechen zu lassen, und es fand an diesem Tag auch mancher, der Hitler jahrelang nicht gesehen hatte, den Weg in den Bunker, so zum Beispiel der Chirurg Professor Werner Haase. Er war bis 1936 „Begleitarzt“ des Führers gewesen, hatte dann aber um seine Ablösung gebeten, weil er die Chirurgie nicht aufgeben mochte. Seither hatte er Hitler nicht gesehen.
Nun, am vorhersehbar letzten Geburtstag seines einstigen Patienten, kam er – und blieb gleich da. Denn im Kellerbunker unter der neuen Reichskanzlei befand sich ein Notlazarett – ohne Arzt. Haase, selbst schwer krank (er hatte Lungen-Tbc und trug einen Pneu), zog die Jacke aus, einen Kittel an und machte sich an die Arbeit.
Am Nachmittag verließ Hitler den Bunker. Mühsam stieg er die über 50 Betonstufen zum Notausgang hinauf, der zum verwüsteten Garten der Reichskanzlei führte. Dort waren eine Abordnung der SS-Division „Frundsberg“ sowie eine Gruppe Hitlerjungen angetreten, die alle schon mehrere Panzer abgeschossen hatten. Reichsjugendführer Artur Axmann meldete dem Führer diese Gruppe. Auch Axmann hatte Hitler lange nicht gesehen, er berichtete über seinen Eindruck: „Alle waren über das Aussehen des Führers entsetzt. Er ging gebeugt, seine Hände zitterten. Doch es war erstaunlich, wie viel Kraft und Ent-

Bild linke Seite: Was eine Tugend hätte sein können, wuchs sich während des Krieges mehr und mehr zur Plage für die Militärs aus: Hitlers bohrendes Interesse an allen Details der Kriegsführung. Mit zunehmender Kriegsdauer wurden seine Befehle immer wirklichkeitsfremder. Vom Obersalzberg oder vom Führerhauptquartier aus dirigierte er schließlich nur noch Geister-Armeen. Aber obwohl er schon seit der Winterkatastrophe 1941/42 wusste, dass der Krieg nicht mehr zu gewinnen war, klammerte er sich fanatisch an irreale Hoffnungen. „Genau wie Friedrich II.“, erklärte er am 4. Dezember 1944 dem ungarischen Nationalistenführer Szálasi, „sich den Namen der Große nicht deshalb verdient habe, weil er siegreich gewesen sei, sondern weil er im Unglück nicht verzagte, so würde die Nachwelt auch einmal seine Bedeutung darin sehen, dass er nach der schweren Niederlage nie kapituliert habe.“

Am 12. März 1945 nahmen die Russen Küstrin, womit die Rote Armee ihre Ausgangsstellung für die noch zu schlagende „Schlacht um Berlin“ erreicht hatte.

Bild rechte Seite oben: Volkssturmmann in Erwartung sowjetischer Panzer.

Bild rechte Seite unten: Deutscher Nebelwerfer, nach dem Erfinder Dr. Dornberger auch Do-Werfer genannt, geht an der Oder in Stellung. Die mit diesen Waffen abgefeuerten Projektile hatten eine ähnlich demoralisierende Wirkung wie die mit entnervendem Heulen heranrauschenden Wurfgranaten der sowjetischen „Stalinorgeln“.

schlossenheit dieser Mann noch immer ausstrahlte."
Es scheint dies aus heutiger Sicht nahezu unverständlich, doch es kann keinen Zweifel daran geben, dass der körperlich zerrüttete und mindestens zeitweise der Realität weit entrückte Hitler immer noch imstande war, die Menschen in seinem Umkreis vollständig in seinen Bann zu schlagen, unbeschadet der schäbigen, fast rattenhaften Tiefbunkerexistenz, die eigentlich deutlicher als alles andere erkennen ließ, dass der Titan am Ende war. Am Nachmittag des 20. April, nachdem Hitler ins Bunkerverlies zurückgekehrt war, kam auch Albert Speer, der – wohl der Klarsichtigste in Hitlers Hofkamarilla – mit dem Gedanken spielte, Hitler in seinem Bunkerverlies mit Giftgas auszuräuchern, der seit Tagen wie ein wildgewordener Derwisch durch das übriggebliebene Deutschland hetzte, um zu verhindern, dass Hitlers Zerstörungsbefehle ausgeführt wurden (Hitler hatte befohlen, auch aus Deutschland „verbrannte Erde" zu machen), der mehr als irgendeiner sonst über das Ende hinausdachte, an die Überlebens- und Lebensmöglichkeiten des Volkes. Auch dieser Speer fand sich im Bunker ein und blieb stundenlang bei Hitler. Sie sprachen nicht über das Grauen draußen, sondern über Vergangenes und über eine imaginäre Zukunft: Hitler kramte Baupläne für die Neugestaltung von Linz/Donau (nach dem Endsieg) hervor. Er hatte sie bis in den Bunker mitgeschleppt, diskutierte sie mit Speer, völlig der Wirklichkeit entrückt, strichelte Verbesserungen hinein.
Speer verließ den Führerbunker spät in der Nacht. Gleich darauf fand – Hitler war schon immer, unten im Bunker aber erst recht, ein Nachtmensch – eine Lagebesprechung statt.
Der Kreis war klein, Keitel, Jodl, Krebs, einige Adjutanten und Gehilfen. Vorsichtig deuteten Jodl und Krebs an, dass die 9. Armee praktisch eingeschlossen sei und Berlin eigentlich auch. Allerdings, im Norden der Stadt, am Südflügel der 3. Panzerarmee, sammelte SS-Obergruppenführer Steiner gerade eine Kampfgruppe. Das war mindestens nicht ganz falsch. Nachdem Schu-

kow bei den Seelower Höhen durchgebrochen und dann bis in den Norden Berlins durchgestoßen war, war die Südflanke von Manteuffels 3. Panzerarmee plötzlich scheunentoroffen. In dieser Situation hatte der Oberbefehlshaber Heinrici dem SS-Obergruppenführer Steiner, der auch bei der Wehrmachtgeneralität als ein befähigter Truppenführer galt, den Befehl gegeben, einen provisorischen Flankenschutz für die 3. Panzerarmee aufzubauen.
Steiner hatte zuvor die aus Pommern verjagte 11. SS-Panzerarmee geführt und war, als ihn Heinricis Befehl erreichte, damit beschäftigt, in Mecklenburg aus den Resten zurückflutender Verbände und allem, was sonst so greifbar war, kampfkräftige Einheiten zusammenzustellen. Steiner mühte sich nach Kräften, mit dem wenigen, was er hatte, Heinricis Befehl gerecht zu werden, also Manteuffels in schwerem Abwehrkampf stehende Armee gegen Süden abzudecken.
Im Führerbunker aber zeitigte die Erwähnung der „Kampfgruppe Steiner" absurde Wirkungen: Hitler kannte Steiner als einen besonders energischen, kampffreudigen Truppenführer, und seine Fantasie sah plötzlich einen schlagkräftigen Truppenverband, wo noch nicht einmal ein Schatten davon war.
Die „Kampfgruppe Steiner", befahl Hitler, habe nicht die Flanke der 3. Panzerarmee zu sichern, sondern binnen 24 Stunden aus dem Raum Oranienburg–Eberswalde südwärts anzugreifen, Schukows Angriffsspitzen abzuschneiden und zu vernichten und eine Verbindung zwischen 3. Panzerarmee und Berlin herzustellen. Einmal in Schwung, befahl Hitler in dieser Nacht abermals, die 9. Armee (inzwischen von Einschließung bedroht) müsse südwärts, Schörners 4. Panzerarmee (inzwischen weit nach Süden abgedrängt) nordwärts angreifen, um so wieder eine geschlossene Ostfront herzustellen.
Raschelnd zeichnete Hitler mit zitternder Hand die entsprechenden Keile und Pfeile in die vor ihm liegende Karte ein – und keiner von denen, die um ihn herumstanden (Keitel, Jodl, Krebs), fand den Mut, ihm zu sagen, dass es Phantome waren, denen er da Befehle erteilte.

Die „Kampfgruppe Steiner" war das erste Phantom, auf das Hitler seine irrealen Hoffnungen setzte. Die „Armee Wenck" sollte bald darauf ein nächstes sein.
An diesem Tag, Hitlers Geburtstag, signalisierte ein merkwürdiges Wechselbad der Bevölkerung der schon fast eingeschlossenen Stadt, dass die bittere Stunde des Endes nahe war: Der Zoo wurde am Vormittag geschlossen; kurz vor Mittag fiel der Strom aus und kam nicht wieder, es gab eine reichliche Sonderzuteilung an Lebensmitteln, und in der folgenden Nacht gab es keinen Luftangriff. Aber trotzdem Detonationen – die ersten sowjetischen Artillerieeinheiten waren nahe genug heran, um nach Berlin hineinzuschießen.
Hitler hörte davon nichts. Der Führerbunker lag tief genug unter der Erde. In den frühen Morgenstunden des 21. April erhielt Steiner einen ausführlichen Befehl, mit welchen Verbänden er südwärts anzugreifen habe, versehen mit dem Zusatz, dass Hitler ihn, Steiner, „mit seinem Kopf für die Durchführung dieses Befehls verantwortlich" mache.
Doch Steiner hatte nichts zum Angreifen, hatte größte Mühe, mit dem wenigen, was er auf Heinricis Befehl in Südmecklenburg zusammengekratzt hatte, die Flanke der 3. Panzerarmee einigermaßen nach Süden abzudecken. Und deshalb griff er, Führerbefehl hin oder her, nicht an.
Nicht viel anders sah es bei der sogenannten 12. Armee, der Armee Wenck, aus. General Walther Wenck war einer der begabtesten jüngeren Generale der Wehrmacht. Er hatte, im Februar, völlig erschöpft, auf der Fahrt von Berlin zur Oderfront seinen Stabskübel eigenhändig gegen einen Baum gelenkt. Ende März hatte er das Lazarett mit knapp ausgeheiltem Schädelbruch verlassen und war sogleich mit der Aufgabe betraut worden, im Raum Dessau–Wittenberg eine neue Armee aufzustellen, aus dem Personal der Offiziersschulen, Panzertruppenschulen, RAD-Führerschulen, die im Kerngebiet des Reiches konzentriert waren. Diese Armee der letzten Stunde, personell gut, aber ohne schwere Waffen, hatte Hitler für den Kampf gen Westen bestimmt; der erste – absurde – Kampfaufruf lautete, über ein paar hundert Kilometer hinweg die im Ruhrgebiet eingeschlossene Heeresgruppe Model zu entsetzen.
Zu dieser Zeit stand die 12. Armee im Wesentlichen auf dem Papier; gegen Ende April gab es sie wirklich. Schwach, aber von dem energischen Wenck zusammengehalten – ein neuer Faktor für die Fantasien im Bunker.
Dort unten brütete das machtvolle Unheil weiter. Machtvoll, denn Hitler brachte es fertig, seine absolute Macht bis zum Ende aufrechtzuerhalten, nur gelegentlich durch Krisen erschüttert.
Die erste Krise kam am 22. April. Der Ring um die Stadt hat sich an diesem Tag nahezu geschlossen, im Süden stehen Konjews Spitzen am Teltowkanal, im Westen sind sie über die Havel bis Spandau vorgestoßen, im Osten stehen Schukows Panzer vor Weissensee, nur noch zehn Kilometer vom Stadtkern entfernt. Die 9. Armee ist, wie es General Heinrici vorhergesehen hatte, südöstlich von Berlin eingekesselt und in verzweifelter Rundumverteidigung gebunden. Kurz nach Beginn der Lagebesprechung muss Hitler aus den vorsichtigen Andeutungen von Jodl und Krebs erkennen, dass seine Hoffnungen schal sind: Steiner ist überhaupt nicht angetreten. Der SS-Obergruppenführer hat es glattweg abgelehnt, den Führerbefehl zum Entsatzangriff, den er korrekt als für seine schwachen Kräfte sinn- und aussichtslos einschätzte, zu befolgen.

Bild linke Seite: Sowjetische Artillerie im Einsatz gegen Berlin.

Bild rechte Seite: Hartnäckig verteidigen Hitlerjungen mit Panzerfäusten und MGs die Havelbrücken und „opfern" sich dabei fast bis zum letzten Mann.

Da reißt bei Hitler ein Faden. Mit leiser, heiserer Stimme bittet er Adjutanten und sonstiges Personal aus dem Raum, nur Keitel, Jodl, Krebs, Burgdorf (Hitlers Chefadjutant und Heerespersonalchef) und Bormann bleiben. Dann bricht es aus ihm heraus, kaum verständliches Zorngebrüll, die draußen vor der Tür verstehen nichts, und auch die fünf Männer drinnen können dem sich überstürzenden Wortschwall nicht folgen. Nur die Hauptvokabeln prägen sich ein, „Verrat, Lüge, Heuchelei, keinem könne er mehr glauben, keiner verstehe ihn, alle zu klein für ihn, für seine Ziele, das Volk, seine Generale, die SS, alle, ach ..." und dann sinkt der Führer des Großdeutschen Reiches, wenige Jahre zuvor noch einer der mächtigsten, wenn nicht sogar der mächtigste Mensch auf diesem Planeten, von einem Weinkrampf geschüttelt, vornüber auf den Kartentisch.

Keitel, Jodl, Krebs, Burgdorf und Bormann standen stumm, starrten fassungslos auf die zusammengesunkene Gestalt. So etwas hatten sie noch nicht erlebt. Und noch ehe die stumme Runde sich aus der Erstarrung lösen konnte, hob Hitler den Kopf, sprach leise, immer noch vom Weinen geschüttelt, weiter – und nun erstarrten sie erst recht.

Denn jetzt sprach Hitler aus, was sie alle längst wussten, aber nicht wahrhaben wollten und vor allem in seiner Gegenwart kaum zu denken, geschweige denn zu sagen gewagt hätten: Es habe alles keinen Zweck mehr, es sei aus, der Krieg verloren, der Nationalsozialismus und er mit ihm gescheitert. Wer Berlin verlassen wolle, fügte er hinzu, der möge es tun, er selbst werde bleiben, und da er aus körperlichen Gründen nicht mehr kämpfen könne, seinem Leben selbst ein Ende machen.

Hitler bewies an diesem Nachmittag, dass er imstande war, die Kruste der Wahnvorstellungen, die ihn und seine Umgebung schon seit langer Zeit umfangen hielt, zu durchbrechen, er zeigte, dass er die Wahrheit dahinter wohl kannte, und er war einen kurzen Augenblick lang auch bereit, sie endlich zu akzeptieren.

Aber seine Paladine, die Lakaienseelen, die in diesem Augenblick um ihn herumstanden, waren dazu nicht bereit. Ohne sich darum zu scheren, dass jeder Tag länger Zigtausende hüben und drüben das Leben kosten musste, machten sie sich daran, den Führer wieder aufzurichten, bestürmten ihn, nicht im letzten Augenblick aufzugeben, beteten ihm sein eigenes Märchen vor, dass noch längst nicht alles verloren sei, noch stünde im Süden des Reiches ein kampfkräftiges Millionenheer, dorthin solle er gehen ...

Das lehnte Hitler zwar ab, aber sie schafften es, Hitler aus der Realität wieder in die Scheinwelt zurückzuholen, in der frische historische Parallelen (wir haben uns vor Moskau fast verblutet, jetzt werden die Russen vor Berlin verbluten) und irreale Erwartungen (wenn wir so lange aushalten, bis Russen und Amerikaner sich über unsere Köpfe hinweg beschießen, haben wir gewonnen) ausreichten, am Endsiegglauben festzuhalten.

Hitler rafft sich, sichtlich unwillig, in den späten Abendstunden des 22. und den Morgenstunden des 23. April, zu einigen Entscheidungen auf: Er teilt, nachdem erkennbar ist, dass in wenigen Tagen das Reichsgebiet in zwei Teile zerschnitten sein wird, die Befehlsgewalten auf: Nordhälfte Großadmiral Dönitz, Südhälfte Generalfeldmarschall Kesselring. Er schickt seine engsten militärischen Berater, Generalfeldmarschall Keitel und Generaloberst Jodl, los, die Entsatzangriffe von Steiner und Wenck in Gang zu bringen. Er feuert Göring, den das im angenehmen Berchtesgaden wenig schert, aus allen seinen Ämtern und ernennt den Generaloberst Ritter von Greim zum neuen Oberbefehlshaber der praktisch nicht mehr existierenden Luftwaffe und befördert ihn nebenher zum Generalfeldmarschall.

Und schließlich ernennt Hitler den General der Artillerie Weidling, den Kommandierenden General des LVI. Panzerkorps (ohne Panzer), den er in den Bunker bestellt hat, um ihm sein Todesurteil (wegen angeblicher Feigheit) mitzuteilen, spontan zum Kampfkommandanten von Berlin. Weidlings LVI. Korps wird auf die Stadt zurückgezogen, und es entbrennt in entsetzlicher Härte das, was Heinrici und andere zu verhindern gehofft hatten: der Kampf um die und in der Stadt.

In militärischem Sinne zur Verteidigung vorbereitet ist Berlin nicht – die Stadt sollte ja an der Oder verteidigt werden. Was in den Außenbezirken an Panzersperren und dergleichen hastig vorbereitet wurde, ist größtenteils dilettantisch und wenig nutzvoll. Auch die Einteilung der Stadt und des Umlandes in acht tortenstückartige Verteidigungsbezirke (Befehlsabschnitte A-H) und vier konzentrische Sperr-Ringe (äußerer Ring noch außerhalb der Stadt, „grüner" Ring in den Außenbezirken, entlang Kanälen und ähnlichen Hindernissen, innerer Ring entlang dem S-Bahn-Ring, und der „Zitadelle" genannte Kern, das Regierungsviertel) war nicht viel mehr als ein theoretisches Schema.

Eine zusammenhängende Front gab es von Anfang an kaum, ebenso wenig noch ein funktionierendes militärisches Meldewesen – die Offiziere von Weidlings Stab verschafften sich ihre Lageübersichten vorwiegend mit Hilfe des verblüffenderweise bis fast zuletzt funktionierenden öffentlichen Telefonnetzes: Sie riefen Bekannte oder auch Unbekannte an und fragten, ob die Russen schon da seien, und wenn ja, in welcher Stärke?

Diese Facetten dürfen nicht darüber hinwegtäuschen, dass die wenigen Verteidiger – ca. 45.000 Soldaten (die Reste von Weidlings LVI. Panzerkorps, Flakeinheiten und dergleichen), 40.000 Mann Volkssturm (unzureichend bewaffnet) und etwa 4.000 Hitlerjungen –mit einer Erbitterung ohnegleichen kämpften.

Das Kampfgebiet, zerbombte Häuserschluchten, begünstigte die Verteidiger. Die russischen Spitzen, die so überraschend schnell von allen Seiten in die Randgebiete der Stadt vorgedrungen waren, bestanden im wesentlichen aus Massen von Panzern, und die taugten nicht zum Straßenkampf. Denn Panzer sind nach oben blind, deshalb aus den oberen Fensterhöhlen leicht zu bekämpfen, alleine fast wehrlos. Zudem war Berlin eine alte Stadt, die

stehen gebliebenen Grundmauern der zerbombten Häuser waren durchweg überaus massiv, meist meterdick und boten so sicheren Schutz gegen Infanteriewaffen – die Russen mussten sich unter bittersten Verlusten, Straße für Straße, in das Häusermeer hineinkämpfen. Aufzuhalten waren sie dennoch nicht, dazu war ihre materielle Überlegenheit viel zu groß und umgekehrt die Versorgung der Verteidiger mit Waffen und Munition viel zu kärglich.
So zog sich der Ring um die Stadt von Tag zu Tag enger zusammen. Am 24. April tobten bereits schwere Straßenkämpfe in Zehlendorf, Tempelhof und Neukölln, tags darauf belegten die Russen bereits die Innenstadt mit Trommelfeuer, bereiteten sich darauf vor, in den Stadtkern einzudringen.
Die Atmosphäre in Hitlers Bunkerverlies wurde seit dem Zusammenbruch des Führers am 22. noch unwirklicher, als sie zuvor schon war. Wenngleich es Keitel, Jodl, Bormann und vor allem Goebbels gelungen war, Hitler am Aufgeben zu hindern – die Gewissheit, dass der Untergang nahe war, einmal von Hitler ausgesprochen, blieb und führte dazu, dass sich langsam eine euphorisierte Weltuntergangsstimmung ausbreitete.

Bilder linke Seite: Die Durchhaltepropaganda auf ihrem irrwitzigen Höhepunkt: Wo noch eine Hauswand steht, wird auf ihr der Glaube an Adolf Hitler und den totalen Sieg verkündet. „Wir kämpfen mit dem Rücken gegen die Wand, aber das hat auch Vorteile“, sagte Goebbels dazu.

Bild rechte Seite: Sowjetpanzer vor dem Brandenburger Tor. Das stolze Wahrzeichen der Reichshauptstadt ist schwer mitgenommen worden. „Kämpft um Eure Stadt. Kämpft mit letzter Verbissenheit um Eure Frauen und Eure Kinder, und Eure Mütter und Eure Eltern. Ihr setzt das Leben für eine gute Sache ein. Alles, was vor uns lebenswert erschien, und all die Generationen, die nach uns kommen werden, all die verteidigt Ihr mit Euren Waffen.“ So hat es im Aufruf des Reichsverteidigungskommissars Goebbels vom 23. April 1945 geheißen.

Die bis dahin strenge Ordnung wich allmählich, den überaus reichlichen Alkoholvorräten wurde mehr und mehr zugesprochen, General Krebs und auch General Burgdorf erschienen gelegentlich angetrunken zu den nun völlig bedeutungslos gewordenen Lagebesprechungen, ohne dass Hitler das rügte. Hitler selbst, bis dahin stets auf peinlich korrektes Äußeres bedacht, begann sich zu vernachlässigen, lief in den letzten Tagen in einer befleckten, zerknautschten Jacke umher.

Zwischen all dem spielten seit dem 22. April fröhlich und unbefangen die sechs Goebbels-Kinder Helga (12), Hilde (11), Helmut (9), Holde (8), Hedda (6) und Heide (4), nicht ahnend, dass sie todgeweiht waren. Aber alle, die mit ihnen spielten, und das tat sogar Hitler, wussten es – Magda Goebbels hatte den Entschluss, mit ihrem Mann zu sterben und auch die Kinder mit in den Tod zu nehmen, schon vor einiger Zeit gefasst, und niemandem war es gelungen, sie von diesem entsetzlichen Vorhaben abzubringen; selbst ihrem Mann nicht und auch Hitler nicht, der sie bei der Ankunft im Bunker nochmals gedrängt hatte, mit den Kindern nach Berchtesgaden zu fliegen – vergebens.

Magda Goebbels blieb, und ebenso blieb Eva Braun. Sie war, gegen Hitlers ausdrücklichen Willen, Ende Februar nach Berlin gekommen, in den ersten Märzwochen noch einige Male nach München gefahren – aber als das zu gefährlich wurde, blieb sie in Berlin und wich nicht mehr von der Seite des Mannes, den sie liebte, ganz offensichtlich in dem klaren Bewusstsein, dass dies bedeutete – mit ihm zu sterben. Alle überlebenden Zeugen, die Eva Braun in den letzten Wochen und Tagen im Bunker trafen, bekunden übereinstimmend, sie sei die einzige gewesen, die dem Unvermeidlichen mit einer gelassenen Schicksalsergebenheit entgegengesehen habe, die es ihr erlaubte, bis zuletzt so zu bleiben, wie sie immer war, äußerlich wie innerlich adrett, ein wenig naiv und auf eine stille Art immer noch heiter.

Hitler spielte, nachdem sein erster Impuls zum Aufgeben unterdrückt worden war, die Rolle des Alleinherrschers halbherzig weiter; beschäftigte sich einerseits damit, Papiere zur Vernichtung auszusortieren, ließ andererseits immer wieder drängelnde Anfragen funken, wo denn die Entsatzangriffe der Kampfgruppe Steiner, der Armee Wenck, der 9. Armee blieben? Alle diese Einheiten kämpfen noch. Busses eingeschlossene 9. Armee schiebt sich langsam westwärts. Steiners schwache Kräfte versuchen – unter Jodls Einfluss – doch noch nach Berlin durchzubrechen, bleiben aber, wie von Steiner vorhergesehen, sogleich liegen. Wenck bringt das Kunststück fertig, seine mit Front nach Westen frisch aufgestellte, unerprobte 12. Armee umzudrehen nach Osten auszurichten.

Aber zu einem Entsatzangriff für Berlin mag sich der General nicht entschließen Er weiß, dass das aussichtslos ist. Aber etwas anderes scheint Wenck noch möglich und sinnvoll – südlich von Berlin so weit ostwärts vorzudringen, um einen Anschluss an die eingeschlossene 9. Armee zu gewinnen und deren Resten sowie den im Kessel befindlichen Zivilisten einen Rettungsweg nach Westen zu öffnen.

Wencks 12. Armee schafft das, kämpft sich bis in die Gegend von Ferch vor, und da sind die Kameraden von der 9. – für kurze Zeit entsteht ein Schlauch, durch den Überlebende (in Uniform und ohne) westwärts strömen.

Unten im Bunker wütete derweil Hitler noch einmal ein wenig nach Tyrannenart: Er feuerte General Heinrici als Oberbefehlshaber der Heeresgruppe Weichsel und ersetzte ihn durch Generaloberst Student. Als er von Himmlers Verhandlungen mit dem Westen erfährt, enthebt er ihn aller seiner Ämter und schickt Luftwaffenchef Greim mit Hanna Reitsch als Pilotin mit dem Auftrag los, Himmler zu verhaften. Himmlers Abgesandten im Führerhauptquartier, den SS-Gruppenführer Fegelein (ein Schwager Eva Brauns), lässt er unter dem fadenscheinigen Vorwurf des Verrats kurzerhand erschießen. Bei den Lagebesprechungen im Bunker ist inzwischen ein neues Gesicht aufgetaucht, das des SS-Brigadeführers und Generalmajors Mohnke. Wilhelm Mohnke, ein eisenharter General, ist kurz nach dem 20. April mit rund 1.000 Mann SS-Truppen in die Reichskanzlei eingerückt; er ist der Kampfkommandant der „Zitadelle“, des Regierungsviertels, untersteht direkt Hitler und ist entschlossen, bis zuletzt zu kämpfen.

Als erstes lässt er aus noch erreichbaren Magazinen und unentladen herumstehenden Zügen die Waffen- und Munitionsbestände und auch die Verpflegungsreserven auffüllen. Seinen Gefechtsstand richtet er in einem Keller unter der neuen Reichskanzlei ein, gleich neben dem dort befindlichen Notlazarett.

In diesem Lazarett herrschen nun, seit der Kampf auch in den Stadtbezirken tobt, Zustände wie im Danteschen Inferno. Immer neue Schwer- und Schwerstverwundete werden gebracht, mit zerschossenen Gliedern, Bauchschüssen, Professor Haase operiert und amputiert rund um die Uhr, es stinkt pestilenzartig, die Kittel des Arztes und der Schwestern sind starr von geronnenem Blut, am Boden liegen abgetrennte Arme und Beine, die nur, wenn oben das Artilleriefeuer nachlässt, herausgeschafft werden können.

Der schwerkranke Haase operiert, bis er zusammenbricht. Zum Glück für die Verwundeten hat sich, auch mehr zufällig, ein zweiter Arzt eingefunden, der Oberarzt Professor Dr. Schenck. Professor Schenck ist Internist, doch nun operiert er – Haase sitzt daneben und gibt mit schwacher Stimme Anweisungen.

In den Morgenstunden des 30. April bittet Hitler den erschöpften Haase zu sich – um mit ihm die Methoden sicheren Selbstmords zu erörtern; das Ende ist nahe. Am Vortag hat Hitler Eva Braun geheiratet und seine beiden Testamente diktiert, als Nachfolger ein Doppelgespann bestimmt: Dönitz Reichspräsident, Goebbels Reichskanzler. Nach dem Gespräch mit Haase bestellt er, gegen 6 Uhr morgens, Mohnke zu sich.

Die „Zitadelle“ ist zu dieser Zeit eingekreist, es wird – immer noch mit erbitterter Härte – im Tiergarten, am Potsdamer Platz, am Luftfahrtministerium, an der Weidendammer Brücke, am Lustgarten gekämpft, nicht viel mehr als 300-400 Meter von der Katakombe Hitlers entfernt.

„Was glauben Sie, Mohnke, wie lange können Sie noch halten?“ fragt Hitler.

„24 Stunden, mein Führer, nicht länger“, lautet die knappe Antwort. „Dann ist es soweit“, erwidert Hitler – Worte, die Mohnke zuerst nicht versteht. Was sie bedeuten, sagt ihm kurz darauf der Sturmbannführer Otto Günsche, Hitlers SS-Adjutant. Ihm hat Hitler aufgetragen, unter allen Umständen für eine vollständige Vernichtung seiner Leiche zu sorgen. Kurz nach 15 Uhr ist es soweit. Hitler und Frau verabschieden sich von den Resten des Hofstaates – Goebbels, Bormann, Krebs, Burgdorf, Botschafter Hewel (Vertreter des Außenamtes), Vizeadmiral Voß (Vertreter der Marine), SS-Brigadeführer Rattenhuber (Chef der Leibwache), Sekretärinnen, Diener, Kö-

chin – und ziehen sich dann in ihre Räume zurück.
Nachdem zehn Minuten lang keinerlei Geräusch mehr aus Hitlers Wohnraum zu hören ist, geht Diener Linge befehlsgemäß hinein. Schon im Vorraum herrscht starker Bittermandelgeruch, Linge mag allein nicht weitergehen, holt Bormann, zusammen öffnen sie die Tür zum Wohnzimmer. Hitler und seine Frau sitzen tot auf dem kleinen Sofa; Hitler hat sich in die rechte Schläfe geschossen und offenbar im gleichen Augenblick eine Blausäurekapsel zerbissen, seine Frau hat nur die Giftkapsel benutzt.
Günsche geht ins Lagezimmer, sagt mit belegter Stimme: „Der Führer ist tot", geht zurück zum Sterbezimmer, mit ihm gehen Goebbels und Axmann. Zu fünft stehen sie dann, wie gelähmt, schweigend in dem engen Raum, starren auf die Leichen.
Als erste lösen sich Günsche und Linge aus der Erstarrung, besinnen sich auf das, was der Tote ihnen befohlen hat – für schleunige und vollständige Vernichtung der Leichen zu sorgen. Dabei erweist sich, dass jedenfalls die SS-Garde in Hitlers engster Umgebung von Leichenverbrennung keine Ahnung hat. Zwar ist reichlich Benzin bereitgestellt worden, aber da man die beiden Leichen in einer flachen Grube direkt auf den Boden gelegt hat, verbrennt viel Benzin, nicht aber das tote Paar. Bis in den späten Abend hinein muss immer wieder Benzin nachgegossen, gestochert, das Feuer neu entfacht werden – doch die vollständige Vernichtung, die der Führer gewollt hatte, gelingt trotz aller Mühe nicht.
Das abrupte Ende der Macht des einsamen Tyrannen wird unten im Bunker auf fast makabre Art deutlich: Der tote Hitler ist noch nicht zur Verbrennung nach oben gebracht, da durchzieht bis dahin unbekannter Duft das Bunkerverlies: Der Führer ist tot – es darf geraucht werden.
Und noch etwas ändert sich schlagartig: Bormann, der Quelle seiner Macht beraubt, schrumpft von einer Stunde auf die nächste auf fast Null zusammen, von niemandem mehr ernst-, sondern nur noch mürrisch, weil noch da, in Kauf genommen.

Am frühen Morgen des 1. Mai – immer noch wird gekämpft – schickt der neue Reichskanzler Goebbels den General Krebs zu Tschuikow mit einem Brief für Stalin. Goebbels teilt Hitlers Tod mit, schlägt Waffenstillstand im Berliner Raum vor, damit sich die neue Reichsregierung konstituieren und über die nächsten Schritte klar werden könne.
Tschuikow ist höflich, telefoniert die Goebbels-Botschaft nach Moskau durch, obwohl er die Antwort weiß: Keine Verhandlungen, bedingungslose Kapitulation, sonst nichts. Krebs kehrt, gegen Mittag, in den Bunker zurück, berichtet. Goebbels, im Lagevorraum auf und ab humpelnd, kettenrauchend: „Eine Kapitulationsurkunde mit meiner Unterschrift wird es nicht geben!"
Am Abend des 1. Mai bringt Magda Goebbels ihre sechs Kinder um, legt anschließend weinend Patiencen, rafft sich auf, kocht Kaffee, setzt sich mit ihrem Mann, Bormann und Axmann zu einem längeren Nostalgie-Gespräch über die glorreichen Tage der „Kampfzeit" und der herrlichen Zeit bis 1939 zusammen. Dann machen sich der letzte Reichskanzler und seine Frau zum Sterben bereit, verabschieden sich von den wenigen, die noch im Bunker sind – gegen 21 Uhr sind auch sie tot.

Bild linke Seite oben: Fast magische Gewalt über Menschen schien Hitler zu haben. Bis hin zu den letzten Tagen im Bunker unter der Reichskanzlei blieb er unangefochten der „Chef", wie er bei seinen Angestellten genannt wurde. Ein müder, körperlich hinfälliger Greis, der, so sein Biograph Werner Maser, „wie sein Reich total am Ende" war, beherrschte mühelos höchste Militärs und politische Machtmenschen, die er alle mit in den Untergang riss.

Bild linke Seite unten: Die Verbrennung der toten Goebbels-Familie war nur unzulänglich durchgeführt worden. Im Gegensatz zu den Überresten Hitlers und seiner Frau konnten sie ohne Schwierigkeiten identifiziert werden.

Bild rechte Seite: Adolf Hitler und Eva Braun auf dem Obersalzberg.

Auch Goebbels hatte angeordnet, seine und seiner Frau Leiche zu verbrennen, und darum mühte sich sein SS-Adjutant, der Obersturmführer Schwägermann. Er hatte für Benzin gesorgt, ließ auch die Leichen nach oben schaffen, aber nun wurde die Zeit knapp: Kampfkommandant Mohnke hatte, einer letzten Führerweisung folgend, für 23 Uhr den Ausbruch der Restbesatzung der „Zitadelle" vorbereitet. So blieben die Leichen des Ehepaares Goebbels nur wenig angebrannt liegen.
Sie brachen aus. In kleinen Gruppen verließen sie die Reichskanzlei, eine nach der anderen – einige Zeit nach Mitternacht war der Führerbunker leer.
Nicht ganz. Acht Leichen waren da – die sechs Goebbels-Kinder und die Generale Burgdorf und Krebs, die sich erschossen hatten. „Die sterblichen Überreste Hitlers, Eva Brauns und einiger weiterer Bunkerbewohner", schreibt Joachim Fest*, „waren im Mai 1945 zunächst am Dienstsitz der Abteilung Gegenaufklärung der 3. Stoßarmee im Raum Berlin-Buch verscharrt worden. Mit der Einheit zogen die Holzkisten, in denen sie verwahrt wurden, anschließend nach Finow, von dort nach Rathenow und schließlich nach Magdeburg. Auf eine Anfrage hin entschied im März 1970 das Politbüro der KPdSU, die Überbleibsel zusammen mit den Rückständen der Familie Goebbels ‚streng konspirativ' auszugraben und ‚durch Verbrennung endgültig zu vernichten'. In dem Abschlußbericht über die ‚Operation Archiv' heißt es: ‚In der Nacht zum 5.April 1970' wurden ‚die Überreste vollständig verbrannt, dann zusammen mit Kohlestücken zu Aschenpulver zerstampft, anschließend in den Fluss geworfen'".

Bedingungslose Kapitulation

Als Großadmiral Dönitz, Oberbefehlshaber der Kriegsmarine und Oberster Befehlshaber im Nordraum des bereits durch die amerikanischen und sowjetischen Armeen in zwei Teile zerlegten „Großdeutschen Reiches", am Abend des 30. April 1945 nach einer Besprechung mit dem Reichsführer SS Himmler in Lübeck in sein provisorisches Hauptquartier bei Plön in Holstein zurückkehrte, wurde ihm ein seltsamer Funkspruch aus Berlin vorgelegt. Er war um 18.45 Uhr eingegangen. Reichsleiter Martin Bormann, Chef der Parteikanzlei, teilte aus dem „Führerbunker" mit, der „Führer" habe Dönitz anstelle von Reichsmarschall Göring zum Nachfolger bestimmt. Dönitz solle alle sich aus der Lage ergebenden notwendigen Maßnahmen treffen. Eine schriftliche Vollmacht sei unterwegs. Der Großadmiral erhielt damit Handlungsfreiheit. Er war sich klar darüber, dass diese nur eins bedeuten konnte: Den verlorenen Krieg zu beenden.
Noch für den gleichen Abend beschied er Himmler trotz dessen Misstrauen und Widerstreben zu einer Unterredung nach Plön. Heinrich Himmler war auf dem Papier noch immer Chef der gesamten deutschen Polizei, höchster Befehlshaber der gesamten SS, Reichsinnenminister und Befehlshaber des Ersatzheeres. Der Reichsführer SS erschien mit sechs schwerbewaffneten Offizieren, der Großadmiral legte sich, durch ein Stück Papier getarnt, eine geladene Pistole auf den Tisch. Als Himmler erfuhr, Dönitz sei Nachfolger Hitlers geworden, begehrte er in dessen „Staat" der „zweite Mann" zu werden. Dönitz lehnte dies ab. Himmler fuhr nach Lübeck zurück.
Dass Hitler bereits Selbstmord begangen hatte, dass die Sowjets in unmittelbare Nähe des „Führerbunkers" gelangt waren, wusste niemand in Plön. Auch von der Teilkapitulation in Italien ahnte man nichts. Am 2. Mai 1945 gingen in Norditalien und Südtirol rund eine Million deutscher Soldaten in Kriegsgefangenschaft, ein Akt, der – ohne dass die Beteiligten dies ahnten – in Dönitz' künftige Konzeption passte und den dieser nachträglich nur billigen konnte.
Am Vormittag und Nachmittag des 1. Mai 1945 trafen noch zwei weitere mysteriöse Funksprüche von Bormann ein. Sie besagten, das „Testament" (Hitlers) sei in Kraft. Der „Führer" habe den Großadmiral zum Reichspräsidenten ernannt, neuer Reichskanzler sei der Reichspropagandaminister Dr. Goebbels. Bormann verkündete lakonisch, der „Führer" sei am 30. April „verschieden", und kündete sein alsbaldiges Erscheinen in Plön an. Das „Testament" traf niemals ein. Bormann erschien auch nicht, sondern verschwand in der Nacht vom 1./2. Mai 1945 spurlos in Berlin.
Dönitz ließ offiziell am Abend des 1. Mai über den Sender Hamburg im Rundfunk bekannt geben, der „Führer" sei „gefallen". Den Titel Reichspräsident nahm er nicht in Anspruch, er blieb der „Großadmiral". Zur Stunde, am 1. Mai gebot der Großadmiral noch über ein weit zerfleddertes Reich. Nor-

wegen, die Niederlande, Dänemark waren noch besetzt, in Böhmen und Mähren hielt die Heeresgruppe Mitte mit 1,2 Millionen Mann gegen die Sowjets, im Baltikum verteidigte sich noch die Heeresgruppe Kurland, auf der Halbinsel Hela die Armee Ostpreußen. An der Kanal- und Atlantikküste hielten die Festungen Dünkirchen, die Kanalinseln, die ehemaligen U-Boot-Basen Lorient und La Rochelle, in der Ägäis Kreta und Rhodos. Insgesamt standen zwischen Nordkap und der Ägäis rund drei Millionen Mann deutscher Truppen noch unter Waffen.

Die Hauptsorge des Großadmirals bildete die Fortführung des Abtrans-

Bild linke Seite oben: Unterzeichnung der Kapitulation im sowjetischen Hauptquartier Karlshorst durch Generalfeldmarschall Keitel, Generaloberst Stumpff und Generaladmiral von Friedeburg: „Wir, die hier Unterzeichneten, handelnd in Vollmacht für und im Namen des Oberkommandos der deutschen Wehrmacht, erklären hiermit die bedingungslose Kapitulation aller am gegenwärtigen Zeitpunkt unter deutschem Befehl stehenden oder von Deutschland beherrschten Streitkräfte auf dem Lande, auf der See und in der Luft, gleichzeitig gegenüber dem Obersten Befehlshaber der alliierten Expeditionsstreitkräfte und dem Oberkommando der Roten Armee."

Bild linke Seite unten: Die Alliierten akzeptierten noch eine Weile, dass der von Hitler als Nachfolger eingesetzte Dönitz in Flenburg-Mürwik eine Art Reichsregierung führte. Erst am 23. Mai 1945 machten die Briten mit der Verhaftung Dönitz' und seiner Minister der letzten gesamtdeutschen Regierung ein Ende (von links: Speer, Dönitz und Jodl). Sie gingen wie Millionen Landser in Gefangenschaft.

Bild rechte Seite: Ein Rotarmist vor dem gefallenen Hoheitsadler der Reichskanzlei. In seinem Tagesbefehl vom 2. Mai 1945 konnte Stalin triumphieren: „Unsere Truppen haben nach zähen Straßenkämpfen die Zerschlagung der Berliner Kräftegruppen der Deutschen vollendet und die Hauptstadt Deutschlands erobert."

portes von Flüchtlingen, kranken oder verwundeten Soldaten oder ganzen Truppenteilen aus den bedrohten Brückenköpfen im Baltikum und auf Hela über See, wofür der Großteil der noch vorhandenen Seestreitkräfte eingesetzt war, sowie die Unterwanderung der alliierten Bestimmungen über eine Gesamtkapitulation auf der Stelle. Es musste durch stufenweise Teilkapitulation verhindert werden, dass der Großteil des Ostheeres in die überaus harte sowjetische Kriegsgefangenschaft geriet.

Am 3. Mai 1945 entschloss sich der Großadmiral, zunächst Verhandlungen mit dem in Nordwestdeutschland führenden Oberbefehlshaber der britischen 21. Heeresgruppe, Feldmarschall Montgomery, aufzunehmen. Dazu bestimmte er nicht einen General, sondern den ihm lange bekannten neuernannten Oberbefehlshaber der Kriegsmarine, Generaladmiral von Friedeburg, bislang Dönitz' Nachfolger als Kommandierender Admiral der Unterseeboote. Friedeburg begab sich in das Hauptquartier Montgomerys bei Lüneburg. Der Feldmarschall empfing ihn zunächst mürrisch, dann ließ er sich herbei, seine Wünsche und Vorschläge anzuhören.

Er betonte sofort, er sei nicht befugt, die Kapitulation von Truppen entgegenzunehmen, die gegen die Sowjets gefochten hätten. Aber er schlug in den Verhandlungen am 3./4. Mai 1945 eine Gesamtkapitulation aller deutschen Streitkräfte vor seiner West- und Nordflanke, das heißt im Bereich der Niederlande, Nordwestdeutschlands und Dänemarks, vor, einschließlich der sofortigen Einstellung des U-Boot-Krieges und der Auslieferung der deutschen Kriegs- und Handelsmarine. Friedeburg holte die Zustimmung des Großadmirals ein. „Der Löwe", wie ihn seine U-Boot-Männer getauft hatten, stimmte sofort zu, obwohl ihm der Entschluss, die von ihm geschaffene U-Boot-Waffe dem Gegner zu überantworten, besonders bitter wurde.

Am 4. Mai kehrte Friedeburg in das Hauptquartier Montgomerys in der Lüneburger Heide zurück. Am 5. Mai 1945 trat um 8.00 Uhr die sogenannte „Nordwestkapitulation" in

Kraft. Der britische Feldmarschall zeigte sich auch willens, den Übertritt vor den Sowjets ausweichender militärischer Einzelpersonen oder kleiner Gruppen zu dulden. Was zivile Flüchtlinge betraf, deren Massenübergang über die Demarkationslinie gleichfalls offiziell untersagt war, bemerkte er, er wolle über Möglichkeiten nachdenken, er sei ja „kein Unmensch". Im Sinne der Stufentaktik von Dönitz war die „Nordwestkapitulation" ein, wenn auch trauriger, Teilerfolg. Am 6. Mai 1945 wurden Generaladmiral von Friedeburg und General Kinzel, der Chef des Führungsstabes Nord, mit einer deutschen Maschine ins alliierte Oberste Hauptquartier zum Oberkommandierenden General Eisenhower nach Reims entsandt, um die projektierte große Westkapitulation auszuhandeln. Dort empfing Eisenhowers Chef des Stabes, General Walter Bedell Smith, die „Gäste", hörte sich die Vorstellungen der Deutschen an, begab sich zu seinem Oberbefehlshaber und kehrte mit einem niederschmetternden Bescheid zurück. General Dwight D. Eisenhower weigerte sich, in irgendeine andere Lösung einzuwilligen als die bedingungslose Gesamtkapitulation. Generaladmiral von Friedeburg übermittelte dieses Ergebnis nach Flensburg. Der Großadmiral entschloss sich, den Chef des Wehrmachtführungsstabes, Generaloberst Jodl, nach Reims zu entsenden, wofür die Engländer eine Maschine zur Verfügung stellten. Jodl versuchte, Fristen für die Unterzeichnung des Waffenstillstandes zu erlangen, eine Pause von zwei Tagen zwischen Unterzeichnung und Inkrafttreten oder eine stufenweise Lösung in vier Abschnitten, um Zeit für Truppen- und Flüchtlingsbewegungen von Ost nach West zu gewinnen. Bedell Smith verstand überhaupt nicht, warum sich Jodl so sehr gegen eine Übergabe an die Sowjets sträubte. Das Ergebnis war ein schwacher Kompromiss. Zwischen Unterzeichnung am 7. Mai 1945 00.00 Uhr und Inkrafttreten sollte eine Frist bis zum 8. Mai 1945 beziehungsweise 9. Mai 1945 00.00 Uhr vorliegen. In aller Eile holte man in Flensburg das Einverständnis des Großadmirals ein, für den offiziell nur der Chef des Oberkommandos der Wehrmacht, Generalfeldmarschall Keitel, in Erscheinung treten durfte. Um 1.30 Uhr nachts lag am 7. Mai 1945 die Vollmacht in Reims vor. Um 2.41 Uhr fand im Sprechzimmer der Berufsschule von Reims die kurze Zeremonie der Unterzeichnung statt. Eilends hatte man aus Paris 16 Pressekorrespondenten nach Reims geflogen, auch obendrein noch als Vertreter Frankreichs den Stellvertretenden Generalstabschef General Sevez zitiert.

General Eisenhower lehnte es ab, zu erscheinen. Vor General Bedell Smith, dem britischen Admiral Burroughs, dem sowjetischen Missionschef beim Hauptquartier General Iwan Susloparow und General Sevez unterschrieben Generaloberst Jodl, Generaladmiral von Friedeburg und ein Vertreter der Luftwaffe die deutsche Gesamtkapitulation.

Den alliierten Korrespondenten wurde verboten, über die Szene zu berichten. Man wollte Stalin nicht durch eine einseitige Vorwegnahme des Endsieges verdrießen. Stalin bestand darauf, dass die Zeremonie vor dem sowjetischen Oberkommandierenden in Deutschland, Marschall Schukow, in dessen Hauptquartier Karlshorst bei Berlin wiederholt werden müsse, in Anwesenheit der Vertreter der USA und Großbritanniens, nicht jedoch derjenigen Frankreichs, das für ihn nicht zu den Hauptsiegermächten zählte.

Am 8. Mai 1945 flogen die Engländer, Feldmarschall Keitel, Generaladmiral von Friedeburg und für die Luftwaffe Generaloberst Stumpff, Chef der Luftflotte Reich und der Heimatluftverteidigung, mit einigen Begleitoffizieren nach Berlin. Vor Mitternacht des 8. Mai, zur imaginären Stunde 00.00 des 9. Mai 1945, dem Zeitpunkt des Inkrafttretens der Waffenruhe, ging diese Zeremonie im Kasino der ehemaligen Pionier- und Ingenieurschule des Heeres vonstatten. Feldmarschall Keitel, das Monokel im Auge, unterschrieb mit steinernem Antlitz. Anschließend servierte man den in einer kleinen Villa neben der Pionierschule untergebrachten deutschen „Gästen" ein opulentes Essen mit Sakuska und sonstigen russischen Spezialitäten.

Der Zweite Weltkrieg war in Europa zu Ende.

Von Pearl Harbor nach Hiroshima

Bereits am Tag nach Pearl Harbor, am 8. Dezember 1941, landeten japanische Truppen unter General Hobun Yamashita an der Küste der britischen Kolonie Malaya. Die Schlachtschiffe „Prince of Wales" und „Repulse", die zur Bekämpfung der Invasionsflotte ausgelaufen waren, wurden am 10. Dezember durch Luftangriffe versenkt. In Gewaltmärschen brachten die japanischen Dschungelkämpfer 640 Kilometer hinter sich und trieben die Commonwealth-Verbände – Briten, Australier, Inder – vor sich her. Bald fiel Johore.

Inzwischen wurden Hongkong, Burma, Borneo, Celebes und die Philippinen angegriffen. Admiral Ozawa, der Befehlshaber der Süd-Expeditionsflotte, beherrschte bald die indonesischen Gewässer, weitere Inseln fielen. Am 9. Februar 1942 ging Yamashitas Garde-Infanterie in Sturmbooten über den Johore-Sund auf Singapur los. Die Seefestung hatte ihre Arsenale und das Wasserreservoir ungeschützt im Nordteil der Insel und musste deshalb schon am 15. Februar 1942 kapitulieren. Vier Divisionen und viele Zivilisten kamen in die berüchtigten japanischen Dschungellager.

Zur gleichen Zeit setzte Ozawa Marine-Infanterie auf Sumatra ab; über Palembang sprangen 600 japanische Fallschirmjäger ab. Diese Insel fiel schnell. Während das Kreuzergeschwader des niederländischen Konteradmirals Karel Doormann vor den Bomben abdrehte, endete der Widerstand auf Borneo und Timor. Landstaffeln näherten sich Bali und Java, Batavia musste geräumt werden. Am 27. Februar erlitten die Alliierten auf See eine Schlappe. Doormann sank mit dem Flaggschiff „De Ruyter", fünf weitere Kreuzer und zwölf Zerstörer gingen ebenfalls auf Grund.

Bis Ende Dezember 1941 war auch die 14. Armee unter General Homma auf der Philippinen-Hauptinsel Luzon gelandet. General Douglas MacArthur focht hier mit 19.000 Amerikanern, 12.000 Eingeborenen und 100.000 Nationalgardisten. Doch ihre Versorgung brach bald zusammen. MacArthur und der Staatspräsident Manuel Quezon wurden evakuiert, aber General Jonathan Wainwright, MacArthurs Nachfolger, musste Bataan und Manila preisgeben. Er kapitulierte in der Felsenbastion Corregidor.

Inzwischen brachte General Lito mit der 13. Armee die Burma-Operation zuwege. Mandalay und Rangun wurden besetzt, die 6. chinesische Armee (Lo Cho-jing) aufgerieben. Der britische Oberbefehlshaber, General Sir Harold Alexander, zog sich fluchtartig zurück.

Im Pazifik fielen Guam, Wake, Palau, Nauru, die Gilbert-Inseln, der Bismarck-Archipel und der Norden von Neu-Guinea. Das Kaiserliche Hauptquartier war mit den Erfolgen vorerst zufrieden. Tokio dachte an die Errichtung einer „ostasiatischen Wohlstandssphäre", die aus drei Zonen bestehen sollte: „Innerer Ring" mit Japan, Korea, Mandschukuo, Formosa, Nationalchina; „Versorgungsregion" mit den Philippinen, Indochina, Malaya, Indonesien; „Verteidigungsgebiet" mit Burma, Neu-Guinea, Bismarck-Archipel, Karolinen, Marianen, Marshall-Inseln.

Das japanische Oberkommando schuf nun den „erweiterten Plan" zur Eroberung strategischer Punkte: Port Moresby an der Südostküste von Neu-Guinea; Tulagi, eine Salomonen-Insel; Midway-Archipel; Addak, Attu und Kiska in den Aleüten. Die Besetzung von Neu-Kaledonien, Fidschi und Samoa sollte gleichzeitig mit durchgeführt werden. Das Oberkommando bildete zwei Offensivverbände: Admiral Inouye mit den Trägern „Zuikaku", „Shokaku" und dem Flugzeugmutterschiff „Shoho" bei Rabaul an der Nordküste von Neu-Britannien; Admiral Yamoto vor Yokosuka in Südjapan. Er verfügte über das riesige Schlachtschiff „Yamato" und Nagumos Trägergeschwader mit „Akagi", „Kaga", „Soryu" und „Hiryu". Während Inouye auf Tulagi Truppen absetzen und dann Moresby erobern sollte, übernahm Yamamoto die Aufgabe, Midway und drei Aleüten-Inseln zu stürmen sowie die US-Flotte zu vernichten.

Admiral Chester W. Nimitz, der US-Oberbefehlshaber im Pazifik, durchschaute die Absichten der Japaner. Da ihm aber seit Pearl Harbor die Schlachtschiffe fehlten, verlegte er den Abwehrschwerpunkt auf die Flugzeugträger.

Als nun Inouye Bautruppen in Tulagi an Land brachte und nach Moresby dampfte, wurde er von Admiral Fletcher mit den Trägern „Lexington" und „Yorktown" in der Korallensee gestellt. Beide Flotten starteten ihre Trägerflugzeuge. Im Gefecht ging die „Shoho" auf Grund, die „Lexington" erhielt Treffer und explodierte später. Mit dieser Schlacht begann eine neue Epoche im Seekrieg, den nun die Flugzeugträger entschieden.

Yamamoto musste mit nur vier Trägern auf Midway vorstoßen, wogegen die Task Force 16 (Admiral Spruance) neben der „Enterprise" und „Hornet" die reparierte „Yorktown" ins Treffen führen konnte. Nimitz' Plan war es, die Entscheidung unweit von Midway zu suchen, wobei dem vom US-Marinekorps besetzten und mit 106 Flugzeugen ausgestatteten Archipel die Rolle eines „vierten" Flugzeugträgers zufiel.

Die Schlacht um das Atoll begann am 4. Juni 1942. Harte Luftkämpfe brachten auf beiden Seiten hohe Verluste. Von 42 US-Torpedoflugzeugen kehrten nur 6 zurück. Aber dann warfen sich 36 US-Bomber auf die „Kaga" und „Akagi". Auf beiden Schiffen wurden eben die Flugzeuge getankt und aufmunitioniert. Die Bomben trafen. Im Inferno verbrannten die Maschinen, explodierte Munition. Die „Kaga"

sank, die verglühte „Akagi" wurde durch Torpedo versenkt. Auch die „Soryu" erhielt schwere Treffer und verschwand nach einem Torpedotreffer des US-U-Bootes „Nautilus" im Ozean. Ehe die „Hiryu" durch Bomben versenkt wurde, demolierten ihre Flugzeuge die „Yorktown". Von Bergekommandos schon auf ebenen Kiel gebracht, wurde sie plötzlich vom U-Boot 1-168 (Tanabe) mit Torpedo abgeschossen. Nach der Vernichtung aller vier Träger drehten die japanischen Flottenverbände ab.
Midway war der Wendepunkt des Seekrieges im Pazifik. Japan konnte die Verluste an Piloten nie mehr ausgleichen, auch die Einbuße an Schiffen wog schwer.
Inzwischen planten die Joint Chiefs of Staff (Oberster US-Generalstab) unter General George C. Marshall Gegenmaßnahmen zur Eindämmung der japanischen Expansion im Pazifik. Zwei Kommandobereiche wurden festgelegt, deren Trennungslinie der 159. Grad östlicher Länge bildete: Zentralpazifik unter Admiral Nimitz mit dem Hauptquartier in Hawaii; Südwestpazifik unter General MacArthur. Nimitz erhielt Weisung, die in seinem Bereich liegende Salomonen-Insel Gu-

Bild linke Seite: Im Sturm nahmen die Streiter der aufgehenden Sonne Indochina, Indonesien und die Philippinen und griffen dann weiter nach Burma und Melanesien aus. Burma, das Bindeglied zwischen Südost-Asien und Indien, war wirtschaftlich von geringer Bedeutung für die Japaner, strategisch dafür umso mehr.

Bild rechte Seite oben: „Landung auf Guam". Darstellung des Japanischen Künstlers Ezaki Kohei.

Bild rechte Seite unten: Über die Burma-Straße, die in einer Länge von 1.100 Kilometern Lashio an der Grenze zwischen Burma und China mit Kunming verband, rollte der Nachschubverkehr von Britisch-Indien zu den Armeen Tschiang Kai-scheks nach China, dessen Häfen von den Japanern beherrscht wurden. Ende 1942 konnten die Japaner Lashio nehmen und die Burma-Straße für etwa ein Jahr unterbrechen.

adalcanal am 1. August 1942 anzugreifen. Dazu aber brauchte er Stützpunkte, die er dann in Tongatabu, Samoa, Fidschi und den Neuen Hebriden fand. Die Flottenbasis bildete Espiritu Santo, 550 Seemeilen südöstlich vom Ziel.
Der Angriff begann am 7. August 1942, 5 Uhr 30. Den Feuerschlag lieferte die Beschießungsgruppe unter Fletcher. Er überraschte die Japaner, und als die 1. US-Marinedivision den Strand betrat und den Flugplatz stürmte, fiel kaum ein Schuss. Dafür wehrten sich die Besatzer auf den Nachbarinseln Tulagi, Florida, Tanangobo und Gavutu, in Kalkhöhlen verborgen, bis zum letzten Messerstich.
Nun erwachte auch auf Guadalcanal der Widerstand. Baumschützen, nächtliche Überfälle, Dschungelkämpfe, Bombardements und Seegefechte bestimmten das Ringen um die Insel. Es stand lange remis. Dann wurde die Lage für die Amerikaner kritisch. Sugiyama und Nagano stoppten den Vormarsch nach Moresby und zweigten eine Heeresdivision für den Inselkampf ab. Yamamoto fuhr mit zwei Trägern, zwei Hilfsträgern, vier Schlachtschiffen, acht Kreuzern und neunundzwanzig Zerstörern am 25. Oktober nördlich der Santa-Cruz-Inseln in Bereitstellung. Die Amerikaner konnten dieser Armada nur wenig entgegensetzen: 2 Träger, 1 Schlachtschiff, 6 Kreuzer, 14 Zerstörer. Die Japaner errangen einen taktischen Erfolg, doch die Infanterie konnte den inzwischen in Betrieb genommenen Flugplatz Henderson Field nicht nehmen. So blieben 60 US-Maschinen flugklar. Der Inselkampf, mit wechselseitigen Vor- und Nachteilen zu Wasser und auf dem Lande geführt, zog sich bis Anfang 1943 hin. Im Februar wurden die letzten 12.000 Japaner nach Rabaul evakuiert. Die Materialüberlegenheit der Amerikaner entschied schließlich den Kampf.
Auch auf den Aleuten waren die Amerikaner Sieger. Ein Verband unter Admiral Kinkaid zwang bei Kommandorski japanische Transporter zur Umkehr. Der Weg nach Attu war frei. US-Infanterie kämpfte die 2.300 Mann starke Besatzung nieder. Als Kinkaid nach drei Monaten auch Kiska unter Feuer nahm,

stellte sich heraus, dass die Japaner schon abgezogen waren.
Die Amerikaner schickten sich nun an, die Außenwerke des japanischen Imperiums systematisch zu zertrümmern und seine Versorgungsadern zu durchtrennen. US-Unterseeboote und Verbände der britischen Eastern Fleet machten Jagd auf alle Transporter, die Japan ansteuerten. Mit jeder versenkten Frachttonne wurde der Mangel im Mutterland spürbarer.
Nun wurde MacArthur aktiv. Er befehligte zwar nur elf amerikanisch-australische Divisionen, ein niederländisches Kontingent und wenige Armeeflieger, doch Nimitz half mit Flotten- und Marineluftverbänden aus. Wichtigster strategischer Punkt in MacArthurs Bereich war Rabaul, neben Truk (Karolinen) die stärkste japanische Flottenbasis. Wer Rabaul hielt, beherrschte den Bismarck-Archipel, die Salomonen, Neu-Guinea und den Weg zu den Philippinen. Deshalb musste Rabaul entweder gestürmt oder isoliert werden. MacArthur schlug nun in Neu-Guinea los. Ein Versuch der Japaner, in Gewaltmärschen über den Kokoda-Pfad und das Owen-Stanley-Gebirge den wichtigsten Punkt dieser Insel, Port Moresby, zu erreichen, scheiterte dicht vor dem Ziel. Nun trieben Amerikaner und Australier den Gegner am Kokoda-Pfad vor sich her.
Dann traf ein noch härterer Schlag Japan. Eine US-Jagdstaffel schoss den allseits hochverehrten Admiral Yamamoto bei einem Inspektionsflug über Bougainville ab. Sein Nachfolger wurde Admiral Koga, der ein schweres Erbe antrat, denn die eigenen Kräfte schwanden, während der Gegner immer stärker wurde. Neue Landungsschiffe, Amphibienfahrzeuge und Waffen, zusätzliche Flottenkräfte sowie verfeinerte Ortungs- und Nachrichtenmittel vergrößerten die Erfolgschancen der Amerikaner. Sie führten ihre zweigleisige Strategie konsequent fort. Nacheinander fielen Rendova, Vella Lavella, Bougainville und Neu-Georgien. MacArthurs Truppen beherrschten jetzt den Nordteil von Neu-Guinea zwischen dem Hüon-Golf und den Louisiaden. Die Luftwaffe baute neue Stützpunkte und bombte zusammen mit Trägermaschinen Rabaul und den Bismarck-Archipel. Am 15. Dezember 1943 landeten Marinefüsiliere („Marines“) und Infanteristen bei Kap Gloucester und Arawe auf Neubritannien, im Februar 1944 in Green Islands, im März auf Los Negros, dann auf Manus. Damit kontrollierte MacArthur fast alle Admiralitäts-Inseln. Der Rest wurde durch Abregnen von Napalm und Diesel zur Wüste gemacht; die japanischen Besatzer sollten ausgehungert werden. Als auch noch Emirau verloren ging, war Rabaul hoffnungslos isoliert. Über 100.000 japanische Soldaten blieben auf den Außenposten bis Kriegsende festgenagelt.
Mit der Weisung vom 23. Januar 1943 sollte MacArthur in Neu-Guinea bis Vogelkop stoßen und dann nach Morotai übersetzen, Nimitz die Gilbert-, Marshall-, Karolinen- und Marianen-Inseln stürmen.
Zuerst waren die Gilbert-Inseln an der Reihe. Nauru wurde umgangen, die Marines nahmen sich Apamama, Makin und Tarawa vor. Während auf Apamama nur ein Posten mit zwei alten Kanonen stand und in Makin keine Verteidigungsanla-

Bild linke Seite: „Dauntless“-Sturzkampfbomber zerstörten in der Schlacht von Midway innerhalb von 5 Minuten 3 japanische Flugzeugträger.

Bild rechte Seite oben: „Abschied auf dem Flugzeugträger“. Gemälde von dem japanischen Künstler Shuri Arai.

Bild rechte Seite unten: „Nach dem Einsatz“, Gemälde von Tom Lea. Die amerikanischen Marineinfanteristen, „Ledernacken“ genannt, erwiesen sich im Dschungelkrieg auf den pazifischen Inseln als harte Kämpfer.

durch den Tod auf dem Schlachtfeld entweder als „Ei-Rei" (Held) von Volk und Familie hochverehrt in den Shinto-Himmel einzugehen oder aber als Feigling „sein Gesicht zu verlieren", blieben dem Kaiserlichen Soldaten keine Alternativen.
Nimitz' nächstes Ziel waren die Marshall-Inseln. Die Landung erfolgte an 31. Januar 1944 auf dem Kwajalein-Atoll. Trägerflugzeuge, Artillerie und Raketenwerfer hämmerten die Landestreifen frei. Flammenwerfer räucherten die Bunker aus. Einige Tage später starteten US-Bomber nach Truk und Guam. Das Eniwetok-Atoll wurde gestürmt. Wieder 330 Seemeilen näher an Japan heran. Sie nannten es das „Going up the ladder – Die Leiter hinaufkriechen!".
Nun war wieder MacArthur am Zuge. Für seine Operation in Neu-Guinea brauchte er die Task Force 58. Spruance wollte sie nicht hergeben. Es kam zum Disput, vor allem um die Grundsatzfrage, ob die Rückeroberung der Philippinen oder die Gewinnung weiterer Inselstützpunkte südlich von Japan wichtiger sei.
Die Entscheidung fällte eine Planungskonferenz in Washington im März 1944: Der Kampf ist „nach Art eines Boxers" weiterzuführen, der „abwechselnd mit der Rechten und Linken zuschlägt". Jetzt war die Linke dran: MacArthur. Die wieder in Task Force 38 umbenannte Gruppe (vorher 58) unter Mitcher stieß mächtig gegen die Karolinen vor, fuhr aus Täuschungsgründen um den Bismarck-Archipel herum und steuerte dann Hollandia an. Während die Bomber der 5. Air Force Bomben und Fallschirmpuppen auf Wewak warfen, erfolgte der eigentliche Angriff von „Fliegenden Festungen" gegen Hollandia, wo die 6. japanische Fliegerdivision fast restlos am Boden zerstört wurde.
Nun drang die 7. US-Flotte zur Humboldt-Bay vor und beiderseits Hollandia landete das 1. US-Korps (Eichelberger). Aber die 18. japanische Armee (Adachi) erwartete die Amerikaner in Wewak. Doch diese nahmen drei Flugplätze, stationierten in Aitape Schnellboot-Geschwader und unterbanden den Nachschub der Japaner in Wewak. Am 17. und 27. Mai eroberten amphibi-

gen waren, gestaltete sich die Invasion auf Tarawa äußerst verlustreich: künstlich überhöhtes Ufer, Vorstrandhindernisse, Tretminen, Bunker aus Beton und steinhartem Kokosholz. mit MGs und gut getarnten 20,3-cm-Geschützen. Die US-Aufklärung unterschätzte diese Anlagen und übersah das Korallenriff, das die Insel einschloss. Tausend Meter vor der Küste blieben die Landungsboote hängen. Nur die Amtracks kamen zum Strand durch, wo sie mörderisches Feuer empfing.
Spruance wurde aufgefordert, das Gemetzel zu beenden. Er schwankte. Die Infanterie konnte nicht vor und nicht zurück. Erst nach 72 Stunden errangen die Amerikaner Vorteile. Dafür griffen japanische U-Boote und Flugzeuge an. Der Geleitträger „Liscome Bay" sank mit 643 Seeleuten.
Erneut erfuhren die Amerikaner, dass der japanische Dschungelkämpfe zwar nicht unbesiegbar, doch ein mutiger opferwilliger Soldat war. Verstrickt in die national-religiösen Bindungen des „Bushido" (Samurai-Ritter-Kodex) und des „Senjinkum" (Schlacht-Ethik), die Tapferkeit und Mannesmut verlangten und nur die Wahl ließen,

sche Truppen unter Admiral Fechteler Wake und Biak. Zwei Monate später hatten MacArthurs Infanteristen mit Noemfor und Sansapor auf der Vogelkopf-Halbinsel das Endziel im Neu-Guinea-Feldzug erreicht.

Nun erfolgte wieder ein Faustschlag mit der Rechten, durch Nimitz, gegen die Marianen-Inseln Saipan, Guam und Tinian. Damit sollten „Stepstones" (Trittsteine) zu den Bonin-Inseln und nach Japan hinauf gewonnen werden. Bald drohte auch die große Seeschlacht. Admiral Toyoda, der dem gefallenen Koga gefolgt war, schulte seine Trägerdivisionen bei Borneo. Am 13. Juni 1944 erhielt er die Nachricht, dass die Amerikaner einen Schwerpunkt bei den Marianen suchten. Dorthin lief eine gewaltige Flotte, und das zu dem Zeitpunkt, als die Alliierten in der Normandie landeten!

Toyoda befahl die „Bewegliche Flotte" von den Liegeplätzen bei Borneo, um die Amerikaner noch im Anmarsch zu fassen. Mit 9 Trägern, 5 Schlachtschiffen, 13 Kreuzern und 31 Zerstörern brauste Admiral Ozawa heran. Aber er wurde gesichtet. Schon in der San-Bernardino-Straße meldete ein US-U-Boot den Verband. In der Philippinen-See südwestlich von Guam entbrannte eine erbitterte See-Luftschlacht. Dabei verloren die Amerikaner 100, die Japaner 402 Trägermaschinen; vier japanische Träger wurden zerbombt. Toyoda erkannte, dass die Amerikaner auf See nicht mehr zu schlagen waren.

Der Kampf um Saipan setzte ein neues blutiges Wegzeichen auf der 3.000-Meilen-Strecke nach Japan. Der fanatische Widerstand der 31.600 Japaner nagelte die Invasoren wochenlang am Berg Tapotchau fest. Erst als sich General Saito am 9. Juli durch Harakiri umbrachte und Admiral Chuchi zum Freitod die Kugel wählte, kam der Angriff wieder in Fluss. Zwar zertrümmerte ein „Banzai"-(Selbstmord-)Angriff vorübergehend das Perimeter, doch die Insel wurde erobert. Auch der verstärkte Einsatz der „Kamikaze"-(Opfer-)Flieger vor Saipan brachte keine Wende. Diese Piloten, offiziell „Kamikaze Tokubetsu Kogekitai" oder „Götterwind" genannt, stürzten sich mit ihren sprengstoffbeladenen Jagdmaschinen auf die US-Schiffe, verfehlten jedoch oft das Ziel oder wurden vorher abgeschossen. Der symbolische Auftrag des „Götterwindes", der – so die Legende – 1281 die Flotte des Mongolenführers Kublai Khan vernichtet hatte, konnte im Pazifik-Krieg nicht erfüllt werden. In der Schlacht um Saipan holten die Amerikaner viele Kamikazes vom Himmel; sie nannten es das „Truthahnschießen bei den Marianen". Enttäuscht trat der Kabinettchef Hideki Tojo, ein Durchhaltefanatiker, am 17. Juli zurück. Maßvolle Politiker hatten wenig Chancen für akzeptable Friedensangebote, denn inzwischen war die Formel der „bedingungslosen Kapitulation" von den Alliierten auch auf Japan ausgedehnt worden. Militärs und „Endsiegglaubige" behielten wieder die Oberhand. Trotzdem begann das „Hinumaru" („Sonnenbanner") immer schneller zu sinken. Mit den Landungen der Amerikaner auf Tinian und Guam am 21. und 24. Juli, die weniger dramatisch als auf Saipan verliefen, schloss der Marianenfeldzug ab. Über die Folge-Operationen herrschte vorher Unklarheit: MacArthur wollte zu den Philippinen (er hatte den Filipinos versprochen, wiederzukommen!), Nimitz auf die Bonin-Inseln und Formosa, um Japan invasionsreif bomben zu lassen. Roosevelt schlichtete und fand den Kompromiss: MacArthur soll-

Bild linke Seite oben: Ein angreifender japanischer Sturzbomber im Flak-Feuer eines US-Schlachtschiffes. Er wird, bevor er seine tödliche Last abwerfen kann, selbst getroffen.

Bild linke Seite mitte: Sturm amerikanischer Marine-Infanteristen auf Iwo Jima, östlich Okinawa, im Februar 1945.

Bild linke Seite unten: Amerikanische Flugzeugträger mit Begleitflotte im Anmarsch auf die Midway-Inseln.

Bild rechte Seite: In der Schlacht in der Korallen-See gimg der Flugzeugträger „Lexington" verloren. Alle Besatzungsmitglieder aber konnten von Zerstörern und Kreuzern gerettet werden.

te Morotai, Nimitz Peleliu, Angaur und Ulithi nehmen, dann erst war die Landung auf Mindanao in den Philippinen durchzuführen.
Am 9. September 1944 bombten US-Trägermaschinen Mindanao, Leyte, Samar, Cebu, Bohol und Negros auf den Philippinen: wenig Abwehr. Es wurde beschlossen, Mindanao auszusparen und auf Leyte zu landen. Die geringe Luftverteidigung beruhte auf der neuen Strategie der Japaner, den „Sho-Sieg"-Plänen. Sie rechneten mit Angriffen auf den Philippinen, Formosa und den Riukiu-Inseln. Für jeden möglichen Fall gab es besondere Abwehrmaßnahmen mit entsprechenden Befehlsfaszikeln. Erst wenn der Angriffspunkt exakt bekannt war, wollte General Yoshijiro Umezu, der Nachfolger von Sugiyama und Tojo, den Einsatzbefehl geben.
Die Wegnahme der Palau-Inseln Peleliu und Angaur kostete die Amerikaner 10.000 Tote. Oberst Nakagawa und seine Männer kämpften wie Berserker. Aber sie unterlagen. Auch Morotai und Ulithi fielen. Baubataillone, „Seabees" („Seebienen"), errichteten dort Flugbasen zum Angriff auf die Philippinen. US-Trägermaschinen holten in den Gewässern um Formosa 500 japanische Jäger vom Himmel und versenkten viele Schiffe.
Am 21. Oktober 1944, um 9.45, eröffneten Schiffsgeschütze und Trägerflugzeuge mit dem Feuerschlag die Invasion auf Leyte. Dann brausten mit Landungsbooten das XXIV. US-Korps (Hodge) und das X. US-Korps (Sibert) zum flachen Strand: kaum Abwehr. Die Japaner hatten sich in den Gebirgsdschungel zurückgezogen und warteten auf die Verstärkungen. Sie sollten aus Bohol, Cebu und Negros kommen. Aber der Ablaufplan für Sho-1 war reichlich kompliziert und vom Zusammentreffen günstiger Umstände abhängig. Am 24. und 25. Oktober tobte im Leyte-Golf zwischen 216 amerikanischen und 64 japanischen Schiffen die größte Seeschlacht der Geschichte. Die Verluste der Japaner bedeuteten das Ende ihrer Seeherrschaft. Auch der Masseneinsatz der Kamikaze-Flieger brachte nicht den erhofften Erfolg.
Nach Leyte griffen die Amerikaner Mindoro, 75 Meilen südlich von Manila, an. Die Landung verlief glatt. Für die Invasion der Hauptinsel Luzon standen 685 Schiffe bereit, um Feuerschutz zu geben und das X. Korps (Sibert) und XI. Korps (Hall) der 6. Armee an Land zu bringen. Der Angriff begann mit Bombardements der Trägermaschinen und dem Feuer der Beschießungsgruppe Oldendorf. Vier Divisionen kamen ungehindert an den Strand. Hunderte Kamikazes stürzten sich auf die US-Flotte, einige Schiffe wurden beschädigt.
Nachts griffen japanische Sprengboote und Kampfschwimmer an. Inzwischen standen 68.000 GIs im Landekopf. Der Vormarsch auf die Hauptstadt Manila begann. Panzer rollten voran, Flugzeuge räumten Hindernisse fort. Die Infanterie nahm den Flugplatz Clark Field und besetzte die Halbinsel Bataan, während nördlich von Manila die 11. Luftlandedivision (Swing) niederging. Die Kämpfe zogen sich wochenlang hin.
Eine mörderische Schlacht tobte auch um die Felsenfestung Corregidor am Eingang der Manila-Bucht. Trägerflugzeuge warfen 3.128 Tonnen Bomben ab, Oldendorfs Schiffe keilten tagelang gegen das Bollwerk, Minenboote und Kampfschwimmer räumten die Zufahrt. Dann sprang das 503. Fallschirmjägerregiment (Finn) ab, Infanterie erklomm die Steilküste. Nun folgten zwei Wochen Nahkämpfe. Es wurde ein blutiger Sieg für die Amerikaner. Im Hauptmagazin sprengten sich 6.000 Japaner in die Luft, nur zwanzig hielten sich bis Anfang 1946 verborgen. Es gab aber noch zwei Inselforts neben Corregidor. Um die eigenen Verluste gering zu halten, wurden Landungsboote an die Forts heranbugsiert, und ein Gemisch aus Dieselöl und Benzin, in die Schießscharten gepumpt und mit Phosphorgranaten gezündet, demolierte die Bunker. Die Anlagen brannten noch zwei Wochen, alle Japaner waren tot.
Die Kämpfe auf Palawan, Mindanao und anderen größeren Philippinen-Inseln zogen sich bis ins Jahr 1945 hinein.
Auch in Burma kam es zu heftigen Kämpfen. Dort führte Admiral Lord Louis Mountbatten. In Westburma stand die aus Indern, Australiern und Südafrikanern rekrutierte 14. Armee (Slim), im Norden kämpften chinesische Verbände der Heeresgruppe von Marschall Wei Li-huang mit vier Divisionen. General Joseph W. Stilwell war als militärischer Berater bei Genera-

lissimus Tschiang Kai-schek tätig. Die 10. Air Force (Davidson) und 14. Air Force (Chennault) errichteten eine Luftbrücke über das Himalaja-Gebirge zwischen Indien und China.
Ende 1944 rückten die Alliierten vor und öffneten die Burma-Straße; General Slims Truppen besetzten ganz Arakan und drängten die Japaner um Mandalay und Rangun zusammen. General Kimura musste auch diese Plätze bald aufgeben. Nach verzweifelter Flucht durch Urwälder und Sumpfgebiete kamen nur noch Trümmer der japanischen Heeresgruppe in die Gebirge jenseits des Saluën-Flusses, wo sie zu Tausenden erschöpft liegen blieben und verhungerten.
Den nächsten Schlag führte nun wieder Nimitz. Am 19. Februar 1945 landeten die Marines auf der Insel Iwo Jima. Sie bestand aus Vulkangestein, war nur vier Kilometer breit und acht Kilometer lang und gehörte zur Bonin-Gruppe, die auf halbem Wege zwischen Saipan und Japan liegt. General Holland M. Smith – er wurde mit Spitznamen „Howling Mad Smith" („der total verrückte Smith") genannt, ein Draufgängertyp – brachte drei Divisionen der „Ledernacken" (Marine-Infanterie) auf die Insel. Dort hatten sich 22.000 Japaner unter General Kuribayashi zu fanatischem Widerstand entschlossen. Die Härte der Kämpfe übertraf alle bisherigen Erfahrungen.
Die Insel war total unterminiert, raffinierte Stellungslabyrinthe forderten beim Angreifer hohe Verluste, und die Elitesoldaten des Kaisers wehrten sich wie Tiger. Die gut verschanzten Verteidiger eröffneten erst das Feuer, als 11.000 „Leathernecks" gelandet waren. Am vierten Tag hissten ein paar Soldaten auf dem Gipfel des heiß umkämpften Berges Suribachi die US-Flagge. Dieses am meisten verbreitete Bild des Zweiten Weltkrieges hatte auf den Operationsverlauf keinen Einfluss, es nahm nur den Sieg der Amerikaner symbolisch vorweg. In Wahrheit tobte auf Iwo Jima der Kampf noch wochenlang. Kein Japaner ergab sich, nur 212 Schwerverwundete fielen in die Hände der Angreifer. Am 15. März 1945 meldete sich General Kuribayashi über Funk beim Kaiserlichen Hauptquartier mit drei Gedichten ab. Noch am 27. März brachen plötzlich 200 Japaner aus Erdspalten und töteten US-Flieger und Pioniere auf dem längst in Betrieb genommenen Roll-

feld. Der Kampf um die Vulkaninsel Iwo Jima hatte die Amerikaner 19.838 Mann gekostet.
Noch während des Ringens um die Bonin-Inseln liefen die Vorbereitungen für das nächste Unternehmen: Okinawa, die größte der Riukiu-Inseln im Südwesten des japanischen Mutterlandes. Der Aufwand war enorm: 5. US-Flotte (Spruance) mit 1.682 Schiffen; Task Force 57 der britischen Pacific Fleet (Rawlings) erstmalig mit 22 Einheiten; 5. US Air Force (Lynd), 14. Air Force (Chennault) sowie 1.727 Trägerflugzeuge. Als Landungstruppen waren 183.000 Mann Heerestruppen und Marine-Infanteristen der 10. US-Armee (Buckner) vorgesehen. Hinzu kamen 271.000 Mann rückwärtige Dienste, darunter 8 Baubataillone der „Seabees". Zwei Millionen Tonnen Material wurden verladen. Okinawa wurde von der 32. Armee (Ushijima), 120.000 Mann, 500 Geschütze und 27 Panzer, verteidigt. Die Amerikaner blieben bei der Landung (1. April 1945) noch einigermaßen ungestört; der Widerstand setzte erst ein, als die Marines versuchten, die ganze Insel in Besitz zu nehmen. Vor allem im Süden an der sog. Shuri-Linie stießen sie auf erbitterte Gegenwehr. Ushijima hatte sich hier mit seinen Truppen in gut getarnten Bunkern und Höhlen eingegraben, die mit Flammenwerfern und Handgranaten regelrecht ausgeräuchert werden mussten. Erst am 21. Mai durchbrachen die Amerikaner die Befestigungslinie, und erst am 24. Juni waren die Kämpfe beendet; Ushijima und sein Stab hatten Harakiri verübt.
Okinawa, die letzte Bastion vor Japan, war gefallen. Die Amerikaner verloren 12.520 Mann an Toten und Vermissten, die Japaner 113.000. In drei Monaten waren 190 Kamikaze-Opferflieger umgekommen; sie versenkten nur 26 US-Schiffe – keines größer als ein Zerstörer!
Die Joint Chiefs of Staff wollten die Invasion in Japan im November 1945 durchführen. Die US-Soldaten hatten von Guadalcanal bis Okinawa eine blutige Wegstrecke zurückgelegt, doch die schlimmste Schlacht stand nun jetzt bevor. Aber eine neuartige Waffe enthob sie der Mühe.
Am 6. August 1945 warf Oberst Tibbet die Atombombe auf Hiroshima. Die Wirkung war verheerend. Sie machte Japan kapitulationsbereit. Die Urkunde wurde am 2. September auf dem US-Schlachtschiff Missouri unterzeichnet.

Anlässlich des 60. Jahrestages des Abwurfs der Atombombe auf Hiroshima meldete die Deutsche Presse-Agentur am 6. August 2005: „Das Ehrenmahl für die Toten des Atombombenabwurfs wurde am Montag um weitere 4.757 Namen von Opfern ergänzt, die seit dem 6. August vergangenen Jahres gestorben sind. Die Gesamtzahl erhöht sich damit auf 221.893 Tote. Bürgermeister Tadatoshi Akiba fordert eine Abschaffung aller Atomwaffen und die Einrichtung atomwaffenfreier Zonen in Asien."

Bild linke Seite oben: 14. August 1945: In einem Bunkerraum unter dem Kaiserpalast gibt Kaiser Hirohito seinem Kabinett bekannt, dass er zur Kapitulation bereit sei. Gemälde von Ichiko Shirakawa.

Bild linke Seite unten: Die Innenstadt von Hiroshima nach der Atombombenexplosion. In einem Bericht der Schweizer Zeitung „Die Tat" vom 9. August 1945 heißt es: „Soeben eingelieferte Fliegerfotografien von Hiroshima lassen erkennen, dass die Atombombe eine geradezu unerhörte Hitze entwickelt haben muss. Sie entfachte Brände, die sich weder von Wasserläufen noch von Brandmauern aufhalten ließen. Nur wenige Mauern starker Eisenbetonbauten haben der Explosion Widerstand geleistet. Im Übrigen ist Hiroshima vollkommen vernichtet."

Bild rechte Seite oben: Kamikaze-Angriff auf das Schlachtschiff „Missouri" am 8. Mai 1945. Bei insgesamt 2.314 Einsätzen von Kamikaze-Fliegern gegen die US-Flotte wurden 34 Kriegsschiffe versenkt, meistens jedoch nur kleinere Einheiten.

Bild rechte Seite unten: Unterzeichnung der Kapitulationsurkunden am 2. September 1945 an Bord des Schlachtschiffes „Missouri" durch General MacArthur. Der Zweite Weltkrieg war amtlich beendet.

Judenverfolgung und Holocaust

Als Hindenburg am 30. Januar 1933 Adolf Hitler zum neuen Reichskanzler berufen hatte, wurden im Ausland besorgte Fragen laut, wie die neue Regierung – an deren Spitze jetzt ein erklärter Antisemit stand – sich zu den rund 500 000 deutschen Bürgern jüdischen Glaubens stellen würde. An vielen Orten, besonders in kleinen und mittleren Städten, war es zu Ausschreitungen von SA-Schlägertrupps gegen jüdische Geschäfte gekommen. Hitler selbst ließ sich in den Februartagen zur Judenfrage öffentlich überhaupt nicht vernehmen. Außenminister von Neurath, konservativer Politiker alter Schule, versicherte britischen Politikern, die Juden in Deutschland hätten nichts zu befürchten. Und Vizekanzler von Papen, ebenfalls Mitglied des konservativen Lagers, beteuerte in einem Zeitungsinterview, die Juden würden behandelt wie alle anderen Staatsbürger auch. Noch hatten die Nazis ihre Macht nicht gefestigt. Selbst die Wahl vom 5. März war für Hitler nur bedingt erfolgreich. Noch war er auf die Zusammenarbeit mit den Konservativen und auf das Wohlwollen der bürgerlichen Parteien angewiesen. Offiziell konnte er deshalb die wilden Terroraktionen seiner militanten Bürgerkriegseinheiten, der SA und SS, nicht gutheißen. Trotzdem waren sie ein zweckdienliches Mittel, um die bald fälligen politischen Entscheidungen in der Judenfrage vorzubereiten.

In Preußen hatte der neue Innenminister Hermann Göring die SA schon offiziell zur „Hilfspolizei" erhoben. Auch in anderen Ländern wie Sachsen und Baden spielten SA und SS in den Märztagen 1933 auf eigene Faust Polizei. Ihre Aktionen trugen oft den Stempel antisemitischer Kampagnen.

In Breslau besetzten die Truppen des berüchtigten SA-Chefs von Schlesien, Edmund Heines, am 12. März das Landgericht und unterbrachen Verhandlungen, in denen jüdische Richter, Staatsanwälte und Rechtsanwälte fungierten. Gleiche Aktionen gab es in Gleiwitz, Görlitz und anderen Städten. Die Nazipresse schilderte die Aktionen stets so: Eine „erregte Menschenmenge" sei in die Gerichtsverhandlungen geströmt, um „gegen das Übergewicht von Juden in der deutschen Rechtspflege zu demonstrieren". Bald spürte man die Lenkung der „spontanen Aktionen" durch die Partei. Lautstark forderte der „Bund national-sozialistischer deutscher Juristen", die Gerichte und Anwaltskammern von „Angehörigen einer fremden Rasse zu säubern". In vielen Fällen gaben die Gerichtspräsidenten dem Druck der Straße nach. Jüdische Richter wurden in weniger auffällige Zivilkammern versetzt oder aufgefordert, in Urlaub zu gehen. Ähnliche Druckmittel wurden gegen jüdische Ärzte in öffentlichen Krankenhäusern benutzt. Die eigenmächtigen Anordnungen regionaler Behörden schufen einen Schwebezustand, der die Nazis bald in die Lage versetzte, aus dem illegalen De-facto-Zustand einen legalen zu machen.

Der wilde Terror der Februar- und Märztage tobte sich vielerorts auch

direkt gegen einzelne Juden aus. Am 6. März wurden auf dem Berliner Kurfürstendamm Juden von Schlägertrupps der SA angepöbelt, verprügelt, aus Kaffeehäusern hinausgeworfen. In anderen Städten wurden jüdische Läden demoliert. Mädchen, die mit Juden befreundet waren, wurden gemeinsam mit ihren Freunden einem johlenden Mob „am Pranger" vorgeführt.
Die Reaktion des Auslandes auf den Straßen- und Psychoterror gegen die jüdischen Bürger war lebhaft und für die Nazis peinlich und ärgerlich. Dementis blieben erfolglos. In Amerika riefen jüdische Organisationen zu einem Boykott deutscher Waren auf. Von Geschäfts- und Urlaubsreisen nach Deutschland wurde abgeraten. Geschäftsleute und Touristen in Amerika, England und Frankreich machten ihre Buchungen rückgängig. Jetzt trat die Parteileitung der NSDAP die Flucht nach vorn an. Die Empörung im Ausland wurde zur „infamen Greuelhetze gegen das deutsche Volk". Ein Boykott jüdischer Geschäfte, jüdischer Waren, jüdischer Ärzte und Rechtsanwälte, beginnend am 1. April, sollte die Antwort sein. Mit der Organisation wurde der fanatische Antisemit Julius Streicher beauftragt, Herausgeber des Hetzblattes „Der Stürmer". Am 1. April zogen vor jüdischen Geschäften, Arzt- und Anwaltspraxen uniformierte SA-Männer auf.

Bild linke Seite: Der Judenstern, laut Polizeiverordnung vom 1. September 1941 „sichtbar auf der linken Brustseite des Kleidungsstückes zu tragen", war letztes Glied in der Kette von Brandmarkungen, die Juden im Dritten Reich zu erdulden hatten.

Bild rechte Seite: „Der Stürmer", Julius Streichers antisemitisches Schmierblatt, schickte den ins Exil getriebenen Juden noch Gehässigkeiten aller Art hinterher. Besonders zynisch ist dieser Kommentar von Joseph Goebbels: „Daß wir Judengegner waren, hatte sich auch schon bis 1933 in der Welt herumgesprochen. Die Nachteile des Antisemitismus bekamen wir sowieso zu spüren; da konnten wir uns also getrost auch die Vorteile sichern und die Juden heraussetzen."

Der Stürmer
Deutsches Wochenblatt zum Kampfe um die Wahrheit
HERAUSGEBER: JULIUS STREICHER
Nummer 21 | Nürnberg, im Mai 1939 | 17. Jahr 1939
Juden wandern aus
Erlebnisse im Hamburger Hafen / Raffiniertes Komödienspiel der Juden / Sie wollen plötzlic Märtyrer sein / Juden als Wegbereiter der Judengegner in aller Welt
Der Abschied
Eine teuflische Komödie
Grinsende jüdische Emigranten an Bord eines Schiffes, das sie über den Ozean bringt. Es geh ihnen ausgezeichnet. Im Ausland aber markieren sie die „armen, unschuldig verfolgten" Juden

Offenbar hatten die radikalen Antisemiten in der NSDAP die Judenfeindschaft der Bevölkerung überschätzt. Der Erfolg des Boykotts war enttäuschend. Er wurde abgeblasen. In seinem Bericht schrieb der amerikanische Konsul in Leipzig: „Bei der Arbeiterschaft und dem gebildeten Teil des Bürgertums war der Boykott unpopulär."
Dennoch ging die systematische Ächtung und Entrechtung der deutschen Juden kontinuierlich weiter. Mit dem „Gesetz zur Wiederherstellung des Berufsbeamtentums" vom 2. April 1933 wurden Beamte „nicht arischer Abstammung" zwangsweise in den Ruhestand versetzt. In der im September 1933 von Goebbels gegründeten „Reichskulturkammer", der Schriftsteller, Musiker, Maler, Bildhauer, Schauspieler und Regisseure beitreten mussten, wenn sie sich öffentlich betätigen wollten, waren Juden nicht zugelassen. Seit Oktober 1933 durfte kein Jude und kein mit einer Jüdin verheirateter „Arier" mehr Redakteur oder ständiger Mitarbeiter von Zeitungen und Zeitschriften sein. Das sogenannte „Schriftleitergesetz" machte Tausende jüdischer Journalisten arbeitslos. Selbst aus den Sportvereinen mussten die Juden ausgeschlossen werden.
Diese gesetzgeberischen Maßnahmen wurden von einer dementsprechenden antisemitischen NS-Hetze begleitet. Alle menschlichen Beziehungen zwischen Juden und anderen Bürgern sollten bewusst zerstört werden. Kurverwaltungen stellten auf Betreiben lokaler Parteiführer Schilder auf: „Juden sind hier unerwünscht!" Vor Badeanstalten gab es beleidigende Tafeln: „Hunden und Juden ist der Zutritt verboten!"
Mit den am 15. September 1935 in Nürnberg verkündeten „Nürnberger Gesetzen" wurde die Ehe zwischen Juden und Ariern verboten, der Verkehr zwischen Juden und Ariern zum Verbrechen der Rassenschande deklariert. Dieser lautstark proklamierten Diskriminierung folgte ein Verbot nach dem anderen.
Juden durften nicht mehr sein: Wirtschaftsprüfer, Bücherrevisoren, Gastwirte, Lehrer für nichtjüdische Kinder an Privatschulen (aus dem öffentlichen Schulwesen waren sie ohnehin schon entfernt), Sachverständige an Handelskammern, Apotheker, Vermessungsingenieure, Versteigerer, Viehhändler, Trauzeugen bei „arischen" Eheschließungen, Universitäts-Gasthörer, Patentanwälte, Bademeister, Krankenpfleger, Hebammen, Fahrlehrer. Juden durften nicht: Jagdscheine erwerben, die Doktorwürde erlangen, Kinder adoptieren, Vormundschaften übernehmen, Steuerermäßigungen beantragen, Mietbeihilfen oder Kindergeld beziehen, an der Börse tätig sein, Archive zu Forschungszwecken benutzen. Juden durften sich nicht mehr betätigen als: Hausierer, Schausteller, Vertreter, Aufkäufer, Straßenhändler, Privatdetektive, Heiratsvermittler, Fremdenführer, Grundstücks-, Immobilien- und Darlehensmakler, Haus- und Grundstücksverwalter.
Trotz dieser Ächtung und Entrechtung, trotz eines Trommelfeuers von Kränkungen und Belästigungen hatte bis Ende 1938 erst ein Drittel der insgesamt 500 000 deutschen Juden ihre Heimat verlassen. Um den Terror gegen die Juden zu intensivieren, nahm Goebbels das Attentat des 17-jährigen Juden Herschel Grynszpan vom 7. November 1938 auf einen Angehörigen der deutschen Botschaft in Paris zum Anlass, gegen die Juden loszuschlagen. Die Tat eines Einzelgängers wurde umfunk-

tioniert zu einer „großangelegten Verschwörung des Weltjudentums", die deutscherseits nicht ohne „Antwort" bleiben könne. Ohne dass die Partei in Erscheinung treten dürfe, wurde den lokalen Stellen befohlen, „spontane Aktionen" zu organisieren. Überall begannen nun die Synagogen zu brennen, wurden Geschäfte und Gemeindehäuser zerstört, wurde geplündert und zerschlagen, wurden Juden geprügelt, durch die Straßen gejagt, erschlagen oder angeschossen. Wegen der Tausende von Scherben der eingeschlagenen Schaufenster wurde diese erste Pogromnacht in Deutschland vom Volksmund „Reichskristallnacht" genannt. Bei Kriegsausbruch im September 1939 waren die Juden in Deutschland bereits völlig isoliert. Sie lebten in einer Atmosphäre, die bestimmt war von Feindschaft, Verachtung und Bedrohung. Das Pogrom hatte sie ihres letzten Schutzes beraubt, sie ausgestoßen und geächtet. Sie waren – so wollte es die NS-Führung – Ausgestoßene, Parias, auf eine Stufe gestellt mit Schädlingen und Ungeziefer.

Schon vor Kriegsausbruch hatte Hitler am 30. Januar 1939 vor dem Reichstag verkündet, dass im Falle einer kriegerischen Verwicklung dies nicht zum „Sieg des Judentums", sondern zur „Vernichtung der jüdischen Rasse in Europa" führen werde. Mit dem am 22. 6. 1941 erfolgten Angriff auf die Sowjetunion sollte diese allseits als Propagandaphrase missdeutete Drohung Wirklichkeit werden.
Hinter dem Rücken der kämpfenden Wehrmacht fielen Hitlers Einsatzgruppen in Russland ein. Ihr Auftrag: die Vernichtung der „jüdisch-bolschewistischen Intelligenz", die Vernichtung von „Bolschewistenhäuptlingen", Kommissaren, vor allem aber aller Juden, die die „Sicherheit der Truppe durch ihre Existenz gefährden". So hatte Hitler die Umrisse seines Befehls schon im März 1941 festgelegt. Die Mordkommandos legten den Befehl so großzügig aus, dass die jüdische Bevölkerung ganzer Städte und Dörfer, einschließlich Frauen und Kindern, als sicherheitsgefährdend in Massen umgebracht wurde.

Das Judentum Russlands ging unter in einem Meer von Scheußlichkeiten. Die einzelnen Einsatzgruppen versuchten, sich gegenseitig mit ihren Erfolgsberichten auszustechen. Hier ein paar Beispiele: „Arbeitsbereich der Teilkommandos judenfrei gemacht. Gesamtsumme: 79 276." „Sonderkommando 4a hat bis zum 6.9.41 insgesamt 11 328 Juden erledigt." Oder: „Insgesamt wurden 34 289 Juden (Männer, Frauen, Jugendliche) in der Berichtszeit erfasst und liquidiert."
Hinter diesen kalten, nüchternen Zahlen stehen grauenvolle Bilder: Leichengruben, nackte Menschen vor Maschinengewehren, Kleinkinder und Säuglinge auf den Armen der Mütter, Todesangst, Schreie und Blut. Die Opfer wurden mit Schlägen angetrieben, bettlägerige Kranke und gehunfähige Greise auf Tragbahren an die Hinrichtungsgruben geschaffen.
Trotz dieser Massenmorde unter der jüdischen Bevölkerung in Russland war der Entschluss zu einer planmäßigen Ausrottung aller Juden seitens der höchsten NS-Führung bis Ende 1941 noch nicht endgültig gefallen. Zwar tauchte der Begriff der „Endlösung" schon seit Anfang dieses Jahres in verschiedenen Korrespondenzen auf, es ist aber nach neueren Untersuchungen mehr als fraglich, ob damit bereits die planmäßige physische Vernichtung der Juden gemeint war. Die anfänglichen Erfolge im Russlandfeldzug ließen viele der unmittelbar in die Judenfrage verwickelten Naziführer wie Göring, Goebbels, Frank und Rosenberg, selbst Himmler und Heydrich, unter „Endlösung" eher Folgendes verstehen: nämlich die Abschiebung

aller Juden – aus Deutschland, Österreich, dem „Reichsprotektorat" und Polen – „nach Osten", und zwar möglichst weit „nach Osten" ins ehemalige Herrschaftsgebiet der sicher bald niedergeworfenen Sowjetunion.

Nach einer sorgfältigen Untersuchung des Historikers Martin Broszat kann man heute als nahezu sicher annehmen: Den Entschluß zur planmäßigen, institutionalisierten Ausrottung des Judentums hat Hitler nicht vor dem Spätherbst des Jahres 1941 gefasst. Die Ende 1941 festgelaufene Ostoffensive hatte zu einer Verlangsamung und Reduzierung der ursprünglichen Deportationspläne geführt. Trotzdem wollte Hitler den Plan der „großen Evakuierung" nicht stoppen. Jetzt erhielt die „Endlösung" ihren eigentlichen Akzent: den des geplanten, generalstabsmäßig vorbereiteten Völkermordes, der nicht mehr wie bisher durch „Sicherheitserwägungen" oder „Partisanenbekämpfung" kaschiert werden musste. Broszat: „Die Judenvernichtung entstand, so scheint es, nicht nur aus vorgegebenem Vernichtungswillen, sondern auch als ‚Ausweg' aus einer Sackgasse, in die man sich selbst manövriert hatte. Einmal begonnen und institutionalisiert, erhielt die Liquidierungspraxis jedoch dominieren-

Bild linke Seite oben: Reichskristallnacht 1938. Zerstörung der Synagoge in Düsseldorf.

Bild linke Seite unten: Holländische Juden werden zur Sammelstelle gescheucht. Mehr als 100 000 Juden wurden während des Krieges aus den Niederlanden deportiert; weniger als 6000 kehrten zurück. Es wurde den Opfern schwergemacht, zu erkennen, was es mit den Deportationen auf sich hatte. Dass der angekündigte „Arbeitseinsatz im Osten" mit der Vernichtung enden sollte, ahnten nur wenige.

Bild rechte Seite: Die „lange Treppe" gehörte zu den eher gewöhnlichen Torturen im KZ Mauthausen in Oberösterreich; unzählige Häftlinge quälten sich hier täglich schwer beladen die Stufen hoch, Tausende starben an Entkräftung.

des Gewicht und führte schließlich faktisch zu einem umfassenden ‚Programm'."
Eine neue Phase des Massenmordes begann. Aus den mobilen Mörderkommandos der Einsatzgruppen wurden jetzt stationäre Todesfabriken. Die grausige Herrschaft der Gaskammern setzte ein.
Himmler schwebte dabei Folgendes vor: Auf dem Territorium des ehemaligen polnischen Staates sollte sich eine ganze Kette von Todesfabriken erheben, um in mehreren Jahren sämtliche Juden Europas schnell, reibungslos und wohlorganisiert auszurotten. Der Begriff „Endlösung" hatte seinen endgültigen Inhalt gefunden. Diese Aktionen müssten natürlich getarnt werden und streng geheim bleiben.
Die Wörter „Tötung", „Vernichtung", „Ausrottung" usw. durften niemals in offizieller Korrespondenz auftauchen. Sie mussten euphemistisch umschrieben werden. In Frage kamen Begriffe wie „Evakuierung", „Aussonderung", vor allem aber das notorisch gewordene Wort „Sonderbehandlung". Auch konnte man nicht umhin, sich die Kooperation einer Reihe von Dienststellen außerhalb der SS zu sichern, die man aus organisatorischen Gründen gar nicht umgehen konnte. Man musste ihnen den Plan so vorsichtig und verschleiert wie nur möglich entwickeln. Heydrich berief eine Sitzung ein.
Am 20. Januar 1942 eröffnete Heydrich im Gebäude der Interpol am Großen Wannsee 56-58 in Berlin jene entscheidende Konferenz, die unter dem Namen „Wannsee-Konferenz" in die Geschichte eingehen sollte.
Das Außenministerium war ebenso vertreten wie die Ministerien für Justiz, Inneres, das Amt für den Vierjahresplan, die Reichskanzlei und die Funktionäre der einzelnen SS-Dienststellen. Zunächst betonte Heydrich, die „Federführung" bei der Bearbeitung der Endlösung der Judenfrage liege ohne Rücksicht auf geographische Grenzen zentral beim Reichsführer SS und Chef der deutschen Polizei.
Heydrichs Sprache war anfänglich sehr verschleiert. Nach der Auswanderungspolitik der vergangenen Jahre gäbe es nunmehr als Lösungsmöglichkeit der Judenfrage die Evakuierung nach dem Osten. Hier habe man bereits jene praktischen Erfahrungen gesammelt, die im Hinblick auf die kommende Endlösung der Judenfrage von wichtiger Bedeutung seien. Nach Schätzungen des Reichssicherheitshauptamtes kämen für „die Endlösung der europäischen Judenfrage" rund 11

Bild linke Seite: Buchstäblich hinter dem Rücken der vorgehenden Armeen begannen Ende Juni 1941 die Einsatzgruppen mit Massenerschießungen sowjetischer Juden. Den Soldaten wurden Gerüchte darüber mit „Partisanenbekämpfung" erklärt. Das Bild zeigt russische Juden bei der Aufstellung zur Erschießung. Oft mussten die Opfer ihre Gräber vorher selbst ausheben.

Millionen Juden in Betracht. (Interessant ist, dass die SS bei ihren Berechnungen auch die Juden in England, Irland und der Türkei mitgezählt hatte.)
Dann kam Heydrich zum entscheidenden Punkt: „Unter entsprechender Leitung sollen im Zuge der Endlösung die Juden in geeigneter Weise im Osten zum Arbeitseinsatz kommen. In großen Arbeitskolonnen,

Bild rechte Seite: In offenen Güterwagen werden Juden abtransportiert. Im Rahmen der „Endlösung" spielte die Deutsche Reichsbahn eine wichtige Rolle. Rund drei Millionen Juden fuhren mit der Eisenbahn in den Tod. Die Beihilfe der Reichsbahner blieb weitgehend ungesühnt: Verkehrsminister Dorpmüller starb 1945, der verantwortliche Staatssekretär Ganzenmüller wurde erst 1973 vor Gericht gestellt, sein Verfahren 1977 wegen Verhandlungsunfähigkeit des Angeklagten eingestellt.

unter Trennung der Geschlechter, werden die Juden straßenbauend in diese Gebiete geführt, wo zweifellos ein Großteil durch natürliche Verminderung ausfallen wird. Der anfällig endlich verbleibende Restbestand wird, da es sich bei diesem zweifellos um den widerstandsfähigsten Teil handelt, entsprechend behandelt werden müssen, da dieser, eine natürliche Auslese darstellend, bei Freilassung als Keimzelle eines neuen jüdischen Aufbaus anzusprechen ist."

Auch die regionale Zeitfolge der Endlösung kam am Wannsee zur Sprache. Die Juden aus dem Gebiet des „Generalgouvernements" sollten den Anfang machen. Da sei die Mehrzahl ohnehin arbeitsunfähig, andererseits würden sie in den Ghettos eine Seuchengefahr bilden. Die freiwerdenden Plätze in den Ghettos könnten dann mit Juden aus Deutschland, Österreich, dem „Protektorat" und anderen Teilen Europas „allfällig" aufgefüllt werden, und der Prozess könnte dann von vorn beginnen. Schließlich sollten die Ghettos dann nur noch als Transitlager für die Endlösung dienen.

Am 17. März 1942 nahm das erste Lager seine Vernichtungsarbeit auf: Belzec an der Bahnstrecke Lublin – Lemberg. In Belzec konnten sechs Gaskammern jeden Tag 15 000 Menschen töten. Im April folgte Sobibor an der ukrainischen Grenze mit einer „Kapazität" von 20 000 pro Tag, dann Treblinka, 120 Kilometer nordöstlich von Warschau, das täglich 25 000 Menschen töten konnte, und schließlich im Herbst 1942 die dem Konzentrationslager Lublin angeschlossenen Gaskammern, die unter dem Namen Maidanek bekannt wurden. Schon nach kurzer Zeit war der ehemalige Kripo-Kommissar Wirth, der mit dieser Aufgabe betraut worden war, der schrecklichste Judenvernichter Polens.

Wirth hatte jedoch Konkurrenten, die es perfekter machen wollten: Einer von ihnen war Karl Fritzsch, Lagerkommandant von Auschwitz und Vorgänger des berüchtigten späteren Kommandanten Höß. Fritzsch hatte ein neues Tötungsmittel gefunden: das Blausäuregas Zyklon B, ein von der Hamburger Firma DEGESCH (Deutsche Gesellschaft für Schädlingsbekämpfung mbH) hergestelltes und vertriebenes Mittel zur wirksamen Vertilgung von Ungeziefer. (Dies passte auch zur Ideologie der Nazis, die die Juden ja immer als „Ungeziefer" darstellten.) Tests hatten die Überlegenheit der Zyklon-B-Methode gegenüber der Kohlenmonoxid-Methode von Wirth erwiesen. Es war leicht zu handhaben – man brauchte, geschützt durch eine Gasmaske, nur die Dose zu öffnen und den Inhalt in ein Zuleitungsrohr zu schütten – und es wirkte fast sofort. Bei Wirth dauerte der Todeskampf wesentlich länger. Wirth hatte sein

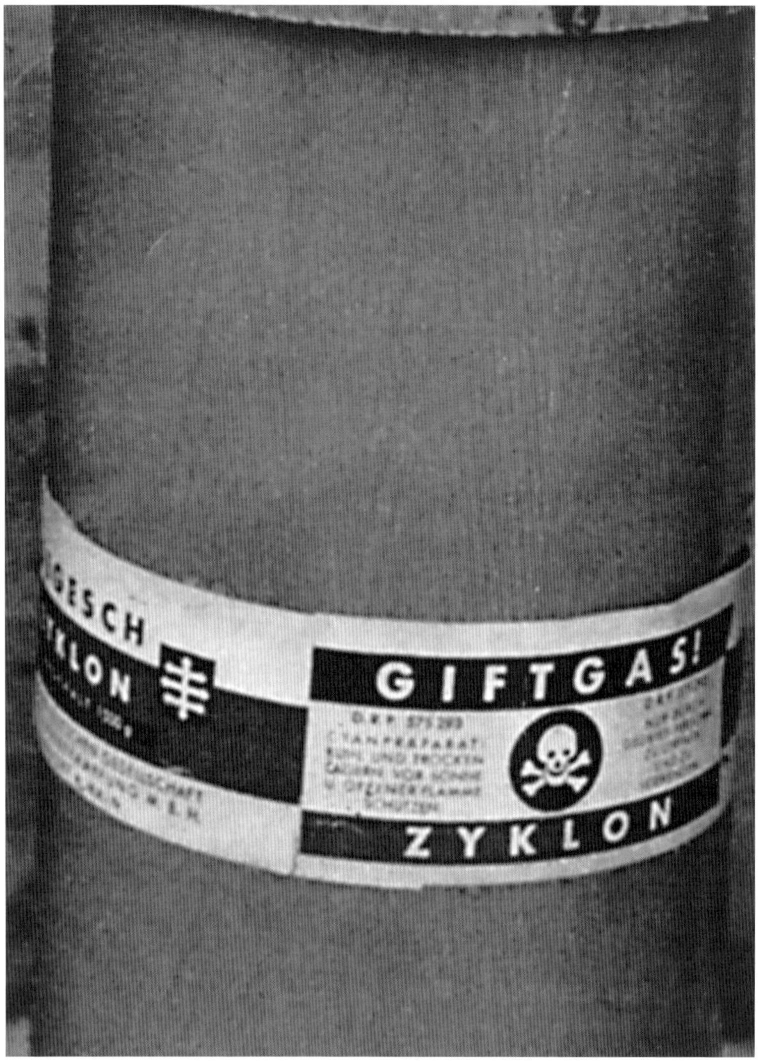

Monopol verloren, sein Auschwitzer Konkurrent Rudolf Höß wurde schließlich der größte Judenvernichter. Im Frühsommer 1942 begann die konzentrierte Vernichtung der Juden in Polen. Ordnungspolizei, polnische, litauische und ukrainische Hilfsmilizen und der von den Deutschen aufgestellte eigene jüdische Ordnungsdienst fingen an, die Juden systematisch aus den Ghettos zu treiben, in Güterwagen zu verladen und in eines der sechs Vernichtungslager zu bringen.
Die Endlösung im großen Stil war angelaufen.
Versuche, Juden wenigstens als Arbeitskräfte für die Rüstungsindustrie zu retten, stießen bei Hitler auf heftigste Ablehnung: „Ich habe Anweisung gegeben, gegen alle diejenigen, die glauben, hier mit angeblichen Rüstungsinteressen entgegentreten zu müssen, die in Wirklichkeit aber lediglich die Juden schützen wollen, vorzugehen."
Ungehindert konnten die Henker, unterstützt von ihren einheimischen Hilfstruppen aus Polen, Ukrainern und Litauern, sich austoben. Die Statistiken, die von den Mordfabriken geliefert wurden, sind für menschliches Begriffsvermögen kaum zu fassen. In Chelmno wurden über 150 000 Juden ermordet, in Belzec 600 000, in Sobibor 250 000, in Treblinka 700 000, in Maidanek 200 000, in Auschwitz-Birkenau über eine Million (!). Auch für zügellose und perverse Sadisten wurden die Vernichtungslager zum Tummelplatz.
In Sobibor pflegte ein SS-Mann die Schädel der Juden, die schon auf dem Transport erkrankt waren, mit einer eisernen Wasserkanne zu zertrümmern. In Auschwitz versuchte ein kleines Mädchen durch die Postenkette zu schlüpfen. Ein SS-Mann nahm sein Gewehr von der Schulter und legte an. Als das Mädchen um Gnade flehte, schoss der Mann dem Kind lachend die Füße kaputt. In Belzec vergnügten sich SS-Männer damit, die Köpfe von Säuglingen vor den Augen ihrer Mütter an Barackenwänden zu zertrümmern.
Selbst vor sexuell betonter Leichenschändung schreckten die Mörder nicht zurück. Der frühere Häftling Max Kasner aus Auschwitz, der zum Leichenräumkommando gehörte, berichtete, dass er einmal mit seinen Kameraden 70 tote Frauen beseitigen musste. „Es waren ausgesucht schöne Mädchen. Ihnen waren die Brüste abgeschnitten und aus den Schenkeln das Fleisch herausgeschnitten worden. Wir wateten bis über die Fußknöchel im Blut."
In Auschwitz taten sich vor allem die SS-Führer Kaduk und Boger im Erfinden sadistischer Quälereien hervor. Der Treblinka-Kommandant Kurt Franz ließ Juden mit dem Kopf nach unten aufhängen und von Schäferhunden zerfleischen. Die Liste der Scheußlichkeiten ließe sich beliebig verlängern. Aber Sadisten waren eigentlich für die „Endlösung" nicht typisch. In seinem Buch „Der Orden unter dem Totenkopf" schreibt Heinz Höhne: „Die eigentliche Sensation, das wahrhaft Entsetzliche der Judenvernichtung lag darin, dass Tausende biederer Familienväter dem öffentlichen Geschäft des Mordens nachgingen und sich gleichsam am Feierabend in dem Gefühl streckten, gesetzestreue, ordentliche Bürger zu sein, denen es nicht einfallen würde, einen Schritt vom Pfad privater Tugend abzuweichen ... Himmler verfolgte die fixe Idee, die Massenvernichtung müsse sachlich-sauber verwirklicht werden, der SS-Mann habe auch im staatlich befohlenen Mord „anständig" zu bleiben. Manchmal ließ Himmler SS-Sadisten sogar bestrafen, weil sie sich zu „Grausamkeiten hinreißen ließen, die eines deutschen Mannes und SS-Führers unwürdig sind", und der Reichsführer schulmeisterte: „Es ist nicht deutsche Art, bei der notwendigen Vernichtung des schlimmsten Feindes unseres Volkes bolschewistische Methoden anzuwenden!" Die Vernichtung war für die Nazis wünschenswert, peinliche „Nebenerscheinungen" wie Grausamkeiten und Perversitäten wurden unterdrückt oder rationalisiert, indem man sie auf ein Feindbild, den Bolschewismus, projizierte. Für den Durchschnittstypen der mit der Vernichtung der Juden befassten SS-Beamten hat Hannah Arendt den Begriff des „Spießers" in seiner klassischen Form verwendet. Auch Himmler war die ins Maßlose gewachsene Inkarnation des Spießers, der Entsetzlichkeiten befiehlt und verübt, aber niemals die „innere Disziplin" verliert, stets „sauber" und „korrekt" bleibt. Der Historiker Martin Broszat hat den Charakter der SS-Endlöser so analysiert: „Die Massenvernichtung war das Werk ehrgeiziger, pflichtbesessener, autoritätsgläubiger und prüder Philister, die – im Kadavergehorsam erzogen – kritik- und phantasielos mit bestem Gewissen und Glauben sich einredeten und sich einreden ließen, die ‚Liquidierung' Hunderttausender von Menschen sei ein Dienst für Volk und Vaterland." Entlarvend ist, was Rudolf Höß vor seiner Hinrichtung in seinen Erinnerungen schrieb: „Ich stellte damals keine Überlegungen an. Ich hatte den Befehl bekommen und hatte ihn durchzuführen. Wenn der Führer die Endlösung der Judenfrage befohlen hatte, gab es für einen alten Nationalsozialisten keine Überlegungen, noch weniger für einen SS-Führer." Anfang 1943 schlug auch die Stunde für jene deutschen Juden, die wegen ihrer Fachkenntnisse bisher für die Rüstungsindustrie unentbehrlich gewesen und – nicht zuletzt durch den Einfluss Görings – von der Deportation verschont geblieben waren. Ende Februar wurden sie – meist am Arbeitsplatz – schlagartig festgenommen und zusammen mit ihren Angehörigen in die Vernichtungslager deportiert. Ihr Schicksal ist aus den sogenannten „Eingangsberichten" der Todesfabriken abzulesen: „Transport aus Berlin. Eingang 5. 3. 43. Gesamtstärke 1.128 Juden.
Zum Arbeitseinsatz gelangten 389 Männer und 96 Frauen. Sonderbehandelt wurden 151 Männer und 492 Frauen und Kinder ... Transport aus Breslau. Eingang 5. März. 43. Gesamtstärke 1.405 Juden. Zum Arbeitseinsatz gelangten 406 Män-

Bild linke Seite: „Zyklon B" – produziert im Tonnenmaßstab für die Vernichtungslager in Polen.

Bild rechte Seite: Einfahrt zum Vernichtungslager Auschwitz-Birkenau. Wenn nicht sofort, folgte nach härtestem Arbeitseinsatz, nach unmenschlichen Strapazen und Torturen die Vernichtung.

ner und 190 Frauen. Sonderbehandelt wurden 125 Männer und 684 Frauen und Kinder."

Die zur Arbeit „aussortierten" Juden hatten nur eine Galgenfrist erhalten. Sobald sie der mörderischen Arbeit in dem Zweigwerk der Buna-Gummifabriken, beim Straßenbau oder in den Steinbrüchen nicht mehr gewachsen waren, sobald sie infolge von Unterernährung, unzureichender Kleidung oder brutaler Behandlung krank wurden, traten auch sie bei einer der unregelmäßig stattfindenden „Selektionen" den Weg in die Gaskammern an. Allmählich leerten sich die Ghettos in Polen. Um die Fließbänder des Todes in Gang zu halten, brauchten die SS-Strategen Nachschub. In der Wannsee-Konferenz waren alle Juden Europas ins Mordprogramm miteinbezogen worden. In der Kurfürstenstraße 116 in Berlin, der Schaltzentrale der Judenvernichtung, zog Adolf Eichmann seine Drähte. Bei allen Polizeibefehlshabern in den von Deutschland besetzten Gebieten, bei allen diplomatischen Missionen der Satellitenstaaten unterhielt Eichmann „Judenreferenten", die die Auslieferung der einheimischen Juden an die SS mit Druck oder Überredung organisierten. Nachdem zahllose deutsche und österreichische Juden den Marsch in die Vernichtung angetreten hatten, wandte sich Eichmann anderen Ländern zu. Mit unterschiedlichem Erfolg wurden die Juden in Holland, Belgien, Frankreich, Griechenland, Italien, Rumänien, Dänemark, Norwegen und Ungarn aufgespürt, zusammengetrieben und in die Vernichtungslager nach Polen deportiert. Hatten die Juden ihr Schicksal in der Regel eher passiv über sich ergehen lassen, so kam es im Warschauer Ghetto schließlich doch noch zum Aufstand der Verzweifelten.

Kurz nach der Besetzung Warschaus war die jüdische Bevölkerung der polnischen Hauptstadt auf ein bestimmtes Wohngebiet konzentriert worden. Ende 1940 wurde dieses Wohnviertel mit einer drei Meter hohen Mauer umgeben, und innerhalb der Mauern wurden mehr als 400 000 Menschen eingeschlossen. Eine Zeitlang gab es für Polen noch die Möglichkeit, geschäftliche Kontakte zu den eingeschlossenen Juden zu halten. Von den „Transit-Straßenbahnen", die mitten durch das Ghetto liefen, aber nicht halten durften, wurden häufig Lebensmittel und Medikamente abgeworfen. Auch einige Waffen hatten auf diese Weise schon den Weg ins Ghetto gefunden. Im August 1941 begann dann die völlige Isolierung des Ghettos. Inzwischen war der Wohnbezirk so übervölkert, dass durchschnittlich 7 bis 10 Personen in einem Raum wohnten. Polen drohte die Todesstrafe, wenn sie Juden mit Lebensmitteln versorgten oder Juden außerhalb des Ghettos versteckten. Juden, die das Ghetto verließen, konnten ohne Anruf erschossen werden. Von wenigen Ausnahmen abgesehen (für reiche Juden, Schieber und Schwarzhändler gab es zeitweise sogar Luxusrestaurants und Bars) vegetierte die Bevölkerung am Rande des Existenzminimums. Die offizielle Versorgung mit Lebensmitteln lag bei 180 Kalorien am Tag. Die Sterblichkeitsziffer war enorm. Allein im Jahre 1941 starben im Warschauer Ghetto 45 000 Personen, viele davon Kinder, infolge von Hunger und Krankheit. Viele starben buchstäblich auf der Straße. Ihre Leichen blieben, mit Papier bedeckt, bis zum Abtransport einfach liegen. Schon 1940 erklärte Ludwig Fischer, der Gouverneur des Bezirks Warschau, „die Juden werden vor Hunger und Elend krepieren, von der sogenannten Judenfrage wird nur noch ein Friedhof übrigbleiben".

Neben Hunger, Kälte und Krankheit wurde die jüdische Bevölkerung niedergedrückt von Apathie und der verlöschenden Hoffnung auf Rettung. In der Annahme, das Schicksal der Juden am besten durch besonderes Wohlverhalten zu erleichtern, erfüllte der von den Deutschen eingesetzte Judenrat besonders diensteifrig und beflissen die Wünsche der deutschen Besatzung und des für das Ghetto zuständigen Kommandanten Auerswald. Der Rat erreichte dadurch einerseits die Passivität des Großteils der Ghettobewohner, andererseits lag er in ständiger Opposition zu den jüngeren, aktiven und politisch geschulten Kräften der Judenschaft. Die konsequenteste Oppositionshaltung nahmen die Zionisten, die Kommunisten und die Sozialisten ein. Sie schlossen sich schließlich zu einer gemeinsamen Kampforganisation zusammen.

Immer mehr Gewehre, Handgranaten, Maschinengewehre und Munition wurden ins Ghetto geschafft. Eine gute Quelle für die polnischen Waffenlieferanten waren die italienischen Divisionen, die im Februar 1943 aus der Kampflinie gezogen wurden, aber in Galizien noch Dienst taten. In aller Heimlichkeit fand die Ausbildung von Juden und Jüdinnen im Waffengebrauch statt. Regelrechte Schießübungen konnten wegen der engmaschigen Überwachung nicht veranstaltet werden.

Nachdem sich das Ghetto immer mehr geleert hatte – Heinrich Himmler hatte im Juli 1942 den Befehl gegeben, alle Juden ohne Unterschied des Alters nach Treblinka zu schaffen –, gewannen die kämpferischen Juden auch politisches Übergewicht.

Am 13. März 1943 gelang es dem Judenrat nicht mehr, die für den Abtransport befohlene Zahl von Juden zusammenzustellen. Die Deutschen mussten sie mit Gewalt aus den Häusern holen. Der Judenrat ließ den Deutschen gegenüber durchblicken, dass er keine Autorität mehr bei der Bevölkerung besitze. Kurz darauf wurde Judenratspräsident Lichtenbaum verhaftet, das Kommando innerhalb des Ghettos übernahm Polizeigeneral Jürgen Stroop, der am 17. April mit seinen Panzern ins Ghetto einfuhr.

Zwei Tage später, in der Nacht vom 18. auf den 19. April, am Vorabend des Passahfestes, begann der erste bewaffnete Aufstand von Juden seit dem Kampf von Bar Kochba gegen die Römer.

Im Jüdischen Kampfbund waren etwa 1000 Bewaffnete organisiert. Eine Chance zum Sieg bestand nicht. Aber das eigentliche Motiv des Aufstandes liegt in den Worten von Arie Wilner, dem Verbindungsmann der jüdischen Kampforganisation zum polnischen Widerstand: „Es geht uns nicht darum, unser Leben zu retten. Wir wissen, keiner von uns kommt hier lebend heraus. Wir wollen nur die Menschenwürde retten!"

In den frühen Morgenstunden begannen SS-Leute und deutsche Po-

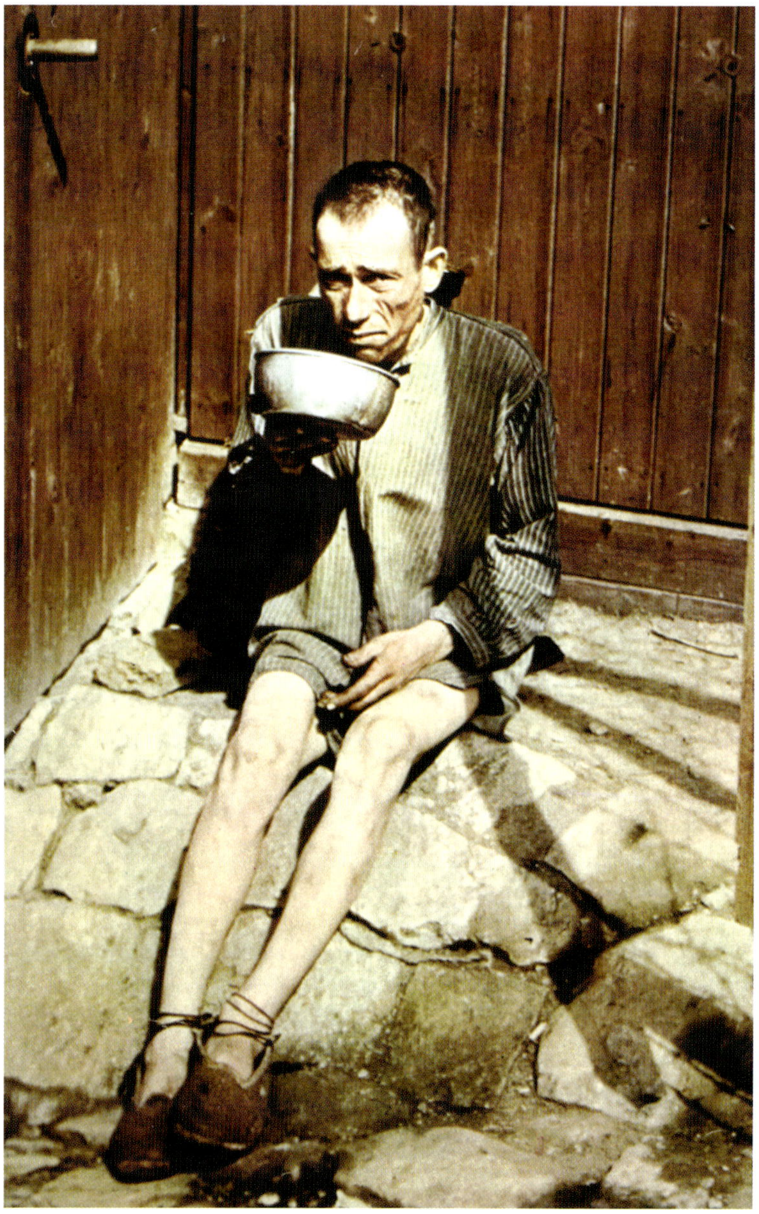

Bild linke Seite: Er hat überlebt. KZ-Häftling am Tag Befreiung. Erst jetzt, als die Alliierten die Konzentrations- und Vernichtungslager erreichten, wurde den Deutschen wie der Weltöffentlichkeit das ganze Ausmaß der mörderischen NS-Politik deutlich.

Bild rechte Seite: KZ-Opfer. Um die ungeheuerlichen Taten der nationalsozialistischen Machthaber wissend, zu denen er selbst gehörte, schrieb Goebbels am 14. November 1943 in seiner Zeitschrift „Das Reich": „Was uns betrifft, so haben wir die Brücken hinter uns abgebrochen. Wir können nicht mehr zurück, aber wir wollen auch nicht zurück ... Wir werden als die größten Staatsmänner aller Zeiten in die Geschichte eingeben, oder als ihre größten Verbrecher." Die Nachwelt hat ihr Urteil gefällt, die nationalsozialistischen Untaten als solche bewertet und die nationalsozialistischen Führer als die größten Verbrecher gebrandmarkt. Die Ermordung von Millionen Juden bleibt eine Schandtat, die durch nichts aufgerechnet werden kann und über deren Schwere und Unmenschlichkeit die gesamte zivilisierte Menschheit auch heute noch erschauert.

lizei gemeinsam mit ukrainischen, lettischen und litauischen Hilfstrupps, mit Panzern, Lastwagen und Maschinengewehren weiter ins Ghetto einzudringen. Mit Lautsprechern wurden die Juden aufgefordert, ihre Schlupfwinkel zu verlassen und sich zum Sammelplatz zum Abtransport zu begeben. Die jüdischen Kämpfer empfingen die Truppen mit MG-Salven und Pistolenschüssen, einem Hagel von Handgranaten und Zündflaschen. Die Deutschen mussten sich fluchtartig zurückziehen. Über das erste Gefecht berichtete Stroop: „Beim ersten Eindringen ins Ghetto gelang es den jüdischen Banditen, durch einen vorbereiteten Feuerüberfall die angesetzten Kräfte einschließlich Panzer und Schützenpanzerwagen zurückzuschlagen.“ Dieser Aufstand im Ghetto war für die Deutschen eine psychologische Überraschung. Zum ersten Male leisteten Juden bewaffneten Widerstand. Diese Möglichkeit hatte es in den Kalkulationen der Nazis bisher überhaupt nicht gegeben. Durch ihre ganze Geschichte in der Diaspora waren Juden im Angesicht von Terror, Unterdrückung und Verfolgung immer zu Duldsamkeit erzogen worden. Sie hatten sich bei Pogromen nicht gewehrt und nun auch resigniert und voll Trauer, aber ohne physischen Widerstand die Züge in die Todesfabriken bestiegen. Himmler erteilte Befehl, das Ghetto „mit größter Härte zu durchkämmen“. Stroop begann, das Ghetto systematisch Block für Block mit Feuer und Sprengstoff zu zerstören.

25 000 passive, nicht bewaffnete Juden ergaben sich rasch und wurden nach Treblinka transportiert. Doch von überall, aus Kellerluken, Dachböden, Hauseingängen und Ruinen wurden die Deutschen beschossen und an ihrem Zerstörungswerk gehindert. Immer mehr Truppen musste der verbitterte und frustrierte Stroop einsetzen. Frauen und Mädchen bedienten Maschinengewehre, Juden zerstörten Panzer mit nur behelfsmäßigen Sprengladungen. Auch als die Mauern zusammenkrachten, Qualm und Gluthitze der Brände das Ghetto überlagerten, setzten Juden den Kampf in Kellern und in der Kanalisation fort. Erst am 16. Mai war der Kampf zu Ende. Stroop telegrafierte: „Es gibt keinen jüdischen Wohnbezirk in Warschau mehr.“

Die Aufständischen des Warschauer Ghettos sind für die ganze gequälte und gedemütigte Judenschaft Europas gestorben. Indem sie den Kampf wählten, obgleich sie von vornherein den Ausgang kannten, haben sie die Menschenwürde verteidigt und gezeigt, dass Juden sich nicht abschlachten lassen wie Vieh. Nach Warschau gab es weitere blutige Aufstände, zum Beispiel in Treblinka, die zwar rasch niedergeschlagen wurden, aber der Welt eine Lektion erteilten. Hier zeigte sich auch, dass eine junge, kämpferische Generation von Juden, politisch gebildet und motiviert, die duldende Generation ihrer Väter abzulösen begann.

Auch als die alliierten Truppen sich Deutschland immer weiter näherten, wurde die Vernichtung fortgesetzt. Inzwischen waren in Ungarn 900 000 Juden in Ghettos zusammengetrieben worden. Der ungarische Reichsverweser Horty war zur Marionette der Nazis geworden, die Ungarn inzwischen besetzt hatten. Da erfuhr Himmler von einem Plan der zionistischen Organisation „Waadat“, die Deutschen durch riesige Geldzahlungen zur Beendigung des Judenmordes zu bringen. Er ließ Eichmann mit dem „Waadat“-Vertreter Joel Brand in Budapest verhandeln. Eichmanns Forderung: 10 000 Lastwagen, zwei Millionen Kisten Seife, 200 Tonnen Tee und 200 Tonnen Kaffee. Dafür wolle er eine Million Juden verkaufen. Himmlers Hauptinteresse lag darin, durch die „Waadat“ Kontakt zu alliierten Stellen zu bekommen, um möglicherweise auf eigene Faust Friedensverhandlungen zu führen. Kaum hatte Brand Budapest verlassen, um nach Istanbul zu fahren, da begann Eichmann, die ungarischen Juden in die Züge nach Auschwitz zu treiben. Innerhalb kürzester Zeit waren 300 000 Juden, ein Drittel der ungarischen Judenschaft, in Auschwitz vernichtet. Erst Ende 1944 befahl Himmler, die Vergasungen zu beenden und die Spuren so gut wie möglich zu beseitigen.

Inzwischen waren Nachrichten über das Unvorstellbare ins Ausland gedrungen. Zuerst wollte man es nicht glauben. Auch Aussagen entwichener Opfer wurden mit Skepsis betrachtet. Es erschien auch hartgesottenen Menschen, die nicht zum Bannkreis der Nazis gehörten, unfaßbar, dass außerhalb von Irrenanstalten menschliche Wesen existieren sollten, deren Hirnen der Plan entspringen konnte, planmäßig ein ganzes Volk auszulöschen. Auch als das Entsetzliche schon Gewissheit war, weigerten sich noch manche, das ganze Ausmaß zu glauben. Nach vorsichtigen Schätzungen sind 5 100 000 Juden von den Nazis umgebracht worden, die meisten davon durch Massenvergasung, fast eine Million durch Erschießen, einige hunderttausend durch Hunger, Zwangsarbeit und Quälerei. Aus Deutschland, Österreich und dem „Reichsprotektorat“ (dem tschechischen Teil der späteren CSR) wurden 250 000 Juden ermordet, aus der Slowakei 60 000, aus den Benelux-Ländern 130 000, aus Frankreich und Italien 70 000, aus der Sowjetunion einschließlich der baltischen Staaten 900 000, aus Polen 3 Millionen, aus Jugoslawien 60 000, aus Griechenland 60 000, aus Rumänien 270 000, aus Ungarn 300 000. Hinzu kommen etwa 800 aus Norwegen.

Im Namen des deutschen Volkes ist etwas geschehen, das nichts in der Welt ungeschehen machen kann, weder Reue noch Scham, auch nicht der Versuch materieller Wiedergutmachung. Die Geschichte Deutschlands wird für alle Zeiten befleckt bleiben mit den scheußlichsten Untaten, die Menschen jemals an ihren Mitmenschen begangen haben. Auch wenn die meisten der heute lebenden Deutschen keine Schuld mehr trifft, mit der Geschichte unseres Landes wird der größte Judenmord aller Zeiten immer verbunden bleiben.

Für Juden und Deutsche, die einmal eine so vielversprechende gemeinsame Geschichte hatten, bleibt nur Trauer. Der große deutsche Rabbiner Leo Baeck, der das Massaker in Theresienstadt überlebte, hat dieser Trauer Ausdruck gegeben: „Für uns Juden aus Deutschland ist eine Geschichtsepoche zu Ende gegangen. Eine solche geht zu Ende, wann immer eine Hoffnung, ein Glaube, eine Zuversicht endgültig zu Grabe getragen werden muss. Unser Glaube war es, dass deutscher und jüdischer Geist auf deutschem Boden sich treffen und durch ihre Vermählung zum Segen werden könnten. Dies war eine Illusion – die Epoche der Juden in Deutschland ist ein für allemal vorbei.“

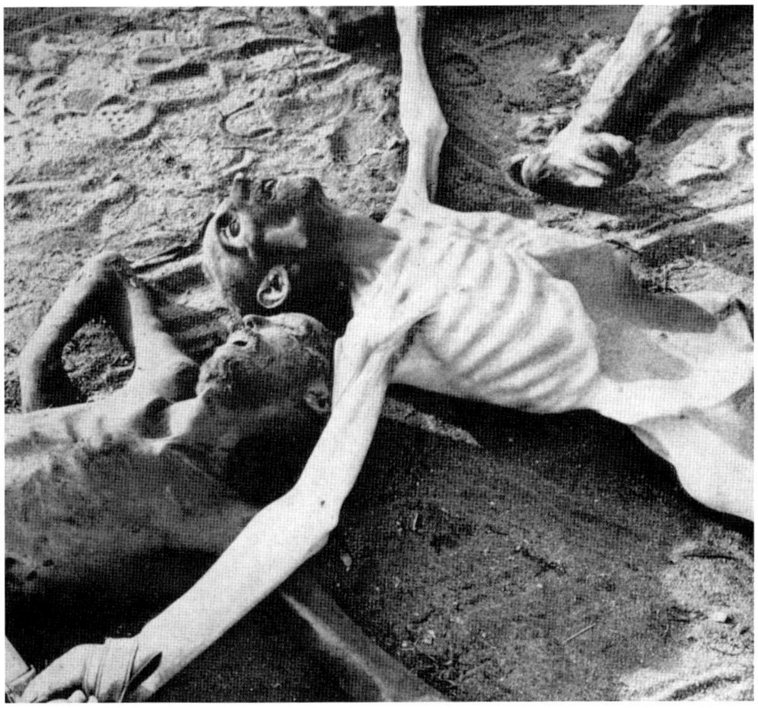

Personenregister

Abetz, Otto, dt. Politiker, *Schwetzingen 26.3.1903, †5.5.1958 (Unfall); zunächst Lehrer. Befürworter einer dt.-frz. Annäherung. Aug. 1940 dt. Botschafter in Paris. Seine Bemühungen um Präliminarfrieden mit Frankreich scheiterten an Hitler. 1945 verhaftet und 1949 in Paris zu 20 Jahren Zwangsarbeit verurteilt; April 1954 entlassen. Veröffentlichung: „Das offene Problem. Ein Rückblick auf zwei Jahrzehnte deutscher Frankreich-Politik". Köln 1951.

Alexander, Harold Rupert, Lord of Tunis (1952 Earl), *Grafschaft Tyrone (Nordirland) 10.12.1891, †London 16.9.1969, brit. Feldmarschall (4.6.1944), 1911 Eintritt in die Armee, 1940 Kommandeur der 1. brit. Division bei Dünkirchen. Juni 1940 Kommand. Gen. des 1. Korps. 1941 Oberkommandierender in Burma. Juli bis Aug. 1941 OB der I. Armee. Aug. 1942 - Febr. 1943 OB Mittelost. 1943 Stellv. General Eisenhowers. Dez. 1944 - Aug. 1945 OB der Alliierten Truppen im Mittelmeerraum. 1946-52 Generalgouverneur von Kanada. März 1952 - Okt. 1954 Verteidigungsmin.

Anders, Wladyslaw, *Blonie bei Warschau 11.8.1892, †London 12.5.1970, poln. General (seit 1936); geriet 1939 in sowjet. Kriegsgefangenschaft, entging aber dem Schicksal seiner Kameraden in Katyn. A. wurde 1941 freigelassen und baute eine poln. Freiwilligenarmee auf, die zur alliierten Orientarmee trat und in Afrika und Italien (u.a.

Harold Alexander.

Monte Cassino) kämpfte. Im Febr. 1945 wurde A. OB aller poln. Truppen im Westen, fast 200.000 Mann, die zu 80 % nach dem kommunist. Umsturz in Polen die Repatriierung verweigerten. Auch A. blieb im brit. Exil.

Antonescu, Ion, *Pitesti 15.6.1882, †Jilava (heute Bukarest) 1.6.1946, rumän. Politiker; 1933 Generalstabschef, 1937/38 Kriegsmin. A. genoss als extremer Nationalist große Popularität, so dass ihn König Carol II. am 4.9.1940 als Regierungschef akzeptieren musste. Schon zwei Tage später stürzte der neue Conducator (= Führer) den König und baute eine persönl. Diktatur faschist. Zuschnitts auf. Einen Putschversuch der paramilitär. Eisernen Garde konnte er abwehren. A. geriet zunehmend unter dt. Einfluss, weil die Wehrmacht auf das rumän. Erdöl angewiesen war. Er musste dem Dreimächtepakt beitreten (23.11.1940) und beteiligte sich im Juni 1941 am Angriff auf die Sowjetunion. Als die Rote Armee 1944 nach Rumänien vordrang, wurde A. gestürzt (23.8.1944) und vor ein Volkstribunal gestellt, das ihn hinrichten ließ.

Arnim, Hans-Jürgen von, dt. Generaloberst (3.12.1942), *Ernsdorf/Schlesien 4.4.1889, †Bad Wildungen 1.9.1962. Eintritt ins Heer 1908. 1.1.1938 Generalmajor. 8.9.1939 Kommandeur der 52. Inf.div. 5.10.1940 Kommandeur der 17 Pz.div. 1.12.1939 Generalleutnant. 11.11.1941 Kommand. General des XXXIX. Pz.korps. 1.10.1941 General d. Panzertruppe. 3.12.1942 Generaloberst und OB der 5. Pz.armee in Tunesien. 9.3.1943-12.5.1943 OB der Heeresgruppe Tunis, danach in amerikan. Kriegsgefangenschaft.

Attlee, Clement Richard, Earl (1955), brit. Politiker, *London 3.1.1883, †London 8.10.1967. 1935 Führer der Labour-Partei, im Kriegskabinett Churchills (1940-45) nacheinander Lordsiegelbewahrer, Staatssekretär für die Dominions, Lordpräsident und (seit 1942) Stellvertretender Premiermin. 1945 Premiermin. einer Labour-Regierung. 1951-1955 Oppositionsführer im Unterhaus, 1955 geadelt und Mitglied des Oberhauses.

Auchinleck, Sir Claude Eyre, brit. Feldmarschall (1.6.1946), *Aldershot 21.6.1884, †Marrakesch (Marokko) 23.3.1981. 30.6.1941-15.8.1942 OB Mittlerer Osten, Juni 1942 - Aug. 1942 zugleich OB der 8. Armee. Wegen Misserfolgen gegen Rommel abgelöst. 18.6.1943-30.11.1947 Oberkommandierender in Indien und Pakistan.

Bach-Zelewski, Erich von dem, *Lauenburg 1.3.1899, †München 8.3.1972, SS-Obergruppenführer und Gen. der Polizei (Nov. 1941). Offizier im 1. Weltkrieg, bis 1924 aktiv. Seit 1930 Mitglied der NSDAP, 1931 der SS, 1932 Organisator des persönl. Schutzes von Hitler, dann Führer der SS-Oberabschnitte Nordost und Südost. Im 2. Weltkrieg „Sonderbeauftragter der SS für den Bandenkampf im Osten". Im Herbst 1944 mit der Niederwerfung des Warschauer Aufstands beauftragt. Am 3.8.1962 wurde B. vom Schwurgericht Nürnberg zu lebenslängl. Zuchthaus verurteilt.

Badoglio, Pietro, *Grazzano Monteferrato (Alessandria) 28.9.1871, †ebd. 1.11.1956, italien. Marschall (25.5.1926) und Politiker. Im 1. Weltkrieg Gen.stabsoffizier, bei Kriegsende Gen. Bei Kriegsbeginn 1939 Chef des italienischen Oberkommandos, 1940 Entlassung durch Mussolini, 25.7.1943 nach Verhaftung Mussolinis von König Viktor Emanuel III. zum Reg. chef ernannt. 13.10.1943 Kriegserklärung an Deutschland durch die Reg. Badoglio. 9.6.1944 zurückgetreten.

Pietro Badoglio.

Bagramjan, Iwan Christoforowitsch, *Elisavetpol 2.12.1897, †Moskau 21.9.1982, Marschall der Sowjetunion (11.3.1955). Bei Kriegsbeginn als Oberst Chef der Operationsabteilung des Besonderen Militärbezirks Kiew bzw. der Südwestfront. 1942 Chef des Stabes der Südwest-Front. 1943 als Gen.leutnant OB der 11. Gardearmee. Nov. 1943 bis Febr. 1945 OB der 1. Balt. Front. Nach 1945 Chef der Woroschilow-Generalstabsakademie und Chef der Hausverwaltung Rückwärtige Dienste im Verteidigungsministerium.

Balbo, Italo, *Quartesana (Ferrara) 5.6.1896, †28.6.1940, italien. faschist. Politiker; einer der ersten Anhänger Mussolinis, Organisator des Marsches auf Rom (28.10.1922), 1923 Generalkommandant der faschist. Miliz, 1925 Unterstaatssekretär und 1929-33 Min. für Luftfahrt, 1934 Gouverneur von Libyen. B. geriet als Vertreter eines sozialrevolutionären Kurses immer wieder in Konflikt mit Mussolini, arrangierte sich jedoch später. Erst durch die faschist. Judengesetzgebung im nat.-soz. Schlepptau (1938) kam es zu neuen Spannungen, zumal B. für eine prowestl. Neutralität eintrat. Der passionierte Flieger B. wurde versehentl. von eigener Flak abgeschossen.

Balck, Hermann, *Danzig 7.12.1893, †Asperg 29.12.1982, dt. Gen. der Panzertruppen (1.11.1943), 1938 im Oberkommando des Heeres. 1.8.1942 Gen.major, 1.1.1943 Gen.leutnant, Mai 1942 bis März 1943 Kommandeur der 11. Pz.div., April 1943 bis Juni 1943 Kommandeur der Div. „Großdeutschland". Nov. 1943 Kommandierender Gen. des XXXX. Pz.korps, Nov. 1943 bis Aug. 1944 Kommand. Gen. des XXXXVIII. Pz.korps. Aug. 1944 OB der 4. Pz.armee. Sept. 1944 OB der Heeresgruppe C. Sept. 1944 bis 8.5.1945 OB der 6. Armee (bis März 1945 zugleich Armeegruppe Balck: 6. Armee und 2. ungar. Armee).

Hermann Balck.

Bandera, Stefan, * 1908, † München 15.10.1959, ukrain. Nationalistenführer. 1934 bis 1939 in Haft in Zusammenhang mit der Ermordung des polnischen Innenministers Bronislaw Pieracki. Wegen Ausschreitungen der ukrain. Nationalistenbewegung (OUN) in Lemberg 12.7.1941 bis 25.9.1944 in dt. Konzentrationslager. Nach dem Krieg im Westen geblieben, wurde B. vom sowjet. Geheimdienst ermordet.

Bao Dai, * Hué 22.10.1913, 13. Kaiser von Annam (6.1.1926). Während des 2. Weltkrieges Zusammenarbeit mit der japan. Besatzungsmacht. 25.8.1945 von Ho Chi Minh vertrieben. Im neugeschaffenen Vietnam im April 1949 von Frankreich als Staatsoberhaupt anerkannt. Okt. 1953 ins Exil nach Frankreich gegangen. Nach der Teilung Vietnams (Juli 1954) wurde Bao Dai durch Volksabstimmung abgesetzt.

Werner Baumbach.

Barkhorn, Gerhard, * Königsberg (Ostpr.) 20.3.1919, † Frechen bei Köln 12.1.1983 (Autounfall), dt. Jagdflieger; nach Erich Hartmann zweiter in der Rangliste der erfolgreichsten Jagdflieger der Welt. 1. Abschuss am 2.7.1941. Ritterkreuz am 23.8.1942 als Oberleutnant nach 59 Luftsiegen, Schwerter am 2.3.1944 als Hauptmann nach 250 Siegen. 1.5.1944 Major. Juni 1943 bis Jan. 1945: Kommodore J.G.6, zuletzt im Jagdverband 44 (Me 262). Insges. 1104 Einsätze, 301 Luftsiege. 1956 Eintritt in die Bundeswehr. 1.9.1957 bis 31.1.1963 Kommodore Jabogeschwader. 31.1.1969 Chef des Stabes beim Deutschen Anteil AIRBALTAP. 1.10.1973 Generalmajor und Chef des Stabes im Hauptquartier der 4. ATAF. 30.9.1975 Ruhestand.

Baumbach, Werner, * Cloppenburg 27.12.1916, † bei Buenos Aires 20.10.1953 (Flugzeugabsturz), dt. Luftwaffenoffizier; erfolgreicher Bomberpilot. B., als Oberst in der Dienststellung eines Generals der Kampfflieger, protestierte Anfang 1945 briefl. bei Göring gegen die sinnlose Fortsetzung des Krieges und stellte Amt und Orden zur Verfügung. Er blieb dennoch unbehelligt, konnte zu der kampflosen Übergabe Hamburgs beitragen und wurde nach alliierter Kriegsgefangenschaft Luftwaffenberater in Argentinien.

Beck, Józef, * Warschau 4.10.1894, † Stanesti (Rumänien) 5.6.1944, poln. Politiker; 1932 - 39 Außenmin. B., nach dem Tod des Diktators Pilsudski 1935 der eigentlich starke Mann Polens, war Mitarchitekt des dt.-poln. Nichtangriffspakts vom 26.1.1934 und versuchte unter poln. Führung einen ostmitteleurop. Staatenblock des sog. Dritten Europas zu schaffen. Seine Illusionen über Hitlers Expansionspolitik erhielten im Münchener Abkommen 1938 neue Nahrung durch territoriale Gewinne Polens (Teschen). Als B. im Frühjahr 39 die wahre Stoßrichtung der nat.-soz. Außenpolitik erkannte, kam seine Umorientierung durch Beistandspakte mit Großbrit. (6. 4.) und Frkr. (19. 5.) zu spät. Nach dem Polenfeldzug wurde der geflüchtete B. in Rumänien interniert.

Józef Beck.

Beck, Ludwig, * Biebrich (heute Wiesbaden-B.) 29.6.1880, † Berlin 20.7.1944, dt. Gen.oberst (1.10.38) und Widerstandskämpfer; Eintritt ins Heer 12.3.1898, im 1. Weltkrieg Gen.stabsoffizier an der Westfront, in der Reichswehr 1.2.31 Gen.major, in der Wehrmacht 1. 10.1935 Gen. der Artillerie. B., der den Aufrüstungsplänen Hitlers zunächst positiv gegenüberstand, wurde am 1.10.1933 im Reichswehrmin. Chef des Truppenamtes, am 1.7.1935 umbenannt in Chef des Gen.stabs des Heeres. Als Hitler unmissverständlich zu verstehen gab, dass er die neue Rüstung auch kriegerisch zu nutzen gedenke, versuchte B. mit Denkschriften über ungenügende Vorbereitung gegenzusteuern. Insbes. nach der Weisung für den Fall »Grün« zur »Zerschlagung« der Tschechoslowakei vom 30.5.1938 bemühte er sich um die Sammlung einer militär. Opposition dagegen. Er fand jedoch insbes. beim Heeres-OB Brauchitsch keine Resonanz und reichte daher am 18.8.während der sich zuspitzenden Sudeten-Krise seinen Rücktritt ein, der ihm am 1.10.1938 gewährt wurde. B. fand keine Verwendung mehr, hielt aber Kontakt zu den militär. Spitzen und arbeitete gegen die nat.-soz. Gewaltpolitik. Als Mitglied der sog. Mittwochsgesellschaft besaß er zudem vorzügliche Verbindungen zu führenden Vertretern aus Wirtschaft, Wissenschaft und Politik, so dass er neben Goerdeler zur herausragenden Figur des bürgerl. Widerstands und zu einem der aktivsten der Verschwörer des Zwanzigsten Juli 44 wurde, die ihn als provisor. Staatsoberhaupt vorgesehen hatten. Als die Nachricht vom Überleben Hitlers eintraf, versuchte sich B. zu erschießen, verletzte sich jedoch nur und wurde daraufhin von einem Unteroffizier auf Befehl von Gen.oberst Fromm erschossen.

Ludwig Beck.

Beneš, Eduard, * Kozlány 28.5.1884, † Sezimovo Usti 3.9.1948, tschechoslowak. Politiker. 1918 - 1935 Außenmin., 1921 - 22 zugleich Min. präs. 1935 - 38 Staatspräs. Nach dem Münchener Abkommen emigriert. 1939 Professor für Nationalökonomie in Chicago. Am 19.6.1946 erneut Staatspräsident. Setzte sich für die Austreibung der Sudentendeutschen ein. Nach kommunist. Staatsstreich im Febr. 1948 entmachtet, legte er am 7.6.1948 sein Amt nieder.

Eduard Beneš.

Berger, Gottlob, *Gorstetten 16.7.1895, †Stuttgart 5.1.1975, SS-Obergruppenführer (15.8.1940). Bei Kriegsausbruch Leiter des Ergänzungsamtes (VIII) im SS-Hauptamt. Seit 15.8.1940 Chef des SS-Hauptamtes, später auch Leiter des Kriegsgefangenenwesens. 14.4.1949 in Nürnberg zu 25 Jahren Gefängnis verurteilt, 31.1.1951 zu 10 Jahren begnadigt, 16.12.1951 aus Landsberg entlassen.

Bernadotte, Folke, Graf von Wisborg, *Stockholm 2.1.1895, †Jerusalem 17.9.1948, schwed. Politiker; ursprüngl. Offizier, 1943 Vizepräs., 1946 Präs. des schwed. Roten Kreuzes. B. glückte nach langen Verhandlungen mit Himmler im Frühjahr 45 die Befreiung von rd. 20.000 meist dän. und norweg. KZ-Häftlingen. Ohne Erfolg hingegen übermittelte er Himmlers Angebote zu Gesprächen über einen Waffenstillstand mit den Westmächten, da diese Kontakte mit dem SS-Chef, insbes. nach den frischen Eindrücken bei der Befreiung der ersten nat.-soz. KZs, ablehnten und auf der Bedingungslosen Kapitulation beharrten. B. wurde Opfer jüd. Terroristen, als er im Auftrag der Vereinten Nationen im Palästina-Konflikt vermitteln wollte.

Best, Werner, *Darmstadt 10.7.1903, †23.6.1989, dt. Politiker und SS-Obergruppenführer (1944); Jurist, 1930 NSDAP-Eintritt, Juli 33 Landespolizeipräs. in Hessen, 1935 zur Gestapo nach Berlin, Mitarbeit am Aufbau des Sicherheitsdienstes (SD) der SS. Als Leiter des Amtes II (Organisation, Recht, Verwaltung) im Reichssicherheitshauptamt soll B. 1939/40 mitverantwortl. gewesen sein für Massaker in Polen, 1940-42 war er gegen die frz. Widerstandsbewegung eingesetzt und regierte von Nov. 42 bis Kriegsende Dänemark als Reichsbevollmächtigter. Obwohl er dort dazu beitrug, den dän. Juden das Entkommen zu ermöglichen, wurde er 1949 in Kopenhagen zum Tod verurteilt. Zu 12 Jahren Haft begnadigt und 1951 freigelassen, wurde B. 1972 in der Bundesrepublik erneut angeklagt wegen der Morde in Polen. Aus Gesundheitsgründen kam es jedoch zu keiner Verurteilung.

Bey, Erich, *Hamburg 23.3.1898, †Nordkap 26.12.1943, dt. Konteradmiral (1.3.43); 1916 zur Kaiserl. Marine, Reichsmarine, 1929 Kapitänleutnant und Führer der ersten Schnellboote (bekannt als „Vater der Schnellboote"), 1935 Korvettenkapitän. Bei Kriegsbeginn war B. Chef der 4. Zerstörer-Flottille, wurde am 1.4.40 zum Kapitän z.S. befördert, übernahm nach Teilnahme an der Besetzung Narviks die Führung der Zerstörer und war gleichzeitig Chef der 6. Zerstörer-Flottille. Am 20.4.42 zum Kommodore ernannt, fiel B. auf dem Schlachtschiff „Scharnhorst" als Befehlshaber der Kampfgruppe N-Norwegen.

Bidault, Georges, *Moulins (Allier) 5.10.1899, †Cambo-les-Baines 27.1. 1983, frz. Politiker; Geschichtslehrer, 1936-39 Journalist bei der christl.-demokrat. Zeitung „ L'Aube" und Gegner der Appeasement-Politik Daladiers. B. gründete zus. mit anderen Christdemokraten nach der frz. Niederlage die Widerstandsgruppe und gleichnamige Untergrundzeitschrift „Liberté", übernahm später die Leitung der Presse- und Informationsarbeit bei der Résistance in Lyon und nach der Ermordung von Jean Moulin durch die Gestapo den Vorsitz im nat. Widerstandsrat (Conseil National de la Résistance, CNR). B. profilierte sich als Mittler zw. den Gaullisten in London und den heim. Widerstandsgruppen (u.a. Gründer des Christdemokrat. Mouvement Républicain Populaire, MRP), führte im Aug. 44 den Pariser Aufstand an und wurde danach Außenmin. der provisor. Reg. de Gaulles. In der IV. Republik war er mehrmals Min.präs., überwarf sich 1958 wegen der Algerienfrage mit de Gaulle und ging bis 1968 ins Exil.

Billotte, Gaston Henri, *Sommeval (Aube) 10.2.1875, †bei Ypern 23.5. 1940, frz. General. Im Mai 40 kommandierte B. die 1. Armeegruppe an der N-Front von Montmédy bis zum Kanal entlang der Grenze nach Belgien. Ihm unterstanden an diesem entscheidenden Abschnitt mit der 1. und der 7. Armee die besten frz. Heeresverbände und außerdem das brit. Expeditionskorps. Nach dem dt. Angriff auf Belgien koordinierte B. mit König Leopold III. den frz. Vormarsch in die Dijle-Stellung und danach den Rückzug zur Schelde. Die von ihm geplante Gegenoffensive konnte er nicht mehr in Gang bringen, da er am 21.5.schwere Verwundungen erlitt, denen er zwei Tage später erlag.

Bittrich, Wilhelm, *Wernigerode 26.2.1894, †Münsing (Obb.) 19.4.1979, SS-Obergruppenführer (1.8.44); im Ersten Weltkrieg bei einem Jägerbataillon, später Jagdflieger, nach dem Krieg im Freikorps „von Hülsen", 1923 Reichswehr und weitere flieger. Ausbildung, 1.12.32 NSDAP, 15.7.33 SS und 25.8.34 SS-Verfügungstruppe. Bei Kriegsbeginn war B. Kommandeur des 1. Bataillons der SS-Standarte „Der Führer" und übernahm am 1.12.40 das Regiment (Standarte) „Deutschland", mit dem er in den Krieg gegen die UdSSR zog. Am 19.10.41 zum Brigadeführer befördert, führte er vom 1.5.42 an die 8. SS-Kavallerie-Div. „Florian Geyer" und seit 15.2.43 die 9. SS-Pz.div. „Hohenstaufen". Am 10.7.44 wurde B. Kommand. Gen. des II. SS-Pz.korps, das er u.a. erfolgreich gegen die brit. Luftlandung bei Arnheim einsetzte.

Blaskowitz, Johannes, *Peterswalde (Ostpreußen) 10.7.1883, †Nürnberg 5.2.1948, dt. Gen. oberst (1.10.39); 1901 Eintritt ins Heer, 1916 Gen.stabsdienst, 1919 in die Reichswehr übernommen, 1932 Gen.major, 1933 Gen.leutnant und Inspekteur der Waffenschulen, 1936 Gen. der Inf. B. führte im Polenfeldzug die 8. Armee und wurde im Okt. 39 OB Ost. In dieser Eigenschaft verfasste er zwei Denkschriften über SS- und Partei-Gräuel in Polen, fiel in Ungnade und blieb trotz Wiederverwendung (Okt. 40-Mai 44: 1. Armee in Frkr.) unbefördert. Mehrfach OB von Heeresgruppen, erhielt B. am 7.4.45 den Oberbefehl in der „Festung Holland", wo er in Absprache mit den Alliierten die Versorgung der Zivilbevölkerung sicherte. Nach der Kapitulation in mehreren Lagern, dann Anklage wegen angebl. Kriegsverbrechen. Dem Verfahren entzog sich B. durch Selbstmord.

Fedor von Bock.

Bock, Fedor von, *Küstrin 3.12.1880, †Lensahn (Schleswig-Holstein) 5.5. 1945, dt. Gen.feldmarschall (19.7.40); im Ersten Weltkrieg Bataillonskommandeur und Gen.stabsoffizier, Übernahme in die Reichswehr, 1929 Gen.major. Bis zum Gen.oberst (15.3. 38) befördert, führte B. den dt. Einmarsch in Österreich, war OB der Heeresgruppe Nord im Polenfeldzug und befehligte im Frankreichfeldzug die Heeresgruppe B zunächst gegen die Niederlande und Belgien, deren Kapitulationen er entgegennahm, dann beim Vorstoß zur Loire. Im Russlandfeldzug trug B.s Heeresgruppe Mitte die Hauptangriffslast. In der Winterkrise vor Moskau am 18.12.41 abgelöst, übernahm B. am 16.1.42 die Heeresgruppe Süd, wurde aber nach Protesten gegen Hitlers Plan, Stalingrad und den Kaukasus zugleich anzugreifen, verabschiedet und fand keine Verwendung mehr. B. kam bei einem Tieffliegerangriff ums Leben, nachdem er sich der Reg. Dönitz zur Verfügung gestellt hatte.

Bong, Richard Ira, *Superior (Wisc.) 24.9.1920, †Burbank (Calif.) 6.8. 1945, amerikan. Jagdflieger, mit 40 bestätigten Abschüssen Jagd-As Nr. 1 der US-Heeresluftwaffe im Zweiten Weltkrieg. B. errang sämtl. Luftsiege gegen die Japaner im Pazifik auf einer Lockheed P-38 Lightning und beendete seinen Fronteinsatz im Dez. 44 im Range eines Majors. Als Testpilot verunglückte er tödl. bei der Erprobung des neuen Düsenjägers Lockheed P-80.

Bono, Emilio de, *Cassano d'Adda 19.3.1866, †Verona 11.1.1944, italien. Marschall (16.11.35); als einer der ersten hohen Offiziere Mussolini-Anhänger, Teilnahme am Marsch auf Rom im Okt. 22, 1925 Gouverneur von Libyen, 1929 - 35 Kolonialmin., April-Nov. 35 OB der italien. Ostafrika-Armee im Krieg gegen Abessinien. Am 25.7.43 stimmte B. im Faschist. Großrat für die Entmachtung Mussolinis. Nach dessen Wiedereinsetzung durch die Deutschen wurde B. zum Tod verurteilt und hingerichtet.

Bonte, Friedrich, *Potsdam 19.10. 1896, †Narvik 10.4.1940, dt. Kommodore (Nov. 39); 1914 zur Marine, in der Kriegsmarine 1938 Chef der 2. Zerstörer-Flottille, April 39 Kapitän z.S. B. wurde im Nov. 39 Führer der Zerstörer und nahm in dieser Eigenschaft am Unternehmen „Weserübung" teil. Er fiel beim Angriff der brit. 2. Zerstörer-Flottille auf dem Führungszerstörer „Wilhelm Heidkamp" und erhielt postum am 17.10.40 das Ritterkreuz.

Bór-Komorowski, Tadeusz Graf, poln. Gen., *Tremblowo (Ostgalizien) 1.6.1895, †bei London 24.8.1966. 1938/39 Kommandeur der poln. Kavallerieschule Graudenz. Gründete nach der dt. Besetzung zus. mit anderen Offizieren eine „private" Untergrundbewegung in SW-Polen (aus dieser Zeit sein Beiname „Bór" = Wald). Seit 30.6.43 OB der zur „Heimatarmee" (Armia Krajówa) zus.geschlossenen Widerstandsgruppen, die er bis zur Kapitulation beim Warschauer Aufstand am 2.10.44 führte. Danach Gefangenschaft. Nach der Befreiung OB aller poln. Streitkr. im Westen (8.6.45). Gehörte bis zu seinem Tod der poln. Exilreg. an, bis 1949 als Ministerpräsident.

Tadeus Bor-Komorowski.

Martin Bormann.

Bormann, Martin, Leiter der NS-Kanzlei, *Halberstadt 16.7.1900, 1927 Eintritt in die NSDAP, 1933 Stabslt. bei Rudolf Heß; kurz darauf übertrug ihm Hitler die Verwaltung seines Privatvermögens und betraute ihn mit Bau und späterer Verwaltung des Berghofes Obersalzberg. 29.5.41 Chef der Parteikanzlei mit Befugnissen eines Reichsministers, 12.4.43 „Sekretär des Führers". Am 1.5.45 angeblich auf dem Wege zu Dönitz in Berlin umgekommen. 1946 in Nürnberg in Abwesenheit zum Tode verurteilt. Gerüchte, dass B. noch lebe, nie verstummt. Am 11.4.1973 offiziell von der Frankfurter Staatsanwaltsch. für tot erklärt (Aktenzeichen OJs 11/61).

Bose, Subhas Chandra, ind. Politiker, *Kattak 23.1.1897, †Taipeh (Flugzeugabsturz) 18.8.1945. 1938-39 Vors. der ind. Kongresspartei. Floh 1941 kurz vor Ausbruch des dt.-russ. Krieges über Afghanistan und die UdSSR nach Deutschland. Im Frühj. 43 mit U-Booten nach Japan, 4.6.43 Proklamation einer freien ind. Reg. und Aufstellung einer Nationalarmee. Deren Truppen ab 4.2.44 bei japan. Offensive in Westburma beteiligt, jedoch wenig erfolgreich.

Bradley, Omar N., amerik. Gen., *Clark (Missouri) 12.2.1893, †New York 8.4.1981. Beendete 1915 zus. mit Eisenhower die Militärakademie West Point. Im Ersten Weltkrieg Wachdienst an der mexik. Grenze, dann versch. Kommandos. 1940 Sekr. von George Marshall, dann Kommandant der Inf.-Schule Fort Benning. 1943 nach Nordafrika versetzt; als Gen.leutnant mit dem II. Armeekorps am 10.7.43 Landung auf Sizilien. OB der 1. US-Heeresgruppe bei der Landung in der Normandie. Ab Juli 45 Leiter der Veteranenversorgung und -rückführung; 21.11.47 Gen.stabschef des Heeres. 1.8.49 Chef der Vereinigten Stabschefs (bis Mai 1953).

Omar N. Bradley.

Brauchitsch, Walther von, *Berlin 4.10.1881, †Hamburg 18.10.1948, dt. Gen.feldmarschall (19.7.40); während der Kadettenausbildung Leibpage der Kaiserin, 1900 Offizier, im Ersten Weltkrieg Gen.stabsaufgaben an der Westfront, 1921 von der Reichswehr übernommen, 1930 Gen.major. Als Leiter der Heeresausbildungsabteilung besuchte B. 1931 die Rote Armee, wurde 1932 Inspekteur der Artillerie und nach weiteren Kommandos am 4.2.38 von Hitler zum Nachfolger von Fritschs als OB des Heeres ernannt und zum Gen.oberst befördert. Hitler hatte sich B. durch finanzielle Hilfen bei Scheidung und neuer Eheschließung verpflichtet, so dass der ohnehin unpolit. und vorsichtige Soldat nie Widerspruch gegen die von ihm durchaus krit. gesehene Kriegspolitik wagte. B. war daher im Offizierskorps wenig geachtet, woran auch die „Blitzsiege" in Polen, Frkr. und auf dem Balkan wenig änderten. Hitler regierte zunehmend an B. vorbei in die Operationsführung hinein, machte ihn, der mehrfach seinen Abschied angeboten hatte, zum Sündenbock für die Winterkrise vor Moskau, entließ ihn am 19.12.41 und übernahm selbst den Oberbefehl über das Heer. B. starb vor der Eröffnung eines gegen ihn geplanten Militärgerichtsverfahrens in brit. Haft.

Walther von Brauchitsch.

Braun, Wernher von, *Wirsitz (Posen) 23.2.1912, †Alexandria (USA) 16.6.1977, dt. Ingenieur. Seit Okt. 32 beim Heereswaffenamt, wurde B. schon mit 25 Jahren Leiter der Raketenversuchsanstalt des Heeres in Peenemünde. 1938 gelang die Fertigstellung eines ersten Prototyps der späteren ballist. Fernrakete A 4, die unter dem Propagandanamen V 2 (V = Vergeltung) am 3.10.42 erstmals erfolgreich erprobt wurde; erster Kriegseinsatz 8.9.44 gegen London (insges. 1.054, gegen Brüssel und Antwerpen 2.100). B. wurde, weil er mehr an Raumfahrt als an Waffentechnik interessiert war, von der SS beargwöhnt: 14.3.44 Verhaftung, Freilassung nach Intervention von Speer. Im März 45 räumte B. Peenemünde und ging mit seinem Team (ca. 100 Techniker) in amerikan. Gefangenschaft. Nach dem Krieg Fortsetzung der Arbeit in den USA; 1955 US-Staatsbürgerschaft; 1959 zur NASA, Entwicklung von Trägerraketen, Mitarbeit am Mondflugprogramm „Apollo", 1970 Chefplaner der NASA.

Briesen, Kurt von, dt. Gen. der Inf. (1.8.40), *Anklam 3.5.1883, †Deriewka /UdSSR 20.11.1941 (gefallen). 1904 Eintritt ins Heer, 1920 entlassen, 1934 reaktiviert, 1.8.37 Gen.major, 1.3.38 - 25.11.40 Kommandeur der 30. Inf.-Div., 1.8.39 Gen.leutnant, 25.11.40 Kommand. Gen. des II. Armeekorps.

Brockdorff-Ahlefeldt, Walter Graf von, dt. Gen. der Inf. (1.8.40); *Perleberg 13.7.1887, †Berlin 5.9.1943. 1907 Eintritt ins Heer, Gen.major 1.4.37, Gen.leutnant 1.3.39.1.3. 38 Kommandeur der 23. Inf.-Div. 21.6.40 - 19.1.43 Kommand. Gen. des II. Armeekorps. Verteidigte vom 18.1.- 28.4.42 den Kessel von Demjansk.

Brooke, Alan Francis (Viscount Alanbrooke), brit. Feldmarschall (1.1.44), *23.7.1883, †England 17.6.1963. Sept. 39 - Mai 40 Kommand. Gen. des II. Korps. Juli 40 - Nov. 41 OB der Heimatstreitkräfte; 1.12.41 - 25.6.46 Chef des Empire-Gen.stabes.

Budjonny, Semjon Michailowitsch, Marschall der Sowjetunion (20.11.1935), *bei Woronesch 25.4.1883, †Moskau 26.10.1973. Nov. 1919 - Mai 1921 OB der 1. Reiterarmee im Kampf gegen Polen. Juli 1941 - Sept. 1941 OB der Südwestfront. Sept. - Okt. 41 OB der Reservefront. Mai - Sept. 42 OB der Nordkaukasusfront. 1943 Befehlshaber der Kavallerie. Seit 1946 Mitglied des Präsidiums des Obersten Sowjets. Mai 1953 Inspekteur der Kavallerie.

Semjon Budjonny.

Ernst Busch.

Busch, Ernst, *Essen 6.7.1885, †Gefangenenlager Aldershot (England) 17.7.1945, dt. Gen.feldmarschall (1.2.43); 1904 Eintritt ins Heer, bei Beginn des Zweiten Weltkriegs Kommand. Gen. des VIII. Armeekorps, 19.7.40 Gen.oberst. B. wurde im Okt. 43 OB der Heeresgruppe Mitte im Russlandfeldzug, die im Sommer 44 von der Roten Armee nahezu völlig vernichtet wurde. Am 28.6.44 als Sündenbock abgelöst, fand der völlig unpolit. Soldat B. im März 45 wieder Verwendung als OB Nordwest. B. starb in brit. Gefangenschaft.

Byrnes, James Francis, *Charleston (South Carolina) 2.5.1879, †Columbia 9.4.1972, amerikan. Politiker; Jurist, 1914 - 18 Kriegsberichterstatter, Abgeordneter, 1930 Senator. B. war 1941 /42 Richter am Obersten Gerichtshof der USA, ehe er von US-Präs. Roosevelt im Okt. 42 zum Direktor des Amtes für wirtsch. Stabilisierung berufen wurde; Hauptaufgaben: Ankurbelung der Industrieproduktion und Eindämmung der Inflation, die er u.a. durch einen Lohnstopp zu bekämpfen suchte. 1943 übertrug man ihm auch die Verantwortung für die Rüstungsproduktion. Im Febr. 45 beriet B. Roosevelt auf der Konferenz von Jalta und trat danach von seinen Reg.ämtern zurück. Schon am 29.6.45 aber holte ihn Präs. Truman als Außenmin. in sein Kabinett. Es gelang ihm nicht, die rapide zerfallende Koalition der Sieger zusammenzuhalten, in der sich schon beim Potsdamer Abkommen unüberbrückbare Risse zeigten. B. schlug daher in einer Rede in Stuttgart am 6.9.46 einen Kurs der Versöhnung gegenüber (West-)Deutschland ein, mochte aber den scharfen antikommunist. Schwenk seines Präs. nicht mitmachen und trat am 6.1.47 zurück. 1951 - 55 war er noch einmal Gouverneur seines Heimatstaats.

Canaris, Wilhelm, *Aplerbeck bei Dortmund 1.1.1887, †KZ Flossenbürg 9.4.1945, dt. Admiral (1.1.40); 1905 zur Marine, 1916 Geheimauftrag des Admiralstabs in Spanien, danach U-Boot-Kommandant, Übernahme in die Reichsmarine, 1924–28 in der Marineleitung, nach verschiedenen Kommandos 1932 Kapitän z.S. und 1934 Festungskommandant in Swinemünde. Der konservative C. wurde am 1.1.35 als Konteradmiral Chef der Abwehrabteilung im Kriegsmin. (März 38 Amt Ausland/Abwehr), die er zu einem erfolgreichen Nachrichtendienst und Instrument der Gegenspionage ausbaute. Nach der Affäre um den Heeres-OB von Fritsch und der Entmachtung der Wehrmachtführung (Febr. 38) ging C. immer deutlicher auf Distanz zur Kriegspolitik Hitlers. Die Abwehr wurde zu einem Zentrum des Widerstands v.a. um den Chef der Zentralabt. Oster. Wegen der unstreitigen Erfolge blieb C.s' Doppelspiel – für das Reich, gegen Hitler – lange unentdeckt. Mit wachsender Kriegsdauer aber schwand sein Einfluss, v.a. nachdem die alliierte Landung in N-Afrika („Torch") von der Abwehr nicht beizeiten erkannt worden war. Nach Überlaufen dt. Agenten zu den Briten wurde C. im Febr. 1944 durch Übernahme der Abwehr ins RSHA kaltgestellt. Nach dem missglückten Attentat vom 20.7. wurde er drei Tage später verhaftet. Obwohl ihm keine Beteiligung an dem Anschlag nachzuweisen war, blieb er inhaftiert und wurde nach einem hastigen Standgerichtsverfahren im KZ Flossenbürg kurz vor Eintreffen amerikan. Truppen gehängt.

Chamberlain, Arthur Neville, engl. Politiker, *bei Birmingham 18.3.1869, †bei Reading 9.11.1940. Zw. 1923 und 1937 dreimal Wohlfahrtsmin. und zweimal Schatzkanzler. 28.5.1937 Premiermin., versuchte mit seiner „Appeasement-Politik" die europ. Spannungen zu verringern. 29.9.1938 Unterzeichnung des Münchner Abkommens über die Abtretung des Sudetenlandes an Deutschland durch Hitler, Mussolini, Daladier und C.. 3.9.1939: Kriegserkl. an Deutschland und Bildung des brit. Kriegskabinetts. 10.5.1940 Rücktritt zugunsten Churchills.

Choltitz, Dietrich von, *Schloss Wiese bei Neustadt (Oberschlesien) 9.11.1894, †Baden-Baden 4.11.1966, dt. Gen. der Inf. (1.8.44); 1914 Berufssoldat, 1936 Oberstleutnant, bei Kriegsbeginn Kommandeur des III. Bataillons des 16. Inf. regiments. Nach Polen- und Frankreichfeldzug zeichnete sich C. in Russland bei der Belagerung von Sewastopol aus, wurde am 1.9.42 Gen.major, am 1.2.43 Gen.leutnant und erhielt am 5.3.43 das Kommando über die 11. Pz.div. Nachdem er 1944 zunächst stellvertr. Führer des LXXVI. PZ.korps gewesen war, übernahm er am 20.6. als Kommand. Gen. das LXXXIV. AK an der Invasionsfront. Als unpolit. und loyalen Offizier berief ihn Hitler am 7.8.44 ins Führerhauptquartier „Wolfsschanze" und ernannte ihn als Nachfolger von Gen. v. Boineburg zum Wehrmachtbefehlshaber Groß-Paris, zu dem außer der Stadt auch das Departement Seine und Teile der Departements Seine-et-Oise sowie Seine-et-Marne gehörten, Hauptquartier im Hotel Meurice. Am 12.8. erhielt er den Befehl, die Seinebrücken sprengen zu lassen. Es folgten noch acht weitere Zerstörungsbefehle Hitlers, die C. jedoch verschleppte, nur teilweise ausführte oder ignorierte, da er

Dietrich von Choltitz.

den Krieg als verloren und weitere Opfer als sinnlos ansah. Als gegen aufständ. Résistance-Gruppen Luftwaffe eingesetzt werden sollte, erreichte er über den schwed. Konsul Raoul Nordling eine Feuerpause, so dass die Bombardierung unterblieb. Er konnte Paris, das die Alliierten am 24.8. erreichten, planmäßig räumen, unterzeichnete am 28.8. die Übergabe vor Leclerc und ging in frz. Gefangenschaft; 1947 entlassen.

Chruschtschow, Nikita Sergejewitsch, sowjet. Politiker, *Kalinowka /Gouv. Kursk 17.4.1894, †Moskau 11.9.1971. Seit 1918 Mitgl. der KP. 1938 Sekretär der KP der Ukraine. 1942 Chef der Politabteilung der Stalingrad-Front, SW-Front. 1943-45 als Gen.leutnant Chef der Politabt. der Woronesch-Front, ab 20.10.1943 1. Ukrainische Front. Organisierte den ukrain. Partisanenkampf. 1953 1. Sekretär des ZK. 1954-64 polit. Führer der UdSSR, 1958-1964 auch Min.präsident. 14.10.1964 aus allen Ämtern entlassen. Führte Entstalinisierung durch, Koexistenzpolitik.

Churchill, Winston, brit. Politiker, *Blenheim 30.11.1874, †London 24.1.1965. Seit 1900 aktiv polit. tätig, war. C. ausgerechnet in der Zeit von Hitlers Aufstieg (1929-1939) ohne Amt und Einfluss. Er warnte unermüdlich vor Hitler und lehnte die Beschwichtigungs- („appeasement")-Politik Chamberlains scharf ab. Nach Kriegsausbruch 1939 Erster Lord der Admiralität, löste er am 10.5.1940 Chamberlain als Premiermin. ab. Bildete ein Kriegskabinett der „Nationalen Konzentration" aus Politikern aller Parteien. Kündigte der Bevölkerung „Blut, Schweiß, Mühsal und Tränen" an und appellierte an den Durchhaltewillen der Engländer; wies alle dt. Friedensangebote ab. Trotz grundsätzl. antikommunist. Haltung verbündete er sich nach dem dt. Angriff mit der Sowjetunion, konnte aber seine Vorstellungen auf den Konferenzen von Teheran und Jalta nicht in allen Punkten durchsetzen. Warnte gegen Kriegsende Roosevelt vergebl. vor dem immer größer werdenden Einfluss Stalins. Verlor trotz seiner Erfolge die ersten Nach-

Winston Churchill.

kriegswahlen. Okt. 1951 bis April 1955 nochmals Premiermin. 1953 Nobelpreis für Literatur.

Ciano, Galeazzo, Graf von Cortellazzo, *Livorno 18.3.1903, †Verona 11.1.1944, italien. Politiker; Jurist, seit 1930 Schwiegersohn Mussolinis, 1935 Propagandamin. und Mitglied des Faschist. Großrats, 9.6.36 Außenmin. Zunächst mit Mussolinis imperialist. Politik und seiner Anlehnung an das Dt. Reich einverstanden, konnte er jedoch mit wachsender Kriegsgefahr immer weniger die Methoden Hitlers billigen und mochte sich mit der italien. Satellitenrolle nicht abfinden. Die nicht immer verhehlte Kritik führte zur Entfremdung von Mussolini und zu C.s Ablösung im Febr. 43. Beteiligt am Sturz des „Duce" am 25.7.43, wurde C. von dt. Truppen interniert und wenig später an die Reg. in Salò

Galeazzo Ciano.

ausgeliefert; nach Sondergerichtsverfahren erschossen.

Cicero, eigentl. Elyesa Bazna, *1904, †München 23.12.1970, Kammerdiener des brit. Botschafters in Ankara, 1943/44 Spion in dt. Diensten. Der gebürtige Albaner bot dem dt. Botschafter in der Türkei, v. Papen, aus Geldgier und Britenhass im Okt. 43 geheime Dokumente aus dem Tresor seines Arbeitgebers, Sir Hugh Knatchbull Hugessen, an. Papen wurde von der Abwehr und dem RSHA zur Annahme der Offerte ermächtigt, obwohl man in Berlin eher an eine Falle des brit. Geheimdienstes glaubte. Bazna erhielt den Decknamen C. und belieferte die dt. Botschaft in den folgenden Monaten mit Kopien von ca. 300 Dokumenten, die er mit Hilfe von Nachschlüsseln beschafft hatte. Die Schriftstücke waren von unterschiedl. nachrichtendienstl. Wert; sie gaben u.a. Aufschluss über die brit. Nahostpolitik, v.a. über Versuche, die Türkei ins alliierte Lager zu ziehen. Am wichtigsten jedoch waren Hinweise auf die bevorstehende Operation „Overlord", die geplante Landung der Alliierten auf dem dt. besetzten europ. Kontinent, für die allerdings keine näheren Daten genannt waren. Die Erkenntnisse blieben zudem ungenutzt wegen der Rivalitäten der verschiedenen Nachrichtendienste in Berlin und ihres Argwohns C. gegenüber. Da weder Papen noch der zuständige Attaché Moyzisch Erfahrung in der Führung von Agenten hatten, geriet C. in Verdacht und wurde im Frühjahr 44 von einer dt. Botschaftssekretärin den Engländern verraten. Der Kammerdiener, der bereits 300.000 Pfund kassiert hatte, konnte fliehen, seinen „Lohn" allerdings nur zum Teil genießen: Zwei Drittel waren von den dt. Auftraggebern in gefälschten Noten („Bernhard") gezahlt worden; Schadenersatzforderungen nach dem Kriege an die Bundesrepublik wegen der „Nazi-Betrügerei" blieben ergebnislos. C.s Geschichte ist bis heute beliebter Stoff für Sensationspresse und Agentenfilme.

Ciliax, Otto, *Neudietendorf bei Gotha 30.10.1891, †Lübeck 12.12.1964, dt. Admiral (Juni 42); 1910 zur Marine, im 1. Weltkrieg bei den U-Booten. C. war in der Kriegsmarine Admiralstabsoffizier, Kommandant des Pz.schiffs „Admiral Scheer" und des Schlachtschiffs „Scharnhorst" sowie von Juni 41 bis Juni 42 Befehlshaber der Schlachtschiffe, als der er den erfolgreichen Kanaldurchbruch am 11./12.2.42 leitete. Bis Febr. 43 für die Torpedoinspektion zuständig, war C. danach bis Kriegsende OB des Marineoberkommandos Norwegen.

Clostermann, Pierre, *Curitiba (Brasilien) 28.2.1921, frz. Jagdflieger. C. schlug sich 1940 aus Brazzaville nach London durch, meldete sich freiwillig zur RAF und beendete den Krieg als erfolgreichstes frz. Jagd-As und Squadron Leader (Major) nach 400 Feindflügen. Nach dem Zählsystem der RAF wurden ihm 19, nach dem frz. sogar 33 bestätigte und 5 wahrscheinl. Luftsiege gutgeschrieben. C. begann seine Karriere als Spitfire-Pilot bei der freifrz. No. 341 Squadron und erhielt im Juli 44 das „Distinguished Flying Cross". Mit seiner Hawker Tempest „Le Grand Charles" zerstörte er bei Tiefangriffen weitere 7 dt. Maschinen am Boden, außerdem u.a. 72 Lokomotiven und 225 Lkw.

Crüwell, Ludwig, *Dortmund 20.3.1892, †ebd. 25.9.1958, dt. Gen. der Pz.truppen (1.12.41); 6.3.11 Eintritt ins Heer, nach dem 1. Weltkrieg Übernahme in die Reichswehr. C. wurde am 1.2.38 zum Kommandeur des Pz.regiments 6 (Neuruppin) ernannt, am 1.3.38 zum Oberst befördert und am gleichen Tag als Abt.chef in den Gen.stab des Heeres versetzt. Am 1.11.39 übernahm er das Amt des Oberquartiermeisters der 16. Armee und erhielt einen Monat später die Ernennung zum Gen.major. Nach Teilnahme am Frankreichfeldzug wurde C. Kommandeur der neugebildeten 11. Pz.div., mit der er am 6.4.41 in Serbien einrückte und am 12.4.41 Belgrad eroberte. Mit Beförderung zum Gen.leutnant übernahm er am 1.9.41 das Kommando über das Dt. Afrika-Korps. Am 26.5.42 führte C. den Stoß der dt.-italien. Truppen im N gegen die Ghasala-Stellung der brit. 8. Armee, während Rommel im S Richtung Bir Hacheim angriff. Drei Tage später geriet C. bei einer Notlandung mit einem Fieseler Storch in brit. Gefangenschaft.

Cunningham, Andrew Browne, Viscount Cunningham of Hyndhope (1946) brit. Admiral of the Fleet (Großadmiral; 21.1.1943). *Dublin 7.1.1883, †London 12.6.1963. Juni 1939 - Okt. 1943 OB der Mittelmeerflotte. 15.10. 1943 1. Seelord. 1946 Ruhestand. Buchveröffentlichung: „A Sailor's Odyssey" (Irrfahrten eines Seemanns), 1951.

Cunningham, Sir John Henry Dacres, brit. Admiral of the Fleet (Großadmiral; 21.1.1948)., *Demerara /Brit. Guayana 13.4.1886, †London 12.12.1962. 1936 Konteradmiral u. stellvertr. Stabschef der Royal Navy. 1938-41 Befehlshaber des 1. Kreuzergeschwaders. 1939 Vizeadmiral. 1.4.1941 4. Seelord u. Chef der Abt. Nachschub u. Transport. 1943 Befehlshaber des Levante-Geschwaders. Okt. 1943 - Febr. 1946 OB der Mittelmeerflotte. 1.3.1946-48 Erster Seelord u. Chef des Admiralstabs. Danach aus der Marine ausgeschieden.

Darlan, François, französ. Admiral und Politiker, *7.8.1881 in Nerac, †24.12. 1942 in Algier. 1939 - 40 OB der französ. Flotte, 1940 Marine- und Handelsminister unter Pétain, Febr. 1941 Vizepräs. des Ministerrats und design. Nachfolger Pétains, übernahm auch das Innen- und Außenministerium; April 1942 Rücktritt und Übernahme des Oberbefehls über die französ. Streitkräfte. Nach der Landung der Alliierten in Nord-Afrika schloss D.

Francois Darlan.

Leon Degrelle.

am 10.11.42 Waffenstillstand, am 16.11. aller Ämter enthoben; in Algier von einem de Gaulle-Anhänger ermordet.

Degrelle, Léon, Führer der belg. Nationalisten, *15.6.1906 in der belg. Provinz Luxembourg, †31.3.1994 in Málaga. Gründete 1930 die Bewegung der Rexisten, um die alte kathol. Partei Belgiens zu reformieren. Verhaftet und nach Frankr. abgeschoben, kehrte D. nach der belg. Kapitulation im Juni 1940 zurück und gründete die Waltonische Legion (Heer), die später in die SS überführt wurde; dort Offizier und zuletzt ihr Kommandeur. Bei Kriegsende gelang ihm die Flucht von Oslo nach Spanien. Am 14.12.1945 in Abwesenheit in Brüssel zum Tode verurteilt.

Deßloch, Otto, *Bamberg 11.6. 1889, †München 13.5.1977, dt. Gen.oberst (1.3.44); 20.7.10 Eintritt ins Heer, 1914 Flugzeugführer, Reichswehr, 1935 Kommandeur der Flugzeugführerschulen, 1.1.39 Gen.major. D. war bei Kriegsausbruch Kommandeur der 6. Fliegerdiv. (Frankfurt am Main) und übernahm gegen Ende des Polenfeldzugs als Kommand. Gen. das II. Flak-Korps, das er bis zu dessen Auflösung im April 42 führte. Am 19.7.40 zum Gen.leutnant und am 1.1.42 zum Gen. der Flieger ernannt, war D. vom 12.5.42 bis 11.6.43 Kommand. Gen. des 1. Flak-Korps im O und erhielt danach den Oberbefehl über die Luftflotte 4 (7.4.45 Luftwaffenkommando 4), die er mit einer kurzen Unterbrechung als OB der Luftflotte 3 im W bis 25.4.45 führte. Bis zur Kapitulation am 8.5.45 befehligte er dann die Luftflotte 6 an der Ostfront.

Detmers, Theodor, dt. Kapitän zur See (1.4.1943), *22.8.1902 in Witten /Ruhr, †4.11.1976 in Hamburg. 1921 Eintritt in die Marine. Okt. 38 - Juni 40 Kommandant Zerstörer „Hermann Schoemann". Stellte am 9.10.1940 den Hilfskreuzer „Schiff 41 Kormoran" in Dienst. Kaperfahrt vom 3.12.40 - 19.11.41. Versenkt oder gekapert 11 Handelsschiffe mit 68.274 BRT. Versenkte im Gefecht den austral. Kreuzer „Sydney". Einziger Fall, in dem ein Hilfskreuzer einen regulären Kreuzer versenken konnte, wenn auch unter Verlust des eigenen Schiffes. Ritterkreuz. Nov. 41 - Mai 47 Kriegsgefangenschaft in Australien.

Dietl, Eduard, dt. Gen.oberst (1.6.42), *21.7.1890 in Bad Aibling, †23.6.1944 bei Hartberg in der Steiermark (Flugzeugunfall). Eintritt ins Heer 1909. 1.4.1938 Gen. major; 1.5.38 Kommandeur der 3. Gebirgsdiv.; 1.4.40 Gen. leutnant. Verteidigte April /Mai 1940 Narvik, 14.6.40 Kommand. Gen. des Gebirgskorps Norwegen; 19.7.40 Gen. der Gebirgstruppen; 15.1.42 - 23.6.44 OB der 20. Armee (Lappland-Armee) in Finnland.

Eduard Dietl.

Josef Dietrich.

Dietrich, Josef (Sepp), SS-Oberstgruppenführer und Gen.oberst der Waffen-SS, *25.5.1892 in Hawangen (Kreis Memmingen), †21.4.1966 in Ludwigsburg. 1911 Eintritt ins Heer. Nach 1918 Landespolizei, Freikorps. 1923 NSDAP. 1933 - Juli 43 Kommandeur der „Leibstandarte Adolf Hitler", später 1. SS-Panzerdiv.. Leitete 1934 die Erschießung Röhms und weiterer SA-Führer. 27.7.43 - 24.10.44 Kommand. Gen. des I. SS-Panzerkorps; Okt. 44 - Mai 45 OB 6. SS-Panzerarmee (Ardennen-Offensive /Ungarn /Österr.). Juli 46 im Malmedy-Prozess zu lebenslanger Haft verurteilt; Okt. 55 entlassen. Am 14.5.57 zu 18 Mon. Gefängnis wegen Beihilfe zum Totschlag verurteilt. Febr. 59 entlassen.

Dönitz, Karl, *16.9.1891 in Grünau bei Berlin , †Aumühle bei Hamburg 24.12.1980, dt. Großadmiral (31.1.43); 1910 zur Marine, im 1. Weltkrieg seit 1916 bei der U-Boot-Waffe, nach Gefangenschaft zur Reichsmarine. D. wurde nach zahlr. Kommandos und Stabsstellungen am 1.1.36 Führer der U-Boote und baute diese Waffe gemäß Dt.-Brit. Flottenabkommen auf. Das ungenügende Bautempo machte er im 2. Weltkrieg – seit 12.9.39 Befehlshaber der U-Boote – durch takt. Geschick wett. Seine Rudel-Angriffe auf alliierte Geleitzüge brachten zeitweilig die brit. Versorgung über See fast zum Erliegen. 1943 wurde er Nachfolger von Raeder als OB der Kriegsmarine, musste we-

Karl Dönitz.

nig später wegen steigender Verluste die Atlantikschlacht abbrechen, unterstützte aber weiter dem Soldateneid getreu Hitlers Kriegführung und verurteilte scharf die „ehrvergessenen" Offiziere, die das Attentat vom 20.7.44 geplant hatten. Hitler dankte ihm das im polit. Testament durch Ernennung zum Nachfolger als Reichspräs., weil er die unbeirrte Fortführung des Kampfes von ihm erwartete. D. aber hatte nur noch das Ziel, durch Teilkapitulation nach Westen möglichst viele Soldaten und Flüchtlinge vor der Roten Armee zu retten. Seiner „Geschäftsführenden Reichsreg." in Flensburg (2.5.–23.5.45) unter Schwerin von Krosigk gelang das nur in Ansätzen, bevor sie die Bedingungslose Kapitulation unterzeichnen musste. D. wurde im Nürnberger Prozess wegen „Verbrechen gegen den Frieden" zu 10 Jahren Haft verurteilt, die er in Spandau verbüßte.

Eden, Anthony, brit. Politiker, *12.6. 1897 in Windlestone (Grafsch. Durham), †14.1.1977 in Alvediston, Salisbury /Wiltshire. Teilnahme am Ersten Weltkrieg, 1923 konservativer Abgeordneter, 1926 - 29 parlamentar. Privatsekr. bei Chamberlain, Dez. 1935 - Febr. 1938 Außenminister, seit Mai 1940 Kriegsmin., seit Dez. 40 erneut Außenmin. bis zum Juli 45. In den 50er Jahren Außen- und Premiermin. Seine Kriegserinnerungen schilderte E. in dem Buch „The Reckoning", das von dem Ringen mit Stalin um die Kriegsziele und dem Versuch handelt, eine demokrat. Neuordnung Osteuropas zu erreichen.

Eichmann, Adolf, dt. SS-Führer, *19.3. 1906 in Solingen, †1.6.1962 in Ramle/Israel (hingerichtet). Okt. 1939 Leiter des Judenreferats im Reichssicherheitshauptamt; organisierte in den besetzten Ostgebieten (v.a. Ungarn) den Abtransport der Juden in die Vernichtungslager. Nach dem Kriege nach Argentinien geflohen, wurde E. am 11.5.1960 vom Israel. Geheimdienst (illegal) nach Israel entführt und dort nach ordentl. Gerichtsverfahren am 15.12. 1961 zum Tode verurteilt.

Einstein, Albert, dt.-amerikan. Physiker, *14.3.1879 in Ulm, †18.4.1955 in Princeton (N.J.). Begründer der speziellen und der allgemeinen Relativitätstheorie und damit des modernen physikal. Weltbildes. Nobelpreis 1921. 1933 zur Emigration gezwungen, erwarb E. die amerikan. Staatsangehörigkeit und lehrte an versch. US-Universitäten. Sein Brief an Präs. Roosevelt über angebl. dt. Bemühungen um die Atombombe (2.8.1939); führte zur Verschärfung der amerikan. Atomforschung und im Endeffekt zur Atombombe. E. litt darunter sehr, da er sein Leben lang ein überzeugter Pazifist war.

Eisenhower, Dwight D., US-Gen. und Präs., *14.10.1890 in Denison (Texas), †28.3.1969 in Washington. 1935 - 40 mit Gen. MacArthur auf den Philippinen, 16.2.41-25.6.42 Chef der Operationsabteilung des Generalstabes, 25.6.42 OB

Albert Einstein.

Adolf Eichmann.

der US-Truppen in Europa; unter seiner Leitung Landungen in Nordafrika, auf Sizilien und dem italien. Festland. 24.12.43 OB der alliierten Truppen in Europa. Leiter der Planung und Durchführung der Invasion am 6.6.44 in der Normandie, Beförderung zum Fünf-Sterne-Gen., Mai - Nov. 1945 Oberbef. der amerikan. Besatzungstruppen in Deutschl. und Militärgouv., später Gen.stabschef, erster NATO-Oberbef. und von 1953 - 1961 Präs. der USA.

Falkenhausen, Alexander von, dt. Gen. d. Inf. (1.9.40), *29.10.1878 in Blumenthal, Krs. Neiße (Schlesien), †31.7.1966 in Nassau a.d. Lahn. Teilnahme am Ersten Weltkrieg, dann Reichswehr, die F. am 31.1.1930 als Gen.lt verließ. 1934-39 Militärinstrukteur bei Tschiangkaischek. 20.5.40-14.7.44 Militärbef. in Belgien und Nordfrankr. 20.7.44 verhaftet und im KZ Dachau gefangengehalten, dann engl. Gefangensch., Anf. 1948 an Belgien ausgeliefert. 25.9.1950-9.3.1951 Prozess vor dem Militärgericht in Lüttich, zu 12 Jahren Zwangsarbeit verurteilt, trotz vieler Proteste der belg. Bevölkerung zu seinen Gunsten. Kurz darauf Freilassung durch Gnadenerlass.

Falkenhorst (bis 1911 v. Jastrzembski), Nikolaus von, dt. Gen. oberst (19.7.40), *17.6.1885 in Breslau, †18.6.1968 in Holzminden. Teilnahme am Ersten Weltkrieg, Reichswehr, 1.8.37 Gen.lt, 1.10.39 Gen. d. Inf. als Kommand. Gen. des XXI. Armeekorps. Teilnahme am Polenfeldzug. Ab 21.2.40 Vorbereitung des Unternehmens „Weserübung", das am 9.4.40 unter seiner Leitung begann. 19.12.40 Oberbef. AOK. Norwegen, 31.12.41 Oberbef. AOK. Nordfinnland, 1.1.42-18.12.44 Wehrmacht-Bef. Norwegen, Ablösung wegen Widerstandes gegen die Politik des Reichskommissars. 2.8.46 von brit. Militärgericht zum Tode verurteilt, dann zu 20 Jahren Gefängnis begnadigt. Am 13.7.53 aus dem Kriegsverbrechergefängnis Werl entlassen.

Fegelein, Hermann, *Ansbach 30.10. 1906, †Berlin 28.4.1945, SS-Gruppenführer; vor dem Krieg Mitglied der Reiter-SS. Als SS-Brigadeführer kommandierte F. bis Mai 42 eine nach ihm benannte Reiterbrigade, aus der dann die 8. SS-Kavalleriediv. „Florian Geyer" aufgestellt wurde und die F. von April 43 bis März 44 führte. Vorher war er von Mai bis Okt. 42 Inspekteur der Kavallerie und des Transportwesens im RSHA und wurde nach Verwundung im Okt. 43 Verbindungsoffizier der SS-Führung zum Führerhauptquartier. Hier lernte er Gretel Braun, die Schwester der Hitler-Geliebten Eva, kennen und heiratete sie. F. hatte damit Zutritt zum engsten Kreis um Hitler und lebte bei Kriegsende mit im Führerbunker. Als Hitler von Kontakten Himmlers zu den Westalliierten erfuhr, ließ er F. im Garten der Reichskanzlei „stellvertretend" erschießen.

Franco, Francisco F. Bahamonde, span. Gen. und Politiker, *4.12.1892

Dwight D. Eisenhower.

Francisco F. Bahamonde Franco.

in El Ferrol, †20.11.1975 in Madrid. 1934 Chef des Generalstabs. 1936 von der Volksfrontreg. verbannt, entfesselte F. am 17.7.1936 einen Aufstand, der sich zu einem blutigen Bürgerkrieg ausweitete. Erst nach drei Jahren heftiger Kämpfe gelang F. mit massiver dt. und italien. Hilfe der Sieg. Seit 1936 Staatschef, gelang es ihm, Spanien aus dem Krieg herauszuhalten. Eine persönl. Intervention Hitlers (23.10.40) nützte nichts.

Frank, Hans, dt. Politiker, *23.5.1900 in Karlsruhe. †16.10.46 in Nürnberg (hingerichtet). Jurist, 1930 Reichstagsabgeordneter der NSDAP, 1933 bayer. Justizmin. und „Reichskommissar für die Gleichschaltung der Justiz in den Ländern". Nach der Besetzung Polens wurde F. Gen.gouv. für die besetzten Gebiete. F. wurde zum „ungekrönten König von Polen", der mit systemat. Terror jedem poln. Widerstand begegnete. Andererseits wandte er sich in zahlr. Reden gegen die polizeistaatl. Willkür im

Hans Frank.

Reich. Am 17.1.45 Flucht aus Krakau, beim Zusammenbruch 1945 in Bad Aibling verhaftet. Als einziger der 21 Angeklagten im Nürnberger Hauptkriegsverbrecherprozess bekannte sich F. schuldig und übernahm die Verantwortung für seine Taten. Kurz vor seiner Hinrichtung trat er zum Katholizismus über.

Freisler, Roland, dt. Politiker und Jurist, *30.10.1893 in Celle, †3.2. 1945 in Berlin. 1914 russ. Kriegsgefangensch., 1920 bolschewist. Kommissar in der Ukraine, 1925 Mitgl. der NSDAP (Nr. 9679), 1934 Staatssekr. im Reichsjustizministerium. 20.8.1942 Präs. des Volksgerichtshofes. In dieser Position wurde F. zum Symbol für den Justizterror im Dritten Reich; v.a. bei der Aburteilung von „Wehrkraftzersetzern" und von Widerstandskämpfern des 20. Juli zeichnete er sich durch brutale Verhandlungsführung und Verächtlichmachung der Angeklagten aus. Bei einem Bombenangriff getötet.

Freyberg, Sir Bernard Cyril, Baron von Wellington und Munstead, *Richmond (Surrey) 21.3.1889, †Windsor 28.3. 1963, brit.-neuseeländ. Generalleutnant; mit den Eltern nach Neuseeland ausgewandert, 1909 zur Armee, im 1. Weltkrieg 9mal verwundet, 1917 jüngster brit. Div.kommandeur, 1931 Oberst, 1935 Brigadegen., 1937 vorübergehend Ruhestand. F. wurde bei Kriegsbeginn reaktiviert und kommandierte seit Nov. 39 die neuseeländ. Expeditionsstreitkräfte, die u.a. bei der erbitterten, aber vergebl. Verteidigung Kretas und später bei der brit. 8. Armee im Afrikafeldzug und in Italien eingesetzt waren. F. war als mitreißender Truppenführer beliebt. Nach mehreren Verwundungen nahm er an der Schlacht am Monte Cassino teil und war maßgebl. am Entschluss der Alliierten beteiligt, das Gründungskloster der Benediktiner auf dem Berg zu bombardieren, das man fälschl. für eine dt. Bastion hielt. 1946–52 Gen.gouverneur von Neuseeland.

Frick, Wilhelm, *Alsenz (Pfalz) 12.3. 1877, †Nürnberg 16.10.1946 (hingerichtet), dt. Politiker; Jurist, bis 1923 Beamter im Polizeipräsidi-

Roland Freisler.

um München, Teilnahme am Hitler-Putsch (9.11.23), 1928 Fraktionschef der NSDAP im Reichstag, Jan. 30 Innenmin. in Thüringen. F. wurde 1933 Reichsinnenmin. und Mitarchitekt des nat.-soz. Polizeistaats. In seinen Verantwortungsbereich fielen auch die Rassengesetze und ihre Durchführung. Am 24.8.43 durch Himmler abgelöst, wurde F. zum Reichsprotektor für Böhmen und Mähren ernannt, erlangte aber keinen nennenswerten Einfluss neben seinem Stellv. K. H. Frank. 1.10.46 Todesurteil im Nürnberger Prozess gegen die Hauptkriegsverbrecher.

Friedeburg, Hans Georg von, *Straßburg 15.7.1895, †Flensburg 23.5.1945, dt. Generaladmiral (1.5.45); bei Kriegsausbruch 1939 Chef der Organisationsabteilung beim Befehlshaber der U-Boote Dönitz. F. wurde im Febr. 43 Kommandierender Admiral der U-Boote und nach Ernennung von Dönitz zu Hitlers Nachfolger am 1.5.45 letzter Oberbefehlshaber der dt. Kriegsmarine. In dieser Eigenschaft unterzeichnete er am 4.5. bei Montgomery die dt. Teilkapitulation im Nordwestraum und am 7.5. und 8.5. die Urkunden über die Bedingungslose Kapitulation in Reims bzw. Berlin-Karlshorst. F. nahm sich bei Verhaftung der Reg. Dönitz das Leben.

Frießner, Johannes, *Chemnitz 22.3. 1892, †Bayerisch Gmain 26.6.1971, dt. Gen.oberst (1.7.44); Eintritt ins Heer 20.3.11, in der Reichswehr 1.4.33 Major und in der Wehrmacht 1.3.38 Oberst und Chef des Stabes des Inspekteurs der Kriegsschulen. Mit Kriegsbeginn wurde F. Inspekteur des Erziehungs- und Bildungswesens des Heeres und am 1.8.40 zum Gen.major befördert. Im Mittelabschnitt der O-Front übernahm er am 1.5.42 das Kommando über die 102. Inf.div., erhielt am 1.10.42 die Ernennung zum Gen.leutnant und führte vom 19.1.43 bis 11.12.43 als Kommand. Gen. das XXIII. AK. Seit 1.4.43 Gen. der Inf., wurde F. am 12.12.43 mit der Führung der 4. Armee betraut, am 2.2.44 zum Befehlshaber der „Nahtgruppe F." am Ilmensee und am 23.2.44 zum OB der Armeeabt. Narwa ernannt. Danach führte F. mehrere Heeresgruppen: 3.7.44 Nord, 25.7.44 Südukraine, später Südost. Am 23.12.44 wurde er von Hitler durch Gen. der Inf. Wöhler ersetzt und nicht mehr verwendet. Bei Kriegsende geriet F. in amerikan. Gefangenschaft und wurde Ende Nov. 47 aus dem Nürnberger Gefängnis entlassen.

Fritsch, Werner Freiherr von, *Benrath (heute Düsseldorf-B.) 4.8.1880, †Praga bei Warschau 22.9.1939, dt. Gen.oberst (1.4.36); 1900 zur preuß. Feldartillerie, 1907–10 Kriegsakademie, im 1. Weltkrieg beim Gen. stab, 1.11.30 Gen. major, 1.10.32 Gen.leutnant. F. wurde unter Beförderung zum Gen. der Artillerie am 1.2.34 Chef der Heeresleitung (2.5.35 Umbenennung in OB des Heeres) und war damit maßgebl. beteiligt an der massiven Aufrüstung. Trotz grundsätzl. Übereinstimmung mit Hitlers Kriegspolitik mahnte er jedoch zur Besonnenheit und opponierte am 5.11.37 gegen verfrühte Offensiv-Pläne. Er fiel dadurch in Ungnade und wurde Ende Jan./Anfang Febr. 38 wegen angebl. homosexueller Beziehungen als „Sicherheitsrisiko" abgelöst. Trotz völliger Rehabilitierung in einem Ehrengerichtsverfahren im März 38 blieb es bei der Kaltstellung. F. wurde Chef des Artillerieregiments 12, an dessen Spitze er bei einem Aufklärungsunternehmen im Polenfeldzug fiel. Seine Entmachtung, die vom Offizierkorps trotz der kriminellen Begleitumstände hingenommen wurde, war ein Markstein auf Hitlers Weg in den Krieg.

Fromm, Friedrich, dt. Gen.oberst (19.7.40), *8.10.1888 in Berlin, †12.3.1945 in Brandenburg (hingerichtet). 1.11.35 Gen.major, 1.1.38 Gen.lt., 1.4.39 Gen. d. Art., 1934 Chef des Allgemeinen Heeresamtes. 1.9.39 - 20.7.44 Oberbef. des Ersatzheeres. Unklare Stellung am 20.7.1944, gab jedoch Gen.oberst Ludwig Beck Gelegenheit zum Selbstmord und ließ Gen. Olbricht, Oberst Graf Stauffenberg u.a. Verschwörer ohne Befehl in der Bendlerstraße erschießen, um die eigene Beteiligung zu verschleiern. Dafür noch in der Nacht zum 21.7.44 verhaftet.

Funk, Walther, dt. Politiker, *18.8.1890 in Trakehnen /Ostpreußen, †31.5. 1960 in Düsseldorf. 1922 - 30 Chefred. der „Berliner Börsen-Zeitung", 1931 Eintritt in die NSDAP, 1932 Mitgl. des Reichstages, Jan. 1933 Pressechef und Staatssekr. im Propagandaministerium. Nov. 1937 Reichswirtschaftsmin., Jan. 1939 Reichsbankpräs. als Nachfolger von Schacht. Im Hauptkriegsverbrecherprozess in Nürnberg am 1.10. 1946 zu lebenslängl. Gefängnis verurteilt. F. verbüßte die Strafe im alliierten Kriegsverbrechergefängnis in Spandau. Am 16.5.1957 vorzeitig entlassen.

Galen, Clemens August Graf von, dt. Theologe, *16.3.1878 in Dinklage (Oldenburg), †22.3.1946 in Münster. Seit 1933 Bischof von Münster, wurde G. nach anfängl.

Clemens August Graf von Galen.

Adolf Galland.

wohlwollender Haltung gegenüber der „nationalen Erhebung" zum Zentrum des kathol. Widerstands gegen die NS-Praktiken. Kämpfte gegen die Verfolgung von Priestern, war maßgebl. am erfolgr. Widerstand gegen die Euthanasie-Maßnahmen beteiligt und sprach sich entschieden gegen den Rassismus aus. G. verdankte es seiner enormen Popularität, dass er trotz offenen Widerstands nicht verhaftet wurde. Nach dem Kriege wandte er sich ebenso konsequent gegen Ausschreitungen der Besatzungsmächte. Wurde 1946 Kardinal.

Galland, Adolf, dt. Luftwaffengen., *19.3.1912 in Westerholt /Westf. †9.2.1996 in Remagen. 1934 Eintritt ins Inf.Reg. 10, 1935 Übertritt zur Luftwaffe. 6.6.1940: Kommandeur III. Jagdgeschwader 26, 22.8.40 - 5.12.41 Kommodore Jagdgeschwader 26. Dez. 1941 bis Jan. 1945 Gen. der Jagdflieger. Nach Ablösung Jan. 1945 Kommodore des Jagdverbandes 44 (Me 262). Erzielte 104 Luftsiege. Träger des Eichenlaubs mit Schwertern und Brillanten zum Ritterkreuz des Eisernen Kreuzes. Nach dem Krieg zunächst Militärberater in Argentinien, seit 1954 Geschäftsmann in der Bundesrepublik.

Gamelin, Maurice Gustave, frz. Gen., *20.9.1872 in Paris, †18.4.1958 ebd. Während des Ersten Weltkrieges 1917 - 19 Div. Kommandeur, 1925 - 29 Oberbef. der französ. Truppen in Syrien, 1931 Chef des Generalstabes, 1939 Oberbef. der alliierten Streitkr. in Frankr. Am 19.5.40 abgesetzt und durch Gen. Weygand ersetzt, 6.9.40 verhaftet, im Prozess von Riom (18.2.42 - 11.4.42) vor Gericht gestellt und für Frankreichs Niederlagen mitverantwortl. gemacht. Bis Apr. 1943 in frz. Haft, dann an Deutschl. ausgeliefert und dort bis Kriegsende in Gefangenschaft.

Gariboldi, Italo, italien. Armeegen. (28.10.42), *20.4.1879 in Lodi, †12.2. 1970 in Rom. Juni 1940 - März 1941 Oberbef. der 5. Armee. 25.3. - 12.7.41 Gen.gouv. von Libyen und Oberbef. der italien. Truppen in Nordafrika; an der Rückeroberung der Cyrenaika beteiligt. Apr. 42 - Sept. 43 Oberbef. der italien. 8. Armee (Juli 42 - Febr. 43 in Russl.). Sept. 43 - Mai 45 in dt. Internierung.

Gaulle, Charles de, frz. Gen. und Politiker, *22.11.1890 in Lille, †9.11. 1970 in Colombey-les-Deux-Églises. 1918 am Kampf gegen die Rote Armee beteiligt. 1920/21: Oberst. G. setzte sich für die Schaffung einer frz. Panzerwaffe als Stoßarmee ein, kämpfte aber vergebens gegen das sterile Defensivdenken des Generalstabes. Mai 1940 Brigadegen. und Kommandeur der 4. Panzerdiv.; konnte den Kriegsverlauf nicht mehr beeinflussen, setzte sich nach London ab und wurde dort zum Haupt der Freifranzosen, die zum Kampf gegen das siegr. Deutschl. aufriefen.

Charles de Gaulle.

Reinhard Gehlen.

Von der Reg. in Vichy zum Tode verurteilt. 15.5.1944 Chef der provisor. Reg. der frz. Republik. 25.8.44 Einmarsch in Paris. Jan. 1946 Rücktritt. 1958 Präsident der V. Republik; beendete den Algerienkrieg; entwickelte das Konzept eines „Europa der Vaterländer" und widersetzte sich dem Beitritt Großbritanniens zur Europ. Wirtschaftsgemeinsch. Aufbau einer frz. Atomstreitmacht, der sog. Force de frappe. 28.4.1969 zurückgetreten.

Gehlen, Reinhard, *Erfurt 3.4.1902, †Berg bei Starnberg 8.6.1979, dt. General; seit 1920 Reichswehr, 1935 Gen.stab des Heeres. G. war 1942–45 Abt.leiter Fremde Heere Ost und mitverantwortl. für zahlr. Fehlmeldungen über die Feindlage u.a. bei der sowjet. Gegenoffensive im Nov. 42 bei Stalingrad. Nach dem Krieg im Auftrag der amerikan. Besatzungsmacht Aufbau eines Nachrichtendienstes („Organisation G.") und 1956–68 Chef des Bundesnachrichtendienstes (BND).

Gerstein, Kurt, dt. Widerstandskämpfer, *11.8.1905 in München, †25.7. 1945 in Paris. 1933 NSDAP-Mitgl., als Mitgl. der Bekennenden Kirche mehrfach verhaftet und bald aus der Partei ausgeschlossen. Um sich mit der Partei auszusöhnen, bewarb sich G. im Sept. 1940 bei der Waffen-SS. Nachdem eine Schwägerin in der Euthanasie-Anstalt Hadamar getötet worden war, wollte G. „in diese Öfen und Gaskammern hineinschauen" und ließ sich in das

Kurt Gerstein.

Hygiene-Institut der Waffen-SS versetzen, wo er für die Beschaffung von Blausäure zuständig war. G. wurde Augenzeuge von Vernichtungsaktionen im KZ von Belzec / Polen. G. unterrichtete mehr als 100 Persönlichkeiten von seinen Erlebnissen und unterhielt Kontakte zu holländ. Untergrundgruppen, die seine Berichte nach Engl. weitergaben. Nach Kriegsende stellte sich G. den Franzosen und schrieb seine Erfahrungen nieder. Am 25.7.1945 fand man ihn in seiner Pariser Zelle erhängt; ob es sich dabei wirkl. um Selbstmord gehandelt hatte, ist nie geklärt worden.

Gille, Herbert, dt. Gen. der Waffen-SS (9.11.44), *8.3.1897 in Bad Gandersheim /Harz, †26.12.1966 in Stemmen bei Hannover. 1931 Eintritt in die SS, 1939 Kommandeur eines Artillerie-Regiments der Waffen-SS. Seit Okt. 1942 war G. Kommandeur der 5. SS-Panzerdiv. „Wiking", die sich aus Freiwilligen nordeurop. Länder zusammensetzte. 20.4.1944 Eichenlaub mit Schwertern und Brillanten zum Ritterkreuz, im Sommer 1944 Aufstellung des IV. SS-Panzerkorps. Bis zur Kapitulation Kämpfe in Ungarn.

Giraud, Henri-Honoré, frz. Gen., *18.1.1879 in Paris, †13.3.1949 in Dijon. Teilnahme am Ersten Weltkrieg und an den Kolonialkriegen in Nordafrika 1922 - 33. Als Bef. der 7. Armee geriet G. im Mai 1940 in dt. Gefangensch., aus der er im Apr. 1942 fliehen konnte. Am 27.12.1942 Oberkommissar für Nordafrika. Im Mai 1943 wurde er gemeins. mit de Gaulle Präs. des Frz. Komitees der nationalen Befreiung. Im Nov. 1943 trat G. wegen Meinungsverschiedenheiten mit de Gaulle zurück und wurde Oberbef. der freifrz. Streitkr. Von 1944 - 1948 war G. Vizepräs. des Obersten Kriegsrates.

Goerdeler, Carl Friedrich, dt. Widerstandskämpfer, *31.7.1884 in Schneidemühl /Westpr., †2.2.1945 in Berlin-Plötzensee (hingerichtet). 1920 - 30 der 2. Bürgermeister in Königsberg, anschließend Oberbürgerm. von Leipzig. 1931 /32 und 1934 /35 zugl. Reichskommissar für die Preisüberwachung. Nach dem Rücktritt 1937 Mitarb. der Firma Bosch. Seit Kriegsbeginn gemeins. mit Beck führender Kopf der Widerstandsbewegung, die ihn für das Amt des Reichskanzlers vorgesehen hatte. G. gehörte bis zuletzt zu den Gegnern des Attentats. Am 17.7.44 entzog sich G. der Verhaftung durch die Flucht, wurde Ende Aug. in der Nähe von Elbing von einer Luftwaffenhelferin erkannt, denunziert und verhaftet. Am 10.9.1944 vom Volksgerichtshof zum Tode verurteilt. In seiner Zelle arbeitete G. für Himmler Entwürfe für den Wiederaufbau der Städte und der Verwaltung aus. Vor seiner Hinrichtung am 2.2.1945 in Plötzensee schrieb G. in einem Abschiedsbrief: „Die Welt aber bitte ich, unser Märtyrerschicksal als Buße aufzunehmen für das deutsche Volk."

Carl Friedrich Goerdeler.

Hermann Göring.

Göring, Hermann, dt. Reichsmarschall (19.7.40) und Politiker, *12.1.1893 in Rosenheim /Oberbayern, †15.10.1946 in Nürnberg, 1912 Inf.offz., ab Herbst 1914 Flieger, ab März 1916 Jagdflieger. Führte bei Kriegsende das Jagdgeschwader Richthofen. 1919 - 21 Zivilflieger in Dänemark und Schweden. Von Hitler mit Aufbau und Führung der SA beauftragt. Teilnahme am Hitler-Putsch in München am 9.11.1923, vorübergehend verhaftet. 1928 Wahl in den Reichstag, 30.8.1932 Reichstagspräs. (bis 1945). Nach der Machtübernahme zunächst Reichsmin. ohne Geschäftsber., Reichskommissar für die Luftfahrt und preuß. Innenmin., dann preuß. Ministerpräs., Chef der Gestapo, Reichsluftfahrtmin., 1935 Oberbef. der Luftwaffe, Reichsforst- u. Jägermeister und 1936 Beauftragter für die Durchführung des Vierjahresplanes. 1938 Gen.feldm. Im Apr. 1945 setzte sich G. mit Hitlers Zustimmung nach Berchtesgaden ab. Als er von dort aus die Macht übernehmen wollte, ließ Hitler ihn verhaften und enthob ihn aller Ämter. 8.5.45 Gefangennahme durch Amerikaner. 1.10.1946 in Nürnberg zum Tode verurteilt. Am 15.10.46 gelang ihm trotz strenger Bewachung der Selbstmord durch Gift in seiner Zelle.

Gort, John Standish Vereker, Viscount, brit. Feldm. (1.1.43), *10.7.1886 in London, †31.3.1946 ebd. 1937 - 39 Chef des Empire-Generalstabes. Nov. 1939 - Juni 1940 Oberbef. der brit. Expeditionsarmee in Frankr.; leitete den erfolgr. Rückzug der brit. Truppen aus Dünkirchen. Ab 20.7.1940 Gen.insp. der brit. Armee. 1941 - 42 Oberbef. Gibraltar, 7.5.42 Gouverneur, ab 15.5.42 auch Oberbef. auf Malta. 1944/45 Hoher Kommissar für Palästina und Transjordanien.

Graziani, Rodolfo (Marchese di Neghelli), Marschall von Italien (9.5.1936), *11.8.1882 in Filettino, †11.1.1955 in Rom. 1935/36 Kommand. Gen. des Somali-Korps. 31.10.39 - 25.3.41 Generalstabschef des Heeres, zugl. ab Juni 1940 Oberbef. der italien. Truppen in Nordafrika. 22.9.43 - 28.4.45 Kriegsmin. der faschist. Republik, zugl. ab Aug. 1944 Oberbef. der Armee Ligurien. 2.5.1950 zu 19 Jahren Haft verurteilt, aber bereits am 28.8.1950 in Freiheit gesetzt.

Greim, Robert Ritter von, dt. Gen. feldm., *22.6.1892 in Bayreuth, †24.5. 45 in Salzburg. Ab 1916 Flugzeugführer, dem es als erstem Flieger gelang, einen engl. Panzer aus der Luft zu vernichten. Nach dem Krieg Jurastudium, ab 1924 Instrukteur in China, 1927 Fluglehrer in Würzburg 1935 Major der Luftwaffe. 1939 Gen.lt., Teiln. am Westfeldzug als Komm. Gen. des V. Fliegerkorps. 1942 /43 Bef. des Luftwaffenkommandos Ost. Febr. 1943 Gen.oberst, Mai 1943 - Apr. 45 trug sein Verband die Bez. Luftflotte 6. Am 27.4.1945 von Hitler zum neuen Oberbef. der Luftwaf-

Robert Ritter von Greim.

fe ernannt. Nach der Kapitulation nahm sich G. in US-Gefangensch. das Leben.

Gretschko, Andrej Antonowitsch, sowjet. Marschall und Verteidigungsmin., *1.10.1903 bei Poltawa, †25.4. 1976 in Moskau. Teilnahme am sowjet.-finn. Winterkrieg 1939/40 als Regimentskommandeur. Zu Beginn des Russlandfeldzuges Div.Kommandeur. Anschließend führte G. ein Kavalleriekorps. Ab 1942 als Gen.major Oberbef. der 47. Armee, dann als Gen.lt. Oberbef. der 56. Armee, mit der er am Vormarsch im Nordkaukasus beteiligt war (Jan. 1943). Danach stellvertretender Bef. der Ersten Ukrain. Front, im Herbst 1943 Kommand. Gen. d. 1. Gardearmee. Juli - Aug. Rückeroberung der westl. Ukraine, bis zum Kriegsende über die Karpaten in die CSR. Oberbef. der sowjet. Truppen bei der Bekämpfung des Aufstandes vom 17. Juni 1953 in der DDR. Ab 1960 Oberbef. der Warschauer-Pakt-Truppen. 1967-76 Verteidigungsminister der UdSSR.

Guderian, Heinz, dt. Gen.oberst (1.7. 40), *17.6.1888 in Kulm / Weichsel, †14.5.1954. in Schwangau bei Füssen. 1.2.1938 Gen. lt., 1.11.38 Gen. der Panzertruppen, 20.11.38 Chef der Schnellen Truppen. 1.9.39 mit XIX. Armeekorps Teilnahme am Polenfeldzug, 1.6.40 mit Panzergr. G. am Frankreichfeldzug, mit Panzer-Gruppe 2 Teilnahme am Russlandfeldzug. 5.10.41 - 25.12.41 Bef. der 2. Panzerarmee. Nach Auseinandersetzungen mit Gen.feldm. v. Kluge wurde G. am 25.12.41 von Hitler abgesetzt und zur Führerreserve versetzt. 1.3.43 Gen.insp. der Panzerwaffe. 21.7.44 mit der Wahrnehmung der Geschäfte des Chefs des Generalstabes des Heeres beauftragt. Am 28.3.45 nach schweren Auseinandersetzungen von Hitler in Urlaub geschickt. 10.5.45 US-Gefangensch., am 17.6.48 entlassen. G. gilt als Schöpfer der dt. Panzertruppe, der die Bedeutung der Panzerwaffe als einer der ersten erkannte und ihren Aufbau maßgeblich beeinflusste.

Guggenberger, Friedrich, dt. Marineoffizier, *6.3.1915 in München,

Franz Halder.

†13.5.1988 in Edenbach am Main. 1934 Eintritt in die Marine. 1940 - 43 Kommandant der U-Boote U 28, 81, 847 und 513. Nach Untergang von U 513 am 14.7.1943 Kriegsgefangensch. Versenkte brit. Flugzeugträger „Ark Royal" und 13 Handelsschiffe mit 35.434 BRT. 1956-72 Bundeswehr, zuletzt Konteradm.

Halder, Franz, dt. Gen.oberst (19.7.40), *30.6.1884 in Würzburg, †2.4.1972 in Aschau /Chiemsee. 1.7.35 Kommandeur 7. Div., 1.8.36 Gen.lt., 5.10.36 Oberquartiermeister II, 1.2.38 Gen. d. Artillerie, 1.3.38 Oberquartiermeister I im Generalstab des Heeres. 27.8.38 Chef des Generalstabs des Heeres als Nachfolger von Gen.oberst Beck. Am 24.9.42 wurde H. durch Gen. Zeitzler ersetzt, nachdem es zu schweren Auseinandersetzungen mit Hitler gekommen war. H. lebte seitdem zurückgezogen, bis er im Zusammenhang mit dem 20. Juli am 23.7.1944 gemeinsam mit seiner Familie verhaftet wurde und bis zum Kriegsende in mehreren KZs festgehalten wurde. Er geriet in amerikan. Gefangensch., aus der er im Sept. 1947 entlassen wurde.

Halifax, Edward, brit. Politiker, *16.4.1881 in Towderham Castle (Devon), †23.12.1959 bei York.1926-31 Vizekönig von Indien, mit Gandhi befreundet. 1935-38 und 1940 Lordsiegelbewahrer. 1938-40 Außenminister; trat für einen Verständigungsfrieden mit Deutschl. im Mai /Juni 40 ein; scheiterte aber an Hitlers überzogenen Forderungen und an Churchills unbeugsamer Kriegspolitik; formulierte die Ablehnung von Hitlers Friedensangebot vom 19.7.40. 1941-46 Botschafter in den USA.

Harpe, Josef, dt. Gen.oberst (20.4.44), *21.9.1887 in Buer, †14.3.68 in Nürnberg. Teilnahme am Polenfeldzug als Kommandeur der 1. Panzer-Brigade, 15.2.40 Kommandeur der Panzertruppen-Schule, 1.8.40 Gen.major, Teilnahme am Russlandfeldzug als Kommandeur der 12. Panzerdiv. 15.1.42 Gen.lt. und Kommand. Gen. des XXXXI. Panzerkorps. 1.6.42 Gen. d. Panzertruppen. 4.11.43 Oberbef. der 9. Armee, 18.5.44 Oberbef. der 4. Panzerarmee, 28.9.44 - 16.1.45 Oberbef. der Heeresgr. A. Nach dem russ. Durchbruch am Weichsel-Brückenkopf von Baranow wurde H. von Hitler als „Sündenbock" abgesetzt. Am 9.3.45 Oberbef. der 5. Panzerarmee, die im Westen kämpfte, wo H. in amerikan. Gefangensch. geriet, aus der er 1947 entlassen wurde.

Harris, Sir Arthur Travers, Marshall of the Royal Air Force (Luftmarschall) (1.1.46), *13.4.1892 in Cheltenham, †5.4.84 in Goring / Oxfordshire. 12.6.37 - 24.5.38 Kommandeur der 4. Bomber-Group. 1938-39 Luftwaffenbef. Palästina und Transjordanien. 11.9.39 - 22.11.40 Kommandeur der 5. Bomber-Group. 1940-42 Air Ministry. 23.2.42 - Sept. 45 Bef. des RAF-Bomber-Command; in dieser Eigensch. mitverantwortl. für den forcierten Luftkrieg gegen Deutschl., v.a. gegen die Zivilbevölkerung

Arthur Travers Harris.

Erich Hartmann.

(Flächenbombardements); daher sein Spitzname „Bomber-Harris". 1945 aus dem Militärdienst ausgeschieden.

Hartmann, Erich, dt. Jagdflieger, *19.4.1922 in Weissach /Württ., †20.9.1993 in Weil im Schönbuch (bei Tübingen) 1.10.40 Eintritt in die Luftwaffe. Kam im Okt. 42 zur 9. / J.G.52 an die Ostfront und schoss am 5.11.42 seinen ersten Gegner ab. 29.10.43 Ritterkreuz nach 148 Abschüssen, 25.8.44 Brillanten nach 301 Siegen. Schoß insges. 352 Gegner bei ca. 800 Feindflügen ab. Damit erfolgreichster Jagdflieger der Welt. 1.2.45: Gruppenkommandeur der 1. /J.G.52. Im Mai 45 von den USA an die Sowjetunion ausgeliefert, bis Okt. 55 in sowjet. Kriegsgefangensch. 1956 Eintritt in die Bundeswehr. Erster Kommodore des neuaufgestellten Jagdgeschwaders „Richthofen". 12.12.60 Oberstleutnant. 26.7.67 Oberst. 30.9.70 auf eigenen Wunsch aus der Bundeswehr ausgeschieden.

Hase, Paul von, dt. Gen. und Widerstandskämpfer, *24.7.1885 in Hannover, †8.8.44 in Berlin (hingerichtet). 1.4.38 Gen.major, 1.8.39 Kommandeur 46. Inf.-Div., 1.4.40 Gen.lt., 15.11.40 - 20.7.44 Kmdt. von Berlin, als solcher in den Attentatsplan vom 20. Juli eingeweiht. Bald nach der Übernahme dieses Amtes gehörte H. zu dem Kreis der Offiziere, die Hitler beseitigen wollten. Am 20. Juli 1944 setzte er auf Stauffenbergs Zeichen das Berliner Wachregiment in Bewegung. Nach dem Scheitern des Attentatversuches wurde H. verhaftet und am

8.8.44 vom Volksgerichtshof zus. mit Gen.feldm. v. Witzleben, Gen. oberst Hoepner und anderen zum Tode verurteilt und am selben Tage hingerichtet.

Hausser, Paul, SS-Oberstgruppenführer und Gen.oberst der Waffen-SS (1.8.44), *7.10.1880 in Brandenburg/Havel, †21.12.72 in Ludwigsburg. Trat in den Stahlhelm ein, 1933 Übernahme des Stahlhelm in die SA; H. trat in die SS über. Beteiligte sich maßgebl. am Aufbau der SS-Verfügungstruppe, aus der bei Kriegsausbruch die Waffen-SS entstand. Kämpfte in Holland, Belgien und Frankr., befehligte das II. SS-Panzerkorps, mit dem er am 27.11.42 Toulon besetzte und im Febr./März 43 an den Kämpfen um Charkow beteiligt war. Am 12.6.44 wurde H.s Verband an die Invasionsfront verlegt. 29.6.44 Oberbef. der 7. Armee, Januar 45 Oberbef. der Heeresgr. Oberrhein, dann bei der Heeresgr. G. Gegen Ende des Krieges von Hitler seines Postens enthoben, geriet in US-Gefangensch., 1949 entlassen.

Heinrici, Gotthard, dt. Gen.oberst (1.1.43), *25.12.1886 in Gumbinnen, †13.12.71 in Waiblingen. 1.3.38 Gen.- major, 9.4.40 Führer des XII. Armeekorps, 20.4.40 Gen. d. Inf., 17.6.40 Bef. des XXXXIII. Armeekorps. Im Russlandfeldzug kämpfte H. zunächst auf dem Südflügel der Heeresgr. Mitte. 20.1.42 - 4.6.44 Oberbef. der 4. Armee, 19.8.44 Oberbef. der 1. Panzerarmee, mit der er im nördl. Karpaten-Raum kämpfte. 20.3.45 - 29.4.45 Oberbef. der Heeresgr. Weichsel, die an der Oder zw. Fürstenberg und Ostsee stand. Am 29.4.45 wurde H. nach schweren Auseinandersetzungen mit Gen.feldm. Keitel von diesem des Dienstes enthoben. Einer telegraph. Anweisung Bormanns, H. kriegsgerichtl. aburteilen zu lassen, gab Dönitz nicht statt. H. war 3 J. in engl. Gefangenschaft.

Heitz, Walter, dt. Gen.oberst (30.1.43), *8.12.1878 in Berlin, †9.2.44 in Moskau. 1898 Eintritt ins Heer. 1.2.33 Gen.major, 1.10.34 Gen.lt., 1.4.37 Gen. d. Art., 1.8.36 Präs. des Reichskriegsgerichts. 12.9.39 Bef. Danzig-Westpreußen.

Rudolf Heß.

25.10.39 - 31.1.43 Kommand. Gen. des VIII. Korps. Kriegsgefangener in Stalingrad.

Heß, Rudolf, dt. Politiker, *26.4.1894 in Alexandria, †17.8.87 in Berlin. Lernte in München Hitler kennen, trat in die NSDAP ein (Partei-Nummer: 16) und nahm am November-Putsch 1923 in München teil. 1925 Hitlers Privatsekr., 1933 „Stellvertreter des Führers" und Mitgl. der Reichsreg. In der Partei galt H. als das „Gewissen des Führers", man betrachtete ihn als weltfremden Idealisten. Am 10.5.41 flog H. mit einer Me 110 von Augsburg nach Schottland, sprang dort mit dem Fallschirm ab, um mit der engl. Führung Kontakt aufzunehmen und Friedensgespräche zu führen. Am 13.5.41 bezeichnete Hitler H.s Absicht als „Wahnvorstellungen". Nachdem H. erkannt hatte, dass sein Vorhaben ohne Erfolg blieb, unternahm er am 15.10.41 einen erfolglosen Suizidversuch. Am 1.10.46 wurde H. wegen „Planung eines Angriffskrieges" und „Verschwörung gegen den Weltfrieden" im Nürnberger Hauptkriegsverbrecherprozess zu lebenslängl. Haft verurteilt, verbüßt im alliierten Militärgefängnis in Berlin-Spandau – alle Versuche der Westmächte, H. freizulassen, waren am Veto der Sowjets gescheitert – bis zu seinem Selbstmord 1987.

Heydrich, Reinhard, SS-Obergruppenführer und Gen. der Polizei (27.9.41), *7.3.04 in Halle, †4.6.42 in Prag. 1922 Eintritt in die Marine, Ende 1930 Entlassung aus der Marine durch ein Ehrengericht unter dem späteren Adm. Canaris. 1931 Eintritt in die NSDAP und die SS. Herbst 31 Leiter der Nachrichtenstelle der SS-Führung in München, aus der der SD (Sicherheitsdienst) hervorging. 19.7.32 Leiter des SD. 1.3.34 Gruppenführer, 1934 Chef des Geheimen Staatspolizeiamtes in Berlin. 17.6.36 Chef der Sicherheitspolizei unter der Bez. Chef der Sicherheitspolizei und des SD. 27.9.41 Stellvertr. Reichsprotektor von Böhmen und Mähren. 27.5.42 Opfer eines Attentates von Exil-Tschechen, die von brit. Flugz. abgesetzt worden waren. Als „Vergeltung" wurde der tschech. Ort Lidice von den Dt. zerstört, die Männer des Dorfes erschossen.

Hilpert, Carl, dt. Gen.oberst (1.5.45), *12.9.1888 in Nürnberg, †1.2.47 in Moskau. 1.4.39 Gen. major, Febr. 40 Chef des Generalstabes der 1. Armee. 1.10.40 Gen. lt., 26.10.40 Chef des Generalstabes der Heeresgr. B, 1.9.42 Gen. d. Inf., 20.1.43 Kommand. Gen. des LIV. Armeekorps, Sept. 44 Oberbef. der 16. Armee, 10.3.45 Oberbef. der Heeresgr. Kurland. Starb in sowjet. Gefangenschaft.

Himmler, Heinrich, Reichsführer SS, *7.10.1900 in München, †23.5.45 in einem Gefangenenlager bei Lüneburg. Beendete im Aug. 22 sein Studium als Diplomlandwirt. 1923 Mitgl. der „Reichskriegsflagge", mit der er am Hitler-Putsch in München teilnahm. 2.8.25 Eintritt in die NSDAP (Partei-Nr.: 14303),

Heinrich Himmler.

diente als Sekr. im Stab der Brüder Strasser. Am 6.1.29 wurde H. zum Reichsführer SS (SS-Nummer: 168) ernannt.1933 Leiter der polit. Polizei in Bayern. 20.4.34 stellvertretender Chef der Gestapo in Preußen. 17.6.36 Staatssekr. im Reichsinnenministerium und somit Chef der dt. Polizei. Am 7.10.39 Reichskommissar für die Festigung Deutschen Volkstums und damit verantwortl. für die Umsiedlungspolitik in den besetzten Gebieten. 25.8.43 Reichsinnenmin. und Gen.bevollm. für die Reichsverwaltung. 21.7.44 Bef. des Ersatzheeres und Chef der Heeresrüstung. Im Frühj. 45 übernahm H. die Heeresgr. Weichsel. Am 20.3.45 wurde H. wegen Versagens durch Gen. Heinrici ersetzt. H. trat mit Graf Folke Bernadotte in Kontakt, um mit den Alliierten einen Separatfrieden im Westen zu erreichen. Daraufhin enthob Hitler ihn aller seiner Ämter und verstieß ihn aus der Partei. Nach der Kapitulation geriet H. am 20.5.45 in engl. Gefangensch., dort Suizid. Mit dem Namen Himmler verbinden sich die finstersten Erinnerungen an Polizeistaat, Folter, systemat. Ausrottung der Juden und den mörderischen Elitewahn des Ordens unter dem Totenkopf.

Hirohito, *Tokio 29.4.1901, †ebd. 7.1.1989, 124. Tenno (japan. Kaiser) seit 25.12.26; 1921 Regent. Nominell OB der Streitkräfte, verlor H. seit 1931 zusehends an Einfluss auf Verteidigungs- und Außenpolitik und vollstreckte im Wesentl. nur die Politik der herrschenden Militärs (Krieg gegen China, Austritt aus dem Völkerbund, Kriegserklärung an Großbrit., Angriff auf die USA). Erst seit 1944, bei sich abzeichnender Niederlage, gewann er durch seine Amtsautorität wieder an Gewicht und forderte seine Reg. auf, Möglichkeiten der Beendigung des Konflikts zu prüfen, was schließl. im Juli 44 zum Rücktritt des Min.präs. und Obersten Befehlshabers Tojo führte. Ein Ende der Kämpfe jedoch vermochte H. gegen die Mehrheit der Kriegspartei im Kabinett nicht durchzusetzen, Bitten um Vermittlung an das in einem Nichtangriffspakt mit Japan verbundene Moskau wurden dort verschleppt, so dass es Anfang

Adolf Hitler.

Aug. 45 zu den Katastrophen von Hiroshima und Nagasaki kam. Eine Besetzung Japans aber konnte H. abwenden, indem er die unbelehrbaren Durchhaltekrieger in der Reg. entmachtete und die Kapitulation erzwang. 1948 vom Internat. Gerichtshof in Tokio von der Anklage, Kriegsverbrechen begangen zu haben, freigesprochen.

Hitler, Adolf, dt. Politiker, *20.4.1889 in Braunau am Inn, †30.4.45 in Berlin. Kriegsfreiwilliger im Ersten Weltkrieg, Meldegänger (Gefreiter) an der Westfront, mehrere Verwundungen, EK I. Seit 1919 Aufstieg als Propagandaredner der DAP, später NSDAP; seit 29.7.21 deren Vors. 8./9.11.23 missglückter Putsch gegen die Reichsreg., danach Festungshaft. In dieser Zeit Abfassung des Buches „Mein Kampf“, in dem H. seine polit. Vorstellungen und Pläne und seine Weltanschauung propagierte: Führerstaat, Revision des Versailler Vertrages, Lebensraum- und Herrenmenschen-Ideologie, Antisemitismus und Antibolschewismus. Mit Beginn der Weltwirtschaftskrise (1929) rasanter Anstieg des Wählerpotentials der NSDAP. Schließl. am 30.1.33 Berufung H.s zum Reichskanzler. Entmachtung des Parlaments, Auflösung der Parteien, Liquidierung der innerparteil. Opposition (30.6.34 sog. Röhm-Putsch), Vereinigung der Ämter des Reichspräsidenten und Kanzlers: 2.8.34 „Führer und Reichskanzler“. Liquidation des Versailler Vertrages: 16.3.35 Wiedereinführung der Allgemeinen Wehrpflicht, 7.3.36 Einmarsch in die entmilitarisierte Zone des Rheinlandes. 13.3.38 Anschluss Österreichs, 1.10.38 Angliederung des Sudetenlandes, 15.3.39 Einmarsch in Böhmen und Mähren. All diese Erfolge der H.schen Außenpolitik durch geschicktes Taktieren und Entgegenkommen der Westmächte, die aber weitere Expansion mit Kriegsdrohungen verhindern wollten. Daher abrupte Kehrtwendung H.s durch Abschluss eines Nichtangriffspaktes mit der Sowjetunion (23.8.39). Dadurch Handlungsfreiheit gegen Polen, das ab 1.9.39 von den dt. Truppen erobert wurde. Zu H.s Erstaunen Kriegserkl. der Westmächte. Ab 10.5.40 Eroberung der Benelux-Länder und Frankreichs, 22.6.40 abgeschlossen. Da England nicht niedergerungen werden konnte, Wiederaufnahme der alten Lebensraum-Pläne im Osten und am 22.6.41 Angr. auf die Sowjetunion. Entstehung des von H. immer abgelehnten Zwei-Fronten-Krieges, der nach Kriegseintritt der USA (11.12.41) zunehmend aussichtslos wurde. H., seit 4.2.38 Oberster Bef. der Wehrmacht und seit Dez. 41 auch Oberbef. des Heeres, verband als militär. Führer Gespür für die Möglichk. des techn. Bewegungskrieges mit z.T. eigenen kühnen operativen Ideen und phänomenalem Detailwissen. Umgekehrt versagte er nach der Kriegswende in Stalingrad (1.2.43) und Tunis (13.5.43) mit seiner Strategie des „Haltens um jeden Preis“. Bewegl. Rückzüge kamen für ihn aus weltanschaul. und eigener Stellungskrieg-Erfahrung nicht in Frage. Beschwörung des Gespenstes der „jüdischen Weltverschwörung“: die Juden als eigentl. Schuldige am Kriege. In wahnwitziger Konsequenz aus seiner sozial-darwinist. Weltanschauung Befehl zur „Endlösung der Judenfrage“, der in den Vernichtungslagern und durch Erschießungskommandos über vier Millionen Menschen zum Opfer fielen. Ausbeutung der besetzten Gebiete. Versagen in der militär. Führung, v.a. im Luftkrieg. Nach Attentat auf H. am 20.7.44 brutale Verfolgung wirkl. und vermeintl. Regime-Gegner („Sippenhaftung“ u.a.); wachsende Wirklichkeitsferne. In den letzten Kriegsmonaten Rückzug in den Bunker unter der Reichskanzlei. Dort Suizid, zus. mit seiner Frau Eva, geb. Braun.

Ho Chi Minh (vietnames. d. Erleuchtete), ursprüngl. Nguyen That Tanh, *Kim Lien 19.5.1890, †Hanoi 3.9.1969, vietnames. Politiker; 1911 als Schiffsjunge nach Europa, 1913-24 unstetes Leben als Koch, Journalist, Fotograf in London, Paris und Moskau. Während seiner Wanderjahre warb der glühende Nationalist und Anti-Kolonialist H. unermüdl. für die Unabhängigkeit seines unter frz. Fremdherrschaft leidenden Landes. 1930 war er in Hongkong Mitbegründer der KP Indochinas und organisierte seit 1941 zus. mit Pham Van Dong und Giap, dem späteren Sieger von Dien Bien Phu (1954), den Untergrundkampf gegen die japan. Besatzer Indochinas, die mit den vichytreuen frz. Behörden zusammenarbeiteten. Die von H. und seinen Mitstreitern gegründete nat. Befreiungsfront, der Vietminh, wurde vom amerikan. Geheimdienst OSS mit Waffen und Munition unterstützt. Noch bevor die japan. Truppen am 15.8.45 kapituliert hatten, proklamierten die Vietminh-Kämpfer im N die „Demokrat. Republik Vietnam“ mit H. als Staatschef. Der nun entbrennende Kampf um die Wiedererrichtung der frz. Kolonialherrschaft endete 1954 mit der Vertreibung der Franzosen und der Teilung des Landes, dessen N-Teil H. als Präs. einer kommunist. Volksrepublik regierte. In einem zweiten Vietnamkrieg (1960/64 bis 1973) gegen die Amerikaner und ihr Satellitenregime im S des Landes konnte H. die Wiedervereinigung des Landes erreichen, deren Vollendung (1975) er nicht mehr erlebte.

Hoepner, Erich, dt. Gen.oberst (19.7.1940), *14.9.1882 Frankfurt /O., †8.8.44 in Berlin (hingerichtet). 1.1.36 Gen.major, 30.1.38 Gen. lt., 1.4.39 Gen. d. Kavallerie, Teilnahme am Polenfeldzug als Bef. des XVI. Armeekorps, 22.6.41 Bef. der Panzergr. 4, mit der H. an der Doppelschlacht bei Wjasma und Brjansk teilnahm. Am 8.1.42 wegen „Feigheit und Ungehorsam“ (erst nach dem 20.7.44 bekannt gegeben) aus der Armee ausgestoßen, nachdem er den Befehl gegeben hatte, vier Div. westl. Moskau zurückzunehmen, da für diese die Gefahr bestand, abgeschnitten zu werden. H., der schon seit 1933 als Kritiker des Nationalsozialismus bekannt war, erfuhr Ende Sept. 1943 von Gen. Olbricht in Berlin von den Plänen, Hitler zu beseitigen. Nach dem Attentat sollte H. Oberbef. im Heimatkriegsgebiet werden. Am 20.7.44 wurde H. in der Bendlerstraße verhaftet und am 8.8.44 vom Volksgerichtshof zum Tode verurteilt und am selben Tage hingerichtet.

Hollidt, Karl Adolf, dt. Gen.oberst (1.9.43), *28.4.1891 in Speyer, †22.5. 1985 in Siegen. 1.4.38 Gen. major, 15.9.39 Chef des Generalstabes der 5. Armee, 1.4.40 Gen. lt., 25.10.40 Kommandeur der 50. Inf.-Div., 23.1.42 Kommand. Gen. des XVII. Armeekorps, 1.2.42 Gen. d. Inf., 23.11.42 Kommand. Gen. der Armeeabteilung Hollidt, die im Verband der Heeresgr. Süd kämpfte. 5.3.43 - April 44 Oberbef. der neugebildeten 6. Armee. Im April 44 wurde H. abberufen und der Führerreserve zugeteilt. 1945 geriet H. in US-Gefangensch., wurde im Herbst 1948 zu 5 J. Haft verurteilt und Weihnachten 1949 entlassen.

Horthy von Nagybánya, Nikolaus, ungar. Politiker, *18.6.1868 in Kenderes, †9.2.57 in Estoril (Portugal). 1918 Konteradm. und Oberbef. der österreich.-ungar. Flotte. 1.3.20 zum Reichsverweser Ungarns gewählt,

Erich Hoepner.

stand er dem aufkommenden Faschismus wohlwollend gegenüber. Trat 1940 dem Dreimächtepakt bei und beteiligte sich mit Truppen am Balkan- und Russlandfeldzug. Zunehmende Entfremdung von Hitler ließ ihn nach Auswegen aus der Kriegsbeteiligung Ungarns suchen. Stimmte unter Protest am 19.3.44 der Besetzung Ungarns durch dt. Truppen zu; sein gleichzeitiges Bemühen um einen Separatfrieden für Ungarn scheiterte. Versuchte, die Judendeportationen zu stoppen; am 15.10.44 zur Abdankung gezwungen und in Bayern interniert.

Hoßbach, Friedrich, dt. Gen. d. Inf. (1.11.43), *21.11.1894 in Unna, †10.9.80 in Göttingen. 1913 Eintritt ins Heer. 3.8.34 - 28.1.38 Adjutant der Wehrmacht bei Hitler; in dieser Eigensch. verfasste er am 5.11.37 die sog. Hoßbach-Niederschrift, die ein Gespräch Hitlers mit den obersten Militärs festhielt, in dem Hitler erklärte, die „Raumfrage" in Europa spätestens 1943-45 mit Gewalt lösen zu wollen. 1.3.42 Gen.major, 1.8.43 Gen.lt.; 21.1. - 28.2.42 Führer der 31. Inf. Div., 1.4.42 Kommandeur der 82. Inf.-Div., 16.5.43 Kommandeur der 31. Inf.-Div., 2.8. - 10.8.43 stellvertr. Führer des LVI. Panzerkorps, ab 12.8.43 Kommand. Gen. 19.7.44 - 28.1.45 Oberbef. der 4. Armee. Von Hitler seines Kommandos enthoben wegen eigenmächtigen Handelns in Ostpreußen.

Hoth, Hermann, dt. Gen.oberst (19.7.40), *12.4.1885 in Neuruppin, †26.1.71 in Goslar. 1904 Eintritt ins Heer. 1.10.34 Gen.major, 1.10.36 Gen.lt., 1.11.38 Gen. d. Inf., 1.10.35 Kommandeur der 18. Div., 10.11.38 Kommand. Gen. des XV. Korps; Nov. 40 Oberbef. der Panzergr. 3, 5.10.41 Oberbef. der 17. Armee, 1.6.42 der 4. Panzerarmee. Am 10.12.43 von Hitler seines Kommandos enthoben, da H. angebl. aus Defätismus nicht in der Lage gewesen, Kiew wiederzugewinnen. April 45 „Befehlshaber Erzgebirge"; im Nürnberger Prozess zu 15 J. Haft verurteilt, 1954 aus Landsberg entlassen.

Hube, Hans Valentin, dt. Gen.oberst (20.4.44), *29.10.1890 in Naumburg /S., †21.4.44 (Flugzeugunfall). 1909 Eintritt ins Heer. 1.6.40 Gen. major,1.4.42 Gen.lt.;1.10.42 Gen. d. Panzertr. 1.6.40 Kommandeur der 16. Inf.-Div. /Panzerdiv., 15.9.42 - 30.10.42 Kommand.Gen. des XIV. Panzerkorps; leitete im Aug. 43 die geglückte Räumung Siziliens durch die dt.-italien. Truppen. 29.10.43 Oberbef. der 1. Panzerarmee. Eichenlaub mit Schwertern und Brillanten zum Ritterkreuz des EK (20.4.44).

Hull, Cordell, amerikan. Politiker, *2.10.1871 in Overton County, †23.7.55 in Washington. 1933-44 Außenminister. Vertrat im Zweiten Weltkrieg eine Politik der Abkehr vom Isolationismus der USA und der engen Zusammenarbeit mit der Sowjetunion. Berater Roosevelts auf den Konferenzen von Moskau und Teheran; wandte sich gegen alle Pläne, Deutschl. zu entindustrialisieren. Friedensnobelpreis 1945.

Huntziger, Charles Léon Clément, französ. Armee-Gen., *25.6.1880 in Lesneven, †12.11.41 (Flugzeugabsturz). 1934-38 Oberbef. in Syrien. Sept. 39 - Juni 40 Oberbef. der 2. Armee, 5.6.40 der 5. Armee. Leiter der französ. Delegation beim Abschluss des Waffenstillstands am 22.6.40 in Compiègne. 6.9.40 Kriegsminister der Vichy-Reg.; 29.8.41 Oberbef. der Truppen in Nordafrika.

Jaenecke, Erwin, dt. Gen.oberst (30.1.44), *22.4.1890 in Freren, †3.7.60 in Köln. 1.11.39 Gen.major und Oberquartiermeister Ober-Ost. 1.5.40 - 31.1.42 Oberquartiermeister Belgien, Paris und West, 1.11.41 Gen.lt., 1.2.42 Kommandeur der 389. Inf.-Div., Teilnahme am Rußlandfeldzug, 1.11.42 Gen. der Pioniere und bis zum 27.1.43 Kommand. Gen. des IV. Armeekorps; in Stalingrad eingeschlossen, wegen einer Verwundung ausgeflogen. Ab 1.4.43 LXXXII. Armeekorps; vom 1.6.43 - 30.4.44 Oberbef. der 17. Armee im Süden der Ostfront. Am 30.4.44 wurde J. in die Führerreserve versetzt, weil er die Räumung der Krim beantragt hatte.

Cordell Hull.

Jakowlew, Aleksandr Sergejewitsch, sowjet. Flugzeugkonstrukteur, *19.3. 1906 in Moskau, †22.8.1989 ebd. 1938 Mitgl. der KPdSU. 27.4.39 Leninpreis (100.000 Rubel und eine ZIS-Limousine). Okt. 41 Held der sozialist. Arbeit. Sechsmal Verleihung des Stalinpreises. Unter seiner Leitung Entwickl. der Jagdeinsitzer Jak 1 (8.721 Stück gebaut), Jak 3 (4.848 gebaut), Jak 7 und Jak 9 (17.000 gebaut). Zuletzt Gen.oberst im ingenieurtechn. Dienst.

Jeremenko, Andrej Iwanowitsch, Marschall der Sowjetunion, (11.3.55), *14.10.1892 in Markowa im Bezirk Woroschilowgrad, †19.11.70 in Moskau. 1913 Eintritt in die Armee. 1918 Mitgl. der KPdSU. Teilnahme am Bürgerkrieg. 1938 Kommand. Gen. des VI. Kosaken-Kavalleriekorps, damit 39 Einmarsch in Ostpolen. Aug. - Okt. 41 Oberbef. der Brjansker Front und der 4. Stoßarmee. Aug. 42 Oberbef. der Stalingrad-Front, Sept. 42 Don-Front, April 43 Kalinin-Front, Sept. 43 - April 44 Küstenarmee, April 44 - März 45 2. Baltische Front, März - Juni 45 4. Ukrainische Front. Juli 45 Bef. im Militärbez. Karpaten, Okt. 46 Westsibirien, Nov. 53 Nordkaukasien. Mai 58 Gen.inspekteur im Verteidigungsministerium. Zahlr. zivile und militär. Auszeichnungen.

Jeschonnek, Hans, dt. Gen.oberst (1.3.42), *9.4.1899 in Hohensalza, Provinz Posen, †18.8.43 (Suizid). Seit 1917 bei der Fliegertruppe. Reichswehr, Frühj. 34 Staffelführer einer der ersten Kampffliegerstaffeln der Luftwaffe. 1937 Ia des Führungsstabes im Generalstab der Luftwaffe, ab 1.2.39 Gen.stabschef

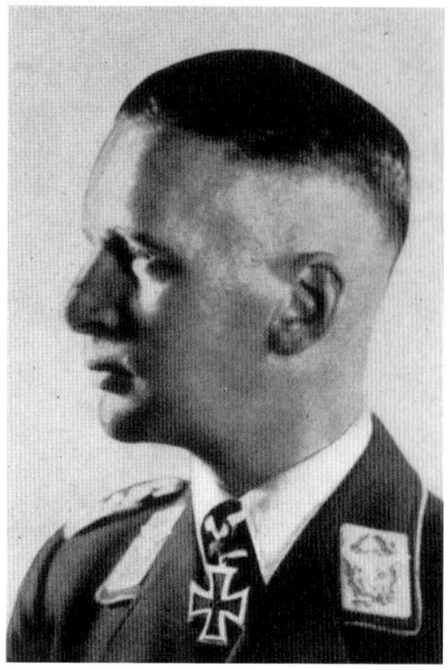

Hans Jeschonnek.

der Luftwaffe. 14.8.39 Gen.major, 19.7.40 Gen. der Flieger. Nach der Niederlage von Stalingrad und den schweren Luftangr. der Westalliierten auf Deutschl. änderte sich J.s bis dahin optimistische Beurteilung der Lage. Die Ausweglosigkeit seiner persönl. Situation und der militär. Lage sowie das gespannte Verhältnis zu Hitler und Göring trieben ihn zum Selbstmord.

Jodl, Alfred, dt. Gen.oberst (30.1.44), *10.5.1890 in Würzburg, †16.10.46 in Nürnberg (hingerichtet). 4.2.38 Chef des Wehrmachtführungsamtes (später Wehrmachtführungsstab) im OKW, 1.4.39 Gen. major, 19.7.40 Gen. d. Artillerie. Unterschrieb am 7.5.45 in Reims in Eisenhowers Hauptquartier die Gesamtkapitulation der dt. Wehrmacht. Wegen Verbrechens gegen

Alfred Jodl.

den Frieden (Planung eines Angriffskrieges) und gegen die Menschlichkeit (Kriegsgefangene) am 1.10.46 zum Tode verurteilt.

Johnson, James Edgar, brit. Luftwaffenoberst. * 11.9.1915 in Loughborough (Leicestershire). Erfolgreichster brit. Jagdflieger des Zweiten Weltkrieges mit 38 Luftsiegen. Juli 42 - März 43 Kpt. der 610. Squadron. März 43: Wing Commander eines kanad. Spitfire-Geschwaders.

Juin, Alphonse, französ. Marschall, * 16.12.1888 in Bône / Algerien, † 27.1.67 in Paris. Bei Kriegsausbruch im Westen Kommandeur der 15. mot. Div. Geriet bei Lille in dt. Gefangensch.; 41 entlassen, Ende Nov. 41 Oberbef. der Vichy-Truppen in Nordafrika. Weigerte sich zunächst, eine alliierte Landung tatenlos hinzunehmen, wechselte dann aber doch die Front und wurde Oberbef. der französ. Truppen in Tunesien. 43 Chef des Stabes der freifranzös. Streitkr. bei der Invasion in Italien, 44 Gen.stabschef. 1952 zum Marschall ernannt. 53-56 Oberbef. der NATO-Streitkr. in Europa Mitte.

Kähler, Otto, dt. Konteradmiral (1.2.43), * 3.3.1894 in Hamburg, † 2.11.67 in Kiel. 1914 Eintritt in die Marine. März 38 - Sept. 39 Kmdt. des Segelschulschiffs „Gorch Fock". Sept. 39 - Okt. 39 Führer der Vorpostenboote West. K. stellte am 15.3.40 den Hilfskreuzer „Schiff 10 Thor" in Dienst, mit dem er vom 6.6.40 bis 30.4.41 eine erfolgr. Kaperfahrt im Atlantik durchführte. Er versenkte und kaperte 12 Schiffe mit 96.602 BRT und bestand Gefechte mit drei großen brit. Hilfskreuzern, von denen er einen versenkte. Jan. 44 - Sept. 44: Seekommandant Bretagne. Ritterkreuz mit Eichenlaub. Sept. 44 - Febr. 47 Kriegsgefangensch.

Kaltenbrunner, Ernst, * Ried (Innkreis) 4.10.1903, † in Nürnberg 6.10. 1946 (hingerichtet), SS-Obergruppenführer (30.1.43); Jurist, 1932 NSDAP- und SS-Beitritt, 1935 Chef der österreich. SS, 11.3.38 Berufung ins Kabinett Seyß-Inquart, Aufbau der Gestapo

Ernst Kaltenbrunner.

in der Ostmark. Bei Kriegsbeginn Höherer SS- und Polizeiführer Donau, wurde K. am 30.1.43 Nachfolger Heydrichs als Chef des RSHA, der Sicherheitspolizei und des SD. Er war damit einer der Hauptverantwortlichen für den Völkermord im Rahmen der Judenverfolgung. Auch zahlr. weitere Völkerrechtsbrüche wie den Kugel-Erlaß trug er mit. Im Mai 45 nahm ihn eine amerikan. Streife fest. K. wurde in Nürnberg vor das Internat. Militärtribunal gestellt und am 1.10.46 zum Tod verurteilt.

Kammhuber, Josef, dt. Luftwaffengen., * 19.8.1896 in Burgkirchen/ Obb., † 24.1.1986 in München. 1936 Kommandeur einer Jagdgr. 1.1.39 Oberst. Chef des Generalstabes der Luftflotte 2. Am 11.1.40 wegen der „Mechelen-Affäre" seines Postens enthoben. Chef d. Stabes des V. Fliegerkorps. 26.3.40 Kommodore K.G. 51. 3.6.40 bei Angr. auf Paris abgeschossen, französ. Kriegsgefangensch. 1.7.40 Kommodore K.G. 1. 19.7.40 mit der Organisation der Nachtjagd beauftragt, gleichzeitig Kommandeur d. 1. Nachtjagd-Div. 1.4.40: Gen.major., 1.8.41 Kommand. Gen. des XII. Fliegerkorps (Nachtjagd). 1.11.41 Gen.lt., 1.1.43 Gen. der Flieger. Gegensätze zur obersten Führung führten am 1.9.43 zu seiner Ablösung. 27.11.43 Oberbef. der Luftflotte 5. 10.10.44 abgelöst. 1.6.56: Eintritt in die Bundeswehr als Leiter der Abt. VI: Luftwaffe. 1.6.57 Inspekteur der Luftwaffe. 30.9.62 Ruhestand.

Kaupisch, Leonhard, dt. Gen. der Flieger (1.12.35), * 1.9.1878 in Bitterfeld, † 26.9.45 in Weimar. 1.11.30 Gen.major, 1.3.32 Gen.lt. 30.9.32 ausgeschieden. 1.4.34 Wiedereintritt als Bef. im Luftkreis II. 31.3.38 verabschiedet. 1.9.39 Kommand. Gen. des Korps Kaupisch im Polenfeldzug. 15.10.39 - 10.4.42 Kommand. Gen. des XXXI. Armee-Korps, zugleich Militärbef. Dänemark 9.4.40 - 31.5.40. 1.9.40 umbenannt in Gen. der Artillerie. 30.6.42 Mob.-Verw. aufgehoben.

Keitel, Wilhelm, dt. Gen.feldm. (19.7.40), * 22.9.1882 in Helmscherode / Harz, † 16.10.46 in Nürnberg (hingerichtet). 1.3.34 Gen.major, 1.10.35 Chef des Wehrmachtamtes im Reichskriegsministerium, 1.1.36 Gen.lt., 1.8.37 Gen. der Artillerie, 4.2.38 Chef des neugeschaffenen Oberkommandos der Wehrmacht. 10.11.38 Gen.oberst. Am 22.6.40 unterzeichnete K. die französ. Kapitulation in Compiègne. K. galt als Bewunderer des Hitlerschen „Genies" und führte dessen Befehle widerspruchslos aus. Am 8.5.45 gehörte K. zu den Unterzeichnern der dt. Kapitulation im sowjet. Hauptquartier in Karlshorst bei Berlin. Am 13.5.45 in Flensburg verhaftet und am 1.10.46 im Hauptkriegsverbrecherprozess in Nürnberg zum Tode durch den Strang verurteilt (seine Bitte, den Tod durch Erschießen erleiden zu dürfen, wurde abgelehnt).

Keller, Alfred, dt. Gen.oberst (19.7.40), * 19.9.1882 inBochum,

Wilhelm Keitel.

Albert Kesselring.

† 11.2.74 in Berlin. 1913 als Flugzeugführer ausgebildet. Im Ersten Weltkrieg Führer von Bomberverbänden („Bomben-Keller"); Pour-le-Mérite. Nach dem Krieg in Luftverkehrsunternehmen. 1.3.34 als Major reaktiviert. 1.4.36 Gen.major. 1.1.38 Bef. im Luftkreis I. 1.2.38 Gen.lt., 1.4.38 Kommand. Gen. der Luftwaffe in Ostpreußen. 1.3.39 Gen. der Flieger. 1.5.39 Kommandeur 4. Fliegerdiv., ab Okt. 39 IV. Fliegerkorps. 20.8.40 Bef. der Luftflotte 1. 26.6.43 Führer-Reserve.

Kempf, Werner, dt. Gen. der Panzertruppen (1.4.1941), * 9.3.1886 in Königsberg, † 6.1.1964 in Goslar. 18.1.39 Gen.major, 31.7.40 Gen.lt., 1.9.39 Kommandeur der Div. Kempf, 1.10.40 Kommandeur der 6. Panzerdiv. 6.1.41 - 31.1.42 Kommand. Gen. des XXXVIII. Panzerkorps, 17.2.42 Armeeabteilung Kempf. 30.9.42 - 18.8.43 Oberbef. der 8. Armee. 1.5.44 - 31. 8.44 Wehrmacht-Bef. Ostland.

Kesselring, Albert, dt. Gen.feldm. (19.7.40), * 20.11.1885 Markstedt / Unterfranken, † 16.7.60 in Bad Nauheim. 1.3.35 Gen.major, 1.4.36 Gen.lt., 1.6.37 Gen. d. Flieger. 36/37 Generalstabschef der Luftwaffe, ab 1.6.37 Kommand. Gen. und Bef. Luftkreis III in Dresden. Febr. 39 Bef. Luftflotte 1, mit der K. am Polenfeldzug teilnahm. Jan. 40 Bef. Luftflotte 2, die er im Westfeldzug kommandierte und bis Dez. 41 auch im Osten befehligte. Seitdem als Oberbef. Süd Führer der dt. Luft-

Edwald von Kleist.

streitkr. im Mittelmeerraum und Nordafrika. 43 Wehrmachtbef. auf dem südl. Kriegsschauplatz. März - Mai 45 Oberbef. West. 15.5.45 US-Gefangensch. 7.5.47 in Venedig von den Engl. zum Tode verurteilt. Zu lebensslängl., dann zu 20jähr. Haft begnadigt, wurde K. 1952 aus der Haft entlassen.

King, Ernst Joseph, * Lorain (Ohio) 23.11.1878, † Portsmouth (New Hampshire) 25.6.1956, amerikan. Flottenadmiral (Dez. 44); Kadett im Krieg gegen Spanien 1898, 1906 als Leutnant Lehrer an der Marineakademie in Annapolis, im Ersten Weltkrieg beim Stab der Atlantik-Flotte, danach Wechsel zur U-Boot-Waffe, 1921 Kapitän z.S., 1927 (als 48jähriger) Erwerb des Pilotenscheins, 1930-32 Kommandant Träger „Lexington", 1933 Konteradmiral. K. kommandierte seit 1939 die Aufklärungsstreitkräfte im Atlantik, wurde als Vier-Sterne-Admiral 1941 OB der Atlantik-Flotte und leitete dort die Operationen gegen die dt. U-Boote im noch nicht erklärten Krieg. Nach Kriegseintritt der USA zum Flottenchef ernannt, führte er die amerikanischen Seestreitkräfte von seinem Hauptquartier in Washington aus. In dieser Position war K., der zugleich den Combined Chiefs of Staff angehörte, die Schlüsselfigur der amerikan. Seekriegführung. Nicht zuletzt seiner Tatkraft war es zu danken, dass die USA schon 7 Monate nach der Katastrophe von Pearl Harbor im Pazifik zur Gegenoffensive übergehen konnten, ohne den vorrangigen Kampf gegen den dt. Hauptgegner zu vernachlässigen. 1945 Rücktritt, Nachfolger wurde Nimitz.

Kleist, Ewald von, dt. Gen.feldm. (1.2.43), * 8.8.1881 Braunfels a.d. Lahn, † Okt. 54. Lager Wladimirowka. 1.10.32 Gen.major, 1.12.33 Gen.lt., 1.8.36 Gen. der Kavallerie, 1.9.39 Kommand. Gen. des XXII. Armeekorps in Polen. Danach nahm K. am Balkanfeldzug teil. 22.6.41 Oberbef. der Panzergr. 1, 5.10.41 Oberbef. der 1. Panzerarmee. 10.9.42 Oberbef. der Heeresgr. A. 9.3.43 - 31.3.44 Heeresgr. Südukraine. 45 geriet K. in engl. Gefangensch., 46 an Jugoslawien und 48 an die UdSSR ausgeliefert, starb er in einem Lager für Kriegsverbrecher.

Kluge, Günther von, dt. Gen.feldm. (19.7.40), * 30.10.1882 in Posen, † 19.8.44 in Frankreich. 1.2.33 Gen. major, 1.4.34 Gen.lt., 1.8.36 Gen. der Artillerie, 1.9.39 als Oberbef. der 4. Armee Teilnahme am Polenfeldzug, 1.10.39 Gen.oberst; mit der 4. Armee in Russl.: 19.12.41 Oberbef. der Heeresgr. Mitte. Ein schwerer Autounfall zwang K. zur Abgabe dieses Kommandos. 2.7.44 Oberbef. West, nach Rommels schwerer Verwundung 19.7.44 zusätzl. der Heeresgr. B. Am 16.8.44 enthob Hitler K. wegen Verdachts einer Teilnahme an der Verschwörung des 20. Juli seines Kommandos, obwohl K. jede Mitwirkung an dem Staatsstreich abgelehnt hatte. Am 19.8.44 nahm K. sich das Leben, nachdem er in einem Brief noch einmal an Hitler appelliert hatte, nach Auswegen aus dem sinnlosen Krieg zu suchen.

Günther von Kluge.

Erich Koch.

Koch, Erich, * 19.6.1896 in Elberfeld (heute Wuppertal-E.), † 1986 in Barczewo (Polen), dt. Politiker; Bahnbeamter, Kriegsfreiwilliger, aktiv im Ruhrkampf, 1922 NSDAP-Beitritt, 1926 wegen republikfeindl. Aktivitäten amtsenthoben, 1928 Gauleiter und 1933 Oberpräs. von Ostpreußen, 1930 MdR. K. galt selbst in Parteikreisen als äußerst unbeherrscht und brutal. Als er nach Kriegsausbruch Reichsverteidigungskommissar und 1942 Reichskommissar Ukraine wurde, entfaltete K. ein Terrorregiment, das zuweilen sogar bei der SS auf Widerstand stieß und in der zunächst deutschfreundl. Bevölkerung eine lawinenartig wachsende Partisanenbewegung provozierte. K. betrieb eine Politik massiver Eindeutschung, ließ die Schulen schließen, da Bildung für Russen nicht erforderl. sei, ließ Zigtausend zur Zwangsarbeit ins Reich deportieren und war verantwortl. für zahllose Transporte von Juden in die Vernichtungslager. 1944 kehrte K. nach Königsberg zurück, organisierte den Volkssturm gegen die Rote Armee und tauchte bei Kriegsende unter. Erst Ende Mai 49 wurde er von brit. Militärpolizei ergriffen, am 14.2.50 an Polen ausgeliefert und dort 1959 wegen Beihilfe zum Mord an mindestens 400.000 Polen (die Verbrechen in der Ukraine blieben unberücksichtigt) zum Tod verurteilt, aber wegen Unzurechnungsfähigkeit nicht hingerichtet.

Koenig, Pierre, französ. Gen., * 10.10. 1898 in Caen, † 2.9.70. 1940 als Major mit den französ. Expeditionstruppen in Norwegen, danach bei de Gaulle in London. Als Oberst 41 Stabschef der 1. freifranzös. Div. in Syrien, als Brigade-Gen., danach in Nordafrika. Zeichnete sich bei der Verteidigung Bir Hacheims während Rommels Vorstoß auf Tobruk aus. 1943 Div.-Gen. und Oberbef. der französ. Truppen in Engl. 1945 Oberbef. der französ. Besatzungstruppen in Deutschl., Mitgl. des Alliierten Kontrollrates. 1954 Verteidigungsminister.

Konew, Iwan Stepanowitsch, Marschall der Sowjetunion (20.11.44). * 28.12.1897 in Lodejno / Bez. Kirow, † 21.5.73 in Moskau. Soldat im Ersten Weltkrieg. 1918 Eintritt in die KPdSU. Teilnahme am Bürgerkrieg. Im Zweiten Weltkrieg Oberbef. der Westfront (Sept. / Okt. 41), Kalinin-Front (Okt. 41 - Juni 42), Steppen-Front (Juli bis Okt. 43), 2. Ukrain. Front (Okt. 43 - Mai 44) und 1. Ukrain. Front (Mai 44 - Juni 45). 46 Oberbef. der Landstreitkr., 55-60 Ober-bef. der Streitkr. des Warschauer Paktes. 10.8.61 bis 19.4.62 Oberbef. der Heeresgr. Deutschl.

Kretschmer, Otto, dt. U-Boot-Kommandant, * 1.5.1912 in Heidau / Kreis Liegnitz, † 15.8.1998 in Straubing. 1930 Eintritt in die Marine. 1.10.34 Lt. z.S. Okt. 37 - März 40 Kmdt. von U 23, April 40 - März 41 Kmdt. U 99. Versenkte auf 16 Feindfahrten mit 218 Seetagen, einen Zerstörer und 44 Handelsschiffe mit 266.629 BRT. Damit erfolgreichster U-Boot-Kmdt.

Iwan Konew.

des Krieges; Ritterkreuz mit Eichenlaub und Schwertern. 17.3.41 - 31.12.47 Kriegsgefangensch. 1.9.44 Fregattenkpt.. 1956-70 Bundesmarine. 15.12.65 Flottillenadm.

Krüder, Ernst-Felix, dt. Kapitän z.S. (1.2.40), *6.12.1897 in Hamburg, †8.5.41 (gefallen). 2.10.15 Eintritt in die Marine. 23.12.17 Lt. z.S. In der Reichsmarine/Kriegsmarine u.a. Schiffsstamm-Div. Ostsee, auf Kreuzer „Köln“, Chef 1. Minensuchflottille, OKM. 1.8.38 Fregattenkpt. Stellte am 6.2.40 den Hilfskreuzer „Schiff 33 Pinguin“ in Dienst, mit dem er am 15.6.40 zum Handelskrieg auslief. Bis zum Untergang seines Schiffes am 8.5.41 im Ind. Ozean im Gefecht mit dem brit. Schweren Kreuzer „Cornwall“ versenkte oder kaperte K. 32 alliierte Handelsschiffe mit 154.619 BRT. Er war damit der erfolgreichste Hilfskreuzerkommandant.

Küchler, Georg, *30.5.1881 in Philippsruh (Hessen), †25.5.1968 in Garmisch-Partenkirchen, dt. Gen. feldmarschall (30.6.42). K. führte im Polenfeldzug die 3. Armee bei der Heeresgruppe Nord (v. Bock) und erhielt am 5.11.39 den Oberbefehl über die 18. Armee, nachdem er vorübergehend wegen seiner Proteste gegen die Morde der Einsatzgruppen und der SS in Polen suspendiert worden war. Im W konnte er nach nur viertägigem Kampf am 14.5.40 die Kapitulation der Niederlande entgegennehmen und am 14.6.40 in Paris einziehen, am 19.7. wurde er zum Gen.oberst befördert. Im Russlandfeldzug führte K. wieder die 18. Armee, ehe er am 17.1.42 OB der Heeresgruppe Nord wurde. Nach zweijährigen Kämpfen, die kaum Frontveränderungen im N brachten, machte sich die wachsende sowjet. Überlegenheit bemerkbar. K. sah eine Rettung nur in radikaler Verkürzung der Front und wich vor der am 20.1.44 losbrechenden sowjet. Offensive in Stellungen zw. Newa und Wolchow zurück. Hitler, der um die Bündnistreue Finnlands fürchtete, enthob K. daraufhin am 1.2.44 seines Kommandos und setzte ihn nicht wieder ein. Okt. 48 vom Internat. Militärtribunal in Nürnberg zu 20 Jahren Haft verurteilt, vorzeitige Entlassung am 18.2.53.

Kummetz, Oskar, *21.7.1891 in Iltowo (Ostpreußen), †17.12.1980, dt. Gen. admiral (16.9.44); 1910 zur Marine, im Ersten Weltkrieg u.a. bei den Torpedobooten. In der Reichsbzw. Kriegsmarine war K. 1934-37 Führer der Torpedoboote, zuletzt als Kapitän z.S. Bei Kriegsausbruch Chef des Stabes beim Flottenkommando, wurde K. im Dez. 39 Chef der Torpedoinspektion und musste die Torpedokrise lösen, deren Folgen (reihenweises Versagen der Magnetzünder) er selbst im Einsatz als Führer der Kampfgruppe Oslo beim Unternehmen „Weserübung“ erlebte. Am 1.4.42 zum Vizeadmiral und am 1.3.43 zum Admiral befördert, war K. Juni 42 - Febr. 44 Befehlshaber der Kreuzer/Kampfgruppe und dann bis Kriegsende OB des Marineoberkommandos Ostsee.

Kurita, Takeo, *28.4.1889 in Ibaragi bei Tokio, †ebd. 19.12.1977, japan. Vizeadmiral (Juni 42); 1910 zur Marine, 1922 als Korvettenkapitän Zerstörer-Kommandant, diverse Bordkommandos (u.a. 1937 Schlachtschiff „Kongo“). 1938 zum Konteradmiral ernannt, kommandierte K. bei Kriegsbeginn die 7. Kreuzerdiv., mit der er u.a. die Landung auf Java (Febr. 42) sicherte. Bei Midway verlor er einen seiner Kreuzer, übernahm dann den Befehl über die 3. Schlachtschiffdiv. und brachte mit seinen Artillerie-Überfällen die auf Guadalcanal gelandeten US-Truppen mehrmals in schwierige Lagen. 1943 wurde er Befehlshaber der 2. Flotte, deren Kreuzer im Nov. 43 vor Rabaul von amerikan. Trägermaschinen schwer getroffen wurden, und führte in der Schlacht in der Philippinen-See (Juni 44) die 3. Trägerdiv., die hohe Verluste hatte. Als K., der nun die japan. 5. Flotte befehligte, im Okt. 44 mit seinem Angriff im Leyte-Golf auf die amerikan. Landungstruppen scheiterte, da er der anmarschierenden schnellen amerikan. Trägergruppe unter Admiral Halsey nicht gewachsen gewesen wäre und ablaufen musste, wurde er auf den Posten eines Kommandanten der Marineakademie abgeschoben.

Kusnezow, Fjodor Isidorowitsch, *29.9.1898 in Moskau, †22.3.1961 ebd., sowjet. Gen.oberst. Bei Beginn des dt. Angriffs (22.6.41) war K. OB der Nordwestfront (bis 30.6.), übernahm am 24.7. die Zentralfront und verteidigte mit der 51. Armee erfolglos die Krim. Er war danach OB der 61. Armee, stellv. OB der Westfront und 1942/43 Kommandeur der Militärakademie Frunse. 1943/44 noch einmal stellv. OB der Karel. Front, später der Wolchow-Front, wurde K. bei Kriegsende Befehlshaber im Militärbezirk Ural und ging 1948 in Ruhestand.

Kusnezow, Wassili Iwanowitsch, sowjet. Gen.oberst, *15.1.1894, †20.6.64. Juni 41 Oberbef. der 3. Armee, danach der 21., 58. u. 1. Stoßarmee, Juni 42 63. Armee (später 1. Gardearmee), April 45 3. Stoßarmee im Endkampf um Berlin. 52-57 Bef. im Militärbez. Zentralfront. 57-60 stellvertr. Bef. im Militärbez. Minsk. 1960 Ruhestand.

Kusenetzow, Nikolai Gerassimowitsch, sowjet. Admiral, *1902, †1974. Absolvent der Frunse-Akademie 1926, und der Seekriegs-Akademie 1932. 1934 Kommandant des Kreuzers „Tscherwona Ukraina“, 1937 bis 1939 OB der Pazifik-Flotte. 1939 abgesetzt, 1948 bis 1950 wieder Befehlshaber der 5. Pazifischen Flotte, 1950 OB der Pazifik-Flotte, 1951 bis 1955 Stvtr. Verteidigungsminister und OB der Kriegsmarine. Febr. 1956 entlassen und zum Vizeadm. degradiert, 1988 postum in den alten Rang wiedereingesetzt.

Kutrzeba, Tadeusz, *15.4.1886 in Krakau, †8.1.1947 in London, poln. General (19.3.39); im Ersten Weltkrieg Hauptmann der österreich. Pioniertruppe, danach diverse Stabsstellungen (u.a. 1920/21 Chef des Stabes der 2. Armee), 1.1.1927 Brigadegeneral. Bei Kriegsbeginn war K. OB der Armee „Posen“, übernahm dann die Armeegruppe „Warschau“ und geriet in dt. Gefangenschaft. Erst im Mai 45 befreiten ihn alliierte Truppen. Da er nicht in die kommunist. gewordene Heimat zurückkehren wollte, wählte er das engl. Exil, wo er, geschwächt durch die langen Jahre der Haft, bald starb.

Laborde, Jean de, *29.11.1878 in Chantilly, †5.8.1977 in Castillon-la-Bataille (Gironde), frz. Admiral (1938); im Ersten Weltkrieg Marinepilot, später u.a. Kommandant des ersten frz. Trägers. Als Marinebefehlshaber in W-Frkr. erteilte L. bei sich abzeichnender Niederlage seinen Einheiten im Juni 40 den Befehl, sich der Royal Navy zur Verfügung zu stellen, widerrief dann aber auf Anordnung Pétains, der auf Erfüllung der Waffenstillstandsbedingungen bestand, in denen strikte Neutralität der frz. Kriegsmarine vereinbart worden war. Nach dem brit. Flottenüberfall auf Mers el-Kebir (Juli 40) übernahm L. das Kommando der neuen frz. Hochseeflotte, deren Aufbau Hitler zum Schutz der Übersee-Besitzungen Vichy-Frkr.s genehmigt hatte. Im Nov. 42, nach der alliierten Landung „Torch“, widersetzte sich L. dem Befehl Darlans, mit der Kriegsflotte von Toulon nach N-Afrika auszulaufen, und verpflichtete sich ehrenwörtl. bei den dt. Besatzungsbehörden, den frz. Kriegshafen gegen jeden Zugriffsversuch der Alliierten zu verteidigen. Dennoch besetzte die Wehrmacht am 27.11.42 im Rahmen des Unternehmens „Lila“ Toulon, woraufhin L. der Flotte die Selbstversenkung befahl. Dafür wurde er am 28.3.47 vom Obersten Staatsgerichtshof zum Tod verurteilt, da er Frkr. durch seinen blinden Gehorsam um seine stärkste Waffe gebracht habe; später Begnadigung.

Langsdorff, Hans, dt. Kapitän z.S. (1.1.37), *20.3.1894 in Bergen auf Rügen, †20.12.39 in Montevideo. 1.4.12 Eintritt in die Marine. 1925 Verbindungsoffizier zur Heeresleitung. 1935 1. Admiralstabsoffizier beim Bef. der Aufklärungsstreit-

Hans Langsdorff

kr., 36/37 beim Flottenkommando. Nov. 38 Kmdt. des Panzerschiffes „Admiral Graf Spee". Versenkte 39 im Handelskrieg 9 Schiffe mit 50.089 BRT. Nach dem La Plata-Gefecht versenkte er sein beschädigtes Schiff und erschoß sich.

Lasch, Otto, *25.6.1893 in Pless (Oberschlesien), †29.4.1971 in Stuttgart, dt. Gen. der Inf. (1.11.44). L., am 1.8.42 zum Gen.major ernannt, war seit 27.9.42 als Kommandeur der 217. Inf.div. an der O-Front eingesetzt. Seit 1.4.43 Gen. leutnant, übernahm er am 20.11.43 die 349. Inf.div., wurde am 1.9.44 Kommand. Gen. des LXIV. AK und am 1.11.44 Kommandant der Festung Königsberg, die er lange gegen große sowjet. Übermacht hielt, ehe er am 9.4.45 die Waffen strecken musste. Hitler ließ ihn daraufhin wegen „Feigheit vor dem Feind" in Abwesenheit zum Tod verurteilen und seine Familie in Sippenhaft nehmen. Ende Okt. 55 kehrte L. aus sowjet. Gefangenschaft zurück.

Lattre de Tassigny, Jean de, *2.2. 1889 in Mouilleron-en-Pareds (Vendée), †11.1.1952 in Paris, Marschall von Frkr. (postum 15.1.52); im Ersten Weltkrieg Hauptmann der Inf., 5mal verwundet, 1921-26 Kolonialdienst unter Marschall Lyautey in Marokko. Bei Kriegsbeginn und während des Sitzkriegs 1939/40 war L. als Brigadegen. Stabschef der 5. Armee (Bourret) im Elsass und beim dt. Angriff im W (10.5.40) Kommandeur der 14. Inf.div. Nach der Niederlage blieb er bei der Vichy-Armee und war Befehlshaber im 16. Militärbezirk Montpellier. Nach der alliierten Landung in N-Afrika (8.11. 42) versuchte L. unterzutauchen und eine Widerstandsfront gegen die dt. Besetzung von S-Frkr. („Anton") aufzubauen, wurde aber verhaftet und zu 10 Jahren Haft verurteilt. Am 3.9.43 gelang ihm die Flucht aus dem Gefängnis Riom nach England. Von dort nach N-Afrika gebracht, wurde L. am 15.4.44 OB der freifrz. Truppen, mit denen er an der Landung in S-Frkr. („Dragoon") am 15.8.44 teilnahm und Toulon und Marseille befreite. Am 25.9.44 wurden seine beiden AK in der frz. 1. Armee zusammengefasst, an deren Spitze er nach einer harten Winterschlacht im März 45 den Rhein südl. Mannheim überschreiten konnte. Am 8.5.45 nahm L. in Berlin-Karlshorst als Vertreter Frkr.s die dt. Kapitulation entgegen, wurde wenig später Gen. inspekteur des frz. Heeres, 1949 OB der Landstreitkräfte der neugegründeten NATO und 1950 Hochkommissar und OB in Frz. Indochina.

Laval, Pierre, *28.6.1883 in Châteldon (Puy-de-Dôme), †15.10.1945 in Paris (hingerichtet), frz. Politiker; Jurist, 1914 Abgeordneter in der Nat.versammlung (zunächst Sozialist, dann parteilos), 1918 Senator, bis 1931 mehrfach Min., 1931/32 und 1935/36 Min.präs. Nach der Niederlage Frkr.s im Juni 40 berief ihn Pétain als stellv. Min.präs. in sein Kabinett, da sich der inzw. zum Konservativen gewandelte L. für den autoritären „État Français" und seine Politik der Kollaboration empfahl. Es kam jedoch zum Konflikt, weil L. die Willfährigkeit der dt. Besatzungsmacht gegenüber nach Meinung des Staatschefs übertrieb, der ihn am 13.12.40 entließ, aber auf dt. Druck am 17.4.42 wieder berufen musste. L. war in der Folgezeit der eigentl. starke Mann in Vichy, das er aus der Abhängigkeit zur Partnerschaft mit Deutschland führen wollte, da er vom Sieg Hitlers nach wie vor überzeugt war. Er verstrickte Frkr. damit in die nat.-soz. Verbrechen, konnte die Judendeportationen nicht verhindern und die Quote der frz. Zwangsarbeiter für die dt. Rüstungsindustrie nur unwesentl. verringern. Sein polit. Spielraum schrumpfte weiter nach der Besetzung von S-Frkr. (Nov. 42) durch die Wehrmacht. Bei Herankommen der alliierten Armeen musste L. auf dt. Druck nach Belfort und schließl. nach Sigmaringen ausweichen. Im Mai 45 gelang ihm die Flucht nach Spanien, doch ließ ihn Franco nach Österreich abschieben, von wo ihn die amerikan. Besatzungsmacht an Frkr. auslieferte. Am 9.10.45 zum Tod verurteilt, unternahm L. einen Selbstmordversuch, wurde aber „gerettet" und nach kurzer Erholung zur Hinrichtung geführt.

Pierre Laval.

Leber, Julius, *16.11.1883 Biesheim (Elsass), †5.1.1945 Berlin-Plötzensee (hingerichtet), dt. Politiker; 1924–33 MdR der SPD, nach der nat.-soz. Machtergreifung 1933 verhaftet und bis 1937 im KZ Oranienburg festgehalten. L. wurde während seiner Haft zum unversöhnl. Gegner Hitlers und sammelte nach der Entlassung sozialdemokrat. Widerstandskämpfer um sich. Von den Verschwörern des 20. Juli 44 als Innenmin. vorgesehen, wurde er am 5.7.44 nach Denunziation verhaftet und nach dem Scheitern des Umsturzversuchs im Okt. 44 vom Volksgerichtshof zum Tod verurteilt.

Leclerc, eigentl. Jacques Philippe de Hauteclocque, *20.11.1902 in Belloy-Saint-Léonard (Somme), †27.11.1947 bei Colomb-Béchar (Algerien), Marschall von Frkr. (postum 23.8.52); Kolonialdienst, 1934 Hauptmann, Dozent in Saint-Cyr. Bei Beginn des dt. Angriffs im W (10.5.40) war L. Chef des Stabes der 4. mot. Div. in Belgien, die bei Lille eingekesselt wurde. L. schlug sich zu den eigenen Linien durch, wurde an der Aube verwundet und setzte sich nach der Niederlage Frkr.s. nach London ab. Dort am 22.7.40 eingetroffen, nahm er den Namen L. an und wurde von de Gaulle nach Frz. Äquatorialafrika entsandt zur Überführung der Kolonien ins freifrz. Lager. Das gelang ihm in Kamerun und im Tschad, wo ihn die Beförderung zum Oberst (Dez. 40) und der Auftrag erreichte, mit einer motorisierten Marschkolonne über 1.600 km quer durch

Wilhelm Ritter von Leeb.

die Sahara Angriffe nach SO-Libyen vorzutragen. Mit 350 Mann besetzte L. am 2.3.41 die Kufra-Oasen. Anfang 1943 stieß er mit 2.500 Mann weiter nach Tripolis vor, wo er sich am 23.1.43 der brit. 8. Armee anschloss. Inzw. Div.gen., stellte er am 24.8.43 in Marokko die frz. 2. Pz.div. auf, die Anfang Aug. 44 in die Invasionsschlacht geworfen wurde und im Verband des XV. US-Korps (Haislip) auf Paris marschierte. Bei der Besetzung der frz. Hauptstadt ließen die Amerikaner L. am 24.8.44 den Vortritt, so dass er die Kapitulation des dt. Wehrmachtbefehlshabers v. Choltitz entgegennehmen konnte. Es folgte die Befreiung Straßburgs am 23.11.44 und ein zügiger Vormarsch, der am 5.5.45 in Berchtesgaden endete. Danach OB in Fernost und seit Juli 46 in N-Afrika, kam L. bei einem Flugzeugabsturz ums Leben.

Leeb, Wilhelm Ritter von, *5.9.1876 in Landsberg am Lech, †29.4.1956 in Hohenschwangau, dt. Gen.feldmarschall (19.7.40); 1895 Eintritt in die bayer. Armee, im Ersten Weltkrieg Gen.stabsoffizier, danach Reichswehrkarriere (1.2.29 Gen. major). Beim Revirement nach der Fritsch-Krise im März 38 zunächst verabschiedet, nahm L. als Gen.oberst im Okt. 38 an der Besetzung des Sudetenlandes mit der Heeresgruppe 1 teil, übernahm am 26.8.39 den Oberbefehl über die Heeresgruppe C am Oberrhein, mit der er am 14.6.40 die Maginot-Linie durchbrach. Im Russlandfeldzug befehligte L. die Heeresgruppe

Nord, die auf Leningrad vorstieß. Wegen eigenmächtiger Frontkorrekturen wurde er am 16.1.42 von Hitler entlassen und fand keine Verwendung mehr. Am 22. 10.48 verurteilte ein amerikan. Militärgericht L. u.a. wegen Weitergabe des Kommissarbefehls zu 3 Jahren Haft, die als verbüßt galten.

LeMay, Curtis E., *15.11.1906 in Columbus (Ohio), amerikan. Fliegergeneral; Ingenieur, zunächst bei der Artillerie, 1928 Eintritt in die Heeresluftwaffe, Jan. 37 in der Operationsabt. mit der Einsatzplanung für die Flying Fortress betraut, Febr. 40 Kommandeur eines Aufklärungsgeschwaders. Bei Kriegsbeginn führte L. eine Bomberstaffel und wurde zur 8. Luftflotte nach England versetzt, wo er an der Spitze der 305. Bombardment Group zahlr. Tagesangriffe gegen Deutschland flog. Er verbesserte die Angriffs- und Abwehrtaktik der strateg. Bomberflotte u.a. durch Einführung des nach Höhen gestaffelten Pulks von jeweils 18 Maschinen. Am 28.9.43 zum Brigadegen. ernannt, kehrte L. im Nov. 43 zu weiterer Ausbildung in die USA zurück und wurde als jüngster Gen. major der Heeresluftwaffe im März 44 OB der 20. Luftflotte in Fernost, die von China und später den Marianen aus mit den neuen B-29 Superfortress Japan bombardierte und im Aug. 45 die beiden Atomangriffe auf Hiroshima und Nagasaki flog. 3.3.52 Gen.stabschef der US-Luftwaffe, Jan. 65 Ruhestand.

Leopold III., *3.11.1901 in Brüssel, †26.9.1983 ebd., belg. König (17.2.34). Mit entschiedenem Neutralitätskurs versuchte L. seinem Land das Schicksal des Ersten Weltkriegs zu ersparen, konnte aber den dt. Einmarsch am 10.5.40 nicht abwenden. Nach kurzer Gegenwehr musste er am 28.5. die Waffen strecken und wurde in Schloss Laeken interniert. Vergebl. blieb auch sein Bemühen, durch einen Bittgang zu Hitler in Berchtesgaden am 19.11.40 die Freilassung der belg. Gefangenen zu erwirken. Am 7.6.44 wurde er nach Deutschland verbracht und erst am 8.5.45 befreit. Eine erneute Reg.übernahme erwies sich als unmögl., da L. wegen der Kapitulation

Robert Ley.

von 1940 als eine Art Kollaborateur galt; 11.8.50 Thronverzicht zugunsten seines Sohnes Baudouin.

Ley, Robert, *15.2.1890 in Niederbreidenbach (Berg. Land), †25.10.1945 in Nürnberg, dt. Politiker; 1925 NSDAP-Beitritt, 1930 MdR, Nov. 32 Reichsorganisationsleiter der Partei, Mai 33 Chef der Dt. Arbeitsfront (DAF), bei Kriegsende Flucht nach Österreich, dort verhaftet und als einer der Hauptkriegsverbrecher in Nürnberg vor das Internat. Militärtribunal gestellt, Selbstmord kurz vor Beginn der Verhandlungen.

Lindemann, Georg, dt. Gen.oberst (3.7.42), *8.3.1884 in Osterburg / Altmark, †26.9.63 in Freudenstadt. 1.4.36 Gen.major, 1.4.38 Gen.lt., 1.9.39 als Kommandeur der 26. Inf.-Div. im Westfeldzug, 1.10.40 Kommand. 1.11.40 General d. Kavallerie. 16. Gen. des L. Armeekorps, 1.1.42 - 29.3.44 Oberbef. der 18. Armee, 31.3.44 - 4.7.44 Oberbef. der Heeresgr. Nord, dann in den Ruhestand versetzt, weil Hitler seine Lagebeurteilungen nicht billigte. 27.1.45 Wehrmachtbefehlshaber Dänemark, 6.5.45 Oberbef. der Armee Lindemann. Am 4.6.45 verhaftet, 1948 von den Dänen freigelassen.

List, Wilhelm, *14.5.1880 in Oberkirchberg bei Ulm, †18.6.1971 in Garmisch-Partenkirchen (Obb.), dt. Gen.-feldmarschall (19.7.40); 1898 Eintritt ins Heer, im Ersten Weltkrieg Gen. stabsoffizier, Reichswehrkarriere, 1.10. 30 Gen.major, 1.10.32 Gen.leutnant, 1.10.35 Gen. der Inf., 1.4.39 Gen.oberst. L. war nach dem Anschluss Österreichs OB des Gruppenkommandos 5 in Wien, führte im Polenfeldzug die 14. Armee und wurde am 25.10.39 OB der 12. Armee, die er im Frankreichfeldzug Mai/Juni 40 wie auch auf dem Balkan April/Mai 41 befehligte. Vom 1.7. bis 15.10.41 OB Südost, übernahm L. nach längerer Beurlaubung am 7.7.42 die Heeresgruppe A in Rußland, mit der er die exzentrische Operation gegen den Kaukasus führen sollte. Hitler bestand trotz seiner Warnungen auf dieser Überdehnung der Kräfte und löste L. nach weiteren Protesten am 10.9.42 ab. Obwohl sich L.s Lageburteilung rasch als richtig erwies, fand er keine Verwendung mehr. Nach Kriegsende verhaftet, wurde L. im sog. Geisel-Prozess gegen die Südost-Generäle am 19.10.48 zu lebenslanger Haft verurteilt, aus Krankheitsgründen aber am Heiligen Abend 1952 aus dem Kriegsverbrechergefängnis in Landsberg entlassen.

Loerzer, Bruno, *22.1.1891 in Berlin, †22.8.1960 in Hamburg, dt. Gen.oberst (16.2.43); im Ersten Weltkrieg Jagdflieger (44 Luftsiege), Freundschaft mit Göring, nach dem Krieg in der Luftfahrtindustrie. 1.4.33 Präs. des Dt. Luftsportverbands. L. wurde am 1.4.35 als Oberst und Inspekteur der Luftwaffenreserve reaktiviert, erhielt am 1.4. 38 die Ernennung zum Gen.major und Inspekteur der Jagdflieger und war bei Kriegsausbruch Kommandeur der 2. Fliegerdiv. (seit 1.2.39), die am 28.11.39 in II. Fliegerkorps umbenannt wurde. Am 1.1.40 zum Gen.leutnant und am 19.7.40 zum Gen. der Flieger ernannt, wurde L. im W, im Mittelmeerraum und an der O-Front eingesetzt. Am 1.3.43 bestellte ihn Göring zum Chef des Luftwaffenpersonalamtes, gleichzeitig betraute er ihn mit der nat.-soz. Ausrichtung der Luftwaffe. Am 20.12.44 wurde L. zur Führerreserve versetzt.

Wilhelm List.

Hinrich Lohse.

Löhr, Alexander, *20.5.1885 in Turnu Severin, †16.2.1947 Belgrad, österreich. Gen.oberst (3.5.41); Gen. stabsausbildung, 1918 zur österreich. Fliegertruppe, 1936 als Gen. major Oberbefehlshaber der Bundesluftstreitkräfte, nach dem Anschluss Chef des Luftwaffenkommandos Ostmark. L. befehligte vom 18.3.39–23.6.42 die Luftflotte 4, mit der er an den Feldzügen in Polen, auf dem Balkan und in Russland teilnahm. Er war dann Oberbefehlshaber Südost und führte die Heeresgruppe E, mit der er noch im Jan. 45 in Jugoslawien eine neue Abwehrfront aufbaute. Abgeschnitten von allen Verbindungen, ging L. Anfang Mai 45 mit seinen Verbänden in jugoslaw. Gefangenschaft. U.a. wegen des von ihm geführten Luftangriffs auf Belgrad (6.4.41) wurde er zum Tod verurteilt und hingerichtet.

Lohse, Hinrich, dt. nationalsozialist. Politiker, *2.9.1896 in Mühlenbarbeck (Schl.-Holst.), †25.2.64 ebd. 1925 Gauleiter Schleswig-Holstein,

Wolfgang Lüth.

32 Reichstagsabgeordneter, Herbst 41 „Reichskommissar für das Ostland" (Baltikum). Seine rücksichtslose Ausbeutungspolitik durch die sog. Ostland-Gesellschaften machte die dt. Herrschaft in den balt. Staaten verhasst. L. wurde nach dem Krieg verhaftet und 1948 in Bielefeld zu 10 J. Haft verurteilt.

Lüth, Wolfgang, *15.10.1913 in Riga, †14.5.1945 in Flensburg-Mürwik, dt. Kapitän z.S. (1.9.44); 1933 zur Marine, 1936 zur U-Boot-Waffe. Im Dez. 39 erhielt L. das Kommando über U 9, im Juni 40 über U 138, im Okt. 40 über U 43, im Mai 42 über U 181, das er erst im Okt. 43 nach der längsten Feindfahrt eines dt. U-Boots (205 Tage seit März 43) abgab. Insges. versenkte L. mit seinen Booten 1 U-Boot und 43 Handelsschiffe mit 225.713 BRT. Er übernahm am 1.1.44 als Korvettenkapitän die 22. U-Flottille und wurde im Juli 44 zur Marineschule Mürwik versetzt, deren Kommandeur er von Sept. 44 an war. L. wurde kurz nach Kriegsende bei einem nächtl. Kontrollgang von einem dt. Wachposten erschossen.

Lütjens, Günther, dt. Admiral (1.9.40), *25.5.1889 in Wiesbaden, †27.5.41 im Nordatlantik. Seit Okt. 37 Führer der Torpedoboote, seit Okt. 39 Bef. der Aufklärungsstreitkr. Seit Juli 40 Flottenchef. Im Febr. und März 41 operierte L. mit der „Scharnhorst" und „Gneisenau" im Atlantik. Am 24.5.41 versenkte er mit der „Bismarck" und „Prinz Eugen" den engl. Schlachtkreuzer „Hood", drei Tage später kam L. beim Untergang der „Bismarck" ums Leben.

MacArthur, Douglas, *26.1.1880 in Little Rock (Arkansas), †5.4.1964 in Washington, amerikan. General of the Army (Feldmarschall, 18.12.44); im Ersten Weltkrieg in Div.stäben in Frkr., zuletzt Kommandeur einer Brigade, 1919 als bis dahin jüngster Offizier Chef der Militärakademie West Point, 1922 Brigadegeneral, 1922–25 Kommandos auf den Philippinen, 1930 Gen.stabschef des US-Heeres. M. bemühte sich um Modernisierung und Verstärkung der Armee, geriet aber nach Anfangserfolgen in Konflikt mit Präs. Roosevelt, dessen Politik des New Deal klare Prioritäten auf wirtschaftl. und sozialem Gebiet setzte. M. wurde 1935 zu den US-Truppen auf den Philippinen versetzt, mit dem Auftrag, eine philippin. Armee aufzustellen. Er erhielt dafür allerdings kaum Unterstützung aus Washington, so dass er seinen ursprüngl. Plan, den Archipel insges. gegen eine japan. Invasion zu verteidigen, aufgab und einen Rückzug auf die Halbinsel Bataan vorsah, von wo aus der Hafen von Manila blockiert werden sollte. Doch selbst diese Strategie war nach dem japan. Angriff vom 8.12.41 nur kurze Zeit durchzuhalten. Bei aussichtsloser Lage der Verteidiger wurde M. am 23.2.42 abberufen und am 17.3.42 zum OB der US-Streitkräfte im SW-Pazifik ernannt. Unermüdl. forderte er die Konzentration aller Kräfte gegen Japan und geriet damit in Konflikt sowohl mit der „Germany first"-Strategie des Präs. als auch mit den Briten. Das hinderte ihn nicht, seine Offensive auf den Salomonen (bis Okt. 43 in amerikan. Hand) und auf Neuguinea (März 44 erobert) erfolgreich fortzusetzen. M. propagierte die Rückeroberung der Philippinen, konnte Roosevelt für den Plan gewinnen und Ende Febr. 45 wieder in Manila einziehen. Am 6.4.45 wurde er OB aller US-Streitkräfte im Pazifik und nahm in dieser Eigenschaft am 2.9.45 auf dem Schlachtschiff „Missouri" die Kapitulation Japans entgegen. Danach OB der Besatzungsarmee und 1950 OB der UN-Truppen im Koreakrieg, wurde M. am 11.4.51 abberufen wegen Kritik an den militärpolit. Entscheidungen von Präs. Truman und der Forderung nach Einsatz von Atomwaffen; Ruhestand.

Douglas MacArthur.

Mackensen, Eberhard von, dt. Gen. oberst (6.7.43), *24.9.1889 in Bromberg, †19.5.69 in Altmühlendorf bei Nortorf. 1.1.39 Gen.major, Chef des Generalstabs der 14. Armee im Polenfeldzug, Nov. 39 Chef des Generalstabs der 12. Armee, 1.1.40 Gen.lt., 1.8.40 Gen. der Kavallerie, 15.1.42 Kommand. Gen. III. Pz.korps, 22.11. Oberbef. d. 1. Pz.armee, 5.11.43 - 6.7.44 Oberbef. d. 14. Armee in Italien. Wegen der Differenzen über die Lagebeurteilung am 6.7.44 abgelöst und bis Kriegsende nicht mehr eingesetzt. Am 30.11.46 von den Engländern in Rom zum Tode verurteilt, im Juli 47 zu lebenslängl. verurteilt, verurteilt dann zu 25 Jahren Haft begnadigt; Okt. 52 vorzeitig entlassen.

Malinowski, Rodion, Marschall der Sowjetunion (10.9.44), *23.11.1898 in Odessa, †31.3.67 in Moskau. Bei Kriegsausbruch am 22.6.41 Kommand. Gen. d. XXXXVIII. Schützenkorps. Sept. 41 Oberbef. d. 6. Armee der Südwest-Front, Dez. 41 - Juli 42 der Süd-Front, erneut Febr. - April 43. 29.8. - 14.10. 42 Oberbef. d. 66. Armee, Nov. 42 der Gardearmee, April - Okt. 43 der Südwestfront, Okt. 43 - Mai 44 der 3. Ukrain. Front, dann der 2. Ukrain. Front bei der Eroberung von Rumänien. Aug./ Sept. 45 Oberbef. der Transbaikal-Front im Kampf gegen Japan. 1956-57 Oberkommand. der Landstreitkr., Okt. 57 bis zu seinem Tode Verteidigungsmin.

Mannerheim, Carl Gustav Freiherr von, *4.6.1867 in Villnäs bei Turku, †27.1.1951 in Lausanne, finn. Politiker. M. kämpfte im Ersten Weltkrieg bis 1917 als Offizier in der russ. Armee, führte 1917/18 als Oberbefehlshaber die finn. „Weiße" Armee und schlug mit dt. Hilfe die finn. Rote Armee; als Reichsverweser konnte er 1918/19 erfolgreich die internat. Anerkennung der finn. Unabhängigkeit durchsetzen. Als Generalfeldmarschall übernahm M. im finn.-sowjet. Winterkrieg und im Zweiten Weltkrieg den Oberbefehl über die finn. Streitkräfte, vermied zu enge Anlehnung an das nat.-soz. Deutschland und schloss als Staatspräs. (1944-46) den Waffenstillstand mit der Sowjetunion.

Manstein, Erich von (ursprüngl. E. v. Lewinski), *24.11.1887 in Berlin, †10.6. 1973 in Irschenhausen (Isartal), dt. Gen.feldmarschall (1.7.42); 1906 Offizier, im Ersten Weltkrieg Gen.stabsverwendung, Reichswehrkarriere (1.10.36 Gen. major). M. war bei Kriegsausbruch Chef des Stabes der Heeresgruppe Süd und entwickelte nach dem Sieg über Polen den Operationsplan für den Frankreichfeldzug: „Sichelschnitt" durch die Ardennen und Belgien mit schnellen Panzerverbänden zur Kanalküste. Der vom OKH sehr skeptisch beurteilte Plan fand Hitlers Billigung und brachte

Carl Gustav Freiherr von Mannerheim.

Erich von Manstein.

nach dem Erfolg die Beförderung M.s zum Gen. der Inf. (19.7.40). Im Russlandfeldzug war M. u.a. mit der 11. Armee Eroberer der Krim und wurde während der Stalingradkrise Oberbefehlshaber der Heeresgruppe Don (später Süd). Zwar konnte er den sowjet. Kessel um die dt. 6. Armee nicht mehr sprengen, doch gelang ihm mit einer genialen „Strategie der Aushilfen" die Rettung der Südfront in Russland (u.a. Rückeroberung Charkows 16.3.43). Nach Meinungsverschiedenheiten mit Hitler, der nun „nur noch Steher" haben wollte, wurde mit M. am 30.3.44 der wohl fähigste dt. Stratege abgelöst und nicht wieder verwendet. Von den Briten gefangengenommen, wurde er am 19.12.49 in Hamburg zu 18 Jahren Haft verurteilt, u.a. weil er den Kommissarbefehl weitergegeben und die Morde der Einsatzgruppen als „harte Sühne am Judentum, dem geistigen Träger des bolschewist. Terrors" gebilligt hatte. Aus Gesundheitsgründen im Mai 53 freigelassen, schrieb M. seine Memoiren „Verlorene Siege" (1955) und beriet die Bundesreg. in Fragen der Wiederbewaffnung.

Manteuffel, Hasso von, * 14.1.1897 in Potsdam, † 24.9.1978 in Reith bei Brixlegg (Tirol), dt. Gen. der Pz.truppen (1.9.44). M. war seit 1.2.39 Lehrgangsleiter an der Pz.truppenschule und wurde am 13.6.40 Kommandeur des Kradschützen-Bataillons 3 im Frankreichfeldzug. Danach folgende Kommandos: 1.5.41 Kommandeur des 1. Bataillons Schützenregiment 7, 25.8.41 Kommandeur des Pz.grenadierregiments 6, 15.7.42 Kommandeur der 7. Pz.brigade der 7. Pz.div. in Frkr. M. übernahm am 8.2.43 eine nach ihm benannte Div. in Tunesien und wurde wegen Erkrankung Ende April 43 ausgeflogen. Am 1.8.43 wurde er Kommandeur der 7. Pz.div. und am 1.2.44 der Pz.div. „Großdeutschland", die beide an der O-Front kämpften. Bei der Ardennen-Offensive im Dez. 44 sollte seine 5. Pz.armee, die er seit 1.9. befehligte, eine entscheidende Rolle im Mittelabschnitt spielen. Seit 5.3.45 OB der 3. Pz.armee in Pommern und Mecklenburg, ging M. in amerikan. Gefangenschaft, aus der er 1947 heimkehrte.

Marschall, Wilhelm, * 30.9.1886 in Augsburg, † 20.3.1976 in Mölln, dt. Generaladmiral (1.2.43); 1906 zur Marine, im Ersten Weltkrieg erfolgreicher U-Boot-Kommandant (44 Schiffe mit 120.000 BRT), ausgezeichnet mit dem Pour le mérite (4.7.18). Nach verschiedenen Kommandos war M. als Konteradmiral 1936/37 Chef der Operationsabteilung im OKM, befehligte 1937/38 die dt. Seestreitkräfte vor Spanien, wurde im Okt. 39 Flottenchef. In dieser Funktion erhielt er am 1.12.39 die Ernennung zum Admiral und leitete als Seebefehlshaber West u.a. Schlachtschiffeinsätze wie z.B. „Juno". Von Aug. 40 bis Aug. 42 unterstand M. das Bildungswesen, danach war er bis April 43 Kommandierender Admiral Frkr./OB Marinegruppe West. Am 30.6.43 zV gestellt, wurde er ein Jahr später als Sonderbevollmächtigter für die Donau reaktiviert, im Nov. 44 erneut zV gestellt und gegen Kriegsende im April 45 nochmals reaktiviert als OB des Marineoberkommandos West. Nach der Rückkehr aus US-Gefangenschaft im Juni 46 lebte M. in Kiel im Ruhestand und betätigte sich als Marinehistoriker.

Marseille, Hans-Joachim, dt. Jagdflieger, * 13.12.1919 in Berlin, † 30.9.42 in Nordafrika. Seit 38 bei der Luftwaffe, 1940 Einsätze in Nordfrankr., März 41 Versetzung nach Nordafrika, April 42 Oberlt., Juni 42 Staffelkpt., wenig später Hauptmann. Am 1.9.42 schoss M. an einem Tag 17 Feindmaschinen ab, er galt seitdem als einer der erfolgreichsten Jagdflieger der Welt (Beiname „Stern von Afrika"). 4.9.42 Brillanten zum Ritterkreuz mit Eichenlaub und Schwertern. Wenige Tage nach seinem 158. Luftsieg kam M. am 30.9.42 beim Verlassen seiner (defekten) Maschine ums Leben, weil sich der Fallschirm nicht geöffnet hatte.

Hans-Joachim Marseille.

Maslennikow, Iwan, sowjet. Armeegeneral, * 16.9.1900 in Tschalykla (Saratow), † 16.4.64 in Moskau. M. kam von der Polizei zur Armee; 41/42 Bef. d. 29. Armee der West-, dann der 39. Armee der Kalinin-Front. 42 Gen.lt., 24.1. - 13.5.43 Oberbef. d. Nordkaukasus-Front; Gen.oberst., 43/44 stellvertr. Oberbef. der Wolchow-, Südwest-, 3. Ukrain. und der Leningrader Front. 44 Armeegen., Oberbef. d. 3. Baltischen Front. 1945 Stellvertr. Oberbef. d. Sowjettruppen im Fernen Osten. M. war der einzige Polizeigen., der sich im Kriege als Frontbefehlshaber bewährte.

Matsuoka, Yosuke, japan. Politiker, * 4.3.1880 in Jamagutschi, † 27.6.1946 in Tokio. 1940/41 Außenmin., betrieb M. eine Politik der Neuordnung im „großostasiatischen Raum"; schloss mit Deutschl. und Italien den Dreimächtepakt und den Nichtangriffspakt mit der Sowjetunion. 45 wurde M. von den Amerikanern als Kriegsverbrecher verhaftet. Starb im Gefängnis.

Merezkow, Kiril Afanasjewitsch, Marschall der Sowjetunion (26.10.44), * 7.6.1897 bei Saraisk (Gebiet Moskau), † 30.12.68 in Moskau. 1918 Eintritt in die Rote Armee. 36-37 in Spanien. Im sowjet.-finn. Krieg 39/40 Oberbef. d. 7. Armee. 40-41 Chef der HauptVerwaltung des Gen.stabs. 41 Oberbef. d. 4. Armee, Dez. 41 - Febr. 44 der Wolchow-Front, 42 kurze Zeit der 33. Armee, Febr. 44 - Juni 45 der Karelischen Front, Aug. - Sept. 45 der 1. Fernost-Front im Kampf gegen Japan. 55-64 stellvertr. Verteidigungsmin.

Messe, Giovanni, Marschall von Italien (12.5.1943), * 10.12.1883 in Mesagne bei Brindisi, † 18.12.68 in Rom. 35 Brigadegen., 38 Div.-Gen., 39 Kommandeur des Expeditionskorps in Albanien. Mai 40 Kommand. Gen. des Kavalleriekorps. 17.7.41 - 9.7.42 Kommand. Gen. des Expeditionskorps gegen die UdSSR. 10.7. - 1.11.42 Kommand. Gen. des XXXV. Korps. 5.2. - 13.5.43 Oberbef. d. 1. Armee in Tunesien. Bis Nov. 43 in brit. Kriegsgefangensch. 21.11.43 - 1.5.45 Chef des Gen.stabs der Badoglio-Reg. 53-61 Senator; Präs. des italien. Frontkämpferbundes.

Metaxas, Ioannis, * 12.4.1871 in Ithaka, † 29.1.1941 in Athen, griech. Politiker und General. M. war nach einem Staatsstreich seit 1936 Reg. chef auf Lebenszeit mit diktator. Vollmachten. Mit der Ablehnung des italien. Ultimatums am 28.10.40 durch M. begann der Krieg in Albanien, aus dem durch dt. Eingreifen der Balkanfeldzug wurde, den M. nicht mehr erlebte, für den er aber durch den Bau der nach ihm benannten M.-Linie (seit 1936) im N des Landes hatte vorsorgen wollen.

Meyer, Kurt, * 23.12.1910 in Herxheim (Pfalz), † 23.12.1961 in Hagen (Westfalen), SS-Brigadeführer (1.9.44); 1925 NSDAP-Beitritt, nach längerer Arbeitslosigkeit 1929 Anwärter bei der Landespolizei, 15.10.31 zur SS. Als Sturmbannführer wurde M. am 1.9.40 Kommandeur der Aufklärungsabt. der Leibstandarte SS „Adolf Hitler", mit der er am Balkanfeld-

Dragoljub Mihajlović

zug und am Krieg gegen die UdSSR teilnahm. M., der sich mit seiner schneidig-schnellen Kampfführung den Spitznamen „Panzermeyer" erworben hatte, wurde SS-Oberführer (1.8.43) und erhielt das Kommando über das Pz.grenadier-Regiment 25 der 12. SS-Pz.div. „Hitlerjugend", die er vom 16.6. bis 6.9.44 als jüngster Div.kommandeur in den harten Abwehrkämpfen gegen die alliierten Invasionstruppen führte, wobei die Div. so schwere Verluste erlitt, dass sie im Sept. 44 neu aufgestellt werden musste.

Mihajlović, Dragoljub (genannt Draza), *27.4.1893 in Ivanjica (Serbien), †17.7. 1946 in Belgrad (hingerichtet), jugoslaw. Offizier und Politiker; Ende des Ersten Weltkriegs Hauptmann, 1934 Militärattaché in Sofia, 1936 in Prag, 1939 Oberst. M. zog sich nach der Kapitulation Jugoslawiens (17.4.41) mit anderen versprengten Soldaten in die Berge zurück und baute die Partisanenorganisation der sog. Cetnici (Name einer Truppe in den Türkenkriegen des 17./18. Jh.) auf. Zwar erhielt er nach dem dt. Überfall auf die Sowjetunion Zustrom von kommunist. Gruppen, doch kam es bald zu Konflikten und zur Abspaltung der Kommunisten unter Tito. M., im Sommer 41 von der jugoslaw. Exilreg. in London zum Gen. und OB der Truppen in der Heimat ernannt, zog sich vor einer dt. Offensive gegen die Partisanen nach Montenegro zurück, wurde am 12.1.42 Verteidigungsmin. der Exilreg. und erhielt bevorzugt alliierte Hilfe. Da es vereinzelt zu gemeinsamen Attacken mit dt. Truppen gegen kommunist. Einheiten kam, geriet M. ins Zwielicht und verlor zunächst Stalins, später (Anfang 44) auch die Unterstützung der Angloamerikaner. Im Juni 44 ließ ihn die Exilreg. fallen und forderte ihre Landsleute zum Anschluss an Tito auf. M. tauchte gegen Kriegsende unter, wurde aber im März 46 verhaftet und von der kommunist. Reg. vor Gericht gestellt und zum Tod verurteilt.

Miklós-Dálnoki, Béla, ungar. Gen. oberst, *11.6.1890 in Budapest, †21.11. 1948 ebd. 33-36 Militärattaché in Berlin. 39 Kommandeur der 2. Kavallerie-Brigade. 1.3.41 Kommand. Gen. des Schnellen Korps (41/42 Einsatz gegen die UdSSR). Febr. bis Okt. 42 Kommand. Gen. des IX. Korps. Nov. 42 - 5.8.44 Chef der Militärkanzlei des Reichsverwesers. 6.8. - 16.10.44 Oberbef. d. 1. Armee. Ging am 16.10.44 zu den Sowjets über, um dort die Sache Horthys besser vertreten zu können und weil er eine Verhaftung durch die Dt. fürchtete. 22.12.44 Min.-präs. der in Debrecen (Ost-Ungarn) gebildeten Provisorischen Nationalregierung, parteilos. Er erklärte Deutschland am 31.12.44 den Krieg. Am 15.11.45 Rücktritt. Danach nicht mehr polit. tätig.

Mikojan, Artem Iwanowitsch, sowjet. Flugzeugkonstrukteur, *27.5.1905, †9.12. 1970. 1925 Mitgl. der KPdSU. 40 Chefkonstrukteur des Konstruktions- und Versuchsbüros für Flugzeugbau. Zuletzt Gen. oberst des Ingenieurtechn. Dienstes. Konstruierte zus. mit M. I. Gurewitsch die Jagdeinsitzer MiG-1 und MiG-3 (3.322 Stück gebaut), hatte wesentl. Anteil an der Entwickl. sowjet. Düsenjäger (MiG-15 u.a.).

Milch, Erhard, dt. Gen.feldm. (19.7. 1940), *30.3.1892 in Wilhelmshaven, †25.1.1972 in Wuppertal. 1933 Staatssekr. im Luftfahrtministerium, obwohl jüdischer Abkunft. 1.11.38 Gen.oberst, 24.10.38 Gen.-Inspekteur der Luftwaffe. Bei der Besetzung Norwegens führte M. vorübergehend die Luftflotte 5. 19.11.41 Gen.luftzeugmeister als Nachfolger Udets. Wegen Differenzen mit Hitler über die Luftrüstung im Juni 44 seine Ämter als Staatssekr. und Gen.-luftzeugmeister niedergelegt; verlor im Jan. 45 auch das Amt des Gen.-Inspekteurs. Am 17.4.47 in Nürnberg zu lebenslängl. Zuchthaus verurteilt, 51 zu 15 Jahren begnadigt, am 4.7.54 vorzeitig entlassen.

Mitscher, Marc Andrew, *26.1.1887 in Hillsboro (Wisconsin), †3.2.1947 in Norfolk (Virginia), amerikan. Admiral (März 46); 1910 zur Marine, Dienst auf Schlachtschiffen und Zerstörern, 1916 Erwerb des Pilotenscheins als Marineflieger, fliegerische Rekordleistungen, 1926 Stationierung auf dem ersten Träger der US-Marine, der „Langley", 1939 Kapitän z.S. Wurde 1941 erster Kommandant des neuen Trägers „Hornet", führte ihn beim Doolittle-Raid gegen Tokio (April 42) und in der Seeschlacht von Midway (Juni 42). Im folgenden Monat zum Konteradmiral befördert, übernahm M. seit Jan. 44 schnelle Trägergruppen, mit denen er bei den Angriffen auf die Marshall-Inseln, auf Truk, Neuguinea, in den Schlachten in der Philippinen-See und im Leyte-Golf, vor Formosa, Iwo Jima und Okinawa den Luftschirm stellte. Im März 44 wurde der in der Trägerkriegführung wohl erfahrenste US-Offizier zum Vizeadmiral ernannt und im Juli 45 als stellv. Stabschef der Navy (für Fliegerei) nach Washington berufen. 1946 Befehlshaber der 8. (atlant.) Flotte.

Model, Walter, *24.1.1891 in Genthin bei Magdeburg, †21.4.1945 in Lintorf bei Düsseldorf, dt. Generalfeldmarschall (1.3.44); 1909 Eintritt ins Heer, im Ersten Weltkrieg Truppen- und Generalstabsverwendung, 1919 in die Reichswehr übernommen und am 1.3.38 Generalmajor und Chef des Stabes des IV. Armeekorps. M. bewährte sich im Polen- und im Frankreichfeldzug, führte im Russlandfeldzug sein XXXXI. Panzerkorps bis in die Nähe von Moskau und führte als Oberbefehlshaber der 9. Armee in der letzten dt. Offensive im Osten bei Kursk (Juli 43). Der „Meister der Defensive" wurde am 9.1.44 Heeresgruppenchef,

Walter Model.

zunächst Nord, seit 31.3.44 Nord-Ukraine, am 28.6.44 Mitte und als Nachfolger Kluges am 17.8.44 im Westen der Heeresgruppe B. Unter seiner Leitung gelang die Abwehr der alliierten Luftlandung bei Arnheim und der Vorstoß in der Ardennenoffensive. Ausweglos eingeschlossen, gab M. im April 45 seinen restl. Verbänden (ca. 300.000 Mann) im Ruhrkessel den Befehl zur Selbstauflösung und nahm sich das Leben.

Mölders, Werner, dt. Luftwaffenoberst (1.8.41), *18.3.1913 in Gelsenkirchen, †22.11.41 bei Flugzeugabsturz in Breslau-Gandau. Mit der Legion Condor Teilnahme am Spanischen Bürgerkrieg (14 Abschüsse). Bei Kriegsausbruch Kpt. der 3. /J.G. 53 (Westfront), Okt. 39 Kommandeur III. /J.G. 53; 1.7.40: Kom-

Werner Mölders.

modore J.G. 51. Einsatz im Westen, dann im Osten, wo M. als Oberstlt. am 15.7.41 seinen 101. Gegner abschoss und am 16.7.41 als erster Soldat der Wehrmacht die Brillanten zum Ritterkreuz mit Eichenlaub und Schwertern erhielt. Aug. 41 Gen. der Jagdflieger.

Molotow, Wjatscheslaw Michajlowitsch, ursprüngl. W. M. Skrjabin, *9.3.1890 in Kukarka (heute Sowetsk im Gebiet Wjatka), †8.11.1986 in Moskau, sowjet. Politiker; seit 1906 Bolschewik, Redakteur d. Parteizeitung „Prawda" (Pseudonym M. = der Hammer); enger Mitarbeiter Stalins; 1921-57 Mitglied des Zentralkomitees der KPdSU, 1926-57 in deren Politbüro; 1930-41 Vors. des Rates der Volkskommissare, danach stellvertr. Vors. „Der Buchhalter" (Lenin über M.) wurde am 3.5.39 im Verhandlungsvorfeld des Krieges Außenmin., weil sein jüd. Vorgänger Litwinow eine Öffnung zum nat.-soz. Dt. Reich blockierte. Der Dt.-sowjet. Nichtangriffsvertrag vom 23.8.39 und sein geheimes Zusatzprotokoll waren nicht zuletzt M.s Werk, das der durch Stalins „Säuberungen" geschwächten Roten Armee entscheidenden Zeitgewinn brachte und Hitler die nötige Rückendeckung zur Entfesselung des Krieges. Dass dieser die Sowjetunion nicht verschonen würde, wusste M. und sorgte im Frühjahr 41 für die Sicherung in Fernost durch den Neutralitätsvertrag mit Japan. Er rettete Moskau im Winter 41 nach der dt. Kriegserklärung (22.6.41). Nach Krieg und Stalins Tod verlor M. im Zuge der Entstalinisierung an Einfluss und schließl. alle Ämter. 1962 Parteiausschluss, zum 94. Geburtstag Rehabilitierung.

Moltke, Helmuth James Graf von, dt. Widerstandskämpfer, *11.3.1907 in Kreisau, †23.1.45 in Berlin-Plötzensee hingerichtet. Landwirt und Jurist. 39-44 Sachverständiger für Kriegs- und Völkerrecht im OKW. Von Anfang an Gegner des Nationalsozialismus als der Verkörperung des Geistes „der Enge und der Gewalt, der Überheblichkeit, der Intoleranz". Um ihn der sog. Kreisauer Kreis. Im Jan. 44 verhaftet, weil er einen Freund vor der Gestapo gewarnt hatte. Obwohl sonst kein Delikt nachweisbar, am 11.1.45 wegen Vorbereitung zum Hochverrat zum Tode verurteilt.

Lord Mongomery.

Montgomery, Bernard Law, Viscount of Alamein and Hindhead, *17.11.1887 in Kensington (heute zu London geh.), †24.3.1976 in Islington Mill (Hampshire), brit. Feldmarschall (1.9.44); 39/40 mit der 3. Div. bei den brit. Expeditionsstreitkräften in Frkr. M. wurde nach den erstaunl. Erfolgen Rommels am 13.8.42 Oberbefehlshaber der brit. 8. Armee in Ägypten und konnte nach dem Sieg bei El Alamein (Nov. 42) den Afrika-Feldzug erfolgreich beenden. 1944 war er Oberbefehlshaber der brit. Truppen bei der Invasion und befehligte nach dem dt. Zusammenbruch die brit. Besatzungstruppen in Deutschland bis zum 26.6.46. Danach war er Chef des Empire-Generalstabs und von März 52-Aug. 58 stellv. NATO-Oberbefehlshaber.

Moskalenko, Kirill Semjonowitsch, *11.5.1902 in Gritschino (Donez-Gebiet), Marschall der Sowjetunion (11.3. 55); 1920 Eintritt in die Rote Armee. M. war im Winterkrieg gegen Finnland 1939/49 Artillerie-Kommandeur der 51. Schützendiv., wurde 1940 Gen.major und kommandierte nach dem dt. Angriff (22.6.41) Pz.- und Kavallerie-Korps. Seit Ende 41 war er OB der 6. und der 38. Armee, der 1. Pz.- und der 1. Gardearmee, führte danach die 40. und seit Anfang 43 schließl. wieder die 38. Armee bis zur Eroberung der Tschechoslowakei im Mai 45. 1948-53 bei der Luftabwehr, 1953-60 Befehlshaber im Militärbezirk Moskau, 1960-62 OB der strateg. Raketentruppe, dann bis 1972 stellv. Verteidigungsmin. der UdSSR.

Mountbatten, Louis Francis Albert (seit 1947 Earl of Burma), *25.6.1900 in Windsor, †27.8.1979 in Mullaghmore (Republik Irland), brit. Admiral of the Fleet (Großadmiral, 21.10.56); Sohn des Prinzen Ludwig Alexander von Battenberg, Vetter von König Georg V., 1927 in England eingebürgert, im Ersten Weltkrieg bei der Navy, Funkspezialist. M. nahm als Kommandant des Zerstörers „Kelly" am Kampf um Norwegen (Frühjahr 40) teil, übernahm dann den Träger „Illustrious", organisierte Kommandounternehmen und leitete den Raid gegen Dieppe (Aug. 42). Seit Aug. 43 Admiral, wurde er Chef des South East Asia Command (SEAC), das die chines. Truppen unter US-General Stilwell, die brit.-ind. 14. Armee, die Luftlandetruppen von Gen. Wingate, die amerikan. Lufttransportverbände und die brit. Flotte im Ind. Ozean umfasste. Im Sept. 45 konnte M. die Kapitulation der japan. Streitkräfte in S-Asien entgegennehmen. 1947 letzter Vizekönig in Indien, 1948 dort Gen. gouverneur, 1952-54 OB der NATO-Streitkräfte Mittelmeer, dann 1955-59 1. Lord der Admiralität (Marinemin.), 1959-65 Chef des Verteidigungsstabes, dann Gouverneur der Isle of Wight; fiel einem Attentat ir. Terroristen zum Opfer.

Mussert, Anton Adriaan, niederländ. Politiker. *11.5.1894 in Werkendam, †22.3.46 in Den Haag (hingerichtet). Gründete 1931 die „Nationaal-Socialistische Beweging", die nach der Besetzung Hollands (Mai 40) Bedeutung gewann. Arbeitete mit den Dt. zus., rief zum Eintritt in die Freiwilligen-Legion „Niederlande" und „Standarte Westland" auf; betonte aber die Eigenständigk. Hollands und unterdrückte alle Bestrebungen, das Land an das Dt. Reich anzuschließen; duldete die Judendeportationen. Im Mai 1945 verhaftet und als Kollaborateur zum Tode verurteilt.

Mussolini, Benito, *29.7.1883 in Predappio (Forlì), †28.4.1945 in Giulino de Mezzegra (Como), ital. Politiker; Lehrer, 1900 Eintritt in die Sozialist. Partei (PSI), 1909 Gründung und bis 1912 Leitung der Zeitschrift „Lotta di Classe", mehrmals wegen „Hetze" inhaftiert, 1912 Chefredakteur des sozialist. Zentralorgans „Avanti", 1914 Trennung von den Sozialisten und Gründung der Zeitung „Popolo d'Italia", 1915–17 Teilnahme am Ersten Weltkrieg, 1919 Gründung der „Fasci di Combattimento" (Kampfbünde), gleichzeitig Kampf gegen sozialist. Revolutionäre wie kapitalist. „Ausbeuter". Mit einem Marsch seiner „Schwarzhemden" auf Rom am 28.10.22 meldete M. seinen Machtanspruch an, wurde vom König mit der Bildung einer Koalitionsreg. beauftragt, drängte bald seine Partner beiseite und baute ein autoritäres Regime auf; Symbol: Rutenbündel (latein. fascis, daher der Begriff Faschismus) als Zeichen staatl. Amtsgewalt. Als OB der Streitkräfte, Polizeichef, Min.präs. und Min. zahlr. Ressorts (zeitweise bis zu 8) ließ er sich als „Duce" (Führer) und „Capo di Governo" (Reg.chef) huldigen und sicherte seine Macht durch polizeistaatl. Willkür im Innern und imperialist. Politik nach außen. Bei diesen außenpolit. Abenteuern fand M. in dem zunächst als „Nachäffer" bespöttelten Hitler zunehmend Unterstützung wie z.B. bei der Annexion Abessiniens 1935/36 und verband sich mit ihm im Span. Bürgerkrieg 1936–39 zur Waffenbrüderschaft zugunsten Francos. Es entwickelte sich die „Achse Berlin–Rom", wobei M. allerdings zusehends zum Juniorpartner herabsank. 1938 beim Münchener Abkommen gelang ihm noch einmal durch Gipfeldiplomatie die Abwendung des Krieges, auf den Italien weniger als alle anderen vorbereitet war, versprach aber militär. Beistand für spätere krieger. Verwicklungen des Dt. Reiches im sog. Stahlpakt (Mai 39). Dennoch blieb er im Polenfeldzug (Sept. 39) dem Krieg fern, stürzte sich aber am 10.6.40 übereilt in den Kampf gegen Frkr., da er angesichts der raschen Siegeslaufs der dt. Wehrmacht bei der Verteilung der Beute zu spät zu kommen befürchtete. Er wurde damit und mit gescheiterten eigenen „Parallelkriegen" (Albanien, Balkan-, Afrikafeldzug) zum Gefangenen des tödl. Hitlerschen Endsiegkonzepts. Als Feldherr war M. glücklos, seine Personalpolitik bei der Vergabe von hohen Posten oder bei der Besetzung des Comando Supremo orientierte sich an persönl. oder polit. Präferenzen und nicht an militär. Erfordernissen. Seine schärfste Waffe, die große italien. Kriegsflotte, ging im Kampf mit der Royal Navy im Mittelmeer ruhmlos unter. Als Meister der Pose – nach dem Fall Tobruks (21.6.42) ließ er sich eine Phantasieuniform für den Einritt in Kairo schneidern – entwickelte er bei sinkendem Kriegsglück immer operettenhaftere Züge und verschärfte zugleich den Terror im Innern. Die Entfremdung zw. dem kriegsmüden italien. Volk und dem „Duce" wuchs, und der Faschist. Großrat vollstreckte nur ein allg. Urteil, als er am 25.7.43 M. entmachtete und verhaften ließ. Zwar befreiten ihn am 12.9.43 dt. Fallschirmjäger aus einem Hotel auf dem Gran Sasso, doch fristete M. fortan als nomineller Chef einer „Repubblica Sociale Italiana" in N-Italien das Dasein einer Marionette seiner dt. Aufseher. Als er sich bei Kriegsende in die Schweiz absetzen wollte, wurde er von Partisanen ergriffen und zusammen mit seiner Geliebten Clara Petacci erschossen.

Nagumo, Chuichi, * 1887 in Yamagata, † 6.7.1944 in Saipan, japan. Vizeadmiral (1939); 1908 zur Kaiserl. Marine, 1917 Zerstörer-Kommandant, 1929 Kapitän z.S., 1935 Konteradmiral, u.a. Kommandant des Schlachtschiffs „Yamashiro". N. bemühte sich im Vorfeld des Krieges v.a. um den Aufbau der noch wenig beachteten Marine-Luftwaffe und wurde OB der 1. Marine-Luftflotte. In dieser Eigenschaft befehligte er das japan. Angriffsgeschwader gegen Pearl Harbor, das u.a. 5 Träger mit 423 Flugzeugen umfasste und am 7.12.41 den Pazifikkrieg auslöste. Nach seiner Rückkehr nach Japan (23.12.) ließ N. seinen Verband zu weiteren Träger-Raids auslaufen, bombardierte Rabaul (20/ 23.1.42) und Port Darwin (14.2.42), wo ihm 11 Handelsschiffe und 1 US-Zerstörer zum Opfer fielen, und griff dann im Ind. Ozean Ceylon an, wo er u.a. den brit. Träger „Hermes" vernichten konnte (9.4.42). Sein Stern sank in der Schlacht bei Midway, in der er die Vorhut kommandierte und alle seine 4 Träger verlor. Zwar gelang ihm mit der Versenkung des US-Trägers „Hornet" und der Beschädigung der „Enterprise" am 26.10.42 in der Schlacht bei den Santa-Cruz-Inseln eine Revanche, doch um den Preis des Verlusts fast aller Trägerflugzeuge. Im März 44 OB im Zentralpazifik geworden, versuchte N. vergebl., die amerikan. Offensive u.a. gegen die Marianen zu stoppen. Auf Saipan, wo er sein Hauptquartier aufgeschlagen hatte, befehligte er seine letzte Schlacht gegen das am 15.6.44 gelandete V. Amphib. US-Korps (Smith). Wie der OB der dort verteidigenden japan. 31. Armee, Gen.leutnant Saito, beging der „Held von Pearl Harbor" bei unvermeidl. Niederlage rituellen Selbstmord nach den Regeln des „Buschido" (Weg des Kriegers).

Chuichi Nagumo.

Naujocks, Alfred Helmut, * 20.9.1911, † 4.4.1966 in Hamburg, dt. Geheimagent; Maschinenbauer, 1931 zur SS. N. war 1939 SS-Sturmbannführer und arbeitete für den SD im Auslandsnachrichtendienst. Er erhielt am 10.8.39 den Auftrag, einen fingierten Überfall auf den Reichssender Gleiwitz zur propagandist. Vorbereitung des Angriffs auf Polen durchzuführen. N. war später u.a. an der Entführung brit. Agenten beim Venlo-Zwischenfall und am Fälschungsunternehmen „Bernhard" beteiligt. Nach dem Krieg aus amerikan. Internierung geflohen, wurde N. nie gerichtl. zur Verantwortung gezogen.

Nebe, Arthur, * 13.11.1894 in Berlin, † 4.3.1945 ebd. (hingerichtet); dt. Polizeioffizier; Kriegsfreiwilliger, 1918 Oberstleunant (EK I), 1920 zur Berliner Polizei, 1931 NSDAP-Beitritt, 1.4.34 Kriminalrat, 1936 Chef der Kripo, 1.7.37 Reichskriminaldirektor. N. war nach Bildung des RSHA Chef des Amtes V und lieferte dem Militär. Widerstand um Gen.oberst Beck, mit dem er seit 1938 befreundet war, wertvolle Informationen aus dem Zentrum der nat.-soz. Macht. Im Russlandfeldzug kommandierte er die Einsatzgruppe B, ließ sich aber angesichts der Blutorgien (45.467 ermordete Juden während seiner Führung) ablösen. Danach in der alten Stellung, floh er nach dem Scheitern des Attentats vom 20.7.44 und verriet so erst seine Verstrickung in die Verschwörung; 16.1.45 verhaftet, 2.3.45 zum Tod verurteilt.

Nehring, Walther, * 15.8.1892 in Stretzin, † 20.4.1983 in Düsseldorf, dt. Gen. der Pz.truppen (1.7.42); Eintritt ins Heer 16.9.11, Reichswehr, 1.3.37 Oberst. N. wurde am 1.7.39 Chef des Gen.stabes des XIX. AK, mit dem er in den Krieg gegen Polen zog, seit 1.6.40 diente er in gleicher Position bei der Pz.gruppe Guderian im Frankreichfeldzug. Am 1.8.40 zum Gen.major befördert, erhielt N. das Kommando über die neugebildete 18. Pz.div., mit der er am 22.6.41 in Russland einrückte. Am 1.2.42 wurde er Gen. leutnant und führte vom 9.3. bis 31.8.42 das Dt. Afrika-Korps. Nach der Landung der Alliierten in N-Afrika übernahm N. den Befehl über die eiligst nach Tunesien herübergebrachten dt. Truppen (LXXXX. AK), mit denen er den Brückenkopf sichern konnte. Nach Erweiterung seines AK zur 5. Pz.armee wurde er nach Deutschland zurückbeordert und durch Gen.oberst v. Arnim ersetzt. Am 10.2.43 wurde N. Kommand. Gen. des XXIV. Pz.korps im O, führte vom 2.7. bis 8.8.44 stellv. die 4. Pz.armee und danach wieder bis zum 15.10.44 sein Pz.korps. Mit der „Gruppe N." (XXIV. Pz.korps und Reste des XXXII. AK) erzwang er am 20.1.45 als „wandernder Kessel" nach Losbrechen der sowjet. Winteroffensive an der Weichsel den Pilica-Übergang und gewann am 22.1.45 südöstl. Sieradz Anschluß an das von Ostpreußen herankommende Pz.korps „Großdeutschland" (Saucken). Vom 22.3.45 bis Kriegsende war N. OB der 1. Pz.armee, die zuletzt in der Mähr. Senke und im Altvatergebirge kämpfte.

Walther Nehring.

Neurath, Konstantin Freiherr von, * 2.2.1873 in Klein-Glattbach (Württemberg), † 14.8.1956 in Enzweihingen (Württemberg), dt. Politiker und SS-Obergruppenführer (19.6.43); Diplomatenlaufbahn, 1921 Botschafter in Rom, 1930 in London, 2.6.32 Reichsaußenmin., 1937 NSDAP-Beitritt, 4.2.38 Reichsmin. ohne Geschäftsbereich. Hitler bestellte N. am 18.3.39 zum Reichsprotektor in Böhmen und Mähren (der einstigen Tschechei), doch war der eigentl. starke Mann in Prag sein Stellvertreter K.H. Frank. Am 27.9.41 wurde N. angebl. aus Altersgründen, in Wahrheit wegen zu liberaler Amtsführung „beurlaubt" und 1943 entlassen. Im Prozeß gegen die Hauptkriegsverbrecher wurde er am 1.10.46 zu 15 Jahren Haft verurteilt, am 6.11. wegen eines Augenleidens aber vorzeitig freigelassen.

Nimitz, Chester William, * 24.2.1885 in Fredericksburg (Texas), † 20.2.1966 auf der Insel Yerba Buena bei San Francisco, amerikan. Flottenadmiral (Dez. 44); bis 1905 Marineakademie, 1909 zur U-Boot-Waffe, Spezialausbildung für Dieselmotoren, Ende des Ersten Weltkriegs Stabschef des Befehlshabers der U-Boote im Atlantik, danach

Walter Nowotny.

Ing.-Studium u.a. in Deutschland und Belgien, wechselnde Stabs-, Verwaltungs- und Lehraufgaben (u.a. Schule für Reserveoffiziere der Marine an der Universität von San Francisco) sowie Bordkommandos. 1938 zum Konteradmiral ernannt, erhielt N. nach Kriegseintritt der USA das Oberkommando über die Pazifikflotte und war seit Okt. 43 OB der Zentralpazif. See-, Land- und Luftstreitkräfte (Hauptquartier auf Hawaii). Er hatte durch geschickte Führung der Mitarbeiter wie der Operationen an allen Siegen der US-Flotte gegen Japan entscheidenden Anteil, gehörte am 2.9.45 zu den Unterzeichnern der japan. Kapitulationsurkunden und wurde im Dez. 45 Nachfolger von King als OB der amerikan. Kriegsmarine. 15.12.47 Ruhestand.

Nowotny, Walter, *7.12.1920 in Gmünd (Österreich), †9.11.1944 an der W-Front, dt. Jagdflieger. N. trat im Aug. 39 in die Luftwaffe ein und wurde in der Jagdfliegerschule Schwechat bei Wien ausgebildet. Im Febr. 41 zum JG 54 versetzt, erzielte er am 19.7.41 seinen ersten Luftsieg. Es folgte eine steile Karriere, begleitet von schließl. 258 Abschüssen, davon zweimal an einem einzigen Tag 10. Am 25.10.42 wurde N. Staffelkapitän, wenig später Gruppenkommandeur und Mitte Nov. 43 Geschwaderkommodore. Die Reihe seiner Luftsiege wurde abgebrochen, als er wegen seines pädagog. Talents nach Frkr. kommandiert wurde als Kommodore des Ausbildungsgeschwaders 101. Im Juli 44 begann N. mit der Aufstellung eines nach ihm benannten Kommandos für die takt. Erprobung des Düsenjägers Me 262 Schwalbe. Dabei gelangen ihm noch einmal 3 Luftsiege, ehe er wegen Triebwerkschadens Opfer amerikan. Mustangs wurde.

Ohlendorf, Otto, *4.2.1907 in Hoheneggelsen bei Hildesheim, †7.6.1951 in Landsberg (Lech) (hingerichtet), SS-Gruppenführer (Nov. 44); Jurist, 1925 NSDAP-, 1926 SS-Beitritt. O. leitete bei Kriegsbeginn den Sicherheitsdienst (SD) im Amt III des RSHA und rückte im Juni 41 als Chef der Einsatzgruppe D in Russland ein, wo seinen Kommandos rd. 90.000 Zivilisten, meist jüd. Bürger, zum Opfer fielen. O. wurde wegen dieser Massaker am 10.4.48 in Nürnberg vom amerikan. Militärgerichtshof II zum Tod verurteilt.

Olbricht, Friedrich, dt. Gen. d. Inf. (1.6.40), *4.10.1888 in Leising (Sachsen), †20.7.44 in Berlin. 1.4.37 Gen.major, 1.1.39 Gen.lt., 1.9.39 Kommandeur 24. Inf.div., 15.2.40 - 20.7.44 Chef des Allgemeinen Heeresamtes im OKH. Seit 43 O. führend im Widerstand tätig; nach dem gescheiterten Attentat auf Hitler am 20.7.44 gemeinsam mit Stauffenberg und zwei weiteren Offizieren am Abend desselben Tages im Hof des Reichskriegsministeriums auf Befehl von Gen.oberst Fromm erschossen.

Oster, Hans, *9.8.1888 in Dresden, †9.4.1945 im KZ Flossenbürg, dt. Gen. major (1.12.41); im

Hans Oster.

Ersten Weltkrieg Gen.stabsoffizier, 1933 zur Abwehr im Reichswehrmin. (später OKW) und 1939 Leiter von deren Zentralabt. Seit der Ermordung seines einstigen Chefs Gen. Schleicher während der sog. Röhm-Affäre (30.6.34) erbitterter Gegner des Nat.-soz., nutzte O. seine Schlüsselstellung für den Widerstand und verriet u.a. den Beginn des dt. Angriffs im W den Holländern. Doch da er wegen zahlr. Verschiebungen schon mehrmals Fehlalarm gegeben hatte, bezweifelte man auch den tatsächl. Termin (10.5.40), so dass der Überraschungsschlag der Wehrmacht gelang. O. beschaffte für verschiedene Attentatsversuche Sprengstoff, setzte sich für Verfolgte ein (u.a. Ausschleusung als angebl. V-Leute) und hielt Verbindung zu alliierten Geheimdiensten (u.a. Dulles in der Schweiz). Bei der Verhaftung seines Mitarbeiters v. Dohnanyi fand die Gestapo Belastungsmaterial auch gegen O., das am 31.3.44 zu seiner Entlassung führte. Von den Verschwörern des 20. Juli 44 als Präs. des Reichskriegsgerichts vorgesehen, wurde O. nach Fehlschlag des Umsturzversuchs am 21.7.44 verhaftet und kurz vor Eintreffen amerikan. Truppen nach Standgericht gehängt.

Ozawa, Jisaburo, *2.10.1886 in Miyazaki (Kyushu), †9.11.1966 ebd., japan. Vizeadmiral (1940); bis 1909 Marineakademie, zunächst Kommandant von Torpedobooten, dann von Zerstörern, 1926 als Fregattenkapitän im Stab der Vereinigten Flotte, 1929 Studienreise in die USA und nach Europa, 1934 Kreuzer- und 1935 Schlachtschiff-Kommandant, 1941 Direktor der Marine-Stabsakademie. Bei Angriffsbeginn im Dez. 41 wurde O. Befehlshaber der Süd-Expeditions-Flotte, mit der er die Landungen in Malaya und auf Sumatra unternahm. Es folgten Operationen im Handelskrieg im Golf von Bengalen und mit der 3. Trägerflotte Luftangriffe gegen amerikan. Vorstöße bei den Salomonen und gegen Neuguinea (April 43). Anfang 44 erhielt O. den Oberbefehl über die Mobile Flotte, die fast alle großen Überwassereinheiten der Kaiserl. Marine umfasste. Erfolge aber konnte er damit

Jisaburo Ozawa.

weder in der Philippinen-See (Juni 44) noch im Leyte-Golf (Okt. 44) erringen, wo sein Angriff auf die amerikan. Landungsflotte abgewiesen wurde. Auch die Verteidigung der japan. Küsten, die seit Frühjahr 45 zunehmend Ziel amerikan. Träger- und Schlachtschiff-Raids waren, gelang kaum noch, da die gegner. Material- und v.a. Luftüberlegenheit keine Entfaltungsmöglichkeiten mehr ließ.

Papagos, Alexandros, *9.12.1883 in Athen, †ebd.4.10.1955, griech. Feldmarschall (1949) und Politiker; 1906 Eintritt ins Heer, 1919–22 Teilnahme am Krieg gegen die Türkei, als Anhänger von Metaxas 1935/36 Kriegsmin., 1936 Gen.stabschef. P. leitete 1940/41 als OB des Heeres die griech. Gegenoffensive gegen die von Albanien eingedrungenen italien. Truppen und warf sie zurück, so dass dt. Hilfe für die Italiener erforderl. wurde, die zum Balkanfeldzug führte. Dt. Truppen nahmen P. gefangen und verbrachten ihn nach Deutschland, wo er bis Kriegsende in KZ-Haft blieb. Im griech. Bürgerkrieg schlug er 1949 den kommunist. Aufstand nieder, gab dann seine militär. Ämter ab und gründete 1951 die Hellen. Sammlungsbewegung; Nov. 52 bis zum Tod Min.präs.

Park, Sir Rodney, *15.6.1892 in Thames (Neuseeland), †5.2.1975 in Auckland (Neuseeland), brit. Luftmarschall; 1917/18 Jagdflieger in Frkr., danach Kommandeur einiger Fliegerhorste und Stabsausbildung, Stabschef des Fighter Command in Stanmore, April 40 Air Vice Marshal (Gen.leutnant). Als Kommandeur der No. 11 Fighter Group hatte P. in der Luftschlacht um England mit dem SO einschließl. Londons den kritischsten Sektor zu verteidigen. Dafür standen ihm nie mehr als 200 Maschinen, meist Hurricane, zur Verfügung, so dass er sich im Sommer 40 weitgehend auf Defensive beschränken musste. 1941 wurde P. OB der brit. Luftstreitkräfte in Ägypten; seit 15.7.42 in gleicher Funktion auf Malta, seit Jan. 44 im Mittleren O, seit Febr. 45 OB der alliierten Luftstreitkräfte in SO-Asien; 1946 Ruhestand als Air Chief Marshal (Gen.-oberst).

Patton, George S., amerikan. General, * 11.11.1885 in San Gabriel (Kalifornien), † 21.12.45 in Mannheim (Autounfall). P., bedeutendster Pz.taktiker auf alliierter Seite, führte 42/43 das II. US-Korps in Nordafrika, Juli 43 Oberbef. der 7. Armee; 44 führte P. die 3. Armee bei der Invasion, beim Rheinübergang, sowie 45 in Süddeutschl. u. der ČSR. P., der als brillanter Stratege galt, wurde im Juli 45 Vier-Sterne-Gen., war bis zu seinem Unfalltod Militärgouverneur von Bayern. Setzte sich für eine großzügige Handhabung der Entnazifizierungsvorschriften ein.

Paulus, Friedrich, * 23.9.1890 in Breitenau (Kreis Melsungen), † 1.2.1957 in Dresden, dt. Gen.feldmarschall (31.1. 43); 1910 Eintritt ins preuß. Heer, im Ersten Weltkrieg Offizier, danach Einsatz bei der Grenzsicherung im Osten, 1920–39 verschiedene Stabs- und Truppenkommandos in Reichswehr und Wehrmacht. Als Oberquartiermeister I des Gen.stabs des Heeres (seit Sept. 40) war P. beteiligt an der Vorbereitung des Russlandfeldzuges, in dem er im Jan. 42 den Oberbefehl über die 6. Armee übernahm. Mit dieser griff er im Aug. 42 Stalingrad an und wurde nach fast vollständiger Eroberung der Stadt im Nov. 42 von der Roten Armee eingeschlossen. Als P. am 2.2.43 kapitulierte und mit dem Rest seiner Armee (ca. 90.000 Mann) in Gefangenschaft ging, wurde er von Hitler der Feigheit bezichtigt: „Der Mann hat sich totzuschießen!" P. beteiligte sich am Aufbau des Nationalkomitees „Freies Deutschland" und rief die dt. Truppen der Ostfront zum Überlaufen auf. 1953 aus der Gefangenschaft entlassen, nahm er Wohnsitz in der DDR.

George S. Patton.

Friedrich Paulus.

Pavelić, Ante, kroat. Politiker, * 14.7. 1889 in Bradina (Herzegowina), † 28.12.59 in Madrid. Leitete seit 29 von Italien aus die kroat. Unabhängigkeitsbewegung „Ustascha" in Kroatien. Nach der Besetzung Jugoslawiens durch dt. Truppen im April 41 P. Staatschef des „Unabhängigen Staates Kroatien". Versuchte durch brutale Verfolgung der Serben, Juden u. Moslems die nationale Einheit des Staates zu festigen. 45 Flucht nach Österr., in Abwesenheit in Belgrad zum Tode verurteilt, 48 Bildung einer Exilreg. der Ustacha in Argentinien. 1957 floh P. nach Spanien.

Peiper, Joachim, * 30.1.1915 in Berlin, † 13.7.1976 in Traves, SS-Standartenführer (Oberst) der Waffen-SS; während der Ardennen-Offensive Kommandeur einer gepanzerten Kampfgruppe der 1. SS-Panzerdivision „Leibstandarte Adolf Hitler". P. wurde im Malmedy-Prozess wegen angebl. Gefangenenerschießungen zum Tod verurteilt, später zu lebenslängl. Freiheitsstrafe begnadigt und Ende 56 vorzeitig entlassen. Anfang 1970 ließ er sich in Traves im frz. Jura nieder. Als bekannt wurde, wer er war, setzte unter Führung der kommunist. Zeitung „L'Humanité" eine Pressekampagne gegen ihn ein. Man forderte seine sofortige Ausweisung. Nach Morddrohungen wurde am Vorabend des frz. Nationalfeiertages 1976 sein Haus in Brand gesteckt. In dem abgebrannten Gebäude fand man P.s verkohlte Leiche. Zu der Tat bekannte sich eine Untergrundorganisation mit dem Namen „Les Vengeurs" (Die Rächer). Die Täter wurden nicht gefaßt.

Pétain, Henri, * 24.4.1856 in Cauchy-la-Tour (Pas-de-Calais), † 23.7.1951 in Port Joinville (Insel Yeu), frz. Marschall (Nov. 18) und Politiker; im Ersten Weltkrieg zunächst als General Führer eines Korps, seit 1915 der 2. Armee, im Febr. 16 Oberbefehlshaber der Verteidiger Verduns, am 15.5.17 Oberbefehlshaber des frz. Heeres, 1922–31 Generalinspekteur der Armee, 1929 Mitglied der Académie Française, 1931 Inspekteur der Luftverteidigung, 1934 kurze Zeit Kriegsmin. P., dessen Nimbus als „Sieger von Verdun" ungebrochen blieb, wurde im März 39 als Botschafter zu Franco geschickt, um die im Span. Bürgerkrieg fast gänzl. abgerissenen frz.-span. Beziehungen zu reparieren. Nach dem dt. Angriff (10.5.40) berief Reynaud P. als nat. Symbolfigur ins Kabinett (stellv. Min. präs.) und musste ihm nach dem Fall von Paris am 16.6.40 als Reg.chef weichen. P. schloss am 22./24.6. Waffenstillstand mit Deutschland und Italien und wurde am 10.7. von der frz. Nat.versammlung in Vichy mit 569 zu 80 Stimmen zum Chef des „État Français" berufen und mit diktator. Vollmachten ausgestattet. P. verfolgte einen Doppelkurs der begrenzten Zusammenarbeit mit der dt. Besatzungsmacht und der gleichzeitigen Verweigerung. In Montoire gelang es ihm, Frkr. aus Hitlers Kriegsplänen herauszuhalten; er förderte aber die Bildung einer frz. „Freiwilligenlegion gegen den Bolschewismus". Er stellte zeitweilig den Befürworter einer völligen Kollaboration, Laval, kalt, befahl aber am 8.11.42 den Widerstand der frz. Truppen gegen die alliierte Landung in Nordafrika. Er stand in geheimer Verbindung mit der brit. Reg., ließ aber Geiselerschießungen und Judendeportationen durch die Deutschen

Ante Pavelić.

Philippe Petain.

ohne Protest geschehen. Nach innen setzte er auf den Ausbau eines korporativen Staates, entließ alle einstigen Repräsentanten der III. Republik, suchte die wirtsch. Folgen des Krieges zu mildern und kämpfte vergebl. um die Freilassung der frz. Kriegsgefangenen in Deutschland. Sein Doppelspiel war für die frz. Öffentlichkeit nicht durchschaubar, für zahlr. Franzosen war P. die Legitimation zur Kollaboration. Von den Deutschen am 20.8.44 nach Belfort und am 8.9. nach Sigmaringen verbracht, stellte sich P. am 24.4.45 den frz. Behörden, obwohl de Gaulle sein Exil in der Schweiz vorgezogen hätte. So kam es vom 23.7.–15.8.45 zum Prozess, der bei 14 zu 13 Richterstimmen mit dem Todesurteil für P. endete. Wegen des hohen Alters begnadigt, verbrachte er seine letzten Jahre in Festungshaft auf der Insel Yeu.

Petrow, Iwan Jefimowitsch, sowjet. Armeegeneral, *30.9.1896, †7.4.58. 1918 Eintritt in die Rote Armee. 5.10.41 - 4.7.42 Oberbef. der Küstenarmee (Odessa – Krim). 16.3. - 13.5.43 Chef des Stabes der Nordkaukasus-Front. 13.5.43 - Nov. 43 Oberbef. dder Nordkaukasus-Front, Aug. 44 - März 45 der 4. Ukrain. Front. 45-52 Bef. im Militärbezirk Turkestan. 1952-58 im Verteidigungsministerium.

Pfeffer-Wildenbruch, Karl, dt. SS-Obergruppenführer, Gen. d. Waffen-SS u. Gen. der Polizei (9.11.43), *26.6. 1888, †29.1.71. Kommandeur der SS-Polizei-Div. im Frankr.-Feldzug, 41-43 Chef des Kolonial-Polizeiamtes im Reichsinnenministerium, dann Kommand. Gen. des VI. (lett.) Korps der Waffen-SS, Sept. 44 Bef. der Waffen-SS in Ungarn, Anf. Dez. 44 Kommand. Gen. des IX. SS-Gebirgskorps und Wehrmachtbef. in Budapest. Am 11.2.45 Budapest besetzt. P. geriet in sowjet. Gefangensch.; 1955 zurückgekehrt.

Pius XII., ursprüngl. Eugenio Pacelli, *2.3.1876 in Rom, †9.10.1958 in Castel Candolfo, Papst (2.3.39); 1899 Priesterweihe, 1920–29 Nuntius bei der dt. Reichsreg., 1930 Kardinalstaatssekretär. P. trat sein Amt als Oberhaupt der kath. Kirche im Vorfeld des Krieges an und versuchte vergebl., durch Vermittlungsangebote den Frieden zu retten. Auch seine Bemühungen um Hilfe für die Verfolgten und die Opfer des Krieges erzielten nicht die erhofften Erfolge. In seiner Handlungsfreiheit im faschist., später nat.-soz. kontrollierten Italien stark eingeschränkt, mied P. die Konfrontation mit den Machthabern und protestierte sogar nur sehr indirekt gegen die blutige Kirchen- und Priesterverfolgung (Intelligenz-Aktion) in Polen. Obwohl er über den Völkermord der dt. Judenverfolgung unterrichtet war, riet er seinen Bischöfen von offenen Anklagen ab, „um größere Übel zu vermeiden" (Brief an den Berliner Bischof Preysing vom 30.4.43), und beschränkte sich auf kirchl. Fragen. Das brachte ihn postum ins Zwielicht (Drama „Der Stellvertreter" von Rolf Hochhuth 1963) und verdunkelte seine Integrationsleistung während des Krieges und seine theolog. Bedeutung.

Pohl, Oswald, *30.6.1892 in Duisburg, †8.6.1951 in Landsberg am Lech (hingerichtet), SS-Obergruppenführer (21.4. 42); 1926 NSDAP-Beitritt, 1.2.34 als SS-Standartenführer Verwaltungschef im SS-Hauptamt. P. baute einen Konzern aus SS-eigenen Wirtschaftsunternehmen auf, die am 31.12.42 unter dem Dach des Wirtschafts- und Verwaltungs-Hauptamts (WVHA) zusammengefasst wurden. Dank eines Heeres von KZ-Häftlingen, Anfang 45 über 700.000, die er radikal ausbeutete und damit Himmlers Auftrag der „Vernichtung durch Arbeit" erfüllte, erzielte P. enorme Gewinne, zumal er zahlr. Häftlinge zu profitablen Bedingungen auch noch an die Industrie „vermietete". Die Zahl der als Zwangsarbeiter umgekommenen KZ-Insassen wird auf eine halbe Mio. geschätzt. In einem Prozess vor dem Militärgerichtshof III der USA gegen 18 Mitarbeiter des WVHA wurden P. und 3 weitere Angeklagte am 3.11.47 zum Tod verurteilt, nur das Urteil gegen P. wurde vollstreckt.

Pokryschkin, Aleksandr Iwanowitsch, *6.3.1913, sowjet. Jagdflieger und Luftmarschall (16.12.72); 1932 zur Roten Armee. P. erzielte im Krieg auf 560 Feindflügen 59 Luftsiege und war damit einer der erfolgreichsten sowjet. Piloten. Dreimal als Held der Sowjetunion ausgezeichnet, machte er eine steile Nachkriegskarriere: 1948 Militärakademie Frunse, 1969 Gen.oberst und Stellv. OB der Luftabwehrtruppen, 1971 Vors. des Zentralkomitees der Fördergesellschaft der Streitkräfte.

Prien, Günther, *16.1.1908 in Osterfeld (Thüringen), †7.3.1941 im Nordatlantik, dt. Korvettenkapitän (1.3.41); zunächst Handelsmarine, 1935 Leutnant z. S. P. war als Kapitänleutnant bei Kriegsausbruch Kommandant von U 47, mit dem er am 14.10.39 in den vielfach gesicherten Ankerplatz der brit. Home Fleet in Scapa Flow eindrang und das Schlachtschiff „Royal Oak" versenkte. P. wurde damit einer der ersten propagandist. vermarkteten Kriegshelden der Marine, erhielt zahlr. Auszeichnungen (u.a. Ritterkreuz mit Eichenlaub) und wurde Bestseller-Autor mit seinem Buch „Mein Weg nach Scapa Flow" (1940), das nach dem Krieg unter dem Titel „I sank the Royal Oak" auch in England ein Erfolg wurde. P. versenkte 1940/41 weitere Schiffe mit insges. 160.935 BRT.

Pu Yi, *1906, †17.10.1967 in Peking, letzter Kaiser von China als Kind 1908–11 und (Marionetten-) Kaiser von Mandschukuo 1932–45; danach in sowjet. Gefangen-

Günther Prien.

Vidkun Quisling .

schaft, an China ausgeliefert und nach „Umerziehung" Gärtner in Peking.

Quisling, Vidkun, *18.7.1887 in Fyresdal (Telemark), †24.10.1945 in Oslo (hingerichtet); norweg. Politiker; Offizier, 1922–26 beteiligt an Hilfsmaßnahmen für die hungernde sowjet. Bevölkerung, 1927/28 Legationssekretär an der norweg. Botschaft in Moskau. Zunächst begeistert von der russ. Revolution, wandelte sich Q. nach seiner Heimkehr (1930) zum radikalen Antibolschewisten und gründete 1933 eine faschist. „Norweg. Volkserhebung", die er später „Nasjonal Samling" nannte. Einen Parlamentssitz konnte jedoch nicht einmal Q. als Parteivors. erobern. Im Krieg setzte er dann ganz auf die dt. Karte, wurde am 14.12.39 von Hitler empfangen und warnte vor einer brit. Invasion Norwegens. Nach der dt. Landung (9.4.40) rief er zur Beendigung des Widerstands auf und stellte sich dem Reichskommissar Terboven zur Verfügung. Zwar wurde seine Partei zur einzig zugelassenen erklärt und Q. 1942 zum Min.präs. einer „nat. Reg." gemacht, doch blieb sein Einfluss auf die dt. Besatzungspolitik unbedeutend. Am 9.5.45 wurde er festgenommen und am 10.9.45 zum Tod verurteilt. Die intern. Presse machte seinen Namen zur allg. Bez. für Kollaborateur, Landesverräter.

Raeder, Erich, dt. Großadmiral (1.4. 39), *24.4.1876 in Wandsbek (Hamburg), †6.11.60 in Kiel. 1.10.28 Adm. u. Chef der Marineleitung, 21.5.35 Oberbef. d. Marine, 20.4.36 Gen.adm.; Verfechter der

Erich Raeder.

Überwasserstrategie. Am 30.1.43 nach Differenzen mit Hitler abgelöst (Nachfolger Dönitz); erhielt den einflusslosen Posten des Admiralinspekteurs der Marine. Am 23.6.45 verhaftet u. am 1.10.46 vom alliierten Gerichtshof in Nürnberg zu 10 J. Gefängnishaft verurteilt. 26.9.55 vorzeitig entlassen.

Ramcke, Hermann Bernhard, dt. Gen. d. Fallschirmtruppe (1.9.44), *24.1. 1889 in Schleswig, †4.7.68 in Kappeln. Mai 41 Teiln. bei der Landung auf Kreta. 1.8.41Gen.major, 41 /42 Kommandeur d. Fallschirmjägerbrigade 2 in Afrika. 21.12.42 Gen.lt., Juli 43 Einsätze in Italien. Febr. - Juni 44 an der Ostfront, seit Juni an der Invasionsfront (Kommandeur der 2. Fallschirmjägerdiv.). Kommandant der seit 27.8.44 eingeschlossenen Festung Brest. Am 22.9.44 kapitulierte R. (2 Tage zuvor die Schwerter und Brillanten zum Ritterkreuz erhalten). Dez. 46 von den Briten an die Franzosen ausgeliefert, am 21.3.51 wegen Kriegsverbrechen zu 5 J. Haft verurteilt, am 24.6.51 entlassen; Memoiren: „Vom Schiffsjungen zum Fallschirmgeneral".

Reichenau, Walter von, dt. Gen. feldm. (19.7.40), *8.10.1884 in Karlsruhe, †17.10.42 in Poltawa. 1903 zum Heer, im 1. Weltkrieg Batteriechef und Generalstabsoffizier, in der Reichswehr am 1.2.33 Chef des Ministeramts (13.2.34 Wehrmachtsamt) im Reichswehrministerium, 1.2.34 Generalmajor, 1.10.35 Generalleutnant, 1.10.36 General der Artillerie. Reichenau war bei Kriegsbeginn Oberbefehlshaber der 10. Armee, die er schon beim Einmarsch in die Tschechoslowakei (März 39) geführt hatte. Er stieß mit ihr im Zentrum der Heeresgruppe Süd (v. Rundstedt) im Polenfeldzug Richtung Warschau vor, das am 27.9.39 kapitulierte. Am 1.10.39 zum Generaloberst ernannt, führte Reichenau im Westen dann die 6. Armee am Südflügel der Heeresgruppe B (v. Bock) und nahm am 28.5.40 die belgische Kapitulation entgegen. Auch beim Angriff auf die UdSSR (22.6.41) befehligte er die 6. Armee bei der Heeresgruppe Süd (v. Rundstedt), ging Richtung Schitomir – Dnjepr vor und erreichte am 24.10.41 Charkow und Belgorod. Nach dem Rückschlag bei Rostow löste Reichenau v. Rundstedt als Oberbefehlshaber der Heeresgruppe Süd ab, konnte die Stadt aber auch nicht halten. Reichenau galt als nationalsozialistisch eingestellter Offizier, wovon z.B. sein Tagesbefehl vom 10.10.41 zeugte, in dem er die Judenverfolgung als „harte, aber gerechte Sühne am jüdischen Untermenschentum" bezeichnete.

Reinhardt, Georg-Hans, *1.3.1887 in Bautzen, †22.11.1953 in München, dt. Gen.-oberst (1.1.42); Eintritt ins Heer 25.3.07, in der Reichswehr am 1.2.34 Oberst und in der Wehrmacht am 1.4.37 Gen. major R. nahm als Kommandeur der 4. Pz.div. (Würzburg) am Polenfeldzug teil und wurde danach

Walter von Reichenau.

Hanna Reitsch.

am 1.10.39 zum Gen.leutnant ernannt. Im Frankreichfeldzug führte er als Kommand. Gen. das XXXXI. Pz.korps, das er am 15.2.40 übernommen hatte. Nach der Beförderung zum Gen. der Pz.truppe wurde R. am 5.10.41 OB der 3. Pz.armee an der O-Front (zunächst Pz.gruppe 3) und am 16.8.44 der nach der sowjet. Sommeroffensive geschwächten Heeresgruppe Mitte. Von Hitler für die Preisgabe Ostpreußens im Jan. 45 mitverantwortl. gemacht, wurde R. am 26.1.45 abgelöst und durch Gen.oberst Rendulic ersetzt. Im OKW-Prozess in Nürnberg wurde R. am 28.10.48 zu 15 Jahren Haft verurteilt, am 27.2.52 aber begnadigt und entlassen.

Reitsch, Hanna, *29.3.1912 in Hirschberg (Schlesien), †24.8.1979 in Frankfurt am Main, dt. Fliegerin; in den 30er Jahren zahlr. Rekorde, 1937 erster weibl. Flugkapitän, 1938 Erstflug mit einem Hubschrauber (Fw 61). R. wurde Testpilotin der Luftwaffe und erprobte zahlr. Militärmaschinen, u.a. Me 163 Komet, Me 232 Gigant, bemannte Version der Flugbombe V 1 („Reichenberg"). 1942 erhielt sie als eine der ganz wenigen Frauen das EK I von Hitler, den sie noch Ende April 45 im umkämpften Berlin aufsuchte, als sie den neuen Luftwaffen-OB Ritter von Greim einflog. Bei Kriegsende amerikan. Internierung bis 1946.

Remer, Otto-Ernst, *18.8.1912 in Neubrandenburg, †4.10.1997 in Marbella (Spanien), dt. Gen.major (31.1.45). Als Major und Kommandeur des Wachbataillons Berlin spielte R. beim Umsturzversuch des militär. Widerstands am 20.7.44 eine Schlüsselrolle. Von den Verschwörern mit der Verhaftung von Goebbels beauftragt, ließ er sich von diesem zu einem Telefonat mit dem Führerhauptquartier überreden und konnte sich so von Hitlers Überleben überzeugen. Er übernahm nun umgekehrt die Verhaftung der Widerstandskämpfer und wurde unter Überspringung eines Ranges zum Oberst befördert. 1950 Gründungsmitglied der später verbotenen rechtsextremen Sozialist. Reichspartei (SRP), nationalist. Agitator.

Rendulic, Lothar, dt. Gen.oberst (1.4. 44.), *23.10.1887 in Wiener-Neustadt, †17.1.71 in Linz. 1.9.39 Chef d. Gen. stabs d. XVII. Armeekorps 1.12.39 Gen. major, 15.6.40 Kommandeur d. 14. Inf.div., 5.10.40 Kommandeur d. 42. Inf.div., 1.12.41 Gen.lt., 1.11.42 Kommand. Gen. d. XXXV. Armeekorps. 1.12. 42 Gen. d. Inf., 43 Oberbef. d. 2. Pz.armee auf dem Balkan. 25.6.44 Oberbef. d. 20. Gebirgsarmee in Lappland. 27.1.45 Oberbef. d. Heeresgr. Nord, 10.3.45 d. Heeresgr. Süd. Im Südost-Prozess wurde R. in Nürnberg zu 20 J. Gefängnis verurteilt, am 1.2.51 zu 10 J. begnadigt und am 16.12.51 entlassen.

Ribbentrop, Joachim von, dt. Politiker, *30.4.1893 in Wesel, †16.10.46 in Nürnberg (hingerichtet). Ursprüngl. Kaufmann (Spitz-

Otto-Ernst Remer.

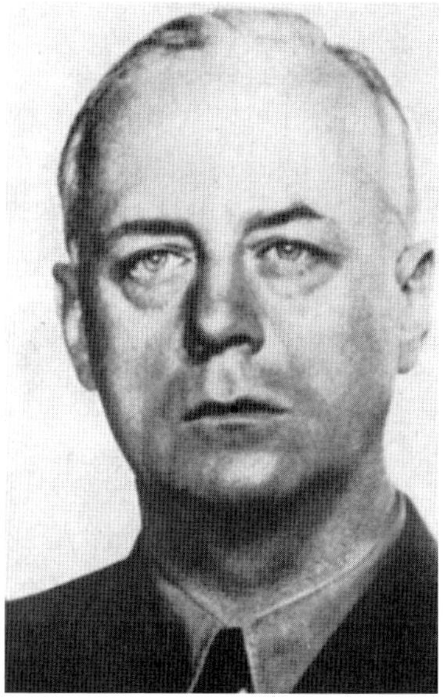

Joachim von Ribbentrop.

name „der Weinreisende"), wurde R. Hitlers außenpolit. Hauptberater zunächst im Amt Ribbentrop und als Sonderbotschafter (dt.-engl. Flottenabkommen), dann als Botschafter in London und vom 4.2. 38-30.4.45 als Außenmin. Versuchte seine antibrit. Haltung bei Hitler durchzusetzen, befürwortete ein Zusammengehen mit der Sowjetunion, Japan, Italien (dt.-sowjet. Nichtangriffspakt, Dreimächtepakt). Verlor nach dem Angr. auf Russl. an Einfluss. 1.10.46 vom Internationalen Militärtribunal in Nürnberg zum Tode verurteilt.

Richthofen, Wolfram Freiherr von, *10.10.1895 in Barzdorf bei Striegau (Schlesien), †12.7.1945 in Lüneburg, dt. Gen.feldmarschall (16.2.43); im Ersten Weltkrieg zunächst bei den Husaren, 1917 Jagdflieger im Geschwader seines Vetters Manfred von R., Maschinenbaustudium, Eintritt ins Waffenamt des Reichswehrmin., 1933 Leiter der Erpobungsabt. im Reichsluftfahrtmin., Jan. 37 Chef des Stabes und Nov. 38 als Gen.major Kommandeur der Legion Condor im Span. Bürgerkrieg (bis 21.2.39). R. war bei Kriegsbeginn Fliegerführer z.b.V. (Stuka-Verbände) und übernahm nach dem Polenfeldzug das VIII. Fliegerkorps, mit dem er, seit 19.7.40 Gen. der Flieger (Gen.leutnant übersprungen), in Frkr., auf dem Balkan und in Russland kämpfte. Am 1.3.42 zum Gen.oberst befördert, wurde R. am 24.6.42 OB der Luftflotte 4 im O und führte vom 12.6.43 bis zum 27.10.44 die Luftflotte 2 in Italien, ehe eine schwere Erkrankung (Gehirntumor) seiner militär. Karriere ein Ende machte.

Rogge, Bernhard, dt. Vizeadm. (1.3. 45), *4.11.1899 in Schleswig, †29.6.1982 in Reinbek b. Hamburg. 13.12.17 Lt. z.S.; 36 Kommandant Segelschulschiff „Gorch Fock". Febr.38-Sept.39 Segelschulschiff „Albert Leo Schlageter". Stellte am 19.12.39 den Hilfskreuzer Schiff 16 „Atlantis" in Dienst, mit dem er am 31.3.40 zum Handelskrieg auslief. Auf einer Kaperfahrt von 622 Tagen versenkte und kaperte R. 22 alliierte Handelsschiffe mit 145.697 BRT. Schiff 16 wurde am 22.11.41 im Südatlantik vom brit. Schweren Kreuzer „Devonshire" gestellt. April 42 zunächst Chef des Stabes, dann Inspekteur des Bildungswesens. Sept. 44 bis Kriegsende Bef. des Ausbildungsverbandes der Flotte, zugleich Kampfgruppe Rogge, die in der Endphase des Krieges in der Ostsee zahlr. Einsätze zur Unterstützung der Landtruppen durchführte. In der Bundeswehr war R. als Konteradmiral vom 1.6.57-31.3.62 Bef. im Wehrbereich I.

Rokossowski, Konstantin Konstantinowitsch, Marschall der Sowjetunion (29.6.44), *21.12.1896 in Warschau, †3.8.68 in Moskau. 1914 Eintritt in die Armee. Bei Kriegsbeg. im Juni 41 Gen.major u. Kommand. Gen. d. IX. mech. Korps. Juli 41 Oberbef. d. 16. Armee, zeitw. gleichz. auch der 20. Armee. 13.7.42 Oberbef. der Brjansker Front, 30.9.42 der Don-Front. 15.1.43 Gen.oberst, Febr. 43 Oberbef. d. Zentral-Front (wird Okt. 43 Weißruss. Front), Febr. 44 – Nov. 44 der 1. Weißruss. Front, Nov. 44 – Juni 45 der 2. Weißruss. Front. Nach dem Krieg Bef. eines Militärbezirks, Stellvertr. des Verteidigungsministers der UdSSR. 1949 „auf Bitten der polnischen Regierung mit Genehmigung der Sowjetregierung" poln. Verteidigungsmin. Marschall von Polen (7.11.49). Nov. 56 Rückkehr in die UdSSR (Verteidigungsministerium).

Wolfram Freiherr von Richthofen.

Konstantin Rokossowski.

Rommel, Erwin, dt. Gen.feldm. (22.6. 42), *15.11.1891 in Heidenheim, †14.10.44 in Herrlingen bei Ulm. Bereits im Ersten Weltkrieg EK I u. Pour le mérite. 1.8.39 Gen.major, 1.9.39 Kmdt. d. Führerhauptquartiers, 5.2.40 Kommandeur der 7. Pz.div. („Gespensterdivision"), 1.1.41 Gen.lt., 14.2.41 Kommand. Gen. d. Deutschen Afrika-Korps.1.7.41 Gen. d. Pz.truppen,1.9.41 Bef. d. Pz.gr. (21.2.42 Panzerarmee) Afrika, 30.1.42 Gen.oberst, 21.6.42 Eroberung Tobruks als Höhepunkt der Karriere R.s; 1.1.43 - 9.3.43 Oberbef. d. Heeresgr. Afrika. 11.3.43 Brillanten zum Ritterkreuz mit Eichenlaub und Schwertern. 1.1.44 bis zur schweren Verwundung bei einem Tieffliegerangr. am 17.7.44 Oberbef. d. Heeresgr. B in Frankr. Differenzen mit Rundstedt über Möglichk. der Invasionsabwehr. R. war der volkstümlichste dt. Heerführer, der auch beim Gegner hohes Ansehen genoß. Am 14.10.44 zum Selbstmord gezwungen: Die Gen. Burgdorf u. Maisel überbrachten ihm Hitlers Ultimatum, das ihn vor die Wahl stellte: Freitod oder Aburteilung durch den Volksgerichtshof wegen Verbindung zum Verschwörerkreis des 20. Juli; außerdem für den Fall der Weigerung Repressalien gegen seine Familie angedroht.

Roosevelt, Franklin Delano, 32. Präsident der USA, *30.1.1882 in Hyde Park (N.Y.), †12.4.45 in Warm Springs (Georgia). 1921 Kinderlähmung, daher zeitlebens gehbehindert. 29 Gouverneur von New York. 33 Sieger der Präsidentschaftswahlen gegen Hoover. Bekämpfte mit seinem Programm des New Deal (Neuverteilung) die Wirtschaftskrise u. steuerte außenpolit. zunächst einen neutralist. Kurs, den er dann aber mehr und mehr zugunsten Englands lockerte. 36, 40 u. 44 wiedergewählt, prägte R. die US-Politik über 12 Jahre. Seine harte Haltung gegenüber Japan führte zum Scheitern der Verhandlungen u. durch den japan. Überfall auf Pearl Harbor zur Ausweitung des europ. Krieges zum Weltkrieg. Nach der dt. Kriegserklärung (11.12.41) setzte R. die ganze Macht der USA zur Niederwerfung Deutschlands („Germany First") ein. Maßgebl. an der Forderung der „Bedingungslosen Kapitulation" beteiligt, tolerierte er die Machtausweitung der Sowjetunion. Bemühte sich um die Gründung der Vereinten Na-

Franklin Delano Roosevelt.

Alfred Rosenberg.

tionen. Innenpolit. förderte R. die Entwicklung der Vereinigten Staaten in Richtung Sozialstaat.

Rosenberg, Alfred, dt. Politiker, *12.1.1893 in Reval, †16.10.46 in Nürnberg (hingerichtet). Ursprüngl. Architekt, gelangte R. bereits früh in den Kreis um Hitler, an dessen Putsch R. 1923 teilnahm. Machte sich als Propagandist einen Namen in der NSDAP; 30 mit seinem Buch „Der Mythus des 20. Jahrhunderts" die ideologische Instanz nach Hitler. 33 Reichsleiter, Chef des Außenpolit. Amtes der NSDAP, „Beauftragter des Führers" für die weltanschaul. Schulung in der Partei. 17.7.41 - 30.4.45 Reichsmin. f. die besetzten Ostgebiete. Sein Konzept der Förderung der kleinen Völkerschaften gegen die Russen konnte er nicht durchsetzen. Am 1.10.46 als „Urheber des Rassenhasses" im Hauptkriegsverbrecherprozess in Nürnberg zum Tode verurteilt.

Rotmistrow, Pawel Alexejewitsch, *23.6.1903 in Skoworowo, sowjet. Marschall (28.5.62); 1919 zur Roten Armee. R. war nach dem dt. Angriff im Herbst 41 als Oberst Kommandeur der 8. Pz.brigade und wurde am 24.8.42 Kommand. Gen. des VII. Pz.korps. Zum Gen.leutnant befördert (29.12.42), führte er 1943/44 die 5. Garde-Pz.armee zunächst bei der Woronesch-Front (Watutin), dann bei der 2. Ukrain. Front (Konjew) und wurde 1945 OB der Pz.verbände der sowjet. Besatzungstruppen in Deutschland. 1958 Kommandeur der Kriegsakademie der Pz.truppen.

Rudel, Hans-Ulrich, *2.7.1916 in Konradswaldau (Schlesien), †18.12.1982 in Rosenheim, dt. Oberst der Luftwaffe (1.1.45); 1937/38 Flugausbildung (Stuka und Aufklärer). R. spezialisierte sich mit seinem bes. bewaffneten Stuka auf die Panzerjagd im Osten und erreichte bis Kriegsende bei 2.530 Einsätzen 519 Abschüsse. Hinzu kamen 800 zerstörte Fahrzeuge, ein versenkter Kreuzer und ein schwer beschädigtes Schlachtschiff. Der am höchsten dekorierte Soldat der Wehrmacht (Goldenes Eichenlaub mit Schwertern und Brillanten zum Ritterkreuz) entkam im März 44 sowjet. Gefangenschaft, verlor im Febr. 45 sein rechtes Bein und geriet am 8.5.45 in amerikan. Gefangenschaft. R. lebte nach dem Krieg lange in Argentinien in nat.-soz. Emigrantenkolonien und setzte sich in der Bundesrepublik für rechtsextremist. Organisationen ein.

Ruge, Friedrich, *24.12.1894 in Leipzig, †3.7.1985 in Tübingen, dt. Vizeadmiral (1.2.43); 1914 zur Marine, im Ersten Weltkrieg bei den Torpedobooten, Übernahme in die Reichsmarine als Oberleutnant z.S., Verwendung beim Minensuchdienst, 1937 Kapitän z.S. Bei Kriegsbeginn war R. Führer der Minensuchboote Ost und seit Okt. 39 West. Im Febr. 41 wurden ihm auch alle Vorposten- und Sicherungsverbände im W als Befehlshaber der Sicherung West unterstellt. Am 1.4.42

Hans-Ulrich Rudel.

Gerd von Rundstedt.

zum Konteradmiral befördert, war R. von Mai bis Aug. 43 Befehlshaber des dt. Marinekommandos Italien und danach Marineberater des OB der Heeresgruppe B Rommel. Von Nov. 44 bis Kriegsende leitete er das Konstruktionsamt bei OKM. Nach dem Krieg am Aufbau der Bundesmarine beteiligt und 1.3.56 deren Inspekteur, 30.9.61 Abschied, 1967 Honorarprof. in Tübingen.

Rundstedt, Gerd von, *12.12.1875 in Aschersleben, †24.2.1953 in Hannover, dt. Gen.feldmarschall (19.7.40); 1892 Eintritt ins Heer, im Ersten Weltkrieg Gen.stabsoffizier, in der Reichswehr 1.11.27 Gen. major, 1.2.29 Gen.leutnant, 1.10.32 Gen. der Inf. und OB des Gruppenkommandos 1 (Berlin), 1.3.38 Gen.oberst und 1.11.38 verabschiedet. Bei Kriegsbeginn wurde R. reaktiviert, führte im Polenfeldzug die Heeresgruppe Süd, in Frkr. die Heeresgruppe A, die den siegbringenden Stoß durch die Ardennen zum Ärmelkanal unternahm, und im O wieder die Heeresgruppe Süd. Angesichts starker sowjet. Bedrohung seines rechten Flügels nahm R. die Front bei Rostow im Nov. 41 zurück und wurde daraufhin von Hitler am 28.11. abgelöst und durch Reichenau ersetzt. Am 1.3.42 zum OB West ernannt, blieb R. in diesem Amt bis zum 10.3.45 mit einer kleinen Unterbrechung nach der gelungenen Invasion der Alliierten in der Normandie (Juni 44), als er sich Hitlers Unwillen wegen Drängens auf Beendigung des Krieges zugezogen hatte. In dieser Zwischenzeit (2.7.–5.9.44) leitete er u.a. den „Ehrenhof" der Wehrmacht zur Maßregelung von Offizieren, die der Verbindung zum militär. Widerstand und zu den Attentätern vom 20.7.44 verdächtig waren. Als den Amerikanern bei Remagen die Überquerung des Rheins über eine intakte Brücke gelang, fiel R. endgültig in Ungnade. Nach Kriegsende erst amerikan., dann brit. Gefangenschaft, 5.5.49 schwer krank entlassen.

Ruoff, Richard, dt. Gen.oberst (1.4.42), *18.8.1883 in Meßbach/Württ., †30.3.67 in Tübingen. Eintritt ins Heer 1903. 1.4.36 Gen. major, 1.3.38 Gen.lt., 1.5.39 Gen. d.Inf., 1.5.39 Kommand. Gen.d.V. Armeekorps. 8.1.42. Oberbef. d. 4. Pz.armee an der Ostfront, 1.6.42 - 24.6.43 d. 17. Armee im Südabschnitt der Ostfront. Von Hitler entlassen.

Rydz-Smigly, Edward, *11.3.1886 in Brzezany (heute Bereschany, Ukraine), †12.12.1941 in Warschau, poln. Marschall (1936) und Politiker; zunächst Kunstmaler. R. war mit dem Staatschef Pilsudski befreundet, kämpfte 1919–21 gegen die Rote Armee, wurde 1921 Armeeinspekteur und war als Gen. inspekteur und Oberster Befehlshaber 1936–39 auch polit. maßgebend im Vorfeld des Krieges. Als sich im Polenfeldzug im Sept. 39 die Niederlage abzeichnete, setze sich R. nach Rumänien ab. Er kehrte 1940 heiml. nach Polen zurück,

Edward Rydz-Smigly.

um den Widerstand gegen die dt. Besatzung zu organisieren, wobei er unter ungeklärten Umständen ums Leben kam.

Ryti, Risto Heikki, *3.2.1889 in Huittinen (Gebiet Turku-Pori), †25.10.1956 in Helsinki, finn. Politiker (Fortschrittspartei); 1919–24 und 1927–29 Abgeordneter im Reichstag, 1921–24 Finanzmin. und 1923–40 Präs. der Bank von Finnland. R. war bei Kriegsbeginn Min.präs., wurde am 19.12.40 Staatspräs. und hatte maßgebl. Anteil am Eintritt Finnlands an dt. Seite in den Krieg gegen die UdSSR (26.6.41). Er wurde daher am 1.8.44 von Mannerheim abgelöst, als Verhandlungen mit der Roten Armee über einen Waffenstillstand unausweichl. geworden waren. Als mitverantwortl. für die Kriegserklärung an die Sowjetunion am 21.2.46 zu 10 Jahren Zuchthaus verurteilt, 23.9.49 freigelassen.

Sacharow, Matwej Wassiljewitsch, *4.8.1898 in Petersburg, †31.1.1972 in Moskau, sowjet. Marschall (8.5.59); 1918 Eintritt in die Rote Armee, Teilnahme am Bürgerkrieg. S. war bei Beginn des dt. Angriffs (22.6.41) Gen.major und diente von Jan. 42 bis Mai 43 als Chef des Stabes der Kalininfront unter Konjew. In gleicher Funktion wechselte er dann zur Steppenfront und als Gen.oberst 1944 zur 2. Ukrain. Front. Im Mai 44 führte er als OB der 2. Garde-Armee den Sturmangriff im N der Seefestung Sewastopol, die bis 12.5. erobert werden konnte. S. übernahm anschließend die 2. Weißruss. Front, die er während der vernichtenden sowjet. Sommeroffensive seit 22.6.44 gegen die dt. Heeresgruppe Mitte (Busch) befehligte. Von Rokossowski abgelöst, war S. nach dem Krieg u.a. 1955 Mitglied des Gebietskomitees von Leningrad, 1957 bis Mitte April 60 OB der sowjet. Truppen in der DDR und dann mit kurzer Unterbrechung bis 1971 Gen.stabschef der Roten Armee.

Salmuth, Hans von, dt. Gen.oberst (1.1.43), *29.11.1888 in Metz, †1.1.62 in Heidelberg. 1.8.37 Gen.major, 1.8.39 Gen.lt., 1.9.39 Chef d. Gen.stabes d. Heeresgr. Nord,

Fritz Sauckel.

25.10.39 d. Heeresgr. B. 1.8.40 Gen. d. Inf.; 10.5.41 - Weihn. 41 Kommand. Gen. d. XXX. Armeekorps, 20.4.42 Führer d. 17. Armee, 6.6.42 d. 4. Armee; 15.7.42 - 4.2.43 Oberbef. d. 2. Armee, 1.8.43 d. 15. Armee. Am 25.8.44 von Hitler seines Postens enthoben; fand keine Verwendung mehr. Wegen seiner Befehle zur Partisanenbekämpfung im Osten im Okt. 48 in Nürnberg zu 20 J. Gefängnis verurteilt, im Juli 53 aber vorzeitig entlassen.

Sauckel, Fritz, *27.10.1894 in Haßfurt (Unterfranken), †16.10.1946 in Nürnberg (hingerichtet), dt. Politiker; Seemann, Schlosser, 1923 NSDAP-Beitritt, 1927 Gauleiter und 1932 Min.präs. in Thüringen. S. wurde bei Kriegsbeginn zum Reichsverteidigungskommissar für den Wehrkreis IX (Kassel) und am 21.3.42 zum Gen.bevollmächtigten für den Arbeitseinsatz ernannt. Als solcher verantwortl. für die Verschleppung und den Tod von Mio. Zwangsarbeitern, wurde er am 1.10.45 als einer der Hauptkriegsverbrecher vom Internat. Militärtribunal zum Tod verurteilt.

Schmidt, Rudolf, *12.5.1886 in Berlin, †7.4.1957 in Krefeld, dt. Gen.oberst (1.1.42); 1.10.36 Gen.major, 1.6.38 Gen.leutnant. S. war bei Kriegsbeginn Kommandeur der 1. Pz.div., übernahm am 1.2.40 das XXXIX. Pz.korps und führte seit 1.6.40 die 2. Armee in Frkr. Während der Winterkrise vor Moskau erhielt er am 25.12.41 den Oberbefehl über die 2. Pz.armee, deren Kommando Guderian entzogen worden war. Im April 43 wurde S. ebenfalls abgelöst, weil er Hitlers Kriegführung scharf kritisiert hatte, und vor das Reichskriegsgericht gestellt, das ihn aber freisprach. Dennoch fand er keine Verwendung mehr und wurde am 30.9.43 verabschiedet. Auf einer Reise nach Weimar 1947 verhafteten ihn die Sowjets und entließen ihn erst 1956 wieder in die Heimat.

Schniewind, Otto, *14.12.1887 in Saarlouis, †26.3.1964 in Linz am Rhein, dt. Gen.admiral (1.3.44); Eintritt in die Marine 3.4.07, im Ersten Weltkrieg bei der Torpedowaffe, 1.1.25 bis 4.9.26 Adjutant von Reichswehrmin. Geßler, 1.10.33 Kapitän z.S., in der Kriegsmarine 1.10.37 Konteradmiral, 1.1.40 Vizeadmiral, 1.9.40 Admiral. S. war von Sept. 34 bis Okt. 37 Chef des Stabes der Flotte, 1937/38 Chef des Marinewehramtes im OKM und seit 1.11.38 Chef des Stabes der Seekriegsleitung und damit oberster Berater des OB der Kriegsmarine, Großadmiral Raeder. Am 12.6.41 wurde er Flottenchef und fungierte seit März 43 zugleich als OB des Marinegruppenkommandos Nord, ehe er am 31.7.44 zur Führerreserve versetzt und am 30.4.45 z.V. gestellt wurde. Im OKW-Prozess wurde S. von der Anklage, Kriegsverbrechen begangen zu haben, freigesprochen.

Scholl, Geschwister Hans (*22.9.18 in Ingersheim a.d. Jagst, †22.2.43 in München-Stadelheim) und Sophie S. (*9.5.21 in Forchtenberg, †22.2.43 in München-Stadelheim), dt. Widerstandskämpfer. Mitgl. d. student. Widerstandskreises Weiße Rose. Beim Verteilen von Anti-NS-Flugblättern verhaftet, zum Tode verurteilt und hingerichtet.

Schörner, Ferdinand, *12.6.1892 in München, †2.7.1973 ebd., dt. Gen.feldmarschall (5.4.45); im Ersten Weltkrieg hochdekorierter Offizier (Pour le mérite), Reichswehr-Laufbahn, 1.8.40 Generalmajor. Die eigentl. Karriere für S. begann erst nach der Kriegswende 1942/43, als sein harter Führungsstil Hitler am geeignetsten schien, die Devise „Halten um jeden Preis" durch-

Ferdinand Schörner.

zusetzen. Als Heeresgruppen-Oberbefehlshaber (31.3.44 Süd, 20.7.44 Nord, 18.1.45 Mitte) hatte der fanat. Nat.-soz. S. (im Febr. 44 kurze Zeit Chef des nat.-soz. Führungsstabs im OKH) mit seinen brutalen Disziplinierungsmaßnahmen (Erschießungen, Himmelfahrtskommandos u.a.) zunächst „Erfolg", verheizte dann aber vielfach sinnlos seine zusammenschmelzenden Verbände. Von Hitler testamentar. zum Oberbefehlshaber des Heeres bestimmt, verließ S. am 11.5.45 seine Truppen in Böhmen und setzte sich in Zivil nach Österreich ab. Schon Ende Mai 45 lieferten ihn die Amerikaner jedoch an die Sowjetunion aus, wo er bis 1955 in Gefängnissen und Kriegsverbrecherlagern festgehalten wurde. Nach Deutschland zurückgekehrt, wurde S. im Okt. 57 wegen Totschlags zu 4 Jahren Haft verurteilt, 1960 aber bereits aus Gesundheitsgründen entlassen.

Schukow, Georgi Konstantinowitsch, *11.12.1896 in Strelkowa (Kaluga), †18.6.1974 in Moskau, sowjet. Marschall (1943); gelernter Kürschner; 1915 zur Armee, 1928 Teilnahme an einem Lehrgang der Reichswehr für Offiziere der Roten Armee, 1932-36 Divisionskommandeur, 1939 erfolgreicher Einsatz gegen die Japaner in der Mongolei, 1940 Befehlshaber im Militärbezirk Kiew, 1.2.41 Gen.stabschef. S. befehligte im Winter 41/42 den Gegenstoß der Roten Armee vor Moskau, der weite Einbrüche im Mittelabschnitt der dt. Ostfront erzielte. 1942/43 koordinierte S. die sowjet. Offensiven bei Stalingrad, Leningrad und Kursk, rückte 1945 als „Sieger von Berlin“ in die Reichshauptstadt ein, nahm in Karlshorst die dt. Kapitulation entgegen und war bis April 46 Oberbefehlshaber der sowjet. Truppen in Deutschland. 1957 fiel er, seit 1955 Verteidigungsmin. und Mitglied des Politbüros, in Ungnade und wurde aller Ämter enthoben.

Schwerin von Krosigk, Johann Ludwig (Lutz) Graf von, *22.8.1887 in Rathmannsdorf (Anhalt), †4.3.1977 in Essen, dt. Politiker; Jurist, seit 1920 im Reichsfinanzmin. S. übernahm am 2.6. 1932 das Finanzressort und blieb bis Kriegsende im Amt, obwohl er nicht der NSDAP angehörte. Nach Hitlers Selbstmord berief ihn Dönitz zum Leiter seiner „Geschäftsführenden Reichsreg.“, mit der S. am 23.5.45 verhaftet wurde. Der Militärgerichtshof V der USA in Nürnberg verurteilte ihn am 11.4.49 zu 10 Jahren Haft, aus der er schon im Jan. 51 entlassen wurde.

Seydlitz-Kurzbach, Walther von, *22.8.1888 in Hamburg, †28.4.1976 in Bremen, dt. Gen. der Artillerie (1.6. 42); 1908 Eintritt ins Heer. 1920–29 Batterie-Chef, 1930 Reichswehrmin., danach verschiedene Truppenkommandos. S., bei Kriegsbeginn Oberst, wurde am 1.12.39 zum Gen.major befördert und war vom 10.3.40 bis zum 1.1.42 Kommandeur der 12. Inf.div. Am 1.12.41 zum Gen.leutnant befördert, zeichnete sich S. als Führer des Sonderkorps zur Entsetzung des Kessels von Demjansk aus und wurde am 8.5.42 Kommand. Gen. des LI. AK., mit dem er in Stalingrad kämpfte und am 31.1.43 in Gefangenschaft ging. S., der schon lange Hitlers unverantwortl. Kriegführung kritisiert hatte, stellte sich dem Bund Dt. Offiziere als Vorsitzender zur Verfügung und war Vizepräs. des Nationalkomitees Freies Deutschland, wofür er vom Reichskriegsgericht in Abwesenheit zum Tod verurteilt wurde. Da er sich aber auch weigerte, sich als Kommunist zu bekennen, und Aufforderungen zur Mitarbeit am „Aufbau des Sozialismus“ in der sowjet. Besatzungszone ablehnte, erging auch in der Sowjetunion ein Todesurteil gegen ihn, das in 25 Jahre Haft umgewandelt wurde. 7.10.55 Heimkehr in die Bundesrepublik.

Arthur Seyß-Inquart.

Seyß-Inquart, Arthur, *22.7.1892 in Stannern bei Iglau (Mähren), †16.10. 1946 in Nürnberg (hingerichtet), österreich. Politiker. Als Hitlers Mann in Wien wurde S. kurz vor dem Anschluss Österreichs im März 38 Bundeskanzler, rief die dt. Truppen ins Land und war seit 16.3.38 Reichsstatthalter (bis 30.4.39). Im Mai 39 zum Reichsmin. ohne Geschäftsbereich ernannt und nach dem Polenfeldzug zum stellv. Gen.gouverneur, wurde S. im Mai 40 Reichskommissar für die besetzten Niederlande. Als solcher war er mitverantwortl. für die Ausplünderung des Landes, die Verschleppung von Zwangsarbeitern, Geiselerschießungen, Judenverfolgung u.a. Er wurde nach Kriegsende verhaftet und vom Internat. Militärtribunal am 1.10.46 als einer der Hauptkriegsverbrecher zum Tod verurteilt.

Sikorski, Wladyslaw, *20.5.1881 in Tuszów Narodowy, †4.7.1943 in Gibraltar, poln. General und Politiker; Bauingenieur, im Ersten Weltkrieg Leiter der Militärabteilung im Obersten Nationalkomitee, Mitkämpfer Pilsudskis, 1921/22 Gen.stabschef, 1922/23 Min. präs., 1924/25 Kriegsmin., 1925/26 Befehlshaber im Militärbezirk Lemberg. S. überwarf sich mit Pilsudski und nahm 1929 seinen Abschied. Er emigrierte 1939 nach Frkr., bildete noch während des Polenfeldzugs eine poln. Exilreg., die er als Min.präs. führte, und ging nach London. 1941 schloss er sich dem brit. Abkommen mit Moskau an, das er aber nach Entdeckung der Massengräber von Katyn wieder aufgab. Sein Tod bald darauf bei einem Flugzeugabsturz hat Mordgerüchte bis heute nicht verstummen lassen.

Sima, Horia, *3.7.1906 in Bukarest, †25.5.1993 bei Augsburg, rumän. Politiker. S. war seit 1938 Führer der faschist. Eisernen Garde, nach deren Verbot 1938 er bis 1940 ins Exil ging. Nach Rückkehr und Umbenennung seiner Garde in „Rumän. Legionärsbewegung“ war S. 1940/41 stellv. Min.präs. unter Antonescu, scheiterte aber mit einem Putschversuch und musste fliehen. In Deutschland danach in einem KZ interniert, durfte S. nach der Besetzung Rumäniens durch die Rote Armee im Herbst 44 in Wien eine Exilreg. von dt. Gnaden bilden. 22.2.46 in Bukarest in Abwesenheit zum Tod verurteilt.

Sokolowski, Wassilij Danilowitsch, *21.7.1897 in Kozliki bei Grodno, †10.5.1968 in Moskau, Marschall der Sowjetunion (4.6.46); 1918 zur Roten Armee, Gen.stabsausbildung, 1931 Eintritt in die KPdSU. Als Gen.leutnant war S. bei Beginn des dt. Angriffs (22.6.41) Chef des Stabes der Westfront (Timoschenko, später Schukow) und hatte maßgebl. Anteil an den Planungen für eine sowjet. Gegenoffensive vor Moskau. Anfang 42 übernahm er selbst als OB die Westfront und wurde im Juni 42 zum Gen. oberst befördert. Nach der dt. Niederlage vor Kursk im Juli 43 führte S. mit seiner Front eine erfolgreiche Gegenoffensive gegen die dt. Heeresgruppe Mitte (v. Kluge), wurde am 23.8.43 zum Armeegen. befördert und eroberte Ende Sept. 43 Smolensk zurück. Im April 44 zum Gen.stabschef der 1. Ukrain. Front und im April 45 zum Stellv. Schukows als OB der 1. Weißruss. Front ernannt, nahm er an der Eroberung Berlins teil. Seit 10.4.46 war S. OB der sowjet. Truppen in Deutschland und als solcher Mitglied des Alliierten Kontrollrats; später bis 1960 Gen.stabschef und 1. stellv. Verteidigungsmin.

Somerville, James Fownes, *17.7.1882 in Weybridge (Surrey), †19.3.1949 in Dinder House (Somerset), brit. Flottenadmiral (Mai 45); im Ersten Weltkrieg beauftragt mit der Ausrüstung von Großkampfschiffen mit drahtloser Feuerleitkontrolle, 1921 Kapitän z.S., Stabsaufgaben, Bordkommandos, 1933 Konteradmiral, 1936–38 Zerstörerführer im Mittelmeer, 1937 Vizeadmiral. S. wurde 1938 OB der brit. Ostindienflotte, musste aber wegen Erkrankung vorübergehend den Dienst quittieren. Nach Wiederherstellung dem Admiral Dover Ramsay zugeteilt, erhielt er im Juni 40 das Kommando über die Force H (Gibraltargeschwader), die er u.a beim Überfall auf die frz. Schlachtflotte in Mers el-Kebir (Juli 40), im Gefecht bei Kap Teulada (Nov. 40) gegen die italien. Flotte und bei der Beschießung von Genua (Febr. 41) einsetzte. Im Mai 41 beteiligte er sich an der Jagd auf die „Bismarck“ und nahm dann v.a. Aufgaben der Konvoisicherung nach Malta und zum Suezkanal wahr. Nach Beginn des Krieges in Fernost übernahm S. die Brit. Eastern Fleet mit Hauptquartier in Trincomalee (Ceylon) und wurde im April 42 zum Admiral befördert. Am 23.8.44 von Admiral Fraser abgelöst, ging S. als Delegierter der Royal Navy nach Washington, von wo er im Okt. 45 in den Ruhestand heimkehrte.

Sorge, Richard, *4.10.1895 bei Baku (UdSSR), †9.7.1944 in Tokio (hingerichtet, dt. Journalist und Agent; Kriegsfreiwilliger 1914, Volkswirt, 1917 zur USPD, 1919 zur KPD, Redakteur, 1925 sowjet. Staatsbürger. S. ging 1929 als Korrespondent der „Frankfurter Zeitung“ nach Fernost und baute seit 1933 in Japan ein sowjet. Agentennetz auf. Seine Meldungen über den dt. Angriff auf die UdSSR ließ Stalin allerdings ebenso unbeachtet wie die Nachricht vom bevorstehenden japan. Überfall auf Pearl Harbor. Kurz nach Absetzen dieses Funkspruchs am 16.10.41 verhaftet, wurde S. mit Rücksicht auf den japan.-sowjet. Nichtangriffsvertrag vom April 41 erst 1944 vor Gericht gestellt und zum Tod verurteilt. 1964 postum als „Held der Sowjetunion" ausgezeichnet.

Spaatz, Carl, amerikan. General, *28.6.1891 in Boyertown/Pennsylvania, † 14.7.74 in Washington. 1940 Brigadegen. u. Chef der Planungsabteilung der U. S. Army Air Force. 41 deren Stabschef, 43 Leiter der Luftoperationen bei der alliierten Landung auf Sizilien, Jan. 44 Bef. d. US-Strateg. Luftstreitkr. in Europa. Juli 45 Bef. d. Strateg. Luftstreitkr. im Pazifik. Seit 46 Oberbef. d. US-Luftstreitkr. u. nach deren Ausgliederung als selbständige Teilstreitkraft deren erster Stabschef.

Speer, Albert, dt. Politiker, *19.3.1905 in Mannheim, † 1.9.81 in London. Ursprüngl. Architekt; fand früh zum Nat.-Soz. und zu Hitler, der ihn 1937 zum Gen.bauinspektor für Berlin ernannte (u.a. Neue Reichskanzlei). Am 8.2.42 Nachfolger des verunglückten Fritz Todt als Reichsmin. f. Bewaffnung u. Munition (ab 2.9.43 f. Rüstung u. Kriegsproduktion). Unter seiner Führung erreichte die dt. Kriegswirtsch. enorme Produktionszahlen (Höhepunkt Sommer 44). S. widersetzte sich im März 45 erfolgr. Hitlers Nerobefehl. Bekannte sich nach dem Kriege zu seiner Mitschuld; zu 20 Jahren Haft verurteilt, die er in Spandau verbüßte. Seit seiner Entlassung (1966) erfolgr. Erinnerungsbücher.

Albert Speer.

Hugo Sperrle.

Speidel, Hans, *28.10.1897 in Metzingen., † 28.11.1984 in Bad Honnef, dt. Gen.leutnant (1.1.44); 1914 Eintritt ins Heer, Studium der Volkswirtschaft und der Geschichte, 1936 OKH-Abt. Fremde Heere West. S., der gute Beziehungen zu den führenden Mitgliedern des militär. Widerstands pflegte, war im Krieg Stabschef bei verschiedenen Großverbänden, seit 14.4.44 bei der Heeresgruppe B (Rommel) in Frkr. Nach Scheitern des Attentats vom 20.7.44 am 5.9.44 verhaftet, konnte er seine Beteiligung an der Verschwörung erfolgr. verschleiern, entging so dem Todesurteil und wurde bei Kriegsende aus der Haft befreit. Berater beim Aufbau der Bundeswehr, 1957-63 erster OB der NATO-Landstreitkräfte Mitteleuropa.

Sperrle, Hugo, *7.2.1885 in Ludwigsburg, † 2.4.1953 bei Landsberg am Lech, dt. Gen.feldmarschall (19.7.40); 1903 zum Heer, im Ersten Weltkrieg Fliegeroffizier, in der Reichswehr verschiedene Truppenkommandos. S. hatte wesentl. Anteil an der getarnten Luftrüstung und wurde 1935 Befehlshaber im Luftgau V (München). 1936/37 führte er im Span. Bürgerkrieg die Legion Condor, wurde aber wegen seiner Warnungen vor militär. Abenteuern wegbefördert und erhielt am 1.7.38 das Kommando über die Luftflotte 3, die er auch im Frankreichfeldzug befehligte. 1944 leitete S. die Operationen der Luftwaffe zur Abwehr der Invasion der Alliierten in Frkr. und wurde nach dem Scheitern seiner Gegenmaßnahmen am 23.8.44 abgelöst und verabschiedet. Im OKW-Prozess wurde S. am 22.10.48 in allen Anklagepunkten freigesprochen.

Sponeck, Hans Graf von, dt. Gen. lt. (1.2.40), *12.2.1888 in Düsseldorf, † 23.7.44 in der Festung Germersheim erschossen. 1.2.38 Gen. major, 1.2.39 Kommandeur d. 22. Inf.-Div., 10.10.41 Führer d. XXXXII. Armeekorps. Um der drohenden Einschließung seines Korps auf der Halbinsel Kertsch zu entgehen, befahl S. gegen den Befehl seiner Vorgesetzten seinen Truppen, am 29.12.41 die Halbinsel zu räumen. Daraufhin am 31.12.41 seines Postens enthoben und vor ein Kriegsgericht gestellt, das ihn unter Görings Vorsitz am 23.1.42 wegen fahrlässigen Ungehorsams im Felde zum Tode verurteilte. Am 20.2.42 zu 6 J. Festungshaft begnadigt. Himmler ließ S. in Zusammenhang mit den Ereignissen des 20. Juli erschießen, obwohl S. nicht zu dem Kreis der Verschwörer gezählt hatte.

Stalin, Josef, ursprüngl. J. Dschugaschwili, *21.12.1879 in Gori (Gegorgien), † 5.3.1953 in Kunzewo (heute zu Moskau), sowjet. Politiker; Priesterausbildung, 1898 Mitglied der Sozialdemokrat. Arbeiterpartei Russlands (seit 1904 bei der Mehrheitsfraktion der Bolschewiki), mehrfach verhaftet und verbannt, 1912 Mitglied des Zentralkomitees (ZK) und Annahme des Namens S. (= der Stählerne), nach der Oktoberrevolution (1917) Aufstieg zum Gen.sekretär des ZK (1922). Nach Lenins Tod hatte S. bis 1929 alle

Josef Stalin.

Rivalen, insbes. Trotzki, überspielt und errichtete in den 30er Jahren eine persönl. Diktatur auf der Basis polizeistaatl. Terrors. Mit Zwangskollektivierung der Landwirtschaft und einem aufwendigen Industrialisierungsprogramm versuchte er zugleich, die außenpolit. Unabhängigkeit durch wirtsch. Gesundung und Aufrüstung zu sichern. Der Span. Bürgerkrieg und das Münchener Abkommen machten jedoch die Gefährdung der jungen Sowjetunion deutl.: Zum einen war die Rüstungslücke zu den faschist. Staaten weiterhin erhebl., zum anderen zeichnete sich bedrohl. eine Koalition der Westmächte mit Hitler ab. S. ersetzte daher 1939 seinen prowestl. Außenmin. Litwinow durch Molotow und erreichte trotz der ideolog. Gegensätze mit dem Dt.-Sowjet. Nichtangriffsvertrag vom 23.8.39 erhebl. Zeitgewinn und konnte mit Hitlers Billigung seine territoriale Basis durch Annexionen (Ostpolen, Bessarabien, Balt. Staaten u. a.) und den Winterkrieg gegen Finnland ausbauen. Zwar geriet die Sowjetunion durch den von S. noch nicht vermuteten dt. Angriff (22.6.41) im Russlandfeldzug dennoch an den Rand des Zusammenbruchs, doch Stalins Nichtangriffspakt mit Japan (April 41) hielt, ein Bündnis mit England (und damit den USA) half, und der Appell an den russ. Patriotismus brachte schließl. die Wende. Dachte S., seit 1941 auch Min.präs. und 1943 Marschall, zunächst noch an einen mögl. Sonderfrieden mit dem Dt. Reich, so setzte er schon bald, wie seine Alliierten, auf die Bedingungslose Kapitulation und lehnte sogar dt. Austauschangebote für seinen gefangenen Sohn Jakob ab, der in dt. Haft 1943 umkam. Auf den Konferenzen von Teheran, Jalta und Potsdam erwies sich S. als der geschickteste Verhandler und sicherte seine gewonnenen Positionen durch eine Politik der vollendeten Tatsachen. Zu Hilfe dabei kamen ihm die Wechsel in der polit. Führung der USA und Englands 1945 sowie das im Krieg gewaltig angewachsene Potential der Roten Armee. Es erlaubte ihm einen Konfliktkurs, der zum erwünschten Kalten Krieg mit seinen einstigen Verbündeten und zur Abschottung durch einen Ei-

Felix Steiner.

sernen Vorhang führte, hinter dem S. das Programm der Bolschewisierung Ost- und Südosteuropas ungestört vorantreiben konnte.

Steiner, Felix, *23.5.1896 in Stallupönen (Ostpreußen),†17.5.1966 in München, SS-Obergruppenführer und Gen. der Waffen-SS (1.7.43). S., der im Gegensatz zu Hausser in der Waffen-SS ein Elitekonzept verwirklichen wollte, war bei Kriegsbeginn Regimentskommandeur. Er wurde im Nov. 40 Gen. major und Kommandeur der 5. SS-Pz.grenadierdiv. „Wiking", die aus europ. Freiwilligen (Flamen, Wallonen, Niederländern, Dänen, Norwegern, Finnen) bestand. Im Nov. 42 übernahm S. das III. Pz.korps des Heeres, wurde im Mai 43 Kommand. Gen. des III. SS-Pz.korps. Von Ende Jan. bis 25.3.45 war S. OB der neugebildeten 11. Pz.armee in Pommern und danach bis 3.5.45 einer nach ihm benannten Armeegruppe. Hitler setzte große Hoffnungen auf ihn und befahl ihm am 21.4.45, von N her auf Berlin vorzustoßen und die Hauptstadt zu entsetzen, was angesichts der tatsächl. Kräfteverhältnisse völlig utop. war. 3.5.45 brit. Gefangenschaft, 27.4.48 Entlassung.

Stimson, Henry Lewis, *21.9.1867 in New York, †20.10.1950 in Huntingdon (New York), amerikan. Politiker; Jurist, 1911–13 Kriegsmin., 1928–30 Gouverneur der Philippinen, 1930–33 Außenmin. S., ein kompromissloser Feind des faschist. Imperialismus (S.-Doktrin), wurde 1940 von Roosevelt erneut zum Kriegsmin. berufen, sah aber dessen Kurs des engen Bündnisses mit der Sowjetunion sehr krit. und wandte sich gegen alle Bestrebungen einer Ausschaltung Deutschlands in Mitteleuropa wie etwa durch den Morgenthau-Plan. In Fernost befürwortete er hingegen den Einsatz der Atombombe zur Kriegsverkürzung. Rücktritt 28.9.45.

Strauß, Adolf, dt. Gen.oberst (19.7.40), *6.9.1879 in Scharmke /Oschersleben, †20.3.1973 in Lübeck. 1.4.37 Gen.lt., 10.11.38 Gen. d. Inf. u. Kommand. Gen. d. II. Armeekorps, 30.5.40 Oberbef. d. 9. Armee. Am 15.1.42 musste er seinen Posten wegen Krankheit abgeben. 1944/45 fand er als Oberbef. im Festungsber. Ost noch einmal Verwendung.

Streicher, Julius, *12.2.1885 in Fleinhausen bei Augsburg, †16.10.1946 in Nürnberg (hingerichtet), dt. Politiker; Lehrer, 1921 NSDAP-Beitritt, 1923 Gründung der antisemit. Zeitschrift „Der Stürmer" und Teilnahme am Hitler-Putsch, 1928 Gauleiter von Franken, 1933 Reichstagsabgeordneter, 1935 maßgebl. Beteiligung an den Nürnberger Rassegesetzen. Obwohl in der Folgezeit zunehmend entmachtet, trug S. mit seiner primitiven Hetze entscheidend zur Judenverfolgung bei. Er wurde nach Kriegsende am 23.5.45 verhaftet und am 1.10.46 vom Internat. Militärtribunal in Nürnberg als einer der Hauptkriegsverbrecher wegen Verbrechen gegen die Menschlichkeit zum Tod verurteilt.

Stroop, Jürgen, *26.9.1895 in Detmold, †6.3.1952 in Warschau (hingerichtet), SS-Gruppenführer (1943). S. wurde nach Kriegsbeginn v.a. zur „Bandenbekämpfung" eingesetzt und erhielt am 19.4.43 den Auftrag, den Warschauer Getto-Aufstand niederzuschlagen. Bis 16.5. vernichtete er planmäßig den jüd. Wohnbezirk und wurde danach als Höherer SS- und Polizeiführer nach Griechenland versetzt. Am 21.3.47 verurteilte ein amerikan. Militärgericht S. zum Tod, ließ ihn dann aber an Polen ausliefern, wo er ebenfalls zum Tod verurteilt wurde.

Student, Kurt, *12.5.1890 in Birkholz (Kreis Züllichau-Schwiebus),

Kurt Student.

†1.7.1978 in Bad Salzuflen, dt. Gen. oberst (13.7. 44); 1910 Eintritt ins Heer, im Ersten Weltkrieg bei den Fliegern, 1918 Hauptmann, danach Referent für Flugtechnik und beteiligt an der heiml. Luftrüstung, 1933 Kommandeur der Techn. Schulen, später der Erprobungsstelle Rechlin, Inspekteur der Fliegerschulen und Höherer Fliegerkommandeur 3. Am 1.4.38 zum Gen.major ernannt, wurde S. am 1.7.38 Kommandeur der Fallschirmtruppe, seit Sept. 38 der 7. Fliegerdiv., die zu Beginn des Feldzugs im W zur Wegnahme strateg. wichtiger Brücken (u.a. in Rotterdam) und Stellungen eingesetzt wurde. Für seine Verdienste dabei wurde der erst am 1.1.40 zum Gen.leutnant beförderte S. schon am 29.5.40 zum Gen. der Flieger ernannt und im folgenden Jahr als Kommand. Gen. des XI. Fliegerkorps mit der Eroberung Kretas aus der Luft beauftragt. Seine Fallschirmjäger hatten nur noch einmal einen spektakulären Luftlandeeinsatz, als sie am 12.9.43 Mussolini aus der Haft auf dem Gran Sasso befreiten (Unternehmen „Eiche"). S. war danach vom 1.5. bis zum 18.11.44 und erneut vom 10. bis zum 18.4.45 OB der 1. Fallschirmarmee. In der Zeit dazw. führte er die Heeresgruppe H und wurde am 28.4.45, wenige Tage vor Kriegsende, noch OB der Heeresgruppe Weichsel. Am 28.5.45 verhaftet, wurde S. von einem amerikan. Militärgericht zu 5 Jahren Haft verurteilt, aber schon wenig später nach einer erfolgreichen Berufung freigelassen.

Stülpnagel, Karl-Heinrich von, *2.1. 1886 in Darmstadt, †30.8.44 in Berlin-Plötzensee (hingerichtet), dt. Gen. der Inf. (1.4.39); 1904 Eintritt ins Heer, Ende des Ersten Weltkriegs Hauptmann, 1.10.35 Gen.major, 1.10.37 Gen.leutnant. S. wurde nach dem Polenfeldzug am 21.10.39 Oberquartiermeister I im Gen.stab des Heeres und am 30.5.40 Kommand. Gen. des II. AK. Seit 21.6.40 Leiter der dt.-frz. Waffenstillstandskommission in Wiesbaden und seit 15.2.41 OB der 17. Armee, mit der er bis 25.11.41 am Russlandfeldzug teilnahm, wurde S. am 13.2.42 Militärbefehlshaber Frkr. Er näherte sich seit 1943 dem Militär. Widerstand und ließ nach dem Attentat vom 20.7.44 gemäß Plan „Walküre" die SS-, SD- und Gestapo-Führer, insges. etwa 1.200 Personen, in Paris festnehmen, musste sie aber am nächsten Tag wieder freilassen und wurde nach Deutschland zurückbeordert. Bei Verdun, wo er 1916 gekämpft hatte, versuchte er sich das Leben zu nehmen, schoss sich aber nur blind und wurde vom Volksgerichtshof zum Tod verurteilt.

Stumme, Georg, *29.7.1886 in Halberstadt, †24.10.1942 in El Alamein, dt. Gen. der Pz.truppen (1.6.40); 1.8.36 Gen.major, 1.4.38 Gen.leutnant. S. befehligte bei Kriegsbeginn die 2. leichte Div., die am 18.10.39 in 7. Pz.div. umbenannt wurde. Seit 15.2.40 Kommand. Gen. des XXXX. Pz.korps, kämpfte S. in Frkr. und in Russland, wo ihm u.a. am 26.8.41 die Vernichtung der sowjet. 22. Armee (Jerschakow) bei Welikije-Luki ge-

Karl-Heinrich von Stülpnagel.

lang. Im Sommer 42 kehrte er nach Deutschland zurück und übernahm am 20.9.42 für den kranken Rommel die Führung der Pz.armee Afrika. Bei Beginn der Offensive der brit. 8. Armee (Montgomery) an der Front bei El Alamein am 24.10.42 versuchte er sich durch eigenen Augenschein an der Hauptkampflinie ein Lagebild zu verschaffen, erlitt einen Herzinfarkt und wurde erst nach 2 Tagen auf dem Schlachtfeld tot geborgen.

Stumpff, Hans-Jürgen, *15.6.1889 in Kolberg (Pommern), †9.3.1968 in Frankfurt am Main, dt. Gen.oberst (19.7.40); Eintritt ins Heer 1.4.08, in der Reichswehr 1.7.33 Oberst und Amtschef z.b.V. im Reichswehrmin., seit 1.9.33 im neugebildeten Reichsluftfahrtmin., in der Wehrmacht 1.4.36 Gen. major, 1.8.37 Gen.leutnant, 1.11. 38 Gen. der Flieger. S. wurde am 1.6.37 Gen.stabschef der Luftwaffe und 1939 Chef der Luftwehr im Luftfahrtmin. Seit 12.1.40 führte er als OB verschiedene Luftflotten: bis 10.3.40 Luftflotte 1 im W, bis 6.11.43 Luftflotte 5 in Norwegen und von Jan. 44 bis Kriegsende Luftflotte Reich. In dieser Eigenschaft als Stellv. von Luftwaffen-OB Greim war er Mitunterzeichner der Bedingungslosen Kapitulation im sowjet. Hauptquartier in Karlshorst am 9.5.45. Ein brit. Militärgericht sprach S. im Okt. 47 von der Anklage frei, den Terrorfliegerbefehl weitergegeben zu haben.

Szálasi, Ferenc, *6.1.1897 in Kosice, †12.3.1946 in Budapest (hingerichtet), ungar. Politiker; 1935 Mitbegründer der faschist. und antisemit. Hungaristen-Bewegung (später Pfeilkreuzler). S. konnte sich im ohnehin autoritären Staat Horthys nicht durchsetzen und wurde erst nach dessen Verhaftung durch dt. Truppen am 16.10.44 in aussichtsloser Lage von Berlin an die Macht gebracht. Er lieferte in letzter Stunde noch zahlr. jüd. Bürger der nat.-soz. Judenverfolgung aus und trug mit seinen unsinnigen Durchhalte-Befehlen zu weiterer Zerstörung des Landes bei. Nach Österreich entkommen, wurde S. von den Amerikanern verhaftet und an Ungarn ausgeliefert, wo er zum Tod verurteilt wurde.

Arthur William Tedder.

Tedder, Sir Arthur William, *11.7.1890 in Clenguin (Schottland), †3.6.1967 in Banstead (Surrey), brit. Marshal of the Royal Air Force; Aufklärer- und Jagdpilot im Ersten Weltkrieg, 1917 Staffelkapitän, nach Besuch des RAF Staff College leitende Funktionen im Luftfahrtmin. u.a. als Chef des Ausbildungswesens, seit 1938 Direktor der Abt. für Forschung und Entwicklung. Bei Kriegsbeginn war T. stellv. Kommandeur der RAF im Nahen Osten und wurde im Herbst 41 deren Befehlshaber. Den chron. Flugzeugmangel auf diesem Kriegsschauplatz besserte er durch eine Organisation mobiler Reparaturdienste; den Erfolg von El Alamein sicherte er mit intensiver Bodenunterstützung durch seine inzw. erstarkten Luftstreitkräfte. Nach der Casablanca-Konferenz übernahm T. 1943 das neue angloamerikan. Luftwaffenkommando Mittelmeer und koordinierte mit Eisenhower die See-, Luft- und Bodenoperationen bei den Landungen auf Sizilien (Juli 43) und in Italien (Sept. 43). Als Stellv. Eisenhowers in Großbrit. setzte T. die bewährte Zusammenarbeit 1944 bei Vorbereitung und Durchführung des Unternehmens „Overlord" fort. Im Nov. 44 übernahm er von Leigh-Mallory das Kommando über die alliierten takt. Luftstreitkräfte und nahm am 9.5.45 an der Unterzeichnung der Kapitulation Deutschlands in Berlin-Karlshorst teil. Nach Kriegsende Stabschef der RAF, 1949 Ruhestand.

Terboven, Josef, *23.5.1898 in Essen, †11.5.1945 in Oslo, dt. Politiker; 1923 NSDAP-Beitritt, Teilnahme am Hitler-Putsch, 1928 Gauleiter von Essen, 5.2.35 Oberpräs. der Rheinprovinz. T. wurde am 24.4.40 nach der dt. Besetzung Norwegens Reichskommissar in Oslo. Er wurde zur Symbolfigur der dt. Unterdrückungs- und Ausbeutungspolitik. Angesichts des sicheren Todesurteils nahm er sich bei Kriegsende das Leben.

Thomas, Georg, *20.2.1890 in Forst (Lausitz), †29.10.1946 in Frankfurt am Main, dt. Gen. der Inf. (1.8.40); T. wurde am 1.10.35 Chef der Amtsgruppe Wehrwirtschaftsstab im OKH und war, seit 1.1.38 Gen. major und seit 1.1.40 Gen.leutnant, von Kriegsbeginn bis zum 20.11.42 Chef des Wehrwirtschafts- und Rüstungsamts. Wegen Opposition gegen den Russlandkrieg seines Amtes enthoben, wurde T. am 15.1.43 General zbV. beim Chef OKW für wehrwirtschaftl. Geschichtsschreibung, am 15.8.44 in die Führerreserve versetzt und am 20.11.44 wegen angebl. Verbindung zum Widerstand festgenommen. Er blieb bis Kriegsende in Haft, zur einer Verurteilung kam es nicht mehr.

Timoschenko, Semjon Konstantinowitsch, *6.2.1895 in Furmanowka (Bessarabien), †1.4.1970 in Moskau, sowjet. Marschall (7.5.40); 1915 Eintritt in die Zarenarmee, im Bürgerkrieg Febr. 18 zur Roten Armee, Kommandeur der 6. Kavalleriediv. unter Budjonny. Als Befehlshaber im Militärbezirk Kiew marschierte T. am 17.9.39 mit seinen Truppen gemäß Vereinbarung im Dt.-Sowjet. Nichtangriffsvertrag in O-Polen ein, nahm als OB der Nordwestfront am Winterkrieg gegen Finnland teil und wurde am 6.5.40 als Nachfolger Woroschilows Volkskommissar für Verteidigung. Am 2.7.41, nach dem dt. Angriff, löste er Armeegen. Pawlow, der hingerichtet wurde, als OB der Westfront ab, wechselte am 20.9. zur Südwestfront, deren OB Kirponos gefallen war, und konnte den dt. Vormarsch erst am Don zum Stehen bringen. Eine schwere Niederlage erlitt T. beim Angriff auf Charkow seit 12.5.42, bei dem 240.000 Rotarmisten in dt. Gefangenschaft gerieten. Im Juli 42 zeitweise OB der Stalingradfront, übernahm T. am 23.7.42 die Nordwestfront, die er bis Nov. 43 führte, ehe er mit der Koordinierung des Einsatzes der 2. und 3. Ukrain. Front betraut wurde. Nach dem Krieg war er 10 Jahre lang Befehlshaber im Militärbezirk Weißrussland und ging 1960 in den Ruhestand.

Semjon Konstantin Timoschenko.

Tito, Josip, ursprüngl. J. Broz, *25.5.1892 in Kumrovec (Kroatien), †4.5.1980 in Ljubljana, jugoslaw. Marschall (29.11.43) und Politiker; 1918–1920 Dienst in der Roten Armee, 1920 Mitbegründer der kommunist. Partei in Jugoslawien, zeitweise in Haft oder im Exil, 1937 Gen.sekretär der KPJ, Kampf gegen Franco im Span. Bürgerkrieg. Nach dem dt. Balkanfeldzug beschloss die KPJ am 4.7.41 den bewaffneten Kampf gegen die Besatzer. T. arbeitete dabei zunächst mit den Četnici seines bürgerl. Rivalen Mihailovic zusammen, löste dann aber seine Partisanen aus der Verbindung und konnte allmähl. neben der sowjet. auch brit. Hilfe gewinnen. Seine Verbände entwickelten sich zu einer regulären Armee, die den dt. Truppen erhebl. Schwierigkeiten bereitete und bald bis auf die Städte das gesamte Landesinnere kontrollierte. Nach dem Krieg und blutiger Abrechnung mit den Kollaborateuren sowie polit. Feinden wurde T. am 29.11.45 Min.präs. der Volksrepublik Jugoslawien, brach 1948 mit Stalin, wurde 1953 Staatspräs. (seit 1963 auf Lebenszeit) und stabilisierte den Vielvöl-

Josip Tito.

kerstaat dank seiner großen Autorität und dem Nimbus des Befreiers von der faschist. Fremdherrschaft.

Todt, Fritz, *4.9.1891 in Pforzheim, †8.2.1942 bei Rastenburg (Ostpreußen), dt. Ingenieur und Politiker; Tiefbau-Studium; im Ersten Weltkrieg Offizier; 5.1.22 NSDAP-Beitritt. 1931 wurde T. als Standartenführer in die Oberste SA-Führung aufgenommen, erhielt am 5.7.33 das wenige Tage zuvor geschaffene Amt des „Gen. inspekteurs für das dt. Straßenwesen" (30.11.33 Oberste Reichsbehörde) und leitete als solcher den Bau der Autobahnen. Mit Ernennung zum „Gen.bevollmächtigten für die Regelung der Bauwirtsch." (Dez. 38) im Rahmen des Vierjahresplans hatte T. prakt. das ges. dt. Bauwesen zu koordinieren. Dazu diente ihm auch die Organisation T. (O.T.), die er zur Bewältigung des Baues des Westwalls gegr. hatte. Am 17.3.40 weiteten sich seine Kompetenzen auf die Lenkung der ges. Kriegswirtsch. aus durch Übernahme des Amtes eines Reichsmin. für Bewaffnung und Munition, zu dem 1941 noch das eines „Gen.inspekteurs für Wasser und Energie" kam. Mit seiner O.T. war T. im Krieg in allen besetzten Gebieten tätig, begann mit dem Ausbau des sog. Atlantikwalls vom Nordkap bis Südfrkr., stellte die russ. Eisenbahnlinien auf dt. Spurbreite um und betreute die Reparatur von zerstörten Straßen und Brücken. Als SA-Obergruppenführer auch in der Parteihierarchie und mit dem Charakter als Generalmajor der Luftwaffe auch militär. hochrangig, mied der zurückhaltende Technokrat T. Verwicklungen ins polit. Tagesgeschäft. Die Kriegslage sah er Ende 41 äußerst krit. Er kam nach einem Besuch im Führerhauptquartier „Wolfsschanze" beim Absturz seines Flugzeuges ums Leben und wurde in einem Staatsakt in Anwesenheit Hitlers in Berlin beigesetzt. Nachfolger in fast allen seinen Ämtern und als Min. wurde Speer.

Tojo, Hideki, *30.12.1884 in Tokio, †23.12.1948 ebd. (hingerichtet), japan. General und Politiker; 1933 Brigadegen., bei Beginn des Krieges in Fernost 1937 Gen.stabschef der Kwantungarmee in der Mandschurei. T. wurde im Mai 38 stellv. Kriegsmin. und im Dez. des gleichen Jahres Gen.stabschef des Heeres. Im Juli 40 übernahm er selbst das Kriegsmin. und stieg am 16.10.41 zum Min.präs. auf, da er als Vertreter des harten Kurses gegenüber den USA die Unterstützung der hohen Militärs genoss. Unter seiner Führung fiel die Entscheidung zum Angriff auf Pearl Harbor und damit zum Entscheidungskampf gegen die Vereinigten Staaten. Bei sich abzeichnender Kriegswende im Pazifik übernahm T. auch wieder das Kriegsmin. und das Amt des Gen.stabschefs, konnte aber weitere Rückschläge nicht vermeiden und trat am 18.7.44 nach Verlust der Marianen als Reg.chef zurück, blieb aber Gen. stabschef. Bei Kriegsende wurde er nach missglücktem Selbstmordversuch als einer der Hauptkriegsverbrecher verhaftet und am 12.11.48 von einem Internat. Militärtribunal in Tokio zum Tode verurteilt.

Tolbuchin, Fjodor Iwanowitsch, Marschall der Sowjetunion (12.9.44), *4.6.1894 in Andronika bei Jaroslawl, †17.10.49 in Moskau. 27.7.42 als Gen.-major Oberbef. d. 57. Armee (19.1.43 Gen.lt.). Kampf um Stalingrad. April - Okt. 43 Oberbef. d. Südfront, Okt. 43 - Mai 44 d. 4. Ukrain. Front, Mai 44 - Juni 45 der 3. Ukrain. Front, die im Aug. 44 Rumänien, im Sept. 44 Bulgarien und im Frühjahr 45 Ungarn eroberte bzw. besetzte. 46 Bef. im Transkaukas. Militärbez.

Tovey, John Cronyn, *7.3.1885 in London, †12.1.1971 auf Madeira, brit. Flottenadmiral (Mai 43); 1900 zur Royal Navy, im Ersten Weltkrieg Zerstörer-Kommandant (Auszeichnung in der Skagerrakschlacht 1916), 1923 Kapitän z.S., zahlr. Bordkommandos (u.a. Kommandant Schlachtschiff „Rodney"). Bei Kriegsbeginn diente T. als Konteradmiral unter Cunningham in der brit. Mittelmeerflotte und wurde im Okt. 40 im Rang eines Admirals Befehlshaber der Home Fleet, mit der er erfolgreich Jagd auf die „Bismarck" machte und Angriffe gegen die norweg. Küste führte. Erfahrung sammelte er auch in der Führung von Konvois im Nordpolarmeer, konnte aber die Katastrophe von PQ 17 nicht verhindern, da der OB Pound gegen seine Warnungen beim Nahen einer dt. Kampfgruppe die Auflösung des Geleits anordnete, was zum Verlust der meisten Frachter führte. Im Mai 43 von seinem Stellv. Fraser abgelöst, wurde T. Stützpunktbefehlshaber in Nore an der Themsemündung und war maßgebl. beteiligt an den Vorbereitungen der Invasion in der Normandie. 1946 Ruhestand.

Tresckow, Henning von, *10.1.1901 in Magdeburg, †21.7.1944 bei Bialystok (Weißrussland), dt. Gen. major (30.1. 1944); Kriegsfreiwilliger, 1924 zur Reichswehr, spätestens seit 1938 Gegner des Nat.-soz. und aktiv im Widerstand. T. war bei Kriegsbeginn Chef des Stabes der 221. Inf.div. und bekleidete die

Henning von Treskow.

Hans Adam Trott zu Solz.

gleiche Funktion später u.a. bei der Heeresgruppe Mitte in Rußland, wo er sich vergebl. bemühte, den OB v. Kluge für einen Putsch gegen Hitler zu gewinnen. Immerhin verriet ihn dieser nicht, so dass T. am 13.3.43 ein Sprengstoff-Attentat auf Hitler organisieren konnte, das aber wegen Versagens des Zeitzünders scheiterte. Seit 20.11.43 Chef des Gen.stabs der 2. Armee, förderte er die Staatsstreichpläne Stauffenbergs und nahm sich nach deren Scheitern (misslungenes Attentat am 20.7.44) in einem Waldstück das Leben.

Trott zu Solz, Hans Adam von, dt. Diplomat u. Widerstandskämpfer, *9.8.1909 in Potsdam, †26.8.44 in Berlin-Plötzensee hingerichtet; im diplomatischen Dienst für das Auswärtige Amt tätig, zuletzt als Legationsrat. Bei seinen vielen Auslandsreisen knüpfte er Verbindungen zu alliierten Politikern. Während des Krieges Mitgl. des Kreisauer Kreises und enger Freund Stauffenbergs. Nach dem Attentat vom 20. Juli 44 verhaftet u. am 14.8.44 vom Volksgerichtshof zum Tode verurteilt.

Truman, Harry S. (Spencer), *8.5.1884 in Lamar (Missouri), †26.12.1972 in Kansas City, 33. Präs. der USA (1945–53); im Ersten Weltkrieg als Offizier in Frkr., 1921 Konkurs als Textilhändler, danach Richter. T. wurde 1935 demokrat. Senator seines Heimatstaates (1940 wiedergewählt) und leitete seit 1941 das T.-Komitee zur Kontrolle der amerikan. Kriegsausgaben. Am

7.11.44 nominierten die Demokraten T. zum Vizepräs., als der er nach dem Tod Roosevelts am 12.4.45 dessen Nachfolge antrat (1948 wiedergewählt). Das schwächte die Position der USA beim Potsdamer Abkommen trotz der gelungenen Premiere der Atombombe, deren Abwurf auf Hiroshima und Nagasaki T. im Juli 45 anordnete. Im anschließenden Kalten Krieg verfolgte T. einen Kurs des Containment (Eindämmung) des sowjet. Expansionismus, stärkte durch Wirtschaftshilfe (Marshall-Plan) und NATO-Gründung (1949) die westeurop. Staaten und griff schließl. im Koreakrieg zur militär. Abwehr des Kommunismus.

Tschiang Kai-schek, *31.10.1887 in Feng Hwa (Tschekiang), †5.4.1975 in Taipeh (Taiwan), chines. Politiker und Marschall; 1906-11 Ausbildung auf chines. und japan. Militärakademien, 1911 Anschluss an die revolutionäre Nat.partei (Kuomintang) Sun Yat-sens und 1924 dessen Nachfolger, 18.4.27 Chef der Nat. reg. in Nanking mit diktator. Vollmachten. T. gelang nach jahrzehntelangen Wirren wieder die Einigung Chinas unter einer Zentralreg., doch kam es schon bald zum Konflikt mit den Kommunisten, deren Führungskader blutig verfolgt wurden. Nach der japan. Annexion der Mandschurei schlug T. gegenüber Tokio einen Kompromiss-Kurs ein, um vor der unvermeidl. Auseinandersetzung mit dem japan. Imperialismus zunächst die Kommunisten auszuschalten, die sich ihm unter Mao Tse Tung aber durch den Langen Marsch nach NW China entzogen. Entscheidende Erfolge gelangen ihm jedoch nicht, und nach dem japan. Angriff 1937 sah er sich zum Einlenken und zur Beteiligung der Kommunisten an einer nat. Einheitsfront gegen die Invasoren gezwungen. T. lehnte sich eng an die USA an, die ihm mit Gen. Stilwell einen Gen.stabschef als Aufpasser verordneten. Trotz weitreichender Zusagen der Westmächte für die Zeit nach dem Sieg über Japan u.a. auf der Kairo-Konferenz (Nov. 43) blieb T. misstrauisch und setzte schließl. im Okt. 44 die Abberufung Stilwells durch. Dennoch versuchte ihn Washington auch nach Kriegsende zu halten, als der Bürgerkrieg gegen die Kommunisten wieder ausbrach, doch hatte T. die Basis im Volk verloren und musste schließl. mit den Resten seiner Armee nach Formosa fliehen. Dort etablierte er als Staatspräs. sein Nat.china und beharrte in illusionärer Wirklichkeitsverleugnung und zunehmender außenpolit. Isolierung auf der Fiktion, weiterhin einziger legitimer Repräsentant Chinas zu sein.

Tschiang Kai-schek.

Tschuikow, Wassili Iwanowitsch, *2.2.1900 in Serebrjanyje Prudy bei Tula , †18.3.1982 in Moskau, Marschall der Sowjetunion (11.3.55); 1918 zur Roten Armee. Beim sowjet. Einmarsch in Polen (17.9.39) war T. OB der 4. Armee, die er auch im Winterkrieg gegen Finnland führte. Danach Militärattaché in China, wurde er im Juli 42 zum Gen.leutnant befördert und am 10.9.42 OB der 62. Armee (später 8. Gardearmee), die er in der Schlacht um Stalingrad kommandierte und die im Herbst 43 den Dnjepr erreichte. Sie stieß seit 20.10.43 bei der 1. Weißruss. Front (Rokossowski) Richtung Warschau vor. Am 29.1.45 überschritt T. die dt. Grenze und nahm im April 45 an der Operation teil, die mit der Eroberung der dt. Hauptstadt endete. In der Folgezeit kommandierte er die sowjet. Besatzungstruppen in Thüringen, wurde am 1.4.49 OB der sowjet. Heeresgruppe Deutschland, war 1953–1960 Befehlshaber im Militärbezirk Kiew, 1960–64 stellv. Verteidigungsmin. und dann bis 1972 Chef der Zivilverteidigung; seit 1961 Mitglied des ZK der KPdSU.

Ernst Udet.

Udet, Ernst, *24.6.1896 in Frankfurt am Main, †17.11.1941 in Berlin, dt. Gen.oberst (19.7.40); im Ersten Weltkrieg Führer einer Jagdstaffel (62 Abschüsse), Pour le mérite, in den 20er Jahren Kunstflieger, 1935 Oberst im Reichsluftfahrtmin., Febr. 36 Inspekteur der Jagd- und Sturzkampfflieger, Juni 36 Chef des Techn. Amtes der Luftwaffe. U. wurde am 1.12.39 zum Gen.luftzeugmeister ernannt und war damit für das Konzept der Luftrüstung verantwortl. Es bewährte sich zwar in der ersten Kriegsphase, als v.a. takt. Aufgaben zu lösen waren, zeigte aber schon während der Luftschlacht um England 1940/41 entscheidende Schwächen. Als auch in Russland die Probleme der Luftwaffe offenkundig wurden, nahm sich U. das Leben.

Unruh, Walter von, *30.12.1877 in Tillendorf (Fraustadt), †1956 in Bad Berneck, dt. Gen. der Inf. (11.7.42); 1896 zum Heer, im Ersten Weltkrieg mit dem Pour le mérite ausgezeichnet, in der Reichswehr Oberst (1.4.24), Abschied mit dem Charakter als Gen. major am 28.2.27. Mit dem Charakter als Gen.leutnant wurde U. bei der Mobilmachung am 27.8.39 wieder ins Heer übernommen und am 24.7.41 endgültig zum Gen.leutnant befördert. Berühmt-gefürchtet wurde U. als „Sonderbeauftragter für die Überprüfung des zweckmäßigen Kriegseinsatzes“, der Heimat und Etappe nach den letzten taugl. Männern durchkämmte, was ihm bei der Truppe den Spitznamen „Heldenklau“ einbrachte. Am 23.7.44 schied er endgültig aus dem Heeresdienst aus.

Vietinghoff, Heinrich von, genannt Scheel, *6.12.1887 in Mainz, †23.2.1952 in Pfronten (Allgäu), dt. Gen.oberst (1.9.43). V. war seit 24.11.38 Kommandeur der 5. Pz.div., mit der er am Polenfeldzug teilnahm, und führte seit 26.10.39 als Kommand. Gen. das XIII. AK, mit dem er den Krieg im W mitmachte. Seit 1.11.40 Kommand. Gen. des XXXXVI. Pz.korps, kämpfte V. auf dem Balkan und seit Angriffsbeginn an der O-Front, zunächst bei der Heeresgruppe Nord, dann Mitte. Vom 1.9. bis 1.12.42 war er vertretungsweise Führer der 9. Armee, übernahm dann den Oberbefehl über die 15. Armee im W und am 15.8.43 über die 10. Armee in Italien, wo er Kesselring nach dessen schwerem Unfall vom 23.10.44 bis zum 15.1.45 als OB Südwest vertrat. Ende Jan. 45 vorübergehend OB der Heeresgruppe Kurland, führte V. seit 10.3. die Heeresgruppe C in Italien und war zugleich OB Südwest. Ende April 45 nahm er Verbindung zu den Alliierten auf und unterzeichnete am 29.4. in Caserta die Kapitulation seiner Truppen, die am 2.5. um 14 Uhr in Kraft trat.

Viktor Emanuel III., *11.11.1869 in Neapel, †28.12.1947 in Alexandria, König von Italien (1900-46). V. ernannte am 31.10.22 Mussolini zum Min.präs., wurde 1936 Kaiser von Äthiopien und 1939 König in Albanien. Weitgehend entmachtet, vermochte er jedoch die Opposition gegen den „Duce“ zu bündeln und dessen Verhaftung am 25.7.43 durchzusetzen. Mit der von ihm installierten Reg. Badoglio ging er im Sept. 43 zu den Alliierten über, verzichtete am 9.4.44 zugunsten seines Sohnes Umberto auf den Thron, konnte aber die durch das Bündnis mit den Faschisten diskreditierte Monarchie damit nicht retten; 9.6.46 endgültige Abdankung.

Wassilewski, Alexandr Michailowitsch, *30.9.1895 in Nowaja Golschika (Gebiet Kostroma), †5.12.1977 in Moskau, Marschall der Sowjetunion (16.2.43); April 19 zur Roten Armee, 1938 Beitritt zur KPdSU. W. war bei Beginn des dt. Angriffs auf die UdSSR als Gen. major Chef der Abt. Operative Verwaltung im Gen.stab und wurde im Aug. 41 Stellv. von Gen.stabschef Schaposchnikow, den er, inzw. Gen.oberst, am 26.6.42 ablöste. Auf Planungen W.s gingen u.a. die sowjet. Gegenoffensive „Uranus" bei Stalingrad und die erfolgr. Abwehr des dt. Unternehmens „Zitadelle" bei Kursk zurück, auch weitere siegreiche Operationen trugen seine Handschrift. Als der OB der 3. Weißruss. Front, Tschernjachowski, im Febr. 45 fiel, übernahm W. selbst die Führung dieser Heeresgruppe und schloss die Eroberung Ostpreußens ab. Im Aug. war er OB in Fernost, 1949–53 Verteidigungsminister, 1952–61 Mitglied des ZK; Memoiren 1974.

Wavell, Archibald, *5.5.1883 in Colchester, †24.5.1950 in London, brit. Feldmarschall (18.6.43); 1899 Militärakademie Sandhurst, im Ersten Weltkrieg u.a. Militärattaché in Russland, 1919/20 in Ägypten, 1932/33 Adjutant des Königs, 1937 als Gen.leutnant OB in Palästina. W. wurde am 2.8.39 OB aller brit. Landstreitkräfte im Nahen Osten und konnte im Herbst 40 erfolgreich die italien. Offensive gegen Ägypten abwehren und seinerseits zum Angriff auf Libyen übergehen. Nach Eingreifen des Dt. Afrika-Korps jedoch erlitten seine Truppen schwere Niederlagen, so dass Churchill W. durch Auchinleck ersetzte. Im Juli 41 zum OB in Indien ernannt, konnte W. als Oberkommandierender in SO-Asien die im Dez. 41 losbrechende japan. Offensive weder in Malaya noch in Niederländ. Indien aufhalten und musste auch Burma räumen. Er wurde schließl. am 18.6.43 auf den Posten des Vizekönigs in Neu Delhi weggelobt; 1946 durch Mountbatten ersetzt, Febr. 47 Ruhestand.

Weichs, Maximilian Freiherr von, *12.11.1881 in Dessau, †27.9.1954 in Gut Rösberg bei Bonn, dt. Gen. feldmarschall (1.2.43); 1902 Eintritt ins Heer, 1.4.33 Gen.major, 1.4.35 Gen.-Leutnant, 1.10.36 Gen. der Artillerie. W. wurde am 1.10.37 Kommand. Gen. des XIII. AK, mit dem er in Polen kämpfte, und am 20.10.39 OB der 2. Armee im Verband der Heeresgruppe A (v. Rundstedt), mit der er am Angriff im W beteiligt war. W. führte dann seine Armee im Balkanfeldzug (April 41) und zu Beginn des Krieges gegen die UdSSR. Für die dt. Sommeroffensive „Blau" bildete er eine nach ihm benannte Armeegruppe, ehe er am 15.7.42 v. Bock als OB der Heeresgruppe B ablöste. Nach den Niederlagen im O ernannte Hitler W. am 26.8.43 zum OB Südost und der Heeresgruppe F, die er bis zur Auflösung am 25.3.45 befehligte. Eine Verwendung als OB der Heeresgruppe Weichsel scheiterte am Misstrauen Hitlers dem praktizierenden Katholiken W. gegenüber. Am 2.5.45 in amerikan. Gefangenschaft geraten, wurde W. im Prozess gegen die SO-Generäle angeklagt, aber wegen seines schlechten Gesundheitszustands noch vor Eröffnung des Verfahrens gegen ihn am 3.11.48 freigelassen.

Maximilian Freiherr von Weichs.

Wenck, Walther, *18.9.1900 in Wittenberg, †1.5.1982 in Bad Rothenfelde (Autounfall), dt. Gen. der Pz.truppen (1.4.45). W. nahm am Polen- und am Frankreichfeldzug teil. Danach im O eingesetzt, wurde er am 4.2.42 als Lehrer an die Kriegsakademie in Berlin kommandiert. In der Folgezeit diente er als Chef des Gen.stabs bei mehreren Großverbänden an der O-Front: 3.9.42 LVII. Pz.korps, 26.11.42 rumän. 3. Armee, 27.12.42 Armee-Abt. Hollidt, später 6. Armee, 11.3.43 1. Pz.armee, 24.3.44 Heeresgruppe Südukraine in Rumänien unter Gen.oberst Schörner. Nach dem Attentat auf Hitler holte der neue Gen.stabschef des Heeres, Gen. oberst Guderian, W. als Chef der Operationsabt. In dieser Dienststellung blieb W. bis zu seiner schweren Verletzung (Schädelbruch) am 17.2.45 bei einem Autounfall. Am 10.4.45 erhielt er das Kommando über die aus neuformierten, unfertigen Div. gebildete 12. Armee (Armee W.), die während der Schlacht um Berlin die Reichshauptstadt entsetzen sollte und auf die Hitler bis zum Schluss in völliger Verkennung der Lage hoffte.

Weygand, Louis Maxime, französ. Armeegen., *21.1.1867 in Brüssel, †28.1.65 in Paris. Im Ersten Weltkrieg zuletzt Stabschef von Marschall Foch. 1920/21 Berater von Marschall Pilsudski im sowjet.-poln. Krieg. 1923-24 Oberbef. d. Levante-Armee in Syrien. 30-31 Chef d. Gen.stabes. 31-35 Gen.-inspekteur d. Armee. 35 Ruhestand. Bei Kriegsbeg. reaktiviert. 39-40 OB d. Orient-Armee in Syrien. 19.5.40 OB aller alliierten Truppen in Frankr. 16.6.40 Kriegsmin. d. Reg. Pétain. 41 Gen.gouverneur v. Algerien. Ende 41 Ruhestand. 42-45 in dt., dann in französ. Haft. 46 auf Ehrenwort entlassen. 6.5.48 vom Obersten Gerichtshof rehabilitiert.

Wingate, Orde Charles, *26.2.1903 in Naini Täl (Uttar Pradesh/Indien), †24.3.1944 in N-Burma, brit. Gen. major; Absolvent der Militärakademie in Woolwich. W., der Arabisch studiert hatte und bei den Kameraden als Exzentriker bekannt war, sammelte erste Erfahrungen als Kolonialoffizier im Sudan und in den 30er Jahren in Palästina, wo er sog. Night Squads, irreguläre zionist. Kommandoeinheiten, zum Schutz jüd. Siedlungen aufstellte. Nach Kriegsausbruch zeichnete er sich mit der sog. Gideon Force, einer einheim. Partisanentruppe, bei der Rückeroberung Abessiniens aus (Frühjahr 41). Sein langjähriger Vorgesetzter und OB in Indien Wavell berief W. 1942 nach Burma, wo der ideenreiche „Napoleon des Guerillakriegs" die Spezialtruppe der Chindits ins Leben rief. Sie hatte trotz hoher Verluste großen Anteil am alliierten Sieg über die japan. Dschungel-Bastionen, den W. allerdings nicht mehr erlebte. Er kam bei einem Flugzeugunfall zu Beginn einer durch Chindits unterstützten alliierten Offensive ums Leben.

Witzleben, Erwin von, *4.12.1881 in Breslau, †8.8.1944 in Berlin-Plötzensee (hingerichtet), dt. Gen.feldmarschall (19.7.40); 1.2.34 Gen. major und OB im Wehrkreis III, 1.12.34 Gen.leutnant, 1.10.36 Gen. der Inf. Als OB der dt. 1. Armee wurde W. am 1.11.39 zum Gen. oberst befördert. Er führte seinen Verband auch im W, wurde am 26.10.40 OB der Heeresgruppe D in Frkr. und am 1.5.41 OB West. Schon seit 1936 aktiv im Widerstand, wurde W. am 21.3.42 auf Verdächtigungen hin von Hitler in den Ruhestand verabschiedet. Trotz religiöser Bedenken rang er sich zur Zustimmung zum Attentat Stauffenbergs durch und sollte nach dessen Gelingen OB der Wehrmacht werden. Nach Scheitern des Umsturzversuchs am 20.7.44 wurde W. am nächsten Tag verhaftet und am 8.8.44 zum Tod verurteilt.

Wlassow, Andrej, *1.9.1900 in Lomkino bei Nischnij Nowgorod, †2.8.1946 in Moskau (hingerichtet), sowjet. Gen.leutnant; 1919 Eintritt in die Rote Armee. W. war

Erwin von Witzleben.

Andrej Wlassow.

bei Beginn des dt. Russlandfeldzuges Kommand. Gen. des IV. Panzerkorps und verteidigte im Sept. 41 Kiew als Oberbefehlshaber der 37. Armee. Nach Erfolgen bei der Schlacht um Moskau (Dez.41) wurde W. am 21.3.42 in den Wolchow-Kessel eingeflogen, wo er am 11.7.42 in dt. Gefangenschaft geriet. Er stellte sich dem Smolensker Komitee zur Verfügung, verfasste am 10.9.42 sein erstes Flugblatt, das sowjet. Soldaten zum Überlaufen aufforderte, und bemühte sich um die Bildung einer Freiwilligenarmee aus sowjet. Kriegsgefangenen zur Befreiung Rußlands vom Bolschewismus. Die nat.-soz. Führung aber benutzte ihn nur zu Propagandazwecken, hielt ihn hin und gestattete erst bei aussichtsloser Lage die Bildung von 2 Divisionen (W.-Armee). Von US-Truppen 1945 gefangengenommen, wurde W. an die Sowjetunion ausgeliefert.

Wolff, Karl, *13.5.1900 in Darmstadt, †15.7.1984 in Rosenheim, SS-Obergruppenführer und Gen. der Waffen-SS (30.1.42); 1931 NSDAP- und SS-Beitritt, Juli 33 persönl. Adjutant Himmlers, 30.1.37 Gruppenführer, 1939 Verbindungsmann zum Führerhauptquartier. W. ging als Höchster SS- und Polizeiführer am 23.9.43 nach Italien, wo er seit 26.7.44 als Bevollmächtigter Gen. der Wehrmacht die Reg. Mussolini in Salò kontrollierte. Bei sich abzeichnender dt. Niederlage knüpfte W. Kontakte zum US-Geheimdienst in der Schweiz und erreichte eine vorzeitige Waffenstreckung am 29.4.45 (in Kraft 2.5.). Im Nürnberger Prozess gegen die Hauptkriegsverbrecher trat W. als Zeuge auf, wurde selber in einem dt. Spruchkammerverfahren 1949 zu 4 Jahren Gefängnis und am 30.9.64 wegen Beihilfe zum Mord in mindestens 300.000 Fällen (Judendeportationen) zu 15 Jahren Zuchthaus verurteilt; 1971 Haftverschonung aus Gesundheitsgründen.

Woroschilow, Kliment Jefremowitsch, *23.1.1881 in Werchenaja (Ukraine), †3.12.1969 in Moskau, Marschall der Sowjetunion (20.11.35); Maschinenbauarbeiter, wegen revolutionärer Aktivitäten mehrfach inhaftiert, im Bürgerkrieg enger Mitarbeiter Stalins, 1918 OB der 10. Armee, 1919 der 14. Armee, 1926 Mitglied des Politbüros, Nov. 25 bis Juni 34 Volkskommissar (Min.) für Krieg und Marine, dann bis Mai 40 Mitglied des Verteidigungsrats. Nach dem dt. Angriff (22.6.41) gehörte W. zum Stawka und führte im Sept. 41 die Leningrad-Front, wurde nach den katastrophalen Niederlagen von Schukow abgelöst und mit der Unterstützung der Partisanen-Bewegung betraut. Nach Stalins Tod 1953–60 Staatsoberhaupt (Vors. des Präsidiums des Obersten Sowjet).

Yamamoto, Isoroku, *4.4.1884 in Nagaoka (Hondo), †18.4.1943 auf den Salomonen, japan. Admiral (Nov. 40); 1901 Marine-Akademie, Teilnahme an der Seeschlacht von Tsushima im russ.-japan. Krieg (1905), 1919/21 Studium in den USA, 1925 Marineattaché, 1930Konteradmiral, 1935 stellv. Marinemin., 1938 OB der 1. Flotte. Im Nov. 40 wurde der für seine scharf nationalistische Haltung bekannte Y. OB der japan. Vereinigten Flotte und setzte zus. mit Nagumo v.a. auf den Ausbau der Trägerflotte, mit der er in einem Konflikt mit den USA die weit verstreuten Ziele im Pazifik erreichen wollte. Auf Y. ging auch der Plan zur Ausschaltung der amerikan. Pazifikflotte durch den Träger-Raid gegen Pearl Harbor zurück, den er leitete und mit dem er den Krieg im Pazifik auslöste. Er führte ihn mit entschlossenen Angriffen und großen Anfangserfolgen, ehe am 4.6.42 in der Seeschlacht bei Midway, bei der er persönl. den japan. Angriff kommandierte, der erste große Rückschlag folgte. Neben ungenauer Aufklärung, Unterschätzung der amerikan. Kräfte u.a. hatte dazu die Verzettelung der japan. Flotte durch Y. beigetragen. Die katastrophalen Folgen für die japan. Kriegführung erlebte Y. nur noch in Ansätzen: während der Schlacht um die Salomonen reiste er Mitte April 43 zur Inspektion auf die Insel Bougainville; beim Anflug seines von einer Gruppe Zero-Jäger geschützten Bombers auf den Flugplatz von Kaihili wurde die Maschine von amerikan. Langstreckenjägern P-38 Lightning abgeschossen. Die Amerikaner hatten den japan. Code entschlüsselt und kannten daher auf die Minute Y.s Ankunftszeit. Y. wurde postum zum Großadmiral befördert.

Yamashita, Tomoyuki, *1885 in Kochi, †27.2.1946 in Manila (hingerichtet), japan. Armeegen. (1943). Als OB der japan. 25. Armee erhielt Y. bei Kriegsbeginn im Pazifik (7.12.41) den Auftrag zur Eroberung der Malaiischen Halbinsel (Malaya) mit Singapur, das er am 15.2.42 fast ohne Verluste nehmen konnte; 70.000 brit. Verteidiger unter Gen.leutnant Percival gerieten in Gefangenschaft. Y. wurde danach OB der japan. Truppen in der Mandschurei und im Sept. 44 mit der Verteidigung der Philippinen gegen amerikan. Landungen betraut. Er

Tmoyuki Yamashita.

fand auf der Hauptinsel Luzon eine zusammengewürfelte Streitmacht von 262.000 Mann Marine-, Heeres-, Transport- und Sanitätspersonal vor, die seit der Niederlage in den Schlachten im Leyte-Golf (Okt. 44) zudem kaum noch Nachschub erhielt. Er formte daraus die japan. 14. Armee und teilte die Insel in drei Verteidigungsbereiche ein. Er selbst kommandierte im N mit dem Gros der Truppen, konnte aber die Landung der 6. US-Armee (Krueger) im Lingayen-Golf am 9.1.45 kaum behindern und nur einige Erfolge durch Kamikaze-Angriffe erzielen. Y. zog sich auf Manila zurück, das er eigentl. aussparen wollte, das aber in erbitterter Schlacht gegen seinen Befehl von Marineeinheiten vom 4.2. bis 3.3.45 verteidigt und so zerstört wurde. Bis 15.8. war die amerikan. Eroberung Luzons abgeschlossen; Y. führte jedoch noch bis zur Kapitulation Japans (2.9.) in den Bergen Guerilla-Krieg. Nach der Gefangennahme wegen Verbrechen gegen die Menschlichkeit (u.a. Gefangenenmisshandlung und -ermordung), die er bestritt, am 29.10.45 vor Gericht gestellt, wurde er zum Tod verurteilt; ein Gnadengesuch blieb erfolglos.

Zeitzler, Kurt, *9.6.1895 in Coßmar (Luckau/Brandenburg), †24.9.1963 in Hohenaschau (Oberbayern), dt. Gen.-oberst (30.1.44). Als Chef des Gen.-stabs des XXII. AK bei der 14. Armee ging Z. in den Polenfeldzug, übernahm die gleiche Funktion im März 40 bei der Pz.gruppe A (v. Kleist), mit der er in Frkr., auf dem Balkan und in Russland kämpfte (25.10.41 umbenannt in 1. Pz.armee). Am 1.4.42 wechselte Z. als Chef des Gen.stabs zur Heeresgruppe D (v. Rundstedt) im W und wurde schließl. am 24.9.42 als Nachfolger von Gen.oberst Halder Chef des Gen.stabs des Heeres. Von dem energ. Z. (Spitzname „Kugelblitz") erhoffte sich Hitler mehr Zustimmung für seine immer riskantere Kriegführung. Doch schon während der Krise in Stalingrad kam es zu schweren Konflikten zw. beiden. Viermal lehnte Hitler Ablösungsgesuche ab, ehe er Z. am 10.7.44 doch verabschiedete, formell am 31.1.45. Bis 1947 war Z. in brit. Kriegsgefangenschaft.

„Über allem steht die Deutsche Infanterie." Mögen die heroischen Bilder dieses NS-Plakates auch nicht dem Erscheinungsbild der abgekämpften Truppe gegen Ende des Krieges entsprechen, so war deren hohe Kampfmoral doch nie zu bezweifeln. Nach dem Krieg ist der amerikanische Oberst Trevor Dupuys in einer ausführlichen Untersuchung zu dem Ergebnis gekommen, dass „die deutschen Infanteristen ihren britischen und amerikanischen Gegnern immer um 50% höhere Verluste beibrachten, und das in jeder Situation. Das galt auch für den Fall, dass sie in die Verteidigung gedrängt wurden und, wie meist, unterlegen waren."

Karten

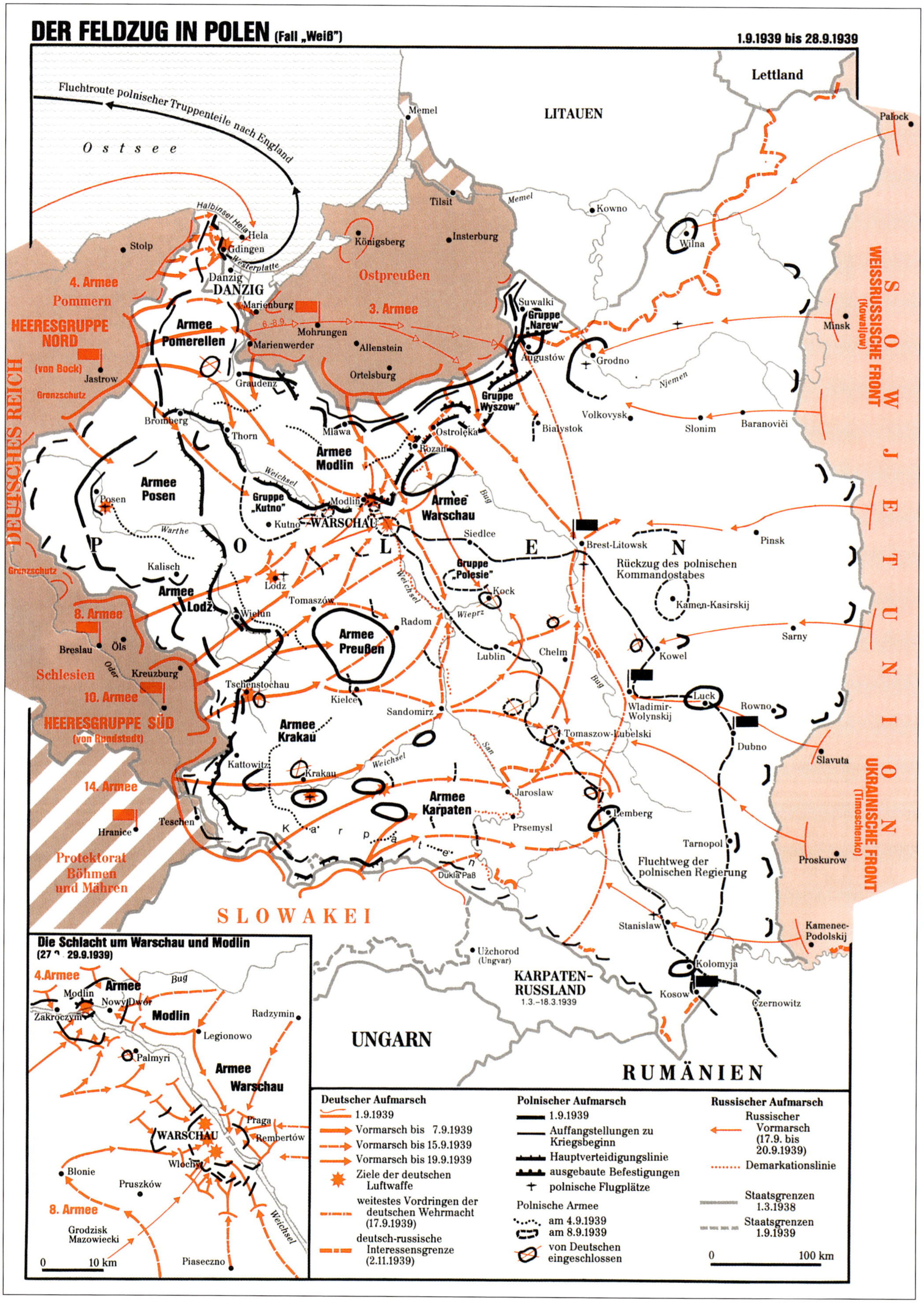
DER FELDZUG IN POLEN (Fall „Weiß")
1.9.1939 bis 28.9.1939
Fluchtroute polnischer Truppenteile nach England
Ostsee
Lettland
LITAUEN
Memel
Tilsit
Kowno
Wilna
Halbinsel Hela
Hela
Gdingen
Westerplatte
Danzig
DANZIG
Königsberg
Insterburg
Ostpreußen
Stolp
4. Armee
Pommern
HEERESGRUPPE NORD
(von Bock)
Jastrow
Grenzschutz
Marienburg
3. Armee
Mohrungen
Marienwerder
Allenstein
Ortelsburg
Armee Pomerellen
Graudenz
Suwalki
Gruppe „Narew"
Augustów
Grodno
Njemen
Minsk
Gruppe Wyszow"
Bromberg
Thorn
Mlawa
Ostrolęka
Białystok
Volkovysk
Slonim
Baranoviči
Armee Modlin
Rozan
DEUTSCHES REICH
Armee Posen
Posen
Weichsel
Gruppe „Kutno"
Modlin
Kutno
WARSCHAU
Armee Warschau
Bug
Warthe
P O L E N
Siedlce
Brest-Litowsk
Pinsk
Kalisch
Lodz
Armee Lodz
Gruppe „Polesie"
Kock
Rückzug des polnischen Kommandostabes
Kamen-Kasirskij
Grenzschutz
8. Armee
Tomaszów
Wielun
Radom
Wieprz
Breslau
Öls
Armee Preußen
Lublin
Chelm
Kowel
Sarny
Oder
Kreuzburg
Schlesien
10. Armee
Tschenstochau
Kielce
Sandomirz
Wladimir-Wolynskij
Luck
Rowno
HEERESGRUPPE SÜD
(von Rundstedt)
Armee Krakau
Tomaszow-Lubelski
Dubno
San
Kattowitz
Krakau
Slavuta
14. Armee
Jaroslaw
Armee Karpaten
Lemberg
Hranice
Teschen
Przemysl
K a r p a t e n
Tarnopol
Protektorat Böhmen und Mähren
Fluchtweg der polnischen Regierung
Proskurow
Dukla Paß
SLOWAKEI
Stanislaw
Kamenec-Podolskij
SOWJETUNION
WEISSRUSSISCHE FRONT
(Kowaljow)
UKRAINISCHE FRONT
(Timoschenko)
Užchorod
(Ungvar)
KARPATEN-RUSSLAND
1.3.–18.3.1939
Kolomyja
Kosow
Czernowitz
UNGARN
RUMÄNIEN
Die Schlacht um Warschau und Modlin
(27.9.–29.9.1939)
4.Armee
Armee Modlin
Modlin
Nowy Dwór
Zakroczym
Bug
Radzymin
Legionowo
Palmyri
Armee Warschau
Praga
WARSCHAU
Rembertów
Wlochy
Blonie
Pruszków
8. Armee
Grodzisk Mazowiecki
Weichsel
Piaseczno
0 10 km
Deutscher Aufmarsch
1.9.1939
Vormarsch bis 7.9.1939
Vormarsch bis 15.9.1939
Vormarsch bis 19.9.1939
Ziele der deutschen Luftwaffe
weitestes Vordringen der deutschen Wehrmacht (17.9.1939)
deutsch-russische Interessensgrenze (2.11.1939)
Polnischer Aufmarsch
1.9.1939
Auffangstellungen zu Kriegsbeginn
Hauptverteidigungslinie
ausgebaute Befestigungen
polnische Flugplätze
Polnische Armee
am 4.9.1939
am 8.9.1939
von Deutschen eingeschlossen
Russischer Aufmarsch
Russischer Vormarsch (17.9. bis 20.9.1939)
Demarkationslinie
Staatsgrenzen 1.3.1938
Staatsgrenzen 1.9.1939
0 100 km

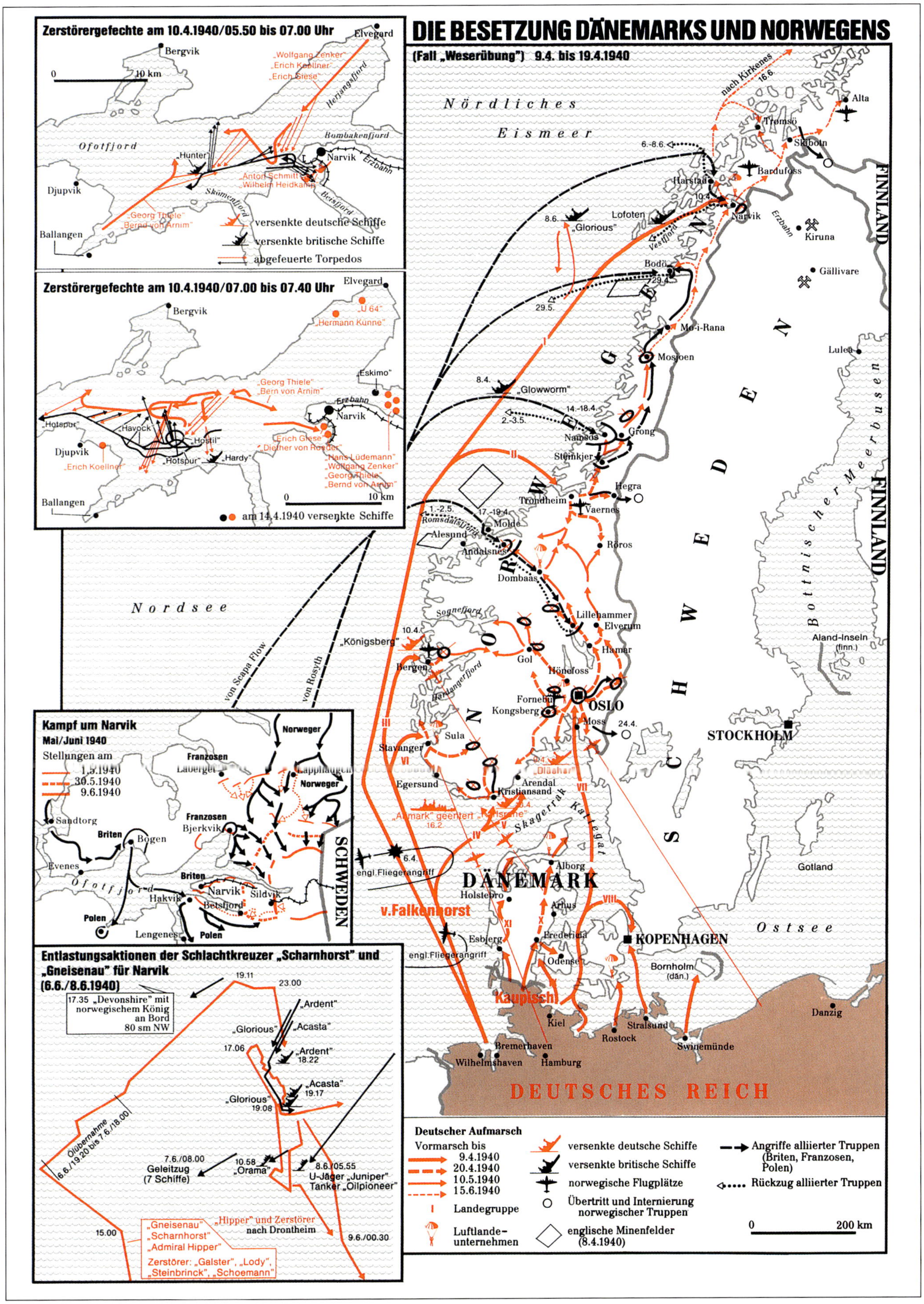
DIE BESETZUNG DÄNEMARKS UND NORWEGENS
(Fall „Weserübung") 9.4. bis 19.4.1940
Zerstörergefechte am 10.4.1940/05.50 bis 07.00 Uhr
Elvegard
Bergvik
0 10 km
„Wolfgang Zenker"
„Erich Koellner"
„Erich Giese"
Herjangsfjord
Ofotfjord
„Hunter"
Bombakenfjord
Narvik
Erzbahn
„Anton Schmitt"
„Wilhelm Heidkamp"
Djupvik
Skomenfjord
Beisfjord
„Georg Thiele"
„Bernd von Arnim"
Ballangen
versenkte deutsche Schiffe
versenkte britische Schiffe
abgefeuerte Torpedos
Zerstörergefechte am 10.4.1940/07.00 bis 07.40 Uhr
„U 64"
„Hermann Künne"
„Eskimo"
„Georg Thiele"
„Bern von Arnim"
„Hotspur"
„Havock"
„Hostil"
„Hardy"
„Erich Giese"
„Diether von Roeder"
„Hans Lüdemann"
„Wolfgang Zenker"
„Erich Koellner"
am 14.4.1940 versenkte Schiffe
Nördliches Eismeer
nach Kirkenes
16.6.
Alta
Tromsö
Skibotn
6.-8.6.
Harstad
Bardufoss
FINNLAND
8.6.
„Glorious"
Lofoten
Vestfjord
Narvik
Erzbahn
Kiruna
Bodö
29.5.
Gällivare
Mo-i-Rana
Mosjoen
Luleå
8.4.
„Glowworm"
14.-18.4.
2.-3.5.
Namsos
Grong
Steinkjer
Hegra
Trondheim
Vaernes
Romsdalsfjord
Molde
Alesund
Andalsnes
Röros
Dombaas
Nordsee
Sognefjord
Lillehammer
Elverum
Hamar
10.4.
„Königsberg"
Bergen
Gol
Hönefoss
Hardangerfjord
Fornebu
Kongsberg
OSLO
Moss
24.4.
von Scapa Flow
von Rosyth
Sula
Stavanger
STOCKHOLM
Egersund
„Blücher"
Arendal
Kristiansand
„Karlsruhe"
„Altmark" geentert 16.2.
Skagerrak
Kattegat
Bottnischer Meerbusen
Aland-Inseln (finn.)
Gotland
NORWEGEN
SCHWEDEN
DÄNEMARK
Ålborg
6.4.
engl. Fliegerangriff
Holstebro
Århus
v. Falkenhorst
Esbjerg
Fredericia
KOPENHAGEN
Ostsee
Odense
Bornholm (dän.)
Kaupisch
Kiel
Stralsund
Danzig
Rostock
Swinemünde
Bremerhaven
Wilhelmshaven
Hamburg
DEUTSCHES REICH
Kampf um Narvik Mai/Juni 1940
Stellungen am
1.5.1940
30.5.1940
9.6.1940
Norweger
Franzosen
Labergen
Lapphaugen
Sandtorg
Briten
Bogen
Bjerkvik
Evenes
Ofotfjord
Narvik
Sildvik
Hakvik
Beisfjord
Polen
Lengenes
SCHWEDEN
Entlastungsaktionen der Schlachtkreuzer „Scharnhorst" und „Gneisenau" für Narvik (6.6./8.6.1940)
19.11
23.00
17.35 „Devonshire" mit norwegischem König an Bord 80 sm NW
„Ardent"
„Glorious"
„Acasta"
17.06
18.22
19.17
19.08
Ölübernahme 6.6./19.20 bis 7.6./18.00
7.6./08.00
Geleitzug (7 Schiffe)
10.58
„Orama"
8.6./05.55
U-Jäger „Juniper"
Tanker „Oilpioneer"
„Gneisenau"
„Scharnhorst"
„Admiral Hipper"
„Hipper" und Zerstörer nach Drontheim
15.00
9.6./00.30
Zerstörer: „Galster", „Lody", „Steinbrinck", „Schoemann"
Deutscher Aufmarsch
Vormarsch bis
9.4.1940
20.4.1940
10.5.1940
15.6.1940
Landegruppe
Luftlande-unternehmen
versenkte deutsche Schiffe
versenkte britische Schiffe
norwegische Flugplätze
Übertritt und Internierung norwegischer Truppen
englische Minenfelder (8.4.1940)
Angriffe alliierter Truppen (Briten, Franzosen, Polen)
Rückzug alliierter Truppen
0 200 km

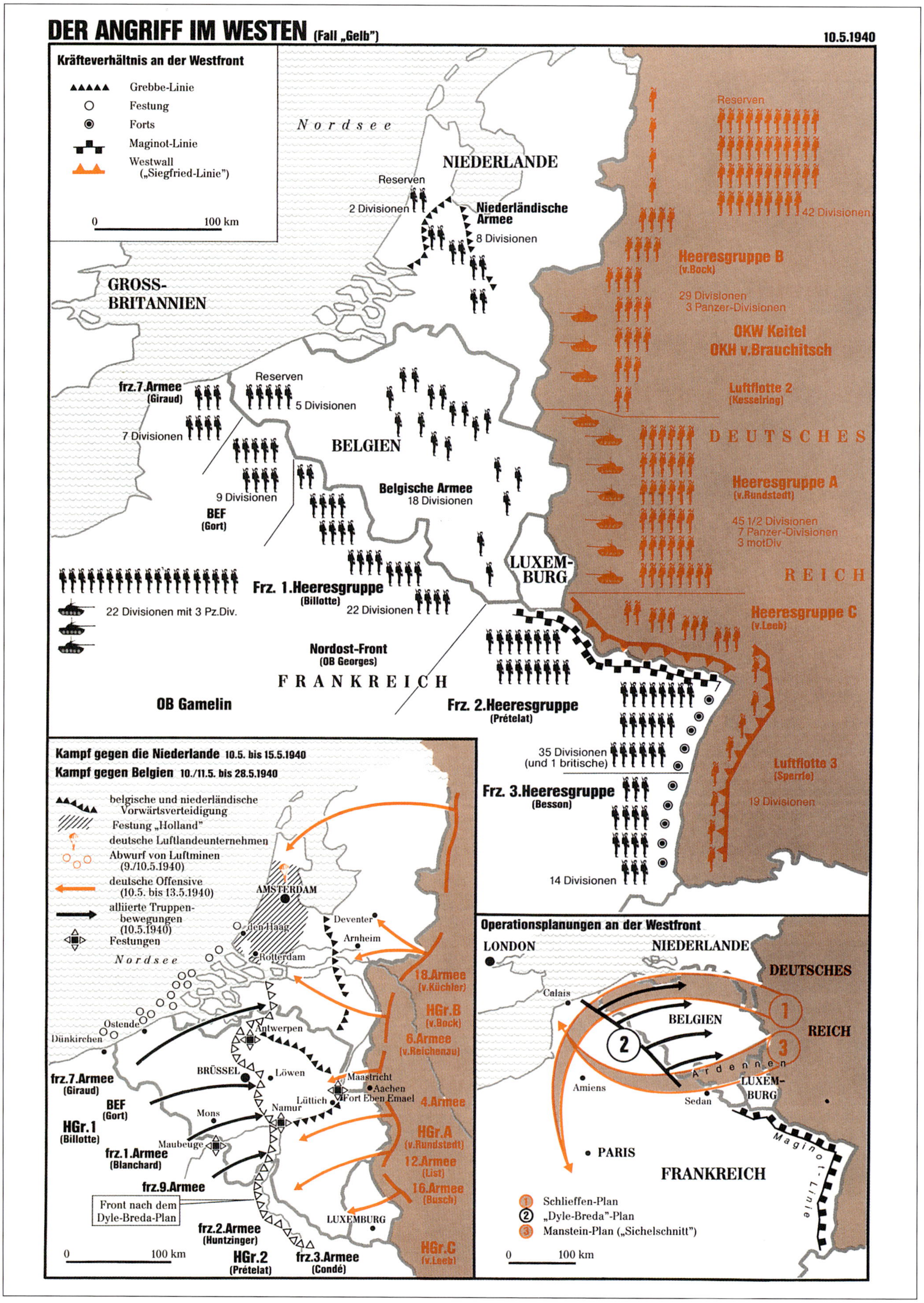
DER ANGRIFF IM WESTEN (Fall „Gelb")
10.5.1940
Kräfteverhältnis an der Westfront
Grebbe-Linie
Festung
Forts
Maginot-Linie
Westwall („Siegfried-Linie")
0 100 km
Nordsee
NIEDERLANDE
Reserven
2 Divisionen
Niederländische Armee
8 Divisionen
GROSS-BRITANNIEN
Reserven
42 Divisionen
Heeresgruppe B
(v.Bock)
29 Divisionen
3 Panzer-Divisionen
OKW Keitel
OKH v.Brauchitsch
Luftflotte 2
(Kesselring)
DEUTSCHES
REICH
Heeresgruppe A
(v.Rundstedt)
45 1/2 Divisionen
7 Panzer-Divisionen
3 motDiv
Heeresgruppe C
(v.Leeb)
Luftflotte 3
(Sperrle)
19 Divisionen
frz.7.Armee
(Giraud)
7 Divisionen
Reserven
5 Divisionen
BELGIEN
9 Divisionen
BEF
(Gort)
Belgische Armee
18 Divisionen
LUXEM-BURG
22 Divisionen mit 3 Pz.Div.
Frz. 1.Heeresgruppe
(Billotte)
22 Divisionen
Nordost-Front
(OB Georges)
FRANKREICH
OB Gamelin
Frz. 2.Heeresgruppe
(Prételat)
35 Divisionen
(und 1 britische)
Frz. 3.Heeresgruppe
(Besson)
14 Divisionen
Kampf gegen die Niederlande 10.5. bis 15.5.1940
Kampf gegen Belgien 10./11.5. bis 28.5.1940
belgische und niederländische Vorwärtsverteidigung
Festung „Holland"
deutsche Luftlandeunternehmen
Abwurf von Luftminen (9./10.5.1940)
deutsche Offensive (10.5. bis 13.5.1940)
alliierte Truppenbewegungen (10.5.1940)
Festungen
Nordsee
AMSTERDAM
den Haag
Rotterdam
Deventer
Arnheim
Ostende
Dünkirchen
Antwerpen
BRÜSSEL
Löwen
Maastricht
Aachen
Fort Eben Emael
Lüttich
Namur
Mons
Maubeuge
LUXEMBURG
18.Armee
(v.Küchler)
HGr.B
(v.Bock)
6.Armee
(v.Reichenau)
4.Armee
HGr.A
(v.Rundstedt)
12.Armee
(List)
16.Armee
(Busch)
HGr.C
(v.Leeb)
frz.7.Armee
(Giraud)
BEF
(Gort)
HGr.1
(Billotte)
frz.1.Armee
(Blanchard)
frz.9.Armee
Front nach dem Dyle-Breda-Plan
frz.2.Armee
(Huntzinger)
HGr.2
(Prételat)
frz.3.Armee
(Condé)
0 100 km
Operationsplanungen an der Westfront
LONDON
NIEDERLANDE
DEUTSCHES
REICH
Calais
BELGIEN
Ardennen
LUXEM-BURG
Amiens
Sedan
PARIS
FRANKREICH
Maginot-Linie
1 Schlieffen-Plan
2 „Dyle-Breda"-Plan
3 Manstein-Plan („Sichelschnitt")
0 100 km

DER ANGRIFF IM WESTEN (Operation „Sichelschnitt") — Ende Mai 1940

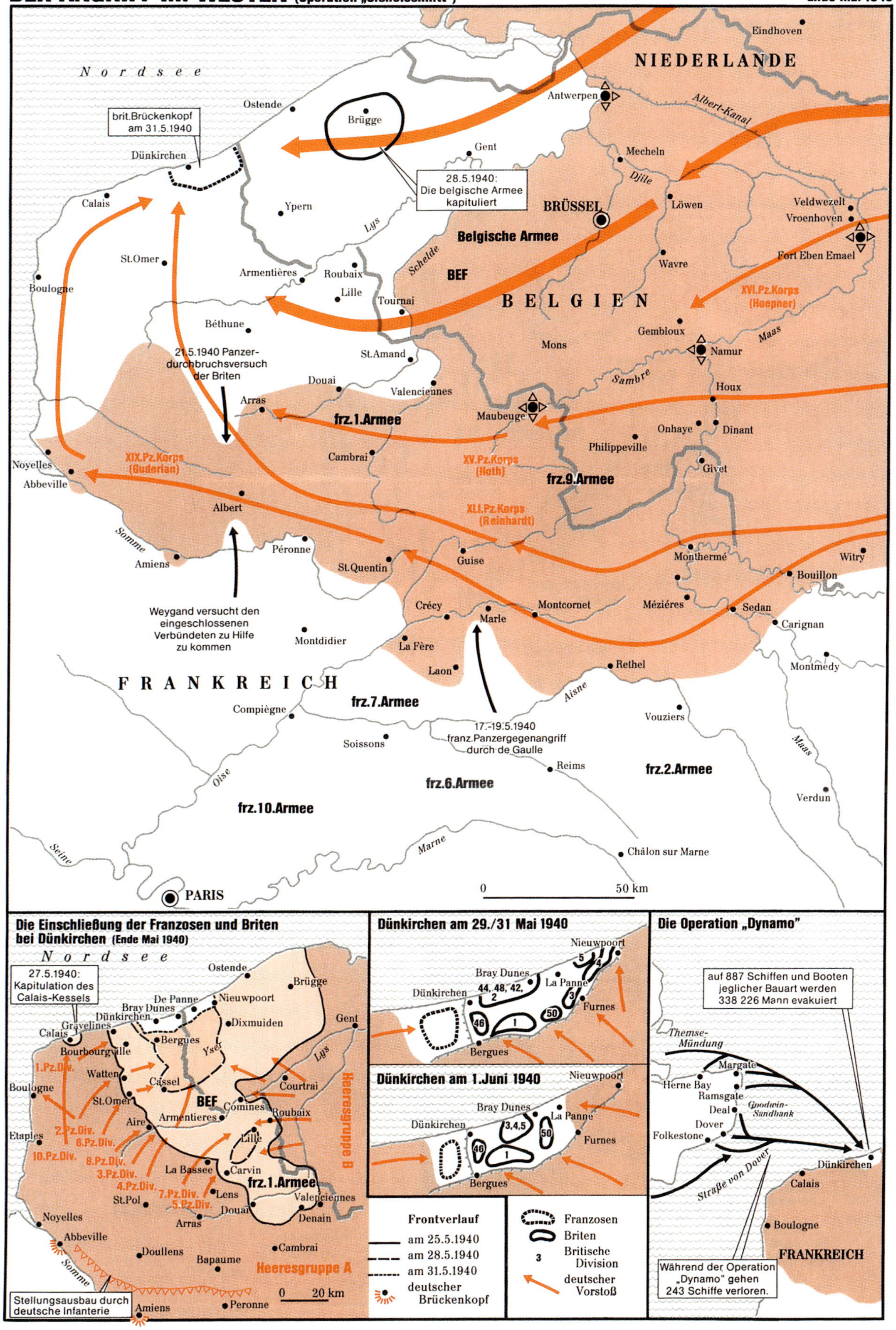

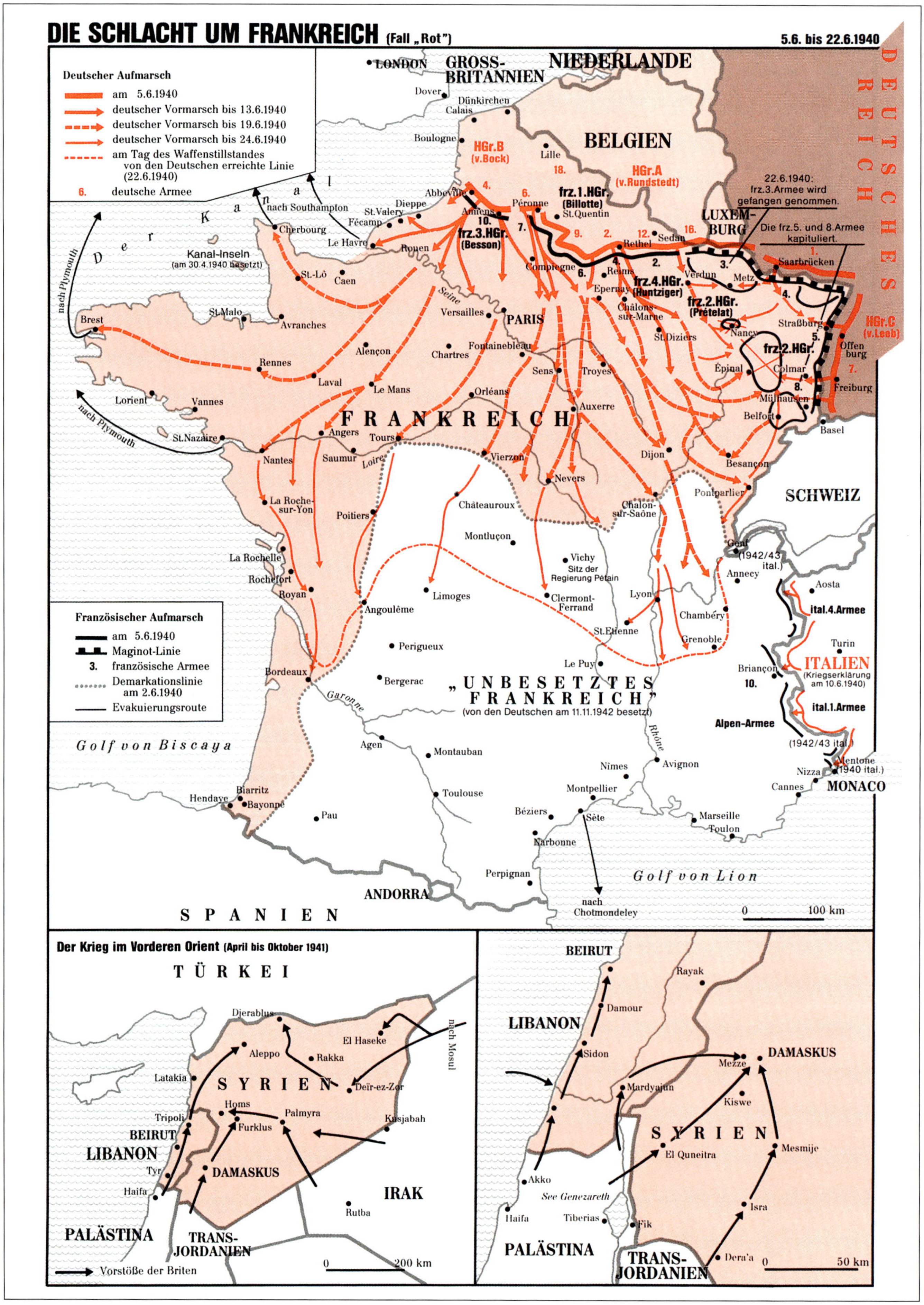
DIE SCHLACHT UM FRANKREICH (Fall „Rot")
5.6. bis 22.6.1940
Deutscher Aufmarsch
am 5.6.1940
deutscher Vormarsch bis 13.6.1940
deutscher Vormarsch bis 19.6.1940
deutscher Vormarsch bis 24.6.1940
am Tag des Waffenstillstandes von den Deutschen erreichte Linie (22.6.1940)
6. deutsche Armee
Französischer Aufmarsch
am 5.6.1940
Maginot-Linie
3. französische Armee
Demarkationslinie am 2.6.1940
Evakuierungsroute
LONDON
GROSS-BRITANNIEN
NIEDERLANDE
DEUTSCHES REICH
BELGIEN
LUXEMBURG
FRANKREICH
„UNBESETZTES FRANKREICH"
(von den Deutschen am 11.11.1942 besetzt)
SCHWEIZ
ITALIEN
(Kriegserklärung am 10.6.1940)
MONACO
SPANIEN
ANDORRA
Der Kanal
Kanal-Inseln
(am 30.4.1940 besetzt)
Golf von Biscaya
Golf von Lion
HGr.B (v.Bock)
HGr.A (v.Rundstedt)
HGr.C (v.Leeb)
frz.1.HGr. (Billotte)
frz.3.HGr. (Besson)
frz.4.HGr. (Huntziger)
frz.2.HGr. (Prételat)
frz.2.HGr.
22.6.1940: frz.3.Armee wird gefangen genommen.
Die frz.5. und 8.Armee kapituliert.
ital.4.Armee
ital.1.Armee
Alpen-Armee
(1942/43 ital.)
(1940 ital.)
nach Plymouth
nach Southampton
nach Chotmondeley
Sitz der Regierung Pétain
Dover
Dünkirchen
Calais
Boulogne
Lille
Abbeville
Amiens
Péronne
St.Quentin
Dieppe
St.Valery
Fécamp
Le Havre
Rouen
Cherbourg
St.-Lô
Caen
Brest
St.Malo
Avranches
Rennes
Laval
Alençon
Le Mans
Lorient
Vannes
St.Nazaire
Nantes
Angers
Saumur
Tours
Paris
Versailles
Chartres
Fontainebleau
Orléans
Compiègne
Reims
Rethel
Sedan
Verdun
Metz
Saarbrücken
Epernay
Châlons-sur-Marne
St.Diziers
Nancy
Straßburg
Offenburg
Épinal
Colmar
Freiburg
Mülhausen
Belfort
Basel
Sens
Troyes
Auxerre
Dijon
Besançon
Pontarlier
Vierzon
Nevers
Châteauroux
Chalon-sur-Saône
Montluçon
Vichy
Clermont-Ferrand
Limoges
Lyon
Genf
Annecy
Aosta
Chambéry
Grenoble
Turin
Briançon
St.Etienne
Le Puy
La Roche-sur-Yon
Poitiers
La Rochelle
Rochefort
Royan
Angoulême
Perigueux
Bergerac
Bordeaux
Garonne
Loire
Seine
Rhône
Agen
Montauban
Toulouse
Pau
Biarritz
Bayonne
Hendaye
Nîmes
Avignon
Montpellier
Béziers
Sète
Narbonne
Perpignan
Marseille
Toulon
Nizza
Cannes
Mentone
0 100 km
Der Krieg im Vorderen Orient (April bis Oktober 1941)
TÜRKEI
SYRIEN
LIBANON
PALÄSTINA
TRANS-JORDANIEN
IRAK
Djerablus
Aleppo
Rakka
El Haseke
nach Mosul
Latakia
Deir-ez-Zor
Homs
Palmyra
Tripoli
Furklus
Kusjabah
BEIRUT
DAMASKUS
Tyr
Haifa
Rutba
0 200 km
Vorstöße der Briten
Rayak
Damour
Sidon
Mezze
Mardyajun
Kiswe
El Quneitra
Mesmije
Akko
See Genezareth
Tiberias
Fik
Isra
Dera'a
0 50 km

KRIEG AUF DEM BALKAN UND IN LIBYEN

(28.10.1940) 6.4.1941 bis 21.4./1.6.1941

(Unternehmen „Marita“, „Weisung Nr.20“, Unternehmen „Sonnenblume“)

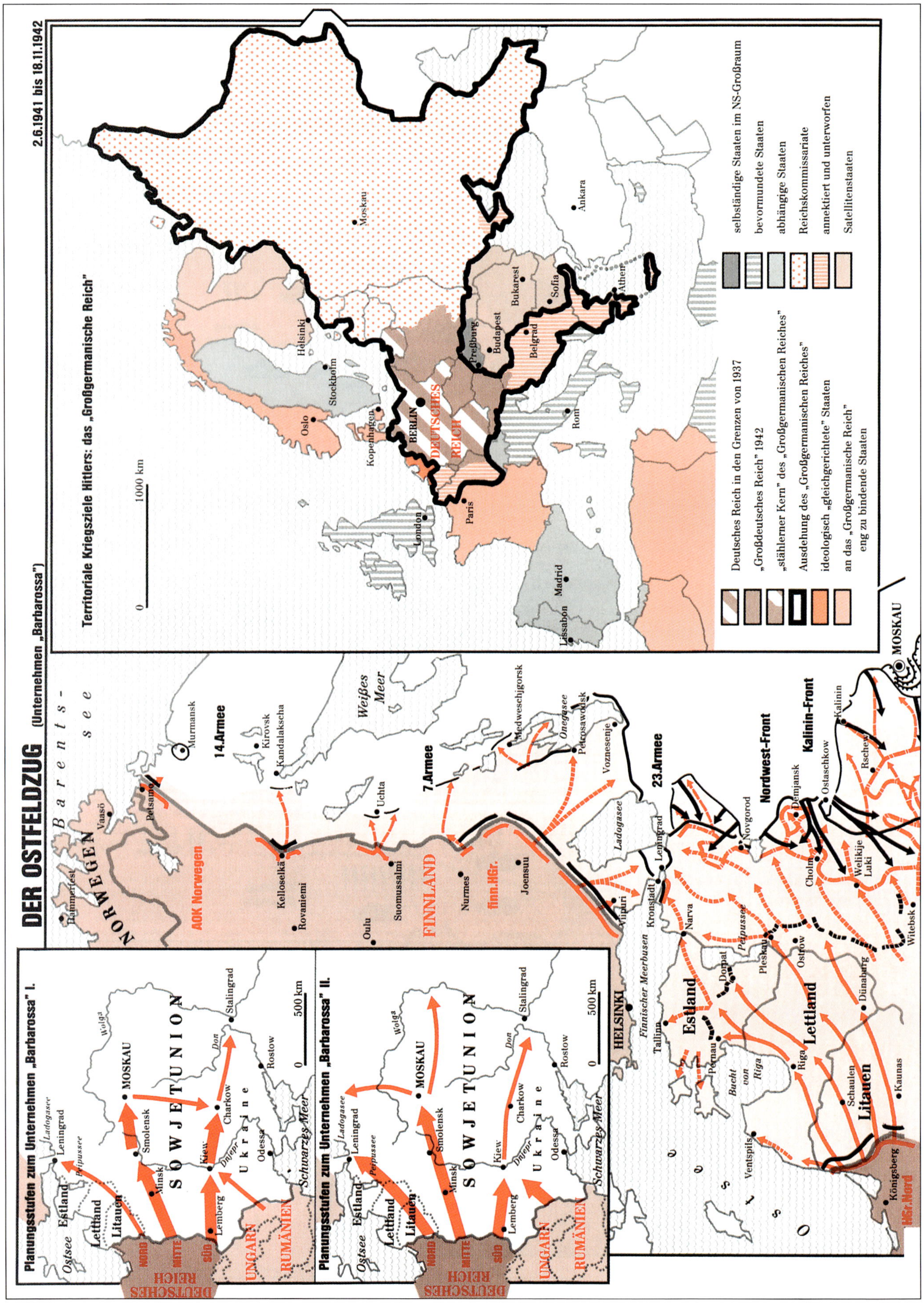
DER OSTFELDZUG (Unternehmen „Barbarossa")
Territoriale Kriegsziele Hitlers: das „Großgermanische Reich"
2.6.1941 bis 18.11.1942
Deutsches Reich in den Grenzen von 1937
„Großdeutsches Reich" 1942
„stählerner Kern" des „Großgermanischen Reiches"
Ausdehnung des „Großgermanischen Reiches"
ideologisch „gleichgerichtete" Staaten
an das „Großgermanische Reich" eng zu bindende Staaten
selbständige Staaten im NS-Großraum
bevormundete Staaten
abhängige Staaten
Reichskommissariate
annektiert und unterworfen
Satellitenstaaten
0 1000 km
Planungsstufen zum Unternehmen „Barbarossa" I.
Planungsstufen zum Unternehmen „Barbarossa" II.
SOWJETUNION
DEUTSCHES REICH
NORD
MITTE
SÜD
UNGARN
RUMÄNIEN
0 500 km
AOK Norwegen
FINNLAND
finn.HGr.
14.Armee
7.Armee
23.Armee
Nordwest-Front
Kalinin-Front
HGr.Nord
MOSKAU
HELSINKI
Estland
Lettland
Litauen
Barents-see
Weißes Meer
Finnischer Meerbusen
Bucht von Riga
Ostsee

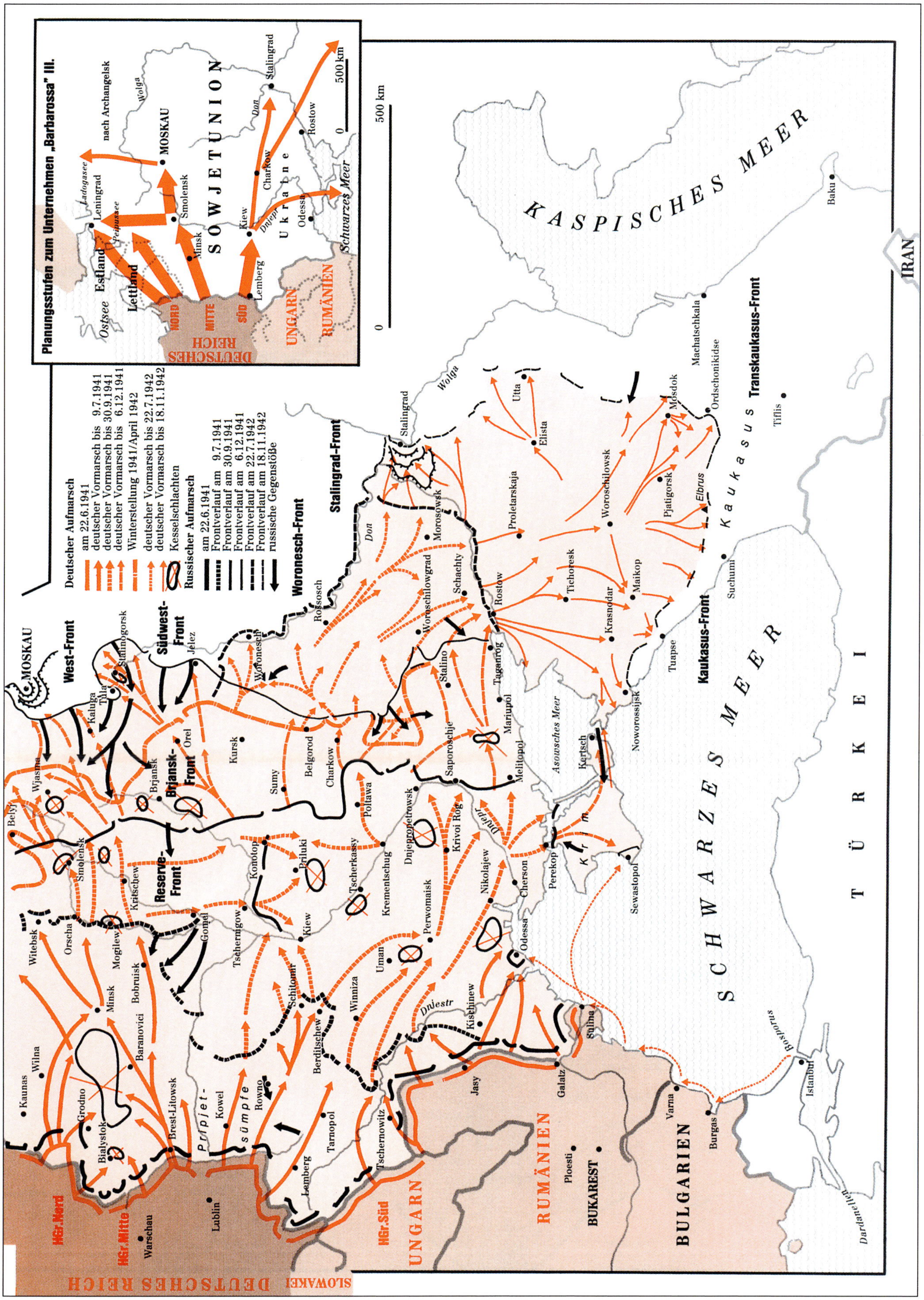
Planungsstufen zum Unternehmen „Barbarossa" III.
DEUTSCHES REICH
NORD
MITTE
SÜD
UNGARN
RUMÄNIEN
Ostsee
Estland
Lettland
Leningrad
Ladogasee
Peipussee
Minsk
Smolensk
MOSKAU
nach Archangelsk
Wolga
S O W J E T U N I O N
Lemberg
Kiew
Dnjepr
U k r a i n e
Odessa
Charkow
Don
Rostow
Stalingrad
Schwarzes Meer
0
500 km
Deutscher Aufmarsch
am 22.6.1941
deutscher Vormarsch bis 9.7.1941
deutscher Vormarsch bis 30.9.1941
deutscher Vormarsch bis 6.12.1941
Winterstellung 1941/April 1942
deutscher Vormarsch bis 22.7.1942
deutscher Vormarsch bis 18.11.1942
Kesselschlachten
Russischer Aufmarsch
am 22.6.1941
Frontverlauf am 9.7.1941
Frontverlauf am 30.9.1941
Frontverlauf am 6.12.1941
Frontverlauf am 22.7.1942
Frontverlauf am 18.11.1942
russische Gegenstöße
Woronesch-Front
Stalingrad-Front
West-Front
Südwest-Front
Brjansk-Front
Reserve-Front
Kaukasus-Front
Transkaukasus-Front
KASPISCHES MEER
SCHWARZES MEER
Asowsches Meer
T Ü R K E I
IRAN
K a u k a s u s
Elbrus
K r i m
Wolga
Don
Dnjepr
Dnjestr
Pripjet-sümpfe
DEUTSCHES REICH
SLOWAKEI
UNGARN
RUMÄNIEN
BULGARIEN
HGr. Nord
HGr. Mitte
HGr. Süd
Warschau
Lublin
Lemberg
Kaunas
Wilna
Grodno
Bialystok
Brest-Litowsk
Kowel
Rowno
Tarnopol
Tschernowitz
Baranovici
Minsk
Witebsk
Orscha
Mogilew
Bobruisk
Gomel
Smolensk
Kritschew
Belyj
Wjasma
Kaluga
Tula
Stalinogorsk
MOSKAU
Brjansk
Orel
Jelez
Kursk
Woronesch
Rossosch
Sumy
Belgorod
Charkow
Konotop
Priluki
Tschernigow
Kiew
Schitomir
Berditschew
Winniza
Uman
Tscherkassy
Krementschug
Poltawa
Dnjepropetrowsk
Krivoi Rog
Perwomaisk
Nikolajew
Cherson
Odessa
Kischinew
Jasy
Galatz
Sulina
Ploesti
BUKAREST
Varna
Burgas
Istanbul
Bosporus
Dardanellen
Perekop
Sewastopol
Kertsch
Noworossijsk
Tuapse
Suchumi
Saporoschje
Melitopol
Mariupol
Taganrog
Stalino
Woroschilowgrad
Schachty
Rostow
Morosowsk
Stalingrad
Proletarskaja
Tichorezk
Krasnodar
Maikop
Woroschilowsk
Pjatigorsk
Mosdok
Ordschonikidse
Elista
Utta
Machatschkala
Baku
Tiflis
0
500 km

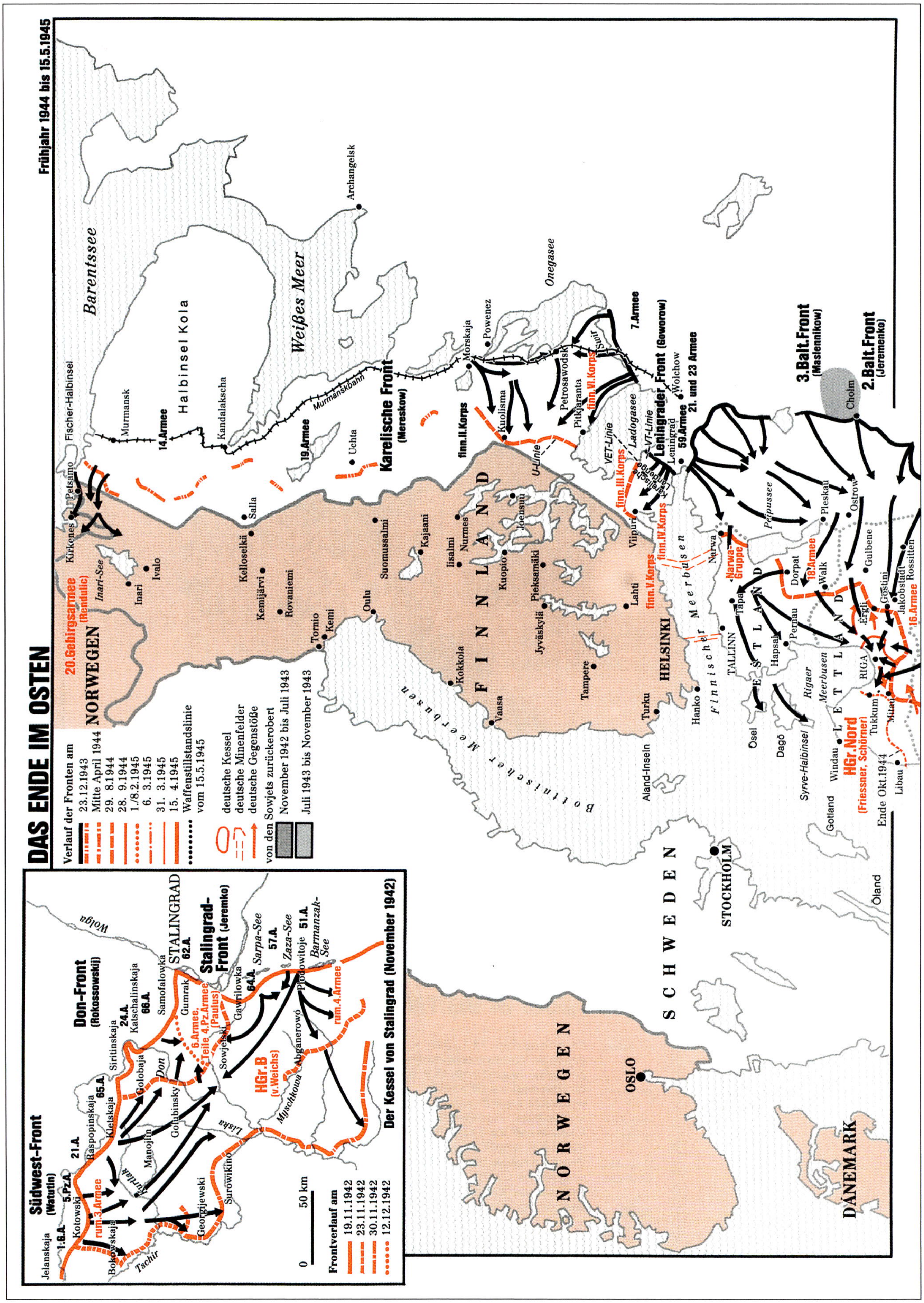
DAS ENDE IM OSTEN
Frühjahr 1944 bis 15.5.1945
Verlauf der Fronten am
23.12.1943
Mitte April 1944
29. 8.1944
28. 9.1944
1./8.2.1945
6. 3.1945
31. 3.1945
15. 4.1945
Waffenstillstandslinie vom 15.5.1945
deutsche Kessel
deutsche Minenfelder
deutsche Gegenstöße
von den Sowjets zurückerobert
November 1942 bis Juli 1943
Juli 1943 bis November 1943
Barentssee
Weißes Meer
Halbinsel Kola
Murmansk
Kandalakscha
Archangelsk
Murmanskbahn
NORWEGEN
FINNLAND
SCHWEDEN
DÄNEMARK
ESTLAND
LETTLAND
HELSINKI
STOCKHOLM
OSLO
RIGA
TALLINN
Leningrad
Karelische Front (Merezkow)
Leningrader Front (Gowórow)
3.Balt.Front (Maslennikow)
2.Balt.Front (Jeremenko)
20.Gebirgsarmee (Rendulic)
HGr.Nord (Friessner, Schörner)
Bottnischer Meerbusen
Finnischer Meerbusen
Rigaer Meerbusen
Der Kessel von Stalingrad (November 1942)
STALINGRAD
Wolga
Don
Don-Front (Rokossowskij)
Stalingrad-Front (Jeremko)
Südwest-Front (Watutin)
HGr.B (v.Weichs)
6.Armee, Teile 4.Pz.Armee (Paulus)
rum.3.Armee
rum.4.Armee
Frontverlauf am
19.11.1942
23.11.1942
30.11.1942
12.12.1942
0 50 km

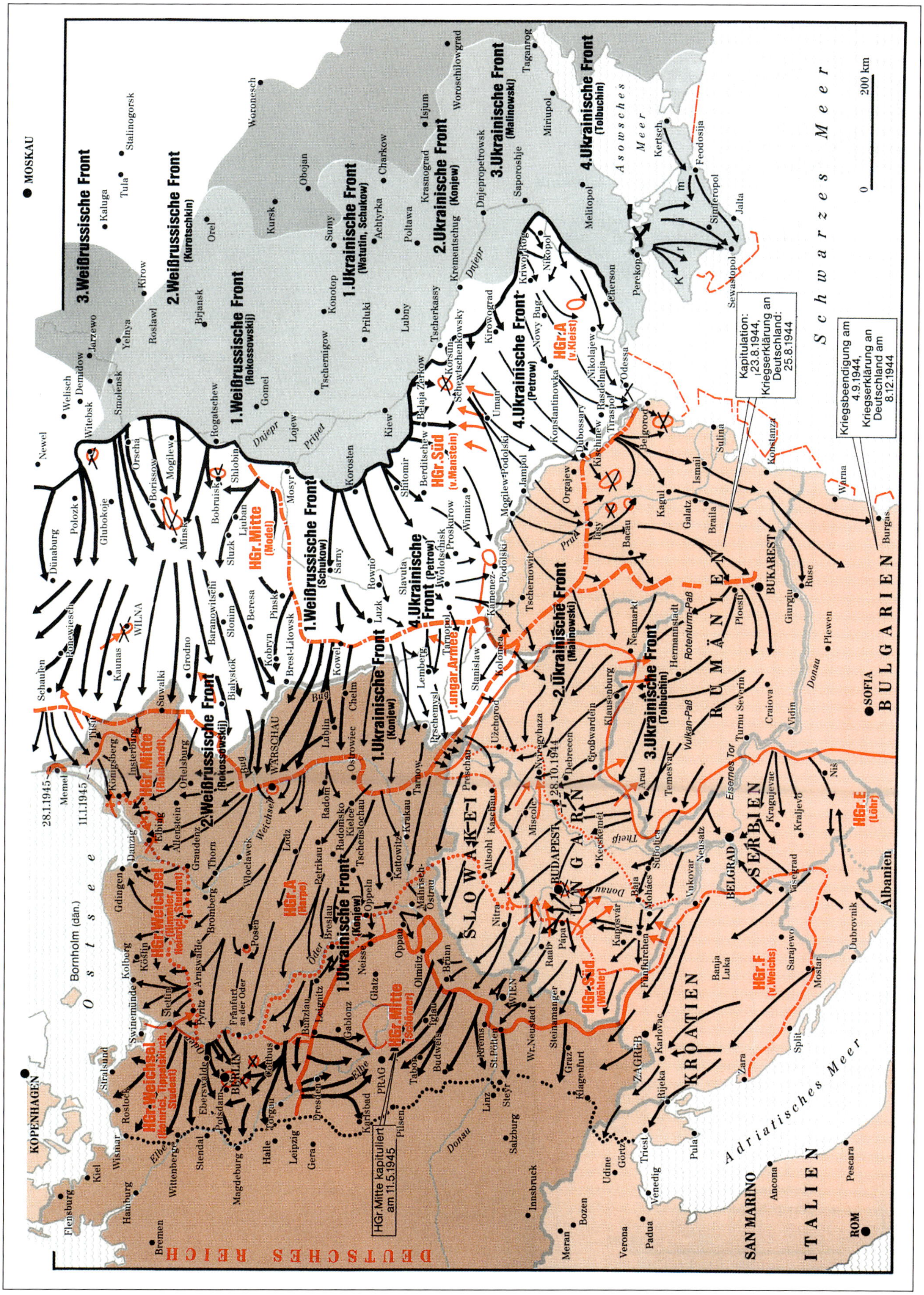
MOSKAU
3.Weißrussische Front
2.Weißrussische Front (Kurotschkin)
1.Weißrussische Front (Rokossowskij)
1.Ukrainische Front (Watutin, Schukow)
2.Ukrainische Front (Konjew)
3.Ukrainische Front (Malinowski)
4.Ukrainische Front (Tolbuchin)
1.Weißrussische Front (Schukow)
4.Ukrainische Front (Petrow)
HGr.Süd (v.Manstein)
HGr.A (v.Kleist)
HGr.Mitte (Model)
1.ungar.Armee
2.Weißrussische Front (Rokossowski)
1.Ukrainische Front (Konjew)
2.Ukrainische Front (Malinowski)
3.Ukrainische Front (Tolbuchin)
HGr.Mitte (Reinhardt)
HGr.Weichsel (Himmler, Heinrici, Student)
HGr.A (Harpe)
HGr.Mitte (Schörner)
HGr.Weichsel (Heinrici, Tippelskirch, Student)
HGr.Süd (Wöhler)
HGr.F (v.Weichs)
HGr.E (Löhr)
HGr.Mitte kapituliert am 11.5.1945
Kapitulation: 23.8.1944, Kriegserklärung an Deutschland: 25.8.1944
Kriegsbeendigung am 4.9.1944, Kriegserklärung an Deutschland am 8.12.1944
28.1.1945
11.1.1945
28.10.1944
Ostsee
Schwarzes Meer
Asowsches Meer
Adriatisches Meer
DEUTSCHES REICH
SLOWAKEI
UNGARN
RUMÄNIEN
BULGARIEN
SERBIEN
KROATIEN
ITALIEN
Albanien
SAN MARINO
KOPENHAGEN
BERLIN
WARSCHAU
PRAG
WIEN
BUDAPEST
BUKAREST
BELGRAD
SOFIA
ZAGREB
ROM
WILNA
Bornholm (dän.)
Dnjepr
Pripet
Donau
Weichsel
Oder
Elbe
Pruth
Theiß
Eisernes Tor
Vulkan-Paß
Rotenturm-Paß
0 200 km

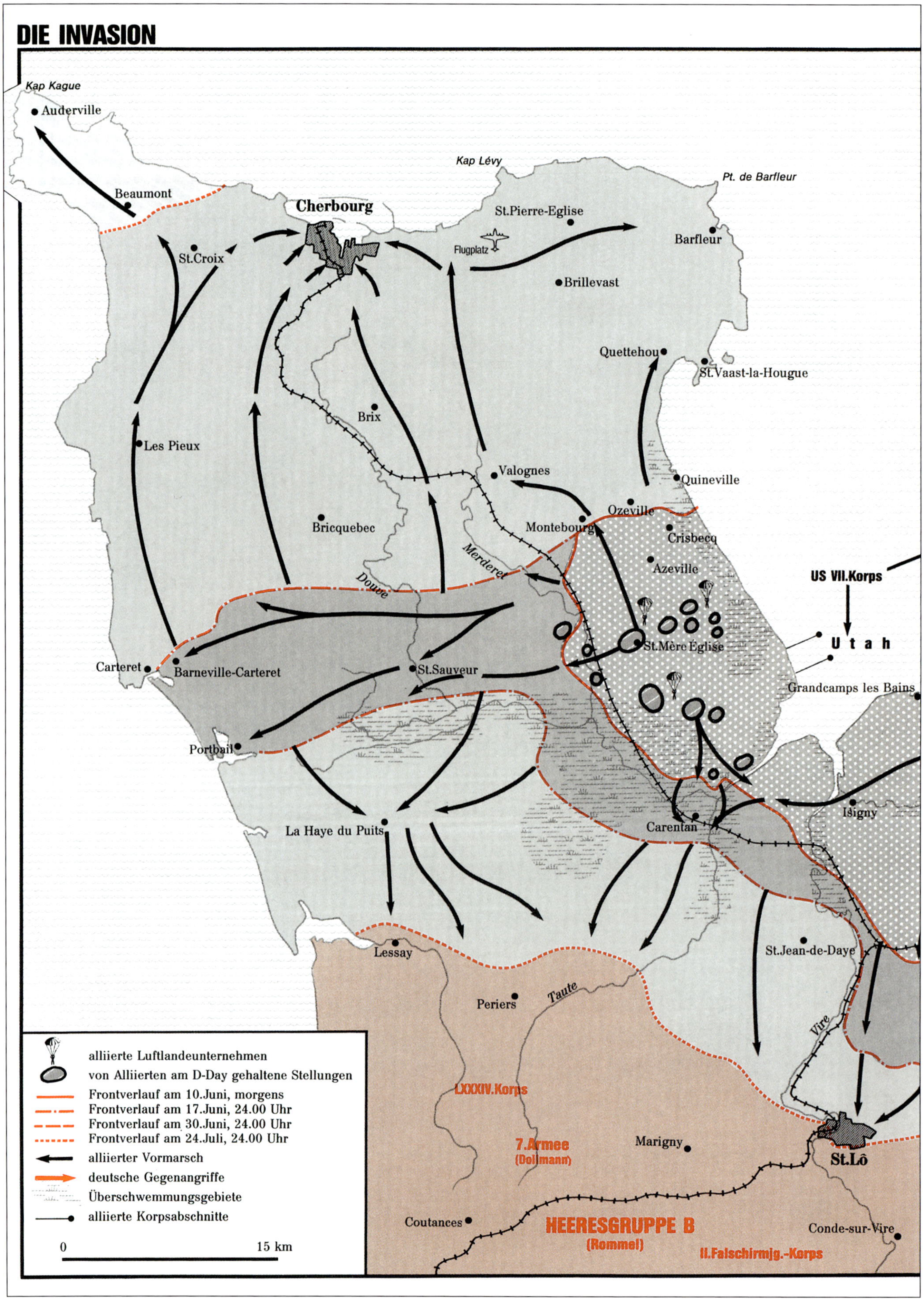
DIE INVASION
Kap Kague
Auderville
Kap Lévy
Pt. de Barfleur
Beaumont
Cherbourg
St.Pierre-Eglise
Barfleur
St.Croix
Flugplatz
Brillevast
Quettehou
St.Vaast-la-Hougue
Brix
Les Pieux
Valognes
Quineville
Ozeville
Bricquebec
Montebourg
Crisbecq
Merderet
Azeville
US VII.Korps
Douve
Utah
St.Mère Eglise
Carteret
Barneville-Carteret
St.Sauveur
Grandcamps les Bains
Portbail
Isigny
La Haye du Puits
Carentan
St.Jean-de-Daye
Lessay
Periers
Taute
Vire
LXXXIV.Korps
7.Armee
(Dollmann)
Marigny
St.Lô
Coutances
HEERESGRUPPE B
(Rommel)
II.Falschirmjg.-Korps
Conde-sur-Vire
alliierte Luftlandeunternehmen
von Alliierten am D-Day gehaltene Stellungen
Frontverlauf am 10.Juni, morgens
Frontverlauf am 17.Juni, 24.00 Uhr
Frontverlauf am 30.Juni, 24.00 Uhr
Frontverlauf am 24.Juli, 24.00 Uhr
alliierter Vormarsch
deutsche Gegenangriffe
Überschwemmungsgebiete
alliierte Korpsabschnitte
0
15 km

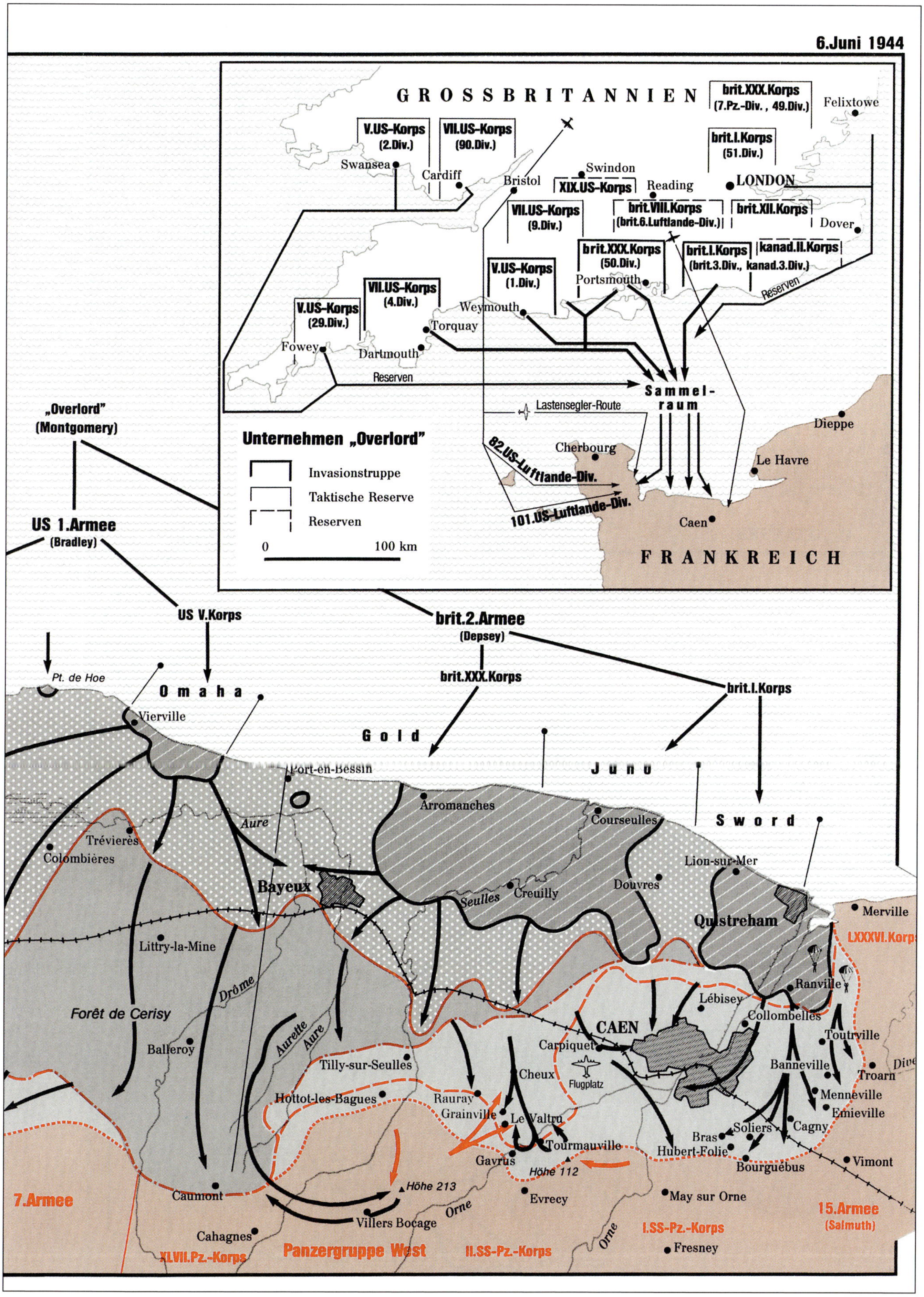
6.Juni 1944
GROSSBRITANNIEN
brit.XXX.Korps (7.Pz.-Div., 49.Div.)
Felixtowe
V.US-Korps (2.Div.)
VII.US-Korps (90.Div.)
brit.I.Korps (51.Div.)
Swansea
Cardiff
Bristol
Swindon
XIX.US-Korps
Reading
LONDON
VII.US-Korps (9.Div.)
brit.VIII.Korps (brit.6.Luftlande-Div.)
brit.XII.Korps
Dover
brit.XXX.Korps (50.Div.)
brit.I.Korps (brit.3.Div., kanad.3.Div.)
kanad.II.Korps
V.US-Korps (1.Div.)
VII.US-Korps (4.Div.)
V.US-Korps (29.Div.)
Portsmouth
Weymouth
Torquay
Fowey
Dartmouth
Reserven
Sammel-raum
Lastensegler-Route
Unternehmen „Overlord"
Invasionstruppe
Taktische Reserve
Reserven
0 100 km
Cherbourg
82.US-Luftlande-Div.
101.US-Luftlande-Div.
Dieppe
Le Havre
Caen
FRANKREICH
„Overlord" (Montgomery)
US 1.Armee (Bradley)
US V.Korps
brit.2.Armee (Depsey)
brit.XXX.Korps
brit.I.Korps
Pt. de Hoe
Omaha
Vierville
Gold
Juno
Sword
Port-en-Bessin
Arromanches
Courseulles
Aure
Trévières
Colombières
Bayeux
Seulles
Creully
Douvres
Lion-sur-Mer
Ouistreham
Merville
LXXXVI.Korps
Littry-la-Mine
Ranville
Lébisey
Collombelles
CAEN
Forêt de Cerisy
Drôme
Aurette
Aure
Balleroy
Tilly-sur-Seulles
Carpiquet
Cheux
Flugplatz
Toutrville
Banneville
Troarn
Dive
Hottot-les-Bagues
Rauray
Grainville
Le Valtru
Menneville
Emieville
Bras
Soliers
Cagny
Hubert-Folie
Tourmauville
Gavrus
Höhe 112
Bourguébus
Vimont
Höhe 213
Caumont
Evrecy
May sur Orne
7.Armee
Orne
Villers Bocage
15.Armee (Salmuth)
I.SS-Pz.-Korps
Cahagnes
Orne
Fresney
XLVII.Pz.-Korps
Panzergruppe West
II.SS-Pz.-Korps

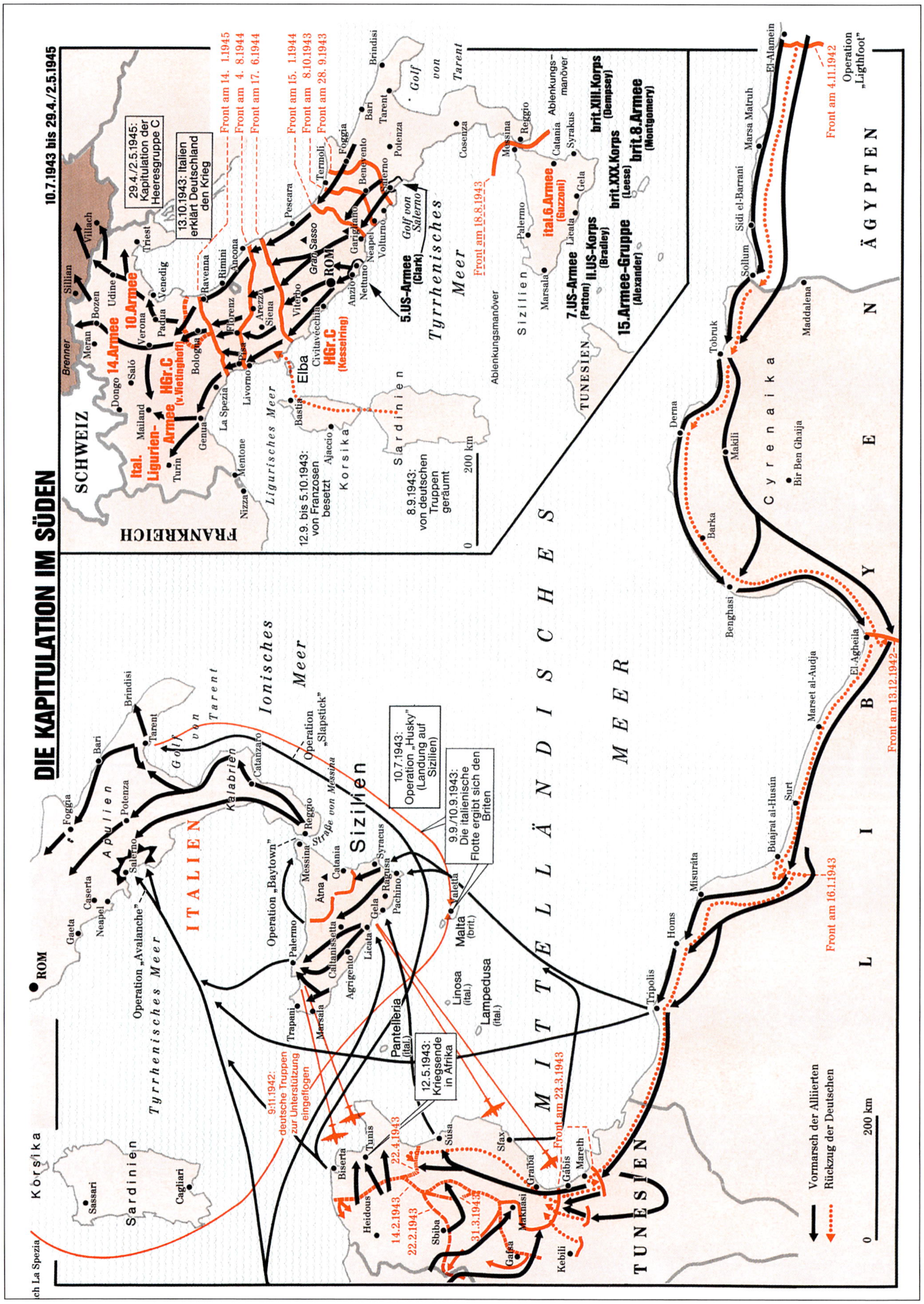
DIE KAPITULATION IM SÜDEN
10.7.1943 bis 29.4./2.5.1945
Vormarsch der Alliierten
Rückzug der Deutschen
29.4./2.5.1945: Kapitulation der Heeresgruppe C
13.10.1943: Italien erklärt Deutschland den Krieg
12.9. bis 5.10.1943: von Franzosen besetzt
8.9.1943: von deutschen Truppen geräumt
10.7.1943: Operation „Husky" (Landung auf Sizilien)
9.9./10.9.1943: Die italienische Flotte ergibt sich den Briten
12.5.1943: Kriegsende in Afrika
9.11.1942: deutsche Truppen zur Unterstützung eingeflogen
Operation „Avalanche"
Operation „Baytown"
Operation „Slapstick"
Operation „Lighfoot"
Front am 4.11.1942
Front am 13.12.1942
Front am 16.1.1943
Front am 23.3.1943
Front am 18.8.1943
Front am 14. 1.1945
Front am 4. 8.1944
Front am 17. 6.1944
Front am 15. 1.1944
Front am 8.10.1943
Front am 28. 9.1943
5.US-Armee (Clark)
7.US-Armee (Patton)
II.US-Korps (Bradley)
15.Armee-Gruppe (Alexander)
brit.8.Armee (Montgomery)
brit.XIII.Korps (Dempsey)
brit.XXX.Korps (Leese)
ital.6.Armee (Guzzoni)
HGr.C (Kesselring)
HGr.C (v.Vietinghoff)
14.Armee
10.Armee
ital. Ligurien-Armee
Ablenkungsmanöver
MITTELLÄNDISCHES MEER
Tyrrhenisches Meer
Ionisches Meer
Ligurisches Meer
ITALIEN
SCHWEIZ
FRANKREICH
TUNESIEN
LIBYEN
ÄGYPTEN
Sizilien
Sardinien
Korsika
Malta (brit.)
Cyrenaika
200 km

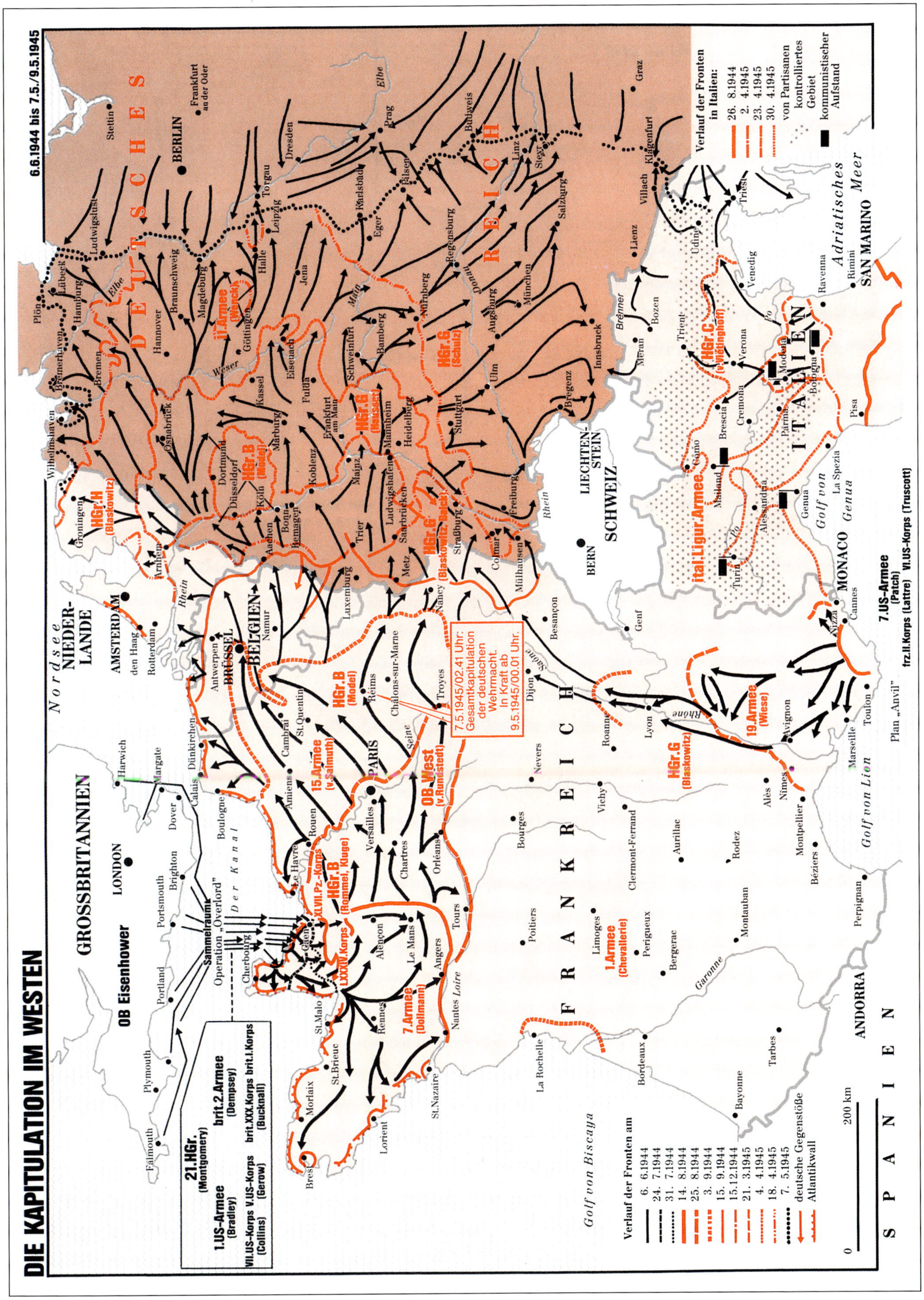
DIE KAPITULATION IM WESTEN
6.6.1944 bis 7.5./9.5.1945
Verlauf der Fronten am
6. 6.1944
24. 7.1944
31. 7.1944
14. 8.1944
25. 8.1944
3. 9.1944
15. 9.1944
15.12.1944
21. 3.1945
4. 4.1945
18. 4.1945
7. 5.1945
deutsche Gegenstöße
Atlantikwall
Verlauf der Fronten in Italien:
26. 8.1944
2. 4.1945
23. 4.1945
30. 4.1945
von Partisanen kontrolliertes Gebiet
kommunistischer Aufstand
7.5.1945/02.41 Uhr: Gesamtkapitulation der deutschen Wehrmacht. In Kraft ab 9.5.1945/00.01 Uhr.
OB Eisenhower
21.HGr. (Montgomery)
1.US-Armee (Bradley)
brit.2.Armee (Dempsey)
VII.US-Korps (Collins)
V.US-Korps (Gerow)
brit.XXX.Korps brit.I.Korps (Bucknall)

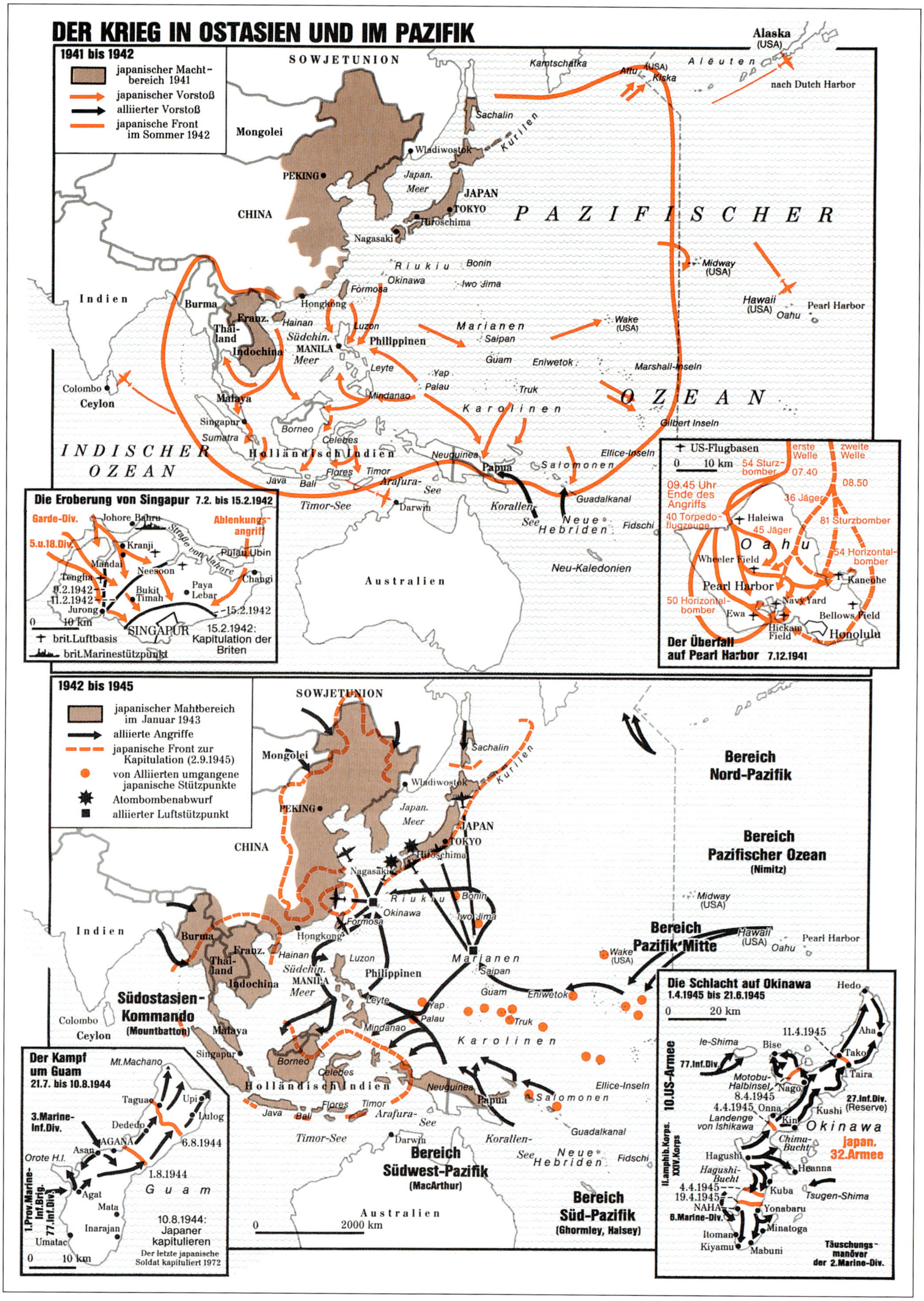
DER KRIEG IN OSTASIEN UND IM PAZIFIK
1941 bis 1942
japanischer Macht-bereich 1941
japanischer Vorstoß
alliierter Vorstoß
japanische Front im Sommer 1942
SOWJETUNION
Mongolei
CHINA
PEKING
Wladiwostok
Sachalin
Kurilen
Kamtschatka
Attu
(USA)
Kiska
Aleuten
Alaska
(USA)
nach Dutch Harbor
Japan. Meer
JAPAN
TOKYO
Hiroschima
Nagasaki
PAZIFISCHER
OZEAN
Riukiu
Okinawa
Bonin
Iwo Jima
Formosa
Hongkong
Hainan
Midway
(USA)
Hawaii
(USA)
Oahu
Pearl Harbor
Indien
Burma
Thai-land
Franz.
Indochina
Südchin. Meer
MANILA
Luzon
Philippinen
Leyte
Mindanao
Marianen
Saipan
Guam
Wake
(USA)
Eniwetok
Marshall-Inseln
Yap
Palau
Truk
Karolinen
Gilbert Inseln
Colombo
Ceylon
Malaya
Singapur
Sumatra
Borneo
Celebes
Holländisch Indien
Neuguinea
Papua
Salomonen
Ellice-Inseln
Java
Bali
Flores
Timor
Arafura-See
Timor-See
Darwin
Korallen-See
Guadalkanal
Neue Hebriden
Fidschi
Neu-Kaledonien
Australien
INDISCHER OZEAN
Die Eroberung von Singapur 7.2. bis 15.2.1942
Garde-Div.
5.u.18.Div.
Johore Bahru
Straße von Johore
Ablenkungs-angriff
Kranji
Pulau Ubin
Mandai
Neesoon
Tengha
Paya Lebar
Changi
9.2.1942
11.2.1942
Bukit Timah
Jurong
15.2.1942
0 10 km
SINGAPUR
15.2.1942: Kapitulation der Briten
brit.Luftbasis
brit.Marinestützpunkt
US-Flugbasen
0 10 km
erste Welle
zweite Welle
54 Sturz-bomber
07.40
08.50
09.45 Uhr Ende des Angriffs
36 Jäger
40 Torpedo-flugzeuge
Haleiwa
45 Jäger
81 Sturzbomber
Oahu
Wheeler Field
54 Horizontal-bomber
Kaneohe
Pearl Harbor
Navy Yard
50 Horizontal-bomber
Ewa
Bellows Field
Hickam Field
Honolulu
Der Überfall auf Pearl Harbor 7.12.1941
1942 bis 1945
japanischer Mahtbereich im Januar 1943
alliierte Angriffe
japanische Front zur Kapitulation (2.9.1945)
von Alliierten umgangene japanische Stützpunkte
Atombombenabwurf
alliierter Luftstützpunkt
Bereich Nord-Pazifik
Bereich Pazifischer Ozean
(Nimitz)
Bereich Pazifik Mitte
Südostasien-Kommando
(Mountbatten)
Bereich Südwest-Pazifik
(MacArthur)
Bereich Süd-Pazifik
(Ghormley, Halsey)
0 2000 km
Der Kampf um Guam 21.7. bis 10.8.1944
Mt.Machano
Taguac
Upi
Lulog
3.Marine-Inf.Div.
Dededo
AGANA
6.8.1944
Orote H.I.
Asan
1.8.1944
1.Prov.Marine-Inf.Brig.
77.Inf.Div.
Agat
Guam
Mata
Inarajan
Umatac
10.8.1944: Japaner kapitulieren
Der letzte japanische Soldat kapituliert 1972
0 10 km
Die Schlacht auf Okinawa 1.4.1945 bis 21.6.1945
0 20 km
Hedo
Ie-Shima
11.4.1945
Aha
Bise
77.Inf.Div.
Motobu-Halbinsel
Nago
Tako
Taira
8.4.1945
4.4.1945
Onna
27.Inf.Div. (Reserve)
Landenge von Ishikawa
Kin
Kushi
Okinawa
10.US-Armee
Chimu-Bucht
japan. 32.Armee
Hagushi
Hagushi-Bucht
Heanna
II.amphib.Korps
XXIV.Korps
4.4.1945
19.4.1945
Kuba
Tsugen-Shima
NAHA
Yonabaru
6.Marine-Div.
Minatoga
Itoman
Kiyamu
Mabuni
Täuschungs-manöver der 2.Marine-Div.

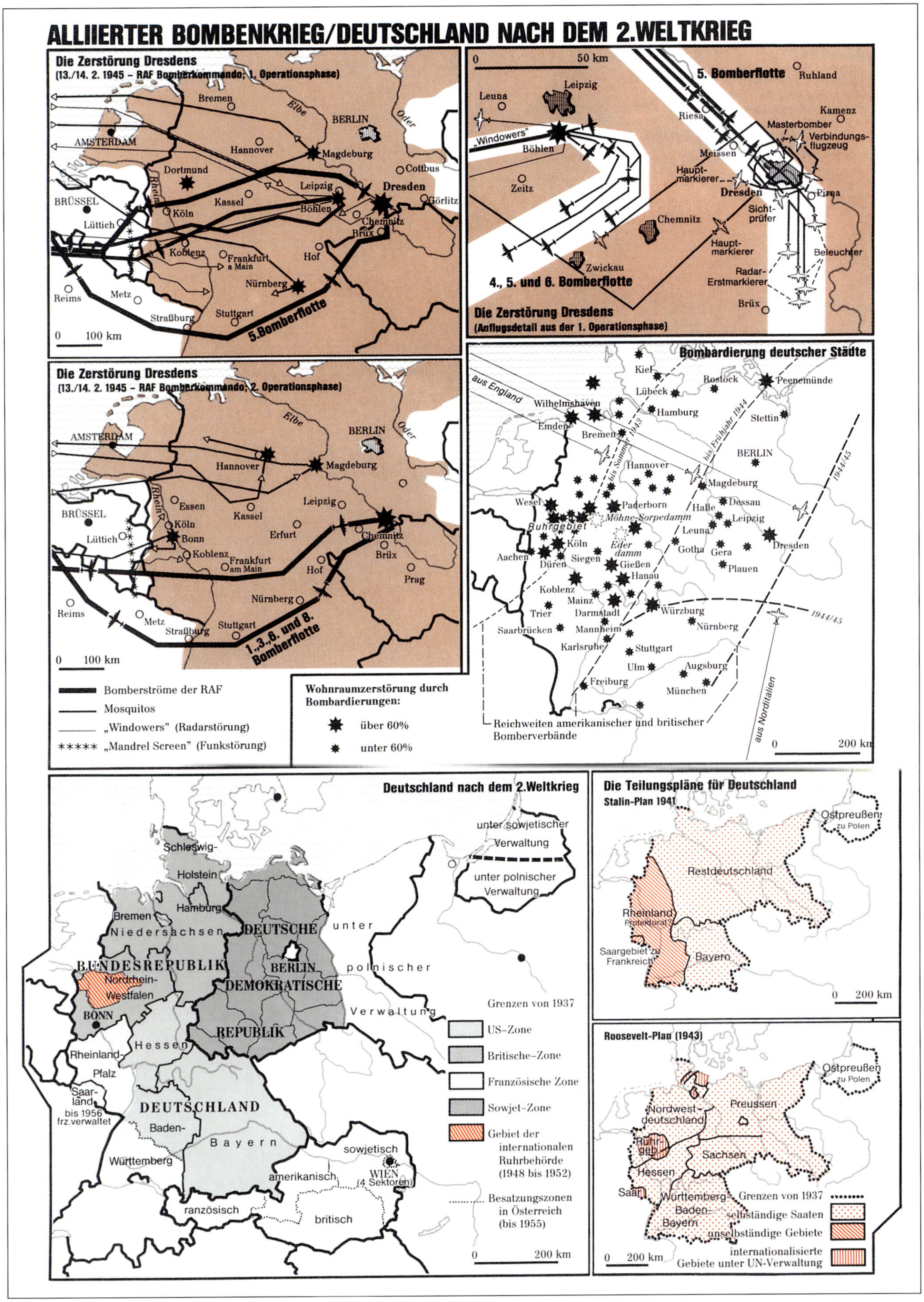
ALLIIERTER BOMBENKRIEG/DEUTSCHLAND NACH DEM 2.WELTKRIEG
Die Zerstörung Dresdens
(13./14. 2. 1945 – RAF Bomberkommando; 1. Operationsphase)
Bremen
Elbe
BERLIN
Oder
AMSTERDAM
Hannover
Magdeburg
Dortmund
Cottbus
Dresden
Leipzig
Görlitz
BRÜSSEL
Kassel
Böhlen
Rhein
Köln
Chemnitz
Lüttich
Brüx
Koblenz
Frankfurt a Main
Hof
Nürnberg
Reims
Metz
Straßburg
Stuttgart
5.Bomberflotte
0 100 km
0 50 km
5. Bomberflotte
Ruhland
Leipzig
Leuna
Kamenz
Riesa
Masterbomber
Verbindungs-flugzeug
„Windowers"
Böhlen
Meissen
Haupt-markierer
Zeitz
Dresden
Pirna
Sicht-prüfer
Chemnitz
Haupt-markierer
Beleuchter
Zwickau
Radar-Erstmarkierer
4., 5. und 6. Bomberflotte
Brüx
Die Zerstörung Dresdens
(Anflugsdetail aus der 1. Operationsphase)
Die Zerstörung Dresdens
(13./14. 2. 1945 – RAF Bomberkommando; 2. Operationsphase)
Elbe
BERLIN
Oder
AMSTERDAM
Hannover
Magdeburg
Leipzig
BRÜSSEL
Essen
Kassel
Rhein
Köln
Erfurt
Chemnitz
Lüttich
Bonn
Brüx
Koblenz
Frankfurt am Main
Hof
Prag
Nürnberg
Reims
Metz
Straßburg
Stuttgart
1.,3.,6. und 8. Bomberflotte
0 100 km
Bomberströme der RAF
Mosquitos
„Windowers" (Radarstörung)
***** „Mandrel Screen" (Funkstörung)
Wohnraumzerstörung durch Bombardierungen:
über 60%
unter 60%
Bombardierung deutscher Städte
Kiel
Rostock
Peenemünde
aus England
Lübeck
Wilhelmshaven
Hamburg
Emden
Stettin
Bremen
bis Sommer 1943
bis Frühjahr 1944
1944/45
BERLIN
Hannover
Magdeburg
Wesel
Paderborn
Dessau
Halle
Ruhrgebiet
Möhne-Sorpedamm
Leipzig
Leuna
Eder damm
Köln
Gotha
Gera
Dresden
Aachen
Siegen
Düren
Gießen
Plauen
Hanau
Koblenz
Mainz
Trier
Darmstadt
Würzburg
1944/45
Saarbrücken
Mannheim
Nürnberg
Karlsruhe
Stuttgart
Ulm
Augsburg
Freiburg
München
Reichweiten amerikanischer und britischer Bomberverbände
aus Norditalien
0 200 km
Deutschland nach dem 2.Weltkrieg
unter sowjetischer Verwaltung
unter polnischer Verwaltung
Schleswig-Holstein
Hamburg
Bremen
Niedersachsen
DEUTSCHE
unter
BUNDESREPUBLIK
BERLIN
polnischer
Nordrhein-Westfalen
DEMOKRATISCHE
BONN
Verwaltung
REPUBLIK
Hessen
Rheinland-Pfalz
Saar-land bis 1956 frz.verwaltet
DEUTSCHLAND
Baden-
Württemberg
Bayern
sowjetisch
amerikanisch
WIEN (4 Sektoren)
französisch
britisch
Grenzen von 1937
US-Zone
Britische-Zone
Französische Zone
Sowjet-Zone
Gebiet der internationalen Ruhrbehörde (1948 bis 1952)
Besatzungszonen in Österreich (bis 1955)
0 200 km
Die Teilungspläne für Deutschland
Stalin-Plan 1941
Ostpreußen zu Polen
Restdeutschland
Rheinland Protektorat
Saargebiet zu Frankreich
Bayern
0 200 km
Roosevelt-Plan (1943)
Ostpreußen zu Polen
Preussen
Nordwest-deutschland
Ruhrgeb.
Sachsen
Hessen
Saar
Württemberg-Baden-Bayern
Grenzen von 1937
selbständige Saaten
unselbständige Gebiete
internationalisierte Gebiete unter UN-Verwaltung
0 200 km

Bilanz des Zweiten Weltkrieges

Staaten, die sich mit dem Deutschen Reich im Kriegszustand befanden, sowie die Daten des Beginns des Kriegszustandes.

Polen	1.9.1939
Großbritannien	3.9.1939
Frankreich	3.9.1939
Indien	3.9.1939
Neuseeland	3.9.1939
Australien	3.9.39
Südafrikanische Union	6.9.1939
Kanada	10.9.1939
Norwegen	9.4.1940
Niederlande	10.5.1940
Belgien	10.51940
Luxemburg	10.5.1940
Jugoslawien	6.4.1941
Griechenland	6.4.1941
UdSSR	22.6.1941
China	8.121941
USA	11.12.1941
Kuba	11.12.1941
Costa Rica	12.12.1941
Guatemala	12.12.1941
Nicaragua	13.12.1941
Honduras	13.12.1941
Dominikan. Republik	15.12.1941
Tschechoslowakei	16.12.1941
El Salvador	18.12.1941
Haiti	18.12.1941
Panama	18.12.1941
Mexiko	1.6.1942
Philippinen	14.6.1942
Brasilien	22.8.1942
Äthiopien	14.12.1942
Irak	16.1.1943
Iran	9.9.1943
Italien	13.10.1943
Kolumbien	29.11.1943
Bolivien	4.12.1943
Liberia	26.1.1944
Rumänien	25.8.1944
Bulgarien	8.9.1944
Ungarn	30.12.1944
Ecuador	2.2.1945
Paraguay	9.2.1945
Peru	13.12.1945
Chile	14.2.1945
Venezuela	16.2.1945
Türkei	23.2.1945
Uruguay	23.2.1945
Ägypten	24.2.1945
Syrien	26.2.1945
Libanon	27.2.1945
Saudi-Arabien	1.3.1945
Finnland	4.3.1945
Argentinien	27.3.1945

Bevölkerungsverluste in Europa

Gefallene und vermisste Soldaten

Amerikaner	170.000
Engländer	330.000
Franzosen	250.000
Belgier	10.000
Holländer	10.000
Norweger	10.000
Deutsche	3.250.000
Italiener	330.000
Österreicher	230.000
Tschechen	20.000
Ungarn	120.000
Jugoslawen	300.000
Griechen	20.000
Bulgaren	10.000
Rumänen	200.000
Polen	120.000
Finnen	90.000
Sowjetrussen	11.600.000
insgesamt	17.070.000

Ziviltote

Engländer	60.000
Franzosen	270.000
Belgier	50.000
Holländer	100.000
Deutsche (einschließlich getötete und Vermisste „Volksdeutsche“)	3.640.000
Italiener	70.000
Österreicher	40.000
Tschechen	70.000
Ungarn	80.000
Jugoslawen	1.300.000
Griechen	80.000
Rumänen	40.000
Polen	2.500.000
Litauer	170.000
Letten	120.000
Esten	140.000
Sowjetrussen	6.000.000
insgesamt	14.730.000

Ermordete Juden*

Deutschland	165.000
Österreich	65.000
Luxemburg	1.200
Frankreich	76.134
Niederlande	102.000
Dänemark	116
Norwegen	758
Italien	6.513
Griechenland	59.185
Jugoslawien	65.000
Ungarn	550.000
Tschechoslowakei	143.000
Rumänien	211.214
Polen	2.700.000
Sowjetunion (mit Litauen, Lettland und Estland)	1.730.000
insgesamt	5.904.090

In Europa insgesamt Gefallene

Soldaten	17,0 Millionen
Ziviltote	14,7 Millionen
ermordete Juden	5,9 Millionen
insgesamt	37,6 Millionen

Bevölkerungsverluste in Asien und im Pazifik

Gefallene und vermisste Soldaten

Amerikaner	50.000
Neuseeländer	10.000
Australier	30.000
Engländer	40.000
Chinesen	3.500.000
Japaner	1.700.000
insgesamt	5.330.000

Ziviltote

Chinesen	10.000.000
Japaner	360.000
insgesamt	15.690.000

Zusammenstellung der Bevölkerungsverluste in Europa und Asien

Europa	37,6 Millionen
Asien	15,7 Millionen
insgesamt	53,3 Millionen

Abgeworfene Bombenlast (t) in Europa (insgesamt)

Jahr	USAAF	RAF	Insg.
1940		15.610	15.610
1941		46.026	46.026
1942	2.003	74.489	76.492
1943	133.089	213.077	346.166
1944	890.661	703.075	1.593.736
1945	437.670	254.840	692.570
insg.	1.463.423	1.307.117	2.770.540

Lieferungen der USA an die Sowjetunion im Rahmen des Leih-und Pachtvertrages

Güter aus den USA

Eisenbahntransporteinrichtungen	468.532
Lastwagen und andere Fahrzeuge	2.290.830
Metalle	3.575.084
Chemikalien und Sprengstoff	1.147.764
Erdölprodukte	2.113.449
Maschinen und Ausrüstungen	1.247.848
Lebensmittel	4.464.977
Andere Güter aus den USA	1.221.307
Gesamtmenge aus den USA (in Tonnen)	16.529.791
Güter aus Kanada und Großbritannien	968.648
Güter aus anderen Quellen	2.494
Gesamtmenge (in Tonnen)	17.500.933

Auf Feindfahrt verlorengegangene deutsche U-Boote

Sept. 1939-Juni 1940	23
Juli 1940-März 1941	13
April 1941-Dez.1941	28
Januar 1942-Juli1942	31
August 1942-Mai 1943	146
Juni 1943-August 1943	76
Sept. 1943-Mai 1944	147
Juni 1944-Mai 1945	167
insgesamt	630

Pacht-und Leih-Hilfe der USA für das Britische Commonwealth im Vergleich zur Gesamtproduktion der USA

(Angaben in Prozent)

	1942	1943	1944	1.Hj. 1945
Flugzeuge und Ausrüstung	11,4	11,9	13,5	11,8
Schiffe, Ausrüstung und Ersatzteile	5,5	11,8	6,7	5,4
Artillerie und Munition	10,4	10,0	8,8	4,6
Fahrzeuge und Ausrüstung	9,8	26,7	29,4	12,1
Anderer Munitionsbedarf	1,4	3,4	9,9	5,5
Nahrungsmittel	4,3	5,6	4,4	5,0
Andere landwirtschaftliche Produkte	4,3	5,6	4,4	5,0
Metalle	3,9	4,2	3,4	3,5
Maschinen	2,6	5,7	7,1	4,2
Andere Erzeugnisse	0,7	0,6	1,1	0,7

* Benz, Wolfgang (Hrsg.): Dimension des Völkermords. Die Zahl der jüdischen Opfer des Nationalsozialismus. München 1991. „Diese Zahlenangaben" heißt es dort, sind vor allem durch das „Zusammenwirken von Historikern und Juristen zustandegekommen, durch personen- und tatbezogene Recherchen für die großen Verfahren vor den Schwurgerichten in Bonn (Chelmo), Düsseldorf (Sobibor, Treblinka, Majdanek), Frankfurt (Auschwitz), durch die Ermittlungsbehörden und durch die Berechnungen sachverständiger Historiker, an deren erster Stelle Wolfgang Scheffler zu nennen ist, dem die wesentlichen heute gültigen Zahlenangaben für die Vernichtungslager zu danken sind."

Personenindex

Inhalt

Bildquellen:
„Der Adler", Verlag August Scherl Nachf., München; Erich Andres, Hamburg; „Berliner Illustrierte", Ullstein Verlag/Deutscher Verlag, Berlin; Peter Blachian, München; „Deutschland im Kampf", Verlagsanstalt Otto Stolberg, Berlin; „Die Deutsche Wehrmacht", Cigaretten-Bilderdienst, Dresden; „Die Kriegsmarine", Heinrich Beenken Verlag, Berlin; „Die Wehrmacht", Verlag Die Wehrmacht, Berlin; Gente, Guerra Civile, Mailand; „Geschichte des großen Vaterländischen Krieges der Sowjetunion", Deutscher Militärverlag, Berlin; Walter Hackl, Wien; „Hitler baut Großdeutschland", Zeitgeschichte Verlag, Berlin; „Hitler im Westen", Zeitgeschichte Verlag, Berlin; „Illustrierte Zeitung", Verlag von J.J. Weber, Leipzig; Imperial War Museum, London; „Männer und Waffen des deutschen Heeres", G. Grote Verlag, Berlin; „Mit Hitler in Polen", Zeitgeschichte Verlag, Berlin; Lothar Rübelt, Wien; Hans Schaller, Berlin; „Signal", Deutscher Verlag, Berlin; Rolf Steinberg, Berlin; „Unser Weg zum Meer", Verlag Die Wehrmacht, Berlin; U.S. Army Historical Collection, Washington; U.S. Navy War Photographs, „U.S. Camera", New York; „Wir haben es nicht vergessen", Polonia Verlag, Warschau; Archiv Zentner, München; des weiteren andere zeitgenössische in- und ausländische Publikationen Bildarchive der am Krieg beteiligten Nationen.

Lieferbare Titel aus dem Otus Verlag: **www.otus.ch**

Herstellung und Organisation: Dr. Christian Zentner, München
Mitarbeiter: Dr. Reinhard Barth, Claudia Richter, Dr. Nora Wiedenmann
Umschlaggestaltung: Paul Zentner
Layout: Petra Obermeier, München

ISBN 978-3-907200-56-8